全唐文

〔清〕董　誥等編

五

中華書局

欽定全唐文卷四百一

田南砅

南砅開元時擢書判拔萃科

對升高判

解式與長年行因升高不從所視遂杖之式訴州斷鬭論省科失入

罰懲其淫禮主於敬若長幼而失節在典刑而無捨蠢爾解式從於長年三人而行尚聞擇善十年以長非可肩隨況侍上邱陵不能向其所視如問及雲物其將對以何詞

無儀所謂於伊人有體自均於相鼠杖其傲禮固未乖宜昔者蜡畢出遊言偃問其何歎幼而不遜尼父叩其夷俟合志爲友前言猶且不嗤年長以倍今日云何致罰必若齒於鄉黨則應金作贖刑如或列於父兄豈可求之凡鬭失入宜從省見定刑更待州申欽哉惟刑捨此將濫

趙不爲

不爲開元時擢書判拔萃科

對申公杜門判

申公杜門不出聚遠方衆百餘人里中興訟

儒惟教先學乃德本苟立誠以脩業終養中而果行故道存斯貴方類是歸無𠎝自遠之會庶廣克成之業雖門人請益既有孚於鼎新而邑里無儀却興言於獄訟沈吟漢牘反覆周典黨而成衆義非止於嚴科問以辯之理何妨於聚學況杜門不出事非干進敦魯服之元風指楚郊之遠避講習典禮翺翔墳索足以激揚時俗光闡儒門諒旌責之可知豈訟聲之所及捨而勿問深合國章

梁庶

庶開元時擢書判拔萃科

對馬驚師徒判

卜氏爲御馬驚師徒小却監軍糾爲無勇卜氏遂死之或誄其功監軍請寘乎理誄者執云非罪

戎御近官事資良藝或逐禽而過表且並轡而授綏克敵是因搴旗攸屬卜氏參名訓僕奉職佳兵懸父之馬或奔晉侯之車將敗師徒小却鉦鼓微旋既獲譴於有司載與慚於無勇鳴轂小故猶有伏劒之臣敗軍大尤須聞免胄之客是用捐軀不恡視死如歸東野傾輈雖則其罪國書

殞首終用可嘉足比乘邱之能宜錫滑臺之誅庶甄死節以寵鬼雄

房自厚

自厚開元朝官御史。

對佯狂讓弟判

陳乙襲爵遂佯狂以讓弟甲嗣爵後方入仕鄰人告甲非嫡子不合襲

德懋懋官功懋懋賞是崇開國之典以致承家之事陳乙志符前彥愛結友于雖佯狂之或違亦志義之可尚循令

問而克嗣慮不當仁依德言而靡渝理應承嫡況操刀使割能則無傷執射從畋貫乃斯獲仕進所取孝弟歸先苟以讓而入官能濟人而輔國以之立長可不謂賢鄰告失宜竊以爲得

馬兟

兟一作[扌先]開元時擢書判拔萃科。

對三命判

乙仕登三命舉以特牲祀以少牢人告其僭加於舉禮也

聖人成能設位待士君子脩業考行入官等威有倫名器不假一作褻乙爵登寵命位列周行舉善有存乎禮物敬享無虧於豐殺既感霜露不忘豺獺是以用禴於焉展牲信以大夫之禮能行孝子之志緣祀而加誠不違於舊典或人妄告固未適於時宜雖二簋之可享豈少牢之爲僭此其禮歟固無尤矣

薛齊

齊開元時擢書判拔萃科。

對清白二渠判

得清白二渠交口不著斗門堰府司科高陵令罪云是二月一日以前

導水東流百川歸海甘泉北對二渠交錯灌注不息黔黎資上善之功奔瀉無窮生靈得下潤之廣鄭國創業白公繼焉秦兼十倍之資韓得數年之力決渠降雨不待商羊之歌荷鍤成雲寧假飛龍之氣理合克奉時令謹塞隄防水潦盛昌懼有奔突桃花泛溢增修及二月之前瓠子興謠流潤安四人之業縣宰絃歌緝化鸞雉添祥雷震一時風行百里遵乎令典誠未失時見彼章程不罹其咎有詞

難罰無濫斯人。

柳同

同開元時擢書判拔萃科。

對萊田不應稅判

勸農使稱萊田舊不應稅州縣令有徵納爲例各自不同或據畝數均收或隨上下加減百姓紛訴使司科均收以不應爲從重科加減以非法均賦斂州訴恐年饑無以給貧且使司法例不平不伏處斷

度地制邑徹田爲糧必均三壤之宜以成九賦之則是以政令惟簡乃黎庶時蘇法物苟紛必謗讟日浸昔曾備齊難作邱甲之法晉爲秦擒起爰田之制俱錐刀之末開喪亂之始今三時不害四人成功疆理多雨穗之收倉廩必九年之蓄惟彼州縣誠非紀綱既無恤人之心豈曰奉公之理省徭慎役未挂於愚心貪財徇名已聞於拙見昔典稅畝嘗聞尼父之嫌今欲萊田有類哀公之志非愛人以治國何深恩而淺謀使乎察彼衷情允茲上訴丁停厚斂冤者爰申官寘嚴刑罪人斯得既有雅見實曰良圖

李仲和

仲和開元時擢書判拔萃科。

對津吏告下方傷水判

得津吏告下方傷水請毀左右隄水工景固爭

潤下斯弊漂流是虛欲崇堙塞必藉隄防津吏以下方致災冀應除毀水工以長隄作務不可依憑競有兩端事難雙允請闢千里無虧五詞則拯溺不待於規行聞諸往說而塞川頗類於防口得自今辰方見河渠之書自嫺標準溝洫之志以會規模左毀則右傷右毀則左弊左右俱毀便沈下方津吏之言雖陳水工之志難奪既不合毀咸宜

告知

蘇僎

僎開元時擢書判拔萃科。

對給地過數判

甲給地過數科所由曰更耕之田

沃土墝土厥有區分一易再易非無異制實資均政以利耕者甲有司也政實存焉因貲地利之殊計若農家之請庶以通其勞逸齊厥等差實謂更耕克精受授孰云過數

且曰守經古有明徵今寧有罰

廉察

察開元時擢書判拔萃科

對春不修鑑判

丁掌冰不頒于命士春不修鑑而輒秋刷

宗周布政漢家舊法藏冰於陸自古有之頒冰於朝方今靡替倚那厥職乃丁是掌西攀咸鎬寄甘泉之北宮東邑鞏洛入邙山之陰洞履霜知堅和翠微而一色積雪偕凍岌稜層而流寒當忝司存合閑主守苟違命士得無常刑

若惟陳迹良亦異聞且太歲換韶盛德在木上從天子下際羣公大給千官備霑累命青熒片片光研金鏡之空鉼賚戔戔姿凜玉壺之態蓋將以蕩清暑辟炎毒水晶簾內飛燕嬌歌而對山虎魄盤中省署永吟而陶酒時或稽緩人必其憂况士不頒冰闕也春不修鑑怠也秋仍輒刷非也三者備矣夫何言哉眷言伊丁請用常典

胡瑱

瑱河東人元宗時登進士第

大閱賦 以國崇武備明習順時爲韻

乾坤設象帝出乎震文經邦而遐邇安武禦寇而上下順厥二道之可久同五材而皆進故軒轅出涿鹿之戰顓頊列共公之陣足以克定禍亂天祿永終雖八荒有截而七德是崇若乃元冥用事律變冬中胡地馬肥寧控弦而習戰漢家農隙且講事而威戎於是簡車徒命將帥崇文物設武備旌旗裔裔而風飛士馬囂囂而雲萃竟澤彌谷殷天動地銜枚無聲擊鼓作氣珊弓月滿寶刀霜利申前驅誅後至爲三表而有節歷千古而不墜者也爾其兵勢崩騰軍容翕習元甲鱗布長戈岳立虞人萊野羣吏作旗事

著六職禮分四時可以順少長匡邦國匪盤匪遊有典有則是時也長楊草落鄠杜霜明既不虞而作式亦因狩而治兵大田獲之以三品和門樹之以兩旌抱木之猿見矯矢而遥泣傷弦之雁聞虛弓而已驚且夫設席張幕蒙盾負羽獸之大小既公私而殊獲野之險易亦人車而各主豈卽鹿而無虞誠獻禽而後取此非以田獵縱天下之極觀亦因之簡衆而習武

趙自勵

自勵開元時登進士第

出師賦并序

先天年獫狁孔熾動搖邊陲是以我國家有事於沙漠也徵甲選徒星馳雲集楚劍霜利吳鉤月懸將以驅日逐之首斬天驕之族蓋使烽埤無火亭障息肩大矣哉自古出師未有若斯之盛者藉雖不敏敢述賦云

赫哉帝唐葉葉累聖光明乾道洗清邦政德所以和懷四夷教所以平章百姓用能盡奄有於天下得樂推於羣黎鳳符以謳歌而適龍歷以揖讓而躋既神化之無外何鬼方之獨迷若乃皇赫斯怒元戎是出其制敵也以威其用

師也以律珮戈電舉鐵騎風疾霜明鋒刃夕曜曜以衝星火色旌旗晝炎炎以奪日橫行有同於千里止步不過於六七桓桓大將黃石老之兵符赳赳武夫白猿公之劍術謀無再陳其來若神攻則必取諒資於武既作氣以鼓行受脤者實在乎國英雖假靈於廟算決勝者亦關於天斷固將以拒十角之猖狂豈止掃一隅之陵亂然後作寰宇之清謐成皇王之壯觀別有其儀不忒詩書是則鱗翮初就將騰躍於風波冠劍末從尚棲遑一作遑遲於翰墨願高關之氣殄佇燕然之銘勒優哉悠哉小臣高歌帝德

時賦

從龍者雲召風者虎物之相應時哉則侶傅巖捨築渭浦收綸命或時偶時維道親時既行焉西漢之臣附鳳時之否也東魯之父傷麟時可以謀身時可以達命季子談說宣尼歷聘平津列侯長卿國命時廢時通知之則慶元穹埏埴時運收成日月貞輝時合晦明大火流兮歲律云暮春花歇兮寒露將生感天時之興替矧人事之窮亨時乏良工龍泉掩彩時逢伯樂驥坂長鳴借如紅樹呈色玉顏含粲貴當時而則榮恥後時而貽歎古之君子謀於終始

薦之惟賢士或知己刺途者棘垂陰者李其道可存將來之士遷喬者鶯待時而鳴芬庭者蘭候時而榮易曰時止則止時行則行自古而觀惟時之大豈獨夫今日之情者也

聖人以四時爲柄賦以題爲韻

粵若受天明命配天啓聖其作則也必敬敷五教齊七政節春夏秋冬之候順金木水火土之性變通無失表正度以爲平雩祀有常示帝圖之斯盛始或星分於木斗建於寅配其宮於甲乙面其地於庚辛莫不合乎序應乎人念

羣生而悉遂彰盛德以維新則是柄也非父非子而天下親暨夫候應乎離音諧於徵列其位於丙午制其方於壬子莫不循厥功究厥旨導貞悔之所由體長嬴之所以則是柄也非堯非舜而天下理至乃金精儲其氣白帝涖其事有湛露兮斯降涼風兮斯至是則仰察於天俯觀於地司肅殺而不忒憫凋落而無遺抑是柄也五帝惟六三皇復四又若元律騰輝伊水德兮膺是期有積雪兮自爾有堅冰兮自茲是則上窮於象下順於時念衣褐之未濟表歲寒之不欺抑是柄也兩漢非遠二周可追況復正巳無

替虛心罔差隨土圭而暗測同灰管以潛知執陰陽代謝之功咸歸不宰用日月推遷之候盡合無爲由是暉映化權鏘洋德柄契皇明於玉燭流睿覽於金鏡士有隨計上京觀光末路欣有準於時政賀無疆於聖祚故尋繹於禮經因抽毫而是賦

八月五日花蕚樓賜百官明鏡賦

天下之美風猷崇五日重千秋歡心達於四海聖澤均於九州是日也天子以載誕昔辰同漢武猗蘭之殿登高撫政則聖文花蕚之樓皇帝乃御龍袞拱洪休申景命於萬方寓駢賜明鏡於百辟公侯偉其爛矣生光炯爾明發色洞秋水精涵夜月均曲池之引照或淺或深比太陽之圓明不盈不闕洛爾千品勗爾萬官欽哉明主之錫訓爾爲臣之難手平者必正體靜者必安水清則鑒澈表正則影端居燥濕而不變是之謂可久無小大而虛受是之謂內寬可以勵心者堅白可以接翼者鵷鸞擬茲鏡之在匣則何憂乎考槃於是羣公卿士簪扈仙蹕寵賚自天恩深此日執明鏡者無所私其照對明鏡者無所隱其質並陳力以效能各呈才而獻術莫不再拜稽首奉承天子之休備

有德於咸一

寒賦

儒有討混元搜綿祀既覩寒暑之終亦測興伏之始覘風驚於一葉委時換乎千里寒之厥狀自茲而起若夫大火宿藏青霜晨烈則蜀井烟閉漲海氛滅長河天浹綴珠崖而生冰幽朔地窮濛飛沙而雨雪乃知蘇武增感李陵愁絶聽胡笳以攪思儷漢庭之仳别及幽林風掃時物霜殘柔條危勁奥室淒寒有美人兮心恍惚情怵悼而難安陰凝柳塞怨龍庭之路隔月透羅幌憐鴛衾之夜單屐銀階

之悄悄雪珠淚之珊珊縫筐筍之紈素寄戎幕之艱難別有陸沈之子廁跡荒藪器宏偉而可觀命屯剝而不偶當其時也趨炎俯僂佩瞰噓吸無詩人卒歲之衣雨泉客將離之泣豈祁寒而致慽亦遭時而不息終乖挾纊之暄更悲綈袍之及層冰咽溜宋生則綴帳而相望皓雪盈門袁子則茹悲而於悒雖居榮而可貴亦憂道而不入於時倚歎窮律佇目遐坰伊鮮物之皆悴獨霜松之常青縱寒苦之飄激淬堅明而自寧汨吾情之浩蕩願冥志於紫靈

對所知哭寢門判

甲哭友人於寢門之外友弟將爲疏闊輒毆之

太虛運化勞息有期聖人制禮哀樂殊節甲以詩稱伐木義切斷金追管鮑之平生欣然相得鄙張陳之棄置莞爾無取臨川興歎逝者如斯怨天地之不仁撫琴書之空在昔之莫逆把黃菊而思來今也則亾乘素車而慟哭哭於門外禮亦宜之責以相輕誰執其咎且孔父將聖昭著格言有弟何知胡然昧議龍頭不見已喪朋從鳳字未題遽招伊慼非理輒毆宜啓刑書請驗所傷用申明罰

陳元伯

元伯開元時人

貪泉銘

石門海口厥土惟南爰有寒泉注涯之潭洶溢得窟既潔且甘古來共傳飲之則貪或曰不然人心自欲銅山恒有意亦未足矧來茲土舶車相屬利汨其心貨盲其目在昔賢守惟孟與吳雖飲此泉捐金還珠由是言之自有貪夫匪以泉故其心則渝嘗讀舊史錢神銅臭漢晉昏濁多門取授上下相蒙靡恤靡救由物而已豈泉之搆皇唐啓聖開元御歷黜陟幽明官人慎擇道風淳儉吏業清白於戲

爾泉其名可易器滿必覆撲滿不完不貪爲寶子罕詞殫潤屋潤身禍福之端勒銘貪泉作誡庶官

趙子卿

子卿開元時人

出師賦 幷序

古之王者出師有征無戰然則兵革之事聖人是興蓋所以威不軌而昭文德也帝乃欽若堯禹承天運行鮮卑在圖夜郎無外而旄頭賊醜忘道弄邊河侵海寒障路幽朔皇赫斯怒親師用征搖星纛神召募雄合白羽森月朱旗

爛空俾夫翕東海之焱波掃北荒之沙雪國用長策人忘暫勞聊勝詠歌取思而賦賦曰

莫高匪天兮生我聖人聰明運用兮不測惟神思澤洪融覆幬彌淳噴窮陸霈無垠珍怪烟委而波屬蠻夷鳥狎而蟲馴粵若鬼方兮玁狁孔狹固陰沍寒兮陵我河津於是按玉劍而憑怒耀金戈而雷震禡蚩尤誓勾陳會白帝騎蒼鱗天動地應羅羽衞而煌煌風咆雷鬭作笳鼓之殷殷別有哮悍之旅毅勇之賓爰自幽并而投召走巴楚而來臻鐵馬金甲虹旌電輪鳴弦者飛鴈由其殞越揮戈者白

日所以逡巡國體兵勢殊容共身既出師於鄠杜亦獵虜於新秦野氣蒼茫而助殺軍聲慷慨以含仁奮威則鯨鯢忉釁流詠則梟獍懷親大荒搖落知單于之魄死層冰泮渙感天子之情春昆彙雜種於何不臣寧直跨胡而北省亦當撫柔於叢榛海岱攸類匪兵是遵固將歷三五而高視豈與夫費百萬於同勦

鄭齊望

齊望開元時擢書判拔萃科

對歸胙判

甲監享以胙歸父餕而祭

三才既分六宗爰設或因地事地或因天事天明堂尊嚴配之儀清廟崇禘祫之典國之盛禮其何以先神之至誠罔或不降於是陳以簠簋薦之犧牲瑟奏空桑管吹孤竹甲言參大享監彼有司獻灌無虧福祐攸洽貴骨以頒於高品賤體仍霑於庶僚他日鯉趨且聞歸胙今朝神惠更用祭先錫類之美則多黷禮之嫌宜避

沈頊

頊開元時官諫議大夫

賀雨賦

臣聞堯以欽明文思察洪水而其咨湯以布昭聖武鯀鑠石而不雨彼穹蒼之災沴豈睿君與聖主我明德之馨香終時康而俗阜大唐以率俾蠻夷莫非王土主上以光宅君臨粵若稽古以淑德崇化爲乾作輔其廣運也包二儀以覆載其亭育也想羣生之父母聖謨洋洋嘉言孔彰惟精惟一無怠無荒百姓有過引之歸已一物失所納之於隍夫人之所重者食也政之所先者農也近歲以冬雪不盈春雲少澤綠疇合瘁朱夏將革無西畢之霶霈有南威

之赫奕我藝闕秀甫田虛闢湘燕垂翼而不飛應龍矯首而何益爾乃邦人大恐皇念勤眷思轉災以爲祥宜樹美而除譴移正寢徹豐膳釋幽冤索遺彥達聰明目廣視聽於四方恤獄緩刑開網羅於三面誡絕崇慝懲離黨揆衮路清太階平君臣咸一邦家輯寧天方悔咎淪擧垂休降靈雲布族而靄霸電驚空而煌熒殷雷震而闐闐飛雨零而冥冥夫其森沈散漫颯灑淩亂瀝液汪洋周流津漢濯上林之靃靡漲昆明之瀾汙驟繁響於闕庭浮清風於樓觀元澤優而霽止晴光炳兮澄渙奔餘潦於迴塘挂晴虹

於霄漢阡陌條暢而增綺黍稷芬榮而若換野老熙熙農人相持嘉廩儲之望歲喜甘霈之流滋鼓腹擊壤賡歌稱詩詩曰有渰凄凄興雨祁祁雨我公田遂及我私皇上睟容有穆神心載怡羣卿大夫濟濟纓緌拜手稽首足之蹈之賀農祥於介福答聖造於休期有諫議大夫沈瑱因進而稱曰臣聞昔者飛雉升鼎用隆殷宗之德熒惑守心旋移宋景之慝禾苗盡起孺子感動於周公桑穀並生太戊獲相於伊陟夫君人者修己以敬乾乾日昃奉堯舜以爲心崇禮讓而爲則放黜回佞敷求讜直使人以時用卲明之昏定異物不貴誠老氏之難得哀賑惸嫠勉敦稼穡自然灾伏至誠感於天地及當而行湛恩浹於寰瀛珍絡繹瑞縱橫海氣蒙晏河光吐榮甘露凝而醴泉涌麒麟遊而鳳凰鳴烟雲蕭索而紛郁日月光華而淑清我后慎終如始用晦爲明爲而不有沖而不盈向之能事動植由庚

張欽敬

欽敬開元時擢進士第

仲冬時令賦（以題爲韻）

粵若大君光宅海內文思開帝王之洪緒振皇紀之綱維

敷化布和設明堂以聽政發祥儲祉坐宣室而受釐有典有則念茲在茲夙夜恭己凝旒肅祗享會必依乎是月寒暑不易乎斯時若乃睦以神人施乎政令鋪惠澤以流渥鼓薰風而入詠日月惟朗星辰克正調歷數之璿衡叶乾坤之寶命況乎陽氣告始豳歌御冬惟時是恤維政之雍穆元堂以敷化感黃冠以勞農命曾史之登臺式書雲物審周官之有祀時命秩宗於是恒憲聿修舊章遐布飭蓋藏之是密警門閭而必固一以永寧各知攸措滌器物之疵奄釐冰地之凝沍休力役省征賦養國中之鰥寡罷官

守之尸素是使風雨丕順曾不爽於豐年霜露以時諒匪愆於歲暮撫三五之遐軌寀道德之平裕方見與羲農而比崇豈直等成周之景祚而已顧慚眇質叨承選衆神仙作尉非漢氏之稱梅孝友承家媿詩人之歌仲謬昌言於
聖德豈緣情而有中

對移鄉判

丁適他邑伍謂其叛追之遽出旌節以徇伍訴諸邑吏將納之圜土曰來有授也

典禮是興訓導爲本俗以遷善從乎樂郊生而在勤克有

寧宇今丁之適無乃是諸鄉伍以追其昧授於旌節邑吏之罰胡不恤於宜岸縶茲行者類厥罷人雖徇等門關曾不忍於爲厲內於圜土且未見於虧則終是迷而安作輒利動以生悔瑜瑕既不相掩齊楚豈能均得誨人不倦其若是乎遂使信不可知義無所立薄刑猶可誤作往訴何太詞游爰叩兩端且知三失況率土無外曷謂他邦當官以行何非已任免戾實由勤職結罪終無正條寧其刑淫是亦爲政

對越關判

越度關府欲科罪稱告急切不暇請公文

恭惟我王設險以守是立關禁防諸末遊彼何人斯干國之紀異驅傳之高節非買符之達人去必乘星學雞鳴而夜度行惟渴日談馬邑而朝迷此則匿姦於心詐僞難恕徒急切以文過豈刑章之可逃速歸爾尤無惑朝憲

劉晉

晉開元時擢書判拔萃科

對清白二渠判

得清白二渠交口不著斗門堰府司科高陵令

罪云是二月一日以前

作利生人實資水德至於泛濫或以災成故立陂隄存夫令式雖墨綬爲化不顧於勞人而黃潦或湧益深於害物況作事謀始合用於農隙啓塞隨時豈待於春仲論事乃拙於爲政語對何聞於有司堰既不立於千金刑亦安疑於兩璧郡侯所詰爰按科條

劉潤

潤開元時擢書判拔萃科

對大酺酒判

元日會序賓光祿以大㪷酌醴祈黃耇比部以
無令式勾徵訴稱以引以翼古之道也

元正告朔品物惟慶萬國朝宗九賓式序尊儒尚齒以申其宴慰養老乞言以成其福祿威儀秩秩弁舞傞傞等申公之置醴同齊侯之拜爵大㪷以將其厚意加籩以寵其元老既醉既飽以引以翼引大雅之謙和致太平之樂事光祿乃遵乎古道未蹈深愆比部則格以金科言從勾納法其晝一理在徵收刑貴惟輕不宜加罪

對薦賢能判

甲薦賢能三詣公車試皆高第表請錫彤弓矢
廷尉致詰詞云適有功

唐堯稽古時謂能官周文小心號稱多士雲龍感召鸑鷟充庭蒲璧交徵弓車荐委薦異能之士採非常之德遊太學而橫經詣公府而高第驥足千里同主父之三擢桂林一枝恥公孫之十上爰求九錫之命以旌三適之功惟甲書生可貴能移太守之尊小吏雖卑猶奪宰君之望在道雖云可重傷倨無宜寘刑理在優賢不勞加黜

對無夫修隄堰判

河南諸州申無夫修理隄堰請與之平價仍免
外徭省司以爲與平價則官無所供免外徭則
公事廢闕不之許州訴人實阻饑恐不及冬成
至春復桃花水爲害

邦寧本固書稱經理之方慮始樂成易著變通之義且河分南北境控青徐壤雜下田土爲上賦荐逢堯水乍闕殷儲感發於中思索其極順時令庀工徒版築爰興隄防互設崛然特起同斷岸之孤標的爾殊形狀屯田之錯峙期於永逸汔用小康望免外徭式酬平價州將當撫循之寄

顧瞻黔黎省司膺出納之權愛存府庫俱爲奉國咸是循公探源若混其淄澠究理頗別於涇渭何則雖言營造本資其井田徒謂繕修未起於桑梓力常有限徭或可蠲役靡踰時價無宜給是則上省勞費人忘阻饑無闕於農不愆於素縱使隄疏瓠子不復與歌浪起桃花誰能爲害

顏勝

勝曲阜人擢進士第官右補闕

對大夫祭判

有五品祭寢不祭廟饌用索牛御史劾於寢則

以陋於饌則以泰訴云禮令無違

廟者曰貌死者曰歸神人異業敬則如在牲牷必備祭而勿黷秩有五品榮加三命誠乃錫類孝能尊先春露既濡增怵惕之感秋霜已降發悽慘之心雖欲饗親孰爲知禮祭於寢也自合封羊祀諸廟焉方聞用犢庖丁展事雖則無全鄒人將入如何不問令無立廟理歸於寢祭設庶人之位薦以大夫之牲索而用之非其古也蘋蘩可重豈煩介葛之犧黍稷非馨寧展烝嘗之禮精意以饗神其吐諸禮雖徵於曲臺罪自招於石室欲加之罪其無辭乎

對弔服加麻判

甲乙二人所受學師亡皆弔服加麻甲出有所之則經乙居則經出則否縣司科甲乙不合爲師制服並不伏

理範通明國圖惟遠班和正本式古崇風訓學興文當今是教甲乙同志偃化從師春誦夏弦自得西河之美摳衣函丈無非北海之遊道叶雩壇聲高闕里鴻都盛業方列義於儒堂霤隙流年奄生悲於泉户兩楹之夢豈迴景於西山二豎之災竟遊魂於北斗壞木之悲師也何追頹山之哀吾將安仰因情定禮自可處於心喪弔服加麻實無虧於聖政甲出而經是依古也乙居則否奚所咎焉既不異於門人信無徵於魯禮欲加之罪其有辭乎

對父在凶門判

乙父在喪母立凶門或告一家不合二門乙訴云虞而無主以重當輕

休死勞生存亡大數絕漿泣血孝敬常期乙也哀摧禍鍾凶釁感風枝而殞魄反哺何施陟霜屺而縻心跪乳奚及願言負米空結戀於梁山痛深懷橘愴開編於吳史凶門

列位夙著等差方取則於殷周驗昭然於典禮既虞而作瘞重之制自分有祔於姑爲主之儀寧惑坦然明白可舉而行事不亂於大猷法難加於小累

對不供夷槃判

三品喪事夷槃不供司儀云時所不要

生榮死哀士有恒禮弔喪歸賵國著成規三品云亡九泉方閟窀穸有事未展懸棺之儀含襚所陳遂闕夷槃之典至若夏德方暑自可歸冰冬陰冱寒何煩設器待窮獻羔之禮方議鵷鳩之刑

屈突叔齊

叔齊開元時擢書判拔萃科

對父在凶門判

乙父在喪母立凶門或告一家不合二門乙訴云虞而無主以重當輕

陟屺纏哀終天永慕形神訾毀有切於何曾流慟傷神詎慚於吳隱於是牛山卜兆魚岫開塋帝軒轅之乘龍衣冠作遂王子晉之御鶴劍舄成墳因班牛而動祥樹石馬而旌貺既而元門告掩丹旐云飛聊申虞祀之儀方則夏殷

之禮立主之義自有常條以重當輕終乖禮式既無虧越何爽公途

裴廣

廣開元時擢書判拔萃科

對父在凶門判

乙父在喪母立凶門或告一家不合二門乙訴云虞而無主以重當輕

仁焉而終智焉而死九原悽愴寧聞可作之期千日荒涼徒結有涯之恨乙以悲深厚地痛結終天充窮於溢米之晨荼毒於寢苫之日青烏韞吉已託萬家之地白鶴飛來俄聞再奠之禮所以表斯廬位設彼銘旌佇馴獸之見遊希祥禽之或至言申陟屺之戀再寫循陔之悲既結歎於生靈實無慚於死孝或人言告未可依憑哀敬之心理在矜察審慎之典必藉平反淫濫儻行手足無措既非月之無失何如霜之可繩

欽定全唐文卷四百二

劉庭誥

庭誥開元時擢書判拔萃科

對移鄉判

丁適他邑伍謂其叛追之遽出旌節以徇伍訴諸邑吏將内之圜土曰來有授也

前王列土各有疆埸司徒典邦敷陳禮教苟違近以適遠必咨官以辨族彼其之子是何人斯罔協厥居越在他邑動而有悔速訟所以成愆行而有由鄰人於何告攝離其鄉居彝倫或紊逞其旌節有授而來信既由衷何往不濟伍實妄訴宜其詬諸

王灣

灣先天時進士

對清白二渠判

得清白二渠交口不著斗門堰府司科高陵令罪云是二月一日以前

溝洫之宜隄防是急惟禹盡力乃安生人自鄭渠來興秦壤增利清白相映雲天竝開稻粱交陰雨汗俱發東風適降南畝初勤曉波猶微春修未遽縣令以恤人從術計役乘閒雖蟄户驚飛方期伐木而斗門議立且恐勞人未爲瓠子之決欲后桃花之水府司按職體要俱懷聽風俗於初聞謂弦歌於未理誠以漑灌無闕經營有圖豈乖蒲宰之明當寬柳惠之黜情存審慎可適隨時

司馬貞

貞開元時官潤州刺史

孝經老子注易傳議

議曰今文孝經是漢河閒王所得顔芝本至劉向以此本參校古文省除繁惑定爲此一十八章其注相承云是鄭元所注而鄭志及目錄等不載其故往賢共疑焉惟荀昶范煜以爲鄭注故昶集解孝經具載此注而其序以鄭爲主是先達博選以此注爲優且其注縱非鄭氏所作而義旨敷暢將爲得所其數處小有非穩實亦未爽經傳其古文二十二章元出孔壁先是安國作傳緣遭巫蠱代未之行荀昶集注之時尚有孔傳中朝遂亡其本近儒欲崇古學妄作此傳假稱孔氏輒穿鑿改更又爲作閨門一章劉炫詭隨妄稱其善且閨門之義近俗之語非宣尼之正說

按其文云閨門之內具禮矣乎嚴兄妻子臣妾繇百姓徒役也是比妻子於徒役文句凡鄙不合經典又分庶人章從故自天子以下別爲一章仍加子曰二字然故者連上之詞卽爲首章不合言故是古文既亡後人妄開此等數章以應二十二章之數非但經文不眞抑亦傳習淺僞至注用天之時因地之利其畧曰脫衣就功暴其肌體朝暮從事露髮塗足少而習之其心安焉此語雖旁出諸子而引之爲注何言之鄙俚乎與鄭氏之所云分別五土視其高下高田宜黍稷下田宜稻麥優劣懸殊曾何等級今議

者欲取近儒詭說殘經缺傳而廢鄭注理實未可望請準式孝經鄭注與孔傳依舊俱行又注老子道德經者實謂元言注家多罕窮厥旨河上公蓋憑虛立號漢史實無其人然其注以養神爲宗以無爲爲體其詞近其理宏小足以修身潔誠大足以寧人安國且河上公雖曰注書卽文立敎皆體指明近用斯可謂知言矣王輔嗣雅善元談頗深道要窮神用乎橐籥守靜默於元牝其理暢其旨微在於元學頗是所長至若近人立教修身宏道則河上爲得今請望王河二注令學者俱行又按劉向七畧有子夏易傳但此書不行久矣所存者多失眞本又荀勖中經簿云子夏傳四卷或云丁寬所作是先達疑非子夏矣又隋書經籍志云子夏傳殘缺時六卷今二卷知其書錯謬多矣又王儉七志引劉向七畧云易傳子夏韓氏嬰也今題不稱韓氏而載薛虞記又今祕閣有子夏傳薛虞記其質粗畧旨趣非遠無益後學不可將帖正經謹議

史記索隱序

史記者漢太史司馬遷父子之所述也遷自以承五百之運繼春秋而纂是史其褒貶覈實頗亞於邱明之書於是

上始軒轅下訖天漢作十二本紀十表八書三十系家七十列傳凡一百三十篇始變左氏之體而年載悠邈簡冊闕遺勤成一家其勤至矣又其屬稿先據左氏國語系本戰國策楚漢春秋及諸子百家之書而後貫穿經傳馳騁古今錯綜檃括各使成一國一家之事故其意難究詳矣比於班書微爲古質故漢晉名賢未知見重所以魏文侯聽古樂則惟恐臥良有以也逮至晉末有中散大夫東莞徐廣始考異同作音義十三卷宋外兵參軍裴駰又取經傳訓釋作集解合爲八十卷雖麤見微意而未窮討論南

齊輕車錄事鄒誕生亦作音義三卷音則微殊義乃更畧爾後其學中廢貞觀中諫議大夫崇賢館學士劉伯莊達學宏才鉤深探賾又作音義二十卷比於徐鄒音則具矣殘文錯節異音微義雖知獨善不見旁通欲使後人從何準的貞謏聞陋識頗事鑽研而家傳是書不敢失墜初欲改更舛錯裨補疏遺義有未通兼重註述然以此書殘缺雖多實爲古史忽加穿鑿難允物情今止探求異聞採摭典故解其所未解申其所未申者釋文演註又爲述贊凡三十卷號曰史記索隱雖未敢藏之書府亦欲以貽厥孫

謀云

史記索隱後序

夫太史公紀事上始軒轅下訖天漢雖博采古文及傳記諸子其間殘缺蓋多或訪搜異聞以成其說然其人好奇而詞省故事覈而文微是以後之學者多所未究其班氏之書成於後漢彪既依遷而述所以條流更明且又兼采衆賢羣理畢備故其旨富其詞文是以近代諸儒共所鑽仰其訓詁蓋亦多門蔡謨集解之時已有二十四家之說所以於文無所滯於理無所遺而太史公之書既上序軒黃中述戰國或得之於名山壞宅或取之以舊俗風謠故其殘文斷句難究詳矣然古今爲註解者絕省音義亦希始後漢延篤乃有音義一卷又別有音隱五卷不記作者何人近代鮮有二家之本宋中散大夫徐廣作音義一十卷惟記諸本異同於義少有解釋又中兵郎裴駰亦名家之子也作集解注本合爲八十卷見行於代仍云亦有音義前代久以散亡南齊輕車錄事鄒誕生亦撰音義三卷音則尚奇義則罕說隋祕書監柳顧言尤善此史劉伯莊云其先人曾從彼公受業或音解隨而記錄凡三十卷隋

季散亂遂失此書伯莊以貞觀之初奉敕於宏文館講授遂采鄒徐二說兼記憶柳公音旨遂作音義三十卷音乃周備義則更畧惜哉古史微文遂由數賢祕寶故其學殆絕前朝吏部侍郎許子儒亦作註義不覩其書崇文館學士張嘉會獨善此書而無註義貞少從張學晚更研尋初以殘缺處多兼鄙褚少孫誣謬因憤發而補史記遂兼註之然其功殆半乃自惟曰千載古史良難紬繹於是更撰音義重作贊述蓋欲以剖盤根之錯節遵北轅於司南也凡爲三十卷號曰史記索隱云

補史記序

太史公古之良史也家承二正之業人當五百之運兼以代爲史官親掌圖籍慨春秋之絕筆傷舊典之闕文遂乃錯綜古今囊括記錄本皇王之遺事採人臣之故實爰自黃帝迄於漢武歷載悠邈舊章罕補漁獵則窮於百氏筆削乃成於一家父作子述其勤至矣然其敍勸褒貶頗稱折衷後之作者咸取則焉夫以首創者難爲功因循者易爲力自左氏之後未有體制而司馬公補立紀傳規模別爲書表題目觀其本紀十二象歲星之一周八書有八篇

法天時之八節十表放剛柔十日三十世家比月有三旬七十列傳取懸車之暮齒百三十篇象閏餘而成歲其間禮樂刑政君舉必書福善禍淫用垂炯誡事廣而文局詞質而理暢斯亦盡美矣而有未盡善者具如後論雖意出當時而義非經遠蓋先史之未備成後學之深疑借如本紀敍五帝而闕三皇世家載列國而有外戚邾許春秋次國畧而不書張吳敵國蕃王抑而不載竝編錄有闕竊所未安又列傳所著有管晏及老子韓非管晏乃齊之賢卿即如其例則吳之延陵鄭之子產晉之叔向衞之史魚盛德不闕何爲蓋闕伯陽清虛爲教韓子峻刻制法靜躁不同德刑斯舛今宜柱史共漆園同傳公子與商君竝列可不善歟其中遠近乖張詞義踳駮或篇章倒錯或贊論麤疏蓋由遭逢非罪有所未暇故十篇有錄無書是也然其網絡古今敍述懲勸異左氏之微婉有南史之典實所以揚雄班固等咸稱其有良史之才蓋信乎其然也後褚少孫亦頗加補綴然猶未能周備貞業謝顓門人非博古而家傳是學頗事討論思欲續成先志潤色舊史輒黜陟陞降改定篇目其有不備竝採諸典籍以補闕遺其百三十

篇之贊記非周悉竝更申而述之附於衆篇之末雖曰狂簡必有可觀其所改更具條於後至於徐廣惟畧出音訓兼記異同未能考覈是非解釋文句其裴駰實亦後進名家博採羣書專取經傳訓釋以爲集解然則時有光長至於盤根錯節殘缺紕繆咸拱手而不言斯未可爲通學也今輒按古今仍以裴爲本兼自見愚管重爲之註號曰小司馬史記然前朝顏師古止註漢史今竝謂之顏氏漢書貞雖位不逮顏公旣補史舊兼下新意亦何讓焉

李成裕

成裕開元二十九年官博州刺史

請刻夢眞容敕旨奏

奉閏四月二十一日敕中書門下奏請宣示中外者歷觀寶牒會所未聞倒捧瑤緘不勝忭躍臣謹按洛下閎太初歷云後八百年歷差一日有聖人正之至陛下定歷之年正當八百今又元元皇帝以聖明之代來見眞容於夢寐之間再陳靈應稱陛下慶流萬葉享祚無窮則知聖歷昌期合符同契者久矣雖縑緗已載而苕琬未書將何以對越神休光昭睿德臣之愚昧敢以上聞伏請於開元觀具

寫綸言勒於貞石入仙宮而物覩知聖祚之天長如允臣所請諸州亦望准此

胡嘉隱

嘉隱開元中衞士獻繩伎賦擢拜金吾闕曹參軍

繩伎賦

律南呂兮仲之秋帝張樂兮秦之樓鼓舞令節鏗鏘神州萬國會百工休俾樂司咸戩繩伎獨留此聖人之新意也與衆共之降賞成列服也德之稱容兮巳之悅觀八佾則羅轍生塵髮兩髦則麻衣如雪結繩既舉彝倫攸序沓若天險之難升忽爾投足而復阻來有匹去無侶空中玉步望雲髻之峨峨日下風趨見羅衣之楚楚足容捷貌容恭鳥斯企雲相從煜煜兮映朱樓之花萼煥爛兮開甲帳之芙蓉橫竿却步疊卵相重績人不能窺其影謀士不能指其蹤既如阿閣之舞鳳又如天泉之躍龍徘徊反覆交觀奪目擁金騎屯繡轂高詞論者族談多才藝者心服既得擅場其能未央應鼓或躍投繩或翔婉孌兮弄玉之隨蕭史仙妻之別劉綱淩波不足奇其術行雨未可比其方然後知海之深則孤楂可泛河之廣則一葦能航不奔明月

不赴高唐食君之珍膳衣君之聚裳喜千秋之令節願獻壽兮天長於是衆變格行無力歡百姓之心傾四方之國掌上失妙宮中沮色所寵者寵其回邪所好者好其正直視履不懼柔嘉惟則故知我者謂我從繩不知我者謂我憑陵繩有弛張藝有廢興用舍靡定倚伏相仍如臨如履何競何喜猶君之從諫則聖伎之從繩則正惟伎可以爲制節繩可以爲龜鏡殷鑒不昧在此而已豈徒昭玩人喪德豈徒悅彼姝者子明后居高視卑創物成規此乃堯舜之用心使吾人之載喜慶賜必周將順其美來娉婷去輕

盈奇伎兮忽還天上而不可見繩繩兮道之遠兮不可名

王延齡

延齡開元時人

秋宵讀書賦

獨夜寥寥兮清我素襟踐藝城兮遊遨書林觀先王之行道見古人之同心羲農之精微兮合陰吐陽周孔之奧祕兮神入鬼出有禮樂經邦之化有德刑御人之術雖興風而致理或因文以喪質借如助築於潤垂釣在川夢來而所象方得繇啓而其朕必甄何風雲之冥感而君臣之道

全謨明弼諧開物成務儀在楚而何辱隗得燕而何遇起之來兮而長平不守季之入兮而武關非固將吉凶之由人伊存亡之有數若乃大夫西都之佳賞公子南皮之勝矚將軍之畫閣天半衛尉之涼臺水曲馳香車與寶馬肱纖羅及美玉玉饌金觴暮不歸妙舞清歌斷方續何貴幸之斯甚爲歡娛以自足士有竄江濱兮不用首河梁兮永辭長門幽絕恨欲死掖庭一去還無期黃鳥嚶嚶兮野花落白露瀼瀼兮邊草衰此時但能登高而遠望孰云不腸斷兮淚如絲夫以總明正直維神之假有才無位奚其爲者行莫過於顏曾文莫先於班賈空兢兢於人世竟蹉跎於物下能育其寶則宜無屯不與其命何生此人仗雄劍以激憤一欲問夫蒼旻夜如何其夜以闌閑琴牢落坐南端流月曈曈兮素華滿銀釭煜煜兮清光寒於是開中軒覽晴盼天敞朗兮北斗何高雲依微兮南山可見銀河既已傾玉窗又以明哀鴻嗸嗸兮空際遠墜葉紛紛兮林外輕已而羣感互興衆念相積憐稚顏兮何暮對流年以自惜徒見其生也楊柳繁華爲我春不知其死也松檟幽泉爲我夕何恃俊於禰衡何慟窮於阮籍幽蘭無人兮終自

芳郭璞蒙垢兮豈不潔黃綬從來兮非所願白雲逶迤兮滿山自得長歌太平事胡爲擾擾風塵間

夢遊仙庭賦

葛稚川見素抱樸傲世忘榮循潔白之道吸元和之精泊乎意眹飄然體清於時秋風蕭蕭秋夕凜凜野猿垂幕山童薦枕須臾之間乃安斯寢神倏爾而逾邁眇不知其所届紛溶溶而上馳將若遊乎天外駕白鹿驂斑麟飛翠蓋騰紅輪橫絕南斗超淩北垠出崑墟以騁志過滄溟而問津呵風伯叱雷父披天門謁天宇太一之居兮金碧堂洞

鬱密兮不見陽蕊珠履地雲屏匝廊色郯郯其揚彩爛煜煜以成章旖旎旌節襂纚羽裳蒼龍吹篪丹鳳爲舞洞轇轕乎東廂此其大較也若乃羣仙之所盤薄珠庭之所蘢濩曼以玉堂映以朱閣靈怪潛祕光華相錯陰陽不能授其寒暑造化不能生其美惡及乎上眞降命赤書爰作速陽侯而波靜走姮娥而月落値江妃之倩練驚海童之閃爍其翺翔曠遠者嬉九垓排三山紫烟生白雲閒偃蹇夭矯翩緜縹緲可見而不可攀至夫靈草自然珍木不死餐霞噏沆乘鴻躡鯉或隱山林或游城市斯實元都之能事

羌難測其云已洪崖先生方睟其容頷其頤曰中州之士也爾來何遲出祕訣約眞期挹華池之水唱天關之詞旣乃避席屏氣拜命之辱精皦晶兮從空浮長覺悟兮還舊邱惟見塵書滿屋皓月生樓涉花窮極無迹難求豈莊周夢爲蝴蝶蝴蝶夢爲莊周歟意者天聰明神正直親其貞亮之槪照以元魁之極雙童兮何日再逢上清兮何時再陟掩空館而愁臥撫長懷而歎息

夢五色筆賦

夫何言吉夢兮杳杳冥冥若有一人兮遺我鴻筆居然五色兮其狀炳靈煥錯彩於無像紛斑爛而有形匪沈淪於畫墨邪渾濁於殺青獲乎希微來何處所彩非染而自備管在搦而神與意藻思之相授期文章而見許信魂夢之有孚會目成而不阻神之正直福非回邪何代無才曷江淹之允屬則吾豈敢疇郭璞之孔嘉緊有靈兮未悟儻如夢兮增華始其良夜幽閒齋心朗暢寢彌安於自得思不適於無妄故降彩筆冥徵元貺與蠅集而殊端方兔毫而詭狀丹青式序元黃可分參乎素色爛以成文若以我修辭五彩必能吐鳳若以我揮翰一飛何謝慶雲是知物有

幽通神爲眞宰夢以掌握驚玆夕以靈奇瞻彼筆端勝常時之光彩誠有志而必達宜飭躬而不殆展轉虛室曈曨曉日目眩昧於花容想綢繆於錦質或乍進而乍退類若虛而若實旣而駭人恍然觀身雖放言之在我豈假手而非神則知五色之靈筆善誘斯文之日新

馮待徵

待徵開元時人

對澤中得菫判

王祖母饑病立冬劉公孫因澤中取土得菫栗

遺之後有火過於西鄰鄰告云妖有司科之使

司奏請旌異

至誠感神天道應善雖欲蔽德其如予何王祖母病既日臻甘脆蓋闕劉公孫孝惟天性墾鑿多勤坐北堂而搖魂仰南陔而結思是賴天靈其鑒地輸其珍綠菫欺霜而沓榮紅粟無稼而呈粒此一奇也又何如焉況丹燄飛空以災糜竺之室元應必感不昧劉殷之家鄰者奚愚以厚誣而害物有司何酷載重詰而傷仁明哉使乎清識遠矣舉直錯枉揚於王庭蒙雖不才請從斯矣

張大吉

大吉開元朝擢書判拔萃科

對牢祭有違判

孟壬具少牢祭仲巳遽執畢入贊者告巳有違巳云以備失也得禮之中何乃妄告俱詣博士定博士曰禮和爲貴豈在爭乎科贊者不伏

惇宗將禮以祇祀事命滌宿宮存乎饗獻執觚奉爵理必祖於敬恭藉茅設洗事無忘於豐潔惟壬榮班命數羔鴈同行擇日筮尸將行懿祀充牲視物具祭爲先列羞鼎於門祔升俎載於階序巾盥在手餚核旅陳醜平仲豚肩之陋思由也户堂之禮仲巳恪恭所執持畢而來仰觀好雨之星欲理如湯之鼎此乃思無出位舉不失宜贊者有言事同差舛博士科罰理當淺深故椒舉規過須有愧於國僑張湯用法將無慚於虞詡請從寬典無寘急刑

東鄉助

助開元朝官江陵少尹

周易物象釋疑敍

易以龍象乾以馬明坤隨事義而取象是故春秋傳辭多

因物象而六十四卦三百八十四爻之文觸類而長洎甲子以六十爲運而卦則六十四爲周六十四而參六十合九百六十年爲一元紀助今采於往疏未釋後學滯懵者標出目爲周易釋疑屬象比事約辭伸理云爾

魏靜

靜開元時官慶州刺史

永嘉集序

聞夫慧門廣闢理絕色相之端覺路遐登跡晦名言之表悲夫能仁示現應化無方開妙典於三乘暢眞詮於八部

所以發揮至賾懸梵景於昏衢光闡大猷泛禪波於欲浪是以金棺掩耀玉毫收彩孤標靈鷲之英獨負成麟之業者其惟大師歟大師俗姓戴氏永嘉人也少挺生知學不加思幼則遊心三藏長則通志大乘三業精勤偏宏禪觀境智俱寂定慧雙融遂使塵靜昏衢波澄元海心珠道種瑩七淨以交輝戒月悲花耿三空而列耀加復霜松潔操水月虛襟布衣蔬食忘身爲法愍傷含識物物斯安觀念相續心心靡間始終抗節金石方堅淺深心要貫華嘶潔神徽言表理契寰中曲已推人順凡同聖則不起滅定而

秉護四儀名重當時道扇方外三吳碩學輻輳禪階八表高人風趨理窟靜往因薄宦親承接足恨未盡於方寸俄赴京畿自爾以來幽冥遽隔永慨元眸積翳忽喪金鎞欲海洪濤遄沈智檝遺文尚在龕室寂寥嗚呼哀哉痛纏心腑所嗟一方眼滅七衆何依音德無聞遠增悽感大師在生凡所宣紀總有十篇集爲一卷庶同歸郢悟者得意忘言耳今畧紀斯文多有謬誤用俟明哲非者正之

馮敬徵

敬徵開元時人

對九日登高墜脚判

楊甲九月九日登高墜脚致跛乙告爲不孝科不應爲

無射良秋重陽佳節登高有興坐追桓景下堂傷足多伴子春雖異全歸何妨憂色寧損爲孝之道而斷不應之條告之者未達其幽趣科之者固知其失道棄而不問幸無濫焉

成伯瑜

伯瑜開元時人

經義考

學者以詩大小序皆子夏所作未能無惑如關雎之序首尾相結冠束二南故昭明太子亦云大序是子夏全制編入文什其餘衆篇之小序子夏惟裁初句耳至也字而止葛覃后妃之本也鴻雁美宣王也如此之類是也其下皆是大毛公自以詩中之意而繫其辭也後人見序下有注又曰東海衞宏所作事雖兩存未爲允當是鄭元於毛公傳下卽得稱箋於毛公序末畧而爲注耳毛公作傳之時漢興已亡其六篇但據亡篇之小序惟有一句毛既不見

詩體無由得措其辭也又高子是戰國時人在子夏之後當子夏之世祭皆有尸靈星之尸子夏無爲取引一句之下多是毛公非子夏明矣

李昇朝

昇朝元宗時官亳州刺史

對自比管仲判

無是子恒居草廬自比管仲云夢乘舟邑人告其虛誕

國家頓網鵷鴻廣羅舟檝人降三傑俾機務允釐天飛五

老而元氣清晏猶且弓招歲下徵拜日聞無是子毓德郊扉澄神虛白效宣尼之竊比無踰老彭徵武侯之故事終期管晏雖復跡符媒衒終是志越儕流或未可量有足嘉尚昔月中見字尚表英童今夢裏乘舟故符王佐但聖朝以邱園佇秀物色求人乘箕降昴之賓金礪玉璜之相必循名實方漸台階今者邑子薄言告以虛誕且鄉人所惡未可卽依翁歸自陳亦難憑據言之無罪告上何傷

崔國輔

國輔青州人應縣令舉授抒昌令集賢直學士禮部員外郎天寶中坐王鉷近親貶竟陵司馬

上何都督履光書

崔國輔謹上書於都督何公節下昨有自府廷而退者云君公垂責以爲怠於奉上之禮死罪死罪竊聞禮不妄說人爲近佞媚也不好狎自全仁義也故教訓正俗非禮不備君臣上下非禮勿定宦學事師非禮勿親所以君子恭敬撙節退讓以明禮修身踐言合道以成禮今人無禮多涉於佞媚不全於仁義故以難進而易退孜孜善行者爲失禮悲夫古之有禮者則貴今之有禮者則賤雖然君子

修身終不棄禮爲苟容詩云風雨如晦雞鳴不已言善人不拘俗也國輔常見君公有謀贊之能明恤之量敢以大雅之道而事君公殊不知君公以凡徒見待君公聞叔向乎聞張良乎夫叔向者不能言退然不勝衣爲晉國之望張良婦人也而懦夫下輩宜君公不禮蕭曹爲刀筆吏碌碌無奇節百里奚在虞而虞亡在秦而秦霸屈原之忠貞逐於楚張儀之利口鞭於梁皆士之屯蒙莫能自異僕今日復何言哉

欽定全唐文卷四百三

岑居中

居中元宗時人

石橋銘

山疊獻靈融結推功穹隆石梁飛雲架空懸流下激絕岸旁通烟華溟濛矯矯翔龍旭日曈曨蜿蜿騰虹願接天孫以助登封

劉兼

兼天寶時進士

洛陽令李果讚

狡吏畏威妖狐破膽好錄政聲聞於御覽

左光允

光允天寶元年官祕書省正字

吏部尚書南曹石幢頌序

歸心者在乎信崇教者貴乎敬離情者在乎施故勇施則有慈能敬則知讓敦信則晤道大聖之善誘也如彼羣生之惠明也若此勤而行之則近矣何遠乎哉天官曹凡徵羣林選任庶職（闕七字）也求而聚之謂之會府銓以審其能曹以覈其實而後（闕二字）實難其任所以置卌人皆時秀幹理者得之至於人吏殷湊考課繁積則分掌而決之矣有濮陽摯宗太原王彥昇廣平宋希朝扶風馬（闕五字）倩天水尹謙光等意珠獨照心鏡常明人貴其舊德順於下發自我清淨之智也與同人朗徹之性也善起眞念福生願力相率以道相應以義將以爲善之於人也勸石之爲物也堅善可常住石可不壞（闕八字）琢以成之建幢題經依教護法於交露精舍爲七寶（闕二字）每烟爐焚香沃罐澡水果因心舉誠以感通所以明空神持告天地有請以大威力宏

誓願茲乃（闕一字）之像教導之浮生也衆君子義以相（闕十一字）府醴泉縣丞尹公才學特舉聲明早著作頌以美之

尹匡祚

匡祚天寶元年官醴泉縣丞

吏部南曹石幢頌

昭昭象教懸大千兮藹藹吉人悟勝緣兮存質覩相周無（闕一字）兮卽色知空（闕三字）兮惟彼天官是司衡鏡（闕七字）正（闕六字）無競發彼清信歸於善性梵音留祕重譯題經福惠生死罪除幽冥寶臺初揭鎮地以寧仰止遷善施於有形莫

紀匪言莫堅匪石載闕一字載闕一字旣闕一字釋近闕三字遠闕一字宏闕十字

張萱

萱天寶時官渝州太守

靈石碑

大唐天寶十五載歲次丙申正月乙卯朔十八日壬申牛江砥石出見於外表時和而年豐也君聖而龍鳳祥形臣忠而庶物昭著雖圖記不載而跡遠相傳太守清河張公自承下車宣布皇化邦俗一變江月雙明自置州郡以來

未之有也有茲樂事敢事記云

薛鈞

鈞河南聞喜人天寶時官右監門衛長上

唐故翊麾副闕置同正員騎都尉薛君塔銘

龍集協洽月闕一字于臯朔巳亥日辛酉君奄然卒於西京太平里之第春秋廿八惜也人到於今悲之草木衰日月逝覩天地之蕭瑟感幽冥之慘慼欲見之不可得將捨之不可得爰起茲塔因誌於行是謂百二之論也君諱良佐字堯臣河東聞喜人蓋上古軒皇之華裔經國諸侯之令緒具在諸譜吾將畧焉曾祖待聘皇右千牛通事舍人祖麟朝散大夫皇北都司法父諤朝散大夫行右監門衛長史竝疑謀必割亂政斯理覆車之後當革前弊文翰以飾之道術以華之賢良代有秀異間出誕我君子克彰前聞君卽長史之次子也纔逾捧雉之年巳有食牛之氣始過龍女之歲早懷成佛之因乃乘軒靜邊爲國侵地胡寇載殄皇恩是班以功授官勳焉由是日崇法門專精釋誥行深般若而種善根五陰皆空六塵不染無上之士君其謂乎不然者何以子時右脅而沒月維徂暑日在東井寒泉

沸歲木乾君小斂在牀自莫生而盡三旬乃出膚不改常百日開空色不渝舊信有金剛之堅豈無我淨之理由前劫之未覩塹闕一字一代之一聞者也昆良道季良史痛三武之喪偉節哀五常之凋白眉敬崇法因乃遵所請以來年閏二月十四日建塔於終南山施陀林善知識之次其實天寶二祀也銘曰

闕二字東注流景西馳天長地久逝者如斯焱從悟發患逐闕一字爲塔建何所終南之垂

竇忻

忻天寶十二年官通直郎右武衛騎曹參軍

大唐故雲麾將軍左監門衛將軍上柱國彭城縣開國公劉府君墓誌銘 幷序

君諱元尚字元尚彭城人也出自軒皇之後繼乎光武之允長源遠派（闕一字）裔於公焉祖高道不仕父居心物外混迹人間絕粒歸眞澄神息念公稟靈（闕一字）得風雲之氣感嶽瀆之精茂歲有奇與同年而特異弱冠從仕於（闕一字）衞而超功簡在帝心於斯爲美解褐拜掖廷監作大食市馬使燕王市於駿骨伯樂顧之龍馬遂使三軍迎送萬里循環榮寵是加超公內寺伯也復爲骨利幹市馬崎嶇百國來往三春追風躍而奔騰逐日迴而來獻遂加公謁者監奚首領屈哭于侵擾候亭攪亂軍旅公密奉綸誥勒兵討之則知聖澤推賢軍容得士公有坐帷之策剋日摧鋒立討之謀應時瓦解特拜內侍答公之德也北庭使劉渙躬行悖逆委公斬之又瀚海監臨宣慰四鎮兵士畏愛將帥威懾無何遷雲麾將軍左監門衛將軍攝省事寵恩極也仍知武德中尚五作坊使國家寄重珍翫不輕妙眩工輸巧從班氏能爲悅豫幹得公心出入肅淸內外皆美向一十五載考績踰深何必上標下（闕一字）能無有（闕一字）況招寃謗徒有鑠詞聖上委公淸愼特令無事雖去官祿而不離家得預懸車於茲足矣未錫樓船之號俄聞梁木之歌惟公以天寶十二載八月十一日遘疾薨於金城里之私第春秋六十有八皇情悲悼朝野增傷以天寶十三載十有一月二十九日窆於龍原府夫人舊塋合祔禮也勢搞長原氣連秦岫崗巒蔡倚宮闕崢嶸嗣子守義常選蘇期內給事上柱國守志宮教博士竝泣血茹荼哀纏觸類氣添哽咽痛感號咷哀笳斷絕於長空楚挽喧闐於廣陌克誠克信有度有章用展飾終記之金石銘曰

帝軒之允光武傳家盈門金紫寵幄榮華夫盛必衰有會克離聖人旣則神道何爲物慮推遷迹存不朽勒石題銘同天地久

許子眞

子眞天寶時官四門助教

容州普寧縣楊妃碑記

楊妃容州楊衛人也離城一十里小名玉娘父維母葉氏維嘗謂先人云葬其祖去此十里許逢一術士忘其姓名

云此墳若高數尺必出貴子惜太低生女亦貴妃母懷娠十二月始生初誕時滿室馨香胎衣如蓮花三日目不開夜夢神以手拭其眼次日目開眸如點漆抱出日下目不瞬肌白如玉相貌絕倫後軍都置楊康見之以財帛啖其父求爲女妃家素窶不獲已與之康有二子讀書妃三歲日夜同坐聽其誦讀漸長通語孟康夫婦惜如珠玉楊長史炎攝行帥事聞之左右令與毋偕來一見大奇私謂厥妻曰此女姿質異常貌有貴相吾二女遠未逮也遂給以金帛與康求爲女康不從乃脅取之舉家號泣送去居無

幾何長史秩滿攜歸長安與二女同教惟妃性昭慧諳音律明經史後進入壽宮開元二十四年明皇詔入內號太眞大被寵遇天寶間冊爲貴妃云

邊承斐

承斐天寶初官金部員外郎

對太廟登歌判

冬享太廟登歌擊拊大管不作法司科管者詞云鼓鞕不奏有所由

烝嘗有儀霜露是感必先金石之序以降神祇之福故潔粢豐盛年和登也博碩肥腯人力存焉三獻克終九成斯辨堂上堂下咨樂正而爲節載拊載擊播頌聲而有倫大管或虧小鞕攸闕既齊楚以引過奚韶濩以合雅宜寘法司以應服念

對太室擇嗣判

甲於太室擇嗣先幼者或非之稱神所命

執古以道格人其經捨而或逾動則奚執況承家繼體之重義存乎冢嗣絕嫡立庶之命禮資乎象賢是用弓裘必榮鐘鼎以赫斯列侯之恒典豈下愚而足庬彼巳之甲惟

秩何也德未昭寵過符恒禁有子誰立固晉侯之不經擇幼爲先類楚王之有孌俱曰神命仍虧拜璧欲議刑章誰謂無玷況太室之禮僭已淩於殷廟薄言之狀位匪列於周官欲按科條得悉名器此而服念終謂疑刑

楊齊宣

齊宣字正衡宏農人天寶六載官天王左史

晉書音義序

余內弟東京處士何超字令升之所纂也令升即仲舅商州府君之子惟我仲舅實蘊多才彊學懿文紹興門範剖

符行節宏闡帝猷雖望位兼崇大名猶鬱而增修益振餘慶方鍾確爾專精深期克復時之未與衣冠之嗣曷沈道在則聞儒素之風自遠不隕其業於斯爲得與處士弟約以優閒溺於墳史嘗訝晉室之典未昭其音思欲發揮前人啓迪後進由是博考諸傳綜覽羣言研覈異同撰成音義亦足以暢先皇旨趣爲學者司南式敘其由勸成其美三都尚隱思旌擅洛之文五等迴封遠愧平吳之績巨唐天寶六載天王左史宏農楊齊宣字正衡序

何超

超東京處士

晉書音義序

先朝所撰晉書帝紀十志二十列傳七十載記三十合一百三十篇令升此音紀志共爲一卷其列傳載記各自區分都成三軸件目如左仍依陸氏經典釋文注字竝以朱暎服勤編簡頗涉暄寒凡此訓釋必求典據庶無牆面疇敢師心如或未周敬俟來哲爾

裴春卿

春卿天寶朝官司勳員外郎歷太子中允

對舉似已者判

丙充使舉似已者御史糾按丙稱但成三物唯善能之

受命觀風光膺耳目停車輟駕是牧翹楚知之不遠十步自得於芝蘭行之有鄰千里方聞於應會惟彼舉善誠爲好德出門無爽於同人投士遂多於似已類祁奚之直道有范滂之遠心建一官而三物克成舉十室而四方知勸皇華允美所謂伊人白簡以聞徒爲此糾

對毀濯龍泉判

輿人毀濯龍泉或失其利楊氏因形勝興廢業邑人訴勞役不服事

水德利物在乎泉源農功以時資於灌沃必欲壅畜無泄將以豬防有用輿人何者輒起訟於渥管楊氏不爭更有興於負鍤詎謝王尊之堰重開方進之陂既以樂成何徵役本

裴幼卿

幼卿天寶時擢書判拔萃科

對藏冰不固判

所司藏冰不固訴云採冰家户不依尺樣

習坎居卑履霜爲漸始衆流而就濕終積溜而成冰於是歲約星迴時遵月令啓湊雲之室享司寒之神山人縣人卽分官而有典北陸西陸將候日以無差乃採沍寒必於窮谷豈可未終見晛遽此晞陽望朝覿而未開與隆冬而共盡主司先標尺樣輸納當有程期豈三令之莫申何一言之匪効既乖守職詎可逃刑

對邑酒不供判

太常申博士請鬱邑酒光祿以久無匠人且金

草不知所出不造祠部亦以爲禮有沿廢不允所請寺執見著唐禮豈得不行祠部云籍田准令兼給廩犧籍田令或不供犧亦廢用酒無鬱邑於事何闕寺猶固執

郊禘有常春秋匪懈人神足以叶祕禮物於焉致和薦黍惟馨徵茅有典爲酒爲醴將見供於邑人或廢或存具主文於甲令至如氣交陰臭法變周因始有襲於焚蕭竟將申於酌鬱灌以香草陳於卣尊備一獻之登歌知百神之受職固當所習寧越禮經况乎祀典有崇太常攸掌制經具陳斯品著令元刪此條光祿不供自覺缾之罄矣籍田爲喻誰云井有人焉舊章無替於執文王典豈新於改作三覆華省徒見慚於有司再覽太常實未乖於彝典

裴騰

騰字士舉天寶朝官户部郎中

對字詁判

甲書字詁所由計功不及日請科罪不伏訴云紙類不同

底祿致位職司在公登朝庶官無廢一命甲也遊學效於

文字工彼汗簡嘗觀太史之書臨諸墨池能妙右軍之筆徵乎考績在日課而有違何以曠官俾月將而不及寧使微言有絕古訓無傳誠計功而致科豈多言而獲免

趙子餘

子餘天寶時擢書判拔萃科

對薦賢能判

甲薦賢能之士三詣公車試皆高第表請錫彤弓矢廷尉致詰詞云三適有功

建官惟材言刈其楚爲政以德行歸於周甲徽華國章夾

輔王室允茲好德是用進賢禮盡異能裒然登於漢室策選巖穴咨爾寅於周行既三適於公車宜九錫以觀國且得臣敗楚失在子文夷吾霸齊功歸鮑叔寵錫既須於彤弓將命必議於太常致詰豈煩於廷尉儻任刑而廢禮猶越祝以代庖既見侵官未能唯命

褚廷詢

廷詢元宗時擢書判拔萃科

對習星歷判

得甲稱人有習星歷屬會吉凶有司劾以爲妖

款云天文志所載不伏

和氏命官疇人繼職裁度歷數辨正陰陽雖日月星辰無幽不燭而吉凶性命象在其中所以班固題篇編而作志馬遷著史取以成書安可私議災祥公違典憲仰秦儀而雖隔瞻漢綱而斯存豈得日用不知都勞帝力天文妄習仍委國刑宜峻典彝以申平反

潘文環

文環天寶時擢書判拔萃科

對西陸朝覿判

西陸朝覿闕彤繹之供御史劾之云非其時不合禮

將祭司寒必從朝覿自上下下頒亦有宜惟彼乙兮是稱主者獻羔而啓自仰天王之禮愆陽不興果叶藏冰之道且祭之明日曰繹曰彤既區分於禮經亦隨時而用舍有何乖制而致繩愆請寬執憲之刑庶免不辜之罪

對澤宮置楅判

甲司澤宮將祭而習禮所由置楅不設中御史劾之訴云自邦國以下則有名制王者之式未之前聞

祭以訓恭射唯觀德出正中質將定於賢愚備物致用是昭其典禮瞻言爾甲司此澤宮張熊侯以示威酌貍步而遵美飲筭初列爰立豐以表儀射器斯存亦置楅而供命然以高卑異等名位殊倫若事屬諸侯固宜同於相圃而舉非王者爰可論於設中既無供職之愆寧懼守官之劾

敬讓

讓贈秦州都督暉子開元時官魏州長史

請致仕侍親表

臣某言臣聞事君事親率由之道斯一爲臣爲子資敬之途無二臣實不才累昇榮級徒以家承勳舊地分茅土寵命優渥實此之由非臣妄庸所堪獎拔臣未登壯歲乾蔭先傾逮於強仕母氏爲育欣欣而就祿者希祿養之及親也臣雖愚鄙妄佩朝簪臣母王夙侍巾櫛久經憂苦一纏風疾二十餘年今秋已來所苦增劇板輿周覽近在於家園綵服承歡久違於膝下臣謬居藩佐累變炎涼瞻望庭闈五情紆結雖王臣蹇蹇匪躬之故而孝道烝烝因心罔極伏惟陛下聖明統業孝理天下文軌同於八荒德教加

於百姓況臣沐浴皇化差池班列塵忝滋久臣復何言臣兄弟之中臣又居長五起三省是臣微志視膳嘗藥非臣而誰臣之愚誠天地神祇所共昭鑒伏乞天恩少留哀察臣請解所職侍養京都冀烏鳥之情俯遂終食犬馬之報希酬萬一臣雖死之日猶生之年無任惶悃迫切之至

趙良玉

良玉天寶時擢書判拔萃科

對糞田判

或以齋月屠犬縣科殺生曰爲輕與所用

國著九賦農分三壤將助鳴鳩之稔是用磔犬之法時惟上月德在發生爰取則於周官遂興功於魯胥使我疆我理開膴膴之郊原如京如坻藹芃芃之稼穡蓺或若此業乃可憑彼何爲政義守常典徒嚴止殺之方豈曰利人之術且成物之急濟時攸重苟能敦本孰謂不經禮合時宜尚廢犬羊之歎農爲政本爰停屠殺之罰

對道路判

乙主路三十里置候館州按其違古制詞云險陸相平

國有郊鄙道有室廬是崇委積以待羇旅眷夫惟乙則曰司存掌彼康衢順帝之則修其候館虧古之制公家之事爲之式可舊章不率誰敢允從且十里有廬五十里有館典經攸著龜玉是司徒以險陸爲詞其如專擅之罪

孫益

益天寶時擢書判萃科

對西陸朝覲判

西陸朝覲闕彤繹之供御史劾之云非其時不合禮

淩人納室獻羔開冰取時寒而腹堅用覲朝而首出在於賓祭則有彝倫况彤繹之禮既施水土之品必設盈缶或存乎禺若藏冰更闕於陳焉乙忝主司實爲失守無恒之迹且類於南人有常之儀宜在於西陸未能引過猶謂非時於禮何觀在刑不妄

吳蒙

蒙天寶時擢書判拔萃科

對西陸朝覿判

西陸朝覿闕彤繹之供御史劾之云非其時不

合禮

冰以風壯縣人初傳寒乘春消王命是出韙夫彼乙能業其官豈炎涼之或愆調乎四氣將潢汙之同薦利於百神滌意旻卜於吉蠲闕容乃稱於彤繹會是獲麟之史西覿靡逾孰謂冠豸之雄南臺妄糾若五經之訓奉以守官乃或擊無成曷爲知禮

尹深源

深源天寶時擢書判拔萃科

對初稅畝判

所司初稅畝怨者實多僉議罪其變法中尉云匪躬之故兩執不同

先王制禮將使田賦有經中古從權亦由國用不足履畝而稅侵農實多小東作詩見刺於譚后大桀爲論甫聞於魯臣既繁杪歲之征同起祁寒之怨徒欲附上焉能服人且巳効忠未爲干典當採議於中尉諒無嫌於所司

孫承先

承先天寶時擢書判拔萃科

對輿屍謁廟判

鄭太曾祖亡輿屍謁其家廟人告狂怪

先王制禮造次以之君子奉行威儀無選鄭太門承通德代有象賢處異域之圍全其使節受良田之廣儉以家貞華軒懸示後之車密石表奉先之廟豊鐘亡祖哀亟謀孫奉覩攀悲輿屍入廟大夫銜命神雖幽而巳往使者迴車身不幸而必告魯使以爲有美漢臣猶且不非况太恭事廟門展行祖德尊靈髣髴瞻棟宇而風生喪紀綢繆備衣裳而日遠太之此舉必有爲之人雖薄言詎成狂怪

虞進

進天寶時擢書判拔萃科

對輿屍謁廟判

鄭太曾祖亡輿屍謁其家廟人告狂怪

白駒易往素蓋俄歸長沙空庚日之災北海奄巳年之夢鄭太留犨永慕捧硯長悲通德之門露纏書草承明之殿塵絕履聲且周設冢官孔演師卦戰亡猶令幽兆輿屍豈宜廟謁雖理殊觀蜡同賜也之云狂而義異亂神乃夫子之稱怪竊尋古制合寘令繩

劉廷實

廷實一作賓天寶時擢書判拔萃科

對祭星判

甲祭司人沃盥執燭而獻人數未便陳玉徹奠監祀糾其失儀甲訴云來歲美惡豈玉能知

祭祊如在肅事以敬求之髣髴望反諸幽持以精誠同夫嘗日甲司小職謬乎大義盥而從事情初寓於夙興燭以終歌理乃失於明發獻牲雖奠禮玉未陳苟蘋藻之可嘉將琮璧而何用雖氣均通正自調風雨之期若歲徧祈禳將從雲漢之祀入刑自通於抵玉論罰不假於鈞金

姚重成

重成天寶時擢書判拔萃科

對祈田判

田擊土鼓祈年穀於田祖司察以禮不下庶人寘於罪不伏

饁彼南畝田畯興至喜之歌平秩西成丁壯起務農之事國家風雷順動黍稷惟馨幸春籍於三推佇年登於百穀野雞五色先呈必稔之期銅鵲再鳴即告將豐之驗千箱萬庾實所荷於聖人土鼓汙樽徒有祈於田祖況祠祀禮

也考擊修焉司察即是妄稱惟甲固應無罪

姚震

震天寶時擢書判拔萃科

對官門誤不下鍵判

安上門應閉主者誤不下鍵

職司其居官以物辨苟失其道孰當其憂杲杲重城上列雲霞之氣昭昭洞闔傍連紫翠之宮所以崇邃高深隔閡中外所以呵執異服驚警非良鐘鼓司時自可密而善閉烟光滅景翻乃虛而不關扃鍵空施隄防靡寄且此之職

守用備非常放而不嚴誰曰其誤宜致繩愆之責以儆慢官之罰

樊晦

晦天寶時擢書判拔萃科

階賦

昔在軒后棟宇維新摹諸大壯賴及萬人修宮室以齊列起窗户而相因然後橫高階於左右次危級之相巡上嵯峨而山起下崩岁而龍鱗生蓂莢於堯日舞干戚於舜辰亦可以望聖帝升降觀享頤賓若乃憶趙妃之嬌妒窮漢

武之寵愆昭陽特起麗飾繁縟梁纏藻繡窗綴丹綠砌鈿黃金階闐白玉使宮女而攢望聊優游以自足下朱履而影亂參差度羅衣而香飛斷續亦有珍物旁秀瓌奇四燭珊瑚碧樹弄晴風明月隨珠耀初旭及夫陳后長信獨遭棄捐塵駮紫蘚庭鋪綠錢望金屋而魂絕對玉階而愁連至其戰國云亂七雄相驪秦兵大起圍邯鄲而巳合趙楚同會運籌策而未宣嗟兩君之不決歎毛公之獨賢歷高階而直上挺長劒而無前豈不以斯階之見陟光厥事而能全既而衆狀叢開奇勢難筭或干天而上峻或盤空而不斷望之則意悅升之則步緩對謝庭而玉樹中榮臨兔園而芳薇上滿睹臺殿之要者實莫過於茲階美崢嶸之壯麗故作賦以攄懷

燕巢賦 以平入空極爲韻

鳳凰集於梧桐鷦鷯巢於枳棘俱順時以適理盡攝生以自得豈如雕梁祺燕葺高巢以安息既開珧户逐仙羽以長生或在玉篋馴主人而含識質有稟於元造妙無方兮何極頡頏金屋差池翠宮銜泥繞棟度勢巡空憐綺窗之華影愛羅幌之春風得地相賀分飛就功廣狹殊軌規模

不同散彩彬斑攢文潗湁疊輕蕊而矜暖布重泥而訝濕跡似連珠形如聚粒霽光分曉出虛實以雙飛微陰合暝舞低檐而竝入我室既真虛白自生逼之不懼撫之不驚故烏鵲可循而窺也龜鱗協瑞於太平余所以觸物而作興惟燕雀之一鳴

對陂防判

甲秉權決去陂水人相傳云有兩鵠言陂當復

甲以惑衆云飯我豆食羹芋魁科不伏罪

開物議制與化擾人務先適時權貴合道甲爲正典欲遵

救弊決其澤障成我井疆萬茨梁有作蕉萎無嫌何巳日未孚率籲斯戚然在釐變俗必觀習土與其芋羹豆食黃鵠興謠曷若池陽谷口白渠作頌自邑告命當反古以順今代天救人奚愎衆而從巳謂莫盆或擊須移轍知方成既無終往何難復雖聞言不信將降兵乎齊吒而有怨是叢請懲忿於鞭扑

嚴迪

迪天寶時擢書判拔萃科

對張侯下綱判

景張侯下綱不及地武賓遂貫之監者謂無揖讓之禮不坐奠豐上賓袒決而退

景遵貍步張是熊侯地武苟合於舊儀下綱未踰於先制賓則有藝執射多功舒卷寧懼於出正發縱每聞於破的形弓既彀與明月而合規白羽纔飛狀流星而遂貫然而禮成揖讓不獨主皮徒矜袒決之容未覩奠豐之事作而非法不足書能人而無儀誠須寘罰

賈承暉

承暉天寶時擢書判拔萃科

對持論攻擊判

慎到遇接子於路因持論遂攻擊人謂之狂生自云非狂生

淹中闡教總三墳以昭彰稷下馳聲籠百家而紛糾是以陶冶代俗脂粉寰中事鬱不刋之書理貫無疆之美惟慎與接契叶情忘忽遇諸途乃相問道探賾致遠飛辯交馳索隱鉤深元談競寫如磋如切頻登更僕之筵無體無方屢動起予之對公超山北吞八九於辭場伯起關西咀數千於辯囿孰謂寡識莫測高人輒此拘之誠爲未可

欽定全唐文卷四百四

馮用之

用之。天寶朝官金部員外郎考功郎中。

機論

機者機也。經緯天下。織綜人事而已矣。機者微也。發之至微。用之至廣。大人行之。則合於道。細人竊之。則階於亂。合道所以濟世。階亂所以滅身。濟世。機之利者也。滅身。機之害者也。知利而不知害。雖去其害。害必悅之。知害而不知利。雖就其利。利必違之。知利而知害。知去而知就。其惟聖

人乎。文王武王。知機之君也。箕子周公。知機之臣也。夫三才設位。而機行乎其中矣。得之者昌。失之者亡。善用則集乎百祥。昧用則來乎百殃。故天之一發。龍蛇爲之起陸。人之一發。天地爲之反覆。范蠡善用也。勾踐以之克霸無極。昧用也。楚國於焉殄瘁。至哉斯術也。莫不以合義爲本。趣時爲用。苟悖於義。則悅隨者寡。未逢其時。則虛其事。稽其取與離合之際。可謂神矣。雖離婁之目不可視。烏獲之力不可制。南金之利不可斷。迅雷之聲不可及。夫神器至重也。堯不與子而禪於舜。蓋取聖之機也。舜不讓丹朱而復禪禹。蓋取時之機也。兄弟至親。周公離於管蔡。取賢之機也。秦越之疏。嬴氏合於由余。取霸之機也。設令堯與丹朱而棄舜。億兆之心竟歸於虞。則不謂之聖帝矣。舜忘大義而顧小節。不承堯而禪禹。則不謂之明君矣。周公暱管蔡而不戮。必隳文武之業。則不謂之賢臣矣。秦伯鄙由余而不用。必失四方之士。則不謂之霸主矣。天下雖聞之而不可知。雖見之而不可測。善爲國者如偃師焉。民如幻也。欲之動。欲之靜。機在於我。豈當不悅乎。善爲君者猶造父焉。人猶馬也。欲之東。欲之西。策在於我。豈有能違乎。經曰。不

獨親其親。則天下皆親。不獨子其子。則天下皆子。富哉是機也。我以天下爲親爲子。天下孰不以我爲親爲子乎。夫然故災害不生。禍亂不作。此聖人之旨也。則知欲安者必先安於人。欲利者必先利於人。能安人而人不安之。能利人而人不利之者。未之有也。漢祖入關。不行殺戮。善安人也。秦室寶貨。悉分士卒。善利人也。卒收天下之心。享天下之福。此聖人之作也。項籍反是而亡。不亦宜乎。善爲臣者。不厚於身而厚於君。不潤於室而潤於國。厚於君。忠也。潤於國。公也。既忠且公。君其薄之哉。民其怨之哉。祿位其去

之哉雖不厚於身而身自厚矣不潤於室而室自潤矣此君子之爲也鄭侯處位而舉淮陰厚君者也入秦不取金璧而取圖籍潤國者也故能位冠三傑聲流萬古韓信忌剋酈生殛逐田橫欲有功而自厚貪賞而自潤終貽伊慼雲夢生擒夫域中至大之謂道天下至賾之謂機有道無機守死而一身獨善有機無道好謀而彝倫攸斁伯夷叔齊守死也豈謂億兆塗炭俟周武哉李斯趙高好謀也豈知刑政酷毒失民心哉機道相須盡善盡美然而發機之要實資於時故進而得時亦機也退而得時亦機也取而

得時亦機也捨而得時亦機也語而得時亦機也默而得時亦機也進得其時則有利伊尹干湯是也退得其時則無悶二疏辭祿是也取得其時則必獲甘羅陟相是也捨得其時則元吉泰伯去吳是也語得其時則見信傳說是也默得其時則保身微子是也故進不相時則凶晁錯所以見誅也退不相時則禍白起所以伏劍也取不相時則招咎許伐鄭也捨不相時則有悔虞棄虢也語不相時則殆辱薛冶諫其君也默不相時則受謗子家從其賊也所以失之毫釐差之千里故君子得其機則仇讐變爲心腹況其恩者乎失其機則親昵反爲勍敵況其疏者乎齊桓用讐能盡管仲之謀九合諸侯一匡天下衛懿好鶴失於臣下之望國之有難士卒不戰夫如是則一得一失易如反掌一興一亡疾如旋踵爲國家者可不務乎或曰老氏云以智治國國之賊不以智治國國之福然則智非機邪機非智邪答曰機者生於智者也智者隨其性者也大人君子得其遠者大者爲而不有功成不居使天下熙熙然若登春臺如享太牢不知帝力故爲國之福非謂其無慮無思兀兀然如草木鳥獸而能治國者也細人曲士得其

小者近者嗜欲繫焉矜伐在焉是非生焉爭鬬興焉故爲國之賊聖人慮百世之後善人少而不善人多垂此元言蓋抑揚之旨也且聖人不仁以百姓爲芻狗不仁之仁豈非機邪國不用機以克永世匪我攸聞夫茫茫六經萬機之圃昭昭前史萬機之鑑仲尼云知幾其神乎有旨哉有旨哉

權論

大哉鼓天下之動成天下之務反於常而致治違於道而合利非權其孰能與於此乎夫權者適一時之變非悠久

之用然則適變於一時利在於悠久者也聖人知道德有不可爲之時禮義有不可施之時刑名有不可威之時由是濟之以權也其或不可爲而爲則禮義如畫餅充饑矣不可施而施則禮義如說河濟渴矣不可威而威則刑名如治絲而棼矣豈惟乖理實足資亂故用權之際道德可乘禮義可置刑名可弛及乎發號施令如風偃草衆知嚮方莫敢不服與夫道德禮義刑名之功又何異哉雖日棄之置之弛之蓋殊途而同歸也故權者國家之利器也輜重可離而權不可失兵食可去而權不可無迅雷發則羣

物驚大風起則萬彙振嚴霜冽則衆木落遲日昇則百卉秀孰爲此者曰天地也天地尚或用之而況於人乎夫休祥不見則中庸之君不能力行而躋於聖咎徵不作則殘暴之主不能革心而至於道福其善君子所以知勸禍其淫小人所以知戒夫天之德至仁也地之道無私也至仁則不傷於物何乃行肅殺之令乎蓋秋不殺則春無以生矣無私則不黨於人何乃垂災沴之變乎蓋惡不癉則善無以彰矣一弛一張天道乃長一懲一勸天道乃遠觀天之道執天之行盡矣是以君子則而象之體而行之故當

不合用而用不合棄而棄不合賞而賞不合誅而誅者皆從權而制宜也聖人以神道設教俾民日用而不知權之時義大矣哉高宗知傅說之賢欲委之代天取於皁隸之徒儀於百辟之上慮羣情弗協事難以濟故稱夢得賢相乃刻像而求之商之中興賴善權之主也文王知太公之賢欲擢居輔弼搜於屠釣之間致於三公之上庶士靡靡恐未適從故稱天遺我師乃出畋而獲之周之永年賴善權之君也此二君苟懼設詐之損德固執信而循常則傅巖虛老而莫伸渭濱沒齒而不用棟梁斯壞其何以興夫

權之大端在於利害而已矣利萬而害一害之何傷害百而利十利之必亡苟害於事雖鄙俚之義君子懼之苟利於後雖先王典教達人抗行也子雖至親西伯食其肉不然則死於羑里也父雖至尊沛公索其羹不然則臣於項籍也西伯非不慈蓋子已死不食則已身亦斃沛公非不孝蓋其父爲虜奔赴則已身亦降又何益乎能捨無益之慈孝成莫大之基業大人之權變不可得而聞也夫是非未明向背未定成敗未測取與未決當此之時行權之時也故權可以明是非定向背測成敗決取與穰苴布衣見

景公景公委之以兵權斬一寵臣三軍畏慴克成其功也孫武被褐謁吳王吳王試以教戰戮三嬖妾衆女整齊卒顯其能也易曰巽以行權巽風也風行也無不可動之物無不可往之所權之用無不可治之時無不可成之事昔晉文公見天王於河陽譎則譎矣而夾輔之勲垂於史冊鬻拳諫楚子以兵刃悖則悖矣而盡忠之節著於春秋夫事有先奪而後與先順而後取太甲不治伊尹放之俟其改過而反其政公子光謀亂伍胥避之乃進專諸以成其志然後盡事君之節雪殺父之冤不其偉歟夫乾坤之道

易簡也而猶窮則變變則通通則能久故王公設權以固其國知變以馭其民善馭者視人如嬰孩悟之誘之莫不胥悅不善馭者以民為規矩謂方圓定矣不能苟合善權變者如奕棊焉或取或捨或進或退無固無必皆任其勢也捨非資敵蓋捨小而取大退非怯彼蓋進損而退益孔子曰可與共學未可與立可與立未可與適道可與適道未可與權得非權之難耶觀其相魯君於夾谷挫齊銳於罇俎當是時齊侯強而不強魯國弱而不弱聖人之智不亦多乎夫獸廢爪牙則充羣獸之腸矣禽鎩羽翮則供衆禽之羞矣人失權變則為英雄之資矣三十輻之車制之者梶萬乘之國統之者權五賊在心神至聰而莫測三盜既興物雖衆而皆覩至哉始離而終合始逆而終順始非而終是始失而終得權之旨也或曰機之與權同乎異乎對曰異也設於事先之謂機應於事變之謂權機之先設猶張羅待鳥來則獲矣權之應變猶荷戈禦獸審其勢也知機而不知權者得於豫謀失於臨事知權而不知機者巧於臨事拙於豫謀知機而知權者帝霸之君也王佐之臣也自五帝既降捨機權而能治天下者未之有也

李丹

丹字叔南天寶朝官侍御史出為虔州刺史

對名田判

乙為列侯名田縣道有司糾云既違新制請沒入縣官乙訴云雖已受封實未之國不伏

捨爵策勲必由舉德撫封胙土皆以報功苟薄厚之失宜在短長而何據乙之所賞是曰通侯皆受名田享其生祿權立四夷之制不殊五等之差經界本出於有司賦稅不闕於主國未知所過徒肆薄言寧虧采地之名以益王官

之邑宰之所理事或不然

爲崔中丞進白鼠表

臣某言以今月某日於所部宣城縣謝亭鄉百姓姚德家獲白鼠一素毛毵然淨若冰雪體貌閑暇異於其倫臣聞白者少陰之色也鼠者陰姦人之象也夫以晝伏夜動之質穴社穿墉之姿而乃稟金方之正色投籠檻以馴擾此蓋小人革性之瑞西戎授首之符臣某中謝臣又聞白虎白鼠皆金行之祥也且獸之大者莫勇於虎獸之小者莫怯於鼠前志有之曰用之則如虎不用則如鼠則虎之與

鼠其類之極乎臣愚以爲天之意者又以鼠警陛下耳夫犬戎猾夏者乘金方沴氣也陛下若臨之以律防之以時則雖強如虎將弱如鼠矣陛下若臨之失律防之後時則雖弱如鼠將強如虎矣今犬戎未滅秋律始行伏願陛下鑒上天之炯誡納微臣之芻詞考金行從革之義徵虎鼠強弱之勢則當西極月窟率來王矣況復蠢爾犬戎乎

任瑗

瑗天寶朝官主客左司員外郎出爲明州刺史乾元元年徙括州

瑞麥賦

建極惟皇昭爍於光出豫考卜乘時省方西自豐鄗東巡洛陽順天遊而有度協日晷之云長徵賢宣室布政明堂風雨時序黎庶其康盡物稱瑞窮靈委祥明含日月則階蓂恒秀澤及草木而隴麥登芳於是闢離宮通禁苑覩茲瑞之所應實皇恩之燭遠朝任得人時惟賢相九流分職三旗協亮稱堯舜之允敷同鹽贊而爲唱曰珍瑞麥生我皇國凌寒而秀彰聖之德願載東觀之書以歌南薰之則既而帝曰欽哉天符聿來俾予光於四表惟爾翼於中台

念幽芳之遂性知棫樸之當林且夫麥之爲瑞其德至矣居寒自生當暑薦美含實珠淨耀芒鋒起既標詠於詩人亦稱奇於縑史賞其芃芃於野漸漸其秀將嗣穀以登年豈凌霜而不茂在昔唐叔嘉禾伊育昭彼周王天人斯穆今惟聖帝此焉攸淑涵之如春也及晝而繁榮就之如日也來牟而紛郁則有小儒怡然鼓腹照水鏡之光鑒參歷選之題目未登高而賦成庶陳美於金竹者也

程庭玉

庭玉天寶時擢書判拔萃科

對祭星判

甲祭司人沃盥執燭而獻人數未便陳玉徹奠監祀糾其失儀甲云來歲美惡豈玉能知

惟天生人罔不克乂所以陳玉帛奉粢盛啓蟄而郊方祈歲稔獻羔而祀用叶時和甲也有司名參主祭肅恒厥德明恕而行既沃盥以告虔爰執燭而祇事簫韶始奏謂丹鳳之來儀奠獻乖方實鷞鳩之是問禮虧陳玉祭則徹懸雖以歲美爲辭其如失禮貽譏在祀之禮誰其舍諸

屈突滑

滑天寶時擢書判拔萃科

對舉似巳者判

丙充使舉似巳者御史糾按丙稱但成三物唯善能之

天生蒸人樹君以牧國有理體得賢其昌丙人伊何縻我好爵發揮王化對揚天休整日馭以觀風駕星軺而問俗方欲庶績其凝伊又九功式序搜遺逸於巖藪訪才能於草澤舉不失德推皆似巳既無替於拔茅亦何慚於擢一作折桂且鯀則廢命禹乃嗣興奚其歸老午也膺職内不子避外惟讎舉建茲一官成彼三物自叶彙征之吉寧失鶴鳴之義憲司所糾誠爲妄作不能沮勸忽肆淫刑參則不敏未敢從命

屈突湑

湑天寶時擢書判拔萃科

對毀濯龍泉判

輿人毀濯龍泉或失其利楊氏因形勝興廢業邑人訴勞役不服事

道達溝瀆濬利川源允符禮經克茂邦政啓塞苟失艱荒

薦臻惟彼濯龍稱善利物不貴離畢之澤惟俟決渠之降奚其毀敗距潤溝塍遂使彼黍離離竟無成於東作我稷翼翼豈有收於南畝而上膺帝澤下虧甿業伊輿人之是除同漢相之斯廢楊氏以量彼地勢度茲土宜興繼絕業如何不可既月長而日引亦暫勞而永逸邑人之訴稍乖常典此而不罰誰謂其宜

賀蘭賁

賁元宗朝擢書判拔萃科

對不受征判

甲有賜田不受征稅

分晝郊圻敬愼封守必正其經界均其牧井故上行其理而下得其和雖分制之有常蓋貴賤之異等夫畝不稅所以備公私圭田無征所以潔禋祀理其昭著禮有明文豈有伐冰之家同於擊壤之伍甲之不受誠謂其宜

薛驥

驥元宗朝擢書判拔萃科

對家僮視天判

甲於庭中作小樓令家僮更直于上視天乙告

違法甲云專心候業不伏

仰觀俯察通幽洞微明分野之災祥知廢興之休咎故漢皇應籙瑞日揚光宋景推誠妖星退舍所以標之甲令著自前經苟非主司習者多罪甲官非馮氏名在平人詩書爲席上之珍無聞教子圖緯豈門庭之事輒訓家僮公然有違法在無赦難專候業定欲窺天措之罪刑應須搶地乙告非法既叶公途請寘條章無容詞訴

解賁

賁天寶時擢書判拔萃科

對元日奏事上殿不脫劒履判

土惟三分爵有五等懋勳庸而賜祿加道德以受封故鄭伯號公旌於周家鄼侯曲逆表乎漢代咸以胥寧帝道宣翼王室上殿而劒履不脫立朝而贊拜不名貴之與尊槩然明矣景也元朝上壽百辟齊列敷奏昌言對揚休命遠叶蕭何之軌復同子孟之蹤若三台是職雅符周典如一命纔登須遵漢律

對燕弓矢舞判

燕國子以弓矢舞樂師巡列將撻之曰眂瞭詔

來瞽皐

國有大會式敷燕禮大樂允釐萬舞斯列或陳干戚或執羽旄與天地而同和在神人以咸若惟彼國子師于膠庠將諧揖拊之節遂列弓矢之制實遵古典豈紊彝章樂師所巡奚妄加撻祭用鼗姑徵羽乃遺其一聲饗以空桑孤竹或全於九變春秋興廢蓋宗伯之常禮尊卑抑揚實伶官之本職何憯大體忽寘深尤審樂不愆子焉斯得惟刑是恤師也則忘眂瞭稱過於師曠知音曷同於季札濫罰之咎明以刑書

邵潤之

潤之元宗時擢書判拔萃科

對伏日出何典憲判

廣漢等四郡俗並不以庚日爲伏或問其故云地氣温暑草木早生異於中土常自擇伏日旣乖恒經出何典憲

斗建於戌知立冬之景星火勝於金故至庚而氣伏徵歷忌之故事因稟陰陽按方志之所宜或殊寒暑廣漢四郡蜀門九折通濯錦之流入青衣之徼徒以温暑異於中夏

畜馭同於夷狄許令自擇伏日所以遂其土風當令齊七政之明垂四方之則百蠻由其奉朔九譯於是同文况茲巴蜀之人素陶齊魯之敎自當變而至道率乃舊儀苟亂人時奚同文軌風俗通之小說未足憲章中和樂之雅音須崇舞詠清下四郡俾依三伏

對增貲就賦判

劉乙爲邑道百里增貲就賦減年從役

四井爲邑先王所以致理九賦斂財太宰由其懸法劉乙返風遺緒震雷成化不下堂以任人入其境而稱善無違時以立敎終悅使以忘勞故增貲以請征方減年而願役鶉衣本敝已閒杼柚之空鶴髮將衰尚勞筋力之事當令升域中之福致天下之肥高三代之養老遵九式而節用何必增貲減年然後計弊論績道紀成於咸暢理儀守其恒典

薛彥國

彥國天寶時擢書判拔萃科

對祭闕頌詰判

所司有禮事不頒詰所由斷徒訴不伏

國有祀典以和神人思不出位是主蠲潔苟越率履不承權輿難乎守官直以窒惕所司實掌其祭或承之羞備物不頒於職人戒嚴有乖於先甲遂使奉牲之告不及於肆師降神之典無聞於六變闕而爲罪宜灼薰心過而必聞自貽噬腊詳諸秩典俾罰鬼薪

對復以冕服判

甲復以冕服御史糾其違失

服以命賢喪則觀禮用存升降不易紀律故朝會之序必布常於典命死喪之儀亦辨等於司服指彼甲也復冕其

誰必也德亞元良位光袞職隨會有紱冕受命叔孫以車服表庸自可飭虞人以設階命元士而卽次取茲鷩衮載展申降之禮登彼毳弁或同秦佚之號道則庶乎禮無違者如或秩殊稍食家匪伐冰以陪臺之隸人遂滅裂於喪紀寘之於理誰謂不然憲司所劾旣不書其祿位宗伯之義亦孰知其用捨且曰獻狀必也正名

薛大球

大球天寶時擢書判拔萃科

對祭闕頌誥判

所司有禮事不頒誥所由斷徒訴不伏

祀以追孝祭以馭神厥儀孔昭執事有恪欲使粢盛豐備祖考歆黍稷之馨珪璧允植川嶽享沈浮之薦所司不供其職俾人用迷鐘鼓或闕於鏗鏘籩豆恒乖於踐楚法旣將案神其舍諸且無翼翼之容曷降穰穰之福自底不類嘖有煩言固乃曠我之官告曰轉爾於恤斷從徒罪斯乃銳乎翻事言焉其何補也

對復以冕服判

甲復以冕服御史糾其違失

儉德之恭侈惡之大書分品命禮著等威苟違嚴律曾是抵禁稽諸甲也彼何人斯天不慭遺遄嬰六極服以招魂見諸九章至如受服統戎建節將命或聞以矢亦曰以綏固傷逝者之魂或載先王之典且甲兮云殁亦孔之哀莫知王爵之班胡僭弁師之冕必若位應受則邑錫建侯功有良夫之崇德參士會之賜亦奚妨升轂合禮發榮倘或生罔嘉聞死微可作須易大夫之簀豈復諸侯之冕嗟夫鐵冠所糾請審毳衣是用

傅昇卿

昇卿元宗時擢書判拔萃科

對履畝判

丙爲諸侯履畝擇其最好者取之百姓上訴御史糾違法云非入巳

制邑居民務農肥國均大家之閭井永保士房徵載師之遠近將安地著惟丙職登牧伯位列諸侯茂稽勸分須聞露冕之化霑體塗足當務曝髮之勞而乃不問公私無論沃瘠取其翼翼之稼擇彼芃芃之田同魯公之無恩穀梁是譏類季孫之苟賦尼父有言將刺大東何殊小雅嗟狐

衷之非當宜豸冠之是糾何者倉惟國廩食則人天雖欲國實於倉其若人勤於食務知遠者不亦悅乎

蘇令問

令問天寶時擢書判拔萃科

對毀濯龍泉判

輿人毀濯龍泉或失其利楊氏因形勝輿廢業邑人訴勞役不服事

濯龍之輿泉源交屬楊氏因形以利物輿人捨舊以謀新且河渠列於八方溝洫陳於十志類百工之居肆同五行

之廢一提封既設潤下是資宜命水工鳩諸藪澤以文無害雖訟何傷邑中之黔實與我役汝南之鵠亦著人謠物之常情難與適變同源異口史起尊其前刊石表界信臣旌於後苟利於物何恤於言既無稽於簡孚終有慚於割斷待資閱實方定刑名

薛重暉

重暉元宗朝擢書判拔萃科

對習星歷判

得甲稱人有習星歷屬會吉凶有司劾以爲妖款云天文志所載不伏

藝術多端陰陽不測吉凶潛運倚伏難明豫曉災祥子產稱博通之首逆窮否泰禆竈爲廣學之宗是知羽駕奔星初平言七日之會乘槎上漢嚴君定八月之期習學之規技無妨於紀歷屢會之禮法禁言於吉凶有司嫉惡居心繩愆軫慮恐惑彝憲劾以爲妖冀必靜於金科庶不刑於玉律眷言執旨雖款載於天文審事語情實恐迷於至理即定刑罰恐失平反庶誥有司方期後斷

萬希莊

希莊元宗朝擢書判拔萃科

對樂請置判懸判

有州申百姓皆好操縵都不識雅章以不能易俗請置判懸供釋菜賓社之用使人觀習省以爲非所宜言不爲聞欲科罪訴云州將鹵簿見著令文且方古軒懸爲降已其置之何過

革物訓時觀人設教欲風之以正樂必采之以雅章苟操縵之見淫誠布政之爲辟如或上下乖序雅節亂常匪所以易俗宣風適足以貽刑立辟且禮資成化樂貴移風諸

侯軒懸自有感緣之飾州將鹵薄豈係賓社之容若以大夫之懸俾人觀習是棄先師之禮云誰降殺

孔齊參

齊參孔子三十六代孫官寶鼎令

對初稅畝判

所司初稅畝怨者實多僉議罪其變法中尉云匪躬之故兩執不同

賦政任人取之有節體天立制惟變能通猗歟主司厥初稅畝稽諸魯策用採漢章雖怨咨之談實多橫議而損益

之政或在權宜然則擇利而行何常之有舉以非法斯其病諸較其短長於是乎在

楊暕

暕元宗時擢書判拔萃科

對學耕判

得甲於善耕者學耕種養苗狀後期里父老罰之云告力牛少無以趨事

惟農望歲勤穡則稔彼夫失時不畜何獲苟無備於器用實謂惰於作勞甲之務分實亦敦本同我婦子饁田畯是司聞於仲尼善樊遲學稼祈養苗之狀將盡地之力惟先疇克服何後期有差雖畢達餘萌行春已膏乎陰雨而不穡招刺有秋胡取夫斯箱小懲其宜往訴誰聽況犢惟不佩則爾牛足餘人有耦耕則我農可理竟不趨乎時澤固難免乎罪矣

衛棻

棻元宗時擢書判拔萃科

瓮賦

古人得象兮創經營肇彼羣橐兮疏厥名瞻茲瓮之爲質

乃陶人之所成非耳目之華侈留器用之深情若乃虛以爲量滿而戒溢內容乃體外堅其質在埏埴之厥初諒邀奇於斯日濟家人之攸務故陳力乎虛室藏用所資詎可談悉至如原憲貧病蓬户攸居以甕爲牖舍風自虛知道而樂其神晏如及夫漢陰抱甕高情悠邈絕乎澆風敦其至朴同夫天道於焉卓犖若夫吏部既醉乘興來眠漏傳永夕酒泛如泉酣飲無度其人在旃考異宏圖徵奇遐紀條支之鳥卵猶類園人之繭形可擬非心虛之可測徒耳聞而是矣厥品之爲用自禮經以疏跡固有順於時需乃

全之而不易舍虛而稱從宜所適粵若稽古兮聖唐銀甕常滿兮珍光靈液滋兮寶物用呈絕瑞兮永太康小子同螢爝之微火耿光凝於斯章

對糞田判

或以齋月屠犬縣科殺生曰爲輕輿所用

三壤克辨兆民允殖必廣地財式崇土訓載芟載柞爰盡力乎汙萊既方既皁俾恪勤乎稼穡伊趙爾鎛有略其耜荒度厥功實函斯活是以粢粱嘉積曾孫作庾于斯籍畝畝歌豐穟婦栖糧於滯穗率由茲道萬邦乃粒眷彼草人

兼修稼政無忝厥職分厚埆之規靖恭爾司省高卑之制雖陽和布始亟聞乎禁殺嗣歲將興必觀其行令苟能成憲犬則是屠將周禮之彝章功均物土資漢臣之舊業事取糞田叶緹赤以陳宜相輿彊而有旨雖云齋月法欲緩加且八政食乃爲先五牲犬實居後以牲廢食其傷孔多棄猶務農斯利則博縣道書罰誠爲昧禮或者張皇宜其窒惕

欽定全唐文卷四百五

于季重

季重天寶時擢書判拔萃科

對陂防判

甲秉權決去陂水人相傳云有兩鵠言陂當復甲以惑衆云飯我豆食羹芋魁科不伏罪

政在利農人惟守業順其事者莫不胥悅變其舊者會是興謡惟甲國鈞是秉具瞻斯重永言溝洫而新是謀水旱不僭資燮理而成化人天可望冀敦勸而有秋然則南陽

之陂自滮池而爲畦澤鄰傍之水因舄鹵而作膏腴是汎是流俯雲雨之攸潤我疆我理棲豆芋之餘糧方進不忘於前蹤白公且同於斯類此則有益於國專利而行未可式禮苟愆更從人欲陂兮當復聽乃輿言惑衆論答責則何甚黃鵠既聞於師古焉敢定刑丹筆亦宥於無稽終宜服念寘之理也誰曰是乎

張階

階天寶時人

黃賦 以平上去入爲韻

堪輿之内羣象茫茫均四時之辨物列五色以居方名可大者其惟中黄吹律成音考定宫商之韻麗天爲則遙分日月之光石在穀城之下氣流華闕之傍雲瑞命官而共治星見知芒之莫當恒發揮於奕奕寧見混於蒼蒼黄之爲用時義大矣揣稱之功請言其始土德載物首更王之五行河水流謙恒曲成於千里鶴拂羽於太液龍弄鱗於成紀悲哉秋之爲氣歳將暮止菊花可折凝曉露而含光木葉既零拂涼風而亂起夫惟色有其變用無不遍染素絲之正色映飛塵而不見合氛昏而暫隱向晴暾而復見

漢霧塞而呈災秦蛇夢而命黃乃有號國窮士非聖不述務本於三學道於一雖觀色而託賦猶守中而靡失希執念而見升願啓心而就日

無聲樂賦 以區宇輯寧時要爲韻

神既和而人不可誣化將兆兮道與之俱故聖人張樂於無聲之境以造化夫寰區樂之作焉所以節百事物既忘矣於是奉三無其用秩秩其風于于發自靈府達於道樞樂師盈庭政行於靡擊靡考涓衣在御化成而不曳不婁爰自周隋上達堯禹或理或亂時更萬主誰不欲肅清家邦統一區宇莫能知無聲之樂而政教斯聚愔堙既考於鳴絃節宣豈專乎促柱移風莫大於出令修德不在乎觀舞故曰猶有五起政之所急徵之則道存徵明行之則人用寧輯所謂君子設法貴與物宜日聞之政四方以寧過此以往予亦知其不經肆皇家之首出庶物也高張政典而疏數適中深具揖讓而剛柔洽時且無沽濃之風豈蕩然而不反何異闡諧之作故責然以來思是以素王閑居而觀卜商體政以妙願盡趨隅之禮以聞愷弟之要不可以耳察又難以目照方知夙夜之詩遂合無聲之兆

審樂知政賦 以善聽其樂能識於政爲韻依次用

昔先王省風作樂象物制典賓讌服禮神歆降戩六代各異五音相演盛衰感召而自生理亂區分而可辨列國殊化化形於聲淫正難分分之者善於是師曠陳樂而立伯牙注耳而聽鐘師擊鐘磬師擊磬考鼓振革撰土木以相宣懸匏裁笙發絲竹而遞鎣審正聲之發防奸聲之徑俾夫鄭不干雅正不近佞混音者澄醉歌者醒集九成而儀羽自降立六變而致物斯定惟政在人惟聲無私與亡繫焉逆順應之天將是懲神告勿疑卜商之告文侯古則如

此端賜之問師乙歌如何其堂上堂下既獻既酢百拜終禮八音合樂天地潛會鬼神相索遂使浹洽充塞馨臭上登和樂無親惟德是宏泛濫無準惟惡是朋聲雖無常聽其有恒蓋致理者妙非習樂者能惡可鑒誠德可奮典惟周后棄播種黍稷惟文王昌不邇聲色雅頌廢於後昆幽厲驕於正直觀聖人之備樂知天子之深識既而䃂緩有餘其樂只且聲之感化浸潤相於審音達性飛沈翔泳自上化下敢告執政

趙棲簡

棲簡天寶時擢書判拔萃科

對初稅畝判

所司初稅畝怨者實多僉議罪其變法中尉云匪躬之故兩執不同

大道既行農不易畝中孚斯及國有常稅各修九賦之職寧奪三農之勤惟彼所司於何妄作驕周公之垂法行魯宣之弊政穀出不過籍已舉邱明之凡法迺變於人寧規商鞅之律旽則胥怨誰任其辜主上情殷納隍慮一物之乖所見夫栖畝欣五穀之薦登德澤既滂和氣充塞誠可減從輕賦須允下人之喜遂行厚斂虚憑中尉之詞事則匪躬罪當諸已則屨校滅趾茲咎未深而剝床以膚取凶斯在

杜挺

挺天寶時擢書判拔萃科

對初稅畝判

所司初稅畝怨者實多僉議罪其變法中尉云匪躬之故兩執不同

郊賦有籍邦政是歟制乎上地無越三人之倫居彼中田

常許兩家之共始成薄賦乃曰恤人周末無年魯初有制憂稅畝者作自哀公對盍徹乎聞諸有若所以人多怨讟國起侵伐動干戈而稅繁供軍旅而儲廣抑爲末也寧是本歟當今薰風阜財協氣登穀兵則不動人其以寧斯足解慍之時奚爲變法之稅中尉推過罔失臣儀與人頌康當歸帝美兩執斷矣一言在茲

劉光

光元宗時擢書判拔萃科

對寢延部人判

撫州別駕豆盧安舍正寢延部人乙弗乾公事
稟而後行所由舉不法安不伏

王祥望職久著傳刃龐統良材攸稱展驥承上接下故宜自巳而行舉目提綱或可稟人而措如鄭產流譽尚採鄉校之言晉侯質疑猶聽輿人之誦則智有不達材有不通江海以納流爲大君子以訪賢爲美子賤之居茂宰實稟度於邑人何晏之任尚書尚闕懷於談客孔子既稱其善史臣不敘其非按舊章而可憑明所司之妄舉安今不伏良謂有詞

員峴

峴元宗時擢書判拔萃科

妄心賦

始吾有形與憂俱生形是幻器憂爲妄情愛業潛結貪心日萌如狂犬之逐塊似飛蛾之赴明舉世役役終身無成慨愚者之未達嗟此志之難遏多賤實而貴名咸棄本而逐末利之所在蹈水火而非懼勢之所存棄仁義而如脫方自以爲氣足自負殊不知患其可掇夫生也有涯而智之無巳鵬鷃未足適其分儒墨焉能齊其理世謂之憂我適足以爲喜世之所譽我適足以爲毀自我心而視物四者未知其孰是借如青樓上路紅粉佳人編貝爲齒點朱爲唇朗如明月之初霽芳若綠條之在春流曼臉而光射動鳴環而態新此必天下之巨豔固當衆族而咸親奚爲乎鳥見之望層雲而自逐魚見之入深泉而不出彼醜好之非我吾孰知其所失若乃樂府窮選伶人擅名跳丸劍之揮霍奏金石之鏗鏘復燕趙之稱最信音容之莫京清歌一轉而行雲遏長袖屢舞而流風矜實天下之樂事當觸類而含情奚爲乎爰居卒天於鐘鼓聾俗不知其韶武

嗟愛憎之在物吾孰知其所主嘗以爲生者物之可欽死者人之可畏方其髑髏之自得也不異夫南面之至貴謂死之爲是生之爲非何存沒之交戰而彼我之相違嗟乎求馬於肆馬不可以得以猿爲心猿亦未之息夫制動者以靜吾當反照於元極

對寢延部人判

撫州別駕豆盧安舍正寢延部人乙弗乾公事
稟而後行所由舉不法安不伏

端右之寄古人爲難光我大邦抑惟良政豆盧安雅有通

識率由舊章。呂虔推其佩刀。諸葛稱其驥足。好問則裕。高步於邱門。有道可尊。且懸於陳榻。舍茲正寢。延彼部人。饑渴良圖。咨謀雅道。昔干木賤士。文侯尚且軾閭。侯嬴匹夫。信陵以之虛左。重其所部。望古何慚。舉此爲非。愚所不取。

對大匠將改廳判

姚先意拜將作大匠。以父曾任此官。請改易廳事坐處。

先意多才入仕。直道登朝。權上路之衣冠。光大君之寵命。周官有序。既標將作之名。漢制無差。還視列侯之秩。家聲克紹。門閥載昌。京兆地靈。韋氏之繼爲丞相。姑臧人物。張家之歷踐武威。前史不以爲非。通方不以爲累。事可師古。何必循常。然遺劒可悲。喬木有感。名教之地。動息增懷。隔以屏風。昔聞其旨。易其坐處。今見斯人。苟遺芬而在榑。豈夫君之可誚。

對夢得籬粟判

索和誠家貧至孝。夢西籬下有粟。掘得十五鍾。鄉人以告非營求所得。請納官。

穹壤之福。允及君子。純嘏之徵。良歸盛德。索和誠孝總心極。義切天經。其行則晉代荀何。其道則孔門曾閔。獲西籬之粟。遂貽俗士之譏。採南陔之蘭。忽招獄官之訟。愚謂不可。況夫賢哉。

韓極

極。一作拯 元宗時擢書判拔萃科。

對毀壞壓死判

乙有所毀壞而誤死人。科其備慮不謹。訴合所由爲罪。

立物有恆。堅樹在始。繕而不固。壞而難支。既動作而必虞。將紀律而斯約。罰之惟五。先明宥過之文。死則有三。終傷不弔之旨。若過誤而先定。乃平刑而是察。乙則何者。率爾薄言。已聞滅鼻致災。胡乃反脣推過。且宇之必葺。誠備慮而則安。牆或不修。將隤壞而誰咎。罪有所在。焉可逃夫。

對爲人興利判

南陽太守好爲人興利。均水刻石。立於田畔。採訪奏煩擾。訴云以防忿爭。

字物必制。嘉謨克獲。飭勸耕桑。領符臥理。出入阡陌。其敢寧居。且通溝之攸在。亦堰陂而斯尚。鄉亭之中。曾未刻石。

水門之下初欲成雲化可比於文翁恩實多於召父使臣以飲冰察俗煩擾致詞太守以均水利人約束尤當疆埸有理知薄言之足稱忿爭不生何簡書之妄奏此而無爽自可明徵

段迴

迴天寶時鄉貢進士

匡城縣業修寺碑

粤至高者天也朗然懸七政之輝至廣者地也宴然澄百川之氣雖則蕩雲沃日寧浮夜壑之舟合璧連珠未照無

明之域豈若一人感夢晝象南宮八膍洪源傳經西土變靈威而救苦海散法雨以濟炎山啓方便之門則三塗並軌開有緣之路則七戒居心思元無測其淺深博物莫知其近遠不生不滅其惟釋氏乎此果園者寺主希炎都師靈光奉爲天皇天后以率土蒼生之所立也諸色人等之供修焉法師夙達元風雅通妙覺察古今休咎聽浮圖之鈴囉寥廓高卑飛德真之錫將以登天遊霧豈徒鳴磬焚香而已哉邑人成公滕定趙乾楊藥師並濟北名家山東英妙挺含章之秀氣萬古馳聲振夏日之嚴威百代垂譽長嘯之后惟若嗣音故能疏煩想於心膂瑩虔誠以恭敬悟色空之合跡知內外之異門欲碎斜山先揮法刃䕺落塵網願觸惠風於是測景瞻星共崇梵宇萬楹藻像緣雲上闕一字百丈孤標通天秀出飛梁偃闕一字拖太虛之彩虹疏綱參差挂高樓之新月金暉象駕色亂丹霞玉暎鶴林光搖碧雪風吟仙鐸似聞觀世之音人步香階如到聰尼之國爾乃春亭東指板築猶存幽郭西瞻弦歌如在前闕一字橫海闕一字泛葉舟後望大河遥分竹箭平原块圠嘉樹扶疏桃李茂盛每垂秋實松竹夾道不變春榮所謂甚智

慧之鐵圍得曹衞之寶勢於時天寶八載歲次己丑四月乙未朔十月甲辰迴築室清濟地接祇園持法丹經心希妙理拾百氏之芳潤美大釋之形容其詞曰

粤若大雄赫然而見既號普賢仍爲正遍馬寺東營鶴林西變道引佛闕一字門開方便其一尊容儼雅大厦宏敞寶閣萬重星樓千丈鴈塔斜飛横檐直上日月爲光滴瀝成響其二猗歟妙覺彼闕一字先知真情有趣法體無爲不可闕一字議豈得心非其三東拱春亭西鄰匡郭朶散青蓮花開紅藥慈雲布而龍興甘露墜而珠落不生不泯惟闕一字惟闕一字

其四

張恌

恌元宗時人

請刻睿宗老子孔子讚元宗顏回讚奏

先奉恩敕令臣校搭御書睿宗大聖眞皇帝集臣伏見集中具載前事讚文又見孔子廟堂猶未刊勒臣竊以爲尊儒重道褒賢紀功本於王庭以及天下一則崇先聖之德一則紀先聖之文其兗州孔子舊宅益州文翁講堂經今千有餘載皆未題頌臣特望搭御書讚文及陛下所製顏

回讚并百官撰七十二弟子及廿闕字一賢讚令東都及天下諸州孔子廟堂精加繕寫御製望令刻石百官作望令題壁陛下孝理天下義冠古今使海內蒼生欣逢聖造冀敦勸風俗光闡帝猷

張景毓

景毓元宗時人

縣令岑君德政碑

蓋聞諸易曰有天地然後有萬物有萬物然後有君臣有君臣然後有上下然則星辰象緯邱陵山險所以經啓八紘彌綸萬域者也聲明文物禮樂典章所以黼藻生靈化成邦國者也至於高居萬乘富有四海爲而不宰裁成於孕育之先感而遂通囊括於混元之首雖柔來剛往乾坤之軌躅可尋而步帝馳王雲火之聲塵不昧則疇咨四岳允釐百工大則鶴鼎魚璜錫寵於機衡之地小則繡繙墨綬守位於子男之國其有相門紬緒王佐推才負揭仁義周旋禮節排九流而迴出掩三異而孤昇緝諧旴吏綏和風俗堂上堂下驅宓賤於後塵星出星入置馬期於散地簡而以肅嚴而不殘馳心於廊廟之前縱蹟於江湖之上

者獨在於岑君乎君名植字德茂南陽棘陽人也其先出自顓頊氏后稷之後周文王母弟輝尅定殷墟封爲岑子今梁國岑亭即其地也因以爲姓代居南陽之棘陽十三代孫善方隨梁宣帝西上因官投跡寓居於荊州焉自軒階垂祉姜汭開宗神岳構其崖巘靈根肇其枝葉其後佐帝師王封侯尚主十卿五公之貴七珥三組之榮衣冠燭耀於區寓允緒綿聯於載籍亦由秦移趙璧魏得隋珠不常厥地所在稱寶何止梁亭漢室先開佐命之封吳郡荊門晚葺因居之地若斯而已哉高祖善方梁驃騎大將軍

周起部尚書開府儀同三司長寧縣開國公食邑一千二百户贈侍中謚曰敬當萬機之損益成八座之儀表銀艾圭茅金鏘玉振榮高當代龍豹之託逾深寵茂幽禽鴒鷺之寄斯重曾祖之象隋虞部員外侍郎襲爵長寧公霞騫電邁鳳彩龍光初膺星象之榮晚襲山河之寵祖文本皇朝中書令兼太子賓客宏文館學士江寧縣開國伯食邑四百户贈侍中謚曰憲宏材巨量經文緯武高標百尋絕壁千仞丹青神化翊亮天工卽隆周之申甫亦皇軒之風力若乃百揆務殷三階事切西朝機要之所北閣神仙之

地任總討議榮高密勿至於五車萬卷百家諸子吐鳳懷蛟淩雲繄日不尚浮綺尤存典裁藻翰之美今古絕倫父景倩周大中大夫行麟臺著作郎兼宏文館學士綰青襟而司禮館草元經而登書閣聲榮之重驛美於當朝燕翼之寄傳徽於後烈君紫泉飛液丹山耀彩孤峯懸日月之輝激溜聚烟雲之氣虛心倜儻靈翮再舉而未窮逸調從橫大鵬六月而方息生而好學幼而知禮孝行無待於傍授仁心得之於自然黃憲之類顏回汝南爲貴賀循之擬龔勝江東擅名不學左思十年爲賦聊同方朔三冬讀書不出戶庭旣馳心於萬里將排雲日亦因基於一匱弱冠以簪纓貴胄調補修文生明經擢第繐帷連夕拜之所紫禁邇朝聞之地圖書所會館宇生光解褐同州參軍事譽警北曹聲馳南府地靈天秩渾金璞玉之林主吏參鄉孫楚蕭何之德屬軒墀卜遠禹山斯會撫遺劍而空存想遊冠而無及松霾漢隧竹染湘川雖鏤鼎銘彝將勒生金之字而庀徒葳事終資倚玉之林課効居多恩眄俯逮特授蒲州司户參軍事俄以親累左授夔州雲安縣丞賈誼長沙屈原湘水溪連五毒攀鳥道而銜悽峽帶三巴聽猿聲

而下淚秩滿丁府君憂去職三年泣血七日絕漿殆不勝喪幾於滅性服闋調衢州司倉參軍事秦稽負日楚夢含雲東連射的之山西拒沈珠之浦上農攸屬倉廩爲禮節之先下位斯安等列處儕流之首尋沐恩旨雪其親累一遇雲雷之施再生花蕚之榮旣席寵而沿恩亦流根而泊葉君之兄羲材望冠時聲名動俗膺奮飛而首出指寥廓而會騫位纔陟於閒鸞才實兼於緣鵠旣而八龍雙驥慈明與劉岱均飛二陸三張士衡與孟陽齊價豈直家風祖德見稱於中旨掌綍司綸復傳於後葉光暉所燭朝野增

榮然則宅火均司象雷分邑莊周著小鮮之誠尹何招美
錦之嫌列五等於姬封高十城於漢秩字育之道循良是
資擢授潤州句容縣令瑶山奥壤金陵舊地郊原枕端委
之墟江漢擁朝宗之水海潮驚而翔鷺起山氣合而盤龍
見物產殷積水陸兼并人多挺劒之雄俗有亡珠之弊君
達於時事明於政理政不嚴而自肅化不令而人從甿黎
感惠愛之如父母奸邪屏迹畏之若神明户口滋豐田疇
墾闢行太邱之道德息灌壇之風雨國家下武膺運中興
纂業氛祲廓除日月開朗君遇見知之主逢時來之運若

魚縱壑如鴻順風優制所覃崇班益峻加朝散大夫上柱
國紫泥流渥朱紱昇榮列五彩之通班聯九章之賁飾於
是貴而思降盈而知損如絲之旨載流亂繩之化逾息先
是邑居湫阨里閈榛蕪爰自歷政未遑加緝君乘三餘之
隙因四人之暇覽山川之體勢量貲物之豐省逐便興功
因時改作人無廢業役不浹辰流一切之權道成累代之
宏業頃緣稼穡頻鍾炎亢雲漢之詠徒勤京坻之望斯絕
君親加暴露徧請山川率甿庶以具馨香俯壇場而展誠
敬濃雲布族膏雨成絲綿八極而俱灑匝四溟而廣徧自

非仁心所及誠感必通其孰能預於此乎加以道尚朋執
情敦讌喜每至星摇劒室月下珠潭菱津迴棹女之喧桃
逕擁樵童之樂臨萬家之井邑眺千里之風烟良談間起
清文不輟信可謂兼文兼吏公才公望者焉上聖深視九
重高居萬寓迺睠時政分命使司端冕旒而思天下布德
澤而周海內博訪英髦探求異術十道飛馹萬域承風江
東道黜陟使朝散大夫行度支員外郎攝右臺侍御史源
乾曜崖岸孤聳風飈秀出千仞罕節百尺無枝地入星臺
列珠軒而應翟庭分月樹搖鐵柱以驚烏冰霜凜白簡之

威霞日聚繡衣之色遥同李郃上迴星象之輝俯類張綱
先懾權豪之氣以君才地加之聲實每肆揄揚先膺薦舉
王生千里佇入於匡佐荀氏十旬行登於台府顧盼之重
郡縣增榮馳表疏於龍闈遽翻飛於鸞路隨郗詵而齊舉
攀鄧攸而不留黯黯津亭搖搖軒騎壽春遺犢將折轅而
共分葉縣歸鳧逐行舟而俱遠由是三吳士庶二江人物
來暮之歌方遠去思之戀益深期寇君於一年思段侯之
再撫丞魏烜家承軒冕代傳儒墨鳴謙自牧處劇若閑以
函牛之巨量貳割雞之小道主簿崔子佺相門卿族玉葉

金柯光彩可以射人風神可以凜俗尉李蓀張隱朝章仇嘉勖等並公侯復祉琳瑯積譽經史足用刀筆推工夔迴東道之姿免屈南昌之化鄉吏等或耆年宿望或盛族名家負雲澤之瓌寶馳水鄉之俊逸山川舊迹龍盤武踞之間軒冕餘風東箭南琛之亞並餐和浴道多從食椹之恩老安少懷久沐惟桑之化雖功成帝力上皇之耕鑿已勤而事稟國經下邑之風猷可紀是用傍遵緘簡俯緝謳謠覈南襄之故事採西郭之前躅飛丹屑瓦行抒雕金之思相質披文無媿沈碑之浦其詞曰

山岳騰氣河汾孕象基構百尋源流千丈地靈坱軋天姿肸蠁長寧建侯襟懷洞朗江陵奕載風飈峻上賾隱鈎深知來藏往斲雕爲樸用晦而明文緯天地武定從橫如周稷卨似漢良平金社開封珠盤載盟逖矣遐緒猗歟克生乘彼靈慶光斯燕翼道映時宗言爲士則月鏡虛湛雲峰迥植藝蘊縑緗材經邦國金玉其性松筠其德鶴鳴不已鴻飛未息欲麗九成先階一匱比迹庠序聯芳旌賁軒墀卜遠禹山云萃倚玉推才雕金纂懿秦關漢輔吳田虢地孫楚參卿蕭何主吏鴻鐘待扣明鏡不疲詞端筆杪月落雲披時更出處道或推移曾參盡孝賈誼傷離五湖東指三峽西窺六條齊稟百里均知帝道光亨聖人有作如鵬得吹似魚縱壑越自奮飛載翔寥廓珠江控海金陵負郭夏禹經營農皇甄度星躔牛斗雲連蜃閣令長何擇循良在茲驅駕宓賤雕鏤馬期政實無擾人稱不欺韋絃是緝冰玉攸資神憂河甸獸斷江湄蝗去無限鸞歸有時八使出關二星向蜀乘驄衣繡揚清激濁黜陟攸先推理是屬上敷帝念下從人欲一聽謳謠載欣風俗行收顧盼坐成珠玉若管知鮑如蕭得王君子既見爲龍爲光選衆而舉

載揄載揚飛名日路驛騰雲莊渺渺雲澤禺禺水鄉西北萬里東南一方坐結去思長嗟來暮躑躅聳壤迢遞驚路何以報恩宸階遠訴何以旌德高碑迥樹潘岳創詞楊修辯句一刊懿迹千齡垂裕

章仇兼瓊

兼瓊天寶元年官益州長史

請令吐蕃入奏奏

吐蕃白狗國及索磨等諸州籠官三百餘人出奉州望准女國等例簡擇許令入奏餘並就奉州宴賞放還

申堂構

堂構天寶十二載官陝郡平陸縣尉

唐故内侍省内常侍孫府君墓誌銘 幷序

公諱志廉字惠達富陽人也昔吳稱帝業飛龍鬱起於江東漢辟賢臣易道超來於北海彼德高致遠者蓋則其先故知族茂慶流彌蒙洎後（闕二字）之（闕三字）之第六子也承家之纘克奉徽猷風姿璨然自幼及長智識天與藝能師資既得時以自致實負才而見用服勤就養竭力盡忠承顏不違虔心至孝居公守道在職惟賢釋褐授儒林郎拜内

謁者監陟資驟進俄遷朝議大夫守内常侍朱紱奕奕儀容堂堂言語侍從之臣左右中涓之任淑慎攸止咸當聖情君恩曲臨殊私荐及出入鴛鸞之殿栖遊日月之宫踈紫燕於香街捧金輪於馳道者蓋得其忠焉公以勢莫久居了眞空而是觀所歸正信悟即有而得元于以運短道長功存已没天寶十二載十一月十一日寢疾終於咸寧縣來庭里之私第時春秋五十二夫人則天水郡君趙氏之女作嬪叶禮于飛有光先夫亡没三歲而已即以明年夏六月八日合葬我府君夫人於長樂之原禮也天子以舊臣可重軫念於懷既贈之以粟帛復爰申於弔祭喪事之日人力借供嗚呼生榮没哀身沈譽在繐帷已故石槨猶新掩泉户以空幽慮桑田之有變將刻石以斯著庶不爲冥寞君者乎乃作銘曰

名家令族孝子忠臣禮義及物賢良立身鬱鬱芳猷堂堂雅量白珪無玷玉卮有當官因德建寵自勤榮侍衛宫禁輝光日生上壽未央於焉卒歲落影西沈巨川東逝白日晝短黄泉夜長佳城寂寞原野悲涼美石已刋功名（闕五字）洊千秋不改

鄭琚

琚天寶六載官濟源縣尉

濟瀆記後敘

善利物者曰水水之靈者曰瀆瀆有三而濟居其一焉道源數畝而深無底細流數里而能截河信造化之奇功者也天官小宰達奚公智乃周物德惟上善昔遊于茲嘗誌其事琚忝尉此邑恐墜斯文爰命攻金刻諸樂石庶將來之不朽也

欽定全唐文卷四百六

蔣圖

圖天寶時人

金剛經石幢序

闕一字國化人代天育物者必資於賢明矣其選才刈闕一字越於吏部乎昔王戎標簡要闕一字也中有吏曹庶士皆考乃聲實器其藝能闕一字鍵秉人物之樞要出納之悋謂闕一字胡山惠清河傅延闕一字宏農楊自然太原王漳源領同寮數十闕二字或以德進或以詞華居最或以翰墨稱闕一字

角詩書弱冠文史然而博綜多識靡所不該研機深沈悟色空闕一字達知窈冥而有精湛常樂真如以求實闕一字寮庶品之闕一字福也作是願巳罔不悛心則有遠方名工丕召闕一字無足而員來或刻或鏤成之不日載雕闕一字彪炳則有揮毫騁勢拂花雨而爭鮮垂露矜能懸貝葉而增闕一字貞實視之者方開淨眼且宿植德本合求闕一字相宏誓願力永此證明然後乃知是非兩忘得失雙闕三字學嘗試言之目論膚受乃爲銘曰

闕玉文炳煥妙理宣揚無幽不燭無滯不彰是非雙闕三字堂

張惟一

惟一天寶朝官侍御史知雜事歷户部郎中乾元二年出爲華州刺史封平原郡開國公

金天王廟祈雨記

大唐中興剋復兩京後乾元元年自十月不雨至於明年春朝散大夫使持節華州諸軍事檢校華州刺史平原郡開國公賜紫金魚袋張惟一與華陰縣令劉暠丞闕一字峋丞員外郎置同正員李緩主簿鄭鎮尉王禁尉高佩尉崔

季陽於西獄金天王廟祈請初發言雲興倏登車雨降蓋精意所感致明神應期庶以穎川之能不慚方伯之事時二月十日題紀

哥舒翰

翰安西副都護道元子以軍功積累遷隴右節度副大使知節度事天寶八載以破石堡城功拜特進鴻臚員外卿進封涼國公拜太子太保以風疾廢於家祿山之亂起爲皇太子先鋒兵馬元帥討祿山加尚書左僕射同中書門下平章事兵敗爲祿山所擒僞署爲司空尋殺之

奏蘇毗王子悉諾邏降附狀

蘇毗一蕃最近河北吐澤部落數倍居人蓋是吐蕃舉國強授軍糧兵馬半出其中自沒凌替送款事彰家族遇害二千餘人悉其種落皆爲猜阻今此王子又復歸降臨行事洩還遭掩襲一千餘人悉被誅夷猶獨與左右苦戰獲免且吐蕃蘇毗互相屠戮心腹自潰滅亡可期但其王逆逆歸仁則是國家盛事伏望宣付史館旌其慕化

李光朝

光朝天寶時人

新渾儀賦幷序

天垂象見吉凶聖人指象之法莫先於渾儀是以王者將下理於萬人先上齊於七政軒昊之後分重黎二官唐虞之日命羲和四子代掌其器以爲人極聖作有程必應其變故有謂之周髀蓋天謂之渾天宣夜用則假於器妙則存乎人曰若開元天寶聖文神武皇帝以爲天有時時有變不可從舊更法而取新更立銅渾無毫釐之差得精一之義引而上則邁於古推而下則合於今非古之聰明神睿者孰能爲之乎於是五緯連珠兩曜合璧神輸祥瑞天降嘉生默而不談且慮樵夫之笑言而未遠且陳君子之心遺於鄙辭乃爲賦曰

國之神器名之渾儀法天之象知天之爲雖考古以作則亦維新而成規琢璿爲衡範金爲蓋其狀則小其用則大南極北極正其端隅上規下矩正其外內繚繞黃道環迴紫宮斗居其北日起其東別度數於分寸之內點星象於毫釐之中處動而能靜妙同乎造化之意寂無以爲有用擬於陰陽之功有象必見惟幽是通乃知近能則遠合下正則上同因之以言寶歷遂乃授乎人時以通天下之志

以斷天下之疑違之則失信之無欺聖也智也念茲在茲四時以之咸序萬物以之攸理弦望之候不愆寒暑之期可紀測天地之否泰知陰陽之終始述作固稱於帝王司存乃歸於太史猗此成器爲國之寶通幽洞微贊我皇道

陳讜言

讜言一作儻言字士龍元宗時擢書判拔萃科

對祭地判

有司以陰祀用騂牲廷尉議罪云牧人不供

君上事地典禮孔明臣下奉天祀物斯辦以騂牲類圓德

以騶牲奠方祇必齊躬以祼將感先甲以從事今乃居陰位施陽禮紊百代之則循一時之宜豈惟不嚴於神實乃有覥於國且祭以崇德禮以展敬況在唐堯之朝守禮樂之秋而享祀罔若牲牷昧如固可捨其不供之辭責其尸位之罪

張省躬

省躬天寶時官侍御史內供奉

對祭星判

甲祭司人沃盥執燭而獻人歎未便陳玉徹奠

監祀糾其失儀甲訴云來歲美惡豈玉能知

利用祭物肅敬鬼神不偬乎物實受其祉甲歆司人事著宗伯當執燭以獻數亦敷玉而備儀何肆無稽之言用虧有恒之典雖雅有泂酌以清潔爲貴而傳稱璀錯在祈禱則施福善苟違珪璧之所傷無幾薦誠或應黎元之所獲則多既靡終於舊章奚將表於明德神則不享吾何以觀糾夫失儀信爲得實罪自擬也刑其捨諸

陳齊卿

齊卿天寶時擢書判拔萃科

對舉似已者判

景充使舉似已者御史糾按景稱但成三物惟善能之

舉善國經爲善身守有觀風俗俾擇賢良故軺傳一封尚且通於鍾律埋輪入使豈獨懼於豺狼景以星車達諸天府惟賢能似雖讐不忘御史彈違莅職肅物臨人謂無失於奉公乃見傷於與善使苟爲醜邁（疑是醜蔑）畏此簡書則羊舌廢而不興祁奚誰其請老制命爲義雖暫威於栢臺察理莅仁終取連於茅茹欲成三物方建一官所糾之言其

細已甚

對升高判

解式與長年行因升高不從所視遂杖之式訴州斷闕論省科失入

介福維祺授康緝御未濟溝壑是登邱陵將察視之致虧惟對問之所詔非我族類其心則乖且幼長之行陟降有序儻云能賦遂爾升高或匪事親爰加大杖豈桑榆之已逼將櫝楚而收威設取愧於離婁終見傷於甯越外臺置辟實諸所訴華省繩愆請修其本解式之競長年其悲

對毀濯龍泉判

輿人毀濯龍泉或失其利楊氏因形勝興廢業

邑人訴勞役不服事

因興立功就敗成罰天之所壞人莫能支泉既稱於濯龍歌未聞於黃鵠是爲廢墜匪克修平則當程以土功議其遠邇同夫鄭令舄鹵更生其稻粱嬔彼秦人荷鍤能降其雲雨若乃虞藪澤之利述形勝之由非曰子來敬乎處始無有猶可勿對其庸

李子珣

子珣元宗時擢書判拔萃科

對觀生束脩判

庚補觀生所學未就其師同算生例徵束脩訴云蓋伎術不可爲例必其抑納遺出幾何師曰算之伎術生終不伏

庚補觀生事師來學方欲空中辨氣指寶劍於豐城天上瞻星識賢人於潁水既而天遠人邇功業未就弟子之好束脩是徵所務雖殊於算生其致亦同於觀者康成博物計天儀而不差裨竈多知察時變而無外一彼一此豈曰殊途觀生算生固宜齊例何稱抑納輒此薄言須科虛訴之辜俾從伎術之例

對牢祭有違判

孟壬具少牢祭仲巳遽執畢入贊者告巳有違巳云以備失也得禮之中何乃妄告俱詣博士定博士曰禮和爲貴豈在爭乎科贊者不伏

祭惟備物往籍攸先禮以貴和前賢所重苟初事之不曠在疾徐之可容相彼孟壬將有事於牲具瞻言仲巳乃無何而畢入誠則恭不失備遽而中規俎豆之事載陳金石

之音卒奏夫惟贊者忝預於斯既曰偕行還宜共濟安得縱茲大惑發彼小瑕殊成子之不恭禍徵受脤異陳佗之如忘釁起臨盟以懈怠之見規則聞前史因備失而歸罪且未合宜事貴無違禮崇得中請從博士之議庶叶隨時之理眘言贊者可無詞乎

高杲

杲元宗時擢書判拔萃科

對徵什一稅判

長安縣徵什一稅百姓訴云取已過半人將不

農縣官云恐國用不足

眷彼長安是稱輦轂詢於百姓賦彼三農儻儲廩之未供在畎畝而攸給稽諸魯史什一稅而可徵詠彼魏風三百廛而斯取是爲盍徹未抵彝倫雖過半有詞且悲杼軸而官惟恤隱宜室盈庭如或水旱不時薦饑無取歲莫資於稼穡人必慮其流亡則徹田爲糧盡輸王府而賑廩同食猶餼瘐人將循古而知方亦從權而未爽

高播

播元宗時擢書判拔萃科

對襲封餘兄女代父刑判

得丁長當襲代封主司以有兄不錄其讓又乙坐法女請代未許官勒從奴

不掩厥善代選爾勞伊人祇辟咸示中正朝廷作乂大明黜陟使苴茅永建無替於乃服鄭竹斯升審欺於誠道丁以祖孫繼體位由當室乙則戒慎不足人自速辜德在友于復公侯於今季既生女子濟緩急其及嗣仰丁鴻之清節遠且逃身慕緹縈之淳志期無釁顏有司務隨時之木徒高守法當官藉通變之識未宜膠柱昔泰伯三讓公季代緒漢除五刑班史垂則行古之道仲子所以捨孫易父以死趙簡申其禮聘相彼一時之義今爲千載之名豈可使帶礪遂絕於承家齠齔服刑而代罪兄則不返封欲誰承女既年弱奴何足任鮑公往矣丁必無由理屈淳于獲宥乙女亦可恤刑景之前聞庶無凝滯

對初稅畝判

所司初稅畝怨者實多僉議罪其變法中尉云匪躬之故兩執不同

周官立法惟聞薄斂魯用不供爰行大桀皇家布聖敬之

明德貴因循之令典乃修弛賦之道不足宜陽之計什一而稅億兆以庸何彼所司率由非政不能和彼三事申物土之宜而乃鳩於庶畛成取怨之道豈自貉之爲制其於釁而不若臨財無苟其曰是乎於義或妄未爲能也惟此中尉曾無内省若利彼社稷則死生而以之戮我彝倫在憲章而莫捨益之爲助空望於十朋乎則未終且成乎一握稜夷不同於入腹出否幸從於顛趾

杜（一作許）洩

洩天寶時人

越人獻馴象賦 以辭林邑望國門爲韻

惟彼馴象產乎南夷其形大也因地而受氣其性順也從心之所資食豐草於幽巖之麓飲清流於長江之湄不忌於人如得其時推誠於物任以縶維此吾王之化被也故遠人得而獻之中心搖搖其道遲遲左顧右盼知出羣之已遠廣思遐想與草澤而長辭修途是尋疊嶂嶇嶔或行於陸但隨山而上下或載於舟距涉江之淺深既濟水以次水復出林而入林所過之邦徒觀其骯髒之貌所遇之衆豈識其謙柔之心荒徼已違王畿斯入聞之者遐邇必

至覩之者士女咸集人不知其故皆愕然而立或告之曰所馭之者越人所出處者林邑近之可仰遠之可望銓衡不能舉其體丹青足以圖其狀揣輕重者我有蒼舒之智高思柔服也我有周公之德王以之馳三軍比矛戟而齊鋒以之和六氣與簫韶而俱唱稽其來也自南徂北嘉彼所獻充我王國食以筐筥牽以徽纆將致貢於昆夷亦率職於邛僰斯之爲義可得而論性之馴良表遐夷之向化體之固實揣中夏之所尊以君好生之故我生必壽以君賤貨之故我齒斯存豈克耕於野輸衆人之力曷如我入貢霑萬乘之恩雖自慚於陋質永願在乎王門

魏季遹

季遹天寶時擢書判拔萃科

對登夫家判

乙以歲時登其夫家辨其可任者甲訴免云服公事不伏

天子六官司徒九比稽其徵令登以歲時力役於是必均施舍自當率理有國之要無相奪倫乙職彼鄉師何速官謗或虧我道執守爾法且四人分任所以定乎等衰一切

從徭何以彰乎貴賤甲乃爲吏有別夫家辨任必欲執文復除自應蒙幸與同夫者君役不及於支離長服事焉爾政何傷於滅裂苟欲違於鄉黨豈辱在於泥塗訟則有孚理合無撓免之或可誰曰不然載徵司馬之書難舉鵷鳩之典

司馬霜

霜天寶時吏部常選

經幢銘

闕尊勝經咒伏願燈光照灼除黑暗之疑幢影參差滅恒

沙劫罪乾心稽首乃闕

闕破暗網兮樹燈光願合家兮悅時康千秋萬歲兮壽無疆

常無欲

無欲天寶朝官殿中侍御史内供奉

對直講無他伎判

丁專經直講每無他伎進考或人告濫

典禮之興講經爲要安人和衆學古入官丁以專經直講經師訓造藝成重席業固專門歌詠先王頌聲以光於講

席討論文義德化藉甚於談筵考課攸歸勤效斯在以無他伎蒙竊惑焉且州縣徒勞自拘於常式庠序爰設亦著於彝章妄告之人須科反坐

對旄人奏散判

日本請吏賜宴於朝旄人奏散不以韎爲惠文冠所持辭云屬鞮鞻氏

中國有孚殊方委款不遠波海來趨天闕仰衣冠而竭誠願臣妾而見詬國客兹備式宴且酣方樂未便闕歌與舞旄人典斯鍾鼓職彼韎任既乖用舍之宜須寘疎遺之罰爲惠文所抵信得其由推鞮鞻之愆未聞其可

對不供夷盤判

三品喪事夷盤不供司儀云時所不要

喪也寧戚禮亦從宜恩有厚於大臣義不遺於小斂今位崇三品名謝百年國章自書其禮物有司豈怠於供擬若春羔已獻在夌室而須開夏蟲正疑闕夷盤而不可自當曠官之責何待司儀之按時則匪要法欲何加

對吏脫幘判

得丁爲吏脫幘掛縣門而去斷不應爲

瑰意琦行有應則通陳力就列不能則止故嘗營吏道坐州縣而徒勞寂寂閑居退邱園而優逸丁也縣吏職事前修挂幘公門頗遵孤節角巾私第自得遐心州以小道從方恒科守職白雲已遠尚勞增繳之心尺蠖相趣未識江湖之意責其廉退之節科其高潔之辜欲使疏廣厚顏陶潛負譴僕雖不敏竊謂非宜

對大夫祭判

有五品祭寢不祭廟饌用索牛御史劾於寢則以陋於饌則以泰訴云禮今無違

禮有九命聞之典秩爵惟五品存乎令制以祿饗親追崇孝敬之道以賢致位周旋名器之間從事於斯無宜失墜執禮以動何所遲迴然則吾從大夫之後祭中寢而非爽奉守先王之典用太牢而爲過今則無廟子欲何之索而致牲古亦詳矣憲臣按法操柄特深訴者執詞情理可據

平冽

冽天寶十二載官殿中侍御史

兩階舞干羽賦 以皇風廣被夷夏謐清爲韻

寰海之内長沙大野妖星旣落兮天履其下皇帝將欲罷鑄兵歸騤馬舞比干羽文化區夏在昔則格虞氏之遠人於今則彰我朝之風雅日麗黃道帝臨丹墀鼓靈鼉兮旂翠鳳登舞童而詔樂師兩階儼然而八佾舞之顧步而動兮成文在茲拊金懸始求聲於律呂揚玉戚非取象於華夷且干者兵器去其用而持其實羽者樂音美其聲而秉其質是用抑揚於倒載之後鼓舞於飾容之日肅穆壯成舒遲靜謐周旋乎東向西向行列乎左墄右墄所以增廣殿之煜烜所以符太階之光明然後叶順氣繼和聲鶩情而白日重貫造物而洪爐再成必使萬彙千品四維八紘

革心而來約泄泄於靈府鼓腹而進仰巍巍於穆清吾君是以黜掌上之纖腰弛庭中之妙戲況丸劒揮霍巾聲慢易或洶湧於鼇抃或翩翻於鳥企諒文德之無補於樂情之爲僞若其條暢旁達聲明遠被俾其洞心駭耳屈膝交臂是知至誠可以幽通大樂茲焉統同彼儀鳳之瑞格神之功雖非至理是必同風不然曷能去肉刑除脂網福如山峙澤若河廣蓋總干動其形容理國觀於指掌而已客有窺萬舞美柏皇然後賦兩階之事知五樂之方

開元字舞賦 以全德崇文通節聲色爲韻

禮以訓俗樂以移風粤我皇兮是崇字以形言舞以象德肇開元兮是則是知聖人之合舞也旣所以誕敷文教亦所以擬象周旋自我作古示不相沿豈比夫漢主習五行之典虞后陳兩階之前干戚之容雖備文字之旨未全何以哉盡善盡美待吾君其具焉望之如雲聖人爲君橫御樓於北極張古樂於南薰八佾之羽儀繁會七盤之綺襄繽紛雷轉風旋應鼉鼓以赴節鸞迴鶴舉循鳥迹以成文周瑜之顧不作蒼頡之字爰分竦萬方之壯觀邈千古之未聞其漸也左之右之以引以翼整神容而裔裔被威儀

而抑抑煙霏桃李對玉顏而共春日照晴霓間羅衣而一色霧縠從風宛若驚鴻匿跡於往來之際更衣於倏忽之中始紆朱而曳紫旋布綠而攢紅傳仲之詞徒欲歌其俯仰離婁之目曾未識其變通懿夫乍續乍絕將超復發啓皓齒以迎風騰星眸而吐月搖動赴度或亂止以成行指顧應聲乃徐行而順節且歌者所以導志舞者所以飾情觀其容也或以移乎風俗察其字也或以表乎貞明振古不覩斯今獨榮掩雲門而奪大濩鄙咸池而陋六英一人有作萬物咸亨臣固迷於日用願頌美兮載厥聲

舞賦

陳思王榮分帝子寵列天孫集賢東閣追宴西園使趙女攜琴文君送酒劉楨吮墨而作賦王粲稱觴而獻壽樂者所以節宣其意舞者所以激揚其氣不樂無以調風俗不舞無以攄情志王乃奏長歌登舞閣徵絕伎於行宮命夭姬而走索同曳緒之翩聯狀跳丸之揮霍卽使燕姬撫琴秦女吟笙楚妃歌防露之曲陳后唱結風之聲則有楚媛巴兒齊童鄭女躡凌波之綏步曳飛蟬之薄縷掩長袖以徐吟頓纖腰而起舞低鳳鬟於綺席聽鸞歌於促柱燭若蓉蕖折波而湧出婉若鴻鵠凌雲而欲舉其爲體也似流風迴雪而相應其爲勢也似野鶴山雞而對鏡總衆麗以爲資集羣眸而動咏觀其躡影赴節體若摧折將欲來而不進旣似去而復輟迴身若春林之動條舉袂若寒庭之流雪乃其指顧彷徨神氣激昂竦輕體以鶴立若將飛而未翔作之者不知其所觀之者恍若有亡別有邱園羈旅簪纓無序擢高枝於芳桂挺茂幹於長楚頓雌雄於飛伏卜行藏於虎鼠思擢太常之第求奉揚庭之舉

李徹

徹密貞王元曉再從孫初封東莞郡王徙封濮陽郡歷宗正卿

請封西岳表

臣徹等伏見禎祥委積河海澄清長瞻北極之尊屢獻西封之疏誠懇不達天鑒未從徘徊闕庭隕越無地陛下再造區寓肇康生人與天合符與道合契故得靈芝表瑞玉版呈文九穀歲衍於京坻百蠻盡習其冠帶能事備於典策盛德光於祖宗升中告成是屬今日惟夫太華高冠羣山當其少陰鎮此西土自有虞巡狩歷祀三千夏殷以還

罕能肆覲陛下雖加進寵號增崇廟宇而大禮未施精意空潔又陛下頃歲建碑曰嘗勤報德之願未暇封崇之禮萬姓瞻予言可復也臣以爲天地之主豈徒言哉神祇候望故已久矣伏願俯順百辟兆人之請明徵刻石銘山之記蹔遷萬乘降被三峯奠珪璧於中壇奏笙鏞於上帝使普天蒙福重賜無疆頻冒宸嚴並期必遂無任懇切屏營之至謹詣朝堂奉陳請以聞

張萬頃

萬頃天寶時官河南尹

對舉方正者判

京兆尹舉方正所舉者召見槃辟雅拜有司以詭衆虛矯奏請左遷

漢辟賢良周升俊造求我士庶登之於朝咨爾大夫褒然爲首以弼余教將沃朕心況張敞尹京孫宏待詔軒墀中禁襜褕上謁如咫尺之在顏何槃辟以爲禮將三命以必走奚九拜以徵儀然惟才所難與人無備焉可納虛詭之說畏賢能之書苟上第之得人豈左遷之云罪試可乃已吾無間然

崔珪璋

珪璋天寶時擢書判拔萃科

對舉方正者判

京兆尹舉方正所舉者召見槃辟雅拜有司以詭衆虛矯奏請左遷

制祿受寵以身許國夫不舉賢宜其削地故何武所薦先於宗黨孫宏慎擇果得詞林至如官則尹京爵爲上秩問馬未能於鈞距推賢乃見於槃辟且不求備寧責於周旋如或可收豈徵於拜禮應屬天顏咫尺對敭失墜楚材儻

以堪用卞璞詎宜便捨欲求上賞更俟試時因奏左遷孰云其可聖朝刑尚不濫舉賢理合從寬向觀稽首之儀未成不削之罪

鄭遂

遂天寶朝官司勳員外郎歷戶部金部郎中

對獻賢能書判

甲歲終致事不獻賢能之書御史糾不能教其所理辭曰待經三年則以禮賓之

國有地官以帥職鄉則大夫而列位政無苟貳命在奉初

告於鄉里須司徒之禁令期於歲時登夫家之衆寡眷言甲者斯焉從政既受其法如璽印塗將教所理猶金在鑄是以俊造察本於鄉閭賢能薦登於天府同谷永之舉士不失薛宣類周瑜之貢才無遺曾肅況致事有典大比作程詢衆之蓍義存五物禮賓之飲道在三年作良命官是甲未聞失德賞恭罰否彼憲何其謬繩

欽定全唐文卷四百七

徐景暉

景暉天寶時人

對勞農有闕判

冬勞農大酋有闕主司糾劾訴稱六物未備

昔在后稷躬稼宣王命籍用天之道因地之利率先以勸敦本斯在是候春鶊初飛饁彼南畝秋蟬已噪穫乎東皐順月令以迎貓存星迴而合蜡八政罔忒九職攸序摟粟多乎敖廩典農蓄於京坻以備荒札將禦凶饑而穰田滿篝豈用淳于之哂載餚入野常聞王丹之勞惟彼大酋是稱司醞徒學杜康之藝有愆儀狄之職陶器必良工善其事火齊式序職司其憂和羹既用於鹽梅合禮必資於麴蘗六物未備胡不及言三農既休忽此闕禮使上農空迷於帝力大酋合寘於國章

張仲甫

仲甫天寶時人

雷賦

粤若稽古太始之初陰陽和而爲炭天地張而爲爐鎔鑄

品類陶汰清虛名之四海謂之八區陰陽相盪感成雷乎號曰天地之鼓事載河圖之書藏冰以時則響出而不震仲秋之月必聲隱而無餘或震怒百里雨潤同沾法威刑於牧宰察醜惡於毫纖或殷轔而鼓作或滅沒而韜潛吼若天開闢如地裂動靜必以其時喜怒於焉有節是以樊重入室王裒遠墓終不苟於瑕疵冀中平於朗寤蠻夷於是膽慴賢豪於是心懼惡不戒而潛至善乃全而焉措無貴無賤敬天之怒五星不逆六氣合度發陽和啓蟄户農事興作秋成斯覩以日繫時有倫有序歘焉而來倏焉而

去鼓勇莫測其蹤安息莫知其所捜獲山川洗滌寰宇爾其爲狀也則乃聯鼓畾畾力士雄雄雲飛電耀起自震宮其爲聲也磊磊落落砰砰訇訇龍潛魚躍海湧山傾星宿爲之霾翳日月爲之昏暝夫其虩赫震燿紛紜熇作臨峻崖投深壑終不騁於雄豪將勸善而懲惡布雲雨於潛龍銜丹書於白雀若乃王綱如縋籠羅有情是謂小人無禮君子無刑守容貌而無恒豈耳目之不明終莫貞廉於衆口法令未若於雷霆

梁涉

涉天寶朝官司勳員外郎

長竿賦

伊酺醵之可觀有格澤之修竿勢百常以莖擢文五彩而花攢可負以致遠又行之匪艱故得一人之慶而爲萬國之歡獨步華場偏臨廣術當太階以影正對重樓而首出岌岌兮高柱承天亭亭兮若木拂日有美人兮來從紫闥爲都盧兮衣錦褧衣凝靚妝以如玉聳輕身兮若飛倏龍盤而婉轉遂花落而霏微朝雲乍興神女之初降曉月將落姮娥之未歸於是伐鼓雷響鳴金星合從正殿以獨步

巡廣場而未匝勢欲傾掉力將彈壓天地爲之振動樓臺爲之岌嶪臨人自正兮有異從繩處險而安兮匪同履冰豈有象於鴻漸終無教於猱升聞北風其涼我則懷將恐將懼見南山之壽我則喜不騫不崩則知蹲會稽者其言矯在浚郊者其利少曷若揚王庭越木杪爲域中之大見天下之小哂伏波之銅柱遥居海裔陵漢武之金莖揭出雲表惟我皇而念茲遂角觝而存之非爲作奇技庶堯之謗木可爲非爲作無益庶舜之舞干可持使遷喬者仰止守直者方斯臨下則正而不譎在上則高而不危夫是跨

越古今標格寰宇聞之者鳧趨雀躍見之者足蹈手舞非測日之表可傳非淩雲之梯足數將揭焉以山立或拊之而林聚故知斯竿無親惟力是鄰雖盛德之在木必先容而假人欲爲柱兮承彼大廈願爲檝兮當彼要津既呈材以效質樂我王於萬春

對馬驚師徒判

卜氏爲御馬驚師徒小却監軍糾爲無勇卜氏遂死之或誄其功監軍請寘乎理誄者執云非罪

赤羽相向魯載乘邱之役紅塵交飛國驂賁父之御事匹蒙馬力均投牛變非銜橛驚爲流矢殊郤克之不止因潰齊軍成魯師之小却便亡卜氏汙朱輪豈敢言病驗白肉乃知非罪逝者既往吾誰與歸死而可哀士始有誄此焉實理執曰監軍雖欲必也正名是故惡夫佞者

對樂師教舞判

甲年十三爲國子樂師教之舞象甲不受命樂師將撻甲云違禮不伏

夏序般膠建國尊務養老齒胄先王大猷所以長幼分規道業差序咸殊誦習將明告教射御書數分制則於樂章中和祗庸遵規儀於性庥卽大成以方就爰小舞而首陳必在準繩無或差忒以言國子辨慧斯聞系彼勳華金張錫慶遵其禮樂游夏申歡學畢幼儀言辭外傳年昇舞勺乃踐上庠春誦夏弦深期順節尊師重道寧顧踰閑佩觿之成童未及摳衣之舞象何先雖欲速於有知終見陷於無度儻聞一知二亦何守於彝倫必也非禮勿言固可拘之年限制於未亂詳茲雅得紀綱扑作教刑撫事難從撻楚

對琴有殺聲判

甲鼓琴多殺聲景與其鄰懸鏡於樹以盤水察之盡達微隱甲訟景非理云恐有害人

緣琴高張觸物易操朱弦促調緣心應聲既峩峩以在山亦蕩蕩而著水甲逢有道每歌詠於南薰景屬無爲亦歡娛於北里彈絲靜聽無聞獨鶴之吟外物生情忽作捕蟬之思平生雅意妙曲先知邂逅商音有鄰便覺鏡懸於樹疑桂魄之澄空水止於盤若冰壺之在鑑隱微必察善惡斯彰纔聞蔡氏之絃遽作淮南之術迹或多於猜忌罪無

抵於章程事則可憑訟乃無咎。

石鎮

鎮天寶十年進士

洞庭張樂賦 以八音克諧天地充滿爲韻

昔帝軒出震用率大夏三才以貞萬人以察戰蚩尤於涿鹿之墟登飛龍九五張咸池於洞庭之野舞元鶴二八遂使素女鼓瑟昭文輟琴壎篪協韻笙磬同音始鏗鏘以拊石終訇隱而擬金雷出地中以成奮豫之象風行水上油生子諒之心包混茫之廣大含元氣之高深不知不識順

帝之則無視無聽至道之極三月忘味思在齊而攸聞七旬格苗非得儁而爲克所以事與時並名與功偕羣方既睦庶尹允諧且如碩人褎然萬舞在前秉翟奕奕象九奏於鈞天后夔叏至三步既次夾振蹝蹝率百獸於厚地諒人神之在和何匏竹之足備況乎皇上降衷以符德充理七音於周雅歌五紘於舜風仁親是務車軌攸同信敷草木澤被昆蟲在坑谷而何有與幬載而齊功故得萬屬宅心四夷修款音無迭遷義取觀盥聞正始之頌聲足誠盈以持滿空歌詩以獻賦若窺天之以管

罔兩賦 以道德希夷仁義爲韻

粤若窮理盡性在宗載考觀窮元元討謨天造憫鷦鷯之爲得處一枝而屬厭詞罔兩而格言詳萬籟於至道道之爲體也無思無慮惟靜惟默皇帝得之而升於雲天維斗得之而運於宸極下崆峒之路理必諧於襄野登隱坌之邱義無虧於建德爾其問影責實稽謀惟微審行止之常分固怨蕃而用希陰與夜兮吾所隱火與日兮吾所依若有待而持操誠不協於天機且夫步日者足憐蛇者蔓雖鳧鶴而異稟將斷續而則悲苟安時以處順惟我心之則

夷如莫耶之或躍必歐冶之見遺客有感而歎曰大塊勞我聖人不仁天地無私於覆載陰陽胎合於陶鈞動之則矯冥之則靦汎然無跡瞠然絕塵時既來而不再物亦煦而知春夫如是則何患無位不作守道安貧而已哉於是罔兩卑陬改容逡巡徐避養淡泊懷簡易鄙白龍之遇制嗤文豹之有累寓百骸於神理休四海之光被在埏埴於洪鑪得修身之明義

蔣至

至天寶十年進士

洞庭張樂賦 以八音克諧天地充滿爲韻

聆黃帝之遺音澹乎至察天非私覆稱其德以無二國有元風應其方以宣八所以合德樞之幽鍵率至人之大戛當其存乎象用酌彼鈞深將合之於萬籟故稽之於八音非剸之以耳寧聽之以心風師拊石雲將撥金棄圜客之絲彈爲鶴舞辭羌人之竹撇以龍吟雖不擊而不考或習習而愔愔坐忘斯得旋歸靜默其始也懼其終也惑迴日月之運行會鬼神之柔克淒清廣莫之野曼衍華胥之國奔夷貊於蟠木之東聳鱗輪於幽陵之北和容遠被休氣

充塞邦用榮懷人之克諧何以鼓靈鼗之坎坎撞猛簴之喈喈至乃起於無眹調之自然張洞庭兮聽咸池同嶰谷兮合鈞天昭炎氏之作頌寓莊生之外篇是則成象者樂之餘希聲者樂之器舞妙有爲八佾懸至和爲二肆觀其妙叩以元闢動無方覃於厚地貫陰陽而不測庸詎識其純粹吾君纘戎始酌遺風集端虛於黃屋攘靡曼於元宮理代之音兮蹈而不厲不言而化兮美以能充兮以視昔實由元同受靈命之誕敷宵希夷之自滿考徵音於天樂謝能賦於窺管

罔兩賦 以道德希夷仁義爲韻

揖傲吏以逍遙啓眞經於探詠則知辨彫萬物富有三寶假影外之微陰喻域中之大道惟彼罔兩同夫糾纏邈兮難名混兮不測離婁目眩而方見桑宏心計而寧識其出也與影俱遊其入也與陰俱息乃謂影曰子於我兮何力我與子兮何德將詰之於心請對之於臆殊途兮同歸孰是兮孰非進豈苟得退殊所希繫我有待俾爾相依在波瀾而比目升雲漢而聯飛胡乃折責其持操而欲論乎等威者哉且夫出入隨日行藏任時儀形長短取象毫釐雖

曩華而今槁豈變態而殊姿語默無滯類達人之舒卷視聽無及符至道之希夷原夫以陰託影以影輔人行則無跡居必同塵不樂蓧大寧悲賤貧茹藜被褐非所恥腰金鳴玉非所珍誰泣楊朱之路誰迷宣父之津誠滑疑於至理不夭閼於天眞則知於物有憑處身如寄和光遠害是其道先人後已是其義鑒之者雖臨水而罕窺畏之者將奔走而奚避欲明有象於無象有愧知音之意

孫翃仁

翃仁天寶十年進士

朝元閣賦 以高抗山頂升覽清遠爲韻

神之本也以朝爲大乾之德也以元爲高合二美以制閣俾萬人兮不勞何哉彼朝元之爲狀厥高因於巖嶂岌嶪兮初謂湧於山巔崔巍兮又謂居於天上崇崇之勢博敞宏壯斜窺渭北笑玉樹而徒空俯對終南與金闕而相抗迥出象外信非人間陽烏乍轉以迴翼翔鵾不逮而空還七聖同遊罷還襄野萬國以會自是塗山既而元冬啓景六合清迴法駕行幸於溫泉羽旆騈羅於高頂帝乃躋稜層考休徵天之動日之升馳繚垣以望窅窱開閶闔而越

凌兢視遠如邇臨高可憑於以旁眺於以迴覽窗前桃實在方朔之深知閣上鳳巢表帝軒之聖感昔秦皇學道漢主長生祈年既築望仙復營人既勞止事卒無成豈比夫向背山澤密邇皇城池八水而下臨無地階重巖兮上摩太清至若早霜啓色積雪初晴壯泰山之日觀比天台之赤城信我后之攸處與神仙之混幷嗟乎登高作賦十上何晚題陸雲之閣吾道應行薦揚子之文其事不遠

房寬

寬天寶十年進士

泰階六符賦 以元亨利貞爲韻

天垂象其徒實繁聖作則克叶元元故六符之效祉同五星之可言匪侵名於傳說不奪彩於軒轅有道則見頻然以明示萬物之咸若表三階之砥平歷歷珠貫煌煌弁橫高以視卑八荒仰其不忒低而能觸四海悅其光榮昔昧者謂前王之淫縱今明者彰我后之元亨既歸仁於垂拱亦叶政於阿衡寧不以燮理諧極耿耿莫京巍巍以之作醴鹽梅於是調羹近取諸身長乎庶類率土雖廣至德遐備救旱則霖雨爲先濟川則舟楫是利不然者奚得與南

極而齊出拱北辰而爲次跂彼無報既織女之多慚睆爾服箱知牽牛之增愧繼東井之應福何穎川之足懿事契其誠萬邦以貞亦既啓瑞終然永清且逢時而不隱猶牧謙而作程每避日以照曜孰與月而爭晶順秋冬以迴斡隨河漢以低傾寧直降龍駟之特稟應仙郎之美名信可久而可大等無臭而無聲謬管窺以體物幸芻蕘之見弁

沈仲

仲天寶時進士

象環賦 以謙德無事循轉爲韻

佩服之設惟德是瞻夫子之服素而博夫子之德稱而廉
式制象以表諸儉豈無玉兮體乎謙謙而伊何服用有則
舍寶佩庶以彰其無位制象環實亦明其讓德匪玉兮匪
金是雕兮是刻取其焚身之齒奪其截肪之色磨而不磷
涅而不黑相彼玦兮謂其玦之有離制此環兮體其環之
不極因良工以表器奉聖人以聘國苟炯戒之斯存曷威
儀之有忒於是不師爾制爰始我謀錯落增色晶明克飾
寫金規於顧兔掩素彩之隨珠崇其五寸之範輝彼十圍
之軀貴其文兮我則文而能潔謂其曲也我則曲而不踰

既圓體以就滿亦虛中而應無服爲身表環爲佩器若禮
義之相須豈周旋之暫墜將以體象其法理亦以循環乎
志意雜章甫以爲飾騰組綬而生輝蔚禮經以昭規掩水
蒼之故事明夫素王立範象豈因循必使動容有則箴規
合倫得禮容之不選著盛德之日新環之質兮取其終始
罔遺象之齒也取其堅白可珍體夫子之歷聘周流似夫
子之從時屈伸象環之制兮其義不淺謙撝之旨兮因斯
而闡道崇受物用能寬而有容理貴適時體如丸而任轉
忝明試以效拙敢獻賦而旌善

韓液

液天寶時進士

公孫宏開東閣賦 以風勢聲理暢休實久爲韻

千載之下凜然清風才生於代道積厥躬洎六十而達爲
百夫之雄時然後遇否極斯通賤不憂貧牧豕之心在貴
而好我招賢之道崇招賢伊何東閣不閉常虛懷以應物
每趨風以接袂屈己於士德必不孤應以同聲冥而合契
爰符禮以爲食不倨賢而恃勢故門多長者之轍奄有輝
光座必非常之人亘以年歲豈惟開閣於暇日之中抑亦
昭心於接應之際道不虛行有聞有聲方積善以志其大

匪飾非以外其情故人得盛大之譽館得招賢之名欣其
託身之先美其投足之始名以才著高因下起槐市居尊
柏臺是履多士拭目羣英傾耳猶尚德以尊賢將興化以
致治豈比夫鄭驛迎而爲賢陳榻解而稱美然以匪階而
遷任道而暢自家刑國封侯作相不出十年之中獨立羣
賢之上欽若前哲惟德之休其儀棣棣其政優優知足則
止辭榮而歸侯好賢不倦垂範而空昭且資以時須賢爲
代出得之者則政舉失之者則政逸安得不開閣以崇敬

祛繁華而摭實誰其嗣之代何不有惟秉鈞與當軸宜欽風而善誘庶斯道之不虧信昭彰之可久

魏縝

縝天寶時進士

梓材賦以理材爲器如政之術爲韻

昔成王纂位周公輔理命爾康叔尹兹殷士既因命以申勸欲善終而令始述文武之所修陳藝術之攸起播英聲於典訓揚芬烈於國史則知上之化下如梓之材遵繩墨以運思受鎔模於簡能其度木也佇林衡之畢選其取制

也仰倕和之所開於是既勤樸斵惟所云爲奚兹服用靡尚精奇信其有益取於無私工必止其淫巧物欲稱其事宜去雕鏤所以昭代俗之反素塗丹艧所以知禮義之攸施擬古呈功觀象制器或因事以立法亦憑質而託類臨時通軌開物以利乃作誥於聖人俾流戒於在位凡教在始而法在初莫不念乎梓匠慎爾攸居苟方圓之失理是風化之蔑如故王者創殷迹述周令汲汲賢良孜孜善政招延俊造以輔明盛偉夫立德垂訓名言在兹凡百斧藻各共乃司勿謂幽昧神其聽之自然片善無遺羣材靡失輪桷兼採棟梁並出實有補於大廈方見用於王室擅高會之規矩騰雅頌之洋溢闡無疆之淑懿成不朽之政術

湯履冰

履冰天寶時擢書判拔萃科

對梢溝判

甲通梢溝三十里主者按典役不申甲云水漱之不合申

甲義恤菑畬志殷溝洫懼襄陵之荐及梢蓄攸通稽濬川之前聞源流遂遠當以崇朝其雨高岸爲谷無勞役之事

濟稼穡之艱里則斯遥功則其倍涇泥是沃俄分數斗之謡韓工已成良開萬代之利歲自便稔邦由是臧異東西之見分寧嗟別思殊劉項之有劃是悅昌期漱而不徭足以嘉尚決而非役奚用申爲紛署將繩恐涉察泉之義白圭思復宜從因水之詞

張仲宣

仲宣元宗時對策擢第

對知合孫吳可以運籌決勝策

問朕聞武以保大定功刑以禁邪止殺軒轅三皇之聖莫

能去兵陶唐五帝之聰時猶振旅故知體國經野宜有弔伐居安慮危可無豫備朕纂承丕業虔守大寶因祖宗之既康恐文武之將墜兢兢戒慎翼翼憂勤而德教誕敷烽燧尚警三邊每勞於征伐百姓不歇於耕鑿言念于役深軫於懷所以日旰忘飡中宵輟寐思謀臣以制敵折衝於樽俎索名將以守邊降伏其戎寇行何法也得致斯人哉子等藏器待時呈才應命盡陳古今之事備詳攻守之策至時賢著述往彥勲庸兵法有五十三家宜分其四種漢臣有二十八將自比夫幾人景略可遠於孔明張遼得齊

於關羽斛律光賀若弼近代之用誰優我李勣與李靖先朝之光誰最又邛南一方之地磧西萬里之域將棄之以促境寧守之以勞人鎮梁州至於流沙軍隴坂至於積石險阻要害予疑汝明秦中歲役於防水若爲蠲革代北年疲於禦塞奚所變通薊門屯田何術以休其弊柳城梗澀何籌以繫其虜凡此邊廷今爲重鎮何經何見何履何歷若兵不獲已用何奇謀貞我師旅使有征無戰必文可來之施何異政柔彼夷狄使懷惠畏威咸述爾能直言其事當有昇壇之拜佇伸推轂之寵

對臣聞玉弩垂芒耀明威於紫緯金方戒序凝殺氣於丹霄然則貞辰登樞規七衡而立辟垂旒御辨法四選以詳刑是故黃運披圖靜妖氛於涿鹿丹陵啓業耀佳兵於洞庭伏惟陛下陟上帝之耿命順下人之樂推總不測之謂神包混成而爲道然後運天地日月以臨之洩雷雨水火以育之宣道德仁義以綏之張禮樂刑政以肅之然則宿離無忒天清也海外無波地平也左學上庠文明也保大定功武威也由是東西沈潛朔南浹洽草木咸若昆蟲無夭猶且日慎一日雖休勿休俯徇謙光循易象之明義降

詢得失追漢策之高蹤所以廣訪芻蕘旁求道路臣戎旃賤伍樗散陋容策蹇以忘疲勵弱而知倦猥茲庸菲充賦闕庭奉詔慚惶啓處無地所冀齊庭設炬九九之術先收燕館初開先尊郭隗而已敢緣斯議庶竭丹誠制策曰思謀臣以制敵折衝於樽俎索名將以守邊降伏其戎寇行何法也得致斯人哉臣聞晉謀元帥漢召材官必資悅禮之英咸選良家之子誠請秋風授律吉日拜將收不疑之十計問子明之五策賞必以功罰必以信則良將斯至矣大功可舉矣制策曰兵法有五十三家且分其四種臣聞

習手足便器械積虡關具攻守伎巧之兵也權德刑隨斗繫因五勝解鬼神陰陽之兵也雷動風舉後發先至離合向背而應變無常形會之兵也守正而用奇詳形而計戰兼伎巧包陰陽權宜之兵也然後憤之以仁義信之以賞罰以我直而權其曲以我智而薄其愚以我和而制其離以我治而乘其亂故雖孫吳再生亦不知爲敵人計矣制策曰漢臣有二十八將自比夫幾人臣聞漢有二十八將者上應二十八宿也或以文雅光國鄧禹有決勝之奇或以武能威人吳漢有綏邊之略功論樹下馮異之績彌彰

氷結河中王霸之誠尤著臣以卑賤夙無器業竊循運合聖恩不次得參賢俊之末安敢自強而比哉清問猥及臣當萬死制策曰景略可逮於孔明張遼得齊於關羽斛律光賀若弼近代之用誰優臣聞景略之功也孔明之績也張遼之謀也關羽之烈也斛律光之勇也賀若弼之略也廣論之則耀靈不駐略談之又書不盡言景略之佐秦堅纔騁如熊之捷孔明之匡蜀主克著臥龍之名張遼運籌之方可以歸之於先軌關羽搴旗之効可以論之於後塵賀若弼之破陳軍功先諸將斛律光之扶齊國名劣衆人

以次而言斷可知矣制策曰我李勣與李靖之功誰最者臣聞李勣者智也仁也勇也嚴也躬教可以圖始心教可以保衆自伐三韓克清九族所以東夷之人不敢西向也至於李靖者安可同年而語哉大征北狄詎見絕其餘氛授鉞南蠻寧見殄其遺寇所以蠻胡猾夏邊鄙亟聳者良由此也制策曰邛南一方之地磧西萬里之域將棄之以促境寧守之以勞人鎮涼州至於流沙軍隴坂至於積石險阻要害予疑汝明秦中歲役於防水若爲釐革代北年疲於禦塞奚所變通薊門屯田何術以休其弊柳城梗澀

何籌以繫其虜凡此邊庭今爲重鎮何經何見何履何歷臣聞膜拜慴裔既崇於弔代昧谷遐方實資於鎮撫薇亦柔止猶聞遣戍之詩瓜時在期尚起踐更之役今欲明守邊之術開斥地之制緬惟經算俯訪芻蕘謏聞鄙術何足以觀之夫先王馭道也必專其邊守疆以戎索恃吾有以備懷其所以來招攜以禮懷遠以德今丸山在境猶發度遼之師葱河卷祲仍開拜井之屯勞人遠役其何以哉若乃務廣其土以疲其人宿兵於無用之地勞師於不禦之俗聖王之道未之前聞制策曰若兵不獲已用何良謀貞

我師旅使有征無戰必文可來之施何異政柔彼夷狄使懷惠畏威臣聞季梁在隨楚朝罷議仲尼居衞晉國折謀語曰死諸葛走生仲達陛下誠然德音發於帷幄清風翔於無外大啓爵命以示四方拔將選才各盡其用急善同於饑渴用人疾於應響杜奸佞之門廢鄭衞之樂混清六合實由乎此雖西有不羈之寇北有不賓之虜征之則勞師待之則無益故班固曰有其田不可耕而食得其人不可臣而藩來則懲而禦之去則備而守之蓋懷惠畏威也但以日暮途遠汲深綆短文不逮意書何盡言謹對

欽定全唐文卷四百八

張綬

綬元宗時擢書判拔萃科

對牢祭有違判

孟壬具少牢祭仲巳遠執畢入贊者告巳有違巳云以備失也得禮之中何乃妄告俱詰博士定博士曰禮和爲貴豈在爭乎科贊者不伏

我將我享惟羊惟牛籩豆牲牢非無升降大夫命士亦有等威經禮孔明宗祀無替永言特牲之饋實曰宗人之職

筵尸筵曰以崇賓主之儀東序東房克明兄弟之位況畢鼎告備雖符將禮執畢先入未或愆儀既南面以當階又尊主而備失其動也中伊糾胡爲適明贊者無稽更彰博士同惡周旋既無失墜小言則亦何傷造次曾靡愆違知和豈能爲貴惜其禮物博士不利於操刀正以刑書科者乃得其資斧既厚誣於君子亦淺之爲丈夫將子甘心無或騰口

劉系

系元宗時擢書判拔萃科

對牢祭有違判

孟壬具少牢祭仲巳遠執畢入贊者告巳有違巳云以備失也得禮之中何乃妄告俱詣博士定博士曰禮和爲貴豈在爭乎科贊者不伏

祭者曰薦申其至誠鬼之言歸於以明德欲祠祖禰必擇牲牷蠲爾儀之不修則其咎而焉往孟壬三命是服匪懈四時既無忝於孝孫將有事於皇祖宿尸致祝初設位於廟中執豆陳籩終展禮於堂上相彼祀事居然可觀饋以少牢俾申於孝享用其柔日願接於神明周旋自適於等

威終始不忘於齋敬執畢而入信鄉人之知禮卒事無規矣贊者之妄告徒質疑於博士合書罪於斯人

張滄

滄元宗時擢書判拔萃科

對給地過數判

甲給地過數科所由曰更耕之田

凡制農田是分地職家給百畝夫當一廛矧伊所由慎乃厥事善相邱陵坂險能均地邑人居使一易之田加之以二再易之地增之以三蓋居塉土者勞則宅沃土者逸將更耕以獲利與不易而方齊故俗阜時康以廣數圻之外家給人足寧嗟十畝之閒曠土既無代田是匹欲科之罪其善有詞

呂因

因元宗時擢書判拔萃科

對字詰判

甲書字詰所由計功不及日請科罪不伏訴云紙類不同

甲手揮五色巳臨科斗之書躬寫六經方寘麒麟之閣而

論其日課將貽秋典且羲和之晷遲速有殊簡牘之差短長非等理宜課以晷愛之景辨以功庸之效先則窮其狀跡然後寘以刑科何乃厚誣仍令薄訴須緘滕口之訟方入噬膚之獄

對行盪甕破奴死棄水判

甲負甕行被乙盪倒甕破索陪乙不伏又景奴死棄水中人告之

埏埴成器蓋資虛受之功役使爲臣同稟最靈之德他人毀棄緡鏹之直合酬營魄消淪埋瘞之義無隔甲行負甕

雖有類於戴盆景畜家童情有虧於物議方漢陰之抱汲初未忘機等蜀郡之裁書唯資力使旣而途遘卒遇瓦解無全命迫力殫舟藏共遠不忘情於毀甑乙合償其錐刀方念舊於敝帷景須施其薪轊已虧讓行之美更彰速朽之尤折其片言勒陪半價辭名丹籍委骨滄流死埋應切生情實爽旣違掩骼之典宜從束矢之科

楊守納

守納元宗時擢書判拔萃科

對夢得籬粟判

索和誠家貧至孝夢西籬下有粟掘得十五鍾鄉人以告非營求所得請納官

索和至孝居家貧窶因心則烏鳥翶翔敝服則懸鶉碎羽立錐無地門挂陳平之席至誠動天庭列孟宗之筍五芝繁茂氣雜仙靈四壁森羅隙流穎日遂得元穹降祉紅粟呈祥不資南畝之勤自有西籬之錫諒貞符所降爲純孝之精欲以表斯孰能若此鄉人庸謬妄相誣訐不達劉殷之德須遵呂倏之典

盧禧

禧元宗時擢書判拔萃科

對不受征判

甲有賜田不受征稅

農之制地征不過籍德將見優賞莫爲稅伊甲也之介福承賢者之餘慶樹勳公家列爵王冊旣未封於列土方受賜於加田爰及後昆克奉先業責其征稅徒稱聚斂之臣守以莫從是謂博通之士請依周典無撓戴經

盧衎

衎元宗時擢書判拔萃科

對履畝判

丙爲諸侯履畝擇其最好者取之百姓上訴御史糾違法訴云非入已

凉以作法弊尚或貪謀之不臧事將奚適丙桐珪荷寵茅土分榮旣稱孤之是崇在養人之爲政不有如傷之視遽興厚斂之文且井屋旣殊收稅有數人或不足君何取諸苟縱欲之斯行紅粟多積豈堪命之能久黔首何安敢請焚書將以和衆遂命持斧以問剖符縱非入已之科須當擅賦之責

郭休賢

休賢元宗時擢書判拔萃科。

對習星歷判

得甲稱人有習星歷屬會吉凶有司劾以爲妖款云天文志所載不伏

天道非遠。人情難測。俯察仰觀。知來藏往。顧惟所習。頗曰常途。取則四時。識乘蛇之度。數明諸六歷。辨迴蟻之循環。習洛閎之平生。得陵渠之志事。旣知休咎。同入精微。攻乎異端。自貽伊慼。必若門傳良冶。亦觀過而知仁。如其職異靈臺。乃欽哉而難卹。劾爲妖妄。何太忽諸。引以天文。未聞其可。

袁自求

自求元宗時擢書判拔萃科。

對糞田判

或以齋月屠犬縣科殺生曰爲輕輿所用

地邑人居。必參相得。勸功樂事。然後相親。不易之田。畝百而尚逸。再易之地。倍三而猶倦。漆林之征。輕重是舛。園廛之稅。等差斯別。欲均沃塉。必資改更。故載芟載柞。澤澤其耕。不稂不莠。芃芃其稼。且輕輿用犬。彊檗用糞。在禮經而可遵。於憲章乎何有。禹貢成賦。標乎上中之宜。周籍立規。備設牛鹿之制。況明君爲政。動植以安。田祖有神。螟螣不作。科之屠罪。恐涉流言。寧益國以利時。豈棄人而愛犬。食舊德能保全而不忤。田有禽利執言而無咎。小狐汔濟。未出險中。卽鹿無虞。往而見悋。刑云不濫。君子盡心。有孚匪終。渙汗何惕。

趙自勸

自勸天寶中官秘書監。十二年自水部員外郎出爲括州刺史。

空賦

無德而稱者則其稱不朽。無形而用者則其用不窮。若乃質混沌。氣鴻濛。生天地之始。匝天地之中。不可知詰其名曰空。夫空也者。迎之不見其首。隨之不見其後。聽之不聞。搏之不有。舒之則遠彌六合。攬之則不盈一手。體無涯以爲大。物有來而必受。徒意其湛爾無營。飄然至輕。向遥山而似晝。對澄浦而同清。大而觀之。則滭漫兮類元胎之貌。審而察之。則眇漠兮凝至道之精。故老氏曰。有物混成先天地生寂兮寥兮孰能爲其損益不皦不昧安可議其幽明利萬物有含容之德包二儀有覆載之名草木資空以長茂日月乘空以運行霜鴈雲鵬非空無以矯其翼喬鶯幽鳥非空無以習其聲夫天之無言不能去蒼蒼之象風之無聲不能闕蕭蕭之響陰陽者氣猶不免於推遷躔次雖高亦未離於測想豈若窅兮冥兮吾則不知其靈浩兮蕩兮吾則不知其廣含大化以虛無起神功而惚恍善計者無所用其籌策善觀者無以勞其俯仰故能象帝之先元之又元以無有入無間引微明於纖隟混餘碧於長天

隨時小大應物周旋處覆盆而俱暗引測管而同圓入枝間而帶影通野外以含烟或高深放曠或委曲連綿雖可名而可道終默然而澹然則有閑居至人宴坐開士黜聰明而反聽閉户庭而隱几既而諦想羣物深觀至理窮未來寂滅之端探過去混元之始見衆生生而不失大化化而無已知有爲盡於無形化萬物歸於一指然後色空皆泯驗先覺於輪王物我俱齊得眞筌於莊子已矣哉杳杳茫茫地久天長非色非相不存不亡故知大象無形去文質而成體至恒不變混今古以爲常然則無施不適應用無方作器以虛中爲貴接賢以虛左爲良亦有譚國大夫嗟巳空於杼軸倡樓孤妾怨難守於空牀當今四海會同羣方清晏邦國有不空之歌太史絶三空之諫獨有文章游子書劍沈淪出門以虛舟遇物入室以虛白全眞生也數奇每有書空之歎長而樂道猶在屢空之貧惜揚名之未達恨干祿之無津敢作課虛之頌用投虛受之人

鄭察

察天寶時擢書判拔萃科

對舉賢任選判

得上封事人云吏部計選不得其才請命公卿舉賢而任所司云知人之難恐不絶私非選士之策

底祿任人惟賢是務居位稱職無私乃可况爰設天官俾司衡鏡審輪轅之目每得山公表清通之心更推裴楷固不失士將無棄才何必咨爾公卿獲我髦彥雖鄉舉里選則有附於曩時而操柄執權諒難廢於今日且如知人匪易絶私尤難前王以之則哲五倫猶是自疑家官必擇夫至公庶流自息其貪競議乎經久曷可因循愚謂上封未

協中道

鄭宥

宥天寶時擢書判拔萃科

對字詁判

甲書字詁所由計功不及日請科罪不伏訴云

紙類不同

八卦六爻是生書籍龜文鳥跡遂成模楷開汲郡之冢升魯國之堂遂獲遺編因多墜簡惟甲婆娑王府掌握銀鉤取類筆耕能成墨妙棄其晷刻差以毫釐計功雖訴其短長類紙難逃其簡牘必也時無所廢理實可憑須旌不匱之勤寧室有孚之訟

趙陵陽

陵陽天寶時擢書判拔萃科

對燕弓矢舞判

燕師國子以弓矢舞樂師巡列將撻之曰衹瞭

詔來瞽皐

國有燕禮式明慈惠之德政資和樂爰修歌舞之容所以崇仁厚之誠省威儀之節先王作則顧禮文而可徵君子守官瞻主掌而何闕且宗伯列位舊章不妄司弓設班周經未棄是以舞而習射抑有前聞用斯義而燕飲孰明其趣而乃帥茲國胄亂我王猷靜言越樽何以率職相師之道在衹瞭而何傷失禮之辜伊瞽矇之或忝樂師所罰雅符滅鼻之刑訴者無辭尚勞縢口之說徒有來臯之詔終貽獲戾之憂

李諲

諲官京兆府員外參軍

妒神頌并序

粵若稽古徵諸陳跡雖年移代謝而損益昭然是以宋玉高唐之辭盛傳於南國曹王洛神之賦永播於東周莫不事載圖畫名標史冊河東之美者有妒水之祠焉其神周代之女介推之妹初文公出國介推從行有割股之恩無寸祿之惠誓將畢命肯顧微軀儀形飄殞於宇闕一烟名跡庶幾於不朽後縱深悔前路難追因爲滅焰之辰更號清明之節妹以兄涉要主身非令終遂於冬至之後日積一薪烈火焚之爲其易俗諺云百日斫柴一日燒此之謂也闔境之內疇敢不恭順之則風雨應期違之則雷雹傷物

兄則運心以求合我則處室以全眞兄則禁火以示誠我則焚柴以見志惟兄及妹與世殊倫傳曰介之推終不言祿祿亦弗及渾天記曰著寒食者爲助陽氣用厭火星所說不同互有得失其來遠矣安可闕如縱因事之宜亦自我作古祭法曰其有廢之莫敢舉也其有舉之莫敢廢也東北至土門之口西南踞磐石之山方圓百里別成一境天寶中以賊臣背化國步猶艱塗炭生靈焚燒甲第伊我遺廟歸然獨存簷裾迭叶於當時庭宇更新於往日性惟孤直虛見授於妒名行本堅貞實堪垂於令範今幸邊塵

不動海水無波蕞爾小戎曷足爲患昔虞舜至聖尚有苗人之誅殷湯至明豈無葛伯之伐蓋以君爲元首臣作股肱飄颻轅門藩屏王室乃命河東節度副大使兼工部尚書太原尹北京留守薩公諱兼訓警此禁闈公掌握衡鏡心韞韜鈐勢若轉規謀如泉湧運籌帷幄孫吳詎可比其能料敵戎旃衞霍不足方其妙浙江遺愛但羨還珠汾浦來蘇惟欣去獸申命我承天軍使節度副使前永平軍節度右廂兵馬使銀青光祿大夫試鴻臚卿同山南東道節度經略副使上柱國党公諱昇鎮茲巨防公天子忠臣元戎外尹志惟清而惟謹行不諂而不驕往任滑臺職居總統近歸本道位處專城投醪之義遠聞挾纊之情久著爰自至止星管再周路不拾遺人皆樂業長筵繼日士忘其勞細柳垂陰衆歌其美水硍成而永逸聚米難儔軍井達而常開伏波不竭君依神以徼福神依君以庇躬事勢相因理亦條貫固宜書其已往播於將來貞石既磨斯文可作爾其泉湧祠下蓄爲碧潭飛入大河噴成瀑布瀄湱衆瀨雜雷霆之聲盪雲沃日類風水之會經沍寒而氣蒸萬象處炎燠而清潤一川灌木扶疏引柔條而接影纖苗蘼

蘼夾高岸而隨風自古及今非軍則縣未嘗不揆月撰日備其享禮春祈秋賽庶乎年登巫覡進而神之聽之官僚拜而或俯或仰既而坎坎伐鼓五音於是克諧峩峩側弁三軍以之相悅公之德也如此神之應也如彼且河北數州山西一道或衣以錦繡或奠以珍羞無晝夜而息焉豈翰墨之能諭咸以商者求之而獲利仕者禱之而累遷蠶者請之而廣收農者祈之而多稔不然則奚能遐邇奔湊奉其如在蓋聞有而不言謂之隱無而言之謂之誣又聞誇目者尚奢愜心者貴當承命述事敢不勉旃謹因退食

之餘竊比陳其梗槩也銘曰

凡有異行宗之曰神匪害於物實利於人兄則禁火妹乃積薪共爲佳節在乎芳春今古千齡方圓百里德音無斁烝嘗不已祭具珍羞服先錦綺所求必應高山仰止將軍塞下細柳營邊晴開朝鏡霧雜爐烟神理昭昭靈草芊芊紀諸令範光我承天井陘西南太原東北妒祠之水澹爲黛色跳彼噴浪如有可則古往今來源流不忒興雲致雨伻造化力禺禺昂昂粤君之德或祈或禱永無休息神之歆之福善寧極

左光嗣

光嗣天寶時擢書判拔萃科

對字詁判

甲書字詁所由計功不及日請科罪不伏訴云紙類不同

去聖久遠微言已絕求之淳儒存諸詁訓陳吳恢之青簡恐誤當時許蔡邕之丹書將傳後學況秘緯有府寫書置官傭計長功能歸典藝紙既殊於大小課罔齊於徐疾覽之繁文豈將烏以覩跡率其大較乃非人之掣肘惟甲斯篆非罪勿籍

任昇之

昇之樂安人天寶時隱居商洛

遺鄭補闕書

昇之白頃退居商洛入關披陳山林獨往交親兩絕意有所問別日垂訪昇之五代祖仕梁爲太常初任南陽王帳下於鐘山懸岸圮壙之中得古銘不言姓氏小篆文云龜言土蓍言水甸服黃鐘啓靈址瘞在三上庚墮遇七中巳六千三百浹辰交二九重三四百圯文雖剝落仍且分明

大雨之後纔墮而獲即梁武大同四年數日遇盂蘭大會從駕同泰寺錄示史官姚訾并諸學官詳議數月無能知者筐笥之內遺文尚在足下學乃天生而知計捨運籌而會前賢所不及近古所未聞願採其旨要會其歸趣著之遺簡以成先祖之志深所望焉樂安任昇之白

鄭欽悅

欽悅天寶中官右補闕集賢直學士歷侍御史爲李林甫所惡斥於外

復任昇之書

使至忽辱簡翰用浣襟懷不遺舊情俯見推訪又示以大同古銘前賢未達僕非遠識安敢輕言良增懷愧也屬在途路無所披求據鞍運思頗有所得發壙者未知誰氏之子卜宅者實爲絕代之賢藏往知來有若指掌契終論始不差錙銖隗炤之豫識龔使無以過也不說葬者之歲月先知圮時之日辰以圮之日却求物兆事可知矣姚史官亦爲當世達識復與諸儒詳之沈吟月餘竟不知其指趣豈止於是哉原卜者之意隱其事微其言當待僕爲龔使耳不然何復見顧訪也謹稽諸歷術測以微詞試一探言

庶會微旨當梁武帝大同四年歲次戊午言甸服者五百也黃鐘者十一也五百一十一年而圮從大同四年上求五百一十一年得漢光武帝建武四年戊子歲也三上庚三月上旬之庚也其年三月辛巳朔十日得庚寅是三月初葬於鍾山也七中巳乃七月戊午朔十二日得巳巳是初圮墮之日是日巳巳可知矣浹辰十二也從建武四年三月至大同四年總六千三百一十二月每月一交故云六千三百浹辰交也二九爲十八重三爲六末言四百則六爲千十八爲萬可知從建武四年三月十日庚寅初葬至大同四年七月十二日巳巳初圮計一十八萬六千四百日故云二九重三四百圮也其所言者但說年月日數耳據年則五百一十一會於甸服黃鐘言月則六千三百一十二會於六千三百浹辰交論日則一十八萬六千四百會於二九重三四百圮從三上庚至於七中巳據歷計之無所差也所言年則日月但差一數則不相照會矣原卜者之意當待僕言之吾子之問契使然也從吏巳久藝業荒蕪古人之意復難遠測足下更詢能者時報焉使還不代鄭欽悅白

張均

均贈太師燕國公說子官户部侍郎轉兵部開元二十六年坐累貶饒州刺史尋徵爲户部侍郎九載遷刑部尚書楊國忠用事引爲大理卿受祿山僞命罪當大辟肅宗特恩免死長流合浦郡建中初贈太子少傅

邠王府長史陰府君碑

公諱某字某武威姑臧人也昔恭王之裔別封於管有夷吾者能霸桓公則平周辭上卿之禮適楚賤大夫之職以地命氏授於陰城新野之涼皆爲著族貴則重族二后榮

則一門四侯道則山紀神仙行則里題忠義建名崇德世有其人公高祖湘東內史鑒梁州之子屬詞比事天下宗之曾祖江州刺史通道館學士顒祖朝請大夫國子博士宏道考某官景明貽範清白纂烈文史累善所徵及公而盛公承禮樂之峻胄稟清明之異姿天生粹靈氣合貞素下帷專思重席擅業至人藏用有道德之鄉君子爲儒無榮辱之境尚東郭以自逸與南容之不廢調補陳州司倉徵其志也以爲非足利時不容終秩遂優游初服述祖移年嘿志元言洞心清律常手操經籍耳練宮商澹有怡神

坦無嬰慮是可忘機造化豈徒屑意公卿而已哉故德充以外形才全以內濟委懷從運與道無名尋拜命宜城公主府記室參軍退一隅而无悶進三府而交辟署宰長河曲資而往曰惠人無小吾所從之其至也去惡如救焚急賢如濟渴遇物風偃推心理裕平其志而異物不遷一其誠而萬情咸括清猷美績克存餘詠飛狐之地戎馬生郊俾公爲蔚州別駕則惠化所存勇且知方肇建天人懋官靈器入爲慶王友轉太子中允又拜國子司業郯王府長史或舉德以進或尚閑而退不失其正達識推高某年月日寢疾東都終於永豐第春秋七十有五惟公率心經於德義檢口絕於臧否秉禮樂而視正直蘊文藻而含清眞可不謂才全而蹈道者歟位不兼濟惜也夫人范陽縣君張氏丞相燕公之妹元師妙德嬪風女師梁氏義輕於前志曹門克貽於後範府君之喪紀縗將縞晝哭成疾恐流年之易除慟累月而云逝没而不朽者非禮節絕倫之謂乎春秋若干以某年月日合葬於龍門南陵原禮也公無子有二女咸以淑行著於通門喪葬克家慼慼行路子壻吏部郎中吳興張珣度支員外郎隴西李愷永懷清冰緬

託貞石庶乎時遷陵谷猶徵少女之詞道在宗親不昧諸姑之德大人爲頌俾小子序焉

魏仲犀

仲犀元宗朝官比部員外郎出爲華州刺史歷江陵長史荊南節度使

饒娥碣

昊昊皇天照臨下土皇天無私旣父且母昭爾有德拯斯民苦彼饒者勣没於長江幼女號愬激於穹蒼匪類伊蛟爰搆其殃上帝懷之雷霆交作火焚長川風擾巨壑烟雨

冥海雲龍騰擲邦人大恐水物殄瘁魚鱉蛟螭會無噍類滅以湯瀾僨於江汜所貴者男所賤者女緹縈投身楊香搤虎古有其儔今得其侶純孝所感威靈動天善惡不激參於上元旮爾邑人感焉愼焉子忝令長聞之不書後之君子謂我何如爰樹貞石表其里閭

常無求

無求天寶時官右補闕

對反古修火利判

乙學修火利合土爲之用人言其反古辭云皆

從其朔

五帝殊功不相沿襲三王異制各有等衰故汙罇施太素之前合土漸澆漓之代乙雖非火正將效祝融未及漢陰之望遂作河濱之器俾夫炎上之德有益陶鈞濟物之功更成埏埴則宮室臺榭爲利頗多送死事生於何不有跡雖反古事乃榮今無乖佐理之端妙合隨時之義況稱從朔將執禮經雖致薄言何傷厥理

張鍊

鍊京兆人元宗時進士第

尊勝陁羅尼寶幢銘（幷序）

窮乎化源微之（闕）彼眞理妙之本夫天宮寶幢特異諸相所以樹善除惡開愚解迷蓋帝釋之能崇敵修羅克勝之置也然則秦都綺甸神皋奧區有縣曰涇之陽鄉曰仙之圃圃有店曰六渠史稱延韓數年之命爲秦萬世之利卽此之謂矣矧此土惟沃壤俗阜英奇别有諄諄耆年兼諸信士爲其殘兇尚梗負我國恩常以錢鏄之餘互相勸勉豈不能發大宏願上答休明爰立寶幢永資皇祚仗佛威力殲厥渠魁偉千載之傳芳傳我里之盛事可不美矣曰

然於是命工人琢奇石集衆妙飾端儀俯長涇鎮逆旅寀鄭渠之發地跨荆山以篲雲霞開於峭路之旁電繳於錦川之上震耀原隰草木增輝列大乘經文現彼寶相備陁羅尼教（闕一字）是虛無暴慢者聞之肅恭往來者覩而愕眙軒騎讀過歷險無驚樵夫誦行履危不懼猶是水中鱗甲遇影而生天郊外零霧因風而蕩盡則知聖教慈力廣大莫量若非正眞孰能幽贊利物而已亦不可以識識不可以智知則善住天子迺能證歟於戲（闕二字）者多利（闕一字）者少曷此者幼殊能達之曰有衆善寺大德沙門齊秀漢皇

冑緒當代名僧衆皆揖之邀共集事又高行僧元朗以律傳聖教文接儒流端居招提與秀同舍雖不在位而能一心懿哉二公更著能事三年夏四月鍊頃自薊門纔歸舊國因花宮問道遇元朗上人或賦詩以相（闕一字）或開經而了義旋則摻袂涉冬又逢請著斯文素非述者銘曰

高幡金頂屹亭亭堅立不動干窈冥妙崇實相載寶經旁懸兔月挂鶉星跨山帶原靜郊坰生天鱗甲自花沂天長地久兮寒光轉青聖君壽福兮萬億千齡

顔舒

舒曲阜人天寶時制科登進士第

刻漏賦（以叶心理馳箭爲韻）

原夫陰陽遞運日月分馳星紀之輪還或爽律呂之疏密難知迨皇王之有作命壺氏以緝規爰置水於刻漏載以火而守之則晦明之期可準興寢之候無差爾其高卑列級洪殺順理靈虬屹以俯開陰蟲矯以仰止上流注而不竭下吞挹而無已既泓澄而泉澮亦驚激而波起則良工之妙著焉睿哲之心見矣是用斟乾晷測時變視盈闕於金壺觀騰波於銀箭惟箭馳而壺減固流續而波荐筒列之數與運而無乖輝景之移閉戶而可見懿其節正斯代事沿往牒信古往而今來必用之而道叶罷衣裳之顛倒配皇極而調變不假軒闥之鳳凰何用堯階之蓂莢別有希榮片玉庇影環林驅疾風之早厲知寒漏之已侵恐年華之不與更悄悄而傷心

賀蘭廣

廣天寶時人

對屯田佃百姓荒地判

諸畿縣置屯田佃百姓荒地主今復業請自耕種屯司不與縣司執申若不還地人即却逃

人散久矣地廣大荒開都護之屯田闢天子之縣內且耕且戰歲取十千以餉農足食足兵武有七德以威敵殊管氏之見奪異周制之不須且運屬中興人多復業惟桑與梓詩人興敬止之辭安土重遷縣司敦仁人之禮請從地著之業無俾流萍之歎

竇公衡

公衡天寶時官戶部員外郎

石門山瀑布記

括蒼東南沿惡麗二溪八十里有石門焉層巘中斷崔嵬雙崒排霄軼宇菡萏元氣自谷口瀕洞珍木奇蔓森梢蔽虧嶔崖側澗崩駭嶔駭厥有瀑水迴挂青蒼浩然風雷殷颯林壑噫靈造融結神功卓異是宜磅礴萬古偕並三才豈疏鑿道建之力預矣觀其驚噴垂透灑溉淋漓明滅芬歘空濛藹昧飄飆衍颺綿羃縈紆蕭索淒清淅瀝璀瑮因物變化與時推移故春夏爲霧雨秋冬爲霰雪陰爲鬼神陽爲蜺虹曙爲煙雲夕爲河漢屑爲粉絮迸爲珠璣曳爲布練霏爲綃縠斯亦爲殊觀也而遊者涉獵談者鹵莽至於傳聞會無髣髴遂使丹青可象不列於一顧之間勝賞非遙見遺於六合之外惜夫余偶踐絕境得窮佳致俯聆仰眺嗟歎徘徊乃命僮攜絙准度自上潭直瀉至天壁三百五十尺自天壁飛灑至下潭四百五十尺凡八百尺庶登覽者不昧於高深遐想者每憑於文字題諸巖側永寤區中云

山陰述

天寶甲午歲夏四月宇文顥莅山陰令是日鄉黃髮與胥徒洎衆趨事於琴堂之下竭以待命公乃從容言曰自大朴既散大道既隱我先王始議於理蓋得人而後有理失理而後及亂理之義其難乎不易方不變俗因弊施宜而已夫身違而心違心違而性違以至於天官擾而吏擾吏擾而人擾以至於亂故繕性必先繕身心理人必先理官吏教之不明令長之過化之不率吏人之罪於是邑人聞之豪暴貪闕一字者肅焉而悛貧窶寡弱者熙焉而安故一年而成其佳政二年而號爲樂土人吏樂安郊坰蓊鬱澄湖之上清風穆然茲所以承其聲懷其惠者相與如歸然後以順固闕一字以信齊一是以趣務舉滯猶驂之靳若冰之釋君子曰山陰之理得其由矣天下之政煩我政其靜天下之理外我理其中身和則心和心和則性和性和則氣和氣和則陰陽和陰陽和然後感其氤氳志不離德不分官簡則吏簡吏簡則人簡人簡則物簡物簡則天地簡然後知其止足上不干下下不黷和與簡政之本歟噫古之化吏人俱及其次吏及其下俱不及自太公灌壇仲尼中都言偃武城至宓不齊巫馬期單父六百年間吏人猶及自西門豹史起鄴至魯恭中牟三百餘年吏人吏及自魏晉宋齊梁周隋四百餘年吏人俱不及聖唐分職公復及之若磅

磚而言普暢皆是則堯之屋不足封舜之刑不足用遷善遠罪何慮何思是理也其體宏哉石刻之以鑑來者竇公衡記

鄭棨

棨元宗時官尚書郎

開天傳信記序

余何爲者也累忝臺郎思勤墳典用自修勵竊以國朝故事莫盛於開元天寶之際服膺簡策管窺王業參於聽聞或有闕焉承平之盛不可隕墜輒因簿領之暇搜求遺逸

傳於必信名曰開天傳信記斗筲微器周鼎齊量不節之咎自已致乎好事者觀其志寬其愚是其心也

山石榴偈

何方而有天上人間色空我性對爾空山

康傑

傑天寶時人

安天王碑陰

昔剖符嬀川化洽殊俗授律遼海皇明益暢由是威名簡帝建旗此藩爰自下車率先明祀牲牢粢醴罔或不蠲若國有兵戎賈君於是告虔而羣凶失險歲或暘旱賈君於是薦信則車迴甘澍無享不答有開必先非惟岳降生則孰能獨契其道若斯之妙故神以立政則不言而化神以施惠則日用不勤神以肅物則不怒而威神以察微則無幽不燭故我王是崇也而乾坤式宴庶績咸熙我賈父則之也比年用登物不疵癘故人非化不感感非神不淩神明之道與賈父之政通矣謹按王者往也既有歸往之德宜其有安天下之名故吾君崇其秩禮以答嘉休賈公載刊睿冊式旌不朽別駕馮公承相樂氣潛融清輝外朗探

道得元元之旨屬詞盡詩人之興雖勢居熏灼不以材地驕人位高出刺能以謙卑自牧揚惠風以拯弊激清流以盪邪廣太邱之道則無所不容受鴻鍾之虛則有來皆應不空之頌斯焉取斯長史張公元璜允迪厥猷匪懈於位佐上以直率下以寬不爲利回不爲義疚赫赫千里緊公是毗錄事參軍判司參軍等並材望孤標聲實兼茂官殊而各競於理事異而同歸於公百城作率亦庶僚之勸也安喜縣令等並砥節首公飭躬從政一德均化故四人不擾一心共理故千里謐清豈伊異（闕一字）衆宰君之助也戊

子歲夏五月邦人勒美於碑之陰雖遷改不時而瞻誦有所懿彼來者勿替引之

王太眞

太眞元宗時人

鍾期聽琴賦有序

昔曾待詔金門屬吾君耽道久之事寢歸輿寧省竊服古訓見郭林宗傳曰貞不絕俗隱不違親賢哉斯文生人端格然恨甘旨不足每淪翮自咎及耽坐虛館凝神定靈夜分假寐如聞琴聲發越宛在左右寤而驚悅貴知音爲難

感鍾期善聽因賦是以廣意

寂兮琴之德寥兮琴之聲德徹陰陽之奧聲涵淳粹之精體空洞響眞清偉上皇之遺功超萬祀之垂名祇聞成連伯牙以傳曲忽覩師文子春而移情俟良知轉化靡忒鍾子期故有空山之谷清澗之湄幽人髣髴絕粒茹芝憑高梧引長颸激楚窈窕流波逶迤陽阿布濩結綠參差高秋風冷遠浦霜滋素月滿繁星稀雅調閑逸流風遠吹鍾期當日傾耳志之怡性愜靈中矩應規躊躇四顧俟其律而曰聽商則知愁霖春零聞角乃覩韶華秋榮羽發則寒生朱夏徵來則暑移元英陵厲翕忽消息竭盈君子悅懌導心和平斯實庖丁投刃而節應郢人運斤而風生者也夫其高張絕絃韻清調苦惝怳惻慽一龍一虎猛將之逐虜冰雪操蘭蕙薰巖兮崇山勁若寒雲烈士之諫君跂燕趙望江漢行路難杳無畔淋漓沸渭牢落泮渙遊子之悽斷嶶未撫涕橫流悲猶昔心悠悠樵童牧豎登孤邱哀引南音一何楚囚興歌百里又喜子游應事態移體物聲愁或飛而不速或擁而不留愔愔泠泠窮微達幽一偶鍾生之聽妙極而不周於是夔襄愕眙昭曠咄咨音有至而乃發

發當及乎此時乃理雲和寫咸池感天地動神祇元鶴鼓舞鳳凰來儀風雷並雲雨隨黃帝之所聽瑩伊代人疇敢以窺鍾子兀然收聽反視沈吟不已感樂之至精得音之微旨信音之難蓋由有此誠在聽之以心安可察之以耳嗟嗟琴韻盡美矣

朱絲繩賦

達者觀物而自識眷繩而象直白能受采知成用而可修樂匪在音遂執中而有得諒絲繩之爲物類託質以自植幸操張以一伸任縱橫而取則故能貞而守正勁以全眞

含至和以不屈抱孤直以誰鄰若剛克以自致諒柔立而有因齊達人之履道比君子之修身久而莫渝豈紅紫之見奪勁而不撓非糾纆之爲倫當其涗水初滋勢如未理女工爰作視其所以如積微於秒忽遂立質於經紀察其本同成經以自綸喻乎時表直道以如砥挂端標以有準持正色而爲美將配德於清壺願齊名於直矢故能從繩作直因物寓詞苟一繩之可法將百行以爲師義足仰而象矣理自中而得之直可自俟奚感鮑君之與色非我行徒興墨子之悲將勁挺而自守庶回邪而不欺俾夫取象

師心必由斯道考朱絲之外物得素尚於中抱奚水鑑之足徵拒韋弦之是佩觀夫正不與奸色儔勸吾人之聿修直不爲虛聲枉俾吾人之取象故能名昭樂曲義暢人謨鄙在勢而不理賤爲質以就汙願處微而就正終守直以不渝足以詭良材而轉雅操端循質而喻通途苟中正之可進願從繩而已乎

劉眘虛

眘虛江東人天寶時官夏縣令

對不知名物判

得乙是甲吏之賊者問所掌名物而不知被科訴云莅事日近

在心匪懈莅事克勤實曰司存惟其慎敬不率厥訓自貽伊戚瞻言乙者參名甲吏當恭爾職知闕肇之重無廢所掌在組練之堅焉得曠官孰云從事且孔明輔相猶獨親於簿書彼乙微品何不知其名物請寘於理以懲不能

張秀

秀范陽人官檀州刺史

對上生下生判

律生算失上生下生之數或告之辭云管皆合

度

元聖立極俾人作乂博謀廣通以訪異能理歷明時用司氣候律生何者忝乎在職考銅渾而正氣吹玉管以飛灰變冷含暄當盡互物之妙娶妻生子庶探成器之功何得假擾厥繇候張失數儻虧官紀必殄孟陬安可敬授人時是亦焉知天道永惟至理多昧彝途且官不易方士資守業唐都秘術莫繼菁華趙達能名空嗟已矣既乖七始之則須正九章之科

賀朝

朝越州人天寶時山陰尉

對襲代封逃判

丁長當襲代封逃主司以有兄不錄其弟

夏分五等周開九命國庸人爵貽厥孫謀青土白茅將傳欒郤之室裘裳鍾鼎必襲金張之家丁既慶積山河用光家國不聞必復之業旋有逋逃之讓榮命不顧同顏闔之鑿坯遁跡方來共丁鴻之蹈海一去鄉縣幾變星霜冀疇庸之有主在是弟而可錄不謂政也無二法不容私終使

長襲代封沮元成之宏義幼而時棄允張純之格言

婁元穎

元穎天寶時進士

泰階六符賦 以元亨利貞爲韻

倬彼垂象悠哉混元列泰階而有曜應洪化而無言歷歷映天連光於維斗昭昭初月接影於軒轅總而言之三台之號攸著詳而察也六符之驗斯存聖人有以仰觀於變其教彌敦今上握符正位出震居尊宮壼肅穆巖廊政分行其三無庶欽崇乎道德致其五至洵光被乎乾坤此上台所以曜而不昏也若乃山川降精卜夢斯幷野無遺彥朝滿羣英稷契夔龍詢謨乎三署龔黃卓魯鎮撫於百城上下以之和睦品物以之咸亨此中台所以炯然而明矣夫其羣甿是賴一藝必精農無事而狎野仕有祿而代耕康衢之童久嫻於歌詠擊壤之老無謝於生成此下台所以皎爾而晶矣故能通燭寰瀛交泰天地信景爍兮物有序降休徵兮靈必至曷比夫兩曜合璧作祥瑞之一端五星連珠爲太平之一致況其照耀熠熠其精純粹分輝既象於六爻比影復侔於三事盛其德而高其色通乎微而

洞其祕大易所謂自天祐之吉无不利者也乃作歌曰君臣穆兮純化清玉衡正兮泰階平嘉歷數兮無極配乾坤兮永貞

郭向

向天寶時官太子尉

對選擇卒史刑罰疑赦判

有司選擇卒史以文學掌故備員有比百石以上誦多者先求之不得誦如功令又甲刑罰之疑俱赦有司幷刑不上備省科之云適輕不服

諸罰有權

政以經邦撥務刑以禁暴去邪先王論於股肱大易明其噬嗑故賢能必佐小大以情立綱紀於天官作規模於秋典其來尚矣難可忽諸才有所通或徵諸管庫法有明象乃著自星辰所以掌故備員擇先文而後學刑法俱赦執有權而適輕蓋毘錯惟勤昔聞其任呂刑高議已盡其能興訟者何秩既下於百石折中者理條不紊於三千必也口無擇言身無擇行誦先王之典誥有夫子之文章自合昇之司徒而曰俊士建功於當代垂裕於後昆未聞鳴鶴

聞天而乃嚇鴟從事誠宜改革徒以盈庭息乃訟端寢乎功令如有倫有要不愆不忒定國之慶溢高門蕭何之約在關中雖并刑不上亦片言可折省之可罰甲也有詞法貴從寬難明與罪

欽定全唐文卷四百九

崔祐甫

祐甫字貽孫太子賓客沔子舉進士累遷中書舍人德宗朝貶河南少尹召拜門下侍郎同中書門下平章事改中書侍郎年六十薨贈太傅謚文貞

請召對待制官奏

伏以先天二年令羣臣直日待制以備顧問自今以後准元勳文官一品以下更直待制待奏事官盡退然後趨出便於兩廊賜食待進止至酉時後放陛下閒暇之際時有

召問庶或上裨聖政

奏貓鼠議

右今月日中使吳承倩宣進止以籠盛貓鼠示百寮臣聞天生萬物剛柔有性聖人因之垂訓作則禮記郊特牲篇曰迎貓為其食田鼠也然則貓之食鼠載在祀典以其除害利人雖微必錄今此貓對鼠不食仁則仁矣無乃失於性乎鼠之為物晝伏夜動詩人賦之曰相鼠有體人而無禮又曰碩鼠碩鼠無食我黍其序曰貪而畏人若大鼠也臣旋觀之雖云動物異於麋鹿麏兔彼皆以時殺獲為國

家用此鼠有害亦何愛而曲全之貓受人畜養棄職不修亦何異於法吏不勤觸邪疆吏不勤捍敵又按禮部式具列三瑞無貓不食鼠之目以此稱慶臣所未詳伏以國家化洽理平天符薦至紛綸雜沓史不絕書今茲貓鼠不可濫厠若以劉向五行傳論之恐須申命憲司察視貪吏誡諸邊候無失徼巡則貓能致功鼠不爲害臣忝樞近職司聰明不揆狂愚輒獻公議謹議

廣喪朋友議

殿中侍御史安定皇甫政字公理故尚書左丞之子文行

兼茂不忝前烈雅度精識其儔蓋寡祐甫昔年嘗爲左丞使介而公理又余之族甥故狎焉大歷七年余寓滁而公理寓楚適有來訊示余以所著喪朋友議余美其重禮義有古之遺範瞻望德門軌躅無替亦感思者之所慰幸也公理又諗余曰政自從事於文身氏未嘗以一言見誨豈所望哉盍示今議之利病猗歟公理年未四十班在赤墀簪筆持簡爲王近臣頃又佐廉問董淮海之部名遂矣權厚矣固當綏步闊視光車美服爲貴爲達而已矣乃不遺我謏狹不略我衰憊念嗌膚之戚收門吏之舊周爰諮詢以師道見待吾亦何有但美子之求益不倦雖一勺而進可以浸天壤一卷之多可以鎭方域況其渺瀰旣廣嶄崒已峻增之廓之於成名乎必矣皇甫氏有子哉因覽斯議忽憶永泰中於穆鄂州寧會客席與故湖南觀察韋大夫之晉同宴適值有發遠書者知鄭郴州炅知龐歙州濬或以疾而歿或遇戕於盜韋氏出涕沱若而言曰二刺史之晉之交友也於是斂匕箸離筵席因歸於所次而哭之三日人來弔之者韋則盡哀長號不徒戚容而已又間歲祐甫佐江南西道連帥魏尚書時屬幕中之參佐有加官者

聚合樂餌卜日爲宴宴前行人至知團練副使考功邢郎中宇捐館於荊南邢與魏鄉國接近且邢郎中則諸魏之出於尚書爲內外昆弟適受朝命爲尚書倅僕感杜賓規平公之事將入言於府主請罷宴若不可則請徹樂卒事而同列之士惡我者嗤鄙之詞充牣於聽謂我樵夫農叟之智也好我者蹙戚而相誨曰愼無以方枘施圓鑿自取辱焉諄諄如不能已僕懦夫也因是而自悔乃其宴也大庖具酒車傾鄭衛之女列於賓席之末俳優侏儒設於公堂之下晝日不足繼之以燭使膳夫歘來酌曰曠飲斯必

當見輿曳之無算又焉得終其詞哉使我不言適其宜也今者追想韋湖南猶孔門之訓其他則吾不知因縱言之以報公理示之義當矣又何以規議旣成客謂祐甫曰韋湖南魏江西二觀察頗嘗知其風味公直簡諒魏則先之飾情強仁韋之志也今吾子之論無乃剝魏而附韋乎且子魏之上介也論議不隱恐非春秋內魯故宋之義盍辨焉祐甫應之曰噫寧以他規我是論也吾復之熟之有日矣韋湖南之晉飾情強仁誠如來議禮不云乎先王制禮賢者俯而就之不肖者企而及之子張曰先王制禮不敢

不至焉韋氏之喪朋友縱不由衷亦與夫二者之義合矣吾雖欲不與其可得哉至於故府公魏尚書公直簡諒清身敬職郡人戴於下朝聽滿於上狼籍甚盛豈造次之所盡哉但於邢副使之喪若忍悲而就宴可謂哀樂失其節乃左氏傳所載樂祈告人曰君與叔孫其皆死乎及子招樂憂之謂也若情不至焉率而爲宴則禮經所謂直情而徑行者戎狄之道也吾雖欲勿議又不可得也且吾之所論者因皇甫公理所著喪朋友議故縱言及之非敢定二觀察之褒貶韋湖南吾取節焉而已矣來議又以吾嘗爲魏公使介今茲著論異於春秋隱魯故宋者茲又近而非中也僕才雖不腆中臺之劇曹郎且兼柱下史有名於著定矣受命爲尚書介彌縫潤色之職事安可見責以敬故君之禮嗚呼晉悼公魏絳之君也絳戮悼公之弟韓厥趙宣之所任也厥戮宣子之僕及其終也悼公謝魏絳曰無重寡人之過宣子曰可賀我矣而絳厥無罪焉豈不愼重當公正之世論議之與刑罰當豈異哉子何見過深也嗚呼天下有至公有至當知賢而舉用之至公也臨事而平處之至當也各守其分復何尤哉自漢徐孺子於故舉主

之喪徒步千里而行一祭厚則厚矣其於傳繼非可也歷代莫之非也近日張荊州九齡又刻石而美之於是後來之受舉爲參佐者報恩之分往往過當或撓我王憲捨其親戚之罪負舉其不令子孫以竊名位背公私黨茲或近之時論從而與之通人又不救遂往而不返徐生徐生得非失中之履霜也常積憤懣因而書之

爲皇甫中丞上永王諫移鎭牋

某惶恐叩頭昔臧孫辰之詞曰賢者急病而讓夷然則當禦侮之權必居衝要受分憂之任不務懷安伏見判官李

義稱有敎募府移鎮江寧聞命瞿然不識其故何者逆賊安祿山稱兵犯順竊據二京王師四臨久未撲滅自河淮右轉關隴東馳詔命所傳貢賦所集必由之徑實在荆襄朝廷以大王鎮之重矣自麾旌至止政令所覃嶺嶠華夷吳楚城邑公私遠邇罔有不寧賊庭震懾莫敢南望儻左右有司謀慮未熟輕舉旌鉞俯處下流既失居要害之津且出封疆之外專命之責大王何以任之或啓寇讐之心來爭形勝之地則行李坐隔侵軼滋多安危大端不可不愼既往之失將且無追上皇天帝巡狩成都皇帝駐蹕靈

武臣子之戀大王兼之詠棠棣之詩講晨昏之禮其地逾遠胡寧以安假使别奉絲綸猶當執奏一則逆胡間諜矯詐須防二則國步艱難折衝宜近就閑樂土恐非良圖伏惟大王天縱仁明苞含光大某所以敢申讜議輕犯威嚴伏望廣延正人俯垂考覈芻蕘之論萬一可收不勝憂憤悃迫之至謹奉牋惶恐惶恐叩頭

上宰相牋

祐甫惶恐惶恐叩頭昔諸葛孔明有言曰使一夫有尤亮之罪也嗚呼孔明以分崩離析之時事要荒割據之主尚能恢宏王度克廣德心魚鱉咸若引爲已任千載之下以玆美談伏惟相公乘時間生略不世出光輔興運致於家宰自明兩作離帝出於震發號施令無幽不達鼎新之業公實贊之煦嫗昭蘇孰不有望況祐甫當遺簪墜履之列懷救蛇養雀之惠雖報恩之分誓以終身而受庇之期亦望卒歲豈可不盡誠款使匹夫不獲而相公有孔明之憾哉祐甫天倫十人身處其季夙遭險釁幾不聞存沒左右提攜仰於兄姊頃屬中夏覆沒舉家南遷內外相從百有餘口長兄宰豐城閒歲遭罹不淑仲姊寓吉郡周年繼以

鞠凶呱呱孤甥斬焉在疚宗兄著作自蜀來吳萬里歸復羈孤之日斯所依焉豈期積善之人昊天不弔門緒淪替山頹梁折今玆夏末宗兄辭代顧眇眇之身巋然獨在寡弱嬰孺前悲後泣一門之中髮首相弔捨之而去必塡溝壑昔者建寅初吉麾蓋將西猥承嘉話曲全之施不略微生許其待年致身徇國豈惟寮屬斯在山川鬼神實亦聞之今者相公大秉化源而小人拘牽於前命進於朝無一塵一露之益顧於家有死如棄如之患撫心自憐淚盡成血儻相公以天下爲一堂也忍其向隅而傷和氣哉所以

遲迴周道欲行中止解懸之望屬在仁明藏之而不言小人之罪也一物失所伏惟相公圖之孟秋尚熱伏惟相公尊體起居萬福謹因洪州奏事官沁水府果毅徐寬奉牋塵黷清襟伏深戰灼祐甫惶恐叩頭叩頭

齊昭公崔府君集序

天以日月經緯爲文地以邱陵山川爲文剛柔雜也其施於人也鐘磬笙竽文其樂九章三贊文其禮典謨詠歌文其言國之大臣業參政本發揮皇王之道必由於文故虞有皐陶洎益稷以嘉言啓迪舜禹以降伊傅周召訓命策

誥並時而興秦之李斯著事而僻自兹厥後蜀丞相孔明有出師表晉司空茂先有鷦鷯賦皆輔臣之文也財成陶冶於是見焉我族叔父齊昭公諱日用佐命中朝光服千里玉山雲海迴然昭曠德宇道源深入其極弱冠鄉貢進士擢第周歷臺署振耀雄名元宗之在臨淄邸也公常遭逢於路先幾洞鑒式瞻異表還避而拜契合雲龍及唐元夷内難參謀輔翊天推大寶事協經綸入爲將相燮諧徽靜道應元臣其大才明識如是公薨五十載嗣孫起居舍人儒以文事主便蕃禁闥追懷前烈思有以發揚垂裕奉昭公之文集以請焉伏覽碑頌誌論章表贊序凡五十餘首詩幾三百篇卓爾孤標氣高調遠若雅琴度曲衆音無味則我遠祖長岑濟北雕龍之美昭公能纘承矣公嗣子宗之學通古訓詞高典冊才氣聲華邁時獨步仕於開元中爲起居郎再爲尚書禮部員外郎遷本司郎中時文國禮十年三月終於右司郎中年位不充海内歎息儒即右司之子有瓊瑩之質鸞鳳之章國家之寶也重名清貫三代於兹昭公之後其大矣祐甫先君左僕射與昭公道藝敦睦故贈答詩云棣華襲韡萼桂樹連芳根又接閈共懷鉛槧年俱貢玉祐甫之生也後不及昭公之當代儒曰叔

父當代敘故敘焉

汾河義橋記

絳人有威橋於稷山縣南汾河水上入境稱曰孝子詢之三十喪父母五十猶縗麻故其鄉黨捨氏不名貴之也初兹縣有具舟之役鄰邑有官修之梁自太原西河上黨平陽至於絳達於雍繇卒迫程賈人射利濟舟爲捷渡口如肆孝子川上喟然歎曰夫來者如斯其可勝紀欲速不達式在兹乎見義不爲非勇也臨難不濟非義也迺願棄家

乞諸他郡枯槁籃縷日恒歲積自河間而東陶唐儉風食貨艱難閭里褊小率令遠邇馳騾饋餉者耋喻美於編戶丁男捨耒而攻木義聲感也汾流湯湯河滸牽引潰沙徙岸呀呷轉騰畚築於激射之旁根柱於沸渭之下是處是圖功就其十八九矣其年秋七月天作霪雨湍悍襄陵噫大水不仁前功蕩矣邑老鄉人涕泗而弔之曰力竭於予天不恤是而今已矣顧而不應且有後圖徵詩人之嘉謀參作者之遠慮曳索辮篾縶舟戾舸白露下而謀始止於凌澌壯春冰解而興功止於水潦降一夫不可奪志三年

其有成功廣可方軌平可轉轂去其飾成無丹雘取其固勢異虹蜺僉義於孝子之功也故曰義橋昔周王以懿戚封建吳札美盛德遺人西臨孟津北對姑射山河風土其肯徒然所以義表專門功烈鄰境難其一善矧乃兼之由是縣人誌之於石

穆氏四子講藝記

檢校祕書少監兼和州刺史侍御史河南穆寧字子寧以正直登朝以嚴明作牧斯歷陽之人弗惟奉承侍御史之符候持三尺律期於禁暴懲姦而已迺能廣吾君之德靖人於教化教化之興始於家庭延於邦國事之體大且非謏聞者之所及也請言其家之教化焉使君有四子曰贊曰質曰賡曰賞聳秀之姿若瑤林植庭雪羽驯鷹克岐克嶷突而僑弁方欲以六經百氏播禮樂務忠孝正名器導人倫如蘭有芳心泉有清源兆德之階於是乎始使君曰昔陳亢喜聞詩聞禮聞君子之遠其子於孔鯉今茲贊之儕也其年或成人或幾成人學詩學禮則亦既戒遠子之節吾事可不務哉於是考州之東四十里因僧居之外階庭戶牖芳草峯石近而幽遠而曠澶漫平田感沸溫泉可

以步而適可以濯而蠲謂爾羣子息焉遊焉贊質暨賡賞拜手稽首曰應惟惠施之車仲舒之帷蘇秦之錐三物畢具而郡廷溫清所在今也改晨昏爲旬朔夫豈不懷家人有嚴君焉惟命之受曰俾爾斲俾爾芟俾爾負則使君之林使君之堂使君之薪成且美矣安在其習定省之近儀哉抑又嘗聞迺祖安陽府君傳洪範九疇究天人之際贊等祇荷嚴訓述修祖德穆氏之門欲不大不可得也祐甫不腆幸與使君有郎省之舊考槃在阿歲聿云莫誰謂相遠駕言出遊既覯邦君又適諸子之館使君第三子字紹

古於伯季之間肆文史考故實甚精而成因見謂曰丈人吾父之友也從事於游夏之門久矣盍以文見誨如賡也宜何文也祐甫應之曰僕朴人也徒有志於文知文之阡陌而不知其精粹請道其所見而紹古自執焉欲以文經邦者宜董賈欲以文動俗者宜揚馬言偃之文鬱而不見卜商有詩序其體近六經屈原宋玉怨刺比興之詞深而失中近於子夏所謂哀以思刻石銘座者取崔蔡論都及政者宗班張飛書走檄者徵陳琳曹劉之氣奮以舉潘陸之詞縟而麗過此以往未之或知宋齊以降年代未遠有

文之士冑系皆存議其優劣其詞未易故闕焉紹古曰盍書之因命筆而記之大歷七年十一月十八日檢校尚書吏部郎中博陵崔祐甫之辭也

滑亭新驛碑陰記

古之君子約己而裕人知餘而勤禮接賓以愿務施於豐鄭公孫僑論晉文襄之霸也宫室卑庳無觀臺榭而崇大諸侯之館故來者如歸今我連帥尚書洴公爲國垣翰於東土軍禮肅人謠興新其亭傳以待賓客謀之有程設之有所力肆於悦巧悛於淫勿亟而成得其時制博敞高明倬然其閈閎沈深奥密杳然其堂室論者謂華之普德號之閿鄉自昔爲郵亭之甲今茲白馬可以抗衡洴公仁以愛衆儉以化下陋居室而恢賓館節豐華而廣蔭庥稱時計功永代爲憲方操八柄揉此萬邦於以庇人其德宏大於是舉也見其端焉夫其去故就新之議屬徒揆日之制作而示後公實書之蓋聞傳春秋序風雅者邱明卜商之事也下吏敢亦庶幾

衛尉卿洪州都督張公遺愛碑頌并序

今天子終諒闇易月之期不言既言之日詢於師保輔弼

之臣曰將以國之明燭震下土俾兆人康乂有道哉四臣曰莫如擇賢而司牧之雖欲不理不可得也上曰用賢何先曰莫先於幽遠蠻貊之邦爲急也即日命王人遞以制書就拜衛尉卿兼洪州都督張公爲御史中丞廣州刺史嶺南節度經略觀察等使踰月而遽廟於洪洪之耆老嫠悍商販漁釣百類千品周聲奪魄於野於廛咸曰寧取我裳而裂之寧取我廩而焚之父也天只胡爲奪我之君中丞受命而南舟不及汎馬不及秣國人懷慕之罔極曰清塵遠矣君不顧矣鬱陶之思何用哉盍用於揚名頌德乎

故吏兵曹參軍張擢法曹參軍豫章縣令鄭鋒建昌縣令盧惟瑾新吳縣令鄔賁州人東冶府果毅劉容耆壽喻乾相等討論之衆僉謂允於心曰自昔爲政者知淸之可以長人也而淸者稀豈不欲淸欲牽之也欲之所行不廉不儉爲之舟輿也淸之不立肆奢崇貨爲之鑽鑿也於是撤其帷帳薦蓐之具便於身悅於目者二百餘物歸之有司減其俸錢稍食月幾十萬貫於軍府此皆前政之所督責而封已者我則推而遠之於是公儀之義申平仲之規見矣二之日謀於衆曰昔曹參去齊以獄市爲寄以爲擾於

獄者輕重人之命煩於市者耗斁人之生苟鞭笞桁楊之無度侵牟肆奪之不敗是國家以章綬印璽毒蒼生也豈致理哉於是平百貨之貴賤議刑罰之等差使其貪不下殘忿不私逞韓子求環而不可使人袒背而無傷夫然噬嗑之象成行葦之恩溥矣三之日謀於野曰不稼不穡民天安仰載馳載驅王命所急吾觀是邦農野未闢傳置未脩豈不以使役無期供億失序倘野有餓殍實不如歸亦諸侯之恥也於是減承城吏卒幾三千歸之隴畝而擊柝之守無闕焉賦豪富墆財數百萬賙於館驛而含糗之徒不知也其卒也不公之吏留以爲廝其財也不法之臣受以潤屋我皆用之於愛人活國也於是阜蓄之望崇多大之儀備矣從政三月州人愛之如父母承之如松柏夫婦耕織之暇無他懼惟懼公速遷其餘煦嫗孕育發於中而形於言損其身而益於物可以激頹俗慰窮甿者豈勝道哉祐甫山東鄙人不好妄飾凡所聞見務存實錄故採拾而書之公名休字祥幽州范陽縣人有晉司空茂先之遠裔也曾祖汲易州長史祖選幽州固安縣丞考價贈齊州司馬公起家石亭別將自是爲縣令軍司馬州長史各一

入爲天子友儲君臣雖假以寵名而跡實戎索受命爲范陽節度安祿山判官祿山以大權大寵外示忠而內謀逆太上皇推赤心而勿疑敢有聞之者死蹈虎尾犯龍鱗公密言其戎狄豺狼不可厭也當是時也視鼎鑊如歸焉神之聽之是與正直周旋鋒鏑之下出入寇讎之閒而能終保元吉漸於貴仕進退存亡而不失其正其惟張公乎又牧濠舒潤三州而及此昔張黃門庭珪牧此州甚得人譽張丞相九齡次之迨府君又有裕焉故邦人有三張之目頌者美盛德之形容非魯僖公仲山甫不之獲今茲頌曰

昔爲豫章今有循良黃門之善於今不忘爰及丞相亦有烈光我君奐止是爲三張立廉寶儉無怨無傷郵亭之下賓旅其康四封之内望歲千箱自春徂夏兮人相慶慶未畢兮聞後命朱旛玉節兮向番禺彼願適兮我望孤君乎君乎若歲大旱其誰見濡

故常州刺史獨孤公神道碑銘并序

昔劉向稱賈誼言三代與秦亂之意其論甚美達於國體雖古之伊呂未能遠過又稱董仲舒有王佐之才雖伊呂無以加管晏之屬殆不及也於戲二君以偉才當盛漢之

崇而位止於下國二千石祐甫聞於先君僕射曰主恩非臣下之所圖天命豈生人之所制有唐碩量深識之士曰獨孤常州諱及字至之河南洛陽人皇朝左千牛元慶之曾孫蔡州長史思暕之孫殿中侍御史贈祕書監通理之第四子仕而遭時鵲立於朝建旟東夏三著嘉績嗚呼痛乎奄忽捐館其時也大歷十二年夏四月二十九日其地也常州之路寢其壽也五十有三年中朝名公素見知者後進之士聞義嚮風者洎濠舒常三州之百姓莫不塡膺流啼不宴不相浹辰彌月厚而惜之者往往失聲出涕沱

若公有子朗郁等年未齠齔厥兄檢校水部員外郎兼侍御史汜方佐浙河東帥聞喪來奔半旬而至惋毒之甚如不欲生既受吏人賓客之弔乃忍哀謀事以六月六日引使君之柩去常州歸洛陽其年歲次丁巳十月朔七日葬我使君於河南府壽安縣某原先祕監之塋以夫人博陵縣君崔氏祔焉禮也水部曰天之降割於我家仲叔季盡矣吾將老矣吾弟常州之子未立今不刻石表墓則常州之令名何以傳於後乃託我故人敘而銘之常州稟元和以生幼有成人之量祕監府君親授以孝經常州一覽成

誦祕監問曰汝志於何句對曰立身行道揚名於後世是所尚也自是徧覽五經觀其大義不爲章句學成童丁祕監憂勺飲不入口者累日先夫人同郡長孫氏諭以不可滅性之義由是微進饘粥杖而後起既免喪加於人一等鄕族稱其孝焉長孫夫人高行明識訓導甚至常州漸教成器卓然有立著延陵論君子謂其評議之精在古人右天寶末以洞曉元經對策上第詔拜華陰縣尉著古函谷關仙掌二銘格高理精當代詞人無不畏服俄屬中原兵亂避地於越丁太夫人憂毀瘠過禮既外除江淮都督使

户部尚書李峘奏爲掌書記授左金吾衞兵曹參軍軍旅之事非其所好未幾返初服今上卽位下詔收俊茂舉淹滯政之大者以公爲左拾遺凡所諫諍直而不訐婉而不撓削藁詭辭不傳於外遷太常博士時新平大長公主之子裴倣尚永清公主初以太子少傅裴遵慶爲婚主將行五禮公實相焉中使口宣詔旨易以大長公主後夫姜慶初常州曰婚姻之禮王化之階以異姓之人主之不可甚矣其不奉詔中書令汾陽王時爲五禮使從焉又百官甍卒定謚之際綜覈名實皆居其當與嚴河南郢訓荅呂荆

州諲謚議博而正當時韙之遷尚書禮部員外郎受詔考第吏部選人詞翰旌別淑慝朝廷稱正上方大卹黎庶精選牧守以公爲濠州刺史平其徭賦恤其冤弱課績聞上加朝散大夫遷舒州刺史舒境瀕江傍山羣盜所聚或蟠結林藪或趦趄城市公惠以柔之武以讋之釋矛服耒盡爲良俗其他如在濠之政居一年璽書勞問就加尚書司封郎中錫以金章紫綬屬淮南旱歉比境之人流移甚衆公悉心以撫舒獨完安天子聞而休之擢拜常州刺史常州當全吳之中據名城沃土兵興之後中華蕩覆吳中州府此焉稱大故朝之選牧恒屬意焉公宣中和平易之教務振人毓德之體百姓蒙化遷善不知所以安而安之吏不忍欺路不拾遺餘糧棲畝膏露降庭公平生聞人之善必揄揚之氣盡與之不啻若身得之後進有才而業未就者教誨誘掖之惟日不足公之文章大抵以立憲誡世褒賢遏惡爲用故論議最長其或列於碑頌流於歌咏峻如嵩華盛如江河清如秋風過物邈不可逮公有集二十卷行於代若夫贊堯舜禹湯文武之命爲誥爲典爲謨爲訓人皆許之而不吾試論道之位宜而不陟前是公之仲兄

季弟伯姊三年之間繼歿執天倫之喪如荼如蓼竟以無祿天何不仁然則賈與董名位不盡其才吾先君之歎主恩天命斯見矣其銘曰

常州之德孝行爲大烝烝翼翼以敬以愛友於兄弟如捧如戴常州之義篤於朋友用之有恒行之可久扶危拯溺爾身我手常州之才施於有政撫柔三部謙以爲柄冀遂國僑千古迭映常州之文究其元本質取其深艷從其損在星之緯在衣之衮常州之年止於中身去昭昭之盛世與萬鬼而爲鄰白馬江上青烏洛濱脊鴒在原嗟爾元昆

縗絰霑血長號訴冤纂述遺美謂予不諛我見之子將二十年相投藥石胡疹不瘥譬我於池子爲之泉譬我於桐子爲之絃榮不獨遂難不隻全如何淑明摧覆碎堅廞衣楚挽徘徊墓田望之不見赴之無緣貍首班如女手拳拳如天如天泣涕漣漣

代宗睿文皇帝哀冊文

維大歴十四年歲次已未夏五月二十二日寶應元聖文武皇帝崩於大明宮蓬萊殿遷座於大内二十六日景寅殯於太極殿之西階有司卽南郊定儀上尊謚曰睿文孝

武皇帝其年十月丁酉朔四日庚子將遷幸於元陵禮也東方啓明繁霜猶落風物淒於宮樹號啼隘於殷幕哀子嗣皇帝諱襲縗感若泣血漣如感備物之如在索明靈於太虛聆哀挽之急節懼靈駕之將引捧玉斝之獻欷望龍輴而不忍恭惟大孝終揚盛名爰命司籍光昭德聲其詞曰

於休我皇長發其祥咎繇翊舜種德四方元元去周闡流道光土實受命其牙則黄炎漢之後南北披攘天厭衆閏掃隋興唐有唐不熅帝命不叶豐融葳蕤盛於八葉其盛伊何聰明徇齊誕實匍匐聖敬日躋無幽不洞無遠不稽孝友濬哲聲達羣黎天寶季歲竟天長彗虵騰犬爽以鰲以噬皇輿南巡帝出朔裔君父命我爰整六師驅駕熊羆左右蠻夷逆徒蠭聚言刈其旅一鼓冰碎日未旼時席卷鄷邑風清洛師天開地廓萬物斯睹安輿自蜀復於中土龍躍岐山正於九五帝子之孝軼邁千古子則戴親孫能敬祖乃登儲位問安三至一有元良儀形克類繼文纂緒道格元穹大明方中萬寓發蒙豈無桀驁化而爲忠豈無羿浞如燎遇蓬刑清政修遐邇懷柔王度如玉德音海流

四靈皆擾三脊洊羞方輯羣瑞登於介邱華封祝堯使聖人壽厭代何速奄捐九有天裂其高地傾其厚噭噭萬姓泣慕元首創鉅痛深寧丁我后嗚呼哀哉肅肅正殿自炎徂涼漏滴晝兮夏日永燭華凝兮秋夜長階有苔兮委積庭有草兮芸黄嗚呼哀哉七月之期同軌畢至匝野筮壞因山開隧捨清禁而不留指平原而出次嘉德兮啓闈承天兮敞扉抵廟門兮駐嚴蹕順孝心兮傷永違嗚呼哀哉出朱雀兮度青門恨六龍之若奔傾萬邦而會九族送吾皇兮歸壽原風飀飀而簫鼓慘日曀昧兮郊野昏植柏兮

青青彌岡兮亘嶇俯杳杳兮重壤想森森之萬靈偶嬪嫁兮像闍寺捧厥衣兮拱下庭嗟備物之偕列奉元堂兮永寧嗚呼哀哉仙馭兮何之九虞兮有期總千官兮萬騎返城闕兮如疑功高舜典美冠周詩於億萬載昭昭有辭嗚呼哀哉

祭董大使文

維寶應元年歲次壬寅月日祭於隴西董府君之靈曰秋日淒淒百卉具腓城寺無主人焉適歸矧蓄廕庥之望罹遇死喪之威弔隨慶集事與心違良知與主昨是今非嗚

呼哀哉追惟曩歲永豐之遊清川倚棹廣路停輈道路契闊燕言綢繆倏焉陳迹曾不少留幾成海變何啻星周勁翮翱翔上陵蒼蒼俯憐燕雀畏逼藩牆議以銜羽將貽稻粱望國駿奔初念褚中之惠及門問故俄增掛劍之傷嗚呼哀哉干旄棨戟撤而不見繐蒙户而風悲葦繞庭而靈泣邦人輟舂殲良何速屬吏霑襟於何從祿永無像於形儀庶有憑於軌躅羞匏葉而爲薦比隻雞而可續嗚呼哀哉尚享

祭獨孤常州文

維大歷十二年歲次月日外從祖舅朝散大夫權知中書舍人賜紫金魚袋崔祐甫遣表姪前鄧州南陽縣尉李綜以清酌之奠祭於從外孫甥常州獨孤使君至之之靈往矣至之此時何時空原拱木荊榛狐貍林風月露以子增悲子之往也高格遠量秀氣茂姿亡兮何若有兮誰對豈流蘇寓馬從之已而嗚呼哀哉王事適我政事一埤益我在籠而不能求其釋獨有懷君之淚臨秋風而自滴平生相期聊復一敘一以豁胸中之憤氣二以簡明靈而晤語吾與至之思宏道義自家刑國張維舉墜吾與至之思敦

交好平居琢磨遇死赴蹈吾與至之思邁純德言爲士準動有時則吾與至之思全高節風雨如晦嘐嘐不輟吾與至之思闡斯文不俾皋契獨謨華勛吾與至之談空覈元夢蝶喻筏去之蕭然吾與至之期諸晚歲偃臥山樊同披薜荔舉其大較良難名數念我交情千枝萬縷霜風掃葉或散或聚萬化紛然同歸野土向之所務孰云其主嗚呼哀哉爛然澄酤平昔共歡如何此奠取象於觀我思此飫子必吾劇目想道周暫留徒御所可懷者徐生之絮

裴士淹

士淹開元時官侍御史再遷司勳郎中代宗朝禮部尚書禮儀使坐善魚朝恩貶官

對大夫祭判

有五品祭寢不祭廟饌用索牛御史劾於寢則以陋於饌則以泰訴云禮令無違

命分九等以庸制爵禮有五經莫重於祭先王所以致理孝子爲能饗親乃如之人茲率厥典敬無忘於如在道有孚於不黷黍稷惟馨籩豆有楚哀樂相半必覩僾然之容軒裳已登非復傷哉之歎且禮或豐殺法從沿革無廟於

寢在令令而則然求牲而饌徵古訓而奚失嗟夫御史所劾恐傷曾孫是宜

對不供夷盤判

三品喪事夷盤不供司儀云時所不要

凌人掌冰以待邦事深山窮谷居仲冬而益堅獻羔祭韭事司寒而方出且云一日二日亦惟秋刷夏頒在用捨而有時於出納而惟允嗟此三品俄嬰六極金章罷去玉襚方開具厥衣於庭中設夷盤於牀下國之老疾猶或不遺朝之榮貴理宜從給徒以氣則分乎寒暑用則期乎折衷司儀所告省括之道雖勤主者定詞挈瓶之智斯得

內侍陳忠盛神道碑

夫北辰垂象南面居尊紫禁崇嚴彤庭奧密靜言近侍允屬能賢其誰見稱則有我陳府君矣公諱忠盛字懷泰頴川許昌人也其先出自帝舜至閼父爲周陶正受封於陳子孫因以爲氏粵若尚書孝德頒賜聞乎題劒太守高義禮賢爲之下榻代襲堅貞門承軒冕因從官京邑今遂家於長安曾祖闕二字正議大夫內給事祖守節正議大夫內常侍父文叔銀青光祿大夫內常侍或肅或乂克寛克仁

好古而探墳籍懋官而紆青紫公幼懷端慤夙著嘉聞飾躬以筮仕服勤以成業先天歲解褐補內侍省掖庭局監尋轉內僕丞內僕令秩滿遷內侍伯內謁者監加朝散大夫恪居官次夙夜惟寅爰被丹霄之澤載延朱紱之慶典新樂之絲桐名與公偕勤亦至矣騁高衢而方遠何景命之不融以天寶十三年五月二日遘疾薨於輔興里之私第春秋六十有五惟公黃中多可素履居貞宅心知訓執事有恪至若怡神以全道體命以適時義以拯物禮以從政故能奉絲言而無失馳驛騎而有光俄拜內給事內常

侍尋除朝議大夫守內侍秩序斯崇恩華轉茂位益高而心益下德逾邁而氣逾和且以幹能尤膺任寄前後奉使者十有三焉至乃夢三清於太極之府是修功德志五嶽於無何之鄉式瞻神異崇茲眞廟獲彼靈符遘侯甸而訪仙經歷名山而隨羽客然後稽少陽之必舉懷令圖而允臧豈惟藝足侍書材優參乘巷伯刺讒之作史游忠益之規固可謂無競伊人溫恭淑慎者已以其年閏十一月之九日葬於長安縣承平鄉之原夫人上谷縣君成氏四德無虧三從罔失先天十四年正月二十九日後君而亡以

乾元三年五月七日合葬於舊阡禮也長子仙鶴昭武校尉左衛豐浩府折衝次子仙鳳振威校尉行右金吾衛左中候仙甫才惟博達職在春宮今上御極釋褐特賜銀章朱紱拜內謁者監仙賢仙管等太邱父子荀氏弟兄事國以忠奉先惟孝感寒泉而增慕卜幽宅而罔艱懼遷陵谷式揚碑版銘曰

帝舜洪胄胡公令名三恪惟甫八代至成本仁祖義國史家聲椒聊之實莫我與京懿範彌昌宏材益振果行育德履信思順執心有恆改過不憚政符省括理必遊刃陟遐自邇休有烈光飜飛省闥翊侍巖廊導宣國命輝耀銀璫丹誠每竭朱紱斯皇乘遽周流奚往非適瑞徵桃塞藥獻梁益新廟眞容名山靈迹爰典樂正爰稽市籍昊穹不憖殲我惟賢四星猶列一德空傳慘風雲於故里樹松檟於新阡載刊乎貞石永賁於幽泉

肅宗大宣孝皇帝哀冊文

維寶應元年歲次壬寅四月庚戌朔十八日丁卯大行文明武德大聖大宣孝皇帝崩於長生殿旋殯於兩儀殿之西階粤二年三月二十七日庚午將遷座於建陵禮也燭

列瑤宮河低象闕檐擁宵霧庭微曙月森鷺翿以成行儼龍輼而將發哀子嗣皇帝諱充窮感慕擗踊傷摧奠元辰而增肅瞻白雲而不迴雨泗噎兮千官泣天仗搖兮萬國陪懿業方永神暉潛翳迺詔有司騰芳後裔其詞曰

高邱演慶元牝開祥寶系攸重靈源自長文昭武穆累聖重光七葉增睿時惟我皇天帝褰裳全眞養正窅然姑射欽哉有命謂禹知子踵堯傳舜伊昔休應虹流電繞猗蘭養德叢桂疏榮徇齊純孝宏裕欽明光含玉理秀發珠衡辨日多悟朝雲更輕尊師樂業問寢揚名三善克舉萬邦

以貞叶契斷金。觀書羣玉。性與兼愛。道存濡足。詢事考言。登庸受籙。運符提象。輝同偶燭。景星耀芒。大風成曲。戎羯緣間。書稱猾夏。轉旆秦川。連兵朔野。水靈潛衞。山祇駿馭。順時徙邑。聿來岐下。用翦修蚦。匪勤戎馬。輯寧黎庶。保乂宗社。赫矣天府。於皇樂都。瑤壇饗帝。璧沼崇儒。進善求瘼。明刑恤辜。丹巖藏銑。綠浦捐珠。容成啓路。王母獻圖。功宣祀夏。道洽歌虞。物莫疵癘。人用昭蘇。櫟陽先惠。棣華增睦。冠帶麟洲。賓延鳥服。招諫懸鼓。誓師推轂。禮備樂和。遠安邇肅。恩猶覆燾。義涵亭毒。露臺愛費。茅宇鐲奢。北薦春寶。南牧若華。卿雲聳蓋。湑露垂葩。畝秀同穎。階榮指邪。滌慮高居。凝神下濟。遠探仙訣。深入眞諦。穆穆頌聲。溫溫愷悌。榮鍾三古。牢籠八裔。才生之豐爰集。良已之文莫繼。佇襄野而來巡。怨祁宮而興沴。嗚呼哀哉。序分宏璧。庭臨綴衣。如天落構。象日徂輝。棄璇寓而奚速。啓金縢而遂違。鳥冊龍圖之瑞。青邱丹浦之威。瞻脫屣兮如在。痛攀髯兮不歸。巖岫晦兮愁雲積。郊原空兮落景微。嗚呼哀哉。環瀛縞素。鞮譯凝慕。龜謀協吉。象耕遐赴。珠玉重而不藏。襲稱廉而有數。靜餉陳於塋所。閉閭闔於應路。靡營南紀之壟。空望西陵之樹。嗚呼哀哉。蒼旻浩然。緹律亟遷。旣深悲於寒露。俄隕涕於韶煙。背鳳城而紆鬱。援蜃紼而聯翩。息輿駕於懸圃。聞鐘磬於廣川。神理冥其造物。皇情邈以終天。嗚呼哀哉。三光猶變。九丹非術。蛩隧蒼茫。鮒隅蕭瑟。渡清渭而徐轉。指甘泉而半出。薤曲嘶管以臨風。松門倚巖而蔽日。嗚呼哀哉。式斆末命。戒茲羣后。至德神功。天長地久。邁千祀之騰茂。居百王之冠首。俾下武而欽承。彰典謨而不朽。嗚呼哀哉

章敬皇后哀冊文

維寶應二年歲次癸卯閏正月乙巳朔五日己酉。大行章敬皇后啓自先殯。十六日庚申。膺冊禮於行宮。粵三月二十七日庚午。將遷祔於建陵。禮也。素帟遐徹。彝罇曉薦。風藹椒塗。月虛蘭殿。哀子嗣皇帝諱。悲深元夜。慟切聖慈。爰講六服之禮。允迪二南之詩。示寰區以壼則。恭典冊以台司。鸞旆曳音。蜃輅遷轍。辭臣奉詔。敢揚徽烈。其詞曰。

圓方配德。耀魄齊明。王化之本。國風以清。於穆宗盟。貽謀先覺。太伯崇讓。延陵聽樂。蘊夫純嘏。施及繁昌。斗維儲慶。軒緯流祥。入懷夢月。滿室騰光。蘋藻無替。紘綖有章。待年

祕景率禮含芳象服是宜造舟成詠顧史垂則稱詩展敬啓迪四聰誕敷六行蘭芬桂郁霜皎冰靜鸑集瑤筐鸞迴金鏡化光葛藟務先種稑載靡震驚宵淪朓朒柔明既進陰教惟肅必戒浮華遠登才淑寧觀戲馬嘗往濯龍堯門協慶華野聯蹤褘禮凝彩璁珩有容志循簡易體備肅雍維德之行令問不已繡輪羽蓋玉階金戺式昭範於人倫竟韜華於地紀六宮揮涕於清禁萬寓銜冤於神理嗚呼哀哉宗祧永固濬哲膺期仁涵動植慶浹華夷捧鏡奮而增欷臨甲觀而纏悲望松楸兮逾遠感霜露兮何追湘川

有君漢陵宜祔容衛攸崇禮章加數瑞雲呈紫而轉姸緱服變黃而無蠹想層城於北闕背壽原於東路應門寂寂以長閉同軌轔轔而畢赴嗚呼哀哉閟泉闈兮有侐引池綍兮方昭吟古木於靈圍逈悲風於渭橋繁笳凝而淒切輕旆轉而蕭條衣潛濩兮猶在香遠聞而不消嗚呼哀哉鳴雞奏而夙興服馬嚴而曉發慘河山之淑氣怨桃李之嘉月雖立極與觀圖繫馳光而禋設猗彤管兮有煒贊徽音兮無歇嗚呼哀哉

欽定全唐文卷四百十

常袞一

袞京兆人天寶末舉進士累授起居郎寶應中選爲翰林學士考功員外郎中知制誥永泰初遷中書舍人加集賢院學士大歷元年遷禮部侍郎拜門下侍郎同平章事封河南郡公貶潮州刺史建中初遷福建觀察使四年卒年五十五贈左僕射

春蒐賦 以畋狩得時獻禽合禮爲韻

上方究心政理惕慮遊畋順時而行仁育之恩克洽酌古

取則春蒐之義攸先所以示軍容於有衆發號令於初年時維仲春景則清晝列武卒於天仗選龍媒於御廄野有鳴鹿爾則食君之苹巷無居人我亦從王於狩其儀可覩其理可究春者蠢也象其動以宣威蒐者求焉薄於求而在宥固將明其校閱非取樂於馳驟想熊羆之士必在於求賢驅貔豹之師寧惟於逐獸夫其將陳於野先訓於國執鐃備卒伍戰陣之教執鐲盡進退疾徐之則六軍之節制可觀三畋之禮文斯得而原其初也勅司馬致高旗行火弊薙畬苗鑾良弓而發彼破修皆以斃之擇可取而克

成舊事捨將孕而用表深慈雖四海久清禮且崇於國典三冬尚隙役無奪於農時然後算其獲否以行賞勸皆貫藝以求功必極忠而上獻若然者豈徒倒逸材之獸落翰飛之禽大發以彰其武力小殺以宜其道心事且載於周禮跡寧誠於虞箴夫如是子雲無以諷其羽獵相如未足言其上林於是天旋景從飆軼電雜皮冠且進虞人之守斯存緌仗前驅天子之圍方合有司乃申誓人之詞具表貉之禮獻禽以報其生植充豆以導其孝悌君子謂是蒐焉足觀國家之大體

浮萍賦

居洪泉而不根植者惟浮萍而已矣不懷芳以賈害不衒色以標美動不忤物卑以安己乘流則遊得坻則止如識變而知時似委命而順理故能無幽不涉無遠不尋隨長汀而自汎值驚浪而不沈既不遷其清濁亦何避乎淺深可以明逍遙之意可以警滯著之心然而推移河海凌歷隈澳溜緩而去遲水急而浮速秋遇楓浦與墜葉以齊奔春暖桃源共落花而相逐披拂丹藻搖演青蘋出入經其潭洞高下歸其龠淪擇利而行有似見機之士不常厥所同乎漂梗之人歌曰大江之水東西流別有孤萍朝夕浮莫言此中長汎汎終當結實觸王舟

蕭昕等分祭名山大川制

勑有天下者祭百神蓋存乎統法也山川出雲而致風雨列在明祀其來久矣春秋傳曰水旱癘疫之不時於是乎禜之致其誠信與其忠敬精意以享則神明保佑命之不疾而速古之岳瀆秩視公侯以其所生者繁所濟也廣鎮厚地而不動朝滄海而不洩如是正直長發其祥百王相承五等不易先朝禮神以明德恭事以嚴禋進其位號崇其典策用三代之樂金石必備合九州之味籩豆有加俾

國之大臣每歲頒祀則執事而有恪亦莫不寧也朕纂戎八載外寇未平多廢舊章尚勞戎備巡狩之事有曠於虞書封禪之儀尚慙於漢史雖命方伯牧長以時致祭而事之不親誠有不達所以分遣八使禱於羣望各供於事以服官常宜令某官等分祭名山大川仍勑有司備具禮物敬陳明薦無失正辭

禁藏天文圖讖制

勑天文著象職在於疇人讖緯不經蠹深於疑衆蓋有國

之禁非私家所藏雖裨竈明徵子產尚推之人事王彤必驗景晷猶寘於刑典況動涉訛謬率皆矯誣者乎故聖人以經籍之義資理化之本仄言曲學實紊大猷去左道之亂政俾彝倫而攸敘自四方多故一紀於茲或有妄庸輒陳休咎假造符命私習星歷共肆窮鄉之辯相傳委巷之談飾詐多端順非而澤熒惑州縣詿誤閭閻懷挾邪妄莫逾於此其元象器物天文圖書讖書七曜歷太一雷公式等準法官人百姓等私家並不合輒有自今以後宜令天下諸州府切加禁斷各委本道觀察節度等使與刺史縣

令嚴加捉搦仍令分明牓示鄉村要路并勒鄰伍遞相為保如先有藏蓄者限勅到十日內齎送官司委本州刺史等對眾焚毀如限外隱藏有人糾告者其藏隱人先決杖一百仍禁身聞奏其糾告人先有官及無官者每告得一人超資授正員官其不願任官者給賞錢五百貫文仍取當處官錢三日內分付訖具狀聞奏告得兩人以上累酬官賞其州府長史縣令本判官等不得捉搦委本道使具名彈奏當重科貶兩京委御史臺切加訪察聞奏準前處分咨爾方面勳臣洎十連庶尹罔不誠亮王室簡於朕心無近憸人慎乃有位端本靜末其誠之哉

禁僧道卜筮制

勅左道疑眾王制無捨妖言蠹時國朝尤禁且緇黃之教本以少思寡欲也陰陽者流所以敬授人時也而有學非而辨性挾於邪輒窺天道之遠妄驗國家之事仍又託於卜筮假說災祥豈直閭閻之內恣其誑惑兼亦衣冠之家多有厭勝將恐寖成其俗以生禍亂之萌明艱已來禁網疎潤至令此輩尚有矯誣害政之深莫過於此將歸正道必絕姦源宜令所司舉舊條處分

禁天下寺觀停客制

勅釋教本以助化道家先於理國懲惡勸善以齊死生薰然慈仁美利天下所庇者大所益者深故歷代崇尚而弗易也朕以元元烈祖慶我昌運西方聖人福茲下土常所盡敬敢忘致誠且至真之體尚於精潔流俗所尊不宜褻慢如聞天下寺觀多被軍士及官吏諸客居止狎而黷之曾不畏忌緇黃屏竄堂居毀撤寢處於眾設之門庖廚於廊廡之下緬然遐想慨歎良深自今已後切宜禁斷其軍士委州縣長吏與本將商量移於穩便處安置其官吏諸

客等頻有處分自合遵承仰勑到當時發遣應尊像有損壞處俾隨事修補其有諸神所居載在祀典靈跡昭著福及生人者如有毀廢亦宜增葺且王者以清淨統法聖人以神道設教精意所在感而遂通非徼福於朕躬期降祥於黎庶申明詔旨用悉勞懷

禁諸道將校逃亡制

勑軍興以來十有四載未息戎備尚勞師徒各以名數隸於麾管朕念三軍之勤役率萬姓以供饋躬自節儉而贍濟之定尺籍伍符厚其資糧扉屨掖庭織室俾給戎衣鈎

盾弄田亦調軍食推誠惠養靡不至焉雖感激忠義勇於赴難而差次官賞固不遺勞誠宜戮力以永所事如聞諸節度及團練使下官健多有逃入諸軍去其所從犯我明禁在於國令固合懲姦眷其戎勳尚容改過自今已後切宜禁止應有此色諸軍不得輒容差人遞還各付所統其額內官健有逃死者不須更塡宣示軍州令知朕意

停河南等道副元帥制

勑古者分建戎號以張威武必因事而制亦有時而罷以天下征伐之重方鎭之大宜有總一則以元老撫和之乃者國家平定之後闕字一理之始與其休息則以諸侯訓緝之自河南之南至於滄海往屬難故久勞師徒連城之鎭累百授鉞之將十數主其經畧委在台臣號令耳目以之咨稟服柔滅叛罔不肅清今萬里無塵思解戎備況分閫之重各任勳賢悉心憂國所統皆理何必更有闕屬適重其煩軍書取決又失要會息人罷鎭闕亦便之河南淮南西山南東等道副元帥宜停其兵馬宜充東都留守兵馬張延賞宜權知東都留守事常休明宜充副留守兼東都鎭守兵馬使

天下三等巳上親赴上都制

勑堯之敦敘以協萬邦周之宗盟必先同姓莫遠具邇懷德惟寧俾強捍於京師思同獎於王室所以洽中和之道明補察之義也惟我近屬聯華本支以文昭武穆之宗有錫土建侯之嗣往以艱難之際流寓頗多或僻在江山載經時序或雜居州里亦既淹留等威不分無以自給傔將逼下卑或踰尊將恐合族展禮之文闕燕毛序齒之儀廢言念及此良深耿耿其三等巳上親除州縣官及帶職掌應在外者委本道節度觀察量事給發遣赴上都仍先錄

名聞奏。

勸天下種桑棗制

敕。詩有豳風。陳王業也。八月剝棗。以助男功。蠶月條桑。俾修女事。贍人之道。必廣於滋殖。分地之利。非止於耕耘。益之以織紝。雜之以果實。則寒有所備。儉有所資。如旨蓄之禦冬。豈無衣以卒歲。頃屬多難。艱食必資樹藝。以利於人。庶俾播種之功。用申牧養之化。天下百姓。宜勸課種桑棗。仍每丁每年種桑三十樹。其寄住寄莊官蔭官家。每一頃地。准一丁例。仍委節度觀察州縣長吏。躬親勉率。不得擾人。務令及時。各使知勸。一一勉諭訖。具數奏聞。

廢華州屯田制

敕。聞者戎旅未息。徵求煩重。四郊之賦。乃至五稅其一。居人蕩析。邦廩空虛。遂命宰臣。大修農政。天下郡國。散諸屯田。轉漕入關。以資均濟。兼詔中尉左右內史。表屬州縣閑田。分署農官。俾其耕鑿。南至於華。瀕渭而東。林麓州渚之間。榛莽窊邪之處。非吾人所占者。悉舉籍勸分。載芟載柞。稼多農碩。畝獲數鍾。歲既少殷。軍儲差贍。郡縣之稅。於是十而減七。數從其舊。殆復厥常。今宿麥頗登。秋苗益茂。私田加闢。公用漸充。華州人戶。土地非廣。其屯田並宜給以貧下百姓。自頃關中乏牛力。封圻千里。半是邱荒。置屯田已來。皆變良沃。惠散其利。以及困窮。藏之於人。孰與不足。宣示郡縣。宜悉朕懷。

授李季卿右散騎常侍李涵尚書右丞制

門下。侍從出入。贊清禁之事。管轄糾正。錄中臺之書。多用儒雅。必求公亮。正議大夫守尚書吏部侍郎集賢待制隴西縣開國子賜紫金魚袋李季卿。碩量寬宏。雄詞典麗。道素可尚。風猷自遠。銀青光祿大夫前行尚書右丞兼御史大夫充河北宣慰使襄武縣開國公李涵。文以禮樂。主於忠信。雅有學行。通於理體。並才望推重。聲華茂著。竭誠之效。早見於艱虞。從政之績。備彰於事任。簡廉無私。純白不染。守以直道。行其至公。載馳輶軒。善喻中旨。歷踐臺閣。率由舊章。拔選部之滯才。留左曹之駮議。士林公族。歸美攸多。或久次懋官。已深於滿歲。或外除過禮。且間於踰月。宜遷顧問之職。俾膺總典之授。季卿可守右散騎常侍。餘如故。涵可尚書右丞。散官封如故。主者施行。

授崔昭右散騎常侍制

門下散騎以贊導侍從承答顧問前代參用言語政事之臣俾其盡規忠益以穆朝化也今位望逾重選之更精銀青光祿大夫前京兆尹兼御史中丞博陵縣開國子崔昭經之以文敏紀之以憲則直而不肆剛而能容精識知微長材致遠不易於風雨之晦不爭於險易之途常所委遇多在雄劇理平之美居最一時任畿甸千里之重齊趙張三王之政事當其適義合於權檢肅姦豪撫懷孤老資奉軍國從容贍濟翼翼之化布於四方予欲左右有人訪求得失服茲舊列俾爾迴翔可守右散騎常侍散官封如故

授能元皓左散騎常侍制

門下聯八貂之貴同二府之品望尊而事不親地近而職非密蓋賢達之所尚俾勞臣而處休命所以廣其員而盛其選也太子賓客兼光祿卿上柱國河南郡開國公能元皓以忠烈自將以勇謀用師夷險一心精剛百鍊不奪之節貫於風霜殊常之勳銘在鐘鼎累更任遇休有令聞出入龍樓已先調護之列優游騎省載昇顧問之地可行左散騎常侍餘如故

授郭晞左散騎常侍制

敕切問之司實參朝議僉諧之命允屬時髦同朔方節度副使特進試殿中監察御史大夫充朔方先鋒司馬使上柱國太原郡開國公郭晞文武成器公忠亮節言多雅正理適經通詩禮之方服於庭訓韜鈐之畧稟自朝謀以少年之才雄有老成之持重俾張我武克定西疆業其勳以象賢大其門而出將兵嚴既解朝選攸歸舉以令聞允茲近侍可行左散騎常侍散官勳封如故

授蔣渙右散騎常侍制

門下獻納之重周爰是咨必擇通賢用光近對銀青光祿

大夫光祿卿上柱國汝南郡開國公蔣渙德宏禮器學貫儒流孝友彰其令名文詞是其餘力合大雅之明哲達中庸之隱微清方有恒華皓益固直道而處風猷自高爰藉論思之才用膺侍從之事副予良選佇爾嘉言可右散騎常侍散官勳封如故

授賀若察給事中制

門下中散大夫行尚書吏部郎中賀若察講求學術藻飾藝文顧言行以檢身酌智能以經務任參六典選重一時從容管劇每識通而理當達練起草亦體大而思精聲猷

益茂公望維允分曹殿中職在論駁尚書奏議俾爾平之可給事中散官如故主者施行

授崔侁蕭直給事中制

門下銀青光祿大夫御史中丞東都留臺崔侁俊而能通和而有節朝議郎守太子左庶子賜紫金魚袋蕭直性資高朗識詣沖妙各以文儒致用貞亮處心持綱憲府必執其中贊事宮坊允歸於正彰聞望於公器振英華於士林顧茲掖垣素用髦彥文昌奏議多所論駁俾承並命式副良選侁可行給事中散官如故直可守給事中散官賜如故主者施行

授趙涓給事中制

門下朝議郎檢校尚書吏部郎中兼御史中丞賜緋魚袋趙涓純白高朗儒林表儀炳文揚彩時謂清拔早以賢良茂異服我周行歷踐三台之列嘗參二陝之佐其於事典多所精詳頃吡荆舒尋罷戎務近侍方鈌選才正難評南宮之上書次東廂之奏事夙夜思職爾無面從可守給事中散官賜如故

授韋諤給事中制

門下通議大夫行尚書吏部郎中彭城郡開國公韋諤在人之德承家積厚先致美以施政終秉彝以存誠朝之清序多所階歷參我六典冠於諸曹學以辨疑文以決滯五年勤職時謂淹才宜守殿中以平臺議詔書未當實得封還官能守常事尠失中是有選用爾其揚之可行給事中散官封如故主者施行

授宋晦諫議大夫制

敕通議大夫檢校尚書兵部郎中兼侍御史上柱國宋晦忠潔簡惠和而不流理暢思精適於羣務位以才達政以禮成往者理軍岐陽贊我戎事重艱貞之操義有可懷臺閣更拜久於清秩外掌邦賦任居其艱底慎均節以資經費事皆求當慮不及私積勞可書責實當進加以亮直行之有恒屬諫臣之高選參髦士之大用以匡不逮無伏嘉言可行諫議大夫散官勳如故

授李收諫議大夫制

敕書曰后德惟臣不德惟臣實賴左右前後有位之士匡其不及天子有諍臣職在司過若有犯無隱獻可替否則曠然丕變時惟休哉中散大夫前行尚書兵部郎中贊皇

縣開國男李收敏而好學文以彰之清澹寡欲不以得喪干慮往屬時難保茲艱貞事君之節足以存勸歷踐郎署率由舊章而仗雅居正可參諷議無或尸官以罔聞當灼見以箴闕也可諫議大夫散官封如故

授郗昂知制誥制

勑朝散大夫檢校尚書司勳郎中郗昂沖和簡朴不飾其外有雄俊之才可變風雅有精深之學實究儒元加以忠敬兼之亮直率由茲道可謂正人夫化成天下在於文臣朕不逮主於諫敷暢綸音箴規朝闕所掌皆重爾其懋哉可守諫議大夫知制誥散官如故

授庾準楊炎知制誥制

勑中大夫行尚書吏部郎中上柱國庾準檢校尚書兵部郎中充山南副元帥判官賜緋魚袋楊炎等詔令之重潤色攸難其文流則失正其詞質則不麗固宜酌風雅之變參漢魏之作發揮綸旨其在茲乎爾各以茂才碩學敏識純行俾其對掌可謂得人仍轉郎位式光朝選準可行尚書職方郎中知制誥散官勳如故炎可守尚書禮部郎中知制誥賜如故

授孔述睿起居舍人制

勑宣議郎試太常博士東都河南江淮南等道轉運使判官孔述睿左右史正用第一流其選殆精於尚書郎也今東觀諸儒皆約注記而修簡冊事之當否多取正焉以某聖人之允歷代儒首博通古訓述作可傳出入起居期於秉直可守起居舍人散官如故

授薛兼適左補闕制

勑朝請郎前行萬年縣丞薛兼適兄弟致美士林推重詞清行潔政以幹稱在煩劇而有餘守貞方而不易文章侍從朝夕論思參我諍臣以箴朝闕可行左補闕散官如故

授趙聞等右拾遺制

誥獻再試文學考入第三等處士趙聞等或懿文清拔四科之美或純孝彰著百行之先或以言精梗概（闕八字）屬觀風省俗傾網求賢幽滯靡遺精麤咸紀俾昇榮於中外庶有先於奬擢可右拾遺

授郎士元等拾遺制

勑前渭南縣尉郎士元等有君子之行有詩人之風頃尉於畿亦克用乂匪躬之故無以易焉進思直言入告於內

勿使流議壅於上聞懋乃所職其無遺政可依前件

授崔圓左僕射制

門下左右丞相師長庶官無人則闕詔德而授以其久次是有轉遷特進檢校尚書左僕射知省事兼揚州大都督長史御史大夫充淮南節度觀察處置等使上柱國崔圓山東偉才忠厚成性文高大雅學富全經直道而行匪躬之故謀參經始節貫嚴凝嘗決議於廟堂早書勳於王府外綏戎政久鎮名都苦心恤人精力勤職圖艱思易適要除煩敦風化而少長有禮齊法令而軍戎知禁正身不渝

奉上彌恪有大賂南京之貢有浮泗達河之漕事多宏濟人不疲勞淮海晏然朕實毗倚寵章所以褒善大任所以寄賢俾升禮秩無替成命可檢校尚書左僕射餘並如故主者施行

授李忠臣右僕射制

敕文昌所以法成象端右所以長庶寮秦漢則內掌武事魏晉或外綏戎政令之垣翰重任勤勞有功歷踐六卿始終一德必訪羣議然後當盛選淮西節度觀察處置等使開府儀同三司檢校工部尚書兼安州蔡州刺史御史大夫上柱國西平郡王李忠臣忠厚純茂信而可親寬肅靜深通而必正備五才之用有百勝之全往者寇孽亂常關洛多故爰奮其旅以先啟行大城名都所麾必克元兇巨猾傳首相望定齊休士有建威之得雋破趙會食亦淮陰之用奇漢東汝南專制千里總三軍之號令兼八使之澄清約已撫人守公遵職訓師以禮載寧於戎閫尨賦從薄繼入於王府四封不聳一紀于茲況忠衞之勳邦家是賴陝郊巡幸憂國存誠能釋位以勤王亦見危而致命疾風逾勁何日忘之申伯于蕃目當褒勸韓侯入覲宜有寵光

式是南宮俾崇禮秩可檢校尚書右僕射知省事餘並如故

授令狐彰右僕射制

敕中臺萬事之會端右庶僚之式所以總詳參貳恢演協宣勳德兼崇則殊在師長之重勤勞於外則不親損益之煩凡命此官必書於冊極茲朝選用屬時賢滑亳等州節度使開府儀同三司檢校工部尚書持節滑州諸軍事兼滑州刺史御史大夫上柱國霍國公令狐彰腹心純臣忠允明亮有張仲孝友之行有吉甫文武之才秉其直方資

以簡厚早擅韜畧尤工墨妙艱危致命出入勤王中興之勲羣帥難尚雖驃騎之北至高闕淮陰之東下井陘積事度長抗衡異代自受任千里疆于兩河靖安軍戎肇正封域宏布風教宣明憲章優禮意於文吏洽仁化於甿俗息馬論道讓其保塞之勞愛人省刑守我中朝之典載修職貢以奉京師頃若後彼河流省其役費除歷年之所病匪踰月而成功開濟良謀東藩是賴不忘利國益見深衷予嘉乃休朝有明勸念齊侯之勞賜同申伯之封賞厚其禮秩允答奉公可檢校尚書右僕射餘並如故

授田神功右僕射制

門下萬事之本歸於司會百僚之師屬我端右所以綜詳名實參貳紀綱詒德選勞於是乎在開府儀同三司檢校兵部尚書使持節汴州諸軍事兼汴州刺史御史大夫充汴宋等州節度使上柱國信都郡王田神功忠敬孝友寬厚沈毅經之以詩書緯之以韜畧言能顧行勇必體仁信義不愆於風雨智謀自叶於蓍蔡早膺戎寄式是師貞有決勝合變之奇有明賞必罰之當精貫白日氣陵高秋馭盧龍之軍萬里橫海討淮夷之叛一戰平吳統制濟河懋昭聲績往以犬戎內舋華夏多虞入勤服勞亟從能力忠衛社稷勲書甲令建牙移鎮在浚之郊守龜蒙凫繹之險當曹宋齊魯之會牧人馭衆憂國奉公宣文教以布朝章訓武經以明軍法修職貢之禮率先闔外通轉輸之利益贍關中疆宇不聳田萊加闢風俗澄一河南晏然夫以勲業之崇而等威未峻報功優異豈允僉屬固宜副文昌之長總周官之任仍兼連率益重方隅可檢校尚書右僕射兼充本道觀察處置使餘並如故主者施行

欽定全唐文卷四百十一

常衮二

授裴遵慶吏部尚書制

門下尚書萬事之本選部五曹之右以掌邦典以掄官材漢魏以來多用宿儒高德蓋重其任也金紫光祿大夫守太子少傅集賢待制上柱國河東郡開國公裴遵慶周愼禮節敬讓素居博學而識前言懿文而敦大體迺者匡弼王室克和庶政訓導儲宮用宏三善日新之美歲晚彌彰自陶融於元和不嬰拂於俗務名臣令望清議攸歸處以

銓覈用澄流品抑華取實無俾滯才可吏部尚書散官勳封如故主者施行

授劉晏吏部尚書制

門下獻善宣美職在納言錄賢任能必歸冢宰若萬事之本舉得其要一時之才選當其實則致理之體昭然可見矣簡求碩德俾之典綜金紫光祿大夫檢校戶部尚書兼御史大夫東都河南江淮山東等道轉運常平鑄錢鹽鐵等使上柱國彭城郡開國公劉晏時傑國楨高才博學超詣精理澹然素懷禮法之綱紀人倫之模表嘗處台弼以宏訓範載其清靜濟我艱難自勞於外又竭心力苟利於國不憚其煩領錢穀轉輸之重資國家經費之本務其省約加以躬親小大之政必關於慮出入農里止舍鄉亭先訪便安以之均節事積而不亂理簡而易從故得井賦田租萬億及秭方舟而下以給中都水旱不歉人懷其惠可謂盡瘁事國勤勞王家也思有褒進屢申退讓然以官人之任朝選無踰藉其參領用鎮風俗所摠羣務一以咨之中外兼濟固有餘力可吏部尚書餘如故主者施行

授崔渙工部尚書制

勳程品之重有若百工號令之先尤難六職崔渙學義精洞文詞典麗道高王佐才茂國華實每副名言皆顧行頃調鼎餗庶政惟和及典銓衡羣才式序中外更茂縉紳所宗雅有大臣之節光其舊德之選冬卿命職汝往欽哉可工部尚書餘如故

授崔倫尚書左丞制

門下蘇武張騫使匈奴十餘歲不失節而歸漢武不過典屬國騫拜中大夫而已朕每以勞大賞薄而流嘆也頃以昆夷之俗繼好勤誠不忘綏懷喻我文告乃命太中大夫

前守太子右庶子兼御史中丞上護軍賜紫金魚袋崔倫宣明威惠撫柔四海言忠事直畢無二信臨大節而不奪匪謀身而苟免終能復命亦旣序成使乎四方可謂專達況躬服謨訓暢於詞律在天寶中已踐郎位選部草議至今稱之顧其階歷當處要重之地加之盡瘁服勤所宜超進總典綱紀歸於臺轄以倫才理精密練達朝章俾參柄用佇明政本仍加榮級以勸勞臣可銀青光祿大夫行尚書左丞勳如故

授張重光尚書左丞制

門下國朝多以六卿之貳出領三輔入必稍遷或復舊職不然則以左右轄處之中外迭居從其班列銀青光祿大夫前華州刺史兼御史大夫充鎮國軍及潼關防禦等使上柱國清河縣開國侯張重光明道若昧大方無隅循禮以節事體信以達順固有擇行在於厥躬其學既精其德亦厚可以質正大議和恒雅俗服在通列鬱其休聲周歷五曹之副建明萬事之本剖符關輔參化京師亦旣政成且聞河潤紀綱臺務圖任舊人職無不綜佇有條理可行尚書左丞散官勳封如故主者施行

授薛邕吏部侍郎制

門下昔禹謂咎繇曰知人其難之魏武又云使吏部用心如毛玠風俗之易差不難矣今之銓綜但抑華崇本鎮以禮讓則庶官羣才不濫於進中散大夫守尚書禮部侍郎兼集賢殿學士判院事上柱國汾陽縣開國子賜紫金魚袋薛邕含和保真莫見其際雄詞祕學德行之餘信厚可親朝之英達往者潤色鴻業煥發絲言之美又與五經諸儒質正石渠之論擢以公望貳於秩宗豈惟人神之和兼舉孝秀之目鑒裁高朗加以直清進退可否歸於精實愼乃服命五年如初擇吏辯言宜當愼選無易前政副予得

人可守尚書吏部侍郎餘如故主者施行

授楊綰吏部侍郎制

門下興化在於官人掄材歸於吏部佐平邦典選重朝倫朝議大夫守尚書左丞集賢殿學士副知院事兼修國史楊綰澹雅貞亮宏其素範學究先儒之旨文高作者之典三揖而進能守謙光一命而僂不忘恭敬頃司綸言兼掌史筆嘗亦秉直夙推無對領春卿佐轄之任有奏議紀綱之績令猷自洽厚德彌彰參我密啟屬於清鑒當勵濯纓

之操不遺刈楚之才敬爾在公毋替厥服可尚書吏部侍郎餘如故

授閻伯璵刑部侍郎等制

門下古者參用名儒典領大郡或連書課績之最則次補公卿之缺今甄陶政化黜陟幽明若二千石理行第一中朝右職懋以相待俾長吏知勸至公大行銀青光祿大夫婺州刺史本州團練守捉使上柱國閻伯璵銀青光祿大夫衢州刺史本州團練守捉使樂陵縣開國男田季羔等早以文章侍從潤色綸言朝夕論思處正廷議名高德厚

推重周行歷踐藩郡一其政理本經術以制事參理法以訓人儉以約己而下不勞靜以存誠而吏不擾風淳俗泰表率方州懋能入還美選無易慎平秋典給事黃門副子簡求以稱厥服伯璵可行尚書刑部侍郎散官勳如故季羔可行尚書給事中散官封如故主者施行

授王翊刑部侍郎制

門下書曰惟敬五刑以成三德秋官之任也貳卿良選其在茲乎充策囘紇可汗使王翊力行近乎仁率性之謂道學以博物文能變風出入中外茂昭聲實靜而居易受不辭難使乎四方不辱君命斯之謂矣今丕蔽未明簡乎朱允命爾作小司寇敬平邦憲在寬可行刑部侍郎

授張謂禮部侍郎制

勅稱秩元祀春官職焉舉秀興廉國朝兼領非文儒碩茂鑒裁精實重於一時者不在此地中散大夫守太子左庶子上柱國河内縣開國子賜紫金魚袋張謂宏達有檢和平易容豈道廣而難周亦言滿而無擇博涉羣籍通其源流振起鴻藻正其聲律翰飛北闕煥發司言居部長人不忘惠訓輔相東禁孝友彰明貳宗伯之掌禮典諸侯之貢

士以爾公望副茲眷求可守尚書禮部侍郎散官勳封賜如故

授蔣涣工部侍郎制

門下夫任賢之急在適於事要當其才難豈限階序況中臺政本司舉舊章六卿貳職爲今盛選銀青光祿大夫守右散騎常侍上柱國汝南縣開國公蔣涣忠信孝友周而不器得元和之純能以禮節有至靜之妙豈因物遷溢聲華於文藻潤理體於經術中外之秩備更要重不失其正行之有恒自分貂蟬之列喻公卿之旨入告嘉猷直而不

許常執德於沖約亦忘情於進趣勤職已久所宜懋能百工唯時命汝典制可行尚書工部侍郎散官勳封如故主者施行

授韋元曾吏部郎中等制

勑朝議郎行尚書吏部員外郎賜緋魚袋韋元曾朝請大夫前行尚書司封員外郎兼侍御史護軍賜緋魚袋元挹等學業優深詞華通贍雅有縉紳之望列於郎署之間久在劇曹尤推精密自登膳部克舉彌綸選重一時職參六典宜膺並拜之寵式美齊名之論元曾可守尚書吏部郎

中散官賜如故元挹可行尚書吏部員外郎散官勳賜如故

授李規戶部郎中制

勑朝議郎前檢校尚書戶部郎中兼侍御史賜緋魚袋李規志學純備居有彝檢才理精達動無滯用嘗執邦憲兼毗使軒處煩行簡從容濟務參我地官之屬首於時俊之科亦既外除尤彰內行正名舊秩以寵迴翔可守尚書戶部郎中散官賜如故

授裴倩度支郎中制

勑朝議大夫前守饒州刺史嗣正平縣開國男賜紫金魚袋裴倩達識含精長材致遠秉彝尚晦金璞自明當劇居難干將獨割周歷臺閣綢繆藩鎮休聲異政亦克有終底慎材賦之殷校計軍國之用得專其任爰舉舊章佇爾發揮以之贍濟可尚書度支郎中散官封賜如故

授邵說兵部郎中制

勑宣德郎前守尚書司勳郎中賜緋魚袋邵說學致其道文達其變沈靜有用貞純秉彝藹然盛名光我華省長於奏議多所損益佐夏官之劇參戎事之殷膺此俊選佇揚

休問可守尚書兵部郎中散官如故

授李深兵部郎中制

勑朝議大夫前守衢州刺史賜紫金魚袋李深忠義之門懋昭前烈文儒之道宏著休問經通以濟於用廉介以約其心早擅吏能備更官序藩條之重理行尤彰亦既休閑頗聞淹久宜膺郎署之選式允公才之拜可守尚書兵部郎中散官勳賜如故

授杜寂職方郎中制

勑朝議郎守尚書度支郎中賜緋魚袋杜寂端其一誠周

通於事久於膳部頗有敏才亦既詳達不忘恭慎掌我方志宜從序遷可守尚書職方郎中散官賜如故

授韋翹駕部郎中制

門下武部員外郎韋翹貞固幹事達理明權績惟著於在公才必聞於處劇遞遷郎署俾膺榮寵可爲駕部郎中

授鄭叔則吏部員外郎制

勅朝議郎檢校尚書吏部員外郎鄭叔則志經含章仗雅師儉罔有擇行未嘗近名省理辨疑時稱簡達才盛居東之佐禮處司南之重高選髦士以分劇曹正其舊員允是

新命可尚書吏部員外郎散官如故

授崔夷甫金部員外郎等制

勅宣議郎守尚書駕部員外郎賜緋魚袋崔夷甫朝散大夫行尚書祠部員外郎上柱國韋殻等清心在公彊力從政縱横之辨嘗亦專達緣飾以儒素推彊敏參訂奏議頗練朝章宜從滿歲之遷俾輔分曹之次夷甫可尚書金部員外郎散官賜如故殻可行尚書倉部員外郎散官勳如故

授褚長孺祠部員外郎等制

勅朝議郎行起居郎集賢殿直學士褚長孺等國之才人拔乎羣萃精力於學五經之大儒覃思於文三變而合雅繫年秉直及當畫規侍從之勞著於厥服含香載筆允茲並命可依前件

授陸海主客員外郎制

勅朝議郎侍御史內供奉賜緋魚袋陸海儒流貫穿詞韻清麗貞以自檢峻而能通執法允歸於詳當閑邪不畏於彊禦雖近遷柱史未終滿歲之勞而高選星郎實在一時之俊俾參奏議期有損益可行尚書主客員外郎散官賜

如故

授房宗偃膳部員外郎制

勅朝議郎侍御史內供奉充山南西道節度管內支度營田副使賜緋魚袋房宗偃孝謹之風克傳素業賢良之器早負清才頃主方書兼毗戎政澹雅高潔在公著美臺郎之盛妙選當人處以彌綸茲謂稱職可行尚書膳部員外郎散官勳如故

授崔殷刑部員外郎制

勅朝議大夫試太子舍人兼殿中侍御史崔殷學義精深

詞華絢麗。臺郎高選。清論洽於朝倫。郡掾左遷。善聲彰於時聽。頃從獎序。未副才名。亟膺新命。俾光舊列。可行尚書刑部員外郎。散官如故。

授苗發都官員外郎制

敕。朝散大夫前守祕書丞龍門縣開國男苗發。德厚流光。相門才子。代重一經之業。家承萬石之風。理詣精微。行歸純至。麗以文藻。振以英華。端其誠而有恒。敏於事而兼適。早登學省。用汰儒流。喪紀外除。素冠未改。弟兄有裕。清論多之。處以彌綸之職。當茲俊茂之選。可行尚書都官員外

郎。賜緋魚袋。散官封如故。

授莫藏用比部員外郎制

敕。朝議郎檢校尚書倉部員外郎兼侍御史充稅青苗錢使判官賜緋魚袋莫藏用。飾以文行。敏於理道。自執霜簡。頗振風憲。頃馳輶軒。尤詳使命。倚辦斯切。積勞有成。宜正列星之次。俾承賜筆之寵。可行尚書比部員外郎。散官如故。

授鄭渾水部員外郎制

敕。朝散大夫殿中侍御史內供奉賜緋魚袋鄭渾。族華才俊。風韻朗然。禮以約己。學以潤政。常在清選。久於持綱。廉平簡直。甚有名望。舊制尚書郎缺。以殿中執法次補之。服我新命。用循階歷。可守尚書水部員外郎。散官如故。

授敬括御史大夫制

門下。天子綱紀。屬於風憲。所以彈肅公卿。課第牧守。姦詐不息。法令將廢。豈奉憲者道未明歟。眷求忠賢。舉我事典。金紫光祿大夫行同州刺史兼御史中丞充本州團練使守捉使上柱國平陽縣開國子敬括。河汾大儒。博達今古。清心素行。高簡自居。粲然文章。如振金石。職更要重。處以

公亮。不恃祿以私身。每依經以制事。頃以馮翼近輔。化參京師。凋殘之餘。勞徠所屬。自廷尉之列。分內史之餘。清靜而鎮。流庸悉歸。閭閻小康。理行第一。休有聲績。副茲厚遇。肆予命爾。亞秩台司。無以時或多虞。法有所貸。必訪故實。以澄源流。直道而行。不仁者遠。慎乃名位。爲時行之。可行御史大夫。散官勳封如故。主者施行。

授張獻恭御史中丞制

敕。開府儀同三司行梁州刺史兼御史中丞山南西道節度觀察處置支度營田等使上柱國南陽郡開國公張獻

恭正以居業直以輔仁行三復而無玷剛百鍊而不缺階歷要重發揮刑政分總戎詰禁之柄處導俗宣風之長講求典禮以訓三軍精辨文法以檢羣吏贍助孤老懷和遠夷峴南之輕裘緩帶蜀郡之得賢樂職交修文武儔諸古人而貞方侃然清峻自處端本靜性未嘗及私固可以準繩朝廷課第郡國入正二丞之列俾分三獨之事可行御史中丞散官勳封如故

授崔寬侍御史知雜事制

勑朝散大夫守尚書考功郎中長春宮使判官賜紫金魚

袋崔寬南臺是兩丞之亞以久於其職者參領羣務近制或選尚書郎累更執憲著稱一時多以本秩行御史曹事以寬介直方潔秉彝守中學可辨政文皆達理試用有績素知其才近司考課事任猶簡足以兼濟存乎使能佇揚峻風無或廢命可兼侍御史知雜事如故

授李瑀侍御史知雜事制

勑殿中侍御史內供奉李瑀宗室良才士林雅望懿以文行精於吏術近參清憲益著令名舉茲臺綱屬在公器宜膺俊選佇揚厥職衣以朱紱光茲白簡可侍御史知雜事仍賜緋魚袋

授元巽侍御史制

勑朝議郎侍御史內供奉元巽踐行直方秉心純懿文經務持法奉公積勞既深令聞斯洽宜從職員之正式光風憲之選可侍御史散官如故

授蔣將明侍御史制

勑宣議郎殿中侍御史供奉東都留臺蔣將明祗服文儒精詳禮體持素範以行己秉清心而在公執法不違峻風自遠俾遷柱史分領臺綱可守侍御史東都留臺散官如

故

授崔益侍御史制

勑通議大夫侍御史內供奉前諸道營田使判官靈昌郡開國公崔益積德垂裕清才致遠久佐稷農之任仍參邦憲之列事必精當勤而有成宜正臺綱以明朝獎可侍御史散官封如故

授孫會侍御史制

勑朝散大夫侍御史內供奉充福建節度判官知上都留後賜緋魚袋孫會聞義執禮直以方外守信敦睦斷無他

賜紹儒門之學行工詩人之比興服我清憲介於戎車休有令名勳皆成務允是公選正其命秩可行侍御史散官賜如故

授蓋文元殿中侍御史制

勅監察御史蓋文元直清勵行宏濟知名擢在憲司綽然有裕董其軍賦成績可嘉宜增執簡之威仍佐登壇之律可殿中侍御史

授王延休殿中侍御史制

勅朝議郎行監察御史東都留臺王延休雅有文行精於

吏術自膺察視克舉風憲績勞當遷獎善惟允俾新執法之寵式光彝序之進可行殿中侍御史依前東都留臺散官如故

授崔炎監察御史制

勅權知絳州絳縣令崔炎慎學潤身工文飭吏錯薪刈楚竹箭有筠莅事咸許於宓生遺風尚傳於絳老公才可擢朝聽用章宜甄避蝗之美式踐栖烏之列可監察御史

授源咸悌監察御史制

勅陝西運使判官朝議郎試祕書省祕書郎攝監察御史賜緋魚袋源咸悌爰資素行早履清途假其執簡之名佐彼汎舟之役且聞集事亦既書勞滿歲卽眞俾光使局可行監察御史餘如故

授梁褒監察御史制

勅朝議郎試大理司直兼監察御史知河東節度上都留後梁褒業繼儒門才優吏術潔己以進貞心不渝職佐上軍榮參清憲在公益慎於事尤精宜分察視之員更勵風霜之操可行監察御史散官如故

授楊護監察御史制

勅守左拾遺楊護服於古訓文以彰之專靜向方恒久其道近參侍從之列不忘忠讜之言俾執清憲佇揚厥職可守監察御史

欽定全唐文卷四百十二

常衮三

授楊綰太常卿制

門下舜以伯夷作秩宗漢以列侯掌郊廟至於圜丘大射之制禮官博士之論莫不綜詳得失而折衷焉故事職尊冠九卿之首朝議大夫守國子祭酒兼修國史賜紫金魚袋楊綰常在於道亦周於仁文以君子之言生知聖人之意司我載籍鴻聲不泯常典選舉後之法程適者崇進名儒俾其宣明師訓講求三代稽合五經濟濟諸生誨之不

倦飽於道德之富成其禮讓之風況恭儉忠信恪守而彌固一時模表清議所高固可以處楊震桓榮之位領曲臺太府之重勉思厥服以稱任賢可守太常卿依舊兼修國史散官如故主者施行

授李琬宗正卿制

門下堯親九族禮重於敦序漢睦諸劉秩存乎宗正内姓之選豈伊異人三從叔祖銀青光祿大夫前婺州刺史本州團練守捉使上柱國荊國公琬才秀本枝挺此公器忠敬達順簡廉向方飭禮樂於身文詳典刑之政體夙所任遇久於歷階勳勞理行當亦兼書思有補察義深肺腑固可以居宗室大臣之位敘文昭武穆之親懷德任賢敬茲休命可宗正卿散官勳封如故主者施行

授蔣渙鴻臚卿制

門下古之上卿次公一等至於西漢每與列侯參決朝議今之秩望亦謂之崇朕方修文德以撫區外則重譯象胥之事九儀相贊之職正用髦碩俾之典領銀青光祿大夫檢校刑部尚書知省事上柱國汝南縣開國公蔣渙顏子之德行張仲之孝友能積其厚以叢於身恭儉之訓可以

軌俗學通文變高視一時非得喪之可干亦剛柔之相濟服在通列且踰二紀精於憲章舉有倫要東雍居部近郊移風以禮除暴人安其業俾京師之河潤守經術之循吏司秋會府訓夏議刑以之弼教能用中典時屬四夷之敘參授大賓之任韓暨以宿德而拜陳紀以至行而遷求舊任賢正當此選待遇諸國宜約故事使有準以明等威也可檢校刑部尚書兼鴻臚卿散官勳封如故主者施行

授鄭賁司農卿制

門下國有大農實司金穀茲惟古官之重難於正卿之拜

朝散大夫試祕書監兼侍御史上柱國賜紫金魚袋鄭賁通敏良才沈詳雅識明斷臨事貞修奉公所更秩序必著聲績早參幕畫在樽俎而止戈自董軍儲有京坻之足食適時多可選眾攸歸爰藉變通主其出納務殷任切倚辦當仁宜膺理粟之命佇繼康成之美可守司農卿散官勳賜如故

授呂崇賁太府卿制

門下九卿之重參理於佐邦六府孔修須貨於列藏歷代右職莫非高選開府儀同三司行太子賓客上柱國公呂

崇賁忠謹良實居簡向方能用晦於精辨亦體微於剛貞峻節孤立清心確然以長才之有餘應羣務而多適擁旄秉塞周歷大藩薄於戰功經以事典用明既富之教必厚豐財之德自項艱阻有司曠廢府寺寂寥卿少虛設寢成其弊朕甚懼焉今再舉舊章各歸其局出納之地眷求惟精兼領三尚之煩以榮四至之列可行太府卿散官勳如故

授李瀚宗正少卿制

敕銀青光祿大夫前亳州刺史本州團練守捉使上邽縣開國男李瀚識精於理才辦於政祗服禮訓甄詳事經振麟趾之芳更隼旟之命馴致其道達於家邦慈惠之化洽於黎老以親九族乃立貳卿宜敘周文之昭用毗劉德之任可行宗正少卿散官封如故

授周若冰光祿少卿制

敕試王府司馬兼福州都督府別駕占闕攝寧海軍副使賜紫金魚袋周若冰氣識沈和風儀端偉秉心以正莅事惟明法以言揚久參朝序頗有聞望洽於縉紳自佐法方州兼領戎事政術尤著勳勞亦深俾踐亞卿之列仍兼題

輿之任可試光祿少卿兼福州都督府別駕占闕餘如故

授韋損大理少卿制

敕銀青光祿大夫前潤州刺史上柱國馮翊縣開國男韋損識清行理強學自輔服於禮而中節居其業以全忠識能有餘階歷頗久京江按部終始六年勤職惠人風化一變循吏之稱去而益彰天下之平屬於廷尉乃立其貳方求直清俾之弼教敬爾繇獄可行大理少卿散官勳封如故

授景延之大理少卿制

敕朝議大夫前守河南少尹騎都尉景延之業擅文儒行資忠信推令望於公器著能名於吏途久踐周行夙彰聲實詳刑之地稱職其難任在簡孚選兼勤舊宜參河海之亞俾副朝廷之舉可守大理少卿散官勳如故

授侯希超太府少卿制

敕正議大夫試太常卿兼左領軍衛將軍上柱國賜紫金魚袋侯希超溫良植性藝業修身有臨事之幹能彰適時之才用班資久踐職務非親內舉自於元戎正名從於亞列宜成風俗之美俾展多方之效可行太府少卿散官勳

賜如故

授李濾祕書監制

敕昔劉向父子代典文籍今之祕室豈曰避親再從叔正議大夫守光祿卿員外置同正員嗣澤王濾幼嗣藩國夙彰忠孝素風自遠清識彌高傳魯恭之古文稟吳季之知樂早承先顧嘗歷大僚秉彝端潔流問休茂自合搢紳之望況推宗室之良寧止於敦族以恩固在於敘賢以位周稱外史晉謂內臺俾領儒官是崇禮秩可守祕書監餘如故

授魚朝恩國子監制

敕大司成以三德行教國子所以明詩書禮樂之宗立忠信孝友之本使方領矩步敬業樂羣繫於化成舊選尤重參其事任今亦難之開府儀同三司行內侍監兼充監門衛大將軍觀軍容宣慰處置使仍兼知處置神策軍兵馬事內飛龍廄內弓箭庫等使兼檢校鴻臚禮賓上柱國韓國公魚朝恩國之純臣忠以事朕竭誠宣力義貫神明有兩朝侍從之勤監六師征伐之事雅達名理參尚儒元遠涉源流旁通訓詁自頃右武未遑勸學方宏闕里之教用

誡子衿之詩以其達俎豆之禮嘗亦委膠庠之事能以德義導其諸生國之俊選其貴遊子弟摳衣鼓篋歌詠先王之道春誦夏絃服勤師氏之訓而恭敬退讓抗疏累辭重奪勞謙之志權遂由衷之請今三千之徒資於學術思卒其業懷之益深用宏儒風式允公望可兼檢校國子監餘並如故

授李永祕書少監制

敕朝散大夫前守絳州別駕本州團練守捉副使李永慶自相門才推公器武子之德所謂在人元成之經不忘肆

業早從清秩備著聲華頃佐近藩眾稱淹滯俾參榮於祕府仍貳職於名都可檢校祕書少監兼揚州大都督府司馬散官如故

授馬錫少府少監制

敕中散大夫諫議大夫賜紫金魚袋馬錫躬服禮義處之以厚膺用多才動而濬發歷官有政居必修明擢登諫列屢獻忠讜言皆展意事亦主文勤職且淹以時敘進周之內府漢之尚方典掌服御任當親重輟我侍臣俾其參貳可守少府少監散官賜如故

授薛伯高少府少監制

敕前澧州刺史薛伯高昔楊洪公孫賀皆以儒術居於少府國朝監寺之列亦通稱顯貳於其長所任非輕以爾伯高早踐臺閣亟頒詔條勞績有聞聲譽不替因其秩寵寘在周行宜以廉潔自居用司所藏之職可守少府少監餘如故

授陸鼎史館知修撰制

敕左補闕陸鼎終始于學以致其道先儒未詳多所究博秉南史之遺直補東觀之闕文左右諫曹所宜迭處鴻都講藝亦在論思可左補闕充史館修撰

授荀尚史館修撰制

敕處士荀尚昔荀卿荀悅並有著書而尚遠承儒史之業深得述作之意思精大體經通王道慨然論事來自山東灼見古今之宜熟數理安之策嘉樂賢俊副于懷人春秋一字使之潤色結綬京輔進而錄之行成乎身不患無位可華州下邽縣尉充史館修撰

授衛煇校書郎制

敕二品子衛煇漢制有任子之令國朝二千石理行尤異

者賞亦及之況幼有令聞服於經訓校書祕閣以獎其才可宣義郎試祕書省校書郎

授吳湊左金吾將軍制

敕將我南軍秩高中尉以禁戎之重任委舅氏之同心具官吳湊塗山介祉章武雅才言而有宗儉而能廣達禮樂政刑之要存忠信孝友之誠艱虞歷年府寺失職素以賢戚之望職司太子之家清心奉公庶務悉理擅美春儲之寀流芳秋實之詠固可以首當褒進大勸官曹俾執金吾用彰貴任可左金吾將軍餘如故

授嗣吳王祇太子賓客制

敕古者選孝悌閎博有道術者輔翼太子今以宗室之老處賓師之位亦親親而教敬也光祿大夫檢校工部尚書兼宗正卿上柱國嗣吳王祇文昭之慶蔚于公族楚元之後繼有忠賢達道虛懷寬厚廉謹藩翰舊德人倫憲行更於內外職事頗修年在華皓未嘗衰惰參會府而百工時敘掌宗卿而九族益親每託肺腑深加優禮宜以冬官之重仍在春儲之列可兼太子賓客其檢校工部尚書及散官勳封如故

授郭曜太子詹事制

門下正於宮僚以視邦憲務兼內外選重古今銀青光祿大夫守太子賓客上柱國太原郡開國公郭曜丞相之子夙聞禮訓孝悌信讓清公仁厚端莊慎獨如有大賓之容沈靜少私澹然儒者之行濟以才識達於公方素多歷職之稱用叶居家之禮士林推重朝野洽聞待以客禮旣任賢於調護委之官事更持綱於彈糾可守太子詹事散官勳封如故主者施行

授張謂太子左庶子制

敕中散大夫前守潭州刺史本州團練守捉使上柱國河內縣開國子賜紫金魚袋張謂往以鴻筆麗藻列於近侍典謨訓誥多所潤色較然素節鬱有盛名言念華山之巡不忘頴川之從俾之領郡亦謂理平而孝悌宏博禮容循謹宜在公選首茲正人旌書課第之目參相春坊之重可守太子左庶子散官勳封如故

授李廙太子左庶子制

門下銀青光祿大夫前行給事中上柱國隴西縣開國公李廙德崇業廣多識前言究典墳之至精考禮樂之所極

時有著述贍而不流其在家邦率由忠儉歷位要重秉茲諒直久以病免澹然自居混冥元和屏絕外務每制度未決質文或差常亦處正大議冠諸宗室儲官綜事可謂優閑豈迫以朝議且須其祿賜頒於贊相寄在親賢可行太子左庶子散官勳封如故主者施行

授許從之太子右諭德制

敕朝議郎試太子司議郎賜緋魚袋許從之學究儒流文推策府行能優敏政事通明公勤之效備彰於履歷遲暮之年固資於頤養俾遷階秩仍遂休閑可朝散大夫守太

子右諭德致仕

授王寅太子左諭德制

敕關內河東副元帥隨軍要籍朝議郎試秘書省著作郎賜緋魚袋王寅業繼儒門才通吏術嘗踐清秩不渝素檢自參戎府更展文韜進職宮僚用嘉勤績可試太子左諭德餘如故

授師良太子左贊善大夫制

敕朝議大夫前舒州別駕直中書師良久直禁垣參典書命既精文理尤達事經常遠其私亦過於慎夙夜有恪歲

時積勞顧班列而頗淹在朝章而可舉藩僚之選以序而進可守太子左贊善大夫依前直中書散官勳封如故

授王幹等太子左贊善大夫制

敕福建節度孔目官朝議郎試左金吾衛長史上柱國賜緋魚袋王幹文林郎壽州錄事上柱國郭皎等貞以幹事敏于在公掌戎門之條目精詳著稱董方州之財賦底慎惟勤宜懋乃官以疇其效幹可試太子左贊善大夫餘如故皎可朝議郎行鄂州武昌縣尉勳如故

授孫履暉太子左贊善大夫制

敕滑亳節度都知兵馬使銀青光祿大夫試殿中監孫朝俊父朝議郎行原州司戶參軍上柱國孫履暉器韞黃中行敦素尚勤於學藝守以謙光頃踐班資未申才用顧其允嗣積有勤勞宜列宮僚俾光庭訓可試太子右贊善大夫散官勳封如故

授張崇俊韓王傅制

敕朝散大夫前守彭王府諮議參軍充內飛龍廄騶使賜紫金魚袋張崇俊敏行資身良才適用列官朱邸早陪文學之車從事玉臺久佐飛黃之阜彊力匪懈清心不渝忠

効見稱器能可錄王門傅道允藉純臣仍進榮階俾超彝序可銀青光祿大夫韓王傅餘如故

授衛元珪蜀王府諮議制

敕攝郡牧都使判官朝議大夫行杞王友上柱國衛元珪頃以勤勞爰從獎授紀官之號有犯聞名俾更他職式叶彝典可守蜀王府諮議參軍餘如故

授李友信蜀王府司馬制

敕正議大夫試秘書監前吉州刺史上柱國蕭縣開國男賜紫金魚袋李友信往以剖符閩徼頗守官常移鎮廬陵

稍遷秩序而晦明生疾寒暑經時久淹海隅尋易藩寄使臣所鞫情實用彰宜降常資之授俾申頤養之適可試蜀王府司馬散官勳封賜如故

授孟皞京兆尹制

門下天府惟雍神皋作京當四海之會同在三輔而尤劇漢以郡國二千石高第入守而轂下稱之今因其制而選用亦陟明於辨理也正議大夫守汝州刺史兼御史中丞知本州營田上柱國平昌縣開國男賜紫金魚袋孟皞端一簡亮外寬內肅兼文行忠信之美達禮樂刑政之要在

割能斷見事風生歷踐通列侃然處正自守梁宋化行山東承大軍荆棘之餘當析骸易子之後苦心精慮夙夜思職淳鹵載作豈止十千之耦流人自占實踰八萬之數可謂大郡表率一時理平移鎮汝墳不易其操懋茲聲績堪委重煩京師化源底尹之則承平無事統正猶難或多毀傷失名數月輒罷況寇難未靖邊備尚勞率西之師取給畿內戎衣軍餉困竭閭閻姦人豪奪吏氣傷沮屢有申勅未懲其弊思得至公明斷之才曠然大變其俗是用命爾典司劇任勉修先父之職以繼緇衣之好肅清權右扶養元元無俾趙張專美有漢可守京兆尹依前兼御史中丞仍充勾當神策軍糧料及木炭等使散官勳封賜如故

授賈至京兆尹制

門下方外甫定惟新制度必於根本源流正之以丕式於十有三牧縣內之御萬邦所瞻將自中刑外致一其政化若獨任辦吏何以模楷故前代尹京多用經術之士翟方進雋不疑皆首參此選稱於轂下今亦因其制而進用也正議大夫行尚書兵部侍郎信都縣開國男賜紫金魚袋賈至高文典誥合於韶雅五經大義會於宗極識畧精拔

輔之以仁全節致命形於危難歷階要重澹然虛懷宗伯以和人神夏官以糾邦國久於參貳多所發揮省理持綱亦既詳當朝有大議訪求所得於公卿大夫之間舉漢魏名臣之奏不失其正有補於時加以經務大才堪任煩劇艱虞一紀曠廢百度有司失職京邑尤甚頻有賑救差可條緝今京府九卿率由舊典大變風俗以明朝綱統尹之重益難其任仗賢立政參領南臺懋乃休績慎乃出令以懲強猾以惠困窮舉能其官則理稱匪其人則敗端本靜末爾其誠之可守京兆尹兼御史大夫散官勳封賜如故

授京兆尹魏少遊加御史大夫制

門下肅清風俗糾正朝廷必求蹇諤之才式總綱紀之任金紫光祿大夫行京兆尹上柱國鉅鹿郡開國公魏少遊直方其行簡亮在躬有玉壺之清澄兼龍泉之斷割通變可以成庶務精密可以舉人倫中外累更風聲益振法無所避姦不能欺貳職司徒實平邦教三尹京邑備洽人謠不有兼官豈云重寄宜授趙堯之印俾雄張敞之職可檢校御史大夫餘如故

授張延賞河南尹制

門下域彼四海尹茲東郊分其三川式是中憲加以舟車之會轉輸之殷參貳保釐責成播殖總此庶務屬於兼才銀青光祿大夫行中書舍人上柱國河東郡開國公張延賞相府餘慶儒門濟美德行文學修身於四科忠肅恭懿齊名於八族綽有純性澹然素懷凡所歷職必聞異政推之以誠信明恕守之以廉能簡約既精練於典常亦陶融於理本故左曹之駮所爲平當南臺之綱斯焉振舉自參紫垣之列頗擅黃綠之妙然以素更中外可任煩劇河洛凋殘其來自久迭用良吏庶康疲人典領之重眷求無易勞徠安集往哉汝諧可檢校河南尹兼御史中丞充東都副留守河南水陸轉運使仍充諸道營田副使專知都畿營田事散官勳封如故

授李勉河南尹制

敕四方取則千里分圻實惟卜洛之都洛爾尹京之任御史中丞東都畿內觀察使李勉才茂宗枝名推公器風標自肅操履愈高智略可仗於安危忠貞克同於休戚親賢是賴中外必聞屬肆覲觀風三川展義來蘇望積處劇才難實資模楷之良共緝保釐之政可守河南尹兼御史中丞勳封如故

授路嗣恭京兆少尹制

敕中散大夫守太子左庶子兼御史中丞充關內副元帥判官路嗣恭蘊其才畧資以幹能中外累更政聲尤異龍樓論善載實春華烏府持綱克平霜憲三王佐理九扈劭農宜升亞尹之秩兼資大田之務可兼京兆少尹

授黎幹京兆少尹制

敕朝散大夫前守諫議大夫兼侍御史內供奉賜紫金魚袋黎幹經遠良圖宏通敏識典墳聚學風雅成文操守甚

貞行歸於正早登近掖見重中朝俊德用彰嘉言罔伏頃有歸閒之志益存難進之誠亞彼尹京眷求公器宜膺獎命俾展多方可京兆少尹散官勳封如故

授賈耽太原少尹制

敕朝散大夫殿中侍御史內供奉充河東支度判官上柱國賜緋魚袋賈耽燕趙瓌奇之士儒雅之才循良秉懿沖用經遠著安邊之上策佐分閫之中權行達理體精詳法度論兵契要先務於止戈饋運惟艱且聞於足食累書嘉績備洽令猷素推兼濟之能允叶至公之舉固可以貳其

尹正副我保釐俾參臺閣之寵仍賜采章之命可檢校尚書膳部員外郎兼太原少尹侍御史充北都副留守河東支度副使仍賜紫金魚袋散官勳如故

授張增鳳翔少尹制

敕朝議大夫守鳳翔府天興縣令張增平簡以清心直方以慎行積於政理擅於文詞字人晉陽大變風俗更秩陵邑不阿貴強迭居右輔其政如一屬府兼戎號歲聚軍儲允濟率西之師且無大東之刺賞以勸善官惟任能貳我藩畿仍參邦憲可守鳳翔少尹兼侍御史散官如故

欽定全唐文卷四百十三

常衮　四

授韋覃萬年縣令等制

敕朝議郎行尚書工部員外郎賜緋魚袋韋覃朝奉郎行尚書倉部員外郎上柱國賜緋魚袋徐演等器行純備文以彰之尤通政體必本經術直道以進當官而行執憲字人早揚厥職自參俊茂之選各舉彌綸之要遵我風化始於京邑素稱雄劇今則倉廩空虛戎車未寧兵食屢調稅有倍征之重用過經費之數公私抗弊人戶離逷雖難理

之任又屬艱虞而制事之宜亦有工拙苟或貞介純白端誠奉公恭敬以仁明察以斷不虐鰥寡不阿貴強以茲撫馭庶有蘇息擇才而授政豈遠哉俾爾化神皐之俗分司隸之路考其能否當有遷黜勉思誠敕以副憂勤覃可守萬年縣令散官勳封如故演可守長安縣令散官勳賜亦如故

授楊晉洛陽縣令制

敕朝議郎守尚書金部郎中楊晉性方行純識敏才達本以經術通於理體和而中禮善不近名仙署迴翔士林推

重字人京邑多選臺郎風雨所會俾分洛師之劇桴鼓不鳴佇繼董宣之政可守洛陽縣令仍賜緋魚袋散官如故

授柳子華昭應縣令制

勅朝議郎前守池州刺史上柱國賜緋魚袋柳子華藻飾以文周通於事剛腸正色奉法無私臨難而忠義偘然處煩而典禮不易頃者守春秋鵲岸之地介東南牛渚之險既明且察吏不敢欺大姓悅從伏戎散落政殊績異風俗一清地雄神皐秩視京縣國朝舊制亦以刺郡入補副予良選惠此疲人可守京兆府昭應縣令散官勳賜如故

授李抱玉河西等道副元帥制

勅周以元老監方伯漢以丞相撫四夷則軍國之務中外一體自華陽而西至於隴坂涉河之右兼控五原總三將之師專萬里之寄詰禁經武宜有統制憂邊謀帥深仗輔臣開府儀同三司行兵部尚書同中書門下平章事潞州大都督府長史知鳳翔府事充懷鄭澤潞觀察處置等使仍充南道通和吐蕃秦隴臨洮已來觀察處置等使上柱國涼國公李抱玉文以經邦德以鎮俗孝友忠信人之模表禮樂刑政朝之訓式以道匡朕允升大猷參聽斷之可否載清靜以寧一兼委戎旅屏於方夏知謀變化潛合神明將校悅從親如父子事出韜鈐之外功成戰伐之前勤勞王家以衞社稷有致君庇人之績冠旂常彝鼎之銘顧以國之憑倚久任憂患兵車之半悉以咨之當不憚煩以時鎮定也可兼充山南西道觀察處置支度營田等使判梁州事隴右懷鄭澤潞等使如故充山南西道河西隴右等道副元帥

授王縉侍中兼河南都統制

門下天地之德資陰陽以成功帝王之道任將相而興化

聿求左輔命掌元戎必藉文武之才用經軍國之務金紫光祿大夫行黃門侍郎同中書門下平章事兼宏文館崇元館大學士知館事仍充太清太微宮使太原縣開國伯王縉有高妙之行有宏達之識學該古訓文正國風夢帝賚予濟川用汝百揆時敘四維克張累陳造膝之言彌契沃心之道濱海之右自河而南王旅攸同戎車殷會監於方伯之國利用建侯之師天將息人予有禦侮鎮漢沔淮淝之地統齊梁宋鄭之軍總制高牙紀綱羣帥宏七伐四征之策成一匡九合之功式遏外虞底綏多難將授銅符

之律爰咨瑣闥之謀往哉汝諧無替朕命可侍中持節都統河南淮南淮西山南諸道節度行營事仍進封郡公食邑二千戶餘並如故主者施行

授李業節度使制

前河東節度使李業宗室誠臣幹時良傑傳山西之將畧襲隴右之家聲可授鄭滑節度使

授路嗣恭洪州觀察使制

勅朕以守將之重兼文武之寄休否得失實繫於茲至於海隅爰及鰥寡每以康濟爲念終夜永懷所以方面久缺

難於授任今大張藩政高選公卿銀青光祿大夫檢校戶部尚書知省事上柱國陳留縣開國公路嗣恭以仁義成準以清公致用練法修制可以宣明紀綱好謀全節可以協定危難素精吏事連辟宰府歷位忠恪始終秉彝城彼朔方靖我疆土早貳六官之秩再分五曹之座議刑必中敷教亦寬休望華資積於久次大江之外封畧曠遠用達憂勤之旨屬於親重之臣授以藩符建茲戎旃仍委廉課俾揚風聲夫潔其流者清其源正其末者端其本奉爾所守敬無廢命可使持節都督洪州刺史充江南西道都團練觀察處置等使檢校戶部尚書及散官勳封如故

授崔瓘自澧州刺史除湖南觀察使制

勅刺史案部外廉數州遵俗宣風所繫尤重今海內甫定方澄化源綱理郡縣大明黜陟安人之寄歷選惟難必二千石職連最者處之曉然明勸以訓天下銀青光祿大夫前澧州刺史兼侍御史上柱國義豐縣開國男崔瓘嘗守江潭有清靜簡易之化勤儉約已精誠感物小大之政必躬必親本於人情參以事典出言而信出令而從訟獄衰止流庸還定息貪官之豪奪懲大姓之雄強歲無札瘥俗

致康乂及澧陽移鎮一其教理故郡黎庶靡然隨之望風欣然如得父母可謂明恕慈惠吏人之師也況本之以經術濟之以忠敬更於臺閣練達朝章而識畧沈達可以專方面之任自湘之東制以連率委之監郡兼亦訓戎彼都之人夙所愛慕參領中憲以綏一方可使持節都督潭州諸軍事潭州刺史兼御史中丞充湖南都團練守捉使及觀察處置等使仍兼充諸道營田副使知本管營田事散官勳封如故

授李栖筠浙西觀察使制

勑王制千里之外設方伯選諸侯賢者而命之俾其遵俗宣風大明黜陟今以刺史條察列郡西漢成式厥惟舊哉銀青光祿大夫常州刺史充本州團練守捉使上柱國贊皇縣開國子李栖筠資樸厚之性秉禮義之宗其學博而精其文簡而當明以辨政居官可紀秩更三署名重一時抗黃扉之論駮舉冬卿之典制自守毗陵尤精藩職初翦橫江之盜猶多擊柝之虞言撫傷殘克施惠訓清靜少欲以臨其人禮讓之風行於東國考其績用實最方州震澤之北三吳之會有鹽井銅山有豪門大賈利之所聚姦之

所生資於大才濟我難理加以中憲雄茲按部慎乃教令薄其征徭無倚法作威無割下附上勉副朝寄以綏一方可使持節蘇州諸軍事蘇州刺史御史中丞充浙江西道觀察使處置都團練守捉及本道營田等使散官勳封如故

加江西魏少遊刑部尚書制

勑古者外薄四海咸建五長所以考察風俗懋宣理化苟或副憂人之旨有稱職之名彰善陟明存乎著令金紫光祿大夫使持節都督洪州諸軍事行洪州刺史兼御史大夫充江南西道都團練守捉觀察處置等使上柱國鉅鹿郡開國公魏少遊端愨精敏沈和貞簡秉心以直臨事不回五踐天臺必辨疑而取正三尹京邑不吐剛而茹柔守其至公休有令問自十連分寄九江作牧式是方隅不渝操履停車決訟閉閤生風明示昇黜錮除疾苦清靜而百城自化講藝而三軍知禮定其賦稅之差勤於轉輸之役事必條理人皆便安亦既政成不資於周月遷其秩序豈待於滿歲宜分會府之坐載美方州之績可檢校刑部尚書洪州刺史御史大夫餘如故

加朱希彩幽州管內觀察使制

勑古以五長八使考察風俗彰善癉惡時而颺之則監部廉部其理也今之元戎有聲績優異者錫命兼領亦進律之制焉而又實其封邑蓋申之以明勸開府儀同三司試太常卿兼幽州大都督府長史御史大夫持節充幽州節度兼營田等副大使知節度事經畧軍使兼盧龍節度并管內支度營田及押奚契丹兩藩等使上柱國朱希彩貞方以合義純厚以納忠智謀濬發才識精辨作我垣翰保於幽燕講求刑禮以參軍政敦洽敬讓以和人心正其綱

條郡務大舉東罷渡遼之警北清戴斗之氣疆吏緩帶戎車稅鞅典從事簡方面以寧厥賦惟錯實於天府選勞則大銘在旂常勤職首公有光相寄委以連率加其真食懋乃勳節服茲寵章可兼充管內觀察處置使仍賜實封一百戶餘並如故

授辛杲京湖南觀察使制

勑觀察列郡之風督諸軍之事兼茲二柄守分一方其在素名俾之專任開府儀同三司試太常卿兼御史中丞同朔方節度副使上柱國晉昌郡王辛杲京居敬可久盡忠

必誠精辨郡務通於典試謙恭下士齊其勞苦先帝簡拔五原從征嘗參領護早著勳節藩麾佐朕夷險一心關洛事平莫非勝謀畢書忠於甲令終不言於賞勞尋掌南北之軍復貳河汾之鎮內外勤績厥惟茂哉憂國奉公每形於色牧人馭衆素有其才長沙故郡湘中千里往建南轅之旆仍領司空之秩訓戎遵俗寵以居之可使持節都督潭州諸軍事行潭州刺史兼御史大夫充河南都團練守捉及觀察處置使仍賜散官勳封如故

授杜濟東川防禦使制

勑左綿之東地方千里有被山帶江之險籍安人禦侮之能太中大夫檢校尚書駕部郎中兼侍御史充山南劍邛副元帥判官勾當劍南東川事賜紫金魚袋杜濟明敏通識達於政理本以忠信飾之文學利器能斷長才多可累佐戎幕勤宣武經於蜀之疆積有邊效九伐之謀必勝三軍之士多師選在人望委茲藩守用能訓其師旅惠此閭閻俾參中憲之任兼茂臨戎之績可使持節梓州諸軍事守梓州刺史兼御史中丞充劍南東川防禦使散官賜如故

授柏貞節夔忠等州防禦使制

勑開府儀同三司試太常卿使持節邛州諸軍事兼邛州刺史御史中丞劍南防禦使及邛南招討使上柱國鉅鹿縣開國子柏貞節雅有器幹深於戎律蘊三畧以經武秉一心而事君蜀之西疆久典戎務惠和馭衆義勇安邊克勵公忠尤彰名節令聞休績良深嘉重山硤雄鎮江關要衝實藉兼才俾膺茲任佇申禦遏之用仍懋緝綏之術可使持節都督夔州諸軍事兼夔州刺史依前兼御史中丞充夔忠萬歸涪等州都防禦使本官勳封如故

授辛德謙丹延團練使制

勑上郡北地義渠故國臨制戎狄屏於關中當此襟要難於鎮守前朔方留後左廂兵馬使同節度副使開府儀同三司試太常卿兼御史中丞單于副都護充振武軍使上柱國辛德謙山西出將代有勳業長才偉畧主之以忠峻節明斷服之以禮頃者職貳留府朔陲分鎮橫絕大漠堅守孤城能詳武經載討軍實推以恩信濟其威懷士卒知方羌夷服化休有懋績著於北邊用勸勞臣俾膺重任委以藩事捍茲戎疆列在儲寀之右參於憲臺之長中外兼

榮服我成命可試太子詹事兼御史大夫持節都督延州諸軍事兼延州刺史充丹延兩州都團練使守捉使散官勳封如故

加韋之晉御史大夫制

勑古有牧伯連率所以大明黜陟其後廉使監郡亦其任也奉六條詔書察二千石已下風化綱紀實所繫焉若居郡稱最則當還復留以德授賜今或增秩存於令典銀青光祿大夫檢校祕書監兼衡州刺史御史中丞充湖南都團練守捉觀察處置等使上柱國扶陽縣開國男韋之晉以道自處行成乎身言合精理文多雅興學以潤政當孔氏之徒忠而好謀得兵家之要委在方面實參戎重鎮衡陽之一都刺湘中之諸郡清靜廉簡以禮化之三老孝悌遵其德訓百城強猾服其威懷薄刑名以宣慈均賦役而恤隱地臨南越溪洞伏戎能清篁竹之封屢入苞茅之貢事各條理俗皆便安非大信至公何以臻此處風憲之長旌理行之尤彰善勸能允茲休命可兼御史大夫餘如故

授崔昭宣州團練使制

勑宣城郡有牛渚采石之險江左多以護兵之臣鎮焉

國家舊制即廉使之部任兼將守寄切於今始務靖人中符朝美銀青光祿大夫守右散騎常侍博陵縣開國子崔昭長才大畧濬發無前納忠事君強學濟吏何劇之不處何難之不居嘗領雍洛屬當殘弊令簡訟平官曹肅給懲姦攝暴都鄙以清風化可行於四方歌謠豈止於千里敬事憂國始終端誠再列貂行久承顧問從容喻旨軒闥增華方賴於左右羽儀以之匡益中外委遇其分一也急在要重時而迭之察俗訓戎歸於辨理參執閑邪之憲仍加馭貴之爵奉法遵職俾人易從可使持節宣州諸軍事宣

州刺史兼御史中丞充宣歙池等州都團練守捉及觀察處置等使幷采石軍仍進封博陵縣侯食邑一千戶散官如故

授陳少遊浙江東道團練使制

勑東南一尉在吳越之境海隅蒼生連甌閩之俗旣分八使兼督諸戎錄勳任良以濟煩重朝散大夫宣州刺史兼御史中丞宣歙池等州都團練守捉及觀察處置等使上柱國賜紫金魚袋陳少遊寅亮肅清識通才達度於禮而舉得其中積於理而動必歸當參考經術交修政刑列三

欽定全唐文　卷四百十三　常袞　十三

台之郎吏首四方之俊選左輔內史嘗寄風化中軍大夫實毗鎮撫事任皆適聲華朗然自鄣郡分憂于湖申儆悉心以周務忘己以愛人舉綱條之目繕完守之備忠敏內緝服而不離威畧外懷親而不暴載清苛慝盡復流庸雖膠東之戶口八萬穎川之理行第一殆無以過也明試以功允茲章陟稱選大鎮用表懋能仍副丞相以戒羣岳可使持節都督越州諸軍事守越州刺史兼御史大夫充浙江東道都團練守捉觀察處置等使散官勳賜如故

授魏少遊洪吉等州團練使制

門下東分九江南控百越總兵車之會當水陸之衝式遏澄清實難其任金紫光祿大夫行尚書刑部侍郎上柱國鉅鹿郡開國公魏少遊當官而行直道而進有剛毅能斷之性守之以沖和有精密至察之才濟之以仁恕三尹京邑四方承流不私身以飾名多去秩之遺愛秋典貳職夏臺無寃海隅蒼生疇咨俾乂眷求良吏出守雄藩宜兼亞相之重式光連率之寄可使持節都督洪州諸軍事守洪州刺史兼御史大夫江南西道洪吉虔撫信袁江饒等州都團練守捉觀察處置及莫傜等使散官勳封如故

欽定全唐文　卷四百十三　常袞　十三

授象武感疊宕等州團練使制

勑開府儀同三司試光祿卿使持節扶州諸軍事兼扶州刺史攝節度副使扶文兩州招討團練使兼綿劒龍遂渝合普漢扶文等一十一州行營兵馬都虞候上柱國交川郡王象武感器幹識畧資之以經遠公忠廉謹守之而有常早探黃石之符久列朱幡之任外鄰戎境內撫疲民誠信不渝威懷相濟克懋分憂之化尤昭式遏之勳右地數州尚多艱阻將諭朝旨以綏邊虞不有兼才孰能成務俾參戎重之副仍賜賞延之寵可試殿中監使持節疊州諸

軍事兼疊州刺史充本州團練守捉使兼充疊宕兩州招討使同隴右節度副使仍與一子六品官賜緋魚袋勳封如故

授獨孤問俗鄂岳等州團練使制

勑荆吳邊帶之口江漢朝宗之會尚有戎備難於任人外攘内撫文武迭用銀青光禄大夫試祕書監壽州刺史兼侍御史本州團練守捉使及諸道營田使知本州營田事上柱國獨孤問俗才暢於理識通於政居之以簡敬濟之以廉能中朝清秩更於奬拔外臺雄鎮多所典領嘉績休

聲較然明著壽春之課尤最當時守於一郡未展其用可以倚辦頗重保綏險要督數郡之戎事參中司之憲列陟明增秩懋爾在公可使持節都督鄂州諸軍事鄂州刺史兼御史中丞充鄂岳沔等三州都團練守捉使散官勳如故

授李昌岠辰錦等州團練使制

勑彊楚之裔古之蠻方雜武谿之種落通夜郎之邊壤唐蒙開道馬援南征即其地也國朝舊制方數千里悉統於連帥今以遐濶難守遂分督以綏之正議大夫試光禄卿前兼海州刺史李昌岠素有識畧達於事體剛柔相濟文武中立居職可紀實浮於名迺者以幹時之才剌瀕海之郡惠和簡潔所謂理平思我遠人眷求良吏撫辰陽之舊俗攘縣道之多虞訓戎數州俾爾專任參領中憲式榮按部可試祕書監使持節都督辰州諸軍事辰州刺史兼御史中丞充辰溪巫錦業等五州都團練守捉使散官如故

授李正己青州刺史制

勑平盧淄青節度都知兵馬使權知節度副使事開府儀同三司試太常卿兼御史中丞上柱國趙郡開國公李正

己藴經遠之方有盡忠之節雅擅韜畧尤通政理任兼文武誠貫等夷海岱之間兵車所會嘉績明著濰淄其乂實藉循良符節之寄允茲僉屬必能敬事愛人以康流弊宜膺寵授用副分憂可使持節青州諸軍事兼青州刺史餘並如故

授論惟清朔方節度副使制

勑銀夏綏麟等四州兵馬使同朔方節度副使開府儀同三司前行銀州刺史兼御史中丞歸德州都督武威郡王論惟清智謀沈果政理甄詳睿忠之誠表於奉上幹事之

用聞於在公佐戎律以成師布藩條而訓俗翟土開闢閭陰底寧威懷相濟聲實惟允晉之北鄙地卽隰州介於河汾當此會要憂分式遏實藉良能宜兼中憲之榮式寵外臺之寄可使持節隰州刺史兼御史中丞歸德州都督充本州團練守捉使同朔方節度副使散官封如故

授李抱玉開府儀同三司制

門下秉德者必先於沖讓報功者亦資於禮秩遂其所執以彰明哲之心存其所賞以稱勳賢之策則勞臣知勸羣議允從兵部尚書同中書門下平章事潞州大都督府長

史知鳳翔府事充陳鄭澤潞觀察處置等使仍充南道通和吐蕃秦隴臨洮以來觀察處置等使上柱國李抱玉風雲所感挺此人傑文武相濟弼於朕躬竭股肱而宣力敷心腹而納誨道高可以諮訪言惠可以底行鎮撫四夷旌麾授其二柄決勝千里法令齊於一人端誠馭衆律畧安邊究詩書之義府修德刑之戰器故使剛者有禮勇者有方三軍可用九伐皆勉西戎卽敘中夏底寧而又精心吏職諭我朝旨茂周原之多稼省隴右之外徭老少安懷遠邇和洽社稷之衞邦家之先嘉乃丕績肆於時夏沖而不盈泰而彌損累執范宣之志不言馮異之功辭禮閣之端右罷王畿之戎號足以光昭史冊軌度搢紳今之儀同未曰優異以其遜職是有進階式從彝序無替成命可開府儀同三司餘並如故

授鍾庭光開府儀同三司制

勅鳳翔節度下歸順羌首領部落副使保寧州都督特進守右羽林軍試太常卿鍾庭光夙承勳望早勵誠勤自屬艱虞備申効用旣臨危以見節亦因事以成功率先歸懷丹款昭著益表自新之志允茲從重之賞禮優八命秩比

三司宜茂寵章式疇勳則可開府儀同三司餘如故

授李秀璋開府儀同三司制

勅儀亞槐庭寵分茅社議功而賞舊典斯存河西觀察判官特進檢校左散騎常侍兼泗州刺史上柱國李秀璋識慮深遠理懷明濟勁節不奪長才有餘湟中絕塞久毗戎幕車師前部仍領藩條萬里孤軍十年連戰主畫以貞師律推誠而得士心摧兇陷堅勝捷相繼軍吏緩帶邊人反耕緬思忠勞益用嘉歎宜進秩於八命更褒封於五等可開府儀同三司仍封隴州縣開國男餘如故

授張自勉開府儀同三司制

勑淮西節度都虞候特進試太常卿上柱國張自勉體仁以成勇徇節以臨戎職在剸奸威屬整旅齊軍令之進退明師律之否臧南靖江黃北啟申息邊虞載戢亭候肅然舍爵議榮實居其右承景風之章敘比公府之命秩可開府儀同三司餘如故

授論誠信等開府儀同三司制

勑大將軍論誠信等咸有將才早彰臣節或往參締構業著總干或近歷艱難勳高負靮錄功行慶啟號覃恩宜疏

五等之封更寵三司之任誠信可開府儀同三司

授杜冕開府儀同三司制

門下禮優八命秩比三台名器之崇勳賢所屬特進試太常卿使持節鄜州諸軍事兼鄜州刺史御史中丞充鄜坊等五州都防禦使上柱國鄭國公杜冕植性剛毅立誠忠烈夙有將帥之才早知軍旅之事任當禦侮政在親民宜七德以臨戎須六條而訓俗地臨上郡時屬多虞軍令惟行高懸賞罰之柄王師所處不敗商農之業戎軒屢捷郊壘用寧制勝功高緝綏課最加以命數抑惟典常可開府儀同三司餘如故

授吳承倩內侍省常侍制

勑漢置十二卿其一尚禁中之事所以司正伯之訓奉詔奏之嚴高選令才俾之參掌具官吳承倩行本於孝性周於仁直而能溫和而有節文以禮樂達於典章自晦吉人之辭深得侍臣之體久在樞近通乎宥密順以聽命未嘗越思咨而後行動不踰矩志全金石之固事絕絲毫之嫌勤職有功靜專端一往逢多故亦既居難退想純誠近從賜服雖疇其効未獎其能省之貳官秩比千石懋茲寵授

念爾忠勞可內侍省常侍

欽定全唐文卷四百十四

常袞五

加田神功實封制

勅土宇服章以敘其德田租帖食以答元勳故寇鄧兼四縣之封張陳加萬戶之數開府儀同三司檢校尚書左僕射使持節汴州諸軍事兼汴州刺史御史大夫充汴宋等州節度使觀察處置等使上柱國信都郡王食實封五百戶田神功閒生河朔性與忠厚嘗秉大節服勞王家凡所委遇必當要重竭其公私益用親信入居百揆之右外作

四方之屏自河而南戎鎮斯大總兵車之所會賜鈇鉞以專征考禮正刑豐財禁暴敬事節用老安少懷懋乃丕績肆於時夏服我休命敬茲分土可加實封一百戶餘並如故

加田承嗣實封制

勅懋策勳之賞則啟封邑賜眞食之命方入田租故采地以處其子孫書社以尊其侯伯開府儀同三司檢校尚書左僕射兼魏州大都督府長史御史大夫兼魏博等州節度觀察處置及管內支度營田等使上柱國鴈門郡王食實封二百戶田承嗣出自河朔挺茲才器公忠有素文武是經行惟高簡言必誠信委之腹心實所親重內列端揆外當藩翰距河作鎮瀕海撫封貞一以奉上明恕以臨下謀出韜鈐之外功成戰伐之前專精牧人盡瘁事國政刑必中都鄙有章訓以農耕之業課其蠶織之事家給而禮讓攸興氣和而札瘥不作舊章咸舉厥貢惟般來東人之職勞首循吏之行理嘉命休績允茲褒勸食其井賦用協典常可加實封二百戶餘並如故

減京兆尹以下俸錢制

勅輦轂之下封畿之內承前戶口五千餘萬京兆祿廩不過二百石俸錢不過三十貫降至下吏差次可知自頃艱虞且踰星紀歲有事邊之役人多盡室之行閭井蕭然百不存一而府縣之俸十倍平時官高者因其使名數處請受位卑者假以職掌悉加優給致令所典之務移在他曹雖齊等倫頓異豐薄皆自常稅之外重斂而供浸獘則宏因循未改減我軍國之用困其疲耗之人豈計人置官之意度農制祿之法也四方取則其若是乎比下詔書務於勤恤將求致理切於澄源遂委中書門下條錄奏聞而躬

親簡括巨細精詳覽其名實之狀深歎過差之極革其旣往制在惟新爰據高卑以之均節使人足以奉　闕　吏足以資家務有不急悉皆除去仍量閑劇權省官員胥徒厮役亦有蠲減費用旣少困窮自安唯出正租更無徵率其京兆府及縣官月俸除正斷外不得輒有增加如判司參軍丞簿尉等有犯科錄事參軍及縣令如令長及錄事參軍及少尹有犯坐京尹畫一之令當在必因勸百之義固非未減各儆於位無近於刑

褒勞勳臣制

敕方伯連帥能修其職則勞之以璽書載之於正典式是羣岳歸於至公以勸其職頌聲興矣周禮以孟春之月懸法布令採詩觀俗亦褒理行之時也其有惠訓一方吏之表率朗然明舉固可首之某官某受任藩閫三年有成清節獨立以身率下化在於言前風行於疆外遠清西南之氛齊一華夷之俗憂國如家上下同體屬關輔連兩去秋非穰以豐財節用之餘資備邊出師之費雖給馬官渡足食成皐勤王助邊何以加此誠則垣翰之寄奉上無私亦將廉吏清風夙夜相勉也寐期休績至於再三詔書諭懷

宣示方鎮

喻安西北庭諸將制

敕天下既定萬里寧一豈王者獨運而臻此耶實賴文武將守腹心之臣宣力强任捍禦於外也往以蕃戎並暴縱毒邊表乘釁伺隙連兵累年城門晝閉王師退阻遮殺漢使盜取節印恣睢橫厲甚逆天理而國朝未暇襲遠置於度外實五京二庭存亡危急之秋也河西節度使周鼎安西北庭都護曹令忠爾朱某等義烈相感貫於神明各受方任同獎王室率辛李之將用甘陳之謀與羌騎校尉王

后君長以下自金城玉關至於南北戊午踰流沙跨西海蒲類破白山戰爭致命出於萬死賴天之靈以戰則剋不動中國不勞濟師橫制數千里有輔車首尾之應以威以懷張我右掖稜振於絕域烈切於昔賢微三臣之力則度隍踰隴不復漢有矣每有使至說令忠等憂國勤王誠徹骨髓朝廷聞之莫不酸鼻流淚而況於朕心哉遐想佽佽耿歎何已或恐凶醜狡譎反復離間妄說國難搖動人心今所以疏其事實一以相報近有流落蕃中十數年者至闕庭知犬戎惡稔上疑下阻日就殘滅加之疾疫灾及羊

馬山谷塡委天亡之時及酋奴自速其禍諸蕃連衡以助進取力屈氣衰亡逃於苦寒之地西北邊患蕩然以淸至於九夷南盡百越玉帛來朝於魏闕苞茅入貢於王祭黨項內附回中大寧天下郡國一其敎理王畿征調漸復平時子儀移鎭於邠郊抱玉進攻於天水士馬百萬當令悉西方垣翰之寄所宜協心戮力抗厲威武同赴戎會也勉卒志業以時康功慶流子孫永久無替高映勳典豈不休哉每念戰守之士十年不得解甲白首戎陣忠勞未報心之惻怛不忘終食要當俟大師所指窮荒蕩定懸爵位以

相待傾府庫之所有以答西州賢士大夫忘身報國之誠遺詔諭意非一二所能盡也

劉晏宣慰河南淮南制

勑書曰元后作人父母又曰一夫不獲則曰時予之辜政或不平訟或不理則人受其弊氣生其災嘆咊連聲愁苦無告州縣長吏莫之省憂念茲疚懷中夜三歎朕以不德託於人上永言理道敢不勵精然自兵亂一紀事殷四方耕夫困於軍旅蠶婦病於餽餉欲求無事豈可得乎致令戸口減耗十無一二而河南淮南又甚諸道得非蒐乘補卒之數急賦橫稅之煩致使逞駭匪寧流庸不復兼亦親人之職少有政術稱者其於賦役多患不均靡室靡家皆籍其穀無衣無褐亦調其庸雖節制廉察皆務令條理而貪官冒法未絕姦源誅求無厭鰥寡重困永歎遐想過實在予巡撫之寄資於碩德某官某相府之舊道在安人自河之南天下之半底愼財賦衣食京師久於倚任多所宏濟因其旋南將命攸屬所至之處宣示詔書撫將校之勤勞問黎元之疾苦事有未便法或不行委之釐革歸於允當或假其征徭私有聚斂或託以貢獻公然乾沒厚取於

人歸怨於上虧損時化朕實懼焉宜委某與節度觀察切加疎理勿令寃濫以副憂勞其官吏有犯便禁身推問具狀聞奏當峻刑典以息貪殘

李涵河北宣慰制

門下河朔一隅地方千里外捍夷狄內輔成周撫勤王之師脩任土之貢顧其方鎭可謂崇重眷我侯伯是有勳勞且將相國之股肱兆庶君之支體事同休戚寤忘鑒昧思撫巡而未獲念征鎭而永懷爰命宗臣往申旨諭銀青光祿大夫行尚書左丞襄武縣開國公李涵朕之茂親腹心

攸寄。純固所以致命。文質所以經邦。溫恭禮讓。誠信易直。勵匪躬之節。秉憂國之心。美其公才。嘗所任委。再令宣撫。皆合事經。既述謙誠之詞。兼陳理化之績。慰我憂念。意甚嘉之。今秋冬在候。徭戍勤止。將校有介胄之勞。黎元有賦稅之役。代予親問。詔爾使臣。仍兼副相之榮。式重登車之務。可兼御史大夫。充河北宣慰使。本官勳封如故。

李涵再使河北制

敕。書有施命。以誥四方。禮有誦志。以巡邦國。明王所以垂拱而天下理者。非家至而日見之也。實賴腹心耳目之臣。

審訓命於外。俾德澤教化。敷於四海。情有所達。事適其宜。上下交暢。則天地之和應矣。喻我朝旨。寄於宗英。銀青光祿大夫行尚書兵部侍郎襄武縣開國公李涵。志以足言。學於古訓。安和好敬。慎靜尚寬。服居大僚。常所親信。每授重寄。必揚休聲。往以幽薊渤碣之閒。戎府方州之大。俾付王命。以親諸侯。至於再三。秉此純一。盡人臣之節。罔或辭難。徇國家之利。豈憚勤遠。信以協誠。惠以交福。周爰咨度。不遑啟處。朔陲寧晏。敬賴親賢。今以侯伯之勳勞。師人之戍守。顧其忠効。宜有撫巡。高選中朝。允茲僉論。加以丞相之副。增其原隰之華。時維懋哉。無替厥服。可兼御史大夫充河北宣慰使。餘如故。

臧希讓使朔方制

敕。元帥都虞候臧希讓。沖明在躬。質重成性。閱禮樂以經武。秉公忠而濟時。夙傳金匱之符。久總牙璋之律。勳高坐樹。業茂分茅。中外洽其嘉聲。始終全其勁節。嘉乃公望。簡於朕心。惟彼朔方。久罹邊患。地即興王之所。人推奉上之誠。言念勤勞。豈忘慰恤。宜應使乎之選。式副往哉之寄。

宣慰嶺南制

敕。理天下者。先務於遠安。本人情者。必令其上達。或刑罰不中。德信未孚。則生怨咨。是有申諭。朕以服嶺之表。方隅之大。南盡百越。專制萬里。擇將置守。常亦難之。至於臨遣。屢有明誡。俾施惠政。以息疲人。而長吏議法不平。作威以逞。因其猜阻。陷我忠良。馮季康何如暕等。南方右族。累代純臣。協其義烈之心。積有艱危之効。感於所譖。虐用其刑。無狀致辟。遂生邊患。朕自託人上。每勞日昃。法天地之生成。宏父母之慈愛。聞此濫罰。惕然疚懷。尋亦辯明。特令昭雪。如聞溪洞。尚有紛擾。哀我庶士。勞於甲兵。豈不求安。良有以也所以更謀良帥先用舊德兼御史大夫徐浩歷典中外長於撫馭素所親信俾其鎮輯元冬之首當至彼方必能大布風化永清麾管仍命尚書比部員外郎莫藏用往嶺南宣慰問以疾苦弔其死喪其季康等遇害之家躬自存撫切加贍恤務令得所以慰孤遺其軍州所有結聚申明中旨懸示大信但能歸附即是平人豈惟復業安居亦當隨才命職兼至桂州宣慰應水旱所損或須蠲免宜與觀察使商量處置勉膺朝寄以慰朕懷

宣慰湖南百姓制

勅震澤之南數州之地頃以水潦暴至沱潛潰溢既敗城郭復瀦原田連歲大歉元元重困餓殍相望流庸莫返加之以師旅煩之以賦役哀我矜人何以堪命朕君臨之道猶鬱牧養之政未宏咎之所降諒在於此雖天災流行則有恒數而夕惕若厲豈忘責躬夫振人育物大易之明義也自漢魏以來水旱之處必遣使巡問以安集之國朝因其制焉亦命近臣慰撫俾喻求瘼之意用舒科泛之急宜令中散大夫給事中賀若察往湖南宣慰處置其百姓遭損不能自存者應須賑給蠲免宜與本道觀察使商量處置訖聞奏仍齎詔書體問周恤宣示郡邑令悉朕懷

減徵京畿夏麥制

勅夏后氏五十而貢殷人七十而助周人百畝而徹其實皆什一也故謂之天下中正而頌聲作矣迺者因三代之制定其稅典務於行古庶以便人屬外攘四夷歲會戎事軍國用度公儲匱乏役費荐至近於倍征而吏或奉法不謹失我字人之意孤惸者恣其厚斂豪富者貸以輕傜動而生姦浸以流弊謂之什一其實太半致有去父母之邦甘保傭之役流離逋蕩靡室靡家或阽於死亡而莫之省

每一念至良深憫惻頃亦釐革從其便安量沃瘠之差寬賦斂之重今邦畿之內宿麥非稔去秋墾田又減常歲昨者徵稅其數頗多朕以萬姓不安三農將廢憂勤鬱悼中夜以興思有康濟未臻其道每欲悉免量入息其重困而未解兵嚴猶資日費用蠲恒數以恤疲人其京兆府今年所率夏麥宜於七萬碩內五萬碩放不徵二萬碩容至晚田熟後取雜色斛㪷續納仍委京兆尹崔昭差少尹李椅于頎等分縣巡撫必躬親宣示朝章令知朕意

減徵京畿丁役等制

勑天之所命。俾朕字人。豈敢怠荒。期於康濟。勞精極慮。十有四年。務崇省約。以訓天下。訪其疾苦。屢有蠲除。公稅之差。僅從盍徵。宮衞之備。仍罷踐更。兼損服御。用資軍國。大去煩弊。以休邦畿。遊食之人。悉歸南畝。墾田之數。漸復平時。神降嘉生。歲乃大熟。震於珍物。景福紛委。蓋上元列聖之儲祉也。豈寡昧之德而臻此耶。夙夜祇惕。永懷增懼。然以令有緩急。物有重輕。故粟輕而易散。錢重而難聚。古人所謂糴之至賤與貴。其傷一也。如聞閭閻未免疾苦。至乃以粟數斛。易錢一緡。雜以他徭。難以償費。轉用所寶。念之惻然。深可重惜。所宜節省。其京兆應諸色番役等。訪聞諸司或有徵課。比緣時儉。資數稍多。估折皆賤。不仍舊價。其掌閑彍騎三衞及橋堰丁匠等。如本司須徵資。並納錢三千米六斗。其青苗地頭天下諸州每畝率錢十五。頃以京師煩劇。供應頗多。苟從權宜。遂倍其數。自今以後。宜準諸州例徵率。朕以帝王之教人。如父母之訓子。所以至纖至悉。必躬必親。苟或便之。豈憚煩也。宜示百姓。知朕意焉

京兆府減稅制

勑三代之時。籍而不稅。降及近古。或至倍征。承平則省於

經入。有事則煩於荐費。亦古今之常也。朕勵精憂人。夙夜勤約。至如王制之定國用。人曹之制地征。必視豐穰。與之上下。然以邊未徹警。十年於茲。連五兵七卒之屯。有賦輿調食之重。徵求橫作。空耗吾人。所以征地之數。有踰常典。頃者躬自節儉。勵於三軍。斂從其輕。以減太半。今舊穀既沒。宿麥未登。尚使餒殍相望。流庸不返。邦畿千里。編戶大殘。慮有自存之人。未喻詔書之意。臨時科率。或恐增加。以茲躊躇。多不墾闢。行及春暮。田萊益荒。屬膏雨霈然。慮失農候。故重明朝旨。更減田租。蓋畿內移運。所餘全少。山東加運。其助頗多。朕又親統六師。大閱戎籍。事必精實。自然蠲省。京兆府夏麥。上等每畝稅六升。下等每畝稅四升。荒田開佃者每畝稅二升。秋稅上等每畝稅五升。下等每畝稅三升。荒田開佃者每畝稅二升。比者百姓不安。皆因稅重。據其減數。漸復平時。頗有優當。兼罷徭役。加之誡勑。又絕侵漁。所宜鑿井耕田。各勤生業。自今已後。必致康寧。仍委京兆尹及令長分明宣示。以勸東作。躬親慰撫。稱朕意焉

放京畿丁役及免稅制

勅王者承天命以養人也愛之如身豈止如子餧者食之寒者衣之猶恐仁之不至愧悼之心惻隱於內而不能已也故天下有道藏於百姓古之使人不過三日可以長孺齒可以養孤老蓋太平至理之化何施而集於此乎朕承奉大業於茲八年不能恢宏至道被之六合雖德之寡昧未燭於理常亦憂勤損節以濟元元豈不知乾坤以易簡成物帝王以惇儉守位從賦斂之薄省哉然時或多故事非獲已屬外攘夷狄連歲備邊兵車之會不下十萬餉饋耗竭邦畿大殘又郊社宗廟之祀府庫賜與之用庶事之

費皆仰給焉急賦暴征日益煩重加以水旱相乘歲非豐熟方冬之首穀已翔貴又宿豪大猾橫恣侵漁致有半價倍稱分田劫假於是棄田宅鬻子孫蕩然逋散轉徙就食行者甚衆念之疚心夫安土重遷人之常性向非誅求之數豈去父母之邦哉蓋以朕不敏不明鬱於教化德之寡薄以至於斯傳曰百姓不足君孰與足書曰民非后何戴后非衆罔與守邦今縣內告病流亡不已失於撫育之道得不愧於心乎哀痛勤紛明發不寐在予之情懼惕良深宜有蠲除以惠貧弱其京兆府今年秋稅於所徵數內減十萬石百姓應納諸色物等比緣朔方軍糧轉輸勞弊又時方收斂務從便省其草粟等並於中渭橋東渭橋納仍各隨當縣道路穩便如法般入苑南及於苑北面貯積及檢納等宜委中書門下與所由計會處置百官及府縣官職田歲月深久多被換易縱有本主皆是蒿荒虛配戶人令出苗子閭閻之內其弊至深今年宜四分徵一餘並放免其諸司諸使丁役及夫匠掌閑三衛彍騎等戶多非正丁皆率貧弱頃雖減省猶慮艱辛宜委中書門下即各與本司計會如灼然須役正身者具所要色目事由聞奏除

此之外商量和雇幷百姓先出資者並官出錢充資畿內至來年五月已來一切停差遣來年准旨及勅幷度支符應年支諸色雜物合各徵科百姓等宜據所由供數並官出錢置使依市糴供所徵百姓宜停應供往來郵遞從來年正月至麥熟以來並官出給百姓應有負欠一物已上及諸雜夫役庸課未酬納者一切容至麥熟塡還所由不得輒有干擾如官典隱盜在腹內及有欠負者不在免限且風化之由繫於長吏黜陟之典所宜大明宜令御史臺切加糾察其戶口有減田萊不除或流庸稍歸農畝加闢

即宜具名條奏當峻刑賞庶使凋瘵之人僅子蘇息憂勤之志上達神明宣示詔書令知朕意

減淮南租庸地稅制

勑王者以冢宰制國用以司會質歲成必視豐荒之年以均輕重之數自近古以來天下郡縣或有水旱之處則亦減其田租休其力役不急之務不便於時亦皆節省以惠窮乏上天眷命屬朕元元敢不敬承勵於勤儉躬自菲薄刑於邦家非上薦宗廟下資師旅未嘗私於所奉更有徵求藏之於人孰謂不足迺者屢減邦賦以勸耕農而四時

罔愆九扈皆敘近自關右達於海隅溥其百穀之穰穿止三年之積非朕寡德所能臻茲蓋祖宗景靈被此嘉貺仰荷殊慶兢懷益深而淮南數州獨罹災患秋夏無雨田萊卒荒閭閻難食百賈皆震永念於此尤增憮然我心憂傷終夜不寐宜有蠲貸用安流亡其淮南今年租庸地稅所支米等宜三分放二楊洪宣等三州作坊往以軍興是資戎器既屬歲歉頗殘吾人徵材役工荐費尤甚惟務省約以息困窮亦宜并停宣示百姓知朕意焉

減京兆府秋稅制

勑頃以蕃寇猶虞王師未戢所資軍費皆出邦畿征調荐興日加煩重閭閻困竭人轉流亡念之疚懷旰食增懼近者省月更之役減歲入之租務於惠養冀有蘇息尚聞告病終未安居深用悼懷更思優卹今關輔諸屯墾田漸廣江淮轉漕常數又加在一年之儲有太半之助其於稅地固可從輕其京兆府來年秋稅宜分兩等上下各半上等每畝稅一斗下等每畝稅六升其荒田如有能開佃者宜準今年十月二十九日勑一切每畝稅二升仍委京兆尹及令長明申詔旨分牓鄉閭一一存撫令知朕意

免京兆府稅錢制

勑守位聚人有賦有稅所以奉宗廟之祀備水旱之災事之大經古今不易國家計其戶籍俾出泉貨著在令典謂之兩稅天下通制行之久矣自師旅荐興征調煩數法度多峻遂廢其名近舉舊章用遵薄賦施於中外其法一也屬歲會戎事聚於邦畿以鰥寡困窮之人當征徭力役之重久於供費皆至匱竭蕩然流散言念傷懷比之四方此實尤甚宜思蠲貸庶令蘇息其京兆府見差科百姓今年秋稅錢特宜放免

減京畿秋稅制

勅。周以司會立經制。漢以丞相校簿書。量其國用。差其稅典。必以省費由之重輕。公田之籍。可謂通範。履畝而稅。斯誠弊法。將期折中。以便於時。億兆不康。君孰與足。故愛人之體。先於博施。富國之源。必在均節。朕自臨宸極。比屬艱虞。亦嘗慕淳樸之風。守沖儉之道。每念黎庶。思致和平。而邊事猶殷。戎車屢駕。軍興取給。皆屬邦畿。九伐之師。尚勤王畧。千金之費。重困吾人。乃者遵冉有之言。守周公之制。什而稅一。務於行古。今則編戶流亡。墾田減耗。計量入之

數。甚倍征之法。納隍之懼。當宁軫懷。慮失三農。憂深萬姓。務從省約。稍冀蠲除。用申勤卹之旨。以救惸嫠之弊。其京兆府所奏今年秋稅八十二萬五千石斛㪷數內。宜即減一十七萬五千石。委黎幹據諸縣戶口地數。均平放免。仍分明榜示百姓。令知當戶所減斛㪷數。訖聞奏。其應徵青苗地頭錢。亦宜三分放一。其先欠永泰元年地頭錢一十四萬九千一百四十一貫。並宜放免。除丁匠掌閑正番外。至來年麥熟以來。府縣一切更不得輒有科稅。朕當躬儉節用。以贍黎元。中夏漸寧。庶有康濟。宣示百姓。知朕意焉。

欽定全唐文卷四百十五

常衮　六

大歷四年大赦天下制

勅。至理之代。先德後刑。上歡心以臨下。下忻然而奉上。禍亂不作。法令何施。去聖久遠。薄於教化。簡書填委。獄訟煩興。苛吏舞文。冤人致辟。思欲刷恥改行。厥路無由。豈天地父母慈愛之意也。朕主三靈之重。託羣后之上。夕惕若厲。不敢荒寧。內訪卿士。外咨方岳。日不暇給。八年於茲。而大道淳風。鬱而不振。四郊多壘。連歲備邊。師旅在外。役費尤

廣。賦輿輸轉。疲耗吾人。困竭無聊。窮斯濫矣。下愚闇昧。不見刑網。戎士在軍。未習法令。犯禁抵罪。其徒實繁。幽繫犴牢。未詳事實。吏議不決。動淹時序。傷沮和氣。屢彰咎徵。此皆朕之不明。教之未至。上失其道。而繩下以刑。敢不罪己。以答災眚。且人者君之支體。害之則君有所傷。刑者教之輔助。失之則人無所措。慮有冤濫。憯然憂傷。用明慎罰之典。俾宏在宥之澤。其天下見禁囚徒。死罪降從流。流已下罪釋放。其左降官及流人。并移隸等。並宜量移。仍委所司即勘責送名中書門下奏聽進止。如聞州縣官比年率意

恣行麤杖不依格令致使殞斃深可哀傷頻有處分仍聞乖越自今已後非灼然蠹害者不得輒加非理仍委觀察節度等使嚴加捉搦勿令有犯如違錄名奏聞量情科貶宣示中外宜悉朕懷

大歷五年大赦天下制

門下惟辟奉天作人父母若天垂戒於上人不安於下則修德勤政以達至誠恤刑獄之冤滯問閭閻之疾苦招納諫諍訪求賢良允迪前烈率由茲道朕獲承宗廟之重託於王侯之上夙夜齋慄莫敢荒寧推誠以撫萬邦屈己以

安百姓憂勤之至日慎一日服御之給損之又損而涉道猶淺燭理不明國經王度多有廢闕加以寇戎驟犯軍國煩勞賦重人竭因之歲歉田荒業廢逋散相仍每深怵惕頻有蠲降兼亦簡求良吏以惠矜人除去奸宄用達幽枉大變風俗更張刑政冀人和之漸洽何天眚之屢彰固以朕德之寡昧化之衰薄其咎不遠在予一人亦由郡邑之政未盡條理或貪以害物或擾以傷農有凌弱暴寡之冤有不均失中之政人無所措多陷刑辟蓋上之教道未至豈忍以文法繩之慘然憂嗟深自引慝雖靡草麥秋之候方斷薄刑而薰風長養之時宜寬庶獄大決疏網與之更新其天下見禁囚徒死罪並降從流流已下並釋放內外文武官及前資官六品以下弁草澤中有碩學專門茂才異等智謀經武諷諫主文者仰所在州府觀察牧宰精求表薦如所由搜揚未盡遺逸林閒者即宜詣闕自舉親當策試量能擢用朕每覽漢文詔書至陽和之時草木羣生之類皆有以自樂而吾百姓或阽於死亡而莫之省緬然遐想感歎增懷哀今之人又甚於昔思有贍恤俾安其居觀察節度使及刺史各宜訓勵所部使奉科條變貪官之

節激循吏之行其清白明著政理殊尤者具以名聞必加獎擢若冒於貨賄紊我綱紀切宜糺擿當峻刑憲其官人犯贓經恩免罪者並宜申報中書門下及所司不得容其却上自王室多故積有歲時皆我文武之臣中外戮力今天下既定崇德報功與之剖符傳代不絕至於莅官述職各宜明慎典刑貽慶子孫永同休戚於戲武德貞觀之閒有若魏徵王珪李靖李勣房元齡杜如晦等扶翼大運勤勞王家尊主庇人匪躬致命咸有一德格於皇天緬然長懷風烈猶在其後嗣沈翳特加優獎如廟宇荒毀即宜修

葺無德不報何日忘之其鰥寡孤獨老幼貧窮不能自存者委州府縣吏取諸色官物量事賑給抑招攜戶口勸課農桑應所在州府有興功役處非灼然急切者宜並停之四瀆五岳名山大川神明所處風雨是主宜委中書門下分使致祭以達精誠孝子順孫義夫節婦事跡明著者特加旌表頒示中外知朕意焉主者施行

大歷七年大赦天下制

門下濟於道者化醇而刑措善於理者綱舉而網疏朕涉道未宏燭理多昧嘗亦遐思太古高揖元風保合太和在

宥天下蓋德薄而未臻也是用因時以設教便俗以立防務盡平恕用申哀恤又教淺而多犯也加以邊虞未戢井賦猶繁荒瘵之際寇攘斯起遂令圜土嘉石之下積有纍囚危章互簡之中困於法吏屬盛陽之候大暑方蒸永念狴牢何堪鬱灼所以沮傷和氣感致咎徵天道人事豈相遠也如聞天下諸州自春以來咸愆時雨首種不入宿麥未登哀此矜人何恃不恐皆由朕過益用懼焉惕然憂嗟深自咎責所以悉減常膳別居齋宮禱於神明冀獲嘉應仲夏之月靜事無刑以助晏陰以宏長養斷薄決小已過於麥秋繼長增高宜順乎天意可大赦天下其大歷七年五月十五日昧爽已前已發覺未發覺已結正未結正應天下見禁囚徒罪無輕重一切悉宜放免所由更不須類例聞奏宜令諸道節度觀察及諸州牧縣宰於當管內所有名山靈跡各精誠致祭祈降甘澤冀獲豐稔永思流弊庶振風猷其巴南諸州仍歲水旱迫於凍餒或至流離因有剽求苟全性命懼刑網之所及姑嘯聚以相依抑有由焉蓋非獲已永言其弊用軫於懷如能相率來歸各安生業並無所問咸許自新敢以赦前事相告言者以其罪罪

之亡命山澤挾藏軍器百日不首復罪如初赦書日行五百里宣示中外咸使聞知主者施行

大赦京畿三輔制

門下古者以季春之月布德行惠恤刑振乏朕親執犧牲玉帛獲奉於上帝神祇九年於茲矣克己思理明不能燭昆夷未敘王畧猶虞歲會三秦之師日有千金之費悉索敝賦疲於餽軍侯甸之間徵求耗竭百穀翔貴關中小歉窮則斯濫安能懼刑因而成盜多有犯法至於軍戎之士致使廩賜不充因之逃亡抵於邦憲事非獲已情亦可察

迫以露濡之感明發有懷屬禁烟之令節方薦鮪於寢園聖祖敷佑景靈告祥先天後天載荷嘉貺以陰以雨又助發生固宜順曲成之仁布惟新之命赦罪育物曠然滌除其京兆府及三輔并京城內諸司諸使見禁囚徒犯死罪已下特宜釋放其有犯未發覺者罪無輕重亦宜一切放免如有妄論告者以其罪罪之其官典犯贓不在免限頃者魚朝恩夙有功勲委之戎事而徵求黎庶空竭閭閻加之廣有貿易奪人賄利京城之內擅致刑獄恣行忍虐幽執無辜部領師人乖於撫馭資糧刻薄勞役煩苛惡稔釁

盈自嬰沈痼念其勲舊許以優閒令罷兵權遂其養疾而宗社降鑒神明所殛羸瘵不起旋至斃亡既往無追一切不問所管將士等同坐於王事各効忠勤是朕爪牙自致勲業並宜仍舊勿有憂懼蓋以朕誠乖感物明未知人失於授任而臻此也今則虛懷引咎親御禁戎特加優寵以表勞績其資聖寺禁人并追捕勘責等卽宜並停然以王畿艱弊矜恤疲人錮稅罷徭與之休息尚恐流傭罕復貧弱未安益用憂勤諒資損約京兆府百姓承前應欠負官物等委所由勘責實在百姓腹內者一切放免其在所由腹內者不在放限畿內官人手力資課及府官充職掌名額稍多所有祇供不免煩費並諸縣郵遞路次館驛諸色徵科等一物已上並委中書門下與京兆尹卽會計責取色目一一商量條件處置務令減省以息煩勞其諸司諸使迴易一切並停不急之務亦宜且罷農隙之後照準常式宣示中外知朕意焉

赦京城內囚徒制

門下朕以寡薄獲守丕圖恭默思道克謹天戒常恐至誠不達景化未敷寅畏之誠寢興在慮自純陽用事靈雨愆

旬麥雖有秋禾未嘗畝有阻三農之候將貽百姓之憂是用齋心滌思禱於上下神祇雲從自郊月未離畢膏澤不降憂勤益深雖水旱成災陰陽恒數而政刑失中或致愆伏豈簡孚有爽哀敬未誠歟嗟我矜人陷於刑辟當炎蒸之序在縲絏之中久積幽寃有傷和氣所以引成湯之六事過實在予寬大禹之九刑誠存育物期於作解以赦如焚其京城見禁囚徒死罪降從流流已下罪一切釋放仍委中書門下卽疏理處分訖奏聞雖赦罪從輕或謂之長惡宥過無小寧失於不經庶空夏臺用綏秋典宣示中外

令知朕意

批李夷簡賀御撰君臣事跡屏風表

省表具知朕思求理化親閱典墳至於去邪納諫之規勤政慎兵之誡取而作鑒畫以爲屏與其散在圖書心存而景慕不若列之繪素目覩而躬行庶將爲後事之師不獨觀古人之象卿詞彰順美義見忠規省覽再三深叶朕意所賀知

答元和南省請上徽號表

省表具知朕纘嗣鴻業託於王公之上常恐涉道猶淺燭

理未明夙夜祗畏罔或寧逸至於法天象以垂制順人心而平亂立刑辟而不峻興禮教而不倦簡出澆浮延納忠直思濟於道保合太和今寰海削平載橐弓矢皆賴於輔弼之臣盡規於左右將帥之畧宣力於邦家循省表章請崇徽號武功文德揚美於予用愧於懷何以及此尚以昆夷未敘邊鄙猶虞不果允從宜斷來表

答請上尊號第三表

省表具知昔我祖宗每崇徽號皆以道侔天地澤被生靈故請之不疑而受之不愧是謂典禮鴻光赫然朕以寡昧祗承寶位寅恭惕勵不敢荒寧常懼理化未敷非以自尊爲意若蕩清寇孽修舉政刑此乃中外英賢叶心所致況復前疏亦已言之卿等善則稱君過陳功德表章三至益愧於懷豈大體之必然何懇言之不已沈吟終日未果允從

元宗答顔真卿賀肅宗即位表

省表具知兇逆亂常侵侮中夏曩者潼關失守京國不寧朕因涉岐梁至於巴蜀遂命皇帝肇登寶歷爰靜妖氛今官軍益振回紇效款即議南行共爲翦滅卿忠惟奉國孝

則保家懷不二之心秉難奪之操皇帝累申寵命兼以崇班宜有懋於深恩且用光於重寄

冊新羅王金乾運文

維大歷三年歲次戊申正月朔二十八日皇帝遣某官某乙持節冊命曰於戲建萬國者不獨於中夏嗣一姓者必求於令德咨爾新羅王金英憲男乾運爰自祖宗撫有東表克生明懿載茂勳伐采章文物久沿華風忠敬孝恭率由純性用蕃君子之國能執外臣之禮夫繼代之重擇賢而授是用建爾家社祚於青邱敬其所守纂其舊服忠以

奉上惠以撫下永修東蕃之職無替先君之命肅膺典禮可不慎歟

冊崇徽公主文

維大曆四年歲次己酉五月戊辰朔二十四日辛卯皇帝若曰於戲魯邦外館有小君之儀漢室和親從閼支之號命公主而疏邑以封煥於徽章抑有前範咨爾第十女稟秀雲漢增華女宗卓爾洵淑迥然昭異肅雍之道能中其和縟麗之功自臻於妙不資姆訓動會禮經甫及初笄之年眷求和鳳之對用開湯沐方戒油軿我有親鄰稱雄貴

部分救災患助平寇虞固可申以婚姻厚其寵渥況有誠請爰從歸配是用封曰崇徽公主出降回紇可汗冊曰可敦割愛公主嬪於絕域爾其式是閫則以成婦順服茲嘉命可不慎歟

賀冊皇太后表

臣某言伏見八月二十六日制冊上皇太后尊號凡在生靈不勝慶幸臣聞天地之經所固者本聖人之德無加於孝故紹休以受命榮號以歸尊是用慶善奉慈因親教愛也伏以皇太后法象太極是生兩儀光昭上元以母萬物塗山降瑞華渚呈符照臨典禮示天人之慶範裁成風化表戚屬之宗師詩云思齊大任文王以聖則知祚我仁慶誕興睿哲穆穆明明有自來矣伏惟聖神文武皇帝陛下以皇道還淳以文明致理行三代之典教備兩漢之威儀逾年改元謁告清廟永言配命殷薦圜丘大孝通於神明至化被於寰宇瞻戀慈訓尚未遑安虔奉徽章以崇位號嚴恭前殿陳布外朝萬國在庭千官執禮冕旒端拱翼翼烝烝候金冊以拜興承瑞寶而俯受聖理之至其道大光朝野同歡臣妾有恃言念舊黨遂及姻聯褒德以殊榮推

恩以序進華胄增貴外家益尊固可以感動靈祇懷服戎狄豈止德教加於百姓仁厚及於九族而已宜其煥列青史昭播鴻猷億萬斯年以承多福臣所守有限不獲稱慶闕庭無任抃躍忻悅之至謹遣某官奉表陳賀以聞

中書門下請冊貴妃表

臣某言臣聞天文次星配以妃位帝宮內職守在王化視公卿而命秩思賢才以審官蓋五禮之宗六義之本也伏惟寶應元聖文武皇帝陛下紹典文武屬當多難一日萬務親紆聖心初定羣兇尚多闕典紫庭分理頃刻未遑形

管記言因茲而缺然則奉若天道以陰而助陽御於家邦由中而及外今既三靈叶泰四海永清宜舉舊章以行盛禮竊承壼制未正等威當熊之德或聞於蘭殿貫魚之序無別於椒房固以叶周南之風參虞汭之化豈使坤儀曠其取法陰教闕而不修雖則簡在宸衷安敢默於誠請伏冀大明禮秩俾率宮庭以厚人倫以風天下庶得外朝均政羣望獲從無任懇款屏營之至臣某誠惶誠恐頓首頓首謹言

代宗讓皇太子表

臣某言臣聞君父之命誠不合辭臣子之心固無所隱隱之則有累天鑒辭之則有負國貞在無隱而不言雖稟命而非孝臣所以省躬審分讓德推賢瀝懇上聞冒嚴亟請丹誠罔感皇睠未昭戰兢失圖精爽飛越臣某誠惶誠恐頓首頓首伏以國之上嗣古曰元良觀象於天應前星之環極取法於地視少海之朝宗必訪蓍龜以承主鬯臣幼非樂善長未好儒慈奬特深愚蒙不易教之羽籥有昧樂章訓以詩書終迷義府遊虧四老才乏五官人莫係心德非守器頃者外統羣帥內錄尚書竊懼任崇以憂官謗今謬塵博望猥辱壽春位登青宮禮絕朱邸且乖人望載黷朝經循名責實未足承天之序捨長立賢亦猶行古之道伏惟陛下博求公議允納微誠更擇溫文俾膺繼紹遠想伯夷之讓用升季歷之秩則至公大行天下幸甚無任懇迫屏營之至謹奉表陳讓以聞臣誠惶誠恐頓首頓首

中書門下賀雪表

臣子儀等言臣聞聖人昭事以奉時乾道下濟以成物伏惟寶應元聖文武皇帝陛下勤勞庶政憂濟萬邦念生靈之未康慮兵食之不足恭默寅畏齋於穆清減膳徹樂以祈元造天人合應雨雪呈祥在登臺視朔之辰飄灑盈尺

俯獻歲發生之節飛舞驚春太素混成浩然萬里甲子之瑞載表於昌期春秋所書亦先於農事重陰益固應水澤腹堅之時積潤潛通迎土膏脈起之候靈貺斯在豐年可知佇登來麰不暇祈穀侍臣相慶野老同歡臣謬奉中樞獲覩嘉慶無任忭躍之至謹奉表陳賀以聞臣子儀等誠歡誠喜頓首頓首

中書門下賀雨第一表

臣某言臣一昨奏對親承聖旨以旬期少愆春雨未降雖

去冬積雪宿麥頗滋閏年之候農耕未晚甫當薦鮪之月爰及禁火之辰紫陌揚塵青郊晦色日勞聖念恐失人時虔於龍堂親行齋禱德音朝發甘澤夕零霢霂散於城池芳菲遍於草樹四遠皆浹羣情共歡昔在聖人祭則受福必以精意通於神祇伏見陛下每發聖心未嘗無應與天合德所感昭然慶悅之深倍萬恒品無任慶忭之至

第二表

臣等言臣聞王者應天以實禮神以誠則其祥大來所榮必速伏惟寶應元聖文武皇帝陛下端命上帝陰騭下人

大哉洋洋發育萬物一風一雨必經於憂勞惟精惟微久存於齋禱自立春之後膏澤頻滋宿麥方蘇首種不入百穀皆賤羣黎稍安屬盛德在火之辰恐散陽流輝之亢小愆旬候則失人時乃命尹京載明祀典飭三輔之屬吏修百縣之大雩陛下又於龍祠躬自祈請雖田事未廢而皇情過勤意纔發而氣蒸令始降而雲合寧止西郊之密且有南山之隮霈然時行丕冒海表浹辰而霽更說羣心擢芒之蕃將豐於夏薦流根之潤佇合於秋成固使我倉如陵萬億及秭軍國是賴朝野同歡多福殊休莫盛於此臣等謬塵樞近喜倍恒情無任慶忭之至

第三表

臣某言臣聞春秋龍見而雩以其盛德在火萬物炳然陽驕而旱也周禮所以修一縣之大祀命三公以卜郊則知古之勤雨首於是月蓋聖人順天以垂訓王者奉時以告虔伏惟寶應元聖文武皇帝陛下憂勤庶政寅畏上元全萬物而曲成恐一夫之不獲嘉生是降率土皆穰又自春以來膏澤相繼禾方長茂猶潤纖莖麥且擢芒仍涵秀色及純陽用事流輝是憂未失旬期已勞聖慮勉農祈穀合

樂圜丘感上帝之儲祉顧蒼生之禔福祭之明日夜合層雲微風既和震雷不作霈然四合滂灑終朝動乾坤而滿盈洽陰陽之化育郊原益茂田稺皆登俯觀秋至之收佇廣歲成之望自朝及野咸慶時和比肩鼓腹空迷日用臣謬參袞職久荷鴻私仰聖澤之無涯愧生成之未答無任忭躍之至謹奉表陳賀以聞

中書門下賀日當蝕不蝕表

臣某言伏見徐承嗣奏今月一日法當日蝕時有澍雨者臣聞日之所躔行有虛道至之所會蝕亦無災況聖以合

天德以禔福是有幽贊宜於感通伏惟寶應元聖文武皇帝陛下協用五紀順用三極歷象日月統和陰陽迺者疇人推策合朔於辰非正陽之所忌於大明而何損猶能懼而勤政實以應天齋於穆清益用恭默精誠所達元運相符圓尺之影始生於海上膚寸之雲忽遍於天下霈然而起豈止終朝莫測應龍之外潛復踆烏之次伐鼓用幣悉罷於有司潤物蕃生普歡於在野及乎睿宿更益清光同道相避則聞昭子之對當交而變果徵劉邵之言古今殊祥中外所慶臣等謬陪近侍喜萬恒情無任抃蹈謹表

賀歲除日太陽不虧表

臣聞惟德動天其應如響日月交會數之常也交而不蝕德所感也伏見有司奏今日午正後七刻太陽初虧未正後三刻復滿者是日也高天無雲太陽不掩訖於申酉光彩逾明萬寓同瞻百物協慶伏以聖人者合天地以爲德與日月以爲明當虧而不虧明足見矣當應而遂應神不欺矣伏惟陛下德本於孝動由於禮勤儉以厚下寬仁以愛人憂庶政而疚懷求衆善如不及行之於下土升聞於上帝無遠不届感而遂通一人有慶三光薦祉昔唐虞至化而星辰不孛日月不蝕以今方古千載同貺大禮元辰在於明發俯逼惟新之運彌彰不掩之祥人事天心何其允協潛輝散彩愈曜於朱城麗景臨空轉明於黃道凡在生類同知聖猷無任踴躍之至

中書門下賀慶雲見表

臣某言伏見太史奏今月十三日降誕之辰有慶雲見自卯及巳五色相輝京城士庶無不覩觀者臣聞應天者聖降必有期從龍者雲感而成瑞伏惟寶應元聖文武皇帝陛下啟我昌運本乎太微甲觀畫堂以書有慶赤光紫氣

以表祥符每歲孟冬內朝舉禮萬國稱賀羣臣獻壽紛委靈貺總集良辰今者慶雲表祥史冊十月良月遠膺盈數之期後天奉天近叶下元之歷從風蕭索抱日縈迴色涵流渚之虹影雜繞樞之電交映榮光曲成轉蓋萬物皆覩羣情共歡無疆之休永永禔福臣奉觴慶賀於萬斯年無任抃躍謹奉表陳賀以聞

中書門下賀太原紫雲見表

臣等言伏見太原尹北都留守檢校工部尚書薛兼訓奏忻州七聖廟內尊容奉勑移太原府紫微宮安置昨正月

二十九日啟告其時有紫雲見兼金奏之聲者臣聞廟貌尊嚴所以追孝天地明察則必垂祥伏惟皇帝陛下全聖人之至德合神道之設教受天之命嚴龔奉先明發有懷載感於文武菲食致美必誠於宗廟序五位而禮順刑四海而化光茲以聖靈在天緬慕增惕是有象設不忘哀矜永念興王之地如聞樂沛之言遠自方州遷於京邑克配上帝高居紫微當其撰吉之時爰有奉章之請百神紛委萬靈朝拜雲浮瑞色樂協薰風已含氣於潛龍更和響於翔鳳用彰莫大之孝以嗣無疆之歷雖周室之既受多祉

漢朝之屢獲嘉應未有祖禰丕祐天人合符若斯之盛也臣無裨政事但慶鴻休不勝抃躍之至謹奉表陳賀以聞

欽定全唐文卷四百十六

常衮七

賀收涇州表

臣某言中使王開諫李重芝等至伏奉勅旨送吐火邏王子并曹義臣家口共四十四人配漳泉等州安置伏聞大破兇醜收復涇州梟斬帥劉元等傳送闕下餘黨悉降西陲底定凡在臣庶不勝慶悅臣聞聖人有作神契必先用彰睿謀小有邊患以威天下大告武成因茲斬闕罔不率俾伏惟聖神文武皇帝陛下德合天地明罰以法雷霆道

符炎黃有征以懲姦宄蠢茲狂狡敢拒封圻梟獍之心不知恩愛豺狼之性輒肆傷殘聖慈以元造曲成神武不殺時寬嚴旨頻許自新益用恣睢竟無悛革然夏后之征扈氏召六卿以龔行周文之伐密人示萬邦以整旅咸在俟旬之內亦効訓誓之勤於是我伐用張親授經畧而執迷不復雖困猶鬭斃假游氣尚稽靈誅皇赫斯怒天威振耀簡車馬以大閱命將帥以長驅飛舞梯衝瞰臨壁壘兇徒悚慄義士激昂梟懸渠魁檻送支黨上以告清廟下以布遐方人神豁憤朝野大慶百二之塞外虜解嚴十萬之師

餘勇可息則日月所照敢不來庭戎夏大同期於指掌臣謬承重寄喜萬恒情無任慶躍之至謹奉表陳賀以聞

賀納諫表

臣某言伏以補闕姚南仲和士幹等上封事恩命特與改官及進階兼賜章服又內常侍吳承倩奉宣聖旨令兩省供奉官數論得失無有隱諱者德音霈然公議知勸羣情震喜中朝動色易曰感人心而天下和平今之所感可謂深矣臣謬當丞弼之任不能有所啓聞踧踖自慚惶汗失次然以聖德之宏納天聽之宏博忻奉踴躍不勝大慶臣

聞從諫則聖帝之德也有犯無隱臣之分也故上聞逆耳之忤受而不疑下有殺身之益死而無悔禮曰天子齋戒受諫又曰近而不諫則尸利帝道莫盛於有虞書之美舜則曰嘉言罔攸伏萬邦咸寧王道莫過于有周詩之頌文則曰思皇多士惟周之楨漢家雜之以霸亦詳延極諫訪求得失國朝稽合皇道肇修人紀貞觀故事布在典章危言正論聞於天下陛下以欽明御歷紹休祖業仁聖廣大天覆地容求賢進善有如不及每覽羣臣奏議日旰忘勞穆然嘉納不令夙退順顏者必遠忤旨者必容而芻蕘之可擇庶藜藿之兼採少有所補從之如流雖委輅論都即日西行伏車頓首路迴乘輿方之於今未云其速而又渙發宸旨宣導近臣直言者賞之於朝罷奏者責其所職以明沮勸大悅人心則太平雍熙之化溥將四表矣可以動天地可以服戎夷雖上古至理納諫達聰坦然不諱未覩今日之盛也望請宣付史官光垂帝錄臣職任潤色敢揚鴻休無任欣躍之至

爲宰相賀連理木表

臣言今月二十六日得太清宮道士陳岳等狀稱聖祖殿

院東廊九靈門北有柰樹連理異枝還合者臣按漢武元狩元年得奇木枝旁出輒後數日越地及匈奴率衆來降者中興書云王者德澤純洽八方大同則木連理伏惟皇帝陛下體元以臨寶位法道以御太和孝通神明故祖宗禔福德合天地則草木呈祥至孝所感生靈遂性湛恩既溥異類懷仁大告休期累彰嘉瑞況我祖太清別殿奇樹効珍連理雙莖混成一體其同本也所以繁於衆枝其附內也所以慶於無外必有削衽之類亦表其強幹之休天下一家本支百代稽于圖傳可以明徵聖敬所臨神心允

答不然豈獨秀不遷之廟增華太素之宮曲折合符精靈相會耿光丕䁔高映古今臣愧無黃老之術謬贊清虛之化獲奉休異喜萬恒情望請宣付史官編之簡冊無任欣抃之至謹奉表陳賀以聞臣某誠歡誠慶頓首頓首

中書門下賀芝草嘉禾表

臣等言伏見兵部尚書中書門下平章事李抱玉進芝草嘉禾者臣聞王者道洽則靈芝生天下和一則嘉禾應伏惟陛下誕膺景命憂濟生靈合太上之德感元精之氣天地氤氳神明滋液降此珍物叶於昌期垂蓋連莖三華煥

發離根合穎一穗孤秀沐我渥澤扇其祥風衆草之英百穀之長以兆稔歲以符太平昔周得唐郊之獻列篇於典策漢獲甘泉之祉薦歌於清廟三瑞之極一朝會同長發其祥無疆之慶臣等謬忝近侍幸覩休祥欣忭之情倍萬恒品無任歡忭之至

中書門下賀芝草表

臣某言今日中使吳承倩至宣示宋汴節度使御史大夫田神功所獻芝草一株紫蓋黃莖叢生者天生神物王者嘉瑞奇秀之狀靈篇未書伏惟陛下孝通神明德至草木和氣所感禎祥屢彰煌煌靈芝郡國來獻垂以金蓋發其瓊葩爛然紫雲之色灼然紅藻之秀土德斯應皇家永昌固可寫狀圖牒薦于郊廟祗奉天意贊揚鴻休臣等獲覩殊祥喜倍恒品無任慶抃之至

中書門下賀醴泉表

臣等伏以西京櫟陽縣有泉水於平地湧出潔誠飲者痼疾咸痊稽之圖牒是曰醴泉臣聞和氣上感湛恩下浹則有休徵以彰至化近在兩金之地特啓英泉之瑞無源獨湧平地滂流當神明之積高表陰陽之不測其氣香潔其

味甘醇抱華清而蠲邪資靈化以除穢積年之疾一飲皆愈挈瓶而至重跡相望日以萬計酌而不竭齊莊之誠益厲神達之效愈彰伏惟陛下宏父母之深仁納黎元於壽域感此靈液助其生成疾苦假除夭昏不作勿藥有喜愛人斯甚可以見天地之心可以明帝王之德昔唐堯至聖光武中興沛然發祥千歲一覩啓我昌運居然合符鴻休無疆天下慶幸臣等謬司近密喜倍常情無任忻慶之至

中書門下賀文丹國獻白象表

臣等言今月日內侍董秀至宣進止文丹國王來朝并獻

白象十一頭者臣聞春秋二百四十年不紀祥瑞而載異國之朝其在周書亦美西戎之獻蓋重其德化及遠天下大同也伏惟陛下以致敬事天地以致孝奉宗祀武功以定大難文德以懷遠人故舊典未載之邦前王不賓之長聲教所隔言語莫通悠悠南濱幾千萬里瞻望中國知有聖人踰海而來歷年方至紳冒重阻奔波載馳黃帔飾冠白瑠玩耳伏柔羣象牽置闕前低迴馴擾稽顙屈膝隨萬國而來庭與百獸而率舞如知禮樂之節益盛羽儀之容有以彰仁化元通淳源洽暢至和大順以兆昌期事軼於

軒轅跡超於漢代矣臣等謬塵樞近獲覩鴻休伏請宣付史官光昭簡冊無任慶抃之至

賀白鼠表

臣某言今日內常侍吳承倩宣恩命示臣咸陽縣所進白鼠臣聞王者將致無疆之休必有非常之應臣竊謂鼠者陰類四夷之象白者金精西方之色以西方陰類受制於近郊得非諸戎有納款之誠中國啟受降之兆也伏惟陛下俯憂黎獻控馭蠻夷能以禮綏孰云力競而晝伏夜動時擾於封疆乘障安邊尚勞於師旅今天且悔禍戎將感恩方委貢於蠻邸遂呈祥於甸邑干戈既息已有明徵烏雀之來多歎遠瑞臣等忝居近侍獲覩禎符歡抃之誠倍萬恒品

李揆訪賀收西京表

臣聞夏歷其昌羿何逃罪漢維既振莽亦伏誅伏惟皇帝陛下恢正皇綱光膺帝業日月照其明晷雷霆發其英斷拯橫流而方割撲燎火之已焚頃者胡羯亂常崤函失守暴殄天物憑陵帝京上皇興避狄之仁陛下有蒙塵之難賴宸衷果決睿算昭宣憤陵寢之樵蘇悲黎元之塗炭必

將嘗膽誓使然臍不有殷憂何以啟中興之盛業不有患難何以彰撥亂之英哲步自郇郊至於朔漠撫巡城邑招致甲兵詰命俯臨三讓而登九五師徒走集一呼而踰百萬設壇拜將虛左迎師臨朝有怵惕之容率土下哀痛之詔六軍之號令既肅萬人之賞罰且明湯火不辭矢石何懼及清秋戒節太白方高爰整軍容順乎殺氣龔行天罰掃彼妖氛千里貔武之營百里龍蛇之陣沸若雲海聚如雪山壘揭終峯塹迴渭水關軍聲而邱陵簸盪煬兵氣而天地晦冥蠢茲兇徒猶敢旅拒鼓譟白刃來聚犬羊之羣

旗靡黃塵旋就鯨鯢之戮渠魁不漏噍類無遺枝梧者面縛中軍顛背者頭懸後殿敗符融於肥水自可懃功破王邑於昆陽未云快意遂封尸於京觀旋振旅於王城啟闢千門掃除九陌拔膻腥於宮闕洗毒螫於閭閻耆艾歡迎久思周德衣冠雨泣還覩漢儀謳吟變噢咻之聲氣象廻嚴凝之慘廓丹霄以瞻羽衞肅黃道而復鑾輿正寶位於北辰道光主鬯迎上皇於西蜀歡展奉親永惟宗社之靈實荷乾坤之慶臣忝陪宗室喜萬恒情無任踴躍歡抃之至謹奉表陳賀以聞

賀劒南破西蕃表

臣某言今日伏見劒南西川節度使崔寧所奏露布十一月七日於劒南大破吐蕃斬首八千五百級生擒九百四十二人獲馬牛器械以千萬計者陛下以西戎負恩連歲設備近與武旅遠鑠王師故隴上或虞邛南每捷事同符契謀動鬼神凡在臣庶不勝慶快伏以西蜀一隅犬戎乘隙聖謀潛運藩帥龔行以我同力出其不意故得邊兵無遺鏃之費狂寇有輿尸之凶名王首將既充俘馘要塞堅城亦入封守神武之德莫測掃除之勢足徵天聲一臨風動萬國則方隅不擾使我綏懷夷夏大同期於指掌臣等覩茲大捷愧乏嘉謀慶躍之誠實倍恒品

賀破山南賊表

臣某言中使某至示臣山南西道露布破吐蕃高安堡五百人又生擒堡使等七人又破急援兵馬二千餘人者大獲帥長驅其畜牧焚其資儲夷其堡隊獲覩慶捷喜倍恒情臣伏以秋成以來羣帥宣力陛下皆先授方略合如符契以蕃醜東寇猶窺疆埸受命獻捷掩征巢穴允膺密旨精擇奇鋒行於險中出其料外遂使恃固之壘遽復於隍

將領之渠盡衿其甲猶不悔禍更招援軍以犬羊恃衆之羣當貔武輕齎之旅雖終日猶鬭殲耗相仍而乘夕盡逃覆亡不暇聖謀方舉西侯遂寧神算既行北郊以靖遠周萬里之外俯料四夷之情中詔是 闕所征皆捷苟承成命皆可指期故邛道拜章於前漢池拜章於後復留睿略更布新書軍中皆必勝之師天下無不賓之虜臣幸參樞近更乏嘉猷拜舞失容以懃以賀

為崔中丞賀討田承嗣表

臣某言中使某至奉宣某月日勑承嗣本輔逆臣罪當參

夷陛下垂包荒之德開自新之路假以台衮冀其悛革豈謂豺狼之心飽而增兇動搖隣境慢易君命天下臣子雖扼腕攘臂願食其肉畏懼陛下不敢自發今陛下殷然震雷霆之怒下誅購之令戴髮橫目莫不憤激臣受國恩守在遠藩不得驅策駑蹇列於將臣巨猾之首竟爲他斷撫劒慙恥心魂馳越臣又知鯨鯢既盡蜂蠆自滅陛下垂衣裳以臨萬邦無爲之政行同大舜無任慶快感憤之至

賀張獻恭破賊表

臣某言今月中使某至伏蒙聖恩宣示山南西道節度使檢校工部尚書張獻恭所奏露布破岷州吐蕃十萬餘衆生擒百餘人并獲牛馬及燒焚賊倉庫甲仗並盡者伏以吐蕃背恩負約屢擾邊陲惡稔禍盈自招喪敗聖謀潛運尅捷相仍自秋以來制勝非一頃則收功朔北今又獻凱山南皆陛下指授規模尅期進取遂令銜命之將感義之徒服順爭先奉詞掩襲未鼓而收城壘既戰而殲寇戎策備火攻威同電掃迴軍乘勝又破柘川殺獲追擒不可勝數嘯聚之黨今已戮除噍類之餘自當殄滅廓清右地計日可期斯實皇威遠覃睿略先定動罔遺策舉必有功臣

謬踐台陛親承睿筭無任踴躍之至

賀聖躬痊復表

臣某言臣親奉聖旨伏承御膳過時微似煩熱臣等退用兢悸不安寢興齋居潔誠思獲休問適中使吳承倩至奉宣德音今已校退卿等不須憂者恭承睿旨俯協歡心忻抃失容蹈舞不足伏以陛下裁成二氣聽斷萬方每積憂勞載勤宵旰所以下祈人命上黷聖躬責在微臣退增兢懼今溽暑過候涼秋戒期方助穆清上滌元慮伏惟簡臨庶政保合太和以答天地穰穰之福以慰臣子喁喁之望天下幸甚無任喜慶踴躍之至

百官賀佛放光表

臣等言今日董秀奉宣文成殿御功德佛放光明六宮及諸王公主并近侍等並觀其光從三更四點直至四更猶在臣聞明主之理本以庇人大聖之教先於及物合若符契感而遂通伏惟陛下以道法天以心證佛措六合于無事納羣生于慶門薰然慈心在宥天下滌慮恭默齊于穆清以四海之尊勤三乘之法故得大雄應見變化無方毫光被香金殿如畫照恒星而奪彩混圓魄而一色曠代之

瑞天人咸覩玉漏將盡銀河以低仰光明而無際知皇劫之彌遠臣等謬忝樞近倍萬恒情無任慶抃之至

中書門下賀抑情復膳表

臣某等言中使吳承倩至奉宣進止以臣等所奏華陽公主初薨聖慈深悼抑情復膳保御至和伏惟陛下初以愛主幼沖純性聰敏思念之厚有過於成人疾病之憂非止於一日早齡遽失流痛兼哀臣等不安下情惶懼上請微誠感達蒙降德音而不以至愛之私忘於所寶之重推必然于大分割無益以遺懷用復常禮以勤庶政此則陛下

齊親疏於一致宏覆燾于萬邦契聖祖元元之符實天下蒼生之福臣等累日兢怖焦心失圖承命釋憂倍常慰幸無任感悅之至謹奉表陳賀以聞

李採訪請駕停金牛一日表

臣某言臣聞葵藿何稟猶每傾陽犬馬無知尚能戀主伏惟陛下迴鑾巴蜀指旆咸秦萬乘雷奔經劒門之險阻六宮雲從歷棧道以崎嶇恐天步有厭於登臨聖躬暫勞于行幸稍移玉輦將至金牛漢水梁城郡當所守蜀門秦塞路則居中乃微臣厠侍從之時宜陛下休羽儀之地伏望小停仙蹕寬一日之程暫奉宸居喜千年之遇臣忝陪宗室得備藩條懇款之情倍萬恒品無任攀戀屏營之至奉表陳情以聞

為宗正卿請復常膳表

臣某等言今月某日伏奉批詔以臣所請復常膳御正殿未賜允許者臣等恭承詔旨竊仰聖謨以為前史所垂正言可取則應天動人之事實哲王致理之先然臣伏思陛下繼體以來推誠必至友愛之道顯教萬方惻隱之心罔遺一物於王師致討司寇用刑率皆毒被蒸人罪與衆怒

救殘虐之極弊懲悖亂之元兇而後効順立功報之爵禄勞心焦思痛在瘡痍屢降德音勤行王道得非應天以實而動人以行哉況謫見之後戒懼不遑朝野所知星辰所照則大官進御路寢燕居既舉舊章將踰期月固可以特開睿鑒俯循羣心理且叶於至公事兼存於大體臣某等謬居宗緒敢貢飾詞盡布腹心復于宸扆無任仰望兢越屏營之至

中書門下請進膳表

臣某言伏奉以華陽公主攝和稍乖思念所切齋宮親禱

輟膳終朝臣等下情不遑寸刻竊以經時之疾變節或加分至所臨晦明異狀漸過其後旋即如初頃嘗驗之多亦然矣陛下以海內之眾子育寧殊豈天屬之間皇慈獨軫伏願忘懷澹慮常膳以時保安聖躬用慰臣下屬茲煩暑尤切懇誠謹奉表陳露以聞無任兢惶迫切之至

請入湯表

臣袞言臣先患腰膝比成積疾自從趨侍漸覺痊除每屬陰寒即微發動近加秋冷轉不支持半身風痺右足拘急謂其冷甚因以熱攻遂覺頭旋兼之眼暗寒溫相觸調息

實難伏蒙聖慈特賜醫藥殊造至深灰粉酬恩未申萬一生成之功雖則頓瘳積久之癥固難速效況綿增劇憂懼失圖先因入湯常愈斯疾漸逼冬候今正其時伏望天恩許臣就湯將息駑駘蹇步冀効驅馳螻蟻微誠庶迴昭鑒無任懇迫之至謹奉表陳乞以聞

為代宗告謝九廟表

臣某言臣纂承丕圖懼忝鴻業宵衣旰食寅畏增深未戢難于寰區恐獲戾於宗廟明發惕厲祈哀聖靈夢寐承顏如親左右謂臣曰知爾孝敬憫臣而降以恩私福及沖人祐其後嗣德音所誨歎息如聞睿旨慈仁再三眷命追攀不逮哀慕難任欲報之恩昊天罔極無任荷恩摧咽之至謹奉表陳謝以聞臣某誠悲誠喜頓首頓首謹言

欽定全唐文卷四百十七

常袞八

久旱陳讓相表

臣某言臣聞陽倡陰和合之則理任重力寡強之則顛苟稱竊位何所逃責伏惟陛下以大聖之資除去奸惡臣荷承正刑之後擢在台衡不能有所建明坐致災旱燮理之任虧紊固多邦畿之間愆亢特甚陛下發勤閔之慮躬旰昃之勞大憂庶獄並走羣望而踰夏涉秋天則不雨垂落復散人其謂何伏以東漢之制存乎舊史或陰陽失節水

旱不時必策免三公勵精百揆蓋以其陽倡而不和力薄而位崇所以答天譴也今上元赫赫如此舊史昭昭如彼臣尚以愚劣偷安廟堂負乘不慙靦冒難處伏乞解臣所職更擇良才省致旱之由求作霖之輔則萬姓咸賴百穀用成上寬聖憂下塞人望臣敢尸位重祿以負明時無任兢惶惕厲之至

代裴相公讓河南等道副元帥表

臣某言伏奉今月恩制以臣兼東都留守河南淮西山南東道副元帥伏以東征之寄相宅之選皆周召之臣保釐統一也故二南風化見美詩人況洛邑經陸渾之戎有舊染之俗賴陛下發皇明以燭之布陽和以煦之流散稍歸傷痍甫起然稱君師之任宜得經濟之才自河而南至於吳楚節制戎律半乎天下非宏畧傑出功冠一時不可以專五侯九伯之征總衣裳兵車之會臣以衰朽薄劣待罪台司塵辱尸素無裨朝政每趨宸陛益愧周行豈謂殊常之恩屢出非望注意之責并在微軀憂懼慚惶寸刻難措臣聞惟名與器不可假人審己量力未宜虛授若貪榮冒寵黽勉苟容神明昭昭必速其害伏望歷求百辟委之兼

才以分三老之任用增九鼎之重則至公大行羣下知勸無任懇迫之至

謝讓加銀青福建觀察使表

臣某言伏奉五月二十五日恩制授臣銀青光祿大夫使持節都督福建諸軍事福建刺史充福建等州都團練觀察處置等使以今月二十一日至所部上訖臣負恩至深睿慈曲宥待罪猶近殊渥薦臨蕩滌瑕累超遷方任寵崇非次荷懼失圖臣誠恐誠喜頓首頓首臣本性下愚起自孤賤代耕之望心在於斯經遠之謀實非所及先朝驅策

以奉綸言曲承眷私累漸階歷遂參重務有數彝倫未申報効永負天地孽由自作罪在難容伏以宸斷察微聖慈憫下抑羣議以屈法捨萬死以矜愚猶委藩條不坐親屬如臣之比前例所無戴感競惶殞越無措誓將沒齒効職南荒刻責自新庶補前咎常恐惡聲已被有汙於史冊朽骨縱歸實穢於泉壤豈謂天波一洗塵滓忽除面目何施灰粉亦足聖朝使過始有庸臣特賜崇階超授連率減論之貸曾未周星錄用之榮頓極今日素多孱劣又乏幹能將何以式遏外虞澄清列郡幸遇德音頻降霈澤普覃惠

恤困窮均省財賦盡除疾苦莫不昭蘇海隅蒼生自樂淳化臣奉宣清問遠布皇猷老少懷安抃躍相慶臣才非所任不敢冒榮必招無德之殃恐致負乘之寇伏請削除三品退守一州冀循恒資免至踰分庶迴宸鑒俯恤血誠所忝榮班請授能者無任戰荷懇迫之至謹差特進試鴻臚卿臣郝誠溢奉表謝恩陳乞以聞

代杜相公讓劒南元帥表

臣鴻漸惶恐言臣本自諸生素乏經邦之具無才無行至愚至拙其所望者在寸祿代耕而已往屬先帝中興時方草昧攀附日月遭逢盛時獲奉馳驅遂蒙委遇毫髮未報哀惶靡及陛下龍飛踐阼俊乂滿朝猶顧微臣使參大政備位宰輔出入六年上不能調和陰陽下不能親輔百姓朝典曠廢聖慮憂勞其心愧恥中夜三歎況外統羣帥遙制戎閫在臣懦劣非所堪任曩者受命而行屬西南未安中外所注雖有危難臣不合辭崔寧頃至朝廷親授經略及還方鎮事頗條理叔明獻恭並是良將自蒙擢用甚允聲實可以倚辦並堪獨任且將在閫外事得專之遠道取決恐失要會坐而臨制誠亦非宜今又靖謐臣何所効豈

苟貪榮利以固寵恩蓋鎮撫四夷宰相之任也陛下不以臣薄陋待罪鼎司至於疆事不休戎車不息實得參議任其安危無以裨補皆臣之罪也何必一方之務獨有責成特乞下鑒愚懇俯停戎號則王朝無兼授之寵臣下有知止之分昧死上言冀迴宸睠無任惶迫屏營之至謹奉表陳露以聞

代杜相公讓河南等道副元帥表

臣某言伏奉今月日恩制以臣兼河南江淮山南東道副元帥祗奉詔書俯伏流汗驚悚惶灼若無所容臣某誠惶

誠恐頓首頓首臣聞將帥者四方之守中夏垣翰也上以衛社稷外以撫戎夷國容不入於軍閫戎事得專其將命漢讓韓信以安危存亡之地齊擢穰苴以文武威附之名所授既難所責亦重非才而處鮮不敗事臣固陋無識蒙國厚恩遭時備位塵辱華衮見貽匈奴之哂不副蒼生之望效拙無補六年曠官陰陽愆和政理乖度金革未戢水旱相乘常待罪於策免敢希恩於望外臣所以徘徊遲澤尚忝中樞豈持祿保身苟自容也以其懸誠未鑒不敢固辭頃者即戎巴蜀總制羣師屬兩川未安遂任憂責而邊

患稍息方隅甫寧此蓋憑神武之威用廊廟之策不然者將顛沛是懼豈望於天幸哉陛下覆之如天容之如地矜其疾病察以愚懇特蒙優詔獲上兵符喜抃未寧遽承新命東南至海俾護諸軍外綏四國專制萬里以天子二老之任會諸侯九合之師事之濟否所繫尤大在臣懦劣非所克堪誠願飾愚磨鈍展効毫髮以報所授之恩以勤所忝之職而器非所適力又不任加之衰老事多廢忘豈可訓師詰禁以張威武伏冀求方叔南仲之賢授統一專征之寄天下大柄豈私於臣實恐傷陛下之知人千慮士之橫議誓將死請輒露血誠輕黷威嚴庶迴宸斷無任懇款屏營之至

第二表

臣某言伏以智小識淺懇辭新命德音緬邈聖旨如初憂悸慙惶寸陰難處情有所迫再黷宸嚴冀天光之下濟期夕殞之無恨臣某誠惶誠恐頓首頓首臣聞以賢授任猶誠盈滿無德而祿固宜勇退如或不量其分苟患失之貪榮冒寵以曠職事禍之所伏亦可畏也臣孤陋疵賤自視鈌然遭遇盛時謬此榮遠得以貂蟬袞服趨侍雲陛擁旄

仗節統護戎師崇班厚遇頓極於此退自惟省夙夜慙惶內曠論道經邦之位外乏濟河登山之功但終恩眷萬不酬一四方歸責喧喧盈耳陛下矜其不逮近罷即戎未踰旬時又辱謀帥私懷爽絕以驚以怖昔光武見事於千里之外諸將授成算而已陛下聰明神武超然過之戡濟多難犬戎大定今天下方鎮東南最寧但委之將守授以經畧自可致理又何足虞豈必以不才之臣竊非據之位加之衰憊難於力強陛下知人則哲憫臣竊位之愚固當降殊私之貸開至公之選倘以懦敗事謗鈌上聞雖欲宥之

其可及也昧死陳乞庶鑒愚誠祈於必從不敢有隱伏冀收春雨之既降迴朝陽而見燭俾不能者止實望於曲成之仁也無任懇迫屏營之至

代擬宰相謝加銀青幷郡公表

臣某言伏奉今日制書加臣銀青光祿大夫特封河南郡開國公食邑二千戶承命戰驚伏詔惶駭拜抃無次感涕失容中謝臣累代宗儒傳經素位所以勉修學藝將業其官而文愧承家識非半古本期代耕之祿稍階載筆之地幸參近署久侍內朝謬霑雨露之恩頗甄歲月之效獲承

大命謝舊訓之規載忝有司無辯論之實既虛職守常懼滿盈無日不思每期負眹當時同列咸所明知豈意朝廷方正於紀綱天地忽恩於微細擢升佐輔望出羣情陳乞靡從曠廢何甚在萬邦之化育處百辟之儀刑出自諸生猥當非據所以風雨愆候歲穀不登邊檄交馳田租減耗凡此數事職臣之由歷觀舊典合貶優秩累因陛下奏獻封章天威俯臨愚誠屢奪雖瀝懇無報期至誠必通上仰於朝庶幾諧願受策於第是所甘心方祈獲免之時更遇非常之賜特承七命之貴超過八階仍叨五等之榮坐封千里雖庭堅謨弼之德山甫將明之才榮遇今恩亦稱踰分況臣道慙先哲識類平人未遂退還已紆聖眷頻煩寵拜實懼神明伏乞俯照血誠特迴睿旨夫上有無功之授則下多不勸之嫌涓滴之勞未彰於近掖風塵之議已集於遠方所以撫心疚懷不敢奉詔拜手流汗詎容飾詞無任慙惶之至

代裴相公讓將相封爵表

臣某惶恐言臣聞無德而祿殃咎必至又鬼神害盈而福謙蓋經籍之明言聖哲之垂誡也臣儒門孤賤行拙性愚

自甘散棄豈望榮達時來驟進任遇頗重備位將相無補聖朝道惡其滿天與之疾素有氣癖兼之風眩又多煩躁事劇則昏伏以軍國重務猥承參決強策駑朽以親事任精爽潛耗病源益深近日有加曠旬彌滯食不知味所進殊少形神憔悴惘惘不樂聖慈憐憫曲念微生御膳名醫屢蒙降錫霈然有喜載感於渥恩終亦無瘳復增其沈痼豈不以祿秩過量憂負在心強其不逮之分促其有終之限以茲速戾固亦明徵且臣子之急必告君父在臣今日實堪憐憫以陛下之知臣豈獨厚其爵位也以陛下之念

臣豈不存其骸骨也臣以冒寵則鄰於危殆辭榮則安於攝衛伏冀特迴宸眷俯察愚誠削除官爵使養衰疾庶垂白之年受賜於陛下生成之德有過於天地無任懇迫屏營之至

第二表

臣某言伏以衰疾沈綿久曠樞務憂惶迫切不敢自安所以昧死讓將相列侯印綬披瀝丹愚再有陳乞顧景待命還旨如初窮情未達轉益危困臣誠惶誠恐頓首頓首臣內顧微躬自量拙分無片善可取無一事可稱皆緣際會

參務軍國尸榮竊位公責所歸且智小謀大鮮不敗事福過災生常然之理一自嬰瘵旬朔未瘳大減服食晦明異候竊料氣力衰憊恐先犬馬乞遂閑退庶安形神且臣素疵賤敢期貴達常慮薄質不堪重任今祿位俱極過逾涯分致此沈痼得非害盈思自損抑冀通神理又不親政事歷受寵榮廢公曠時益用慙懼所以塵黷旒扆至於再三情迫於茲敢有所隱愚樸之性陛下素知加以危頓豈容矯飾伏望罷其新授貸以殘生昔漢魏近臣有以暮年久疾者則賜告就第或再起復位若大限未盡羸疴漸平聖

慈不棄驅策非晚重得珥貂丹禁條紫玉墀則微効獲伸所乞無幾如或殆至深慮何必蹔榮儻生遂其志沒無所恨矣實冀皇天聽卑於在上太陽迴舍於生成俯納誠祈退令攝衛衰朽餘齒殊私曲全受賜則多生涯之幸臣無任懇迫之至

代王尚書讓官表

臣某言臣聞綆之短者無以汲深馬之疲者無以致遠臣實凡淺素乏器能爰自效官累蒙驅策服勤中外三十餘年始奉將作遽加節制叨尹京觀之任兼副八座之權空

勵駑鈍竟無補裨陛下寬其罪戾特見優容尚列周行更升榮級臣以殿中監依前檢校刑部尚書未經數月又集賢待制豈臣才能及此皆是明主曲成感戴殊私不忘寢食誓將竭節以報國恩而去歲以來累嬰沈瘵形神久殆筋力漸微在假日多朝天未克顧惟所職倍益兢惶地近宮闈事繁供應統茲六尚之務不可一日缺人以臣之曠所害尤甚雖欲匍匐就列支持守官力所不任難於自勉伏乞矜臣不逮許停此官在臣血誠實惟志願無任懇迫之至

第二表

臣某言臣聞爲臣事君貴於無隱情有所切必以上聞苟易茲道卽非盡節臣以衰憊形貌支離自冬徂春心勞力竭竊料旬月之內未能趨拜闕庭殿省務殷實憂廢失昨以所瀝上請乞罷此官天路高深未能允納伏覩墨詔冰炭交懷且人之立身大抵榮祿蓋有欲之而不得未有得之而願辭今臣務總六尚位雄九列往來中禁輝映當朝在臣私門實深慶幸若力能奉職智可效官豈敢罔冒天聽堅爲飾讓推之物理況見愚衷又臣疇昔之志每懷勤

恪比雖綿惙倍益殷憂小有供擬盡關心慮以茲重困轉覺疲羸伏乞天慈察臣不逮儻獲免所職俯救沉痾生成之恩無以堪比無任懇迫之至

謝除考功郎中知制誥表

臣袞言伏奉去年十二月二十六日恩制授臣考功郎中餘如故猥降詔書特榮新命祇荷殊造若無所容臣袞誠惶誠恐稽首頓首臣本諸生素虧令望憑藉儒業遭逢聖時幸從彝序累踐清秩得以文墨侍於軒墀五字非功四年待罪禁垣之右朝奉如綸宸扆之前夜參視草以地尤密惟才必精在臣無堪忝跡斯甚食浮之議所責何逃陛下宏奬文儒優容侍從恕其職事之闕錄以歲時之深爰錫朝章俾遷郎位典掌如舊寵榮有加翺翔雲霄沐浴雨露俯伏拜賜心靈若飛効薄恩崇罔知攸措何以上報期於死節無任感戴屏營之至

讓門下侍郎平章事第一表

臣袞言伏奉今日恩旨除臣門下侍郎平章事祇奉失圖進退無據捧詔驚駭銜恩戰惶徵存懇誠得自陳露臣某誠惶誠恐頓首頓首臣本書生粗傳舊業猥以文藝辱於

職官去歲已前尚忝絲綸之末今年夏首遂登鈞石之司舊德名臣當朝宿齒不忝此選獨進非才撫已再思何顏自處伏以朝廷新有處分重舉典章而上稟睿謀下清庶品通於元本猶懼匪服之嫌訪於顓蒙將貽覆餗之責伏乞俯迴天鑒更擇時賢則三階有協贊之功兩府無尸曠之誚無任恐惶之至

第二表

臣袞言臣退省無堪恐辱寵授是以昧死上言拜手稽首讓於百辟卿士冀迴宸鑒以遂至公鴻私復降墨詔未允

慙赧惶怖不知所圖臣某誠惶誠恐稽首頓首臣聞左右惟賢國安在相處儀表之地當興化之源故有開必先元感幽贊軒皇則三台作配虞舜則五老同游殷夢帝而得說周降神而生甫用能洽皇王之道致天地之和至於漢興亦用人傑爰及江表猶擇偉才當此大任固非常品臣性惟愚拙才無經濟徒以趨宮覲聖逮事先朝頴川扈蹕獲承中顧凡所履歷莫非塵忝出於始望之外不知自至之由豈謂元造曲成大明私照俾佐邦政得參廟謀竊以當今樞務之重在昔上公之任臣識非通博不可以論道

文非雅正不足以經邦德不能鎮撫四夷政不能親附百姓況戎車尚駕邊患未寧方欲宏濟艱難以崇大化故非齷齪廉謹所能稱職若不自揣度苟貪寵榮寧止尸官備員期於鼎折棟橈伏乞訪求羣議選用上才使聖朝有則哲之明臣下無虛據之責蹐天跼地誓將死請如或聖眷俯迴實亦天下幸甚無任懇迫屏營之至謹奉表陳乞以聞

代嚴大夫謝黃門侍郎表

臣武言伏奉今月十八日恩制除臣黃門侍郎忽降紫泥擢升黃閣出自非望感恩戰懼臣某中謝臣才乏經綸時逢際會累更天秩何補聖朝三踐掖垣九除憲府有慙匡正空忝觸邪犀節四持亂繩不理牙璋再建橫草無功既曠職於神州又尸官於華省屬犬戎猾夏鑾駕省方未殄國讎正當臣辱陛下分麾以討傳檄自安空隨冗從之流竟乏橫行之議尚淹致命仍更冒榮方扈宸遊遽膺夕拜久缺斯任永難其人本求英儒將備顧問素無學術何以允諧竊汙軒屏謬塵瑣闥寵榮非望秖荷失圖恩重才微難於捧戴眷深効淺祗益兢惶上答生成唯知死節無任感戴屏營之至

爲福州刺史謝上表

臣某言奏事官特進試鴻臚卿臣郝誠溢至伏奉墨制優答兼賜手詔宸旨寵臨榮渥光被跪讀流汗捧抃失容臣某誠懽誠喜頓首頓首臣伏以聖慈宥過朝獎踰涯敢希身榮以冒班列昧死陳乞冀遂愚誠天覆棄瑕藩寄如舊宜勉駑鈍以効涓塵不敢稽恩有靦承命感戴欣躍仰荷殊私跼蹐戰兢實憂曠職謹當宣布德澤奉行科條苦節以輯疲人誓心擬補前咎夙夜祗畏懲省微勤期於萬一

以申上報無任捧戴屏營之至謹奉表以聞

潮州刺史謝上表

臣某言臣冒犯刑章合當萬死曲蒙慈貸特賜再生仍假分符更承寵授感恩待罪心魂戰越以九月十一日到州上訖臣某誠惶誠恐頓首頓首臣凡賤末品非才冒榮虛忝國恩實昧朝典尸榮無補公責所歸竊自循省早宜譴黜永惟光顧未答殊私慙負至深衷惶靡及陛下以大聖承統以至明照臨孝思感於天地儉德齊於堯禹道在還淳化先無事臣宜進賢以報國同力以守公而乃輕奏忠

良苟循愚執豈非臣褊心失措躁遽而然亦是速戾之時迷誤至此負恩至重自孽何逃處之嚴刑猶未塞責豈謂特迴宸斷俯降天慈矜臣蠢愚憫臣孤弱全其將朽之骨復其已逝之魂俾奉藩條獲從職守悚惕懼荷罔知所圖臣自辭闕庭深省罪釁未嘗頃刻輒忘悔尤終朝再馳每懷懲戒終夜不寐每思兢慙尚偷餘生誓將改過敢惜微命以自懷安敬勵丹誠庶答鴻覆況親人之寄在遠尤切謹當宣揚聖化慰撫海隅少安疲甿以展微効伏以差使上謝有虧格文跼蹐憂惶不敢專擅無任懇迫之至謹附本道觀察使便使奉表陳謝以聞

欽定全唐文卷四百十八

常袞九

謝銀青光祿大夫河内郡開國公第二表

臣某言内侍喬獻德至奉示答臣所讓新授階封德音宜即斷來表者臣自沐恩私不遑寢息所以上冒宸扆頓首拜章瀝懇于宴賜之辰披誠于對敭之次累煩睿覽下執愚衷竊以榮級清階本因馭貴分茅錫土必在報功冀達舊章非勤飾讓今天書再及嚴旨不移受詔兢惶撫躬震越伏自思念戰汗交馳恐負聖睿之慈當審微臣之分何

者謬升非次既參二府之榮縱避今恩不減四方之責唯當勉申蹇蹇恭守紀綱苟塵露之可裨雖灰壤而無恨重承嚴命不敢固辭此生甚微厚施何答無任惶懼感荷之至謹奉表陳謝以聞臣某誠惶誠恐稽首頓首謹言

為李大夫謝恩表

臣某言伏奉聖恩捨臣罪戾復臣班榮承命驚慙戴恩惶抃臣某誠懽誠懼頓首頓首伏惟乾元光天文武大聖至德孝感皇帝陛下俯寬國法大庇宗枝兄抵憲章已從輕典臣合緣坐又貸殊私雷霆解威日月迴照枯木之上殘花忽開死灰之中餘燼再熱曲承含育特荷仁慈一門感恩萬死何效謹奉表陳謝以聞臣某誠懽誠懼頓首頓首謹言

謝兄授太子僕表

臣某言伏奉五月十七日恩制授臣兄依前祕書省著作郎太子僕特恩曲降殊私下霑踴躍宛轉兢惶震越臣某誠懽誠喜頓首頓首臣自承餘用已積歲時内省微效未申涓瀝虛受祿俸有靦官榮在公無益已寬臣罪及私之幸又獎臣兄伏以頃冒朝章兄合同坐伏蒙慈貸仍進常

班卑賤孤門已墜復立烝嘗獲主將廢更存寵被幽明戴感天日求之古今無臣此例雖肝膽塗地未塞前責而冀土餘生尋加後命臣授方鎮兼錫崇階兄拜宮僚又參高秩慶聯雁序澤及鶺飛承命若驚何功至此愧心跼蹐赧汗流離非望驟遷罔知所措殘骸萬死難以上酬無任感荷兢抃之至謹遣散將某官某奉表陳謝以聞

謝兄授祕書省著作郎表

臣某言伏奉閏五月二十四日恩制授臣兄太常丞祕書省著作郎臣待罪兢灼啟處不遑寵命薦臨驚抃失次臣

某誠喜誠懼頓首頓首臣上負國恩自抵邦憲聖慈矜宥屈法全生猶許自新特虧令典惶怖殞越夙夜載馳雖荷殊渥尚憂嚴命臣兄合從連坐伏待貶官不謂元造曲成鴻私下覆在憂惕之際特授寵榮當譴斥之時忽承遷轉品秩下降清望有加復齒周行獲陪班列向非親紆聽斷俯燭幽微則骨月分竄于殊方簪裾永絕于昭代豈望更玷人次再沐朝奉罪重邱山恩過天地感戴慙恧俯伏驚惶臣竊自思惟無所上報庶將懲改前過克勵殘骸苦節誓心冀申萬一無任感恩惶懼之至

謝贈官表

臣衮言伏奉今日恩命臣亡祖故慶王文學先臣楚珪贈兵部尚書亡祖母王氏贈齊國夫人亡父故京兆府三原縣丞贈給事中先臣無爲贈太子太保亡母南陽縣太君張氏贈鄧國夫人仍賜立私廟三室慈旨忽臨㦨冊加等哀榮頓極感涕交流今日殺身此生分足臣衮中謝臣聞德及於人功濟於物然後光昭祖考特加追命之榮崇嚴廟室俾展奉先之敬臣授任非據尸位已淹合上叩公朝退身私第顧以未禪神化誓答皇慈尚塵青瑣之闈猶汙玉堂之署乾坤施厚歲月恩深趨進崇階坐封故郡如臣之比罕見其倫今又念及先臣旌其內訓寵以六官之長榮極三師之列魚軒表于東海翟茀賦于南都宗祏有儀春秋有祀變其士祭之禮被其公服之章昭穆偕昇感懷泣血永惟臣之祖父業茂文儒夙荷重名不躋通列微夫小子實忝前人才薄位高上慙無地夙夜感切啟處不寧豈謂寵臨薦加志願俱畢人子之道聖睿曲成情禮之間私門獲遂屬當禁火歸省先塋便奉除書以時昭展灑雨露於松柏懸日月於邱封閭里相榮故老垂泣不圖存沒頓極于斯寵渥殊常戴荷失次於家出望於國無勞惶赧踧踖不知所報無任感慶屏營之至謹奉表陳謝以聞

謝妻封宏農郡夫人表

臣某言伏奉恩命賜臣妻楊氏邑號封宏農郡夫人伏以古者卿大夫之妻咸曰命婦亦曰內子但有稱謂皆無封邑其後雖有石窌延鄉之錫亦無夫人之號唯漢魏戚里晉宋外家平源清河疏郡以馭貴建昌高密啟邑以睦親猶止于郡縣君而已近代著令國朝相襲階至三品妻封夫人上比鵲巢遠齊翟茀禮秩兼盛等威稍逾其或褒贊

勳臣光華戚屬以茲而授尚可相循臣以凡賤謬承委遇尸職已久愧心匪寧仰酬國恩分寸未展內省家事慈渥過豐又蒙曲私霑及主饋特封嘉號載錫徽章中壼慶其秩高外姻賀其禮盛儀參貴列寵極私門自顧何功叨榮至此頓逾涯分退益兢惶無任荷戴屏營之至謹奉表陳謝以聞

爲李大夫謝御製詩表

臣某言伏奉恩旨賜臣詩一篇幷酒脯文迴睿思忽懸日月之光膳自御廚更覩雲天之樂感恩抃躍受賜兢惶施

已重於邱山功未申於毫髮賞則過望臣何以堪無任感戴悅豫之至謹奉表陳謝以聞臣某誠歡誠喜頓首頓首謹言

謝賜緋表

臣衮言今日內給事潘副宗奉宣勅旨賜臣緋衣一副幷魚袋玉帶牙笏等寵自天來恩加望外顧已何幸循涯若驚臣衮中謝臣學愧聚螢才非倚馬典墳未博謬塵良史之官詞翰不工叨辱侍臣之列唯知待罪敢望殊私銀章雪明朱紱霞映魚須在手虹玉橫腰祇奉寵榮頓忘兢惕蜉蝣之詠恐刺國風螻蟻之誠難酬天造捧戴無力兢惶在心無任感荷屏營之至

謝進橙子賜茶表

臣某言中使某至奉宣聖旨以臣所進太清宮聖祖殿前橙子賜茶百串榮賚非次承命兢惶伏以陛下尊元元于上宮本枝既盛降馨香于嘉木果實自珍常令護領之司及時採掇以進臣謬當率職正在茲期豈望皇澤之曲臨寵及下臣之私獻貪天是懼蹐地載惶無任

謝內宴賜錦綵器物等表

臣某言伏奉恩旨賜臣內宴仍賜錦綵綾絹四百匹瓶盤五事衣二副幷柑橘等殊常之寵上戴若驚伏惟寶應元聖文武皇帝陛下恭儉以行禮慈惠以布政式厚君臣之義爰崇宴饗之道至如醴以命宥幣以將意非有方叔之勳曾侯之親則不可以禮奉和之樂溥將之也臣以至愚承歡無益尸官夙夜自惟兢惶失次尚蒙慈恕猶辱樞衡薦沐鴻私歡承嘉惠接雲霄之上境陪勳戚于內朝宸威俯臨以戰以悚中食循省實慙孤賤微生遭逢一至於此睿眷流渥慈賞過豐廣乾坤而行慶俾下臣之受福束帛

加璧申錫，在於王庭。珍器黃柑，浹洽至于歸第。拜恩初喜，審分增憂。臣實非才，事無任効。待罪巳久，冒榮則多。況戎患未寧，寅車尚駕。聖懷所軫，日旰忘勞。躬行儉素，以濟軍國。臣之俸祿，猶合助邊。臣之服用，敢安私室。今又俯霑慶賞，將此勞臣。雖宏覆曲全，務於均施。而丹誠上感，實愧無功。不勝荷懼屏營之至。

謝端午賜衣及器物等表

臣袞言：中使羅希皎至，奉宣恩旨，賜臣衣二襲、金銀器物十事、百索兩軸、扇一柄。特降王人，俯臨私第。捧承殊賚，祗

荷失圖。臣袞誠惶誠恐，頓首頓首。伏以聖政惟新，方求至理。天心所待，豈止常才。在臣庸愚，何足驅使。自受恩宸扆，巳積三旬。尸素廟堂，未有能事。固宜歸責，誠合避賢。聖恩優容，寵渥逾厚。今屬三陽屆節，五日御辰。下濟天光，曲流睿澤。王人班器，司服降衣。飾其盤盂，示以金玉。王度總其領會，將以黼藻朝章。佩色絲而表祥，捧輕箑而迎暑。寵光逾分，憂負難勝。出自禁中，珍華未覩。在於臣下，服用敢安。既承飾外之恩，彌積善中之懼。無任感戴屏營之至。

謝端午賜衣及器物等表

臣某言：中使某至，奉宣聖旨，賜臣衣兩襲、金銀器物十事、扇一柄、百索兩軸。伏以塵忝台司，曠廢事任。遭逢若此，報效無聞。罪譴未加，巳荷曲成之施。庸愚不逮，恐傷則哲之明。所以亟冒宸嚴，懇祈罷黜。中慈未允，外責彌深。徘徊遲恩，靦愧朝列。四時之錫，累沐寵私。五日之慶，又蒙榮賚。衣服器用，特降珍華。疵賤凡微，曷堪光飾。況師旅在外，疆界未寧。日費千金，簞無斗菽。今有功之士，賞或未周。無益之官，寵之過厚。巳紆成命，不敢上辭。惶赧拜恩，實慚虛受。無任荷懼之至。謹奉謝表以聞。

謝社日賜羊酒等表

臣某言：內常侍王子昇至，宣奉聖旨，以社日賜臣羊酒脯腊、海味、油麪、粳米等，仍特賜藥飲者。喜抃失容，兢慙無措。臣誠惶誠悚，頓首頓首。臣叨踐台階，巳速官謗。聖慈矜宥，殊貸曲全。猶使省近掖之文，重高門之地。白骨再起，飛魂復還。感恩若驚，雖死何答。伏以宰輔之任，變和所關。自頃愆陽，向逾累月。近方降雨，今復周旬。致令水旱不時，陰陽失序。若令歸責，臣亦何逃。故事昭然，所宜黜免。且勾龍立社，祀典攸書。大稷主農，國章斯在。以享田祖，以報秋成。今

穎實未登粢盛乖望是君積憂之日是臣獲戾之時豈望慶自雲天曲容酒食之宴恩霑疵賤下及膏粱之珍醉樂空比于堯人宰平實慚于漢相無功受賜有靦何逃上戴寵私益深惶惕無任抃躍屏營之至

謝冬至賜羊酒等表

臣某言中使某至奉宣聖旨以至節賜臣米麪羊酒豬鹿雜味等伏以非才曠官微臣之愧恥待寬責薄聖造之矜容貸罪則多負恩已甚進思無補退復何顏以周官之職且乖于水旱而漢臣之賜空積于歲時屬北陸涸陰南郊

迎日古今良節朝野同休天慈過深榮賚逾厚王人結駟膳宰駢輜特減内庖之珍遍賜遠方之異光華里閈充溢門閭臣本布衣列於賤品千年遇聖忽至曆霄萬死酬恩豈裨大化素甘藜糗既飽於粱肉多乏濁醪既醉于醇酎薦沐非常之寵不知所忝之由少長對筵悲歡相慶何功而至此何力以任之捧戴若驚慚惶交集無任

謝賜宴表

臣某言臣一昨特荷聖慈曲承寵會今日又奉進止臣兄太常丞臣某亦霑内宴仍賜錦綵百匹衣一襲并銀器等非據之任已忝股肱曲成之恩更及骨月仰天增愧何地有安臣某中謝臣聞禮之制也以飲食親宗族詩之義也以愷樂宴嘉賓以通上下之情以展君臣之義將以裨於風化故無謬於寵私伏惟陛下稽古以理宗儒之教示其恭儉之訓溥須雨露之恩叶時布和式崇饗宴至於需以酒食昭其慈惠必先宗戚次及舊勳臣出於孤賤又乏功勞無所克堪豈宜齒列臣兄何幸又沐殊榮寵極膳羞之珍禮優筐篚之至合生成於同氣聚慶賀於私庭昔人猶咏於鹿鳴在臣兼輝於雁序手足無措攜分空慙形影相

顧捐軀何答臣無任

謝勑書賜臘日口脂等表

臣某言内侍蒙日新等至奉宣恩命賜臣面脂口脂香藥澡豆并銀餅子等伏以受任以來殊私未答每更節候愧曠歲時屬元律送寒清霜戒臘陛下爰修大蜡用告順成既息田夫復祭先嗇臣以涓埃莫効冰炭相仍年穀未登人財益匱致茲不稔之咎實媿報農之辰兢惶失圖啟處無地聖慈全宥寵錫過優珍器鮮華蘭膏芬潤以疵賤之質忽降御旨以靦冒之容忽澡天澤省躬無措跪奉何施

粉骨酬恩未伸萬一無任感戴欣懼之至謹奉表陳謝以
聞

爲河南魏尹謝官陳情表

臣少游言伏奉恩旨除某州刺史尋即有替又蒙恩除臣京兆尹澤及退荒榮霑枯朽以驚以惕載抃載歡臣少游誠歡誠喜頓首頓首臣名無德稱官偶時來政謝有經文慚無害朝恩早竊班命累塵每食皆浮何官不曠四三年內榮至崇高萬一分中效仍微薄適涯若此招損宜然頃者獲罪於天跼身無地曲承鴻霈仍佐隼旟省揆責輕寢興憂負豈圖昭洗瑕穢發生羽毛不次之恩九霄橫落無階之位四裔超登開散皇明寵銜臣竊捧酬元造幣戴崇山且河洛軍輿京尹寄切念臣術非鉤距識昧平反將何以肅清姦回董正人吏自蒙擢顧見天顏限以阻修未承勅命傳聞尚惑奔赴終勤以七月一日發自渠州星言即路久冒炎瘴因成癘疷行役支離轉加沈瘵隙光是迫草露將危今月四日乘輿至漢中尋問醫藥直省王許佺至奉宣進止促臣行程震威俯臨精魂飛散進退無措屏營失圖即以今日驅策殘骸載馳鳳闕猶冀獲全餘喘祇謁龍顏犬馬之疾久纏螻蟻之誠愈結無任感戴懇迫之至謹因直省王許佺迴謹奉表陳謝以聞臣少游誠惶誠恐頓首頓首謹言

代崔公授祕書監致仕謝表

臣某言伏奉恩制授臣銀青光祿大夫祕書監仍聽致仕臣聞不修其德老當見遺無益於時祿不虛詔伏惟陛下以大聖撫運以至公宰物凡在爵秩必俟賢能況茲寵異豈及駑朽臣官歷五朝年逾八十勤勞莫效齒髮久衰舊好同游索然已盡經行郡國不見一人歡娛且少形骸如寄古之養老義在師臣必公卿大夫耆年多疾乃有詔書褒勞之寵靈壽安車之賜不然則高尚之士亦以道存非閔仲之潔清姜肱之孝行固不可猥承嘉命特受殊禮今陛下以臣之甥任在樞近階緣厚遇曲被鴻私官品過崇越於班列疵賤忽貴枯瘁增華親戚相榮以感以泣猶復恤其羸憊貸以休閑成周禮四方之適存漢儀八月之問惠養益厚等威益尊冒恩不訾仰戴無力殘生有幾上報何階無任感戴之至

謝米麪羊酒等狀

右中使某至奉宣恩命以至節恩賜米麪羊酒猪鹿及雜口味等者聖旨頻降榮賚過優以周官百品之珍載頒其實雖魏臣五釜之貴豈容其多受賜踰涯拜恩失序臣出自孤賤素甘貧苦不過滿腹竊誡終身且祭不掩豆飯惟脫粟昔聖之美其儉可師敢望豐盈重彰尸曠而雨露偏施歲時益榮俾奉先之饗味兼海陸合族之宴及於膏粱又沐深慈下霑中饋以感以慶啟處難任無德無功慙惶罔措無任戴荷兢惶之至

謝勑書手詔狀

右今月十一日中使劉元玉至奉宣慰命賜臣前件書詔臣謬忝防虞未伸戎效寄分廉察又乏吏能尸素實深咎責難逭聖慈宏貸榮渥累霑俯降天書兼賜墨詔睿詞寵飾曾無毫髮之勞宸旨密臨時受腹心之寄自驚朽骨遠被殊恩捧承戰慄拜跪踴躍駑蹇之力過負已多鴻施未酬慚懼彌積軍州同慶惠澤溥將慰勉載加感悅交集無任抃躍惶悚之至

社日謝賜羊酒海味及茶等狀

右中使某至伏蒙聖慈賜前件羊酒等臣謬塵重任已積歲時日有餐錢月受高俸過蒙溫飫常愧有餘內省謀猷實慚不足益彰尸忝深誡滿盈屬上戊御辰勞農報社賜兼海陸品極珍鮮上減御飧下豐私室何功而受承寵若驚惶恐拜恩戰懼交集無任戴荷欣抃之至

重九謝賜餻酒等狀

右中使劉君壽等至伏奉恩命賜臣前件餻酒等仍令樂飲者伏以元月戒時清風應律宜於長久欣聖祚之壽昌復見芳華喜陽數之重合時恩忽降節賜荐加王人寵臨御膳分旨膏以粉餌蒸以餹餻緑芋金茅紫蕉筠節萸黃

清酒嘗聞舊俗之傳蕙苡調賜今覩靈珍之味此蓋人苑吏上獻嘉辰豈伊凡品微生下霑殊貺賜宴既聯于伯仲覃恩更及於室家稠疊寵光低迴隕越一門同慶萬死何酬

謝每日賜食狀

臣袞言臣聞恩或曲存義不虛受故耆儒碩德方載珍羞大節殊勳乃加禮食至於列曹分署各置餐錢匪頒王饔食有公膳陛下勵精庶政垂意輔臣特降非常之慈屢蒙每日之賜上林果實至必先時大官飧牢送無曠日臣等

自登三事已涉三旬當朝廷釐革之時佐海內安危之重入趨殿省常奉憂人之旨出在朝堂每思克己之功而不能陳一策進一賢外無平戎之謀內闕敘官之實四夷未格百姓未寧不副憂勤合當罪譴更承飫賜實用慚惶既招折足之嫌將貽滕口之誚伏望重回宸睠載允誠詞俯停三錫之恩伏免萬方之責則神明或祐官謗不行在微臣再受多福無任懇迫悚懼之至

謝賜鹿狀

右中使祁國俊至奉宣恩旨以前件鹿稍覺鮮好特以賜

臣者謬竊和羹之任累承分食之恩無補涓塵叨霑雨露上戴洪造內愧素餐伏以陛下順時令以宣風展春蒐之彝典有司奉職上苑從禽將備御庖獻茲鮮獸宜供六膳以副八珍臣實無功何以受賜寵承殊渥味則非時顧調飪而空慚荷生成而何答無任感恩悚抃之至

謝賜甘蔗芋等狀

右今月某日喬某至奉宣恩命賜苑中所種甘蔗及芋等其形豐其味甘曲被生成之恩宛同吳蜀之物過蒙頒錫伏用驚喜陛下以萬靈效祉六合同風養之則生孰云其遠化之自我不隔華夷將有絕域之人服中州而稟教故使他邦之產歸上苑而咸植既登天膳實表地成太和之理於斯可見捧承異貺兢踢素餐感戴之誠倍百恒品不任受恩悚懼之至

謝恩賜春衣狀

右今月五日監軍某乙差行營十將某乙送正月十二日書詔并賜臣衣三副軍將二人衣二副跪伏捧承惶悚殞越臣素以愚懦昧於吏能虛受寵私豈堪任使謬承條察吏法非明忝司訓練戎行不肅今之曠職獨有微臣宜懲

冒榮以勵分鑣豈謂特迴聖睠俯示天書曲降宸慈再加墨詔下頒春服遠被時恩獎飾逾渥兢惶失次載光師旅仍錫偏裨誓以捐軀期於上報無任慶抃悚踴之至

謝賜馬狀

右中使某奉宣恩旨賜臣前件馬臣竊位台司已招官謗未申薄効遽沐殊私捧荷驚惶心魂震越上慚慈睠下愧周行素無致遠之資益懼負乘之咎無任感戴之至

進貞懿皇后哀冊文狀

右奉進止令臣撰詞訖謹隨狀封進伏以纂述坤儀宏宣

聖悼禮有追冊文以敘哀前代以來舊章不易屬詞之重高選文臣晉之恭后則王彪之顏延年咸製其詞哀華著稱至貞觀中文德皇后遷座特詔虞世南撰述編於文館永播徽音此三臣者皆以鴻藻奮於一時用能紀皇壺之風煥青史之簡臣才學甚淺典策非工承詔兢悚匪遑夙夜伏自循省叨竊至深陛下徃命貴妃追封殊號冊謚之令皆臣奉行德範柔明多所遺闕退思鄙薄於今愧赧況又獲承慈旨重紀芳猷雖竭庸虛慚無藻麗屬文明天下多士盈朝顧其式瞻何以昭示冒瀆上獻益用兢惶無任戰懼之至

欽定全唐文卷四百十九

常袞十

故四鎮北庭行營節度使扶風郡王贈司徒馬公神道碑銘

皇帝使常侍以故征西扶風郡王臣璘功行之錄詔門下侍郎平章事臣袞曰古諸侯大夫討功稱伐書於太常勒之彝器德勳高故其文懿事業實故其言遠有國之大經也納忠於王室豈褒紀之禮闕歟宜文其頌聲以昭示承休於豐碑焉臣謹按司勳之戎籍史官之年表而敘之云

聖人稽黃虞之道以武功文德統御天下赫赫明明罔不率俾唯犬戎自擅寇於我西土而猶懷以威德久而浸驕時乃大稽命將考之令典惟三年夏六月庶邦百辟洎侯王列將咸會於明廷乃大誥於爾在位有能與我西師僉曰璘哉是用詔以鷹揚之命於夏有鑾旂琱戈之賜公拜手稽首不敢辭難遂師師朝那弭節涇流恢耀武威以臨於戎狄既至乃以戎服立於軍門之外奉敭天子之威命而訓於將軍列校六正五吏三軍之大夫曰惟昔盛明必有憂難其在殷高宗也有鬼方之征其在周文祖也有昆

東之患秦以安定北地戎狄內侮漢以金城隴西氐羌入寇故遣卒以守衛中國修戰而高尚武力國家道德威於殷周甲兵雄於秦漢亦有邊患尚勞睿謀則疆臣之罪也將何以塞責誓將上奉神武之算下憑戎士之力鼓行而前殄殲羣慝詞情抗厲風雲動色於是舉軍法以誓之令簡而一衆畏而服雖嚄唶老將聞而悚然乃周覽其山川以備其戰守有若犀兕其威貙豻其勇屹立而不動者持重之將統焉禦於水硤之衝蒙輪超乘縵胡突鬢眈盼而横奮者雄毅之將董焉捍於瓦亭之陰輕軒飛翰闐闐桓

桓隸於射聲校尉以出松谷百夫之特萬人之敵屬於車師後部以殿銅城火渠門之旗舒於大回川雷密須之鼓殷於都盧山周之以木樵校聯布之以蘭石渠答部勒既定天地肅然遂使魁健氣索猛鷙魂駭卻略引去不敢近塞故八年之閒再寇而已此皆親稟睿略協用武經前後獻功悉如宸旨方將大復流沙遠收故地奪我良將罔卒西事以大歷十一年月日薨於戎府春秋五十六天子廢朝而歎曰安得雄邊威敵之臣如扶風乎遣中命以迎喪顧近侍而流涕其至第也百官會弔其遣奠也五校啓行

賵以車馬含有貝玉所以褒大勳也初公自二庭統甲士三千赴鳳翔行在遂陳滅胡之策先皇帝奇之曰吾無憂於東方也遂戰青渠陣灃水收二陝復三川衞南以百騎破五千河陽以一旅摧十萬史朝義悉師自將大戰邙山國家以天下勁兵夾攻未動公獨率所部不陣而馳偃旗先登鬭如虓虎鬭酣披靡橫貫而出迴戈奮擊虜陣始破交突數合轟然大潰時副元帥太尉光弼壯之曰吾用兵三十年未見以少擊衆雄捷之若此每有征伐大計悉咨訪焉斯亦羣帥之傑既而移軍右輔疾援河西固已離之

心存將棄之地及聞僕固懷恩之變即日旋師萬類千羣延蔓山谷輕行轉鬬虜殺而歸屆於岐都寇已四合公乃持滿外嚮全入懸門未及解甲背城出戰戎師北走數騎前追背血橫灑朱殷金甲楇戟而墜應弦而倒者數千萬人可謂三軍之絕也至於理鄭國撫潁封化郇邠寧上郡勤於藩職惠於長人勞徠流庸贍恤孤老縑綜綿纊工於織紝入而有制故大東之刺不作禾麻菽麥業於播藝用之有節故自北之化可懷此又列郡之率化也公字某扶風人也自秦漢至於國朝公卿大將軍通侯二千石踵武

王室休有烈光曾祖昭朝散大夫新豐縣令祖正會右威衛將軍扶風郡公贈光祿卿父晟左司禦率府兵曹參軍贈太子少保忠孝在門文武繼代宦婚之盛士族有耀惟公勳冑華茂雄姿高爽少有四方之志以才氣自任擺落凡格不嬰細微弋獵畋漁嘯咤川澤年二十讀伏波傳至大丈夫當於邊野以馬革裹屍而還慨然而歎曰豈使吾祖勳業墜於地乎由是慷憤邊戎徘徊孤劍遂西至絕域以奇功累授裨將歷金吾將軍殿中監太保御史中丞遷御史大夫領北庭行軍使邠州刺史加工部尚書節制

涇原以鄭潁二州隸之尋拜右僕射知省事階至儀同進封異姓副軍以降略而不書以英明之識遇聖明之運故得竭其智謀極其任遇抗大節以激危難攄洪仁以庇傷殘公之理軍也以穰苴兵法孫子十三篇先以正合終以奇勝閒廓深邃應變無端與之安與之危故可合不可離同其敗同其成故樂死不樂生至於木罌濟河登山拔幟解鞍而臥鞭馬而馳兼之有餘亦不差異嘗以家財二百萬贍三軍與其散已食於行伍陳賜金於廊廡何相去之遠哉公之事君也奉之以實納之以忠造郄前籌詞理明順檢身無過恭謹畏慎祿賜所加則受小辭大任使所及則履險讓夷以忠材而親重有絳侯之遇也以簡質而倚愛有吳漢之信也所謂國之神將朝之藎臣終慶於家永於福祚鐘石享於祖考帶礪傳於子孫宜哉嗣子旰等重族之戚隸業承家哀哀執喪痛結天壤萬家葬地能識昔賢十里邱封亦非遺志獲承君命欽率朝經請謚嘉名謂之合禮銘曰

峩峩雍城積高氣靈氣主金行良將乃生琅琅司徒雄略縱橫耽耽其視震震厥聲四方靜難二紀操兵初奮厥武

車師戎府鐵馬蚍矛大黃白羽天山瀚海歘薄風雨驍騎三千披荆謁主從我撫軍擊胡滅虜迴戈涼野解敵岐下烈烈英風橫飛西土遂佩珩璜分雄棨戟寵臨方鎮迺蔚迺赫洪稜遐振虜氣外折惠化滂流人心內結昆夷先零白旆至涇受算宸扆朱旗撫征密陰前塞義渠故城邱巒陵谷遠近相屬澶漫傾合紆餘迴復野戰高秋金羈馳逐左揮右射虎捷神速番渠愕視百姓推伏國於扶風祚爾嘉庸位長庶僚雁行三公王用蕃錫我有鼓鐘叔父昆弟燕私邕邕功成身歿寵厚厥終周漢二宣皆有勞臣北征

西討出車轔轔兮我司徒實同厥勳勳在王室光昭後昆

承天皇帝哀冊文

維大歷十三年歲在戊午四月丁未朔六日庚子故齊王謚曰承天皇帝與信公主季女謚曰恭順皇后初天寶十五載會有國難王首建大議扈先帝於朔陲以其年八月薨於行在某年某月追封齊王今上親親念切冊贈大號以大歷十三年六月遷座於咸陽銀𥦗傳曙金根在馭出仙禁兮逶迤指橫橋兮西去乃詔禮儀使工部尚書祖奠於行宮禮也聖慈友愛痛結天倫爰命作冊授之儒臣其

詞曰

天祚我唐帝系其昌鴻明皇皇子孫保光長發其祥倬生賢王英華外揚五色含章聰敏明粹孝友純至文麗春華神清顥氣所全者德不有其貴昔在開元錫羡其蕃儲后愛子天皇弄孫勝衣趨拜卽啓東藩山委慶賚雲翔渥恩紫殿丹臺兮相屬臨洞窅窅兮沈沈聯日光以金支燁芳蕚於瑤林甲觀宴兮承顏數寢門侍兮鍾愛深既閑詳於占對亦自守於沖退忘外事之嬰拂服前言之箴誨謂歡娛之未更何艱否之相會雲雷遘屯關洛陽塵乘輿南幸定議北巡上戴君父協於天人中興之業實賴經綸如何上元不假之年丹誤金鼎尊空玳筵軫於震慟澤漏重泉東負蒼海錫其土田顧謀始之言博謂飾終之恩薦崇章大號自我天作賜梁國之旌旗用魯侯之禮樂備物宮庭巍巍寵靈寶符玉牒照曜青瑩仙駕帝儀上升紫冥邦媛之妹婦道不踰遠辭金屋久閉珠襦錫以象服合於鮒隅嗚呼哀哉出國門兮蒼山轉辭白日兮長安遠驚颷落於桂宮零露霑於蘭坂建翠鳳兮葳蕤驂輅馬兮遲遲壽宮閉兮與天畢玉座深兮無曉時嬪嬙儼兮侍新寢鳧雁遊

兮非故池戢神輝之杳靄結吾君之眷思唯鴻勳之不泯渺然終古兮同斯

貞懿皇后哀冊文

維大歷十年歲在乙卯十月辛酉朔六日丙寅貴妃獨孤氏薨粤明日追謚曰貞懿皇后殯於內殿之西階十三年十月癸酉乃命門下侍郎同平章事常衮持節冊命以其月二十五日丁酉遷座於莊陵禮也素紗列位繡帟周庭輅升玉綴軒馱珠櫳皇帝悼鸞掩以追懷感麟趾而增慟備百禮以殷遣命六宮而哀送宗祝薦告司儀降收爰詔

侍臣紀垂鴻休其辭曰

祚祉悠久寵靈誕受元魏戚藩周隋帝后五侯迭興七貴居右肇啓皇運光膺文母纘女是因以綱大倫生知陰教育我蒸人瑞雲呈彩瑤星降神聰明睿知婉麗貞仁惟昔天監搜求才淑龍德在田葛覃于谷周姜胥宇漢后推轂王業惟艱嬪風已穆繼文傳聖嗣徽克令不曜其光乃終有慶祇奉園寢肅恭靈命越在哀煢聿追孝敬文織絲組朱綠元黃上供祭服以祀明堂法度有節不待珩璜篇訓之制自盈縑緗敘我邦族風於天下始於憂勤協成王化

慈厚諸女寵臨下嫁登進賢才勞謙日夜服繒示儉脫簪申誡訪問後言讌遊夙退內和羣娣動有矜誨外睦諸親泣辭封拜闕翟有日親蠶俟時忽歸清漢言復方祇萬乘悼懷羣臣慕思玉衣追慶金鈿同儀嗚呼哀哉去昭陽兮窅然乘雲駕兮何在人代宛兮如舊炎涼倏兮已改翠葆森以成列素旗儼而相待言從王兆之貞永閟瑤華之彩別長秋之西苑過望春兮南登招帝子於北渚從母后於東陵下土清兮動金翠外無像兮中有馮合簫挽以攢咽結雲雨之淒凝吾君感於幽期俯層亭而望思慘嬪嬡以延佇極容衞以盡時搖巾袂兮遠訣隔軒檻兮羣悲不復見兮迴御輦傷如何兮軫睿慈下蘭皋兮背芷陽旌悠悠兮野蒼蒼帶白花兮掩淚衣元帉兮斷腸當盛明兮共樂忽幽處兮獨傷去故廷兮日遠卽新宮兮夜長襚無文繡之飾器無珠貝之藏蓋自我之立制刑有國之大方嗚呼哀哉見送往之空歸歎終焉之如此方士神兮是與非甘泉畫兮疑復似遺音在於玉瑱陳迹留於金卮獻萬壽兮無期存二南之餘美嗚呼哀哉

冊謚承天皇帝文

維大歷四年歲次己酉五月甲辰朔十二日乙卯皇帝遣使某官某乙持節冊命曰於戲稽於古典考於謚法戚藩升號禮或闕文爰自先朝特追尊謚蓋以長而教順豈私親而立制合之殊禮允屬元勳天下至公不可廢也爾故齊王某慶稟霄極氣陶元和孝彰純行忠表令德學師申穆文友徐陳闕東平之詔尤推達禮辨南陽之牘可謂知微靜而有謀敏亦能斷往以王室多故翠華西巡緬懷家邦首建大義上戴君父紹開中興會五原之兵車復四海之疆宇懋此徽烈屈於流運愛深同氣痛結中腸頃雖襃

揚猶未僉允言念經啓之功載加飾終之數爰革舊典追崇大名是用冊王曰承天皇帝改置園邑從饗清廟贈以黃屋左纛龍旂九旒必備王者之儀用極送哀之禮庶榮厚穸有歎於懷嗚呼明靈尚服休命

故開府儀同三司上柱國贈太傅信王墓誌銘

昔周以仁厚之化睦於宗戚而武王之弟有國者三無官者五漢家雖皇子畢王而猶各守疆土不在京師我唐以孝理萬國周親並建至元宗儀制益重寵以留邸罷其歸藩大第連乎北宮高臺接乎雙闕今舊典不易特恩有加

所以廣親親之道洽骨肉之愛也王諱瑝字某元宗至道大聖大明孝皇帝第某子也母曰盧賢妃性與其貞氣合於純君親之際止於孝伯仲之間止於弟重以師傅之教資其賢淑之能實大雅之明哲高陽之恭懿也在開元時則帝子之寵紫殿溫清彤庭趨拜鳳姿秀發麟趾光華祚於海邦藩我王室在至德時則皇弟之貴駟馬之迎深於友愛三雍之獻益用親禮故詩有行葦勿踐所以昭忠厚也我皇既受命則叔父之尊安平望高淮南屬長其朝會也不在贊拜之列其宴私也特加壽觴之敬故書有分王展親所以美敦敘也至於綠池朱閣素月清風兄弟俱來子孫列侍偃蹇叢桂淹留芳草內饔分膳賜藥在庭杳然蓬瀛之外自適天人之樂斯非聖君尊寵之所尚賢王福履之所宜也以大歷九年十月庚午寢疾薨於上京春秋五十皇帝設位哀慟輟朝三日乃命中貴人襄事於內邸宗室屬籍哭於外次既殯又詔司儀備物典策追謚命太傅光祿勳持節弔祭京兆尹監護喪事以其年十一月庚申葬於細柳原妃范陽盧氏祔焉禮也嗣子某郡王某官某乙等孝極其至喪如不勝故事藩王墓銘別詔論譔微

臣惶恐謹而誌之詞曰

王瓚黃流文祖受命金璽綠綬賢王分慶惟此賢王令德孝恭尊事天子翼翼邕邕天子敬異優其賜與大輅之旂元袞及黼如何不永誰察誰補葬我叔父於渭之傍曉下蘭坂夕臨芷陽百官會送五校啓行鼓吹悽咽郊原淒涼御津門外遠睇連岡懷德增慟迴輿更傷

奉天皇帝長子新平郡王墓誌銘

維永泰元年歲次乙巳二月十七日新平郡王薨於西京之內邸春秋四十一粵以其年五月七日遷窆於萬年縣

龜川鄉細柳原禮也王諱嚴字伯莊睿宗之曾孫元宗之孫奉天皇帝之長子也幼而溫良夙乃碩茂動皆執禮言必稱詩皇孫之中德行推美周邦右戚漢典開封代繼讓王之尊親承太伯之嗣先朝友愛奕葉追崇常佳南楚之風每翫西園之月仁者不壽遘疾而終皇上軫棠棣之悲懷雁行之慘輟朝震悼義切天倫鸞輅云封龜占從吉俄辭舊邸言向佳城近灞陵之高原當細柳之吉地丹旐將引元甲啓行器備飾終禮有異等嗣子年在童幼執喪而哀詔葬之儀悲深先遠豐碑之變詞在刊銘銘曰

文昭武穆天孫帝子好古推賢樂善歸美親承太伯業繼賢王漢屏斯重周卿有光人閱於水夜遷於壑長坂蘭摧小山桂落細柳之地灞陵之川泉扃一閉幽隧千年

信王第七子贈太常卿鄴國公墓誌銘

維永泰元年歲在乙巳四月壬戌朔十一日壬申有唐信王第七子儔終於西京之內邸春秋一十有八嗚呼哀哉詔贈太常卿粵翌日追封鄴國公以其年五月三十日葬於細柳原禮也公系承霄極慶襲藩維忠肅立身孝恭成性早聯華於武穆能有裕於文孫令範韶閒良才美秀敦以友悌絕其交遊器適四科術通六藝宏此素尚暢於黃中宜其壽昌胡不秀實方固盤石遽凋本枝皇上義切友于情深悼往睠親軫念懷德增悲寵贈太常卿特優恒數仍錫苴茅之命用追棣蕚之榮日月有時卜云其吉送終灞岸載慟津門爰命侍臣碑刊貞石銘曰

元宗之孫信王之子性與聰悟天姿韶美始能趨拜卽異幼沖觀書魯壁習樂雍宮韞此器能方期光大一朝短折萬事冥昧皇恩寵贈友愛惟深幽扃永閉長夜沈沈

華州刺史李公墓誌銘

天垂將星著在三象國有武柄寧於四方授鉞其難止戈斯重定封豕長虵之孽致攀龍附鳳之功朱戟在門黃金橫帶命掌師旅化成公侯時有汧國公其人也公諱懷讓字某蓋漢將軍陵之後自五將失道家留隴山千年於玆因引貴族戎帳之下華風在焉奕葉相乘久雄朔北本枝必復終茂隴西公則成紀人也曾祖廣壯武將軍右武衛將軍祖忠雲麾將軍左金吾大將軍贈銀青光祿大夫太僕卿父俱定遠將軍右驍衛將軍贈銀青光祿大夫秦府都督積其勳望休有令名上將虎符延於三代列卿犀節

榮及九原後嗣其昌吾門益大公生於陝右少以勇聞重懸弧四方之事有長劍三軍之志去病籌略不學兵書賈逵見童卽陳部伍人許封侯之相時歸拜將之望以安危爲已任取富貴於掌上一日千里豈徒然哉以良家子選羽林郎騎射絕倫材官入侍射熊舊館戲馬前臺百步應弦兩驂如舞便蕃左右趨奉階闥秺侯篤愼漢帝褒嘉屬皇室艱難王師巡狩侍執羈靮扈陪鑾輿節見時危捧六龍於岐下口陳天命從五馬於回中披荊榛而執殳冒風雨而持蓋中原行在實掌禁戎領護鉤陳典司環列出入

警蹕肅清扞掫羽衛甚嚴軍容益振夜合槍纍曉開旌門擁嘉氣於月營橫大風於天仗始自靈武至於扶風險阻屯蒙未嘗離上剷平休泰終契興王從收軍師首列勳舊於是出鎭左輔建牙近關扼天下之樞走山東之盜三秦巨防萬里長城闢屯田於斥鹵强士馬於撫弊仁以理軍不聞半菽知能料敵豈在前茅兼牧人御衆之才得憂國奉公之禮竹符兼剖鈐閣長閑百城歌之政有經矣公始自一命驟更顯秩舉其大者不可備書歷臨彰府折衝射生供奉後以佐命功特授鎭國大將軍左羽林軍大將軍知左神武軍事加特進兼鴻臚卿左神武軍大將軍封汧國公又加開府儀同三司充潼關鎭國軍使同華等州節度使華州刺史又兼御史中丞試殿中丞尋拜御史大夫檢校工部尚書並兼舊務雲從龍風從虎以雄毅之略遇聖明之主事與時並名與功偕位極文武權分中外勳書甲令象列雲臺大丈夫特達有如此者不知者壽謂之何哉廣德元年九月三日薨於華州軍府春秋若干天子聞之輟朝興歎特優命數寵贈司空詔發輤車卽日迎柩列辟卿士咸會喪焉贈賻禭含有加故事京兆尹監護內謁

者致以詞卽以其年十月四日陪葬建陵旌勳臣也將軍鹵薄司空法駕鉦車介士前後鼓吹觀者稱榮懦夫增氣百官臨弔畢集孔光之門五校送喪直至鄧宏之墓君臣之義厚莫重焉有子四人前光祿少卿林光等孝因天性哀過禮經克紹臧孫之後咸稱文氏之子史臣奉詔謹而誌之銘曰

有唐上將佐命通侯降神太白稟氣清秋弓落飛雁劍衝斗牛少年戴鶡上陌鳴騶繡衣朱紱越戟吳鉤入隨夜警出從春蒐運屬艱難謀參締構善行無迹大勇不鬬三輔

功名五原恩舊家榮鼎食廟列金奏翠羽在庭紫騮塡廄
寵私之盛誰出其右命所不與人之云亡萬乘震悼三軍
悲涼謁者歸賵羣公會喪特陪元闕永祔黃腸禮優同等
恩茂舊章碑題蟲篆用紀龍驤

滑州匡城縣令楊君墓誌銘

嘗讀東觀漢記至楊公四世太尉咸有清德泱泱乎鄒魯
之風盡在丞相府矣百有餘年論道王室宜哉自後卿大
夫洎二千石史不絕書以及於公公諱靈崱字靈崱宏農
華陰人也高祖兵部尚書高都公尚希尚希生宜州別駕

丹川公壽旻壽旻生司農少卿徵徵生正議大夫漢州金
堂縣令務道先昭先君之懿範其有後於關西乎公金堂
第二子也幼以五經上第參卿博陵貳職鄱陽孫楚長揖
桓譚不樂一錄州事會稽稱之再領縣尹自范至匡化行
衛濮公易直子諒之心根於始矣加以好學止於蕃植德
行孝悌溫良博愛故宗族稱其仁朋友稱其信鄉黨稱其
敬蓋君子之道歟及長從吏以寬服人官刑不行職事益
辦及與之邑亦克用乂和氣充塞於百里頌聲洋洋乎至
今其良吏之政歟赤紱在股下大夫事知止足之分有終
焉之志懸車告老飾巾待期浮雲身世脫屣軒冕追先生
於彭澤繼徵士於太邱斯達者之流歟天寶十四年十二
月十日寢疾於匡城縣歸休之私第春秋七十有三屬賊
臣以山東叛乃公歿之明日也且告車來甚衆允子少殯
故有闕在邑南鄙於堂西序啓足牖下土周於身十年於
茲百戰之所折棟餘燼荒墳茂草柱下史能季武公之嘉
客袞之姻友廣德元年夏四月本詣河外假道於匡訪鄙
公之舊邑歸戴侯於故里以其年十月一日合祔少陵原
禮也夫人河東縣君薛氏婦道母儀六姻取則于我歸處

葛之覃兮及公而終木已拱矣子環在外不及主喪其誰
尸之曰有三女無天何戴無地何履誓合泉壤感通神明
終還營邱竟同防墓空悲蔡女之孝有媿潘郎之詞銘曰
夫物芸芸各復其根事有必至理有固然少陵古原京兆
新阡匡城夫人河東小君同居此地豈恨重泉誌於方石
庸有賢人

欽定全唐文卷四百二十

常袞十一

咸陽縣丞郭君墓誌銘

公諱某字某昔蔡邕敘有道之碑已詳姓氏司徒以廉直稱太守以仁明著祭酒之籌畫黃門之才理克祚於曾祖驃騎將軍光祿卿仁最祖汝州司馬茂禕父濟州刺史崇禮咸以文武孝謹傳於子孫公卽濟州府君之長子也高朗有識奉親孝事上敬睦於兄弟信於朋友好言王霸大略經術大義簡而無傲剛近於仁而能端本靜末仗雅居正年十二有老成之量季父崇默不以常兒見遇謂必大吾門伏波之言不敢失墜仲容之器居然宏達尋以明經擢第歷洺州平恩縣尉左金吾衞兵曹參軍明恕貞恪清廉仁愛克施於政政有經矣故幕府三辟時稱得儁御史中丞李處古侍御史崔希逸節度使張嵩爰以將命之務諮焉公之佐廉問也旌別淑慝樹立風聲進厥賢良不仁者遠率由簡易希下按章從容以和大變其俗公之護戎事也善用文韜制其邊患本詩書之義府資德刑之戰器軍吏綏帶兵車稅鞅譚笑樽俎疆陲晏然凡所介貳皆有

卓絕之稱每歸功於上豈代帥受名而士君子多所推重方將萬里橫海一飛青雲三十有六年至於天命開元十八年四月十八日寢疾終於長安里第理命薄葬布車一乘而已不忘平生之儉以示後昆之訓惟公博識強辨尤好理論至於搢紳風教得失之間處正其義不以錙毫假物善與人交不改柯葉一時之儁千里應言分宅字孤謂之已任而特相友善者時則有若呂向梁涉庫狄履溫終以偉才良器綢繆省闥每一拜命未嘗不相謂曰使君不歿吾輩豈先處顯地其精鑒雅望有如此者夫人安定梁氏執禮之坊有儀可則哀敬以事宗廟謙柔以和娣姒柏舟之誓年在幼沖諸姑始孫一生所寄送往過禮撫存以慈魚菽之祭以彰勤儉俎豆之訓不墜文儒時人謂之大家國史編於列女徽音淑行雅有餘芳開元十九年十二月二十四日終於雒陽私第元寢異室三紀於茲壬寅歲詔贈府君大理丞追封夫人安定郡太君德盛流光禮徽優典永泰二年十一月日合祔於金城縣太平原禮也嗣子大理丞縱侍御史絳夙遭閔凶不及詩禮之誨尚賴慈獎幼彰令聞白簡持憲丹筆詳刑忠信孝友合於純性悲

夫欲養而親不逮再仕而心不喜春秋寃夢痛結寒泉月日有時禮尊同穴烝烝之慕有感人倫以衰夙有通家之好俾敘先君之德銘曰

世載忠厚有偉其道尊顯府君光昭祖考達識宏量汪汪浩浩五經紛綸精義入神勞我州縣汩我風塵不屑其志與時屈伸乃佐軍政戎荒底定乃登輶軒郡邑從令交則不黷久而益敬有才無年零落重泉遺孤改隧合祔終焉

贊善大夫李君墓誌銘

太上立德我咎繇謀之太極至道我老氏明之施於子孫

令聞長世盛衣冠於鄉族俾帶礪於侯社西涼有武昭之謚後魏有姑臧之封祚於我唐親則同姓門閥清顯冠於人倫婚姻所仰齊其大也朝會所推滕其長也君諱某字某其先隴西成紀人也曾祖元道皇朝秦王府十八學士給事中銀青光祿大夫常州刺史祖正基皇太子舍人父犯肅宗廟諱皇膳部郎中淄州刺史文章侍從給事黃門官品第三使符至五軍坊司其啓奏殿柱題其名氏並以博學偉才歷位中外藹然聲問揚於家邦公體元精之和得大雅之正入出孝弟而烝烝如也恭儉寡過學如不及起詩書之廢疾通古今之訓注以五經高第冠名太學而四方諸儒多所質疑是時也元宗在上天下大同分王宗枝以崇藩屏高選僚友必極時俊非阮渾純粹鄭袤鑒識徐幹之恬澹寡欲匡衡之射策甲科則何以處畏慎之地當敬愛之禮故命公參陝王忠王義王棣王四府藩佐雖天人帝子不出於清禁而井賦田租必總於朱邸公守以廉介謹均節用或有差終不奉教春秋匪懈夙夜在公行之維艱不易其操何止攀小山之桂虛望神仙對西園之月空疲讌賞而已開元中御史大夫李尚隱按察東都大明黜陟表公清白尤異特拜朝散大夫尋除右衛率府

左郎將遷太子右贊善贊三善之德周禮其難將四率之府晉朝所重風流名士文武兼才輝映崇賢肅清屯騎素懷止足亟請歸閑至於暮年終不得謝嗚呼道不可屈身屈何傷以天寶十四載正月十七日終於東京崇政里之私第享年若干永泰元年二月皇帝以肅宗藩僚清節明著家丞秋實在先志而不忘中尉夜拜歎流年之已逝又以子列憲臣光我多士詔贈曹州刺史旌有德也夫人滎陽鄭氏明粹柔閑配於君子孝敬感於冬鯉勤儉彰於夜

瑩先公而終其引蓋殯有子二人長曰榮終潤州司功次曰挺前監察御史繼夫人滎陽縣鄭氏輔佐之道宜其家人均養之德愛猶已出有男曰慶前越州參軍從夫啓南城之邑隨子述東征之賦江海悠然往歌來哭以大曆三年五月日葬我濟陰守於偃師縣東姑臧公之塋次蓋二夫人祔焉挺慶等性與純孝幼承訓獎烝烝孺慕合葬於防海變山飛銘石不泯詞曰

我之始祖自高邱兮繼有賢王霸涼州兮冕紱班然乃公侯兮周之姬姓漢之劉兮卓哉濟陰廣前修兮懷文抱質能剛柔兮羽陵遺簡誦如流兮介幘單衣從梁遊兮儲宮端士侍銅樓兮長水校尉鳴絳騶兮方期告賜得歸休兮誰謂生涯忽若浮兮先朝宮臣聖眷留兮追命藩守詔書優兮穀也食子難也收兮合祔黃腸千萬秋兮

劍南節度判官崔君墓誌銘

故人清河崔汪字巨源舉秀才校文尋佐戎衞遷廷尉評辟荆襄益三府春秋若干大歷四年月日遇疾終於成都官舍以己酉歲律中南呂庚辰之辰返葬於棲鳳原龜從也惟先德世勳焯敘前志祖仁堅父綱位不配才佐郡貳邑而已公志經炳文義精格峻敦孝本義篤近周親定交後求忠告善道達則兼濟否則艱貞天寶之難靚萌晦跡族行導漾儉德全身陶融太和不嬰物累而辟書狎至傳駟旁午不暇棲伏俛而受命竟友於諸侯咨以書奏籌畫之事抗詞中病動不求合老將嚄唶大豪雄張正色檢御革心畏憚從容儒服以靜邊荒夷險始終坦然一致初郭英乂鎮蜀政暴及禍公以嘗所辟用雖言之不行終全節守義遂與妻子居巖石之下不復斂袂於是府矣及相國衞公式是南邦旌禮賢士待以坐幄咨訪戎政議者謂翰飛紫霄邈其遠矣志士方展國華中零哀哉蓋君子恥食浮於人不患無位故曰孔門不稱其官闕頴川尙慙於卿長公始以文顯中以道勝終以義全斯亦成名矣何必乘軒服冕方謂之達歟然以有王霸之略通質文之變不得與公卿大夫高議明庭鬱湮重泉知者悼惜旅櫬南下浮江阻寇夫人河東薛氏故水部郎中據之女也之死明誓崩戚感動潛舟夜風反柩湍險神明所護川后息波出於萬死之中克此九原之葬可謂貞烈孝婦軌儀壼教嗣子師周十一歲而孤危身過毀以余先君之舊見託銘述詞

曰
元和內融懿鑠孔純學洎泉源文鬱春雲儉德處難超然
世氛卽戎雅歌偃息中軍參以天時合於兵機道行則安
言發則危終保風節蜀人高之英靈沈埋旅櫬流離哀哀
孝婦上訴蒼昊全柩巴江歸魂蜀道田横舊曲季布餘郵
一閉泉扃千秋蔓草

御史大夫王公墓誌銘

尊主直人則醜正者售禍權倖才忌則害能者構忤況位
抗三府勢傾一時天下之事懸在掌握而剛腸立朝鷙鶚

横秋匡拂摩切姦邪是懲至使陰謀協比承間竊發曖昧
摧辱加於大臣公諱鉷太原祁人也昔在元宗之盛外攘
獯戎內立制度混一天下圖萬世安至於軍旅征伐府庫
賜予聲明羽儀禮文憲則莫不懿鑠震曜麗鴻精備國用
荐費闕於經入固宜有卓立大才統集其事公當此時以
御史大夫領京兆尹佩帶使印十數焉黜幽陟明考察風
俗地征國賦均輸平準天子六閑上林三官皆總制之未
央前殿離宮下苑亦護作焉公以典訓經之文法緯之明
察綱之廉平紀之其運也合變陰陽有以鼓其動其密也
至精鬼神不能窺其隙銜策害郡之黠鈴鍵多門之蠹裁
兆物計億事沛有餘力矣動一節搖百支無所竄情矣故
威檢轂下風清關右紅粟冰紈露積朽腐星精雪駟外廄
填溢廣靈圜之百里奉祈年之萬春漢家水衡少府錢四
十萬至是而過之俾我巍巍之朝四海雄富丕變於今公
之力焉入則轉移大謀出則平決羣議天子垂拱於旒扆
宰臣高枕於廟堂時佐輔陳希烈忌公有宰相器憂在移
奪又楊國忠與公權勢相傾事不兩立會有兇人邢宰陰
聚姦黨於長安里舍中公以京輔都尉之卒逮捕悉擒詔

公與廷尉雜理而希烈洎國忠使法吏以牘背喻風旨於
兇首引公愛弟銲連坐公具表其狀請自拘於司敗上以
罪不相及猶遣使慰原之而沈猜罔上者密白而下其書
舊制大臣不對理陳冤天寶十一年四月十三日奉犛纓
盤水北面拜跪而自裁妻子移隸宅於荒服嗚呼歷觀憂
國愛君之臣忠信未達而左右所鞫按成其無狀之罪豈
勝言也則王章鼂錯納忠漢朝衣冠僇於都市家屬徙於
合浦古人有言曰刑罰出於身實難自他及之又何害也
知我者其天乎公始以茂才異行首於策詔凡四佐王官

之邑七領憲府之命一至殿省再遷臺郎大司空大司徒各一官族德政燕國公張說已敘於烈祖之碑夫人河東郡夫人薛氏存與其榮歿與其辱南北萬里流離十年飲恨餘生以存宗祀以大歷三年五月終於某所嗣子稱以不天之釁承覆巢之餘遷逐炎海幽冤霜露冢未悔禍慈親凶歸主人之艱無稱之比永惟先君及難葬故有闕泣血忍死獲終哀誠以大歷五年三月二十一日合祔於中書皇考貞宅之次相國許昌公嘗感府辟緬然懷舊改贈移寢周於庀喪有以見京兆知人之明許昌報德之厚袞

追敘遺烈亦門生表墓之禮銘曰

知者謀始不能知終明者察微昧於數窮任我以事效我以功吉凶悔吝生於其中無象無端茫茫蒙蒙伏恨黃壚孰問蒼穹小君從祔松柏來同

太子賓客盧君墓誌銘

上於大臣存歿優禮若忠厚篤敬勤勞有勳則錫以追命之冊延曜耿烈使之昭也大歷五年七月癸酉制故太子賓客盧正已可贈太子少保昔唐虞之際龍作納言咎繇弼刑其在周漢申伯于蕃南邦召公宅師東郊四皓輔翼太子公嘗拜蜀郡長史成都尹劒南節度採訪等使大理卿刑部侍郎工部尚書東都留守太子賓客悉更乎明哲道德有馨香於前世之臣所任也才難不其然與公之作鎮也元宗自省方復雍以千官六宮南北軍之從留蜀殆二年矣而元元給輸費苦以公往典通義唐安二郡以理平遷通州刺史七州採訪防禦使課最遂止輦草詔而命之翼勤則黜幽化源以清則羣服庶尹執事之人不欺矣糺逖則攝懷亂略以寧則蠻夷君長異姓侯王從乂矣匡困貧無絲賦旣平則鰥寡孤獨廢疾者知所養矣旌德訓農禮讓大行則三老孝悌鄉嗇夫知所勸矣公之議刑也

先帝以天下初定禁網疏闊朝廷郡國廢革舊章於是草具科條制刑錄三卷以成後代法程無爽悔無佚罰矣公之居守也自胡馬入洛三川大殘長樂衛尉悉無官守中臺文書盡成灰燼而白晝大都之中剽吏奪金殺人橫道河南尹不能禁公以明恕清汙俗以淳和消沴氣禮新序舊士庶欣欣勤懋郎吏增嚴屯校日引月長四方人大和會翼翼之頌復覩於京師矣公之調護也儲后方建迪簡首僚以孝友聞博通明道術而保奉之夫大賢濟時而不

獨善大才當事而不辭難凡所任遇皆以國之艱急帝所親信而在厥服也始以經明四佐大邑三歷京掾五遷藩鎭三踐臺郎一處右轄再兼中憲以至於九卿元戎師賓居守小司寇冬官卿公字子寬本諱元裕以聲協上之尊稱時方大用優詔改錫焉曾祖君冑虢州參軍王公貞慶高尚不仕烈考履冰歷左補闕皆純古秉哲本經輔行德類賢續以之長世公含精於天性之道用晦於先物之智洞於學炳於文慈惠而厚汪汪洵洵未嘗簡彝不校其犯祿及疎遠家無長物在貴居陋樂而不更春秋之饗僅致

君胙賓客之位適容宴豆槳藿未厭於家食稂莠不充於馬饑及賜告得謝安車東歸天子老臣優游惠養早達元理追茲逾深追贈之年二月既望疾甚不弛冠帶安坐超然越二十一日甲申薨於東都循善里之私第壽七十有九夫人滎陽郡鄭氏禮儀風教鄉族宗焉澹忘物遷靜與貞會公一其好尚偕其貴壽亦古人之所難并也公薨之前祀八月七日終年六十有五權厝於新安縣龍澗原近先塋也將祔而定壙有伏泉改卜斯塢北里重岡之陽吉六年二月巳酉乃葬是以綏嗣子前祕書郎兼監察御史翰一身主祀泣盡形遺親友所憂言之感涕永惟先公夫人嘗有升堂之拜纂揚風烈非小子而誰銘曰

五侯九伯太公征之大輅龍旂桓公受之子子孫孫勿替引之前人光明我公昭之天子作師我公師之懿德顯猷永世則之

叔父故禮部員外郎墓誌銘

魯有先大夫其言立於世春秋謂之不朽儒有今世行之後世以成楷則君子之道不患時之不逢患其道之不顯故賢哲所以啓正宗敎蓋風於人倫垂之無窮者矣賓客

諱無名字某河內溫人也曾祖渠州咸安令諱緒王父杞王司馬諱毅皇考慶王文學諱楚珪咸以清明粹和高爽顯融經術可以致公卿道德可以居師傅所不至者時之未會歟府君郎文學之第三子也伯仲叔季嗣世清德鴻藻振古休聲動時每至徵賢良舉秀才一門擅科半於天下既冠進士擢第其年拔萃登科補益州新都尉開元十年舉文藻宏麗遂上陳皇王之盛下借周漢之諭稽以洪範九疇天人之統災變之異高言體大久而可驗如賈生之論漢也與孫逖同入第二等擢鄠縣尉宇文融寵幸用

事總領計簿地有不書登下之數者按而籍之乃明劃利言辭義激切聞列於二府竟還其令志已忤權風節獨立秩滿判入第三等自周隋已來選部率以書判取士海内之所稱服者二百年間數人而已又居其最焉復以常資授萬年尉戢鸞之資搏鷙之用得不夭其性而喪其眞歟然亦筆無疑牘庭絶留訟昊天之薦禍於我家也廬於外壤負植封樹哀過而陽和變慘感達而猛獸來馴常伯卿尹四方高士麻弔於郊者匪朝夕而間焉莫不竦歎而希慕也及禮既外除稱疾而不起朝廷方待以議郎博士辭

而求邑除潞州上黨令恬淡推誠薰然而化矣故老歌詠洋洋至今入拜起居舍人捜遺求實典冊大備撰開元注記三十卷藏在太史除屯田員外郎未幾轉禮部時天寶改元符瑞紛委郡國所獻月有千計公卿稱賀日奏數章總裁實難濬發皆麗元宗每賞異因命女史傳寫時省覽焉方將擢居紫垣專統大誥斯文既喪成命中止以天寶三年十二月二十日薨於西京宣賜里之私第享年五十有六故事中書舍人非寵終之職上以心許久矣特贈此官朝之殊典也以明年正月權厝於少陵之東至上元廣德之間以長子官在清近加贈工部侍郎太子賓客夫人博陵郡夫人崔氏徽閑有德明順合禮逮事舅姑嘗佐明祀歸我不永方春卽冥開元十七年終於京師年二十五窆於見子陵生長子侍御史著不幸早世繼夫人宏農縣太君楊氏大歷九年三月乙卯棄背於所封之邑其年七月己酉安厝於細柳原自廟見至於終堂三十九載宜家之懿範教子之明訓睦親之令德並載於已酉之銘生次子宏農縣令會叔子大理評事普季子渭南縣尉魯永惟累世來遷僅二百年封域連岡昭穆相對禮不忘本時又

協吉以大歷十年十月庚午遷祔於宏農太君之塋博陵夫人同合焉夫敵已則不厭以子則咸貴若冢嗣既殘於中年元室不歸於先寢豈成兄之志也所以同異均愛前後相從亦承家之順也孝禮則然詢義惟允君子韙之諸孤不天幼奪嚴訓志以苦立學以慈成克自修潔所承罔墜亦既成人重集大釁思養於下不欲具生血盡而形遺者顧禮而終事也於戲天德於我叔父以扶濟儒元之道元精委其和太古合其淳德之厚也知至至之可與幾知終終之可與存恬然而虛寂然而通識之達也五禮之宗

六樂之奧致廣大而盡精微極高明而道中庸儒之博也包括羣有陶融象外燭日月之光華連星漢之昭回文之雄也若因親立愛則恭友過乎悌引進極乎慈奉先追孝則怵惕於時感齊明乎夙興靖於位而不以善矜儉於家而不以菲廢先哲之休風遐烈未嘗不蹈其域而冥其會也若處之於舜代則肩八元以論道升之於孔門則通四科而鄰聖而位止於上士教淪於衰俗豈蒼生之不幸耶元風之殆絕耶哀積釁少孤恭承憫覆躬誨無倦常至夜分性愚難移猶期日就外傅不得專也諸子不得視也獲

漸庶幾實賴慈獎恩未上報禍已先鍾遠慕何申有懷靡及所踐之職昔所彌綸顧瞻庭除出入哀懼微微小子夙夜上慚遷神甫臨省護摧絕哀以傳實不敢假詞銘曰

厥初茫茫輔軒致皇至我義信郎官於常開國長羅惟右將軍奄受高陽惟光祿勳卬卬天水謚曰貞道赫赫黃黃魏之元老乃生司徒啓佑周邦踐華卻齊實建麾幢戲上賜田自溫而遷迨茲十葉松柏芊芊穆處其後昭列其前哀詞具石永世不騫

贈婕妤董氏墓誌銘

惟唐至德元年歲在癸卯十二月二日美人河內董氏終於閿鄉縣之別館春秋一十有八嗚呼哀哉美人蘭質幽閑茗華婉麗出自漢皋之曲降於巫峽之陽柳絮題詩椒花獻頌德行自成於天性藝能豈假於師資既彰絕代之姿雅叶良家之選瑤臺入寵金屋流芳映月幌而方娥上星樓而比婺恩多不恃顧重無矜讓以同車恭而避寢紫庭著美彤管推賢屬綵仗巡遊花鈿侍從方執巾於上陌忽蒙被於離宮天道如何泉扃已矣聖上顧懷淑慎言念恩情悲遠天於先春歎長歸於永夜追加班女之秩式慰

衛兒之魂以某年月日葬於某原禮也乃命侍臣紀於貞石銘曰

二九之年麗容嫣然春風轉蕙秋水開蓮浣紗選貌納袂求賢承恩王殿侍宴瓊筵光陰不借神道何偏椒房愛促蒿里悲纏婕妤寵贈女史芳傳丹鳳城外黑龍水邊嗚呼此地永閉神仙

涼王妃張氏墓誌銘

古之賢妃四德六行則在女史彤管記言納聘入於天宮儀刑光於帝闈休有懿範歿而可稱涼王妃張氏族茂清

河之原家承七葉之盛紱冕繼代勳華襲門曾祖守貞皇朝遊騎將軍左衛中郎將羅國公食實封三百戶職雄戴鶡績茂分茅祖光庭皇朝中散大夫衛尉少卿位亞八屯榮參九列父安仁皇朝正議大夫涇王府長史曳裾上邸託乘西園俱傳帶礪之封克承閥閱之後妃早習詩禮式遵教義令德令儀有要有倫既當八月之期允叶良家之選天寶八載納爲涼王妃懿範徽音韶妍婉順恭勤朱邸儼恪丹宵友其琴瑟奉以家室瞻鳳池之閱水嗟駟隙之末光以廣德二年五月十三日終於上都之內邸春秋三

十七旋以其年十月六日遷窆於某原禮也涼王倚歎蘭臺傷神桂苑梧桐半落鸞鳳孤飛永逝不追喈然增欷詔葬備禮哀榮飾終笳簫在辰旐旂啓路嗣子保定郡王仕攀號孺慕惟切蓼莪誌於幽泉銘以貞石慮佳城之白日識隴樹之青松銘曰

清河之邑兮地惟古貝毓粹華宗兮賢妃誕載柔順內積言容外彰謀茲淑德輔佐賢王芳年忽馳大暮何速積善虛應兮時長運促空餘懿範兮刻在貞玉

欽定全唐文卷四百二十一

楊炎一

炎字公南鳳翔天興人肅宗朝禮部郎中知制誥遷中書舍人德宗立拜門下侍郎同中書門下平章事轉中書侍郎罷爲左僕射貶崖州賜死年五十五後詔復官謚肅愍左丞孔戣駁之更曰平厲

靈武受命宮頌 并序

臣聞享天降命惟德也戡難奉時惟聖也必有非常之運是興撥亂之功以著生爲憂不以濡足爲患以寧濟爲業

不以修身爲道此陶唐所以捨而不畏舜禹所以受而不疑靈武舊宮皇帝躍龍之所日者奸臣竊命四海蕩波我聖皇天帝探命歷之數啟龍圖作受命之書付與我皇帝皇帝方遊崆峒以求至道於是羣公卿士負玉旒金璽望氣於芒碭之野三進於閶闔之中曰臣聞在昔蚩尤連禍大盜中國神農氏兵莫能勝天降元女救軒轅氏大定其災厥後堯有九州之害而命禹禹以四海之功而受舜陛下主鬯大位十有九年精爽者皆美德馨乾坤也必聞幽贊元德上達景福有歸六聖覩命歷之期兆人有臨難之

請陛下畏災運而不取棄黎元而不顧以至仁爲薄以大寶爲輕臣等若不克所請與億兆之衆將被髮拊膺號於天而訴於帝矣皇帝唯然改容曰豈人心歟丁卯廣平王俶太尉光弼司徒子儀尚書左僕射冕兵部尚書輔國與北軍將士西土耆老萬五千人排閶以訴帝曰今豺狼穴居宮闕陛下兆庶爲餌宗廟爲墟若臣等誠懇未通是高祖不歆於太廟且陛下涉渭則洪流洄迴鑾則慶雲見布澤而川池廣勤道而嘉禾生靈祇髣髴元貺幽感臣聞符命待聖而作天運否終而會葳蕤肸蠁會也睿武英明聖

也臣等敢昧死上聞帝乃灑齋宮啓金匱嗚咽拜受詔有司大赦天下改元曰至德元年尊聖父爲文武大皇帝是日煙雲變作士庶踴躍黃龍見於東郊紫氣滿於天門翌日也數百里衣裳會兼旬也數千里朝貢會踰月也天下兵車會浹時也四方戎狄會以一旅成百萬之師率胡夷平社稷之難禮郊祀戴聖皇與人合誠心以氣消天癘動罔不吉歆無不報是以白鹿擾於王庭靈芝產於延英化動而功成淵默而頌聲言禪代者陋蒼梧易姓之名語嗣守者羞陶唐積善之辱述戡定者歎四紀而復夏美中興者嗤四七而滅新於戲神祇之所歸往品物之所法象鼓飛龍於尺水仗大義而東向矢謨發號實在玆都願篆石宮庭以垂萬古俾過山澤知風雨之奧窮造化識天地之蘊臣炎稽首敢獻頌曰

赫赫河圖啓天之祜雲從億萬皇在九五惟昔陶唐克傳舜禹濩也武也夫何足數彼妖者孰惟暴惟貪天實即命人將不堪皇曰內禪於再於三盡武之善去湯之慙兵車百萬洶洶雷震橫會九州爲行爲陣恃力者踣從命者順孝以奉天神而撫運至德唐堯崇功大禹皤皤北叟垂白

而覲沛邑空歌周原已古排律頌聲永介玆土

鳳翔出師紀聖功頌 并序

舜有兩階之舞周有孟津之會皇帝有岐陽之蒐德莫勤乎安國勛莫配乎立極利萬物莫近乎去暴蓋受天元符與人請命冥契相合億兆有歸以昌則感神鬼之心以征則去雲雷之難維唐七葉姦臣犬吠於二京皇帝龍鳴於河北觀兵雍上建都發號以朝萬國心嚮天地志通幽昧淳精四達大造元成於是巢山駕海之羣狼蠢鳥章之君不期而趨於闕下者四十有三萬元帥廣平王俶太尉光

弼司徒子儀等稽首言曰臣聞天啟聖以俟時聖感時而赴難非神功不能當大運非元德不能合人心故軒轅之道也伏蚩尤宗周之仁也稱殛負陛下之德大瑞於人和人和而動天天與和合氣百姓因之以獨化四夷因之以子來王師得之以貞勝意者河洛徯怨後東征之期人靈駿奔望西狩之禮天子方齊寶輅講金匱之書翌日霓旌武賁大車之輪黃鉞靈鼉形弓太阿荊韓楚魏之廣七閩五獠之長金鼓百萬車徒九合大陣於東郊皇帝建白旄以誓於軍曰維高祖歆於上天四宗重光照臨下土百有

五十祀至於聖皇總武之干戈備文之法象蕞爾逆虜敢迷天紀盜我符璽黷我威靈使四海之內兵革縱橫肝腦塗裂昊蒼降鑒錫命於予俾纘夏巳墜之功寬堯未刑之族於戲余匪玉帛山河是愛惟蒼生災害是憂匪天命威力是憑惟人心忠義是保咨爾張目成天羅植髮成干櫓布和成將帥厲氣成風雲若作進退爾惟旗鼓若斷首尾爾惟常蛇若戮鯨鯢爾惟干將若拯沉溺爾惟巨艦夏有一旅之衆武有十人之謨志定金石信非盟誓爾其念哉是時天威動六合兵氣連太白乾坤爲之坱軋河嶽爲之振蕩彼狐鳴鑿齒之徒不崇朝而聲反於謳歌形歸於蹈舞者幾過半矣故鄠杜之師以形勝灞上之兇以威逐桃林之陣以奇破河洛之孽以氣摧帝乃開天牢迴豹尾陵顥氣掃欃槍應龍秉鉞元女侍坐乃考夏氏配天之義備漢皇建武之典雲髦玉輅山動地踴降自西雍幸於京師萬姓前導百靈爲衛布德澤望陵寢悲黍稷之將秀覽城闕之爲墟以雷雨洗川澤以皇風清怨怒以大賞議勤勞以成功告宗廟以祥刑去聾昧以惠政哀困窮清蹕而奉聖皇稱觴以朝前殿於是東國耆老長安士庶排玉輅入

天庭動千門呼萬歲煙雲下遶林藪山迴神靈頌於堂精魄感於廟王侯慶於國父子洽於家鐘石反於懸罍俎陳於席華戎踴躍喜氣磅礴日退三舍天聲萬里神謀不得窺其奧天道不能後其時斯一會之略也然後動變化爲鑪假仁義爲途陶氣象鑿耳目與人合司契以道浸澆醨全犀象之形斷珠玉之脛然後以景星燭夜甘露清氣昇閬風對天姥捨鴻名以還太素秉大歷而統人紀俾不思而降不祭而歆以元和感生淳古於是宰臣聚而言曰主上以神武清難至德遂人崇勛絕瑞光照萬古開闢日月

於今六年百姓豈忘功於帝乎人臣盍謝生於天乎請相與鑿石於誓師之場告成於得衆之地斯王道之盛典臣炎稽首敢獻頌曰

天命帝兮蕩妖昏交風雨兮會泰門惟聖德兮漫海外五單于兮勇士會俗鳥獸兮家雲島越浮山兮泛青草徼羽騎兮列天營啟金縢兮賜長纓日爲車兮雷爲鼓醢鯨鯢兮掃煙雨開明堂兮饗文祖帝爲皇兮后爲母歌雲臺兮冊玉府篆穹石兮篤終古

大唐河西平北聖德頌 幷序

維唐至德二年春正月武威郡胡泊九蕃夷落内伺師旅之間外合狼豕之兇據金城害州伯蛇變交戟之下炎焚大澤之中二月乙丑皇帝以五命之服詔太僕崔偁總中權專上將誓軍前之士卻城下之盟又命内常侍劉日新振鼓鐸之音護羌戎之長林竦蝟合會於東郊粵庚午高牙大旆鐵馬長鎩歃以清笳陣以雲蛇列於四衢蓬頭執戟鼓以靈鼉進於逵路趫悍獷猤虎裘猿臂比陵於土門之隊鉤車雲梯强弩堅楯齊傳於西烽之亭於是引熊虎之師杖龍蛇之劍矛戟四起煙塵火色金鼓一振天地排佪血亂元黃聲蕩瓦屋是風雲皆入陣彼草木盡爲兵日月垂照於窮鄉皇靈赫臨於天外名王貴馬大玉文貝素女錦衣百金之產萬井之資皆委於入貢之府布於有地之官是時也千人踊萬人賀美太階之符見頌偃伯之議興特進金城太守李萬頃泊五邑長吏軍政大夫等言曰蓋聞王命先天以奉時賢臣合統以偕運靡乘乎帝籙不能撥亂罔應乎間氣不得遭逢故大人之作必先靖難以摧兇取暴爲治國以任賢仗能爲建功磅礴乎茅茨之下葳蕤乎元古之上使軒轅得之以勝蚩尤大夏得之以勝

有扈西伯得之去殷伐崇我太宗得之奄有遼海上皇得之克平巨猾陛下得之再清宇宙掃蕩氛孽允若大唐之新命復高祖之天下臣等恭惟六聖騰光百有五十祀周賁海寓鋪敷菌蠢丹穴之書孤竹之君金罽括羽委命下吏陛下建大號纘鴻業歸勛祖禰昭事聖皇是必天錫忠良佐成命器二臣所應皇運之統伏崇羽之兇太康西人永永來裔願篆石誌美以爲頌云

詔虎臣兮殪天狐載大旗兮耀昆吾齊塵壘兮被戎都

王縉兼幽州節度使制

門下王制以二老分理諸侯則周召之任及乎漢魏以還多亦軍國兼總絳侯所以參掌武事安石所以外綏戎政況華夷甫寧金革方偃實在於文武戮力上下同心則輔弼之臣豈憚勞也金紫光祿大夫門下侍郎同中書門下平章事持節河南副元帥都統河南淮西山南東道諸節度行營使兼東都留守王縉體含元和器蘊金璞以才茂邦傑以識通時化叶我期運任當衡石竭股肱之力開耳目之明陟於艱難致君以道統是經術麗茲闕人屬江淮海岱之虞總授鉞旌旄之寄鎮禦方夏撫寧師人保合太

和總宣庶績忠而佐命功比安劉勤以施下惠同思杜叶藩維之志建竹帛之勳闕二字朝暮載申啟沃與二三髦碩同力叶誠俾予端拱以宏至道乃眷北土古之幽都限夷既雄負海稱固思致於理言恤其人爰藉台臣宏敷廟算持薊門之麾旆兼遼陽之鉦鼓俾膺戎重式允時望可兼幽州長史持節充幽州節度副大使知節度事餘並如故

杜鴻漸兼東都留守制

門下東周以召公相宅西漢以蕭何居首則保釐之寄多屬輔臣令以廟堂碩老坐而數政和恒居師用乂厥服特進行門下侍郎中書門下平章事山劍副元帥太清宮使崇元館大學士上柱國衛國公杜鴻漸誕受天和陶合一氣德言敬直動於神明定義中興光贊大業陳三代之禮樂成一朝之制度雄詞奧學洞究天人以道弼予於茲五載每有大事乃心忠勤至於危難尤思赴蹈叶和堂上之謩匡濟天下之務出鎮梁益西南晏然人之具瞻朕所毗倚實仗宏化兼撫東郊宜以二南之風用增九鼎之重可兼東都留守餘如故主者施行

諭梁崇義詔

勅朕聞君臣之分義固金石將相之職任同安危在昔哲王罔不注意體合股肱則付之以大位道形終始則載之

以丹書所以保親諸侯宏樹一德者也朕自纂統於茲三載兢兢業業日慎一日任夫難任安夫難安實賴公侯藩輔作鎮於外將帥戎士盡瘁勤王冀忠賢之同德躋億兆於仁壽思達寤寐動推至誠大開胸懷彰示天下雖奸邪不逞構造異端離間往來反白作黑下動危疑之勢上陳似是之言熒其表章前後數四未嘗不寘以極法竄於窮荒庶夫讒諛杜口謠妄卷跡中外上下俱臻大和豈止同

體之不疑萬方之知我而已金紫光祿大夫檢校刑部尚書襄州刺史山南東道節度使梁崇義往以邦家不寧襄漢未靜奮自諸將累建戎勳忠謀僉一保大安衆授鉞南紀表正江山勤輯士人克謹侯度惠化周洽俗阜風移踰二十年績用光備內修貢職首課方州朕夙茂勳德用崇爵命而忠規益勵亟請來朝期啟乃心以成吾事尋以郭昔鄭茂勳鄭和叔等奸謀參會庸狡妄作朕雖聽斷無惑寘以嚴科猶聞疑貳不安外求援助是何顛沛以舉謂我齷齪而闕憮然懷想深用歎惜夫禹湯前古之聖后也一

夫不獲有納隍之懼齊桓霸者之中人也舉讎棄怨致九合之功朕上而爲君子有萬國涉道日淺誠明未敷使心腹耳目之臣負義懷忠之士坐相猜阻交質往來搆此異端頓虧大節頃亦頻遣將命諭達至情近得章奏猶云隔在恩外言之有犯豈爲是乎終用咎悔永思更始今子命爾檢校戶部尚書同中書門下平章事餘並如故兼賜以鐵券鏤其庸期於永終與國無極是表至公之舉用昭勿貳之懷嗚呼其敬之哉無再聽邪說無外蓄私心唯臣道是固惟國章是守天命可畏敬順予言其管內諸將三軍官健久勤征鎮咸著忠勞數年已來未更敘錄比類諸道實合甄收其大將委中書門下即條件進擬自餘委本使一月內具名聞奏仍令殿中侍御史張著與使孟遊仙同往宣諭布告軍府令悉朕懷

請行兩稅法奏

凡百役之費一錢之斂先度其數而賦於人量出以制入戶無主客以見居爲簿人無丁中以貧富爲差不居處而行商者在所州縣稅三十之一度所取與居者均使無僥利居人之稅秋夏兩徵之俗有不便者正之其租庸雜徭

悉省而丁額不廢申報出入如舊式其田畝之稅率以大歷十四年墾田之數爲準而均徵之夏稅無過六月秋稅無過十一月逾歲之後有戶增而稅減輕及人散而失均者進退長吏而以尚書度支總統焉

請留崔寧以收蜀奏

蜀地富饒寧據有之貢賦不入與無蜀同若其有功則義不可奪是蜀地敗故失之勝亦不得也不若留寧發范陽戍兵雜禁兵往擊之何憂不克因得納親兵於其腹中蜀將必不敢動然後更授他帥使千里沃野復爲國有是因

小害而收大利也

言天下公賦奏

財賦者邦國大本而生人之喉命天下治亂重輕繫焉先朝權制以中人領其職五尺宦豎操邦之柄豐儉盈虛雖大臣不得知則無以計天下利害陛下至德惟人是恤參計滅蠹莫與斯甚臣請出之以歸有司度宮中經費一歲幾何量數奉入不敢以闕如此然後可以議政惟陛下審察

河西節度使廳壁記

皇帝肇建節制之任位以上將主四方之兵濟河而西五侯四將十有六縣大海磅礴乎終始山河迴流其左右旄頭虎力之勁劍服穹廬之長煌煌乎長轂千乘橫合萬里皆主乎是邦故秦已上爲戎都漢已下爲巨防有城府襟帶焉有良將大勳焉有五都汚雜焉其風悍其國險鮮車龍服囂然相蕩非古之戰守曷以成其業而樹其風者哉昔在武德之初上用雄武大才則我隴西李王肅明乎神化大冢宰宇文公駙馬喬公出將我前軍中興之後循吏繼作則館陶侯郭公爽鳩氏司馬公相國韋公蕭公庶績交修以被昇平之化當今王室多故雲海沸騰則僕射哥舒公以縱橫之奇判總軍國其意者將復用雄武大才乎君子曰武德之官神以畧其化成中興之政儉以行其俗阜當今之理動以闔其人安宜乎盡天下之才隨質文之變以永來裔大康乎斯時天寶十二年夏六月記

河西節度使杜公碑

周有召伯樹王風之始漢得留侯稱佐命之傑功赫於帝典名鏤於河圖維唐之受命大殪戎於西周皇帝感驪武之風思二南之化詢求卿士惠澤窮荒乃命兵部侍郎杜

公名鴻漸自河登車主盟西塞公英明博達淳粹先覺碩德漢庭之老中興佐命之勳體含一氣精合五老伊昔皇運中否河海風塵天子方僞遊北門之野公負霸王之畧感社稷之危緬懷風雲以身許國隱括王道旁觀歷象謂宇宙不可終閉兆庶不可無君龍吟空山雲起大澤追昌言以排世難告天命以成帝業日月盡餙載之高懸鯨鯢躍波戮而爲醢史也奏嚮天之樂儒也覩嗣夏之書故登朝爲夔龍纂戎爲方召至於是邦也清其心而妙其用厚其惠而感其和與物也氣之陽春含靈也工之橐籥以爲

獷俗不足以勸賞故先悅以茂功貪人不可以害羣故問罪以去奸訖言不可以疑衆故畢詞以爲戮於是八藩以之匍匐三師以之投褒羣盜以之出奔巫人以之伏死古之作者不貴成功貴以德不憚濟世憚先仁樂生下齊明道者謂其强孫武講軍事上者知其固西門禱河明刑者恨其暴子玉佐楚治兵者慮其剛而公形體兼才智周乎萬類之變嚮合乎四會之中是神降歟詩云愷悌君子民之父母其來也卹陵如無其去也風雨可懷故吏兼侍御史唐朝英洎邑老其州長吏陳奉先等以炎耳目馨香記

之篆刻庶乎觀斯文者有襄南之慕頌遺美者深賴上之風銘曰

彧彧杜公蚪蟠於奧人美其華我覩其操王用蓍畫大邦以造三錫輅車纛戎之號威肅惠時明神所勞何彼塞翁靡人仁報徘徊頌石永代作好

大唐燕支山神寧濟公祠堂碑

西北之巨鎮曰燕支本匈奴王庭昔漢武納渾邪開右地置武威張掖而山界二郡之間連峯委會雲蔚岱起積高之勢四面千里陽崖有栝栢之材備幹革陰壑有堅剛之璞化五兵維人氣雄其畜多馬虜得之以制陰國主天街周以之興秦以之霸漢得之以斷右臂卻南牧西距於海北瀦於河自外而望上也熊熊乎一氣旁蔭朔鹵前衡塞門與積石來朝崑崙相長洎陟蒼蒼臨峻極則形變六合空同大荒青冥在混元之中絕壁揭宇宙之外舊史云封杞之山八中國之外三自夏缺壤奠漢疆土宇時更百王莫能配天其意者將纘禹之業以俟聖人乎維唐百有十載賁元化之紀息金革之虞茫蠢蒸然萃於聖澤於是左丹穴右崆峒古所未賓咸頓首於路門之外天子登神宮

勒金版將復義於羣岳告成於昊蒼議夫此山天合氣以正秋方地與神以主西國俾蚪螭者爲師爲旅貔虎者爲妾爲臣不在於巨靈乎其封神爲寧濟公錫之鞶帶備厭禮物詔邦牧太子少保哥舒公卜吉日築祠於高麓之陽每歲盛秋以笙鏞之器錡釜之品率封内以望之索羣神以會之亞旅師氏旄頭弩牙金鼓七校車徒十萬從饗於廟庭大閱於山外所以因天界以崇聖功乘地險而恢遠畧也觀夫叢巖懸抱煙雨屑窣宮庭晃其閑暮林石古而幽陰神其居之可以禱安靜矣捬空桑變鐘石神其聽之

可以感和樂矣大玉通帛熊蹯桂漿粲其傾筐采章煌煌神其歆之可以祚有年矣維石巖巖日月不老維靈是與生此熊羆神其薦之可以奉吾君矣於戲陳信克享正詞幽感宜乎有祈而降有祭而歆龍也無風雨之德虵也無氣焰之作此神之職又何羞焉乃作頌曰

揭靈山兮天地界勢奔突兮風雲駭峰蹲龍兮入天門氣變蛇兮煙嵐昏祐自天兮得終古被華蟲兮駕朱虎

欽定全唐文卷四百二十二

楊炎二

安州刺史杜公神道碑

受正性者德之元纂重侯者業之盛君子體仁以合德積厚以感通著于神明光於祚允者其惟杜公乎公諱鵬舉字某其先京兆人也七代祖諱模後魏爲濮陽守衞人宜之子孫世居東郡故今爲濮陽人夏有豢龍之官周封唐杜之國世載侯伯勳藏晉魯周公錫命元旗火龍拯三代之衰參五霸之業斯保姓之始也漢有建平侯策定中興晉有當陽侯克弁南夏其食酆鄗盛西郊之巘冕其分荆濮胙東國之山河斯不朽之宗也濮陽生陳留太守諱亮陳留生高祖北齊膠州刺史竟陵公諱伽竟陵生曾祖隋鴈門太守諱保鴈門生大父唐蘇州司馬諱義寬蘇州生皇建平侯荆益二州大都督府長史諱慎行洎貞孝公秉哲以輔先朝令黃門戴天以成大業自魏七代以方岳登聞在唐兩朝以台衡致理斯邁種之仁也公貞孝之兄黃門之考天修其爵地富其才神抱虛廓智藏著蔡口目河海儀刑嵩華學可以掌邦教詞可以宣國風少與范陽盧

藏用隱於白鹿山以太夫人有疾與清河崔沔同授醫于蘭陵蕭亮聲色之微以誠達疵癘之祥以氣變屬先府君作鎮荆楚有詔門子親侍禁闈起家修武縣尉歲滿以書判超等授濟源尉以正議登朝拜右拾遺昇玉堂以謁聖君陳格言以利天下黃門侍郎張廷珪國之髦碩洛州長史皇甫知常人之標準美公志行嘗與請交公精義入神洞究與賾初睿宗踐祚冥感祥符觀元期於化元啟成命於幽教人所以佇非常之運天所以歸億兆之心元宗時在東宮表公所言請編史冊時應令賦詩御札批云畢公

之任諒籍伊人思入風雅靈通神鬼後以親累出爲岐州司倉轉同州司士開元初上以中都稍食省河漕之徭大農器用賦晉山之鐵牧馬于歸獸之野考室于迎春之宮關中始置疎決鹽鐵長春宮三使詔以公爲判官明年天子東行河隄陸格獸之場開濯龍之沼停鑾上苑留宴天泉酒酣樂過公獻賦以諷於是有采章之錫遷著作佐郎太子左贊善大夫都水使者邠王府司馬豐王府長史中散大夫安州刺史公爲政在上位畏于上貞一以守之齋莊以莅之其始也居右正詞王侯嚮慕其終也疎通簡易

禮化與行方將坐周召之堂陳歌訓之典法象魏登天庭而明德壽於中年壯圖悲於下國命矣以某年月日終於官舍明年二月葬于壽安之南原遵遺命也夫人河南郡君尉遲鄂國公之孫卭州刺史瓌之女也抱含一之德友于君子受降神之祥克生元輔天寶四載終於山陽別業其終祔焉從周禮也長子靈瓌陳州太康主簿紹家祚而命奪其祿次子奉遙有異學而天喪其文荀陳同德顏閔齊化季子山南劍南道副元帥特進黃門侍郎同中書門下平章事衛國公鴻漸身負蒼旻氣和鼎飪以符合斯運

以道佐唐虞文繫訓謨化齊混象大勳格於皇極厚寵揚于祖考某府君先贈太常再榮師保夫人舊封宜陽增號某郡三錫桓公之命是尊孟母之賢惟公主忠孝根仁義事親有極致之道執喪有寧戚之哀威廢鞭笞慍忘誚讓其立身也冥觀天理合舍幽鑒強志通於衆藝敏行求于古人考聲教觀歷象動合靈祇之贊居順陰陽之和其達誠也憂喜極中權利交喪歷官十二遠悔吝之形春秋七十抱純精之氣其保終也君子謂探命歷誠也專藥膳孝也補袞職仲山之志也頌王風吉甫之才也濟美纁武之

德也有後臧孫之慶也宜乎正訓百代垂鴻千古存被先公之冕服沒爲天子之元老勒鐘鼎建廟堂金石以頌聲邱陵以表隧乃假詞末學觀德將來銘曰

於赫太師德音孔遐道之氣象物之精華文學鄒魯羽儀邦家選於帝庭帝庭有儀聞于宮府宮府允釐明晦光耀際含天機識眞紫極建旟青蒲熊負金印虵蟠朱組時哉功名海變今古精魄歸復宜陽之下我有冢嗣爲王寶臣德延沒世功被生人岸谷磅礴邱陵故新蒼蒼頌石萬世遺塵

雲麾將軍郭公神道碑

山之西出將地之右主兵故前有辛李之雄後稱周郭之盛四族者貔武其人風雲其氣出入千載戎狄憂之皇唐一宇宙之初數蠻夷之罪太白上而天兵利陰精感而神將出於是郭氏之室世並五侯丹華轂者三十人分采地者三千戶劍騎鼎食氣蓋關山開閣而珠履成行宴享而山元滿座中興之俊鴻臚間出始以一劍而震清海年未三十名冠雲臺位爲國之長城身主人之大命銘旗羽葆小韓侯之故事龍旆青社增召伯之舊封則祖宗之盛未始聞也鴻臚即世關隴不震天其永思戡定之代故盛業集於金吾金吾名千里即鴻臚之孫出於荆藍之中長於松栢之下虎頭騈脅曲踊雷聲猿臂過挾鞅之林鷹揚表下韝之志始以將門子往還隴上開元中西討石國負羽先登特拜遊擊將軍折衝都尉駕龍媒於殷路舞雙劍於前席二十六載詔公與中使劉元復開葱嶺以功勝虜不能軍班師授左武衛將軍特賜衣甲一副超才也後五載有苑門之役走射鵰之羣拜左衛將軍領巖人陣既成列而破石城天險不待戰而降累遷左金吾衛大將軍驃騎

玉門軍使未行而遇疾嗟乎病生刮骨志屈噉肝累喉白刃之中垂翅青雲之上以天寶十一載二月薨于武威之地春秋若干夫人宏農郡君楊氏絳郡長史之孫臨洮軍使雲之女河華茂氣齊姜盛族和于鳴鳳而外姻致駕宜爾幹毋而君子好逑始於龍劍雙飛中而雲虹獨感春秋若干有子一人曰某果毅都尉山西將種塞下雄兒周郎之豪勇冠軍終子之精魂先返年二十一先公而夭郭氏本自周王之穆其在昔也漢有司徒司空魏有車騎驃騎或竹馬垂信或金玉稱豪世后佐漢以補天賢王築館而

爲道其在今也一門三戟六葉七侯伊吾反昭于前鴻臚特坐于後長河萬里敵國四方每賓祭往來蒐除大閱望帶裳者知宗廟之盛執金鼓者成父子之軍世德後來公其濟美則勳配祀典中乏主祭之名哀及路人内無朝哭之位此窈窕之數孰可問哉猶子子鸞善達禮以繼門族樂主辦以濟險艱荀令君爲不亡趙將軍其有子以十三載某月葬我公于武威東原非緩也實卜年龍蟠天井岡伏山形閟星象于元宮起風煙于松闕將軍鼓吹迴過細柳之營天子輅車出祖茂陵之道銘曰

壯哉強魂凜然風雨一劍刳鯨空拳搏虎錫以鞹鼓髏觩俸瑲騂騎佩組華彼莊姜揄狄珩璜言念君子乃心無忘精返太白魂歸故鄉雙墳巍然流水湯湯秦雲如牛磵石如羊二龍於此父子同岡

四鎭節度副使右金吾大將軍楊公神道碑

昔我乃祖世族關西左華右河前虢後晉食唐虞之地首韓魏之封大輅鞶瑲彤弓之錫此之謂保姓在帝爲高辛氏在周爲司徒在秦爲上卿在漢爲太尉此之謂世祿太尉之道齊宣父大夫之文似相如此之謂世德内史之採金虎赤泉之斷江龍兗州佐命於齊驃騎重侯于晉建公能官其業此之謂武功公名和字惟恭河東人也爲高祖驃騎之曾孫大父諱言隋朝散大夫國士經術之奧高論上庠洎河海風塵吴興敗露出補棣州蒲臺令考諱楷河州大夏縣令以神明之化出綰桐鄉驥蹋于轅蛇蟠于沼公賢明本乎祖德精勁因乎地氣好兵有秦韓之俗受學得孫吴之書發跡洮隴成功西極仗劍出萬人單車入絶域則羣兇下拜室胡隧則漠地空疑所以利建侯成略之賞凡三破石國再征蘇祿開勃者三誅達覓者一始自弱

水府別將至執金吾十五攻常冠軍鋒大小百餘戰竟終牖下初開元中羣胡方盛南寇于闐公以中軍副鼓行而前雲火照于王庭雷霆起於帳下故羸師破竹後騎建瓴灌夫之勇也二十七年有詔四鎭諸軍大出漢南壘問罪蘇祿洗兵滇河旌甲數萬人城池五十國公以麾下爲前四罪之名有百牢之饋酈生之奇也後五載有累姓之後來朝京師金甲善馬織文大貝告于廟之室旅于大庫之庭公覽傳常遺風烏孫故事井泉可數談笑成功上壯之賜弓甲一副廐馬二疋伏波之美也明年元帥封常清署

公行軍司馬都虞侯西討石國觀兵海隅歷莎車臨大夏見條支之卵飲郅支之頭烜兮赫兮雲捲萬里博望之畧也自武衛將軍四鎮經畧副使加雲麾將軍兼于闐軍大使其地兵甲之富寶玉之林公鎮以清靜同其習俗如鼓簧琴政用大康又遷金吾大將軍四鎮節度副使金紫之貴樊纓羽旄雄風凜然壯圖未極方將戴衣冠於地表會風雨於天庭夢厲成災明浮生戾以十四載五月薨於鎮西之官舍春秋若干夫人晉陽費氏彼美孟姜顏如桃李靈劍始合泛于碧海之潯鵷鶵漸冲坐于金蓮之界嗣子

預有霸王之畧好倜儻之奇初以右武衛郎將見於行在天子美其談說問以中興遂西聚鐵關之兵北稅堅昆之馬起日城開天郎特拜左衛將軍兼瓜州都督關西兵馬使又遷伊西北庭都護策茂勳也誅門人以息羣盜設勇爵以酬諸戎鍾鼓再考騂旄既備可以荅明君告宗廟揚于祖考有銘篆之功問於著龜無松檟之舊以月日與次于某葬我公于某所禮也於戲昔齊方草昧而兗州降隋室始創而驃騎興當今受命而武作豈公侯之美必復將輔佐之跡有歸歟中丞以炎聽于親宗服于祖業捧持簡牘見託斯文邱陵蒼蒼歸于萬世地連汾水之舊基望虞鄉之古祠遠蒼龍松寒石馬晉人墮淚如看峴首之碑漢將焚舟遙識祁連之冢銘曰

偉哉忠壯萬夫之冠熊視三軍鷹揚霄漢星隕月窟魄沈海畔寥落英風功名相半我有令子王之寶臣勛參十亂名畫麒麟光華玉帳出入朱輪祠于上蔡奉我先人反葬何鄉言歸晉土蒲阪之北汾陰東滸雲雨千峰山河萬古蟠青虵兮負騰虎埋金劍兮何時覩

雲麾將軍李府君神道碑

斗極之下曰幽都其氣胃立其風精悍常山之下曰涿野其鎮碣石其神蚩尤海岳迴抱府君出焉雲龍感召府君感焉惟天永保唐運故府君來朝克生保臣輔寧大業坐中台者二子銘鼎彝者六朝當國宣九合之勳昇堂有八元之族府君諱楷洛先族漢校尉之裔也世居其北遂食堅昆之地實主崆峒之人大爲王公小爲侯伯其精薄日月其動破山川厥後東遷復爲鮮卑之右府君英明淳渾神踴天飛威嚴生介胄之容魁岸本山河之狀雙舞長劍左盤琱戈虎嘯于窮溟雲從于大澤有沈謀以忠中國有

長技以服諸戎天子聞而思之密命奇士要之信誓君子曰井谷不可以遊龜龍蟻垤不可以栽松柏淮陰去楚百里絶虞尚父從周樂生歸燕此必精合於王霸魄見於祥符宜乎萬方而趨一言而感矣是年冬府君與帳下騎士言曰吾乃祖本漢將辱于單于之庭而今千年大恥壯士當建功大國上篤眞龍曷有遇風雨而泥蟠無卷舒以蜿變由是奮躍遼海翻飛上京其來也戎羯生憂其至也幽燕罷警上御前殿庭列千官鍾石畢陳君臣相賀始問其姓因賜以家族特拜玉鈐衛將軍先賜以大弓文馬又拜

左奉宸内供奉升玉堂飡沆瀣矣帝曰余欲成幽都殪死市乃命府君爲朔方討擊大總管於是雲麾鐵騎川動地踊左飲青海北登狼山帝曰余欲宅嵎夷破鴨綠擊靺鞨俘林胡乃命府君兼幽州經畧使於是間榆關橫障塞三以奇伏五以勝歸帝曰余欲軍北方之野乃命府君爲清軍於是敵也無氣燄之作士也無踴躍之勞帝曰余欲護坰牧之使於是憑列走隊法掩亭院神螭水瑞孔阜充碩帝曰余欲書日月之常教熊羆之旅咨爾職典彼朔方復命府君爲節度副使於是鎭之以德宣之以威師和年豐

罔或不若帝曰余欲配勾陳之位養死事之孤乃命府君爲左羽林將軍於是蓬頭射聲上貫牛斗帝曰余欲署石堡疇其代謀僉曰府君乃命佐中權發大號於是元黃灑血玉石俱摧載初中兩蕃不庭有詔府君尋盟舊國單車從漢二憾來同戎狄變心懼我爲患秉主客之勢合豺狼之兇甲興于門車結其外府君復爲死地甘爲國羞仰而騰駒若與神遇橫跳出於虎口伏念歎於龍顔的盧之師惡可喻也吐蕃之寇河源衝下憑突矢石交作府君以精騎一旅濟河之南萬火燎于他山三軍出其閒道驚寇四

潰重圍自解加寵之奇孰云多也初府君將赴征西謂所親曰余往必克敵殆不能歸及班師獻捷歿於中路明達人之委順君子之終鄧公之勇曷其智也至若秉季布之然諾法穰苴之政教動於軍誌舉合吏能奇謀絶於揣摩故事留於風俗神對歷象精合晦明勤道不形進而人莫見也爲政以德寵而久彌尊也始自天后之末至於聖皇之朝前後錄功凡二十四命食邑二千七百戶封薊郡開國公又加雲麾將軍參定國者兩朝拖侯服者四紀會兵車者百勝出帳下者千人國有事未嘗不勤勞無私可謂

知禮故得大命三錫重侯累封輅車山元藏於太室壯圖未極沉疾生勞臨合浦之秋伏波將老望河源之道征虜不歸其年某月日薨于靈州懷定縣之師次享年六十有七追贈營州都督賻物三百疋米粟三百石以明年某月日詔葬於富平縣檀山原禮也夫人某郡都鴻臚卿某之女異氣祥合高門鬱興卜鄰也鍾鼎再懸受祿也夔龍在席元子太尉臨淮郡王兼侍中光弼河圖鉤合上感神精磅礴於陰陽之和同符於元命之紀次子將作監光彥氣含精勁仁服孝慈列侯於千石之家從事於四方之志少

子太保光進命世忠義縱橫知畧天之辰象物之粹靈乾元中太尉以東諸侯三會于河再以虓髯濟於淮海天子美齊桓之志系凡蔣之盟以府君炳德丕赫積流仁慶追考功績發於簡書謚曰忠累有襃贈號韓國夫人於是建廟堂命宗祝室有山龍之服饗有金石之和昭宣令圖煥然銘篆以炎掌史之官也奉命爲詞徘徊大名頌耿弁有終有慶慷慨觀德美張仲爲子爲臣銘曰

茫茫上天下降狼星崆峒之野焜燿其形於赫巨唐風雨是經剗伊本邪曷不來庭煌煌府君爲國之翰從順干戎威讎勦亂陰剛萃靈渤碣精悍闕四字志不可訑綿綿塞草天地之下北拒狼山野無胡馬殊勳大績玉劍元社天空武庫海折崑崙在昔遺慶會之藏孫曰聖在天勤於至道旣命太尉亦崇太保一門四龍三作元老赫赫元老氣合清貞白髮垂冕高堂有親帝命韓國胙於夫人亦詔薊邱下寵明神左鑿貞石垂於將來剗我洪勳上懸雲臺彼邱之顏此澤之堆悠悠令惠萬古不回

唐贈范陽大都督忠烈公李公神道碑銘并序

秦霸也張祿去魏漢興也淮陰離楚龍鳴風雨之會蛇變

泥蟠之中逶迤感通精氣相合斯冥契也豈人力也皇唐贈司空范陽大都督李公諱楷其本出於隴西八代祖節後魏鴈門太守燕齊之亂族沒鮮卑東遷號良將之家北部實大人之種其生渤碣其居戴斗海塞迴抱與公之氣天星下直爲國之祥英氣混茫熊據龍驤望其形得山河之狀覩其容見金鼓之威神明爲徒義勇爲器久視中以驍騎歲入于遼西臨太原南震燕趙雲火照于河上天兵宿于北門朝庭憂之有命招諭合以信誓際于天人話言感寤撫劍歎息是歲以控弦之士七百騎垂橐入塞解甲

來朝以其本枝復賜李氏授玉鈐衞將軍左奉宸内供奉圖形雲閣之中置酒蓬萊之上君臣相賀羽衞生光君子曰井谷不可以游黿龍蟻垤不可以戴松柏漢於是始靖虜於是始憂是後殪靺鞨於鴨緑之野覆林胡於榆關之外北出障塞懷其王庭南救河源復其死地石壑之役以一旅定三軍冷陪之師以虚聲破精勁東封之歲外將天軍河湟未寧西護監收雲麾鐵騎山動地踴右據青海北登狼山冰泮則會師風高則出塞皇威振於四海王化敷於無外故得大命三錫天馬輅駿定國難者兩朝拖侯服

者四紀會兵車者百勝出帳下者千人國有事未嘗不勤勞無私可謂知禮於戲天道曖昧胡星未殞以營平之年不終大用以伏波之病再出窮荒天寶元年五月二十日自河源薨于懷遠縣之師次春秋六十七贈營府都督明年詔葬于富平縣壇山原維公智之大實神之異門心和體剛慮遠精微思乎耳目之外行乎變化之中震呼戎獯嘯叱風雲貔虎之悍以禮成百萬之強以謀勝故鮮卑因之以疲中國天后取之以空大漠於中宗開朔方之地四百里於睿宗食佐命之邑三千户於元宗則主禁衞吞諸戎東西南北動罔不剋禦戎安邊凡十命焉祚於後也元子太尉中書令東都河南江淮等道副元帥臨海郡王光弼少子太保御史大夫渭北鄜坊等州節度使武威郡王光進負河圖以列四星遇英主而當三傑肅宗之功復區宇更爲桓文今上之道訓華夷並爲召畢乾元中天子以公炳德丕赫積仁流慶大福再成沒而不朽乃命太常追考功績謚曰忠烈贈司空范陽大都督夫人贈號韓國夫人於是建廟堂命宗紀室有山龍之服樂有鍾石之和昭宣令圖是有銘篆銘曰

茫茫上象降精於北是生純臣其在異國矯矯府君蔚其英靈蛇蟠北極鵬化南溟來于本邦會此天庭風驅虎旅晝食狼星綿綿塞草天隔華夏北拒陰山野無胡馬殊勳大績玉劍元社天摧武庫海折崑崙在昔遺慶惟曾藏孫曰聖在天勤于至道旣命太尉又崇太保一門四龍二作元老赫赫元老氣含清眞白髮重冠高堂有親帝命韓國胙于夫人亦詔蔚邱下寵明神彼邱之榛此石之磷悠悠令德萬古清塵

承天皇后哀册文

維大歷三年歲次景午四月乙未朔五日庚子故齊王誥曰承天皇帝妃張氏謚曰恭順皇后天寶末賊臣搆難王從二聖南幸成都自武功定策禁中皀先帝於靈武以是年八月薨於行在今上録功追遠詔謚鴻名以大歷三年六月遷座於咸陽禮也雲翮宿懸天雞空響建翠鳳以雙引度蒼龍而長往皇帝慟極天倫齋於閒館望桂嶼之蕭颯撫蘭臺之傷斷爰詔近臣遺音是纂其詞曰

皇圖氛氳麗于天文本枝百代連華千載維王斯會其祥則大祖武之烈宗文之配令德純粹温恭慈愛和必有節

動而無悔持盈以沖明道若昧金玉是式鼓鐘於外伊昔慶衍維皇握圖天孫載弄甲觀晨趨善問居講嚴師服儒瓚林秋實寶蓴晴敷皇用錫土苴茅剖符大邦之翰滄海之隅遥分朱邸近植青梧愛鍾嘉會寵被宸渥從侍寢門觀風太學禮聞齒讓聽辨聲樂歷運中否災鯨搆昏初避夷狄聖有昌言王叶羣議天迴乘轅適於碓碭之野進于閶闔之門雲趨河北電掃中原方從廟告言守藩垣忽川逝于東海怨夜長于西園嗚呼哀哉志業見於屯蒙勳名留于天壤成宗禋之有聖悲歡愛之易喪獨精聚而魂游奉君親以長往展我邦媛德容可仰會館而家齊風是長翟拜三月軿歸百兩豈鳳吹之有行而虹銷之無像嗚呼哀哉帝念伊始睟容生憂傷桂絆之幽蠹望山河之林邱解劍龍而追慟燭鴻徽以冥搜駕之輅旗服以晃袞儀千官於天衢將合祔而從周嗚呼哀哉笳鼓宵陳河山曉發地坱軋兮聲遠天空同兮影沒入幽隧之穹林伏盤原之宫闕嗚呼哀哉考至公與至性見爲子兮爲臣臨難不忘其社稷感時思致於君親短而非病逝豈同塵惟芳名與盛德可觀法以求仁嗚呼哀哉

于卲一

卲字相門京兆萬年人天寶末進士授崇文館校書郎累遷兵部郎中拜諫議大夫知制誥再遷禮部侍郎貞元初除太子賓客出爲杭州刺史以疾請告貶衢州別駕移江州卒年八十一

玉版元記頌并序

草莽臣稽首獻頌曰臣聞殊祥大報者皇天無私慎終追遠者祖考來格皆上帝之所協德豈蒸人之克預也我皇

帝陛下建皇極行大道體元以煦覆品物以陶運執斗柄而四序潛迴張地維而八埏至靜四十載矣而天下大順巍巍乎其全功歟元元皇帝陛下之烈祖也實慈儉以垂後昆法清靜而示教文歷千百祀而陛下道存妙有化洽無爲動之太和寂以元覽非得一而正乎陛下執大象敷元宗聖祖儀刑於郡國景命紛紜於圖史者蓋百數矣開靈寶於分陜之郊克復明號形縞衣於降聖之閣時膺展親採三華於丹墀之上近而得也想五利於滄波之外遠而治也故朴畧之初三五以降曾不敢以功階並也今太白山人李渾等暫因形動未假神游初入緇帷之林忽變紫微之境古祠之下猶龍肅然霽色雖澈於清霄榮光自分於白晝元宮咫尺仙衞徘徊接霓裳以受辭奉玉顏而專對光啟王室宣昭祖孫方籙實而未宏緬遐聽而奚取由命京畿採訪使戶部侍郎兼御史中丞王鉷發皇華而載馳望白雲之有處瞻仰如在眞風宛同歷五洞之杳冥尋一門之窈窱行前有會感而遂通石臺菡萏而特秀玉版熒煌而自祕式傳無忽祗受不差天香氛氳甘液浹洽陽烏抱戴而上燭卿雲交映而前引率皆科斗之文時人

無能之者陛下乃齋心服形絕聖棄知閒居於大庭之館游夢於華胥之國而後攝外慮嚴天思捧元記而納宸極洞一時而覩萬物其辭炳燿而有屬其義綿延而自久齊聖壽於日月恢國祚於宇宙上以和天地下以洽神人臣不知其天之爲大也如此遂下明詔臨百官荷億載之殊慶追六聖之遺諡既撰日以嚴配親大袷於閟宮鳴鑾以和清蹕在聽臣又以閈闢之後無以尚之於是文武百辟蠻夷君長洎黃緇老幼各有等威雲趨玉關而請曰陛下奉天之昭錫承祖之大命百王無以徽其符千載不復遇

斯瑞。崇累朝之德。孝之大者。掩至尊之美。謙莫甚乎。既而天聽未迴。睿獎猶邈。臣下罔知寢處。黎人咸造勿褻而言曰。天其或者以天下之物。無可以稱陛下之德。故纘戎徽號。因聖祖以發明。令陛下不得不名之。固非一時之所強名也。書曰。不臧厥臧。人罔攸勸。願陛下臧而勸之。抑讓之至於三。方霈然曰。俞哉。斯亦天之所俾也。遂命稽皇典。序國儀。韶濩作。貂蟬進。纂鴻猷而尊冊之。明大訓而奉行之。雷雨作解。小大以正。四靈在郊藪以待命。三光出躔次而延澤。豈祇羣臣之私乎。率土之私乎。臣生沐淳風。欽承寶化。百揆時敘。空聞賡載之歌。三階底平。久著登風之頌。伏以神功丕應。潤澤生靈。抱超代之範圍。與下人之陰騭。方軼於周王游玉。黃帝迎年。豈與夫河東壽宮。棫陽薦磬而已哉。仲尼以舜禹之事。邱不得預議者。以方今之盛。臣實預焉。庶效采詩之典。曾何萬分之一。伏獻頌曰。

巖巖太白。列仙是宅。八會眞歌。三清羽客。幽陰肅爽。處處靈跡。皇唐上祖。天人元君。揮斥六合。時乘五雲。貽厥景命。昭我聖勳。神靈宣功。華芝獻壽。薦錫元記。光貲妙有。玉字天長。石臺地久。億載新兆。千齡古書。字形科斗。臺狀芙蕖。

神力莫測。象帝之初。烈烈遺謚。清廟崇之。明明徽號。我后尊之。天授玉記。惟皇之禎。微臣薦頌。游聖難名。

降誕頌并序

皇唐八葉之中興。提天綱。披寶圖。臨八紘。俯萬物。垂鴻儲休。粤十有七年。元冬陽月旬外三日。天子居北堂左个。受厥初之慶。自予弼臣百官丞令。咸歸休澣。則歌康衢。樂壽域者。具百姓之歡心。有司諫掌綸之臣。當右掖分宵之直。望閶闔。沐薰風。齋心以虔。稽首獻頌。其詞曰。

甲觀畫堂。繞樞神光。十月良日。降生我皇。焜殊祥兮纘武繼文。時惟聖勳。格苗戡黎。爲天下君。望如雲兮蒼蒼海隅。達我天衢。七戎蠢狄。西殲北徂。外無虞兮白翟遐通。嘉禾薦豐。兩樹連理。五雲飛空。歸大同兮金闕巍巍。清晨伊何。萬國筐篚。千門詠歌。歆太和兮舜膳以甘。堯尊以酣。誕彌之朔。旬而有三。湛恩覃兮南山于前。北辰于天。臣某獻壽維億萬年。象帝先兮。

唐劍南東川節度使鮮于公經武頌

皇唐八葉。伐叛取亂。再寧區夏。四海絕橫流。九州無匪人。制要荒以從述職。分周召以相夾輔。有多士爲內理。有方鎮爲外攘垂衣裳而御極惟十有三祀矣大劍之南自秦惠疏疆是一都之會南蠻西戎舊爲敵國伺我休戚爲爾進退國家之有天下也或懷柔羈縻與之連和或掩義背德與之交鋒尋盟問罪不無事矣當天寶中河隴之外却地千里赤山青海不敢飲牧絶漠無跡我嘗有之屬燕薊猾亂毒痛生人羣盜乘時釁彼戎復舊怨是以緑林逋藪白晝殘人池隍鞠爲茂草邑里化爲煨燼墜瓦萬聚頹垣一平大歷三年夏六月分命漁陽伯鮮于公擁旄仗鉞總統東川八州之地自閫之外帝俞欽哉公才包五行體合

四氣揮若神劍扣如鴻鍾其始也凜之以威其漸也濟之以恩作之君師爲之父母由是遠者來來者安也於是驅豺狼之所嗥蓊荆棘之所蔽一之歲二之歲葺郡邑正疆理而樹牙幢三之歲四之歲闢田疇闐帑藏而糴軍實五之歲而甲兵大振六之歲而勇可賈餘七之歲而人有聚訓有常矣無暴可禁所謂保大定功有財斯豐所謂安人和衆兼之者不戰而勝兵將戢乎畿内諸侯始有賴而捍戎於邠隴矣則知漁陽公外陳藩屏而助威武於鑠哉其爲人臣之式歟方今龍安屬邑久爲重門待暴之地壤連西山分我天限有間道可以招戎偵有絶險可以資敵國頻年發中軍之倅爲之鎮守今秋自元戎十乘以先啓行白露始降秋草方實筋角勁而膂力既堅樵蘇積而糗糧斯峙如熊羆曰千夫長如貔虎曰百夫特前茅後勁不戮一人君子曰軍政不戒而備矣以此料敵兵必勝戰必剋我武惟揚休有烈光福履所將壽考無疆其猷克壯而佐堯翊湯不其盛歟公名晉字叔明漁陽縣人也其先殷人箕子處其地世有君長北方之強歟至西漢有京兆尹褒惠東漢虎牙將軍輔散遷伊洛相衞之閒垂裕後昆繼世

流慶粤有高祖父康紹後牧于閬解印寓於新政縣洎曾王父與王父因家焉衣冠來裔松檟斯茂實膏腴而止斯樂土正版圖而終移關內今復爲長安人也公先兄仲通擢桂枝綰黃綬不十年而權生殺於梁益之地入爲京兆尹公自孝廉專經高第再參環衞累拜棘司四遷柱史連擢華省宰洛邑時號神明牧商於人歌父母有詔加金商均房等州觀察使處置使又入爲京兆尹歷左右宮相出牧臨邛兼御史中丞充邛南招討都團練使由中司復加節制焉尋遷御史大夫朝廷以爲今之二難時也卓絶載

形詔旨談者榮之方將登金鏞調玉鼎徹蒼生之福豈惟殊俗收係虜從衞霍之事乎邵忝嘉賓之末猥厠諸侯之選拜賜之辱奉以周旋頌聲不作無以報德發彼馨香存乎琬玉匪報也永以爲好遂作頌曰

金火間秀實生有德風雲所感以佐王國龍韜豹畧天資默識敦詩說禮行有餘力忠於事君立名底績鴻鵠斯舉驊騮登跡風雨如晦我心匪易三川震蕩萬里沙磧宗社旣安君臣正焉乃睠西顧實爲東川東川伊何人其播遷邑有遺骼家無舊阡爰命虎臣仗茲犀節上天下地惟爾

之發拉彼羣逋輯我遊闕躬之先之不日不月七載勤勸三軍克振龍安之役伐原示信么戎宣驕則我觀豐五帳潛機金鉦俟進漢思營平先零之功班壯車騎燕然以封軍之所樂吾之所從門生獻頌豈二子之所疇庸哉

中書門下請上尊號第一表

臣炎等言臣聞自古帝王配天受命必建徽號傳之無窮號者功之表也三五以降皆約所著之功以彰厥德則犧農軒頊之號或質勝文而文勝質悉以一時盛烈而崇號焉伏惟皇帝陛下纘戎立極紹庭應運居域中之大爲天下之君聖敬日躋孝理時乂放珍禽奇獸爲異方遠物畧嘉禾美瑞俾良史不書洪惟成湯一德率先老氏三寶舞干是務和戎是利惟賢是登惟惡是去雖夏后卑宮菲食漢文帷囊弋綈與我比崇彼實慙德今陵園永閟升祔云畢孝思罔極達於神明克禋克祀卜時撰吉載命元子光啟諸君禮無不備道無不洽而鴻名未揚典故猶缺將何以告清廟謁聖祖對越神祇昭格上下伏乞許臣等上尊號以備大禮有以答乾坤之貺有以符億兆之歡臣等才非啟沃職忝近侍遠愧賡歌空懷赤實不勝懇願屛營之

至謹奉表陳請以聞

第二表

臣炎等言伏以表鴻勳尊明號百王之宏典八聖之嗣烈則可祖述古訓憲章前範上以明帝王無私于已下以表臣子行古之道所以詢於公卿稽彼典常冒昧爲請期於必從奉詔還答未蒙聽允阻臣子之協同彰聖人之謙甚當此反側得爲安乎臣炎等誠惶誠迫頓首頓首臣聞上覆有名曰天下載有名曰地天地尚著於名位而陛下父母天地端居大寶獨無名乎臣等固知其不可謂此況踰

年作制。履端於始。啟迪乾運。祇膺天秩。此皆宗社延貺。元元式瞻。其當至公。不在謙已。伏惟陛下首在藩邸。親總六軍。屬彼昆夷。乘我閒釁。犯我都鄙。邑鑾輿以東。幸奮貔武以旋師。一呼而上將雲奔。傳檄而遠蕃響至。朝廷以正。華夏以寧。旋表元良。迨茲臨御。顧命之後。畏天之威。躬履節用。勤於宵旰。大孝感於神明。茂功由乎發號。友愛日至。觀行不忘。顧升平以儉致。將徠遠以德服。風雨時若。妖氛不動。夫然則俗可追於大庭。人可納於壽域。而欲忽鴻名。缺人望。固以自約。其可得乎。臣等才謝將明。力慙匡輔。欣逢至道。竊荷寵光。願回天私。獲罪丹悃。無任懇迫屏營之至。謹奉表陳請以聞。

第三表

臣炎等言。臣等考古訓。酌羣言。建大中之道。陳徽號之請。累表上聞。皆抑而未許。蹐天悚迫。屏營失圖。臣固以此請者。方欲協萬國之歡。繫一人之本。蓋非私於主而專於己。實以荷大賚。法上元。遵王之路也。伏惟皇帝陛下以唐堯四德。光宅天下。以周文直行。陟降庭止。應乾立極。迨乎逾年。又奉今月甲寅詔。將有事於郊廟。越翼日乙卯。復下有司。命元子以主器。薦珪置幣。尊祖配嚴。屬車將邁。明號未布。瞻望宵極。遐哉邈乎。至乃陳一王之儀。合百神之禮。祝告史載。則謂之何。臣又聞之。守文纘服。繼序不忘。遵奉遺烈。必思其復。惟高祖象雲雷以起經綸。惟太宗造區夏以創大業。惟元宗倚孤劍以攘臂。惟肅宗振一旅而討逆。惟代宗總天兵以佐命。皆拯生人之崩角。安國家之綴旒。德澤洽於上蒼。功業冠於邃古。而皆順人心以敬天命。享大名而騰茂實。況陛下居雍邸。將天下奔西戎。約北狄。此所以彰武功也。其在望苑。則問安視膳。春誦夏弦。尊師以廣其聰明。敬老以全其羽翼。此所以懿文德也。及受顧命。反居諒闇。勺飲不入。杖而後起。同軌不踰於七月。升祔來終於九虞。此所以昭大孝也。克勤於邦。日親萬務。克儉於用。化行四海。珍禽奇獸。不育於國。沉珠捐金。不受於人。此所以返太素也。有一於此。則可以發揮鴻休。光啟尊號。豈可尚懷謙損。莫顧輿能。九廟之靈。儼思虔告。百辟之望。終期必從。陛下必欲固拒羣心。輕此盛典。則祖宗之前號。盡為虛美。陛下安得而墮之。臣愚故知其不可也。臣等待罪掖垣。屢陳愚欵。儻未迴天聽。將萬請以之。無任大願懔懔之

至謹奉表昧死以聞

第四表

臣仰稽舊章虔上尊號懇誠三瀝中旨未回朝野惶然罔知攸措臣等誠惶誠恐頓首頓首臣聞帝王御極作人司牧德盛者爰加顯號功高者必建鴻名是用叶天地之符塞神祇之望榮非爲已義實狥公爰在累聖必從衆欲陛下踐寶祚握瑤圖懸日月而照九圍鼓雷霆而清八極故得吳蜀電滅齊蔡砥平攄祖宗之宿憤救黎元於焚溺今日者威加四海澤浸八荒文軌罔不同華夷罔不服政刑

罔不舉符瑞罔不臻闢再造之宏規致中興之昌運而大典猶鬱徽號未崇何以副萬國之心何以答三靈之貺臣等謬居樞近累黷宸嚴望九重之俯從爲千載之榮遇雖則祈天之奏伏蒲而未感所冀回日之誠傾藿而必遂臣等不勝懇欵屏營之至

請冊皇太子表

臣聞立天下之本故受之以震明兩承統慶元有光期萬國以貞而一人有慶也伏惟皇帝陛下受天明命尊祖嚴配聖謨廣運禮秩咸若六親承式而理六合不諭而定伏以儲宮未立人望猶勤奉天順人事不可曠夙聞宣王天資孝敬訓稟詩禮可以奉宗祧之重可以當匕鬯之主朝三命宰則以安親前師後傅則以齒胄伏乞以時冊命報慶天人然後啟承華以論道起博望而養德天下幸甚天下幸甚臣等忝跡樞密倍萬恒情謹奉表陳請以聞

第二表

臣等言今月十六日敢以古義請建皇儲伏奉恩命未垂允荅受命兢悚悅然失圖臣等惶恐頓首臣聞皇王之理必先體統而後正百度以臨四方修人紀以符天道則居

震守器重離繼明是先代行於天下也況尊宗廟而奉君親乎此而不先孰可先者陛下尚執謙德方勤庶政略至公之務慎翼子之私是以小嫌而廢前訓今臣等不敢以歷代爲據且以國朝以來言之有若高祖義寧二年五月即位六月立建成爲皇太子太宗武德九年八月即位十月立中山王爲皇太子高宗貞觀二十三年六月即位七月立陳王爲皇太子則祖宗垂範如示諸掌今抑而不立豈塞天下之望伏聞宣王以子則嫡以家則孝天姿玉裕雅性沖深足以奉粢盛之重視朝夕之膳然則行一物而

三善皆得者建儲之謂也臣等不勝大願懇請之至

中書門下請聽政表

臣某言臣及文武百寮上乞奉遵遺詔俯垂聽政迨於再三尚阻羣請所天未覆何地自容伏自焦惶罔知攸處臣以因心之感是陛下私戚顧命之重是先帝至公未有因私戚而忘至公居大寶而懷小節者也且漢文昔王之賢者豈欲垂訓作則自虧其道而後嗣忘其孝思蓋所以垂時制禮從權體國千載不易直道而行曾參閔損俯就者家也周康漢景仰就者國也安以一家之行而曠萬國之

務乎今陛下禮以自拘闕一字爲全孝臣謂從而觀志存其中則明遺制不可狥禮而忽萬務不可一日而曠臣又聞之子事父以無違臣事君以替否臣陪陛下霑承末命臣言未感甘受不忠陛下固辭豈得稱孝特乞受憑几之顧託損蓼莪之哀思以時闡皇綱創帝範副人之所望悅億兆之心寧止宗社焉依實將教闕一字速及披肝屢啟冀獲哀從無任崩迫彷徨之至

第二表

臣等欽承顧命遵守舊章冒陳至理上喧霄極冀迴三舍以幸萬方而呼天未聞觸地無厝庶僚何恃而不恐率土何仰而不憂至如仙駕在天元猷未遠窮崩之慕臣子之極同況陛下新離供養纏哀風樹誠不宜屢黷嚴纊仰傷聖心臣等備位台衡與國休戚所顧者小節所全者大體是用頻煩干奏隕越爲期臣某中謝竊以三漢成規備乎典冊六宗遺範列在史官歷羣聖無以易其儀貫百王無以更斯制則知聖人達節而俯就王者屈己以徇時故周發誓師當未葬之日康王作誥繼憑几之辰夫大孝在於述先執禮懲乎廢命所以伯魚止慟稟趨庭之規孝景抑

情循易月之制弛張期乎得中歷降在於適時今中夏雖寧而外郊猶警幸屬千年嗣聖九有惟新顧循問豎之初迨今宅憂之日已交朏魄不決外虞普天率土任重事殷一日暫曠萬務所擁況翌日之詔手澤猶存敢忘遵揚以塞恩顧且小大之理須稟聖規聽斷之期已違先旨庶政羣情惟上帝之降命屬陛下以黎元宜以闡皇綱創帝範副靈祇之望悅兆庶之心焉得極蓼莪之哀忽宗社之重伏惟陛下仰思無改之道俯戒在茅之責抑損至情覽決庶務存萬代之固遺一介之善率繇大道克允至公天下

幸甚。天下幸甚。

第三表

臣某言。稱情立制。禮經美人道之文。屈已從宜。前史稱我王之孝。故魏文腷臆以莅事。晉襄縗絰而從師。誠有由然非不懷也。伏惟皇帝陛下屬當聖業。纏思遺弓。至性出於自然。孝情稟於天質。雖考妣之慟。被於含齒。而皇王之道。寧有常心。天下之志宜通。太陽之照難闕。況百度惟始。萬目未張。遂叫帝閽。期抑舜慕。雖封章累至。而閶闔不開。九服失圖。羣司沮色。豈悟至誠不昧。有感必通。今日中使某

至。伏蒙昭迴天鑒。允納窮欵。皇風廣被。神詔沛然。觀象於天。同伏羲之始畫。奉先思孝。狹武丁之不言。厭極愛於祖宗。體乾行之覆育。周漢所以繼理政術。魏晉由是經綸理道。實足垂風萬古。作範百王。豁億兆惶惑之心。示人祗聞奏之路。百穀荷膏雨之澤。羣生覩天地之初。以悲以歡。載號載懼。

勸釋服聽政表

臣某等言。再奉恩敕。聖心永慕。未忍割哀。過大祥則素衣練冠。銜恤聽政。當外除則降從禫服。以終喪紀者。羣臣等重於荒迫之中。頻奉不忍之詔。精魂飛越。兢惶失圖。臣某等中謝。伏惟皇帝陛下孝心自天。孝道逾禮。宅憂之日。痛感人神。顧命之文。興言不忍。微臣等前後五表。昧死上陳。雖皇恩抑從。而猶至十日。自鼎湖升馭。俯及祥除。其閒惟見羣臣禮展哀感。又伏聞杖不能起。哭不絕聲。常膳頓減。至於一溢。以王者之尊。過子皋之毀。然臣等伏以三年之喪。古稱云達。禮者前王之舊制也。三日而聽政。二十七日而釋服者。先王之遺令也。今陛下不勝罔極之痛。欲遂因心之哀。遠追前古之禮。近廢無違之義。愚臣荒塞。莫知死

所。且梓宮未遷於陵隧。聖慮方切於哀號。雖釋服臨朝。慰撫臣子。猶恐天顏慘戚。率土不安。羣臣未通。庶事皆闕。方今以練冠為易月之服。禫制終諒闇之喪。羣臣進見。莫勝憂戚。又安敢議及時政。下延兆庶者哉。遐邇幽明。同知不可。伏乞聖情深思園陵興作之務。仰順先聖殷憂之說。上尊祖宗傳襲之典。請釋服之注。俯從有司。銜哀永懷。豈有時日。萬人之命。懸在聖躬。今臣等昧死。請不奉詔。上冒宸嚴。心魂兢悸。言辭失序。無任憂國切迫之至。

第二表

臣等至哀至切昧死上表乞奉遺詔順時釋服日月有期而精誠未達率土臣子未知所從况在朝行伏待斧鑕臣等伏以昔漢文帝初制易月之禮以爲帝王者不可因喪而廢政若君上重服則率土何心爰建此儀以垂後葉自爾至今殆千載矣豈無哲王皆所尊奉聖朝奄有四海撫寧萬邦重光睿圖孝理天下臣不敢備引前古以煩聖聽乞畧陳元宗先帝即位故事耆老當日所見聞者皆以日易月依禮外除有司繼存儀注尚在臣敢罔冒伏受嚴刑且先王制禮禫服止於兩月爲日正當兩日今詔旨降從

禫服以終喪臣雖固陋不達禮本今服禫三載實所未聞况君者天也豈有天意慘愴萬物得遂其性父懷隱痛赤子得安其心哉陛下若固違羣言未奉遺詔非惟臣子哀懼實恐蠻貊不安非陽和發生之道聖人順物之義愚臣等心之所切抵冒國章形神悚越文理繁穢頻黷旒扆庶感天心雖死之日將無所恨無任惶悚之至

第三表

臣某等言伏聞事有至公不敢避責確守臣職不敢逃刑天心未從有死無二臣伏以大行皇帝憑几顧命俾二十七日而釋服者蓋以天下事重軫慮于懷陛下至孝純深必多損毁竊思因創巨之痛忘艱難之業累聖鴻緒萬邦赤子或一事不得其所豈非重服傷生之患哉所以當大漸之辰託殷憂之命蓋緣社稷之遠計須抑陛下之至情遺旨若此猶未甚割哀况無制命則如何上請且攢宮尚臨於前殿陵寢方興於復土朝野縞素殆將三旬雖聽政俯在於天心而庶務未親其萬一今又禫服終制普告四方典章文物何所設施且西戎北狄頃歲未賓凉秋氣高每伺邊隙今若聞國有大故喪又未除姦謀或生事則非

遠雖皇威遐振應時掃除然思患之道必戒不虞善師不陣蓋在此也今陛下若御常服決大事不逾月之內天聲被於八極凡厥夷貊聳聽皇猷自然大者畏威小者懷德稽顙率賦疆埸無虞告成之功上薦於帝則先皇帝之遺旨行矣天子之大孝備矣羣下之所願遂矣萬國之兆庶安矣陛下不思此事之利害忍違臣子之誠心此臣等所以兢惶無措哀迫失圖叩心三請上冒天憲死而利國臣不敢辭臣之丹心天地明察無任兢迫之至

欽定全唐文卷四百二十四

于邵二

爲京兆第五尹請車駕迴西京表

臣某言臣聞古公去邠初因避狄襄王出鄭終見興周故能成九五之尊享八百之祚載在前史昭然可知伏惟元聖文武皇帝陛下道洽四國威加八紘啟中興之運宏下武之功殊方異俗重譯交順惟犬戎小醜敢亂天常陵逼豐鎬震驚都邑陛下理兵陝服遣將秦川鴟張未幾狗遊自溺今八川底定萬姓怨思同懷捧日之誠共結屬車之望況地稱百二勢比咽喉足以橫制九圍財成六合陛下豈可捨山川之固爲巡省之遊臣雖至愚竊知不可伏願謀及百辟俯徇羣心迴鑾舊宮駐蹕西夏使百川有朝宗之所衆星復環拱之方凡在有形孰不幸甚無任懇款涕戀之至謹遣某官奉表陳情以聞

賀郭子儀破吐蕃表

臣某言今日吳承倩至奉宣進止示臣關內河東副元帥司徒兼中書令汾陽王郭子儀奏捷狀李懷光於鹽州界積石川大破吐蕃一萬餘衆生擒斬首共六千餘級獲牛

馬及器械不可勝數者伏以聖謨遠加制勝前定神功不測告捷如期吐蕃忘國厚恩歲犯邊境陛下料其進退知其無策親以規模授於諸將以鹽夏之路地曠人稀嘗語臣曰此賊秋中必來擾鹽夏今觀成擒之處果於所料之中俘馘既多羊馬甚衆此皆宸心懸照不差毫髮天威遠被克壯師徒遂令智勇雲起妖氛電掃合符聖斷有此豐功子儀狀又云計日追蹤必當再捷者臣以蕃醜久逋聖誅從此氣衰必當瓦解坐觀無外之慶載美卽敘之勳罷柝可期戢戈有望親承睿算忽驗於今奉覩戎捷不勝慶快之至

賀破賊表

臣某言臣聞春生秋殺天之令也撫順討逆國之教也故王者上法震耀下修典型雖當垂拱之朝亦整干戈之用伏見今月十日神策行營節度使尚可孤破藍田賊堡生擒賊僞署御史大夫仇敬忠斬獲共二千餘人者初從摩壘旋卽合圍因乘破竹之威不漏枯池之網臣某中賀伏惟皇帝陛下聲教以文暢禍亂以武戡奄有華夏光臨統歷日者蕞爾朱泚怙亂涇原腥穢宮闕僭賊神器陰連叛

將竊緩輿屍實由逆賊仇敬忠等姦宄相資狡惡爲事因山據崄欲抗雷霆之誅積粟輓芻冀延晷刻之命殊不知天威不遠睿算何逃未終瘈狗之狂已觸駭鯨之勢餘兇奪魄義衆增威掃氛祲於順風復京師於不日臣謬秉統帥濫總禁戎矢石不親虛當坐制之地兇渠尚在終決前驅之心無任慶快之至

謝恩寫眞表

臣某言今月日中使至伏奉聖慈特賜寫臣容貌絹圖一本跪捧殊賜兢忭交馳臣某中謝臣聞兩漢功勳國朝將相咸傳風彩遂列丹青非爲當代之榮亦欲後來之識臣功無半古貌未出羣叨承明主之恩久冠台司之首重蒙渥澤特降畫工神既盡傳照無遺寫從衰朽之質别荷寵光分遭遇之形長含喜氣誠慚鎭俗頗近恭人祗嚴如見於大賓拂拭信歸於天造驅馳聖運撫躬未負於微誠唐突前賢顧影不無於愧色足以流傳不朽舒卷無窮君父迴恩便是百身之報子孫爲寶知承一顧之榮無任兢荷屛營之至

謝賜銀器及匹帛等表

臣某言今月日中使奉宣進止賜臣銀器壺瓶合各一銀椀一并蓋錦帳一錦九疋白熟綾十疋色羅五十疋雜綵一百三十疋者恩私荐及跪捧增慙雖雨露殊深而心魂若厲何則臣之受遇有異朝班任重元戎榮登上相自當盡瘁與國同憂豈比常人妄加厚賜況戎夷初退帑藏猶虛每欲傾家以供國用區區之願神明所知乞回此物復歸內府下以備六軍之寵賜上以奉一人之宴私臣之鄙懷於斯萬足其器物等臣已勒押衙試少監郭某詣右銀臺門别狀奉進

謝恩賜春衣表

右今月某日中使某至伏奉敕書手詔慰諭臣及三軍等并賜臣及大將春衣者捧戴忭躍實增慙懼臣功效微薄寵遇日深霜露適濡恩已承於挾纊清明纔度賜又及於解衣仰服用於公家罷裁縫於私室已頒分大將訖各盡殪戎之力用申報國之誠

爲福建李中丞謝上表

臣某言臣以二月二十四日特奉渥恩授臣福建都團練觀察處置等使福州刺史兼御史中丞某月二十九日與

中使某南北路分即以今月某日至所部上訖感戴踰涯踴天增懼臣某誠惶誠恐頓首頓首臣聞度材任器論吏底祿三代所以直道而行迭相沿襲未之易也伏惟皇帝陛下聖謨廣運光宅天下德澤遐溢蒼生海隅至若閩越都會東南重鎮爰思俾乂宜者甚衆則中外咨謀孰非俊選豈臣薄劣一無所取超奬不次特稟宸衷是以前表上陳披肝布懇自茲夙夜不遑底寧況今右武之狀方資輯睦安人之切又藉綏懷貢賦不差於時蠻夷得令安堵惟是四者之備皆臣之職分也誓將克勤竭力處約勵心日宣皇化以展微誠無任忘軀報國之至謹遣某官奉表陳謝以聞臣某誠惶誠恐頓首頓首謹言

爲柳州鄭郎中謝上表

臣某言臣伏奉某月日制書授臣某官即以今月日到任上訖臣某中謝臣緒承舊族師事通儒萬里成功雖無壯志九夷不陋庶纂前蹤二紀蠻陬三提郡印惟貞苦節以奉休辰牙管一雙未嘗闕慮竹書兼兩何敢輕懷渭水之陰敝廬斯託每還初服常慊上農今者又即殊方復臨雜族固棠聲教終遠文明謹當宣舉詔書撫安縣道媒官學

舍畢納於人倫畜蠱帶牛盡移於地利至於因遐弄法挾遠生情縱漏嚴科必貽陰責山兼象縣江帶龍城撫心踴天敢忘元造舉頭望日何處皇居憑宵夢以銜誠託歸飛而結懇無任瞻天戀闕之至

武州刺史謝上表

臣某言伏奉今月日制除臣兼武州刺史本官勳封如故寵榮洊及忝竊逾涯心魂驚越啟處無地臣某中謝臣本虛賤生遇休明雖迹淹戎伍而功微涓滴自陛下聖理天下孝感神明任人惟舊在物無棄故臣得參定洛汭凱旋鎬京職分上卿位列特進材力之所不足官謗之所自貽踴天蹐地心愧顏厚殞身滅迹無以上報猶且恤臣家孥放臣休沐遂嬰疾苦未及歸朝一年以還四命爲牧內省尸素空勒竹符將免胄而有期且戴天而何日即以今月日至州上訖奉宣王化以靖方隅誓求人瘼勉守亭障無任負恩勵節之至

爲張監謝天長節答賜表

臣某言伏奉恩命賜臣若干物寵錫自天兢愧無地臣某誠歡誠喜頓首頓首伏惟開元天地大寶聖文神武應道

皇帝陛下寶運應期金秋表節慶邁賡歌之曲歡同率土之濱循之由衷無以展禮輒獻衣鏡式陳懇欵不謂聖慈迴顧允納涓涔宸光曲臨行及惠賜載驚載懼罔知攸處臣本愚直早荷賞延陛下念舊勳庸擢臣專典御府盡忠不足報德勞力豈曰幹時空勤日慎之心以副夙興之戒無任感戴屏營之至謹奉表陳謝以聞臣某誠歡誠喜頓首頓首謹言

爲許卿謝堂弟叔冀授青州節度使表

臣某言伏奉今月二十二日恩制除臣堂弟叔冀青州刺

史兼御史大夫充淄青等五州節度使不次之恩特出聖鑒大來之慶延及宗親彷徨若驚啟處無措臣某誠歡誠喜頓首頓首臣聞應天順人將將之道也保大定功將兵之道也然後賞罰二柄懸於日月伏惟光天文武大聖孝感皇帝陛下睿謨廣運元功莫測保天命以立極伏人心而戡難遂使妖不得爲災謀不得及伐動皆殲潰以靖神人如叔冀者曷爲力也徒以遠奉威靈獲全私懇雖堅守薄節轉戰微功而寵寄雄州榮兼獨坐爲叔冀之非望實舉宗之所懼今復割海岱之衆創立節度之權超將中軍兼領仍舊受委斯重其憂轉深屬餘孽未除誅翦指日策勳飲至責其總戎勉勵之心仲伯之分以此思効不遑居寧臣緬維代業竊又自愧臣之父河西節度使先臣某叔冀之父平盧節度使先臣某皆中朝舊勳式遏寇虐東西故事人或賴焉而叔冀何功實膺克荷非臣所感時論皆榮追懷父子之軍信兼國家之報載兢載躍無以克堪臣雖隅中外義形骨肉事濟時康死復何恨無任感恩兢躍之至謹詣某門奉表陳謝以聞

爲崔鄴公謝除鳳翔節度使表

臣某言伏奉去月二十八日恩制加臣鳳翔尹仍充本府

及秦隴等州節度觀察使伏以才淺遇深者敗公之本力微任重者職禍之由况鳳翔天京四方取則使增廉問千里準繩苟非其人是速官謗臣前月已再三懇讓實冀陛下矜臣不逮察臣無能忝侍朝廷獲保衰朽豈意堯曦下屬舜澤旁流荐降殊恩不許固讓恭承寵命感懼交懷臣某中謝伏惟陛下德耀三光勳崇萬古彝倫式序庶績其凝臣本謏才素乏籌畧謬膺任使累踐殊班顧無毫髮之功叨預邱山之寄今鳳翔近甸秦隴雄藩北有党項之虞

西有羌渾之患或阻絕我道路或侵軼我封疆王師出征則鳥散山谷官軍罷討則雨集郊圻臣雖不才庶竭孱懦必將勸分務穡訓卒利兵剷除兇殘式遏寇虐使黎元無儆擾之患里閈無暴殄之災下傾百慮之愚上補萬分之一臣無任感戴屏營之至

爲崔鄴公謝勅追赴京表

臣某言伏奉十二月日勅追赴京仍侍史齎到即發恩私曲被喜賀無從臣某中謝臣聞至誠感神雖微必應皇天鑒物無幽不通伏惟陛下道貫乾坤明懸日月千年一聖

四海在寧臣實何人時逢昌運近緣荆襄微擾尚軫聖憂不以臣之非才特加節制持綱憲府曳履文昌一日九遷頻煩忝竊常恐委身江外朝滄海而無因豈意復命闕庭隨白雲而有望遙思捧日預想朝天臣子之情倍萬恒品不勝感戴之至

爲崔僕射謝恩賜表

臣某言某官某至伏奉勅書仍賜手詔並諸錫賚等宸聰睿眷一以及臣舉族同歡致身無據臣某誠歡誠喜頓首頓首臣聞自古明哲之君以化天下也莫不秉時制變因弊立法既資體國亦在便人常準大端不失其道伏惟寶應元聖文武皇帝陛下隱旒思理宵衣布政臨萬物而含宏不測明四察而英斷非常去邪勿疑則滌除汚俗渴賢致理則振拔時淹納强諫而如流佇沃心而不足微臣何幸屬會昌期令四罪咸伏八蠻慕義祿有所及刑無所寃再鼓登聞申明理匭發令而雍熙日洽推心而反側自安何負阻而不來何假威而不敗太宗聖化復見於今文命賡歌詎慙希古日宣九德千載難逢然則靡不有初前史攸誡知始知卒惟聖能之今陛下發自宸衷殷勤詔命克

念作聖期於必然無任拜舞歡欣之至謹遣某官奉表陳賀以聞

爲崔僕射謝許弟寬宣慰表

臣寧言中使馬承倩至奉傳德音特自宸聰矜臣束身遠鎮弟兄別離許令弟寬與臣相見義切君父恩連骨肉神魂驚駭不知所之三生有涯萬死難報臣某中謝臣寬最小衆所鍾憐臣在劍門强逾二紀形影相弔未嘗棄離忽遇聖朝委臣方面在寬何有累踐班榮職綰通曹貴通三獨功慙汗馬業謝屠龍禁掖禮闈踰津越分每一念至刻

心如焚縱脂分戰場血染邊草未之云報降此無圖上感推心下排飛謗惟此之際臣知所安但以蕃寇外虞蒼黃後命飲至清廟或未剋期所冀暫來不失宣撫臣之願也每羨聯行獨憐迴鴈長思共易不著新衣無任感戴慙惶之至

爲崔僕射謝弟除給事中表

臣某言伏見某月日恩制除臣弟審給事中寵命自天驚魂無地永惟非據靦面何深臣某載兢載躍頓首頓首臣家本東周代傳素業衣冠祖襲豈望繁華至於伯仲雖聞

詩禮但欲官從詎知生遇聖明日加重寄擢臣偏將之下錄臣久戍之勤待罪西南時逾一紀分憂障塞心係兩蕃策無類于燒牛功有慚於求犬長懷尸素之責重貽門户之羞今則恩聯兄弟澤及中外在審何有累踐通班未聞三諫之勤仍忝八年之寵將何以曲承顧問接武名儒分陪掖下之榮專掌殿中之事在盈知缺居寵思危臨深履薄莫之爲喻伏以王居渙汗方鎮遼遠有所聞推謝無及空慙爲人之擇不遂免冠之讓臣無任喜躍屏營之至

爲西川崔僕射謝却赴劍南表

臣某言自中使馬承倩送臣却至所部漢州迴監軍使孟遊仙等續發北面拜天南旋舊鎮望九門而彌遠顧三蜀而何情如丹之心具列前表庶明臣子之分以期君父之知臣某中謝臣四度興師每各獻捷願將邊事親達宸聽比恐三軍阻臣行計潛裝密辦亦既經年上都贏糧傍路支費事皆前定誓衆遂行日望京關天威咫尺豈知時乖運末屬彼外虞徵發之期指蹤又切進退難處彷徨以還有心未明有口猶閉若撻之恥空思於堯舜戀主之誠倍慚於犬馬臣知衙事官王忻傳遙自經驅使積有歲時言

行惟一爲臣腹心當今切務具如別狀悉令密啟遠達由衷伏乞聖慈俯迴神鑒仍賜容納許以畢辭天下幸甚天下幸甚其有不載文墨更令附口聞奏皆是刳心所陳豈爲億中之說儻可裨補雖死猶生區區赤實敢希萬一臣以今月某日却至成都訖整齊戎事即赴行營西番動靜續冀聞奏眾星微象長拱北辰勺水細流盡朝東海惟臣不及飲恨何言無任感戀屏營之至謹奉表陳懇以聞

謝贈亡妻鄭國夫人表

臣某言某月日中使某至特蒙聖慈追贈妻單氏鄭國夫

人捧拜絲綸載光窀穸臣某中謝臣亡妻所生男憑見任御史中丞充張孝忠軍職務臣頃應援易定之日屬京師變亂之初臣方誓死迴軍星言赴難孝忠敵强勢弱切欲相留稍住則臣子不安往來則懷撫交闕男憑年甚幼小留定婚姻恭行廟勝之謀克覩中興之運憑雖昧稚似可優矜陛下猥賜寵章贈言聖善因子及母恭承孝理之風念往慰存爲居哀榮之典旣申翟茀追詠鵲巢恩光旣洽於幽明霈澤永流於泉壤憑緣所職久在定州殊私豈止於邱山感激實深於內外臣無任闕

爲商州吳仲儒中丞讓起復表

草土臣某言一昨瀝血上聞乞停新命聖情未察鄙心莫申捧對天書載崩載隕臣某中謝臣聞忠孝同道君親一致爲子能孝爲臣能忠茍或易茲固無所取臣幼多疹疾氣柔形羸臣父閔臣尫瘵時所鍾念一飯一藥皆自躬親十有餘年方至成立及臣委身戎幕効職塞垣頻歲馳驅頗乖視膳自授任中丞漸列班行始遂晨昏獲申祿養豈謂星霜未幾殃釁遽鍾拊心擗踊萬恨無及儻遂臣請得終禮制其於子道所負猶深如或遠別几筵茍從職事此則禽獸不若名教所無於家尚然於國何有況聖恩一昨用臣之意本爲子儀奏聞當以蕃寇憑陵遠慮河中危迫謂臣舊將素習兵謀遂用起臣使當金革危難之日事或從權今郊壘無虞妖氛殘滅以臣苴絰更齒衣冠自顧形骸實慙面目伏祈元造許以終喪殘喘餘魂死將不朽無任迷謬崩迫之至

爲楊相求退表

臣炎言比者盛夏無雨農人觖望遂軫聖慮迫乎孟秋乃下明詔並表羣祀神人協和膏澤旋降嘉穀無害粢盛可

期此皆陛下明聖慈仁上應臣所以慚靦重位容身無地載積憂懼豈遑夙夜歷觀自昔帝王以理天下者未有不疇咨詢謨以熙帝載三五以降則有六相十六族共陳翼亮之功其在夏殷不易斯典逮周分六官秦置左右西漢因之以丞相東漢更名以三公魏晉雖有損益亦無獨任之道陛下拔臣江澤之外致臣密勿之地縱欲思報鴻造贊襄盛業其如智識薄劣力所不任常恐負乘之類無以塞責臣又聞之天有三台鼎有三足丞疑所以備四輔股肱所以象四體創明堂構大廈非一木之力焉況臣駑愚

而久備位今舞干以化戎狄修好網羅再張兆人是賴朝多賢達野無遺逸能勝臣者則指顧皆是豈以萬務之重而獨委於凡流乎縱臣一朝敗累分從隕越則旣墜之跡死將安謝伏乞俯迴天鑒退臣散地畢用伊臯使不仁者遠臣雖萬死誓無所恨不勝待罪兢惶之至

爲田僕射薨謝制使問表

臣某言左金吾將軍吳湊至奉聖旨兼賜臣母趙國太夫人臣嫂夫人并臣及將士等敕書以臣亡兄某特承憫問捧對哀咽摧裂肝心臣某中謝臣兄報恩未畢抱恨黃泉

陛下俯聽鼓鼙永悲簪履哀痛之詔倂歸一門撫存之恩將宥十世載悲載躍感戴無階以亡兄旣忝信臣寡嫂則爲近屬偏承恤慰曲被恩慈義同家人禮絕朝典喻臣老母保養高年念臣諸孤俾全餘喘無大無小上煩聖慈寵光親降於重臣優問必先於宿將殞身難報拜手增悲臣無任荷恩哽咽之至

謝贈姊隴西郡夫人表

臣某言伏奉詔命贈王氏之姊隴西郡夫人恩澤送終寵賁中錫感戴無力幽冥有光臣某中謝臣少遭閔凶長姊覆育中限王事勤成遠辭奉迎纔至殂謝已及臣頃者近當劇賊遠候蕃戎方勤公家遂殺私禮贍言痛慕有踰常品豈意詔書下降聖澤旁流念微臣之瑣功封及其姊迴聖代之茂典榮彼重泉未知何階仰答殊造庶將友愛之分用酬愷悌之恩臣無任荷恩哽咽之至

欽定全唐文卷四百二十五

于邵三

進畫松竹圖表

臣某言伏以今月十九日累聖儲休之日陛下降誕之辰聲教所加舟車所及固將駿奔大慶鼓舞升平瞻北極而效誠匝南山而獻壽臣輒率鄙思畫松竹圖一面并陳贊頌願躋聖祚伏貢闕庭臣某中謝伏惟皇帝陛下嗣聖居業統天握圖奄宅九圍光承丕構元元敷道須有發明高祖造邦義資纂大故得上天垂慶八葉騰輝誕聖神於正陽統清明於元昊既徵下武將付中興非徒履迹之祥實

叶繞樞之異況臣特受榮遇思効微誠撰獻珍奇則珪璋有可玷之理馳奉章疏則文字非陳贄之儀故臣常於禮歎松柏有心之姿詢於詩仰松柏植茂之興則如佳其不朽豈著前聞載徵纖微爰有叢竹節雖謝於穎拔操亦迫於歲寒故臣輒畫長松佐之脩竹辨其位則松可君於竹掄其才則卑可奉於尊然松竹木中特最為有壽眾材槎卉而翠葢方成暮霰飄零而繁枝益茂輒敢賦形像外移色毫端敢借堅貞之姿願增天地之壽況卿雲瑞氣必呈證聖之祥元鶴仙禽每舉沖天之翼臣所以緣義祝壽出幽入微不散氤氳之容同成俯仰之勢徵畫圖之旨誠愬創物求比興之義庶近愛君不勝區區之極其松竹圖并頌敢冒陳獻無任戰灼之至

為崔僕射遣高正平論邊事表

臣某言去年五月十日已差知衙事袁遙獻狀露誠上塵聖聽猶恐帳下之士未盡對敭邊隅之要不復專達今害馬已去時政鼎新期於昇平天下屬望臣叨榮冒寵十有二年雖夙興夜寐將補不足智小任大其缺實多臣某誠

惶誠恐頓首頓首伏惟寶應元聖文武皇帝陛下纂戎立極俯鑒下人思無不周明必以察故得迷道自返橫波易流搜遺逸以在庭叶夢卜而作相頒命布德奉天順人海隅蒼生孰不遂性臣僻守三蜀跼蹐一方想通籍而轉疎望賡歌而莫及頃者正月之役中路詔還雖迫外懷之虞頗貽膚受之愬嘗膺空知其有苦剖心無足以自明未知此生朝拜何日臣本道度支判官檢校虞部員外郎高正平佐臣理戎積有年歲文學政事不忝前修應緣三軍遠支近費無巨無細一與臣同陛下初擇宰臣旁求利害勑

赴闕庭以代臣行近日山西將軍頻執蕃邏詢其動靜確有所傳必擬橫行劍門圖陷全蜀其勢甚大必在防虞正平此行臣意堅切伏乞聖鑒俯垂聽納則內獻心腹外執干戈王室有開萬死無恨心馳魏闕不爲身謀望斷玉關終期生入無任奉國忘家之至謹奉表陳懇以聞

論潘炎表

臣某言伏見今月一日制命以劉晏殊死之責連及前禮部侍郎潘炎貶授澧州員外司馬天鑒孔明善惡懸別比諸子壻猶佐上藩凡所見聞莫不欣荷知德刑無頗而行

於代也但臣比見潘炎爲性貞純致身無過介然特立自爲一時之選名不爲晏稱官不由晏進自晏處權掌要未嘗以毫髮受遺未嘗以親戚請求頃自晏居外使 闕 安禮致書疏知 闕 寒溫通意都不爲之開緘凡此之類蓋非一二所以海內修崇名節者莫不歎伏以爲古人之中罕有儔對自晏伏誅眾望炎免況二年風疾手足拘攣氣息奄奄藥餌未復奉詔奔波即日登路籃輿臥載生死難圖臣愚識炎日久知炎至行伏恐斃一吉士爲代所悲冒責上聞庶幾下達儻蒙聖人迴聽恤以守道不回賜其殘生許歸田里免隨道殣俯叶羣心將勸清貞之士以勵貪浮之俗炎之幸也臣愚不識忌諱干犯湯鑊塵黷宸嚴陷身無地不勝知賢請命之至謹詣東上閤門奉表陳列以聞

爲崔僕射陳情表

臣某言臣聞行師命將必先保大服戎共武方議膺公所以協和軍蒐戡定時難伏惟寶應元聖文武皇帝陛下誕膺天命以撫方夏洪惟眷圖用征不惠上敬天授下咨人力則殊方異俗罔不率俾蠢茲西戎猶肆逆命勞我薄伐示人有征夷不亂華自宜殄滅盈不可久神亦禍淫天之

道也臣近得上都所由報狀伏承受相府元帥之寄領漁陽突騎之眾分邠土鎮守之師內無所疑外無所怨上讓下競禮合義均不爲身謀同獎王室此皆陛下明爲元首德洽藎臣夷吾必知其小大孔明遂均於魚水不然豈同德度力偶俱無猜以此討戎何戎不滅以此論道何道不平臣蒙國寵靈榮加九族功勳白馬位達綠車每承聖敬日躋輒願殺身是效今日之會實契丹誠無任感時悃欵之至謹遣某官奉表陳情以聞

代高尚書陳情表

臣某言臣本凡才智畧無取因緣際會驟列班榮分閫尹京實爲塵忝頃者鳳翔之日蕃漢憑陵臣嘗激勵羌渾竟剿戎虜方將席卷永息邊虞旋奉德音遽令入奏微誠莫展殃疊已鍾痛骨摧心載崩載咽荼毒未幾起復舊官累表陳乞不蒙允許及犬戎搆禍憑陵京城陛下授臣檢校刑部尚書都知元帥中軍兵馬使雖承恩命未有軍行麾下之人纔盈數騎空懷赴難莫克死綏仰天椎心伏增憤激不踰信宿便屬蒼黃未知鑾駕東巡且欲荆襄陪扈累遭剽掠始達藍田更逢子儀留臣計事招集亡散共收上

都比至入城又奏臣往奔波險阻契闊山川進懇將帥之臣退羞羈紲之僕顧唯狼狽寢寐兢惶臣某誠惶誠恐稽首頓首死罪死罪今又亡母在殯欲祔舊塋先遠戒期正當此月干戈之際寇盜爲虞小有不安永負生母願終子道以奉亡靈儻封樹有成雖隕越無恨伏望許臣畢事之日得令奔走陜郊碎首行閒甘心罪責無任兢惕屏營之至

爲趙侍御陳情表

臣某言臣以固陋累蒙獎擢猥廁朝列與羣賢並始自給事驟遷侍郎贊貳冬官典司邦教屬師旅之後庶政從權會府舊章多所曠廢惟禮部兵部度支職務尚存頗同往昔餘曹空閑案牘全稀一飯而歸竟日無事此臣所以寢興長想俯仰增慚何則受恩至深報德無所未裨毫髮虛費稻粱伏以人君命官期于述職人臣量力不叨非據竊有食君上之祿爲保妻子之謀臣內顧塵忝尤增愧懼頃陛下躬決庶務萬方不言而理遠近承式幸當天下無事未敢上陳其愚今承嗣背德阻兵全魏靈曜失道謀亂大梁犬戎爲患獯虜伺隙雖禍盈惡稔終冀梟夷而調兵轉

粟在彼疲弊乃羣下憂國之日微臣赴難之秋況諸道牧守關人頗衆是敢不揆薄劣特祈任使如或領一郡或統數城綏懷將卒招復逃散近當狂寇俯制奔衝必使人業耕桑盜無充斥昔子建之表懇求自試充國之對無踰老臣豈徒冒寵干榮實欲酬恩立節臣年甫知命筋力猶強策勵駑蹇庶成萬一無任懇悃迫切之至

爲衞尉許卿請留男表

臣某言臣男某官某頃年二十有二因外人招誘性乏天和臣又拙訓遂交游非類妄用錢物臣恐滋蔓累及家私

臣某年任寧州刺史表請磧西効力離鄉別親庶其恩過臣遽遭流竄比屬艱難遐荒萬里分爲阻絶近節度使差奏軍事會臣待罪輦轂重與相見至京以來臣竊窺察誘其由衷似辨君親近於觀志屢申懇到願留晨昏夫物感人情況茲天屬苟及於此惕然關心臣今齒髮衰暮唯生此子儻其改行家有所傳九原之下可以塞責臣昨詢問磧西職掌殊非要重伏乞聖慈迴鑒許爲父子如初便留効節東軍與叔冀逐急征討盡其武用或樹功勳王事不殊殘寇又切臣得地近時復知聞縱其不賢猶可備使老

臣之幸至微至賤輕黷宸嚴靦冒之求戰越無地

爲人請合祔表

臣某言臣固不肖寵由父任累荷朝奬非臣本才永惟筮仕之初濫觴有地感舊恩愛竊係于心故開府儀同三司兼太常卿李承光頃充河西兵馬使天寶年中錄臣帳下自茲効用得列戎班出入五涼艱勤一紀風雨寒暑未嘗廢離俄屬幽燕作逆伊洛陷寇蒲潼不關天地交閉承光臨計自失倉卒西還亦既通表華陽奉牋靈武枕干待命俟期而往曾未信宿先朝賜書敦序兄弟如家人禮當是時也臣親見之開緘流涕是日便發及至行在特加天下兵馬副元帥改名匡國扈蹕彭原別承詔旨因此伏法當瘞朔陲身雖受刑家免孥戮遽蒙昭雪發使宣恩特令安存葬日官給今長男願見充鎮西副將次子諤又知單懷兵馬女壻周鼎分閫河西咸受綠車之榮並爲白馬之將聖朝寵寄洎男及女臣謂匡國雖死猶生近以孀妻告終願從合祔諤等銜恤無由上陳將傳銘誄未正官爵且匡國非禁人收視之責微臣當故吏願言之時輒冒宸聰乞從優贈縱前封尚在詎敢追榮儻後命有加方期復魄則

衞青有時將葬而欒布不負一言黃泉有知丹慊斯在無任懇款求哀之至謹詣某門奉表陳乞以聞

爲崔僕射請弟寬當元載累表

臣寧言伏見詔命以中書侍郎元載黷貨無厭姦邪迹露國有明憲已寘嚴科臣弟御史中丞寬頃緣長春宮事掌恩充載判官今罪累所加寬亦合從譴責念其愚直罹此禍階每荷聖朝奬拔之私累忝中臺精選之務因逾所効寵貴當時上答之期分知死所臣忝胥月之分休戚是均夙夜震驚反側難措朝典輕重不爲微臣伏乞聖恩無以

私貸伏增惶懼之至謹遣某官某奉表請罪以聞

爲劍南西川崔僕射再請入朝表

臣某言去冬臣知衙事官姚悟回伏奉手詔許臣入朝臣自西川軍還理裝撰吉與監軍使孟游仙等以今月五日發成都十二日至綿州羅江縣中使馬承倩至又奉恩旨令臣與游仙等却迴臣久辭闕庭從事邊塞思一朝覲如天無階忽遂此行神道所感豈知中路猶阻懇誠揮涕慚對於三軍結戀詎同於他日臣所行意實不謀身一欲辯折讒間兼欲敷陳國要有不可形之翰墨有不可傳之外

人表臣心切唯天而已將士等知臣悃欵共憂家國見臣不行魂氣俱喪臣以迫於所務抱恨南邊固請監軍使行猶期上訴雖一夫阻命而違衆實難游仙今于漢州便發以從諸將之請軍中要務悉以咨之伏乞聖聰俯遂羣議則冀上輯下睦永無外虞西南艱危再沐清晏豈臣獨夫之幸實充萬人之幸無任懇迫屏營之至謹附監軍使孟游仙奉表陳請以聞

爲吳王請罪表

臣祇言臣長男岵受國恩榮出典藩翰不能昭宣聖理協和上下爰抵憲章自貽剿絕臣年過歲制識謝平人徒以宗親昧於名教罪因兇悖之子敢望全生之分臣誠惶誠恐頓首頓首臣一自停務因茲杜門瞻闕庭而待命佇荒陬以投畀頃者未明去就私喪心魂近以獲奉刑名公聞信宿尚迴天鑒免肆市朝因其所流許以自決且身首不異豈足謝於方隅而禮律所均尚未論於家屬遂使九泉之下猶荷全歸三族之中欣承在宥微臣朽老無階上答縱塡溝壑雖死猶生無任感恩負德之至謹詣朝堂弁領男前梓州刺史某等束身請罪輕黷宸嚴兢惶無地

代謝賜人糧馬料狀

右臣先奉恩旨賜前件人糧馬料初已陳讓不蒙允許臣昨日於延英對見又請前件糧數内停一千人糧聖情未察倍增惶懼臣自興兵以來早參戎律及討慶緒即從先皇皆虔奉睿謀遂清多難豈臣薄劣輒敢貪天而寵遇特深封賞殊厚纏綿渥澤三十餘年食邑累加俸料甚廣自此之外更有田園朝夕所須幸無闕乏不謂繼明之始恩出非常曲賜褒崇沾此糧料雖雲雨之施在恩私而至極彼凋朽之質顧饕餮而多慙是以形神震駭不知所據懼

悚顫沛以促餘年敢犯宸嚴重祈哀亮儻蒙全度伏乞賜停謹奉狀

謝恩賜柑子狀

右中使某乙至奉宣進止賜臣前件柑子伏以江潭所出見重於南州包茅入貢遠歸於北闕陛下念其野次賜及微臣顧萍實以虛言非蔗漿之足擬分柑絶少竊荷於恩私食椹懷音敢忘於報効

謝借馬狀

右今日中使某至以臣朝奏闕庭特借前件馬拜受殊深

不任驚懼伏以詔傳中貴馬出内閑恩光自降於九重翦飾不關於衆口無功無効以懼以慙遂躡權奇方遺欵段瞻天心喜已馳捧日之誠向闕身輕更遇奔星之足仰邱山而轉重知報効以何階

爲薛岌謝賜宅狀

右件宅先賜臣亡弟嵩比緣空閑臣遂權住某年月日中使某至奉宣進止轉以賜臣并敕所司改給公驗臣素空行藝久遭扞膈陛下特存要領更齒班榮宥以非常之恩加以超等之賜自典環列職在警巡歲月徒深涓塵罕録豈謂叨承後命曲被殊私賜以廕庇之地永爲子孫之業生輕施重内省知慙捐軀報德實臣志願

代謝賜永崇宅并賜酒食錦綵器物等狀

右今日中使某至伏奉恩旨令臣移入所賜宅并賜前件者慈旨曲降驚抃難容臣以微生幸逢休運上公政本既荷殊私理第頒田特超恒數且居爽塏又賜歡娛芳膳出於天廚嘉賓傾於朝彦金石諧座珍奇爛庭況棟宇輪囷近加圬墁林塘祕邃潛蓄清涼素以衡茅特驚宏敞周履旣增於魂悸眄睞殊覺於心慙臣實何人遭玆多幸飲恩

知愧受賜輕生誓將灰粉百身償國家之恩遇拂磨一劍弭兇醜於邊疆區區寸誠仰答萬一不任戴荷之至

謝内園果栽并令府縣供花藥狀

右臣得男曜狀稱伏奉聖旨緣臣莊栽蒔賜内園果樹又令府縣與竹及同栽花藥等今月十日仍令開府魚朝恩以下到莊檢校者謬承天眷累沐恩私事有至微亦關聖慮顧唯別業封植未成特降明命賜臣甘木移根上苑擢秀中園發揮池館之勝實荷生成之力侍臣中貴接武員來墟落生光里閭增慶況内園所賜品類已多府縣更供

竊憂煩擾在臣諸已先有不敢重此勞人望停府縣所供曲遂微臣至願

代人作昭應獵謝賜弓箭狀

右中使某至伏蒙賜前件弓箭跪捧殊私忭躍無地伏以彤弓出韔利鏃離弦月滿星流皆承御物摧剛服猛便假天威懲無矯控之能庶盡追擒之狀

賀破渭北党項狀

右臣得所由報破前件賊者伏以作逆者皇穹所誅阻兵者黜首共棄此賊與懷恩作惡俱爲不道昨率其蜂蠆犯

我郊畿奉天之衆振其前邠州之軍制其後彼進無所入退知難歸尚肆貪狼更爲封豕毆侵縣邑剽掠居人光進仗天之威首殲魁孽杜冕賈士之勇再掃殘妖旣已誅其鯨鯢佇見傾其巢穴凡在戎旅孰不歡欣臣忝總兵權倍萬恒品

賀斬逆賊僕固瑒狀

右臣某日於華州下邽縣東乾坑店下營伏承中使某昨日於路將賊逆僕固瑒首級過上都者伏以前件賊夷狄雜種素無令望本因行陣得踐榮班當將帥之權効錐刀之用幸憑廟算頗立戰功陛下嘉其成効寵以非次謂能盡節翻搆異端兇惡貫盈人神共棄今引頸受戮傳首而來率土之人不勝大慶子旣伏罪父必成擒掃蕩妖氛在於旬日臣忝司戎律倍萬恒情遲迴路隅踴躍忘倦無任慶快之至

賀生擒高玉狀

右臣得澤潞節度兼鳳翔秦隴臨洮觀察處置等使李抱玉今月二十日牒稱先鋒將柏秀等十一月於南梁州大雪嶺北破前件賊黨殺戮四千五百人生擒高玉妻及男

女二人幷獲牛馬八千頭匹器械三千餘事又得李抱玉今月日狀稱於南梁州城固縣界擒高玉訖伏以此賊因依山險嘯聚甲兵蟻鬬郊畿之間鴟張邑屋之下西與犬戎連接北與逆豎交通更唱迭和窮兇極惡神人所棄覆載不容李抱玉虔奉睿謀罙入其阻始則俘其逆黨終用覆此兇渠巖穴以之風行雪林由其電掃威靈遠暢兆庶同歡在臣微誠倍萬恒品

賀破高玉賊狀

右臣得孫志直狀報具件如前伏以此賊嘯聚日久兇逆

實深在於邦畿頗罹辛螫旣與犬戎相結又共懷恩合謀若二寇北來必爲内應孫志直忝承廟算討伐殘兇旣斬級以擒生遂傾巢而落卵蕃渠失援邊烽可息臣忝總戎倍萬恒品

進打獵口味狀

右伏以平野未春寒山餘雪陛下俯令畋獵遥借寵靈豐狐難脱於重環狡兔莫遺於三窟觀同將帥藝角偏裨況節號嘉平時兼蜡祭承威稟命恩已貸於戎臣登俎充庖味宜先於君上雖八珍豐衍六禽填厰輒傾誠於金鼎庶

慕義於野芹前件品味謹隨狀進

降誕日進馬及織成紅錦地衣狀

右臣伏以今月十九日陛下降誕之辰萬國駿奔二儀交泰玉帛方陳於闕下慶抃實亟於寰中臣謬荷殊恩思登壽域伏以馬則雄姿未織句疑誠謝于權奇織成乃異于采藉宜或存于煥爛懿兹致遠之用宜秉含章之資憑物奠誠感恩祝聖所獻雖慚於萬國均情實邁於等夷臣不勝懇悃之至

奉投降迴鶻大首領大將軍安達干等狀代

右臣得邠州節度使牒上件人等背逆歸順云被懷恩招來打嗚沙縣便擬將收長安爲不奉可汗處分遂却迴邠寧投降並到使訖謹遣監軍使徐欽令領赴闕庭者迴鶻遠蕃素効臣節自中原俶擾累建勳庸陛下約爲兄弟式崇恩好我卽示以恩信親仁善鄰之道彼亦懷於德澤爲不侵叛之臣而逆豎猖狂閒行招誘初遭詐惑雖衿甲而卽戎遽感恩私竟束身而請命可汗旣不助逆懷恩當卽成擒殘孽永清指期非遠

奉誅逆人等狀代

右前件官等或久登清貫或厚受國恩天步艱難不隨清蹕僞庭頡頏忍飲盗泉或修撰文書或統制兵馬或動衆以資敵或作姦以蠹人事迹昭彰實不可掩臣等初命禁錮伏候聖恩輿議囂然皆將傳刃此等大逆無道覆載難容臣叅諸禮法案軍令託匿瑕含垢誠君父之恩私嫉惡剛腸亦臣下之職分擅此處置伏增戰越

代郭子儀請孫守亮代男行營事狀

右臣前日面奉進旨前件男領兵馬赴靈州伏以朔方軍幕宿將頗多任以兵權合先勳舊非獨藉其時望亦以厭

伏眾心男晞年纔成立素不更事雖薄閑騎射而未有智謀軍政弛張或非詳練昨緣逆徒在近畿甸多虞令統先軍以當大敵倉皇之際不可固避畢力捐軀幸摧堅陣此天威所及非童子有成欲速赴邊陲實恐未堪專任右廂兵馬使開府孫守亮出身入仕皆在軍行將校畏威士卒懷惠智能料敵勇可摧兇使與渾日進同行必冀免貽聖慮又男晞自幼及長首末隨臣常在私庭未曾遠行深願容其濯澣許以旬月休閑他日更有任使敢不奔波道路臣位崇寄重效淺恩深常恐委任失人以速官謗知子者父敢不上陳伏乞天慈俯哀誠請

對夷攻蠻假道判

夷攻蠻道由邊邑麥已熟或請人皆出穫宰不許郡長讓之云恐為不耕者所得

舉政之要先禁乎惠姧因人之欲必從於義取固防閑之是以雖顛沛而無懍蠢彼邊邑實由徼路屬門繫（闕九字）於下幾出戰於行間瞻彼麥田是登乎秋野惟人之恤且發乎縣門多稼其豐誰資於出穫或人為請雖楚得其所之宰也有詞寧齊至而作害庶有恥于吾化將不耕為爾虞此日方殷人期利寇他年有事誰不幸災異鄭師以取溫周人既怨同單父之規魯子賤猶生為郡伊何徒聞有讓理邑餘裕云胡不知此而厚誣曷旌善績以贊不欺之政因明致詰之非

于邵四

與蕭相公書

相公閤下某以抱疊退荒殘魂未絶偷度時刻倏忽四年伏以宗社未安兇逆猶在才無取入死難莫由天地之中甘爲棄物豈意當此之日逢相公安撫之時狂夫之言猶有一得芻蕘見納庸可庶乎伏惟相公秉鈞戡難道冠伊呂方期除天地之害更造生靈之本故詔書曰則如親臨又曰其代予言大哉倚賴斯可畏也安得因循故轍返顧

於身乎奉惟相公之憂深入骨髓矣聖上纘序鴻業於今六年將求昇平初若不及以無賢相左右虧我聖道近二三年有執事者蔽主之耳目括囊容身內懷姦忌外擅威柄衣冠爲之側足道路不敢偶語衆叛人離遂有今日相公所自見知旣不能誅宏羊以謝天下則今之所急者皆在相公數中耳況居儲后之姻重受台廷之寄國弊身弊國安身安旣須以形跡遠嫌又須以直道見節爲相公之福深以爲難是卽疏家知止馬氏不侯至今高人借以爲誡斯爲上矣如或急於救世雖不獲已道德刑政仁義干戈任權重輕惟精惟一斯爲次矣此外滔滔者皆是非愚所知今大盜未除羣寇更起其可處置者惟兩江半淮三蜀五嶺而已其中最切者請舉尤以明之每道皆有客軍本在同心平難側聞將校謀勝監軍爭長節度斂手金多者雖敗卽安無金者纔入則退戰勝攻取未之前聞爲今之計莫若監軍一切且停客軍權屬節使申明本管無得相干然後愼選良將文武兼備委之鎭撫希在萬一餘則歷在相公目前不敢煩於簡翰負累憂危年垂七十沉痾積疹四十餘年自到炎方幸未及死豈合以國家大務言達相府乎實以故韋吏部有忘年之分嘗約以相公今日

之望每恨生死契濶不盡曩時之期拳拳之心皎如白日良友雖歿情豈忘乎伏蒙每賜書問亦承念及微命恃此不恐輒冒威嚴其是與非不在小子又自悲者平生志業身退毀隨紛紛世情鮮不秉便浮石沉水自古而然煢煢萬里誰能識察敢託相公門闌之舊輒書當時得罪之由再煩視聽具如別狀因宋侍御上垂詳覽又嘗內省自卜者審旣已衰暮又昧時用前年病熱遠視不審去夏罹瘴近聽不聞疲薾之餘難於尸素伏乞曲賜恩波放歸田里

傳家就木不夭天年九原之下期以贖責甚大惠也如以歸田閒奏無端即乞以檢校閒官爲請許令隨便養病免死殊俗又大惠也伏念斗筲之器須當承乏之用任過其量自合速辜然於其中有可恕者且獲戾之始實謗爲深不棠鞫問至今爲累若不然者豈三人同罪而一身受罰蔣鎮列曹會府袁高選牧名藩由此而言痕累未盡每一念至驚危貫心豈無知人誰爲言者今之所祈恕者屬鴻恩宥過掩瑕滌穢亡官失爵猶蒙收敘況身佐州端秩猶五品乞從反褐以贖前愆免入量移再罹降黜餘生願畢

瞑目如歸幸甚又事有失於知退而終可言者竊以聖上建元立極之初每賜驅策雖無塵露之効頗傳潤色之美有冊皇太后尊號聖神文武尊號皇儲宜建之制皆泥金檢玉著之國史其餘則北蕃西戎詔冊文誥無大無小何密何疎侯王將相出入中外數年之間事無虛日皆承特旨俾以發揮謦欬所浹必由是也豈惟叨竊之幸實爲不朽之幸矣昔隋文帝謂楊素牛宏曰薛道衡老矣宜使朱門列戟薛公謝恩且辭無功隋文帝詔曰自吾有寶位國家大事皆爾宣行豈非大功耶薛公乃受賜愚雖才不逮薛而焯敘盛明過於薛遠矣願以簪履之念得遂邱園之請追前獎拔雖死猶生伏願相公深納焉沉迷鄙敗不知忌諱馳魂惕慮退不自安死罪死罪

與常相公書

相公閤下自蒼生允望帝載緝熙大小仲父四方風動既絶横議且無多門幸甚幸甚邵復何幸又當此時之則然命乃未偶通塞之分併在去年則相公首薦之恩鄙夫膺受之美徒拭人目孰知其心是以區區子牟不敢忘闕而又自惜昔常陪相公鄉里之舉時應神州甲乙之選其餘

馳逸足揮勁翮修容峩峩來以千進者蓋千百數在公堂預鹿鳴之宴猶不可得況會府鶯遷之地者乎相公當時裒然居天下第一愚實不佞忝從斯列六子登科又廁其數凡我連茹世論以榮皆因依相公用白粉黛是乃降神惟嶽有開必先右掖司言中均典輸出入承盻從容十年啟沃之由自此而始則知輔弼之道在天非人嗚呼同時之人零落向盡彭楊李賀冥冥何之今相公宰平天下而鄙夫拘束邊外獨不得一親顏色更露腹心則漢庭于相公何厚哉是以内省可知命焉是以垂頭塌翼不敢思奮

況家事未畢，立錐無地，男可從官，女可許笄。耳順之年，馳復始滿，名位日退，沉痾歲深。君臣之道，天人之際，心雖如丹，誰表赤實？此皆鄙夫與相公今日之事也。豈無他人，在我同志而已。況相公無失其親，無失其故，二江之上，獨立無親，一麾以還，未之有故，舉目生憤，傷如之何。未知相公何以留念？悲趙武之視蔭，感伍員之逆施，拳拳之心，欲罷不忍。伏願體道垂統，加餐保和，乘風雲之感會，行宰相之能事，無寶斯位，無愛斯權，無念同升於朝，無念若撻於市，咸有一德，不其盛歟。方將伊皋比崇，管樂論霸，寧展禽三

黜無怨，在胡廣七登何補？鄙老也，有知美善，不識忌諱，遠塵視聽，忠告尺書，然非盡言之具，庶咨道意之本，所不爾者，謂之何哉？前漢州司田樊登兄弟，舊遊三十載矣，相公席硯，昔與之同，言念撫塵，今也秖召，甚大患也，因是利往，得無謝焉。卲頓首。

與元相公書

某月日，通直郎殿中侍御史內供奉于卲頓首相公閣下：一昨外甥右威衛錄事參軍宇文寶至，奉傳慰誨，不忘疵賤，仍及家私，造化之地，禮物云隔，一言一盼，盡爲曲貸，既出望外，不知所酧。懷仁荷德，載兢載懼。伏惟相公膺斯夾輔，閎心保乂，尹正天下，易哉爲君，虞友五臣，黃師六相，匡救之分，心豈異乎。自經艱難，常處僻陋，外乏長策，內罹百殃，悲生於累，心亦盡矣。頃者羈遊隴上，迫諸寇戎，分爲係虜，永絕殊俗，豈意朝廷勤爲官之選，相公垂推己之美，席硯存愛，風塵念舊，不以蒙鄙，才無可觀，曾微浹年，再忝持憲，振拔泥滯，復爲人知，恩深提攜，物無所棄。進懃其往之誠，退累則哲之明，彷徨失圖，罔知攸効。又自悲者，天倫之變，禍橫相次，家途淪胥，素業無託，他鄉異縣，至於流離，力

未集事，死又無補，泣血仰天，復何可言。所以乘流則逝，戶祿苟活，國步未泰，斯何底寧。願言掃門，不可遂得。伏惟相公濟代推功，渴日行道，方將草創天下，經綸時變，大啟區寓，再垂衣裳，願神滌慮，正在今日，無以外物虧損，遂爲咎也。御衡持政，前計不迷，想廟堂之當安，全蒼生之始望，小人之幸，日月以冀，然後但見鴻鵠拂摩青冥，不知其極也。謹附監察御史蘇端啟事以干，罪貽煩黷，伏增惶汗。

爲崔僕射與郭令公書

某月日，某官某謹奏記令公閣下：幽風固陰，月紀將暮，伏

惟尊安福履萬壽無疆幸甚幸甚某遠鎮方隅蕃蠻未靖力微寄重憂慮交煎雖無暇自謀終分心遠難一昨中使飛馹王命急宣特諭西戎侵偪郊甸卽日奔走以副廟謀神往形留豈遑夙夜近知輦下人無動搖復聞朝廷勞師薄伐朱相公以幽燕勁騎先啟戎行而令公以朔漢舊軍暫分兵要始則聖畧不世出而推心與人終則上台應時須而同力戡難朱公稟命而有進令公遣戍而不疑是皆存大業於至公遂表無私以奉已太白所以食昴魯陽所以迴暉斯乃協和萬邦豈必因依一代昔者范宣子讓德

晉君以霸藺將軍避怒秦兵不侵書之縑緗名亦不朽令公勳冠天地力存宗社每當一軍隱如敵國若涉大川而令公能濟若火燎原而令公能滅厚德及行輦太和合陽春謙尊而光直方以載四方延頸萬邦立程當今執事在具瞻之上將自下而彌高欲從損而彌益一諾而千萬人說一謙而千萬人讓況作相三朝行師二紀東征西怨遠懷邇安是以蒼海之隅莫不率俾膏雨既滋於百穀人倫復正於五常當今日之嘉猷何邃古之能擬齊晉之際其大比乎某區區不才謬司戎律每欲刳心示衆嘗膽酧恩側聽遠方有行君父忘寢與食思奉前人纔辱在下風特榮恩獎欣逢千載之事竊賀兩君之好感慕書紳未知其極謹遣某官某奉獻情言書非盡言之具蓋陳赤實拳拳之分某頓首再拜

為崔僕射與朱泚書

某月日某官某乙謹奏記相公閤下羌戎之患蓋三代矣秦漢以還怨詐更作詳諸舊史抑有前聞今則乘我閒釁於茲二紀亂華謀夏腥聞於天貪惏無厭暴殄斯極侵軼我湯沐震驚我兆人十月之初中官驛至密奉宸翰遠使

臨邊拜受遂行赴敵宜速西山之役尋已加兵將赴急宣不遑啟處所以晝分忘食夕惕懷氷關山阻隔使信頓絕北望雲闕南馳夢魂近者日有京信方表朝廷清晏雖寇猶外姦而人無內讋然則回中未靜鄜役仍勤相公維岳降靈求巖作輔不學古法知幾其神是以聖聰寄揚我武既奉鑾門之禮具稟至天之誠折首摧鋒計日告捷詩云赫赫南仲玁狁于襄不其盛乎伏以令公勳庸冠世焯見於天受三朝將相之託有萬人父母之愛方謝安之體大知鄧禹之道宏相公特稟廟謨龔行天討分邠寧拔距之

衆兼漁陽賈勇之軍偶俱無猜上讓下競用奬王室作爲人綱一舉而大義全暫勞而殊功倍以此衆戰何戰不勉以此滅戎何戎不盡某遠承惠顧委分知歸感遇因時若此之甚延首北嚮一心如丹謹遣某官某乙奉記陳情不宣某乙頓首再拜

與裴諫議虯書

閣下昨日愚子㚖謨起居迴蒙以放鷹度隴二賦及宗儒銘自發東甌至安南諸作見示脩掌明珠忽蒙分惠秦臺重璧不聞旁臨是何衰暮偶此殊觀幸甚幸甚自微言中

絶大義復乖歷戰國縱横之後遭亡秦煨燼之末四始不作斯文無紀漢興總轡馳騖稍復詩騷之體訖建安之間皆可垂訓風流更代紛然殽雜迨有高下不可勝論齊梁陳隋乃至流遁矣國家受命焕乎文明開元天寶於斯爲盛格高體正者君臣之義天人之際畢備於斯矣先覺後進其誰閒焉屬三十年來兵戈不息所務者急所貴者異過之則進不過則墜考之文章東不流於海南不集於江萬方行紀安可得哉某性乏天假學非專門徒以菲薄少有謬膺清切特用潤色鴻業頗承渥私孤奉明恩競速官謗謫居之地猶佐大藩承府公膺庥忝下榻清讌風亭月觀美景良辰未嘗不接高興陪嘯咏雖唱高和寡未能宏道雲從風感時賴起予如此之眷者如此之樂者歲不我與星迴四周而不知老之將至累之在已餘生之幸斯亦厚矣閣下心無所負神保其眞冒南氣之炎鑠泛重溟之湍悍清光可鑑素履惟精雲天意長復此與合有足歡也今網羅俊乂渴日爲勞明詔屢下旁求四達未有天生棟梁而不構大廈時遭霸王而不先受器者也在姑務修德而已前宵之命情實未盡燭不見跋露不稱晞區區主人

有所慙遜信宿而未獲拜賜者實以沉瘵之故旦暮爲劇況南面蒼梧北背瀟湘歲聿云暮於焉遷客心折骨驚復何言哉所得四卷繕寫已畢致之篋笥爲藏馳遣㚖謨送本不復一一

與郭令公書

汾陽王令公閣下伏惟戡亂定禍勲載王府致君行己德冠當時講信修睦敦叙舊好悉爲古今第一則小子在數科之一而不能上達以自布露九泉之下何以塞責頃年令公先府君刺史于渭家世出牧於岷二境相接數年修

好睦爲弟兄契以金石則令公之所聞見也久矣初以專經遜業常假籍於渭之渚於時使君又特以禮送問以時務許以大名爲之下榻教之改業復歸以報命先人從而誨焉天寶中忝以進士及第其年判入超絕科受校書此則使君負人倫高鑒施及小子不其神乎永懷報德何日敢忘慶流後嗣日以昌大及茲匡救莫之與京謬從庶官之列黜於衆人之下爰自起居郎署省闥未爲令公所顧以職在下位不敢干進也殊不知江海納細以爲大山岳積壤以爲高斯道日顯人皆是傚以不待掃門願陪下拜

有若公之令弟少府監知之爲人工部趙侍郎賞之爲文戶部李郎中列之爲友皆朝廷俊選而不相鄙棄庸可誣乎夫有開必先先兆所感如小子者使先文字之已足於此令弟愛之責壻終眷之及於此而不能再登龍門禮敘世舊未之有也謹奉尺書塵黷執事轉於內屏以待命死罪死罪某再拜

與楊員外書

七官院長足下愴與子別難以爲晤出處默語蓋非一途頃自除官乘流則逝性有定分愚不可移是進已無所干退亦無所悶到家喜骨肉之愛出門全賓友之歡陶然而不知老之將至亦何暇役耳目從智力哉故知山林之士入而不返者宜每逍遙縱觀從亨多暇近覽古公避狄之地緬想周文出畋之師如其仁如其仁又其聖也不遠閭井頹然舊風嗟乎我生不辰遭值世難天未悔禍人猶怨嗟顧予弟之爲邑迫時政以多故恭寬信敏惠力行不必果長太息之復何可言猗那楊生行道利物勤於四海君子之踐中朝炳然從容晝訪抑有由也勉旃良圖無以自媚風味遐屬此情難論嘗當春臺梅柳動色思與攜手傷

如之何時流好音尚慰羈旅幸甚幸甚太尉告身在匠人魚朝處望爲收取遠代傳慶不欲失墜慎爾無忽因家人馳驛臨紙惘然于邵頓首

與李尚書書

某頓首尚書姨夫閤下伏惟秀出天枝挺生王國十年分閫八座居榮善譽嘉聲聞於四海幸甚幸甚某忝接末姻早承餘睠南秦旅寄特奉周旋西掖宦遊叨聯清切高山景行何日忘之去年出守江華未遑進路猥當時議且復拘留滿室遺孤立錐無地朝求暮乞日往月來外愧親朋

內慙胥肉屛居陋巷不堪其憂唯此絕糧已復旬日古人併食今實當之側聞姨夫入朝先以貪賊爲意頌聲載路誰不歸心某於池陽之間獲空閑數頃之地誓將作勞隴畝以望秋登所乏耕牛傭賃無計儻或哀此窘迫許以後圖解倒懸之憂廣賙急之路以德報怨先哲格言區區之心竊慕此耳輒肆干觸昧于是非徵諸常情豈敢逃責痼疾暴發未由造門謹使家人投剌不宣某再拜

與常侍御書

近承書問兼示新書清心滌靈迴視易聽靜以究微婉有

義可激悅以觀殊姿外容奚施徒見風雲相馳金玉交映曾不旋踵澤人之思一至於此甚大惠也直翰林之所可法豈不才而獨寶耶尋呈康子初云未見繕寫將送適遇有來遍示幕中無不嘉歎緣家累詣府求醫重陽之前當復北縣旬日之後便赴上都良覿無因比惟歎敘珍重珍重人使不斷絕也轉憑司錄馳白不一于邵頓首

與侯二山人書

侯二山人足下所示三論鉤深索隱俾夜作晝殆浹辰矣如登太山徒仰其高若涉大水不測其深旨哉斯言蓋不可得而儔矣以此究天人何道不宏以此圖戰伐何敵不尅以此養精神何壽不長可謂通幽洞微垂代作教寧止士林爭傚求道趨風乎予復何才敢承末學已令繕寫藏諸袖中剗心寶持不敢失墜幸甚恐須舊本謹勒專送猶賴發蒙何當訪及間宵對酒斯以爲榮不復一一于邵頓首

九日陪廉使盧端公宴東樓序

國家以桂林重鎮吳越襟帶有郡縣可以綱紀有蠻夷可以羈縻朔南聲教蓋以此始皇上纘承大位之明年啟謨

羣后載命連率是以范陽盧公自京而來條察二十八州諸軍事千里之地遂無外虞三軍之士皆務前敵然後賞必勞罰必害官不易法府無留事封略既靜公堂自閒況重陽美景得不爲樂大合賓佐高張郡樓紅塵發地青山坰牧連天漲海來接蒼梧憑高而翠靄轉微送遠而白鴈看沒泛椒菊而算爵顧絲桐而間奏賓醉月上主待露晞想彭澤之獨遊悵馬臺之陳迹今日之會何其盛歟余員累謫居卒起庭府黜參佐之禮陪上罇之娛韓灰已燃鄒谷自煖奉命爲序冠於羣篇辭之所難敢謝不敏請分賦

五韻書諸郎事云

晚秋陪盧侍御遊石橋序

以公責左遷於茲迨一周星矣首疾心痗繼日經懷實由南冠尚簪憂所未忘是以幽求人境之外將蕩滌煩慮得諸石橋久之豈無他人不如我志願言卒獲者亦久之殿中侍御史范陽盧子至監理下國未浹辰而居簡秉暇行鑣載勒致爲客數公方駕儐從如林煌煌焉奔走乎墟落延屬乎禪宮矣三登彌高累息以進而後偕集於橋下徒觀夫掛長虹以飛來陵半霄而勢去下空如谿纖蘿不生

上頂爲帷佳木藂秀不可得而總載也以爲本於融結庯可自然資於造化力役不及明矣東極大水北走長安羅郭雉堞如示諸掌大田多稼宜乎有秋羣山積翠以回合好鳥追飛而下上有是勝賞以是開懷盍賦新詩以紀一時之事也侍御以嘗忝鵷沼潤色鴻業以文司鎔俾序良游敢復辭多慚老眊

陪諸公宴京兆王參軍宅序

參軍國族之貴介子也況抗衡神都抵掌翰苑渴日行道推心與人故士君子願游芝蘭不避風雨僕校文者得無勸乎冬至十日雪飛千里攜我入室接君初筵嘉殽惟錯清酤有藇取適可以齊鷹圖及酣可以去狐白始爲合歡之禮終爲縱飲之樂有足多也飛鴞戾天宿鳥擇木鐘鼓告暝軒裳欲歸主人諸僕一歲三捷斯文可睹愚以吏請賓將不然蓋言之不可以亡也多愧皆讓

春宴蕭侍郎林亭序

監察御史蕭公以初獻戎捷塞庭無事從板輿之暇日邀幕賓而揖我必選名勝況臨清江始乘安流終踐樊圃嘉客以入華亭豁開桴浮往來上下皆見竹樹引外郊雲物

皀鷺爲夫子家禽豈日駐花間天鋪潭底自爲勝槩而蕭公於是咨密戚荷賓榮惜此交歡愛此遲景飛觴舉白亦云醉止顧我以客時無閒焉拜升堂之嘉慶飽慶壽之餘瀝殿中侍御史鄭公文宗也退而喜曰今日之會允爲良辰不有斯文無以終樂遂歷賦諸韻凡二十餘篇命爲序引讓之不可

遊李校書花藥園序

春吹萬以爲物皆有役我智者惟役之不殆終而有用故君子盡心於藥焉恐精華之不逭已也崇文館校書郎李

公寢門之外大亭南敞大亭之左勝地東豁環岸種藥不知斯地幾十步但觀其縹緲霞錯葱蘢烟布密葉層映虛根不搖珠點夕露金燃曉光而後花發五色色帶深淺蘂生一香香有近遠色若錦繡酷如芝蘭動皆襲人靜則奪目此李公及時之適也至若上苗可食下體兼採子入菰飯華雜蒲俎既甘平而性寒又辛溫而執熱癖除而不爲去傳風愈而安知及書此李公谷中之木也吾徒沐公馨香愛我藥石皆可右坐願爲佳遊風生白蘋日映丹蒲披搖靃靡則花飛鏡中虛涵崢嶸而山在海底入門而未辨

金谷問地而不言河陽況春醞已清家園可摘飲盡落景歡無後時憶戴而乘興自來知鐘而聽絃立應此李公推心之分也禮曰發慮以憲語云從吾所好慮以觀進好無思邪而公智周未兆根據有益上符性命之理下從耳目之玩舉一物而庶美集得不謂之難哉韓康隱名徒進識者華叔相遺吾無間然聊對諸人之意用觀賦物之作予乃僚也敢無述乎

欽定全唐文卷四百二十七

于邵　五

華陽屬和集序

六藝詩人之蘊雅貫三極而正存象外班九流而化行天下夫然則游夏登科於孔門獨擅文學雖風流萬古而不易者文乎哉且日新之謂盛德崇業之謂不朽自大劒之南在漢有文翁實長西蜀開設學校爲來者宗師順流千載而餘芳不泯歷魏有高朕晉有張華皆好古博聞能述先事講信修睦傳之無窮是以在緜有巴渝有挾鼓濮率

相勸道人無隱焉洎大歷初尚書左僕射冀國崔公登壇受命邊鄙不聳既國用偃武而家將訓文近取諸身旁求是類高選幕客無非其人彬彬然文質協乎中而英華發乎外矣殿中侍御史滎陽鄭公道同斯應參乎理戎以玉帳之暇而清詞間作盈我懷袖式歌且謠以爲離羣索居誰與晤語故自相府及冀公達於儲公凡所獻酬續爲三卷仍以屬和爲集之目夫屬和者唱予和汝擊發商徵亦取諸伐木相求之義斯蓋鄭君之意也同聲于邵聞而且喜即之寓目煌若春榮遂詢我以宣布咨我以序引取彼

儆帑無相患焉

送張都督赴嘉州序

伊人之平康由我以專達否則政弛人何賴焉在昔漢宣永懷至理思與二千石之良者共之貞深其元以化天下非道熙陟降理際天地則不可膺是高選尚書左僕射冀國公審才以底用論定而後請將欲更蘇息復整齊且如張公無出其右緊受授則爲惜怛彼嘉陽之人所益多矣況學致廣大心自精微議道置法若示諸掌一舉雲翼三十爲郎分兵領部義然後取以公之才大時論用少以今

之多艱乎謂用大則用之大用小則用之小在我而已抑無懵焉良月選吉輕舟既具長空青冥未有黃落緹騎百從載旌而前戈矛生風左右如武且犀灘古地熊阜外虞通波萬里弁容攸攝其無以易者盍思無邪耶當寮爲心望此行矣大幕邀餞三軍助轅樂只君子如何可忘而後利涉信宿人歸父母其顏渥丹下令如春受教賜知常謀始疑不浹年而國賦足軍實倍啟迪恢達爲諸侯雄

送王郎中赴蘄州序

大君當宁之七載也日月會於降婁有詔尚書倉部郎中王公恭寬敏惠出典于蘄蘄之上有革車外賦有牙幢華領思與良二千石共理者朝廷久之亦既俞往允茲僉屬曾未浹辰抗手言邁惜此別易合宴公堂期其出郊于以送遠且觀坐彼一方困于無告誰爲禁暴聞公知歸邦非人則不寧政無從則奚措今所往者人安之哉公之下車曾是爲念以公之素範不敢言利因公之善價無乃近名唯名之崇唯德是累將善救物繄公冀焉然後導達其和發萌以癒化行無二當借寇恂理平第一更徵黃霸他日之會賓寮有光悠悠旆旌灩灩春物想青林之漲水見黃

石之平磯佳與未孤前期猶邈賦詩追餞者翰林之故事吾何間然

送李員外入朝序

食租衣稅王者之常賦自至德改元之後兵連天下軍用仰給四方諸侯各有戎事將發內布外而王命急宣不咨皇華無以專達前十數輩皆課登而旋今尚書户部郎李公中朝駿選次董斯任以西蜀最大南縣多實委之斯來于以蔵事是以數年于茲卒多前功冀公憂國忘家一心同德方錫貢以納貺度於常算故泉穀之分必先此矣達

于上京然及方鎮遂能入者億計行者接武秦郊不關持此更費冀公之勤其國本也如此李公之達于時用也如彼使乎誰務將膺對敭挾兩驂以戒途歌四牡而復命北驛開餞中軍宴私滿院香風雜花潛送廣庭張樂妙音交作冀公以請召未許送君先鞭我心如馳不敢留止行復題已赤管俯伏青蒲答天子休命當使臣之始賞者爾

送峽州劉使君忠州李使君序

國有戎事今茲十年外姦內宄略無寧歲是以人之思理不教而然者久矣夫非良二千石則無以光昭帝俞勤恤

人隱肖邑居蕩析牧守承弊中和頌聲斯道寢息今皇帝之臨御也嘗垂意於理道夫能官人則能安人爲官而擇人俾受永賴尚書駕部郎中劉公司門員外郎李公分命之拜中朝駿選劉公之舉也以宣慈惠和李公之得也以温良恭儉咸推大略仁而愛人文學政事家邦必達矧茲偏隅由我專制苟利於物其可易乎然後理兵期于知禁求瘼在乎不擾澤流愷悌汔可小康豈穎川之姦黨散落濟南之畏如大府而已哉壽星之會凉秋八月言辭北闕將鶩南轅惜五馬之不留合六官以追餞乃卜勝撰吉咸集于吏部郎元公之居室地遠朝市家藏水木納終峰於宇下道漆園于方外風迴景泛匪寒匪燠入室而芝蘭襲人趨庭而珠玉交輝琴言自清座右必誡夫然則行者可以慰遠道居者可以依翰林二公於是撫席而言曰西楚風殊東巴路迥高堂雲雨遇荆門而可見皇州冠蓋別瀟水以長懷多謝故人酹我以酒寵我之作羣公何謂以不腆斯文遂冠于篇首總南宮之賦者凡四十有六章次之爵里亦當使君之佳傳云

送賈中允之襄陽序

孔宣父説儒者之行有自立焉有近人焉有交友焉研精六藝較明舊史貫天人之際探得失之源非自立歟仗義而居立信爲寶難得易失不謀苟合非近人歟終始之要膠固也患難之失身命也益者損者吾其擇焉非交友歟夫然則道之將行周流四海而無貴者庸可既乎頃年隱廬山之霧去秋舉湘江之帆聞有道而來終有得而去所合必義所依必仁凡諸揖奉惜此言別累卜勝餞屢邀醉心雖雲蒸霧毒猶勝炎風而疎桐衰柳亦傍秋色時之所感事有攸會切於覲問而速是行者則尚書季父領鎮南

之軍伐淮西之叛方除天地之害載戢干戈之威用重望係人渴日爲久與尚書備相知之分憶昨執手于今三年負累遐荒莫由展禮南北不援我勞如何願卽寤寐之勤永奉通明之德

送太子僕馬公序

嘗讀舊史氏見汲長孺之爲人與之並生其時則隨從長者不敢避風雨況今之有人而捨勤乎太子僕馬公骨鯁端莊則如此而布和展惠信而好古煥乎其有文章則汲生之所不及明矣方將搏空直上高視寥廓秉尚父黃鉞

登范雎青雲顧夫蒼生不爲負矣屬羣盜未息四郊猶虞春闈無事冬日可愛故自南自北從諸侯遊如竹箭之有筠雖霰雪之奚及未可量也予固不敏奉以周旋幾合獻酬之禮且陪文酒之事青溪白雲引我歸思槭槭寒水颼颼冰岸道勝獨往高歌以行夫至人達觀物無不可出則燿金組入則狎華蘿蓋與時消息在我舒卷羣公悵別則如之何

送趙評事之東都序

大盜既滅東郊遂啟前馳龜蒙左夾遼碣過數千里革戎反華彼阻戎之餘承復禹之慶駿奔走滁怨思兼諸匪人因得請命連踵闕下歸甚忘亡是以厥田厥篚之貢不待錫而至者已紛紐於長府申命職方郎中滎陽鄭公達於伊洛以總其事夫劇不可以專精故資於命介道且求於兼適必託乎至公大理評事天水趙侯當交辟之下膺至公之選罷戎西府受詔東周虛舟出不繫之外景鐘爲待叩之用故士君子隨之而不避風雨則文行忠信不其未歟鳳翔尹兼御史大夫高公勤於客禮迫此王命曾是公器與時共之追餞告行惜別而已行軍司馬侍御史李公

玉帳居左金罇斂離羣公當筵相顧不足白日陶暑青槐好陰牙幢宴如亦旣醉止左右歡甚詩人與全爭論逸價特以餉趙故拜命之辱輒冠于首篇

送譚正字之上都序

皇上御寓之明年布和發號其在野無遺賢將以啟迪理本蓋古先哲王之前大者分命十使周流天下弓旌一舉澗陸其空户部侍郎趙君故得譚子於瀟湘矣譚子受薦不拜趙君當薦不避朝廷官之不疑君子悅是三者之備公也者其至矣哉況恭懿明允文爲在禮發言有章臨事

不惑可以入備顧問出咨典謨豈止祖述六藝指歸舊史栖遲龍樓之下寂寞鉛槧之閒哉僕孤奉盛明黜佐藩徼不自意而邂逅相遇念一老而得之周旋嘗與語言爲我消息日月之會時惟季冬星迴於天歲且更始晻慘蕭索長年所悲豈堪伊人告我以去方將背九嶷之積阻泛蒼梧以連海經界于分廣會合于上都謁崇明馳象魏講舊於知己從事于吾黨雲霄之外自此而階還客者何敘之而已

送劉協律序

予廣德年三掌注起居建中初擢修國史討論之際嘗覽周朝作相奕世載德名列於紫微事傳于青史者今協律劉侯之先歟協律富有文采挺然秀拔懷長策以待時感知己而爲用似續以才而不階門戶求合以道而不憚風塵士君子之行有足多也零桂雖秋涼風未至江山緬邈言出東路帆席悠悠指途南海南海有國之重鎮北方之東西中土之士庶䑸連轂擊合會於其閒者日千百焉況中丞元公載輯斯人言愍其旅金節始按休聲洽聞求賢重官方賀封往老夫病矣負累杜門幾煩相問挹我以禮愧無風水之便且有登臨之别行矣自愛吾無閒焉

送紀奉禮之容州序

紀氏之子曰文楚資於事毋而敬愛兼則百行可知博於好古而功業著則文采可知丈夫於代能有是而無倦加體道以自牧出入中外身無擇行爲不達者未之有也頃屬世故家貧背胡越嶺執爨以養當車就安人皆知之用是不乏所以長者繼轍來者升堂既榮于親又悅其子甚大慶也夫時有通塞事有從宜親安道存適則爲可容州經畧之府南據交阯北達蒼梧李郎中受委中朝聯典大

郡凡有化理悉爲世程紀子嚮風慕義不遠千里釋板輿即輕舸晨餐夕膳不改舊物從一樂土之一樂土誰其閒焉郎中之愛子良鈞業擅家寶官登王畿美秀而文芝蘭可襲吾子一見足以滌塵慮慰客遊與諸子之得子亦何以異也行矣自愛時與元大赦之仲春桂林遷客于邵之别序云

送李校書歸江西序

與子中外表也親之至也異姓莫先睽隔不面老而方合可謂長歎息矣曷期遠會于零桂之閒哉大火之交南秋

可畏其歛如蒸其華轉鮮昏霾而禽鳥欲絕曦赫而薄鑠無措易練不足以禦流汗並燎不足以敵炎氛予遷客也是甘其艱子薄遊也何在斯歎況依藉門戶本儒家之文行總貫陰陽乃王官之武備聰明精密道不苟全眞吾人之益者也以世多故始家廬陵悲鄉國之眇邈想邱園之蕪沒羈旅南土復何言哉季子無金未下妻嫂淮陰寓漂終取王侯無以風雨為晦無以名位自薄秉時體命其乃光乎予屬湘東之命子有滏西之役非適之適我勞如何雲天茫茫行矣自愛

宴餞崔十二弟校書之容州序

方伯盧公因牙門之清淨闢前館之爽塏乃命宿設具牢加籩言邀故人以寵行也清河崔子曰眞源嘗典校石渠應諸侯之聘踐言勵行積學累藝而建中初天下文明懼乎遺逸黜陟十道君舉先行有詔集於京師將以更秩既而容管經畧處置使隴西李公從而請焉猗歟眞源以受命底祿已利也以從人之求國務也身不可先于國祿不可急于求翻然迴車假道于桂盧公執疇昔之好惜今辰之別朝陽初升賓筵始合子夜云艾主賦未晞觵觶交飛而取樂塤篪相協以奏雅盧公意未之盡將命以篇顧謂遷客曰罷論幾何日輟使復何日請子之敘我今夕于子離席而辭曰老者敗者僚者末也憂能傷人思無可者公之所命其得人乎公曰得哉是敢操簡而進發言有素一以論我公之講舊一以樂李公之得賢風煙不殊南北暫閒顯允崔子曷哉令聞云

送藺舍人兼武州長史序

舍人丈以元昆尹京之明月始為西府連辟將展驥足于廣西之地所以懲彼叛亂與人休息君子謂此舉也得於

治理失於屈賢譬諸汙地而集鵷鳳矣然則國家多故亭障猶虞不為利遷可以道進所居則化我何在焉況瓌姿偉望約之以禮兄友弟悌必因子心無終食之閒違仁矧三州之與四海云爾哉勉此于邁怡然告別羣鶯尚囀四月猶花長江一望翠屏如畫佳興滿目曷唯宦遊監察御史楊公特進兼鴻臚吳公尉相宴接情言不盡諸公陪歡各以義洽邵野人也實忝中表趨風自允渴日增勤俄然仳離如失羽翼郊垧之送惜也何言

送藺侍御使還序

河隴之塞秋爲邊防每歲徵師郡縣强家之子能控弦帶甲勇爲人敵而應召焉行軍司馬侍御史蘭公戒兹戎昭來閱軍實威用震罰而不及人爰與六月之師集我三邊之事况長源自清但挹朝海大厦已構尚勞持斧位寵杜詩之選職由韓厥之寄參彼玉帳鎮兹金方亦旣勤矣由是正風俗恤人隱刑章無頗頒賦唯允上行下效心莫不盡大鴻臚吴公國之良二千石也必先中權之令載勤東道之禮金蘭用譽風味相合樂只君子會于公堂清絃發越洋洋乎盈耳一夕三醉主人曰未也若然者羣公陪歡

其有閒乎秋八月鶗鴂始鳴衆芳皆歇我有歸思整轅而西晴川浙瀝日上旌旆寒野莽蒼風入筋幹况肅殺以時虜騎方下元戎之師且有後命行軍欲久留得乎請言詩以寵餞薦周旋而不墜耳

春宵餞盧司馬文歸澧陽序

丈人承門户之資擢衣冠之秀司武湖上休有令聞移家澧陽吾取道勝蓋内緣世故從所擇焉况端公丈二十年聞王事靡盬開物致理洽聞朝廷辟公府而載莪鐵冠鎮方隅而寵授金鉞膺我重寄每懷離别豈不欲往職是總戎六丈念切在原崎嶇過嶺亦旣至止自冬徂春二龍齊驤黼黻交映出恭入友論者榮之春二月巾車戒僕言首歸路凡我同志猶惜别如此而况端公是日之心乎觀察判官鄭公初筵叙離方繼以夜願留侯騎陪盡此歡舉白而衆賓已酣未晞而主人猶請卲上負明聖來佐藩閫終沐膺庥忝招座右睹今夕之樂想分歧之恨豈登山臨水而曰送乎

送前鳳翔楊司馬赴節度序

御史大夫李公擁旌旄領鳳翔尹西控數州之地將戡定

叛亂糾逖寮吏未及下車而思其人故司馬之才膺此駁選幕中之畫居然有待公頃佐是藩天蹕在雍戎馬鉅計注之有司大東小東無不仰給日承顧問休聲四聞人到于今咸受其賜交辟之下得無光乎况宏略泉深碩謀雲蓄材氣自逸禮容必循鴻鵠之舉烟霄可仰在此行也公之友兄銜命在館繡衣持斧金玉相鮮不由其門孰見庶美驥足方騁鴒原惜别河橋一分雲岫千里鳳皇潭上刁斗初傳寶雞祠下旌旗不卷以此送遠豈如贈言行前鶯花亂我心曲干旄美得賢也二三子取而賦之

送王司議季友赴洪州序

洪州之爲連率也舊矣自幽薊外姦加之以師旅十年之間爲巨防焉當閩越奥區扼江關重阻旣完且富行者如歸道往之國今大和會故朝廷重於鎭定咨爾宗枝勉移獨坐之權實專方面之寄七州奔走而承命一都風化以在我是以王司議得爲副車況加彼數賢爲之爲理何憂乎杼軸爲弊何畏乎寇戎不奔軼然則政由宇下風馳境上上下之交理道彰矣良辰歲首羣公餞離蒼然霜林墜葉爲聚别怨旣如此歲窮又如此豈長年之所獨悲抑同

人之所增歎邵史官也職在書法以中丞宣力王室以司議碩畫幕中予將書之行矣自念

送張中丞歸魏博序

大河故瀆魏之奥境魏大名也今國家以連帥之重特命右僕射田公以鎭撫焉授方面之寄爲諸侯之倡職貢不侯於命錫朝奏必資於佐幕是以張侯有獻歲之會一之日天子勞勤于次二之日有司行賞以秩因題柱之舊榮加專席之新寵風生漢闕價重周行光照帝俞僉允時望且端揆有度材之鑒中司懷匪石之心温温恭人表以光大多矣恩逾三接詔復兩河向銅臺之地遥覽上京之春盡柏署追餞粉闈惜别才兼二美識者榮之今寰海無虞人神助道遵我王度樹之風聲有來雍雍信足樂也詩可以羣興而羣公賦之

送盧侍御赴恒州使幕序

聖朝以上台清河王鴻勳茂績焯見羣后俾兼綰中樞將二十年南征北伐投艱排難則倍之矣是則國有恒岳以公配之而有土天有上將以公委之而分閫勤則至矣位亦極矣談者爲美其誰間然故得高枕安邊包茅述職出

奬忠義入延秀異不遠數千里而得盧君君亦感激知己奔波從事雖立資於時實由昔用譽不家而食盡室以行峨鐵冠而利往陪玉帳以參畫何風雲會合而至是乎初此行也鍾陵有連帥之府落帆江浦上謁告離府公以束命則同奬王室修好則不間遐方爰遵上公是厚賓介我以雜佩必先饟牽便蕃初筵禮無違者元冰仲月白鴈南飛大舟横江信宿千里且務從軍之樂不賦苦寒之行蓋時人義之者多矣僕江西旅人也趨風明庭同等見顧常忝座右之客不賤屏外之員送君此行抑有由也然安得

容容摻子之祛乎。

送高侍御還鳳翔序

高侍御文行忠信，士林之秀者也。御史大夫崔公大勳旣集，視人如理，高選入幕，實佐戎機。至於是邦，隱若敵國，攬轡之後，郡邑以淸。若然者，艱難之時，事鮮不及矣。十一月河冰始堅，山葉皆盡，冒此寒嶮，居於漢陽，且欣郊迎，然後疆事。昨又繼燭，盡使君之歡；今之初筵，合舍人之宴。入室而喜親，孤白當杯而願解，豸冠熒煌，蠟花可以醉止，請賛露晞之賦，用慰臨歧之恨爾。

送鄭判官之廣州序

今年夏日月會於鶉火，公治分汴東之幕，經度邦賦，於桂之南議，絕乎爭，蒸人得以相慶。秋九月，薦加五府之命，自嶺之外，一以咨之。而中丞包公舉賢任能，捐萬里勞費之煩，委一都專達之計。我州我庶，雖違德實難，予取予求，而受賜猶舊。觀察使范陽盧公，愴雲天之忽間，惜姻好之遐阻，置酒高會，邀歡累日，誰言醉止，必待露晞。然後維舟陽江，宿設候館，遊以舟楫，欲別不能，漲濤湧澐，長空不分，須外徼以內賦，詠蒼梧之白雲，所以道與簡會，壯遊心逸，聚散之分，我勞如何。況公風監愜達，博聞明辨，從事貞固，守常直道，奉緇衣之前慶，秉扶搖之上激，作人之表，予所望焉。昭昭令聞，日賀光大矣。

送尹判官之江陵序

文者人之華，行者人之實。不華無以見本，匪實無以要終，是以致知在格物，物格則知至，及夫至也，何所不集焉。尹十五官其集之矣，故忠信實於家，貞幹珍於國。前年度支糴平糶之法，典斯南海；今春轉運郎均輸之便，導彼西江。豈止度四方經費之用，蓋在佐副相尹丞之秩。先是太夫

人在堂，指途於涔陽原隰，煌煌潔爾壽觴，由此告歸，孰不稱慶。況高門傳綸詔之榮，相宅主公台之兆，光啟前烈，我有憑焉。孟夏吉朔，雲陰四合，風雨如晦，江濤若崩，南颸未迴，好是行邁。老夫沐普恩之宥，承近地之遷，鶉之首尾，可以交歡，言且貺別，私其則那。

宴餞嚴判官使還上都序

馮翊嚴氏之子曰譽，昭宣世業，嗣續未廣，能讀古訓，雅爲新詩，有叔度黃中之稱，有季野四時之備，故淸風襲人，人得披襟而前，蓋所嚮者多矣。去年冬，鄭司勳奉服嶺之役

以掄才官人將子爲介以禮一而貳事則於交廣乎何有今年春將復命奏庸公以便道歸定省尋水之下可歌白華龍駒生庭神仙作尉至是邦也而賀者盈門味道探賾遂亦浹辰以王事期迫不敢怠忘是以元方不得將車而旋嚴尊猶切倚門之望有以然也與司勳有西掖之舊文行忠信君子人歟既與子同事又與子同術不曰追飛雲霄既將置之州牧盧公敘別于初筵郎中蕭公置酒于翌日皆飛白縱飲高歌結歡屬天降霖潦九派會同雲帆際天行亦勤矣余羈紲未解處墊溺之地與子言別夫復何

聊羣公推以舊老略其敗北俾冠首篇得不謂之羣歟常山公于邵序

送崔判官赴容州序

服嶺之外列巨防者五而容其一焉自中原多故邑居蕩析始則有長吏苟完之命今年春有詔特命元公都督十二州諸軍事資其庶富而宣乎教化者也夫教之以禮化之以仁俾其歸于王而不隔乎荒則書同文車同軌當南北數千萬里而述職焉不其遼哉博陵崔公光膺副車之選秋八月傳次于壽春安豐縣之東亭前臨芍陂渺漫無際雖淮海之内浸藪則多而勝景之中堪遊蓋少故邀留睍別非此而何邵孤奉明恩負累炎徼邂逅相遇歡戚不同既而前多歧路行有先後日暮猶遠自有窮途之泣木葉微脱更切長年之悲其賦離之什則亞相崔公冠于首矣羣公其次第之

送房判官巡南海序

兩河稽誅爲日久矣固是迷悖腥聞於天法將汙瀦罪爾無赦是用調發集于東郊贍上將于五道興王師之十萬千金之費實資經度之中別有鹽府既博之用不勤於人

豈與夫漢武事邊窮兵蜀主以小謀大而較其損益哉則天下怙亂不得不除宇内稱兵不得不滅總是任者惟我國楨兼御史中丞包公專其事佐衛倉曹房公分其巡公英姿秀發相門流慶以公忠爲已任以學行爲身文蹈和以全眞修睦以合義長途逸翮則未可涯冬十月桂林務要番禺利往輕楫既具高帆欲張煌煌元公作鎮南海在公爲外舅在國爲屏臣潘楊佳姻冰玉相映式瞻之地其誰不懷桂管經略觀察使范陽盧公惜雲雨爲別悵江山暫間置酒高會徵詩寵行南天不寒四氣爭暑黃柑未摘

盧橘又花。請因衆芳。以動佳興。將我府公之厚意也。

欽定全唐文卷四百二十八

于卲六

送盧判官之梧州鄭判官之昭州序

中朝有蕭牆之變。王宮不開。夫莠尚在。我憂未弭。都人共駭。遠服多虞。大唐思汔可之安。率土獲將來之祐。詔下哀痛。恩覃動植。天地更張乎範圍。日月復次於黃道。人既受賜。其官爰議。其能非其能。則我命用噱。奪其賜。則彼吡何戴。授之二者。至於勤斯。桂管都防禦經畧觀察使范陽盧公。道千乘之國。齊百蠻之化。敬事而信。視人如傷。頃者嶺

外諸守除書中絕。內無合契之符。外闕分憂之寄。望吳隱而莫至。希士燮以實難。是用舉所知。延幕客。盧與鄭二郡有光。凡官材定論。物格知至。今之抑與。誰曰不然。必能發準的於彀中。化陋夷於度內。上以奉知。已下以拯黎元。力行近仁。於斯爲美。何必秉鈞當軸。方及於人哉。桂林陽亭南越之勝。雙旌啟路。舉棹茲始。諸公惜別。宿設戒期。雲岫座中。烟花雨後。愛時景之可共。悵高帆之不留。遷客于卲書其事。

初冬餞崔司直赴京都選集序

大官大邑唯賢者主之臨安大邑也而崔公兼領浹年之閒輿人致誦雖更化有命居之無何然與人休息行難爲繼矣屬太夫人在堂閨門之敬舊家於漢上張仲孝友行思板輿譚公維私式歌弄印崩波沿泝重阻疊里亦既至止稱歡壽觴前彭州司馬公之元昆所遊有方嘉此良會皆才膺開物刃有餘地從士大夫遊必先曲禮二龍方騁未可量也國有衡鏡人歸品藻十月良日駕言北遊當山公持刈楚之鍔信多士發長鳴之日也以彼前慶續茲高選雖欲勿用其若才何雖古人捧檄在此行也因同人惜

離出餞于野遠山四合長空泬寥望青林而不盡看白日而將暮忝座右之末陪離孫之行不腆斯文俾專序別蓋讓之不可遂冠於首篇

送楊兵曹太祝兄弟序

天寶中謬掌鉛槧領卿大夫門子出於龍樓以鼓篋爲事是時與楊氏兄弟相見於今十年矣曾不以薄劣移意克全乎相知不出樓數年各以才進果行敏德依仁據義焜煌而金玉交映肅穆而風塵不雜入其門森森然是所謂難矣屬中原多故荆棘未翦竄身郊山復與合疇昔之好實獲我心今年春青羌白氏相率爲虐震我郡邑毒痛生人而楊公侍親日有憂色擇地以養告别遂行是以二王趙蕭四族偕往懿親密友義切同舟並駕而逸足相追拔茅而彙征斯吉方將導黑水以合漢適樂土而中權豈止奔波雲山悵望岐路而已哉蓋隨之爲義也大矣巴防楚塞猨聲千里東出桐柏南距荆州三江五湖可以利涉心斷卭否薄送於郊非斯人之爲别吾誰爲賦矣

送康兵曹入蜀序

與兵曹公敵惠於今三世矣然則子之大人某當肩隨之

日雖中年隔别而縈問不輟不虞康子來涉吾境見父之執果於覲親可謂達也況風骨爽秀機會駿發約之以禮博我以文青雲之姿於是乎見矣以日迫諸寇家君在蜀乘閒赴覲靡遑底寧曾未信宿駕言于邁以此道别無如之何副相嚴公總統江劍東西郡邑蓋以百數皆風靡波偃奔走乎大府威名之下誰不心注且鳥擇高梧人歸如水吾子之往矧有舊乎郊坰之南于以送遠楊柳雖綠我意悲春喬梓有方君心是慶白華之美者故歌而道之幕中有行軍馬公判官張公書記崔公高副時選相期郢匠

執子之手幸謝故人

送韋兵曹赴上都序

韋公顯名三蜀出入東西川垂二十年矣至於是邦必聞其政蓋禮者德之幹利者義之和由之不失其道也噫夫克有具美而抑與之徒淹歲月未上霄漢俾其知已者慙而已雖多亦奚補於時議哉有以知君子不見而彰義然後取信吾寶也杜陵鄉曲千里而近楚王壇上瞻望仍遙鴈隨陽而昨夜初過木落山而寒霜始白今日何日江干送歸豈無樽酒可以留餞國家開設會府綜覈九流衡懸

而不欺輕重論定而必先遠大之子之往求善價而沽諸乎愛惟允將美利而利物夫然則家之肥而國又肥也南山之山日復羈齒時因便風無金玉爾音千里韋生跂予何日

送孟司户赴山南序

今之天府急賢爲事者多矣然則中丞張公賢而佐之公總統巴徼蓋郡邑百數皆夙興夜寐奔走乎梁州一方無虞千里坐嘯何寇盜之敢暴不澄清而彌肅所以賢與不肖有别而孟户曹應辟焉非夫學究精微德含光大貞幹克副於公望勤勞可著乎王家豈中丞之與能而幕府之英選能致於此閏四月告軷指途出郊相餞昨夜殘雨朝烟稍霽黄鳥上下綠陰若浮此時送君微我無酒况東郊西郊鼓鼙猶作征軸之弊又急乎安人勉旃孟侯無以自媚

送穆司法赴劍州序二首

決曹掾穆侯理行歸於劍十月寒矣艱哉是行休於嘉陵之陽日與樵牧爲伍而吾子言涉江水至於室廬告軷之期不遠千里然則取諸羽翮擊彼風水時之來也嗚可驚

人而愛親之道敬養爲切安得擇仕而以三語爲屈哉東江劍門又足助興地氣初閑河風稍嚴青冥爲空黄落向盡感物論别者庶存乎歌詩

其二

人謂穆子通於理者也裒然作掾榮問所致自隴之下清風可挹人能盡歡卲真知勉矣頃以令弟仕於劍太夫人就養適乎遠雖迫王事心馳倚閭朝辭府庭夕次郊郭不俟高駕拂衣而南羣公錫類詎敢留心各以壺酒垂楊好陰金秋始交火雲猶赫指日獻壽在原增光送君遂行千

萬無盡

初夏陸萬年廳送奉化陸長官之任序

予籍奉化君之猷甚矣今也何幸辱與萬年君遊而獲展禮焉公有入室之清行有專門之奧學加之理要飾以藝文三十年中猶宰一邑是何奇偶之所不倫乎先是公由外署嘗攝行此職未拜真而復罷人到於今思之豈彼人之幸猶多而資公之政爲理不然奚十年之外復與此合耶況今年吏曹尤難其選天子申明乎詔令宰輔論定乎官材天官卿孜孜於取捨膺此舉也授受者安易爲力哉

拜恩前殿隨牒上道萬年君軫陟岡之歎愴異縣之違敘離公堂言具旨酒二三親好獻酢有章既敬而兄又悅而弟上友下悌何其韡歟鶺鴒之會火雲初飛前春花木是日仍茂感而惜分於是爲切夫以卿士大夫之會未嘗不引詩人之興以宣其志萬年君所以進牘抽翰邀文屬辭蓋合斯義將用貺別云爾

送金壇韋明府序

將理大國若烹小鮮不敢撓之故也況子男之爲邑庸可撓乎方今兵薄四海師老十年罄人之耕桑窮人之術數勤以奉中國翦以賜諸軍軍興猶艱國議尚乏非夫表微物外洞鑒人間曷能除其災害拯彼塗炭於戲天官氏得之於韋金壇矣公文以藻身行以勵俗道必孚於損益名可達於家邦醇粹居中而英華發外且三辟大府連衡者人皆奪容一登廷評獨行者我無慍色樂天知命君子攸難偶爾墮銓序之勞超然在甲科之列豈無清切之地竟迫親人之選飛鳧此去逸驥何施然則其崩角所不容悼心而無告者我實行矣爾何對焉鍾茅之閒化可見矣厚地始坼寒山盡空同雲不開積雪增沍折楊追餞蔣亭愈

邈心乎愛矣何日忘之今之送君感別而已

送河南王少府還任序

王公秀出士林香傳國馨玉立增映金聲自遠故弱冠之後代爲文人不四三年而交辟如契豈惟鴻鵠志在千里自是鳳雛生而五色今大夫當弄印之貴積蒼生之望立程朝端舉正天下少府公晨昏之際戀深獨立爰自東洛達於上京且因王命得及私覲喬梓之慶實爲時榮然則赤縣多務不遑久留素琴在御匹馬云邁清風齊景隨我佳興又足名也頃忝臺憲出於門闌遂使小子知名敢忘

國士之遇心乎愛矣此別何言前郊一葉涼風已半金吹淅瀝淒然欲寒兵部員外郎王公以從父之仁敦北阮之好猥顧同舍謂余知音相期都門方以送遠才子東矣得無斯文

送陳留李少府歸上都序

天寶年中以公持刈楚之柄言采其華將拔其俗蓋良馬逐逐在公之伯仲乎忝嘗齊衡永以爲好迨茲二紀相逢蜀遊不虞斯來復與前合況總括六藝又擢一枝青春之年黃綬標映瑩若玉立蹌然鶴峙長空無倪可以直上人

之望也今諫議大夫崔公冀國之貴介弟於公爲外舅焉以兄弟之子猶子也冰玉不間潘楊載睦始君之來拜乎姻婭由君之美加乎愛矣東林表郄公遠鑒南宮實夫子知賢光昭好逑能以德選自中形外論者休之實沈之會言旋上國蜀多名園載酒交餞雪氷初下同雲始飛寒暄正中跋涉無苦子亦羈齒久而越吟曷爲歸期十月良日方將尋鮑子之舊復田蘇之遊若君此行不歎卬否尚書兵部郎趙公謀以貺別尚書虞部李公作爲新題羣公僉同各以位敘云

送家令祁丞序

祁丞公表微造理之士也嘗精其思而深於詩詧其神而存乎象深於詩者得之於風雅存乎象者受之於丹青非奇峰絕壑則不能運其機非緣情體物則不能動其興機興之作爲達者多之去年八月閩越納貢而吾子實董斯役水陸萬里寒暄浹年三江五湖夐然復遊遠與爲別故人何情虞部郎中岑公贈詩一篇情言兼至當時之絕也凡敘所以廣意既先見我又何載焉送君都門舉手千萬

送趙晏歸江東序

判官擢天府一枝之秀居十二年而先其文章用譽聲馳寰海內行修潔正爲人言故王公卿士願見顏色皆延以座右挹以上樽結平生之至驩聽傳習之餘論翕然而風靡矣自隨牒吳楚諸府交辟有車轔轔無一日而止故驟遷於維荆仍假治書亦既達矣今上觀兵鳳翔之歲公以錫貢會於闕庭舉朝延首以望眞拜屬多難之際蒼黃易誣斬馬未聞於去佞宏羊且偏於用法是有流沙之譴不及旬日至於五原犬戎合圍我在堅壁以功復爲詞曹外掾雖雷雨作解而風塵未厭流離辛苦又居乎漢陽雲天

路長骨肉爲念將欲出三峽浮三江漸達於吳會接行鴈於舊地問伯魚之他日蓋生死骨肉之會豈勝言哉大寒之歲衆木皆死相彼松柏雖復小凋而貞心勁節不改柯易葉實君子之大端也持此貺别不知其他

送賈九歸鳴水序

賈生深於義者也又能保和天資强學不倦甘禦寇之執爨處原憲之非病行於林泉蓋數周矣實沈之會賁然來思南郭之下言尋舊好顧州縣而不爲道屈齊得失而介兹福利實君子之大端也知我者鮮謂予知之朝夕之驪

經時不去式歌且賦嘗至於夜分不知天下之秋颯然而至咏采薇以獨往始班荆而送别南指蜀路江山四蔽苟吾道之可存居鳴水而何陋是爲不侵不叛之地得以長處約矣乃知全謀決策可以遠馭青溪白雲時復助興二三子豈知樂在其中乎出郊之時論别而已

送從叔南遊序

叔父乃相國東海公猶子之慶裔今少師郢國公外王父之介弟也生於台庭長於儒門修先王之典禮操作者之文律斯亦叔父立身之道宏矣屬時艱難流離辛苦田園蕪沒族黨淪謝斯又叔父厚生之道窮矣三十年間爲東西人豈無常科亦有世路道之不由吾其與也得非恢達自是處之無悶耶况郢公和義以仁如存展敬居常館給不度以年因得造寢席問起居不敢墜睦親之禮久矣夫不羈之才若不繫之舟不然則何以泛其流而析其滯歟既而將登商顏尋綺季異儲之顯晦進浮滄浪追漁父遁代之始終或經九嶷或入五嶺探靈感廣異聞崇朝命駕來告于邁不懌者結遐方之離思所賀者從諸侯之勝遊敬奉觴以祖軷遂贈言於慎夏云

送從舅赴陽翟序

昔者秦賦渭陽之詩蓋孟公子之出祖也綿歷千祀頌聲不泯幼失慈愛於斯爲苦未嘗不廢卷撫膺書紳自勉以爲罔極之報祭在如存之禮不其然歟自幽燕稱亂伊洛内覆爰我舅黨舉族東遷祏室無祀名園何在永懷展敬渴日無緣叔舅十年過江三命作吏慶垂必復休有令聞使車斯來輒不自意陽翟駿選天書寵光思同晝遊有日矣伯舅京劇先鳴曷遊偕往小子江華罷守未離繫滞指途惜别卜勝初筵當獻歲之方春對上林之晴雪興酣景

晏欲罷不能則叔舅之慈惠鍾於我也良可知矣望釣臺舊都返伊川故里出鄢郢長道控河淮要衝於焉馳名於以在我況清白以世業留遺貞幹以天資自許鴻鵠之舉雲霄可期慙無酷似拜命之辱敘離道念庸不喻乎司勳員外郎鄭昌締邵同等也實爲首倡其或繼之者則以多爲貴爾

送楊倓南遊序

宏農楊倓世以文藝登甲乙科而倓克構前烈復修儒行升高作賦正始言詩期於拾青今也被褐蓋未遇云爾桂

林之遊我何憂哉在幕則副使韋公存乎舊判官韋公置乎客其外則韓萬州爲知舊則倓不孤客則倓有託知則倓可遊予亦子之舊也見其來則撫之憂則樂之命諸子以同之其他則不如二三子之强大嘗所愧焉忽有餘興言將南邁尋桂江之遠近度疑山之險易適諸侯之館披三越之圖並蒼梧以右轉觀象地之發跡亦何謝泛五湖探禹穴而暢其孤憤哉扁舟一葉風濤千里於所適復何危乎吾嘗俟子於壽星之會而復祗命所在念此無忽與元之元季夏之望河南于邵詞

送庫狄縱入蜀序

夫以禮樂爲用檢身若不及者嘗聞其語矣今見庫狄子雅而有之況心氣爽練尤於妙理原憲非病黔婁自安沽之哉吾待價也漢陽之禾人食如玉有妻子以宜家無饘粥以餬口余承艱否又不能救夏四月告余以行舉家杖藜將赴於蜀蜀多奇士吾道其南風水之便宜未量也隴俗春晚梅花始發言送山路蕭然雨寒四郊多虞舉手千萬

送戚卿序

老夫負累炎方僻處南館東阻高岸西臨通衢衡門寂寥誰與爲晤數日之後而得比鄰戚卿者睠道以閒處約以靜詩禮日訓柴荆晝關嘗思急病之用載勤稽古之力每接以三餘時復一見來不飲酒去無可欲儒之敬慎有如此者春三月叩門告別且曰本剡中人也家於錢塘一入桂林十周星矣慚走長安之道將尋吳會之事乘其波流聊以自適僕老者病者以憂以悒留之則難別又不易子之不飲不可以斗酒歡我以窮途無得以東修贈執手分別傷如之何雲雨一散江山萬里東西南北其有會乎還

客于邵贈言而已

送朱秀才歸上都序

嘗書南中之遇墨客者甚矣今又得會稽朱因卿焉序而字之蓋美之爾況其學也博其文也精凡作爲篇章皆可興咏處之於代則詩人之選也邵故東西南北願與修好從可知矣始至之日贄見於我府公府公答之以客禮亦既館給終焉宴私高枕延國士之風開門多長者之轍義非苟合道不虛行叩清徵而況我知音執禮容而許我先達歡於老夫接辱與允子遊風雨如晦孰云其已而北走

長安萬里帝王居治所也賢關啟鑰哲匠見焉鵬搏鳳翥造次於是彼美因卿在斯一舉餘勇可賈矧爾轂中瀟湘悠悠鄢郢阻修商峴衡嶷白雲間之登山臨水楚人之重別也人涉卬否衛詩之歎異也雖欲勿歎得無歎乎

送陳秀才序

秀才以我府公有元昆同官之舊邂逅不見於今三年故不遠數千里泝瀟湘踰零桂而循來上謁府公府公嘉是來也館有加籩之饍讌有承筐之禮上下交好州人悅之既而盈卷新文惠予佳句艤舟將往咨我緒言夫閉門循來者遷客之心也窮巷迂轍者達士之情也以達士之情眷索遷客不腆之作雖處憂危得無承乎多謝之仁行矣自愛

送冷秀才東歸序

昔泰卿賦多與太學英達爲之遊二十年間學者逃難石渠遂閉鼓篋無聞近三四年復與士合每歲以故事選實而流頌聲則江寧冷侯由此擢秀今乏與比前或少雙是以中朝宗文當代秉義者蓋嚮風矣不復相鄙愚無閒然得爲田蘇之遊不負金石之契亦既多矣吳會之地慈親

倚門冷侯言歸心切攸往白鴈初過青冥轉高駕言東遊雲雨惜別邵亦是日理裝也始同末異愴此歧路冷侯深於詩也祕監韋公敘焉其爲歌詩以出餞皆漢廷顯達士林精妙各附爵里爲一時之榮邵何言哉睨別而已

送竇秀才序

曩歲忝西掖舍人與秀才同官遊朝赴玉墀夕下金闕於今二十年矣今復左遷僻地羈旅信安不期東遊邂逅相遇而能倍年下禮論舊加敬實高標雅裁爲邦家之光故懷袖雄文予得與咏長途逸足予將企望而殿中侍御史

范陽盧公聿來監州持我文柄解簡書之畏當翰林主人來者飲德挹之不竭嘯歌攸同迨玆中冬將畫厚意不虞作別況予之與名輩者乎如何選舟告我行邁羅郭之下轂川可厲枯桑槭而不知有風暮天晻而且欲飛雪此時以長年其悲懷哉曷日相會哉

送蔡秀才序

蔡氏之子曰虛舟以十月良日旅次於信安謂余老於文者展後進之禮清晨來思贈余舊文凡數十篇與之討論導以無倦蔡子乃盱衡而納焉夫如是則何患乎名不揚道不行春官卿復將示諸掌乎佻兮達兮亦以永日言飲

之酒時無閒焉客非滯者遊有常者言告言歸明日遂行雖江南地暖於景度短急張帆便風猶可及遠蔡子其將邁乎常山公于卲敘別

送通上人之南海便赴上都序

通公釋門之秀者也生本達節出修梵行表之以威儀文之以外教始具戒於衡山之下瀟湘之間嘗以律人法雖可住而相不可住是以杖飛錫入五嶺將遠舉於羅浮尋跡於現靈爲矯其因而集乎緣遊其方而廣乎志洪惟通公之爲心也其至矣夫猶復歷天柱訪爐峰背淮泗即嵩潁翱翔乎中國以及乎上京上京聖君布政之所也公觀夫宮闕則曷若西方之諸天公接彼龍象則曷若西方之衆聖加以探密藏傳意珠發揮象法啟迪來學在此行也扁舟而南溟漲茫茫要荒積阻動千萬里歲月不之詐歧路不之悲曠哉釋子不可得而攀也

送銳上人遊羅浮山序

釋氏之有出家猶儒門之務行道既得其道則思其通過去諸佛以故能聖則出證於無生歸於等觀安可倪乎有秉精於斯勤於斯乃至旋頂無苦剜身爲樂赴湯蹈火而

不捨晝夜者是夫銳公天縱明惠學究多聞誦詩三百而言思無邪閱部十二而義心自了寄文章爲語默任施捨爲行藏内修爲法律外習爲祕苑予則不敏人皆仰之前年背自瀟湘登桂嶺大人君子延方丈之室與論實相下士齋人奉次第之食爲說皆空習靜而外郛永安得朋而西山有寺青蓮宮裏日月宵中雖法侶常遊而吾儕不閒嘗憶浮山是蓬萊一島浮來與羅峰合秀寶房瑤室七十有二松閣石樓千百其數麻姑舞鳳之地葛仙蟬蛻之所

將欲導殊勝廣異聞銳公此行天下莫二矣十月良月晴天愛景密葉彌茂繁花不寒羣山壁立而合沓百巒長江海連而澎湃萬里搜奇索異可駐行舟懷哉勝遊不愧相送迨春之冰泮期我於荆峴之間乎

河南于氏家譜後序

序曰邵高叔祖皇朝尚書左僕射侍中太子太師燕國定公諱志寧博學多聞徇忠秉直爲秦府十八學士其左右庶子不遺嘗撰諫苑三十篇諷之凡有文集若干卷於代又述作之外修集家譜其受姓封邑衣冠婚嫁著之譜序

亦既備矣歷一百七十餘年家藏一本人人遵守未嘗失墜洎天寶末幽寇叛亂今三十七年頃屬中原失守族類逃難不南馳吳越則北走沙朔或轉死溝壑其誰與知或因兵禍縱橫弔魂無所或道路阻塞不由我歸或田園淹沒無可迴顧所以舊譜散落無餘將期會同考集不齊奚爲修集實難有待今且從邵一房自爲數例有若九祖長房今太子少保譙國公頎與邵同升於朝股肱四聖爲國元老邵之弟也有若九祖第三房今襄王府錄事參軍載與邵同在京列保家履道爲宗室長邵之兄也各引才識子弟參定其宜從而審之誰曰不可又以子孫漸多昭穆編次紙幅有量須變前規亦春秋之新意也今請每房分爲兩卷其上卷自九祖某公至元孫止其下卷自父考及身已降迭相補注即令邵以皇考工部尚書爲下卷之首此其例也且諸房昭穆既同尋而繹之可以明矣後能代習家法述作相因從子及孫從孫及子孫孫子子興復宗祧豈唯兩卷乎將十部而彌盛矣其文公第四子安平公房此建平公已上三房衣冠人物全少今與文公第五子齊國公文公第六子葉陽公文公第七子平恩公文公第

八子襄陽公文公第九子桓州刺史併以六房同爲一卷就中第五卷巳下子孫皆名位不揚婚姻無地湮沈斷絕寂爾無聞但存舊卷而已後有遇之者知之者以時書之其五祖九祖分今敘在三卷並錄之於後時貞元八年歲在壬申八月朔日金紫光祿大夫太子賓客上柱國襄恒山郡開國公于邵述

于卲七

漢源縣令廳壁記

周克殷列爵惟五實分子男之位洎秦漢以降或令或長雖小有差其揆一也皆銅印墨綬秩六百石非理道之君愛人如子則不能爲官擇人矣國家坐進此道至於憂勤爰增祿秩以勸能者皇帝觀兵朔方之歲始上祿縣更名漢源將復禹舊績以從人欲其山川形勢土地風俗近鎬千里華風不閒多乎哉蓋小國以聚大國之義也且夫南

呀蜀門東豁雍畤西走連磧北逾大漢四郊憧憧者於是乎終故有獄市之煩供億之費上咨郡府下用臨恤非貞固不足以幹事非廉慎不足以率人清靜則可乎不擾忠恕則可乎求瘼時謂京兆韋子當公府之選推而有之至于今人易受賜邑則稱理聞之見之政參乎前從事雖疲於政易用舉自多於頴脫我則無貳不其難乎嗟乎絆驥已久及瓜將代顧此屋壁何其寥寂前芳無聞後進奚覩記者史家之流也亦所以發揮廳事啟迪人物又知韋公授受之始其或繼之者從而記之前後相映光采洽人乾元三年孟夏之日記開元中有柴希言自滏陽縣尉拜以清白名聞遷洛水縣令天寶中有郭瞻自永康縣尉拜甚有能事秩滿遊河朔遇亂未知所適至德中有郭伯陽自某官拜恂恂如也遷洋州司馬其餘日月某通名氏失之不得次于公之列耳

京兆府司錄加秩記

司錄之職雅有前志著乎屋壁舊矣自乾元元年四月皇帝郊于上元用柴禮以報功也施惠行慶大庇于生人厥有條目其一在天下亂曹而加秩以爲此官郡府之樞轄

政之小大自我褒貶若網之在綱猶衣之有領會人存政舉所益者多蓋聖人之新意爲國之大體由此作者時論宜之副相李公兼領京兆祇奉明詔深難其選自中及外心必參之趙郡李侯春自監察御史出行虞鄉令到官九十日表之而還則向來之言無所闕矣上布此令下乃宏是舉咸有一德庶乎賡歌凡厥能事此非所載猶恐遞遷之後混而無別不務首題孰爲夫子愚以李侯同聲之故見副舉善之方謹而志之敢以專達如後之觀者將辨乎始事覽此中記非公誰歟

劍門山記

易曰艮爲山爲徑路爲門闕梁山之有劍閣也厥象備焉首以峨嵋足以荆巫前褒斜而後靈關横亘乎數千里之間孕川含陸以作全蜀趨蜀之路必由是山連峰戞天上絶飛鳥極於此也峭壁中斷兩崖相嶔如門斯闢如劍斯植辨徑術之可從於彼也於戲上古聖人之宅於九囿也必因山川之固爲設堡障以安之恐其自絶於一方也雖有高深之阻必啓行路通之是故天下書同文教同體梯航内向而禍亂不作觀乎劍閣見聖人之德焉偉夫抉連

山開積阻剖盤石擘崇巒呀然洞裂斗絶千仭遠迹奇伏神靈怪異謂之天造之資則有攻鑿之形矣謂之人力之用則無掎拔之勢矣豈五丁爲役歟泯泯茫茫不可得而詳也若乃迫隘之所容邅迴而後通翕巴漢之萬轍總岷嶓之重險一夫而禦之則三軍無所施其勇覆簣而防之則逸足不能踰其阻故漢高因焉以定楚項之難元宗幸焉以銷陽九之變蜀王無道惠文伐之公孫僭號光武滅之由是而言則劍門之險所以助順不以興亂所以輔中州不以限荒服苟戎夷議侵軼狂愚懷割據逆天反道必覆敗隨之皇帝諒闇之初歲在己未漁陽公作鎮之一紀也蠻夷之衆寡君長之情僞道途之險易攻守之利病皆暗得於胷中不差於毫髮矣而犬戎承我過密犯我亭障以其控弦十萬與羣蠻之師出沉黎出火井出僰道出仇池邊兵禦之不勝歘然有北閉劍關而拒我後援西入蜀都而全其地時西州伯朝覲京師寇出不虞羣情大駭朝廷固已知漁陽公舉無遺策仍發禁衛貔貅之旅俾受律於公公元合廟算分軍守隘且度其能來而不能用可取而不可迫命諸營堅壁勿得戰收軍入閣道示之以無人

賊見諸壁不可攻而劍門不設備果疑有伏莫敢前窺公曰彼悉鋭而來謂所行無却今頓軍數日其氣已衰且入我旣深多而不整可以擊之矣乃夜出精卒擣其前營羣兇震擾駭若隄潰棄其矛甲者十有四五顛於坑谷者不可勝計公命緩逐勿遏其歸旣而又破之于龍安不二旬緣邊千里之寇悉燒營遁去危邦載合天府載寧州閭以出溺相存父子以厥初相歡自蕃戎爲梗未有若兹歲之甚惟中權制勝未有若是役之大天子聞而嘉之焉卽下詔書勞之略曰微公戮力王室蜀其左衽矣德音褒倚也

如此於戲仁者由劍門以之爲福不仁者由劍門以之生禍獨漁陽公之克戎於是也配乾功之可久與坤德而同順革戎心于永代揚天聲于無極昭昭焉難乎其與京矣昔班孟堅勒銘燕然紀竇耿勳業夫燕然無瓌異之迹徒以書其片石見載前錄人到於今稱之而劍門并絡垂芒坤維蘊靈漁陽得其形便輝灼藩翰語乎山則有畫象之輿語乎人則有蓋代之績而頌聲不著於燕然英名不加於竇耿抑當時之所取而吾黨之所病昔予剖符列郡祗服元侯耳目所得稱傳罕備雖言之不遠其可已乎是用纂述爲劍門記

著龜論

卜筮生靈之緼耶必遵以信時日畏法令決嫌疑定猶豫者也自伏羲畫卦周公制禮率先斯道以惠其人故立筮人建卜曰卜職或掌三易以辯乎九筮或開四兆以作乎八命俾吉不相習假爾有常叶乎乾坤調彼昭昧占兆審卦異位同功不其然歟夫以原始要終鉤深索隱則象事知器占事知來著辯吉凶則圓神而方知龜窮禍福乃戴陽而履陰繇得蔟藜終驗齊莊之難兆聞鳴鳳便興敬仲之宗然則筮短龜長嘗聞其語義之何著今試論之且其兆體百有二十夫其頌聲千有二百由是其尚也夫龜者著性命之理有好惡之情善出入之端存生死之變冠羣甲之長居四靈之閒上高法天下平象地壽三千歲而遊於蓮葉之上吸以沆瀣之精蓋通其聖也何彼叢薄之下蘙薈之中生而無靈長而無識奉大衍之數而爲準求元亨之義而爲用探賾而知其變審爻而據其辭豈與夫灼而專達居然獨見同年而語矣史偏以之佐昌此其效也墨以之從長又其效也衛人以龜爲有知漆雕以爲善對又其效也至如管輅卜鄰之火孔愉反顧之鑄蓋小之也則知靈德感應觸類而長矣故朔望則灼孟冬命釁蓋先王之重者萬事之階也信矣夫

阿彌陀石像贊并序

石龕之作司馬楊公福謙室無他嬴蓋損已以藏事憑厥底績資于有家聖無不通必與此合況西方之樂大會之地鳥獸草木長皆爲梵聲我心旣降彼應潛速故喜施願往者率多於諸方廷尉平于邵聞而贊曰

倬現睟容蒼然高岑上非道隔下不塵侵自此中遠發彼

狂心往來旣護我福攸深右轉清瀾前瞻布金獨園對境雙樹齊陰石泉潺潺山木森森詎知奇物未識珍禽西方之因妙樂傳音維是設像毫光載臨去聖何遠玆焉可尋

觀世音菩薩畫像贊 幷序

佛功德所以俾福也如鄭童之福得無俾乎閒者門闔卒廢債于童上絕倒不寤久之而蘇收在懷抱氣則奄奄心如旁懼口不能言遂啟手足以全告審視聽以示舊膝下之愛辟呵而詔舉以善攝悉能自强父之寮于卲目而奇之曰不有此慧安有此令鄭氏其興乎奇童名自此而始

然則菩薩者利益故觀音者觀世是用績事發于童心相好已具大圓旣照天衣若飛楊柳疑拂以是憑福信無有邊贊曰

奇童奇童兮厄于門門雖廢兮童其存菩薩觀音兮破諸昏丹青相好兮人中尊福我奇童兮永無垠

觀世音像贊 幷序

孟冬十月旬有三日我皇帝降誕之辰也百靈會祉萬方集慶於是檢校刑部尚書左羽林大將軍紀國公臣高昇與一二軍吏稽首言曰竊稽首冥賾乎至精道本無二聖惟歸一超於物則拯拔羣迷現於時則亭育眾品雷繞之輿夜明也豈其俶歟惟聖表聖唐哉皇哉請以眞如之像延景洪福粹容留靈神變燭耀四天周匝八部圍遶信足以上旌至德下攄至誠臣哉鄰哉敢爲贊曰

道本一兮聖無二靈相炳兮我身是狀至聖兮昭至尊叩帝閽兮扛天門福穰穰兮委如山

楊侍御寫眞贊

仙狀秀出丹青寫似亭亭玉立峩峩嶽峙野鶴無羣天鵬擊水英華閒發眞素相擬銳上當侯豐下有子環林旣搆

鐵柱玆始風騰雲會一日千里相者何爲贊之而已

秦州都督吳公寫眞贊

英姿一絕自出常倫揮毫得妙又全其眞眞不失舊舊有彌新挺如鷃立婉似虹伸當封在骨得正從神綠車協相白馬稱珍吳侯吳侯翻然收泰愛而不見見似思人

吳使君廳鄭華原壁畫松樹贊

貴之者眞得之者難松有勁質匠乎筆端森疎空倚挺拔上干如出絕壑若生大寒枝蟠龍變皮拆龜攢青蘿若挂白鷺愁看美華原之墨妙能入室而思禪願主人之比壽

從君子之靜觀

詞場箴

惟士立德，必先修詞。學猶殖也，問以辨之。古有明訓，守而弗失。質豈勝文，文其猶質。近古以降，末學非倫。友無求已，進欲于人。鐘鼓在堂，和聲遠至。金玉無質，良工以器。良工謂何，如琢如磨。唯善克舉，不知其他。文之爲大，言不可已。上應天光，下符地理。彼其之子，云胡不知。見豺則戰，惟武之皮。坦坦履道，自强不息。粲然可觀，何命與力。耽耽公府，秩秩德音。文苑重式，詞場以箴。側陳芻議，敢告翰林。

唐檢校右散騎常侍容州刺史李公去思頌 并序

維貞元二年秋八月，天子以郡國二千石之高第者曰隴西李某字某，利澤施於裔土，美化被乎遐畂，是用遵虞書陟明之義，參周官進律之典，俾之由檢校右散騎常侍兼御史中丞、容州刺史、本管經略守捉招討處置等使，爲御史大夫、嶺南節度經略觀察處置等使，實授兵符，加擁使節。某月，自合浦如南海。於是縣道谿谷鰥寡孤老，洎于士吏，相與懷思，隱然不去乎心，森然不離乎目。顧所以昭明其德，光示于後。嶺南經略使判官權知容州留後事監察御史裏行同郡李牢，始以文學居辟選之首，遂參帷席；復以謀能當器任之重，留總軍府。美公之政大備，感公之禮有加，因其人之請而上之，上可其奏。夫其郡之四封，濱于百越，外則有山寇海孽比境雜處之虞，內則有勤戍勞師流散轉死之弊。親師其下，以撫吾人，慰薦傷夷，安集疲耗。懼貨貢之闕，至助之以家財；憫徭事之繁，至代之以私屬。選武藝，歸老疾，罷減塞卒四千餘人，以趨農事。率浮墮，闢汙萊，開置屯田五百餘頃，以足軍實。舍寇賊之爲縲囚者，釋而遣之，以除其怨，而狙獷以順。禁人民之相虜賣者，執而誅之，以去其害，而童昏以安。常歲有災濫炎而連燒于

廬舍，公創制以禦其鬱攸，而邑居以葺。舊俗多怨睚眦而致毒于飲食，公立防以解其悁忿，而鄉黨以和。樹板幹而啟閈畢脩，列亭燧而阨害斯控。差重輕以行徵令，無不均之譏；量遠近以納貢職，無不供之責。人用富庶，家有儲峙。敦之以禮，懷之以仁。潔已而不汙，未嘗有貰貸；勤身而不怠，未嘗有懈弛。明足以照遁情隱慝而不爲察，威足以制猾人暴吏而不爲苛。古之良能，何以加此。其人之獻狀云爾。惟公我有唐宗室枝屬之選，鹽州刺史諱孝詵府君之

曾孫宏農郡太守諱璟府君之孫太子太傅贈司徒諱齊物府君之子洪緒丕績之餘裕宏休純懿之下鍾寬博而柔良高明而疏達根於經義飾以藝文故其仕王畿宰京邑累執憲簡且登軺車備重臣賓介之職居大府紀綱之任三亞京尹兼中司之貴復爲宮相在常伯之位歷饒州刺史而後至於是州恩結於人功加於物必聞理効而興頌聲且夫有美焉有刺焉詩人之義也善善而襃之惡惡而絀之春秋之事也使賢士大夫之事業不沒於後太史公之制也以余之嘗修史記而爲訓辭緣人之懷心而頌

之曰

帝念南方迫於蠻夷人新被寇歲或勞師屬之於公俾養牧之匪直勤身亦師其屬瞻我貧匱字我惸獨息人便農墾田積粟修其教化被以威德賊害既除禍災斯息完我廬舍親我骨肉咸保其生且易其俗蚩蚩羣族孰不蒙福播爲頌聲公受百祿彤弓旅矢以長諸侯人之懷德刊石垂休

內侍省內常侍孫常楷神道碑

易之繫云君子之道或出或處其出也爲國藎臣銘勳彝鼎其處也保家燕居谷神齊物蓋舒卷在我不違其正而已今得之於孫常侍歟公姓孫氏諱常楷京兆涇陽人也有魁岸之姿有沉毅之略年甫弱冠而筮仕焉委質四朝咸著聲績在元宗朝拔乎羣萃之中始受賞九層之構兆於此矣在肅宗朝特見寵遇其時襄陽易帥滑臺命將屬安羯史盜作亂之後兩軍未戢王命或壅以公有奉使專對之才俾受節鉞將我詔旨襄峴嚮風河滑朝宗皆公之力也在代宗朝僕固懷恩擁衆汾上仍以姦子作亂外邑北窺大鹵之地南侵蒲坂之封蟻聚鴟張關輔震駭公以

單車之使仗節直進誕敷威德陰攜黨與元惡奔潰狡童折首猶以餘衆嘯聚朔陲公乃通和獯戎俾發義師與郭汾陽等諸軍犄角姦兇敗績萬國底寧斯又公之勞也前此急宣藩維會計大務必能盡瘁以奉投艱明明三后稱歎多矣事今上也每侍帷幄且曰求舊嘉謀讜詞入陳出祕扈避狄也著奔問之勤從省方也有執羈之効遠法駕還宮特加褒獎斯又公之忠也其後晦明生疾屢在長告是能閉朱門蔽華屋不屑塵事隱几頤神惟清淨爲師惟友愛是篤物我俱喪不知老之將至云爾本其族姓則春

秋時在衞世卿三國時有吳稱帝魏晉而下代生明哲至大父孝廉擢第烈考庭玉右金吾衞中侯贈兖州刺史或高尚不仕或大用靡臻第其揚歷則四進散官五遷近職釋褐内寺伯遷文林郎内謁者監賜緋魚袋轉朝議郎内給事上柱國特加朝散大夫更名常楷擢受内常侍修功德使夫積善之家其後必大故長兄嘉賓黃州别駕贈大理少卿仲兄知古故開府儀同三司魏國公公與開府宣力王家首冠貂璫腰垂銀艾便繁禁闥炳耀聯華四紀于茲亦云盛矣貞元五年七月二十三日卒于廣化里之私

第享年六十一明年十二月五日葬于涇陽縣高平原先塋之側次亡兄之兆蓋不違親而得族葬之制也夫人魏郡邵氏祔焉用周公之典也初開府當肅宗朝以直諫忤旨配流費州及代宗踐祚公屢建勳伐密勿之際陳懇友于即日詔追仍復官爵既至矣特上封章請割衣食之費於涇陽縣卜爽塏之地建立伽藍上報皇慈覆燾之恩次展天屬怙恃之功優詔嘉許錫名曰寶應衆善計費維億繄公是職君子曰開府創之公能就之豈非忠於國孝於家嗚呼吾見夫二公報主之心昭矣顯親之道終矣異時歲或大祲人有菜色公常設粥以食餓殍斯不曰仁乎公植性慈惠尤深象教靡茹葷血務施緇徒斯不曰善乎故歸全之日怳如先知乃召羣子載授理命尸坐自若奄然而終談者以爲報施明徵矣有子良斌朝議郎前行原王府錄事參軍上柱國賜緋魚袋克奉前修雅有令問進可事國退可幹家先公而亡矣猶子正議大夫行彭王府諮議系朝議大夫内侍省内給事上柱國充慶州監軍榮義朝議郎内典引上柱國僧法航法律等奉引進之恩深泣血之感窀穸哀送必虔必信以邵嘗備史官見託銘述蓋

春秋襃善之義敢不承之銘曰

兵諫雖忠不可以訓賦詩而對亦奚足徇猗我孫公不緇不磷以道而退以禮而進摭實去華履剛能順策名四后克昭忠藎宣諭反側以安觀釁悖叛是殘迺和獫狁迺復天倫（闕四字）忠焉孝焉家邦必聞移病歸休從吾所尚道心中接塵機外喪繇是歸眞不嬰無妄高平之原于以卜葬後人與歸觀銘是諒

田司馬傳

司馬姓田氏名某字某其先蓋自齊諸田之裔遠代仕漢

徙家於秦世爲京兆茂陵人也生而岐嶷七歲能誦詩遂通諸經齒太學數歲不上第因左常侍王倕受鉞西河之地乃喟然而歎謂同舍生曰大丈夫立身致位不在於此徒索長安米耳遂投刺王公見而奇之數日酬對以爲必可用也遂表隨軍要籍從事耳目甚有裨補居無何公罷將軍下勢祿乃不及亦無慍色御史大夫哥舒翰兼統五原雅知其人得之甚喜表清勝府別將非其好也人皆歎屈獨不以介意驟改永平府左果毅長松府折衝雖從例敘亦不出牙幢之內矣天寶中士馬殷富國用仰給哥舒

公得黷武於河隴之閒橫行青海河收九曲西拓蕃境數千里置亭候郡邑創鄯城郡於河源軍又隸臨蕃縣由是選舉能吏以充員位者見善如不及臨蕃介在大府尤難其人所被斟酌者蓋百餘輩人人自以爲得令而哥舒公決策取之招輯新附承上接下罔有不悅其聲洋洋播於遠近會安祿山以范陽叛潼關失守有詔御史中丞郭英乂專制隴右未及下車表渭州隴西縣令實資舊跡撫我凋瘵曾未浹年風俗大變郭公嘗按部至邑見其治理褒歎久之不以禮物爲隔時爲公道見合下榻宴慰累日方還令閬州刺史馬雄參謀軍事亦幕之良也時有序述滿歲鳳翔尹李鼎復兼隴右以秦渭臨洮餉饋不繼發漢陽之賦以資之遂舉知長道縣事仍表請起拜清要固謝不獲隨牒員來在公之勤歲寒不易嘉聲美政益震於曩時自是日慎一日謙而致讓者至於數四時特進鴻臚卿兼刺史太原王公勞於取人逸於用人前後褒貶無有不當田公雖讓德有餘而王公渴日不足遂舉攝司馬仍知縣事聊以爲喻且俟後命書曰靡不有初鮮克有終田公有焉詩曰惟其有之是以似之王公有焉故人歌之曰二公

吏事闔境之庇二公其休誰其爲嗣君子聞之曰漢陽之郊政有經矣昔有巫宓卓魯亦由今之視昔雲霄之塗豈徒然哉邵忝春秋之徒實採輿人之誦執簡以往爲之傳云

欽定全唐文卷四百三十

李翰一

翰字子羽第進士上元中官衛縣尉入爲侍御史累遷左補闕翰林學士大歷中卒

蘇州嘉興屯田紀績頌并序

禹平水土溝洫之功大稟粒蒸人稼穡之務重自古有國家未嘗不率由斯道底慎其業故登平足以厚生殖禍難足以定凶災未有易此而能理者自羯戎亂常天步多艱兵連不解十有四年因之以饑饉重之以夭札死者暴露亡者惰游編版之户三耗其二歸耕之人百無其一將多

於官吏卒衆於農人古者八家爲鄰一家從軍七家從之猶曰興師十萬內外騷動不得操農桑者七十萬家今乃以一夫家食一伍一餘子衣一卒師將不立人將不堪此聖上所以旰食宵興求古今令典可以濟斯難者莫出乎屯田廣德初乃命相國元公倡其謨分命諸道節度觀察都團練使統其事擇封內閒田荒壤人所不耕者爲之屯求天下良材善政以食爲首者掌其務屯有都知羣士爲之都知有治即邑爲之官府官府既建吏胥備設田有官

官有徒野有夫夫有任上下相維如郡縣吉凶相恤如鄉黨有誅賞之政馭其衆有教令之法頒於時此其所以爲屯也雖天子命之股肱贊之至於宣上命齊下力經地域制地事辨土宜均土法簡稼器修稼政陳三省之種而敬其始考九農之要而成其終則都知之職專達其事焉詎可以非其人哉浙西觀察都團練使御史中丞兼吳郡守贊皇公經國大賢憂公如家慎擇厥官以對明命浙西有三屯嘉禾爲大乃以大理評事朱自勉主之且揚州在九州之地最廣全吳在揚州之域最大嘉禾在全吳之壤最腴故嘉禾一穰江淮爲之康嘉禾一歉江淮爲之儉公首

選於衆獨當其任有寬簡惠和之德知艱難勤儉之事政達乎本智通乎時仁愛足以結下機權足以成務嘉禾土田二十七屯廣輪曲折千有餘里公畫爲封疆屬於海濱其畎澮達於川求遂氏治野之法修稻人稼穡之政芟以殄草剔以除木風以布種雨以附根頒其法也冬耕春種夏耘秋穫朝巡夕課日考旬會趨其時也勤者勞之惰者勗之合耦助之移田救之宣其力也下稽功事達之於上上制祿食復之於下敘其勞也至若義感於內誠動於中

徇國忘家恤人猶巳野次露宿簞食瓢漿盡四體之勤趨一時之役大寒栗烈而猶執鼖鼓盛暑赫曦而不傳車蓋如登高去梯與之死生投醪均味忘其饑渴然後知仁義之政必見於耕穫井田之法可施於甲兵夫如是人將竭其力地將盡其利天將與其時自贊皇爲郡無凶年自朱公爲屯無下歲元年冬收入若干斛數與浙西六州租稅埒朝嘉厥庸授廷尉評公又稽氣授時如前代法有白雀集於高豐屯稾蓋大穰之徵也屯官某乙等聚而稱曰初公爲屯人有二懼焉邑人懼其暴屯人懼其擾今溝封犬

牙而不相侵疆埸日履而人不知方舟而上以饋師旅此功及於國也登量而入以寬征稅此德加於人也古者智效一官政修一鄉猶歌之咏之手之足之況朱公之績如此其大者乎遂相與斲琬玉表阡陌南陽太守豈專刻石之功桐鄉嗇夫終踐大農之位其辭曰

茫茫九區陽九躔災兵荒瘧札田卒汙萊天步未移連師滿野不耕不穫仰食於下嗷嗷遺人餬口饋軍帝曰予憂爰立其屯且戰且耕古之善經辟師肅祇王命是將嘉禾之田際海茫茫取彼榛荒畫爲封疆朱公莅之展器授方田事既飭黎人則康我屯之稼如雲漠漠夫伍棊布溝封綺錯朱公履之勸耨趨穫稂莠不生螟螣不作歲登億計征寬稅薄息我蒸人遂其耕鑿我屯之庾如京如坻嘉量是登方舟是維贊皇獻之達於京師飽我六軍肅將天威畎距於溝溝達於川故道既湮變溝爲田朱公濬之執用以先浩浩其流乃與湖連上則有途中亦有船旱則溉之水則泄焉曰雨曰霽以溝爲天俾我公私永無饑年公田翼翼私田嶷嶷不侵其畔不犯其穡我倉既盈爾廪維億屯人熙熙邑人怡怡不擾其務不干其時我無爾暴爾無

我欺我有官屬朱公訓之我有徒侶朱公恤之我有衆役朱公率之我有微功朱公序之起於田中印綬纍纍何以況之福祿如茨何以久之刻篆於碑

進張巡中丞傳表

臣聞聖主襃死難之士育死事之孤或親推轜車或追建封邑厚死有以慰生撫存有以答亡然後君臣之義貫以生死激勸之道著於存亡君所以不遺於臣臣所以不背其君君恩臣節于是乎立伏見故御史中丞贈揚州大都督張巡生於昌時少習儒訓屬逆胡搆亂凶虐滔天挺身

下位忠勇奮發率烏合之衆當漁陽之鋒賊時竊據洛陽控引幽朔驅其猛鋭吞噬河南巡前守雍邱潰其心腹及魯炅以十萬之師棄甲於宛葉哥舒以天下之衆敗績於潼關兩宫出居萬國波蕩賊遂僭盜神器鴟峙兩京南臨漢江西逼岐雍羣師遷延而不進列郡望風而出奔而巡獨守孤城不爲之卻賊乃逺出巡後議圖江淮巡退軍睢陽扼其咽領前後拒守自春徂冬大戰數十小戰數百以少擊衆以弱制强出奇無窮制勝如神殺其凶醜凡九十餘萬賊所以不敢越睢陽而取江淮江淮所以保全者巡

之力也孤城糧盡外救不至猶奮羸起病摧鋒陷堅俾三軍之士噉膚而食知死不叛及城陷見執終無撓詞顧叱凶徒精貫白日雖古之忠烈何以加焉伏以光天文武大聖孝皇帝陛下聰明文思睿哲神武提一旅之衆復配天之業賞功褒節大賚羣臣遂贈揚州官及其子此誠陛下發德音之美也而議者或罪巡以食人愚巡以守死臣竊痛之今特詳其本末以辨巡過以塞衆口惟聖聰鑒焉臣聞人稟教以立身刑原情而定罪故事有虧教則人道不列刑有非罪則王法不加忠者臣之教恕者法之情今巡握節而死非虧教也析骸而爨非本情也春秋之義以功覆過咎繇之典容過宥刑故大易之戒遏惡揚善爲國之體録用棄瑕今衆議巡罪是廢君臣之教絀忠義之節不以功掩過不以刑恕情善遏惡揚録瑕棄用非所以奬人倫明勸戒也且逆胡背德人鬼所仇朝廷衣冠沐恩累代大臣將相從逆比肩而巡朝廷不登坐宴不與不階一伍之衆不假一節之權感肅義旅奮身死節此巡之忠大矣賊勢憑陵連兵百萬巡以數千之衆横而制之若無巡則無睢陽無睢陽則無江淮賊若因江淮之資兵彌廣財彌

積根結盤據西向以拒王師雖終於殲夷而曠日持久國家以六師震其西巡以堅壘扼其東故陝鄏一戰而犬羊北走王師因之而制勝聲勢纔接而城陷此天意使巡保江淮以待陛下之師師至而巡死也此巡之功大矣古者列國諸侯或相侵伐猶有分災救患之義況諸將同受國恩奉辭伐罪乎巡所以固守者非惟懷獨克之志亦以恃諸軍之救救不至而食盡食既盡而及人乖其本圖非其素志則巡之情可求矣設使巡守城之初已有食人之計損數百之衆以全天下臣猶曰功過相掩況非其素志乎

在周典之三宥其一曰宥過失故語巡之忠則可以敦世教議巡之功則可以繫中興原巡之情則可以宥過失昔夫子作春秋明襃貶齊桓公將封禪畧而不書晉文公召王河陽書而諱之蓋以匡戴之功大可以掩僭禪之過也今巡蒼黃之罪輕於僭禪興復之功過於匡戴罪疑惟輕功疑惟重聖人之訓昭然可徵臣故謂巡者足可以爲訓矣臣又聞罰不及嗣賞延於世此三代所以直道而行今巡子亞夫雖受一官不免饑寒之患江淮既巡所保戶口充完臣謂宜封以百戶俾食其子臣又聞强死爲厲游魂

爲變有所歸往則不爲災巡既身首支離將士等骸骼不掩臣謂宜於睢陽城北擇一高原招魂葬送巡并將士大作一墓而葬使九泉之魂猶思效命三軍之衆有以輕生既感幽明且無冤厲亦國家志過旌善垂戒百世之義也臣少與巡游巡之生平臣所悉知今巡死大難不覩休明惟期令名是其榮祿若不時紀錄日月寖悠或掩而不傳或傳而不實而巡生死不遇誠可悲焉臣敢採所聞得其親覩撰傳一卷昧死獻上伏惟陛下大明在上廣運臨下仁遐之德洽於艱難有善必紀無微不錄儻以臣所撰編列史官雖退死邱壑骨而不朽臣翰誠惶誠恐頓首頓首死罪死罪

通典序

儒家者流博而寡要勞而少功何哉其患在於習之不精知之不明入而不得其門行而不由其道何以徵之夫五經羣史之書大不過本天地設君臣明十倫五教之義陳政刑賞罰之柄述禮樂制度之統究理亂興亡之由立邦之道盡於此矣非此典者謂之無益世教則聖人不書學者不覽懼人冥煩而無所從也先師宣尼祖述堯舜憲章

文武七十子之徒常宣明大義三代之道百代可師而諸子云云猥復制作由其門則其教已備反其道則其人可誅而學者以多閱爲廣見以異端爲博聞是非紛然塞胸滿腹鴻洞茫昧而無條貫或舉其中不知其本原其始不要其終高談有餘待問則泥雖馳驅百家日誦萬字學彌廣而志彌惑聞愈多而識愈疑此所以勤苦而難成殆非君子進德修業之意也今通典之作昭昭乎其警覺羣迷歟以爲君子致用在乎經邦經邦在乎立事立事在乎師古師古在乎隨時必參今古之宜窮終始之妙始可以度

其終古可以行於今問而辨之端如貫珠舉而行之審如中鵠夫然故施於文學可爲通儒施於政事可建皇極故採五經羣史上自黃帝至於我唐天寶之末每事以類相從舉其終始歷代沿革廢置及當時羣生論議得失靡不條載附之於事如人支脈散綴其體凡有八門勒成二百卷號曰通典非聖之書乖聖人微旨不取焉惡煩雜也事非經世緯俗程制亦所不錄棄無益也若使學者得而觀之不出戶知天下未從政達人情罕更事知時變爲功易而速爲學精而要其道甚直而不徑其文甚詳而不煩推

而通放而準語備而理盡例明而事中舉而措之如指諸掌不假從師聚學而區以別矣非聰明獨見之士孰能修之淮南元戎之佐曰尚書主客郎京兆杜公君卿雅有遠度志於興邦篤於好古生而知之以大歷之始實纂斯典累紀而成杜公亦自爲序引各冠篇首或前史有闕申高見發明以示勸誡用存景行近代學士多有撰集其最著者御覽藝文玉燭之類網羅古今博則博矣然率多文章之事記問之學至於刊列百度緝熙王猷至精至粹其道不雜比於通典非其倫也嗚呼今之人賤近而遺遠昧微而觀著得之者甚鮮知之者至稀可以歎息也翰與杜公數旬探討故頗詳旨趣而爲之序

崔公山池後集序

崔公吏于華葉再黃矣士之才也天高其興益之以小山焉山臨清池峭絕孤踊岑無一仞波無一勺而洲嶼縈帶巒崖盤鬱則巫廬衡霍不出於庭閒矣若其琴幌朝開書堂晚清綠筠森疎下見松雪登蕙蘭之徑諷瓊瑤之章則雍雍詠歌盡在丹壁又與一二文士以吟以賦謂之後集焉

河中鸛鵲樓集序

後周大冢宰宇文護軍鎮河外之地築爲層樓遐標碧空影倒洪流二百餘載獨立乎中州以其佳氣在下代爲勝槩四方雋秀有登者悠然遠心如思龍門若望崑崙河南尹趙公受帝新命宣風三晉右賢好事遊人若歸小子承連帥之眷列在下客八月天高獲登茲樓乃復俯視舜城傍窺秦塞紫氣度關而西入黃河觸華而東匯龍據虎視下臨八州前輩暢諸題詩上層名播前後山川景象備於一言上客有前美原尉宇文邈前櫟陽郡鄭鯤文行光達

名重當時吳興姚係長樂馮曾清河崔郊鴻筆佳什聲聞遠方將刷羽青天追飛太清相與言詩以繼暢生之作命予紀事書於前軒

尉遲長史草堂記

吾友晉陵郡丞河南尉遲緒節闊達志遐遠舍和而不假修推誠而不詭行外若可渾其中甚清外如可雜其中甚靜夫求賢達之趣當考其中若然夫子其達者歟而境或超詣心或獨得飄飄然不知冠冕之在已浩浩然不知天地之為大其冥機慎道跡繫心曠人或未覩吾能知之大歷四年夏乃以俸錢搆草堂於郡城之南求其志也材不

斲全其樸墻不彫分其素然而規制宏敞清泠含風可以却暑而生白矣後有小山曲池窈窕幽徑枕倚於高墉前有芳樹珍卉嬋娟修竹隔閡於中屏由外而入宛若壺中由內而出始若人間其幽邃有如此者夫子又有雄辭與學潤色其事階上何有有羣書萬卷階下何有有空林一鄽非道統名儒不登此堂非素琴香茗不入茲室是知草堂之貴夫子之靜天下茫茫人未易悉吾與夫子昔同賓賦三十四年於茲矣吾則棄於世矣歎夫子下位每求其故而有疑焉今觀夫子之志乃鄰於道寥寥草堂自致之資書於壁徵吾奚俟其歲秋八月乙丑朔記

淮南節度行軍司馬廳壁記

司馬蓋元武之官號周官大司馬掌王之六軍將皆命卿諸侯大國三軍次國二軍小國一軍將亦命卿軍有司馬見於古矣周衰惟晉秉禮尊主屢因大蒐以正三軍鄢陵之役韓厥為司馬雞澤之會魏絳為司馬絳將新軍張老代之蓋今之行軍司馬出於周制矣秦罷侯鑠天下之兵列郡不復有軍軍司馬由此廢矣漢制將軍不常置四夷背誕則命將征之趙充國以軍司馬從貳師班超以軍司

馬從竇固討虜皆其職也自魏至周南北分王建置不同時方戰爭眾軍恆設凡將軍杖節鎮仍開府者以將軍開府居刺史者皆有其官隨將廢置隋開皇混一天下省罷眾軍司馬之官不專武事廢為州吏員矣國家修唐虞大同之化庭周漢不賓之俗邊雖有防示不久設軍出於內謂之將鎮於外謂之使佐其職者謂之行軍司馬行軍司馬之職弼戎政掌武事居常習蒐狩之禮有役申戰陣之法凡軍之攻戰之備列於器械者辨其賢良凡軍之林食

之用頒於卒乘者均其賜予合其軍書契之要比其軍符籍之伍賞罰得議號令得聞三軍以之聲氣行之哉雖主武蓋文之職也舊制朱衣銅印墨綬開元故事多選臺郎爲之淮南節度行軍司馬尚書户部郎中兼侍御史王公以經邦緯俗之才佐淮夷方面之寄敦詩説禮之學當節府大賢之舉政協乎邦要慮通乎事微奉中權之旗鼓戒羣帥之鐃鐲師律既和軍容丕肅淮南之府有功宣王室身佩侯印將門良家藩國貴種以禮綏之則恭淮南之衆有吳楚鋭士燕韓勁卒奇材劍客猿臂虬鬚以恩撫之則

順淮南之地提封千里徵令百役稅以足食賦以足兵以寛征之則安淮南之衝南走閩越北通幽朔關梁不閉朝聘相望以歡交之則固自韋公統戎旅王公翼戎行威加於大則將不驕惠及於細則卒不惰減役輕斂則人不困待賓省旅則境不危堂堂然混一體以爲力雄雄然鼓衆心以爲氣封疆之外隱如敵國封疆之內不知有軍古人云懸勢於上而下自定置器於平而物自安者蓋用是也兹所謂銷患於未形制危於未萌伐謀之功大於積甲山齊攻心之術强於虎賁百萬彼善師不陣未戰先勝却軍於談笑之際折衝於樽俎之閒今古一時也夫舉善人以行其教大則四海服小則邦國寧舜舉皋陶蠻夷率服帝王之事也秦任百里奚巴戎致貢諸侯之舉也國僑爲政乃子皮之功晉侯勤王信魏絳之力任賢用善合契同德威府有焉翰獲庇於有禮之俗遂安於無虞之境書績示後豈待命乎揚州本大都督府親王居中長史理人有府號而無兵甲至德初羯胡難作始以長史爲節度而有行軍司馬古者敬其事則命以始乃自初置列敘之於壁云

大歷五祀夏五月丁丑記

李翰二

漢祖呂后五等論

或稱漢祖建五等封異姓。其計得乎。高后立四王。非劉氏其事順乎。嘗試論之曰。夫思治惡亂。體國之常理。去危就安。宅生之大域。然而制業圖遠。隨化會機。是非較於毫釐。得失差於興滅。可不謂然乎。揆夫高祖造漢。殷鑒亡秦。宗族無尺土之封。子弟立空虛之地。故衆枝莫助。而孤根易拔。封建之心。肇於此矣。又爲大業可以力取。神器推於命

歸。思得攬四海以獨富。舉百郡而從欲。而外誘異端。內疑成計。及見羣心交阻。偶語閒興。適悟天下不可獨理。專欲不能蓋衆。分利推恩。先封雍齒。然後將士斂手。不懷反覆。豪俊息意。知難搖動。五等之制。於是行焉。既而鑾輅龍旗。皆王室穆昭。黼衣朱黻。卽功臣子孫。君利世祚。人安定主。上敦子愛之情。下結體信之志。羣后固犬牙之勢。匹夫絕烏合之舉。此所以爲計之是也。何創五等之議。不遵三代之典。境土踰溢。隄防漏下。權敵上都。制方偶國。過當啟陵僭之端。怙强速交爭之兆。賈誼痛其將亂。晁錯憂其必危。卒使諸侯失節。朝廷忿忌。此所以爲計之非也。且夫中興之主。不讓肇基之勳。成務之臣。有高佐命之力。故禮樂大備。取維新之格言。琴瑟不調。除仍舊之弊法。觀乎孝惠既崩。高后稱制。侯王諸呂。何不可哉。當若早署祿產之位。宜序親疎之節。小其國以圖全。薄其勢以遠害。而陳平周勃亦分茅錫土。將相之後。誓同山河。舅甥之國。穆若脣齒。預閉覬覦之心。不踐嫌猜之路。克復明辟。決自我躬。高謝壽陵。不負先帝。安有齊兵之觀變。代邸之危疑哉。此所以爲計之得也。神害久盈。物無兩大。以呂氏之盛。跨漢朝之權

專禁兵以侯疑。秉大政以速謗。趑趄異姓。畜奸侯隙。刺促大臣。側目相視。自投機穽。實履憂虞。此所以爲計之失也嗚呼。物有益之而損。損之而益。凡人臨事多惑。視往則明。向使高祖呂后觀既往之勢。折當時之疑。斷必全之策。杜未萌之禍。則惠文之閒。無劉呂之難。哀平之末。有晉鄭是依。況復周陳諸家。休戚連漢。黎獻思德。謳歌未改。雖天命興廢。孰能明之。然人謀叶密。必無悔矣。

三名臣論 管樂諸葛

或問於翰曰。昔諸葛亮擁膝南陽。爲梁甫吟。自比管仲樂

毅州平元直以爲信然雖涯量罕窺而遺跡可見夫此三名臣者亦有優劣乎願聞其説翰辭不敢對至於再三問者固請不得已而應之曰豈易言乎豈易言乎夫目小者不足以論大體近者不足以量遠奈何泛議大賢然執律管者可以候四時之徵測日晷者可以知千里之度察微觀著由虛考實儻容寄言象於斯矣如僕所揣則管不逮樂孔明其伯仲之間與問者曰何爲其然也昔管仲相桓公九合諸侯一匡天下興齊定霸尊周勤王功其懋哉仁亦至矣孔明收荆州散敗之餘建策通吳合從破魏奉先

主西入劍門下車而三分天下翊戴後嗣纘修舊勳刑政孚於偏方威德振于中夏雖短祚中否而王業殆成樂生一爲燕將纔勝齊師挫衂於二城之間狼狽於兩國之際軍不振旅身卒奔亡子獨推而崇之冠於二賢之首誠所未喻其有説耶翰應之曰子之所問者未與語功則信然語才則不爾夫才生於代功與運成固有才優而功微運合而才劣先當格以道德合於終始審其邪正觀其去就然後事可明也夷吾當既亂之時輔有過之主功濟諸夏澤被生人信爲美矣然邀功事讎務入之情速矣肆奢越

禮盈量之意見焉故仲尼雖稱其仁終小其器止於霸者之佐殆非王臣之良孔明從容三顧後起籌畫必當締搆必成事屯而業亨主闇而國治兵弱而強鄰畏服功大而本朝不疑斯亦難矣然窺其軍令跡其用法必俟中原克復然後厚賞寬刑元德常稱馬謖言過其實不可大用卒致喪敗斯所謂濟于事而未全於道得諸己而未審於人樂生一戰舉齊二城未下待之以德收之以禮捨權變於攻取之際行王道於軍旅之間事雖不成業亦宏矣向使昭王不死惠王不疑則其功未可量也夏侯太初論之詳

矣及其逃燕之責亡而奔趙趙王問以圖燕之策樂生流涕而對曰臣昔之事燕昭王猶今日之事大王也千秋萬歲之後尚不敢侵其僕隸而況謀子孫乎因棄祿宵遁善夫長者之言可謂懷祿不屑其榮周身不違於道比諸二子不亦優乎主恩非臣下之所圖天命豈生人之所制安可以功業之成敗斷才能之長短耶且夫運有通塞命有修短蓋天意也豈人事乎昔韓信將伐魏問得不以周叔爲將乎聞不用迺大喜向使魏人用之則漢師不敢濟河矣然則周叔之才亦韓信流亞也終湮滅而無聞焉古之

大才而功不著者。亦何可勝道哉。翰長兄御史君。體純至之德。負經遠之才。常感憤於周韓之閒。嘯咏於管樂之際。守之以忠信。文之以禮樂。蘊弼諧之大畧。以康濟爲已任。進逢國難。謀猷不行。退有家艱。哀毀過禮。官纔元士。命止中年。位不登於廟堂。名不書於史冊。斯才也。斯運也。誰見三分九合之優劣。辭燕對趙之去就哉。由此觀之。斷可知矣。問者嘆息而退。

難進論

賓有囊錦握蘭。韜劍懷玉。介然獨立。默而無言。主人怪而

問之曰。僕觀今之士君子。所求速進。體必盡飾。而足下望門若有疑。造庭若有懼。隱文采。匿芬芳。掩光輝。潛穎利。此何謂也。豈有以哉。客曰。夫順時而動。嘉會不可以智求。藏器於身。知已不可以力致。有道足輔天地。而不用於人。行足應神明。而不信於俗。僕所以候寬和之色。伺清宴之閒。願因左右。思待擯介。或沒齒不遇。豈直斯須之頃。與主人曰。僕方運思量深。游精絕遠。巨蚌潛於溟海。剖而探其珠。靈龜巢於嘉林。灼而訪其兆。而況同聲相應。同氣相求者乎。蟋蟀候秋而吟。蜉蝣乘陰而出。豈借援於左右。求容於擯介哉。而足下牽流議於俗。忽常道之要。豈安彼詭隨。昧而不察茲理。將有所感激憤而爲此言者乎。客曰。主人可謂知其一。未知其二。夫察言觀行。下之所以上達。言有邪正。百慮糾紛。行有是非。萬變舛錯。憂虞不可以一逕驗。悔悋不可以一理徵。士固有上不援下無黨。禮義以爲干櫓。忠信以爲甲冑。見利不虧其分。見害不更其守。仗必然之畫。恥干節而進。復有從俗浮沈。與物厚薄。潔其衣服。矜其車徒。俯仰權貴之門。逶迤富利之室。人玩其飾。孰察其心。然則矩步規行。不如由徑之速達。一辭三讓。不如苟合之

易親。據邀乘邪。是有先鳴之勢。難進易退。但積後時之悲。此主人所宜察者一也。士固有履敦懿。佩禮文。漸漬德教之泉。栖息道素之域。然而委身草莽。沈跡蓬茨。位末名卑。譽不聞於左右。含光蓄銳。價不動於當時。雖折節求容。毀譽取合。行衰於寡黨。才蔽於世人。復有養交釣名之徒。勳餘戚畜之位。歷元關。排朱門。鵜翼鳳翔。乞言鄒枚之口。虎皮羊質。假論崔馬之譚。而悠悠者莫不望景星奔。藉響風靡。夫向聲背實。人之常情。索隱探微。代所希及。田父獲玉。驚輝廡之曄。靈蛇獻珠。貽按劍之怒。然則遵古人懿業類

芻狗之已陳道先王法言比屠龍而莫用此主人所宜察者二也士固有聚精會神盡智畢議謀於未兆慮於未形探元妙之源養浩然之氣冥立羣情之表獨與大道爲鄰復有騁變效奇闕談詭論文彫琢之辨縱煒煜之詞不思作則垂訓期於動聽駭目夫繁聲奪雅令色惑眞綆短不可以汲深褚小不可以懷大曲彌高而和寡技逾下而賞多此主人之所宜察者三也士有作矜莊之色厲耿介之辭披苦懷揚憤思悉精銳貢中誠矯枉推直深言切詳宏其體防萌其淫侈復有事無可否順之如流言無是非應

之如響博訪遠引不綜成敗之幾虛美飾非但以苟容爲度夫吉人之辭寡躁人之辭多頌德紀功易以藻飾開邪介疾或犯忌諱逆耳之談容之者少利口之説悦之者多然則辯佞進而登庸忠謇退而獲戾此主人之所宜察者四也士固有懷經濟之略蘊弼諧之才而擬非其倫履失其位皆屑屑聚論者騰喧咋之辭連袂並驅者效趨走之技龍驥捕鼠非所騁其逸足牛鼎烹雞豈復殊於常器然則含章秀發秘思混而不分黙識元通幽旨隱而莫啟此主人之所宜察者五也士固有當理之言由方以進而關梁非所鑿枘異宜或以小人所長乘於君子所短或以己所未達不信人所能然則道源蔽而不通心境曠而不接辨雖博萬物不能釋其疑辭智雖絡天地不能效其長策故語曰誰能爲之孰令聽之此主人之所宜察者六也且夫春樹桃李秋收其實春樹棘茨夏蒙其刺生實未成同爲后土所生俱沐陽和之施不殖不藝終歲闕甘旨之豐不芟不耘毫末成尋拱之患亮明才智之士匡時尊主之臣可不熟計其吉凶深究其得失乎而或安于近禁玩於浮名忘至理而悦侈言貴辨僞而惡切直外恃位以陵物

内自負而輕士譬猶廢東作而待歲馳北轅而適越是以宏奬之意未嘗異取舍之要未嘗同徒有好賢之名終無用賢之實亦良可悲矣安在其進乎主人曰若然者行不必達言不必揚賢人沉抑以爲常良士無登進之理將何以革此弊而求其通乎賓曰何爲其然也夫揚振風以扇物清濁必效其響懸明鏡以鑑形美惡無隱其象苟能坦其量清其心先公而後私捨名而責實得意而忘象遠佞而納忠則君子可知不仁者遠於是循夷途以招絶跡總修林以刈翹楚則何才不舉何藝不揚是知行藏有宜取

捨有分爲仁由已芝蘭雖幽而自芳子苟好之珠玉無脛而自至審此要也夫何問焉主人矍然謝賓而退齋居三日罷鐘鼓遠宴私執謙下之心去驕伐之色夢想正士饑渴直言然後備禮延賓升堂而訪焉言行計從于是家安而國治矣

鳳閣王侍郎傳論贊并序

論曰王氏之先蓋出於有周自后稷公劉迨乎太王王季以至文武成康累聖重光以成王業故能卜世三十卜年七百天所命也下及靈王厥德雖衰而天命未改有太子

晉者登仙於伊洛之閒其後代子孫遂稱爲王氏考其緜系不亦遠乎旣而姬氏運窮戰國蜂起有錯爲魏將翦爲秦將咸以武功翊扶霸業宏謀遠畧二國賴焉自秦至漢有吉有駿爲漢代名賢自漢至晉有覽有祥爲晉室公輔時徐州刺史呂虔檄祥爲别駕虔有佩刀工者相之以爲三公之器虔謂祥曰苟非其人刀或爲害卿有公輔之量故以相與祥固辭不獲而後受之祥在魏爲司空太尉封睢陵侯晉武帝踐阼拜太保爵爲公年八十餘賜几杖不朝爲國元老祥臨薨以佩刀授其弟覽曰汝後必興足稱此刀覽拜光祿大夫封即丘子門施行馬覽生撫軍長史裁裁生丞相始興文獻公導匡輔中興遷都建業元帝倚以宰衡之任而王氏盛於江左矣其正緒也則悅洽珣珉以宏雅清亮重於時其旁枝也則渾戎衍綏以曠達易坦高於物若乃器宇崇邈風鑑昭朗則宋侍中左光祿大夫開府儀同三司特進豫寧文侯其人也忠肅恭懿宣慈惠和則宋侍中金紫光祿大夫開府豫寧忠敏侯其人也開物成務緯地經天則齊中書監尚書令太尉南昌文獻公其人也廉正澄絜恬虛簡潤則梁侍中金紫光祿大夫中

書令南昌安侯其人也美幹英姿通機敏藝則梁侍中金紫光祿大夫五兵尚書南昌章侯其人也博學高才鴻筆麗藻則周內史太子太保驃騎將軍開府儀同三司司空司徒石泉康公其人也有典有則如珪如璋則隋安都郡太守石泉侯其人也道韻清穆德徽光劭則太子舍人荆王府司馬皇朝贈魏州刺史其人也其餘枝分葉散岳峙川流孝範忠規仁聲義烈女嬪帝子男尚王姬公侯保輔之尊令僕卿尹之貴紐龜鳴玉紫蓋朱軒赫奕蟬聯縯紛菴藹市朝亟改而無替冊蹇驟遷而不易衣冠禮樂百代

傳之而比肩人物風流四海望之而延頸豈不美哉雖復魯三桓之子孫鄭七穆之宗族晉之欒范齊之國高張氏之七葉貂蟬楊家之四世台袞石奮石慶恭慎重規胡質胡威清廉疊軌父子儒學桓榮與桓郁相承兄弟文章陸機與陸雲齊舉未足以延茲家範麗我門輝所謂積善之家必有餘慶盛德必有百世之祀者也善乎郭景純之言淮水絕王氏滅此非其效與石泉公承積德之基挺舉和之氣髫齔之歲便能竭力以事親其性純篤率由而至精神朗悟特異常童好學讀書略無懈倦常研味經史雖寢

食有所不遑纔及成童已爲博達朋侶推薦束髮而就列焉歷仕州郡咸以材能底績既以賢良文學舉又以夙行公方進遂乃升臺府拜卿僕三典名嶽一佐神州始學之令得而行之以明察禦姦豪以慈和撫孤弱以謹靖成公務以清白杜私求珠玉非所寶脂膏不能潤故能所廣者紀不令而行千里應其言百姓歸其德所謂愷悌君子人之父母者也及其翔鳳池執螭劍出納王命弼諧帝猷理在將順怡然而奉旨事當進色侃然而犯鱗常欲興禮制樂簡刑寬政獎儒術抑吏道正風俗厚人倫乃遷瑗之忠

誠史魚之端操孟公綽之不欲季文子之無私羊興祖之衣惟葛袍公孫宏之食惟粟飯陳寵之奏藁咸削孔光之溫樹不言我之行事立名殆出於數公之右矣由是特爲上所親倚常以忠賢許之其好古博雅述作無倦遊心於千載之表騁思於九流之域雖堆案盈几積訟充庭汗簡懷鉛晷刻無捨所莅之職由中及外或考其事或相厥土博採前志旁求故實輒加撰錄無或闕遺至以祖德家聲前言往行追述編紀動成部帙有忠孝之道焉有禮義之規焉有經邦之則焉有正家之訓焉固可以貽厥孫謀播

乎長世者也易曰君子體仁足以長人嘉會足以合禮利物足以和義貞固足以幹事又曰君子進德修業忠信所以進德也修辭立其誠所以居業也又曰君子學以聚之問以辨之寬以居之仁以行之詩曰瑟兮僩兮赫兮喧兮有斐君子終不可諼兮道盛德至善人所不能忘也又曰樂只君子邦家之基又曰嘉樂君子顯顯令德宜民宜人受祿於天若石泉公者可謂備君子之德矣其爲聖朝輔佐受天之祿也宜哉贊曰

仙緒山賓靈液流津積德累仁生賢淸神孝以事親忠以

爲臣履道正身秉國之鈞君子哉若人尚德哉若人

裴將軍旻射虎圖贊并序

世稱裴將軍射虎而不及見駕部郎中兼侍御史滎陽鄭公博物好古雅能尚藝於裴氏子得其先人射虎圖傳以示予壯哉古今之未有倫也夫弧矢之用所以服猛除暴而威戎狄故士生則以蓬矢射四方君立則以五侯選諸侯五侯之正皆飾以熊虎猛獸之皮象而射之也昭除暴不若也周官曰張五侯則遠國屬射而中之威不庭也昭昭乎除暴威遠之義蓋射之大端若殺不加有罪威不及

不庭雖有百中之功而無一發之矢彀弓鳥下捨矢猿號工則工矣是射之末節開元中山戎寇邊元宗命將軍守北平州且充龍苑軍使以捍薊之北門公嘗率偏軍橫絶漠策匹馬陷重圍搖轆轤而百萬洞開驅橐駝而沙場一掃聲振北狄氣慴東胡稜威大矣而北平連山廣野地實多虎擇肉於人如有飛翼薦食邊鄙甚於戎夷羣老憂而請焉公於是屏車徒去矛鋋曰賈予餘勇挺身以餌之耽耽虓虓烈烈騰逝當其威怒也百獸以伏萬夫莫亢而公馳單騎彀白羽挑之使來翼之而迴從容返視咫尺旋齕心即其度手張其機左射右拂縈三疊四中皆沒羽倒必應弦毛紛血灑腋洞心穿或叱之而餌伏或箠之而卻走將威有所勝氣有所全精專於中志正於內故能以一人之力戰羣虎之命使鋸牙鉤爪戢而莫措雷聲電視消而不揚猛摧於柔衆怯於獨其爲易也若獵狐兔聯鷙鶴雖有矯牙冠羣亦垂頭揭尾應鏑而斃如此者幾三十有一矣其餘竄匿不敢復出大漠之南千里罷扃鳥獸咸若山川以寧胡人服藝畏威不敢南牧願充麾下者五百餘人茲所謂剛猛除暴而戎夷格昔漢飛將軍亦爲北平守擊

胡有困辱之事射虎有騰傷之患其與將軍神勇非爲侔矣鄭公既寫其圖俾子贊之詞曰

憬彼山戎噬我封畧有羣者虎載肆騰搏邊氓懔懔若崩厥角將軍出塞屏黜車騎進馬前當挺身以餌威有所服精有所聚氣全以雄力果而取震驚矍矍虎反如鼠威武桓桓人反如虎勁弓雷霹長矢電激中口穿胸貫心洞腋視如空皮劃若破的應發連斃紛紜枕籍據鞍遙叱揮箠逆擊閉目沈冥喪精攝易三軍駭呼萬靈動魄海波爲騰塞草皆赤卞莊候闞方聞兩獲漢將如飛幾爲所扼將軍

神勇冠世超昔號猿未工飲羽非敵弧矢之設以威四方羣虎既夷狄人來降收闔罷扃山川以寧至今北荒猶畏其靈

殷太師比干碑

太宗文皇帝既一海內明君臣之義貞觀十九年東征島夷師次殷墟乃下詔追贈殷少師比干爲太師謚曰忠烈公遣大臣持節弔贈申命郡縣封墓葺祠置守冢五家以少牢時享著於令甲刻於金石故比干之忠益彰臣子得以述其志也昔商王受毒痡於四海德悖於三正肆厥淫

虐下罔敢諫於是微子去之箕子囚之而公獨死之非捐生之難處死之難非處死之難得死之難故不可死而死之是輕其生非孝也得其死而不死是重其死非忠也王之叔父親莫至焉國之元臣位莫崇焉崇高不可以覯其危親昵不可以忘其祖則我成湯之業將墜於泉商王之命將絕於天整扶其顛遂諫而死剖心非痛殷亡是痛公之忠烈也其若是乎故能獨立危邦橫抗輿運周武以三分之業有諸侯之師資十亂之謀總一心之衆當公之存也則戢彼西土及公之喪也乃觀於孟津公存而殷存公喪而殷喪興亡所繫豈不重歟且聖人立教懲惡勸善而已矣人倫大統父子君臣而已矣太師存則正其統歿則垂其教奮乎千古之上行乎百王之末俾夫淫者懼佞者慚睿者思忠者勸其爲式也不亦大哉而夫子稱殷有三仁豈無微旨嘗敢頌之曰存其身存其宗固仁也存其名存其祀亦仁也亡其身存其國亦仁也若進死者退生者狂狷之士將奔走焉襃生者貶死者宴安之人將寘力焉故同歸諸仁各順其志殊途而一揆異行而齊致俾後之人優游而自得焉蓋春秋微婉之義也必將建皇極敘彝

倫宏在三之規垂不二之訓以昭於世則夫人臣者既移孝於親而致之於君焉有聞親失而不爭覩親危而不救從容安地而稱得禮甚不然矣夫孝於其親者人之親皆願其爲子忠於其君者人之君皆欲其爲臣故歷代帝王莫不旌顯周武下車而封其墓魏氏南遷而創其祠我太宗有天下禋百神而感其禮追贈太師謚曰忠烈申命郡縣封墓葺祠致守冢五家以少牢時享著於令甲刻於金石嗚呼哀傷列辟主食舊封德爲神明秩視羣望身滅而名益大世絕而祀愈長然後知忠烈之道其感激天人深

矣天寶十祀余尉於衞拜乎祠堂魄感精動而廟在鄴邑
官非式閭刊石銘表以志丕烈詞曰
糜軀非仁蹈難非智死於其死然後爲義忠無二體烈有
餘氣正直聰明至今猶視咨爾來代爲臣不易謹按此文亦見李白集今據圖書集成及唐文粹爲李翰作

欽定全唐文卷四百三十二

張延賞

延賞中書令嘉貞子本名寶符元宗取賞延於世之義改焉特授左司禦率府兵曹叅軍肅宗在鳳翔拜監察御史累擢太原少尹兼行軍司馬北都副留守代宗朝拜御史大夫歷淮南荆南劍南西川節度觀察使尋加吏部尚書貞元元年徵拜中書侍郎同中書門下平章事三年薨年六十一贈太保謚曰成肅

南門記

崇高莫大於君親嚴莫大於父君有覆燾父有訓育逮於夷貊生知禽獸性感不俟教解也而肖形之内戾氣間存觸瑟生災夢牛成患何代不有可勝言哉賊咄焚門亦由是也族滅門覆爲愚者鑒誡所以書其所由來其餘則詞存於左右壁矣興元元年記

張鎬

鎬字從周博州人天寶末拜左拾遺歷侍御史肅宗即位擢諫議大夫還中書侍郎同中書門下平章事尋兼河南節度使都統淮南諸軍事封南陽郡公罷爲荆州大都督

府長史代宗初更封平原郡公授江南西道都團練觀察等使廣德二年卒

諫招撫史思明奏

思明凶豎因逆竊位兵強則衆附勢奪則人離包藏不測禽獸無異可以計取難以義招伏望不以威權假之又滑州防禦使許叔冀性狡多謀臨難必變望追入宿衛

諫內置道場奏

臣聞天子修福當在安養蒼生靖一風化未聞區區僧教以致太平伏願陛下以無爲爲心不以小乘撓聖慮也

請追謚常王傅吳兢奏

故常王傅吳兢先朝史臣歷踐中外大行忠信彰於朝野伏以訓誡明旨謚法攸遵臣早歲服膺備知名實相副特乞聖恩褒其嘉謚

張鎰

鎰字季權一字公度蘇州人以蔭授左衛兵曹參軍累遷殿中侍御史乾元時遷屯田員外郎大歷中出歷濠州壽州刺史建中初拜中書侍郎平章事從德宗幸奉天李楚琳作亂鎰爲所殺贈太子太傅

論奴僕告主疏

伏見趙縱爲奴所告下獄人皆震懼未測聖情貞觀二年太宗謂侍臣曰比有奴告其主謀逆此極弊法特須禁斷假令有謀反者必不獨成自有他人論之豈藉其奴告也自今以後奴告主者皆不受盡令斬決由是賤不得干貴下不得陵上教化之本既正悖亂之漸不生爲國之經百代難改欲全其事體實在防微頃者長安令李濟得罪因奴萬年令霍晏得罪因婢愚賤之輩悖慢成風主反畏之動遭誣告充溢府縣莫能斷決建中元年五月二十八日

詔曰準鬬競律諸奴婢告主非謀叛已上者同自首法並準律處分自此奴婢復順獄訴稍息今趙縱非叛逆奴實姦凶奴在禁中縱獨下獄考之於法或恐未正將帥之功莫大於子儀人臣之位莫大於尚父歿身未幾墳土僅乾兩壻先已當辜趙縱今又下獄設令縱實抵法所告非奴纔經數月連罪三壻錄勳念舊猶或可容況在章程本宜宥免陛下方誅羣賊大用武臣雖見寵於當時恐息望於他日太宗之令典尚在陛下之明詔始行一朝偕違不與衆守於教化恐失於刑法恐傾所益悉無所傷至廣臣非

私趙縱非惡此奴叨居股肱職在匡弼斯是大體敢不極言伏乞聖慈納臣愚懇

與吐蕃盟文

唐有天下恢奄禹跡舟車所至莫不率俾以累聖重光卜年惟永恢王者之丕業被四海以聲教與吐蕃贊普代爲婚姻因結鄰好安危同體甥舅之國將二百年其間或因小忿弃惠爲讎封疆騷然靡有寧歲皇帝踐祚愍茲黎元乃釋俘囚悉歸蕃落二國展禮同茲協和行人往復累布成命是必詐謀不起兵革不用矣彼猶以兩國之要求之

永久古有結盟今請用之國家務息邊人外其故地弃利蹈義堅盟從約今國家所守界涇州西至彈箏峽西口隴州西至清水縣鳳州西至同父縣暨劍南西山大渡河東爲漢界蕃國守鎮在蘭渭原會西使臨洮又東至成州抵劍南西界磨在些諸蠻大渡水西南爲蕃界其兵馬鎮守之處州縣見有居人彼此兩邊見屬漢諸蠻以今所分見住處依前爲定其黃河以北從故新泉軍直北至大磧南至賀蘭山駱駝嶺爲界中間悉爲閒田盟文所有不載者蕃有兵馬處蕃守漢有兵馬處漢守不得侵越其先未有兵馬處不得雜置并築城堡耕種今二國將相受辭而會齋戒將事告天地山川之神照臨無得愆墜其盟文藏於郊廟副在有司二國之誠其永保之

李至

至肅宗時人

諫貸死以流人使自効疏

聖人誅亂必先示法令崇禮義漢始入關約法三章殺人者死不易之法也按將軍去榮以朔方偏裨提數千士不能整行列挾怨殺縣令有犯上之逆或曰去榮善守陝新

下非去榮不可守臣謂不然李光弼守太原程千里守上黨許叔冀守靈昌魯炅守南陽賈賁守雍邱張巡守睢陽初無去榮未聞賊能下也以一能而免死彼弧矢絕倫劍術無前者恃能犯上何以止之若赦去榮誅將來是法不一而招罪人也惜一去榮殺十去榮之材其傷蓋多彼逆亂之人有逆於此而順於彼乎亂富平而治於陜乎悖縣令能不悖於君乎律令者太宗之律令陛下不可以一士小材廢祖宗大法

鄭叔清

叔清至德中官侍御史江淮東西淮南道宣諭使

鬻爵條格奏

承前諸使下詔納錢物多給空名告身雖假以官賞其忠義猶未盡才能今皆量文武才藝兼情願穩便據條格擬同申奏聞便寫告身諸道士女道士僧尼如納錢請准敕迴授餘人并情願還俗授官勳邑號等亦聽如無人迴授及不願還俗者准法不合畜奴婢田宅資財既助國納錢不可更拘常格其所有資財能率十分納三分助國餘七分並任終身自蔭身歿之後亦任迴與近親又准敕納錢百千文與明經出身如曾受業粗通帖策修身慎行鄉曲所知者量減二十千文如先經舉送到省落第灼然有憑帖策不甚寥落者減五十千文若粗識文字者准元敕處分未曾讀學不識文字者加三十千應授職事官并勳階號及贈官等有合蔭子孫者如户内兼蔭丁中三人以上免課役者加一百千文每加一丁中累加三十千文其商賈准令所在收稅如能據所有資財十分納四助軍者便與終身優復如於敕條外有悉以家產助國嘉其竭誠待以非次如先出身及官資並量資歷好惡各據本條格例

節級優加擬授如七十以上情願授致仕官者每色內量十分減二分錢

韓潁

潁乾元元年知司天臺事

請定五官正朝冠奏

五官正奉敕創置其官職配五方上稽五緯臣請冠上加一星珠衣從本方正色每至元日冬至朔望朝會及諸大禮卽服以朝見仍望永爲恒式

劉源

源彭城人永泰元年爲侍御史累擢夏州節度使

請置銀川監牧奏

自太和七年十一月一日于銀川置監城收管羣牧今計孳生馬七千餘匹今饒州南界有空閒地周迴二百餘里四面懸絕賊路不通只置三五十人守其要害卽牧放無虞是臣當管界內並非百姓佃食請割隸監司久遠之計

劉寬

寬夏州節度使源弟官侍御史

諫中官打人表

臣某言臣生逢昌運謬列班行官爲御史職在舉事齒髮始壯名籍已至在臣至微誠爲多幸所以愛惜朝廷宗廟之意與元老大臣不殊臣昨遇郊禋得陪盛禮見執事者說陛下饗獻太廟至穆宗皇帝第九室跪起嗚咽感動神人臣不覺涕淚知陛下孝德可以化天下矣又至圜丘覩陛下升降嚴恭之禮不覺手足舞蹈知陛下誠敬可以達神明矣如嚮者數事非根於生知稟於天授固非一朝一夕之所能致推是而論則三皇之德必可侔五帝之業不足跂洎車駕卽路臣實先馳至丹鳳門南禮物備具忽聞

傳說云適有白身數十人於金雞竿下奪囚崔發亂打致死有司救止力不能禁兵仗紛紜僅以格戰瓦礫交下傍中朝臣不勝驚痛蓋惜其無知毀損聖德也如此崔發爲縣令有事當之罪抵朝廷之法有不赦之科斷自宸衷寘諸刑典則可矣豈得下人肆意騁憾一時紊亂綱紀敗失國體豈可使縱恣漸曠也儻陛下欲杜將來之萌絕偏黨之說俾罪人斯得正是刑名則太平之業日益崇矣臣又以爲今日搆扇人數至多若盡加誅恐非中典苟捨而不問實蠹大猷以臣愚見莫如敕左右軍使尋求首謀者一二十輩下明詔以示海內知人臣無專殺之文秉閒之誅不敢萌貯庶無私之德與日月盡明又伏聆今日赦書求理至切令諫臣論事遣憲吏執法乘輿服御志在抑損又以見陛下遵禹湯之旨同堯舜之求臣爲耳目若有所聞而不上啓是臣負陛下之深也焉敢不言不勝慺慺懇切之至

僕固懷恩

懷恩鐵勒部人世襲都督天寶中加左領軍大將軍從郭子儀李光弼廣平王破賊前後皆立殊功加開府儀同三

司鴻臚卿封豐國公乾元二年進封大寧郡王加工部尚書代宗卽位加同中書門下平章事授河北副元帥尚書左僕射兼中書令靈州大都督府長史單于鎮北大都護朔方節度使加太子少師充朔方都知兵馬使同節度副大使廣德改元冊勳拜太保仍賜鐵券名藏太廟畫像淩烟閣辛雲京與懷恩有隙奏其反狀懷恩令子瑒率衆攻雲京進圍榆次朝廷以郭子儀代懷恩子儀至河中懷恩率麾下數百騎渡河北走靈武嘯聚亡命上念其勳舊遙授太師兼中書令大寧王永泰元年懷恩糾合諸番南犯

京師至鳴沙縣病甚還死靈武部曲焚其尸以葬

陳情書

廣德元年八月二十三日開府儀同三司尚書左僕射兼中書令朔方節度副大使河北副元帥上柱國大寧郡王臣懷恩刺肝瀝血謹頓首頓首上書寶應聖文神武皇帝陛下臣家本蕃夷代居邊塞爰自祖父早沐國恩臣年未弱冠即蒙上皇驅策出入生死竭力疆埸叨承先帝報功時年已授特進洎乎祿山作亂大振王師臣累任偏裨決死靖難上以安社稷下以拯生靈仗皇天之威神滅狂胡

之醜類無何思明繼逆又據東周宸極不安海內騰沸臣謬承大行皇帝委任授以兵權誓雪國讎以匡時難闔門忠烈咸願殺身野戰攻城皆先士卒兄弟死於陣敵子姪沒於軍前九族之親十不存一縱有在者瘡痍徧身況陛下潛龍之時親統師旅臣忝事麾下陛下悉臣愚誠大行皇帝未捐宮館之時臣頻立微効累霑官賞遂被輔國等讒害幾至破家便奪兵權逾年宿衞臣雖內省無疚終懼讒佞傾危以日繼時命懸秋葉至將歸骨泉壤永謝明時幸遇陛下龍躍天衢繼纘鴻業知臣負謗察臣丹心遂開獨見之明杜絕衆多之口特拔臣於汧隴再任臣於朔方誠謂遊魂返骸枯骨再肉使臣得竭駑蹇之力効錐刀之功上答陛下再造之恩下展微臣犬馬之志去年秋末回紇仗義而來士庶不知悉皆驚駭陛下以臣與其姻婭令至太原祗迎一切事宜許臣逐便處置遂與可汗計議分道用兵剋復洛陽平蕩幽薊惟有神策兵馬頓軍獨住陳留可汗時在洛陽即被朝恩猜阻要爲流議已失蕃情臣自平賊却迴天恩又令餞送臣遂罄竭家產爲國周旋發遣外蕃貴圖上道行至山北被奉先雲京共生異見妄作

加諸閉城不出祗迎仍令潛行竊盜蕃夷怨怒早欲相讎臣遂彌縫方得出界及其祖餞事了迴至太原臣忝跡鼎司又承重寄奉先雲京曾無禮數閉關不出相看臣遂過汾州休息士馬凡經數日不遣一介知聞自以行事乖疎恐臣先有論奏遂乃構其謗讟妄起異端扇動軍城以爲設備又臣從潞府過日見抱玉祗迎回紇庶事用心懇稱家資罄於公用又與臣馬兼銀器四事臣於回紇處得絹便與抱玉二千匹以充答贈令被抱玉共相組織將此往來之貺便爲結托之私貴在厚誣務相傾奪陛下不垂明

察採聽流言欲令忠直之臣枉陷讒邪之黨臣實不欺天地不負神明夙夜三思臣罪有六往年同羅背叛河曲騷然經略數軍兵圍不解臣不顧老母走投靈州先帝嘉臣忠誠遂遣徵兵討叛使得河曲清泰賊徒奔亡是臣不忠於國其罪一也臣男玢嘗被同羅虜將蓋亦制不由己旋即棄逆歸順却來投臣臣斬之以令士衆且臣不愛骨肉之重而徇忠義之誠是臣不忠於國其罪二也臣有二女俱聘遠蕃爲國和親合從討難致使賊徒殄滅寰宇清平是臣不忠於國其罪三也臣及男瑒不顧危亡身先行陣父子効命志寧邦家是臣不忠於國其罪四也陛下委臣副元帥之權令臣指麾河北其新附節度使皆握强兵臣之撫綏悉安反側州縣旣定賦稅以時是臣不忠於國其罪五也臣叶和回紇戡定兇徒天下削平蕃夷歸國使其永爲鄰好義著急難萬姓安寧干戈止息二聖山陵事畢陛下忠孝兩全是臣不忠於國其罪六也臣既負六罪誠合萬誅延頸轅門以待斧鑕過此以往更無他違陛下若以此誅臣何異伍子胥存吳卒浮屍於江上大夫種霸越終賜劍於稽山唯當吞恨九泉銜冤千古復何訴哉復何

訴哉且葵藿尚解仰陽犬馬猶能戀主臣忝恩至重委任非輕夙夜思奉天顏豈暫心離魏闕誠懇以忠獲罪龜鏡不遙頃者來瑱受誅朝廷不示其罪天下忠義從此生疑況來瑱功業素高人多所忌不審聖衷獨斷復爲姦臣弄權臣欲入朝恐罹斯禍諸道節度使皆懼非臣獨敢如此近聞追詔數人並皆不至實畏中官讒口又懼陛下損傷豈唯是臣不忠只爲回邪在側且臣前後所奏駱奉先詞情非不撫實陛下竟無處置寵用彌深皆由同類相從致蒙蔽聖聰人皆懼死誰復敢言臣義切君臣志憂社稷若無極諫有負聖朝敢肆愚忠以干鼎鑊況今西有犬戎背亂東有吳越不庭均房羣盜縱橫鄜坊稽胡草擾陛下不思外禦而乃內忌忠良何以混一車書而使梯航納貢天下至大豈可暫輕伏承四方數奏之人引對之時陛下皆云與驃騎商量曾不委宰臣可否或有稽留數月不放歸還遠近之心轉加疑阻且臣朔方將士功効最高爲先帝中興主人是陛下蒙塵故吏曾不別加優奬却信嫉妒讒詞子儀先已被猜臣今又遭毀讟弓藏鳥盡兎死犬烹臣昔謂非今方知實且臣息軍汾上關鍵大開牧馬放羊曾

無守備分兵數郡貴免般糧勸課農桑務安黎庶有何狀跡而涉異端陛下必信矯詞何殊指鹿爲馬陛下儻斥逐邪佞親附忠良翦削狐疑數陳政化使君臣無二天下歸心則窺邊之戎不足爲患梗命之寇將復何憂偃武修文其則不遠陛下若不納愚懇且貴因循臣實不敢保家陛下豈能安國忠言利行良藥愈病伏惟陛下圖之臣今戎事已安糧儲且繼深願一至闕下披露心肝再覩聖顏萬死無恨臣欲公然進發慮恐將士留連臣今便託巡晉絳等州於彼遷延且住謹遣押衙開府儀同三司試太常卿

張休藏先進書兼口奏事伏惟陛下覽臣此書知臣誠懇特垂聖斷勿議近臣待臣如初浮謗不入臣當死節王命誓酬國恩仍請遣一介專使至絳州問臣臣卽便與同行冀獲蹈舞軒陛鄙臣愚慮不顧死亡輕觸天威戰汗無地

張懷瓘

懷瓘海陵人開元中官鄂州司馬翰林院供奉

書斷序

昔庖犧氏畫卦以立象軒轅氏造字以設教至於堯舜之世則煥乎有文章其後盛於商周備夫秦漢固夫所由遠矣文章之爲用必假乎書書之爲徵期合乎道故能發揮文者莫近乎書若乃思賢哲於千載覽陳迹於縑簡謀猷在覿作事粲然言察深衷使百代無隱斯可尚也及夫身處一方含情萬里摽拔志氣黼藻精靈披封覩迹欣如會面又可樂也爾其初之微也蓋因象以曈曨眇不如其變化範圍無體應會無方考沖漠以立形齊萬殊而一貫合冥契吸至精資運動於風神頤浩然於潤色爾其終之彰也流芳液於筆端忽飛騰而光赫或體殊而勢接若雙樹之交葉或區分而氣運似兩井之通泉麻蓬相扶津澤潛

應離而不絕曳獨繭之絲卓爾孤標竦危峰之石龍騰鳳翥若飛若驚電烻燿爗離披爛熳翕如雲布曳若星流朱焰綠烟乍合乍散飄風驟雨雷怒霆激吁可駭也信足以張皇當世軌範後人矣至若磔髦竦骨裨短截長有似夫忠臣抗直補過匡主之節也矩折規轉却密就疎有似夫孝子承順愼終思遠之心也耀質含章或柔或剛有似夫哲人行藏知進知退之行也固其發迹多端觸變成態或分鋒各讓或合勢交侵亦猶五常之與五行雖相剋而相生亦相反而相成豈物類之能象賢微妙而難名詩云鼓

鐘欽欽鼓瑟鼓琴笙磬同音是之謂也使夫觀者玩跡探情循由察變運思無已不知其然瓌寶盈矚坐啟東山之府明珠曜掌頓傾南海之資雖彼迹已緘而遺情未盡心存目想欲罷不能非夫妙之至者何以及此且其學者察彼規模采其元妙技由心付暗以目成或筆下始思困於鈍滯或不思而製敗於脫略心不能授之於手手不能受之於心雖自已而可求終杳茫而無獲又可怪矣及乎意與靈通筆與冥運神將化合變出無方雖龍伯挈鼇之勇不能量其力雄圖應籙之帝不能抑其高幽思入於毫間

逸氣彌於宇內鬼出神入追虛捕微則非言象筌蹄所能存亡也夫幼童而守一藝白首而後能言固不可恃才曜識以爲率爾可知也且知之不易得之有難千有餘年數人而已昔之評者或以今不逮古質殊醜妍推察疵瑕妄增羽翼自我相物求諸合已悉爲鑒不圓通也亦由倉黃者唱首冥昧者繼聲風議混然罕詳孰是及兼論文字始祖各執異端臆說蜂飛竟無稽古蓋眩如也懷瓘質被愚蒙識非通敏承先人之遺訓或紀錄萬一輒欲芟夷浮議揚搉古今拔狐疑之根解紛挐之結考窮乖謬敢無隱於昔賢探索幽微庶不欺於元匠爰自黃帝史籀蒼頡迄於皇朝黃門侍郎盧藏用凡三千二百餘年書有十體源流學有三品優劣今敍其源流之異著十贊一論較其優劣之差爲神妙能三品人爲一傳亦有隨事附著通爲一評究其臧否分成上中下三卷名曰書斷其目錄如此庶儒流君子知小學亦務焉

文字論

論曰文字者總而爲言若分而爲義則文者祖父字者子孫察其物形得其文理故謂之曰文母子相生孳乳寖多

因名之爲字題於竹帛則目之曰書文也者其道煥焉日月星辰天之文也五嶽四瀆地之文也城闕朝儀人之文也字之與書理亦歸一因文爲用相須而成名言諸無宰制羣有何幽不貫何遠不經可謂事簡而應博範圍宇宙分別陰陽川原高下之可居土壤沃瘠之可植是以八荒籍焉綱紀人倫顯明正體君父尊嚴而愛敬盡禮長幼班別而上下有序是以大道行焉闡墳典之大猷成國家之盛業者莫近乎書其後能者加之以元妙故有翰墨之道生焉世之賢達莫能珍貴時有吏部蘇侍郎晉兵部王員

外翰俱朝端英秀詞場雄伯王謂僕曰文章雖久游心翰墨近甚留意若此妙事古來少有知者今擬討論之欲造書賦兼與公作書斷後序王僧虔雖有賦王儉製其序殊不足動人如陸平原文賦實爲名作若不造極境無由伏後世人心不知書之深意與文若爲差別雖未窮其精微粗欲知其梗槩公試爲薄言之僕答曰深識書者唯觀神彩不見字形若精意元覽則物無遺照何有不通王曰幸爲言之僕曰文則數言乃成其意書則一字已見其心可謂得簡易之道欲知其妙初觀莫測久視彌珍雖書已緘

藏而心追目極情猶眷眷者足爲妙矣然須考其發意所由從心者爲上從眼者爲下先其草創立體後其因循著名雖功用多而有聲終天性少而無象同乎糟粕其味可知不由靈臺必之神氣其形悴者其心不長狀貌顯而易明風神隱而難辨有若賢才君子立行立言言則可知行不可見自非冥心元照閉目深視則識不盡矣可以心契非可言宣别經旬月後見乃有愧色云書道亦太元微翰與蘇侍郎初並輕忽之以爲賦不足言者今始知也極難下語不比於文賦書道尤廣雖沉思多日言不盡意竟不

能成僕謂曰員外用心尚疎在萬事皆有細微之理而況乎書凡展臂曰尋倍尋曰常人間無不盡解若智者出乎尋常之外入乎幽隱之間追虛捕微探奇掇妙人縱思之則盡不能解用心精粗之異有過於是心若不有異照口必不能異言況有異能之事乎請以此理推之後見蘇云近與王員外相見知不作賦也詩云引喻少語不能盡會通之識更共觀張所商搉先賢書處看見所品藻優劣二人平章遂能觸類比興意且無限言之無涯古昔已來未之見也若其爲賦應不足難蘇且說因謂僕曰看公於書

道無所不通自運筆固合窮於精妙何謂鍾王頃爾遼濶公且自評書至何境界與誰等倫僕答曰天地無全功萬物無全用妙理何可備該常歎書不盡言僕雖知之於言古人得之於書且知者博於聞見或可能知得者非假以天資必不能得是以知之與得猶書之比言俱有雲塵之懸所令自評敢違雅意夫鍾王眞行一古一今各有自然天骨有千里之迹邈不可追今之自然可以比於虞褚而已其草諸賢未盡之得唯張有道創意物象近於自然又精熟絕倫是其長也其書勢不斷絕上下鉤連雖然如鐵

並集若不能區別二家尊幼混雜百年檢探何知是其短也夫人識在賢名用在斷割不分涇渭餘何足云僕今所制不師古法探文墨之妙有索萬物之元精以筋骨立形以神情潤色雖迹在塵壤而志出雲霄靈變無常務於飛動或若擒虎豹有強梁拏攫之形若執蛟螭見蚴蟉盤旋之勢探彼意象入此規模忽若電飛忽疑星墜氣勢生乎流便精魄出乎鋒芒如觀之欲其駭目驚心肅然如可畏也數百年內方擬獨步其間自評若斯僕未審如何也蘇笑曰令公自評何乃自飭文雖矜耀理亦兼通達人不已

私盛德亦微損其後僕賦成往呈之遇褚恩光萬希莊包融並會眾讀賦訖多有賞激蘇謂三子曰晉及員外俱造書賦歷旬不成今此觀之固非思慮所際也萬謂僕曰文與書被公與陸機已把斷也世應無敢為賦者蘇曰此事必然也包曰知音看文章所貴言得失其何為競悅耳而諛面此賦雖能豈得盡善無今而乏古論書道則妍華有餘考賦體則風雅不足纔可共梁已下來並轡未得將宋已上齊驅此議如何褚曰誠如所評賦非不能然於張當分之中乃小小者耳其書斷三卷實為妙絕猶蓬山滄海吐納風雲禽獸魚龍于何不有見者莫不心醉後學得漁獵其中實不朽之盛事

二王書錄

夫翰墨之妙多以身後騰聲二王之書當世見貴獻之嘗與簡文帝十許紙題最後云下官此書甚合作願聊存之此書為桓元所寶元愛重二王不能釋手乃撰縑素及紙書正行之尤美者各為一帙嘗置左右及南奔雖甚狼狽猶以自隨將敗並投於江晉代裝書眞草渾雜背紙皺起蔚宗裝持微為小勝宋孝武又使徐爰持獲十紙為一卷

明帝料閱舊閟并遣使三吳鳩集散逸詔虞和巢尚之徐希秀孫奉伯等更加編次咸以二丈為度二王縑素書珊瑚軸二帙二十四卷紙書金軸二帙二十四卷又紙書玳瑁軸五帙五十卷并金題玉躞織成帶又扇書二卷又紙書飛白章草二帙十五卷並旃檀軸又紙書戲字一帙十二卷並書之冠冕也自此以下別有三品書凡五十二帙五百二十卷並旃檀軸其新購獲者為六帙一百二十卷既經喪亂各所遺失齊高帝朝書府古跡唯有十二帙以示王僧虔仍更就求散逸僧虔以帙中所無者得張芝索

靖衛伯儒吳大皇帝景帝歸命侯王導王洽王珉張翼桓元等十卷其與帙中所同者王恬王珣王凝之王徽之王允之並奏入祕閣梁武帝尤好圖書搜訪天下大有所獲以舊裝堅強字有損壞天監中敕朱异徐僧權唐懷允姚懷珍沈熾文等拆而裝之更加題檢二王書大凡七十八帙七百六十七卷並珊瑚軸織成帙金題玉躞侯景篡逆藏在書府平侯景後王僧辯搜括並送江陵承聖末魏師襲荊州城陷元帝將降其夜乃集古今圖書十四萬卷并大小二王迹遣後閤舍人高善寶焚之吳越寶劍並將作

斫柱乃嘆曰蕭世誠遂至於此文武之道今夜窮乎歷代祕寶並爲煨燼矣周將于謹普六茹忠等並摭拾遺逸凡四十卷將歸長安大業末煬帝幸江都祕府圖書多將行從中道船沒大半渝棄其閒得存所餘無幾弒逆之後並歸宇文化及至遼城爲竇建德所破並皆亡失留東都者後入王充充平始歸天府貞觀十三年敕購求右軍書並貴價酬値四方妙跡靡不畢至敕起居郎褚遂良校書郎王知敬等於元武門西長波門外料簡內出右軍書共相參校令典儀王行眞裝之梁朝舊裝紙見在者但裁翦而已右軍書大凡二千二百九十紙裝爲十三帙一百二十八卷眞書五十紙一帙八卷隨本長短爲度行書二百四十紙四帙四十卷四尺爲度草書二千紙八帙八十卷以一丈二尺爲度並金鏤雜寶裝軸織成帙其書每縫皆用小印印之其文曰貞觀大令書不之購也天府之內僅有存焉古之名書歷代帝王莫不珍寶齊宋以前大有散失及梁武帝鳩集所獲尚不可勝數並珊瑚軸織成帙金題玉躞二王書大凡一萬五千紙元帝狂悖焚燒將盡文皇帝盡價購求天下畢至大王眞書唯得五十紙行書二百

四十紙草書二千紙並以金寶裝飾今天府所有眞書不滿十紙行書數十紙草書數百紙共有二百一十八卷小王四十卷張芝一卷張昶一卷並檀軸錦標而已既所不尚散在人閒或有進獻多推於翰林雜書中玉石混居薰蕕同器然書跡不易得寶之如玉棄之如土豈徒書也人亦如之用行舍藏言行之閒不可玷缺亦猶蘭桂雖在幽隱不以無人而不芳也往在翰林中見古鐘二枚高二尺圍尺餘上有古人三百許字紀夏禹功績字皆紫磨金鈿光彩射人似大篆而神彩驚人非其時不敢聞奏棄於泥

土中與瓦礫同也然濫吹之事其來久矣且如張翼及僧惠式效右軍時人不能辨近有釋智永臨寫草帖幾欲亂眞至如宋朝多學大令其康昕王僧虔薄紹之羊欣等欲混其臭味是以二王書中多有僞跡好事所蓄尤宜精審儻所寶同乎燕石翻爲有識所嗤也乾元三年五月日錄

玉堂禁經

夫人工書須從師授必先識勢乃可加功功勢既明則務闕二字遲澁分矣無繫拘跔拘跔既亡求諸變態之旨在於奮研之理資於異狀異狀之變無溺荒僻荒僻去矣務於

神彩神彩之至幾於元微則宕逸無方矣設乃一向規矩隨其工拙以追肥瘦之體疏密齊平之狀過乃戒之於速留乃畏之於遲進退生疑否臧不決運用迷於筆前震動惑於手下若此欲速造元微未之有也今論點畫偏傍用筆向背皆宗鍾元常王逸少兼遞代傳變各有所由備其軌範並列條貫

書議

昔仲尼修書始自堯舜堯舜王天下煥乎其有文章文章發揮書道尚矣夏殷之世能者挺生秦漢之間諸體間出

元歡冥運妙用天資追虛捕微鬼神不容其潛匿感通應變言象不測其存亡奇寶盈乎東山明珠溢乎南海其道有貴而稱聖其迹有祕而莫傳理不可盡之於詞妙不可窮之於筆非夫通元達微何可至於此乎乃不朽之盛事故敘而論之夫草樹各務生氣不自埋沒況禽獸乎況人倫乎猛獸鷙鳥神彩各異書道法此其古文篆籀時罕行用者皆闕而不議議者眞正藁草之閒或麟鳳羽毛龜龍介甲亦無所不錄其有名跡俱顯者一十九人列之於後

書估

有好事公子頻紆雅顧問及自古名書頗爲定其差等曰可謂知書矣夫丹素異好愛惡罕同若鑒不圓通則各守封執是以世議紛揉何不制其品格豁彼疑心哉且曰公子貴斯道也感之乃爲其估貴賤既辨優劣了然固取世人易解遂以王羲之爲標準如大王草書字值一百五十字乃敵一行行書三行行書敵一行眞正偏帖則爾至今如樂毅黃庭畫贊累表告誓等但得成篇則爲國寶不可計以字數或千或萬惟鑒別之精也他皆倣此近日有鍾尚書紹京亦爲好事不惜大費破產求書計用數百萬貫

錢唯市得右軍行書五紙不能致眞書一字崔張之跡固乃寂然唯天府之內僅有存焉如小王書所貴合作者若藁行之間有興合者則逸氣蓋世千古獨立家尊纔可爲其弟子爾子敬年十五六時嘗白逸少云古之章草未能宏逸頓異眞體今窮偽略之理極草縱之致不若藁行之間於往法固殊大人宜改體逸少笑而不答及其業成之後神用獨超天姿特秀流傳簡易志在驚奇峻險高深起自此子然時有敗累不顧疵瑕故減於右軍行書之價可謂子爲神俊父得靈和父子眞行固爲百代之楷法然文

質相沿立其三古貴賤殊品置其五等三古者篆籀爲上古鍾張爲中古羲爲下古上古但有其眞中古乃曠世奇跡可貴可重有購求者宜懸之千金或時不尚書薰蕕同器假如委之衢路猶可字償千金其杜度崔瑗可與伯英價等然志乃尤古力亦漸大唯妍媚不逮於張芝衞瓘可與張爲兄弟索靖則雄逸過之且以右軍眞書妙極又人間切須是以價齊中古古遠稀世非無降差崔張玉也逸少金也大賈則貴其玉小商則重其金膚淺之人多任眞耳但知以王書爲最眞草一概畧無差殊豈悟右軍之書自有五等

書斷評

蓋一味之嗜五味不同殊音之發契物斯失方類相襲且或如彼况書之臧否情之愛惡無偏乎若毫釐較量誰驗準的推其大率可以言詮觀昔賢之評書或有不當王僧虔云亡從祖中書令筆力過子敬者君子周而不比乃有黨乎梁武帝云鍾繇書法十有二卷世之書者多師二王元常逸迹曾不睥睨競巧趨精細殆同神機逸少至於學鍾藝巧及其獨運意疎字緩譬猶楚音夏習不能無楚子

敬之不逮眞亦劣章草然觀其行草之會則神勇蓋世况之於父猶擬抗行比之鍾張雖勍敵仍有擒孟之勢夫天下之能事悉難就也假如效蕭子雲書雖則童孺但至效數日見者無不云學蕭書欲窺鍾公其墻數仞罕得其門者小王則若驚風拔樹大力移山其欲效之立見僵仆可知而不可得也然小王嘗與謝安書意必珍錄乃題後答之亦以爲恨或云安問子敬君書何如家君答云固當不同安云外論殊不爾又云人那得知此乃短謝公也羊欣云張字形不及右自然不如小王虞龢云古質而今妍數

之常愛妍而薄質人之情鍾張方之二王可謂古矣豈得無妍質之殊父子之間又爲今古子敬窮其妍妙固其宜也並以小王居勝達人通論不其然乎羊欣云右軍古今莫二虞龢云獻之始學父書正體乃不相似至於筆絕章草殊相擬類筆跡流澤婉轉妍媚乃欲過之王僧虔云獻之骨勢不及父媚越過之蕭子良云崔張以來歸美於逸少僕不見前古人之迹計亦無過之孫過庭云元常專工於隸書伯英猶精於草體彼之二美而羲獻兼之並有得也夫椎輪爲大輅之始以椎輪之朴不如大輅之華蓋以

拙勝工豈以文勝質若謂文勝質諸子不逮周孔復何疑哉或以法可傳則輪扁不能授之於子是知一致而百慮異軌而同奔鍾張雖草創稱能二王乃差池稱妙若以居先則勝鍾張亦有所師固不可文質先後而求之蓋一以貫之求其合天下之達道也雖則齊聖躋神妙各有最若眞書古雅道合神明則元常第一若眞行妍美粉黛無施則逸少第一若章草古逸極致高深則伯度第一若章則勁骨天縱草則變化無方則伯英第一其間備精諸體唯獨右軍次至大令然子敬可謂武盡美矣未盡善也逸少可謂韶盡美矣又盡善也然此五賢各能盡心而躋於聖或有侮毀亦猶日月之蝕無損於明白雲在天瞻望悠邈固同爲終古獨絕百世之模楷高步於人倫之表棲遲於墨妙之門不可以規矩其形律呂其度鵬摶龍躍絕迹霄漢所謂得元珠於赤水矣其或繼書者雖百世可知然史籀李斯卽字書累葉之祖其所製作並神妙至極蓋無等夷八分書則伯喈制勝出世獨立誰敢比肩至如崔及小張韋衛皇索等雖則同品不居其最並不備載較量然各峻彼雲峯增其海派使後世資贍仰而露潤焉趙壹有貶

草之論仍笑重張芝書爲祕寶者嗟夫道不同不相爲謀夫藝之在已如木之加實草之增葉繪以衆色爲章食以五味而美亦猶八卦成列八音克諧聾瞽之人不知其謂若知其故耳想心識自該通審其不知則聾瞽者耳庾尚書以臧否相推而列九品升阮研與衛瓘索靖韋誕皇象鍾會同居第三等此若棠杜之樹植橘柚之林又抑薄紹之與齊高帝等三十人同爲第七等亦猶屈鹽梅之量處掾屬之伍李夫人以程邈居第一品且書傳所載程邈爲隸法其於工拙蔑爾無聞遺迹又無何以知其品第又云

梁氏石書雅敬於韋蔡以梁比蔡豈不懸絕又張昶伯英之弟妙於草隸八分混兄之書故謂之亞聖衛恒兼精體勢時人云得伯英之骨並居第四仍與漢王同流又黜桓元謝安蕭子雲釋智永陸柬之等與王知敬同居第五等若此數子豈與埒能嗜好不同又加之以言況可盡之於剛柔消息貴乎適宜形象無常不可典要固難評也蕭子雲言欲作二王論草隸法言不盡意遂不能成又云頃得書意轉深點畫之間所言不得盡其妙者事事皆然誠哉是言也藝成而下德成而上然書之為用施於竹帛千載

不朽亦猶愈沒沒而無聞哉萬事無情勝寄在我苟視迹而合趣或循幹而得人雖身沈而名飛冀托之以神契每見片善何慶如之懷瓘恨不果遊目天府備觀名迹徒勤勞乎其所未聞祈求乎其所未見今錄所聞見粗如前列學慙於博識不迨能繕奇纘異多所未盡且如抱絕俗之才孤秀之質不容于世或復何恨故孔子曰博學深謀而不遇者眾矣何獨某哉然識貴行藏行忌明潔至人晦迹其可盡知開元甲子歲廣陵卧疾始焉草創其觸類生變萬物為象庶乎周易之體也其一字褒貶微言勸戒竊乎春秋之意也其不虛美不隱惡近乎馬遷之書也冀其眾美以成一家之言雖知不知為上然獨善之與兼濟取捨其為孰多童蒙有救思盈半矣且二王既沒書或在茲語曰能言之者未必能行能行之者未必能言何必備能而後為評歲洎丁卯荐筆削焉

書斷論

夫卦象所以陰騭其理文字所以宣載其能卦則渾天地之窈冥祕鬼神之變化文能以發揮其道幽贊其功是知卦象者文字之祖萬物之根眾學分鑣馳騖不息或安其

所習毀所不見終以自蔽也固須原心反本無漫學焉今欲稽其濫觴不可遵諸子之非棄聖人之是先賢說文字所起與八卦同作又云八卦非伏羲自重夫易者太古之書夫子之文章可得而聞也彌綸乎天地錯綜乎四時究極人神盛德大業也子曰學以聚之問以辨之蓋欲討論根源悉其枝派自仲尼沒而微言絕諸儒之說是或不經左邱明恥之愧無獨斷之明以釋天下之惑孔安國云宓羲造書契代結繩非也厥初生人君道尚矣應而不求為而不恃執大象也迨乎伏羲氏作始定人道辨乎臣子伏

而化之結繩而治孔子曰三皇伯世叶神無文洛乙紀命頡字胥合又班固云庖犧繼天而王爲百王先並是也易曰庖犧氏之王天下也作結繩而爲網罟以畋以漁蓋取諸離離者麗也日月麗乎天百穀草木麗乎地重明以麗乎正乃化成天下離也者明也萬物皆相見南方之卦也聖人南面而聽天下向明而理蓋取諸此也庖犧神農氏沒軒轅氏作始造圖書禮樂度數甲子律歷自開闢之事皆先聖傳流於口黃帝已後紀錄言之無幾故春秋國語唯發明五帝太史公敘黃帝顓頊以下事孔子撰書始自

堯舜尚年月闕然詩人所述起乎虞氏其可知也巢燧之時淳一無教故言上古昔者俱是伏羲神農之時言後世聖人者即黃帝堯舜之際易曰上古結繩以理後世聖人易之以書契此猶太陽一照衆星沒矣史記及漢書皆云文王重八卦爲六十四卦又帝王世紀及孫盛等以爲神農夏禹重之並非也夫八卦雖理象已備尚隱神功引而伸之始通變吉凶成其妙用觸類而長天下之能事畢矣故易曰聖人立象以盡意設卦以盡情八卦成列象在其中矣因而重之爻在其中矣剛柔相推變在其中矣伏羲

自重之驗也又曰昔者聖人之作易也觀變於陰陽而立卦發揮於剛柔而生爻是以立天之道曰陰與陽立地之道曰柔與剛立人之道曰仁與義兼三才而兩之故易六畫而成卦六位而成章又伏羲自重之驗也若以後世聖人易之以書契謂伏羲即昔者聖人之作易也謂誰矣則知伏羲自重八卦不造書契煥乎可明不至疑惑也又曰河出圖洛出書聖人則之孔安國云河圖八卦是洛之九疇馬融王肅姚信等並云得河圖而作易禮含文嘉曰伏羲則龜書乃作八卦並乘流而遊不討其源滋誤後生深

可歎息去聖久矣百家衆言自古非一正史之書不經宣尼筆削則未可全是况儒者臆說耶悠悠萬載是非互起一犬吠形百犬吠聲一人措虛百人傳實按龍圖出河龜書出洛今或云法龍圖而作卦或云則龜書而畫之假欲遵之何者爲是案左傳庖犧氏有龍瑞以龍紀官非得八卦八卦若先列於河圖又文王等重之則伏羲何功於易也又夫子不言因圖而畫卦自黃帝堯舜及周公攝政時皆得圖書河以通乾出天包雒以流川吐地符是知有聖人膺運則河洛出圖書何必八卦九疇九疇者天始錫禹

而黃帝已獲洛書易曰蓍龜神物聖人則之然伏羲豈則蓍龜而作易言聖人者通謂後世易經三古不獨指伏羲也夫蓍龜者或悔吝有憂虞之象或得失有吉凶之徵或否泰有陰陽之辭或剛柔有變通之理若河圖洛書者或天地彝倫之法或帝王興亡之數或山川品物之制或治化合神之符故聖人則之而已孔子曰河不出圖洛不出書吾已矣夫是也故知文字之作確乎權輿十體相沿互明創革萬事皆始自微漸至於昭著春秋則寒暑之濫觴爻畫則文字之兆朕其十體內或先有萌牙今取其昭彰

者爲始祖夫道之將興自然元應前聖後聖合矩同規雖千萬年至理斯會天或垂範或授聖哲必然而出不在考其甲之與乙耶按道家相傳則有天皇地皇人皇之書各數百言其文猶在像如符印而不傳其音指審爾則八卦未爲雲孫矣況古文乎且戎狄異音各貌會於文字其指不殊禽獸之情悉應若是觀其趣向不遠於人其有知方來辨音節非智能而及復何所學哉則知凡庶之流有如草木鳥獸之類或蘊文章又霹靂之下乃時有字或賜貺之瑞往往銘題以古書考之皆可識也夫豈學之於人乎又詳釋典或沙劫已前或他方怪俗云爲事況與卽意無殊是知天之妙道施於萬類一也但所感有淺深耳豈必在乎羲軒周孔將釋老之教乎況論篆籀將草隸之後先乎纏而分之則如彼總而言之其若此乎

六體書論

臣聞形見曰象書者法象也心不能妙探於物墨不能曲盡於心慮以圖之勢以生之氣以和之神以肅之合而裁成隨變所適法本無體貴乎會通觀彼遺蹤悉其微旨雖寂寥千載若面奉徽音其趣之幽深情之比興可以默識

不可言宣亦猶冥密鬼神有矣不可見而以知啟其元關會其至理卽與大道不殊夫經是聖文尚傳而不祕書是妙跡乃祕而不傳存歿光榮難以過此誠不朽之盛事大篆者史籀造也廣乎古文法於鳥跡若鸞鳳奮翼虬龍掉尾或花萼相承或柯葉敷暢勁直如矢宛曲若弓銛利精微同乎神化史籀是其祖李斯蔡邕爲其嗣小篆者李斯造也或鏤纖屈盤或懸針狀貌鱗羽參差而互進珪壁錯落以爭明其勢飛騰其形端儼李斯是祖曹喜蔡邕爲嗣八分者王次仲造也點畫發動體骨雄異作威投戟騰氣

揚波貴逸尚奇探靈索妙可謂蔡邕爲祖張昶皇象爲子鍾繇索靖爲孫隸書者程邈造也字皆眞正曰眞書大率眞書如立行書如行草書如走其於學趣蓋有殊焉夫學草行分不一二天下老幼悉習眞書而罕能至其最難也鍾繇法於大篆措思神妙得其古風亦有不足傷於疎瘦王羲之比鍾繇鋒芒峻勢多所不及於增損則骨肉相稱潤色則婉態妍華是乃過也王獻之遠減於父鋒芒往往直筆而已鋒芒者若犀象之有牙角婉態者若蛟龍之恣盤游夫物負陰而抱陽書亦外柔而内剛緩則乍纖急則

若滅修短相異巖谷相傾險不至崩跌不至失此其大畧也可謂元常爲兄逸少爲弟子敬爲息行書者劉德昇造也不眞不草是曰行書晨雞踉蹡而將飛暮鴉聯翩而欲下貴其家承躡不絶氣候通流逸少則動合規儀調諧金石天姿神縱無以寄辭子敬不能純一或行草雜糅便者則爲神會之間其鋒不可當也宏逸遒健過於家尊可謂子敬爲孟逸少爲仲元常爲季草書者張芝造也草乃文字之末而伯英創意庶乎文字之先其功鄰乎篆籀探於萬象取其元精至於形似最爲近也字勢生動宛若天然

實得造化之姿神變無極然草法貴在簡易而此公傷於太簡也逸少雖損益合宜其於風骨精熟去之尚遠伯英是其祖逸少是其父子敬是其子若乃無所不通獨質天巧耀今抗古百代流行則逸少居最所以然者古質今文世賤質而貴文文則易俗合於情深識者必考之古乃先其質而後其文質者如經文者如緯若鍾張爲枝幹二王爲華葉美則美矣如彼桃李戛兮鏗兮合乎宮徵磊落崑山之石嵯峨碧海之波奔則激電飛空頓則懸流注壑雖貫珠之一一亦行雁之聯聯求之於希微見之於無物或

儼兮其容或敦兮若樸或煥兮若冰之將釋然後爲得矣故學眞者不可不兼鍾學草者不可不兼張此皆書之骨也如不參二字之法欲求於妙不亦難乎若有能越諸家之法度草隸之規模獨照靈襟超然物表學乎造化創開規矩不然不可不兼於鍾張也蓋無獨斷之明則可詢於衆議捨短從長固鮮有敗書亦探諸家之美况不遵其祖先乎臣數對龍顔承聖旨修書擬教皇子小學亦在幼年又承諸王學書不習古本今不遇古理在不疑如學文章只讀今人篇什不涉經籍豈成偉器又如不知東都惟須

指示洛陽之道日行遠近隨其筋力若令蹇者引去自然不越其前亦猶跼驥子於櫪中閉鴛雛於籠下而望其遼遠實謂難乎若使其出籠去櫪刷勁翮整蘭筋垂長風躡修路可以摩霄逐日豈惟千里萬里哉如人面不同性分各異書道雖一各有所便順其情則業成違其衷則功棄豈得成大名者哉夫得射法者箭則中物而深入為勢有餘矣不得法者箭乃掉而近物且不中入固不深為勢已盡矣然執筆亦有法若執筆淺而堅掣打勁利掣三寸而一寸着紙勢有餘矣若執筆深而束牽三寸而一寸着紙

勢已盡矣其故何也筆在指端則掌虛運動適意騰躍頓挫生氣在焉筆居半則掌實如樞不轉制豈自由轉能旋迴乃成稜角筆既死矣寧望字之生動獻之年甫五歲羲之奇其把筆乃潛自後掣之不脫幼得其法此蓋生而知之是故學必有成則無體欲探其奧先識其門有知其門不知其奧未有不得其法而得其能夫好事之人廣求名書以教其子察其所入便遣習之亦如商人以停百貨色目既眾必有善於人者所貴多本本立道生貧者咨嗟必不能遂伏惟陛下有萬國之富而同庶人之貧天府妙書寶惜何用若恐損污真跡搨本亦可師模寸有所長自古大有佳手各稟異氣亦可參詳伏願每季之間一兩度悉召諸王遍示古跡商榷諸家工拙必大間悟心靈習其所便從此豹變冰寒於水昔有誠信況復天人神縱者哉豈可許鍾張二王獨高於往日也且一食之美惟飽其日儻一觀而悟則潤於終身夫主人示書謂之設寶縱一聽鈞天之樂覩明月之珠竟何益於人也若順其性得其法則何攻不克何業不成侍書之人惟宜指陳妙理亦如侍講敷演聖旨當今大化滂流四表無事士無棄置官盡材能

臣及弟懷瓌叨同供奉臣謹進懷瓌書大小篆及八分臣書真行草合成六體自書契之作三千餘年子孫支分優劣懸隔今考其神妙捨彼繁蕪當道要書用此六體當道要字行此千文比而觀之見其始末探賢哲之深旨知變化之所由臣敢罄庸愚謹獻書論

古賢能書錄

我唐四聖高祖神堯皇帝太宗文武聖皇帝高宗天皇大聖皇帝鴻猷大業列乎冊書多才能事俯同人境翰墨之妙資以神功開草隸之規模變張王之今古盡善盡美無

得而稱今天子神武聰明制同造化筆精墨妙思極天人或頌德銘勳函耀金石或恩崇惠縟載錫侯王赫矣光華懸諸日月然猶進而不已惟奥惟元非區區小臣所敢揚述

評書藥石論

臣聞率土作貢任其所有率身事主罄其所能心存口忠無所避就況今蕩然不諱忠臣義士咸肆其辯可謂開大通之道陛下亦以臣知於書也論於書道是臣之職知而不說用臣何爲臣之所言不敢不盡假如欲學文章必先

覽經籍子史其上才者深酌古人之意不錄其言故陸士衡云或襲故而彌新美其語新而意古其中才者採連文兩字配言以成章將爲故實有所典據其下才者模搨舊文迴頭易尾或有相呈新製見模搨之文爲之愧赧其無才而好上者但寫之而已書道亦然臣雖不工書頗知其道聖人不凝滯於物萬法無定殊途同歸神智無方而妙有用得其法而不著至於無法可謂得矣何必鍾王張索而是規模道本自然誰其限約亦猶大海知者隨性分而挹之先哲有云言相攻失以崇於德故上下無所不通若面是腹非護左忌右則匿惡之名尋聲而至夫馬筋多肉少爲上肉多筋少爲下書亦如之今之書人或得肉多筋少之法薰獶同器十年不分寧知不有藏其知能混其體法雷同賞遇或使之然至如馬之羣行驥子不出其外列施銜策方知逸足含識之物皆欲骨肉相稱神貌洽然若筋骨不任其脂肉者在馬爲駑駘在人爲肉疾在書爲墨豬推其病狀未即已也非醫緩不能爲之惟題署及八分則肥密可也自此之外皆宜蕭散恣其運動然能之至難鑒之不易精察之者必若庖丁解牛目無全形折枝分理

其有一點一畫意態縱橫偃亞中閒綽有餘裕結字峻秀類於生動幽若深遠煥若神明以不測爲量者書之妙也是曰無病勤而行之益佳其有方闊齊平支體肥腯布置逼仄有所不容稜角且形況復無像神貌昏懵氣候茂然以濃墨爲華者書之困也是曰病甚稍須毒藥以攻之古文篆籀書之祖也都無角節將古合道理亦可明蓋欲方而有規圓不失矩亦猶人之指腕促則如指之拳賒則如腕之屈理須裹之以皮肉若露筋骨是乃病也豈曰壯哉書亦須用圓轉順其天理若輒成稜角是乃病也豈曰力

哉夫良工理材斤斧無跡才子敘事潛刃其間書能入流含於和氣宛與理會曲若天成刻角耀鋒無利除害萬事拙者易能者難童蒙書有稜角豈謂能也共人相知若始疎而終密者則大同始密而終疎者則大異故小人甘以壞君子淡以成耀俗之書甘而易入乍觀肥滿則悅心開目亦猶鄭聲之在聽也又若臣之事主獻小利敘小能則非大林於理無用諂諛者必有順情之說忠讜者必有逆耳之言雖知其忠而不親者以忤其意也雖知其諂而不忍疎者以會於情也惟明王聖主則能覆思審察勉循古

言親近忠良增益明聖是以遠大無以淺近取稜角者也之弊薄也脂肉者書之滓穢也婆斯疾弊須訪良醫自非滌蕩心胷除其煩憒古人妙跡用思沈鬱自非冥搜不可而見固大巧若拙明道若昧泛覽則混於愚智研味則駭於心神百靈儼其如前萬像森其在矚雷電興滅光陰糾紛考無說而究情察無形而得相隨變恍惚窮深杳冥金山玉林殷於其內何奇不有何怪不儲無物之象藏之於密靜而求之或存躁而索之或失雖明目諦察而不見長策審逼而不知豈徒倒薤懸針偃波垂露而已哉是知之

也蓋麄以言詮而假於詭若精以心了則無寄詞心之通微貫之而已其得之者心手相應知輪扁之斵輪固言說所不能是以鍾張二王亦無言說雞鶴常鳥知夜知晨則眾禽莫之能及非蘊他智所稟性也臣之愚性或有近於雞鶴乎昔文武皇帝好書有詔特賞虞世南時又有歐陽詢褚遂良陸柬之等或逸氣遒拔或雅度溫良柔和則綽約呈姿剛節則鑑繩執操揚聲騰氣四子而已雖人已潛靈而書方曜迹考能錄異頓越數朝是知君臣之間榮辱相及也帝者務尊賢貴道亦有邀虛譽以自飾聲實相半

足稱賢君知道味者樂在其中矣如不知者妨於觀賞百未減一但不能割其少分耳厭飫生前之樂辜負身後之名使達人君子議之豈不惑哉且堯舜之至德不被於今時聞者欣而戴之桀紂之君毒不流於今日聞者怒而怨之名固不可不存德固不可不立當今聖化洋溢四海晏然俗且還淳書未返樸今之書者背古名跡豈有同乎視昔觀今足為龜鏡可以目擊夫物芸芸各歸其根復本之謂也書復於本上則法於自然次則歸乎篆籀又其次者師於鍾王夫學鍾王尚不繼虞褚況冗冗者哉自草隸之

作書斷詳矣從宋齊已後陵夷至於梁陳執綱者失之於上據耳者惑之於下肥鈍之弊於斯爲甚貞觀之際崛然又興亦至於今則脂肉稜角兼有相沿千載書之季葉亦謂澆漓之極物極則返陰極則陽必俟聖人以通其變窮則變變則通通則久事或可應庸夫儕賢哲之功道或可行明主納芻蕘之議皆謂得於時也陛下宏至聖德講論六藝邁蹤上古化行堯舜之風書盛漢魏之日臣願天下之事悉欲盡美盡善寧以書道獨能謝於前代乎然大道不足崇若忽之則工拙之一也若存之亦當年妙有固富

有之謂大業日新之謂盛德伏願下明勑以召之必草澤蒙廕涓涓之流成河海蓑艾之藉爲蘭杜豈非盛事豈不美矣往者屈也來者伸也不爾非今之體悉不敢來或有過之人亦不敢進夫風者聲也風以動之聲以化之固天下之風一人之化若不誨示已謂得其元珠瓦釜鐘鳴布鼓雷吼至若由情顧旨必無過患臣深知之不忍爲也志士含忠抱義百鍊不銷人皆有死無所追悔貞觀之時文臣無限蹇蹇者魏徵文皇重之良史書之後代美之夫簡兵則觸目而是擇將則萬不得一固與衆同者俗物與衆

異者奇才書亦如然爲將之明必不披圖講法明在臨敵制勝爲書之妙必不憑文按本妙在應變無方皆能遇事從宜決之於度內者也且軍之興亡由將之明闇人之成敗惟師之賢愚智不居心則不知道不知道則無以訓人師之與將人之耳目耳目不明其可知也是以君子慎其所從白沙在泥與之同黑狂者東走逐者非一京邑翼翼四方取則俗風且行舉國相斅迷遊忘返深浪何歸仁覆子育豈不顧念伏願天醫降藥醒晤昏沈導彼迷津歸其正道弊風一變古法恒流神而化之默而通之反掌而盛

行之別是（疑）冀夫天府之內有聖朝妙書宛然得千百數載已前氣象比肩鍾王列美竹帛微臣所願足矣陛下之能事畢矣古人有云窮則獨善其身達則兼濟天下雖陳愚見寧望可（闕一字）非臣所知事出聖斷人皆欲順已不欲從人者情也惟明者能以理割之且聲利之大端貴師所共有其生也風猷可嘉當代擅美其功也徽烈可紀身後垂名亦人情之何遠語曰以心聞不容針臣謂此言之良者理國其道一也有一善身之榮有一惡身之恥恐後代議今之書雖不足累於明時終非有益昔伊尹以再飪干

主意不專乎食臣以小學諷君道豈止乎書臣伏巖藪久無榮望干預求進亦非 公卿薦聞陛下天聽低迴勞羅草澤選材於棄木擢臣於翰林是策勵駑駘敢不竭力兢惶疑命恐塵天聽之明鴻飛冥冥無患飲啄譬如爲樹置之於野則繁柯茂葉益其所蔭取之於林則梁棟輪轅適時爲用臣違親事主移孝於忠忠不竭誠孝可知矣侍奉日近輒有評論隱而不言臣之罪也言而不隱干犯天威冀增涓塵無可顧念不能隨衆碌碌辜負國恩人皆取容寧履危懼行於正道忘生區區之心願垂聖察不勝愚直之

至故獻評書藥石論云

書斷贊

倉頡古文贊

邈邈倉公軒轅之始創制文字代彼繩理粲若星辰鬱爲綱紀千齡萬類如掌斯視生人盛德莫斯之美神章靈篇自玆而起

史籀大篆贊

古文元允太史神書千類萬象或龍或魚何詞不錄何物不儲懌思通理從心所如如彼江海大波洪濤如彼音樂干戚羽旄

史籀籀文贊

體象卓然殊今異古落落珠玉飄飄纓組倉頡之嗣小篆之祖以名稱書遺跡石鼓

李斯小篆贊

李君創法神慮精微鐵爲肢體虯作駿騑江海淼漫山嶽巍巍長風萬里鸞鳳于飛

王次仲八分贊

仙客遺範靈姿秀出奮研揚波金相玉質龍騰虎踞兮勢

非一交戟橫戈兮氣雄逸楷之爲妙兮備華實

程邈隸書贊

隸合文質程君是先乃備風雅如聆管絃長毫秋勁素體霜妍摧鋒劍折落點星懸乍發紅焰旋凝紫烟金芝瓊草萬世方傳

史游章草贊

史游製草始務急就婉若迴鸞攫如舞袖遲迴縑簡勢欲飛透敷華垂實尺牘尤奇并功惜日學者爲宜

劉德昇行書贊

非草非眞發揮柔翰星斂光芒雲虹照爛鸞鶴嬋娟風行
雨散劉子濫觴鍾胡彌漫

蔡伯喈飛白贊

妙哉飛白祖自八分有美君子潤色斯文絲縈箭激電繞
雪雰淺如流霧濃若屯雲舉衆仙之奕奕舞群鶴之紛紛
誰其覃思於戲蔡君

張伯英草書贊

草法簡畧省繁錄微譯言宣事如矢應機霆不暇發電不
及飛徵士已没道愈光輝明神在事其靈有歇斯藝漫流

終古無絶

欽定全唐文卷四百三十三

張志和

志和字子同婺州金華人始名龜齡擢明經以策干肅宗
特見賞重待詔翰林授金吾衛錄事參軍賜今名後以親
老不仕居江湖自稱烟波釣叟

鸑鷟

造化之初九天相競風之飄飉然曰飆飆乎之飍飍乎而
颼颼乎之飂飂乎而扇鴻濛而么飈呹嘐鼓鞞鉾而悲咤
颭颮蹶石拔木魔浪奔濤其孰能大乎吾之大乎而雲之
氣騰然曰翕乎忽乎之滅没乎者滃浡烟熅之蓊鬱乎者
蒙乎昧乎之昏晦乎者靉靆黯黮之霮䨴乎者翳海吞山

過日漫天其孰能大乎吾之大乎者雷之聲塡然曰諜轟
轟乎轣轣乎忽犖犖乎虩虩磤輪奔乎轂乎些欻電綖列缺
砉霆驚劈歷乎些若獨不聞乎洪濤震鼓猛獸唬怒彼碌
碌者莫吾之與巨其孰能大乎吾之大乎些海之濤奔然
曰浩乎汗乎之澶漫乎且澎乎湃乎之滂沛乎且何鯤鵬
須鰓臭翼之聲邪乎且翻鼇盪鯨崩壺倒瀛其孰能大乎
吾之大乎且火之熛烈然曰烘乎炵乎之煥爛乎焉翕乎

煜乎之熵炫乎焉歁烪灼爍烜爀燏爔淈澤燋山熾日薰天其孰能大乎吾之大乎焉日之燿照然曰煌煌乎陽陽乎歟晶晶乎熒熒乎歟杲杲曈曈炎炎赫赫光天照地流金礫石其孰能大乎吾之大乎歟地之震般然曰坤乎崙乎之块圠磅礴之乎之崔乎嵬乎之坳境确磟之乎之浸海流河而有常奔山走陵而無疆其孰能大乎吾之大乎之天之鳴竅然曰乾乎圓乎之懃乎只穹乎崇乎之廓乎只昊恢恢之顛顛旻蒼蒼之元元包水旋風蓋地環空其孰能大乎吾之大乎只空之寥㲉然曰豁乎泬乎之曠宕

乎哉虛乎無乎之漭浪乎哉濛洞茫唐青冥蒼茫廓兮而寥㝨包天裹地誕陰育陽其孰能大乎吾之大乎哉旣而九天各自競能風之飄曰孰有大乎吾曹之大矣空應之曰吾聞太上之言道名之大可詣而問焉於是雲停其氣風息其飄日罷其耀海弭其濤地復其震火滅其熛天靜其鳴空喪其寥於是乎俾雷之逬入道之境聲者讓響形者讓影不有不無不動不靜九大觀之各慚而還遂相讓爲無爲之邑相與成無爲之域以終乎塵刧之極而已焉歒道之形也虛道之影也無道之聲也初道之響也如昔之爲狀乎廓然其虛者空也莫然其無者滅也永然其初者遠也靜然其如者定也字之曰遺遐明黙懃博元圓者何也遺以盡其失遐以邈其遙明以照其光黙以湛其寂懃以堅其固博以大其廣元以神其妙圓以規其周故曰德者得也得乎不得不得乎得斯之謂乎得其德者何也文宣得之而無我老氏得之而未孩南華得之獨與天地精神往來而不敖睨於萬物噫沖虛得之泠然御風顏回得之同於大通然則大寥得之無終始已矣夫延吾思之不能竟也將何以窮有物之旣乎燿夜者燭腹也橐體者

篋軀也戴芥者負垢也苗蜩者根蟬也晴星者眩華也燭腹之蟲循乎墻篋軀之蟲出乎隙負垢之蟲遊乎葉根蟬之蟲植乎土篋軀哂乎燭腹曰子之自謂養生之固者也燭乎腹燿乎夜見乎險阻審乎取舍然而世人相有炫明之患怪乎物亡乎身未若吾之晦迹之逍遙也負垢哂乎篋軀曰子之自謂養生之固者也橐乎體篋乎軀進則外乎首而行恐則內乎元而靜然而出入有首鼠之患怪乎物亡乎身未若吾之葢形之逍遙也根蟬哂於負垢曰子之自謂養生之固者也蘩然芥孽然垢徐然步物之不疑

子之動也糞然形物之不疑子之生也然而慮風火有驚恐之患未若吾之瘞體之逍遙也之數蟲者各以能之相哂也於是眩華聞之哂乎根蟬曰子之自謂養生之固者也藏乎口匿乎目虛乎心實乎腹根乎足潤水土於外而不行苗乎春受風日於外而屢長無羈縻讎之嫌者矣然而累乎質礙乎有苟遇搖鼜之患怪乎物亡乎身未若吾之瞥然之逍遙也根蟬曰吾稟乎造化之奇妙乎古今之名藏口匿目虛心實腹之數蟲者其於衞生莫吾知也向吾聞子之聲昧子之形狀子之有自何而生眩華曰吾生

乎目之眩長乎視之亂其徐也聯若星之貫其疾也紛若華之散取之而不得捨之而不克謂無而有謂有而無其來也倏見乎造化其去也寂歸乎太虛能遊乎不物之域者方覩乎吾之逍遙墟域同乎於圓也方也於方也圓也故曰至圓無圓而能方至方無方而能圓孰能圓乎方者曰太圓孰能方乎圓者曰太方故太方有言曰昔吾方子之圓而子弗知吾之方太圓曰曩吾圓爾之方而爾不知吾之圓若然者何也其有以哉是故規乎虛者虛之不知其圓也矩乎空者空之不知其方也然則遊心乎太寂之鄉令規矩無措其巧者其惟太圓之與太方乎

濤之靈

荷水爲珠其圓也非規而不可方者離乎著也爐火爲輪其常也非環而不可斷者疾乎連也背日噴乎水成虹霓之狀而不可直者齊乎影也汲江釀乎酒應波濤之漲而不可停者均乎氣也片雨滴海合滄溟而不可殊者得其一也寂心歸空同太虛而不可分者會其天也日月有合璧之元死生有循環之端定合璧之元者知薄蝕之交有時達循環之端者知死生之會有期是故月之掩日而光

昏月度而日耀日之對月而明奪違對而月朗是故死之換生而魂化死過而生來生之忘死而識空生忘而死見然則月之明由日之照者也死之見由生之知者也非照而月之不明矣非知而死之不見矣且薄蝕之交不能傷日月之體死生之會不能變至人之神體不傷故日月無薄蝕之憂神不變故至人無死生之恐者矣有之非未無也無之非未有也且未無之有而不有未有之無而不無斯有無之至也故今有之忽無非昔無之未有今無之忽有非昔有之未無者異乎時也若夫無彼無有連旣往之

無有而不殊無此有無合將來之有無而不異者同乎時也異乎時者待以爲必然會有不然之者也同乎時者代以爲不然會有必然之者也影之問乎光曰吾昧乎體之陰君昭乎質之陽君之初吾之餘君之中吾之窮君之沒吾之滅君之淸吾之明何君之好無恒俾吾之令無常與光之答乎影曰子在空而無在實而有在翼而飛在足而走在鉤而曲在弦而直子之近乎燭出子體之外子之遠乎鏡入吾質之內子之自無恒豈吾之獨常歟雖然子之同抑吾之可通吾怪吾之尤者雖吾亦不知之何哉吾遇

陽燧之抱倒乎子之面吾遭羅睺之蝕曲乎子之背吾將問諸造化窮理盡性而不知者命也夫影笑之曰君第收光吾將滅影有之與無由君之與吾何背何正妄推造化之命哉

默之來也默曰一寂能一之默曰二寂能二之默之一也無寂之一也有默之二也無有寂之二也有無一之一也不離乎二二之二也不離乎一然則知寂之不一明默之不二者斯爲之眞一矣夫眞一者無一無二無寂無默無是四者又無其無斯謂之眞無矣夫能游乎眞無之域者然後謁乎眞一之容者焉夫游乎眞無之域謁乎眞一之容者乃見乎諸無矣寂於是謂默曰若夫諸無者人莫能名焉吾强爲之名者曰太無之囊夫太無之囊者人無能諡焉吾强爲之諡者子能聽之乎曰能寂於是乎端容節氣湛然不語久之而兩忘默之悟曰向也吾聞其名矣又見其無也今也吾聞其諡矣未見其無也斯之謂之太無之諡耶寂之覺曰適吾與子爲微談而子果聞諸子可謂明微矣自默之還也而寂爲之絕談

王契

契字佐卿

桔槔賦

智者濟時以設功强名之曰桔槔何樸斲之太簡俾役力兮不勞作固兮爲我之身臨深兮是我之理若虞機張如鳥斯企山有木因工見汲引之能巽乎水自我成潤物之美不羸瓶而上出何抱甕之勤止執虛趨下雖自屈於勞形持滿因高終見伸於知己鄭圃之側潘園之旁溝塍綺錯畎畝相望帶嘉蔬兮映芳草背古岸兮面垂楊欲建標以取別能舉直而自强若垂竿兮匪釣象爟火兮無光不

忘機以棄俗乃習坎而爲常隨用舍而俯仰應淺深而短長重泉之水兮不滯九畹之蘭兮益芳雖欲絕學以棄智其若得存而失亡歌曰大道隱兮世人薄無爲守拙空寂寞老圃之道可行何恥見機而作

盧貫

貫乾元三年兵部侍郎

請仿古舉士奏

臣讀唐史見薛登上疏云古之取士實異於今先觀名行之原考其鄉曲之譽崇禮讓以厲己取名節以標言以敦

樸爲先最以雕文爲後科故人從禮讓之風士去輕浮之行希進者必修貞確不拔之操行難進易退之規臣因覽前書覩茲舊事望於聖代復用此言則有才者皆務造修無行者不宜推擇

李遵

遵太祖景帝七世孫天寶十四載由執金吾爲彭原郡守肅宗卽位拜工部侍郎領宗正卿封鄭伯乾元二年進封公加特進工部尚書坐賄下獄由太子少傅貶袁州刺史寶應二年拜鴻臚又貶永州司馬大歷二年卒

奏限官職田狀

中外官職田者苗子準令依租分法並入新人水陸田十一月一日已後上者子並入官草準式當司官分其類遷改人乃有一年之中數處合得者按令云職分陸田限三月三十日已前水田限四月三十日夏田限九月三十日已後上者入前人已前上者入後人卽是各以耕種時在職者爲主此職既關本是公田耕耘收刈已皆畢功新人方來何理領受請自今後水陸田並限六月三十日宿麥限十二月三十日春麥限三月三十日已前上者入新已

後上者並草並入官若其年已得前任苗子草粟稻麥並不重受亦入官

陸羽

羽字鴻漸一名疾字季疵復州竟陵人不知所生或言有僧得之水濱畜之既長以易自筮得蹇之漸曰鴻漸於陸其羽可用爲儀乃以陸爲氏名而字之師教以旁行書不肯學亡去爲優人天寶中酺吏署爲伶師太守李齊物異之授以書遂廬火門山上元初更隱苕溪自稱桑苧翁詔拜太子文學徙太常寺太祝不就職貞元末卒羽嗜茶著

茶經三篇譖茶者至陶羽形爲茶神祀之

遊慧山寺記

慧山古華山也顧歡吳地記云華山在吳城西北一百里釋寶唱名僧傳云沙門僧顯宋元徽中過江住京師彌陀寺後入吳憩華山精舍華山上有方池池中生千葉蓮花服之羽化老子枕中記所謂吳西神山是也山東峯當周秦間大產鉛錫至漢興錫方殫故創無錫縣屬會稽後漢有樵客山下得銘云有錫兵天下爭無錫寧天下清有錫沴天下弊無錫乂天下濟自光武至孝順之世錫果竭順

帝更爲無錫縣屬吳郡故東山爲之錫山此則錫山之岑嶔也南朝多以北方山川郡邑之名權創其地又以此山爲歷山以擬帝舜所耕者其山有九隴俗謂之九龍山或云鬭龍山九龍者言山隴之形若蒼虬縹螭之合沓然鬭龍者相傳云隋大業末山上有龍鬬六十日因而名之凡聯峰沓嶂之中有柯山華陂古洞陽觀秦始皇塢柯山者吳子仲雍五世孫柯相所治也華陂者齊孝子華寶所築也古洞陽觀下有洞穴潛通包山其觀以梁天監年置隋大業年廢秦始皇塢者村墅之異名昔始皇東巡會稽望

氣者以金陵太湖之間有天子氣故掘而厭之梁大同中有青蓮花育於此山因以古華山精舍爲慧山寺在無錫縣西七里宋司徒古長史湛茂之家此山下故南平王鑠有贈答之詩江淹劉孝標周文信並游焉寺前有曲水亭一名憩亭一名歇馬亭以備士庶投息之所其水九曲甃以文石罛甓龠淪潺湲濯漱移日寺中有方池一名千葉蓮花池一名纑塘一名浣沼歲集山姬野婦漂紗滌縷其渺皓之色彼耶溪鏡湖不類也池上有大同殿以梁大同年置因名之從大同殿直上至望湖閣東北九里有上湖

一名射貴湖一名芙蓉湖南控長洲東泊江陰北淹晉陵周圍一萬五千三百頃蒼蒼渺渺迫於軒戶閣西有黃公澗昔楚考烈王之時封春申君黃歇於吳之故墟即此也其祠宇享以醪酒樂以鼓舞禪流道伴不勝淬噪還於山東南林墅之中夫江南山淺土薄不自流水而此山泉源滂注崖谷下溉田十餘頃此山又當太湖之西北隅縈竦四十餘里惟中峯有叢篁灌木餘盡古石嵌崒而已凡烟嵐所集發於蘿薜今石山橫亘濃翠可掬昔周柱史伯陽謂之神山豈虛言哉傷其至靈無當世之名惜其至異爲

訛俗所棄無當世之名以其棟宇不完也爲訛俗所棄必其聞見不遠也且如吳西之虎邱丹徒之鶴林錢塘之天竺以其臺殿樓榭崇崇業業車輿溶至是有嘉名不然何以與此山爲儔列耶若以鶴林望江天竺觀海虎邱平眺郡國以爲雄則曷若茲山絶頂下瞰五湖彼大雷小雷洞庭諸山以掌睨可矣向若引修廊開邃宇飛簷眺檻凌烟架日則江淮之地著名之寺斯爲最也此山亦猶人之秉至行負淳德無冠裳鐘鼎爲邇俗所不侈宜矣夫德行者源也冠裳鐘鼎者流也苟無其源流將安發子敦其源亦伺其流希他日之當立爲後世之洪注云

論徐顏二家書

徐吏部不授右軍筆法而體裁似右軍顏太保授右軍筆法而點畫不似何也有博識君子曰蓋以徐得右軍皮膚眼鼻也所以似之顏得右軍筋骨心肺也所以不似

陸文學自傳

陸子名羽字鴻漸不知何許人也或云字羽名鴻漸未知孰是有仲宣孟陽之貌陋相如子雲之口吃而爲人才辯篤信褊躁多自用意朋友規諫豁然不惑凡與人宴處意有所適不言而去人或疑之謂生多嗔及與人爲信雖氷雪千里虎狼當道而不愆也上元初結廬於苕溪之濱閉關對書不雜非類名僧高士談讌永日常扁舟往來山寺隨身惟紗巾藤鞋短褐犢鼻往往獨行野中誦佛經吟古詩杖擊林木手弄流水夷猶徘徊自曙達暮至日黑興盡號泣而歸故楚人相謂陸子蓋今之接輿也始三歲惸露育乎竟陵大師積公之禪院自幼學屬文積公示以佛書出世之業子答曰終鮮兄弟無復後嗣染衣削髮號爲釋氏使儒者聞之得稱爲孝乎羽將授孔聖之文可乎公曰

善哉子爲孝殊不知西方染削之道其名大矣公執釋典不屈子執儒典不屈公因矯憐無愛歷試賤務掃寺地潔僧廁踐泥汙墻負瓦施屋牧牛一百二十蹄竟陵西湖無紙學書以竹畫牛背爲字他日問字於學者得張衡南都賦不識其字但於牧所倣青衿小兒危坐展卷口動而已公知之恐漸漬外典去道日曠又束於寺中令其翦榛莽以門人之伯主焉或時心記文字懵然若有所遺灰心木立過日不作主者以爲慵惰鞭之因歎歲月往矣恐不知其書嗚咽不自勝主者以爲蓄怒又鞭其背折其楚乃釋

因倦所役捨主者而去卷衣詣伶黨著謔談三篇以身為伶正弄木人假吏藏珠之戲公追之曰念爾道喪惜哉吾本師有言我弟子十二時中許一時外學令降伏外道也以我門人衆多今從爾所欲可緝學工書天寶中郢人酺於滄浪道邑吏召子為伶正之師時河南尹李公齊物出守見異捉手拊背親授詩集於是漢沔之俗亦異焉後負書於火門山鄒夫子別墅屬禮部郎中崔公國輔出守竟陵郡與之遊處凡三年贈白驢烏幫牛一頭文槐書函一枚白驢幫牛襄陽太守李憕見遺文槐函故盧黄門侍郎

所與此物皆己之所惜也宜野人乘蓄故特以相贈洎至德初秦人過江子亦過江與吳興釋皎然為緇素忘年之交少好屬文多所諷諭見人為善若己有之見人不善若己羞之苦言逆耳無所迴避由是俗人多忌之自祿山亂中原為四悲詩劉展窺江淮作天之未明賦皆見感激當時行哭涕泗著君臣契三卷源解三十卷江表四姓譜八卷南北人物志十卷吳興歷官記三卷湖州刺史記一卷茶經三卷占夢上中下三卷並貯於褐布囊上元辛丑歲子陽秋二十有九

僧懷素傳

懷素疏放不拘細行萬緣皆繆心自得之於是飲酒以養性草書以暢志時酒酣興發遇寺壁里牆衣裳器皿靡不書之貧無紙可書嘗於故里種芭蕉萬餘株以供揮灑書不足乃漆一盤書之又漆一方板書至再三盤板皆（闕一字）懷素伯祖惠融禪師者也先時學歐陽詢書世莫能辨至是鄉中呼為大錢師小錢吏部韋尚書陟見而賞之曰此沙門札翰當振宇宙大名懷素心悟曰夫學無師授如不由戶而出乃師金（闕一字）兵曹錢唐鄔彤授其筆法鄔亦劉

氏之出與懷素為群從中表兄弟至中夕而謂懷素曰草書古勢多矣惟太宗以獻之書如凌冬枯樹寒寂勁硬不置枝葉張旭長史又嘗私謂彤曰孤蓬自振驚沙坐飛余師而為書故得奇怪凡草聖盡於此懷素不復應對但連叫數十聲曰得之矣經歲餘辭之去彤曰萬里之別無以為贈吾有一寶割而相與先時人傳彤有右軍惡溪小王騷勞三帖擬此書課以一本相付及臨路草書暨牽似古釵腳勉旃至晚歲顏太師真卿以懷素為同學鄔兵曹弟子問之曰夫草書於師授之外須自得之張長史覩孤蓬

驚沙之外見公孫大娘劍器舞始得低昂迴翔之狀未知鄔兵曹有之乎懷素對曰似古釵腳爲草書豎牽之極顏公於是偘佯而笑經數月不言其書懷素又辭之去顏公曰師豎牽學古釵腳何如屋漏痕素抱顏公腳唱賊久之顏公徐問之曰師亦有自得之乎對曰貧道觀夏雲多奇峯輒嘗師之夏雲因風變化乃無常勢又無壁折之路一一自然顏公曰噫草聖之淵妙代不絕人可謂聞所未聞之旨也

陸羽曰徐吏部不授右軍筆法而體裁似右軍顏太保授

右軍筆法而點畫不似何也有博識君子曰蓋以徐得右軍皮膚眼鼻也所以似之顏得右軍筋骨心肺也所以不似也

王冰

冰寶應中官京兆府參軍金部員外郎

黃帝內經素問序

夫釋縛脫艱全眞導氣拯黎元於仁壽濟羸劣以獲安者非三聖道則不能致之矣孔安國序尚書曰伏羲神農黃帝之書謂之三墳言大道也班固漢書藝文志曰黃帝內經十八卷素問卽其經之九卷也兼靈樞九卷迺其數焉雖復年移代革而授學猶存懼非其人而時有所隱故第七一卷師氏藏之今之奉行惟八卷耳然而其文簡其意博其理奧其趣深天地之象分陰陽之候列變化之由表死生之兆彰不謀而遐邇自同勿約而幽明斯契稽其言有徵驗之事不忒誠可謂至道之宗奉生之始矣假若天機迅發妙識元通蕆謀雖屬乎生知標格亦資乎詁訓未嘗有行不由徑出不由戶者也然刻意研精探微索隱或識契眞要則目牛無全故動則有成猶鬼神幽贊而命世

奇傑時時間出焉則周有秦公漢有淳于公魏有張公華公皆得斯妙道者也咸日新其用大濟烝人華葉遞榮聲實相副蓋教之著矣亦天之假也冰弱齡慕道夙好養生幸遇眞經式爲龜鏡而世本紕繆篇目重疊前後不倫文義懸隔施行不易披會亦難歲月旣淹襲以成弊或一篇重出而別立二名或兩論併吞而都爲一目或問答未已別樹篇題或脫簡不書而云世闕重合經而冠鍼服併方宜而爲欬篇隔虛實而爲逆從合經絡而爲論要節皮部爲經絡退至道以先鍼諸如此流不可勝數且將升岱嶽

非遐冥爲欲詣扶桑無舟莫適乃精勤博訪而并有其人歷十二年方臻理要詢謀得失深遂夙心時於先生郭子齋堂受得先師張公祕本文字昭晰義理環周一以參詳羣疑冰釋恐散於末學絶彼師資因而撰注用傳不朽兼舊藏之卷合八十一篇二十四卷勒成一部冀乎究尾明首尋注會經開發童蒙宣揚至理而已其中簡脫文斷義不相接者搜求經論所有遷移以補其處篇目墜缺指事不明者量其意趣加字以昭其義篇論吞併義不相涉闕漏名目者區分事類別目以冠其首君臣請問禮義乖失

者考校尊卑增益以光其意錯簡碎文前後重疊者詳其指趣削去繁雜以存其要辭理祕密難粗論述者別撰元珠以陳其道凡所加字皆朱書其文使今古必分字不雜糅庶厥昭彰聖旨敷暢元言有如列宿高懸奎張不亂深泉淨瀅鱗介咸分君臣無夭枉之期夷夏有延齡之望俾工徒勿誤學者惟明至道流行徽音累屬千載之後方知大聖之慈惠無窮時大唐寶應元年歲次壬寅序

素問六氣元珠密語序

余少精吾道苦志文儒三冬不倦於寒窗九夏豈辭於炎暑後值則天理位忠良多見被害遂乃退志休儒繼日優游棲心至道每思大數憂短景以無依欲究真詮慮流年而不久故乃專心問道執志求賢得遇元珠子乃師事之爾即數年間未敢詢太元至妙之門以漸窮淵源方言妙旨授余曰百年間可授一人也不得其志求之者勿妄泄矣余即遇元珠子與我啟萌故自號啟元子也謂啟問於元珠子也今則直書一本計十卷其目曰元珠密語乃元珠子密而口授之言也今余於百年間不逢志求之士亦不敢隱沒聖人之言遂書五本每本一十卷頭尾篇類同

義藏於五嶽深洞中先饗山神後乃藏之恐後人志求之者可以遇之如得遇者可以珍重之寶愛之勿妄傳之不得其人不可輕授之爾此元珠子授余之深誡也此十卷書可以見天之令運之化地產之物將來之災害可以預見之素問中隱奧之言可以直而申之可以修養五內資益羣生有伐强補弱之門有祛邪全正之法故聖人云天生天殺道之理也若能究其元珠之義見天之生可以延生見天之殺可以逃殺陰符經曰觀天之道執天之行盡矣此者使人能順天之五行六氣者可盡天年一百二十

歲矣其有天亡者蓋自五行六氣遞相罰天也故祖師言六氣之道本天之機其來可見其往可追可以著之玉板藏之金匱傳之非人殃墮九祖爾

劉嶢

嶢肅宗時人

取士先德行而後才藝疏

國家以禮部爲孝秀之門考文章於甲乙故天下響應驅馳於才藝不務於德行夫德行者可以化人成俗才藝者可以約法立名致有朝登科甲而夕陷刑辟制法守度使

之然也陛下焉得不改而張之至如日誦萬言何關理體文成七步未足化人昔子張學干祿仲尼曰言寡尤行寡悔祿在其中矣又曰行有餘力則以學文今舍其本而循其末況古之作文必諧風雅今之末學不近典謨勞心於草木之間極筆於烟雲之際以此成俗斯大謬也昔之採詩以觀風俗詠卷耳則忠臣喜誦蓼莪而孝子悲溫良敦厚詩教也豈主於淫文哉夫人之愛名如水之就下上有所好下必甚焉陛下若以德行爲先才藝爲末必敦德勵行以佇甲科鄷舒俊才沒而不齒陳實長者拔而用之則多士雷奔四方風動風動於下聖理於上豈有不變者歟

欽定全唐文卷四百三十四

蕭定

定字梅臣太子太保瑀曾孫以蔭起家陝州參軍事擢右司郎中外歷袁州潤州刺史大歷中遷戶部侍郎轉太常卿朱泚反變姓名爲張誕不汙賊事平擢太子少師興元元年卒年七十七贈太子太師

袁州文宣王廟記

於戲大樸既往淳風不扇天將以夫子爲木鐸而大賚于生人天縱夫子以聖德而誕敷于文教不然則禮樂墜于

地憲章弛而不張忠信薄于家人其被髮左衽矣周德既衰諸侯擅命君非堯舜其能以天下讓於聖人道在先天其能違天命要於富貴故夫子屈身以行道而道濟天下邁德以立訓而訓被家邦向使夫子爲有土之君南面而治則大道洽于羣物而況于人乎大化行於蠻貊而況於華夏乎夫天運之陵夷下人之昏墊若虞泉之不可晝也故夫子轗厄於當時生人之未窮世數之相變若長江之不可竭也故夫子道行乎千載觀乎有國有家者微夫子之教其何以行之哉夫子之教也修身以及家自家以刑國而治道備矣是以治萬人如治其身治天下猶治其家使君君臣臣父父子子之道粲然明白若日月之照臨光於上下是故用其大者其治大用其小者其治小不用而能治者未之有也且三代之主皆聖君也而猶社稷與世數存沒祀典將子孫廢興則其餘皆可得而知矣夫子官爲司寇道冠百王歷萬古而彌尊與四時而並運生徒滿天下祠宇充郡國與生人終始同天地盈虛非天下之至聖孰能與於此乎稽夫兩楹坐奠惟夫子疇昔之夜夢之尊爲人君惟開元御歷之辰應之則開元叶明王之符夫

子播人君之化矣大歷元祀定自尚書左司郎中試祕書少監兼此州刺史祇膺典禮式展誠敬入夫子之庭廡美盛德之形容高堂巋然垣墉半落俎豆斯在榱桷全朽靈像頹容門人虛位乃謀及寮吏撰日增修府寮從胄子從龜從筮從是之曰大同敢徵良匠祗敬蕆事改造夫子及四科之像兼畫七十二子之容江鄉土卑垣墉多隙以板易竹以粉代圬廊廡庭除四顧交葺籩豆簠簋罔不畢陳入其室若聞講誦之音升其堂如聆金石之響冀夫袁江之上將宏洙泗之風袁山之人能傳鄒魯之學儒行充於

比屋中庸化而爲俗矣非曰能之也冀能者賡之述而不作識之可也時大歷二年疆圉協洽歲律中無射之月秉刺史蕭定記

改修吴延陵季子廟記

有吴之興也泰伯讓以得之有吴之衰也季子讓以失之爲讓之情同而興衰之體異何哉泰伯之讓讓以賢也故周有天下而吴建國焉季子之讓賢以讓也當周德之衰而吴喪邦焉或曰非所讓而讓之使宗祀泯絶而不血食豈曰能賢斯可謂知存而不知亡者矣夫治亂時也興亡

運也故至至而不可却終終而不可留黄河既濁阿膠無以正其色鹽池斯鹹弊箄不能匡其味與夫當濁亂之世召力勝之戎讓與爭孰賢乎易曰知幾其神則季子之見可謂知幾矣季子之明可謂知進退存亡而不失其正矣至於聽樂辨列國之興亡審賢知世數之存沒挂劍示不言之信避國保無欲之貞故有吴之祀寂寥而延陵之饗如在元風可想至德興歎美之詞哲人其萎表墓著嗚呼之篆向微德仁兩至則夫子不復歎焉詳其精義被物鈞深致遠之旨烏可究其津涯而窺其墻仞哉是知讓之爲德在於生靈不獨其子孫明矣國有祀典人懷永思定忝列藩條欽崇懿範于以加敬嚴乎閟宫别闢壼之内外正衆臣之序位舊以泰伯之廟在於蘇臺而制季子之祠像設東面非由典禮諒無取焉必也正名於是乎在祈報獻奠贊幣宜列于軒廂春秋禮薦俎豆當陳于正寢俾觀像者識賢人之遺風可律審度者知經德之禮秩無差末學陋詞不足頌其休烈寒來暑往敢用同於紀年時大唐大歷十四年歲在己未八月戊戌朔二十七日甲子正議大夫使持節潤州諸軍事守潤州刺史上柱國賜紫金魚袋

新拜尚書戸部侍郎蘭陵蕭定字梅臣記

張獻誠

獻誠輔國大將軍守珪子天寶末陷安祿山授僞署後事史思明將兵守汴州東都平史朝義走還汴獻誠不納藉所統兵以州降詔即拜汴州刺史封南陽郡公改寶應軍左廂兵馬使更封鄧國公擢山南西道節度使兼節度劍南東川大歷三年疾歸京師以檢校戸部尚書知省事

讓戸部尚書疏

臣聞在滿防溢則無其咎知進忘退是必凶終聞之往賢

深以爲誡。微臣獲宥寬政，于茲六年。猥蒙驅策，委以心膂。總戎持憲，按俗宣風，皆匪因人，率繇睿獎。每用刻骨，內訟于心。何德于天，何功至此。誓期死節，上報生成。不謂去歲以來，風痺成疾，而聖恩益厚，光寵愈深，俾堂弟獻功代臣節制，授臣右職，復檢校戶部尚書，渥恩蟬聯，晝日三接。臣以寢瘵之故，竟不得趨拜軒墀，授官累日，又不得入謝。視事多所曠廢，職臣之繇。今形貌支離，精魂蕩越，竊自診視，慮不終朝，大懼祿位逾涯，以速顛沛。伏願察臣丹懇，罷臣此官，消臣滿盈之禍，延臣晷刻之命。倘光天下照，曲遂愚衷，粉骨糜軀，死將不朽。

韋元甫

元甫初任滑州白馬尉，累遷蘇州刺史、浙江西道都團練觀察使。大歷初徵爲尚書右丞，授揚州長史、兼御史、淮南節度觀察等使，六年卒。

謝恩表

臣某言：中使楊華林至，伏奉敕書，宣慰臣及將士者。祇奉寵靈，進退兢惕。臣某中謝。臣本書生，素非公器，恭守憲令，所期自勉，總司戎律，實非所長。頃者宣州用兵，皆以詔書從事，但悉所管兵馬，稟副元帥文符，幸隨衆軍，克有成績。皆王縉指蹤之力，袁傪致命之功，羣帥成之，在臣何有。今又曲承霈澤，特賜天書，任重材微，恩深効淺。拜舞之下，戰汗無從，不任歡喜踊躍之至。

謝恩表

臣某言：中使鎮軍大將軍、行左威衛大將軍楊宗敬至，奉敕宣慰臣等，清問俯臨，兢懼交集。臣某中謝。臣識非務大，才不逮人，依日月之末光，叨藩條之重寄。臣之薄劣，實負寵榮。頃年以來，寇賊漸息，時將休泰，人自康寧。臣誕布皇風，恭行憲令，待罪而已，致理無聞，曠官之責，未書偏照之榮，已及再三循省，何以克堪，蹈舞徘徊，唯增戰越，不任欣躍之至。

爲百官謝放朝表

臣某等言：中書門下奉宣進旨，緣天寒，常參官放朝者。伏惟皇帝陛下憂勤致理，惻隱無遺，節應祁寒，仁深潤下，宵衣之際，天意迨於周行，挾纊之恩，羣臣照於堯日。無任欣荷感銘之至。

爲京兆尹捉賊既獲謝恩表

臣某言臣亡兄某頃於興平縣界遇賊劫死臣忝司京尹職在肅清不能屛息姦回乃令害及骨肉既負曠官之責仍積私門之恨此賊漏網臣亦何顏況以私讎上貽聖德寬臣弛慢之罪哀臣死喪之戚頻降德音容臣追捕又恐事端皆知巢穴緣是行營官健未敢懸有追擒計會往來遂淹旬日以今月某日於某縣界捉獲所射臣兄賊某軍行官某幷同伴若干人此乃天意除害轅門奉法不然則萑蒲之盜安得盡誅冥漠之魂猶將永恨擒姦擿伏仰荷聖威雪憤申冤俯獲私願生死蒙施無階上答無任

謝加銀青光祿大夫表

臣某言伏奉去年月日制特加銀青光祿大夫跪奉詔書震驚心腑恩深益懼喜極成悲臣某中謝臣肄業儒門出身聖代始服勤於州縣遂竊位於臺省每自兢惕常憂滿盈一從効官三十餘載不敢受鍾釜之祿不敢敘節級之階中朝舊人咸所知悉非唯懼速訕謗實亦有畏神明屬頃歲姦宄亂常中原多故聖皇委臣以武關方城之任賜以章服監護七軍先帝委臣以荆南江西之寄特加朝散兼察兩道今陛下又錄臣駑駘薄効超授銀青三朝荷榮百生何報仰天跼地自省無能撫本循涯罔知攸措便當門施棨戟綬綰銀黃車服有加子孫蒙福禽鳥飛動不知天地之功草木芬華空滋雨露之澤誓將輕命上答生成冀効涓埃以裨萬一

崔瓘

瓘博陵人累官至澧州刺史風化大行優詔特加五階至銀青光祿大夫移潭州兼御史中丞充湖南都團練觀察處置使大歷五年兵馬使臧玠搆亂遇害

對驅儺判

月晦所司闕堂贈之禮

烏鳴亳社燕死吳宮屋室坐焚營魂澨盡下堂待傅嘗聞宋女之貞上國同盟亦曰諸侯之義情深怛化事急災分介之旌綿何嗟及矣求也攝帛如可贖兮豈澶泉之無歸固匍匐而將救斂怨爲德容或干刑贈死及屍昧非憎禮覽公羊之大傳自有明文考縣象之舊章了昧非法人且無罪事固絕論

崔伯陽

伯陽肅宗朝御史中丞坐鞫天興令謝夷甫誅謫爲侍御

史毛若虛所擕貶高要尉

珠賦 并序

高郵西北有湖名甓社近歲夜見大珠其光屬天嘗問諸漁者言或遇於他湖中有竊謀之者則風輒引船而去終莫能至賦曰

鑠高郵之經治裂揚州之故部有湖隸旁將三十所大或萬頃小亦千畝穹山大野谿谷郊藪晝夜走險越千里而來赴者莽不知其幾千百處壓東南之淼漫勢膠轕而無涯溉灌乎民田漕引乎國家間乃省貢書考圖編所陳者

持盤飡之微固不聞有把握之貴為當世之所傳發詠乎川珍翺翔乎水邊爰有荒人漁子相語而來前曰先生之念者貨也若夫川澤之精理則不然不寶於人獨寶於天今此有夜光之珠產於深淵其始也天和景晴湖波夜平煙冉冉以四收萬籟息而無聲則知珠也稟氣將之若海月之升含彩吐耀周隅皆明呀紺石而為宮被綠苔以垂纓挹奔星之光芒吸沆瀣之精英木散景兮扶疏草露實兮紅青林鳥驚而移枝羣犬愕兮爭鳴於是卭人徐來上流俱起撫鴻量以先趍領罾笱之已試連巖挺㧗灑網持紲嗟雖鑑其眉睫疑未曉其機器方詭置之漸張果造形而已逝而況伏見靡時倏彼倏此與蛟龍之為朋曾風雨而作衞彼能三足而在爇鼈九肋而充饋漢蛟鮓之青骨鄭黿美之異味㔉牛悅水而黃奪澤馬玩繩而足蹶犀抑偶而解角翠因媒而折翅江使被執於行役巨魚為腊於貪餌文貝璘瑁出禍其腸腹金華玉英坐窮於淘繼蠣蜃胎寒熠燿自喜忱絕意於遐引適足殺其軀而已矣是故數者我固謂之貨也能不為珠之笑耶子曰嗚呼噫嘻信子言也既明且哲則大雅君子者耶不常所居擇利害而

去就者耶用以晦明知在已者耶色斯舉矣學孔子之徒者耶薄泥塗而不辱不恥下賤者耶川不涸岸不枯有德鄉里者耶久而不聞其遯世者耶既而復曰嗚呼噫嘻照魏王之乘耶燭隋侯之室耶謂上幣耶飾冠冕而佩耶客有聞者亦瞿然而興曰嗚呼噫嘻吾聞諸石室之書曰王者得之長有天下四夷賓服然則得之者或非其心獨王者之心也

韓滉

滉字太沖宰相休子以蔭授左威衞騎曹參軍至德初累

遷祠部考功吏部員外郎大歷中遷太常卿拜鎮海軍節度使封南陽郡公貞元元年拜檢校左僕射同平章事進封鄭國公二年改封晉國加度支諸道鹽鐵等使三年以疾薨年六十五贈太傅諡曰忠肅

進解縣安邑兩池生乳鹽表

臣頃進漫生鹽故老相傳已稱靈瑞今乳鹽新出特表非常伏請薦於清廟編之史冊

請伐吐蕃疏

吐蕃盜有河湟爲日已久大歷以前中國多難所以肆其

侵軼臣聞其近歲以來兵衆寖弱西逼大食之強北病回紇之衆東有南詔之防計其分鎮之外戰兵在河隴者五六萬而已國家若令三數良將長驅十萬衆于涼鄯洮渭並修堅城各置三萬人足當守禦之要臣請以當道所貯蓄財賦爲饋運之資以充三年之費然後營田積粟且耕且戰河隴二十餘州復之可翹足而待也

毁佛寺鐘磬判

佛本無形有形非佛泥龕塑像任日崩頹銅鐵之流各還本性

斷法師雲晏等五人聚集賭錢因有喧爭判

正法何曾執見空門不積餘財白日既能賭博通宵必醉樽罍強說天堂難到又言地獄常開並付江神收管波中便是泉臺

昭德皇后哀冊文

維貞元二年歲次景寅十一月丁亥朔十二日戊戌大行皇后崩於兩儀殿旋殯於西階越朞（一作三）年歲次丁卯三月景辰朔二十九日甲申大行昭德皇后將遷座於陵臺禮也長秋宵闢靈轀夙備哀笳候曉咽挽增欷容衞儼然

祖庭愔邃動常情以自失矧孝思之天至哀子皇太子痛鳳嬰之將引哀雲陵之永訣號遣奠以登餕臨凱風以泣血臣滉奉詔式揚懿烈其詞曰

坤厚載物乾道由儀成象大矣貞徽纂之芳聞在郃俔表天施風宏王雅慶發明離靜恭之德斯贊庶方之教聿熙誠軒星之降彩何玉華之遽萎嗚呼哀哉桂館纚哀椒塗燎寢翬衣卷玉龍扛綱錦內朝遽闕公宫曷稟彤管空貽黃桑罷紝宸衷悼深於故劍儲貳痛絕於勺飲惟華宗之遠派實統業於周王猗烈祖之上仙固命氏之靈長沙麓

之徽爰契笙華之慶載洋穆嘉猷於洲渙躋盛德之任姜居內輔以同體飾芳音以融光賦樛木以逮下鄙脫簪以自彰夙著當熊之績早膺靈鳳之祥布一德以蕃衍貞萬國以元良將順簡以柔克奚震蝕而靡常掩圓魄以就晦絕坤維而不張嗚呼哀哉臣妾何恃宮壼安仰奏永巷以晨謁瞻蘭殿以凝想庭寥寥以增曖繐襜襜以不歇激號唱以俱發達蒼冥以振響嗚呼哀哉通靈甫搆天京啟阡壽原春慘新宮晝元珠襦已襚玉座將遷哀嬪負壐泣御收筵鷺輅徐轉鸞旗導前慟皇情以餘遲下北極以辭天

想衣練以崇儉絕傾筐而詠賢嗚呼哀哉瑤齋永閉聲鑑長委靈仙眇邈母儀在紀嬀汭同風塗山繼美配祇薦號騰英流祉惟皇儲之孺慕方銜恤以頓毀掩禮經之前蹤達天下之孝理遵睿懷之慘怛昭天行之終始垂千古而自揚豈臣詞之足擬嗚呼哀哉

崔造

造字元宰深州安平人累官左司員外郎擢給事中貞元二年同中書門下平章事罷爲太子右庶子卒年五十一

與權德輿書

造白僕嘗以道喪日久罕見君子閒者奉晤得聞循上之方體仁之度言發理契心朗目明涉道之誠若乘川而得舟楫其慰盛也寤寐自賀竊思前賢心感之重義叶之固或約之以朋友或申之以婚姻聚之以望閭悅之以宴好俾一日之合爲累世之歡裔嗣承流清風自遠克成貞素之業永稱道德之門卽潁川荀陳蓋其事也僕不揆鄙固景行行之早年嘗與二三情友約誠同此世物多故志爲事奪存沒有間通塞殊尚今中年已及此心猶阻永懷愧歎怵怍如厲幸以罪廢貶秩向終法尚放還歸齒田里追

懼前失渫勵愚衷咨諭弟兄導率妻子甘與時絕永安邱樊息女二人姿性及義以靜約爲尚以琴書爲適庶可以承君子之好備有道之室長女先約故司徒元子宏農楊宏微幼女未笄願繼德嗣北歸之日敬俟嘉命夫人之生母道之動也動而能靜是謂返本僕婚嫁既畢退身巖阿靜以營神虛以順命與骨肉姻戚蹈道爲期還復之中庶乎返本未審足下以爲何如遠布所懷跂聞雅論造頓首

孫鎣

鎣肅宗朝監察御史七馬坊押官盜掠人天興令謝夷甫

殺之鎣鞫其獄直夷甫帝怒流播州

罔兩賦 以道德希夷仁美爲韻

南華眞人立元古恣探討折罔兩之喻明希夷之道將欲侔三光之懸爲百代之寶其始也若乃天清氣明長雲如埽呈纖微之虚質揚太陽之杲杲莫不以影爲典以形爲則動靜委任濃纖合德欣禦寇之輕盈恥壽陵之匍匐遇夫明也有似夫亨通遇夫陰也何異於否塞罔兩責於影曰子實傷躁吾之甚微謂爲無也雖微而必有謂爲有也雖可名曰希吾將舍子而去子復何所歸影乃假詞而諭

曰夫鴻鈞造物其道大夷至精者不思而立得懵昏者役慮而不知則吾之與爾皆形之陰也焉得以自顯亦可以含天地之大德承日月之無私幸文明之宣照故纖毫而不遺罔兩於是欣然而應曰此乃邇其身居其神靜躁匪肅吉凶由人雖讒構不能以相間安繩墨之竟爾相因懿夫行高道潔煦然慈仁規行矩步和光同塵志存禮義上奉君親是以吾之與爾俱得其眞無終日之見舍同不孤之有鄰豈比夫共體鼯頑本枝險詖隨誇競以馳騁靡道德之浸漬務呫囁之委曲疲趦趄之巧僞騰浮薄而爲名竟顚蹶以俱累豈與盛明之光燭希薦能而比義

蘇端

端肅宗朝比部郎中太常謚楊綰曰文貞端持異議帝惡其言醜險不實貶巴州員外司馬

駁司徒楊綰謚議

古者美惡無私襃貶必當將以嘉善而退惡爲列辟之明典也可不愼歟今謹詳前謚文貞者稽法考事恐非允時論發揚來訓矣夫道德博聞曰文清白守節曰貞且元載與司徒友敬殊深推爲長者首舉清要人莫與京及司

徒寵望漸高載畏其逼又知載隳壞紀綱心貳於君旣懼其疑因而疎間有口皆知載惡而獨曾無一言或有發載之惡證告未明抱誠坐法者司徒時居上列奏達非難不能因此披衷正詞全志士之命露凶狡之私而乃晏安自泰優游過日使元載禍大滅身竟勞聖上防伺之慮豈守節不隱耶豈懷道無毒耶非謂文貞明矣洎元載將謀不忠罔聰蔽聖嗇恩於下招怨於上使北塞人勞有過時之戍西郊虜入無弔災之惠磁邢忠義之士將死復生梁宋傷夷之人或寒或餒搜訪旌恤中外所急載皆絕之使王澤不及於下爲行路所嗟而楊公當聖上維新之時居天下得賢之望誠宜不俟終日造次速言乃寂寥啓悟禁閉謨猷貪食萬錢之賜虛承一心之顧使防河之人家聞採菉之歎近甸諸邑多興祈父之憂豈慈惠愛人乎旣曰不慈不惠何以謂之文有隱有毒何以謂之貞乎古者諸侯有國卿大夫有家上以報祖宗下以處子孫之義也楊公歷處厚俸人謂儒宗曾不立家又無私廟寧使人老闕敬祖之禮位極亡祭祀之宮凡在衣冠誰不歎恨又乖大義克就愍仁接禮之義矣曰文與貞曷可以議聖人立謚有

公無私所以周宣不敢私于父謚曰厲漢宣不敢私於祖謚曰戾百王明制歷聖通則昔公叔文子有死衞之節修班制之勤社稷不辱方居此謚爰及太宗初魏公徵有匡救公直之忠中宗末蘇瓌有保安不奪之節所以諸賢甚衆謚文貞者不過數公至於燕公張說先朝辭翰之臣名節昭著省司尚謂不可至今人故稱之由是言之烏可比德請牒太常更詳他謚以守彝章庶乎青史之筆不乖於周漢黃泉之魂免慚於蘇魏謹議

姚南仲

南仲華州下邽人乾元初制科登第授太子校書歷御史中丞改給事中出爲陜虢觀察使貞元中遷鄭滑節度使授尚書右僕射十九年卒年七十四贈太子太保謚曰貞

諫近城爲陵墓疏

伏聞貞懿皇后今於城東章敬寺北以起陵廟臣不知有司之請乎陛下之意乎陰陽家流希旨乎臣愚以爲非所宜也謹具疏陳論伏願暫留天睠而省察焉臣聞人臣宅於家君上宅於國長安城是陛下皇居也其可穿鑿興動建陵墓於其側乎此非宜一也夫葬者藏也欲人之不得

見也是以古帝前王葬后妃莫不憑邱原遠郊郭今則西臨宮闕南迫康莊若使近而可見死而復生雖在西宮待之可也如骨肉歸土魂無不之章敬之北竟何所益視之兆庶則彰溺愛垂之萬代則累明德此非所宜二也夫帝王者居高明燭幽滯先皇所以因龍首建望春蓋爲此也今若起陵目前動傷宸慮天心一傷數日不平且匹夫向隅滿堂爲之不樂萬乘不樂人其可歡心乎又暇日起歌動鐘於內此地皆聞此非宜三也伏以貞懿皇后坤德合天母慈逮下陛下以切軫旒扆久俟著龜始謚之以貞懿終待之以褒近臣竊惑焉非所以稱述后德光被下泉也今國人皆曰貞懿皇后之陵逼於城下者主上將日省而時望焉斯有損於聖德無益於貞懿將欲寵之而反辱之此非宜四也凡此數事實玷大猷天下咸知伏惟陛下孰計而取其長也陛下方將偃武靖人一誤於此其傷實多臣恐君子是非史官襃貶大明忽虧於掩蝕至德翻後於堯舜不其惜哉今指日尚遙改卜何害抑皇情之殊眷成貞懿之美號 下闕

李至遠

至遠始名鵬趙州高邑人上元時制策高第歷司勳吏部員外郎中遷天官侍郎出爲壁州刺史卒年四十八

唐維州刺史安侯神道碑

夫招搖東指寰區識天下之春溟漲北臨川谷有朝宗之地況乎皇明發而萬物覩天衢亨而四隩宅故以驟險浮深同文協軌者也若乃壞鄰驕子家號名王握蔥野之瑰奇漱蒲源之粹液井蛙自許旣累嗤於越子風鴻且遇仍嗣美於秺侯則大將軍安侯其人矣侯諱附國其先出自安息以國爲姓有隋失馭中原無何突厥乘時籍雄沙漠

侯祖烏唤爲頡利吐發番中官品稱爲第二王庭雖踻方冠射鵰之勇帝鄉何遠空鬱衝牛之氣父朏汗望日月於中衢奮羽毛於邊服勢同鵲起功隨豹變貞觀初率所部五千餘人朝詔置維州卽以朏汗爲刺史拜左武衛將軍累授左衞右監門衞二大將軍封定襄郡公寄等連城榮超合璺析圭胙土時議稱之侯運偶千年才標一日服太阿而善斷覽介石以知機有顧鶵籠實懷先覺迺心鳳扆奚歎後予於是拔跡泥沙翻飛霄漢亦以貞觀四年與父俱詣闕下時年一十有八太宗見而異之卽擢爲左領軍

府左郎將尋令與鴻臚丞趙德楷諭旨於吐谷渾虜安鶵鵜之巢敢恃螳螂之斧旅拒成命逼迫行人遇困加威脅舉步逢艱阻侯以命有所繫靜以體之節不可失貞以守之雖弦矢屢移而鐵石無改旣而加兵一盪兇氛四徹竟獲全歸僉以爲蘇武鄭衆不獨高於前代矣璽書歎述遷本府中郎將賚布帛五百段又加秩爲忠武將軍行本職十九年太宗揚鑾蹕撫清海俗於三韓駐蹕聊麾駭天聲於六漢侯功參末將績預元戎詔論功授上柱國封騶虞縣開國男食邑三百戶永徽元年拜右領軍將軍餘如故

荷元天之廣運承湛露以晞陽蒲璧開南面之尊蘭錡盛北軍之寵門驅四馬匣紐雙龜薄暮歸來輝光不獨於三子辨色而入前後方參於五侯疊葢流軒巘枝岌業足以震輝都鄙謳謠氓庶尋丁定襄公憂執喪無替於少連讓爵自先於季札及其字人按部和風布政使幼艾不懷酋渠不驚非樹其長莫諳其俗以此高乎兼本官復拜爲使持節維州諸軍事維州刺史朝咨良牧之能物喜吾君之子入虔戎政縟共宿於星廬出變夷歌扇重暉於日域龍朔中隨府易名改爲左戎衛將軍總章年進爲右戎衛大

將軍刺史勲封並如故日觀崇巖雲封峻霄三五之聲已邈八九之跡難追天子潔壇場疏圭璧報功崇德騰茂實於石閒侯亦勵熊羆從金鼓前清後禦罄忠勤於玉帳咸亨初追封斯闕仍本封進爵爲子加邑四百戶方當降錫上罇行昇右地嘯洪崖而自狎揖浮邱以曾舉而般相肇夢晉寢成妖古謝今形仙禽致是非之難寒凝暑退大椿屬搖落之期哀哉奄以調露二年二月十八日寢疾終於神都春秋八十有三永隆二年二月二十三日葬於雍州長安縣孝悌鄉之原禮也惟侯緒茂膏粱基循鼎冑絳河

濬潤每孕傾都之寶丹野成章必矯冠羣之翼弱便英邁長實宏遠劍連三術道業史以前驅德包五善揖楚臣於下席從吾所好方盡銳於戈矛在物或遺故無資於筆硯加以動會規楷性非因習泣畫象於離宮貞資孝敬感飛泉於異域雅蹈忠誠利以義通功以濟物故能夙攀閶闔亟奉鉤鈐効心膂於中年享高明於暮景左右深率從之奇始終無纖芥之隙行師則訓兵以律受任則執禮無違非才優體二道恭感一惟微惟熙至公至平者疇能與於此哉悲夫琴心輟奏去高堂而不留筮氏觀窀創幽穸而

期兆鼓秋風於古樹誰識將軍思白日於荒郷空懷中散賓御旋兮寒野暮池館靜兮浮雲陰可作無時與歸何想長子故右玉鈐衛將軍北平縣公思祇藻身淑慎流聲奕葉繁滋遽委危露先飄次子曾州刺史思恭等趨表闕以擗心涉禮庭而收泗薦蘭之誠徒切集蓼之哀永萃思所以髣髴形容揄揚清懿託問詞於廣陌播雄名於大隧迺爲銘曰

閬風秀迥河氣靈長於昭化毓實延英芳稜飛玉塞勢軼沙場家承有土祚歷無疆分源何從揚颷南入削衽荒庭殺凶大邑孝乎何取忠焉是襲花綬遙遙雲冠岌岌歎命河首逢羈海裔雲天變色鄉關無際虎噬徒交壯心益勵卒延哀謙豈嗟拘滯作固蘭陛仍分竹符盟申帶礪禮盛傳呼巖廊夕警祕宇晨趨還便後殿出必前驅本枝隱蔽宣條求瘼惠起人謠清惟主諾野乃聞勞門非籍惡是聽夏聲諳知戎落旋增厚秩亦追崇封逸豫斯邑車服以庸庭紛舞籥室韻歌鍾寧悲昃景遽落高峯梁木應悲大星俄殞廣川去楫修途廢軫倏兮已喪蕭兮而盡神乎不測天乎何忍永背青梟郎安元夜泉臺構壤山門反駕野吹方噎榮輝不借德雖隆於九原神豈奄於萬化

敬寬

寬寶應朝擢書判拔萃科

對被替請選判

丁授官累日被奏替請非時選廢置不許云準敕旨冬已過旬限丁訴云今正在冬當替只在下牒之日且辨論官材不合拘以限約廢置又執賢能以歲時入其書豈可無限

底祿命賢諒存於考覈懸象班令克定於程期無慢國經

必遵王度胥言丁矣庶得人焉登書拔才量能授職始望政成人化曁及三年而乃褫服抽簪曾不累日屬參選限敕而詣訴過時徒思揚己露才豈可違文破格然已而靡慍嗟有異於子文留之物移傷不遇於黃霸誠哉廢置實曰司存引明周典之文詎忝冢官之列輿言不失宜室有詞

盧載

載肅宗朝官中書舍人

元德秀誄

誰爲府君犬必啗肉誰爲府僚馬必食粟誰死元公餒死空腹

王昇

昇乾元三年渝州刺史

靈石碑

嗣賢宣化兮匪仁誰當尸之吾欲息肩兮物情率我攸宜氣和政洽兮八風融滋皇明燀赫兮萬古今時年豐人康兮鼓腹於斯慚四子之詠兮中和之詩

崔祕

祕肅宗朝官尚書郎

薔薇偈

護草木性植彼薔薇眼根不染見爾色非

李聿

聿元宗朝官清漳令遷尚書郎

茗侶偈

采采春渚芳香天與滌慮破煩靈芝之侶

杜倚

倚御史大夫淹元孫官左衞將軍

漉水囊偈

裂素成器給我救彼密淨圖靈獲生絜水

王延昌

延昌乾元元年官監察御史殿中侍御史知雜事歷度支員外郎吏戶二部郎中京兆少尹加諫議大夫

河瀆神靈源公祠廟碑

中國經瀆河爲長上應析木下朝扶桑演崑崙踰積石繚大漠經龍門灌注九州之閒經營萬里之外鱗介所宅神靈所都元冥總之以命官馮夷憑之以爲伯唐堯觀諸龍

圖肇見周公沈璧榮光發祥元符之來彪炳彰煥古先哲后罔不欽崇奠封居之儀修壇墠之制存乎祀典代以爲常則班固序漢書所謂河祠臨晉是也偉其南直太華北鄰中條渭水過其旁汾雎揭其後風雲相盪精氣交馳於以禮神事之宜也不然發源自遠地則多漫胡爲不昭晰於他邦獨受享於兹土前賢經始抑有其由至於春以泮凍秋以涸凍初以歲禱終以報祈嘗醪有加騮駒是薦蓋以在雍州之域通天子之都地既稱雄禮云異數與夫淮流桐柏江出岷山僻在遐方莫我京也幽贊之力實賴河

公以潔爲清瀾至於數四息昏墊之苦絕羨溢之憂濱河之人溷無大害此靈長之德上善之功也祈以正直享以積誠未嘗不誘其衷而降之吉也或進以便佞言以矯誣未嘗不奪其魄而貽之禍也歲大旱而作霖雨時天札以惠嘉生依仁而行唯德是輔天寶歲安祿山稱兵朔裔肆逆東夏熖烻扇爆烝人爇焉宗社有綴旒之厄士庶有阽危之懼太上南幸肅宗北巡賊相張儒據有長安賊將崔乾祐固守蒲坂今關內河東副元帥中書令汾陽郡王郭公時爲兵部尚書門下平章事朔方節度使訓兵誓衆趨百二之險謂此邦底定則京師可圖虔禱於河潛軍以往金鼓掩夜渠魁出奔遂收蒲城神所道也及師次渭汭陰霧晦冥公假寢之際夢河神謂曰永豐倉側將有急變不如速退姑以避之比全軍及郊虜已雲合克違寇難神所扶也其後李國楨之遇禍公復總戎故絳僕固懷恩之逆命公又出鎮河東大君日旰食中外騷擾公獨奮無前之勇馳不測之地始按節而來終奠酹其邁所謀必克無往不平再安叛渙神所相也爰自兵亂以迄於今時更十年代歷二聖國之氛霾惟河公蕩滌國之土宇惟河公廓開

國之忠良惟河公保祐國之奸慝惟河公殄摧誠靡幽而不應澤罔微而不該得一以靈不其宜哉汾陽王深惟據我屢崇昭報奉牲玉不敢愛也致精意未嘗怠也每蠲吉歷選自郊徂宮奠于堂戶之間則神之昆弟具在酌於屋漏之內則神之伉儷攸居文墨相望男女無別公曰神人之主也禮政之源也人有上下則禮有內外之制人所謂否神其可考盍築館於後以安靈匹乃諮於副元帥副使太子賓客御史大夫知河中府事崔公寓量功命日而後役於河西縣大夫李開不徵貨財不殫日力曾不踰月克

復於成。大厦眈眈。鬱其特起。內寢既立。神儀穆然。於是齒危髮禿之老王端等進而稱曰。大河浩蕩。弊邑之望也。自公杖鉞。三至我里。靈應肸蠁。未嘗或欺。國之克復。實始於此。安天步於臲卼。定人心於驛騷。大君成湯武之功。賢相保桓文之業。皆神之由也。矧內寢棘翼。今茲有成。此而無述。何以示後。願刻樂石。以彰厥庸。公敎曰。諸公之辭。固不可抑。頌祇則可。無推美於予。墨客聞。敢繫辭曰。

浩浩長河。中國之紀。洪流激射。橫制地理。蒸雲吐霧。薦圖效祉。是曰經瀆。斯爲德水。聖唐六葉。巨猾挻災。擲邑靡城。如霆如雷。汾陽矯矯。杖鉞而來。乃臨蒲坂。神實先道。乃亂渭水。亦必胥告。嗟我上相。神之所勞。汾陽之德。溫恭正直。柔嘉惟則。忠勤是力。秉心泉塞。不測不克。東西南北。勦絕奸慝。入登九命。一人是毗。出統三軍。四方是維。維言祐之。河公降禧。衆神在列。曾未區別。公爲之節。內寢攸設。寢廟亭亭。中外有經。濯濯厥靈。妃偶攸寧。嗚呼祠宇。焜燿中土。在河之滸。在城之下。刊茲片石。昭灼千古。

程休

休字士美。廣平人。肅宗朝官左司司封員外郎。

對澤宮置福判

甲司澤宮將祭而習禮所由置福不設中御史劾之訴云自邦國已下則有名制王者之式未之前聞

刑措化成。教尊義立。將崇大射。爰隸舊章。先習禮於澤宮。且觀德於方國。相惟彼甲。天子有司。展四體而能勤。事一人而匪懈。固合在儀必備。豈可立事無規。今則乾道昭回。天光臨下。捨矢如破。雖則射不主皮。置福無中。如何發彼有的。法官之劾。以告闕於今供。司存之辭。訴未聞於古制。雖五等有數。四侯既張。而茲禮不存。斯人何罪。

盧偘

偘。肅宗朝官戶部員外郎司封郎中。

對省官員判

有司議戶口減耗請省州縣百姓訴云州縣廢則所隸濶遠罷人益困請省官員

度土居人。是齊勞逸。列官撫俗。亦藉忠良。苟適於宜。寧求改作。頃者三苗未偃。萬人靡安。遂令麗土之甿。多困轉蓬之役。今寰瀛有截。率土無虞。稽版籍而多虛。望喬木而未復有司爰憂爾爵式保我人議併州閭庶節賦役眷夫白屋是啓丹誠請減職員以規省約且廢州則邑居不接聽訟實難省吏則權制可遵恤隱何害況官不必備標之典經人之告勞豈忘惠迪

李鋆

鋆肅宗朝官主客員外郎

對懸政象法判

甲元日懸政象之法於闕下金吾不許云職在佐天子以平邦國萬人觀之浹日而斂

六官分職百辟爲憲式訓古典率由舊章惟甲藎臣克崇邦政行司馬之法平理萬人懸象魏之書糾綏四國必在肇修人紀董正戎行審鐃鐲之聲教疏數之度以爲諸侯入覲列土朝宗序班爵之賢以觀周禮行蒐狩之令來覲漢儀布夏官之典當正月之元吉斯乃敬其所事無曠庶官儻宜父以遊寧有喟然之嘆而子牟在遠必懷多戀之心玉律惟明予將有問金吾所見子匪良圖

對稅千畝竹判

乙家於渭川有竹千畝京兆府什一稅之云非九穀

專欲召災蘊利讐禍克勤于儉庶曰式臧乙志在垂竿居於渭涘師計然之術恥回也之貧侈埒封君竹已遍於千畝富同季氏田不播於九穀遂使檀欒之質請擅利於膏腴耘耔之功不服勤於錢鎛府司登夫眾寡均彼有無爰度百畝之田用收什一之稅誠謂薄賦輕斂人無桀貊之謠缶米稯禾國盈流行之積自可貢其藝極弗犯有司豈得莠爾煩言以成無妄曾謂鬻貨不如隸農

衞偁

偁字立言元和朝官國子司業

對稅千畝竹判

乙家於渭川有竹千畝京兆府什一稅之云非九穀

生民異業近郊制賦以物地事將均土法惟乙何人卜居渭汭臨川垂釣未坐太公之茅綠葉翠莖且多子猷之竹況梢雲千畝棲鳳五毛豈是齊魯之桑還同漢蜀之漆頗爲潤屋咸曰比侯京兆救時什一之稅奚爽乙之無理九穀之訴何爲

對懸政象法判

甲元日懸政象之法於闕下金吾不許云職在佐天子以平邦國萬人觀之浹日而斂

百辟咸乂六卿分職各帥其屬欽乃攸司既立司馬之名亦稱祈父之任相維彼甲是掌邦政率由舊典匪曰曠官將選賢以興功或制軍而轄禁以忠王國實代天工九伐蔵陳且觀其坐作三陽告始克施乎赦令將懸象魏猶秉於周禮不忘舊章載書於魯策既浹日而斂率何法乎且謀之用臧孰云匆許能守爾職夏官未失於先庚不及而

言中尉固慚於後動

姚齊梧

齊梧貞元中自給事中除御史中丞東都留守

對懸政象法判

甲元日懸政象之法於闕下金吾不許云職在佐天子以平邦國萬人觀之浹日而斂

獻歲布德羣物俱新懸法施令衆官畢舉是遵往躅無昧彝憲惟甲位當司馬職在平人載舉舊章不忘所守恪言新歲爰率其徒因天地之始和擇官司之令典懸之象魏表一人之有法徇以木鐸俾萬方之知禁將使國風所逮丕冒海隅王化所流率先京邑斯乃行古之道得今之宜進不侵官退非越禮奚金吾之妄糾在古典而斯昧無亦禁衛是恤而於職司致尤夏官既掌邦鄙未嘗學矣周禮盡在吾子何所問焉

對稅千畝竹判

乙家於渭川有竹千畝京兆府什一稅之云非九穀

度田居民因地制賦出不過籍汔可小康貢之無藝是稱

大桀相維乙也業乃齊民營營四時頗聞潤屋青青千畝自比封君京兆以任切都城事繁供億主家戚里無聞荻竹之奢比屋編氓何擅渭川之富俾其什一而稅均夫播植之家事雖合權道恐非古必也稅同里布征異漆林自可責以所宜誅其入觀（疑）九土之法賦不同科四人之事業乃殊等今乃責非其有出不以地僕雖無似竊亦有疑

對舍嫡孫立庶子判

侯擇嗣舍嫡孫而立庶子或人非之曰行古之道

錫土分茅。承宗主祭。立嗣以嫡。非才則賢。若拜璧而求。則佩玉寧吉。惟彼侯國。次當擇嗣。類田氏之得文。緣成愛客。同無恤之在趙。不墜克家。旣捨子以貽孫。何棄今而行古。雖檀弓制服。知仲子之非。而唐棣與權。亦宣尼之訓。請從宗計。無信或非。

欽定全唐文卷四百三十六

杜信

信。肅宗朝擢書判拔萃科。

對舍嫡孫立庶子判

侯擇嗣捨嫡孫而立庶子。人非之。曰行古之道。

列爵疇庸。承家繼體。析薪負荷。堂構纂修。彼侯運偶千齡。秩惟五等。謀孫不朽。傳錫土之榮。嗣子云亡。失克家之慶。殊孟縶之在衞。異微子之居殷。檀弓免焉。有符周典。仲子行古。實紊彝倫。人或見非。識明大體。廢嫡立庶。宜正刑書。吾蔑從之。無載爾僞。

石倚

倚。肅宗時擢書判拔萃科。

對舍嫡孫立庶子判

侯擇嗣捨嫡孫而立庶子。人非之。曰行古之道。

胙土報功。分茅錫瑞。爰加九命。是寵三接。將崇繼代之美。以展象賢之慶。顧彼擇嗣。捨乎嫡孫。實亂大倫。攸乖先典。將著其代。非尚其德。亦猶行古。未息仲子之詞。苟非從權。緣懼宣尼之對。若也克紹前烈。無貽後羞。龜告其猷。神歆其類居喪而情忘佩玉。臨代而智則藏符。雖則嫡庶有殊。足使賢愚自別。侯之所擇。人或敢非。在禮則乖。於賢固可。

楊棲梧

棲梧。肅宗時擢書判拔萃科。

對舍嫡孫立庶子判

侯擇嗣捨嫡孫而立庶子。人非之。曰行古之道。

王者之制。著乎禮經。五等已陳。千古不替。爾侯所擇。以爲後者。蓋重仁賢。詎論嫡庶。故捨孫而立子。將繼代以承家。壓紐可尊。佩玉非嗣。近思靖郭。傳諸孟嘗。遠學周文。廢其伯邑。侯則可矣。人妄非之。

房密

密。肅宗朝官考功郎中。遷諫議大夫。

對舉似已者判

丙充使舉似已者。御史糾按。丙稱但成三物唯善能之。

進賢受賞。求善以類。苟有徇於廉能。固無嫌於讎黨。夫不惡汝。疑柳朔方爲於柏人。孰可代之。伯華旋佐於軍尉。事不爲謟。舉乃斯得。以成三物。奚獨一官。且王命使臣。匪躬之故。位多君子。何限之拘。方勵時而激俗。寧守文以牽制。能舉善也。惟其似之。大夫之中。則聞於祁氏。御史之糾。無爲於魯人。宜加爵地之榮。勿蹈功賢之議。

對毀濯龍泉判

輿人毀濯龍泉。或失其利。楊氏因形勝興廢業。邑人訴勞役不伏事。

澤國之政。川衡是郵。止以瀦防。均之溝遂。畜彼雨施。錯其水物。將廢業之不修。豈分地之爲利。雖輿人之訟。中則可毀。而兩鵠之謠。處聞當復。俟天時而潤澤。成我濯龍。灌秋

水於涘涯。誰其辨馬。與人爲利。其利則深。仍舊爲功。其功蓋寡。勞雖是憚。訟則有乎。何者。伍其田疇。初結怨於東里。遵彼溉濯。終見美於西門。乃謀始而獲尤。方樂成而久次。此而爲罪。夫何勸能。

邢宇

宇字紹宗。河間人。肅宗朝官戶部員外郎。

握槊賦 并序

握槊。今人謂之長行。斯博奕之徒與。觀其進退遲速。雖存於大體。因時適變。必務於權輿。施之於人。可以義存。賦曰

夫何一枰之內兮而取之多端六藝之外兮其爲功乎實難張四維則地理攸載背兩目則天文可觀不可飾於丹漆寧假貴於琅玕物以羣分故元黃而不雜鬭必遇敵惟蚌鷸其何歡彼千變之奚準任雙頭之所安遂使象牙在手駿骨登盤爲無竅之須鑿故非龜而見鑽且其廣凡幾分數不過六參差宛轉循環反覆不能者敗而成患故能者養之取福則犄角相持首尾俱蹙形同楚漢氣陵賁育收七縱之奇功在一擲於餘擲或撫髀而驚盼或聳身而助速似臨敵之旗鼓同在師之耳目率成是而敗非類吉

凶之倚伏多迴君子之慮以實小人之腹爾乃敵行前指要然自能經彼筭之無算謂我謀之足徵豈知夫否終則傾道非假易持不競之微力乘驟勝之遺累閉六關而不通因一子而爲質乃欲速而賈害翻後時而獲利無以憑陵而顛頓無以往蹇而自棄實反掌而變生亦隨手而時異至若幽人欲寡智士謀深不蕩其志以平其心非獨巧於往遂移情於今是知行必有恒事思不久疊疊經畧循循善誘或欲退而徑前或謀疾而居後雖有敵而必應固無險而不走或用壯而可攻或示羸而難扣不幸災以矜伐每終吉而何咎雖小道而可觀彼多詐而焉有其故柔非及懦勇必兼斷聚或一旅分爲數叚始霧委而雲集忽風解以冰泮皆應物以卷舒亦從宜而合散雖觸類而則長維吾道之攸貫足明夫正而不譎取又非貪全同坐隱斯爲手談必由理勝豈非言甘雖小失其奚爽亦大來而莫慚然則終多喪志吁嗟士兮不耽

對拜命布武判

王季拜命堂下布武王人謂失恭肅正以簡書季云其儀得中

爵祿馭賢在乎典禮侯伯之秩厥有成命惟彼王季紀名太常對茲王人拜命堂下心則隕越若天威之不違躬行俯僂信魯史之無替禮實宜之德用稱著爲臣不易時觀布武之儀事君盡節寧及簡書之政言以得中季其信然刑乃正邪法固難捨

李觀

觀壽州刺史規之弟

咸陽獲寶符賦

君生人者在乎寶位守寶位者在乎靈符鎭四海而攸重

臨萬方而作孚時或邁迹暫淪精於甸邑道將昭泰旋應德於皇衢日者凶師犯順賊臣附進隨黃鉞以外遷與翠華而西幸苟遇運之云否將隨時而匿影忽影脫於金繩遂沈埋於土梗既而寇盡天府駕旋京師衣冠再朝於紫殿文物重布於丹墀聖上愍茲符之闕遺恒寤寐以求之結精誠而仰望契幽昧以思惟皇心退修已聞於其政神器大集又叶於其期其形欲呈其氣先覿何五色之可愛與三光而相射光凝渭濱之苑宜玉樹之青青媚貫王都之川狀銀河之奕奕載求載索甸人斯獲捧之而片月下

來懷處而長虹上格臨宸扆同舜德之文明照堦墀叶堯心之光宅玉鈕惟舊芝泥尚新螭文外發鳥篆中陳題為天子之寶實撫遠方之人彼之近縣俯接城闉我唐既斬虜將於橋上漢氏亦拜單于於渭濱不然者曷不呈於異境而見於他辰者也當其大君出令布蠻夷之政匪我無以重其成命遠人底寧執玉帛於庭匪我無以闡其威靈足知寶符之復光我昭代唐雖舊邦其命惟再頌聲作於外喜氣溢於內藏之王府將神鼎以俱崇列彼帝庭與寶圭而相對盛矣哉我唐之景祚信三皇之作配

昆田化為金賦 以祭祀明潔神化之金為韻

地有百瑞美者惟金其見寡其應深故因神而呈足表至誠之道從物以化更彰肅祭之心其祭惟何首山之祀其祭則那我皇所致始馨香以享德終潔敬而展意向清漢以式瞻庶嘉祥於一至於是乎神報以福帝受以釐昆田之上金化於茲考出地之形時則亡也觀從革之狀維其有之原其始也未辨厥名莫知其價紛雜乎珍異昭彰乎晝夜呈祥於代雖得神而生入息於時亦待神而化及其變也倏忽而成爛然而明初比粟而散點竟如螢以亂呈

昔混丹砂南面之虔誠始答今輝瑤草四方之正色遂生山下熒煌田間昭晰向曙而野花齊媚入暝而天星共列祥風拂而逾麗瑞露濡而更潔至若隨車表舜還雨來秦或因初以出或從本而陳未有遷移以禮變化從神以彼瑞為茲瑞易前珍為後珍則知寶非神而不見其祥神非寶而莫臨其祭訪古而昆田宛在閱史而清風不替別有泥沙久沈光影常翳顧茲神之所開亦化形而表帝

紫玉見南山賦 以由德通祥至如影響為韻

南山之陽何珍不藏昭皇家之至德發紫玉之禎祥熒熒

兮千巖動色。炯炯兮萬壑生光。映於林謂羣鳳之集。上據於石辨衆珉之居。旁固已聞於往牒。遂薦臻於我皇。稽夫所自。無脛而至。每隱曜而不欺。咼招攜之可致。所以瑞於有道。將委質而式孚。出非其時。則韜光而自棄。南眺穹崇。玉見於中。貞姿豈琢。勁質非礱。遠而望焉。與彩雲而搖曳。即而察也。雜嘉氣之蔥蘢。對白璧而即異。配元珪而攸同。故瑞無應而不至。事有感而遂通。通人莫測。孰知其色。由是王者憑之而致理。君子觀之而比德。明琬玉之在茲。豈瑕瑜之有匿。原乎玉之處幽。儉德是修。德表玉而應瑞。玉

用德而降休。蓋眞宰之潛運。知神功之所由。不然。安得抱至寶於潛谷。闡皇風於大猷而已哉。若乃外徹中朗。泠然如響。珮服之處。雖貴乎山元。抵鵲之時。罔懷於土壤。大矣哉。瑞無常居。因化所如。惟德是依。彼自彰於符契。不貪爲寶。我何待而沽諸。故客有觀光而歌曰。歸太素兮遠鑾屏。有瑞玉兮見霄嶺。浮紫色於雲際。混清輝於水影。庶南山之不騫。期我皇之惟永。

李觀

觀。隴西人。官刑部郎中。

對工商食貨判

得乙爲縣令。授田不均。科之。訴云。工食功。商食貨。田故少。

給受有數。田畝則差。何惠不均。是亦爲政。顧惟彼乙。親物爲務。則三壤之典。平四人之科。以爲用貧求富。猶或慕於工商。化有遷無。詎均勞於穮蓘。聿修稼政。式贍農人。罔從五口之商。俾齊三倍之賈。冀使通財易有。資殖貨以藩身。寒耕熱耘。望豐年而潤屋。不均致訟。且曰未乎。罪欲加之。今有辭矣。

鄭昭

昭。肅宗朝官侍御史。

對梢溝判

甲通梢溝三十里。主者按興役。不申。甲云。水激之不合申。

先王之制。廬井有伍。爰自澮畎。達以溝洫。拯下人之墊溺。變彼汾之沮洳。故河渠式修。煥馬遷之典。衡漳既導。美夏禹之績。今甲之所施。用酌前訓。不資穿鑿。坐看通引。顧源流之所觸。望平疇之有藝。況承茲水激。罔殫衆庸。同史起

之利人類王尊之濟物遂使芭蕭發詠無浸彼之虞汾澮興言多流惡之美既稱裨益聞此損費自可旌其殊效勸彼異能豈宜按以不申加之厎戾但刑期不僭令著明文役且不滿于夫法難從於五罪既不合上請即宜原宥

對河卒判

甲充河卒官給平價又被差外徭訴有兼丁不合倍賦

徒駭既導誠禹貢之宏規宣防式歌亦漢國之盛業莫不功勤釃決績著疏開既輸閩越之賝行漕海陵之粟河渠

既設控引是資青翰晨移背吳江而鼉鶩艅艎夕至仰天府以雲趨眷彼泛舟良資鼓栧瞻言河卒實繫水官平價允叶於酬庸輕役雅符於悅使報者倦矣在彝典而無乖施者未厭論外徭而有訴羔羊起詠節儉寧聞碩鼠興謠貪婪何甚論古既聞此役設法不合輒躅無端之詞請從告記

對大比判

乙因大比有橘奴不書於版三老罪之用賦不

闕

貢賦有差彰乎昔典貧贍斯別煥彼前書故地之居人因俗而理制以廬舍爲之井田考市籍而有倫工商式敘稽版圖而作範衆寡必登斯道或僁彝倫攸斁乙產均猗頓術得計然忝列編甿有虞常賦雖貞筠十頃稍異渭濱之饒而木奴千頭自擅江陵之富爰因大比用奉舊章隱而不言國有彝憲籍爲大信命出維行三老論辜宜察鄉人之惡五刑必審是詰所由之科庶書橘有差自甘於屈法坐棠流惠克念於旬時

何士幹

士幹肅宗時擢書判拔萃科

對工商食貨判

得乙爲縣令授田不均科之訴云工食功商食貨田故少

三壤異宜四人差給用懲末作示禁淫利乙任當撫字能率典禮以爲播植務農實粢盛之備貿遷變業非禮節之本遂用均其利役別以等差類農家之一夫視工商之五口詳夫周禮則異井田之制稽諸漢制是同平土之法冀以無而易有期彼竭而我盈各適所宜足見人而無黨不

相僭奪可謂政之有經誠往訴之有孚將議刑而奚據

劉肱

肱屯田員外郎敦實子

對西陸朝覿判

西陸朝覿闕月繹之御史劾之非其時不合禮

氣改東風日在西陸魚稱祭獺人用獻羔乙爲冰司預聞政事朝之祿位尚合班行祭之彤繹俄聞悔吝誠應鑑室初啟以享司寒何得羽籥載闡仍虧如在既蘋藻而有闕仰哀敬而難逃青龍御辰二月行及驄馬問罪三尺須加自得噬臍那應騰口

對澤宮置福判

甲司澤宮將祭而習禮所由置福不設中御史劾之訴云自邦國以下則有名制王者之式未之前聞

天聖嗣文明時偃武弧矢之利可以訓戎禮容之規於焉觀德將因舍奠是用求賢甲爲主司素非達吏澤宮之制何昧周官相圃之儀旋乖魯典既而工歌九夏庭列三侯決拾既似於彄弓并夾則陳於揚矢標名鹿兕或有國之前聞皮稱熊豹蓋王者之恒制語而有訴雖以執禮爲詞闕而不供終當毀櫝之責請以中典以勸無良

蔣凖

凖肅宗朝擢書判拔萃科

對澤宮置福判

甲司澤宮將祭而習禮所由置福不設中御史劾之訴云自邦國以下則有名制王者之式未之前聞

射以觀德禮先擇士是明五善之義豈從六藝之卑況聖敬日躋王假有廟將期預祭之事是知必爭之道甲學乎相圃司彼澤宮弁夾既陳決拾斯佽思備物以致用奚曠官以速尤竟不具於鹿中乃空歌於貍首末學茲甚不敏則多天子之儀用或兼下諸侯之禮事乃舉中使揚觶而有言闕發的而足獻遂合會稽之美每抽厨子之房肅愼之貢仍韜夏后之服緊謂

陶朝

朝肅宗時擢書判拔萃科

對國公嘉禮判

國公有嘉禮謁者不示儀式科之云非五品已

上仰處分

五等之儀必從軌物六禮之數非無令典或表著而失節固寵章而在斯惟彼國公責稱列土愼爾侯度見錫命之有常覩於承家知禮容之必盛謁者久聞從事云在司存儀式且虧於職官論刑未免於離次法有常制從徵於五品義而能伏實佇於三緘必也位居襲封時在散職將申直筆應候正名

司馬滔

滔肅宗時擢書判拔萃科

對省官員判

有司議户口減耗請省州縣百姓訴云州縣廢則所隷濶遠罷人益困請省官員

時康官備所籍為理户減務煩則害於政有司縻我王爵思立國體知師旅之後版籍徒懸念閭里之空州縣宜省誠有可尚議未得中雖在濟物之規實亦勤人於遠請依百姓之訴用減庶寮之員省事省官晉朝高其論從人從欲魯史異其文自古以然孰謂非允

牛聳

聳涇陽人官太常博士

對被替請選判

甲授官累日被奏替請非時選廢置不許云準敕旨冬已過旬限丁訴云今正在冬當替只在下牒之日且辨論官材不合拘以限約廢置又執賢能以歲時入其書豈可無限

用行舍藏宣尼所誡難進易退老氏格言伊丁效官先甲入用曾未決辰見代而解乎印綬已在後時參選而趨乎

衡鏡雖牽絲失位情有可矜而如綸與能材或無取誠宜委命而去何至縢口與爭但使如珪如璋不僭不濫弓旌自辟仁遠乎哉今則天鑒孔明星郎守法進退不遇斯害也已吏曹引乎周禮前言是徵丁意昧於隨時厚顏何格告令知分用止躁求

盧藻

藻肅宗時擢書判拔萃科

對請命服判

庚為伯有拓境之功而請命服所由以舊有不

許曰非新命未敢自安請受其衣未知合否

列爵有等自稱分地厥功惟茂爰加命服惟庚廓茲疆宇卻彼戎夷若置朔方如通西域同秦襄之績寧徵舊有美晉文之勳實茲新命以斯而請誰曰不然方今文教式敷武功載闡將趨衛霍屢飲月氏之頭謨蓋賈終幾繫單于之頸絕漠無驚緣邊罷候無聞茅土之封寧正衣裳之錫所由不許胡以自安豈曰無衣受其六而或可顧茲拓境聽彼伯而爲宜

對公廨供給判

丁以公廨供給親屬郡科之云亦是賓

祿以馭賢矧茲賓客將不速而是敬豈乾餱而以愆眷彼丁也給茲親屬未聞輟己之仁且有害公之負於焉獲譴何以爲辭然獄貴原情事資懲衆必若行高曾史才茂鄒枚簞食屢空未改顏生之樂樵蘇不爨能師范子之廉乃謂國賢豈惟家食以之恤乏何必正名

鄭昉

昉滎陽人建中元年登第

對請命服判

庚爲伯有拓境之功而請命服所由以舊有不許曰非新命未敢自安請受其衣未知合否

爵無及惡必在賞功服以旌禮豈忘褒德苟忠誠之不匱則禮命之可嘉惟庚五等受封九命作伯懷贊國之義無忘盡忠申拓境之謀是爲罄節既而敢忘錫命以循已榮功則成焉賞宜及矣雖名器所慎不欲假人而車服以庸是宜勸善所爲將爲賞僭難議書勞彼庚自爲功能敢爲固請榮之不報善欲何歸宜襃晉武之六衣佇美吉甫之三捷必也爵無踰等道在守官未可新加請從舊制臧否之理其在茲乎

長孫寔

寔河南洛陽人官屯田郎中德州刺史

對拜命布武判

王季拜命堂下布武王人謂失恭肅正以簡書季云其儀得中

拜有九命光錫之道長人有十等尊卑之位殊今者王人斯來王季拜命固宜鞠躬以進安得布武而行天威咫尺異齊桓之盡敬綸命渙汗無考父之益恭實以乖儀奈何

文過簡書既正嗌腊空勤

對反古修火利判

乙學修火利合土爲之用人言其反古辭云皆

從其朔

博考終古厥惟敦龐大智未萌尚質巢窟後聖有作乃教炮燔爾來欽哉孰謂爲利乙或工者舉而修之以火化物豈特鎔金之利若泥在鈞斯從合土之法既埏埴以爲用非陶甄而謂何苟學非乖方篤在守業得高曾之規矩無窳濫之悔尤則彼有虞以協還淳之化紹於上古寧云反

古之道從朔者稱其有典薄言者則謂無稽

崔厦

厦乾元時人

駁追謚隴右節度使郭知運議

郭知運承恩詔葬向五十年今請易名竊恐非禮謹按禮經云禮時爲大又曰過時不爲禮也昔衛公叔文子卒將葬其子戌請謚於君曰日月有時將葬矣請易其名者蓋時不可踰也節度既名不浮行數紀之前門生故吏已合謀謚今乃申請竊將有爲而作節度嗣子英乂頃屬多故屢制方隅朝廷策勳位表端揆附從者竊不中之禮會無妄之求況節度當開元初賵贈特加碑誌並建皆出恩命追悼之遇亦已當矣今又鹵莽外於典章追送往之闕遺啟將來之冒昧況今列土者接畛專政者百輩若率而行之誰曰無請不惟有司疲於簡牘抑恐名器等於草芥雖欲曲全竊將不可又禮經云已孤暴貴不爲父作謚若節度合謚而不以其時則嗣子廢先君之德若不合謚而苟遂其志則先君因嗣子而見尊以僕射而言之恐貽越禮之譏以國家而言之又殊旌善之體請下太常重議謹議

達奚摯

摯肅宗時擢書判拔萃科

對國公嘉禮判

國公有嘉禮謁者不示儀式科之云非五品已上仰處分

稽彼寵章資乎禮物以明貴賤諒有等差顧謂國公幸分茅土爵齊五等位冠諸侯爰擇良辰用展嘉事相夫儀式合有司存謁者之行法乃爲允報非五品更引兩端宜更諭知使仍舊貫

殷璠

璠丹陽人處士

河嶽英靈集序

梁昭明太子撰文選後相效著述者十餘家咸自稱盡善高聽之士或未全許且大同至於天寶把筆者近千人除勢要及賄賂者中間灼然可尚者五分無二豈得逢詩輒贊往往盈帙蓋身後立節當無詭隨其應詮揀不精玉石相混致令眾口銷鑠為知音所痛夫文友神情體雅編紀者能審鑒諸體安詳所來方可定其優劣論其取捨至如

曹劉詩多直致語少切對或五字並側或十字俱平而逸價終存然挈瓶膚受之流責古人不辨宮商詞句質素恥相師範於是攻乎異端妄為穿鑿理則不足言常有餘都無比興但貴輕豔雖滿篋笥將何用之自蕭氏以還尤增矯飾武德初微波尚在貞觀末標格漸高景雲中頗通遠調開元十五年聲律風骨始備矣實由主上惡華好樸去偽從真使海內詞人翕然遵古有周風雅再闡今日璠雖不佞竊嘗好事常願刪略群才贊聖朝之美爰因退迹得遂宿心粵若王維王昌齡儲光羲等三十五人皆河嶽英靈也此集即以河嶽英靈為稱詩一百七十首分為上下卷起甲寅終乙酉論次於序以品藻各冠於篇額如名不副實才不合道縱壓梁竇終無取焉

常著

著肅宗朝官侍御史

對附貫五年復訖判

景於會郡附貫給五年訖差隴外鎮並訴不伏所由以為無據

令出惟行人知所向苟不執一將何適從景為行人得被

聲教言附邊土而成樂郊聖上哀矜萍流是用安輯厚以富業期乎固心所司為何不廣天澤再有騷動其誰克堪將使成蔡而得年若及瓜而有待五年之復謂盡殊私三徙之人難可奪志俾不滕口庶無怨言

韓徽

徽乾元中任隴州吳山令

燕昭王築黃金臺賦

伊君有燕國監朔邊當昭王旁求致理遇郭隗自舉推賢乃曰人思爾得禮由我先既築高臺所損者寧辭百鎰斯

爲下士效死者何啻三千苟柱石之來助冀土宇之獲全原夫累土足階拔沙何損勢迢迢而迥出價洋洋而彌遠寧同戲馬興誘勸以立基有異思仙得富強而爲本爾乃經營是設積思方成敵危既差於九仞委棄自多於一簣潛思潤屋之謀實不足貴遠得利國之術賢豈能輕所以士因臺而取重臺因金而播名振一時之德美傳萬古而風淸是則厥狀足徵斯義可考孤峻上符於臣節崔嵬下瞰於王道將昭千乘繼文侯忠良爲心未敢一言得季布誠信爲寶所謂南金置而非重北方倚而自強來側陋以

畢至歷磴道而可常乍激天風還如擲地之響斜臨都邑更同懸市之光想夫典刑有準聲教可則若周室之稱靈似殷鼎而在德穹崇可仰權謀實自於一夫綱紀更張威刑遂加於四國豈比夫銅雀美於魏日章華侈於秦時顧凌雲之小者何積瑤而方之今與燕非匹惟唐接踵康衢絕扣角之詠仄席無築臺之寵顧斯賦之至微安敢爲前賢之重

張叔政

叔政肅宗時人

對棄農判

乙農家子棄業從戎縣令捕而科之辭云徵稅繁重餒在其中苟圖庇身非棄本也

農政之先戎事之大乙也業惟田畯流匪兵家固當不見異物豈伊敢有貳事屬裔夷壓境殘賊犯邊誰謂百夫之雄且懼二吾之稅退惟憂於餒在進或望於名成秦楊之益一州非其事也定遠之遊萬里竊有慕焉誓捐中野之軀寧顧西成之業縣令名當墨綬志在繭絲惟求化洽之方奚必禁人之犯況北虜解辮西戎屈膝聖朝偃伯之日

賢相富人之時已見小康孰虞多難是知且耕且戰荷戈非黷武之夫足食足兵釋耒豈惰農之士欲令科罪必使正名

欽定全唐文卷四百三十七

鮑防

防字子愼襄州襄陽人第進士歷佐幕府入爲職方員外郎代宗朝拜左散騎常侍從德宗幸奉天進禮部侍郎封東海郡公授工部尚書卒年六十九贈太子少保謚曰宣

問津臺賦

惟歲臨乎甲午余經蔡以遊陳見巋然之故臺沒路隅之荒榛側聞夫子於此問津敢問夫子何負於人栖栖夫子魯不容身乃泣然而出涕聊託辭以自申元黃之初萬物

爲銅形象既著造化無功匪伊無功不宰其中禮樂之初崩壞未正詩書既出夫子無命匪伊無命不耀其聖向使魯同季氏一作季孟齊等田常貪浮雲之不義忘夕露之瀼瀼豈無十室之邑亦有三家之堂奚自衞而反魯每困窮於路旁浩浩其天茫茫其野近不見於文武遠不逮於虞夏彼通津與直道故無得而知者已矣夫子時乎時乎進皆鳥獸之羣退異沮溺之徒霜雪昏其大澤荊棘穢其通衢撫川陸之難險憫人世之崎嶇方太公迷殷遇文王伊尹迷莘遇成湯何夫子之不遇處昏濁而遂亡永追想於遺跡遂投弔於寒荒

歌響遏行雲賦

與元氣相合與太虛相雜此雲之所吐納巉巖奇峰蜿蟺眞龍此雲之爲形容其有含商咀徵節其行止以乖刺於天理然而天無情道無營四時感而運行萬物感而發生苟吾人之感激遂凝思於至精彼天地猶見應況白雲之英英繇是漑盥心術混和天倪權機不發正性不攜息眞氣以足踵激清聲於瓠犀四氣既交五聲大戛以咽喉爲管磬以脣吻爲控揭忽頓挫而高歌遂盤跚於坱圠上如

抗下如墜極高天蟠厚地魚奮鱗鳥騰翅混莽渺而清泠入虛無而窈緲彼雲澶漫萬族連延一空出虛無以布濩淹寂寥而鴻濛既如蓋而如馬亦自西而自東歌者於是噬嗑其頤吮吐壎篪氣調萬象口運四時奏羽商而寒光冽冽動角徵而春色熙熙聲欲斷而復續若貫珠之纍纍一成而芳氣初振風篁未韻彼雲尚徘徊希微出入無依若往未定將行不飛再成而逸思奔壯正聲寥亮彼雲漸應曲往來從風下上三成而充塞人寰洋溢無閒在水徧水在山滿山彼雲忽應聲赴節雷奔霧集前者山立後者

山岌力大不可以動搖噫氣不可以噓吸風北不北風東不東輪囷杳影泱漭長空矗如河漢屹若華嵩天輪轉而不動地籟寂而不窮沈悠悠之寒水浮習習之凉風浮沈異勢高下萬里願一致於青雲亦何階而望此及其調苦聲切歌長意深天乎有耳雲也無心果凝影而不散爲歌者之知音是知志同則千里而應不同則造膝而悖谷爲律而成暄日因戈而不沒茍精誠之激厲信感應於倏忽則有花裝袨服楚艷陳娥妖姿膩理慢臉橫波珊珊佩玉粲粲垂羅務淫哇之巧笑詫激楚之嬌歌曲未離於咫尺

雲已邈於山河假使勢雖迴天力雖拔山影則可望雲不可攀思欲騁庸音之靡曼遏仙雲之往還亦何難哉向使善亦遏雲否亦遏雲妍媸一貫邪正不分則善歌者望風而結舌肯闡革於哀哇之羣哉

王緯

緯字文卿并州太原人舉明經以書判入等累官彭州刺史檢校庶子兼御史中丞西川節度營田副使貞元中檢校工部尚書十四年卒年七十一贈太子少保

代路尚書賀登極表

臣某言臣伏聞陛下以某月日虔奉典冊允升寶位凡在羣生孰不感慶中賀臣聞大人繼明品物皆睹聖人首出萬國咸寧是以殷宗恭默纘成湯之業漢明聰哲繼光武之緒伏惟陛下並離開耀體乾成德神武著乎撫軍孝敬形于主鬯洎受遺嗣政正位居體以荷大業載緝重光布詔號於華裔慰人神於遐密此所以溥天之下食土之毛喜抃踴躍而不知其止者臣守職藩鎮不獲稱賀瞻望闕庭無任哀榮之至

代路冀公謝旌節等表

臣嗣恭言月日中使至伏奉敕書并賜臣冬衣一副李獻誠至奉宣聖旨重賜臣敕書一道并嶺南旌節及告身殊恩薦至列郡光生旌旄自天介冑增氣榮加慶外感在懼中臣某中謝臣幸承明命出鎮楚郊忽奉除書兼總閩徼捧彩牒而親承睿旨受命服而遠荷聖慈仰戴俯慚以歡爲懼況臣名膺上將識昧中權豹韜無聞龍節見授但欲伏於百越震闔外之雷霆亦示勇於三軍壯轅門之鼙鼓光生澤國榮觀江城所恨荒服猶虞且有後命長安更遠未賜前期望丹闕而心魂共驚負鴻恩而灰粉何答不勝

感激荷戴之至。

代陳司徒謝敕賜麟德殿宴百僚詩序表

臣某言。中使某官奏事回。伏奉某月日手詔。賜臣以皇太子所寫聖製麟德殿宴百僚詩序。日月揚光。風雲動色。捧受之次。震駭失常。臣某中謝。臣伏以經天緯地者。聖人之文。多才多藝者。元良之美。遊聽前修。旋觀往冊。考論盛事。罕見全能。故漢后詠歌。有乖雅頌之旨。周儲聰哲。不聞翰墨之妙。伏惟陛下道洽帝堯。文超繫表。體陰陽之變化。與雲漢而昭回。皇太子德邁生知。學資聖訓。掩鍾張之筆札。並虬鸞以飛動。臣特承湛恩。荷此殊錫。集榮光於外府。啟重寶於私庭。班氏賜書。既甚懸隔。馬卿視草。曾未比擬。又臣所獻奉和詩事等。賡歌情同。率舞濫吹之音。謬塵於天聽。踰涯之賞。忽降於絲言。豈臣微力所宜。負戴非臣捐軀所能効。益無任榮荷感惕之至。

謝賜中和節御製詩序表

臣某言。中使至。伏奉手詔。并賜臣皇太子所寫御製中和節詩序。聖澤曲臨。天文下降。日月爛其光彩。風雲蔚其氣色。捧讀驚駭。魂守失常。臣某中謝。臣伏以天地有常。萬物必由其化。陰陽不測。聖人能爲之節。然後垂文章以鼓天下之動。張宴樂以導天下之和。三五以還。盛美斯在。伏惟陛下以道御物。以文成化。立言盡經緯之本。秉筆節陽和之中。雖天旨元深。理絕於彌度。而睿詞煥洽。義歸於德劭。文輝三象。諧同六律。邁殷湯之晨露。掩虞舜之薰風。皇太子以聰哲之姿。篆隸之妙。鸞鳳之勢。鍾王莫儔。臣備守外藩。獲承殊奬。荷此非常之賜。實唯希代之寶。竊觀則河漢無極。負戴則山岳爲輕。沈族捐軀。何階上答。不勝欣感之誠。謹獻應制詩一首。章句疎蕪。義理鄙淺。君唱臣和。歡逢宴鎬之時。濫吹徒歌。輒効鈞天之末。塵瀆旒扆。伏深戰懼無任祇惕之至。

請停徵浙西雜罰錢疏

滉懲人吏。皆是罰錢。格式正贓。流徒合免。況多雜罰。身已當辜。縱有欠繫。僅存家資。估賣盪盡。以滉至苛。至切比年猶徵不得。臣自發上都。煩言載路。及到所部。有所傳聞。臣謬寄方隅。特蒙天造。奉辭之日。親承德音。令臣開闢田疇。安輯黎庶。豈敢流毒無告。勤人自容。特請停徵。以綏下土。

對庶子牲祭失禮判

得庶子爲大夫以上牲祭其家人告其失禮辭云宗子爲士不可以貴就賤

霜露孝思朔月殷祭申其爵祿格以祖考苟或違經是同匹嫡相彼庶子命爲大夫體異承祧位踰齒族固令奉其常祀從以大宗獻上牲於歲時稱介子於工祝使僾然之歎不絕於聲如在之義復存於目乃黜於祀典越我顯毛恃肥腯之牲牷或將或肆緊豐盛之黍稷于豆于登假祖禰之恩二重實疑於夫子竊烝嘗之薦三廟奚取於私家仍聞就賤之辭豈聽如流之責實誣之祭人何以觀

對士祭判

爲士殺犬豕或人告君子遠庖廚凡有血氣之類不身踐訴云有故準禮不坐

禮以制人命以防慾是彰品秩無取僭差苟豐約之不踰於德義而斯美乙周行已寘忝曰王臣班列尚微蓋爲元士曾靖恭其位不虧莊敬之文當官而行旣不越於時式執禮以動亦何恤於人言屬霜露旣零春秋匪懈爰修饗祀載展牲牷近彼庖廚雖則踐於血氣潔兹犬豕頗亦薦於夫疑膏旣稱有故而殺難議不經之科或人詞游宜以麗法

對縣令有客判

縣令有客吏賀皆往或遺賀錢萬人告其受贓辭云其實不持一錢

賓實有禮將存執贄之儀相在於堂爰司主進之務惟彼縣尹是亦爲政詩愷悌以字人需飲食而肅客宓琴多暇偃室常閑將有四方之賓用致萬錢之賀彼吏人而迭進伊或者以員來財非摭實詞則誇誕稽諸漢史且曰大言詳乃呂刑寧聞黷貨哂無狀而卽可驗受贓以謂何

盧正己

正己字子寬初名元裕代宗賜今名元宗幸蜀命典通義唐安二郡累遷成都尹劍南節度採訪使太子賓客大歷五年卒贈太子少保

請定杖法奏

準式制敕與一頓杖者決四十重杖一頓者決六十無文至死式內自有殺却處盡等文卽明重杖只合加數京城先因處分決殺者多一死不可復生望準式文處分或決痛杖一頓者式文旣不載亦請準杖六十例不至死

史元璨

元璨（新唐書無璨字）上元三年官太常博士

禘祫議（上元三年十月）

按禮緯三年一祫五年一禘公羊傳云五年而再殷祭兩文雖互其義略同禮記正義引鄭元禘祫志云春秋僖公三十三年十二月薨文公二年八月丁卯大事於太廟公羊傳云大事者何大祫也是三年喪畢新君二年當祫明年當禘於羣廟僖公宣公八年皆有禘則後禘去前禘五年以此定之則新君二年祫三年禘自爾已後五年而載

殷祭則六年當祫八年當禘又昭公十年齊歸薨至十三年喪畢當祫爲平邱之會冬公如晉至十四年祫十五年禘傳云有事於武宮是也至十八年祫二十年禘二十三年祫二十五年禘昭公二十五年有事於襄公是也如上所云則禘已後隔三年祫祫已後隔二年禘此則有合禮經不違傳義謹議

李勉

勉字元卿鄭惠王元懿曾孫從肅宗於靈武擢監察御史累遷京兆尹兼御史大夫拜嶺南節度使大歷中進工部尚書封汧國公德宗立加檢校吏部尚書同中書門下平章事建中元年檢校左僕射充汴宋滑亳河陽等道都統四年以司徒平章事徵罷爲太子太師卒贈太傅謚貞簡

廚院新池記（謹按是篇一作李華）

遇知己而用者匪唯於人物亦有之初廚院因前池餘派浸潤坳堂數步及霤纔供廚飪滌器而已邑大夫南陽范愔跡累人羣心在遐曠每休沐之暇訪道山林見其有天造池沼之形而遂爲溝瀆乃命黃冠等頤指廣袤鑿周宇下駢石以涯之蓄流以深之清瀾忽平秋陰滿院執爨無

欲清之僕挈瓶無汲深之勞不造機事而功聰於物范公實所謂新池知己矣靜勝則道純境幽則神完予與吳天師釆眞洞府朝夕窺臨瑩澈心膽滑昏潛通事苟愜於心則與登姑蘇望五湖而齊矣故因碑籀餘地刻而誌之猶詩人有泌泉之作大歷五年歲號上章閹茂八月一日記

滑州新驛記

滑臺舊驛天寶丙申歲逆臣盜國師競而焚滑臺四衢通於四海夷貊奉聘諸侯覲王有疊騎擊轂塡郛翳術之日也或寒沍凝血或炎赫鑠肌疲心躁憤駢立無寄剛塞者

多氣奮盱衡溫慝者猶神忿吐息雖遠馨醪膳腐積菽槀小吏夏執輕箑冬備重裘獻用無所曷補餒殆常惕惕祇懼終滑滑議繁亦有吟憤作詛口吻震發者幕客請余構驛傳以備政縣吏請余廣驛傳以息責遂命試光祿卿兼同州別駕裴萬以恪以幹俾主剞劂圬墁之工授其意曰無尚雕木之異無榮飾土之奇揆時匆奪詳費就簡惟疎楹棟將違暑也廣庭廡將達風也取寧體之用去娛目之奢形彩爲文刻劃像物有益勞費豈利蔭庥況玩巧蕩神誇麗踰度乎及息役休工閱成度費則萬祇懔不墮余誡

素不違秉軺之賓無或嗤余不效徐湛之風亭月觀之盛也大歷甲寅歲八月二日記

李陽冰

陽冰字少溫趙郡人寶應元年官當塗令終將作少監

對元日懸象稅千畝竹判

甲懸政象之法闕下金吾不許曰職在佐天子以平邦國浹日而斂之　又乙家渭濱有竹千畝京兆府什一稅之辭云非九穀

司馬之職懸政一時封君之富比竹千畝高標魏闕事昭晰於周官近數渭濱理詳明於漢典所以平邦國之度通貨殖之宜傳稱百王其道不易著乎三代厥義難渝方今區宇乂寧刑辟不用百工以理庶績其凝實由懸法有孚執古以道寧從變俗之禮以案守官之政斂在浹日孰云其非至如什一而取井田遺制九穀之外均輸未聞苟修篁之可率且丹橘其何賦金吾不許實懵大猷乙也有云雅符舊典兩端是扣片言斯折

上李大夫論古篆書

陽冰志在古篆殆三十年見前人遺跡美則美矣惜其未

有點畫但偏傍模刻而已緬想聖達立制造書之意乃復仰觀俯察六合之際焉於天地山川得方圓流峙之形於日月星辰得經緯昭回之度於雲霞草木得霏布滋蔓之容於衣冠文物得揖讓周旋之禮於鬚眉口鼻得喜怒慘舒之分於蟲魚禽獸得屈伸飛動之理於骨角齒牙得擺拉咀嚼之勢隨手萬變任心所成可謂通三才之氣象備萬物之情狀者矣常痛孔壁遺文汲冢舊簡年代浸遠謬誤滋多蔡中郎以豐同豊李丞相將束爲宋魚魯一惑涇渭同流學者相承靡所遷復每一念至未嘗不廢食雪泣

攬筆長歎焉天將未喪斯文也故小子得篆籀之宗旨皇唐聖運逮茲八葉天生尅復之主人樂惟新之令以淳古爲務以文明爲理欽若典謨疇茲故實誠願刻石作篆備書六經立於明堂爲不刊之典號曰大唐石經使百代之後無所損益仰明朝之洪烈法高代之盛事死無恨矣陽冰年垂五十去國萬里家無宿舂之儲出無代步之乘仰望紫極遠接丹霄若溘先犬馬此志不就必將負於聖朝是長埋於古學矣大夫銜命北闕撫寧南方苟利國家專之可也伏望處分令題簡牘及到主人寒天已暮閽燭之

下應命書之霜深筆冷未窮體勢儻歸奏之日一使聞天非小人之已務是大夫之功業可否之事伏惟去就之陽冰再拜

唐李翰林草堂集序

李白字太白隴西成紀人涼武昭王暠九世孫蟬聯珪組世爲顯著中葉非罪謫居條支易姓與名然自窮蟬至舜五世爲庶累世不大曜亦可歎焉神龍之始逃歸于蜀復指李樹而生伯陽驚姜之夕長庚入夢故生而名白以太白字之世稱太白之精得之矣不讀非聖之書恥爲鄭衛之作故其言多似天仙之辭所爲著述言多諷興自三代以來風騷之後馳驅屈宋鞭撻揚馬千載獨步惟公一人故王公趨風列岳結軌羣賢翕習如鳥歸鳳盧黃門云陳拾遺橫制頹波天下質文翕然一變至今朝詩體尚有梁陳宮掖之風至公大變掃地併盡今古文集遏而不行唯公文章橫被六合可謂力敵造化歟天寶中皇祖下詔徵就金馬降輦步迎如見綺皓以七寶牀賜食御手調羹以飯之謂曰卿是布衣名爲朕知非素蓄道義何以及此置於金鑾殿出入翰林中問以國政潛草詔誥人無知者醜

正同列害能成謗格言不入帝用疏之公乃浪跡縱酒以自昏穢詠歌之際屢稱東山又與賀知章崔宗之等自爲八仙之遊謂公謫仙人朝列賦謫仙之歌凡數百首多言公之不得意天子知其不可留乃賜金歸之遂就從祖陳留採訪大使彥允請北海高天師授道籙於齊州紫極宮將東歸蓬萊仍羽人駕丹丘耳陽冰試絃歌於當塗心非所好公遐不棄我乘扁舟而相顧臨當掛冠公又疾亟草藁萬卷手集未修枕上授簡俾余爲序論關雎之義始愧卜商明春秋之辭終慚杜預自中原有事公避地八年當

時著述十喪其九今所存者皆得之它人焉時寶應元年十一月乙酉也

縉雲縣城隍神記

城隍神祀典無之吳越有之風俗水旱疾疫必禱焉有唐乾元二年秋七月不雨八月既望縉雲縣令李陽冰躬祈於神與神約曰五日不雨將焚其廟及期大雨合境告足具官與耆耋羣吏乃自西谷遷廟於山巔以荅神休

惡溪銘

天作巨塹險于東南岌邱嚪呀蒼山黑潭殷雲填填怒虎

䖘䖘一道白日四時青嵐鳥不敢飛猿不得下舟人聳棹行子東馬知雄守雌為天下谿烜赫如此人將畏之水德至柔狎侮而死畏而不死寧取於彼

庶子泉銘

賢哉宮相牧此滁上政成務簡心閒跡放探幽近郭選奇疊嶂疏石導泉飛流瀉漲蓄泄潭洞欽空演漾澄注縣瀑千名萬狀能諧吏隱胳合意匠退食自公爾和予唱遺檢捨局體逸神王勒銘層崕來者斯尚

忘歸臺銘

疊嶂迴抱中心翠微隔山見川溝塍如碁環溪石林春迷四時曲成吏隱可以忘歸

冀邱縣令庾公德政碑頌 并序

荀魏古之良宰也揄次碣之庾公今之賢百里也冀邱頌之姑無其能孰闕三字議者謂庾公之政尤矣公初告羣吏曰昔孝宣憂元元以為經國致理先乎令長迺擇郎官御史出宰縣邑我自任城尉縣居五百石非才何以當之誓務整蘇疲人祇若明命迺崇禮讓省刑罰紓力役闢土田宣慈務寬訓儉示德潤作時雨和為春風於是齊魯不變

井閭咸復三載考績一方歸最都督兼侍御史清河張公曰昌牧伯之賢也訓俗馭官勸直沮枉述職之地類能稱之曰方諸爽氣日暮更清比之松筠歲寒轉茂題以上下之目出乎羣萃之表百城千里異聲同歡曰以伯達之良牧賞次孫之茂宰宜矣公名賁字文明其先潁川人成周之時世為掌庾因以命族公其冑焉公之考曰欽嗣為兗州別駕王父曰元汪為尋陽令曾王父曰師則為蜀王文學楷模繼代龜麟接武大歷中邑老彭滔等三十五人以公歧柔之大威願刻石褒美申於元戎元戎允荅縣人以

陽冰與公周旋。備詳德行。俾之作頌。多愧能文。辭曰。

於穆庚公。宰字之良。化洽百里。風掩一方。邑老上請。願言頌德。元戎嘉之。金石迺刻。

欽定全唐文卷四百三十八

徐承嗣

承嗣。廣德二年官司天臺夏正官。

奏歲星太白同躔不犯狀

木處仁。君恩於養也。金全義。德體其政也。今月四日。臣伺候屬輕濛隱映。光迹暫明。位指東西。不盈南北。勢凌密近。切慮相干。陛下展禮齋宮。陰騰又蔽。星擬土錯。不露其瑕。及廟宿精誠。天容若鏡。今太白避歲審之二尺有餘。昔熒惑守心之明。三退無謬。加以禋祀五帝。敬告百神。是憑法象。呈休蒼生。致福偃兵。歸馬不遠。來期孝理。行歌起於茲景。事殊古典。應美前書。望付史館。兼示中外。

陳簡甫

簡甫。右拾遺。子昂孫。官御史。

宣州開元以來良吏記

君子所貴乎德。積於中而化行於外。大可以篆鐘鼎。次可以備謳歌。所謂古人遺愛。沒而不朽者也。宣州秦故郡之地。阻以重山。緣以大江。封方數百里。而銅陵鐵冶。繁阜乎其中。故其俗佻而侈。其人勁而悍。屬鞬揭鉞者。習以爲恒。

易於寇覈昔號難治武德中天下既定唯茲後附自是朝廷艱厥官非勳賢崇茂者文明中正者清貞孤拔者法令峻整者無以刻符爲邑焉先天之前人物紛綸矣自開元距今惠化浹物清修邁倫故事傳於府中淑問存諸故老得之數公焉有若裴耀卿者藴公輔之器受分憂之任以爲立政在於樹本樹本在於設教設教在於率身乃潔其源舉其端削煩苛布寛惠簡易得而庶務修愷悌行而羣心化赭衣垩面者知禁鄉校黨序者胥勸自是宣人始服教矣開元癸酉歲國家以天下久平四海繁富慮吏之不

率人之不康乃詔分十道署廉察以督之此州統江南之西包潭衡十有六州而班公景倩始受命焉公清廉以飾躬苦節以從政以爲法者國之柄天下之評寛則阿阿則公室之權削矣急則刻刻則下民之怨生矣江右荒服政紊俗訛濟之以猛弛張在我乃布甲令舉直繩恤人之疾苦除吏之貪暴踰年坐賄削免者百有餘輩澄清之政於是乎得矣有若竹公承構特高孤貞行懿直方秉法以馭下去邪以爲治鰥惸於是乎康豪奸於是乎息矣代班之政不易其舊閲歲而屬城放黜者幾乎前焉初上以遐方

罔迪邦禁思文法之臣而二公繼莅於茲政斯清人斯寧俾吾楚之俗不僁於度者二公是賴豈比夫延年有掃墓之稱郅都垂蒼鷹之號彼皆刻深而我不濫可同年而語哉有若裴公敦復者繼班竹之餘承法理之極變而通之使人不倦推而廣之使人知化振綱而羣目張舉大而細故削破觚爲圓齊變爲魯澆俗由是觀於義矣有若涇大夫李偁者行温而恭政清而簡不矯激以干譽不嚴厲以臨下反躬而令行存誠而化達天寶初自太平長遷於涇涇與太平壤距而俗二涖爲二邑僅盈十稔蓋久於其道

而惠和之德漸於人之氣血矣故溢於去思彰於歌謠後卒此州長史以桐鄉之愛歸窆於涇而家因寓焉廣德初羣盜蜂軼連陷縣邑人士罹難者比肩而李公之閭獨完由羣盜聚而保之且曰無忘公德也於戲召公之化勿翦其棠柳季之仁不薪其墓豈若凶寇懷惠束手侵掠又難於古之人矣招討使給事中袁公異而上聞詔贈宣州刺史旌善也有若司功掾張邈者清而廉謹而信非自公無以舉非祿稍無以入私謁杜於居官饋贈絶於故吏肅肅然有寒松貞玉之操焉由是累辟使車令奉丹墀青冥之

階其在茲也昔在漢世黃霸課最於潁川魯恭化流於中牟皆異時齊芳高映簡牒曷若一州之政年未三紀而循良者六人歟大歷初兼御史中丞陳公總方鎭臨此州緬想前哲徵諸輿誦以爲旌賢者所以崇德作頌者所以垂勸以歎君之美需乎在人而不播絃歌傳於竹素逶迤頹靡與尋常者共貫則何以激淸風敎發揮盛業歟以小子學乎春秋世於文翰爰命操簡用紀餘烈其里氏族望則世家存焉故不書大歷己酉歲三月二十五日記

盧邁

邁字子元范陽人明經第補太子正字累遷尚書右丞貞元九年以本官同中書門下平章事遷中書侍郎以疾乞休除太子賓客十四年卒年六十贈太子太傅

議元亘不受誓誡狀

臣按禮記大夫士將祭於公既視濯而父母死猶奉祭又按唐禮散齋有大功之喪致齋有周親喪齋中疾病即還家不奉祭事皆無忌日不受誓誡之文雖假寧令忌日給假一日春秋之義不以家事辭王事今亘以假寧常式而違攝祭新命酌其輕重誓誡則祀事之嚴校其禮式忌日乃尋常之制詳求典據事緣薦獻不宜以忌日爲辭

甯齡先

齡先廣德二年鎭南副都護

合浦珠還狀

合浦縣海內珠池自天寶元年以來官吏無政珠逃不見二十年間闕於進奉今年二月十五日珠還舊浦臣按南越志云國步淸合浦珠生此實國家寶瑞其地元敕封禁臣請採進

趙宗儒

宗儒字秉文鄧州穰人第進士累授翰林學士建中時歷屯田司門司勳員外郎貞元中進考功郎中遷給事中以本官同中書門下平章事罷爲太子右庶子遷吏部侍郎元和朝拜吏部尚書穆宗立檢校右僕射守太常卿拜太子少師寶歷初遷太子太保太和六年以司空致仕卒年八十七贈司徒

請權罷應制奏

準今月十五日敕比者先朝徵集應制人等已及時限恐皆來自遠方難於久住酌宜審事遂委有司定日就試如

聞所集之人多已分散須知審的然後裁定宜令所司商量聞奏者伏以制科所設本在親臨南省試人亦非舊典今覃恩既畢庶政惟新況山陵日近公務繁迫待問之士就試非多臣等商量恐須權罷

順宗至德大聖大安孝皇帝哀冊文

維元和元年歲次丙戌正月一日丙寅朔十九日甲申大行太上皇崩於興慶宮之咸寧殿旋殯於大內太極殿之西階粵以其年七月壬申朔十一日壬午將遷座於豐陵禮也龍輴將進魚帷已拂庭引厥儀衢陳備物哀子嗣皇

帝諱孝思罔極昭感人神痛天儀之永閟攀德音而靡聞盡哀誠於祖奠徹永慕於顯旻欽惟宸範宜光典冊乃詔魯臣纘揚聖績其詞曰

太陽麗天朗曜清懸元后統位至化光被洪惟我唐紹興哲王德宣風土法化乾綱爲政本仁寶系攸長積習和氣變爲禎祥矩範相纘巍巍煌煌十葉丕慶膺茲駿命稟乎聰明生知孝敬秉文成訓惟睿作聖祚歷攸歸天保斯定厥初錫壤啟彼維城及升上嗣萬邦以貞道邁儲訓業茂繼明總於至妙御乎至精天休廣運播茲清問緯武經文金鏗玉振不絕馳道有過茲慎莫見于微曷窺其朕六律諧度四時齊信庠筵齒胄望苑招賢學闢奥海詞峰峻天深工八體尤洞三元秉志樂善銳思討研敬老尊道優游文囿至賾必精微言咸究不習而知莫非天授建中季祀邦都盜起皇輿出狩幸於郊壘逆祲晝霾衝發如燬扈蹕之辰從曰撫軍每躬誓衆能感師人竟掃兇孽於昭大勳惟謀靜難惟孝安親出震御圖如運璿樞慮宏拯物情窮泣辜深仁降感至澤旁敷洋溢汪濊格于天區寬刑恤隱省賦蠲逋斥絶奇貢歸還戎俘出中宮之音妓愍戎塞之

勤夫有命焚鴆永光典謨元風大扇庶類忻愉疾瘵皆愈蒐蕤發枯理臻至道我得元珠垂裳負扆懷茲寅畏美利天下雲行雨施人自遷善時稱不諱覆育之恩無不茂遂遂性憬夷慕化向風翹聽八表無塵一時之盛方播金石含靈逢幸澡濯聖政泰元降祉媼神薦慶猛獸皆仁嗣昆流于舞詠爰降沖志稱于倦勤搴裳釋位思保怡神惟聖禪聖光于君臨傳萬葉之丕構浹四海之歡心付託之際人祇感深棄代昌期興運本枝遇乾坤之交泰見堯舜之同時尊名崇於聖壽至道體於希夷嗣皇帝字闕三德永裔

垂則資敬問安乾乾翼翼一人事親化行邦國沖舉何早栖靈物表聖慕極於充窮人悲集於荼蓼嗚呼哀哉篠翽儼陳招搖初轉背紫禁而歸壽陵出青門而臨下苑金鼓聲兮二儀震煙雲慘而百里遠寶馬局步於逶遲縞士揚音於楚挽嗚呼哀哉瞻彼重峰中起靈宮眾山朝衞鬱鬱崇崇積凝巖之崇靄聚浩野之悲風睇長天而怨不極指流水而恨無窮嗚呼哀哉萬方臣子心崩以摧會七月之畢至望九疑而增哀攀龍髯而何及泣鸞輅之空迴嗚呼哀哉崇茲嚴寢邈矣終天獸方護闕鳥亦耘田閟虛儀於

宸宇響夜漏於青川嗚呼哀哉五雲之上六龍以飛難攀真駕空覩游衣寥廓一往曷其有歸惟英蕃與睿範傳萬代之洪徽嗚呼哀哉

竇從直

從直元和中官殿中侍御史內供奉

進善旌賦 以設之通衢俾人進善爲韻

邈矣帝德至哉聖謨廢置殊時古今合符子子之狀可觀將從五達孜孜之道斯表克協三無是以聳彼羣彥致之康衢願揚美以歸厚思獻忠而效乎故得繼以此信言由是進明揚既達且自殊於表閭謇諤必陳豈可同夫先俊觀其悠揚廣衢旖旎從風諒賢愚以咸覿固朝野而必同式委垂而下俯埃壒乍直指而上映晴空過之而凜然生敬仰止而卓爾在中苟厥志之有立當其誠以遂通俾其不進不止豈徒自西自東已哉俟爾貞烈自非虛設既異詩人之干旄非同叔孫之緜蕝匪善奚取惟賢是謁彼謗木焉得而比矣諫鼓胡可而儔之苟匡救之惟微我無爾詐而旌別之有制爾無我欺則賢既樂只人將率俾不獨翻曉日以搖搖獵輕風而靡靡至仁斯被至化爲淳何必

改舊然後爲新矯前王之令德酌古典之攸遵雖謨訓以克備尚芻蕘之是詢萬國欽風巖廊盡英髦之士百蠻向化版築無屠釣之人故知至德在於求賢救世資乎擇善則設旌之道也爲皇王之盛典

唐故河南府司錄盧公夫人崔氏墓誌銘

元和甲午歲有夫人崔氏粤華宗令人德門賢婦以首秋再旬旬外五日終于東都正俗里之私第享年六十九嗚呼母儀厚德婦道宏訓令問如在誰其嗣之夫人諱績號尊德性博陵安平人也東漢魏晉延燿不息迨至本朝宜

昌而熾曾大父通許州司馬王父知懸祕書丞贈國子祭酒父倫代宗朝以前御史中丞使吐蕃拜尚書左丞歿諡敬公伯曰譚左司郎中伯曰榮右補闕叔曰殷衡州刺史而皆以禮自持用榮爲誠善慶所及夫人益光夫人即敬公之季女也年十有一歸于范陽盧公惟公人倫碩德冠冕良林往踐王畿滯登臺閣器業尤重紀綱洛川貞元己卯先夫人而屈於命夫人晝哭捐軀未忘誓志無違撫育不易慈仁尅己成家樹立餘業過此則修學大悲一切解脫夫人元昆衎德宗朝以御史大夫觀察宣歙池三州歿

諡懿公夫人與公孝慈以類告終歲月十稔而同同氣之言於斯可驗矣夫人有男一人女二人女則組紃稟訓婉娩承華結褵從夫榮耀他族男曰從雅頃歲辟召制有成命叅佐戎律換萬戶尉終養不虧十年向晦丁艱筮宅竊疚其懷初司錄府君先卜梓柏谷【闕】因而祔焉至是問從祔于著龜不尅問改祔于著龜襲吉君子曰傳無不之今則何遠乃歲十月六日奉夫人轄裧啟府君東北九里合防以虞陵谷順也嗣子謂從直忝懿公顧盻又備末姻尚戴恩光早詳勳閥託之琬玉貽厥彤人銘曰

夫人之生榮耀勳華鳴環適人慶彼夫家姻族惠懷靡不稱嗟温玉貞松保厥終始母儀婦道遺範已矣雪涕鮮原反覆孝子

孫廣

廣永泰中官大理寺評事

嘯旨序

夫氣激於喉中而濁謂之言激於舌端而清謂之嘯言之濁可以通人事達情性嘯之清可以滅鬼神致不死蓋出其言善千里應之出其嘯善萬靈受職斯古之學道者哉

故太上老君授南極眞人南極眞人授廣成子廣成子授風后風后授務光務光授舜演之爲琴以授禹自後或廢或續晉太行仙人孫公能以嘯得道而無所授阮嗣宗所得少分其後不復聞矣

馬燧

燧字洵美汝州郟城人大歷中爲河陽三城使汴將李靈曜反燧擊破之遷河東節度使又以破田悅功加同中書門下平章事魏州大都督府長史兼魏博貝四州節度觀察招討使興元元年檢校司徒封北平郡王討平李懷光

還光祿大夫兼侍中與吐蕃盟平涼為蕃軍所劫奪兵柄守司徒貞元五年圖形凌烟閣十一年薨年七十贈太尉謚莊武

諭晉隰慈州檄

興元元年八月某日河東保寧奉誠軍行營副元帥北平郡王燧檄告晉州要君廷珍隰州毛君朝敭慈州鄭君杭及將士吏等蓋聞率土莫非臣盍念在三之訓明王伐不敬有嚴討貳之刑義士不求生以害仁智者能轉禍而為福其畢棄咎咸與惟新國家幾葉繼明億年凝命天保以

上采薇以下內撫外從濮鉛以北祝栗以南德洋風普神旌遞列窫窳咸誅堯治時雍猶有青邱之梗舜仁天幬未誅丹浦之凶李懷光奮渤海之俘授蒲津之節始謂狙詐之足使不虞鷹犬之易颺弃命醴泉粗展勤王之績請朝行闕輒衷犯上之謀猶念前勳屢縻好爵張萌芽於霜雹悖木水之本原升鸞之謀肆行巢父之使弗返奮二軍而殲良將剽三老而翦近畿豕心莫悛鴞音不革已復漢京之日月載揚周旅之雷霆幕府承命齊壇建牙列鎮正正之旗堂堂之陳莫我敢承赫赫厥聲濯濯厥靈有征無戰

渾侍中率同陝之士韓僕射統邠寧之師唐節度虎視鄜坊駱將軍熊跱鎮國風雲助氣草木為兵詔參伐以清氛命招旌而繕怒不俟前茅之遏坐成獨柳之誅惟爾三州之士夙被累朝之德澤嶠從處仲適受逆汙導事隗囂豈為賊守鼎魚假息穴兔阽危犯大義者眾必攜作不善者神弗赦歷數古今所記未聞叛逆獲全惟岳阻兵汔膏齊斧朱泚竊號亦梟藁街矧茲狄孥敢干天罰犬馬猶有主覆載不容鱷鯢取以封脅從罔治聖上禹湯罪己文武行仁凡鳴狐假王之妖首鼠觀釁之將莫不匿瑕宥戾磢

垢滌汚雖三子猶存蓬艾之間豈太陽不回葵藿之照尚式王命共惟帝臣勿相依於輔車以俱焚於玉石倘能洗心效順解甲來歸績獻關東疏封帶礪融全河右紀烈旂常若迷復怙終猶豫不斷蹈于顯戮謚為至愚豈惟數虐多方亦將遺臭千載請擇二者永肩一心者定爾功復見弓櫜而戈戢式化厥訓庶幾世變以風移檄到如章書不盡意

李訥

訥字敦止第進士累遷中書舍人出為浙東觀察使貶朗

州刺史召爲河南尹凡三爲華州刺史歷兵部尚書終太子太保

授盧宏正韋讓等徐滑節度使制

門下彭城故壤南據長淮滑臺重鎮西疆巖邑建牙謀帥於是攸難合得全才式光並命義成軍節度使盧宏正識略圓明襟靈倜儻行有枝葉文耀菁華扣洪鐘而自韻宮商挺鋩刃而前無根節檢校左散騎常侍駙馬都尉韋讓機謀通敏誠性端和族茂簪纓望兼賢戚鄙籯金而必專詩禮挺玉質而不雜風塵並稟粹元精宜符景運或發聲文囿攘臂吏途休功流美於劇權理行推高於良翰經武著安人之略事君堅許國之心或早踐通班騰芳懿行職守交修于列寺出納無愧於有司操刀呈剸割之能馭黠有神明之稱徊翔中外迭振徽聲簡自予心膺茲閫寄總齊邦事節制王師朕以徐方一軍義勇素著帥臣無狀戎府不寧爾其便道持行著安闔境推誠宜先乎必信開懷以勗其後圖使軍城保晏開之安邑居絕夜吠之警然後昭宣號令折衷恩威務壯其猷以清厥慝將俾望風而理豈期朞月有成屬在新規注意彌切於戲訓戎撫俗節用厚生政苟有經人自知禁爲邦之道豈易於斯並進秩於六官仍亞榮於三事往踐乃職爾惟戒哉可檢校戶部尚書工部尚書各兼節度使

授薛元賞昭義軍節度使制

門下上黨古今之重地也東山東之襟要控河內之封壤擇我良帥屬在全才銀青光祿大夫袁王傅薛元賞性含宏厚智識圓方秉忠孝以立身參文武而爲用早備器使雅聞公才誠明與人寬大懷物再尹京邑威名甚高寇攘之徒相視束手旋以長轂臨于彭城嚴而不苛通則有守移旆巨野益恢壯猷將材吏師首出藩服洎總牢盆之任頗多贍國之能薦分竹符理行居最常慕子文之道爰從賈誼之徽恬然自居物論歸重是用擢於傳導命以土田解長裾於戚藩樹高牙於戎閫爾宜貞厥師律劭其農功訓齊撫綏無墮前志右職分五兵之重南臺膺副相之榮疊處寵光俟乃成效

授陳君從鄜州節度使塞門行營使制

門下洛水交波鄜城舊畤地當寇壘界接王畿外爲襟帶之邦中有賦輿之實屬者黠羌未戢燔燧猶虞置將或乖

征師向老思得頗牧付之邊疆擢吾材臣式昭奇策邠州刺史陳君從學啟玉鈐志昭甲令機符天與信愿生知浸染於勳伐之門奮發爲英謀之士特稟雄氣魁然壯猷窮黃石之三編笑長沙之五餌久服戎旅益通武經遂升外臺俾守栒邑歌襦袴而苛慝不作提卒乘而障塞不驚而又累陳表章願展材効雖遵條共理仁風見重於朱轓而授脤分麾將星宜明於紫塞旣申引拔寧繫班資爰思鼓鞞乃錫鈇鉞秉列部察廉之務佐兵車招討之名首戴附蟬之冠位長集烏之府總制師旅振揚軍聲往圖休庸勉

答殊寵於戲玉關迢遞定遠收功先零猖狂營平善計建此勳者彼何人哉宜堅盡敵之心以固請纓之志無令直筆有愧前修

紀崔侍御遺事

李尚書夜登越城樓聞歌曰雁門山上雁初飛其聲激切召至曰去籍之妓盛小叢也汝歌何善乎曰小叢是梨園供奉南不嫌女甥也所唱之音乃不嫌之授也今老且廢矣時察院崔侍御自府幕而拜李公連夕餞崔君於鏡湖之光候亭屢命小叢歌餞在座各爲賦一絕句贈送之亞相爲之首唱崔下句云獨向柏臺爲老吏皆曰侍御鳳閣中書即其程也何以老於柏臺衆請改之崔曰某但止於此任寧望九遷乎是年秋崔君鞫獄於譙中而終

東林寺舍利塔銘 并序

設位貞觀莫大於乾坤懸象著明孰踰于日月而世間智識强推廣大之名繫表機深莫究窈冥之類是以法身利見無爲之寂風偃化跡分軀不盡之靈雲李疑竺乾清淨之教始自他方菩薩慈悲之法聿行中土猶是元關幽鍵委積龍宮紺髮青眸光暉鴈塔馳八紘于忍域置萬物於

仁寰非般若之蘊乎孰能臻于此也東林寺上坊舍利塔者有宋佛馱跋陀羅禪師之所立也爾其一經地理接化鳥之南圖一緯天文承斗牛之北次崗巒出沒下積風雲洲島縈迴旁羅井邑劃東林之淨壤撥西域之神模瀑水周軒鑪峯對霤丹楹翠栱標迴日月之宮寶綴珠櫳影出雲霓之路禪師先持舍利五粒隨身供養於是貯以石函藏之珍塔屬陳隋代謝陵谷貿遷雖入神之作而有扶助而必壞之相終從雕朽爰有沙門上座曇傑等柴桑盛緒蘭落香名早悟三明深知二諦感禪師無生之業遠酌規

模靚禪師莫泯之蹤願言興葺昔景龍之歲御史清河房光庭歎其荒毀盡留征橐蘇州司馬王弼紹其成績更脫僑裝鷙鷺肇于前鵷鴻嗣其後軒疏若舊藻繢惟新如鳥之甍入烟霄而重翥盤龍之桷得風雨而還飛復增舍利一十有四更以金銀鐵爲棺槨同寶聚之爭分似珠囊之交映遊區果者覺地位之超昇覩光華者喜身心之快樂非聖圖之冥感何公緒之速成耶跋佗羅禪師者迦維羅衞國人漢言賢甘露梵王之苗裔少孤爲外氏所養從祖鳩摩羅刹聞其聰異乃迎還度之年十七與同學業習衆

皆一月賢一日覽焉其師曰賢一夫敵三十人也及受其戒國以禪律宗之禪師自西洎東數見神變允謂知變化之道者其知神之所爲乎至長安常與鳩摩羅什剖析幽旨什每屈焉秦主姚興大弛未法禪師退藏於密猶嬰謗議乃拂衣東顧杖錫南騫益修無住之業卽事遊方之化因指廬岳而慧遠法師在焉遠公以禪師名稱特高義諦攸出慶殊鄰之會面得營道之同心乃招入香庭中分蘭若規于塔後芟草而禪亦居不求安也宋武帝深加禮敬固請還都止道場寺先是沙門於于闐得華嚴前分三萬六千偈未有宣譯至是屈禪師會通華戎錯綜文義故道場寺至今有華嚴堂焉皇帝自躍至飛荅中興之命先郊後岳修太平之舉步自開元令龍集攝提格七月丁丑朔二十八日甲辰凡一紀而有二載矣若夫鼓天下之動者存乎文辭傳不朽之跡者存乎事業此寺營建六代于茲求其刊勒兩碑而已遠法師高談色相欲求寂滅之源謝康樂初入妙微不書立言之意訥才非半古命不偶時頃自庫部郎中出爲此州刺史剖符淹歲奉計臨岐傑師以琬玉圖文俯詢巴曲下走以蘭荃有興因奏楚辭駐楫抽

毫乃爲銘曰

大道旣隱兮世運陵遲法雄利見兮光啓導師曲阜以夜明爲初日休屠以天際爲末時七覺來晚三明樂推詮其不住之法唱以無緣之慈爰有上人挺生迦衞信美東土我違西裔遇澄什于關中披林遠于江濆密句不可以無說奉宣譯于瑤緘神物不可以終否寶光暉於銑函建神模于岩峇聳層臺于嶃嵒物壯期於必朽色空在于無滅其增舊也見白黑之彌綸其取新也有丹青之秀發惟精惟微兮等般若而無竭

馮伉

伉本魏州元城人。徙京兆。大歷初登五經秀才科。授祕書郎。建中四年又登博學三史科。三遷尚書膳部員外郎。歷給事中。順宗立。進兵部侍郎。拜左散騎常侍。元和四年卒。年六十六。贈禮部尚書。

科處應解補學生奏

應解補學生等。國家崇儒。本於勸學。既居庠序。宜在交修。其有藝業不勤。遊處非類。樗蒲六博。酗酒喧爭。凌慢有司。不修法度。有一於此。並請解退。又有文章帖義不及格限。

頻經五年不堪申送者。亦請解退。其禮部所補學生。到日亦請準格帖試。然後給廚。後每月一度試經。年等第不進者。停廚庶以止姦。示其激勸。又準格九年不及第者。即出監。訪聞比來多改名却入。起今已後。如有此類。請送法司準式科處。

路季登

季登。陽平寇氏人。大歷六年進士。累辟使府。升朝爲尚書郎。終左諫議大夫。

皇帝冬狩一箭射雙兔賦 以題上六字爲韻

大矣哉我唐之盛兮。七葉重光。襲文明以爲德。表武烈而稱皇。于是行冬令。稽舊章。當清風之戒節。建元律之司方。時因展狩。禮備肅將。信不差于王道。豈取樂于禽荒者哉。若乃整鉤陳。嚴羽衞。星旄燭野。雲旗拂曦。周長楊而爲阹。屬甘泉以爲綴。騁六龍而電發。顧雙兔而飈逝。性㲋狡而不恭。足輕迅而靡制。爰從聖射。乃覩神藝。鋈鑣卻轉。引柘月而隨圓。金鏃斜飛。疊霜毫而俱斃。既絕系而達臆。亦洞胷而裂背。岐陽之美。不獨稱于周王。上林之雄。未可論于漢帝。觀夫歲聿暮。時既冬。采吉日。詠車攻。或備鮮于乾豆。

或薦芬于祖宗。匪合圍而縱獲。諒閱武而觀農。且箭協陽爻。兔唯陰獸。柔而不犯。信爾類之可全。强以多猜。信我網之不漏。伊省括而一發。紛應絃而雙仆。所以彰聖武于無窮。表靈誅于薄狩。至如馳驟褭蹄。深密追捷。踴騰勁質。飄勇氣于蒼旻。抗稜威于白日。激流電而指顧。躡奔星而迅疾。疊穿兮彼兔則雙。舍拔兮我矢惟一。足使百蠻膽喪。萬人股慄。遐哉邈乎。不可談悉。彼更嬴之絕藝。蒲且之妙術。曾何足以擬議焉。于是殺氣肅。英風扇。信合美于三驅。實挺奇于一箭。然後迴雕輦。御金殿。或昇台階。或歸鼎勝。乃知我皇之盛德。眇萬古之罕所聞見者也。

韋夏卿

夏卿字雲客。京兆萬年人。大歷中賢良方正高等。累遷吏部侍郎。轉京兆尹太子賓客檢校工部尚書東都留守。辭疾改太子少保。卒年六十四。贈尚書左僕射。謚曰獻。

東山記

自江之南。號爲水鄉。日月掩藹。陂湖蕩瀁。游有魚鼈。翔有鳧鴈。涉之或風波之懼。望之多煙雲之思。自朱方達于震澤三百里而遙。惟毘陵地高。林麓相望。邱陵埤阜。隱嶙蟬聯。雖有崖崿之形。終無峻極之狀。封域之內。罕名山焉。有唐良二千石獨孤公之莅是邦也。人安俗阜。三稔於茲。文爲宗師。政號清靜。有仁智山水之樂。有風流退曠之懷。如獨鶴唳天。孤雲出岫。想見其人也。公嘗言謝公東山。亦非名岳。苟林巒興遠。邱壑意深。則一拳之多。數仞爲廣矣。由是於近郊傳舍之東。得崇邱浚壑之地。密林修竹。森蔚其閒。白雲丹霞。照曜其上。使登臨者能賞。遊覽者忘歸。我是以東山定號。始於中峯之頂。建茅茨焉。出雲木之高。標視湖山。如屏障。城市非遠。幽聞鳥聲。軒車每來。靜見水色。復有南池西館。宛如方丈瀛洲。秋發芰荷。春生蘋藻。晨光炯曜。夕月澄虛。信可以曠高士之襟懷。發詩人之詠歌也。自公之往。清風寂寥。野獸恒遊。山禽咸萃。不轉之石斯固。勿伐之木惟喬。而繼守數公。實皆朝彥。雖下車必理。或周月而遷。志在葺修。時則未暇。貞元八年。余出守是邦。迨今四載。政成訟簡。民用小康。永懷前賢。屢陟茲阜。芟薈翳而松桂出。夷坎窞而溪谷通。不改池臺。惟雜風月。東山之賞。實中興哉。於是加置四亭。合爲五所。瞰野望山者位正。背林面水者勢高。邊竽區陳。賓寮有位。琴碁閒作。簫管時聞。從我之遊者。咸遇其勝也。嘗以水通舟檝。陸阻車徒。端徑術於通津。翦榛蕪於迥野。凡五六里。抵于亭之南。植山松以作門。樹官柳以界道。蟠旋麾於原上。騁騏驥於途中。又有塞門隴坂之意也。懿乎創物垂名。俾傳來者。登山臨水。每想古人。亦何謝石門林泉。峴首風景而已矣。爲文斲石于彼山阿。時貞元十一年歲在乙亥九月九日記。

東都留守顧公神道碑銘

洪維哲人。含道研幾。大方不器。正得思惟。磅礴山立。危昂鳳姿。耽耽廣厦。浩浩澄陂。元化及物。聖主爲時。嘉猷式贊。

密詰是司十餘年閒造膝詭辭顯仁藏用孰得而知天地有公輔相其宜綜綱清轄揭禮高闈貂蟬峩峩親侍玉墀帝思其人則曰汝爲乃齊九賦乃張四維清濁是分集於靈龜祈祈名士天下觀頤正直摧剛誠明滅私孰云强禦視若嬰兒量人氣折觸角用嬴因智圖難尹正邦畿無念鰥寡克宣明夷尼父有言栽者培之於赫斗樞迭爲官師重光疊耀近古攸希分政於東宏訓保釐方俟元宰聿來膺斯嗚呼不淑棟幹其萎神昧於仁胡可度思寵贈端右恩覃澤垂元宇深邃龍光逶迤德音孔昭視我豐碑

欽定全唐文卷四百三十九

韋肇

肇宰相貫之父大歷中爲中書舍人累上疏言得失爲元載所惡左遷京兆少尹改秘書少監載誅除吏部侍郎謚曰貞

駕幸春明樓試武藝絶倫賦 以弧矢之利威天下爲韻

有武備者國之嘉謨習武事者人之令圖其在易也徵之擊柝其在禮也取彼懸弧蓋居安慮危而兵不可去策名委質而藝不可無我皇富有四海光宅八區然猶軫懷未達惕慮不虞欲以廣盛業於二柄選雄才於百夫時乃駕

幸於層樓闢場乎九軌森其羽衞揭以弧矢列簪佩而儼立端冕旒而高視詔曰惟爾力人惟爾爪士食我場藿今則至矣歌乎采蘩試可乃已於是拜手稽首足之蹈之騁技於非常之日爭鋒於拔類之時則有六鈞用壯百中無疑和容就列省括於茲射用藏弓不獨主皮之善發殊罕忌而無失鵠之嗤可謂措杯至習舍拔必至盡其妙而不棄前修擅其功而若有餘地天顏既矚且賞麗龜之功人意所傾敢爭射隼之利又若蒙輪之俊超乘如飛騁廣場

之永埒覽繁弱而忘歸左旋右抽擢兩肩於敏手奮髯增氣示衆目以餘威立表取準臨危應機盤過身之矛所投皆中執如組之轡所向無違宸心用多其勇捷觀者咸服其精微至有術非五善取非十全不能定是非於已分而又爭利害於君前莫不心戰股慄落羽驚弦豈搜揚之不至諒工拙之相懸夫試也者爲求於衆捷也者爲同於天非僥倖之可竊用旌勸之無偏是以詣闕者數百詐而升明者纔一二焉其或進而不濫動必合雅靡躓甲以自媒思觀禮之見假始僶俛於法度忽蒼黄於取舍信其命而

有之亦不得而無也宜乎召墨客授行者書絕藝於詞臣傳不朽於天下

欹器賦

若夫天地忌滿鬼神害盈方輿以之東缺圓蓋以之西傾百川因茲灌注七曜由是貞明故聖人以沖虛作式賢達以撝謙爲情於是盤盂設誡几杖必紀金人貽誨於周書撲滿流規於漢史順之者福逆之者恥乃垂訓於小人咸取象於君子豈若方圓有度規矩合儀不虛不滿能安能危考衆器之論最實莫先於宥卮不隨日兮時昃不與月兮暫虧體執謙損性尚沖撝知盈槩而必覆故止足而何期惟上聖之設法處中庸而在茲使廉恕以效貪殘改質金張可望形而謝寵許史可覩容而辭秩疏廣感此而挂冠范蠡曷茲而自逸覽斯器之爲美何餘物之能匹原夫出自聖者之心成乎匠人之手匪雕匪刻可大可久鄙巨壑之難盈惡漏卮而虛受寧取類於瓦杯以供堯舜不願同於金爵惟資桀紂故一化於陶鈞歷千載而不朽由是魯君之廟置諸户庭左鄰東序右界西扃惟仲尼之多聖賴弟子而爲銘僕又何德輕塵翰墨雖不假於先容實有

愧於觀國

撲滿賦

夫以天覆高兮地載卑道幽元兮不可窺日始中而還昃月將盈而復虧滿而不已則溢高而不已則危誡古聖之深戒作來者之明規示予以倚伏教予以謙撝雖蒙昧而不敏請將心而事斯故遠求類物近方諸己鸚鵡何智兮隴坻先鳴靈龜何愚兮長塗曳尾智者禍兮受雕籠之羇愚者福兮終廟堂之祉信通塞之暫昧乃榮枯之一指何茲器之雖樸以堪誡而成珍稟質陶甄之匠賦容埏埴之

人。不雕飾以眩目。寧儉素以全身。始含虛而任受。忽多藏而累眞。入之有徑。出之無因。其滿也渾兮似蚌珠未開於重淵之下。其拆也杳兮若鷄卵初分於太古之辰。豈不以驟積而靡散。貴得其豐。孰知其難裂。陶鎔之瓅瓅。出金錢之粲粲。見之者無不興嗟。聞之者盡皆含嘆。若夫窅窅宦子。營營市人。若恥貧賤之域。同趨富貴之津。得利足以潤己。至盈足以敗身。猗歟前跡。安可再循。予遂削營欲之心。守謙光之道。念此物之雖賤。宜吾人之所保。鑒周鼎之覆餗。看魯器之傾倒。猥逢長倩之贈。永爲子孫之好。欲窮墨妙之意。以養太元之草。

金劍出匣賦 以金劍開匣光射霄漢爲韻

劍者主生殺之氣。匣者同隱見之心。鳴於其中。或幽閒以爲恨。出乎其外。信利用以則深。豈徒飾以琱玉。比之兼金。封雄鍔而不舉。緘異氣而嘗沈者哉。故劍利於人。匣因於劍。蓋所以爲重。俾神物而不褻。亦所以表能。將瑞光而亦驗。其始也若耶之溪涸。赤堇之山開。良金旣選。歐冶爰來。合純精而鑄鍊。召太一與風雷。厥功旣勤。曠歲月而方就。厥狀斯見。法陰陽之所裁。於是工技之儔。金鏤爲匣。制其象也錯玳瑁與瓊瑰。韜而藏諸。秘龍鱗與龜甲。故楚王之未識。我含其章。風胡之將鑒。我耀其光。發匣而覩。爛然非常。環啟蜂以吐月。刃披雲而降霜。若金隄始開。横秋水之漫漫。如青天欲倚。散陽彩之煌煌。夫惟義也動而必吉。夫惟神也行而無跡。號龍泉而其善可珍。指斗牛而其光可射。用晦之際。思顧盼而無遺。出幽之時。思佩服之無斁。伊昔三劍。氣凌九霄。臨敵高揮。而血流千里。復讎虛擊。而疾不崇朝。苟蒙蔽而未發。雖晏陰之莫昭。且劍之在匣。蓄銳而誰玩。劍之出匣。器利而能斷。亦將試銛鍔於鯨鯢。決浮雲於天漢。或提攜之未及。尚埋淪而可歎。願進用於張華。如見知於雷煥。

瓠賦 以豈徒用乃可珍爲韻

器爲用兮則多。體自然兮能幾。惟茲瓠之雅素。稟成象而瓌偉。安貧所飲。顏生何愧於賢哉。不食而懸。孔父嘗嗟夫吾豈。離芳葉。配金壺。雖人斯造製。而天與規模。柄非假操而直。腹非待剖而刳。靜然無似於物。豁爾虛受之徒。黄其色以居貞。圓其首以持重。非懵乎林下逸人。何事而喧。可惜乎樽中夫子。寧拙於用。笙匏同出。詎爲樂音。以見奇牢巹各行用謝婚姻之所共受質於不宰成形而有待與簞食而義同方抔飲而功倍省力而易就因性而莫改豈比夫爾戈爾矛而勞乎鍛乃礪乃於是薦芳席娛密座動而委命雖提挈之由君用或當仁信斟酌而在我挹酒漿則仰惟北而有別充玩好則校司南以爲可有以小爲貴有以約爲珍瓠之生莫先於晉壞杓之類奚取於梓人昔者滄流曾變蠡名而願測今茲廟禮請代龍號而惟新勿謂輕之掌握無使辱在埃塵爲君酌人心而不倦庶反樸以還淳

沙隄賦 以隱以金椎樹之青槐爲韻

遵大路乎新謀倚善人之廣運沙之積也得禦濕之宜隄乃名焉審用功之分爰謀爰度是築是隱使夫晴靡磽确之煩雨無塗潦之窘若然者施之城闕豈但三條之通用之郊坰可以千里而近伊功足紀斯美奚擬臺或虧簣我終始兮無然山不讓塵我包含兮亦爾應物兮寧倦安卑兮詎恥俾時行各得其所由故日用不知其所以君勿謂泥滓之賤君其乘宏益之深高而不危仰諸侯之殊化直而能正定志士之夙心何止禦浸淫而爲岸或當披隤阤而揀金其處也周帝城之內徒有羨於瑶池其堅也雖衆人之力固自得於金椎亦由道存而命外天縱而非師是以遽奔衢應馳鶩洞萬戶兮旁啟紛九門兮爭赴往來相接見軒蓋之成陰蹊逕自開何桃李之足樹役無妨時利莫尚茲豈踰於衢且以夫大爲防也能保其固匪同中聚而雨之仰對高闕兮熒熒夾植喬木兮青青無偏無頗庶託情於王道不騫不圮長委質於地靈願得乘御輦蔭宮槐敢邀功於捷徑期展効於微埃徒以爲臨曲沼登高臺誠不如賦沙隄之盛觀足以騁作賦之才

孫宿

宿贈僕射逖子辟河東掌書記代宗朝歷刑部郎中中書舍人出爲華州刺史

對讖書判

乙家有論語讖鄰告其蓄禁書科徒一載郡斷無罪未知合否

先聖立言蓋非爲己後學敬教可以潤身且非亂常如何議辟乙門殊闕里室有儒書雖則家藏未違邦禁同原伯之不悅或可見非比韋氏之能傳實惟濟美鄰人誠爲妄

糾彼已未越彛倫遽欲論刑何縣吏之從昧不置於理知
郡司之有乎

史翽

翽官京兆尹出鎮山西東道爲亂兵所害

仁壽鏡賦并序

天寶初有獻書闕下者言巴蜀之間有石鏡見於巖之半
仁壽之字昭然可觀僕深奇之因而爲賦

主上恢大寶闡鴻休仁風揚而元德布壽星輝而皇化流
故得仙靈啟瑞石鏡涵秋無往不形鑒乃侔於止水有鼎

而應道可以喻虛舟懿夫化自天鈞質非鎔造亭午光射
靈朝曙早來洞穴之九仙對商山之四皓炳崐岫之龍燭
倒風壇之竹掃光能照乘不遺罔象之珠跡在幽巖爲啟
崆峒之道動如秋水之澄皎如寒雪之凝駐清夜之圓月
挂長河之片冰其形不由於拂拭其勢豈假於鉤繩君則
無心惟德之斯感山非自爾喜神之有憑左猿吟右虎嘯
萬籟相聒羣容必召雖復晉有金飾之美魏有銀華之妙
何如庸魅而野鹿羞窺愛舞而山雞自照昔之寫形仁壽
見膽咸陽倚玳瑁而稱麗挂珊瑚而益光名傳歲月事著
縑緗咸播美於千古孰歸功於我皇鏡爲之鑒與明德之
合符石類於金惟聖躬之初應可以示後世之千葉可以
軌前王之萬乘記事之簡以光良史之書頌美之詞更動
詩人之興法天法地之謂仁不騫不崩之謂壽惟仁也故
能昭泰惟壽也故能長久萬人咸識鄙石室之仙經六體
自然輕漢圜之卧柳我大君猶抑而不納謙而不有小人
無益於補天庶斯文之不朽

丹甑賦以國有豐年爲韻

皇矣上帝臨下有則元德升聞榮問充塞三光明而品物

昭報四氣序而黎人不忒雖休勿休惟靜惟默偉夫自然
之丹甑方作瑞於明德應皇運而無疆報時豐於有國其
業可大其功可久既申命以自天類有孚而盈缶循環外
映爰假象以爲名濩落內虛信當無而入有明夫既耨既
穫表此不稂不莠將有開而必先固茲器之可守天應靈
貺人期至豐不汲而滿將寶鼎而齊列不炊而沸與溫泉
而比崇異鈞陶之有作符造化之爲功千箱以之而發詠
萬姓無嗟乎屢空且夫人爲國本食乃人天朝有代耕之
秩野多擊壤之賢豈不以休徵畢至瑞應無邊正色斯呈

以明於聖感天資可尚是表其豐年影亭亭於瑞日光泛泛於祥煙九功咸序八政攸先超三皇而軼五帝尚何足夫比肩

韓述

述代宗時人

奉天皇帝長子新平郡王墓誌銘

維永泰元年歲次乙巳二月十七日新平郡王薨於西京之內邸春秋四十一粵以其年五月七日還窆於萬年縣龜川鄉細柳原禮也王諱儼字伯莊睿宗之曾孫元宗之

孫奉天皇帝之長子也幼而温良夙乃碩茂動皆執禮言必稱詩皇孫之中德行推美周邦右戚漢典開封代繼讓王之尊親承太伯之嗣先朝友愛奕葉追崇常佳南楚之風每翫西園之月仁者不壽遘疾而終皇上軫棠棣之悲懷雁行之慘輟朝震悼義切天倫驚遽云封龜占從吉俄辭舊邸言向佳城近灞陵之高原當細柳之古地丹旐將引元甲啟行器備飾終禮有異等嗣子年在童幼執喪而哀詔葬之儀悲深先遠豐碑之窆詞在刊銘銘曰

文昭武穆天孫帝子好古推賢樂善歸美親承太伯業繼賢王漢屏斯重周卿有光人閱於水夜遷於壑長坂蘭摧小山桂落細柳之地灞陵之川泉扃一閉幽遂千年

王諫

諫元宗時人

爲郭令公出上都赴奉天行營敕賜錦戰袍并口脂等謝表

臣某言臣今日巳時至臨臯驛西開府魚朝恩見奉宣進止賜臣錦戰袍等又未時至管城驛縣中使至賜臣爪兩顆聖慈薦及寵賜頻加榮有同於衣錦恩乃及於挾纊重

裘莫比被練非堅以此臨戎期於盡敵況傅之香澤分以甘瓜推食解衣未足爲喻誓當畢命少答殊私身膏草野實伸至願無任受恩稠疊之至

爲劉相請女婿潘炎罷元帥判官陳情表

臣晏言臣實凡淺謬典樞衡元元未安庶政多闕涓塵罕錄尸素空慚臣女婿元帥判官駕部員外郎知制誥潘炎入侍帷幄又司戎政嫌疑之地顛沛是憂頃者累表陳聞冀炎得歸省闥不謂天聽未達尚阻愚誠內懷冰炭若墜泉谷臣某誠惶誠恐臣聞統天下者以天下舉直錯枉不

私其親故能致至公之門塞羣邪之路伏惟元聖文武皇帝陛下紹休聖緒惟新實歷內黈百揆外清四海鴛鷺之士充庭漸階而臣與潘炎俱忝近密兵權國政在臣二人是使惡炎者易爲譖嫉臣者易爲毀倘炎獲戾臣無以見雪脫臣遇謗炎無以自明此臣所以寤寐兢惶罔知攸止昔霍光爲大司馬長女婿度遼將軍范明友次女婿羽林監任勝爲東西宮衛尉威勢崇重冠於一時不能抑退卒見傾覆前史所惡書而貶之又劉宏爲鎮南將軍事時朝廷以其女婿夏侯陟爲襄陽太守宏表陟親戚舊制不得

相監有詔聽從竟免禍敗先賢所尚美而書之臣雖才謝古人智不經遠每憂覆餗大懼妨賢竊惟瓜李之嫌寧望桑藿之許今是以瀝肝上請昧死聞天必元帥藉炎諮謀則臣甘引退如或廟堂留臣擇用伏願終許罷炎庶遂劉宏之心無成子孟之禍無任懇願迫切之至

爲郭令公請授親王四節度大使及五府大都督表

臣某言皇太子者王之枝葉固當使之繁茂以蔭本根國家自頃以來率由此道莫不重其職任以維四方如朔方范陽河南隴右劒南等州節度大使并五府大都督一切並用皇子以相監統內以制姦宄外以威寇戎雖未合封建舊章亦所以廣維城磐石之義也自羯胡肆逆海內糜沸務求武將授以兵權於是大使大都督之職廢而不復用矣近日僕固瑒梟夷之後陛下以朔方巨鎮寇逆未平將授其使賜臣靈州大都督單于安西大都護朔方節度使此一時之事非經久之術今妖氛電掃中外小康忝職樞衡代天理物固合遵守舊典宣明國章豈可復竊大名紊亂常式此臣所以內外冰炭俛仰增慚伏乞選之親王

授以斯任俾臣兼靈州長史及副大都護節度大使佐理其中并諸府節度亦望準此處置四夷聞親王分鎮必當遠近畏威將亦絕其覦心不敢妄動又大元帥頃者並無親王爲之自皇太子冊在春宮遂罷斯職今但置元帥司馬而元帥未有其人四方將帥之臣無所稟命亦望陛下復授皇太子以振兵威此國家要務也臣前月已具聞奏陳其事猶懼陛下未察愚言不以爲念是以敢再三抵冒昧死上陳倘允臣所祈天下幸甚無任懇願之至

安西請賜衣表

臣奉某月日敕令臣河西揀招五千人赴磧西逐面防捍者臣到安西之日安西早已翻營軍令有行困不敢息鐵衣不解吹角便行邊庭路長去去彌遠往還三萬里辛苦二周年朝行雪山暮宿冰澗溪深路細水巖闕二字大約一程少亦百渡人膚皴裂道上血流畜蹄穿踋路傍骨積征馬被甲塞草不肥戰士戎衣胡風盡化今邊秋早冷赤肉迎霜臣準敕放還實恐磧途凍死伏惟矜慈育物遠念單寒請令安西給付綿帛蓋其凍露路免僵屍生入鐵門死將不朽

唐瀛州景城縣主簿彭君權殯誌銘

有唐建中二年歲次辛酉十一月三日瀛州景城縣主簿彭況字巨源卒於官明年十有一月季弟字長源迎神葬於古漁陽城北采貴里之原存歿急難於此極天倫之感君之先世祿至高祖奕葉瓔枝在邦已聞曾祖順皇朝都水使者祖杲御史中丞嶺南採訪使考棲梧蒲州司馬生君身長六尺性倜儻善屬文工楷隸廣德中有季父仕於恒因省遇亂來遊幽薊與宏農楊鏻太原王譖河東柳挺以文相友爲當時高唱及太尉遂寧王司徒義陽公魯衛更榮秉旄此府恩殊寄重深沈朱户君嘗儒服曳裾宴語東閣雖梁邸之待孫羊竇家之歡崔班彼一時也無何李惟岳以恒趙叛有詔司徒討逆議者若師出乎闕一字莫之間扉屨資糧佇我文吏君解巾始拜此命縣與賊鄰防虞初闕萑蒲之盜起於倉卒長吏請避寇君曰擊柝待暴家人有備況國邑乎茍逃下闕

豆盧詵

詵永泰時人

嶺南節度判官宗公神道碑

夫工文者或懦於勇烈善武者或昧於政理徐則失於斷疾則寡於謀至若文而有勇武而有政徐而能斷疾而能謀者公有之矣公諱義仲字義仲其先南陽人也高祖出宰榆次因家太原昔宋襄公之母弟敖仕於晉至伯宗爲三郤所害州黎犇楚其子家於南陽以王父字爲氏公其後也遠祖均東漢爲九江太守累遷司徒六條分而千里雲行五教敷而四方風動厥有成績罔或不臧自東漢迄於聖代英賢間發史牒詳焉曾祖隋雍州牧鄱陽將軍諱義國之選也烈考皇靈州錄事參軍諱良獻人之望也皆

纘承前緒垂祐後昆秉德不回世濟其美公則靈州府君之仲子也允文允武惟忠惟孝丱歲失趨庭之訓絕漿有類於參乎弱齡喪倚門之慈泣血不殊於柴也曾未弱冠克自激昂不安顏子之貧遂投班生之筆乃慷慨而言曰文武不墜在人宏之遂從安思順破魚海敗五城授上柱國又從哥舒翰破吐蕃收九曲前後討伐稠疊勳庸累遷遊擊將軍左武衛中郎將暨乾元中秦州防禦使都督楊公公之懿親邦之碩德也懷郭有道之深識行祁大夫之內舉以公才兼文武德備剛柔表爲司議參軍尚賢也至

上元初楊公爲同州刺史又表公兼韓城令當縣團練使任能也欃槍未攘獫狁孔棘既因之以師旅又加之以饑饉寇盜蟻聚於我疆黔黎鳥散於他境城壁頽圮鄽户閉隱嗷嗷彼方望公如歲公於是完城郭修器械均賦斂峙糗糧城郭之完也則矗長雲以倚天器械之修也則騰勁霜以撲地均乃賦則流人不召而來峙乃糧則軍士不戒而備農狎於野商復於肆去其煩苛敦其簡易曾不期月而人知所庇解印未幾朝廷多之遷澄城令無何楊公拜御史中丞嶺南節度乃諮參公謀授以參軍時宦官呂太

一怙恃寵靈凌虐神主前節度張休爲之棄甲公於是稽韜略演遁法算之以孤虛考之以風角潛軍間道克復舊藩甲士不勤而凶黨殲矣所謂不戰而勝者也乃大貢方賄丕敘庶績朝議嘉焉授大理少卿兼監察御史仍充節度判官懋賞也轉署亞卿表其赤心而刺外柏臺柱史俾其白簡以正邪方將振翼南溟竭誠北闕曜威靈於象郡布渥澤於龍川豈上天不惠降此大戾閱水去而不留藏舟奄其長逝以永泰三年四月六日寢疾捐館於上京務本里第春秋四十有二以其年五月十八日葬畢陌原禮

也公之元昆曰夷仲早世而殞公之季弟曰昌仲爲光祿寺丞撫孤追往號慟靡及惟公禮以檢身忠以奉國其事上也敬其臨下也簡御衆以寬撫孤以義率性而仁愛及物因心而孝友過人從官之祿利散霑於疎屬承家之資產悉付與同生宗族之所嗟稱寮友之所景慕者也夫人昌黎郡君豆盧氏太原交城令元偉之孫寧州眞寧尉廣洽之女也調諧琴瑟志厲冰霜施衿結縭作嬪君子婉嫕淑愼宜其家人伯道無兒豈獨悲於晉史共姜誓死寧專美於衛詩痛失翼於凌虛思招福而遺有終願削髮禪寂

衲衣空門慇幼女之未嫁抑深心而少止歲月逾邁陵谷有遷願播芳猷記之貞石誄也不佞知其爲人哀彼譚公念茲歸祔乃爲銘曰

於穆君子問望不已文武並茂忠孝兼美德所立兮奕奕韓邑嗷嗷疲人命公爲宰厥政惟新化所及兮小臣不帥肆虐荒裔師徒不勤渠魁自殪資令謀兮聖朝懋賞俾崇乃秩卿月照庭臺霜輝質沐鴻休兮天地不仁殲我邦彥百身莫贖孰不興怨行之積兮嫠妻孤女魂斷骨驚爰紀貞石永播芳名美無斁兮

欽定全唐文卷四百四十

閭伯瑾

伯瑾永泰時人

黃鶴樓記

州城西南隅有黃鶴樓者圖經云費禕登仙嘗駕黃鶴返憩於此遂以名樓事列神仙之傳迹存述異之志觀其聳構巍峩高標巃嵷上倚河漢下臨江流重簷翼館四闥霞敞坐窺井邑俯拍雲烟亦荆吳形勝之最也何必賴鄉九柱東陽八詠迺可賞觀時物會集靈仙者哉刺史兼侍御

史淮西租庸使鄂岳沔等州都團練使河南穆公名寧下車而亂繩皆理發號而庶政其凝或逶迤退公或登車遠遊必於是極長川之浩浩見衆山之壘壘王室載懷思仲宣之能賦僊蹤可揖嘉叔偉之芳塵迺喟然曰黃鶴來時歌城郭之並是浮雲一去惜人世之俱非有命抽毫紀茲貞石時皇唐永泰元年歲次大荒落月孟夏日庚寅也

王佑

佑永泰中官支度判官朝散大夫行監察御史

成德軍節度使開府儀同三司檢校尚書右僕射

兼御史大夫恒州刺史充管內度支營田使清

河郡王李公紀功載政頌并序

惟天正明命聖人保成允寧萬邦克易我沴嗚呼君非臣無以化化臣非君無以贊贊明明君臣品闕三字陰陽載闕一字草木成闕一字兆人康闕一字壬寅歲寶應皇帝嗣位敬統舊服惠周於下下罔不格冬十一月我亞相公忠志率東諸侯闕一字出復命元元以貞集太和也先是祿山構亂朋毒中夏闕一字政恤刑覆忠良殖姦宄蒸人側側不貳率乃戮公越在東土受制宇下爲侯於恒克袁復寧遏在王室誕宣我化靡闕一字爾以數聞帝庭奉若元命帝曰休才正侯良才授恒州刺史封密雲郡公表獻臣也越二年思明肆虐羣侮王度擅煞無人薄三川威五長搢紳管管不自即乃工公執在厲階登若股上罔咈祇命命我亞闕三字我闕二字恤遺闕一字人心闕三字德式闕庶欲歸於本朝朝廷嘉茂功錫丕命授禮部尚書兼御史大夫成德軍節度使清河郡王賜姓李改名寶臣詔曰懿審奉天威保乂邦本是用司國樞威憚姦回政革風俗是用總朝憲率寧全趙開復東土是用苴白茅昭崇武功允正師長是用援闕四字維城宗我姓闕四字本爾名銘之景鐘以憲於後公固讓不獲祇奉天之明命惟祖惟父佐世有勳享祿無及公大其門公天委全德闕二字有邦忠孝剛義明直闕一字亮家用自我位敘宜才初公牧恒元年僞也僞師剋恒恒不堪命羣盜衆聚於野闕六字罔極公張官具政明武殄暴暴服如闕一字人謀不虞盧盧旅旅以晏以處士馴業農力穡工就務商通貨四者各正爾下日用乃以闕二字二年春羣吏更告公曰滹沲會流暨於城下天雨淫降鴻湧泄岸波積如阜奔貫乃雉胥恐爲魚其日固久公以聚人慾經闕二字啟導流闕二字天造層城巘巘居人坦坦闕一字德合於無疆冬十月公告成於先帝洎慶緒嗣凶自洛奔鄴修好於公公不闕四字折闕三字得請命焉惟三年二月上以思明作藩於薊臨長於恒夏四月思明篤敘不供賊鎮威衆俾公如薊將賊公也公執忠起闕三字加害殆六月恒闕二字復公闕二字惟四年夏大旱滌滌甫田百穀如焚人曰祈土龍公曰非旱備乃貶躬之食勤人之闕二字神闕一字寅闕一字朝而雨闕八字大闕一字恒有年也惟闕三字秋闕一字兩旬有五日匪害稼不書政冬十一月思明外公以其黨辛萬寶張軍闕二字伺間焉

惟（闕二字）一月（闕四字）臨公自下流毒畿（闕三字）延於平人人用齎咨涕洟籲公如天公曰不戢乃暴頁乃人夏四月戮萬寶於（闕一字）門敦行王法保和（闕一字）極（闕三字）朝義（闕一字）逆宗公主五州之侯或曰厚賦人公盡人萬焉封政不賦乃聳善抑惡發滯糾佚蔵惠昭利六教既（闕一字）孳等心於是文訪於易易奬之文訪於定定宗之文訪於深深修之文訪於趙趙齊之克諧五州允奉如一虜不我制公用哆然惟八年（闕二字）月公大開山東受命王也初朝義播亡係命於公自公歸朝是翦厥翼翌日公會王師於趙郊恭行伐（闕一

字）獨夫惴惴天用勦焉時戎羯飲化爰方啟行夫戎性沓貪蔑煞俘軼殫寶虔劉暴骨厚厲於懷人南自相魏邢貝東至滄德瀛鄚匹夫匹婦蕩在草莽越踐公境宣服公威愓愓瞿瞿攝進成序若公在首五州之人無荒寧風行於冀冀億之境願附公昭請於上上集下望申命用良冀人熙熙嗜化永休惟九年冬帝念宗臣特拜右僕射端武主戎總經外政欽酌彝典敬揚天心緊公德載於人人以蕃殖翼贊三主鋪敦四凶聖咨乃賢神被乃祿其惟有終旨才恒中耆老賈審祥等師錫言曰奸臣反常迭起東土人用摻黷殆無指告惟公牧恒天眷爾下爾有君臣公正爾有父子公保爾有災厲公奠爾有稼穡公成微公疇依恒大圯也賡曰昭茂德崇豐碑阜成於文庶永於世克建樂石昜揚頌聲頌曰

惟君配天惟臣配君蟜蟜我公爲君武臣翼贊皇家奄有世勲大盜躑躅荒我東鄙孔填不夷元元靡恃恒人保公乃有父子我沴載懲我年載登我用有孚爾無不承貞石峨峨永以垂頌惟公之德不崩

王綽

綽上元中進士

代路冀公賀改元赦表

臣某言伏奉某月日制書大赦天下改元罪無輕重一皆蕩滌率土生靈孰不歡抃臣聞生植長育天地之大德在宥布和后王之盛典伏惟皇帝陛下以道御時與天合運當文武之際恢中興之功轉黃道而三象昭明鼓洪鑪而二儀貞觀方告成於郊廟且降祉於人神而猶旁詢時議中守謙德爰輟盛禮載布湛恩正元氣以紀年惠人心而垂化緩死申柔服之義念功宥脅從之徒然後用唐虞官

人之訓追周漢考績之法節用所以厚下懋賞所以勸勞誠明動天地利澤施四海大易云神武不殺太上稱仁方之聖猷實有慙德臣謬專方鎮獲奉明詔疲劣何幸沐浴

皇風欣抃之至倍百恒情

郭少聿

少聿太原人

黃山三祖塔銘并序

原夫象教東傾正宗西域大塊連鑄造化無功應現十方漸流萬品惟正覺之元妙也傳如來之正教得佛法之寶

印者即我和尚三祖諱璨矣澄神寂靖散識歸貞耆艾相承傳云黃山東是有窀穸元宮焉歿故僧智藏尋此勝山經遘銘記苔文半滅微辨云和尚諱璨矣遂瞻仰於青山之下頂禮於荒墳之前於大唐廣德二年歲次乙巳發心建啟靈塔元宮之上未圓備卒此助成僧智空覩此營修果未圓滿師資相傳願緒構與功德主霍待璧孫待敬等各施淨財成茲勝業各願生生值善四行果圓難苦脫塵又爲大唐寶應元聖文武皇帝陛下聖化無竭大寶常存福祚遐長萬品安樂蠢動含靈同霑斯福於唐大歷二年歲次丁未慶讚已畢傳芳永代稱慶遠年若不刻石鐫銘無以示其來者其詞曰

佛日高懸神通應異東流像教號曰大智師資相傳三祖諱璨應現無所靈化無岸凝神西域抱歸山半道俗瞻仰尋求聖蹤闕舍利於元宮之上建寶塔於黃山之東功德相好圓滿頂禮獲福無窮題之永爲不朽鐫石以表其神功

鄭滶

滶大歷時人

唐故左武衛郎將河南元府君夫人榮陽鄭氏墓誌銘

夫人鄭氏榮陽人也左衛兵曹敬愛之孫陝州平陸縣令岳之長女世承官族時謂盛門年十八適河南元鏡遠貞姿雅操爲閨門之表式夫人師心道流早棄華麗薰茹不味日唯一飯者卅年於茲矣誠宜天祐其福享以永壽何神理之不明而喪此貞善以大歷四年八月十六日遇疾終於緱氏之別業春秋六十三有子三人長曰溥次曰渙季曰鴻皆夫人鞠育成立有慈無成夫人屬纊之際敕溥

等於龍門安置溥等遵其理命以其年十一月廿一日安厝於龍門東山南原單車送終儉而得禮恐歲月遐遷失其姓氏敢述平生誌於貞石銘曰

滎水長源緇衣襲慶世傳冠冕人唯貞正早棄浮麗歸心道門六塵無染一念常存伊水之佐龍門之側封樹佳城歲年萬億

程皓

皓代宗朝太常博士

駁顏真卿論韋陟不得謚忠孝議

天地之性人為貴人之行莫先於孝孝於君則忠於國愛於父則敬於君脫愛敬齊焉則忠孝一矣立君臣定上下不可以廢忠事父母承祭祀不可以虧孝忠孝之道人倫大經孔子曰以孝事君則忠又曰夫孝始於事親中於事君終於立身此聖人之教也至於忠孝不並有為而言將由親在於家君危於國奉親則孰當問主赴君則無能養親恩義相迫事或難兼故徐庶指心翻然辭蜀陵母刎頸卒令歸漢各求所志蓋取諸隨至若奉慈親當聖代出事主入事親忠孝兩全誰曰不可豈以不仕為孝舍親為忠哉況忠孝侯之傳鵲印唐堯之代即有此官伏念美名請依前謚

叔孫元觀

元觀肅昕同時人

仲冬時令賦 以題為韻

乾知大始變化惟衆白日貞輝以著乎運行素月虧盈以紀乎孟仲陰既往而陽受暑既驟而寒送景長而土圭可測氣肅而玉律潛中若乃搖落既謝慼慼無悰霜雪凝凌以戒節天地閉塞而成冬羲和在茲敬授人時周之正則

建子為首冬之夜則問如何其北斗闌干乘招搖而直子元堂在座列羣后以聽辭冬之日可愛聞乎魯史一之日觱發著乎豳詩其神元冥厥德在水其器閎奄事官有司植元珪以結積乘元輅以載旗順物以終乃安其性因宜制節用必克正使夫有為而天下御正無事而天下分定先王以之狩田孝子以之溫凊萬人以之休息羣辟以之殷聘一以明國家之盛再以誦昭事之令夫惟敗度起功逆時興務重其徭役急彼征賦動衆不隨其物宜馭人不以其寬裕災異必降甲巳之氣乘癘疾必行哭泣之哀聚

則知邦國興否噫時令之可懼

徐浩

浩字季海越州人舉明經累官金部員外郎遷憲部郎中肅宗立召拜中書舍人兼尚書右丞除國子祭酒代宗朝拜工部侍郎封會稽縣公德宗立拜彭王傅進郡公建中三年卒年八十贈太子少師謚曰定

書法論

周官內史教國子六書書之源流其來尚矣程邈變隸體邯鄲傳楷法事則樸略未有能工厥後鍾善正書張稱草

聖右軍行法大令破體皆一時之妙近古以來蕭永歐虞頗得筆勢褚薛以降自謂不議矣人謂虞得其筋褚得其肉歐得其骨當矣夫鷹隼乏彩而翰飛戾天骨勁而氣猛也翬翟備色而翱翔於百步肉豐而力沈也若藻曜而高翔書之鳳凰矣歐虞爲鷹隼褚陸爲翬翟焉歐陽率更云蕭書出於章草頗爲知言然歐陽飛白曠古無比余年在齠齓便工翰墨忘寢與食胼胝筆硯而性不能逾力不可強勤而逾拙勞而無功區區碑石之間矻矻几案之上亦古人所恥吾豈忘情耶德成而上藝成而下殷鑒不遠何學書爲必以一時風流千里面目斯亦愈於博奕亞於文章矣發揮聖賢事業其由斯乎初學之勢特須藏鋒鋒若不藏字則有病病且未去能何有焉字不欲疎亦不欲密亦不欲長亦不欲短小展令大大蹙令小疎肥令密密瘦令疎斯亦大經矣筆不欲捷亦不欲徐亦不欲平亦不欲側側豎令平平峻使側捷則須安徐則須利如此則其大較矣張伯英臨池學書池水盡黑永師登樓不下四十餘年張公精熟號草聖永師拘滯終著能名以此而言非一朝一夕所能盡美俗云書無百日工蓋悠悠之談也宜白

首工之豈可百日乎汝曹年未弱冠但當研精覃思心閱目想時復臨本驗其短長可致佳境耳鍾太傅坐則畫地數步卧則書被穿表裏由是乃爲翰墨之龜鑑耳

古跡記

自伏羲畫八卦史籀造籀文李斯作篆書程邈起隸法王次仲爲八分體漢章帝始爲章草名厥後流傳工能間出史籀石鼓文崔子玉篆呂望張衡碑李斯嶧山碑會稽山碑蔡邕鴻都三體石經八分西岳先和殷華馮敦等數碑并伯喈章草並爲曠絕及張芝章草鍾繇正楷時莫其先

衛瓘索靖章草。王羲之真行章草。桓元草。謝安王獻之羊欣王僧虔孔琳之薄紹之真行草。永禪師蕭子雲真草。虞世南歐陽詢褚遂良累師述師眞行草。陸柬之臨書。臣先祖故益州九隴縣尉贈吏部侍郎師道臣先考故洛州刺史贈左常侍嶠之真行草。皆名冠古今。無與爲比。從齊梁以後傳祕此書。跋尾徐僧權唐懷充姚懷珍滿騫朱異等署名。太宗皇帝肇開帝業。大購圖書。寶於內庫。鍾繇張芝芝弟昶王羲之父子書四百卷。及漢魏晉宋齊梁雜跡三百卷。貞觀十三年十二月。裝成部帙。以貞觀字印縫。命起居郎臣褚遂良排署如後。

雷琴銘

石山孫枝。樣翦伏羲。將扶大隱。永契神機。

唐徐氏山口碣石題刻

至德二年。上在鳳翔。應制扈從。闕 中書門下 闕 上各贈父祖一人官。闕 任中書舍人兼尚書右丞集賢殿學士。正月二十八日制。贈公尚書吏部侍郎。及上還京。廣德元年八月二十一日制。復贈公嗣子故銀青光祿大夫洛州刺史上柱國嶠之左散騎常侍。洛州府君歷典趙衢豫吉湖洛六州。開元二十四年。薨。葬於洛陽石橋東北十里。浩自吏部侍郎貶明州別駕。歸鄉拜掃。換山口碣石。題此額篆。

唐尚書右丞相中書令張公神道碑

有唐旣受命。在太宗時有若梁公房。鄭公魏。衛公李。格于皇天。在高宗時有若梁公狄。格于上帝。在中宗時有若漢陽王張。扶陽王桓。興復宗社。在元宗時有若梁公姚。廣平公宋。燕公始興公二張。中興王業。夫以天柱將傾。大盜方起。一振綱目。再闢皇猷。始興公爲之。公諱九齡。字子壽。一名博物。其先范陽方城人。軒轅建國。弦弧受氏。良位爲帝

華。才稱王佐。或相韓五葉。或佐漢七貂。代有大賢。時稱盛族。四代祖諱守禮。隋鍾離郡塗山令。曾祖諱君政。皇朝韶州別駕。終於官舍。因爲土著姓。大父諱胄。越州剡縣令。列考諱宏愈。新州索盧縣丞。贈太常卿廣州都督。皆蘊德椓光。力行未擧。地積高而成嶽。雲久蓄而作霖。是生我公。蔚爲人傑。弱不好弄。七歲能文。居太常府君憂。柴毀骨立。家庭甘樹數株連理。王公方慶出牧廣州。時年十三。上書路左。燕公過嶺。一見文章。並深提拂。厚爲禮敬。弱冠鄉試。進士考功郎沈佺期尤所激揚。一擧高第。時有下等謗議。上

闈中書令李公當代詞宗詔令重試再拔其萃擢秘書省校書郎應道侔伊呂科對策第二等遷左拾遺封章直言不協時宰方屬辭滿拂衣告歸太夫人在堂承順左右孝養之至閭里化焉始興北嶺峭險巉絕大庾南谷坦然平易公乃獻狀詔委開通曾不浹時行可方軌特拜左補闕尋除禮部司勳二員外郎加朝散大夫超中書舍人封曲江縣男轉太常少卿出冀州刺史以庭闈在遠表請罷官改洪州都督徙桂州都督攝御史中丞嶺南按察兼選補使黜免貪吏引伸正人任良登能亮賢勞事澤被膏雨令

行祥風屬燕公薨落斯文將喪擢秘書少監集賢院學士副知院事時屬朋黨頗相排根窮棲歲餘深不得意渤海國王武藝違我王命思絕其詞中書奏章不愜上意命公改作援筆立成上甚嘉焉即拜尚書工部侍郎兼知制誥扈從北巡便祠后土命公撰赦對御為文凡十三紙初無藁草上曰比以卿為儒學之士不知有王佐之才今日得卿當以經術濟朕累乞歸養上深勉焉遷公弟九皐九章官近州里伏臘賜告給驛歸寧遷中書侍郎丁內憂中使慰問賜絹三百匹奔喪南訃祔塋先塋毀無圖生溢不容粒白雀黃犬號噪庭塋素鳩紫芝巢植廬隴孝之至者將有感乎既卒哭復遣中使起公本官同中書門下平章事口敕敦諭不許為辭聞命號咷使者逼迫及至闕下懇請終喪手詔曰不有至孝誰能盡忠墨縗之義不行蒼生之望安在朕以非常用賢曷云常禮哀訴即宜斷表賜甲第一區御馬一尋遷中書令集賢學士知院事修國史初公作相也奏差擇元戎皆取良吏不許入請罷賞戰功減諸軍兵省年支賜諫臣儻議事竟不行明年公奏籍田躬耕禮節加金紫光祿大夫進封始興伯每天長節公卿皆進

寶鏡公上千秋錄述帝王興衰以為鑒戒公直氣鯁詞有死無貳彰善癉惡見義不回范陽節度頴王瀍奏前太子索甲二千領上乃震怒謂其不臣顧問於公公曰子弄父兵罪當笞況元良國本豈可動上因涕泣遂寢其奏武貴妃離間儲君將立其子使中謁者私於公曰若有廢也必將興焉公遂叱之曰宮闈之言何得輒出御史大夫李公尚隱太府卿裴伷先不禮中官皆忤上旨必在殊譴公全度焉幽州節度張公守珪緣降兩番斬屈突干將拜侍中涼州節度牛仙客以省軍用將拜尚書並觸鱗固爭竟不

奉詔平盧將安祿山入朝奏事見於廟堂以爲必亂中原固請戮之上曰卿以王衍知石勒此何足言無何用兵爲虜所敗張守珪請按軍令中留不行公狀諫曰穰苴出軍必誅莊賈孫子行令亦斬宮嬪守珪所奏非虛祿山不當免死再三懇請上竟不從邊將蓋嘉運等上策密發將士襲平西戎公以爲不可妄舉結後代讐非皇王之化也上又不納及羯胡亂常犬戎逆命元宗追嘆曰自公歿後不復聞忠讜言發中使至韶州弔祭其先見之明有如此者學究精義文參微旨或有興託或存諷諫後之作者所宗

仰焉上表論事事多樞密入皆削藁人莫得知常以致君堯舜齊衡管樂行之在我何必古人由是去循資格置採訪使收拔幽滯引進直言野無遺賢朝無闕政百揆時序庶工允釐同儕見嫉內寵潛搆罷公爲尚書右丞相初不介意居之坦然執憲者素公所用劾奏權臣豸冠得罪借以爲累貶荊州長史三歲爲相萬邦底寧而善惡太分皆憎者眾虞機密發投杼生疑百犬吠聲眾狙皆怒每讀韓非孤憤涕泣沾襟開元二十八年春請拜掃南歸五月七日遘疾薨於韶州曲江之私第享年六十三皇上震悼贈荊州大都督有司諡行曰文獻公粵來歲孟冬葬於洪義里武臨原近於先塋禮也夫人桂陽郡夫人譚氏循州司馬府君誨之子也淑慎宜家齊莊刑國珮環有節纂組皆工幼作女儀長爲內則太夫人樂在南國不欲北轅克勤奉養深得婦禮至德二年十月六日終於私第春秋七十七晝哭閨門日月綿遠同塋異穴卜兆從宜公仲弟九臯宋襄廣三州刺史採訪節度經畧等使殿中監季弟九章溫吉曹等州刺史鴻臚卿腰金拖紫三虎爲榮立德行政二馮推美嗣子拯居喪以孝聞立身以行著陷在寇逆不

受僞官及收復兩京特制拜朝散大夫太子右贊善大夫孫藏器河南府壽安尉永保先業克秉義方姪殿中侍御史抗文吏雅才清公賢操以兄拯早世姪藏器幼孤未建豐碑乃刻樂石用展猶子之慕庶揚世父之美浩義深知巳眷以文章禮接同人惠兼甥舅薄技效德無愧其詞銘曰

鳳生丹穴鵬翥南溟天乘粹氣地發精靈傑出我公揚於王庭甫稱降神說表騎星學究經術文高宗匠再掌司言爰立作相忠義柱石謀猷帷帳王綱允釐帝釆惟亮退居

右揆出守南荆元鶴緝翼青蠅營營不瞑猶視雖歿如生昭昭令名千古作程

封演

演天寶中爲太學生大歷中官邢州刺史貞元中歷檢校尚書吏部郎中兼御史中丞

說潮

余少居淮海日夕觀潮大抵每日兩潮晝夜各一假如月出潮以平明二日三日漸晚至月半則月初早潮飜爲夜潮夜潮飜爲早潮矣如是漸轉至月半之早潮復爲夜潮

月半之夜潮復爲早潮凡一月旋轉一匝周而復始雖月有大小魄有盈虧而潮常應之無毫釐之失月陰精也水陰氣也潛相感致體於盈縮也

魏州開元寺新建三門樓碑

先王立清廟修百祀所以展嚴禋祈景福令釋門之有塔寺亦像教之崇建福焉或謂之人祠或謂之精舍或謂之伽藍或謂之招提名雖不同其實一也河朔之州魏爲大魏之招提開元爲大開元者在中宗時草創則曰中興在元宗時革故則曰開元道無常名隨時而已矣實應初歲

王師北伐奮其威武或以火攻秉秆爇其延燒積薪吁其可撲由是寺門夷蕩鞠爲灰燼緇侶往來莫庇風雨耆老興嘆衣冠疚心共甘沒齒不覩興復洎開國田公之在魏也勒四封之人而撫之閱三軍之實而補之戎務之閑諗於僧曰彼道場勝地麗譙餘址堙替歷稔未之克修吾儕闔廬猶設鍵閉矧乎尊像之所在福田之所植臺觀有素其可闕乎始吾之來有意於此惟是緝綏申儆以供賦上事故未遑也今原野墾府庫實甿庶安居徒逸而締構不備豈吾心哉即持俸錢遠度山木匠伯獻藝役夫僝功時

大軍之後良材一罄龍門上游下桃仍阻公乃使河中府以營建之旨咨於台臣精誠內馳萬里潛契山不吝寶貞松大來炎涼未再水濱如積鶖和嶠之千丈悉慶氏之百車操繩墨運斤斧者得以功成而不溷亦由材之備矣既立三門鎮之層樓又像雙闕校之連閣甍宇若晝棟桴干雲舉投蓋而靡及贏抱關而方啟上可以迴眺百里覽川原林麓之富下可以俯瞰萬室察舟車士馬之殷崇乎信一時之壯觀而全魏之卓絕也初樓之經始僧徒皆惑以爲舊制已廣後難及也迨樓之集事僧徒皆喜以爲有加

於前無不及焉其中長老或涕而言曰此寺自神龍至於寶應五十有七年而遇焚毀自寶應以至於茲十有三年而復舊物非夫上天悔禍諸佛護念則前功幾乎泯絶大功不能爲謀尚何見斲礱之制丹雘之制煙聚霧合聲馳響應若斯之神速者巳是知田公之勇於信施極於修葺非人力也如來付囑大臣有旨哉公頃曾入寺虔恭作禮有舍利兩粒降於其瓶光明圓淨瑩徹心目蓋舍利者非常之瑞雖一粒二粒乃至多粒供養功德以金身等遂於寺內起塔二所而分葬焉入塔之辰見祥雲靈鶴徘徊其

上百千人俱歎未曾有得不謂道心純至而冥佑薦委耶公又以此寺經典舊多殘缺哀彼學徒訪聞無所乃寫一切經兩本并造二樓以貯之三四五佛初中後善龍宮所不備矣耳所未聞莊嚴圓滿卷帙充足其闡化之功力有如此公體資海岳德邁人天深了因果高謝繫縛復於此寺度幼子一人俾修淨業以傳法印妙莊故事禳祛前軌既歷多劫公能繼之其樹善之規有如此噫建三門惠也制雙塔誠也繕羣經智也度幼子慈也有一於此且長享百祿慶流後裔況能備茲四者加以氣懾貔豹心雄鐵石

一爲蒼生之父母一爲天子之股肱受登壇之寄畫雲臺之像未云多也公令弟御史大夫兼貝州刺史北平郡王廷琳雅量沖遠天姿穎出內安黎庶紹龔黃之名外鎭封疆宏魯衛之政公愛子左散騎常侍兼御史中丞悅駕部郎中兼御史中丞綰從子太子賓客兼御史中丞昂等皆才傑而妙器周而敏卓然自立克茂家聲如龍如虎森森翼翼豈必觀懿氏之兆而後識其昌聽卜偃之說而乃知其大論者以開元天寶以來北平士望腰金拖紫者多矣未有如公弼諧帝室總統方面侯王將相萃於一門數十

年間光華照灼雖方召衛霍輔寧周漢垂名竹素曷以過之寺主僧法敬昂公所度之子也幼而聰達閑於禮訓求封君之錫土慕太子之踰城上座僧志高都維那僧道圓及諸徒衆等並精通妙法堅持密行名稱普聞威儀無缺遠則澄釋繼踵近則福寂比肩莫不欽公之徽猷承公之令範懼瓊琚之匪報思鼎彝之有銘聿相與轉石山足立碑門右以無忘我田公之茂績其詞曰

碣石巉巖滄浪沖融蘊茲間氣生我田公道可濟時材任理戎擁旌杖鉞作藩於東八座爰涉三台累踐人臣寵榮

今古或鮮祇率常命式敷彜典殊勳載崇真門日闢三門峩峩舊址巳傾刋木萬里匪公誰成雙塔嶷嶷光現是呈運甓千夫匪公孰營無量法寶允資流布有梵有室所聞必具無量眷屬允資佛護若女若男遇緣則度儉德凜如清心澹如傾家以施内不畱儲愜我佛乘壯我禪居永綏福壽其樂只且

竇叔蒙

叔蒙大歷中浙東處士

海濤論

原天地之本始不知根荄孰先蓋自坯璞卵胎並鼓於太素也天人之變古今言者詳矣著之成說存諸史冊故無以間然而地靈之推運水德之經緯則夫恒數與天並騖探而究之可得歷數而計之也前史氏蔑如不記其無乃有闕與乎夫陰陽異儀而反違以其反違故賴以相資是故天與地違德以相傾剛與柔違功以相致男與女違性而同志造化何嘗蓋自然耳若夫凝陰以結地融陰以流水鍾而爲海派而爲泉或配天守雌或制火作牝觀其幽通潛運非神謂何是故潮汐作濤必符於月百泉不息以經地理猶三光未息之健於天也晦明牽於日潮汐繫於月若煙自火若影附形有由然矣馳輪不轉轂固無是也地載乎下羣陰之所藏焉月懸乎上羣陰之所繫焉太溟水府也百川之所會焉北方陰位也滄海之所歸焉天運晦明日運寒暑月運朔望錯行以經大順小異以合大同是大運廣度也夜明者太陰之主也故爲漲海源月與海相推海與月相明苟非其時不可踵而致也時既來不可抑而已也雖謬小準不違大信故與之往復與之盈虚與之消息蜉蝣伺日蜄蛤候月葬以晨禜禳以晦零況海月

乎方諸接明水陽燧延景火昭昭乎見日月之感致矣

欽定全唐文卷四百四十一

張叔良

叔良廣德二年進士

五星同色賦（以昊天有成命爲韻）

聖人守公器膺大寶下順乎黔黎上法乎元造天且不言而親於德星有同色兮應以道日月既運欃槍必埽近接唐堯遠徵太昊惠化已敷於萬國降精何慙於五老若乃二儀覆載七曜迴旋運行有準次舍有躔或以璧合或以珠連更水火之啟閉遞金木而推遷且鎮也者配萬象以

時應周四序以功全德位居中渾儀之人事著矣色黃主土國家之王氣在焉故歲以春而布令辰以冬而候宣熒惑表炎於夏日太白御煞於秋天皆青白各爾赤黑自然忽與土而同色瑞我皇之應乾逖覽傳記遐徵休咎陰數六陽數九上蒼降精元象所守事須合於往契政必由乎厥后二儀交泰兮自古同休五星輝彩兮當今信有天下歡洽百姓殷阜況運昌兮屬乎羲軒矧歲稔兮逢乎申酉且夫據大號寶鴻名既資乎日角亦稟乎星精然後臻符瑞叶休禎天雖高兮取則不遠象既設兮其應甚明觀五曜之同質審四序之有成則知聖能法天天能瑞聖君臣合作遠近相慶德邁乎古今道洽乎歌詠信五星之一色乃昊天之眷命

郭湜

湜大歷中官大理司直

唐少林寺同光禪師塔銘

嘗聞示見有緣緣隨生滅色空無性性盡眞如契之者卽爲導師了之者如登正覺契了之義其在我禪師歟禪師法諱同光晉人也道心天縱法性生知甫及幼童已悟无

爲之理纔過弱冠便歸不二之門早歲出家旋進具戒以修行之本莫大于律儀究竟之心須終于禪寂禪律之道其在斯乎及持鉢東山歸心禪祖大照屢蒙授記許爲人師及大照遷神敬終恒禮乃遁跡林野敢爲人先雖情發于衷而聲聞於外辭不獲已乃演大法義開大法門二十餘年振動中外從師授業不可勝言三十餘禪僧盡了心地隨身化度不離几杖或往來嵩少棲息荆蠻用大自在之深心開悟知見行不思議之密行拯拔昏迷不可得而名言也則知法輪常轉經闕慙翰墨有媿荒蕪乃爲銘曰

世尊滅度後得道轉法輪于今無量刦不知凡幾人禪師自河汾杖錫來問道禪師爲授記可以繼僧寶三身與三業如電亦如露生滅既有緣輪迴自無數惟有成道者能入諸禪定外現泡幻身内亦眞如性一切漏已盡無復諸煩惱過去與未來皆共成佛道太室西兮少室東風雨交兮天地中禪師一去不復返長夜冥冥空是空

許登

登肅宗朝官右監門衛冑曹參軍遷右拾遺

潤州上元縣福興寺碑

維闕四字兩儀維聖人首于萬物物本於道道行於人人資於教物本於道者姑肯務德乎人資於教者闕肯崇德乎夫教始於儒中於道終於釋釋之時義大矣哉空寂爲體慈悲爲用生死爲苦涅槃爲樂闕二字詢夫異兆漢后夢夫眞儀越自西天傳諸東夏所以九圍之内六服之外像法流衍元風振揚四千二百甲子于茲矣我天寶之季乾柱寖折坤維寖裂有爲兇渠奸亂河朔有生逆節秉釁江淮乾元中暴兵至于金陵蹂踏閭閻殘其寺觀鞠爲瓦礫者福興首之福興寺梁大同二年之俶建也本於塘蒲之東遷於銀湖之北中更一徙以襲其初傳記缺遺莫詳歲月嗟夫昔穢國盡燒我淨土弗毀慧眼之覩矣今精廬斯壞我法侶無歸凡目之取矣有禪師德號道融本姓樓東陽義烏人也肅宗皇帝龍飛朔方大赦天下改元爲至德每寺度人以蕃王室時潤州刺史兼御史大夫江南東道節度處置使京兆韋公陟俾屬城大德咸舉所知禪師行業精修法門之中泉然爲首遂正名僧籍而闕一字於福興焉初入牛頭山謁第六闕一字忠大師遽受密印而爲正座大師三昧之主四支之尊攝心無涯定力無等首施錢三十

萬謂禪師曰可闕二字招提闕一字其安樂禪師跪以奉命乃初請之邑再請之州州伯邑長僉諧懇願以大唐上元二年龍集辛丑季秋月旬有九日遂移厥舊額肇厥新居於天竺之山爲眞寶地也天竺在故寺東南七里名符佛國山則我鄉此蓋有開必先陰隲靈鷲禪師嘗讀經典至千二百五十人俱闕一字之而言曰豈直多徒亦堪集事遂據此數以裒其人人錢三緡共成法相行檀如水品物如山未盈旬時我望充塞闕一字是邑也建業舊都有齊梁遺風乃聚沙爲塔於然燈求記者家不無之易用受化是故棟

梁之才闕一字里而來如陵如堆班倕之伍千里而聚如雲
如雨乩之以日懋之以功栞山陊崖斂阱夷坎芟蒙龍爲
顯地剗崩闕一字爲康衢其平如磨其細如砥禪師以心居
中度殿以背居後度宇以首居高度臺以足居下度室以
臂居北度廊以手居南度門戶授闕三字皆約我身規圓之
矩方之縱度之橫闕一字之上協於天下協於地明協於人
幽協於神然後斯之以斧斤督之以繩墨審之以面勢較
之以方隅使人無所惑也闕一字之以闕三字之以榱桷闕一字
之以軒牖堿之以堦墀使人知大壯也先之以粉繪後之

以丹艧雕之以金璧鏤之以闕二字使人觀巨麗也春爍瀛
海花敷蓬萊如鵬斯飛如虹斯飲色空相射晶光相歘煌
煌炎炎闕二字爛爛迴翔日月吐納陰陽弗可得而名也白
蕩之山以闕一字其左滄江之水以潡其右斗辰之闕一字以
燭其上盤龍之鎮以扶其後望夫南上以啟行慈姥東向
而奔走勝勢交闕三字故紛蓄靈孕奇闕一字嵐泄霧彩章屢
變濃淡更鮮又弗可得而名也多羅之樹鬱以青葱功德
之水湛而清淨涌塔浮於倒景香刹彗於行雲貴色有薝
蔔之花龢鳴有迦陵之鳥大雄據師子之座賁然當陽太

子垂瓔珞之衣嫣然列侍相好闕二字變化無窮罔得智而
知罔得億而測巍巍光大不可稱量四天赫臨八部周護
持殳秉稍一何稜闕四字頤一何拗怒精靈肸蠁如在虛空
敓乎誘掖羣生虔修六度撞鐘鳴磬以破昏疑擊鼓吹螺
以施號令聞者開般若之智見者發菩提之心或謂寶生
之國極樂之土頗黎爲地黃金爲繩流泉浴池珠交霧幔
以此爲念吾無醜焉惟禪師之經營茲寺也禎符景瑞匪
朝伊夕五輩揞地神之定矣三虎禦寇神之命矣二木不
奪神之正矣一泉息瀏神之淨矣靈芝三秀嬔谷嬔山祥

蓮合房于沼于沚造門之女响而不宿遊方之人投而弗
禁祆災起念而自殄危懼歸心而必釋禪師之道惡可倪
也禪師之德惡可測也演慈悲之化降淫慝之神皆建廟
立祠血食不絕近云百祀遠謂千齡大則犧牛之建小則
特豚之禱以月以日以時以節弗敢矯誣不闕五字墉屹然
灌木捎天但得而遵何繇而殛禪師以爲修道之本在於
利人從人之欲可謂除患迺詣其闕三字視諦觀以日繫月
身心靜一或呈醜相未覩晬容或闕三字無何稽首悉與受
菩薩淨戒而度脫之斬陰斬陽以爲梵宇取彼居室寘之

金仙寂寥而無事矣城邑聚落數百里閒巫風遂消佛道增長（闕一字）主之教與緊禪師之力歟二相交修一體互用不然者何以元通妙感而若是乎予耳聆嘉聲目覽懿跡洒知（闕一字）聖道者誰能慮始剏僧坊者（闕四字）王公大人豪富長者國當全盛家有貨財然以更之存亡積之年紀人則盡瘁事或蘗殘未有（闕二字）乎禪門獨行世界時遭多難道弗屢空（闕二字）而（闕一字）福自開晏坐而萬緣斯湊不七八稔指顧皆成輪才乎而奐才乎而若夫經始之善人屋宇之（闕一字）數紀於碑陰之上庶千劫炳然而可（闕一字）其辭曰

觀空匪易（闕一字）相良難既觀又（闕一字）揚波導瀾淵淵我師體（闕一字）行端經之精舍粲以林巒其宇伊何維梅與檀其飾伊何維琅與玕燿燿華影峩峩鬱盤閟陰迪陽從暑閱寒世界非廣渤澥非寬景於是華思於是殫甘露之門淨口以飡般若之（闕二字）心以安右浹大江左馳長干靄如山青艶若霞丹碑硯豐碑（闕二字）不刊追琢斯文億載是觀

蕭森

森字從政大曆朝朝散大夫兼并州別駕

京兆府美原縣永仙觀碑文

述夫（闕一字）冥澹泊者不可以思及混成空有者不可以（闕一字）量故我聖人之善不知其名而強名之者其惟大道乎先天（闕一字）玉後時（闕一字）進希微豈得乎摶聽混澄焉撓其清濁湛然無爲莫之領（闕一字）三才自敍萬物大成洎乎叔世智巧（闕一字）滋（闕一字）飭陶甄之用漸昧自然之本是以聖人維綱深仁救時存乎（闕一字）象以匡（闕一字）弊我大唐元宗大聖皇帝道超萬古功冠百王探至（闕一字）以拯蒼生廣清化而敦兆庶欽若上帝追還元始（闕一字）以天寶二年（闕一字）月（闕一字）日下如聞州縣古元元廟年代將遠或多頹（闕一字）

宜令所在長官量加修葺時縣令河東柳升長河之秀高嶽之英負不羈之才（闕二字）雲之氣上承朝（闕一字）下順人心因庭簡之餘爰搜永寧鄉古廟夫行政治者必務洽乎道乃與景龍觀先生田名德語斯改更（闕三字）生之（闕四字）人之力乃於縣東纘舊業創新制周迴數里垣（闕一字）百雉朝啟疏壞夕終朽飾若非至道精感其孰能與於此乎尊師勤勉有方歸化如市堂殿廊宇煥焉惟新元像真容肅然如在至五年又以（闕一字）術之餘資（闕一字）洪鐘一口弁植奇樹珍林廣芝田蘭圃不可勝數動（闕三字）精感潛通六年（闕一字）

月闕一字日有詔賜額曰永仙觀勅尊師爲觀主別新度七人以充灑埽則自此而立也頃以國家多難未終闕二字之功今天下闕一字平土宇清謐一人有慶兆庶咸蘇復興一簣之功將成九仞之業大歷六年乃建門屋尊師闕一字務旣畢內闕一字蒼生聿修開闕一字之門大啟迷津之闕一字於是集晉右軍王羲之書勒清淨智慧觀身經銘碑刻石實邁古今經文鎮開永疑壬子之世道門復値何必甲申之年觀是則身患頓忘仰之則筌蹄懸解總諸威事克就其功不稱不伐者惟尊師乎尊師頻陽人也闕一字道而闕一字

合道而長年十四中宗孝和皇帝登極置景龍觀而度凡闕一字五十載然主此觀又踰三紀行業闕二字於海內令聲聞達於天府其年七月十六日闕三字旨令知奉先等縣威儀使尊師德合闕三字同其廣事無爲而無不爲行常道乃非常道闕二字上善無得而稱宏波莫測其淺深闕一字涯豈量其遠近上座蘭法會監闕一字公孫志誠弟子徒衆彭惠源幷諸縣闕一字道俗門闕一字等千有餘人幷道行純修智懷泉遠咸仰茲德業患作而無記幸時逢康泰人喜豐年縣令裴公平政治有方惠訓無喻故特鏤文金石特建豐碑庶不朽之功並乾坤而可久靜黙之敎歷億歲而彌彰

其詞曰

浩浩元始冥冥混成氣分萬族闕二字千名淳闕一字化起闕三字生偉哉闕一字聖聿闕一字善誘探賾隱顯覃思空有闕一字乎未形吾乃無咎握圖繼冑粤我大唐轉彼頹迹降此新綱廟遷邑左化啟頻陽碧堂挺起元宮秀出壘棟闕一字雲浮梁暎日面闕一字聖衆羅衞匪一闕二字善貸表列希聲萬鈞陶冶九乳方成響愈迷俗韻節昏明琛琛琪林氛氛蘭圃神草遍秀祥花閒吐帷益元都垂陰紫府道宏業廣精

闕一字無垠天仙合德人物通神皇宮錫號翰苑題文觀闕一字觀惠非實非虛身有患有身無患無或異周蝶或同鵬魚盡至道闕一字道亦真如闕一字如闕一字文旣闕一字於闕一字火雕篆是闕一字於玉書功高望重曰我尊師道闕二字聖德邁闕一字夷智方愈疾慧食充饑千齡奉壽萬品承規道則斯在何必具茨式刊琬玉永久爲期

韓雲卿

雲卿桂州刺史叡素子守尚書禮部郎中

平蠻頌

惟大歷十二年桂林象郡之外有西原賊率潘長安僞稱安南王誘脅夷蠻連跨州邑鼠伏蟻聚賊害平人南距雕題交阯西控昆明夜郎北洎黔巫衡湘彌亘萬里人不解甲天子命隴西縣男昌巙領桂州都督兼御史中丞持節招討斬首二百餘級擒獲元惡幷其下將率八十四人生獻闕下其餘逼逐俘虜二十餘萬並給耕牛種糧令還舊居統外一十八州牧守羈縻反覆歷代不賓皆受首請罪願爲臣妾嘉其自新俾守厥舊商農漁樵各復其業惇耋鰥寡各安其宅變氛沴爲陽煦化險阻爲夷途五嶺之人

若出元泉而覿白日如蹈烈火而蒙寒冰書上聞優詔嘉焉公卿百辟將校耆艾咸願歌頌勛烈以銘於石其辭曰

皇帝嗣位十有五載淳風橫流聲教無外蠢茲蠻陬肆其蜂蠆恃遠怙險爲人蟊賊爰命隴西授節討綏訓我師徒如熊如羆捲旗釋甲先喻德澤稔惡弗懲含蠆弗息矯矯隴西礪爾矛鋋鼓奮重泉兵揚九天出其不意億萬踣顛來者面縛亡者染鍔搜洞索穴覆其巢宅若鼓洪爐燎彼毛毳若振飄風摧乎朽脆海嶠濛濛再開天光俾祲作和化戎爲農三軍卧鼓四郿罷柝原野蕭條萬里澄廓明主是嘉罷人是康銘之嶺門用垂無疆

平淮碑銘 幷序

惟唐上元辛丑歲叛臣劉展竊地弄兵悖撓天常肆虐黎人淮泗而南施於閩越人殘令絕職貢不修先皇帝命我特進試鴻臚卿兼御史中丞田神功統盧龍勁卒控弦引鏑萬有餘騎涉淮浮江梟懸魁逆布宣德澤返旆河南吳楚之人父子相歡咸屬相賀土壤耕闢年穀豐登舳艫若飛歲月相屬朝廷甄收顯寵薦及出領方面入秉端揆錫圭分社有土爲王牧守遠近耆農桑工賈飲惠懷德皆

願銘石江滸播垂休烈其辭曰

昔在上元中夏猶虞姦宄矯擾鯨吞楚吳帝命信都偏師萬人鐵騎騰凌風行雲奔頓旗偃節敦諭威德宄慝不悛搖蠆恃毒桓桓信都奮髯提戈援桴軍門氣凌山河地祇號風江靈鼓波上隕旄頭下除巴蛇通地之經導天之和人胥已安積十餘年田野豐穰轉漕如川伊昔有周召虎方叔降及嬴秦翦起繼躅履險成功孰與爲疋天子是咨南人是懷享國冀都銘功海門陵谷可遷碩德長存

故中書令贈太子太師崔公廟碑

戊申歲六月尚書左僕射趙國公圓薨天子罷朝三日喪禮贈賻加異常數詔贈太子太師謚曰昭襄嗣子夐遵荷先訓敦率舊禮五月而葬二十五月而禫既祥始立廟于洛邑曰考廟皇考廟階二尺有七寸從四尋衡八尋三戶五楹外垂四阿圬塓彩椽不施丹雘齋宮爨室庭垣稱之因述族氏勳躅清顯明銘其德曰太師崔姓清河東武城人也系於齊著於漢荷先少師之教純孝溫重稟受元和緯武經文爲國梁柱賊臣椽山憑犯河華元宗順動南巡蜀漢公爲居守有扶翊再造之勳函洛阻絕人罹蠆毒肅

宗振旅朔陲戢靜禍亂公爲宰衡有翼贊匡復之謀山越之難河泗之境公領揚州宣風淮楚有翦攘威鎮之績於惟茂勳莫與爲匹禮曰以勞定國則祀之能禦大災則祀之能捍大患則祀之是宜廟食以銘於鼎以九月初朔之日寢廟既成庭除既平備器撰服潔儉中禮先享七日致齋具物水草陸產醴酪牲牷之備外盡物也色溫行恐身詘意愉如懼不及內盡志也禮卒莫撤齋莊之色如存焉歎息之音如聞焉君子曰吾觀崔氏之享有以知禘嘗之義焉古者諸侯立五廟廟有鼎與樂有國之制侯伯有爵而無土廟有鼎祭有樂不克立五廟而立三廟不銘於鼎而銘於碑其銘曰

顯顯太師天孕鴻才恢張碩勳光照台階惟昔奸兇蝕恩犯順乘時無虞區域駭震元宗南巡功著巴岷肅宗戡復勳揚冊牘彌廓氛祲宣明日月於惟太師誰將比烈爰自鼎司出鎮淮夷外有亂虜內有疑師欽和畏威遠邇來思於惟太師爲國藩維功以殲災勞以定國詳考祀典禮存廟食爰立寢廟不忘儉易卑不狹陋廣不踰制翼翼孝子愉愉其志齋莊懿誠庶物臻備俎豆斯設神將來暨歲時迭移霜露薦至德流慶延昌庇後嗣

河南尹張公碑

惟唐六葉歲在乙未兇臣肇亂殘毒生靈轂洛之郊七年方平宮廟燔夷府寺爲墟陰燐轉于原隰麋鹿遊于街陌天子乃命河東郡侯延賞尹於東夏恭惟河東虔稟聖謀清默無爲外務經簡內無謀嬉勸沮以仁休息以和視人猶身視邦猶家一年流亡麕至二年土壤咸闢三年公給人足家有餘積疏達河渠導塞提封溝洫化爲通川山木流於郡國乃立宗廟乃建寢殿變邱墟爲閭里散災祲爲

和氣公府若虛戸庭不扃牛馬產畜牧而不羈居守四年遷官罷鎮東人父子孀獨窮老若游魚之失於淵栖禽之喪於林於是河南洛陽洎甸內二十二邑長守將校及佐吏耆艾三軍之終相率琢石頌美表揚仁風詞曰

惟皇統極繼業嗣聖光臣無君矯眾犯順都邑殲殘化爲邱樊於烈河東受命緝熙守一含光體純忘機以禮代刑以簡重威政得其恒物遂其生措置典刑士吏自清弭釁鞭笞黎甿不欺芃芃榛楛變爲禾黍氛祲蒙蒙散爲祥風乃設隄防禁遏溢暴湍悍安流時無水禍乃疏河渠浸枯

決潴河渠既流山木浮浮煨燼之中再立清廟荆榛之下再閟高殿人不知役公有盈羨風聲沛然大化四流歸朝執憲惠贊皇猷我有牛馬牧而不羈我有兒童路不拾遺決決田疇疇能繼之洪惟覺古淳風揚揚下及有周亦稱二南烈烈河東實嗣其風

虞帝廟碑銘

帝舜有虞氏姚姓諱重華帝顓（闕八字）瞽叟之子（闕一字）以孝聞卅堯（闕四字）受堯之禪丁酉法堯禪禹在位五十年南巡狩崩（闕八字）一百一十有二算聖德（闕四字）靈魄遊於無方南人懷思立祠禱祭歷夏殷周秦距乎有國凡更十姓享奠不替大歷十一年（闕八字）皇族隴西縣男兼御史中丞昌巙領桂林象郡之地虔祇統命肅龔神祀以祠宇隳圮狹隘杇陋不足延降聖靈迎致恭恪齋服祭器不（闕八字）邀福慢禮有里巷蠻夷（闕四字）於（闕二字）縣尹曰上有陽崖陰竇下有洄潭伏滔風雲（闕八字）之（闕一字）處（闕三字）駕（闕十四字）因以俸錢增新易故崇垣峻宇蕭屏牖戸有倫有度堊繕既成以時昭享瞻覿門屏踐履堦闥兢業恂懼肅然莫不加敬牲牷既設巫祝斯列齋莊蠲潔愨然如享其誠簫鼓既闋俎豆斯

徹神人和悅僾然如受其福是歲寇賊殲平年穀豐稔五嶺之人陰受帝祉官屬長老願刊石琢表識以彰懿烈其辭曰

惟虞禪夏夏德斯淪更殷歷周以及嬴秦帝號再尊帝道莫宣祀典空存祀禮無聞於穆皇家踵美於唐獨主淳儉後嗣其昌明明大君俾祐爾躬穆穆宗臣祇慎肅龔廣厦增飾展禮竭忠人神胥會風雨晦蒙三千年閒禮幣贄通西原寇平南畝有年祀事報功皇靈降臻佗佗武夫我戰自克畟畟農邦我勤乃獲日用游焉惡知帝力天人同休

心存影會誠感昭通屑易窒礙刊石播美垂億千載

李迪

迪廣德元年官京兆倉曹參軍

鍛破驪龍珠賦

彼津之叟兮愛子何多碎驪龍珠兮心亦匪他爲教誡之大者猗嗟乎其義則那夫此珠者寶之至也產乎北海之重泉在乎驪龍之頷下海茫茫兮不測龍呀呀兮若闞當求利以輕生因沒波而直透潛行伏蹈旣驚且覿賁萬死以觸鱗幸一冒而匪寇父兮畜我子則告之曾是憑怒無

然小慈斥其珠而不納乃命石以興詞且龍之得水變化無已奮迅而江海沸騰一噴而雲雷四起攫拏山石碎摽捎林木靡不遇睡之時必爲齏粉矣於焉抗手勃然瞋目當頷孰云於徑寸贖罪寧論於十斛因而鍛之星芒迸燭雖有虧於照乘亦無識於毀櫝豈不知貴踰雙璧價重連城鬻之可以求富獻之可以取榮將以謀孫翼子愼檢而行平窒苟偷之路安和性命之情不然者罔象得之而何重天吳得之而何輕如此則南華之道尊眞經之教貴以證輕重之戒以拂夸矜之累俾龍全難得之珠人獲不貪之利揚風激俗淳源化被酌斯事之爲言緊可以用之而無旣

對矜射判

樊少翁與箭張迴各自矜尚詣府以迴優少翁不伏

武有七德所以保大定功器重五兵所以禁暴戢亂在三端而不棄居六藝以爲先張迴擅飛衛之功樊少得養由之妙同觀挂蝨並斷征梟暫彎繁弱之弓載發忘歸之矢俱窮中質各盡和容未見於撝謙遽聞於矜尚君子無爭

必也射乎府司旣曰迴優少翁如何不伏

息夫牧

牧蕭頴士弟子

冬夜宴蕭十丈因餞殷郭二子西上詩序

志有之事三如一者惟君父師乎所以生之教之祿之生而不教不可立也教而不成不可祿也故師勉乎教而學者勵乎已已立學成而會友以講之是以伯魚趨庭曾參避席卜商投杖厥義於是乎在冬十有二月家君宰邑許下夫子問津穎上二賢將馳會府皆適茲土夜處狹室列

坐有位尊卑儼如或捧觴上壽或摳衣請益始敦詩以說禮終講信而修睦然後文飽於德義潤其身頃夫子升堂之後若盧賈劉尹之徒半紀間接武鳴躍實夫子訓之導之斯至也今殷郭二子天資才幹而加之鏃羽觀光王庭俯拾地芥其誰曰不然飛霜靄林寒氣總至月落西戶夜將向晨座隅謙謙畢醉溫克則知孔門宴餞異於他日二三子終身識之夫子以家君政事百里無事命門弟子賦嗚琴亦以釋仳離之怨焉小子不敏忝居門人之末敢不敬書其事云

王季友

季友河南人爲豫章太守李勉賓客

商邱開泳得明珠賦

專心所感僞物皆成若商邱之始泳得明珠於至精以荷畚之窶揖乘軒之榮曾狎侮之不暇孰招延而有情惟此翁者古之愚也存已性之任眞謂人言之無假守其抱樸之意不知詭人之事信河水之深曲是寶珠之所置洪流沃日呀萬丈之層潭絕岸排雲抱千艘之險地無鳥獸之敢近豈泥沙之可得何長舌之見欺遂投身於不測膺騰

於泉客之繳足跡於馮夷之域龠淪未遠覺圓質之當捫滉瀁無涯見孤光之上逼於是握照乘之珍出重泉之濱星輝耀掌雪彩環身當太陽之益照射眾象而驚新虛白無瑕粲瓊華而納景清規半濕烱冰狀而流津足供居常者駭異輕薄者居厚瞪睢盱之拙目鉗胡盧之笑口不待驪龍之睡無勞巨蚌之剖超萬頃而一合由素無而忽有彼非他能道在至信苟志氣之克專實神靈之與進脫用心之疑惑必在物而多吝故事無可否精求乃獲臬非合浦尚謂出其明珠地比荆山固可營其拱璧彼移山於海

飲羽於石。皆非自然之致。力緊敵而後適。

鑒止水賦 以澄虛納照遇象分形爲韻

鑒於水者。不在於廣大。而在於澄渟。奔流則崇山莫辨。靜息則纖芥必形。故能任人倫之巨細。隨物色之丹青。皆一鑒而洞達。若三光之出冥。因見底之清。成照膽之朗。以無心而應物。皆潔已而呈象。如白日之輝輝。無孤蓬之振盪。馮虛之狀。信有姸而有媸。閱實之明。固無偏而無黨。若乃仙井舊渫。華池既瀦。中無浴鳥。下絕游魚。疑金鏡之湛寂。若琉璃之至虛。當其來。見威儀之酷似。及其去。無朕迹於

淪胥。向使潺湲不息。噴薄長注。將沃日而騰虹。或因山而瀑布。遭駭飈之歘起。值潛蚪之交騖。雖有清明之本質。豈能使形影之相遇。是知專而靜可以居要。明而動亦不能照。斯大道之指歸。豈常情之感召。得懲躁之爲誡。知飾容之惟肖。人觀於水。既定而後詳。水鑒於人。當止而爲妙。照其美也非所愛。照其惡也非所憎。不分明於有位。不掩映於無朋。諒可移性。俾居於正直。豈懷鑒貌。獨貴於清澄。想夫烟雨初霽。泥沙不雜。明看練皎。止若冰合。忽形來而影見。類聲往而響答。在良賢而暫窺。宜陋軀之愧納。今者貞

清特異。頗耀前聞。雖萬形之森列。終一鑒而區分。

韓洄

洄字幼深。宰相休子。蔭補宏文生。乾元中拜諫議大夫。知制誥。興元元年爲兵部侍郎。轉京兆尹。加御史大夫。貞元十年終國子祭酒。贈戶部尚書。

請諸司於刑部檢事奏

刑部掌律令刑名。按覆大理及諸州應奏之事。並無爲諸司尋格式文。比年諸司每有予奪。悉出檢頭下吏。得以生姦。法直因之輕重。又先有敕。當司格令。並書廳事之壁。此

則百司皆合自有程式。不惟刑部獨有典章。訛弊日深。事須改正。敕旨宜委諸曹各以本司雜錢置所要律令格式。其中要節。仍準舊例錄郎官廳壁。左右丞勾當。事畢日奏。其所請諸司於刑部檢事。待本司寫格令等了日停。

請裁江淮七監奏

江淮七監歲鑄錢四萬五千緡。輸京師。工用運轉每緡度二千。是本倍於子。今商州紅崖冶產銅。而洛源監久廢。請鑿山取銅。卽冶舊監。置十爐鑄之。歲得錢七萬二千緡。度費每緡九百。則得可浮本矣。

潘炎

炎史亡何所人大歷末官右庶子進禮部侍郎貶澧州司馬

君臣相遇樂賦 以聖作物覩聞韶喪味爲韻并序

繼天者君也戴天者臣也下之事上作股肱耳目上之任下敷心腹腎腸甚矣哉君之難臣之不易也今聖上高九皇之道賢臣合一德之義風雲元感魚水冥符作樂崇德于是乎在詩有六義請賦歌之曰

於赫我皇受天明命平六府和八政天合德日躋聖神生

甫而山出雲在玉衡而照金鏡考金石以和樂美鹽梅之克正趨百王之至理冠六代之尤盛至矣哉鴻鈞之代何物不樂仰乾坤之德知樂之所由興觀君臣之和知樂之所由作在宇宙而皆滿鼓陰陽而合漢且宮爲君商爲臣其德斯溥羽爲物徵爲事其宜咸若諧宰相之變理象天子之經畧可以頌猗那可以美於鑠正南面陳黼黻於以紀聲明於以展文物進旅退旅撞鐘考鼓四方皆聞萬物咸覩事無事明主之衣已垂爲無爲大臣之袞何補雲干呂而風入律進成規兮退成矩無不幬也象乎三天無不載也均乎九土小仲尼之在齊狹季札之觀魯惟太平之和樂按前史之未聞不殊東戶之代何謝南風之薰遠無攜而邇不逼夔爲臣而堯爲君肅雍和鳴越詩人之作發揚蹈厲薄武王之勳節有序聲成文豈徒以諧鼓舞蓋所以調氤氳允所謂奏大音兮當聖朝合六英兮和九韶陳威儀之穆穆表至德之昭昭奏之以人奚異洞庭之響莫匪爾極何必康衢之謡一屈一伸下兢上讓或右文而左武或先吁而後喁端拱者上帝之君賡歌者濟時之相大化優洽淳風溥暢元元本本形難爲狀嵎州之北邈矣可

遊汾水之陽杳然自喪所以表大道之理豈徒知皇帝之貴徐則文足昭疾則武足畏俯仰之際見旒扆之情綴兆之間知鼎鼐之味不聞於柏皇栗陸何有於殷周漢魏敢獻幽蘭之曲希從拔茅之彙

李樹連理賦 有序

帝在上黨延唐寺有李樹連理上親視焉賦曰

惟彼嘉樹列星之精耀本扶疎當元光之降誕盤根連理應我后之文明天之發祥豈無他木必曰茲樹是光皇族所以並修幹連高枝青房表異朱仲稱奇察以休徵不假

終軍之識同於樹德寧爲簡主之知族茂宗榮盤根合理花之發也霞每亂於青春實之繁兮珠更深於寒水豈徒生於靈井植彼東園自感義以相待但成蹊而不言此乃興聖主之符表天家之姓一人親覩六合稱慶至若鍾山之實玉井之仙或正冠而垂訓或投贈以成篇比德於我彼何有焉臣炎作賦天子萬年

日抱戴賦 有序

景龍元年四月二十四日皇帝初臨上黨日抱戴皇天告符微臣頌之蓋古詩之流也賦曰

日麗於天是曰太陽經于里臨八方符一人之元聖曜五色之重光祚我休徵莫先懸象表至聖之無二呈繼照於明兩陽光杲耀抱黃道而再中喜氣氤氳戴赤霄而直上聖有感天無私八紘占其瑞色六合仰其重離終古不虧得天長久豈止大章之步非齊夸父之走惟抱也同衆星之拱北辰惟戴也比萬邦之奉元后則知天爲父日爲兄同符叶慶以應文明我皇首出而御極光被無垠而太平

月重輪賦 有序

抱戴之秋八月十有四日夜月重輪瑞之大者天意若曰將俾吾君姊事之賦曰

我皇初列唐侯潛蟠藩國英武方斷文明表德穆然思道順帝之則旣而動三合奔百神廓太清而萬里耀朗月以重輪時屬高秋瑞彰元后光泛皎潔之斜漢色映闌干之北斗金波耀景非懸闕澤之名璧彩揚輝不入士衡之手理殊吳夢符炳漢謠淨桂花於日道環水鏡於丹霄臺榭冰潔郊原霜縞月之揚光天不愛道一盈一缺則惟其常彩溢重輪告於天表大人占之夏啟以兆亦所以類星珠表金鏡兩耀齊美一人之慶於萬斯年受天之命

赤龍據按賦 有序

景龍二年夏四月十七日帝在廳事假寐白鶴觀道士宋大辯等三十人同見赤龍據按至矣哉神妙無方不可得而稱也賦曰

元天之龍兮見而在田我后之龍兮飛以御天據聖人之大寶與列祖而同元高出而潛躍以自試來定天寶居然假寐合而成體散而成章若窺於牖若施於堂且據按而向明負扆以當陽日月在身有舐天之嘉夢風雨合氣將振翼而雄驤羣居愕視聖作物覩赫然龍光眞我明主析

券表異。亦惟前聞。曠然振古。阜有吾君。王人之瑞。比之龍首。高居而遠望。以臨乎九有。天子之威。比之龍鱗。皇之可畏。以肅乎萬人。徒稱其象。未覩其眞。恭惟我后。近取諸身。於昭巨唐。其命維新。永據九五。斯焉萬春。

嘉禾合穗賦 有序

景龍二年秋八月。屬縣長子有嘉禾合穗。瑞不虛月。俟其禱而乃賦曰。

天祚明德兮降之嘉生。按彼靈篇兮莫之與京。脈震土膏。且分苗于南畝。駟臨天漢。爰合穗以西成。當元后之歷試。

表休徵於太平。不莠不稂。實堅實好。引薰風於和氣。承湛露於蒼旻。生非百里。驗管仲之虛辭。出異崑山。自我皇之所寶。在瑞圖之右。爲曠代之祥。唐叔得之而合穎。周成得之以充箱。雙米一稃。稱之表異。孤莖六穗。頌以非常。今也尤盛。居然允臧。轉風而屢騰佳氣。就日而交見祥光。獨天不生。托厚載於富媼。非聖不感。效元符於我皇。我皇得之熾而昌。風之起兮雲之揚。嘉禾之瑞未可量。天子億載臨萬方。

潞河逐鹿賦 有序

景龍二年八月。帝逐鹿於潞河。惟河也深三丈。濶倍之。鹿追而入水。因鞭而逐之。水不及韉。應弦獲鹿。後騎入者溺焉。賦曰。

大君于田兮巷無居人。四鑣如樹兮六轡旣均。定命騎而百靈奔命。騰雨師而四野清塵。鳴獸駭殫。川原飛伏。事非定霸。不求陳寶之雞。位在至尊。故取中原之鹿。驚而決驟。鳴不擇音。將投身以赴水。非順命而前禽。駭浪溢湧。揮鞭電爍。烏號滿月而方開。驥足撇波而巨躍。乘流旣濟。赫怒中止。斃駭鹿之一發。振驚弦而未已。洞胸絕系。左角右觡。

雖復驅兩豜而獲五豵。發小豝而殪大兕。皆平陸之常事。曾何足以踰此。誰爲河廣。一馬馳之。大人將興。靈感若茲。諒神明之所輔。何後乘之可追。從此繼天而作主。元元日用而不知。

童謠賦 有序

景龍二年九月。後常有童謠云。羊頭山作朝堂。郡南六十里有羊頭山。今興唐宮。卽當之矣。賦曰。

熒惑之星兮列天文。降爲童謠兮告聖君。發自鳩車之歲。稱爲竹馬之羣。其言伊何。克明寶位。惟山之北。正應天邸。

之居曰興朝堂用彰天子之置大人占之而自負黎庶聞之而屬意天人合慶歷運其昌同康衢聞於異善比歸亳順於成湯言且表微諒人神之應事惟在昔殊飛走之祥豈比卯金稱爲劉氏赤伏徵於漢光且游童之謳謠羌見偉於疇昔千古所記百王不易豈徒采於茅茨空用書於竹帛天贊我皇時高列辟惟一人之有應振六合之光宅

黃龍見賦 有序

景龍二年秋九月五日黃龍見於上黨伏牛山之南岡遲留久之表彰聖人之德也賦曰

龍之來兮乘其陽躍於泉兮臨高岡龍之至兮歸有德符於黃兮土之色精曜曜光雄雄上不在天兮接於物下不在田兮蟠於空列四靈智稱其首居五位色表其中將銜甲以無比與負舟而不同明皇家之王氣符歷數於聖躬飛煙噴霧若動若顧聲雖虢虢非同三尺之劒色乃煌煌下映五花之樹誠帝王之嘉兆寧朝夕之可遇何蚍蜉之足言諒騰黃之匪喻同翠龜之薦綠圖彰大人兮告元符覽史墨之言未之聞也驗登殿之祀不其然乎

漳河赤鯉賦 有序

景龍三年春二月帝巡屬縣至於襄垣漳水有赤鯉躍聖帝之瑞也賦曰

魚在在藻兮躍於中流吾君戾止兮樂我王遊惟赤鯉之呈祥殊白鱗之入舟非竹箭之危湍無閒黥額同昆明之望幸非爲吞鉤豈其爲祥必河之鯉用表皇族克繁帝祉雖云水物宜紫鼉綠鼈之同身是曰元符亦赤雁丹烏之可比頳鱗耀彩碧水無波非應瓠巴之清角何言甯戚之高歌周文之時躍於沼漢宣之代舞於河且合符於圖牒宜入頌於猗那豈徒鏤甲葺鱗下沿上泝皆爲儔匹文鰩

是踰吐尙父之兵鈴傳遠人之尺素事稱嘉瑞匪琴高之所乘詩有樂胥似相如之獻賦

黃龍再見賦 有序

景龍三年六月十五日黃龍再見於牛山天意汲汲於聖人賦曰

龍之見也春分而登於天龍之潛也秋分而入於川假崇山而再見應元聖而通元蜿蜒孫蟠雲霧四發目中精耀光飛列缺之火頷下珠懸色奪蟾蜍之月方將遊彼池圃豈徒止於郊野非同上天之五虵有異渡江之一馬孫權

象之而置於軍中魏帝範之而在於殿下永言於此我皇是宜秦王之夢立乎鄗時漢后之時見於成紀彼皆一至此則重光采色炫燿文明焜煌錯甲鏤鱗旣以成乎字分官紀號可以表其祥超紫鳳於丹穴越青鸞於女牀龍德相承而無悔天家久久而蕃昌

九日紫氣賦有序

景龍三年九月九日帝與羣官壺口山升高時有紫氣光彩照日賦曰

吾王不遊人何以休望壺口之千里值重陽之九秋山對

翠屏動暉光之赫赫雲成紫蓋扶晚日之油油宛轉浮空輪囷不散應一人之盛德爲萬歲之榮觀氤氳瑞色無孤峰斷陣之嵯峨搖曳晴空雜玉葉金枝之燦爛亦何異出蒼梧入大梁爲漢武之蓋升軒轅之堂忽兮改容形難爲狀紛紛郁郁用表靈貺迺同芒碭之間非比崑崙之上豈徒合以膚寸垂以飄扇河汾永兮天之眷紫氣凝兮人罕見位當用九果符九日之祥運極通三永御三雲之殿

神著立賦有序

景龍三年九月十七日上使韓從禮著筮卦未成著自立從禮曰大人之瑞也賦曰

惟彼神著生而有知用之不測明以稽疑擢九尺之纖榦伏千年之寶龜德圓而神兮無幽不及其生三百兮其用五十惟聖人之觀象乃神動而鬼入列八卦以效變翹孤莖而孑立數彰得一命乃自天同大横之有夏表或躍而在田其察也深其功也大稱美名於神物齊妙用於神蔡是曰元后茲爲筮從氣受陰陽夜分而彩露兼涵幽贊天地朝覆而輕雲數重著而有靈立定天保可謂神助用光天造功深莫善仲尼且許以鉤深屈於不知太公徒言乎

腐草著之立兮發其祥吾君得之尊以光明乎太極演彼歸藏因卜祝之符瑞應天人之會昌

金橋賦有序

金橋在上黨南二里常有童謠云聖人執節渡金橋景龍三年十月二十五日帝經此橋之京師賦曰

沔彼流水兮清且漣漪度木爲梁兮於焉在斯成金橋之巨麗得鐵鎖之宏規當其受以金模觀其曲面經始也則大火朝流成功焉乃天根夕見彰於聖德發彼謳歌千人唱萬人和丹雘蜿蜒倚晴空之螮蝀瑰材櫛比超渡海之

龍壘人且告符功惟用壯非塤鶬之可比法牽牛而爲狀鶴鳴陰處雁覆晴川異東明擊水而投步匪秦帝驅山而著鞭惟彼童謠兮言猶在耳大人應運兮奉天而起乘彼橋以徑度按周道以如砥于是提三尺乘六龍懷萬邦入九重

寢堂紫氣賦 有序

景龍三年十月二十五日帝還京後州內所居寢堂上有紫氣七日不散賦曰

於穆聖王先天不違謳歌旣洽朝覲攸歸往京邑而經千

里自潞郊而乘六飛洪惟此邦初九之地翬飛鳥跂謂尚諸侯之宮虎踞龍驤忽成天子之氣方凝紫色是謂非烟作蕭索乎空外更霏微乎日邊若動非虛似浮有實覆彩駕之瓦髣髴升堂繞文杏之梁氤氳入室是作興王之兆克符來復之日遠而望之乃散亂浮空近而觀之則希微無質欲見峰巖之上先形藩邸之間異張華之寶氣衝斗殊尹喜之眞人度關若乃廣野之宮闕化成漲海之樓臺迴映諒陰陽之盡美非福應之攸盛惟紫氣之來集實皇家之大慶休哉聖君有天下之成命

冊雍王爲皇太子文

維廣德二年歲次甲辰三月戊辰朔二日己巳皇帝若曰昔者哲王必建元子上以奉宗廟下以係民生固本乃安立長乃順經明者是稱其兩樂善者不止於三資於君父之間運在神明之側稽古承式肆予命汝天下兵馬元帥尚書令雍王适智崇天錫德茂日新文實志經武兼講藝孝深於性尤切於問安識蘊其明更精於簡牘奉辭伐叛稟命戎師積稔逋誅一戎底定業著於內功加於時萬方以貞朕志允定是用命爾爲皇太子以踐於儲宮往欽哉

無以不副志其恭無以不會易其度觀圖書之得失思締搆之艱難夙夜惟寅主茲匕鬯永懷我高祖太宗之丕命可不愼歟

蕭尚書拜命路尚書就林亭宴集序

文昌貴臣新受厥服再拜稽首對揚休命逶迤而退則展慶賀之禮下舍之閑則懷宴語之好所以昵僚友宣寵光敵者易親懽焉而至是以蕭公膺納言之職路公徵賀遷之會洎冢宰司寇作者三人國老如壎篪之和陽春屬星鳥之序欣棨相合辰當美景形制所選地從主人窮土木

之幽荒尋柏亭之奇構賓主有禮旨酒以柔之清言以發之庵盈而不侈筵肆而不雜狎而不黷酣而不流有太平君子之光見可久賢人之德風調日暖煙靄無陰松茂草滋泉石通氣鶯出幽而初囀花含愁而將歸外物獻美中懷有融高興格於丹霄餘思垂乎清晝四座相顧請予所尊悅題賦詩無忘盛集

李晟

晟字良器隴西臨洮人年十八從軍以戰功累遷左羽林大將軍大歷初拜開府儀同三司兼左金吾衞大將軍涇原四鎮北庭都知兵馬使封合川郡王德宗在奉天詔晟赴難授尚書左僕射同中書門下平章事收京城拜司徒改封西平郡王貞元三年拜太尉中書令五年畫像凌煙閣九年薨年六十七冊贈太師謚忠武

諫赦李懷光疏

赦懷光有五不可河中抵京師三百里同州制其衝兵多則示未信少則力不足忽驚東偏何以待之一也今赦懷光則必以晉絳慈隰還之渾瑊康日知又且遷徙二也兵力未窮忽宥反逆四夷聞之謂陛下兵屈而自罷耳今回紇拒北吐蕃梗西希烈僭淮蔡若棄強示弱以招窺覬三也懷光既赦則朔方將士悉復敘勳行賞追還縑粟今府庫空殫物不酬滿是激其叛四也既解河中諸道還屯當有賜賚賞典不舉怨言必起五也今河中米斗五百芻槀且罄人餓死墻壁間其大將殺戮幾盡圍之旬時力窮且

潰願無養腹心疾爲後憂臣請選精兵五千約十日糧可以破賊

誅田希鑒獻狀

田希鑒悖逆成性怙亂作奸頃因兇徒遂搆邪計昨者蕃衆効義左右官軍馮河祇供將期收復而涇原惡黨醜正害賢陷翻軍城殘賊忠義明班奔竄纔得全生河清忠勤終見肆毒職繇希鑒扇動逆類猖狂負國家之深恩受朱泚之節制包藏狡逆莫甚於斯臣昨者巡邊將欲安撫而希鑒潛勒步騎或在要衝名爲迎臣實欲拒捍臣先令精

鋭以奪其勢次遣宣諭以慰其心雖云鴟張未暇設施跡其前後實不可容男萼等罪惡既同謹並按軍令訖臣幸當重寄累受寵榮除惡之義思去本根報國之誠敢誅無禮況俯臨邊境須用忠良若容此人無以懲革

于頎

頎字休明河南人累官京兆尹徙河南尹三遷工部尚書以太子少師致仕卒

尊祀武成王議

當今兵革未偃宜崇武教以尊古重忠烈以勸今欲有貶損非激勸之道也追尊王位以時祠之爲武教之主若不尊其禮則無以重其教也文武二教國並宜立廢一不立況其典禮之制已歷二聖今欲改之恐非宜也

程浩

浩代宗朝官駕部郎中

雷賦

雷車闐闐六合喧吼驟風雨於南極旋星雲於北斗蹙東海以波蕩擺太山而瓜剖玉石至堅切如泥滓松柏至勁粉爲枯朽鼉皮擊考而魑魅睒睗龍顏抵觸而鯨鯢奔走

陶鑄造化之鑪而鴻毛萬像斡運乾坤之柄而嬰孩羣有由是言則九鼎瑣細三山培塿鼒鼐可以指揮蓬萊可以背負殊不測離蒼天之遠近當懼驚魂在元雲之幾重徒勞矯首及夫白日雨歇長虹霽後列缺緩轡元冥假手蓄殘怒之未洩聞餘音之良久而小子之繆學敢獻疑於左右今若爲善惡之宰主操賞罰之休咎胡不扶持顏閔之類行天閼桀跖之黿毒罪一亂臣懲天下之兇醜旌一孝行激天下之悌友法高懸於堯典刑不試於周后何必霹靂潛窟之龍養育吠堯之狗

鳳翔府扶風縣文宣王新廟記

天地吾知至廣也以其無所不覆載日月吾知至明也以其無所不照臨江海吾知至大也以其無所不容納料廣以寸管測景以尺圭航大以一葦廣不能逃其數明不能私其質大不能亡其險偉哉夫子生後於天地而知始亡先於天地而知終非日非月光之所及者遠不江不海潤之所浸者博三代禮樂吾知其損益百王憲章吾知其消息君臣以位父子以親家國以肥鬼神以享道未可詮於無物釋未可謚於無生一以貫之者我先師夫子見之矣

夫子聖人也帝之聖者曰堯王之聖者曰禹師之聖者曰夫子堯之德有時而息禹之功有時而窮夫子之道久而彌彰遠而彌光用之者昌捨之者亡昔否於宗周今泰於皇唐不然者何被衮而裳垂旒而王者哉扶風古縣也在京之西環渭而北望標關輔之首雄壓劇秦之大有尉曰袁弁者學稽漢室名振伊鼎跡泯味道力餘攻文其爲政也剛而能斷柔而能吐其理身也靜爾深谷澹然澄江紆大君之明命注賢相之清選寅奉聖旨廓新祠堂殿宇岑立宮墻島峙睟尊儀於兩楹羅禮貌於十哲砌蘭有主院柏分行徂庭自肅入室知敬陳牲牢而在旅間籩豆而無算天下大軍之後時弊而沒禮域中小康之前俗媮而迷歸懿文以戢兵尚德以銷戰使人從善遠惡而不自知大哉袁氏之子其用心也至矣邑宰李公政事練達德音和理風聲樹而丕變吪頌樂而不支縣丞主簿尉等瑯琊王巖黍稷公器覽容色窺相公之明鏡整鬢鬣趣相公之龍門雲霄坐馳鳴躍可俟浩客自帝輦聿來鳳翔入境而醉聞佳政歸歟而食味尤績前尉許摯起予能事春秋之徒如何勿書時大歷二年某月日記

相州公宴堂記

公宴堂昭儉也高平王尚猶侈焉先是王師出征邊遽告警百戰俠骨委於溪澗九遷殤魂飛在草莽上聞而憐之詔我薛公爲刑部尚書兼御史大夫保釐於東建節於鄴也時兵不滿百馬惟數駟府微棲糧家僅餘堵公乃掃除粃政濟活人命一年而墻宇興二年而耕稼盛日就月將遂臻夫小康崇其宴堂者不得已而營也豈無黕幕尚爾能可久豈無丹楹愛爾不愆素豈無錯石所慮轉他山豈無貨財所重仍舊貫其始也經搆侏儒迴移欒櫨率取諸

大壯未暇於全模其終也嶷然雲構爍以星鋪禮行於九賓並坐於千夫不設窗戶且防於壅閼不加剞劂且陋夫華皖水之以視其平坦墨之以視其方直役也應時宜其善頌成之匪日所謂悅使若軍中凱樂羣下胥宴六佾咸在三懸既張清醑引淮芳饌羅岳自上而王侯公伯迨下而皁隸庖廚進則酣而不荒退則服之無斁及四賢講德七子會文拂羽扇而納涼揮素琴而待月對水得江湖之性捲簾見天地之心寂寂無譁綽綽有裕相與先評所職次徵他詞颺揚厥懿徐攻其短君子以為薛公義誘於衆

仁和於物誘進則衆洽和同則物安俾夫聳善觀過罔不由斯堂也向使卑不合度儉不中禮適足尤孟孫之室美諷夷吾之山節浩躭靜辭蒲脂車訪舊入境而七德有餘及庭而三歎不足幸承君之惠顧又因此以賀之操觚斐然於是乎記時大歷三年六月旬有五日也

盧朝徹

朝徹大歷九年官華陰縣令

謁嶽廟文

唐大歷九年甲寅季春月哉生明華陰令盧朝徹下車散齋浹日精意選擇元辰吉蠲饋饎靡愛斯牲敬修祀事端笏祠宇縉紳莫饋敢告金天王粵山嶽配天聰明正直豈直禍淫實真祚德朝徹不佞獲領茲縣職監灑埽躬備陳薦顧嗟菲薄性受愚蒙清是家風所遺方乃天誘其衷與衆難合于時不容向老厲志如何遭逢抱拙恬澹委運窮通俛力于政王降百祿稍私其身王肆厥毒福謙害盈則仰嶽靈不識不知何敬神為拜手稽首兮氣莫敢怠躋庭啐酒兮儼然有待松柏飀飀兮肩窣若來容衛森森兮髣髴如在

侯冕

冕大歷中朝散大夫行河中府功曹參軍上柱國

同朔方節度副使金紫光祿大夫試太常卿兼慈州刺史王府君神道碑

府君諱履清字履清京兆萬年人也王惟聖後系出田宗功闕也五代祖立行工部郎中更靈夏蔓潭等四府都督封晉陽闕早世考尚賓歷原州參軍事定遠城兵曹參軍贈金紫光祿大夫闕藝尚德業脫畧諸子憲章五經處吏事也能果斷居朋友也無忌闕以桓文之勳伊呂之重開

建大府邦家長城知其名而辟之闕中幽寧三道營田等務致使後來難繼前政知懃豈止充牣當時苟闕力寘夫恤弟疾篤割其股肉則所部靡草上之風矣秋麥兩歧靈芝闕旌表府君課効多此類也以前後功累遷官凡十五任而至金紫光祿闕汾陽王以吉昌濁河上流邊郡善地戎守夷落易動難安永言輯綏闕帝可其奏仍乘傳走郡又敷異術載底吉祥猛獸度河而去境感我善闕兩穗卿雲炳而五色瑞圖騶拔臺使攸屆於是歸禾之詔藏在闕命賢愚同歸以大歷十一年正月廿四日遘疾不起薨於官舍之正寢享闕兄履堅朝散大夫守豐州長史弟履濟朝散大夫守慈州別駕長子綸朝闕塟合度以十二年二月廿日還塟於高陵之奉正原禮也名成於代官達於闕匪敢愧詞迺爲銘曰

聖杞百世奕世其昌有嬀之後言育於姜陳宗不守命氏惟玊滔滔秦淮爲我闕世濟其美芬芳竹素跌宕杞梓君家盛事不可勝紀天步未淸闕上介部有仁兄歧麥挺秀靈芝發生邊郡近胡邑無完郛荆棘誰翦豺狼未驅闕皇帝曰俞下車幾何畏愛更作允文允武爰究爰度畜牧新

泰謳歌薄洛以激闕竄孝子負土嘉禾有畔吉凶同域生死一貫倏忽長逝嗚呼永嘆舊邱還塟遠道闕日羽葆秋煙一掩黃泉於萬億年

呂牧

牧東平人永泰二年進士自尚書郎出爲澤州刺史

書軸賦

方輿之靜也軸居其重大輅之轉也軸當其用夫履端抱圓何所適而不中則有飾以金玉交以丹漆乍駢首於靑案或周身於縹帙雖偶提而偶攜亦無固而無必故能退尺則不短進寸則不長得隨時之舒卷合君子之行藏劉向校書之時徧薰蘭氣楊雄草元之所獨染芸香其質則微其用不淺若輪轂之負載同戶樞之開轉能藏飛鶴之書更掩迴鸞之篆妙撝謙以處厚每求伸而先卷遭秦則玉質斯焚入漢則石渠可踐別有韜黃公之秘畧懷王烈之素書探禹穴而誰見啟金縢而有諸仲宣之藏萬卷惠子之藏五車非我軸之何寶能懷文以自如豈俟脂膏後運枘鑿方虛彼所恃而有待假經籍爲遽廬

子擊磬賦 以敬明爾志人將辨之爲韻

大哉將聖樂天知命憲章文武昭宣孝敬遊道藝之門觀魯衛之政知禮文之述作繫王道之衰盛將有託於知音故先擊其浮磬翕如始奏泠然激揚旁達草木獨調宮商律中乃節而信清引而越以長何一氣之立則若五色而成章羽可以振振獸可以蹌蹌神人以和舍此奚取樂懸之位斯焉是將諧協於國風本一於心始將此易俗非爲悅已作於朝而君臣同和聽於家而少長咸喜不違情者莫究其理不賞音者莫知其旨非有爲而作焉豈苟樂而爲爾噫斯道之行如磬之聲合於制度發以清英應小大

以隨擊拊原始終不可將迎伊物情之滯膈莫不由此而發明謂爲藝以吾不試語之道而知吾志固非繫而不食豈止垂之如墜曾見訪於萇宏反受嗤於荷蕢彼往而不返欲潔其身如樂之無節則可奪倫義有昧於反舌耳無聞於日新何没没於隱者亦硜硜於小人必也審音居然大辨動應而溥暢虛中而獨善使石聲無定則我心可轉初未明乎弛張庸詎議乎深淺一雅一變正聲久遺子擊此者亦屢歎之唯聖有作闡教命夔乃知樂正雅頌復在於明時

齊論

論大歷九年趙州判官通直郎行昭慶縣丞

趙州刺史何公德政碑

惟六杞大鴻臚何公再踐諸侯奉若明命尹茲趙人人賴惠浹聿興謌之頌之懿鑠布濩逖聽洋溢恒之伯受鉞統牧實旌異政俾幕賓繕部員外郎兼侍御史王公載揚休烈垂裕長世刻貞石無以節省順人欲也序婉辭無以勸思崇茂德也其文見乎意曰惟恪修連率之職擇茲令典明于東土敦敘邦教撫柔元元次云咨我良二千石叶漢

宣之議激流揚波輝光奕葉式遵讜言用集器宇益稱愼行克和厥中服勤於理簡易其俗君子曰王公之筆直而不汙夫采其英聲覩其儀形聲乃頌而不腆其實形乃表而不忒其素或曰理道之要龔黃未優成師之最衛霍猶劣吾儕小人嘗與二三子稽覈今古否臧時政格於羣議莫出公右由是訟庭肅肅無留事焉郡佐寮吏望公高軌而已公牆宇外嶷管庫內嚴非禮不動唯義是訓見危受命全其節臨難抗志忘其身所以馳鶩喪亂之間寵錫和平之際昔堯命四嶽商朝諸侯周建牧伯作六瑞以等將

勸親人莅事惟明公其至矣州人屬荐飢之歲如享公之膏粱寒露之時如服公之衣裘存安在危肅理在擾豪右姦宄伏其威繩樞寡弱懷其德而使商農工賈朝夕從事不異視而還焉公嘗曰未戰修備兵之勢也未用資置物之理也推此例而理之萬貨之源可見矣故詢諸體物較之成用徵於前古其誰儔之夫頌德紀功之事不書其細而煥然昭明大體也論等忝竊幕吏敢攄無窮魯史之末固亦有製豈直敘述遺事葢以廣揚不朽兼諸官屬具紀碑陰

李舟

舟字公受水部員外郎岑之子以尚書郎奉使出爲虔州刺史封隴西縣男

謝敕書賜臘日口脂等表

臣某言今月日中使內府丞張某至伏奉敕書賜臣及軍將臘日面脂香袋紅雪澡豆等殊私忽臨捧戴無力手足蹈舞心魂若驚臣某中謝伏惟陛下以節遇嘉平律當凝閉爰布發生之德猥承頒賜之榮膏液廣霑降中天之渥澤生香遠及蘊西域之芳馨苦口以愈沉痾澡身以滌塵垢無任感戴屏營之至

謝敕書賜歷日口脂等表

臣某言中使至伏奉敕書手詔賜臣新歷日一本口脂面脂紅雪紫雪金花各一枝并賜臣春衣一副牙尺一枚大將衣兩副宸翰忽臨殊賜兼及蠻夷捧詔抃躍輕生將吏受恩誓心効死臣某中謝伏以令節嘉平曲承寵賚凝膏芳潤獲滋蒲柳之容寶器珍奇遠承日月之照謬當重寄星歲屢移恩積邱山功無毫髮況元陰云暮斗柄初迴已霑芳澤之恩兼降中和之服頒賜尺於王度布新歷於荒陬躍抃徘徊罔知所報

爲崔大夫陳情表

臣某言臣素以庸虛百無所取肅宗委臣方面擢尹兩京葢以天寶末年祿山干命臣未有職位客遊陳州賊兵過河官吏奔竄臣義集驍勇亟摧賊鋒以閭閻之人當幽薊之卒勢相懸倍不顧死亡臣之輕生實著誠素今者回紇代立求援聖朝陛下大布皇威加其冊禮爰膺將命實受寵光又其道路無虞夏帳尤近擁旄仗節持憲珥貂銜非常之詔書寵內附之蕃落去獲重貺歸成大勳雖潦倒之

人衰朽之士亦宜據鞍增氣叱馭前驅況臣常在軍戎未至遲暮豈不欲保微臣之富貴求陛下之恩私哉其理必至顛沛必至廢闕隱而不露何以事君臣往在宣州曾卒得痼疾三日三夜都不知人自此以來發無時候或輕或重或疾或遲此病所來得於風熱常因冒暑失食及冬衣太溫兼食羊肉立卽發動若過積之後更無菜蔬苦寒之地須加狐貉又於藥物不得及時則微臣不得全活且螻蟻之命誠何足言但恐敗事有失前期稽恩廢禮伏願陛下以臣此表徧訪朝臣言若涉虛事近辭避伏願加以斧

鑕肆諸市朝且使將來永息欺詐無任哀懇迫切之至

爲崔大夫請入奏表

臣某言臣以久違闕庭歲請朝覲在宣州日伏奉德音且以河南用兵許臣事平入奏尋蒙寵命移鎭浙東臣自至越州旋經歲序瞻戀宸極道路轉遙俯察微躬疾病加劇實慮溘先朝露永謝明時昨者隨表便行冀蒙聖恩昭許續奉進止所在令迴伏迫宸嚴不敢冒進臣防身寡智處衆多尤但恐讒謗之聲日聞天聽浸潤之漸將迴聖慈憂疹相并死亡無日臣管州郡幸無逋懸西河之間又已寧靜伏願陛下察臣誠懇許臣朝謁實冀犬馬之疾歸上國而獨除風波之言仰皇明而昭鑒無任懇迫之至

爲崔大夫請入奏表

臣某言臣一昨初承國哀號慕罔極已陳哀懇請赴山陵伏奉批答上遵遺旨不許奔會元宮甫閉攀扈無由永惟舊恩實延巨痛陛下自登寶位日月重光百靈昭蘇萬物咸覩臣限所守僻在海隅遐瞻闕庭未獲稱慶陛下湛恩雨施大號風行繁徭頓除窮海知化臣管內州郡幸獲安帖在臣使務必有常規將臨元會之期倍切朝宗之戀伏

願許臣蹔趨天闕獲覲龍顏進稟命於聖君退宣風於退壤臣死生無恨榮願之至

與齊相國書

三十三官足下近年已來宰臣當國多與故人禮絕僕以禮處足下則足下長者僕心未忍欲以故人處足下則慮悠悠之人以僕爲諂我欲修書逡巡至今忽承足下出守夔國於蒼生之望則爲不幸爲足下謀之則名遂身退斯又爲佳僕昧時者謹以爲賀但鄱陽雲安道阻且長音塵寂蔑永以三歎僕所疾沈痼方率子弟力農爲世疎矣足

下亦焉能不疎僕耶足下素闕僕所知之其於得喪固怡如也然朝臣如足下寡矣明主豈當不察之耶惟強飯自愛珍重珍重

獨孤常州集序

傳曰物生而後有象象而後有滋滋而後有數數成而文見矣始自天地終於草木不能無文也而況於人乎且夫日月星辰天之文也邱陵川瀆地之文也羽毛彪炳鳥獸之文也華葉彩錯草木之文也天無文四時不行矣地無文九州不別矣鳥獸草木之無文則混然而無名而人不

能用之矣人無文則禮無以辨其數樂無以成其章有國者無以行其刑政立言者無以存其勸誡文之時用大矣哉在人賢者得其大者禮樂刑政勸誡是也不肖者得其細者或附會小說以立異端或雕斲成言以裨對句或志近物而玩童心或順庸聲以諧俚耳其甚者則矯誣盛德汙衊風教爲蠱爲蠹爲妖爲孽噫文之弊有至是者可無痛乎天后朝廣漢陳子昂獨泝穨波以趣清源自茲作者稍稍而出先大夫嘗因講文謂小子曰吾友蘭陵蕭茂挺趙郡李遐叔長樂賈幼幾洎所知河南獨孤至之皆憲章六藝能探古人述作之旨賈爲元宗巡蜀分命之詔歷歷如西漢時文若使三賢繼司王言或載史筆則典謨訓誥誓命之書可彷彿於將來矣嗚呼三公皆不處此地而運蹇多故惟獨孤至常州刺史享年亦促豈天之未欲振斯文耶小子所不能知也已矣常州諱及有遺文三百篇安定梁肅編爲上下帙分二十卷作爲後序常州愛士而肅最爲所重討論居多故其爲文之意肅能言之比甚博陵崔貽孫又爲神道碑悉載行事而痛其不登論道之位崔公剛而好直其詞不黨君子謂之知言昔班孟堅美漢得

人之盛曰文章則司馬遷相如又曰劉向王褒以文章顯是則四君子者有漢之文雄歟然而遷無鄉曲之譽虧大雅明哲保身之美相如薄於貞操有滌器受金之累向無威儀遺文以繆而身幾不免褒多爲歌頌當時議者以爲淫靡不急其他無聞焉大較詞人多陷輕躁否則愞狹迂僻於事放弛其能蹈履中道可爲物主者寡矣孰與常州發論措詞皆王霸大略孝悌之至達於神明善與人交久而敬之當官正色不畏強禦加之以仁惠愛物吏民敬畏而文又如是乎其餘則二君既言之矣今亶錄崔氏之作

綴於篇末云爾

欽定全唐文卷四百四十四

沈迴

迴大歷中進士

武侯廟碑銘 并序

皇帝御極貞元三祀時乘盛秋府主左僕射馮翊嚴氏總帥文武將佐洎鑾輪突蹄之旅疆理南鄙營軍沔陽先聲馳於種落伐謀息其狂狡於時威武震疊虜騎收跡塞垣肅修烽燧滅熖士無保障之役馬無服韔之勞重關弛柝邊轂棲野我師惟揚則有餘力乃昇高訪古周覽原隰敬

修玆廟式薦馨香光靈若存年祀浸遠雖簫鼓忻奏邑里祈禳而風雨飄颻祠堂落構土階莫數尺之崇庭除無表丈之隙登降不能成禮牲玉不得備陳頹墉露肩灌木翳景樵蘇滿徑麋鹿走集馮翊曰丞相以命世令德功存季漢遺風餘烈顯赫南方邱壠南山實在玆地荒祠偏倚廟貌圮裂非所以式先賢崇祀典也乃發泉府徵役徒撤編菅芟雜叢薄是營是葺衆工畢至繚以高墉隔閡罔牧增以峻宇昭示威神靈英昔賢像設如左翼翼新廟日至而畢顧謂小子揚榷前烈銘於廟門曰在昔君臣合德興造

功業有若伊尹相湯呂望興周夷吾霸齊樂毅昌燕是數君子皆風雲相感垂裕來世嘗以爲阿衡則尊立聖主天下樂推尚父則上讐獨夫諸侯同舉管氏藉強齊之力以宗周無令王樂生因建國之資贊燕昭爲與主君臣同道僅能成功惟武侯遭時昏亂羣雄競起高光之澤已竭桓靈之虐在人遇先主之短促値曹魏之雄富能以區區一州介在山谷驅羸卒輔孱主銜擊中原撐拒強敵論時則辛癸惡稔語地則燕齊勢勝還夏殷者未可校功霸桓昭者不足侔力向使天假之年理兵渭汭其將席卷西邑底

綏東周祀漢配天不失舊物矣洪伐彰彰宜冠古今倬軼前烈其誰曰不然武侯名跡存乎國志今之羣書姑務統論大畧敘我新意至於備載爵位追述史傳非作者至德也今則不書其銘曰

桓靈濟虐雲海橫流羣雄蝟起毒螫九州天既厭漢人思伐劉沸渭交爭存亡之秋其誰存之時維武侯伊昔武德跪足南陽退藏於密不曜其光有時有君將排垢氛魚脫溪泉龍躍風雲先主纘緒天下三分馥馥德馨悠悠清塵前哲後賢心跡暗淪建茲新廟式是梁岷

李去泰

去泰大歷中朝請郎行成都府廣都縣丞

資州刺史叱干公三教道場文

四維無涯元黃混其體精氣相射陰陽孕乎中寒暑推移日月所以交會道德敷暢仁義所以表儀卽有金人流化開悟方便之門寶籙闕宗沖融自然之理法本無別道亦強名隨化所生同歸妙用故知二儀生一萬象起三殊途而歸體本無異至哉廣運元之又元方丈之間示我三教察其規製卽資州刺史叱干公作禮虔誠大歷二年十月

奉爲我國家之所造也公六德居邦千里作鎭心貫白日志勵秋霜出敵忘家長安不修甲第以身許國閫域獨作長城公之忠也每厭黑山尚屯常以丹忱望闕所經幽異志誠感神上啟靈祇誓清禳裔公之義也今南方已定全蜀無虞戰馬歸山衆落附欵公之力也襟帶無外書軌永同至於海隅罔不咸若公之關也所以建此道場上荅神理公之信也天地合應鬼神共資磅礴山川崧邃祠宇闕二字智力誰啟此門巍巍乎視現不窮蕩蕩乎思量無及人世幻影盡證虛無衆聖眞容超然利見無言說法無色現

身不動如如能生此會黄金照曜上有白毫放光紫氣氤氳下有眞人現世漢崇袞聖已表儒風唐號文宣彌尊德位仙雲法雨併灑虛空東序西庠盡涵霧露别爲世界更有神形手持寶刀常親護法枝葉本根則後周之苗裔也位尊茅土再忝文王之名班列將軍特闕龍驤之號羅列四部變現十方迴向之間不覺恍惚想之疑遠人理並行聽之無言風樹傳法悲夫造化未出陶鈞稽首歸依願離生死踟躕勒石用紀斯文其詞曰

西方大聖爲法現身不生不滅無我無人甘露灑雨水闕淨塵心澄智海道引迷津湛然不動永絶諸因混元難測杳杳冥冥恍惚有物想像無形闕天辯位四方闕星中含仙道下育人靈法傳不死空餘老經廣學成海渙文麗天光闕十哲軌範三千獲麟悲鳳讚易窮元首唱忠孝跡重仁賢其道不朽今古稱先

韓秀榮

秀榮代宗朝人

對給地過數判

甲給地過數所由曰更耕之田

掌地之圖辨邦之數分疆晝野度土居民將以均其賦役一其征繕俾上下而爲宜體磽肥而施法甲之所給類彼均人度以物情須其職事我疆我理雖差百畝之田如茨如梁何乖一易之地且稽諸王制考彼周官當務審其徵求而克均其政令李悝爲魏方興地力之能管仲相齊式廩軍實之要更耕而養豈昧隨時受以公田雅符通典若科之罪勿使能殖

梁鎮

鎮代宗朝爲昭應令仕至司門郎中

諫罷違典左道宮祠表

臣聞國以人爲本害其本則非國神以人爲主虐其主則非神故昔之聖王所以極陳理道明著祀典將愛其人而愼用其材力敬其神而虔恭於祠祭故神享其明德而降之福人受其大賚而盡其力然後神人以和而國家可保也一昨蟊賊作孽水旱爲災雖王畿皆遍而臣縣最苦此則神之不能禦大災明矣又何力於陛下而得列祀典哉且以殘弊之餘當凶荒之歲丁壯素出家入仕羸老方飛芻輓粟今但供億王事已不堪命更奔走鬼道何以聊生

臣又聞天地之神尊之極者掃地可祭精意可享陛下亦何必廢先王之典崇俗巫之說走南畝之客殺東鄰之牛而後冀无妄之福陛下雖欲爲人祈福福未至而人已困矣其不可一也陛下不視昔者有道之君至德之后曷不卑宮室惡飲食恭己以遂萬物之性哉陛下今違神亭育之心竭人疲困之力如是又何從而致其福哉此其不可二也又陛下宗廟之敬極矣尚無一月三祭之禮今此獨爲則宗廟之靈將等以親疎校以厚薄陛下又何以言哉此其不可三也又天地婆父祀典無文言甚不經義無可

取若陛下特與大地建祖宗之廟必上天貽向背之責陛下又何以爲詞哉此其不可四也夫湫者龍之所居也龍得水則神無水則螻蟻之匹也故知水存則龍在水竭則龍亡此愚智之所同知矣今湫竭已久龍安所存陛下又崇飾祠宇豐潔薦奠爲去龍之穴破生人之產人且怨矣神何歆哉此其不可五也其道君三皇五帝則兩京及所都之處皆建宮觀祠廟時設齋醮饗祀國有彝典官有常禮蓋無闕失又何勞神役靈此其不可六也臣稽先王之典禮觀前聖之軌躅休咎豐凶災祥禍福必主帝王五事不在山川百神此其不可七也臣伏察此弊頗知其由蓋以道士李國禎等動衆則得人興工則獲利祭祀則受胙主執則弄權是以鼓動禁中熒惑天聽踰越險阻負荷粢盛以日繫年無時而息曾不謂神功力空止竭人膏血以使人神胥怨災孽並生罔上害人左道亂政原情定罪非殺而何臣昨受命之時親承聖旨務存安緝許逐權宜誠願沉鄠縣之巫安流弊之俗其所興兩祠土木之功丹青之役三六之祭灑掃之戶謹明宣旨並以權宜停訖人吏百姓等知陛下以從善爲心嫉惡爲務蠲除不急刻革煩

苛皆喧呼於庭抃躍於路所徵糧糗無不樂輸臣伏以國禎等並交結中貴狡蠹成性臣雖忘身許國不懼讒構終恐賄及豪右復爲奸惡其國禎等見據狀推勘如獲贓狀伏望許臣徵收便充當縣郵館本用其湫既竭不可更置祠堂又不當爲大地建立祖廟臣並請停其三皇道君天皇伏犧女媧等旣先各有宮廟望請並於本所依禮齋祭

盧虔

虔舉進士歷御史府三院刑部郎中江汝二州刺史秘書監元和中卒

御史中丞晉州刺史高公神道碑

大歷七年冬十有二月辛酉御史中丞前晉州刺史高公薨嗚呼天柱折地維缺豈止梁木其壞泰山其頹乎中書令汾陽王聞之衣及於寢門之外至哀不哭仰天久之曰天喪余俾余何所依律苟在飲公之化食公之德莫不叩心絕氣行號巷哭其月乙亥天王使中使來歸我公之賵贈潞州大都督詔曰狐裘濯冠勤固無歇閉閤畱牘盡瘁有終謂公有古人之風故貺公以古人之節傳曰知臣莫若於君豈虛也哉公諱武光字叔良其先渤海人也曾祖

正初隋左金吾衛中郎將祖翰皇中散大夫常州長史皇考莊皇左騎衛將軍代濟忠貞保乂王室累膺熊羆不二心之佐盛德之後必有達者惟公生焉公則將軍之嗣子也在厥初生自貽哲命弱而幹父長乃克家恥雕蟲而不爲嘉從龍而或躍故能事親克諧於純孝翊主必著其大忠忠孝並全社稷之衛也以申警之勤首職洛交郡安昌府別將昭忠信也由是公忠壯自篤勤勞日宣爲國爪牙在帝左右美爾攸績於嘉乃勳累遷至忠武將軍守左清道率洎天寶末會幽燕階禍公密奏辨疑讋履霜之漸叩血流地上濺御衣雖涉闕之諫不從而竭忠之誠克見帝嘉乃節拜右羽林將軍知軍事及亂作公待罪闕下曰臣始知之不能糜碎身首啟沃聖聰俾賊猖狂藥不瞑眩誰之咎也敢忘其死帝遽錫公雜綵二百段瓶盤副焉曰子言無隱朕甚嘉焉言而不從朕之過也惟今之謀言姑將以爲親其年秋公陷賊境爲賊所得賊議焚太廟與清渠之役中使孫知古遇賊若爲釁鼓之事公節由義感忠以勇成危言動如賊爾咸若是歲國廟不焚中使復命公之力也其有金鏃淫夷南冠縶俘咸賴迓續以永其命者可

勝言哉其時賊議公本我唐之藎臣也不可以握兵之要恐通內外之言賊遂黜公出典故絳絳人聞公之至也公來其蘇公之牧絳也我躬則閱雖外困賊命而內綏我人億兆協心和樂且孺卒使包茅之貢日臻乎行在及王師大來公志克遂墜城歸命乃享無疆之休易曰女子貞不字十年乃字其是之謂乎入朝肅宗詔復位羽林是歲年穀不登長安餓死相屬公颺言於上請出禁衛之米以頒餓者上多之乃俾公司出納之悋翼日餓隸復蘇人賴家給時謂之公致君邁於堯舜不然何博施之道廣耶越月

除奉先是邑也有不腆之賦户人逋其邑三千公戾止未幾户人復歸如初屬虜難未已時奴剌拔我鳳州皇上類能俾公康乂公於是乎始有剖符之寄公之始至克黜戎難靖安西人踰月政成封内大理俾其禍（疑）之蓋及身於仁壽之域矣其年秋有詔遷梁州刺史充山南道觀察初商人吏那延西人之子也械遷員來遇疾而卒遂殫所得之資備送終之禮明日死徒數百人咸造公庭曰今有以見死者之幸我如此不如死（疑）其餘字人之恤飲冰之潔不書可知也君子曰高公荷天之百禄永終無斁由是汾

陽王美公之政無虞寶應初以今上之命命公救濯於絳加銀青光禄大夫絳人喜公之來如見父母戎首師乾光皇甫大冲率徒數千居郡之南山食人馬牛奪人妻妾渴日爲惡不彌虔劉洎公之下車旬時克浸仁風率復淳化封域之内謐如也雖晉用隨會羣盜出奔舜舉咎繇不仁者遠曷以爲比俄而汾晉阻兵關東漸弊勝權相滅鮮克胥匡以公獨固大節仗大順初誘之以高位不從又逼以白刃不從身幾見危節終不奪可謂風雨如晦雞鳴不已上徐聞其忠壯也加特進守左金吾衛大將軍又轉開府儀同三司試太常卿封渤海縣開國公食邑一千五百户加朝散大夫間歲遇汾陽王論晉倒懸之急若涉水之不濟由是上將公爲舟檝克濟其難公自是以利往爲晉康侯加御史中丞夫晉陶唐之舊也介二大都之間達四康衢之要賊臣之所讐斂王師之所蹂踐室盡閒爾田其荒兮其有彼積之苗美哉之奐則爲武臣所有其秋輿履畝之役行比屋之税撫弱惸獨不畏强禦晉人沐公之惠如慶雲也一年逋逃復二年田疇闢三年之外中和之詠甘棠之頌洋洋乎盈耳哉三年秋汾陽王復以公勤績克聞

於上上俾公以尹河府浹辰之内揚煞有聲晉人思公遺愛銘頌貞石經始有典不日成之覩而思仁墮淚於下汾陽王聞之復聞於上上詔公再造其晉加樂安郡開國公公之至也大耋鼓腹而歌羣黎投杖而拜武人摠戈以馳突樂正交鼓而和羅公既喜遊如雲人亦沐公如雨風生草偃政簡人和陶然日遂其性矣以明年冬汾陽王以秦隴不關藉公以籌其策公罷侯於晉克揚西土之烈無何遘癘虐疾遂歸休於宜平私第病日臻既彌留銀青光禄大夫兼絳州别駕趙公廉公之愛壻也素知其爲人名節

清峻氣宇沖邈臨終之日托以後事而誓言於公曰嗚呼余不夭余之生也克艱難昔往蹇之際不克抗臣節以死王事累老母之故賴皇鑒之明以汾陽王靈不汝疵瑕獲保首領以免今死喪洊至逃逭無所汾陽王生成之恩不得而答太夫人罔極之德何階而報天乎天乎誰察予之心乎言終飲恨而歿享年六十有五夫人隴西李氏柔克宜家坤儀訓內享年不永先公而逝大歷八年正月五日詔贈郡夫人夫人以其月乙酉合祔於萬年縣鳳棲北原禮也公六典大郡三掌禁兵清儉以立身貞固而獲歿誰

謂高氏無君子斯焉取斯太夫人隴西李氏迴已斷之腸就終焉之禮夫人天水趙氏誓同穴之志爲未亡之人嗣子長曰昇次曰昱咸在童齔集蓼茹荼哭不絕聲盡而繼之以血也虔忝吏末曾工爲文受命於愛婿趙公俾先昭公之令德逖聽遺愛搦札而書不覺涕之沱若跪而銘曰

天贊皇明而公克生欽若王事有終於成乾乾惕厲謇謇忠貞三主禁兵六牧專城於穆性情洋洋頌聲九有作程惟皇之楨胡不終吉今天降疾禍昇福黜幽啟明室佳城鬱鬱備物秩秩送終於畢不思其出隴月宵弔郊雲曙密吁嗟高公千秋此室

韓翃

翃字君平南陽人侯希逸在淄青李勉在宣武皆辟佐幕府後以駕部郎中知制誥終中書舍人

爲田神玉謝茶表

臣某言中使某至伏奉手詔兼賜臣茶一千五百串令臣分給將士以下聖慈曲被戴荷無階臣某中謝臣智謝理戎功慙盪寇前恩未報厚賜仍加念以炎蒸恤其暴露榮分紫筍寵降朱宮味足蠲邪助其正直香堪愈病沃以勤

勞飲德相歡撫心是荷前朝饗士往典犒軍皆是循常非聞特達顧惟何幸忽被殊私吳主禮賢方聞置茗晉臣愛客纔有分茶豈知澤被三軍仁加十乘以欣以忭感戴無階臣無任云云

謝追贈父表

臣某言伏奉詔書追贈臣亡父先臣司空者慶因出震澤及重泉禮命式加哀榮兼極臣某中謝臣遺家不造過庭無聞仰先聲而彌高勤遺訓而靡及徒因積善率勵小心位忝統戎寵加錫賞此誠陛下孝理爲本德教所先因作

解之明威布追遠之厚德禮降幽壤位崇上公遂使展罔極之哀受恩感於庶物襲有後之慶撫事愧於揚名既申報養之懷載竭移忠之孝臣子誠願備極於斯無任哀感之至

謝追贈母表

臣某言伏奉詔書追贈臣亡母李氏楚國太夫人者承命祗感哀榮罔極臣某中謝臣年甫強仕禍積靡恃痛吹棘之莫喻瞻風樹以永懷雖忝分茅之榮實由斷織之訓動興怵惕感戴劬勞豈謂陛下推恩成仁廣孝致理寵延隴隧秩開國封使微臣没地有辭終天無恨既申欲報之志更切匪躬之誠餘生萬死豈答元造無任受恩屏營哀感之至

謝追贈父官表

臣某言伏奉恩制追贈臣亡父通直郎行京兆府醴泉縣尉成名禮部郎中者渥澤流於幽隧哀榮集於私門兢惶拜命涕咽無措臣某中謝先臣素履貞白早謝昌時臣雖叨竊班榮不及祿養每懷風樹之痛莫報蓼莪之恩伏惟皇帝陛下深宏孝理澤被存歿特降殊私爰加褒贈幽靈

知感結草有期微臣戴恩畢命恩報不任荷懼懇悃之至

謝敕書賜臘日口脂等表

臣某言中使某至伏奉敕書宣慰臣及將士等并賜臣母申國太夫人口脂一合面脂一合澡豆一貼并賜臣溫香一合兼賜將士口脂等聖慈稠疊感戴無階臣某中謝臣絲髮効微乾坤施重因時受賜覩物知恩寵及澡身榮加潤色恭嘗御藥心則和平親受國香人其服媚飾犬羊之賤質齊鴛鷺之增慶恩必及於慈親澤兼流於宿將感戴洪恩無任抃躍屏營之至

爲田神玉謝詔葬兄神功畢表

臣某言臣亡兄某以今月二十日詔葬永畢感恩追慟肝心如裂臣某中謝臣亡兄俯歸幽穸更軫皇慈易以大名賜夫秘器王人加贈京兆護喪道備哀榮念深勳舊霍光故事斯則爲優謝安殊禮彼何足貴臣限總留務虔恭聖私不及親扣泉扃盡哀號之義迴趨陛下謝褒寵之恩慟哭轅門五情分潰臣無任感激之至

爲田神玉謝不許赴上都護喪表

臣某言奏事官潘洽迴伏奉敕書手詔兼宣進旨不許臣

輙離所部。又以臣脚弱無力。伏奉批表。以軍府政殷。藉卿鎮輯。不赴上都也。懇誠莫遂。祇命哀惶。臣某中謝。臣兄永辭昭代。俯及葬期。臣請解戎章。歸護喪事。義雖聞上。恩不聽卑。掩泣轅門。飛魂隴樹。外甦形影。内切肝腸。千兩送車。臣空瞻望。九原臨穴。臣不躬親。一叫骨驚。三時心死。伏以大君有命。重鎮無人。俾臣割哀。易臣留務。宣恩拜手。祇事撫膺。又荷聖慈追懷前効。俯悲簪屨。軫念松楸。更使改期。貴先遠日。幽明銜荷。感謝無階。無任哀感之至。

爲田神玉謝兄神功於京兆府界擇葬地表

臣神玉言。今月三日得上都留後報稱。伏奉敕牒。臣亡兄神功宜令所司於京兆府界擇地安葬。仍令京兆尹充監護使。勾當恭承渥澤。俯及遠期。拜手感恩。摧心增慟。臣某中謝。臣亡兄任崇寄重。方報聖恩。祚薄舋深。早違昭代。天慈悼往。朝典飾終。日月有時。乾坤曲施。榮加昭葬。寵荷官給。榮如曹氏京兆開阡。貴比霍家祁連象冢。義光前古。禮極哀榮。在臣一門。盡出望外。載悲載躍。無階上酬。臣願號赴私門。親護喪事。緣總留務。不敢自專。今見催促行裝。伏待進止云云

爲田神玉母太夫人謝男神功葬賜錢及神玉領節度表

妾張氏言。奏事官潘洽迴。伏奉手詔。以妾亡男贈司徒神功葬日有期。特承哀問。兼賜神玉手詔。所賜本道錢四萬貫。並令妾以下。聖慈曲被。感戴哀絕。妾中謝。妾隨子東征。銜恩北闕。累承雨露。載啟山河。同覲之親。幸及貴登僕射。異勤之母。不見生拜司徒。忽荷聖慈寵加存沒。敬姜年暮。俯矜哭子之哀。庾翼才微。尚使領兄之衆。殊悲望外。且慰目前。況將逼遠期。特垂渥澤。更切撫存之義。兼迴贈往之資。赤仄盈庭。紫泥在篋。痛而受賜。哀以爲榮。庶神功有知。

應感安親之道。魂其無昧。更酬報國之誠。載號載悲。不勝感絕。妾無任悲戴之至。

爲田神玉謝賜錢供兄葬事表

臣神玉言。伏奉手詔。兼奉敕牒。賜錢五千貫文。給臣亡兄神功葬事用。拜手感恩。闔門悲戴。臣某中謝。臣兄始終効節。存歿銜恩。智悼在堂。已加朝禮。滕公居室。又荷天慈。錫其九府之錢。寵以重泉之路。多踰千萬。榮冠一時。去病飾終。空陳元甲。孔光送往。薄賜黃金。在臣私門。寵極前古。但

盡哀號之禮寧憂窀穸之儀臣無任感戴悲躍之至

為李希烈謝留後表

臣某言中使梁某至伏奉今月日制書授臣使持節蔡州刺史兼御史中丞充淮西節度觀察度支營田等使留後特達睿恩殊常寵寄權兼專席榮重褰帷稠疊聖慈心魂戰越臣某中謝臣少小孤遺又無藝術叔父忠臣勵以成人自屬艱難親承任使備牙門之將總帳下之兵耳目腹心臣當職分毫釐絲髮臣合知委而依阿從事曖昧居心羣小用權臣不能規諫三軍潛怨臣不能警覺蒼黃之際

遂成禍階十起之恩低回未報一朝之難逼迫見留白刃交前脫身無路謝安內舉竊効驅馳疏廣告歸獨乖隨從在臣情地何以自容雖早殄仇讐纔雪家怨而自慚面目有負國恩豈謂降以殊私副茲重鎮上承朱邸之令下奉玉帳之謨權副九州地方千里在臣微耿難繼威聲豈臣竊賣舊勳謬膺殊澤撫心泣血何地自容特望聖恩察臣微懇選朝廷舊德副節度重權許臣歸骨關西死且不朽

為鳳翔李尚書請使人拜掃表

臣某言臣聞子之能仕父教之忠臣仕雖無聞忠冀盡力當陛下至理之日偶四方無事之時臣幸揚名清朝全節聖代於臣之分榮感多焉而罔極之心未遑省告伏以先臣墳墓遠在定州道路所經瞻馳靡及臣自入宿衛三十四年頃者師旅雖寧武臣分閫臣職叨禁近事絕私情宏覆之德靡所不容而兢懼之誠實難自盡空懷怵惕之感莫申展奠之儀今寰宇廓清憂疑必釋當天下交泰之際是人神叶吉之期臣寄重藩維不合上請今遣弟某官某專拜掃以道途所近便取北路赴定州輒披懇誠無任兢惶云云

代人至渭南縣降服請罪表

臣某言臣自出邊鄙素無才術頃因寇難累効驅馳迷荷殊私謬膺重寄介於偏僻密邇寇讐備歷艱危得全節義遼陽移拔趙北掃除皆仗威靈非臣力致幸逢清廓輒自寬閑麾下不虞舟中生變坐貽顛沛實愧無謀縱欲粉身於何塞責陛下念臣微効未即書刑許歸朝廷俾露誠懇王畿日近聖問荐臨雖承雨露恩深其若叩山罪重闕廷進對臣亦胡顏鈇鉞就誅甘當碎首謹於路側降服而囚且十年以來秉戎律者其於綏撫或有乖方不待刑章蔽

於部曲隱而不數斯輩亦多臣以負罪雖同免罹其禍幸全腰領伏俟天誅臣之爲榮死亦不朽臣無任懇款之至

代人奉御批不許請罪謝恩表

臣某言奏事官蘇翼迴伏奉聖造答表勒臣即復章綬速赴闕庭捧讀震驚心魂爽越臣某中謝臣智謝統戎罪深負國本期死所翻荷生成恩承主偏法爲臣屈迴謝九原之路仰衛再造之功拜命之初不勝抃躍臣即匍匐拜謝闕庭無任感戴

裴抗

抗平州人官京掾

魏博節度使田公神道碑

理天地者陰陽統邦國者文武才得其位政由其理則元后作聖九有以寧其或紐墜解而復維運偶否而終泰是以周十世而生方叔唐八葉而傳太傅保乂藩服昭宣王度嘉言大猷鬱爲國楨太傅諱承嗣其先有嬀之後自敬仲奔齊五代而昌因采田而氏焉異才茂德繼踵而至其後議郎疇哭劉虞墓讓盧龍勳義聲洋洋焯於古今公則議郎之裔今爲北平人也曾祖堪隋州從事祖璟皇鄭州別駕烈考守義皇安東副都護贈户部尚書皆恭肅明哲純懿貞良纂邁德之仁傳有後之慶公則尚書之第六子也元和間生其德直方剛毅中正根於天常鍾海岳之靈抱清淳之氣幼尚擊劍長而事邊度山川之險易計戎狄之勇怯沉機潛運藏用待時開元中林胡犯邊公始以兵術聞節將急而求公乃假公平盧先鋒使即日以偏師敵之公大破東落斬首萬計朔漠之人恃公爲雄戎帥以捷聞特拜公左武衛郎將策殊勳也仍前平盧先鋒使擒俘斬首一月三捷戎陬氣懾邊徼塵清改左武衛中郎將遷

左清道率拜左武衛將軍昭武功也天寶季年逆帥安祿山竊幽陵之甲以叛驅劫忠良易其守心跖犬吠主大肆凶逆料天下敵已唯公一人遂乃臨以刀鋸邀其質任爰授兵要置之腹心公廹以凶威計無從出竊謂所知曰昔龔勝閉口君房殺身無補於時自擠溝壑乃呼天飲泣忍死從權將圖不朽之勳以顯大忠之節時寇陷洛陽遐邇震駭大縱虜奪以弭凶徒唯公禁戢屬兵託以戒嚴他盜時大雪滿營間無徑術逆帥巡行諸部躬自勞寒至公之營疑其無人公乃介胄轅門出卒羅拜閱數伍籍不缺一

人逆亂之徒尤加敬憚爰及刑獄取決於公寇逆亂常法令苛慘纖辭詆告每陷忠良皆以阿旨入法爲已誠察理辨情爲携貳公將謀知免且欲雪冤每至議讞必歸情實至於免鼎鑊脫桎梏者不可勝數冀其違忤稍見疎遠而逆帥以爲平允得當仁德歸厚信重奬助又倍於常其後賊亂蜂起互相吞噬祿山流裔安慶緒兇思明陷刃朝義傳首羿浞既平日月貞明公雲龍交感霖雨將作誓爾有衆同歸聖朝誠意克從大節斯立時代宗在宥天下降衷於人載覽歸欵特加誠順即日除户部尚書御史大夫莫

州刺史復以莫州地褊不足安衆特遷魏州刺史貝博滄瀛等州防禦使公榮懼感泣潸然涕流荷天之休誓答元造中以狀聞上收其忠錫以旌鉞眞拜魏博等州節度觀察處置等使初懷恩之討朝義也深結歸命之帥陰有將叛之心及恃功不處造節方兆虎據汾晉寇於太原乃分使河朔連扇羣帥邀我同惡示以師期羣帥獻欵決計於公公曰吾儕所以修睦僕固者將欲藩翰王室懷寧遠邇竭股肱之力報亭育之恩乃戢兵左道自任姦慝有死而已吾蔑從之俱精練成師以順王命臣子之職也由是羣

帥感悟率德相從械繫行人顯與之絕暨聲問達於四境干紀之師索然氣奪是以懷恩喪子於榆次棄甲於西河北走胡庭埋魂絕域抑有由也蹈危而正可謂文武三傑精剛百練者也惟帝念忠拜公尚書左僕射賞有功也遷大司空旌有德也初公之臨長魏郊也屬大軍之後民人離落閭閻之內十室九空公體達化源精潔理道宏簡易剗煩苛一年流庸歸二年田萊闢不十年間既庶且富教義興行魏自六雄升爲五府拜公爲魏州大都督府長史仍加實封一千户以陟明也而緇黃耋耆詣闕陳乞請頌

德褒政列於金石帝曰俞以命先臣門下侍郎王縉譔紀功烈錫魏人以碑之其明年請立生祠而尸祝之公執謙沖抑而勿許茂勳丕績秩遷太尉疇咨補職爰立作相公拜賜荷寵若墜泉谷誓將率先啟行斬伐不臣殄彼昆夷復我河湟然後挂冠都門告老歸第嗚呼有志不就昔人所痛致君之道未展大夜之期俄及大歷十三年春二月遘天倫之戚茹痛而疾秋九月甲午薨於戎府享年七十有五天子悼舟楫之沉覆邦人號榱棟之崩摧罷輟市朝哀慟中外諫議大夫蔣鎮冊贈太保臨弔賻禮有加等夫

人富春孫氏齊莊之德備矣開越國之封列魚軒之貴降年不永先公即世其年十二月十四日得吉兆於魏州貴鄉縣金堤鄉吳河里之原遷夫人之殯歸同穴之期而祔焉禮也公孝敬忠信慈仁睦友造次顛沛一以貫之在家如嚴君撫人如慈父違其子而進猶子逾十起之愛傳八命之榮則宋穆不獨賢伯魚有慚德積載餘慶並時而昌允子十一人長子維皇魏州刺史次子朝左神武將軍知軍事檢校右散騎常侍兼御史大夫三子華皇太常少卿駙馬都尉尚永樂長公主永樂薨復尚新都長公主贈工

部尚書四子繹皇試大理評事五子綸皇監察御史裏行七子繪八子絁不幸早世九子紛皇河南參軍十子紳殿中侍御史內供事十一子縉殿中侍御史內供奉皆文武奕世忠孝傳家或至大官或階清級誕生檢校尚書右僕射同中書門下平章事駙馬都尉鴈門郡王襲實封五百戶贈司空緒則公之第六子也纂承鴻勳不忝前烈開國里之貴繼茅土之封繡轂朱輪光輝日新聖朝罩孝理之恩軫聞鼙之念復追贈公太傅復贈魏州大都督相國烝烝孝思霜露增感復以生祠故事具表上聞天子彰善崇德乃許追立爰命詞臣禮部侍郎呂渭徵撰休烈厥功茂焉相國生工部尚書兼魏州大都督府長史御史大夫充魏博相貝澶衛等州節度管內度支營田觀察處置等使季安繼踵象賢克荷丕構玉立氷潔孤高不羣駸駸逸足長途萬里勳賢接武今古罕倫嗚呼開國承家之義顯矣翼子謀孫之道光矣沒而不朽非公而誰抗賓事戎麾出入三世目覩芳躅耳聆嘉聲不愧之詞誠非諂上敢刊樂石傳於無窮詞曰

維岳雄氣鍾於崆峒委和孕靈降生我公於惟我公其德

崇崇處晦不昧在明則通其一運屬昌時功居顯位天子命我莅於東魏榮傳曳履寵拜端揆乃領司空俄登太尉其二爰立作相俾屏我王訓節制師威不庭方爲國之紀爲人之綱教義聿修德音孔揚其三上天降災奪我元老邦國殄瘁誰云壽考梁木其壞嘉言是實隴月阡松荒烟蔓草其四墮淚碑在生祠廟存澤流福子慶被孝孫日下甘棠風清德門刻此金石傳芳後昆其五

欽定全唐文卷四百四十五

邵眞

眞爲成德軍李寶臣書記。寶臣子惟岳。倚田悅拒命。眞切諫不從。兵敗。召眞議歸順。悅遣使來責。惟岳懼。斬眞以謝。王武俊表其忠。贈戶部尚書。

義井記

義以發衷形外。昭施物也。井以下汲上。導彰濟人也。河間公鑿井於城垣之次。陽門通莊之右。偏署曰義。正哉導之深源。經以善利。庇彼遼宇。達於交衢。鐵其瓶以永不羸。石

其甃以給無泥。飛輪周散。泄竇前注。淬而平之。隨用不私。主發生以流潤。當赫曦以伏炎。在搖落而激清。抵凝冱而不閉。環四序以一其惠。俾憧憧者知飲濯所嚮焉。蔑燠暘之虞。濟煩乏之艱。昏惰者得以淘盪。瘵痗者由之蠲愈。滌汰氛窒。沃洒蒸灼。澹然不改。與地配久。化囂闤爲閒敞。隣梵宮以清淨。修廊對開。連樓鬱峙。嘯眞侶以宴息。速嘉客以盥漱。指心而授。應日而就。彼豐福吉祿。繁榮重慶。欲不萃於河間之門。得乎。故北寺司刑上卿也。南臺專席中丞也。戎府佐政司馬也。參貳外閫。顯榮當朝。騫騫青冥。前視萬里。是鑿井爲濟川之漸。斲輪爲秉軸之兆。可轉盻而待矣。公才蔚量碩。質貞氣淳。名膺王官。心拂塵累。制物以經遠。恤人以遂成。迴俸節財。蕆事彰義。將獻祉于大君。貢休于元戎。歸壽于高堂。三事體太公之宏誓。乃戒司翰者書實刊記。揭于井外。時大歷六祀春季月記。

易州抱陽山定惠寺新造文殊師利菩薩記

恒北山之鎮也。易朔門之衝也。山形東下。萬嶺相屬。得抱陽之一峯。岌然孤標。對引雙翼。前面豁向。陽光抱中。故以抱陽名山。山有定惠寺。建于隋開皇。成于今大歷。左有精

舍。上有寶坊。憑巖架壑。崛起堂殿。甃石爲趾。飛空構梁。迴廊盤蹬。層閣鬱峙。陽崖森竦以木秀。陰壁沮洳以泉灑。可以資蔭庥可以備飲濯。朝日上海。千巖下平。晴雲捲霄。百里前盡。萬靈之所孕育。眾聖之所栖憩。賓延眞至。驅伏魔怪。登聾俗於覺路。化空山爲金界。羌難得而畢載也。皇帝御天下之十三年。至化汪濊。被於無垠。紹興像法。荷護釋種。我成德節度使太子太傅尚書左僕射兼御史大夫隴西郡王李公寶臣。光膺朝寄。主東之諸侯。保和師旅。康靖方夏。民既咸理。法亦隨建。遺功墜跡。悉命修復。有若新羅

眞子曰談藏浮海而至止於山間迴向懇到發其誕願乃於寺內建文殊師利菩薩堂焉又於堂內立我隴西王洎夫人邠國夫人谷氏眞形於其次所以存相展敬荷恩昭報也規心匠智庀徒蒧事徵工攻木陶瓬窮妙凝鑠人隨悅來事與念就乃畢土木乃備丹素綵錯翬飛霞張電娫儼八部以營衞列四天以護持如登化城窈入空境作禮端肅則文殊垂教之跡可歸也潔誠趨奉則隴西護法之恩可報也夫大雄現世乘化演教陰濟羣動泯而歸無大賢佐世康物毗政協宣元氣退而不有以性相示不以文

字成元純冥筌其理宗一則歸向者不必入毗耶之會方受眞如之旨虔敬者不必趨丞相之廗方承文告之令心念目覩隨而應祉於此堂也息眞子之心迴是顯績樹爲介福固我皇極不騫不崩登我明祚如岡如陵俾我隴西公位尊而壽功業長久俾我邠國既熾而昌福履穰穰輔公朝以作鎭配玆山以等固宜之哉眞實掌中軍之記敢拜嘉命書于貞石時大歷甲寅歲孟冬既望

盧杞

杞大歷中官大理評事

唐太原府司錄先府君墓誌銘 并序

府君盧姓其先姜氏范陽人焉十代祖後魏司徒敬侯尚之之允鹽山縣尉知誨之子諱濤字混成年十九明經擢第常調補安德縣尉佐幕遷左監門錄事參軍轉西華縣令太原府司錄咸以抱德經物不言而治示清白而觀國蘊仁孝以克家況學富文高禮崇身儉穆穆棣棣夫何言哉嗚呼昊天罔極災我于藥棘皇天不弔殃余乎蓼荼天寶十二年癸巳九月遇疾精誠無感禱祠不降冬十月彌留大漸五日棄背于官舍春秋五十有三長子揔不幸短

命無祿而終哀哉次子杞前大理評事栝前杭州餘杭尉札前潤州丹陽尉槙構等不天在疚泣血存禮其年十一月十八日安厝於河南縣萬安山之陽夫人滎陽鄭氏易州司馬曒之女也至若螽斯之德鳲鳩之仁爲三族九姻之靈龜明鏡矣及先君違世繄夫人拊鞠教導訓誘克遂成立享年六十有三大歷十年乙卯二月三十日傾背于壽陽鶴邱縣安定里之私第杞等殃罰罪苦號叩崩裂無顧無復何怙何恃明年丙辰十一月乙卯十六日庚午歸塟于本塋合祔從周制也欽若祖德詒厥孫謀恭惟懿範

罔敢墜地。於戲。撰德行。存圖史。誠孝子之節。著誌銘幽礎。銜酷何申。係曰。

於穆列考。猗那文毋。道光邦國。德振今古。思皇多祜。維清緝熙。休有烈光。子孫其保之。嗚呼蒼天。白日昭昭。青松嫋冥兮宜。壽堂閉兮切孫藐。

張光晟

光晟京兆盩厔人。起於行間。有舊恩於王思禮。思禮爲河東節度使。擢爲兵馬使。建中元年拜右金吾將軍。改太僕卿。朱泚僭逆。汙僞命爲節度使兼宰相。泚敗伏誅。

請誅回紇表

回紇本人非多。比助其彊者羣胡耳。今聞其國方亂。頓莫賀新立未得衆。移地健有孽子。及宰相梅錄。各將數千人。方相圖未服。且兵非利不往。人非財不聚。虜無財利。一亂不可定。夫撫弱攻昧。取亂侮亡者。聖人之道。陛下不以此時乘之。而復歸其人。奉其弊。此眞所謂借寇兵而資盜糧者也。請盡殺之。

王行先

行先。肅宗時人。

爲李尚書謝恩表

臣某言。監軍副使迴。伏奉敕書手詔。宣慰臣及將士黎庶等。并賜幕府大將已下改官告身二百八十七通。聖澤鴻私。發揚寓縣。榮光喜氣。充溢轅門。臣某中謝。伏惟皇帝陛下配天立極。撫運乘時。酌萬姓而爲心。法四時之行信。汗馬之勞必錄。鳴雞之用不遺。實均雨露之澤。曲播乾坤之造。頃以戎臣殞喪。軍國憂惶。將校叶心。佐寮奉職。皆能獎忠守義。俟命於天。致使州縣厎寧。風塵不驚。此乃臣子常分。國家舊規。守而勿失。幸免獲戾。豈意聖謨廣運。睿渥旁

流。特令甄敍。寵授官命。曷以忠貞之効。優其爵秩之榮。光啓朝端。昭宣海內。凡是含識。孰不知恩。其來希皓等二百餘人。無不感極成悲。銘心殞涕。不勝荷戴之至。

爲王大夫奏元誼防秋表

臣某言。洛州元誼等防秋將士。以今月日盡發上道訖。氛沴清廓。藩維厎寧。臣某中謝。伏惟皇帝陛下元德升聞。鴻猷允洽。致生靈於富壽。均覆載於乾坤。舞兩階之干而苗氏有格。收三面之網而庶類知歸。頃者元誼等竊據城池。載經寒暑。陷危疑之死地。抵逗撓之刑章。逭業逋誅。視陰

假息臣統茲卒乘臨問郊坰不能執桴鼓於行間盡敵而反擁旌旗於閫外胡顏自安每貽宵旰之憂實負春秋之責伏以陛下好生宥過軫悼發哀許其悛心納其請命俾遵向闕之路使足勤王之師妖星見日而自銷喜氣乘春而乃發凡在率土孰不歡心況臣所部實增忭躍臣恨以職拘戎旅不獲稱賀闕庭無任悚戀屏營之至

爲趙侍郎論兵表

臣某言臣聞慰疑理之代不無逆節軒轅用師於中冀唐堯出征於丹浦啟戰有扈文王伐崇以至聖除至兇至順

除至逆或小戰而勝或因壘而降誠審於用兵得其道也伏見承嗣旅拒倏已再歲靈曜跋扈今又踰時天兵四合竟未殲殄得非千慮一失未盡制敵之方乎臣常終夜不寢詳推其故不敢膚引遠古安危之體請以天寶至德以來成敗言之夫以祿山陰深姦矯真巨猾也兇詐逆謀之計亦無元海石勒之流當其發幽燕陷洛陽涉崤函傾秦雍當國家理平之運忘戰日深初命將出師若封常清高仙芝哥舒翰程千里遇寇必敗奔北相望此則未究敵情小之而不設備以至於是也先聖悟既往之失苦心焦思發號靈武觀兵鳳翔良將勁卒風馳景附勇者爲之用智者效其謀命陛下爲元帥以儲貳之重威四遠俾子儀爲副以節制之任鎮九軍卒能恢復咸洛削平寓縣此先聖之雄畧陛下之有感也疑其後相城之役陛下不行衆無適從竟以潰奔洎思明繼逆毒甚祿山狡算猖狂抑又有次光弼守河陽以挫其勢朝恩鎮陝服以制其侵陵竟未能覆其巢穴屬陛下紹興皇極又命元子爲帥俾懷恩爲副以討之復能梟夷巨逆底定東夏始自先聖與二兇相持無帥則無功有帥則有克士庶之所深知今河北河南

更唱迭和然其用兵暴急與曩者二兇懸殊非惟才之不逮抑亦事之有異祿山思明之卒死而無退今承嗣靈曜之衆豈有是耶祿山思明之馬既多而且逸今承嗣靈曜之騎豈可方耶祿山思明橫行而無懼今承嗣靈曜深居而入保臣竊料其非不欲也蓋違天道失人心歸之退而自固其滅亡之兆了然可知幸北有寶臣朱滔與承昭合勢西有忠臣李勉與馬燧連衡惟正已小有逗遛未肯戮力此正當陛下命帥專征之日豈可持疑而不斷哉儻陛下採臣愚計時有臨遣忠淳者必叶心競進攜貳者必還

善來同未踰旬時當有成績如或務於含垢偷以過時不立元帥寄之諸將乘吐蕃寇盜回紇毆侵人心動搖賊勢滋蔓事宜一失無可柰何則吐蕃回紇四支之病承嗣靈曜腹心之病四支不理未足爲憂腹心或病此則爲患若內外受敵膏肓已成雖逢和扁針藥無及又聞二賊奏請言詞不恒河北則數云請降河南則云今已翻賊豈遷延晷刻以候西陲有虞伏惟與公卿大夫審圖利害在於神速不可遲回昔諸葛亮聞孫權破曹休軍因上疏蜀主云羣疑滿腹眾難塞胸今歲不征明年不戰使孫權坐而併

有江東蜀主深感其言終以覺寤臣忝六官之貳待罪朝行內慙塵忝無補毫髮近者抵冒輒上封章已歷兩旬未蒙召見伏以君臣之際家國共同君安臣榮國危家敗此臣所以竟夕不寢復敢再陳其愚伏願省臣前意覽臣此疏天下幸甚天下幸甚無任惶懼之至

張增

增大歷十四年檢校尚書刑部員外郎兼鳳翔少尹侍御史

段府君神道碑銘

巨唐大歷己未歲春正月段府君之子四鎮北庭涇原鄭潁等州節度使開府儀同三司御史大夫張掖郡王曰秀實追琢貞石光昭先考展孝思旌休烈也夫流濬者其源長德充者其後大更八姓而丕膺五福府君其人焉君諱行琛字行琛宗周柱史垂其裔前漢都尉昌其業大尉之威懷戎落驃騎之光啟冀方四燕兩魏高位碩德扶疎於史牒者向二百人以至高門平原忠武王孝先弼亮北齊奄荒東夏恢武經而抗衡西帝揆文教而師尹南宮曾祖德濬初罹否運播遷隴坻度地肯堂鬱爲望姓在周辟奉

朝請入隋值文林館靖恭厥位獲沒先朝大父撫握機未發早齡即世考達從調夏官藝極龍豹致果爲毅職統熊羆皆保家之良主府君生知六行之美學究三經之奧既齒鄉賦高標甲科簡修獨耀於錦衣從事仍屈於黃綬學有著位我實當之郡有子弟我實誨之自隴及岐鼎新儒行雖東里子產西蜀文翁誠存物應蓋未之比厥有成績聞於家邦厭名位而知止賁邱園而用晦我國家雖右斷匈奴之臂時修大刑於絕漠之表旁求百夫之特永清萬里之外府君顧謂子張掖王曰爾居能服勤性成惟孝出

可承命遊且有方虎穴不探黿組何獲爾之元昆介弟可以供指使我之先人遺業可以終餘齒忠不擇事安寔敗名因割慈以激昂俾宣力以勤遠君子謂府君知有愛子之道矣王投筆占募馳驛徂征坐籌必勝之畧動獲前禽之利洎王宦登通貴佐律副軍銀章已綰玉關未入府君溫其在邑樂且有儀九流百氏經目輒誦四憂十義因心必達然猶深居自琛與物爲春希言中倫知幾其神內葆光以恬眞外行簡以倚仁子獲奉親之祿欲養而不待身寄有涯之生遷化而無憖天寶九載夏之季序遘疾於汧

陽御史里之第乙酉奄歸無物其年于斯七十五嵇夫人樂平狄氏吳山縣丞哲第六之女心婉志柔靜專動直承筐而繁衍其實主奠而敬恭無忒下壽初登先時永逝門子祥頵仲子秀成季子同頵等柴立長號稽謀宅兆明年春孟序辛亥還皇祖及諸父之無後者偕葬於隴山東麓柏谷掌次列五墳同施一域送終之禮備矣屬歲旅天埛塵驚薊門徵會沙場之右殄殲鐵額之醜王飛鄆及國擀地崩心夷凶難遂於情理哭墓復隨於軍正既清海裔又牧同中一莅疲人薦彰丕績廣德二年秋九月乙未詔追

贈府君秘書省著作郎夫人太原縣太君恩深歿後之寵慶表生前之訓上又以王翊亮三節綏御七戎致位崇獨坐之班成軍雪多壘之恥大歷十年夏五月詔加贈府君婺州刺史夫人太原郡太夫人十一年冬舊使尚書左僕射扶風郡王馬璘遘疾彌留表王請貞師律詔仍遷御史大夫既操二重之權克施五利之策平凉安定曲荷其亭育先零罕幵遙服其威信四封無聳三務有成十三年五月命朝丹禁面彊戎索帝曰朕翁孫也俾寫眞麟閣褒拔而遺焉及季夏壬寅又贈府君揚州大都督夫人忻國太

夫人榮親揚名二美兼著傳曰子之能仕父教之忠詩曰維其有之是以似之見於府君矣雖封植無改而銘頌未刻過聽謬採於芻蕘修詞媿陳于貨要銘曰

於穆端士神所勞矣貞惠資身義方訓子育德無倦徇名知止宜其後昆式是繁祉繁祉伊何後昆則然西服戎胡東定幽燕殊績克著湛恩上延贈光三錫慶洽重泉熊軾增寵牛岡啟繇北控涇源西憑隴岫列瑩如始紀石增舊淑德清婉終矢永茂

樊珣

珦貞元時人

春雷賦（以符珍紀元天地作解爲韻）

惟聖作乂先天授人惟天輔德啟聖無親故我皇齊七政協三辰化孚大麓道暢經綸是以慶集天寶祥開地珍法威刑於震燿效生植於陽春鴻名既增睿歷伊始當渙汗之初發聽春雷之肇起將克宣陽罔忒時紀導達萬萌震驚百里南山望遠乘雨氣而方來長門聽深象車聲而未已若降在下如飛在天鬱重雹而殷殷殷高棟以闐闐作解羣物揚靈上元啟春和於蟄戶兆農慶於豐年若乃勢猛陵空聲雄出地形未遷而必肅政不戒而潛至渾渾其象含四氣於一朝虩虩其威警千官於庶位及夫薈蔚云卷煙埃稍廓餘雲既稀厲響不作攄殘怒於平野轉輕音於峻閣來雖莫制必先戒而後臻去則何言知勸善而懲惡是故知聖人御氣立極居貞體元災攘不令祉降攸繁豈與夫震廟爲凶方知展氏之慝雹災莫禦乃訊申豐之言則有抱影窮居在陰向陽雖倚楹而有得終棄室以思濡進道則望深知己觀光而業謝冥符感雲雷之布澤思自達於通衢（脫解字一韻）

絳巖湖記

句容西南三十三里曰赤山天寶中改爲絳巖山以文變質也山外周流厥有湖塘舊址考於前志則曰吳人創之梁人通之矣洎金火有變積爲習坎灌莽之所我唐麟德歲邑宰楊嘉延亦纂前服利農爲名雖迹於傳聞而事斯芒昧楊氏之後今餘百年實滋菰蒲莫植粳稻剝極則賁候能而伸大歷十二祀縣大夫兼大理司直太原王公昕能蘇罷人且易弊俗臨湖而歎以欲從人吟使臣之清風酌良牧之高課將圖永逸匪顧暫勞因察其地形訪以輿誦謀始作則庀徒撰工月在休農雲其荷鍤周匝百頃蓄爲湖塘置兩斗門用以爲節旱暵則決而全注霖潦則瀦而不流收功濟時道甚明遠開田萬頃贍戶九鄉洎成輿區頗無凶歲魚稻之盛公實爲之昔叔敖芍陂能張楚國史起漳水竟富魏邦秦稱鄭白漢歌召杜皆謂是也每商羊罷舞龍見而雩比屋有憂於銷鑠連阡莫覩於耘耨我則黛波齊淪白鳥飛滅下洞庭之鳧雁泳中流之鱣鮪橫塘之右構爲新亭芬其芰荷樹以杞柳楊楚江嶺憧憧是途行李實獲於蔭庥詠歌或藉於觀覽懿乎哉君子之用

心也孰愈崇其島樹侈以林堂此而莫文翰墨奚述大歷十二年十月三日記

張式

式南陽人大歷中進士官殿中侍御史內供奉遷左司員外郎戶部郎中貞元十五年爲河南少尹飛騎尉

燕昭王築黃金臺賦

燕昭以齊魏韓武楚趙專征地僻援寡城孤勢輕體未遑於安席心每寄於懸旌外矜嚴以示懼中慷慨而不平欲羅天下之彥總海內之英爰築臺於國以尊隗爲名知夫

喬林之木可遷他山之石可轉將在物之非珍謂求賢之不顯苟白駒之可縶信黃金之可賤且設而爲己則以奢設以爲人則爲善岌然既就赫矣斯存象徘徊於前殿色晃朗於朝暾人所貴惟金我以爲土時以士爲賤我以爲尊誠列辟之未制掩前經之所論昔銅雀創於鄴都陽臺起於荆國聳高麗之殊觀備珍奇而盡飾徒竭用而殫人自矜豪而逞力洎夫遺情繐帳徒愴淫心結夢巫山空資穢德豈同夫慮成經始所寶惟賢初假物以求士終得魚而忘筌不然者鳥將棲於茂樹魚自躍於深淵臣亦效誠於大國人遠誰仕於弱燕所謂興亡必繫於賢哲勝負寧由於眾寡庶斯焉而取斯誠大者而遠者及夫劇辛不召而至樂毅無媒而華咸委質而納忠願長途而騁驥然則賢爲強國之器臺實招賢之餌空悲霸業之雄不覩濫觴之自異乎哉歷萬古而共觀信諸侯之一致後之士寧無郭隗之才後之君但守燕昭之位是以千乘雖貴一士雖微必禮之而後爲用必求之而後能歸不可誘之以利不可劫之以威因酌古之遺意惜臺平而事非

大唐故銀青光祿大夫彭王傅上柱國會稽郡開國公贈太子少師東海徐公神道碑銘

惟天陰騭下土恢宏相導降聖啟運生賢佑時猶三光五行晷度盈缺之無愆候也當元宗開元之後景化昭融還建明德大旌文學肅宗嗣位首革艱運方用大刑盪穢（闕二字）則武功戡難議獄緩死（闕一字）代宗（闕三字）今上纂丕圖參任二柄以康億兆會稽公歷奉四后周旋五紀各因其會振耀長才有潤色皇猷之詞匪躬納諫之直有銓綜九流之鑒威懷九德之重故外統（闕二字）內亞冢卿開國承家分茅胙土所不至者未昇鼎司儒流展用亦已厚矣公姓徐

氏諱浩字季海東海郯人隋杭州錢塘縣令澄之元孫皇
朝逸人闕一字敬之曾孫兗州九龍縣尉贈吏部侍郎師道
之孫銀青光祿大夫洛州刺史贈左散騎常侍嶠之之子
稟命于天稟訓于先稟氣于山川國器斯全輔之沆碭無
得而闕一字鬱爲通賢年十五究經術首科昇第始擢汝州
魯山主簿闕三字卑時論稱之無何詔徵俾闕二字賢院大學
士燕國公說文之滄溟閒代宗師嘗覽公應制喜雨賦及
五色鸚賦兼和製等詩曰後進之英今知所在賞歎不足
闕一字爲上聞賜帛出於中禁依聲播於樂府無翼而飛遠

闕六字實愛其才申其用始終以之進太子校書集賢殿待
詔改鞏縣尉尋拜右拾遺張守珪之節制幽薊恩冠諸侯
欽承威名特以幕僚陳乞優遂其請授監察御史闕一字常
侍府君憂服除補京兆府司闕一字參軍闕二字荼蓼毀瘠於
滅無復宦情旣闕一字逾年勉從親故之諭起就常調授河
南府司錄轉河陽令先是有晻昧疑獄繫囚六十人公下
車鏡照一立塵洗猶闕一字雷啟闕五字闔境闕二字熙熙如也
桐鄉遺愛碑頌闕二字改太子闕一字議郎東土留守王闕一字
辟從其事有河清俚人僞作符命埋深谿而表異滋拱木

以徵年然後假獻歲之辰矯元元之詰審言闕八字以得之
益雷同之口矣且云祚聖難以闕四字旣說於聽聞史筆方
裁於簡冊公明徵篆隸立辯乖訛正大謬於已然折羣言
於獨是旣而致詰悉驗其姦遷金部員外郎轉都官郎中
充嶺南闕八字求成俗事多詐濫吏闕四字公闕二字潔闕四字憎
枉信義必行於夷獠廉平可動於鬼神五嶺百越頌聲四
合同詣方面請建旌德碑都督張九皋爲之飛章朝議以
爲主聖臣忠闕一字建聖德頌人到于今歌之轉刑部郎兼
司農少闕三字兵部尚闕五字幽陵始禍寓縣興師公以官在

職司志當靜亂馳驛詣闕陳謨納忠度向背於兵鋒算隄
防於地理慮先物表機變日闕一字天子奇之方超大任奸
臣忌害闕四字除闕一字州刺史建旆卽路皇情迺寤念翦桐
之立信謂剖竹之非輕乃加本州防禦使錫金印紫綬及
京師失守翠輦西巡成都築受養之宮靈武奉繼闕一字之
制傳召公詣行在所拜中書舍人集賢殿學士時鑾輿未
復鶴詔急宣尤資倚馬之能多類奮鞭之速公虔恭法闕一
字咫尺天顏握管風生落牋泉灑皆如響答特邁詞鋒上
奇其才謂闕一字幽贊以本官兼尚書右丞封會稽縣開國

男喪亂既平皇極反正輔宣天子之孝奉揚君父之慈元
宗降孝感光天之詔肅宗獻至道（闕二字）之（闕一字）啟沃兩宮
之（闕三字）三接之恩獨以雄文（闕四字）前代文（闕一字）之盛孰可
儔其類歟當時以陷賊衣冠正名同惡百辟會議三司定
刑其徒三千將寘重典公上引大易三驅之（闕一字）雅誥惟
輕之義近徵侯君集反於輦轂太宗唯罪四人越王（闕四字）
狄仁傑議誅元惡而言國章有素故事斯在詞簡理要端
如貫珠百寮傾聽無復異論廷諍三進竟獲減論李輔國
憑寵恃勳台臣側目有命將授左散騎常侍（闕四字）公數陳

曰敗由官邪名不可假登（闕一字）珂鳴之地侍從顧問之間
授非其人期不奉制有命改授大詹事且曰將來命官若
此者皆許以聞然蹇諤之誠幸伸於一捷而浸潤之譖竟
中於多言因除國子祭酒遂貶廬州長史代宗踐祚公論
勃興乃（闕一字）復中書舍人加銀青光祿大夫集賢殿學士
副知院事尋遷工部侍郎楊督微病久政荒殁於南海馮
崇道陰奸伺隙盜據新息以爲杖節（闕一字）綏非公莫可拜
嶺南道節度觀察等使兼御史大夫公折簡飛書先明大
信順流鼓棹以示不疑見書者皆曰此選補徐郎中之名

也父母至矣復何所求既而傾巖洞以請命（闕一字）戈鋋而
頓纇窮南極東人迹罕通習習祥風蕩其（闕二字）無（闕三字）舉
（闕七字）復（闕一字）庶富而後教之會來年有吏部之拜復兼集
賢學士嘗領東都選務銓第舉科凡百其流拔奇者一人
而已比居宰輔（闕二字）踰年即（闕一字）相（闕一字）齊公其人焉洞
鑒深識皆此類也（闕一字）不（闕一字）德瑕不掩瑜（闕一字）執法者
所繩又黜朗州別駕皇上登寶位徵拜彭王傅加會稽郡
開國公食邑二千戶覩風儀之可法惜春秋之已暮尊德
尚齒方欲以論道之位處之其明年薨於長安永寧里之

私第享齡八十告第加等贈太子少師終焉公禮義之輿
中和所蘊智周顯晦行茂家邦班固謂董仲舒公孫宏倪
寬以儒術通世務（闕一字）三人似（闕一字）其（闕三字）度德以義復
何媿於前賢先府君擅書公嘗受筆法（闕二字）忘倦草隸兼
優開元天寶之間傾玉帛刻琬玉者一門二妙而已議無
優劣以王右軍父子擬焉始自登朝特爲中書令張曲江
所器忘年定契不復以禮秩闕情故當代英選孰非交友
（闕二字）彥興自我吹噓所以累登石渠再踐西掖入更臺省
出擁旌旄九遷而碩望彌高三黜而輕痕不汙賓實本末

信中庸之君子歟公以建中三年四月二十五日薨以其年十一月葬于東都偃師縣先塋之左（闕一字）洎貞元十五年嗣子現罷宰王畿之新安遂爲東府法曹掾瑞玫舉進士未第伯仲之存者四人現嘗以家傳遺文俛敘其志曰史牒藏諸冊府墓隧閟於幽扃永惟世德尚隱松楸未奉紀功行於金石留九（闕二字）百代朝建夕殞（闕二字）無恨國有干戈之故家有死喪之戚懇願未就垂二十年辭將涕從禮以情激則聖人所謂揚名於後代以顯父母者揚已之美與揚親之美俱孝子也其（闕三字）顧（闕二字）寂之請（闕四字）之

効銘曰

東南有截強霸者越中蟠會稽旁浸海浙含風蘊玉浴日孕月象合粹靈氣生才哲才哲伊何惟會稽公克（闕一字）克亮克孝克忠種蠡宏謀王謝高風實探其奧實（闕一字）其蹤（其一）會稽之德和柔且直朗邁溫重威儀抑抑乃辯姦詔羣疑去惑載讞典刑刀鋸滅息內外更踐卑高稱職績著緗緗愛留邦國（其二）會稽之文代天爲言藻繪皇猷恢宏化（闕一字）含和變（闕二字）澤伸寬邃劇淵塞疾如雷奔宣明日月贊翊乾坤敷暢大號親親尊尊草隸兼善鍾張抗論一臺二妙獨耀吾門（其三）會稽之武非謂暴虎建旆鞠旅往綏南土南之兇殘民痛里殫盜邑乘城餘孽桓桓于以代起推誠靜獻人謂投戈我唯揮翰翰墨所經人胥輯寧（其四）會稽之終翰苑其空宸扆軫悼邦人輟舂楷模遺草景行中庸大雅道喪誰其發蒙成周之東天地之中邙洛向背終華會通故塋新隴（闕四字）勒石銘德悠悠不窮（其五）

彭偃

偃大歷末爲都官員外郎朱泚之亂僞署中書舍人賊敗李晟收斬之

刪汰僧道議

王者之政變人心爲上因人心次之不變不因循常守故者爲下故非有獨見之明不能行非常之事今陛下以惟新之政爲萬代法若不革舊風令歸正道者非也當今道士有名無實時俗鮮重亂政猶輕唯有僧尼頗爲穢雜自西方之教被于中國去聖日遠空門不行五濁比邱但行麤法爰自後漢至于陳隋僧之廢滅其亦數乎或至坑殺殆無遺餘前代帝王豈惡僧道之善如此之深耶蓋其亂人亦已甚矣且佛之立教清淨無爲若以色見卽是邪法

開示悟入唯有一門所以三乘之人比之外道況今出家者皆是無識下劣之流縱其戒行高潔在於王者已無用矣況是苟避征徭於殺盜婬穢無所不犯者乎今叔明之心甚善於臣恐其姦吏詆欺而去者未必非留者不必是無益於國不能息姦既不變人心亦不因人心強制力持難致遠耳臣聞天生烝人必將有職遊行浮食王制所禁故有才者受爵祿不肖者出租征此古之常道也今天下僧道不耕而食不織而衣廣作危言險語以惑愚者一僧衣食歲計約三萬有餘五丁所出不能致此舉一僧以計

天下其費可知陛下日旰憂勤將去人害此而不救奚其爲政臣伏請僧道未滿五十者每年輸絹四疋尼及女道士未滿五十者每年輸絹二疋其雜色役與百姓同有才智者令入仕請還俗爲平人者聽但令就役輸課爲僧何傷臣竊料其所出不下今之租賦三分之一然則陛下之國富矣蒼生之害除矣其年過五十者請皆免之夫子曰五十而知天命列子曰不斑白不知道人年五十嗜欲已衰縱不出家心已近道況戒律檢其情性哉臣以爲此令既行僧道規避還俗者固已大半其年老精修者必盡爲人師則道釋二教益重明矣

盧景亮

景亮字長晦幽州范陽人第進士宏詞授祕書郎遷右補闕德宗朝貶朗州司馬憲宗立由和州别駕召還再遷中書舍人卒贈禮部侍郎

初日照露盤賦 以雲表清露光浮金景爲韻

揭金盤而受露擢仙掌而凌雲當朝陽之出海屬寥廓之無氛霽色曈曨金輝晃爚光奕奕於九霄之際色昭昭於衆象之表大明既照甘露方盈金景相映銀華自清高不

可攀駐王喬之羽駕仰不可視奪離朱之目精彼方丈之金闕洎天台之赤城或煒煌而景耀或煥赫而霞明出人寰之杳渺隔海嶠之崢嶸孰與我之爲異標景光於上京觀其巃嵸雙立岧嶤上聳輕靄不飛纖雲不度九成爛爛搖翠影於樓臺四野熒熒落浮光於草樹斯亦域中之殊觀豈惟作器而盛露且夫先王立晦獨覩太陽卷天宇之夜色引帝庭之曙光惟大君之攸俟仰羣后之所望其彩若電其形若月列缺雖伏常煒煒而不收蟾蜍已歸實亭亭而未沒日無私而見照盤既遇而斯發請言露盤之始

也林巒掩映崖谷重深自蘊於石孰爲之金遭漢皇之雅尚會良冶之幽尋忽範鎔而有作爰奉承之是任不然者在塗泥而委棄與瓦礫而湮沉安敢望微耀之輝映初陽之照臨金之爲質也光盤之爲體也靜從有感而出日諒無心而生景念志士之未偶因達人而後騁顧淺陋之凡才寧覬覦於天幸

欽定全唐文卷四百四十六

張莒

莒長山人大歷九年進士官侍御史内供奉遷吏部員外郎

紫宸殿前櫻桃樹賦以日月所照榮華先發爲韻

殿紫宸兮足麗木朱櫻兮可嘉扶疎柔弱暈艷芬葩晚移陰於丹楹朝延影於翠華美其固本宸居獻名清廟藹綠含彩攢紅吐耀晴暘斜映將藻井以相輝初月旁臨與璧璫而共照於是元律方變青陽始萌日近易暖天臨早榮通條液潤附節華生秦文信之著令漢稷嗣之從行莫不勤其時獻旌此嘉名將畫栱以斜界與金華而對明玉輦行低雲旗雜處迎華桂而搖露向朱明而清暑榮得其時擿得其所於芳也可尚取類也無匹淨拂璇題遠當溫室舊株昔移於漢圃密幹今逢於堯日及夫春宿微雨秋含翠烟冬條雪染夏實珠駢垂一枝於萬葉託沃土以延年翫芳誠百花之首充薦乃衆果之先代帷房之錦帳奪首飾於金鈿濟濟多士鏘鏘拜闕拂露華以晨趨染花香而夕謁始凌寒而驚換纔及暖而前發自承恩於攀賞固無

憂於翦伐。伴穠李以表年。笑階蓂之記月。

放籠鷹賦 以無育斯禽以明惡殺爲韻

貞元初。敷文教於率土。念畋遊之無度。敬鷙鳥幽縶之中。示皇家不私之務。將以致仁壽。明好惡。雕籠永閉。念受紲之多虞。金架爰辭。俾凌風而得路。由是縱逸翰於寥廓。釋猛志於扃固。當其海晏時清。天高日明。離習習之恩。重視蒼蒼而體輕。捨靈檻而方銳。歷秋林而上征。乍遂翻空。出君門而不返。遙憐厲吻。過宮樹而猶驚。洎夫卻彼幽閑。順茲棲止。用成端拱之化。將盡好生之理。足使去韝上而無疑。顧人間而何以。昔因殊顧。幸食肉以見羈。今降深衷。忽雲翔而有始。故得脫身聖代。矯跡天衢。方縱心於萬里。詎斂翼於四隅。山藪之思。俄失嚮距之衞。寧無。然則播仁風於坱圠。乃順時以止殺。戒逸氣於荒淫。故無用於茲禽。豈俟夫養育之勞既久。徘徊之懼彌深。雖多士盈朝。無聞諫獵。故黔首在下。盡得歡心。則知信及纖微。念茲棲宿。庶羣情而知感。期衆類之蒙福。遂使擊搏之性。將翱將翔。乳哺之心。既生既育。是用保其鴻業。建此深規。惠澤爰臨。整羽儀於戶牖。微誠既展。遂鳥雀於藩籬。信九霄之可託。將一舉而在斯。

白鷹賦

於爍明德兮動休徵。縈墨綬兮效素鷹。朱草如之何。所縈則止。玉壺如之何。所飲則承。借如紫巖碧流。烟深樹幽。產鷹成羽。自春徂秋。含陰陽之淳粹。任天地之剛柔。懷好音與好質。非成色而不求。厭羽毛於原野。戀主人而即留。嗟乎。含清履潔。象君之節。厲吻鉤銳。濯毛玉截。還河陽之喬木。一點清花。映武城之瑤琴。孤飛春雪。昔王魯同勳。賢哉二君。或雉隨黃壤。或鷺下青雲。莫匪白鷹之爲。最況復見之與所聞。良以出自幽谷。遷於華屋。霜飄上衣。星流入目。涅而不緇。惟公象之。比德於玉。象公不欲。匪我政。表來儀者何。致之由德。玩物則那。思君子以馴擾。不避虞人之網羅。蓋以少而取貴。豈同乘雁之爲多。

陳詡

詡（一作栩）字載物。閩縣人。大歷中進士。貞元中官戶部郎中知制誥。

西掖瑞柳賦 以應時呈祥聖德昭感爲韻

柳美西掖。瑞彰聖時。感巡遊之未至。失榮落於先期。雨露所均常比中園之鬱鬱宮闈暫閉若無春日之遲遲所以望車塵之行幸慰都人之怨思物或有憑神固難宰生植不易地而殊榮孤影忽同秋而異色豈上天之降鑒俾下民之是則於以激忠臣之心於以彰大君之德初斯柳之失常人未知其爲祥泰原之烟景明媚漢苑之草樹芬芳獨孤雕而槁瘁似永隔於風光無絮花之似雪意膏露之凝霜及夫天迴舊步木得其性千官捧日以輸忠萬騎從龍而翊聖彼衆芳之已歇我得秋而始盛豈固異於常林實願貞乎景命偉夫瑞發匪遙成天意之孔昭德惟可覽

結人心之幽感不然柳且無情曷枯而生其枯也當烟塵之晦其生也表氛沴之清與時不偶叶聖斯呈政或可持疾風始知夫草勁節無所立歲寒徒稱乎柏貞宜其俯鳳池而灑潤接雞樹以連榮儻有因物比興屬詞揣稱聞瑞柳於春宮遂揄揚於天應

唐洪州百丈山故懷海禪師塔銘

星躔斗次山形鶩立桑門上首曰懷海禪師室於斯塔於斯付大法於斯其門弟子懼陵谷遷貿日時失紀託於儒者銘以表之西方教行于中國以彼之六度視我之五常過惡遷善殊途同轍唯禪那一宗度越生死大智慧者方得之自雖足達于曹溪紀牒詳矣曹溪傳衡嶽觀音臺懷讓和上觀音傳江西道一和上（闕二字）詔諡爲大寂禪師大寂傳大師中土相承凡九代矣大師太原王氏福州長樂縣人遠祖以永嘉喪亂徙于閩隅大師以大事因緣生於像季託孕而葷羶自去將誕而神異聿來成童而靈聖表識非夫宿植德本曷以臻此落髮於西山慧照和尚進具於衡山法朝律師既而歎曰將滌妄源必遊法海豈惟心證亦假言詮遂詣廬江閱浮槎經藏不窺庭宇者積年既

師大寂盡得心印言簡理精貌和神峻睹即生敬居常自卑善不近名故先師碑文獨晦其稱號行同於衆故門人力役必等其艱勞怨親兩忘故棄遺舊里賢愚一貫故普授來學常以三身無住萬行皆空邪正並捐源流齊泯用此教旨作人表式前佛所說斯爲頓門大寂之徒多諸龍象或名聞萬乘入依京輦或化洽一方各安郡國唯大師好躭幽隱棲止雲松遺名而德稱益高獨往而學徒彌盛其有偏探講肆歷抵禪關滯著未祛空有猶閡靡不緘藏萬里取決一言疑網雲張智刃冰斷由是齊魯燕代荆吳

閩蜀望影星奔聆聲飈至當其饑渴快得安隱超然懸解時有其人大師初居石門依大寂之塔次補師位重宣上法後以衆所歸集意在遐深百丈山碣立一隅人烟四絶將欲卜築必俟檀那伊補塞游暢甘貞請施家山願爲鄉導庵廬環遶供施莂積衆又踰於石門然以地靈境遠頗有終焉之志元和九年正月十七日證滅於禪床報齡六十六僧臘四十七以其年四月廿二日奉全身窆于西峰據婆娑論文用淨行婆羅門葬法遵遺旨也先時白光去室金錫鳴空靈溪方春而涸流杉燎竟夕以通照妙德潛

感于何不有門人法正等嘗所稟奉皆得調柔遞相發揮不墜付屬他年紹續自當流布門人談敘永懷師恩光崇塔宇封土累石力竭心瘁門人神行梵雲結集微言纂成語本凡今學者不踐門閫奉以爲師法焉初閩越靈藹律師一川教宗三學歸仰嘗以佛性有無嚮風發問大師寓書以釋之今與語本並流于後學翊從事于江西府備嘗大師之法味故不讓衆多之託其文曰

梵雄設教有權有實未得頓門皆爲暗室祖師戾止方傳祕密如彼重昏忽懸白日其一唯此大士宏紹正宗雖修妙行不住真空無假方便豈俟磨礱恬然返本萬境圓通其二百千人衆盡袪病熱彼皆有得我實無說心本不生形同示滅此土灰燼他方水月其三法傳人代塔閉山原杉松日暗寺塔猶存藹藹學徒無非及門唯能覺照是報師恩其四

元和十三年十月三日建

李融

融官直學士貞元中爲義成節度使

對盧樹判

商子行飲食失節生疾抑云盧氏井樹不修

先王作則以廣利制命以居人故官立井樹旅有施舍相彼盧氏實曰職司在故事之允修於從政乎何有既而日暮途遠商子載馳轅端莫向馬首靡託既傷行旅之感加之暴露之憂寒溫失時以干六物飲食不節是生百病且國生納幣咎在晉卿江氏失布盜由楚相玉毀於櫝罪有所在

張濯

濯上元中進士

對給地過數判

甲給地過數科所由曰更耕之田

八政交修，桑農爲本；六官致理，富教居先。將取地財之生成，須辨夫家之沃瘠。惟甲率是吏職，行乎周禮，我疆我理，爰受授於三農；如京如坻，佇陳陳於九穀。足使丁壯盡力，汙萊合宜，何斯有功，輒欲加罪？若也閭閻櫛比，烟火星繁，占天子之牛田，廢將軍之馬埒，則當惟辨布政，求弊是圖。況今邊鄙不聳，流庸適至，宜翦荊棘，俾生稻粱。勸農既任其易耕，給地何限於過數？庶從行古，未可非今。

唐寶應靈慶池神廟記

張濯

天有五星，辰居其一；地有五林，水爲之首。既作鹹以正味，亦凝質而成鹽，則橫目之人，生齒之歲，罔不資焉而後食矣。鹽之爲用大矣哉！寶應靈慶池者，山海經所謂鹽販之澤也，俗稱官號，皆曰鹽池，供華夏二十餘州。宅黃河千里之曲，北抱原勢，南負山陰，涵濡泓澄，浸漬舄鹵，外無寸草，內絕纖鱗，水或紫赤，鹽皆潔白，有自來矣。頃大歷丁巳秋，雨成災，凡厥井疆，漫爲塗潦。今京東和糴使兼知河東租庸鹽鐵侍御史清河崔公陲，時以監察權領是邦，憂國卹人，籲天有禱，乃徵畚鍤，集役徒，修隄防，導溪澗，積溜鴻溶，白波如山，西迤北滙，散於沒闕監，斯池町畦不浸，廬室獲全，緊公是賴矣。粤翌日，亦既開霽，紅鹽自生，盈掬傾筐，或璽或粟，形攢伏虎，色激丹砂，靈貺休徵，古未之有。公乃獻狀於戶部侍郎韓公滉，韓公伏奏於代宗，代宗俾諫議大夫蔣鎮覆之，則編於史冊，薦於郊廟矣。與夫白麟赤雁之應，野蠶稽穀之祥，何以異乎？冬十月，詔賜池名曰寶應靈慶，兼置祠焉，蓋國家祈豐財，旌瑞貺也。其明年，因厥農隙，創茲神寢，卜津涯六十里之半，當安解二大邑之間。捄陝陝掾，橐橐工惟力競，役若子來，俄結構以時起，儼塗塈而斯畢。然後審象設，煥丹青，睟容穆如，甲士贔屭，則聰明正直之有憑也。夫其洞戶南豁，滄波淼然，樹以修槐，羅以香草，則風涼會舞之有所也。又來歲己未夏五月九日，天子降中貴人以牲牢祀之，制祝光臨，衣冠列位，秩齊四瀆，禮視三公，亦爲盛矣。其後西自關輔，東踰崤澠，南馳陝服，北走絳臺，馬屯雲，車流水，乞靈報德，可勝紀乎？易曰：聖人以神道設教而天下服，此之謂也。遂遷公殿中侍御史京東和糴使。逮於斯任，豈惟執憲簡，須鹽政，必將秉造化，應鼎之和羹，人皆望焉，神所勞矣。濯客自東鄙，觀藝而來，美精

誠之動天多築護之盡力輒採聞見題於樂石庶不續不朽與池始終時建中二年秋八月記

吳頌

頌肅宗代宗時人

代郭令公謝男尚公主表

臣某言伏奉某月日恩制授臣男曖試殿中監駙馬都尉尚昇平公主聖慈曲被焜燿私門揣分慚恩以榮以懼臣本寒素愧非閥閱幼男弱稚又乏義方陛下以臣備位台司服勤王室特收賤族許以國姻宗黨生光室家同慶門

開會館地列沁園事出非常榮加望外恩深義重何以克堪糜軀粉骨不知所報無任感戴受恩之至

史延

延大歷九年進士

漢武帝齋宮產靈芝賦

武皇帝慕軒后之風儲思幽通叶珍符於瑞牒產靈芝於齋宮太一清精元君降衷色奪兼金發靈姿以溫潤質逾美玉浮眞氣以葱蘢原夫帝在華帳儼於仙杖睿思邈以沖寂神心窅其相向髣髴受釐肅其冥覞非煦育之所致乃精神之潛暢挺兹三秀表信乎三元之符擢此九莖期爾於九坻之上異屈軼之致用類朱英之爲狀足表天感與地生或揚臣和而君唱是知至精潛運神物昭彰靈液潛通願生乎枯木貞石神心幽贊故出此閟殿神房冠庶草以爲貴故有時而發祥信稟質以津澤非本媚乎馨香豈比夫楚水之空嘉萍實仙宮之獨貴元霜懿夫道心虛澹我則無味以元感化象貴形我乃無根而效靈是用拔奇瑤砌標異形庭紫蓋與祥雲允合朱莖將火德相冥秀射猗蘭之室光連雲母之屏煥國典而永昭歌頌徹元風

而丕耀德馨彼丹甑呈豐器車表德潛美巖野挺芳幽側曷比夫耀甲乙之帳赫矣朱榮結天地之精混然剛克異朝菌之爲體同夜光之非飾含聖澤以成春體正陽而稟色是知人心告虔珍物効焉將會昌於羣帝必功格於上元且神之符則受此靈草神之會則降彼眞仙苟獲符而爲約與降質而相懸大寶在乎皇極眞居本乎丹田苟溺異以趨怪顧汨聽而衰年彼乘嶠而求靜此執迷而徵聖徒有托於齋祈信無裨於性命覩芝宮兮緬爾倏隙駟以奔競庶歸元化之門小彼炎皇之慶

鄭轅

轅大歷九年進士

指佞草賦 以靈草無心有佞必指爲韻

旂扆肅誠天地降靈蓋臣咸造屈軼生庭翠影如植皇心以寧暑屏寒生感蓂蒲之代謝日來月往異蓂莢之飄零曷奕元造誕生厥草表忠蹇之不遲懼壬佞之何早宵承湛露密葉如傾晝偃薰風纖莖若埽猗那且都歌詠難模其生也則一其道也乃殊育於軒階其指或有生於聖代其用則無是靈草之無心以聖人爲之心對危行而不侮

覿巧言而則侵榮乎砌陰實爲龜爲鏡肅我皇度式如玉如金冠卉之首緜代曠有茅三脊之可封芝九莖而延壽曷若茲草之感莫之與並類貂蟬之性潔均獬豸之質勁得詩人之無邪行孔門之遠佞於鑠屈軼邈乎迴出遇唐復生應時作實經百王而影戢歷千祀而宥密如執法之不回奉直道而自必所以野退宵人朝多髦士同魚水之合契絕蝃蝀之莫指封恩齊於大夫名可比於君子謝有香之蘭蓀惡無言之桃李

黎幹

幹戎州人待詔翰林累擢諫議大夫封壽春公遷京兆尹改刑部侍郎德宗立坐前與宦者特進劉忠翼陰謀東宮事覺除名長流賜死藍田驛

十詰十難

集賢校理潤州別駕歸崇敬議狀及禮儀使判官水部員外郎薛頎等稱禘謂冬至祭天於圜丘周人則以遠祖帝嚳配今欲以景皇帝爲始祖配昊天於圜丘臣幹詰曰國語曰有虞氏夏后氏俱禘黃帝商人禘舜周人禘嚳俱不言祭昊天於圜丘一也詩商頌曰長發大禘也又不言祭

昊天於圜丘二也詩周頌曰雍禘太祖也又不言祭昊天於圜丘三也禮記祭法曰有虞氏夏后氏俱禘黃帝殷人周人俱禘嚳又不言祭昊天於圜丘四也禮記大傳曰不王不禘王者禘其祖之所自出以其祖配之又不言祭昊天於圜丘五也爾雅釋文曰禘大祭也又不言祭昊天於圜丘六也家語云凡四代帝王之所郊皆以配天也其所謂禘者皆五年大祭也又不言祭昊天於圜丘七也盧植云禘祭名禘者帝也事尊明禘故曰禘又不言祭昊天於圜丘八也王肅云禘謂於五年大祭之時又不言祭昊天

於圜丘九也郭璞云禘五年之大祭又不言祭昊天於圜丘十也臣幹謂禘是五年宗廟之大祭詩禮經傳文義昭然今略舉十詰以明之臣惟見禮記祭法及禮記大傳商頌長發等三處鄭元注或稱祭昊天或云祭靈威仰臣精詳典籍更無以禘爲祭昊天於圜丘及郊祭天者審如禘是祭之最大則孔子說孝經爲萬代百王法稱周公大孝何不言禘祀帝嚳於圜丘以配天而反言郊祀后稷以配天是以五經俱無其說聖人所以不言輕議大典亦何容易猶恐不悟今更作十難其一難曰周頌雝禘祭太祖也

鄭元箋云禘大祭太祖文王也商頌云長發大禘也元又箋云大禘祭天也夫商周之頌其文互說或云禘太祖或云大禘俱是五年宗廟之大祭詳覽典籍更無異同惟鄭元箋長發乃稱是郊祭天詳元之意因此商頌禘如大傳云大祭如春秋大事於太廟爾雅禘大祭雖云大祭亦是宗廟之祭可得便稱祭天乎若如所說大禘即云郊祭天稱禘即是祭宗廟又祭法說虞夏商周禘黃帝與嚳大傳不王不禘禘上俱無大字元何因復稱祭天乎又長發文亦不歌嚳與感生帝故知長發之禘而非禘嚳及郊祭天明矣殷周五帝之大祭羣經衆史及鴻儒碩學自古立言著論序之詳矣俱無以禘爲祭天何棄周孔之法言獨取康成之小注便欲違經非聖誣亂祀典謬哉其二難曰大傳稱禮不王不禘王者禘其祖之所自出以其祖配之諸侯及其太祖者此說王者則當禘其謂祭法虞夏殷周禘黃帝及嚳不王則不禘所當禘其祖之所自出謂虞夏出黃帝殷周出帝嚳以近祖配而祭之自出之祖既無宗廟即是自外至者故同之天地神祇以祖配而祀之自出之說非但於父在母亦然左傳子產云陳則我周之自出此

可得稱出於太微五帝乎故曰不王不禘王者禘其祖之所自出以其祖配之謂也及諸侯之禘則降於王者不得祭自出之祖只及太祖而已故曰諸侯及其太祖此之謂也鄭元錯亂分禘爲三注祭法云禘謂祭昊天於圜丘一也注左傳稱郊祭天以后稷配靈威仰箋商頌又稱郊祭天二也注周頌云禘大祭大於四時之祭而小於祫太祖謂文王三也禘是一祭元析之爲三顚倒錯亂皆率胸臆曾無典據何可足憑其三難曰虞夏殷周已前禘祖之所自出其義昭然自漢魏晉已還千餘歲其禮遂闕又鄭元

所說其言不經先儒棄之未曾行用愚以爲錯亂之義廢棄之法不足以正大典其四難曰所稱今三禮行於代者皆是鄭元之學請據鄭學以明之曰雖云據鄭學今欲以景皇帝爲始祖之廟以配天復與鄭義相乖何者王制云天子七廟元云此周禮也七廟者太祖及文武之祧與親廟四也殷則六廟契及湯與二昭二穆也據鄭學夏不以鯀及顓頊昌意爲始祖昭然可知也而欲引稷契爲例其義又異是爰稽邃古洎今無以人臣爲始祖者惟殷以契周以稷夫稷契者皆天子元妃之子感神而生昔帝嚳次

妃簡狄有娀氏之女吞元鳥之卵因生契契長而佐禹治水有大功舜乃命契作司徒百姓既和遂封於商故詩曰天命元鳥降而生商宅殷土芒芒此之謂也后稷者其母有邰氏之女曰姜嫄爲帝嚳妃出野履巨跡歆然有孕生稷稷長而勤於稼穡堯聞舉爲農師天下得其利有大功舜封於邰號曰后稷唐虞夏之際皆有令德故詩曰履帝武敏歆居然生子即有邰家室此之謂也舜禹有天下稷契在其間量功比德抑其次也舜受職則播百穀敷五教禹讓功則平水土宅百揆故國語曰聖人之制祀也功施於人則祀之以死勤事則祀之契爲司徒而人輯睦稷勤百穀而死皆居前代祀典子孫有天下得不尊而祖之乎其五難曰既遵鄭說小德配寡遂以后稷只配一帝尚不得全配五帝今以景皇帝特配昊天於鄭義可乎其六難曰衆難臣云上帝與五帝一也所引春官祀天旅上帝祀天旅四望旅訓衆則上帝是五帝臣曰不然旅雖訓衆出於爾雅及爲祭名春官訓陳注有明文若如所言旅上帝便成五帝則季氏旅於泰山可得便是四鎮耶其七難曰所云據鄭學則景皇帝親盡廟主合祧却欲配祭天地錯

亂祖宗夫始祖者經綸草昧體大則天所以正元氣廣大萬物之宗尊以長至陽氣萌動之始日俱祀於南郊也夫萬物之始天也人之始祖也日之始至也掃地而祭質也器用陶匏性也牲用犢誠也兆於南郊就陽位也至尊至質不敢同於先祖禮也故白虎通曰祭天歲一何天至尊至質事之不敢褻黷故因歲之陽氣始達而祭之今國家一歲四祭之黷莫大焉上帝五帝其祀遂闕怠亦甚矣黷與怠皆禮之失不可不知夫親有限祖有常聖人制禮君子不以情變易國家重光累聖歷祀百數豈不知景皇帝

始封於唐當時通儒議功度德尊神堯克配彼天宗太宗以配上帝神有定主爲日已久今欲黜神堯配含樞紐以太宗配上帝則紫微五精上帝佐也以子先父豈禮意乎非止神祇錯位亦以祖宗乖序何以上稱皇天祖宗之意哉若夫神堯之功太宗之德格於皇天上帝臣以爲郊祀宗祀無以加焉其八難曰欲以景皇帝爲始祖既非造我區宇經綸草昧之主故非夏始祖禹殷始祖契周始祖稷漢始祖高帝魏始祖武皇帝晉始祖宣帝國家始祖神堯皇帝同功比德而忽昇於宗祀圜丘之上爲昊天匹曾謂

圜丘不如林放乎其九難曰昨所言魏文帝丕以武帝操爲始祖晉武帝炎以宣帝懿爲始祖者夫孟德仲達者皆人傑也擁天下之强兵挾漢魏之微主專制海內令行草偃服袞冕陳軒懸天子決事於私第公卿列拜於道左名雖爲臣勢實凌君後主因之而業帝前王由之而禪代子孫尊而祖之不亦可乎其十難曰所引商周魏晉既不當矣則景皇帝不爲始祖明矣我神堯拔出羣雄之中廓清隋室拯生人於塗炭則夏虞之勳不足多成帝業於數年之間則漢祖之功不足比夏以大禹爲始祖漢以高帝爲始祖則我唐以神堯爲始祖法夏則漢於義何嫌今欲革皇天之祀易太祖之廟事之大者莫大於斯曾無按據一何寡陋不愧於心不畏於天乎以前奉詔令諸司各據禮經定議者臣幹忝竊朝列官以諫爲名以直見知以學見達不敢不罄竭以裨萬一昨十四日具以議狀呈宰相宰相令朝臣與臣論難所難臣者以臣所見獨異莫不騰辭飛辯競欲碎臣理鉗臣口剖析毫釐分別異同序墳典之凝滯指子傳之乖謬事皆歸根觸物不礙但臣言有宗爾豈辯者之流也又歸崇敬薛頎等援引鄭學欲蕪祀典臣

爲明辯迷而不復臣輒作十詰十難援據墳籍昭然可知庶郊禘事得其眞嚴配不失其序皇靈降祉天下蒙賴臣亦何顧不蹈鼎鑊謹敢聞達伏增悚越

姜公輔

公輔愛州日南人第進士補校書郎制策異等授右拾遺爲翰林學士從德宗幸奉天擢諫議大夫同中書門下平章事罷爲左庶子改右庶子終吉州刺史憲宗時贈禮部尚書

白雲照春海賦 以鮮碧空鏡春海爲韻

白雲溶溶搖曳乎春海之中紛紜層漢皎潔長空細影參差匝微明於日域輕文燐亂分炯晃於仙宮始而乾門闢陽光積乃縹渺以從龍遂輕盈而拂石出穹巒以高翥跨橫海而遠擴故海映雲而自春雲照海而生白或杲杲以積素或沉沉以凝碧圓虛乍啟均瑞色而周流氤氣初收與清光而激射雲信無心而舒卷海寧有志於潮汐彼則澄源紀地此乃泛跡流天影觸浪以時動形隨風而屢遷入洪波而並曜對綠水而相鮮時維孤嶼冰朗長汀雲淨辨宮闕於三山總妍華於一鏡臨瓊樹而昭晰覆瑤臺而

縈映鳥頡頏以追飛魚從容以涵泳莫不各得其適咸悅乎性登夫爽塏望茲雲海雲則連景霞以離披海則蓄致瑰之翠彩色莫尚乎潔白歲何芳於首春惟春色也嘉夫藻麗惟白雲也賞以清貞可臨流於是日縱觀美於斯辰彼美之子顧曰無倫揚桂檝擢青蘋心遙遙於極浦望遠遠乎通津雲兮片玉之人闕

對直言極諫策

問朕聞古之善爲國者未嘗不求正士博採直言勤而行之輔成教化者也朕臨御日淺政理多闕每期忠義切投藥石子大夫戢翼藏器思奮俟時今啟乃沃予當有犯而無隱朕竊不自揣敢慕前王上法羲軒下遵堯舜還已散之淳樸振將頹之紀綱使禮讓興行刑罰不用而人猶輕犯吏尚循私爲盜者未弃不仁者未遠豈臣非稷契而致是乎爲君謝禹湯使之然也設何謀而可以西戎即敘施何化而可以外户不扃五諫安從三仁誰最周昌比漢高於桀紂劉毅方晉武於桓靈但見含容雨無猜怨故君不失聖臣不失忠子既其儔應詳往行四賢優劣佇辨深疑在於朕躬所有不逮條問之外委悉書之必無面從以重

不德

對臣聞堯舜之馭寓也以至理理萬邦以美利利天下百姓猶懼其未化也萬邦猶懼其未安也乃復設謗木詢讜議不敢滿假不敢荒寧伏惟陛下元德統天文思居業慎重光之丕緒返淳古之休風光啟憲章疇咨菅蒯錫臣之策思以啟沃臣狂簡不知化源謹昧死稽顙輒陳愚慮制策曰朕竊不自揣敢慕前王欲上法羲軒下遵堯舜還已散之淳朴振將頹之紀綱使禮讓興行刑罰不用而人猶輕犯吏尚循私爲盜者未弃不仁者未遠豈臣非稷契而

致是乎爲君謝禹湯使之然也大矣哉陛下之言乎臣聞禹稱善人不善者遠矣伏見陛下徵隱逸於空山拔夔龍於下位聘名士禮賢者善無欲之徒發惟新之詔使吏肅人悅法明令張而猶曰君謝禹湯臣非稷契此陛下讓之至也臣何敢間焉夫中於道者易以興化失其道者難以從宜事要其分則一毫以乖事審其分則殊途同歸討歲者非一時而可用致理者非一日而成功但立法於制事之初望化於經年之外使損益鑒於興替寒暑漸於春秋何憂不均理於羲軒同光於堯舜制策曰設何謀而可以

西戎即敘施何術而可以外户不扃者陛下孚惠心和戎狄相彼君長解辮户庭應以地僻遐荒未知聖造伏以戎狄輕而寡信貪而無親視邊戍申嚴則請通國好覩疆場無備則屢起貪心固難可以禮義和難可以恩澤撫取今之要莫過於智將悍卒設險邊隅臣伏以陛下且以恤下爲心不以西戎爲慮今請制其邊兵有常數邊將有常務分其土而居之給其家而業之因其業也而爲之城池因其將也而爲之牧守又申嚴其令使獲虜馬者賞以馬使獲虜羊者賞以羊人皆固業戰自力倍則可少安今積甲日深興戎歲廣黎人抗弊未可勤師伏望利物之原息人之道使廣庶類農桑以時宏濟濟之士於朝盛洋洋之化於野使其來也慕斯文物之盛居其邊也杜其利欲之求然後欵塞而可即敘矣夫姦邪生於豪傑廉恥生於禮義禮義立孰有不恥且格乎衣食足孰有背義趨利者乎臣以爲遂其富利之業申其仁義之利則外户不扃矣制策曰五諫安從三仁誰最者夫諫者以諷爲先亂國非無直言也直言不用故諂諛勝矣理國非無諂諛也諂諛不用則直言勝矣時逢否閉仲尼或守其主文今日昭明微臣

請從其直諫臣之職也敢二事乎昔商紂不君虐棄天物三仁弼諫藩捍宗彝退八百之師抑三分之衆均其憂亂俱可稱仁較其持危或非同德比干知死亡之義且曰陷君微子去父母之邦或云智免進退不失其正在於太師乎制策曰周昌比漢高於桀紂劉毅方晉武於桓靈俱見舍容兩無猜怒故君不失聖臣不失忠子既其儔應詳往行四賢優劣佇辨深疑臣聞君明則臣直二聖以乘時開國參佐昌圖二臣以委質造邦克扶興運開忠讜之路成不諱之朝固擬議失倫比方不怍將以感君之未寤致理

於昇平。絶好惡之門。傳和睦之代。名高終古。傳在策書。巍巍三代。斯爲盛美。臣素無學術。謬竊對敭。若變其微。斯言之玷。使臣以禮。晉武寧劣於漢高。鼓怒抗辭。周昌不優於劉毅。制策曰。在乎朕躬。有所不逮。條問之外。委悉書之。必無面從。以重不德者。臣固凡陋。越在側微。仰天地之大。全空忻化育。體陰陽之廣運。每荷陶甄。豈意聖詔薦臨。猥垂下問。心慮隕越。夏蟲不覩於春冰。曲士寧知於天道。欲申微素。進退憂惶。伏見陛下以道生成。以德覆載。賞以春夏。刑以秋冬。捐金玉於江湖。反珍奇於藪澤。委符瑞爲草莽。用忠良爲靈慶。臨羣下以正德。惠兆人以厚生。誠太平之道也。刑措之漸也。臣不勝其忭。願陛下俯仰必於是。寤寐必於是。詩云。靡不有初。鮮克有終。抑臣以爲知終終之。可以存義者。其惟聖人乎。伏惟陛下終之。臣不勝葵藿傾心之至。謹對。

董晉

晉字混成。河中虞鄉人。明經及第。肅宗幸彭原。上書行在。授校書郎。翰林待制。歷太常少卿。左金吾將軍。德宗朝遷左金吾衞大將軍。改尚書左丞。復拜太常卿。貞元五年以門下侍郎。同中書門下平章事。九年罷爲禮部尚書。檢校左僕射。兼宣武節度營田汴宋觀察使。十五年卒。年七十六。贈太傅。謚恭惠。

冠冕制論

古人服冠冕者。動有佩玉之響。所以節步也。禮云。堂上接武。堂下布武。至恭也。步武有常。君前之禮。進趨而已。令或奔走以致顛仆。非恭慎也。在式朝官皆是綾袍袱。五品已上金玉帶。取其文彩畫飾。以奉上也。是禹惡衣服而致美乎黻冕。君親一致。昔尚書郎含香。萊子彩服。皆此義也。服絁縵。非制也。

義陽王李公德政碑記

唐之元臣曰義陽郡王抱眞。字太元。皇開府儀同三司涼州都督河蘭鄯廓瓜沙甘肅九州大總管中國公修仁之元孫。開府儀同三司左武衞大將軍永之曾孫。兵部尚書懷恪之孫。贈太子太保齊管之子。蓄河岳之秀。叢祖考之慶。克生鴻才。以左元后。殊勳茂績。可得而稱也。公體仁執中。抱素專直。威厲霜雪。氣凌雲霓。沉毅足以建功。寬裕足以安衆。召公相武之智。申伯翊宣之籌。尚父六韜之奇。夷吾九合之業未及弱冠公皆達之果爲從父兄故相國抱玉所重期以遠大薦於肅宗授汾州别駕僕固懷恩之平史盜也伐虔劉之功恣暴虐之性不率朝典潛懷異圖公髪衝危冠憤激忠節間道詣闕潰其奸謀而渠魁疾顛汾滸底定代宗嘉之拜殿中少監永泰初又兼御史中丞充陳鄭懷澤潞等五州節度留後思光洊及輝耀當時謙不奉詔累有陳説上大器之改澤州刺史兼侍御史充節度副使巡内五州都團練使澤人忻忻如戴父母公虔奉聖旨尚精吏職一年而流民復田壤闢二年而軍給人阜風

俗淳乂時屬散卒聚鐘鼓山肆其猖狂逞其驅劫議者請兵逐之公謂之曰夫人稟元和以生奉五常以立無不思順無不懼逆理亂之道實由於政政和則禮讓興仁義著政否則刑罰滋盜賊起使其叛亂是德之不修也姑務自咎豈可加兵乃申以禍福之門引以開泰之路投戈箙矢麈簸巖蕩撫勞加等仁風載揚遂遷懷州刺史澤人去思之憤凝爲愁雲懷人來蘇之慶霈若霖雨爲政未幾懷亦如澤焉天子寵文公之能旌龔遂之美以節度使司徒公備戎於西乃授檢校秘書監兼侍御史權知行軍司馬充澤潞節度支度營田觀察處置使留後仍知潞州大都督府事公以殊恩寄任留務浩穰徘徊化源獨與心計乃約故實財成庶政禁暴以安物薄賦以養農省徭以息孤惸均調以資士卒孝弟聞於鄉黨學校興於里閭刑戮廢於戎行鞭扑弛於官署闔境之内不日而教化焉建中元年特授節制并廉察本道兼領潞州大都督府長史練勤王之師修守土之備内勸耕食外揚威武布大君之誠以睦藩鎮導聖朝之化以釋危疑由是上澤德以下流下情得以上達君臣無間臻於太和公之力也屬軍戎之後蟲旱

爲災公請罪神祇憂見於色精感而飛蝗越境誠懇而霖雨應期稼穡獲全異於他郡古之循吏何以加焉公前後歷官一十八政再爲御史中丞尚書常侍三領郡守一登亞相兩踐端揆封義陽郡王食實封六百户命爲承弼同平章事俾平水土兼領司空量宏而深智達而朗常執謙而驚寵不求援以取貴起題輿登補衮簡自皇極鬱爲元臣非德及蒼生忠貫白日則何以臻此潞之緇黄耆艾詣闕陳情願勒貞石帝嘉乃誠詔門下侍郎平章事董晉撰文以昭其功銘曰

皇矣上帝降祚有唐藴粹孕靈克生義陽明明天子賢能是奬乃命義陽鎮於上黨烈烈義陽惟國之楨屹若桑山隱如長城用極於正性根於忠英風外馳明謨内融王度克蕘惠此罷人以德代刑散澆爲淳軍以威兇雄以定懾恢振皇綱輔弼天業帝曰抱眞允文允武俾登鼎鉉錫之茅土名高方召道冠申甫刊石紀功用篤終古

王紹

紹字德素本名純避憲宗諱改焉自太原徙京兆之萬年累官户部尚書順宗立轉兵部出爲東都留守元和初檢

校尚書右僕射爲武寧軍節度使復拜兵部尚書卒年七十二贈右僕射謚曰敬

請禁私藏錢奏

伏以京都時用多重見錢官中支計近日殊少蓋緣比來不許商人便換因茲家有滯藏所以物價轉高錢多不出臣等今商量伏請許令商人於三司任便換見錢一切依舊禁約伏以比來諸司諸使等或有便商人錢多留城中逐時收貯積藏私室無復通流伏請自今已後嚴加禁約

欽定全唐文卷四百四十七

竇泉

泉字靈長扶風人建中時官范陽功曹檢校戸部員外郎汴宋節度參謀

述書賦上 有序

古者造書契代結繩初假達情浸乎競美自時厥後迭代沿革樸散務繁源流遂廣漸備楷法區別妍媸洎於我唐天寳末國有寇難府庫傾覆散墜閭閻而興復京都所司徵購得其歸者蓋寡矣余至德中往往偶見袪積年之遐

想駭此生之新觀雖欣鄙夫之幸遇實爲吾君之痛惜恨沈草莽上達無階因記彼而固求願沽諸而善價然爲監臨動靜公私貿遷徙暫披翫終歸他室今記前後所親見者并今朝自武德以來迄於乾元之始翰墨之妙可入品流者咸備書之。周一人史籀秦一人李斯漢二人蔡邕杜操魏五人韋誕虞松司馬師司馬昭鍾會吳二人皇象賀劭晉六十三人齊獻王元帝成帝康帝孝武帝武陵王會稽王楊肇山濤嵇康張翰蔡充顧榮劉琨孔侃孔瑜陶侃熊遠應詹卞壼劉超謝藻庾亮庾懌庾翼庾準郗鑒郗愔郗曇郗超郗儉之郗恢謝尚謝奕謝安王導王劭王珉王羲之王獻之王廞王濛王述丁潭何充劉訥劉炎張澄劉璞張翼桓溫桓元江灌沈嘉劉瓌之劉廞范汪范甯諸葛長民劉穆之溫放之楊羲宋埏宋二十五人武帝文帝孝武帝明帝南平王海陵王謝靈運謝方明張茂度張永羊欣孔琳之薄紹之王敬宏王思元顏峻桓護之駱簡蕭思話麗秀之巢尚之裴松之徐爰江僧安賀道力齊十五人齊高帝武帝竟陵王褚淵褚賁徐孝嗣王僧虔王慈王志王儉劉瑀顧寶光胡楷之徐希秀張融梁二十一人武帝簡文帝邵陵王孝元帝蕭確蕭子雲王克陸杲任昉傅昭朱异王籍殷鈞阮研王襃蕭特庾肩吾陶宏景江蒨周宏讓范懷約陳二十一人武帝文帝煬帝尢后新蔡王盧陵王永陽王桂陽王釋智永智果江總徐陵沈君理袁憲毛喜蔡景歷蔡徵顧野王伏知道謝嘏賀朗北齊一人外五代祖劉珉隋五人劉元平房彥謙盧昌衡趙文深趙孝逸唐四十七人神堯皇帝文武聖皇帝則天武后睿宗開元皇帝漢王元昌岐王元範李懷琳歐陽詢歐陽通虞世南虞纂虞煥褚遂良陸柬之薛稷房元齡殷仲容王知敬王紹宗孫過庭張旭賀知章徐嶠之徐浩李造韓擇木田琦衞包蔡有鄰鄭遷李權李樞李平鈞王維王縉史惟則李陽冰家舅繪姨兄明若山宋儋李璆蕭誠張從申呂向長兄蒙馬氏妻劉秦妹等應親見者所言並錯綜優劣直道公論或理

盡名言卽外假與喻雖闕標舊品而畢寄斯文刊訛誤於形聲定目存於指掌其所不覩空居名額弁世所傳揭者不敢憑推一皆略焉其辭曰

嘗考古而閱史病賤目而貴耳述勳庸而任人揮翰墨而由己則知親矚延想如見君子量風雅之足憑奚卷舒之能已古猶今也斯得美矣雖六藝之末曰書而四人之首曰士書資士以爲用士假書而有始豈特長光價於一朝適容貌於千里王羲之書蕺山姥六角扇五字字索百錢人競買去梁元帝書亦云千里之面首轉覺爲能矣篆則周史籀秦李斯漢蔡邕當代稱之俱遺芳刻石永播清規籀之狀也若生動而神憑通自然而無涯遠則虹紳結絡邇則瓊樹離披斯之法也驅妙思而變古立後學之宗祖如殘雪滴溜映朱檻而垂冰蔓木含芳貫綠林以直繩伯喈三體八分二篆棨戟彎弧星流電轉纖逾植髮峻極層巘周秦漢之三賢余目驗之所先石雖貞而云亡紙可寄而保傳史籀周宣王時史官著大篆教學童岐州雍城南有周宣王獵碣十枚並作鼓形上有篆文今見打本吏部侍郎蘇勗敘記卷首云世咸言筆蹟存者李斯最古不知史籀之迹近在關中卽其文也李斯上蔡人終秦丞相作小篆書嶧山碑後其石毀失土人刻木代之與斯石上本差稀又至德中安史敗後四從弟沼于河陽清水渠下得傳國璽其文曰受命于天既壽永昌點畫皆隱起作龍鳥狀側文小篆曰魏所受漢傳

國璽背上蟠螭一角折鼻尖有黃疵瑕按驗譜牒乃無差舛云斯所書蔡邕字伯喈陳留人終後漢左中郎將今見打本三體石經四紙石既尋毀其本最稀惟稜雋及光和等碑時時可見草分章體肇起伯度時君重而立名自我行而作故掣波循利創質蓄怒杜操字伯度京兆人終後漢齊相章帝貴其蹟詔上章表故號章草今見章草書五行魏之仲將奮藻獨步或逬泉湧溢或錯玉班賦蹟遺情忘契入神悟然而負才藝履危懼膏明自煎鬚髮改素生非其代痛惜不遇名微格高復見叔茂體裁簡約肌骨豐嫮如空凝斷雲水泛連鷺韋誕字仲將京兆人終魏光祿大夫時凌雲臺成先誤釘牓明帝使誕坐籠以鹿盧引上就書去地二十五丈及下鬢髮皓然虞松字叔茂會稽人終魏中書令大司農今見隸紙草書具姓名一紙十一行也挹子

元之瓌蹟高子上之雄神量蘊文儒才苞古眞或寄詞達禮任道懷仁或仰則鍾繇平視衛臻如晴郊駟馬維岳降神司馬師字子元河內人終魏錄尚書事大司馬忠武公及炎受禪追尊曰景皇帝今見正書帶名一紙一十二行弟昭字子上終魏相國錄尚書事封文王追尊文皇帝今見正書具姓名兩紙共一十二行觀士季之軌轍審鍾家之超越將遺古而偕能與象賢而蹈拙如後生之可畏實氣蓋於前哲鍾會字士季潁川人繇子終魏征西將軍今見帶名行書一紙八字吳則廣陵休明朴質古情難以窮眞非可學成似龍蠖蟄啓伸盤復行皇象字休明廣陵人終侍中吳青州刺史今見帶名章草帖表七行并寫春秋哀公上第二十九卷首元年餘自二年至十三年盡尾足其紙每一大幅有一縫線聯合之六元凱押尾云此是繭紙緊薄有脈似樺皮以諸繭比類殊有異者也賀氏與伯同時共體瘠而不踈逸而寡禮等殊皇賀品類兄弟賀劭字興伯吳興人終吳太子太傅見章草書帶名一帖五行司馬氏之受禪炎爲帝祖偉哉齊王手蹟目覩翰墨之外仁賢是優重則突兀嵩華輕則參差斗牛司馬攸字大猷文帝第二子武帝弟封齊獻王官至侍中大司馬今見正書帶名凡四段共三紙書有痛惜羊祜之言晉姓司馬國犯先諱不言晉也逮乎龍化東遷景文興嗣天然俊傑毫翰英異元帝之用筆可觀世瑜之呈規仰似如發硎刃虎駭鷄貽懦夫喪精劍客得志元帝諱睿字景文東朝中興之主當東遷謠曰五馬浮渡江一馬化爲龍卽其人也今見潛潤正書具姓名一紙七行兼雜批約有十處成帝則生知草意穎悟通諳光使

畏魄青疑過藍勁力外爽古風內含若雲開而乍覩晴日泉落而懸歸碧潭成帝諱衍字世根元帝孫明帝子庚氏內今見草批謝草張澄啓七行康帝則幼少閑慢迥出凡境駟馬安車不尚馳騁康帝諱岳字世同成帝弟今見行書批訥啓四紙共七行劉眞率孝武不規不矩氣有餘高體無所主若露滋蔓草風送驟雨孝武帝諱曜字昌明簡文子今見行書一紙又兩帖等雜批六處共有二十一行也赳赳道叔遠淳邁俗全姓名而孰多議風度而不足元子憚其威武吾徒遵其軌躅武陵王晞字道叔明帝弟今見具姓名正書一紙三行道子雅薄緜密纖潤露輕藏沈假曲蹋峻猶尺水之含眾象小山之擬萬仞會稽王道子孝武帝子今見具姓名行書一紙凡七行季初則隱姓名展纖勁寫揭共傳賞能之盛猶踞牙鉤爪超越陷穽楊肇字季初滎陽人晉荊州刺史今見草書一紙十行有古署榜無姓名今共傳搨之巨源正書朴略仍餘染翰忘筌寄情得魚若披堅草澤匿銳茅廬山濤字巨源河內人晉侍中司徒今見正書帶名一帖四行叔夜才高心在幽憤允文允武令望令聞精光照人氣格凌雲力舉巨石芳逾眾芬嵇康字叔夜譙國人晉中散大夫今見帶名行書一紙五行季鷹有聲古貌磅礴雖無名驗攀附張索芝靖如凝陰斷雲垂翅一鶚張翰字季鷹吳郡人晉大司馬掾今見草書一帖三行有古榜名滿鶱押尾子尼簡約片月孤峰千歲之下森森古容蔡充字子尼陳郡人晉成都王掾子謨過江食蟹遇毒者本朝尚書僕射見帶名草書一

帖四行彥先尚質，無而不有；猶崆峒之上，世俗誰偶。顧榮字彥先，吳郡人，晉驃騎將軍，今見草書帶名三帖，共有一十二行。越石偉度，粃糠翰墨，如伐樹而愛人，似問鼎而在德。劉琨字越石，中山人，晉太尉，今見行書半紙，具姓名五行。敬思敬康，二孔殊芳，思行則輕利峭峻，類鷩蚪逸駿；康草則古質鬱紆，如落翮摧枯。孔偘字敬思，會稽人，晉大司農，今見具姓名行書一紙七行。孔瑜字敬康，會稽人，車騎將軍，今見具姓名一紙三行。雍容士行，季孟公旅，肌骨閒媚，精神慢舉，如辭山登朝，混迹雜處。陶侃字士行，秣陵人，晉侍中大將軍，今見帶名正書一紙十行。孝文剛斷，謹正援毫，古雖拙利，今稱且高，如貴冑之躍駿，武賁之操刀。熊遠字孝文，豫章人，晉大將軍長史，今見具姓名正書啓七紙。

思遠則藁草懸解，筆墨無在，眞率天然，忘情罕逮，猶羣雀之飛廣廈，小魚之戲大海。應詹字思遠，汝南人，晉鎮南大將軍，今見草表帶名二紙，共一十七行。望之之草，緊古而老，落紙筋盤，分行羽抱，如充物多士，交連雜竇。卞壼字望之，濟陰人，晉侍中驃騎大將軍，今見帶名草書一紙，共六行。體大法殊，實推世踰，稟天然而自強，亂帝札而見拘，猶朝廷宿舊，年德相趨。劉超字世踰，琅琊人，晉衛尉零陵忠侯，今見帶名正書一帖三行。超手筆與元帝相類，自職居近密，遂絕其與外人所交之書也。叔文法鍾，纖薄精練，用筆雖巧，結字未善，似漸陸之遵鴻，等窺巢之乳燕。謝藻字叔文，會稽人，晉中書侍郎，今見具姓名正書啓兩段，合爲一紙五行，其半先在官，半在外，得之勘合如一，得新故異也。及博哉四庾，茂矣六郗，三謝之盛，八王之奇，至如強骨慢轉，逸足難追，斷蓬征蔓，葛垂任縱，盤薄是稱，元規。庾亮字元規，潁川人，晉太尉，今見草書五紙，行帖共八行，具姓名草書又一縱十一行。遺古效鍾，叔豫高蹤，雖穩密而傷浮淺，猶葉公之愛畫龍。庾懌字叔豫，潁川人，晉衛將軍，今見正行書帶名一紙四行。積薪之美，更覽稚恭，名齊逸少，墨妙所宗，善草則鷹摶隼擊，工正則劍鍔刀鋒，媿時譽之未盡，覺知音而罕逢。其荒蕪快利，彥祖爲容，似較狡兔於大野，任平坡之所從。庾翼字稚恭，晉車騎將軍，今見草書四紙，共二十六行，具姓名正書一帖三行。懌與翼並是亮弟。庾準字彥祖，希子，亮孫，晉豫州刺史，今見具姓名草書一紙，凡八行。道嶶之豐茂，宏麗下筆，而剛決不滯，揮翰墨而厚實，深

沈，等漁父之乘流，鼓枻高平，奕葉盛德，遺能方回，重熙接翼，嗣興同則，章健草逸，發虯廉棱，若冰釋泉湧，雲奔龍騰。密壯奇姿，撫蹟重熙，若投石拔距，怒目揚眉，景興當年，曷云世乏，正草輕利，脫略古法，蹟因心而謂何，爲吏士之所多，惜森然之俊爽，嗟蕞爾於中和。處約道允，家之後俊，狂草勢而兄優，謹正書而弟潤，俱始登於學次，慙一虧於九仞。郗鑒字道嶶，高平人也，晉太宰，今見草書三紙，共十七行。郗愔字方回，曇字重熙，並鑒子。愔晉司空，見章草書寫父雜表一首四十三行，草書八紙。曇晉中郎將，今見具姓名草書一紙四行。郗超字景興，愔子，晉臨海太守，今見具姓名行草書共四紙。郗儉之字處約，晉太子率更令，今見具姓名草書兩紙。郗恢字道允，晉鎮軍將軍，今見具姓

名草書及行書共兩紙處約道允並是晏子謝氏三昆尚草特峻猶注飛澗之瀑溜投全牛之虛刃達士逸蹟乃推無奕毫翰云爲任興所適能事雅量末歸安石至夫蘊虛靜善草正方圓自窮禮法拘性猶恒德之仁智應物之龜鏡恨其心懼景興書輕子敬塞盟津而捧土損智力有餘病謝尚字仁祖陳郡人晉散騎常侍今見具姓名草書一紙六行謝奕字無奕晉鎮西將軍今見帶名行書一紙六行謝安字安石尚弟晉侍中太傅今見具姓名正書二紙三十行安得獻之書時斷作紙夾焉業盛琅琊茂宏厥初衆能之一乃草其書將以潤色前範遺芳後車風稜載蓄高利有餘類賈勇之武士等相驚之戲魚有子敬倫蹟存目驗以

古窺今調涉浮艷尚期羽翼鴻漸芝蘭香染與兄揭而弟眞將奢也而寧儉繩繩宜爾傑出季炎露鋒芒而豁懷傍禮樂而無檢猶搏扶搖而坐致超峻極而非險王導字茂宏琅琊人晉丞相諡曰文獻公今見具姓名草書兩紙共六行王劭字敬倫卽導子晉車騎將軍今見具姓名草書一紙六行兄卽恬洽不見眞蹟洽子珉字季炎晉中書令今見具姓名草書一紙凡八行然則窮極奧旨逸少之始虎變而百獸跧風加而衆草靡肯綮遊刃神明合理雖與酣蘭亭墨仰池水武未盡善韶乃盡美猶以爲登泰山之崇高知羣阜之迤邐遠乎作程昭彰褒貶無方穠不短纖不長信古今之獨立豈末學而能揚幼子子敬創草破正雍容文經踴躍武定態遺妍而多狀勢由己而靡罄天假神憑造化莫竟象賢雖乏乎百中偏悟何慙乎聖斯二公者能知方祁氏之奚午天性近周家之文武誠一字而萬殊且含規而孕矩然而眞蹟之稱獨標偲偲忘本任心余所不取何哉且得於書法失於背古是知難與之渾樸言可以爲聾斷主矣王羲之字逸少晉右軍將軍前後多見行草書唯正書世上稀絕幼子獻之字子敬晉中書令今世上多見行書獨步不可具舉蹟書之書稱二王輒加眞字餘雖超越者並通謂之絕跡蓋俗學之意也溫溫伯輿亦扇其風風流之表軒冕之中骨體慢正精彩沖融已高天然恨乏其功如承奕葉之貴

胄備夙訓之神童王廞字伯輿卽導孫薈子晉司徒左長史今見帶名草書一紙七行粤若太原之英二子間生仲祖慕元常之則懷祖通文獻之情方言慕而我愧言慕鍾繇比叔文而彼榮比叔文卽謝藻習所通而不及言通王導參放之而先鳴參溫放之結束體正肆力專成猶棟梁富於合抱巧匠斲而未精卽王濛也高利迅薄連屬攲傾猶鳥避羅而勢側泉激石而分橫卽王述也王濛字仲祖太原人晉金紫光祿大夫今見具姓名正書一紙二行王述字懷祖太原人晉尚書令藍田侯今見具姓名草書一紙三行若夫反古不忘吾推世康似無逸少如稟元常猶落太階之蓂莢掇祕府之芸芳丁潭字世康會稽人固孫彌子晉散騎常侍今見正草書各一紙共十行次道淳實

寡於風彩。自是雄姿。翰墨具在。如士大夫之京華遊處。參貴冑而膚質未攺。（何充字次道廬江人庾亮舅晉侍中司空今見帶名行書三行）行仁靡雜。唯鍾是師。悅端閑於高軌。能終始於清規。雖帶偏薄。亦能鄰幾。若鳳雛始備於五彩。長松僅攀乎一枝。（劉訥字行仁琅琊人晉散騎常侍今見康帝啓四紙共有三十五行也）貞長則草含稚恭之厚爽。正邇越石之羈束。輕浮森峭。穠媚藻縟。落眾木於秋杪。狎羣鷗於水曲。（劉炎字貞長沛郡人晉丹陽尹今見具姓名行書及草各一帖共六行）國明勵躬。鍾氏餘風。壯利纖薄。守雌知雄。如道門之子。仙路時通。（張澄字國明吳郡人嘉之子晉光祿大夫今見咸康八年帶名正書上成帝啓一紙七行）猗歟子成。徇蹟過

名。正隸敦實。藁草沈輕。元常高風。雖疎復呈。猶不考擊之鐘鼓。含律呂之音聲。（劉璞字子成南陽人晉光祿勳即得道南岳魏夫人之子夫人魏舒女父義晉河內修武令今見具姓名行書及草兩紙共二十行）君祖馳騖。藝忝令譽。窮正驗草而罕遠。其能作偽亂真。而未可為據。正企鍾而悠邈。草師王而莫著。與夫敬仁道羣。（王修　江灌）或拔茅以連茹。猶銳意鵬舉。致身鷹鶱。（張翼字君祖下邳人晉東海太守時穆帝令翼寫王右軍手表帝自批後右軍殆不能別久乃悟云小人幾欲亂真今見具姓名正草書總三帖共十六行）元子正草。厚而不倫。若遺翰墨。猶帶真淳。似山林之樂道。非玉帛之能親。（桓溫字元子譙國人彝子晉丞相大司馬南郡宣武公今見其行草書帶名四紙共三十行）敬道耽翫。銳思

毫翰。依憑右軍。志在凌亂。草狂逸而有度。正疎澀而猶惲。如浴鳥之畏人。等驚波之泛岸。（桓元字敬道溫子歷晉義興太守自署丞相僭號曰楚今見帶名正行草書總十紙共六十行）道羣閑慢。氣格自充。始習新制。全移古風。與伯輿之合極。（王廞）若子敬之童蒙。猶富禮樂之世冑。備神彩於厥躬。（江灌字道羣陳留人晉侍中中護軍今見帶名行書一紙七行）長茂草勢。既捷而疎。慕王不及。獨斷所如。猶鷙鳥擊搏而失中。因蹭蹬於古墟。（沈嘉字長茂吳郡人晉吳興太守今見具姓名草書共三行）元寶剛直。兩王之次。骨正力全。軌範宏麗。凌突子敬。病於輕肆。同變武而習文。若訪龍而獲驥。（劉瓌之字元寶沛國人晉御史中丞義城伯今見帶名行書九行）季

舒纖勁。循古有禮。遇稀難評。唯署一啓。（劉廞字季舒會稽人晉光祿大夫今見書名啓一紙也）順陽筆精。吾見元平。近瞻元常。俯視國明。（張澄）利且掩薄。能多似生。如班輸之運斧。乏棟梁以經營。（范汪字元平順陽人晉安北將軍今見具姓名正書謝賜瓜啓四行矣）武子正筆。頗全古質。去凡忘情。任樸不失。猶高人之與釋子。志由道而秉律。（范甯字武子汪子晉中書侍郎今見帶名正書啓三紙共二十一行）長民則全效子敬。便於性分。宏逸生於天機。眾妙總而獨運。凌所師而小薄。壯若已而不紊。猶豁其流而冰開。般其響而雷奮。（諸葛長民琅琊人晉輔國將軍宣城內史今見具姓名行書一紙六行）道和閑雅。離古躡真。慢正由德。高蹤絕塵。若

昂藏博達之士。謇諤朝廷之臣。劉穆之字道和東莞人晉侍中司徒今見具姓名行書一紙六行放之率爾。草健筆力。豈忘保持足見準則。猶片錦呈巧。細流不極。溫放之太原人嶠子晉黃門侍郎今見草書具姓名二行楊眞人之正行。兼淳熟而相成。方圓自我結構遺名。如舟楫之不繫混寵辱以若驚。眞人諱羲宏農人今見行書帶名六行宋斑訛緊。足光利用習古者或以爲輕。日新者必因而重。猶樸散而分形。器務成而立賦頌。宋斑廣平人晉相府參軍今見行書具姓名凡四行宋武德輿。法含古初見荅道和之啓。未拔有位之書。觀其逸毫巨麗。載兆虎變。高躅莫究其涯。雄風於焉已扇。猶金玉鑛璞。包露貴賤。劉裕

字德輿彭城人翹子晉太尉中書監封宋公後受禪稱宋武帝今見帶名批劉穆之啓兩紙共六行矣皇矣文帝。天知正隸。舉已達於縱橫。攀王媚於緊細。獻之向精專而習熟。幾可與之興替。尚瞻擊水之鵬。搏且並聞天之鶴唳。文帝諱義隆武帝第三子今見帶名正行書兩帖共七行雜批五處共有二十行也孝武則武威戢難。翰墨馳聲。雖稟訓而已高。恨一簣而未成。徒忌人之賢己。異及父之令名。武帝書視帝爲未及文與思話而雄強。追彥琳而愧恥。蕭思話孔琳之若夷狄之佳麗。慕顏容於桃李。孝武帝諱駿字休龍文帝第三子今見帶名正書啓十行又行書都四紙共十三行太宗徽音。用壯之心。遺棄鄙野。不無高深。快突俗工。匠古鄰今。冠櫃梨之下。果怯鸞鳳之珍禽。明帝諱彧字休炳孝武帝弟今見帶名行書四紙并批雜啓等共八行也南平休元。筆力自全。幼齒結構。老成天然。比夫鳥在鷇。龍潛泉。符彩卓爾。文詞粲然。南平王鑠字休元文帝第四子今見帶名啓正書兩行休茂尚沖。已工法則。長於用筆。結字短於精神。骨力性靈。可觀運用。未極。猶鳧雛鵠子。初備羽翼。海陵王休茂文帝第十四子今見正書帶名啓四行姚懷珍押尾後見三謝兩張。連輝並俊。若夫小王風範。骨秀靈運。快利不拘。威儀或擯。猶飛湍激矢。電注雷震。謝靈運陳郡人宋侍中祕書監今見帶名行書七行方明寛和。穩媚且潤。如幽閑女德。禮教士允。謝方明陳郡人惠連父宋會稽太守今見帶名正書箴三行也茂度逸翰。景初清規。或大言

而峻薄。景初對文帝云臣恨二王不得臣之體或寡譽而拙奇。王僧虔書用拙筆以自容並心輕兩王。蹟及宗師。擬鶴鳴而子和。殊鯉退而學詩。張茂度吳郡人敞子宋會稽太守今見具姓名行草書兩紙共十行張永字景初茂度子宋征西將軍今見正行草書五紙共三十行矣敬元則親得法於子敬。雖時移而間出。手稽無方。心敏奧術。虛薄而不忘本分。縱橫而粗得師骨。遇其合時髣髴唐突。猶圖騏驥而莫展。塑眞仙而非實。爾後王羊謬同。衆靡餘風。彥琳敬叔。允執厥中。孔則愈於緊速。病於乾偏。超舉之餘。窺羊及肩。猶蓬瀛心想。漢武風傳。競其豐利。又覩薄氏。纖圓克成。骨力猶稚。精彩潤密。乃誠莫貳。掩友

凌師抑亦其次雖鍮無金價而珉實玉類羊欣字敬元泰山人不疑子宋中散大夫與邱道護同授獻之筆法今見正行草具姓名書二十餘紙凡六七卷所言王羊謬同諺云買王得羊不失所望言虛也孔琳之字彥琳會稽人宋太常卿今見具姓名正行書三紙共二十行薄紹之字敬叔丹陽人宋給事中與楊孔並師小王今見具姓名行書四紙共二十八行淮水茂族敬宏不墜胡朝餘風翰墨兼至既約古而任逸亦遺能而獨駛猶創埏埴於昔人全樸略而成器王敬宏瑯琊人導孫桓元姊夫宋侍中左光祿大夫今見具姓名草書一紙四行也蔓衍枝派思元不忘穩厚而無法度淳和而蓄鋒芒猶君子自適順時行藏王思元瑯琊人宋南康太守今見具姓名行書三行顏氏儒門士遜墨妙大令典則中散氣調薄首孔肩體格惟肖

如鷺弦履險避地膺峭顏竣字士遜瑯琊人延之子宋右將軍東揚州刺史今見具姓名行書一紙五行言薄首孔肩則獻之羊欣紹之琳之桓公護之神凝筆遲富雅景乏士規猶門寒道高衣薛言詩桓護之字彥宗洛陽人宋寧朔將軍今見具姓名行書一紙四行翩翩正祖恭已法則師資小王深入閫域安知逸氣未詳筆力猶驥異真龍紫非正色駱簡字正祖丹陽人宋鉅野令今見行書一紙五行有姚懷珍徐僧權等押尾思話緜密緩步娉婷任性工隸師羊過青似梟鷗鴈鶩游戲沙汀蕭思話蘭陵人宋征西將軍丹陽尹今見帶名正書啟兩紙共十三行具姓名行書三行二王變古法有所屬兢兢秀之斂翰謹束如仙童樂靜不見可欲麗秀之宋江州刺史今見正書具姓名啓一紙十行仲遠循常由

衷適俗企彥琳之牆仍遵茂度之軌躅張茂度豈聞一而得三同出吳而入蜀巢尚之字仲遠魯國人宋寧朔將軍今見帶名行書七行世期旁通崛强斷制參方回之章法郗愔得敬元之草意羊欣匪庖丁之解牛同君子之不器裴松之字世期河東人宋散騎常侍大中大夫今見具姓名章草書慰勞文一卷二十四行長玉靡慢神閑態穠荷小王之偉質錯明帝之高蹤執德而風塵不雜發言而禮義攸從徐爰字長玉瑯琊人本名瑗避傅亮諱除玉宋大中大夫今見正書具姓名上明帝啓一紙五行江侯僧安健利而乾貌兼輕媚體出多端猶廣庭之卉木小苑之峰巒江僧安陳留人宋太子中庶子今見具姓名行書一紙八行道力草雄圓轉不窮壯自躬之體格

疲逸少之遺風猶立言而逍遙出世驗迹乃夙夜在公賀道力會稽人宋吳興令今見具姓名草書二紙共二十行齊高則文武英威時來運歸挺生紹伯墨妙翰飛觀乎吐納僧虔擠排子敬昂藏鬱拔勝草負正猶力稽牛刃水展龍性蕭道成字紹伯蘭陵人永之子宋右僕射太尉封十郡爲王及受禪卽位稱齊高帝今見具姓名行草書及雜批三十餘紙世祖宣遠象賢豈敢仰英規而無功超筆力而有膽莫顧程式率由胷襟能騁逸氣未忘童心若横波束薪泛濫淺深武帝諱賾字宣遠高帝長子今見帶名行草書及雜批等十餘紙子良則能知未善心遠蹟邇家風若遺古則翻鄙雖有力而無體將從眞而自美猶土階茅茨儉

德之始。竟陵王子良武帝子今見帶名行書四行彥回無節。筆翰亦爾。快利不拘。足用而已。如拔楓柳。抑亦杞梓。褚淵字彥回河南人宋末與高帝同掌樞密後齊臺建以佐命功授司徒中書監今見具姓名草書二紙共一十三行蔚先忠良。自我名揚。老成不虧。和雅允臧。若窮隱肥遁。志傲侯王。褚賁字蔚先淵之子齊秘書監因父憂免職便不仕時人以爲恥父失節於宋室遂爾屏居今見正書啓具姓名一紙凡八行非禮不言。從容始昌。如碩德君子。道義難量。而盛德有素。筆精源長。徐孝嗣字始昌東海人齊太尉尚書令今見正書啓共二紙簡穆父子。載茂餘芳。僧虔則密緻豐富。得能失剛。鼓怒駿爽。阻圓任强。然而神高氣全。耿介鋒芒。發卷伸紙。滿目輝光。才行兼而雙絶。名實

副。而特彰。如運籌決勝。威震殊方。伯寶次道。並資義訓。兄則雜太祖高帝而外兼稟家君。於已分。弟則纖薄無滯。過庭益俊。並能寬閑。墨妙逸速。毫奮比逵。士與君子。人不知而不慍。仲寶同夫季舒。署名莫窺牆仞。王僧虔瑯琊人曇首子齊尚書令簡穆公今見正書具姓名啓二并行書共十五紙王慈字伯寶王志字次道並僧虔子慈齊侍中冠軍今見具姓名行書兩紙共二十五行弟志齊侍中吏部尚書今見具姓名行書三帖共七行王儉字仲寶僧綽子齊尚書令今見署名啓行字而已與孔廞同廞字季舒茂謙則壯而不密。騁志恒俗。輕師模任縱欲。如勇夫格獸。徑越林麓。劉攜字茂謙彭城人齊太子洗馬御史中丞今見行書兩紙共二十行寶光楷之。同調合韻。差池去就。羽翮齊振。依蕭附王。道成

僧虔俱曰慕蘭。論骨氣而胡壯。驗精神而顧峻。猶岸柳之先春。得地連於河潤。顧寶光吳郡人齊司徒左西掾今見具姓名行書兩紙共二十行胡楷之南昌人齊度支尚書今見帶名行書一紙八行希秀之蹟。敬叔之倫。薄紹之正則謹促有度。草則拘檢靡伸。如儉德君子。清朝士人。徐希秀瑯琊人齊驍騎將軍今見具姓名行書草書兩紙共十二行思光逸才。揮翰無滯。超寶光之力。從僧虔之制。越恒規而涉往。出衆格而靡繼。如塞路逢轉。摩霄鳶唳。張融字思光吳郡人齊司徒左長史今見具姓名草書一紙九行梁則高祖叔達。恢宏厥躬。泯規矩合童蒙。文勝質而辭寡。明察衆而理窮。猶巧匠琢玉。心愜雕蟲。蕭衍字叔達蘭陵人順之子齊左僕射征東將軍封梁王及受禪即

位稱梁武帝今見帶名行書及制草雜批等四十餘紙簡文摹鍾。不瑕有害。慠景喬而含古。蕭子雲肩邵陵而去泰。簡文帝諱綱字世纘武帝第三子今見帶名正書啓四紙并寫禪師碑文六紙及行書四行世調則氣吞元常。若置度內。方之惠達蕭特旨趣猶昧。擅時譽而徒高。考遺蹤而罕逮。邵陵王綸字世調武帝第六子今見帶名行書三紙孝元不拘。快利雎盱。習寬疎於一體。加緊薄而小殊。惟數君之翰墨。稱去聲天倫之友于。皆可比蘭菊殊芳。鴻鴈異軀。孝元帝諱繹字世誠武帝第七子今見具姓名行書一十五行仲正則寬而壯。賒而密。婆娑蹣跚。綽約文質。稟庭訓而微過。任天然而自逸。若衆山之連峰。探仙洞而不一。蕭確字仲正綸子梁廣州刺史永安侯今

（見具姓名行草書兩紙一十五行）景喬則潤色鍾門。性情勵己。豐媚輕巧。纖慢旖旎。詩雖易其國風。賜豈賢於夫子。猶鸞窺鏡而鼓翼。虎不啞而履尾。（蕭子雲字景喬蘭陵人梁侍中國子祭酒今見正書具姓名啓及臨右軍書共三十行又見草書六十餘紙）名劣筆健。乃逢王克。通流未精。疎快不忒。猶腐儒宿士。運用自得。（王克瑯琊人梁尚書僕射今見具姓名草書四行有胡昂印尾）陸杲迅熟。騁健遺能。任縱便。無風稜。如郊坰羽獵。獼猿奔騰。（陸杲吳郡人梁光祿大夫揚州大中正今見具姓名草書九行）體雜閑利。覯夫彥昇。構牽掣而無法。任胷懷而足憑。猶注懸泉。咽凝冰。（任昉字彥昇樂安人梁吏部侍郎掌著作今見具姓名草書五行）茂遠捷銳。足以自給。彥和連環。迅不

可及。如過雨之奔簷。雷飛燎之赫原隰。（傅昭字茂遠北地人梁祕書監金紫光祿大夫貞子今見具姓名草書一紙一十一行朱异字彥和吳郡人中領軍右僕射今見具姓名草書一紙十三行）文海緊快。勢逸氣高。未忘俗格。銳意操刀。猶樂成名於朝野。嘗遁迹於蓬蒿。（王籍字文海瑯琊人僧虔子梁左塘令今見具姓名草書凡八行）季和慢遠。風規所屬。圓轉頗通。骨氣未足。（殷鈞字季和陳郡人梁國子祭酒今見行草書兩帖共有一紙三行）文璣纖潤。穩正利草。輒媚橫流。姿容美好。若其抑阮褒殷。庶幾同塵。似泉激溜於懸磴。木垂條於晚春。（阮研字文璣陳留人梁交州刺史今見具姓名正行草書五十餘紙）惟子深與惠達。總景喬之幼志。俱親拂毫。同陪結字。深正穩而寡力。達草寬而豐意。或比父而疎省。或過師而巧媚。誰與別其羅紈。且欲同乎篋笥。（王褒字子深瑯琊人規子梁尚書僕射蕭特字惠達子雲子梁海鹽令今見正行草書具姓名共有二十六紙）肩吾通塞。并乏天性。工歸文華。拙見草正。徒聞師阮。（阮研）何至遼敻。使鉛刀之均鋒。稱並利而則佞。（庾肩吾字子慎新野人梁度支尚書今見具姓名行書三紙）通明高爽。緊密自然。捭闔宋文。峻削阮研。截窺逸軌。不讓眞仙。猶龍髯鶴頸。奮舉雲天。（陶宏景字通明丹陽人隱居山林武帝追謚貞白先生今見具姓名正行書一十二行）彥淵氣懦。任力或滯。猶翩短風高。昇沈靡制。（江蒨字彥淵濟陽人梁吏部侍郎今見具姓名行書一紙三行）宏讓迅快。放誕可觀。利疾速。著輕乾。若星居僻陋。木蔓樛盤。

（周宏讓汝南人宏正弟今見草書七行有胡昂押尾）蠢蠢懷約。任己作制。若孤陋儒生辛勤一藝。（范懷約吳郡人梁東宮侍書今見正書寫正覽一卷并具姓名行書一紙）爰及陳氏。霸先創業。盤桓有威。牢落無法。等王師憑怒。挫衂攻劫。嗟文煬而不知。徒染毫而敗法。（陳霸先頴川人文讚子歷梁司空丞相封爲陳公後受禪即位稱陳武帝今見批沈格啓行書四行文帝諱蒨字子華武帝子見批陸瓊啓行書三行煬帝諱叔寶字元秀宣帝子今見帶名行書一紙）沈氏后德名標婺華。允光親署。獨美可嘉。如晚晴陣雲。傍日殘霞。（煬帝后沈氏吳興人君理之女今見署啓一紙婺華后字）叔齊鬱然。署押而已。伯仁軟慢。尺牘近鄙。欽榮之之勁舉。雖師心而入流。高疎壯浪。復覩伯謀。並如策馬馳逐。葦航泛浮。

新蔡王叔齊字子蕭煬帝弟官至侍中國子祭酒見署名書一紙盧陵王伯仁字壽之煬帝子官至光祿大夫中武將軍今見具姓名行書四行永陽王伯智字榮之盧陵王弟官至左翊將軍今見帶名行書七行桂陽王伯謀字深之永陽王弟官至丹陽尹今見帶名行書五行智永智果禪林筆精天機淺而恐泥志業高而克成或拘凝重蕭索寡聲或利凡通周章擅名猶能作緇門之領袖爲當代之準繩並如君子勵躬於有道高人保志而居貞會稽永欣寺僧智永俗姓王氏右軍孫今見具名眞草千文數本幷帶名草書二紙僧智果會稽人帶名草書一紙披陁總持獨步方外甘率性而衆異非接武於興會若時違隱淪卒不冠帶江總字總持濟陽人陳尚書令今見具姓名草書一紙三行孝穆鄙重剛毅任拙猶偏禆武夫膽勇智

怯徐陵字孝穆東海人陳左僕射今見正書帶名啓一紙仲倫則快速無度馳突不疎尺題已終筆勢仍餘似逸籠檻之衆鳥恣飛鳴之所如沈君理字仲倫吳興人陳尚書吏部郎中駙馬都尉今見具姓名草書一紙德章率爾流浪急速骨氣乍高風神入俗符縱志而失道等潰河與顛木袁憲字德章陳郡人陳右僕射今見具姓名草書兩行有胡昂印尾快哉伯武心空手敏古風若遺令範惟允如平郊逸驥晚景飛隼毛喜字伯武滎陽人陳吏部尚書今見具姓名草行書共有四紙翩翩濟陽茂世希祥任樸無闇適俗不忘父輕而迅子凜而强蔡景歷字茂世濟陽人陳度支尚書今見具姓名行草書三紙子徵字希祥陳中書令今見具姓名草書二紙接武隨波雷同野玉如異磽肥之挺質

俱竹柏之凌霜顧野王字希馮陳黃門侍郎領大著作今見具姓名草書二紙知道則寬疎弛慢無可取則削凡常病窒塞猶岸陸縱獨艱辛騁力伏知道昌平人陳鎭北長史今見具姓名草書三紙含茂悠悠薦臻同德迫時季而陵替俱道喪於翰墨徒麋鹿爲後先非勝負可差忒謝嘏字含茂陳郡人陳中書令今見具姓名草書三紙賀氏曰朗雖非動人不事筆力猶阻學貧三者若宦游旅泊衣化風塵賀朗會稽人陳祕書監今見具姓名行書三紙文深孝逸獨慕前蹤至師子敬如欲登龍有宋齊之面貌無孔薄之心胸趙文深天水人後周爲書學博士書蹟爲時所重孝逸陽陰人隋四門助教深師右軍逸效大令甚有功業當平梁之後王褒入國舉朝貴胄皆師於褒唯此二人獨負二王之法俱入隋臨二王

之蹟人間往往爲寶耳蕭條北齊浩汗仲寶劣充凡正備法緊草遐師右軍歘爾由道究千變而得一乘薄俗而居老如海岳高深青分孤島劉珉字仲寶彭城人彥英子北齊三公郎中今見具姓名草書十二紙隋則元平嗣芳訛熟名揚彥謙草力浮緊循常糟粕右軍之化依稀夫子之牆皆如盆星榆之衆象無月桂之孤光劉元平珉之子潔志高蹈隋贈貞範先生今見具姓名行書二紙房彥謙清河人司隸刺史今見具姓名草書十紙昌衡跌宕率爾而作雖蔑法而或乖乃由衷而不怍似野笋成竹長風隕籜盧昌衡字子均范陽人隋侍中贈司空父道虔子均隋禮部侍郎太子左庶子今見具姓名行書二紙

述書賦下

我巨唐之膺休。一六合而闡幽。武功定。文德修。高祖運龍爪。陳睿謀。自我雄其神貌。冠梁代之微猷。神堯皇帝隴西李氏諱淵仕隋官至殿內少監右驍衛將軍大丞相封唐王及受禪即位革隋爲唐又王右軍書柱作爪形時觀者號爲龍爪書高祖師王褒得妙故有梁朝風格焉太宗則備集王書。聖鑒旁啓。雖躡閻井。未登階陛。質詎勝文。貌能全體。無風骨。總法禮。文武皇帝諱世民神堯子當貞觀年中鳩集二王眞蹟徵求天下并充御府武后君臨。藻翰時欽。順天矜而永保先業。從人欲而不顧兼金。則天皇后沛國武氏士彠女臨朝稱尊號曰大周金輪皇帝時鳳閣侍郎石泉王公方慶即晉朝丞相導十世孫有累代祖父書蹟保傳於家凡二十八人緝成一

十一卷后墨制問方慶方慶因而獻焉后不欲奪志遂盡摹寫留內其本加寶飾錦䙺歸還王氏人到于今稱之右史崔融撰王氏寶章集序具紀其事睿宗垂文。規模尚古。飛五雲而在天。運三光以窺戶。睿宗皇帝天后第四子性淳和好書史尚古質書法正體不樂浮華開元應乾。神武聰明。風骨巨麗。碑版崢嶸。思如泉而吐鳳。筆爲海而吞鯨。諸子多藝。天寶之際。蹟且師於翰林。嗟源淺而波細。開元天寶皇帝仁孝慈和兼負英斷好圖書少工八分書及章草殊異英特自諸王殿下已下多效吳嗣李涂雖有工夫不能高遠開元中八分書北京義堂西岳華山東岳封禪碑雖有當時院中學士共相摹勒然其風格大體皆出自聖心漢王童年。自得書意。夙承義獻。守法不二。漢王元昌文皇帝弟惠文靡倦。博好敦勸。恨夫有始無終。灰燼成空。苟懼存而

投閣徒榮。歿而昇官。尚可謂梁園筆壯。樂府文雄。累聖重光之盛業。六書一藝之精工。非所以抑至人之徇己。服勇士以雕蟲。責繁聲於韶濩。徵艷色於蒼穹者也。岐王元範追冊惠文太子開元皇帝弟時天府圖書爲張昌宗竊換張氏誅後歸薛稷稷沒爲王所得初不聞奏後慮焉乃盡焚之言樂府文雄者王多能好事有文詞特爲歌者所唱爰有懷琳。厥蹟疎壯。假他人之姓字。作自己之形狀。高風甚少。俗態尤多。吠聲之輩。或浸餘波。李懷琳洛陽人國初時好爲偽蹟其大急就稱王書及七賢書假云薛道衡作敘及竹林敘事并衛夫人咄咄逼人嵇康絕交書並懷琳之偽蹟也有姓謝名道士者能爲繭紙嘗書大急就兩本各十紙言詞鄙下跋尾分明徐唐沈范蹤迹烜赫勞茹裝背持以質錢貞觀中敕頻搜尋彼之錢主封以詣闕太宗殊喜賜縑二百疋懷琳乃上別

本因得待詔文林館故在內之本有貞觀印焉頃年在右相林甫家後本在張懷瓘處尋博易與李起居若乃出自三公。一家面首。歐陽在焉。不顧偏醜。顣翹縮爽。了裊黝糺。如地隔華戎。屋殊戶牖。學有大小夏侯。書有大小歐陽。父掌邦禮。子居廟堂。隨運變化。爲龍爲光。歐陽詢長沙人紇之子幼孤陳中書令江總收養書出於北齊三公郎中劉珉官至率更令太常少卿子通亦能繼美拜納言封渤海公永興超出。下筆如神。不落疎慢。無慙世珍。然則壯文幾而老成。與貞白而德鄰。如層臺緩步。高謝風塵。纂煥嗣聖。體多拘檢。如彼珷玞。亂其琬玉。虞世南會稽人荔之子蹟居四公之上官至祕書監贈禮部尚書封永興公子纂孫煥皆能繼世煥授武官在仗宿衛初隋有猛將來護兒子恒濟皆負才學入唐繼登三事故陸

元方所云來護兒兒把筆虞世南兒帶刀言物極則反一至於此也河南專精克儉克勤伏
膺告誓銳思猗文恐無成於畫虎將有類於效顰雖價重
衣冠名高內外澆漓後學而得無罪乎褚遂良河南人兼愛子尚書左僕射
河南公兼愛名亮東都人東之效虞疎薄不逮少保師褚菁華却倍超
碩鼠之效能愧隋珠之掩纇陸東之吳郡人仁公子虞氏之出官爲著作郎薛稷河東
人太子少保房文昭則雅而和隱乃訛精神乏氣胷臆餘波若
蘋萍異品共泛中河房喬字元齡清河人彥謙子官至司空贈太尉文昭公殷公王
公兼正兼署大乃有則小非無據騏驎將騰鸞鳳欲翥題
二牓而蹟在歎百川而身去殷仲容陳郡人不害之孫令名之子奕世工書尤善書額

官至禮部郎中書汴州安業寺額京師褒義開業資聖寺東京太僕寺靈州神馬觀額皆精妙曠古王知敬太原人
門傳孝義工正行善署書與殷殊塗而同歸兼草書弟知愼工圖畫兒官至祕書少監當時雙絕與仲容齊肩天后
詔一人署一寺額仲容題資聖知敬題清禪俱爲獨絕洛川長史德政二寶碑在修行寺東南角即知敬之蹟極峻
利豐秀清禪資聖寺至今路人識者駐馬往觀普濟度寺即父令名手蹤皆爲後代程式王祕監則首
未全貞尊道重德或終紙而結字或重模而足遵句反墨漫
落風規雄壯氣力播清譽而祖述屢見賞於有識如曲圍
鴻飛芳園桂植王紹宗瑯琊人修禮子官至祕書少監虔禮凡草閭閻之風
千紙一類一字萬同如見疑於冰冷甘沒齒於夏蟲孫過庭字
虔禮富陽人右衛冑曹參軍張長史則酒酣不羈逸軌神澄回眸而壁
無全粉揮筆而氣有餘興若遺能於學知遂獨荷其顛稱
張旭吳郡人左率府長史俗號張顛雖宜官售酒子敬揮帚遐想邇觀莫能
假手拘素屏及黃卷則多勝而寡負猶莊周之寓言於從
政乎何有後漢師宜官工書嗜酒每遇酒肆輒書於壁遠近咸觀酒因大售計價償足而滅之王子敬以
帚泥書壁觀者如市已上皆言旭之可比湖山降禮狂客風流落筆精絕芳詞
寡儔如春林之絢彩實一望而寫憂雍容省闥高逸豁達
解朝服而歸鄉斂霓裳而辭闕賀知章字維摩會稽永興人太子洗馬德仁之孫少
以文詞知名工草隸書進士及第歷官太常少卿禮部侍郎集賢學士太子右庶子兼皇太子侍讀檢校工部侍郎
遷祕書監太子賓客慶王侍讀知章性放善謔晚年尤縱無復規檢年八十六自號四明狂客每興酣命筆好書大

字或三百言或五百言詩筆唯命問有幾紙報十紙紙盡語亦盡二十紙三十紙紙盡語亦盡忽有好處與造化相
爭非人工所到也天寶二年以老年上表請入道歸鄉里特詔許之重令入閣諸王以下拜辭上親製詩序令所司
供帳百寮餞送賜詩敘別知章表謝手詔答曰卿儒才舊業德著老成方欲乞言以光東序而乃高蹈世表歸心妙
門雖雅意難違良深耿歎眷言離祖是用贈詩宜保松喬愼行李也兒子等常所執經故令親別尊師之義何以謝
焉仍拜其子典設郎子曾爲朝散大夫本郡司馬以伸侍養知章以羸老乘輿而往到會稽無幾老終元年冬十二
月詔曰故越州千秋觀道士賀知章神清志逸學富才雄挺會稽之美箭蘊昆岡之良玉故飛名仙省侍詔龍樓願
追二老之奇蹤克遂四明之狂客允協初志脫落朝衣駕青牛而不還狎白鷗而長往舟壑靡息人琴兩亡惟舊之
懷有深追悼宜加縟禮式展哀榮可贈兵部尚書者也廣平之子令範之首婭姹鍾
門逶迤王後武都先覺翰墨泉藪子敬元常得門窺牖侍

中簡穆。異代同友。於孔門而升堂。惜顏子之不壽。徐嶠之東海人廣平太守子浩中書舍人國子祭酒李造隴西人武都公言侍中簡穆郎子雲僧虔韓常侍則八分中興。伯喈如在。光和之美。古今遠代。昭刻石而成名。類神都之冠蓋。韓擇木昌黎人工部尚書歷右散騎常侍赫赫許昌。翰苑文房。徵前賢而少對。當聖代而難方。田琦鴈門人德平之孫工八分小篆署書圖畫寫洪崖子張氳雲樓并雪木行於世官歷陝令豫蘄許等州刺史兼裴背有孫栖梧尤妙其事德平武德功臣拜兵部尚書衞包蔡鄰。功夫亦到。出於人意。乃近天造。衞包京兆人工八分小篆通字學兼象緯之術官至尚書郎蔡有鄰濟陽人善八分本拙弱至天寶之間遂至精妙相衞中多其蹟滎陽昆弟。內外光華。揮毫美麗。自是一家。幼弟曰逾。丹青大誇。信斲

玉而剖石。郎揀金而披沙。鄭遷及弟邁遇並工八分崔氏出中書令湜之甥遷官至浚儀尉季弟逾善山水天寶中知名梁宋溫良之德。書畫兼美。誠依仁以遊藝。同上善之若水。皇室李權工八分弟樞工小篆姪平鈞亦善小篆兼妙山水並冠絕一時淮安王神通曾孫權官歷金州刺史樞侍御史平鈞富詞學江陵掾詩興入神。畫筆雄精。李將軍世稱高絕。淵微已過。薛少保時許美潤。合格不珍。右丞王維字摩詰瑯琊人詩通大雅之作山水之妙勝於李思訓弟太原少尹縉文筆泉藪善草隸書功超薛稷二公名望首冠一時時議論詩則曰王維崔顥論筆則曰王縉李邕祖詠張說不得預焉幼弟紞有兩兄之風閨門之內友愛之極史侍御惟則必優。世業喈乎籀篆。古今折衷。大小應變。如因高而矚遠。俯川陸而必見。史惟則廣陵人殿中侍御史郎諫議大夫白之子白善飛白

吾家世業。趙郡李君。嶧山並鶩。宣父同羣。洞於字學。古今通文。家傳孝義。意感風雲。李陽冰趙郡人父雍門湖城令家世住雲陽承曰門作尉冰兄弟五人皆負詞學工於小篆初師李斯嶧山碑後見仲尼吳季札墓誌便變化開闔如虎如龍勁利豪爽風行雨集文字之本悉在心胸識者謂之蒼頡後身澥子騰冰子均並詞場高第幼子曰廣勤學孝義以通家之故皆同子弟也延安君則快速不滯。若懸流得勢。三原君則婉媚巧密。似垂楊應律。吾舅諱繪彭城人也延安都督姨兄明若山西平原人京兆三原縣尉大理評事宋儋李璆。擅美中州。李師王而意淺。宋祖鍾而體流。宋儋字藏諸廣平人高尚不仕戶部侍郎宇文融薦授祕書省校書郎作鍾體而側戾放縱跡不副名開元末舉場中後輩多師之李璆隴西人御史大夫傑之兄子性速達輕財重義筆蹟緊媚亦有聲於代爲狄字清李漸所師員外蕭

公。名成於薛。安西變體。光潤愉悅。蕭公名誠蘭陵人梁之後起家奉禮郎開元初時尚褚薛公爲之最拜右司員外郎善造斑石文紙用西山野麻及虢州土穀五色光滑殊勝子彭張氏四龍。名揚海內。中有季弟。功夫少對。右軍風規。下筆斯在。張從申長史文場擢第弟從師監察御史從儀灼然有才從申志業精絕工正行書握管用筆其於結密近古所少恨歷覽不多聞見遂寡右軍之外一步不窺意多搨書闕其眞蹟妙也呂公歐鍾。相雜自是一調。雖則筋骨乾枯。終是精神嶮峭。其於小楷。尤更巧妙。呂向東平人開元初上美人賦忤上時張說作相諫曰夫鷙拳脅君愛君也陛下縱不能用容可殺之乎使陛下後代有愎諫之名而向得敢諫之直與小子爲便耳不如釋之於是承恩特拜補闕賜綵百段衣服銀章朱紱翰林待詔頻上賦頌皆主諷諫兼皇太子文章及書官至給事中中書舍人刑部侍郎文詞學業當代莫比有子曰廣聰利俊秀

(有吏才拜監察御史)吾兄則書包雜體首冠衆賢手闕目瞥瞬息彌年比夫得道家之深旨習閬風而欲仙(家兄蒙字子全司議郎安南都護)馬家劉氏臨效逼斥安西蘭亭貌奪眞蹟如宓妃遺形於巧素再見如在之古昔(翰林書人劉秦妹歸馬氏)押署則縫僧權似長松挂劍尾滿騫如盤石臥虎(徐僧權中山人滿騫富陽人)繁多乃懷充懷珍稀少乃延祖允祖(唐懷充晉昌人姚懷珍武康人陳延祖長城人范允祖順陽人)熾文時有何妥近覩雖正姓名美其傲古恨連書於至寶無尺牘之行伍(沈熾文武康人何妥外國人翊子梁中書侍郎名作當時書證)印驗則玉斵胡書(太平公主武氏家玉印有四胡書今多墨塗存者蓋寡梵云三藐母馱四字也)金鐫篆字少

能全一多不越四國署年名家標望地獨行龜益(即魏王恭家印)並設竇泉(范陽功曹竇泉書印)貞觀開元文止於二(太宗元宗所用印)陶安東海徐李所祕(徐祭酒嶠之印李起居造印)萬言方寸翰圍所類(延王友竇永書印)張氏永保(張懷瓘印)任氏言事古小雌文東朝周顗(東晉僕射周顗印)審定寶蒙(議郎竇蒙書印)亭侯襲貴猗歟劉鄭門承貂珥義仰彭城(金部郎中劉繹書印)鄴周印異(相國鄴侯李泌印宣州長史周昉印)或有慙於稽古諒無乏於雅致宋虞龢表聞於明皇帝齊簡穆書答於竟陵王表稱委盡書乃備詳(宋中書侍郎虞龢上明皇帝表論古今妙蹟正行草楷紙色標軸眞僞卷數無不畢備表本行於世眞蹟故起居舍人李造得之齊司空簡穆公瑯琊王僧虔答景陵王子良書序古善書人評議無不至當本行於世其眞蹟今御史大夫黎翰得之)藻鑒則梁高祖巧而未博(武帝時撰書評)邵陵王博而未至(蕭綸亦撰書評)庾中庶失品格拘以文華(梁庾肩吾撰書品論)傅五兵比亡年廣於職位(梁傅昭撰書法目錄)名錄編於司馬(隋蜀王府司馬姚最撰名書錄)善狀集於散騎(左散騎常侍姚思廉集善書人名狀)李亞相著藻飾之繁(右御史大夫李嗣眞撰書品)張兵曹粗習翫之秘(率府兵曹鄂州長史張懷瓘撰十體書斷上中下)考數公之著稱多約傳而立記余不敏於登高豈虛言而求備敢直筆於親覩非偏譽於所嗜也我小司空韋公曰述職該藝府才同史筆茂族挺生聖朝間出若乃聞異聞之旨接片善之勤則必

忘疲吐握不間風塵所談而改觀成市所賫而增價爲珍小擅聲於自我大推美於其人彼凡百而馳名既往遇此公而其德唯新可謂千載一時孤標絕倫矣(韋述京兆人尚書工部侍郎)及乎驗德力之工拙知古今之優劣余稽古而翫能因假能而有說匪徒姓名記錄面首超越相質披文虛空歲月者矣是用相如慕藺撫新蹟而忘懷豈甘賜也望回抱遐心而結舌終冀乘時出處備展名節其或萃傳巖(鍾紹京南康人中書令光祿大夫聚寶捐金川流海納)而會潁川(家伯諱瓚邠王司馬耽翫違旨固求不匱)歸右史(李造拂鏡旁通傾心善價)而入補闕(席巽安定人右補闕心專務得家業或遺)祭酒浩(徐

(法則道存徵求非利)翰林之尋繹。(張懷瓘兄弟懷瓌威王府司馬並翰林待詔俱好無厭亦能臆斷)烏臺(潘履慎滎陽人監察御史克遵能事採翫芳猷)粉署之敦閱。(蔡希寂濟陽人金部郎中習學)(潤身假借盈幅)欣給事之道宏。(族兄紹給事中志宏雅道不倦虛求)仰議郎之區別。(家兄鋭思窮源增輝改觀)韓生委輸。(韓滉潁川人給事中委質慮遠推誠道博)滕子擁決。(滕昇)(歙州婺源縣令取舍若流通利泉藪)張氏旁求。(懷瓘海陵人皇鄂州司馬利無推斥道在專精)陸家胥悅。(陸曜吳郡人卷緝餘芳事窮前志)釋胐超彼岸。(東京福先寺僧良胐新羅人俗姓林氏遇)(捐衣鉢逸冠儕流)梅仙行無轍。(高志宜渤海人同官尉氣合古風利加能事)溫播金聲。(溫晁太原人國子簿悉心景慕徒眾博求)崔含冰潔。(崔曼倩清河人鄠縣尉浩汗經營見如不及)若驚陳趙。(陳閎潁川人陳王府長史趙微明天水人或志敦習學或自悅古能皆翫之無斁也)賈勇徐

薛。(徐守行東海人監察御史薛邕河東人郎中或推古招致或究能詮拔並求之不已)關郭雙奮飛。(關偶隴西人郭暉太原人或規規耽好或楚楚傳寫)潘袁兩傾竭。(潘淑會稽人袁明陳郡人或披尋洽道或耽翫樂貧)簪纓布素。申道閒設。既輻輳而川流。並觀光於後哲。遠珠玉之無脛可得略而言。曰長安則穆聿(聿咸陽麗店人少以販書爲業後至德中因告訐徵搜古蹟并強佔石泉公家則天皇后所還書功白身受金吾長史改名祥蹈險邀榮乘危射利)王昌(遼東人詞荒智役)導其源。葉豐(括州人貌恭性僻)田穎(長安人志凡識滯)委其軀。必拾遺市駿。懷寶飛兔。洛陽則杜福(河南人論熟行巧)劉翌(洛陽人節苦心廉)窮彌固。齊光(河南人道寡業微)趙旻(河內人智專別識)樂忘劬。(此四人者洛陽販書者)皆誇目動利。實繁有徒。詩不云乎。匪斧。

語有之曰反隅。若或徵數子之運用。甘千里之殊塗。則我雞犬而無來無往。子衣裳而不曳不裾。成一家之憬彼。睽四海之友于。(言通貨利)事符道因。心與日親。幾變灰律。涉歷冬春。互爲賓主。往返周秦。左翊吾兄。業窮幽遠。(名錫同州別駕)龍興張揖。道契貞淳。(與潘淑獻書拜官今任龍興縣尉)雅興閉關。以隨扣古風。開卷以襲人。不然者。何窮獨而恣怡悅。何市朝而貪隱淪。(言尚往來)眾矣森然。往哲來賢。一朝而星羅入眼。百代而雲披及肩。身已沒兮若休。蹟遺芳而可傳。彼金印玉璽。豐碑貨泉。蟲篆制而八分閒矣。正隸興而藁草行焉。不可量乎所

覿。又何極乎備宣。若乃流譽前代。效績當年。錄軍機而羽括鷹隼。述國命而發揮貂蟬。通親友以感節。啓咨謀以聞天。接武波委。嗣芳鱗連。則余不讓於賦頌。敢分媸而別妍。恃乎幼好而晚知之至熟也。曲察而直言之無媿者。將拭目而眾別。輕言入掌而百憂寫。爾其藤苦縑縠。衡理蜀幅。花麻黃絢。緇赭紺綠。淪壓而遹蠹亡文。(蓄非其人雖遹朝亦朽蠹)保持而遠完緘卷。(處之得地雖遠古亦完全)上智所以懸解。(直曉)中庸所以交戰。(疑之)取迷伊他。貽笑鄙賤。則有烏絲褾首。紫璽露面。好丹時更。悲素色變。狀元豹之霧隱。規雕虎之風扇。雖置水彌

旬移裝屢遍益深沈於直質乃容易於覽見嗟乎捨不疑於古疎（高）取憑假於俗眩（眩惑）誘淺情於末興肆凡賞而留盼何其妄哉寧知立法而虧眞作德而還淳忘情是悅代有其人（言定是非）必也易背以時（時在正夏）受彩無欺敏洽和之妙道得潤軟之成規（用麪調適候陰以成）疎密苦樂殊形異宜（厚薄完盡）上約下豐始增末裨（接上下前後倒）沽將實名位充合離（改折署榜餘地）或附卷均端足使其夷（薄而盡者）或鳴砧妥帖然後呈姿（厚而完者）探尋源流志逸肥遁緝合翦截躬勞不悶明齊短長闇結分寸誠忽忽於或躁祛恨恨之遺恨至如虹縈絲帶鸞舞錦褾青閒綾文出之衣表檀心躐首金映銀絡舒囊貌妍撫卷香作多此飾類又難詳備（並言檢討裝背也）若乃見稀意欲雖可棄而崑山片玉翫久厭充雖可寶而紈扇秋風競舍茲而易彼誇視審而聽聰或芟穢於匿迹或褒眞於矜工夥哉耳設尠矣目窮因既原乎識量遂懸別其淹通已分流而茲在徒並騖而爭雄（言申博易）假使作僞心勞亂眞首出眯目童幼摧殘紙筆終令君子棄瑕以拔材壯士斷腕以全質期補勞於得喪勵採蔚於始卒子猷之竹在焉曷可無其一日（言務宏道）夫喻大始於事卑方崇極於類聚況物著公

器賞推善主異清白而非弓裘豈孫謀而紹宗祖抑如堯禪舜舜命禹道必貴乎聲同天無親而德輔歸可保於授受靡自私而禦侮故知乖其趨者則密戚而心捐合其軌者則舉儲而掌傳亮玉白之利末望吾徒之義先（先言傳付後總樂成以終也）至其罷琴閑堂散袠虛牖閱新連之卷軸傾舊滿之樽酒暢懷古而遺形荷逢時以濡首炎涼所寄偃仰無咎煙積孤松春過五柳想薜蘿而在眼狎鸞鳳而盈手善鄰得朋知我益友暗遺名利卧度卯酉遂志願兮苟若斯生可憑兮死不朽雖金翠溢目陶匏聒耳徒潤色於多歡實無階於競美賢賢易色勿藥有喜茅居食貧陋巷飲水誓將敦素業而畢矣振清風而何已辭曰資樂道兮善莫大佐元覽兮寄所賴芝蘭滿室兮遺美芳朋友忘言兮古人會想賢翫蹟儼如在史冊悠悠幾千載

竇蒙

蒙字子全肅宗時試國子司業兼太原縣令

題述書賦語例字格後

吾第四弟尚輦君字靈長翰墨厠張王文章凌班馬詞藻雄贍草隸精深平生著碑誌詩篇賦頌章表凡十餘萬言

較其巨麗者有天寶所獻大同賦三殿蹴踘賦以諷興諫諍爲宗以匡君救時爲本帝乃咨爾可編筴書中使王人榮曜戚里龍章鳳篆寵錫儒門及乎晚年又著述書賦總七千六百四十言精窮旨要詳辨秘義無深不討無細不聞徵五典三墳九邱八索詩騷禮易文選詞林猶不盡所知故別結語立言曲申幽奧一字一句數義旁通尚鞏君學究天人才通詁訓註解分析皆憑史傳注有未盡在此例中意有未窮出此格上凡古今時哲正文呼字尊貴長老各言其親或取便引官或因言稱爵句則兩字三字五

言四言而於其以之間或六或八改時革命之際舉一相從處學者致疑仍施朱點發此則語之理例別有字格存焉凡一百二十言并注二百四十句且褒且貶還同諡法披文感切撫已崩摧手跡宛然如向來之放筆天才卓爾成千載之分襟考義銘心言笑在目一枝先折痛貫肝腸兩眼先枯哀纏骨髓

欽定全唐文卷四百四十八

王涯

涯字廣津太原人貞元八年進士又舉宏詞累擢翰林學士進起居舍人元和中轉工部侍郎封清源縣男拜中書侍郎同中書門下平章事罷相守兵部侍郎文宗朝爲左僕射以本官復同平章事封代國公拜司空加開府儀同三司李訓謀誅宦官事敗仇士良鞫涯笞令手書自誣同謀誅昭宗天復初大赦明其冤追復爵位

瑤臺月賦（以仙家帝室皎潔清光爲韻）

素月宵凝寒空逈徹照瓊樹以增麗煥瑤臺而共潔遠而望也浮皎晶之精光近而察焉帶巍峩之積雪美其清熒

互映絢練相鮮洞玉砌以周設對金波而正圓層構參差逈出林巒之表光輝照燭還同崑閬之前覩重壁以發地瞻百常之造天乍動乍搖難審詳於眾目若明若滅疑陟降於羣仙顧兎淒涼崇臺寂寥懍爾意駭倐然魂悄騈階級以雲矗槩瓊瑛之霄皎徒引耀之可觀豈懷材之足表若見仙闕如游玉京月映臺而九天共霽臺照月而萬里俱明含氷霰而逾潔軼氛埃而更清斯可以滌鄙夫之幽

抱。暢達士之高情。皎皎寒光。悠悠清質。凝精以降。委照而出。玩浮光而神蛛。炫微輝而皆溢。視乎外。美清瑩乎瑤華。鑒乎中。致齋莊於虛室。由斯可保。亦既有光。始激射以內照。忽飛騰而外揚。璧彩遥分。奪氷壺以的的。桂華中映。同日觀之煌煌。於是天地朗然。纖埃不翳。九成由其直上。八表可以旁睨。將以象清都。朝玉帝。豈徒恣遐想。窮遠睇。徘徊於臺榭之間。悵望於蟾蜍之際而已哉。吟玩既久。規圓已斜。嘆將傾於桂魄。思復搴於瓊華。庶竭精於冊府。寧遠慕於仙家。

辭免起復太宰表

苦塊餘生。已濱死所。絲綸渙號。俾復書班。敕使薦臨。德音下逮。呼天號絕。撫已驚迷。中謝。伏念臣早偶家艱。專承母訓。零丁孤苦。邈爾無依。鞠育提攜。逮夫有立。夤緣際遇。玷冒高華。犬馬之養未伸。風木之悲遽至。攀號泣血。摧踊殞心。仰賴聖神之恩。甫終窀穸之事。几筵是奉。墳土未乾。痛深陟屺之瞻。恨未及泉之見。敢謂哀衷念舊。優詔奪情。蓋三年免懷。通喪者乃聖王之制。而踰月視事。變禮者豈治世之風。雖曆眷之殊常。豈私情之所忍。伏望陛下推孝思而錫類。謹宰柄以馭臣。念哀苦之方深。況衰疲之已甚。報親日少。願終制以爲期。事國時長。尚捐軀而未晚。

辭免起復太宰第二表

方寢苦而枕塊。於義爲安。俾服冕而乘軒。共知不可。哀情薦布。宸聽未回。再殫罔極之情。冀動益高之聽。伏念臣猥蒙天眷。誤玷宰司。久無補於明時。亟自招於大禍。慈顏遽隔。悲隙駟之難留。厚穸甫成。倚苦廬而永慕。庶畢哀恫之制。少酬顧復之恩。忽奉制綸。俾還相位。私情莫處。公議靡容。豈可尊故事以蹈前非。但當守禮經而據古是。臣重罹

酷罰。屬在衰年。既極摧殘。浸成疾恙。精神徒耗。筋力頓衰。雖強使之造朝。決難堪於應務。伏望陛下委大明之詔。憫不移之愚。追寢渙恩。俾終祥禫。則聖主得全於禮貌。而孤臣獲畢其孝思。疾首痛心。或偷生於此日。銘肝鏤肺。期報德於他時。

請開採銅鐵奏

當使應管諸州府坑冶。伏准建中元年九月七日敕。山澤之利。令歸於管坑冶所出。並委鹽鐵使勾當者。今兗鄆淄青曹濮等三道幷齊州界已收管開冶及訪聞本道私自

占採坑冶等臣伏以山川產物泉貨濟時苟有利宜不忘經度兗海等道銅鐵甚多或開採未成州府私占物無自效須俟變興國有常征宜歸董屬前件坑冶昨使簡量審見滋饒已令開發其三道觀察使相承收採將備軍須久以爲利恐違常典伏請勒還當使准例稅納又以興功動作法貴均勞坑冶州府人難幷役其應採鍊人戶伏請准元敕免雜差遣冀其便安伏乞天恩允臣所請臣即於當使差清強官與兗海等道勘會已開者便令交領未開者別具條疏

准敕詳度諸司制度條件奏

准敕詳度諸司制度條件等禮部式親王及三品已上若二王後服色用紫飾以玉五品已上服色用朱飾以金七品已上服色用綠飾以銀九品已上服色用青飾以鍮石應服綠及青人謂經職事官成及食祿者其用勳官及爵直諸司依出身品仍各佩刀礪紛帨流外官及庶人服色用黃飾以銅鐵其諸親朝賀宴會服飾各依所准品諸司一品二品許服玉及通犀三品許服花犀及班犀及玉又服青碧者許通服綠餘請依禮部式諸部曲客女奴婢服通服青碧其命婦客女及婢聽同庶人奴及部曲請許通服黃白皂其命婦准格客女及婢得同庶人其衣服婢及庶人女婦請兼許服夾纈丈夫請通服黃白如屬諸軍使司及屬諸道任依本色目流例其女人不得服黃紫爲裙及銀泥罨畫錦繡等餘請依令式其袍襖制度三品已上伏請許服鶻銜瑞草雁銜綬帶及對孔雀綾袍襖四品五品伏請許服地黃花及交枝綾六品已上朝參官許服小團窠綾及無紋綾隔織紗獨織等充除此色外應有奇文異制袍襖綾等並請禁斷其中書門下省尚書省御史臺

及諸司三品官並請敕下後一月日改易應諸常參官限敕下後兩月日改革餘非常參官並許五月日改革外州府以敕到日起限其衫布制度內外文武常參官及供奉官外州府四品已上官請許通服絲布仍不得有花紋餘請一切禁斷其花絲布及撩綾除供御外請委所在長吏禁毀訖當日聞奏其不合服絲布者請敕下後限一月日內並須改易丈夫袍襖衫等曳地不得長二寸已上衣袖不得廣闊一尺三寸已上婦人制裙不得闊五幅已上裙條曳地不得長三寸襦袖等不得廣一尺五寸已上婦人

高髻險粧，去眉開額，甚乖風俗，頗壞常儀，費用金銀，過為首飾，並請禁斷。其粧梳釵篦等，伏請勒依貞元中舊制，仍請敕下後，諸司及州府榜示，限一月內改革。又吳越之間，織造高頭草履，纖如綾縠，前代所無，費日害功，頗為奢巧，伏請委所在長吏，當日切加禁絕。其諸綵帛縵成高頭履，及平頭小花草履，既任依舊。餘請依所司條流。准儀制令，諸軍一品已下五品已上皆通幰，六品已下皆不用幰者，令非冊拜及婚會，並不用幰。又准六典及禮部式，諸文武赴朝，諸府導從職事一品及開府儀同三司驃騎大將軍

聽七騎，二品及特進五騎，三品及散官三騎，四品五品兩騎，六品以下一騎。其散官及以禮去官五品以上，將從不得過兩騎。若京城外，將從不在此限。今約品秩職事官一品職七騎，二品及中書門下三品五騎，三品及中書門下御史臺五品、尚書省四品三騎，四品五品兩騎，鞍通鍮石裝。其散官及以禮去官者，五品已上不得過一騎。若京城外及勳績顯著職事繁重者，不在此限。七品已下非常參官，並不得馬從。未任者聽乘屬馬，鞍用烏漆裝。右請一品二品九騎，三品七騎，四品五品兩騎，六品一騎。其京城應

繁重者（疑）不在此限。六品以下非常參官，不得以馬從。六品已上非常參官周親未任者，聽乘馬。餘未任聽乘屬馬。小馬鞍用烏漆裝。其胥吏雜色人不在此限。其鞍轡裝飾，據所司條流，得用銀者，四品已下並得許用垂頭押胯。其用銀鍮石者，並不得用鬧裝。其軍容隊伍要資華飾，不在此限。餘並依所司條流。准少府式，公主出降犢車兩乘，一金銅裝。郡主犢車兩乘，一銅裝。縣主犢車兩乘，一銅裝。又准鹵簿令，外命婦一品厭翟車六乘，二品三品白銅飾犢車，一從車四乘，四品白銅飾犢車，一從車二乘者。今此附

前件令式，參酌今時之宜。婦人本來乘車，近來率用檐子，事已成俗，教在因人。今請外命婦一品二品中書門下三品母妻，金銅飾檐子，舁不得過八人。三品金銅飾犢車，金銅飾檐子，舁不得過六人。非尚書省御史臺，即白銅飾檐子，舁不得過四人。四品五品白銅飾犢車，白銅飾檐子，舁不得過四人。六品已下畫奚車，檐子舁不得過四人。胥吏及商賈妻子，並不乘奚車及檐子。其老疾者聽乘葦輂（步木反車橫木）車及兜籠，舁不得過二人。庶人准此。右伏緣白銅先已禁斷，今請應合用銅者，通用鍮石。胥吏商賈妻女老疾

者聽乘座車及輂輦車餘並請准所司條流處分商人乘馬前代所禁近日得以恣其乘騎雕鞍銀鐙裝飾煥爛從以童騎騁以康莊此最爲僭越伏請切令禁斷庶人准此師僧道士除綱維及兩街大德餘並不得乘馬請依所司條流處分准營繕令王公以下舍屋不得施重栱藻井三品已上堂舍不得過五間九架仍廳厦兩頭門屋不得過三間五架五品已上堂舍不得過五間七架亦廳厦兩頭門屋不得過三間兩下仍通作烏頭大門勳官各依本品六品七品已下堂舍不得過三間五架門屋不得過一架

兩下非常參官不得造軸心舍及不得施懸魚對鳳瓦獸通栿乳梁裝飾祖父舍宅蔭子孫雖蔭盡仍聽依舊居住天下士庶公私第宅皆不得造樓閣臨視人家近者或有不守敕文因循製造自今已後伏請禁斷庶人所造堂舍不得過三間四架門屋不得過一間兩架下仍不得輒施裝飾准律諸營造舍宅於令有違者杖一百雖會赦皆令改正之其物可賣者聽賣若經赦後百日不改去及賣論如律又准大歷六年十二月十一日敕京城內坊市宅舍輒不得毀拆今若頓令改去恐爲倍費其已成者許不毀拆自今已後宜令禁斷應制度衣服車乘器用宮室等其諸軍諸使職掌官等並請約文武官例各委本軍本使以職掌高下約爲等第比類聞奏應三省御史臺兩京諸司及諸道在城職掌官等諸不許用本官本品例仍並不得服犀玉及車馬不得飾以金銀應諸色條件伏請委御史臺知彈御史兩巡使京兆尹及東都留守河南尹留臺御史外州府長吏准條件月日切加糾察如有違越沒入所犯物仍量加決責其常參官品聞奏其在城諸軍諸司各委本司勾當如本司勾當不及者委臺司覺察聞奏以前

臣涯等奉敕令臣等同爲詳定酌中奏聞者伏以法惟無作作則必行令貴在寬寬則可久今臣等約所司條件令式舊章從俗酌宜務遵中道

論討吐蕃事宜疏

臣當道出軍徑入賊腹有兩路一路從龍州清川鎮入蕃界徑抵故松州城是吐蕃舊置節度之所一路從綿州威蕃柵入蕃界徑抵棲雞城皆吐蕃險要之地臣伏見方今天下無犬吠之警海內同覆盂之安每蕃戎一警則中外咸震致陛下有旰食軫懷之憂斯乃臣等居大官受重寄

者之深責也雖承詔發卒心馳寇廷期於爲國討除使戎人芟薙晝夜思忖何補涓毫所以慺慺愚心願陳萬一臣觀自古長策昭然可徵在於實邊兵選良將明斥候廣資儲杜其姦謀險其走集此立朝士大夫皆知不獨微臣知之也秖在舉行之耳然臣愚見所及猶欲布露者誠願陛下不愛金帛之費以鈞北虜之心臨遣信臣與之定約曰犬戎悖亂負恩爲邊鄙患者數矣能制而服之者惟在北蕃如能發兵深入殺若干人取若干地則受若干之賞開懷以示之厚利以啗之所以勸聳要約者異於他日則匈

奴之銳可得出也一戰之後西戎力衰然後選練驍雄乘便翦滅此誠制戎之一奇也

上論用兵書

伏以幽鎭兩州悖亂天紀迷亭育之厚德肆豺虎之非心囚縶鼎臣戕賊戎帥毒流列郡舋及賓僚凡在有情孰不扼腕咸欲横戈荷戟問罪賊庭伏以國家文德誕敷武功繼立遠無不服邇無不安矧茲二方敢逆天理臣竊料詔書朝下諸鎭夕驅以貔貅問罪之師當猖狂失節之寇傾山壓卵決海灌螢勢之相懸不是過也但以常山薊郡虞虢相依一時興師恐費財力且夫罪有輕重事有先後攻堅宜從易者如聞范陽肇亂出自一時事非宿謀迹亦可驗鎭州構禍殊匪偶然扇動屬城以兵拒境如此則幽薊之衆可示寬刑鎭冀之戎必資先討況廷湊闒茸不席父祖之資成德分離又多迫脅之勢今以魏博思復讎之衆昭義願盡敵之師參之晉陽輔以滄易犄角而進易若建瓴盡屠其城然後北首燕路在朝廷不爲失信於軍勢實得機宜臣之愚忠輒在於此又聞用兵若鬬先扼其喉今瀛莫易定兩賊之咽喉也誠宜假之威柄戍以重兵俾其

死生不相知間諜無所入而以大軍先迫冀趙次下井陘此一舉萬全之勢也臣受恩深至無以上酬輒冒陳聞不勝戰越

元和姓纂序

元和中政平刑清聖作賢輔盡雍容揄揚之美成緝熙愷樂之化相國趙國公式是古訓毗於大君當八方之樞總萬物之會嘗以聖明臨照思盡物宜每與羣公拱承顧問將謂經之於思慮不若著之以文辭著之以文辭不若驗之於圖牒昔漢祖所以知郡國豐耗山川險夷以蕭何得

秦圖書可披而按之故也大凡邦國之會計可以備應對者著元和國計簿地形之遠近可以知要害者著元和郡邑圖洎百執事所莅之司士大夫所分之族無不窮究其本末申明其憲度今之姓纂即其一也趙公嘗創立綱紀區分異同得之於心假之於手以授博聞強識之士濟南林寶該覽六藝通知百家東漢有紬書之能太常當典禮之職其爲述作也去華摭實忘筌得精條貫粲大賢之規網羅盡天下之族雖范宣子稱其世祿司馬遷序其先業若揭日月備於縑緗昭昭然蔑以加此矣以涯嘗學舊史

謬官綸閣授簡爲序不敢固辭無能發揮承命而已矣元和七年十月中大夫行兵部員外郎知制誥王涯述

太華山僊掌辯

西岳太華華之首峯有五崖比壑破巖而列自下遠望偶爲掌形舊俗土記之傳者皆曰昔河自積石出而東流既越龍門遂南馳者千數百里折波左旋將走東濱連山塞之壅不得去有巨靈於此力擘而剖其中跖而北者爲首陽絕而南者爲太華河自此洩茫洋下馳故其掌跡猶存巨靈之跡也予聞而惑之乃往觀曰誕哉此說乎夫所謂神者非人也其動無聲其形無跡若形而無象若氣而無色拔山剖澤而不見其作鼓風奔水而不見其力視不可察名不能及故推而謂之神苟有聲可聞有形可見非神之所爲則皆人力之能及也烏有神之作力而有人跡乎且夫高天厚地聳山流川者神之所爲也所言開山導河亦神也神之所以神者有作而無悖一成而不易烏有始塞之而復達之始連之而復絕之始不知終是不爲神矣且此靈之運爲何古乎在太初開闢之始乎爲陶唐洪水懷山襄陵之際乎以爲開闢之始也宜當胚渾之先天地

未位萬象茫昧尚無定歸當不止一河之壅抑而一靈與其道疑借有其事自微而著悠悠乎年代之眇浸其誰也克傳以爲陶唐洪水之際乎則禹奠百川宜在禹貢乃曰導河積石至於龍門南至於華陰東至於底柱皆禹貢之所致以達於海豈天地大異之若此而典記不以爲文哉天設四瀆宜有以通不當始遏其流滯撓其和氣及其汩亂而後理也且山谷之作此形何則不可嶮岏相薄高深相敵乃有銳而出者爲虎牙偶而背者爲熊耳角而巘者爲牛首冠而峭者爲雞頭必以形之類形而必加說則雞

牛熊虎之象其亦有作乎予嘗覽張平子之賦西京至巨靈高掌厥跡猶存之辭以爲該聞精達常以是惑使不語怪神之旨何所述明暨覩其形而咨之果謬悠而無據也將假文神事以飾其詞歟爲思而有闕歟因辯其由而述之以告山下

說元五篇

明宗一

元之大旨可知矣其微顯闡幽觀象察法探吉凶之眹見天地之心同夫易也是故八十一首擬乎卦者也九贊之

位類夫爻者也易以八八爲數其卦六十有四元以九九爲數故其首八十有一易之占也以變而元之筮也以逢是故數有陰陽而時有晝夜首有經緯而占有旦夕參而得之謂之逢考乎其辭驗乎其數則元之情得矣或曰元之辭也有九元之位也有四何謂也曰觀乎四位以辯其性也推以柔剛贊之辭也別以否臧是故四位成列性在其中矣九虛旁通情在其中矣譬諸天道寒暑運焉晦明遷焉合而連之者易也分而著之者元也四位之次曰方曰州曰部曰家最上爲方順而數之至於家家一一而轉故有八十一家部三三而轉故有二十七部州九九而轉故有九州一方二十七首而轉故有三方三方之變歸乎一者也（一謂一元也）是故以一生三以三生九以九生二十七以二十七生八十一三三相生元之數也三長（直亮切）者七八九得一二三（揲法備）一爲天二爲地三爲人其數周而復始於八十一首故爲二百四十二表也一首九贊故有七百二十九贊其外踦贏二贊以備二儀之月數立天之道有始中終因而三之故有始始始中始終及中始中中中終及終始終中終終立地之道有下中上立人之道有思

福禍三三相乘猶終始也以立九贊之位以窮天地之數以配三統之元故元之首也始於中中之始也在乎一一之所配自天元甲子朔旦冬至推一晝一夜終而復始每二贊一日凡七百二十九贊而周爲三百六十五日節候鍾律生踵斗指於五行所配成列著焉以應休咎之占配陰陽之數故不觀於元不可以知天不窮渾天之統不可以知人事之紀故善言元者於天人變化之際其昭昭焉故倀倀而行者不避川谷瞶瞶而聽者不聞雷霆其所不至於顛殞者幸也非正命也

立例二

夫元深矣廣矣遠矣大矣而師讀不傳者何耶義不明而例不立故也夫言有類而事有宗有宗故可得而舉也有類故可得而推也故不得於文必求於數不得於數必求於象不得於象必求於心夫然故神理不遺而賢哲之情可見矣自揚子雲研幾探數創制元經惟鉅鹿侯芭子常親承雄學然其精微獨得章句不傳當世俗儒拘守所聞迷忽道真莫知其說遂令斯文幽而不光鬱而不宣微言不顯師法殆絕道之難行也若是上下千餘載其間達者

不過數人若汝南桓譚君山南陽張衡平子皆名世獨立拔乎羣倫探其精祕謂其不廢厥後章陵宋衷始作解詁吳郡陸績釋而正之於是後代學徒得聞知其旨而元體散剝難究其詳余因暇時竊所窺覽常廢書而嘆曰將使元經之必行世也在於明其道使不昧夷其途使不躓編之貫之皭若日月則楊雄之學其有不興者乎始於貞元丙子終於元和己丑而發揮注釋其說備矣夫極元微盡元之道在於首贊之義推類取象彰表吉凶是故其言隱其志遠按之有不測之深抽之有無窮之緒引之有極高之旨至於瑩攡錯衡文數圖告此皆互舉以釋經者也則夫首贊之義根本所繫枝葉華藻散爲諸元而先儒所釋詳其末畧其本後學觀覽不知其然殫精竭智無自而入故探元進學之多或中道而廢誣往哲以自爲切問學淺道缺而賢人志士之業不嗣也故因宋陸所畧推而行之其所詳者則從而不議也所釋止於首贊又并元測而列之庶其象類曉然易知則元學不勞而自悟矣元之贊辭推本五行辯明氣類考陰陽之數定晝夜之占是故觀其施辭而吉凶善否之理見矣苟非其事文不虛行觀其舊

注既以闕而述雖時言其義文本其所以然蓋易家大例有得位失位有位無位之說以辯吉凶之由是故元之本數一晝一夜剛柔相推晝辭多休夜辭多咎奇數爲陽耦數爲陰首有陰陽贊有奇耦同則吉戾則凶自一至九五行之數首之與贊所遇不同相生爲體相剋爲咎此其大較也至於類變因時制誼至道無體至神無方亦不可以一理推之然則審乎其時察乎其數雖紛紛萬變而立言大本可得而知又吉凶善否必有其例（晝休夜咎）至有文似非吉而例則不凶深探其源必有微旨此最宜審者至於準

繩規矩不同其施舊說以爲非吉然此首爲戾其辭皆始戾而終同如規矩方圓之相背而終成其用若琴瑟之專一孰聽其聲方圓之共形豈適於器此其以戾而獲吉也其有察辭似美而推例則乖者至如士中其廬設其金輿居士之中乘君之乘吉之大者也而考於其例當夜理則當凶推其所以然則廬者小舍也漢制宿衛者有直廬在殿庭中土中正位也小人而居正位又乘君子之器禍其至焉故下云厥戒渝也凡此之例畧章一事以明之餘則可以三隅反也又如中之上九既陽位又當晝時例所當吉而羣陽亢極有

顛靈之凶與易之亢龍其義同驗如此之類又可以例推所謂元之又元衆所不能知也又一首之中五居正位當爲首主宜極大之辭究而觀之又有美辭去六者然則陰首以陰數爲主陽首以陽數爲主其義可明元之大體貴可進賤已滿七與八九皆居禍中而辭或極美者窮則變極則反也大抵以到遇之首爲天時所逢贊爲人事居戾之時則以得戾爲吉處中之時則以失中爲凶消息盈虛可以意得其餘義例分見注中庶將來君子以覽之也

揲法三

經曰凡筮有法不精不筮不軌不筮不以其占不若不筮一當其致精誠厥有所疑然後陰言其事呵策訖乃令著曰假太元假太元孚貞爰質所疑于神于靈休則逢陽星時數辭從咎則逢陰星時數辭違此已上並令著辭天之策十有八地之策十有八地虛其三以扮三扮配也猶大衍之數五十其用四十有九故元筮以三十三策令筮既畢然後別分一策以掛於左手之小指中分其餘以三揲之幷餘於艻此餘數欲盡時餘三及二一也又三數之幷艻之後便都數之中不分矣前餘及艻不在數限數欲盡時至十已下七爲一畫餘八爲二畫餘九爲三畫凡

四度畫之而一首之位成矣元之有七八九猶易之有四象也易卦有四象之氣元首有三表之象

占法四

首位既成然後有陰陽晝夜經緯所逢占之欲識首之陰陽從中至養以次數之數奇爲陽數耦爲陰數晝夜者九贊之位於陽家則一三五七九爲晝二四六八爲夜於陰家則一三五七九爲夜二四六八爲晝經者一二五六七也旦筮用焉緯者三四八九也夕筮用焉日中夜中雜用一經一緯凡旦筮者其占用經當九贊之一五七也遇陽

家則一五七並爲晝是謂一從二從三從始中終皆吉遇陰家則一五七並爲夜是謂一違二違三違始中終皆凶旦筮則一五七爲所逢之贊而占從焉二六九爲日中故經云晝夜散者禍福雜也凡夕筮其占用緯當九贊之三四八也遇陽家始休中終咎若日中夜中筮者二經一緯當九贊之二六九也遇陰家始中休終咎所用贊下爲始次爲中上爲終故經曰觀始中決從終大抵吉凶休咎在晝夜從違若欲消息其文則當觀首名之義及所遇贊辭與所筮之事察其象稽其美惡則元之道備矣或有晝夜既從而首性贊辭遇於違戾則可用也經

云星時數辭從星者所配之宿各以其方與本五行不相違克也假如中首所配牽牛北斗水行與首同德是星從也時者所筮之時與所遇節氣相逆順也假如冬至筮遇十月已前首爲逆冬至已後首爲順也數者陰陽奇耦之數以定所遇之晝夜夜爲咎晝爲休辭者九贊之辭與所筮之意相違否也凡此四事並當參而驗之從多爲休違多爲咎

辨首五天元二十七首中周礥閑少戾上干狩羨差童增銳達交耎傒從進釋格夷樂爭務事　地元二十七首更斷毅裝眾密親歛彊睟盛居法應迎遇竈大廓文禮逃唐常度永昆　人元二十七首減唫守翕聚積飾疑視沉內去晦瞢窮割止堅成闘失劇馴將難勤養

中者萬物之始且得中辯首之辭具在經主九雖當晝亢極凶狩者臨也進萬物扶陽而九雖當晝終亦凶也應者應時施宜五七九當晝吉自此後陰生故有戒也太者陽氣盛大象豐卦九爲大極雖得晝而微凶唫者陰陽不通象否卦二四六八當晝當唫之時不能無咎極亦凶也窮者萬物窮極思索權謀自濟也九處窮極晝亦凶親者貴以其身下人則親交之道著八雖當晝而極亢不能下人故君子去之也

欽定全唐文卷四百四十九

高郢

郢字公楚衛州人寶應初進士應制舉登茂才異行科累遷中書舍人進禮部侍郎拜太常卿貞元十九年進位銀青光祿大夫守中書侍郎同中書門下平章事順宗立轉刑部尚書罷知政事元和初以右僕射致仕六年卒年七十二贈太子太保謚曰貞

西王母獻白玉琯賦 以聖道昭格神物呈祥爲韻

君有德兮必體道以傳芳物有靈兮必順時以呈祥君感物而德著物應君以名彰於皇有虞道光先聖既受終於

納麓乃禋宗而齊政光被人神澤周遐夐故得靈祥効祉西母來朝霓裳璀璨羽服飄颻駕鸞鶴兮御松喬陵碧落兮戾丹霄宴瑤池於旭日賓魏闕而崇朝其始至也天地氤氳彤庭赫其奕奕其既覲也堦墀皓旰素琯爛其昭昭既而森列夔龍張皇金石仙侶齒於臣位靈物陳其賓席眞質貞明神光激射可使青瑣失翠丹墀罷赤舞獸見而回眸儀鳳覩而委翮信希代之名寶旌有虞之光格若乃虛心守白圓質懷貞功高律呂用等權衡價奪昆山之價聲如嶰谷之聲則趙之璧楚之珩杯遇殷而入用玦因魏而來呈雖見稱於中古固難可以與京是知琯之爲物信其直而不屈琯之既神乃歷代而可珍始與時而沿革竟隨物而沉淪否不可終得之於道既逢奚景之賞寧從卞和之抱人亦如斯堅貞美好願同和而見用以窺天而不窺

曹劌請從魯公一戰賦 以大小微情必能窮理爲韻

曹劌者何魯國英士將有征而無伐必慮終而謀始是以揣人情究物理決勝則若火燎原發言則如石投水智非爾及鄉人胡乃以措辭謀必我臧莊公固無其逆耳今小

大是恤忠信是履故劌謂公曰此可一戰而已於是陳車乘備甲兵顧謂斯戰請從而行敵已料却計當宿成曾有奇术將吞之於度內齊無良算詎得知其禍萌俟彼三鼓而退諒此一埽而平若臨穽拒獸竭海斬鯨則何以逞其情哉觀其揚紅旗耀白日兩軍山峙千騎櫛比揮戈電飛激箭飈疾我鼓振兮其威初厲彼氣衰兮其律已失果當轍亂而旗靡孰謂無固而無必既而齊師敗績奔走俶擾殺氣凝於空閒驚塵接於雲表鴻門之會比其功而莫高

涿鹿之師。齊其陣而猶小。餘勇未終。地盡川窮。師旋而雲烟畫廓。兵殄而山河夕空。已矣哉。千古崇崇。仰夫英風。被褐之時。賈勇當百夫之特。登軾之日。指縱爲三軍之雄。益使會君去其奢。抑其欲。永兢兢而刑獄。擇其善。從其能。得翼翼之股肱。故君子曰猗歟曹劌。經國之大。俾夫肉食者終有慚於曖昧。

律筒賦

碧鮮之竹。採而爲筒。定名以律。式成厥功。厥功伊何。所指必捷。下彼高鳥。紛如墜葉。徒觀夫抱樸見素。旨遠謀深。不煩筋角。不飾碧金。直道而行。故外端其體。當無有用。故内空其心。於是步郊原。窺林樾。律凝其影。運一氣以潛通。箭戢其芒。出數尋而勁發。鏃如擊電。羽若奔月。我命處而精誠。彼不虞而殞越。亦如毛生擢穎。初晦跡以躊躇。周氏銜枚。竟收功於倏忽。烟棲霞宿。擇木排空。莫不洞胷裂背。奪魄喪躯。朝在林泉之上。夕登枰俎之中。足使搬蟬失妙。彈雀非工。潘令慚黄間之弩。廐尹賤綠沉之弓。有士遇之。喟然嘆曰。律者氣之管。法之名。竹者材之勁。性之貞。兼此而用之。匪亨向也。杼人不錄。虞氏不營。混樗散而長棄。何器

用之能成。孔父云。舍之則藏。用之則行。信不虛矣。

獻凱樂賦 以獻茲大功陳樂于祖爲韻

凱樂象功。曲成斯獻。既宣威而是奏。亦飾喜而攸建。播師律於六律。震海用寧。揚軍聲於五聲。華夷知勸。原夫飲至云畢。告捷在茲。陳簨簴之列。歌杕杜之詩。天地同和。盡樂止戈之武。生靈咸若。俱歡反旆之師。觀其鐘鼓克諧。羽旄繁會。伊德音所發。實神功是賴。麤而厲。彰乎樂在其中。感而通。俾夫聲聞於外。回八風以柔服。叶七德而保大。鏗鏘既薦乎成文。條暢有符於交泰。若乃昭聲教。定武功。肅軍容於清廟。和樂節於皇風。奏在偃旗之時。寧惟三捷。獻於歸馬之日。何愧一戎。於是洪稜奮。盛禮陳。感怒聲而色作。駭壯觀而氣振。且流歡於遠邇。乃昭慶於神人。耀德是資乎師。獻功必資乎樂。綴兆若習於部伍。進退如分其犄角。克戒熊羆之士。審音斯取。不忘將帥之臣。則知伐叛既在剿乎侁侁之功。斯立鏘鏘之韻相符。始理心而啟聖。終盈耳以爲娛。彼周伐玁狁。漢征單于。皆窮欲而黷武。故人殘而力無。未若我配盛德。永維圖。將使自東自西。聆至音而斯爲盛矣。盡善盡美。欣元德而不亦樂乎。既而一人有作

萬物皆覩掩軒后之咸池陋周王之大武播丕績於宮徵獻盛樂於宗祖客有擊拊而歌聖功願比身於率舞

吳公子聽樂賦以四聲爲韻

延陵季子節高神融博辨精通其識達其聽聰方辭吳而聘魯因請樂以觀風主人於是設嘉饗進樂工陳金石絲竹於堂上舞干戚羽旄於庭中客乃凝情滌慮幽聽遐想翕如也見雅調之始作美矣哉歎至德之彌廣自周而下自鄶以上備聞變態之音黙見興亡之象時則崇牙對望猛簴相向椎鐘擊鼓乍陵厲而清壯鳴磬戛絃又發越而

寥亮八音宣六律暢馬弭髦而仰秣魚竦鱗而躍浪信可以察邦國政教之盛衰見造化陰陽之情狀及夫曲已終奏斯闋言之者莫隱觀之者咸悅足使夔曠心沮牙期思絕是知大樂與天地同和大禮與天地同節乃爲理之樞柄化人之軌轍者也夫聽者納於耳而察於心伊事也傳於古而繼於今陽春白雪之歌其和寡流水高山之曲其意深姑使清濁不亂鄭衛莫侵雖千載之後亦何謝乎前賢之知音

無聲樂賦

樂而無聲和之至聲而有象樂之器特飭樂以彰物非克和之大義故保和而遺飾然後至樂之道備樂不可以見見之非樂也是樂之形樂不可以聞聞之非樂也是樂之聲天廣其覆地厚其生四時和萬物成絪縕煦嫗何樂能名豈非有之爲麤無之爲精魚泳重泉獸安茂草鳥頡頏於雲路人逍遙於至道咸自適於中情亦何擊而何考厥初造化衆籟未吟寂兮寥兮有此至音無聽之以耳將聽之以心漠然內虛充以眞素處此道者無日不聞于律度倏爾中動遷於內形涉此流者沒身而不得一聽得意貴

於忘言得魚貴於忘筌堯人致歌於擊壤陶令取逸於無絃音留情以待物亦同禮於自然此樂也平而不偏正而不回貧且賤不以之去富與貴不以之來顏生得之陋巷而自然殷紂失之北鄙而人哀樂云樂云鐘鼓云乎哉

水木有本源賦

木造天水窮元森森擢千丈之秀汪汪澄萬頃之鮮散而成衆木疏而爲百川杞梓之材備矣江湖之量存焉竊聞源長而下流不竭未見本盛而枝葉先顛志士託以垂陰無假惡木渴者飲而滿腹何求盜泉故樹善於人人懷則

甘棠不朽。況愛於衆。衆奏則德水長懸。方將成不言之蹊。廣利涉之路。俾出幽之鳥。仰喬幹而能遷。未濟之人。因餘波而可渡。鳥豈木之所擇。非擇木而不棲。人奚水之作鑒。亦鑒水而取喻。徒聞其移橙渡北。不能苞貢於王國。導漾之東。是以昭回於昊穹。木誠戀於南枝。常得地而專美。水豈忘於西土。乃凌雲而獨崇。用不用也。非結根之有異。高莫高兮。將聞源而實同。葛藟猶能庇其本。江漢所以朝其宗。固宜大樹蔭庥。而千牛可蔽。洪河浸潤。而九里旁通。寧效有喬而不可休息於其下。至廣而不可游泳於其中者

哉。則有青青弱幹。獨秀未立。涓涓細流。餘清可挹。植翰苑以蕭散。赴龍門而驚急。企樛木之逮下。望恩波之流濕。

痀僂丈人承蜩賦

巧乎道者。承蜩之叟。蜩擇木兮有翼。叟持竿兮在手。物我相絕。嗜欲靡同。彼不飛兮焉待。此將掇兮何工。丈人曰。我有道也。初五六日。累丸爲術。槁木其臂。朽株其質。不墜者二。則失之錙銖。不墜者三。則失之十一。既累五而咸若。寧絕四而無必。由是步平地之上。入深林之下。耳目俱營。心手相假。葉空密而皆見。枝雖繁而不舍。豈伊拾芥。將同注瓦。或挾三而兼兩。或指多而就寡。期於百中。則啼猿之射乎。曾不孑遺。殊慕鴻之弋者。彼飲露爲事。蛻殼有期。顧非鼎俎之實。尚何彈射之疑。庸詎知絕俗猶累。凌虛亦危。以無用之質。遇有求之時。始則長鳴聲嘒唳而中絕。方將一舉。翅蕭條而半垂。豈獲戾於不食。而搆患於有緌。且觴深操舟。大馬捶鉤。三十仞磨崖不溺。十九年肯綮皆游。徒聞其事。未見其優。豈知天覆地載。四荒八極。不以萬物易蜩之智。不以萬物易蜩之翼。惟精惟一。無反無側。用志凝神。何求而不得。若以叟爲臣。以蜩爲賊。亂繩斯理。背陣斯克。

一言以蔽。可詳周公之風。一矢所加。何遠蠻夷之域。螳蜋之捕兮信勞。黃雀在後兮安得。至哉丈人。功並孫息。（說苑晉靈公造九成之臺。孫息以累十二棊加九雞子爲諷）

沙洲獨鳥賦

鵁彼飛鳥。在河之洲。一飲一啄。載沉載浮。賞心利涉之地。浴德清波之流。守道而行。風水無情於六翮。度才自處。雲霄有望於雙眸。聯翩失伴。顧步無儔。因潔身而獨立。聊拂羽以孤遊。蓋貞以不羣。鷙而有別。將擇木以未暇。乃漸磐而自悅。窺形弄影。欣得地以徘徊。哀響奇音。冀聞天而清

切亦猶鴻志非燕鶴羣豈雞雖孕形於羽族諒稟性於天
倪愼其獨焉知無心於薰與需於沙者必不至於沉泥豈
比夫鸞對鏡而方舞鳳非梧而不棲候鴈有銜蘆之懼黃
鳥興止棘之悲夫何出處之情遠而攝生之智迷況乎食
粟貪榮乘軒取媚珍禽見育敗德於明主鸞鳥云亡行刑
於下吏非靈應之攸止乃進趨之所致豈若動非干物息
能擇地盜泉不飲得廉士之風止水常遊侔至人之智道
有可鑒才無不備屬瑞鳥之昌期將遷鶯之厚意顧得振
羽毛展精鷙君不信其飛鳴試假借於名位觀其處啟閉

辨分至然後知沙州之獨鳥非凡禽之類

方處嵩進秩制

門下昭事嚴配之禮成敘勞行慶之恩備凡我有位共承
神庥朝請大夫使持節蒙州諸軍事蒙州刺史賜紫魚袋
方處嵩昔以端誠率修公議美利歸於内服外譽著於中
華雖述職之早各思其局而在公之效同歸于治俾授大
夫之秩以爲多士之榮可依前件

謝太常卿并舉官自代表

臣郢言伏奉今月二十七日敕除臣太常卿曲降殊私猥
被凡器非才荷寵聞命自驚臣聞太常者舜臣秩宗之任
周室春官之職其所典者禮樂所奉者郊祀故班冠九棘
選重歷代臣學識凡近遭逢聖明管庫無遺久塵貢士之
列疲駑不逮常獻避賢之疏特蒙天鑒俯及容光煦嫗之
仁允前請而既幸綢繆之寵沐今授而增忝將何以欽承
睿獎備舉官司顧慚匪服之嗤上累能官之謗恩深命淺
報効無階伏准建中元年正月五日制常參官授訖上表
讓一人自代者臣竊見銀青光祿大夫守太子賓客上柱
國鄭縣開國公杜黃裳識度深遠志業忠厚達於大體練

於故實羣而不黨和而不流與臣同在周行臣頗知其優
裕伏請準制舉以自代臣郢無任感戴欣惕之至

謝再除太常卿充禮儀使表

臣郢言伏奉今月二十一日恩命除臣太常卿充禮儀使
者累歲守藩每馳心於魏闕一朝聞命得備位於周行上
慚叨忝之深下慰違離之思臣某中謝臣聞秩宗之任典
司三禮奉常之選班列九卿前古以來用人爲重非有實
望不宜謬居臣昔叨此官已積負乘之懼今復再歷益增
濡翼之憂況專職禮儀別蒙委遇明時大禮方奉郊禋末

學謏聞何徵損益飲冰斯切倏駕靡遑螻蟻之微無階報國犬馬之戀但喜歸朝臣不深感戴欣懼之至

謝恩賜錦綵綾銀器等表

臣某言伏奉恩旨以告祔禮畢賜臣錦綵一百五十疋銀椀一無庸受恩不知所措臣某中謝臣伏以禘祫元祀從祔大經酌禮求中聖情合於天地奉先致孝精意刑於四海臣職叨禮禘獲奉皇猷欣盛典於無窮顧微生而何補謬霑慶賜竊自慚惶無任

請致仕表

臣郢言臣聞量力而仕臣下之審分知止不殆道經之明訓所以七十致仕禮式其期臣犬馬之年去春已滿頃者方欲陳乞屬蒙新授今任忻時忘老祇命戀恩復屬王師出征聖軫方切輒求安退又所不敢伏惟睿聖文武皇帝陛下德廣天地道孚干羽承宗順命伏罪効誠制告班師萬方軌道昆蟲草木各遂其性臣早當告謝無忘夙心不應遲回更俟終日況復夏官任重賢路久妨時制已過衰疾兼甚實懼夜行之罪上累明時之寵伏乞許遵恒典特賜餘年止物議之貪榮洽宸慈於休老微臣之願庶蒙矜允臣竊惟塵曠謬迹三朝叨承睿奬中外六任竟無毫髮上答恩私齒盡請骸終慚且惕徘徊積戀戰汗陳懇天闕一辭朝車永稅方從野老共樂堯年臣郢不勝感恩兢惶之至

第二表

臣郢言臣上陳丹懇非敢飾辭前月二十三日中使梁士平奉宣旨賜臣還詔聖慈曲念未忍棄捐綸音下臨特加衰奬心魂震悚拜舞靦容臣某中謝臣血氣既衰戒之在得鐘漏云盡行者當止臣今所乞已過常期若志悦前言

事違往行雖稱守命誰曰非貪況臣升朝以來歷忝清貫歲時久曠功用蔑聞前恩無報後効焉取使蚉負山欲彊何由臣伏以戀主之心古今齊致暫從外補猶所不樂永違闕庭豈遑勇退竊以菌蟪生促無幾光陰駑駘齒窮匪任衡軛加以疾疹時屬筋力日耗與曠官而叨寵寧量已以乞恩庶蒙聖鑒昭回愚悃特許臣得從時休息以禮進退免於黃耇猶負素餐全度庸微生成莫大天無私覆冀收惠渥歲不與臣敢忘披露再黷宸聽辭隨涕零臣郢不勝感戀兢戰之至

第三表

臣郢言再表陳情一心仰施瞽言無感宸眷不迴今月四日中使魏寶義至奉宣進止賜臣還詔倍加榮獎未允愚衷驚寵循涯伏躬殞越臣某中謝臣聞勞生佚老天理自然蠕動翺飛日入皆息時不期而必至物雖強而無由禮經所以制限疲薾所以獲退自非貢禹之守經據古趙熹之正身匪懈韓曁之志節高潔山濤之道德模表人皆顧望禮以至公縱過常期詎爲貪冒其有當仁不讓急病忘身豈止君命猶宜自舉故以魏待秦師唐雎請約車而西

說漢謀邊將充國對無踰於老臣所謂臣事君以忠君使臣以禮忠無不納禮亦從宜如此則選舊任能足供國用優年加惠得遂時歸古之進退鮮不如此臣以不才叨辱高位幸而免戾年及乞骸苟蒙得請之恩實受終身之賜若叨榮不怍當退而留則上累皇明下重臣罪況臣身少力薄不如等夷年老氣衰現就羸憊形因榮弊疾與齒并榮衛每乖膝脛多痺既憂廢職又懼妨賢內外交攻生涯轉迫窮暮之懇不遑起居蒭蕘之詞已罄肝膽一物有闕於亭毒容光時假於照臨顧西山而駭目瞻北闕以馳心臣郢不勝戰惕感戀之至

爲盧相公謝恩并請罷官養疾表

臣邁言今月十四日以在假百日進狀上聞某日中使某奉宣進止令臣在家養疾損日朝參者力疾受恩慚懼交集臣病滿百日法當罷免恩自九天優以賜告伏念手足餘疾運用未平風毒常作療除多久臣今若臥叨厚祿坐待全痊豈惟日月易淹實亦恩私過幸且台輔爲任周行所瞻臣匪服以居既貽官謗沉疴不退又廢公法夙夜循省心愧靡寧雖宸慈曲臨有所不忍而王道平施則惟無

私臣既內懷尸曠之慚外迫支體之慮竊恐所攻非一望損靡遠徒闕遵常之典增延憫下之仁如蒙特恩俯遂微懇得從解紱專一就醫則冀形魂兩安物議皆息全度之澤於此爲深無任感恩之至謹奉表陳謝以聞

爲蕭少師謝致仕表

臣昕言伏奉今月二十三日制除臣太子少師致仕仍給半祿料其宴會及朝朔望並依常式者桑榆暮齒忽遂休閒犬馬微誠仍參朝會臣某中謝臣本書生資於巾褐每歷清列尸曠徒深早迫流年止足有素特以四朝受任千

戴逢時難勝戀闕之心久滯乞骸之疏陛下俯憂羸老曲被庸愚三印之辰更加新命懸車之後且許時朝崇賜俸條澤深惠養昊天罔極思上報而無階餘日幾何奉湛恩而不朽無任感戴忻忭之至

諫造章敬寺書

八月二十五日草莽臣前鄉貢進士高郢昧死再拜稽首獻書闕下從諫如流者君之明也有犯無隱者臣之忠也君明臣忠國之利也當陛下至明之化納諫之日臣敢愛其死以隱其忠乎臣伏見奉爲先太后造章敬寺陛下大

孝因心與天罔極蒸蒸之思惟舜其難至德要道無以加也然臣伏見以畢力追孝誠有所益妨時動人亦有所損先太后聖德不必以一寺增輝國家永圖無寧以百姓爲本捨人就寺何福之爲以臣愚蒙不知其所昔魯莊公丹桓公廟楹而刻其桷可爲孝乎然而春秋書之爲非禮漢惠帝及孝景孝宣令郡國諸侯立高祖及太宗高宗代宗之廟當時創制不據禮經至元帝時與博士議郎斟酌古禮一朝而罷之豈元帝不敬宗廟乃王者示人以軌物也夫廟者宗社之所在神靈之所憑猶不可無故而飾之越禮而立之況此寺非宗社所安神靈所宅而殫萬人之力以邀二梵之報其不可亦明矣間者昆吾孔熾薦食生人今猶不悛偷居宇下百姓凜凜無日不惕遣將攘卻無尺寸之功隴外壤地委之豺狼太宗文武皇帝封殖萬有傳之陛下一夫不獲尺土見侵告成之時猶恐有闕況甚於一夫尺土者乎用武已來十三年矣傷者不救死者不收繕乘補卒至今未已夫興師十萬日費千金則十有三年百萬之衆資糧扉屨取足於人人之困竭胡可勝紀勞疲宛轉十不存二父子兄弟相視無聊延頸嗷嗷以俟王命此皆陛下宜伸勤恤之恩降哀痛之詔縱未暇分散穀

帛以贍鰥寡猶當務省修費以噢咻之奈何戎虜未平侵地未復金革未戢疲人未撫太倉無終歲之儲大農有榷酤之弊陛下忍以此時興力哉自八月以來時雨愆候禾稼少損菽麥失時黔首狼顧憂在艱食歲若不給將何以救無寺猶可無人其可乎臣竊料此寺數年方成土木之勞工用之費不虛府庫將焉取給府庫既竭則又誅求儻窮匱不堪鼠竊之盜起戎狄乘間狗吠之驚急得不爲陛下深憂乎臣聞聖人受命於天以人爲主苟功濟於天天

人同和其功大矣自然上則宗廟受其福下則子孫賴其慶故孝經云德教加於百姓刑於四海蓋天子之孝也又云明王事父孝故事天明事母孝故事地察又云周公郊祀后稷以配天宗事文王於明堂以配上帝是以四海之內各以其職來祭詩曰無念爾祖聿脩厥德又曰既受帝祉施于孫子是知王者之孝在於承順天地嚴配宗考敬慎德教以臨兆人俾四海諸侯歡心助祭延福流祚永永無窮耳豈聞崇建梵宮彫琢金玉之爲孝乎且佛本無相不可以有相求道本無爲不可以有爲得陛下豈馳心於

有爲之境而邀福於有相之功哉臣竊爲陛下不取也臣聞夏禹卑宮室而盡力乎溝洫人到於今稱之梁武窮土木而致飾乎寺宇人無得而稱焉陛下若節用愛人當與夏后齊駕何必勞人動衆而踵梁武之遺風乎制造初興役費尚淺人貴量力不貴必成事貴相時不貴必遂陛下若回一人之慮從萬姓之心必是陛下聖德孝思格于天地湛恩沛澤濟乎生靈生靈效誠天地幽贊千福萬祿先后受之豈與一寺較其功德乎陛下以臣言諫於誑妄疑伏請令公卿列士廷議可否得其中則天下幸甚臣郢不勝愚忠懇直之至謹投招諫匭以聞

再上諫造章敬寺書

九月二十日草莽臣前鄉貢進士高郢昧死再拜稽首獻書闕下臣聞聖主開直言之道者豈好其犯顏忤旨乎誠欲因天下之心以慮則無不得因天下之目以視則無不見也忠臣不避誹謗之誅者豈貪其死諫之名乎誠以君所行有否焉不隱忍偷生以負於時也臣伏見奉爲先太后造章敬寺陛下奉先思孝興福除禍而羣黎百姓不知聖情議者皆以爲蕃戎未殄兵革暴露國用不贍元元匱

竭曾未小康又興此寺雖睿思罔極而人力有限也臣聞衆心成城衆口鑠金則輿人之誦不可輕也故書曰罔咈百姓以從己之欲易曰聖人感人心而天下和平詩曰愷悌君子神所勞矣此言王者將有爲也將有行也必稽於衆而順於人則自然之福不求而自至未然之禍不除而自絕矣臣愚攷之於古則詩書與易如此聽之於今則百姓之議如彼拳拳之極不敢不言昨八月二十五日奏書闕下事寢無報不知天門深遠愚不得上達歟聖意所斷臣言不足聽受歟伏躬待罪旬八日矣臣聞神人無功聖

人無名神人無功者不爲有功之功聖人無名者不爲可名之名也不爲有功之功故功莫大焉不爲可名之名故名莫厚焉臣又聞古之明王積善以致福不費財以求福修德以消禍不勞人以禳禍陛下之作此寺也臣竊惑之若以爲功乎則天覆地載陰施陽化未曾有爲也若以爲名乎則至德要道以順天下未曾有待也若以致福乎則通於神明光於四海不在于費財也若以禳禍乎則方務厥德罔有天災不在于勞人也今興造急促人徒竭作土木並起日計萬工晝不遑食夜不遑息力不逮者隨加搒

笞愁痛之聲盈於道路以此望福臣恐不然陛下戡定多難以定宗社勵精思理日昃不暇內不邇聲色外不樂游畋務行寬仁以幸天下聖人之德廣大悉被太平之風將可見矣而興動此役固違羣情迴正道於內心求微助於外物徇左右之過計傷皇王之大猷臣竊爲陛下惜之是以敢冒死至於再諫伏惟陛下留神省察臣不勝愚懇切直之至

魯議

周公居攝七年致政而殁成王康王追思其德命魯侯代之祀以天子禮樂魯君得乘大輅建太常外祭郊社內祭禘嘗虞夏商周之服器與官兼而用之以廣魯於天下郢竊謂自天子至於庶人尊卑貴賤待禮而別豐者不可殺殺者不可豐成康過賜非禮也魯君受賜亦非禮也何則郢聞有其位而後行典禮仲尼不臣門人非君也季札不嗣吳爵非長也周公不王而以禮樂王者是以非禮誣周公也設若誣周公以非禮曾爲昊天上帝亦可以誣乎奈何使魯人郊昔孔子憤歎於衰周而欲求禮於魯及覩其僭乃言曰魯之郊禘非禮也周公其衰乎魯用天子禮樂

者本以郊上帝既非聲名文物之當用可知矣又恐來者以杞宋用王禮爲疑因言杞之郊也禹也宋之郊也契也是天子之事守也杞宋二王之後得守先祖禮樂魯何守而用之恥猶恐其未能又言曰天子祭天地諸侯祭社稷祝嘏莫敢易其常古是謂大假此乃申言名位不同禮樂亦異數之定分也夫子之言昭昭如揭日月而學者或以爲事更聖人未聞可否難措辭於魯議者於謙黙之道則可矣於發揮之義恐未盡也詩曰爾之教矣人胥效矣魯侯用王禮其臣亦用侯之禮故季氏舞八佾旅泰山設公

廟歌雍徹嗟乎禮之不早辨也如此古者父爲天子諸侯子爲士祭禮從子不得從其父邘晉應韓武王之穆得用備物享武王乎若享非禮之褒是周公不得爲聖人也如其不享是成康祗以王者禮樂餒周公於魯矣安在其爲成康乎且周公之績孰與伊尹成康之明孰與太戊崇異伊尹不過號爲保衡至於沃丁太戊亦不加以王禮或謂周公叔父也於伊尹而爲親故尊而異之夫太伯太王之長子三以天下讓於王季王季得之以傳祚於文武故孔子曰太伯其可謂至德也已矣及武王克紂追王太王王

季文王而不追王太伯豈武王忘太伯之德而不親乎蓋以等威之禮名分之別爲萬代之準不爲一人之私也夫人情無常以禮爲常以禮從情動則爲悖且如王者祖有功而宗有德祖宗之廟代代不毀大凡繼體之君皆欲尊崇其父至於德功未著則不敢妄加廟稱者情非不欲限禮而已矣故禮之行於宗廟父子不得遂其私而況成康又得以天下之公器大典獨私於周公乎周公有大勳於周土田附庸以益之則可秬鬯圭瓚以賜之則可若天子禮樂成康所恃以爲尊也胡可以假人成康雖欲尊於周公伯禽其忍受之以出僭其君入陷其父乎若周公躬制禮樂墳土未乾而子孫弗克負荷首亂王者之度孔子稱其衰不亦宜乎

子游麻衰議

衞司寇惠子之喪也其子虎見廢不得爲嗣子游爲之麻衰以譏之將軍文子旣悟而虎得復位載在禮典先儒是非之說禮闕四字戲人書曰盛德不狎侮使彌牟能知禮也是君子也當書直以救失爲不知禮耶是小人也當務其闕能提耳喻之何狎侮之爲乎觀文子未正虎位非不知

也重違惠子之志將俟告者而行之假奈何以廣自許以狎待人重其話言輕其重服乘人之失伐己之明又非美之位疑不可謂無辱且多識前言闕二字其失而同適若此設使立人之朝闕人之政至於講大禮臨大節獻可替否任賢去邪言可得聞乎無以乃裂冠毀冕行怪而已矣遠觀望之疑未見其可直人不以其直也不敢以道循物而忘其身赴井救人傷教害義殆非所謂習禮者矣

姜嫄公劉廟記

姜嫄者炎帝之後有邰氏之女姓姜字嫄帝嚳之元妃后

稷之母也公劉者后稷之曾孫周文王之十一代祖也姜嫄嘗出游見巨人跡而履之載震載夙時維后稷以居然生子心所不康初寘之隘巷再寘之平林三寘之寒冰皆有以全度者旣而收之遂名之曰棄生有赫靈之異長有躬稼之勤法施於人以濟粒食堯乃命爲農師而封諸邰農師實后稷也古初造物首出羣理事必生成之本言必天地之際當虞舜之時稱禹平水土契布五教稷布百穀咎繇明五刑地平天成萬代永賴舜以舊庸命禹禹讓於稷契咎繇及以元后命禹禹獨讓於咎繇曰朕德弗克人

不依咎繇邁種德德乃降黎民懷之茲大禹所以言天意永命之所歸也夏有天下載祀四百禹之祚也商有天下載祀六百契之祚也周有天下載祀八百后稷之所祚也自時厥後百王澆季而咎繇之積累在天天祚永歸有所底止乃以無疆之歷命我聖唐盛德大業與天地準追視三代猶指掌矣昔者周文武之烈本於后稷后稷之生本於姜嫄故詩曰厥初生民時惟后稷后稷之子曰不窋失官而奔於戎狄不窋之孫曰公劉往遷於邠居以平西戎以篤前烈故詩曰篤公劉於邠斯館是知姜嫄有德於周

公劉有德於邠先賢所出立祠舊矣我國家稱秩元祀咸秩無文山川鬼神亦莫不寧而姜嫄公劉之廟舊制卑隘湫隘在市非所以崇明祀敬鬼神也貞元四年邠寧節度觀察使檢校刑部尚書兼御史大夫邠寧郡王張公獻甫戎醜是膺授鉞而至肅肅王命維公將之烈烈征士維公成之略地千里亭障嚴於外啟行一戰弓矢櫜於內卒乘睦而知禮風俗康而狎野覩此二廟獨爲匪安公曰噫精潔莫重於神明喧囂莫甚於市廛奈何雜處乎夫小人者知鼓舞之事神而不知褻狎之慢神知事神之求佑而不

知慢神之賈禍茂草一去遺塵萬祀使神而無知則已若曰有知而喧囂瀆易之狎中夫札瘥夭昏之患者得非長吏慈惠之不足耶乃以不忍人之心行不忍人之政且爲神告旣而卜遷粤以貞元六年十一月九日作新廟於南郭焉地則郊野之閒左水右山有清謐之勝材則樹遷之至上棟下宇非徵斂之煩擇農務之隙量功命日無妨奪之弊移嘉木而樹之考良辰而落之神於是嚴威而謫乎所處人於是祇惕而遠乎所瀆是惠人於無過之地而寧神於不怒之境仁爲己任不亦厚乎夫神聰明正直者也

惟忠肅恭懿乃能承之順此而祭不必多品故雖澗溪之毛潢汙之水而君子率是四德陳於二簋行之以禮奉之以慤潔之以齋達之以和則神可得而祀焉祜可得而致焉夫子曰某之禱久矣抑爲尚書張公以文武之憲純一之良知無不爲忠也正色率下肅也執事有恪恭也擇善而從懿也自先幽州大夫以來一門四人義方繼踵勳績爲時心膂所資非他忠肅恭懿而已用能承天之寵獲神之勞以屏王室以揚家聲也宜哉祠成三歲矣而銘記尚闕將恐寖遠失其所由乃陳梗概爰此刊刻詞曰

何賢乎姜嫄曰克生后稷何賢乎后稷曰克降農植后稷之道至今賴之姜嫄之德如何勿思何賢乎公劉曰肇宅邠土何樂乎邠土曰平戎之所乃今乃古有廟有宇宇亦旣卑廟亦旣摧闐闐朝合囂塵暮開嵩嵩羣吭屑屑徘徊瀆禮非敬祀神有災明寧戾止理化咸集財豐眾和暴禁兵戢惟此墻屋公私必葺列伊明祀風雨所及是度是築乃遷乃立奉我皇德達於有神揚神之威靜乎虜塵亦惟正直克贊忠純勒銘茲庭永示邑人

欽定全唐文卷四百五十

王沼

沼爲鳳翔隴右節度使張鎰屬官嘗將李楚琳作亂死其難

對被替請選判

丁授官累日被奏替請非時選廢置不許云準敕旨冬已過旬限丁訴云今正在冬當替只在下牒之日且辨論官材不合拘以限約廢置又執賢能以歲時入其書豈可無限

任良物官著國典而爲重守法立度在所司而靡踰丁筮仕策名掄才授署旣而天書薦委寧俟及瓜之期會府陳辭重希刈楚之選官纔登於累日時已後於三冬允哉廢置明乎用舍雖進賢是急冀開取士之門而嚴敕不移誠曰在公之義訴而不納信謂得宜況歲進其書事有徵於前志不拘以限亦何聽於薄言請俟他年無隳舊典

鄭錫

錫寶應中進士官禮部員外郎

正月一日含元殿觀百獸率舞賦

皇上端拱穆清法春秋五始之要酌禮樂三代之英赫帝典含元正衡紀允叶攝提爲貞疏龍首以抗殿靡魚須而建旌開形庭執玉帛者萬國發金奏韻簫韶而九成祥風應律慶雲夾日華夷會同車書混一羽衛宿設乘輿曉出陳八佾象鈞天之儀舞百獸備充庭之實彼毛羣與羽族感盛德而呈質度曲既三薰風自南進旅退旅兮猛志外戢擊石拊石兮和氣內含忽齊首以瞪目乍脈脈而耽耽威而不猛樂而不諼搏鷙者搖尾而就養剛狠者戢角於觸藩牝馬馴致於坤德羣龍利見於乾元若乃大禮成壽

觴薦天聲起皇威遍金石鏗鏘以攢雜文物葳蕤以蔥蒨獸臣獻伎於廣廷樂正舉麾於層殿恒荒戎於醜虜咸稽首而革面其初進也波委星攢如岡如巒發揚蹈厲兮鼓舞爭集無大無小兮容止可觀其少退也軍旋陣折匪蠻匪貊蹄角且千兮羽儀累百詭色殊奇兮相輝赫赫豈獨九尾靈狐一角神獸顧兔宵落麒麟夜鬬非熊非羆爲猿爲狖咸鳳巢閣騶虞在囿條支之犀黃支之轂而已其徒實繁厥狀非一五靈嘉瑞百寶異質數不可盡之於詞名不可殫之於筆莫不聞至樂而知感樂皇風以相率忽指顧於應規亦迴旋而中律穆穆焉羌難得而備述則知樂之感也深德之被也普彼禽獸之遇聖隨萬里而咸覲至若吳歈越吟荆豔楚舞徒慆堙於心耳安擬議於干羽曾不得充虞舜之帝圖列后夔之樂府辭曰鑠元會兮正王度奏雲門兮歌大濩百獸舞兮四夷懼于胥樂兮皇風布客有慕上古之賡歌望承明而獻賦

長樂鐘賦

漢宮昏曉兮樓殿相望雙闕雲聳兮千門日長銅壺夜漏金鏡朝光鏘華鐘兮肅天居之岑寂張猛簴兮壯神容之

焜煌含虛守靜應用無方聞之者朝警而夕惕扣之者神和而意揚此乃樂府之彝器宮懸之高張豈比夫羽籥絲竹匏土革木徒攢雜以鏗鏘若乃九陌初昏重門聚柝清禁將開繁星乍落月宿翠樓風清金閣發清聲之響亮覺層樓之寥廓思遠客於鶉衣怨美人於羅幕足使懷愁者感之而增欷得志者聽之而愈樂豈在物之有心伊人情之所托及夫雞人未唱鵠鑰猶封星翻南陸月掛西峰出入萬室周流九重走軒車於金馬震欞檻於銅龍千官警兮清佩響百鳥鳴兮春露濃豈謝泗濱之浮磬豐嶺之霜

鐘而已哉夫其逐吹含空馳烟驛霧徘徊宮闕演漾官署虎嘯空中龍吟何處近從丹庭之室遠盡青門之樹制之以劍思利器之一揮擊之以莛歎清音之難遇豈獨稱鳧氏於周典發鯨魚於漢賦爾其春容鼓怒之音千石萬鈞之實洪鑪鎔冶之姿追蠡篆文之質總眾美以混成亮吹萬而得一客有羈旅靈臺經過年首元文未獻白首徒久聲聞於外空美鼓鐘於宮氣或在天誰知藏劍於斗懷洪音而未發敢虛心而待扣

日中有王字賦 以題爲韻次用　鄭錫

至陽之精內含文明成命有密神化陰隲倬元聖而緯天爍靈符之在日人文變見元象貞吉煥爾殊容昭然異質三陽並列契乾體以成三一氣貫中表聖人之得一當是時也河清海晏時和歲豐車書混合華夷會同皇帝乃率百吏禋六宗登臺視朔候律占風祀夕月於禮神之館拜朝日於祈年之宮霽氛霧掃煙虹地涯靜天宇空陰魄既沒大明在東吐象成字昭文有融法科斗以爲體並跛烏以處中馮相未覿疇人發蒙此乃聖人合契至化元通不然者何得曜靈起瑞明被於有截垂光燭地運行而無窮聖人以不宰成能日月以無私可久偶聖則呈祥逢昏則顯咎貞觀契無爲之功休祥應無疆之壽沒於地我則取誠於明夷登於天我則呈形於大有共初見也昭昭彰彰流晶耀芒若神龍負圖兮呈八卦於羲皇其少登也發色騰光乍見乍藏狀靈龜銜書兮錫九疇於夏王蔽虧若木隱映扶桑曈曨五雲之表輝映重輪之旁臨紫宸兮千門洞照出黃道兮八極增光惟德化成惟王正位兄其日兮姊其月父事天兮母事地罄六合以爲王統三才而制字道不藏寶神開奧秘王在日兮垂文日在天兮重懿豈徒

色映合璧光連抱珥三舍迴魯陽之戈載中美漢文之志皇上以爲命不于常惟德是據災逐祥啟福隨禍著知微知彰一喜一懼因嘉瑞以增德合元符而降祚客有上國觀光金門獻賦覩日中有字之感成天下至公之務傾心太陽企踵雲路顧回光以暫燭庶千載之一遇

喬琮

琮寶應中擢進士第

日中有王字賦 以題爲韻次用

至尊者王至明者日處其位兮無二配其德兮惟一制服

以象必圖之而並臨視朝以時方候之而俱出懿夫日實也厥生于東王往也厥居於中其呈象以下燭必布德而上通然則日中之有王字者豈不以昭宸聰彰國風煥乎黃道赫矣蒼穹表皇綱之不紊延聖祚於無窮者哉且天垂三光日當其首人執六藝書列於後此神功之所成彼人力而何有況乎烏爲烏矣無慚蒼頡之能日匪扇焉寧假右軍之手稽圖緯於載籍信可大而可久豈比夫龜麟龍鳳徒在乎宮沼郊藪適足以勞於使臣未可以齊乎不杇夫運行不已者天地之常臨照無私者日月之光美之

則配於太昊惡之則比夫夏王是以逆其時則休亦成咎順其道則否亦爲臧故昔王者莫不觀天文兮順陰陽授人時兮正紀綱而人用康而邦其昌如此者厥鑒不遠實歸美乎我皇信所謂承天之序襲於休祥者也是知君能則天天必呈瑞明海内之四目瞻日中之一字士有仰止雲路苦心詞賦戰欲酣兮日將暮儻魯陽之脩戈可借冀和仲之餘暉可駐願傾葵藿之心希成桃李之樹

齊映

映瀛州高陽人舉進士博學宏詞累授監察御史建中初遷刑部員外郎拜給事中轉中書舍人貞元二年以本官拜平章事改中書侍郎封河間縣男貶夔州刺史歷衡州洪州十一年卒年四十八贈禮部尚書謚曰忠

冬日可愛賦

閉天地成四時者元冬麗乎天明萬方者白日至若斗杓移指寒氣入律霜涸冰以凝沍風落木兮蕭颼始乘乾以運行乃宅巽而是出明在地上望杲杲於扶桑光搖水中疑泛泛而萍實故日出暘谷衆人熙熙苦寒者自我而燠若即幽者自我而明之將所鑒而並鑒故無私而不私懿

夫吾君之威可畏可愛象嚴凝以神武配耀靈於光大是以愚智必仰賴者也又如殘夜猶昧破積陰以重光晨霜正繁濟輿民於附火聖人納諫亦替否而獻可同彼天象發陽明以自東觀乎道經體人庶而居左君法日也申文明於九重臣諫君也扇和氣於三冬故時以泰歲以豐方夔龍而並騖與步驟而追蹤

賀破吐蕃表

臣某言伏聞南蠻以六月某日大破吐蕃弄視等城擒戮俘獲不可勝計者臣聞德之所綏在遠咸服義之所棄雖

暴必亡。蠢茲犬戎。敢肆兇戾。久稽天討。時動邊塵。人神共讎。夷夏同憤。遂使南蠻奮旅。仗義爭先。覆其保障之時。奪彼肥饒之地。斬馘萬級。俘計千羣。揚天聲於區外。正王略於殊俗。自非陛下道超帝圖。化協神用。武先七德。守在四夷。安得使百蠻稽服。潛被聲教。始左衽以請吏。俄倒戈而効誠。舍其脣齒之資。爲我爪牙之用。雖書稱即敘。詩美來威。方之聖功。彼有慙德。臣謬膺朝寄。待位東土。不獲隨例稱慶闕庭。忭躍之誠。倍萬恒品。不勝慶快之至。

請修義倉表

臣某言。臣聞荷覆載之德者。願酬天地之仁。懷涓埃之勤者。冀裨海岳之大。所以思或出位。知無不爲。況臣受寵過深。感恩逾切。不竭忠以自效。是盜祿以苟安。臣某中謝。臣伏見三時愆雨。一穀不登。黎庶以闕二字不知。卿士以月俸自恃。竊惟聖慮。已積憂勤。凡在人臣。何以安處。昨者自春及夏。時雨漸愆。陛下心憂於清穆之中。躬禱於靈池之上。精誠所至。昭感遂通。祥禽呈瑞於御前。膏雨布澤於天下。遂使百穀皆稔。九土大豐。國無不獲之夫。代成廉讓之俗。斯乃皆由聖德上合天心。顧此齊人。俱受其賜。此何異開口待哺。濡身仰衣。豈知宸衷不可常勞。靈雨亦難恒若者也。必在酌堯舜之至道。舉祖宗之成法。復修義倉。以救歉歲。則黎人絕水旱之困。陛下釋憂勤之念。君逸無勞。乃合至道。足食無患。斯謂雍熙。豈臣率心。實聞方冊。又臣伏以賦稅之道。理化之源。必資考古酌今。以通其變。俾爲經制。豈利因循。各具狀別隨表。臣某中謝。伏以聖心屬念。惟在黎元。微臣蠢愚。嘗歷州府。敢以所見。備於上聞。徒竭誠請。理猶未明。輕冒宸嚴。不勝隕越。

論御史臺誣謗表

臣某言。前月十七日八陵禮畢。臣議以爲不合賀宰相。御史臺罰臣一月俸。至十九日。宰相奉宣聖旨不須罰者。臣以愚直守職。造次執文。憲司。班列失儀。委典書罰。聖慈照鑒。特恩釋放。兢懼戰越。不知所圖。臣某中謝。臣伏以昨者八陵之禮。百王未行。特由陛下發於孝思。成此盛典。祉歸聖祚。慶屬皇家。惟當稱賀殿廷。豈合推美臣下。事關詔牘。禮近嫌疑。臣忝職司。豈敢苟且。又詳郊廟之禮。與臣愚見亦同。但緣李汶性褊而剛。不敢對衆陳白。所以入咨宰相。冀其無迹而停。豈圖智小慮深。竟以徇公招咎。陛下察臣等守直免臣罰俸懲勸斯在隕越何酬臣某中謝臣素庸虛叨蒙獎擢身則誠爲職品官是陛下九卿臺司理在持綱臣則職當執理綱失是一時之誤禮失爲終古所非書罰已擅臺威放罰特聞聖造誠合各守職分上答恩私宏陛下太和之仁示朝廷至公之道豈以蓄憤未洩求過轉深數日已來衆情共悉臣昨自緣公事頻詣延英李汶疑臣别有披陳遂欲曲生瑕釁責臣不賀宰相則上引班列失儀惡臣專守禮文則旁說河南殘破其牒已公行組織欲杜臣之口近聞又有譖說擬陷臣之身不敢縷有塵煩

自當漸布行路臣孤立無援行公奉職惟聖明在上微臣必不及冤但恐誣構日深慈母亦當動聽臣今不敢避李汶之怒惟懼失人臣之和夙夜不寧憂惕成病若更請對轉恐生疑戰汗彷徨不知所處無任兢懼感恩之至

河南府論被謗表

臣某言臣聞修身止謗君子之道尚口自理小人常情臣雖駑劣不才竊服師父之訓縱有謗讟未嘗辯明久必自乎庶無所愧況釋謗於己則必委過於人棄讓違謙何愧之甚然命之所切不緣臣身伏以受陛下命官之初直自聖心所擇遽致遺闕上累皇明此臣不得不辯一也聞謗臣之詞以驚聽爲務或云父子相食或云盜賊公行山谷之間已有結聚或云坊市之内亦致流亡儻或上達天聽則貽憂聖慮又臣不得不辯二也臣某中謝臣伏以鄰近數州去年皆同水旱惟當府一境前年先有水災既已積憂又加再歉其間數縣人戶須者實多逃移據兩稅案所有未歸人戶尚有一千五百已下有須獎任不勝憂惶自蒙陛下恩慈特發倉儲賑貸安業者無不懽忻逐食者漸已遷還幸災之人騰謗益甚致滋嫌怒實此根由蓋緣臣

自到任以來事有不幸曾正寃獄嘗奏貪官且獄是聖衷所明幽魂知感贓是疫人之害疎網不容當官而行於臣何有今則彝章雖舉衆怒遂深乃於道路郵亭造其飛語又於往來使客揚此虛聲轉至沸騰布於遠近且謗臣者以去臣爲限臣不去不休臣若尚安居謗亦滋甚向念時雨未降人心易搖乞罪微臣以安百姓今月十九日又得南市署丞張斌狀送留守牒市之意似欲慰人戶詳其牓内之詞却慮搖動愚下其牒云戶口流散村落空虛恐依山林變爲狂寇擾竊道路隔礙往來者今地即王畿有事

尚令密啟人皆服化虛詞豈可牓陳敢言不利府司又恐惑於遠聽臣伏以俱承寄任責務和同今日故就皇城自取商議旣至門首又不見臣臣憂懼轉深不敢不奏其市牓諸縣見擬移牒請其且收臣旣昧通方輒陳事體兢懼戰越不知所裁今東都幸有臺省之官悉是朝廷所擇職爲耳目身在都城固諳纖微望委勘察庶事責實甘待刑章無任惶懼懇迫之至

進封章表

臣某言臣聞恩之重者非命可酬誠之切者無言以代但

無以非命又無以可伸臣某中謝臣又聞君親之恩天地之理在臣所感異於常恩臣於廣德二年曾授徐州一尉旣不赴任即同無官建中之初便荷聖澤自此累擢以至台司此臣所感異於常恩一也聖朝特重史官宰臣先獲兼授況臣不逮忽竊殊私此臣所感異於常恩二也敢言守直實稟至愚是以凡所歷官必遭飛謗慈母有投杼之惑古人著竊鈇之疑臣獨何人累蒙聖察此臣所感異於常恩三也但夙多羸疾今迫衰齡常恐殊恩未酬朝露溘盡負天愧地不知所云臣某中謝臣又聞西晉山濤之事君每有所知必有密奏晉代謂之山公啟事實若今之牓也意在臣展盡忠之道君擇可採而行使政自上施言無外見但以臣性本庸淺識又暗劣每有聞見莫辯是非若合陳不陳懼乖耳目之任不合奏妄奏則當塵瀆之辜是積慙惶亟歷星歲竟未能舉一賢以自代興一利以上陳冒寵偷安其罪至重更以臣除官制云爾其竭誠啟沃以廣視聽故臣得以盡其管見塵浼天聽謹別錄狀同進以聞無任兢惶戰汗之至

出官後自序表

臣某言伏以臣之依君猶子之依父若心有憂患口不陳聞則是孤負恩慈自取禍敗臣某中謝臣去年八月十九日陛下賜臣蔭官詔云漕運成功擢居東掖者臣俯慙光寵上感聖明粉骨糜軀匪申報効臣昨東都主運之日是上都闕糧之時賊寇未平蝗蟲方甚臣於河陰領米分付陝州務相催驅不敢迴避其時王事至切臣官最卑臣心雖守謙恭公事亦多抵誤猶蒙陛下遣段日暹宣慰於臣處事之難臣有微功實由天庇及臣延英對日不敢一言自陳怒臣者疑臣以張聲勢憂臣者料臣必投魑魅今臣

貶官自緣親累聖恩猶與上州自然宿怒未平因恐小人承便臣既在遠還回易誣痛則呼天實在今日憂之切者謹陳一端往者張鎰在鳳翔之時奏留都營田副使張信之得罪自爲犯贓以臣不與往還於臣便生疑怨一昨秋夏之際張信之多在上都自臣貶黜已來不知今向何處但慮知臣在遠又知執政憎臣必恐求媚取容構虛逞怨倘有罪戾聞於聖聽乞降三司審推則臣萬死無恨方當黜責猶恃恩私仰望天顏實如咫尺無任憂迫恃恩之至

爲蕭復讓宰相表

臣某言臣不幸多疾且昧攝生積年不瘳遂成沉痼內有五臟心病轉深外有四肢足力不逮豈可參掌密命趨侍玉階上負聖私下曠公事縱恃恩無懼而省已何安臣某中謝臣以爲寵祿不可苟偷疾病實難自強所以每轉一職常積憂惶自頃受官累經陳乞及奉天拜命陛下殷憂臣合捐生豈敢言病況當憤切所致實亦患苦自忘今逆臣殲夷庶物忻暢餘生獲泰宿疾頓來豈無諸醫竟未有效忪悸之疾動發無時事輒經心病則加劇或達曙方定或彌日不瘳神形怗然若無所據又風痺之狀趨步蹇澀往來扶策自不能持念此餘生顧成廢棄豈宜叨處榮位貽穢台司聖恩縱欲優容公議實難逃避特乞賜臣骸骨待盡邱園冀勿藥以稍痊實殺身而非報無任懇迫惶懼之至

第二表

臣復言臣以沉疾在躬不任所職每因召對輒具上聞遂敢重表陳誠所冀俯迴天鑒伏奉還詔未蒙矜允慚惶靡據冰谷在懷臣某中謝臣竊以幹事先於志氣立朝本於威儀威儀整則朝無惰容志氣強則事無遺理今臣足疾

近安敢高行止年又衰殆豈任機務況自宣恩復命僅歷七旬扶疾趨朝唯經再月竊惟非據何心自安聖恩雖欲優容公議實難逃責且頃冒榮獎屬當艱虞在中無獻納之能奉使乖撫綏之術涓埃莫效僭忝實多上孤恩私內苦疲薾將何以奉中興寧濟之道致泰階平一之符夙夜愧怖精爽飄越伏惟皇帝陛下高覆厚載慈惠生成矜臣朽憊賜臣首領豈惟微臣免曠官之罪實亦聖朝廣全育之恩

第三表

臣復言臣以病曠官合從罷免累陳丹懇冀蒙允察再奉墨詔猶未優容受恩則深揣分增懼臣某中謝臣聞循己就安聖賢之深誡捐軀報節臣子之大端況臣一門荷恩四葉爲相謬以姻戚光於宗親殊私未酬微命寧顧但苦病在方寸慮事則愈昏職近宥密尸位則多曠今四遠氛祲尚未廓清萬機損益皆關聖慮是明王宵旰之日賢哲馳騖之秋豈臣妄庸所當眺倚犬馬之戀雖欲遲迴夔龍之行詎宜塵穢伏乞曲留宸鑒俯察愚衷矜臣量力之請免臣妨賢之責私誠獲遂公議允諧無任悃欵悚迫之至

臥疾辭官表

臣某言臣生何僥倖遇聖屬千年之運命何乖薄染患逾十旬之程法既限於朝章事竟塵於天聽惶懼戰灼不知所圖臣某中謝臣自三月天澤傍流御醫親降膏肓既辦沉痼日輕但於寢疾多時羸頓猶甚支體骨立氣力惙然審慮旬日之間未任朝謁之禮更以法資畫一令在必行豈以微臣虧於大憲況中書近密樞務重切不可一日而闕臣以累月在假頗爲曠闕罪實難逃更乞淹延心何自處故臣之陳奏非敢竊退讓之名臣之懇誠非爲追止足之誠直以當其無病猶不逮人既以違文豈堪玷法伏乞宏廣運之道崇大中之規是歸執象之言以副垂衣之理豈微臣幸甚實彝章幸甚無任誠懇之至

處州請隨例行香狀

右準式文臣當州不在行香之數伏以聖朝宏孝御下崇德追先憑法力於傳香奉永懷於率土下垂甲令旁感物情臣州稍以遐遠比於列郡遂漏恩私俱承亭育之中獨隔情理之外況語桂廣則道里猶近並接衢婺則州望悉同推於等夷倍切誠懇又垂白之老一命之士或生於開

元天寶或逮事肅宗代宗從頂至足生成是賴五月六月思慕彌深方當感切之辰難抑衆庶之意臣又以國家禁建寺觀繼度緇黃所種田疇已爲優厚食時受供皆荷殊恩忌辰修齋當茲別給如蒙聖澤許同鄰州應緣香燈所需皆率官吏取足於刺史以至末班輕減俸錢敬修法事庶使山越遺老咸覩漢儀海郡具僚率由唐典無任至誠至懇之至

爲趙相公謝馬狀

中使某至奉宣進止賜臣馬一匹并鞍轡者臣官叨上司

日荷厚倖固其乘馬足展驅馳宸睠過深聖慈猶軫猥出
上駟特賚微臣豈徒體合鑄金法相皆備而乃足符歷塊
驤德是稱仍束以銀鞍絡以金鑾顧自微賤何可服乘拜
命驚惶不勝戰汗當攬轡之際思六合於如琴執鞭之辰
度三代之得策空懷夙夜寧效涓塵無任感激之至

恩賜馬一匹幷鞍轡及告身衣兩副等狀

右今日中使景忠信至伏奉恩旨賜臣前件馬幷鞍轡告
身衣服等寵賚所及遑荷難勝臣自受命以來神爽飛越
晦明之際寢食靡遑恩私特加榮錫備至命書煥耀渥澤

殊常出衣服於御府輟驊騮於天廐負乘之懼不稱之災
慶賜有溢目之榮奬任有提耳之誡以臣愚陋負荷難勝
雖欲殺身豈酬鴻造無任感恩惶懼荷戴之至謹奉狀陳
謝以聞謹奏

欽定全唐文卷四百五十一

喬潭

潭字源梁人天寶十三年進士官陸渾尉

霜鐘賦 有序

南陽豐山有九鐘焉霜降則鳴斯氣感而應也潭忝預少
宗伯達奚公特達之遇擢秀才甲科庶幾人間有是譽處
然南陽即公隱居之舊地也故爲霜鐘賦以廣知音詞曰
豐山之峰巉巖積翠之石森爽凌寒之松上無鳥飛下無
人蹤深杳杳以靜謐有天然之古鐘兩欒神資九乳靈化

寧失制於侈弇豈遺音於窕槬每簴器以自閑常宿懸而
不下動於耳而藏於心必高秋之良夜於是泬寥兮日暮
而天晶蕭瑟兮霜落而風清爽氣無朕前來滿盈跳然出
復鏗爾有聲信不擊而不考能大鳴而小鳴始則含胡摧
鬱旋復充詘紆開若往若還徘徊其間爾其舒肆奔放長
齊遠暢乍浮空以紆餘更觸物而瀏亮入林蕭蕭在水湯
湯泛濫淺瀨聯緜疎篁夜鶴怨兮彌苦寒猿悲兮更長餘
韻舂容隨風悠揚遠於洞庭浮於瀟湘梧楸紛以離披蒹
葭颯其蒼蒼及夫夜已艾兮彌靜山無人兮月冷初肅肅

而自凄復砏砏而虛警其動愈出其來甚徐合於元化遊於太虛轉遠而盡誰知所如聊獨立以傾聽恍若失其躊躇聽不及已想存其餘方其寒氣曉集鏘然應急發越林巒周流井邑前聲未盡後韻相及羇臣之空館屢來思婦之高樓偏入莫不恍然驚夢歔欷掩泣夫鐘之應霜也應以無心士之知己也貴其知音不鼓而鳴者其聲遠不言而信者其分深故自然之聲無假於煩手特達之分不資於騰口吾欲徵華鐘喻良友懷音淵默藏器虛受可以適南陽待清霜之一扣亂曰風籟起兮喧長薄霜鐘鳴兮動

哀壑合大塊兮聲無作雖有聞兮常寂寞

素絲賦 以貞素持質積功爲韻

色之眞者尚乎白質之細者珍乎絲眞則貞而潔矣細則積而多之故君子韜德是務清以自持將經綸以濟物先組織以修詞惟絲之故不僁乎素組以飾馬言好善而不忘紽之在羊時退公之有度始也重蠶事終婦功促季月候戾風爰求柔桑寧止於十畝既登分繭乃布於三宮至若三盆既繅八月成績方勤水練爰去地尺晝曝於日吸太陽之光華夜懸諸井濡厚載之靈液於是典絲瞻臨慌氏引繹引之於手如皓鶴之飛承之以筐若凝霜之積既而嬪婦化理經緯縱橫當軒兮婀娜之織弄杼兮軋軋之聲映羅袖而增麗度金梭而轉明每知白以自守亦含章而可貞夫以白能受采文匪勝質故公孫戒於從微墨翟悲其患失青爲戀兮非擬朱爲繩兮未匹珍蠶恥越鄉而來獨繭嗟自園而出唯彼蚩蚩之喻無愧皎皎之實乃續曰絲之素兮貞且吉人之質兮清且一若見用於當時寧七襄於終日

裴將軍劒舞賦 有序

元和秋七月羽林裴公獻戎捷於京師上御花萼樓大置酒酒酣詔將軍舞劒爲天下壯觀遂賦之其詞曰

將軍以幽燕勁卒耀武窮髮俘海夷虜山羯左執律右秉鉞振旅闐闐獻功於魏闕上享之則鐘以悍簫鼓以靈鼉千伎度舞萬人高歌秦雲動色渭水躍波有肉如山有酒如河君臣樂飲而一醉夷夏薰薰而載和帝謂將軍拔劒起舞以張皇師旅以烜赫戎虜節八音而行八風奮兩階之干羽公於是乎貝冑朱綅而作色虎裘錦裼而攘臂抗稜威飄銳氣陸離乎武備婆娑乎文事合桑林之容以盡

其意照蓮花之彩以宣其利翕然鷹揚翼爾龍驤鋒隨指顧鍔應徊翔取諸身而聳躍上其手以激昂縱橫耀頳左右交光觀乎此劒之躍也乍雄飛俄虎吼搖轆轤射斗牛空中悍慓不下將久歘風落而雨來累愜心而應手爾其陵厲清浮絢練夐絕青天兮可倚白雲兮可決覩二龍之追飛見七星之明滅雜朱干之逸勢應金奏之繁節至乃天輪宛轉貫索迴環光沖融乎其外氣渾合乎其間若湧雲濤如飛雪山萬夫為之雨汗八佾為之慙顏及乎度曲將終發機尤捷或連翩而七縱或瞬息而三接風生兮蒨

旆襜襜雷走兮形庭煜煜陰明變見靈怪離獵將鬼神之無所遁逃豈蠻夷之不足震懾嗟夫蘭子之迭躍其技未雄仲由之自衛其舞未工豈若將軍為百夫之特寶劒有千金之飾奮紫髯之白刃發帝庭之光色所以象大君之功亦以宣忠臣之力或歌曰洸洸武臣耀雄劒兮清邊塵威戎夷兮率土來賓焉用輕裾之妓女長袖之才人天子穆然詔伶官斥鄭衛選色者使覘乎軍容教舞者俾觀乎兵勢激楚結風發揚蹈厲僉謂將軍之劒舞古未之制

羣玉山賦 以廓功峻登適招外遊為韻

穆王與偓佺之倫為玉山之會乃御雲輦張華蓋飛龍騤騤和鑾噦噦警清蹕傳虛籟忽兮迢遙漫若天外於是乎徙倚西望逶迤北遊涉弱水跨瀛洲析若木以為珮采琅玕以為羞俾幽荒窮僻有車轍馬跡經銀臺而右轉肆玉軚以東適停羽儀乎此中觀仙聖之圖籍既而浮莽蕩躋崚嶒神靈儼其高會容衛紛其上騰若光若滅賁然來登觀其亭亭太虛不可彌度石室靈造玉堂天鑿寶牒有融仙經惟錯蕩青簡兮絲字煥瑤緘兮金絡護以虯龍拂之鸞鶴為列真之策府亦太一之延閣覽之而羣聖會同拔

之而萬古昭廓且藏書為寶鎮物為雄小石林之岝峉陋玉樹之青蔥赫嚧嚧高崇崇秘精義乎其中何必登隱弁拜崆峒挹方壺而訪道歷秦望而為功者哉至如窮地之險極天之峻疊素九成攢花萬仞非神轡之六駮孰能倏而驟進或歌之曰彼天子兮塵外鑣登靈臺兮意飄飄吾君得道兮異於是不日求兮自逍遙以石渠為羣玉之處幸校文之見招

秋晴曲江望太一納歸雲賦 以題中字為韻

秦稱百二鎮為太一合沓橫空嶔岑蔽日豈瓌寶之攸產

蓋雲雷之自出宜其密爾王甸雄茲帝京敗葉風警高秋氣清時雨夕歇歸雲晚晴俯枕曲水前臨直城山半隱而半見雲乍低而乍傾其趣可賞而不極其容可狀而難名爾其沉陰始解靄霽初歸迴日猶重因風則飛其始也峩峩巍巍千巖萬嶺稠疊而相感其漸也紛紛霏霏齊童趙女並舞而垂衣忽天澄而地廓鬱氛氳于翠微別有容與之勢輕盈之狀日下空籠天邊引颺始悠悠於綠野漸冪冪於青嶂洛川神女何以踰巫峽佳人不能上雖更僕而非久仍移景而堪望落日將曛山銜斷雲綠氣陰鬱嵐光

氤氳橫截高巖驚數峯之頓失却臨幽石與殘雪而無分乃為歌曰節彼南山兮人所矚施此雲雨兮濟君欲信軌物之無憖奚百姓之不足徘徊不去乃賦歸雲之曲曰歸雲之狀兮不一歸雲之趣兮難儔雲不以朝晡而異賞士不以前後而異求誠在位之如是知夫鴻漸之高秋

破的賦 有序

君子修辭以干祿祿或不至居常以俟命感而遂通抑亦莊生不䠶故為破的賦以喻其詞曰

飛衛學射於逢蒙希其術窮搜董蒲白羽之箭獲燕角綠沉之弓悵望隴雲徘徊朔風以為隼必獲於墉上雀無全於彀中或曰人將觀德子盍呈功乃見於諸侯聞之州序獻於天子臨乎澤宮自上而下陳其比偶歌騶虞奏貍首其或少算從而進酒於是乎擇素士張畫侯韜朱膊捍韋韝既垂櫜以弦弧亦啟箙而抽葴內審其志外專其目釋思其平去務其速落殘月於象弭飛明星於金鏃宜易易而獲禽翻兢兢而失鵠師哂之曰殆矣王庭之賓胡為先利其器而不反求其身乃杜門三年猶乎家人聽之以氣視之以神秋毫如山蝨心如輪高其小物申以歲貢從容

君所無復命中不知矢之所加弦之所控不知引之而滿縱之而送以無心為心若夢不夢斯焉而遽發騞然而通洞洞之者是為中的中之者細若毫芒乃能匪左匪右不留不揚絕心乎後牢落判散亦何有四方是時也君子觀之貴其得一小人視之多其中質九賓之眾毛豎骨驚陰幽鬼神股戰頤慄固可使朝肅慎面先零變幽都柔南溟至遠無外罔不來庭夫以有形之器猶能破的況天機為弧大直為矢而不能破其夷狄故事無矜功理在冥跡不射乃師之益吾將為益

雙瀵泉賦 以泉水澄澈皎鏡春冬爲韻

呼厚地而濫涌者有河東之瀵泉坼陰開竇沃日浮天初泊没圓衝沸高湍於柔祇之下復透迤遠注散餘波於馮夷之川爲神龍窟宅之上而致美爲陰陽蓄泄之所而通元將海日泓浤而昭此豈坤儀挺拔以驟焉來何所以去何所止始開雙瀵發輝於汾魏之郊竟助洪流歸潮於渤澥之水借如夜色初升空光下凝繁星映而珠滿新月入而鉤澄泊乎風駭霧敎烟涌雲蒸則有鬼神倏閃以恍惚蛟螭鼓怒以噴騰物之與詭怪孰可得而備徵意以爲潛

虛洞決脈流派別雖一河有隔終陰騭以相連故數眼分開涵碧虛而共潔 未見澈字官韻 是以百尺澄兮四空晶珠胎明兮沙岸皎洗沸烟埃蕩漾魚鳥亦能凉生朱夏氣暖元冬守謙下以含道順畎澮以利農道則以物爲賓水則假利於春人有情以利水水無意以求人人之自僞我豈非眞故至人以水爲德以心爲鏡鏡雖明不利於人水至平不潛乎性故瀵之爲澤也廣泉之爲鑒也淨若壅而閉則澤不能及物混而濁則鑒不能自正故選士者象清瀵以含虛懷才者但明心而未映苟能酌憲於茲泉則可以相鑒

梅而翼聖

饒陽縣令廳壁記

千里之外設方伯帥其屬屬有長今之縣尹焉故縣之庶富尹以賢傑不可冗而庸也自齊桓匡合制我饒陽歷戰國以還遂美其城邑西邇全趙東拒河間燕之南郊冀之北土其有吕尚之遺風乎多奇士好帶劒侈服多佳人善彈弦跕躧其地虜口近擊柝之虞其川滹沲有泛舟之役廣輪七十里編户二萬訐行或擊轂市或駕肩日中奇羸雜弊爲竊機女狹其幅利染工多其姦色業不可廢訟由

是興非夫寬猛以濟之則不能用乂宵人課居異政固亦明己我茂宰裴公河汾鼎族公卿門子識經之文緯之教纔設而耆幼歸心刑不施而權豪斂跡惠行爲膏雨令出爲清風君子謂裴公於是乎君子其高蹈近密翰飛清冥未可涯也余味之久矣豈縣公能事而屋壁不書召彼故老詢於前政莫知其數遠者闕如權輿先天置郡之後凡名士改轉列于左倫庶幾將來亦克用勸

會昌主簿廳壁記

會昌行在也新邑作焉主簿糾曹也我公吏焉公名摯字

某由秘書正字而拜初蒙泉秘湧於山下陰火潛燃於地中是開湯池以御宿獲靈符之三載有詔留之冠新豐渭南而爲畿縣以明年復詔廣之畝萬年長安而爲京邑非良才無以紓劇非美誠無以鈞賢邑改其名官遷其秩宜矣北陸寒苦東郊豫遊萬乘入郛百司在宇温泉之宮齊乎下集靈之臺禱乎上物或過求難於抱影事或倚辦急於奔星雖務分官聯而我實綱紀編王侯於尺籍惣豪猾於伍符皆此之自闕（疑）以簡書追胥以簿書詰盜皆此之自決縣大夫無能專達野司寇不獲僅成咸在公之鈐鍵

矣不言而政每游刃不速而人常應弦申之以豐盈甚都加之以藻麗尤絶非鄭桓公之邁德不存孝孫非少宗伯之允文不有令德籲懷茲邑必復康侯進吾往也夫仰東井倉期天帝山木冬繁其浴日之温流乎水雲晝積其濯龍之靈液乎矧乃才之甚器之甚游泳恩波膏沐聖澤將濯軒掩紅顧眄千里豈俟辭蒲而階漸我君子謂是言也潭忝以詞賦見知春官欽惟教忠即簿領之能事敢序施政有門人之直詞乙酉歲抄志於南軒之東壁誰謂來者不承乎權輿

中渭橋記

自鳥鼠穴者茲水廣矣依鳳凰城者茲橋壯矣水朝巨海而不竭橋通大路而居要不然豈自秦至我唐六千甲子而猶存也稽厥宏造率茲帝圻候天根之見當農務之隙司金司木鳩而積也水工木工速而至也揮刃落雪荷鍤成雲京兆尹紫綬而董之邑吏墨綬以臨之遠邇子來結構匆亟無小無大咸稱天休經之營之不愆於素丹柱插於坎陷朱欄絶而電炫乃虹引成勢猶雀塡就功連橫門抵禁苑南馳終嶺商洛北走滇池鄜畤濟濟有衆憧憧往

來車馬載馳而不危水潦起漲而轉固人思啟行吾其能濟絶絶赫赫轟轟闐闐且周穆之駕黿鼉振千祀也東明之聚魚鼈稱一時也孰若我由之而必達憑之而必安若以匹敵夫何遠矣潭遂因行邁覩茲崇飾將刊石以表跡敢搦札以記事赤奮歲流火之月也

女媧陵記

登黃龍古塞望洪河中流巋然獨存太浸不溺者媧皇陵也夫巨靈擘太華蹠首陽導河而東以洩憤怒雖有重邱大阜險狹之口罔不漱之爲黃壤汨之於旋波不可復振

奔崩而下矣女媧氏已然之後豁爾之衝天險東阨風濤鼓作乃能中乾外禦特立萬年其憑神可知也水無盈縮之度陵有高卑之常霖潦漲之兩涘沒矣於是乎不爲之小而就其深旱暵滲之孤嶼出矣於是乎不爲之大而就其淺非夫巨靈壯趾以固本河伯高肩以承隅胡然動靜如因其時升降不失其則羅浮二岳以風雨合離蓬萊五山以波濤上下不復故道遂違常流甚相遠矣君子曰夫能屠黑龍涸九州況乎一水之上而自爲謀夫能斷鼇足立四極況乎數仞之高而自爲力神人之異昧者難知密

邇山谷森羅物象莽莽蘆渚寧非止水之餘嶄嶄石林猶有補天之色搖演空曲精靈若存且夫上無積草表以孤樹常感風氣纖條悲鳴若冥應肸蠁鼓簧而吹笙由是憧憧往來無不加敬山有梅栗關吏羞焉水有菱芡舟人奠焉冢之木無或斬焉陵之土無或抔焉是則馨香已陳而樵蘇自禁矣故聖人取薄葬去厚送驪山之銀海魚燈虎邱之金精龍劒錮之其內散之其間適爲大盜之守未足藏身之固彼橋山帝邱九嶷會稽皆因山而墳未聞其赭者余謂媧皇受命在火火以示水谷不爲陵開門負固日用其力不然其隙地豈必封崇乎是故觀而志之爲城冢後記

皇甫冉

冉字茂政天寶中進士授無錫尉王縉帥河南表掌書記累遷右補闕

謝賜冬衣表 三首

臣某言中使某至伏奉敕書手詔賜臣及兵馬使都虞候冬衣各一副拜受綸言跪承珍服荷同山岳懼比冰淵臣某中謝臣功微草芥寄重藩條每懷尸祿之羞實負曠官

之恥豈謂天文迴照不隔於遐方御府頒衣更蒙於陋質傍沾偏將曲被殊私挾纊既及于三軍酬恩將期于萬死無任云云

二

臣某言伏奉聖恩賜臣冬衣四襲跪捧驚喜抃躍交馳臣某中謝臣功效微薄任遇寵榮使降專人衣裁御府寵光既極恩已及於解衣雨露既濡德又承於挾纊實亦發輝陋質煥赫私門未知此生何以仰報謹當訓勵師旅式遏邊陲用宣力於百身酬鴻私於一顧無任云云

三

臣某言某月日中使某至伏奉敕書手詔並賜臣冬衣一襲者清風早至白露初凝方思挾纊之溫忽報須裘之禮跪拜受服形魂惕然臣某中謝臣學非博古才不動衆幸逢開泰列在方隅天高地厚未知所答而時雨霑洗太陽照燭王人捧詔每降於上天御府賜衣不遺於下土既其輕暖加之麗密束帶而立周旋有光驚寒沍之難侵荷威靈之曲被無任云云

送陸羽之越序

君子窮孔釋之名理極歌詩之麗則遠墅孤島通舟必行魚梁釣磯隨意而往夫越地稱山水之鄉轅門當節鉞之重鮑侯知子愛子者將解衣推食豈徒嘗鏡水之魚宿耶溪之月而已

欽定全唐文卷四百五十二

邵說

說相州安陽人天寶中進士爲史朝義判官朝義敗降郭子儀累授長安令秘書少監遷吏部侍郎太子詹事建中三年坐爲朱泚草奏詆嚴郢寃貶歸州刺史卒

筌蹄賦

至道元默眞宗樸素莫究其源孰知其故將假物以明象乃忘言而立喻若筌在魚若蹄在兔茍或藪澤之內以時而肅設溪澗之間應節而周布乃凌岑鑿忘蹄與筌興言薄狩命駕忘旋魚潑潑以隨波樂只兔爰爰而得性怡然

好之者徒發嘆於終日觀之者空起羨於臨川斯無虞於即鹿寧有望於烹鮮於戲道有興廢時有通塞羨魚如之何匪筌不得逐兔如之何匪蹄不克猶蹄在兔兔既獲而蹄可以忘猶筌在魚魚既烹而筌可以息亦何異遊道藩者揮郢匠之斤御道樞者削公輸之墨彼損之而又損故不得而有得是以聖人立教所寶惟眞勤求若喪之旨遺索忘言之津還淳返樸求於道要絕聖棄智無爲實賓故卓立政始輝光日新夫子將欲論筌蹄於宜觀盍若考前

途而後遵

爲郭令公賀南郊大禮表

臣某言伏承今月二日冊皇太子六日朝獻太清宮七日享太廟八日有事于南郊者欽謁宮廟尊崇祖禰展敬天之禮百神受職宏主鬯之義萬國以貞率土之濱孰不忻戴臣限以出鎮闕覩盛儀仰白日以心馳望赤墀而手抃無任歡慶之至

讓吏部侍郎表

臣某言臣以殃釁頃遭汚染知臣者或哀其逼切畏忌者

或肆其讒誣自授南宮分銓東洛于兹累月憂懼實深火心水背若墜泉谷何則拜命之始遇山陵附近奉辭之日屬虞祭未終不得入覲天顏少申誠懇此臣所以達曙不寐終朝疚懷徘徊徬徨莫知死所今情有至切不敢不盡陳其愚衷臣家本儒素代傳名節臣祖長白山人貞一以周朝權統革命潛遁終身臣父殿中侍御史瓊之遇元宗撥亂興邦歷數四累登甲乙之第再踐準繩之任微臣積釁殃禍所鍾十六而孤長於母手誓心墳史不出戸庭迨至天寶年中謬忝詞場擢第適會老母棄背服喪河洛及祿山之至禮制當終臣愚不脫縗麻更踰再歲而賊中言議往往紛然臣懼兇黨不容寓遊洛魏值慶緒奔遁保於相城大捜詞人脇爲巳用以兇威責臣不至以驛騎逼臣遂行與潘炎始陷兇逆遽聞思明款附燕趙服從欲取黃沙嶺路因此得歸闕下屬思明數萬之衆南鎮趙州送臣於范陽抗疏以聞奏肅宗特降中旨授臣左金吾衛騎曹將軍宣恩命示聞卿遠來可且於思明處憩息留滯未幾忽遇烏承恩事彰由是井陘路絶再陷兇盜而思明朝義負恩之際臣亦累逞欵誠伏蒙肅宗皇帝賜臣敕書云

卿志士苦心王臣勵節藝成俎豆跡陷豺狼頃年鄴中策馬歸命出於萬死臣節尤彰忠誠若兹不負於國比朝義將敗謀守河陽臣知回紇利於野戰沮破其計及朝義奔走臣得西歸伏死於闕庭獻狀於先聖中使特宣進止云卿之狀跡多肅宗時事三數日内即授卿官當掌除臣延王府功曹參軍宣進止云卿所進狀見令在院及翰林檢勘至其年六月十九日與王伷同時召見先聖謂臣及王伷曰卿所進狀朕一一已令檢勘卿之誠節可謂著明尋除王伷侍御史除臣殿中侍御史仍遣宣進止中書門下

令制詞中盡言其事詞云王伷邵說有文學政事之資飾温良恭儉之行嘗應推擇薦屬流離失身淹時無路自免然而深知逆順潛竭欵誠當慶緒之難已彰臣節及朝義之敗更沮兇謀言念忠懇何傷點汚思申雅器且表至公宜擢憲司式宏國體則先聖疇昔之意盡已知之自是再忝栢臺四登郎署宰理京劇倅貳秘書一十八年備更任使今復以非次待之不疑斯發自天斷非常情所及且棄瑕錄用古昔攸難稽之載籍所傳無幾則齊桓諸侯之主能收管仲太宗非常之聖特任魏徵咸爲得人終成大業

如臣行藝寡薄知識凡淺有殊管魏之事曾無管魏之才必恐受謗於衣冠不容於輦列速愚臣之禍傷聖主之明其理必然固無疑也古語曰女無好醜入宮見妬士無賢不肖入朝見嫉臣雖掌銓日近切慮見嫉已深伏願哀臣血誠免臣此職四門已穆百度惟貞在於微臣死生感戴無任懇切之至

第二表

臣某言臣以玷缺懼辱高位一昨瀝肝上請泣血祈天冀達愚衷俯停新命不謂聖慈襃飾宸鑒未迴伏讀墨詔載深兢惕臣某中謝臣嘗覽載籍備知古今用人之道其流不一遇艱難之際或有棄瑕偶文明之時固當慎擇如臣頃陷兇逆大節已虧雖昔曾獻欵而罪難自贖今中朝無事八表會同有符帝舜之理日漸時雍之化已明四目特序九流豈臣汚染之餘合受清通之寄縱使陛下憐臣宿志察臣脇從無鄉取捨羣才易招毀讟亦安可家至戶說令盡知愚臣疇昔之血誠哉何則今歲吏曹至難十倍常歲缺員至少從調者多益之功優其數尤廣又準選格以判留人十輩之中放其六七彼輩衣糧自遠旅食經時固

不甘心必大騰口脫有誣謗上疑聖心事等投杼將何取雪此臣之懼敢不盡言況朝廷冠冕如雲咸稱俊傑或以文行底祿或以政術知名出入中外累更任使而臣謬司左職實用多慙伏見戶部郎中蕭定司農卿庾準才優識遠望重一時伏望罷臣別授定等庶光朝選克辨人倫則徐毛裴王復存聖代無任懇願迫切之至

爲郭子儀讓華州及奉天縣請立生祠堂及碑表

臣子儀言臣得同華州節度使華州刺史周智光牒稱得耆壽薛遠等狀以華州是臣所生之地奏請與臣立紀功

頌德碑。天慈曲臨。已蒙聽許。又得奉天縣令程暹狀。得百姓仇廷珍及僧山海等狀。亦請與臣立碑及生祠者。伏以皇家受命。祚運延昌。雖妖孽暫興。而天地終泰。收兩京之際。陛下親總元戎。臣忝職驅馳。躬執鞭弭。指蹤逐寇。皆聖主之雄圖。靖難夷兇。顧微臣而何力。又奉天之役。大挫渠魁。亦仗天威。以集戎事。必欲紀之金石。播美無疆。理合昭宣聖功。垂於不朽。豈臣薄劣。輒敢當仁。寤寐兢惶。莫知死所。瘡痍之後。凋瘵未平。更屬春時。實妨農業。乞迴成命。一切勒停。庶老臣無貪天之責。疲人有息肩之望。懇款迫切之至。謹奉表陳讓以聞。

第二表

臣子儀言。伏以華州及奉天耆壽等請與臣立碑及生祠。昨已奉表請停。未蒙允納。夙夜省度。不勝戰悸。臣某中謝。臣以孱庸。謬承驅策。雖東征西伐。莫顧微軀。而保大定功。皆憑睿算。今欲刊諸貞石。永播徽猷。實爲貪天之功。難勝蹐地之愧。況今兵革未息。瘡痍未平。忽此勞煩。必有妨奪。顧臣薄劣。將何自安。臣雖至愚。深知不可。再陳梳衷。伏用兢惶。所望聖慈。遂臣誠請。無任懇迫之至。

第三表

臣子儀言。臣聞人臣事君。稟命而已。若君有非常之畧。則臣成佐命之勳。象彼四時。運行實因於上帝。配諸百谷。廣大在宗於滄溟。頃陛下監國撫軍。則再安宗社。及飛龍踐祚。又克清夷狄。所有成績。莫匪雄圖。臣雖在行。何力之有。今奉天華州耆壽。請爲臣建碑立祠。且陛下聖功。已書簡策。微臣薄效。何足褒稱。耆艾之徒。昧於事體。謬請刊紀。殊乖名實。昨已再表懇辭。冀達誠慊。陛下未察。令斷來章。奉詔兢惶。若墜泉谷。況今畿內百姓。日益凋殘。糧無半菽。室如懸磬。以不急之務。擾至疲之人。竊顧心顏。益增靦懼。又比來耆壽陳狀。是官吏指麾。恐以臣備位台司。妄爲希附。縱有勤請。或由矯飾。所祈聖造。特遂愚衷。區區之誠。敢以死請。無任懇迫之至。

第四表

臣子儀言。伏以奉天耆壽等請爲臣立碑及生祠。臣自揣功業至薄。不足以當刊紀。百姓至敝。不可以興力役。歷獻愚懇。至于再三。言不動天。未蒙允納。夙夜兢懼。不遑寧止。臣非有馬援南征之績。竇憲北伐之功。安敢飾詞以陳謙讓但以兵革不息十年于茲天下之人未獲其所臣幸備相位尚負憂責頃歲之克復京都去冬之小却吏醜所有微效皆稟聖謀然未能使其干戈盡銷郊甸罷警北有亡命之虜西有無厭之戎公卿大夫未免旰食臣幸而獲宥其榮已多豈可竊功僥名以圖不朽其若千古何昔漢爲霍去病理第辭以匈奴未滅無以家爲況今殘孽尚存而敢播美金石臣雖才不逮名竊慕古人之志所望再效駑蹇遠斥兇渠三虜之首必懸四海之波自定從茲偃伯可以息人然後紀功亦未爲晚臣以誠願實在於斯伏乞聖

恩特遂勤請無任惶怖懇迫之至

代郭子儀謝副元帥河中節度使表

臣某言伏奉今月日制授臣河東副元帥河中節度使寄深匡輔任切安危寵命遄臨憂惶如灼臣某中謝臣智術凡淺才畧無聞承日月之光偶風雲之會自奉先帝殉以驅馳披甲即戎載罹寒暑比憑朝算克振天聲雖毫髮之功曾無足紀竟不能掃蕩妖孽使八方攸同謬踐中樞仍叨上將分茅錫土榮冠一時慺慺之誠竊自增愧今又猥蒙驅策出鎮河中授臣以連帥之權委臣以專征之務雖才輕方召而任比桓文此陛下除奸之時乃微臣死難之日竊覩自古忠義之士莫不扶危救禍憂國忘家雖在暮年猶思報主則廉頗強飯馬援據鞍以臣方之有甚前哲軍國重事不敢固辭誓竭股肱之力以副腹心之寄倘皇猷獲展寇難克平殞身戎行實無所恨無任感恩

代郭子儀謝兼河東節度使表

臣某言今月日伏奉恩制授臣使持節都督雲州諸軍事兼雲州太守充河東節度支營田大使大同軍使管內採訪使祗拜休命內揣薄才委任專崇周章失據臣某中

謝臣聞邊之安危係於所用事之成敗諒在先謀故寸璧必求良工尺錦亦資善製況夫謀無智勇備列戎旃自守封疆頗淹歲序肅將朝命翦滅兇徒此乃天功匪惟臣力陛下不遺犬馬念以驅馳收其分寸之勞加以邱山之賞禮因位重恩與日深常恐顛危不克負荷所以昨有陳讓乞停范陽而手詔曲垂不蒙允許退就私室竊愧明時素餐之詩自臣攸作今又更承獎命兼以河東邊境相連三千餘里烽燧列警斥堠須明雖則居安終資有備以臣獨制謂必無失然以能處一事身任一官猶擇其人且懼曠

職況臣旁綰三節控帶數藩智有所不周心有所不及兵權倘失奔駟寧追實慮授受乖宜簡書是畏望特矜臣不逮察臣愚誠更選良能付以旄鉞則樵夫絕議官序有倫臣無任

代侯中莊謝封表

臣某言伏奉某月日制授臣太子詹事兼封上谷郡王祇奉榮命以慙以惕臣聞論德而建封者聖王之事也量功而受賞者忠臣之義也封或謬建則王綱斯紊賞或虛受則臣體以乖聞之古先敢忘斯誠伏惟皇帝陛下大聖繼

統神武經邦道邁纂堯功高復禹頃幽燕肆逆汾澮阻兵朝義叛渙於前懷恩旅拒於後陛下宸謨獨斷睿畧潛行曾未三年克平二豎此蓋皇穹保祐宗社降靈豈臣愚蒙敢叨封爵假使進能排難退克全軍爲臣之節固當若是以茲干賞實爲包羞昔漢祖仗義而西滅秦項韓彭諸將異姓同封然而德薄位崇卒見傾覆以臣智畧敢方先賢苟或受之其能自保力微任重福過災生俛仰增憂心魂若勵乞停嚴命俯遂私情儻聖澤旁流天光曲照俾從散秩得奮周行臣之至願死將不朽無任懇迫之至

爲王仲昇謝加兵馬使表

臣某言伏奉今月日制書授臣元帥左廂兵馬使兼知滑州兵馬使恭承寵命祇懼兼深臣某中謝臣聞至理之代爲官擇人故能謨謀有成授受惟允若才不稱職任非其能冒進求榮必貽禍敗伏惟寶應元聖文武皇帝陛下道齊濬哲德邁徇齊惟新景命再造區宇微臣薄劣早荷恩私慙無樽俎之謀累忝腹心之寄擁旄仗鉞自北徂南未翦兇渠已嗟挫衂守節雖同於蘇武喪師有類於孟明議以刑章分從虀粉陛下察其本志念臣微忠特全要領再

加驅策位兼風憲職典禁兵撫已循涯實爲塵忝每思陳力之誠竊懼妨賢之責不謂更沐殊恩猥當重任佐皇太子元戎之律統王畿御侮之權內省凡庸必多敗事乞停新命別授時英則朝章式序軍政無闕臣無任云云

爲郭令公謝一子三品官表

臣某言伏奉二月二十一日恩制敕賜臣一子三品之官幷階鴻私曲臨魂守飛越臣某中謝臣聞祿位之設以待勲賢苟非其人必貽伊咎臣之弱子未有令聞方且勵以義方教之詩禮遽承殊澤特授崇班非唯有黷朝章名器

難假實亦懼招官謗顚沛爲憂寤寐兢惶罔知攸處況臣榮登上相任重總戎子弟數人盡居右職過亢之誡切在於心常懷棟撓之災寧忘屋漏之媿乞停寵命俯遂愚衷庶幼童無冒進之嫌微臣有知足之誼無任感懼屏營之至

爲文武百僚謝示周易鏡圖表

臣等某言某日開府魚朝恩以所造周易鏡圖於中書門下奉宣聖旨傳示臣等仰觀易象遠見天心捧對循環載欣載躍臣某中謝臣聞太極旣立是生兩儀六書以畫卦

四營而成易備君臣父子之道盡陰陽變化之源理亂吉凶必以類應自古哲后曾未研精爰及近臣莫聞訓習而朝恩深窮損益纘以成圖陛下重有激揚示之於外臣幽觀妙用周覽元言警誡人君恢張治道陛下欲成其政必在勤而行之儻能建中於人實亦天下幸甚臣無任

爲郭令公謝臘日賜香藥表

臣某言月日中使某至伏奉恩旨敕賜臣臘日香藥金花銀合子兩枚面脂一盒裛香二袋澡豆一袋者開奩氣馥拜蹈增慚臣某中謝伏以時當大蜡節號嘉平歡已洽於人神賜仍出於黻冕沐茲芳澤傅以香蘇忖陋體而何幸顧頹齡而可駐卭山施重雨露恩深感戴慙惶不知所報無任荷恩稠疊之至

謝賜新歷日及口脂面藥等表

臣某言中使某至伏奉某月日墨詔賜臣新歷日一通幷口脂面藥紅雪紫雪等窮溟之上寵詔忽臨大蜡之辰慶賜爰及跪承慈渥戰汗失容臣往塵近掖實曠天心洎守遐藩多昧戎略殊私未荅官謗將營陛下聖德包荒宸嚴曲貸猶存寵任便浹恩波覆燾不遺於遐陬賜賚亟霑於

尸素況日官頒歷承敬授之規綸旨宣慈沐逾涯之獎蘭膏滋潤絳雪珍芳捧持而炎瘴自消潤飾而衰容坐變卭山非重草芥至微雖百其身豈酬鴻造無任感恩瞻戀之至

謝墨詔賜歷日口脂表

臣某言伏奉月日墨詔等恩波遠被寵賜薦臨捧持傾心跼蹐無據臣某中謝臣分麾五嶺謬竊殊榮莅鎮三年毫無績效陛下不遺舊齒猶獎非才恩禮浹於遐藩慶賜覃於令節天心宏覆慈旨優醲頒聖歷以授時降寵恩而撫

俗薰風溥暢陽景照臨輝華遍於草木忭舞盈於路衢蘭膏絳雪沐雨露之湛恩陋質凡姿荷乾坤之厚施伏以三元在近國度維新百辟獻芹獨馳心而望闕二毛垂領唯懇願以朝天犬馬微誠感戀逾切無任感恩戀主屏營之至

爲田神玉謝端午物表

臣某言中使某至賜臣母趙國太夫人手詔並衣一副銀椀一事百索十軸兼賜臣敕書及手詔並衣一副銀椀一事百索十軸又賜將軍等衣共五副百索共二十軸者聖

慈稠疊感戴無階臣某中謝臣恭守舊規謬知重務功慚毫髮寵荷邱山滿篋詔書偏承睿顧傾家服玩皆自天來叶彼良時延其益壽淮南藥椀對此殊輕漢帝露盤方斯匪重索盈千縷衣備五時雨露恩深不遺於老母乾坤施廣遍及於下臣受賜若驚銜恩載躍誓當戮力祗奉威靈縱有百身何階報效無任感恩

代郭令公請雪裴僕射表

臣某言臣聞忠邪不可以並立善惡不可以同羣吳任宰嚭而伍胥鴟夷楚任靳尚而屈原放逐遠惟前事孰不痛心伏見澧州刺史裴冕明允忠肅道高德厚匪躬無怠有謇諤之風首佐先帝驅馳靈武贊雲雷之業成社稷之勳程元振忌其直道剛方遂加誣構貶謫荒裔天下稱冤空懷醜正之悲莫雪盜憎之恥今姦邪屏退聖政文明百度惟貞四門已穆而寰海之內元元之人莫不延首德音思聞至化伏願特令追冕列在朝廷俾之台座端揆庶僚平章百姓處訏謨之任當燮理之權必能協和萬邦致君堯舜臣位兼將相職忝股肱竊思賢傑共熙帝載無任懇迫之至

代郭令公請雪安思順表

臣某言臣聞郤宛之死罪由無極申侯之戮譖起濤塗惡直醜正其來自遠伏見故開府儀同三司兼工部尚書安思順并弟羽林軍大將軍兼太僕卿元貞等竭心聖代宣力先朝或任重疆埸或寄深環列刈單于之壘殿天子之邦播算竹帛圖形文素既稱名將實爲勳臣哥舒翰與之不叶因謀陷害云共祿山通應兄弟盡受誅夷寃痛之心歿而猶在安祿山牧羊小醜本實姓康遠自北番來投中夏思順亡父波主哀其孤賤收在門闌比至成立假之姓

氏及祿山擁旄薊北思順授鉞朔方雖則兄弟而情非黨與祿山未反之日思順屢已陳聞朝廷百僚無不委悉豈意姦人罔上成此盜憎生爲盡節之臣死爲銜寃之鬼趙母以先請免坐思順以變告覆宗死而有知飲恨何極伏惟陛下以至聖之德紹休帝圖蕩定妖氛肅清寰海軫納隍之念深解網之仁詔賊衣冠咸蒙齒列豈令思順兄弟獨隔恩私忠義之臣所爲流涕此臣所以特祈昭洗昧死上聞但雪此一家必萬方感惠何則逝者抱屈尚蒙見申則存者謀安故無寃濫雖有不賓之俗將聞風而悅服蓄

疑之將當委質而來朝豈惟天下歸仁實亦幽明欽德無任懇願之至

上代宗書

天道三十年一小變六十年一大變祿山思明之難出入二紀多難漸平向之亂今將變而之治宜建徽號承天意而方謁郊廟大赦各士誠恐雲雨之施未普鬱結之氣未除願因此時修享獻欸郊廟褒有德錄賢人與天下更始振災益壽之術也

上中書張舍人書

某白一昨猥辱面奉徵及玫瑰敝廬所有敢不供上輒獻數本惟恕其非多此物常開花明媚可置之近砌芳香滿庭雖萱草忘憂合歡蠲忿無以尚也夫花卉以明媚芳香之故閣下不憚煩以採掇則士之有才有藝者必將盡力而搜求人人相賀皆有望於明公矣某猶慮花卉移植之際或有夭閼其生詢樹藝之叟求長養之術叟曰以吾鄙見先務及時第能當春徙之度地居之順其陰陽遂其成性根莖未固擁之以沃土枝葉未茂漑之以寒泉則扶疎鬱映紅芳可得而翫矣觀叟所爲其理信然某誠以臃腫

之姿願附於玫瑰之末擁土漑泉非明公而誰良時在茲無或遐棄不宣某頓首

唐故同州河西縣丞贈虢州刺史太常卿天水趙公神道碑 并序

惟天水趙公諱叡沖公惟隋員外散騎常侍平東將軍渭源公顯和之元孫開府儀同三司博州刺史世立之曾孫皇朝監察御史君煦之孫虢王府法曹參軍徽之子自渭源四代咸著清德洎公纂承嘉聞益彰志業貞簡形儀朗異以孝友謹敬協柔昆弟以義禮誠純接奉朋交文蔚行

茂顯于當世。天后時應明堂大禮科。上異其對。授陝州陝縣尉。轉汾州平遙尉。囂劇之地。以幹敏稱。秩滿。從調吏部侍郎蕭至忠。以公所試超等。授大理評事。公迫於祿養。請署同州河西丞。贊貳其政。畊輯吏肅。劇賊逋遁。伏姦不興。縣六百石。郡二千石。皆受成仰辦而已。道長運速。奄忽遷殂。以景雲二年冬十月二旬有一日。終于縣館。享年五十二。及夫人平陽敬氏卒。以開元廿四年四月廿一日。合祔于虞鄉縣五老原。初公寢疾。告其二子良器良弼曰。吾祖成季宣孟。忠勳炳著。迨漢吏部尚書融。晉黃門侍郎允。亦

能勸攘寇難。捍衛王室。二祖皆爲河東守。子孫因徙家焉。由魏歷隋。位與時昇。爾後仕唐三葉。而未登吉祿。以吾祖宗之福豐慶演。固不當湮抑淪廢。意爾曹爾嗣。其將必有達人。洎公即世。適三十歲。而良器官至中書舍人。未五十歲而良弼官至陝華等七州刺史御史中丞浙東嶺南兩道節度使太子賓客。元宗朝以嗣子參掌綸誥。追贈公虢州刺史。夫人平陽郡太夫人。肅宗朝以次子節制方面。累贈公太常卿。今聖踐極。嗣孫密邕薰復縱衮等。咸擅才業。宦成三署。竟如公疇昔之所識於戲。趙氏再世昌茂。克大其門。皆號州祇奉先軌。貽裕後續。仁積訓深之所致也。宜其誕受光飾。享茲徽章。敢篆石立表。紀旌風烈。銘曰。

德積於微。業成而彰。先時蹇舛。允羨其昌。於烈趙公。亶惟貞良。砥修行學。顯茂家邦。施子及孫。再世以光。登朝就列。佩玉鏘鏘。澤洊本根。沃潤黃腸。有苾遺風。久逾馨香。於斯篆刻。裕美無疆。

欽定全唐文卷四百五十三

韋皋

皋字城武京兆萬年人大歷初以建陵挽郎調補華州參軍累授殿中侍御史知隴州行營留後事朱泚反遣家僮蘇玉持詔以皋爲御史中丞皋斬玉及其部將牛雲光以徇詔以皋爲御史大夫隴州刺史置奉義軍節度以旌其功德宗還京徵爲左金吾衛將軍遷上將軍貞元元年拜劍南西川節度使以破吐蕃功進檢校右僕射封扶風縣伯加統押近界諸蠻西山八國兼雲南安撫等使十二年

加同中書門下平章事十七年以功加檢校司徒兼中書令封南康郡王順宗立加檢校太尉卒年六十一贈太師謚忠武

謝政刑箴表

辰象在天睿文昭煥體宏述作義著箴規發揮刑政之源黻藻皇王之道況理包繫象詞正典謨豈惟炯誡心靈實乃化成天下伏以刑清則功濟化育政治則俗致和平大哉聖言允叶天聽臣職守方鎭宣揚教化仰觀睿藻伏荷時休思欲紀在盤盂周旋佩服不若懸之日月垂範將來是用課率柔翰形於傳寫刊於琬玉之上表於府署之門示文武之楷模爲古今之殊觀其碑刊刻已畢見立屋宇謹令修裝三本隨狀奉進臣藝能薄劣筆札無功貴竭臣子之誠式揚君父之德輕塵旒扆伏用兢惶

謝賜御製紀功碑銘表

闕言當道監軍使李先壽迴奉宣聖旨及伏奉手詔賜臣御製闕華光榮加於望外藻飾皆以典成仰瞻日月之文徒荷乾坤之德拜恩闕無不照德無不容闕物推誠愛人以禮四門載闢百揆時敘加以天闕詞鋒生闕諧於律呂

舒詞義正於典謨雖漢稱五葉魏有三祖按詞比義何足等夷闕奉成規以柔遠豈敢言功仗神武以清邊纔將展效闕臣等闕錄微功俯紆睿藻恩光照曜於遐邇文闕俾軼於古今臣闕慶幸闕爲言非臣敢望征闕譓闕蹤歸於聖主清闕難陳闕遇於上闕集大績此皆闕仗天威在臣何有又云宣皇風闕布闕率伏南詔夙稟成策得以宣明豈敢貪天之功以爲微臣闕力闕眷私又云一心奉國百慮闕公又云永先史策名臣闕一闕特詔皇儲發揮闕妙恩榮昭彰於四海文翰輝闕於闕去造期於盡命以理戎

鑾無闕受恩至深闕陳之闕

請皇太子監國表

臣聞上承宗廟下鎮黎元永固無疆莫先儲兩伏聞聖躬以山陵未祔哀毀逾制因乖攝衛至今未安若更憂勞萬機伏恐旬月之間未得痊復皇太子睿質已長淑問日彰四海之心實所倚賴伏望權令監撫庶政事無大小一切諮稟候聖躬痊愈卽歸春宮如此必冀聖體速就康寧庶政免令壅滯臣位兼將相受恩最深今之所陳是臣職分特望陛下俯從人望克崇萬代之業

上皇太子牋

殿下體重離之明當儲貳之重所以克昌九廟式固萬方天下安危繫於殿下臯位崇將相志切公忠先聖察知早承恩顧人臣之分知無不爲將以上答眷私罄輸肝鬲伏以聖上嗣膺鴻業睿哲英明攀感先皇志存孝理上追殷宗之德諒闇未嘗發言軍國萬機委於臣佐所宜竭誠翊戴以致雍熙但付託未得其人處理多虧公正今則羣小得志隳紊紀綱官以勢遷政由情改朋黨交構熒惑宸聽樹置腹心遍於貴位潛結左右難在蕭牆國賦散於權門王稅不入天府褻慢無忌高下在心貨賄流聞遷轉失序先朝屛黜贓犯之類咸擢在省闥府署之間至今忠臣隕淚正士吞聲遐邇痛之謂之不可伏恐奸雄乘便因此謀動干戈危殿下之家邦傾太宗之王業伏惟太宗櫛沐風雨經營四方列聖兢兢年將二百將欲傳於萬代永保無疆豈可以一朝委任王叔文王伾李忠言等三人小藝之臣付以軍國重務恣其驕亂坐致傾危日夜憂危不勝憤激捐軀報國今則其時特望殿下卽日奏聞斥逐羣小天下事務出自殿下之心則四方獲安忠臣得以戮力臯受恩兩朝寄任崇重惟知竭節以效懇誠伏惟殿下掃除之

破吐蕃露布

尚書兵部臣韋臯等言臣聞天討有罪兵應者勝義者王夷不亂華師直爲壯曲爲老多助之至四極爰湊貞觀則同羅擊延陁開元則九姓殄默啜曰商莫不來享犯漢雖遠必誅德風鶱乎河源武節憺乎月嵴率寧人之有旨先元戎之啟行用信威光祖宗不以賊遺君父恭惟皇帝陛下宣昭義問敉寧武功纘八葉之鴻圖奮四征之雄略懷梟鴟銷祲沴稟仰太和翦鯨鯢清郊原掃除羣穢王猶允

塞我武惟揚奇幹善芳各脩貢職條支若木咸順旨令遐
積石之遐陬有吐蕃之醜類侵敗王略倍奸齊盟乘邊將
之弛兵瞰戎亭之虛候爲蛇豕食上國盡盜河湟帥蛮賊
搖我疆再驚畿甸騎壚敢於深入鑾蹕至於親屯撊然授
兵協以謀我尚納汚而含垢姑通事以結和清水之盟未
乾好畤之師已聚指涇靈而繳賂闖鹽夏以擣虛夷德無
厭弗悔祗金之酗楚氛甚惡輒興衷甲之謀蠢爾爲讎整
居匪茹維時南詔慕化中朝先零之質諸羌雖嘗併力麋
人之率百濮罔不離心頓顙於邊受命於吏斷匈奴之右

臂羈南粤以長纓燕貉輸致騎之勤晉戎成掎鹿之勢彼
既失鐵橋之險我遂克峨和之郛盡竄匿於龍堆復虔劉
於鱗塞戕我守將墮我陴隍脩戈矛予與同仇靡室家不
遑寧處臣等請奮其旅以殲乃讎鳳翔振武靈武之騎獵
其西邠寧太原涇源之兵震其北率山南熊羆之校暨東
川貔虎之師烏蠻撓其腹心回鶻擣其肘腋衆素飽矣壹
大治之諸將陳泊等統五萬軍出十一道濟師西顯之半
策勛北陸之初盪平七城斬馘萬級獲鎧械五十萬計燔
堡壘百七十餘遂賈勇而圍昆明將決勝而定青海僞東
境五節度大使論莽熱釋朔方之衆援維州之城九攻九
却之計窮七縱七擒之威速連連執訊矯矯獻囚不然我
薪而自焚有如破竹之立解爐沸魚潰甌脫兔奔谷靜山
空行就馬耆之僇區殫域滅訖聞智盛之降斯皆廟謨淵
深神斷天造明見萬里運奇掌上之兵守在四夷制勝目
中之虜勒功滇池之柱植表赤嶺之碑一怒安民文之勇
也三軍用命克何力焉臣等承帝之明敵王所愾開遠門
揭候坐收西極之舊封紫微殿受俘重覩昆兵之茂績臣
等無任慶快激切屏營之至謹遣某官奉露布以聞

再修成都府大聖慈寺金銅普賢菩薩記

眞如常寂色相假名法本無緣誠感必應大慈寺普賢像
蓋大照和尚傳教沙門體源之所造也儀合天表制侔神
工蓮開慈顏月滿毫相昔普賢以宏誓願於南贍部州贊
釋迦文拔羣生苦而塵俗昏智莫覩眞相雖同諸法究竟
寂靜而隨所應爲現其身卽色卽空皆菩薩行自昔鎔範
於寺之東像成功巨莫能締構危棟洩雨頹墉生榛狐狸
梟鷲號嘯昏晝於戲明可以照幽晦教可以達羣迷何廢
興之變陰隲於冥數昔大歷初有高行僧不知何許人曰

斯像後十年而廢。二十年而復興。我今皇帝神聖纂圖。詔四方藍宇。修舊起廢。斯其明效也。皐因降誕慶辰。肅羣寮戒武旅。上崇景福。齋于斯寺。觀象王雄傑。天眼慈矚。禮足諦視。悅如有神。而廢故湫漏。殆無人跡。將何以昭誘沉淪。發揮誠敬。遂南遷百餘步。度宏規。開正殿。因詔旨。諭羣心。千夫唱。萬夫和。奮贔屭。岑穹崇。橫絙運。巨力援。始雷殷而地轉。歘雲旋以山迴。面西方而聖教攸歸。鎮坤維而蠢類知向。於是平坎窞。翦蒙籠。橫空準繩。審曲面勢。連廊靄以雲屬。三橋揭其虹指。廓廣廷之漫漫。增重門之巘巘。是知

至道默存於濁刧。元功必啟於康時。不然何神像巍巍。冠諸有相。久而弛廢。將有待而興乎。觀其左壓華陽之勝。中據雄都之盛。岷江灌其前趾。玉壘秀其西偏。足以彰會昌之福地。宏一方之善誘。安得不大其棟宇。規正神居哉。夫像設陵夷。去聖彌遠。言教者必滯於物。遺物者亦住於空。將求乎中。宏我至教。乃擇釋子達眞源之所歸者。于以居之。皐受命方鎮十有七年。求所以贊皇猷。神大化。嘗以萬人之心。不俟懲誡。靡然歸善者。釋氏之教宏矣。況冥祐昭報。大彰于時。崇而守之。亦同歸之理也。是用上承聖意。虔奉天心。存像存教。以勸其善。貞元十七年十一月二十日記。

寶歷寺記

大覺神用。保釐羣生。悅乎其若存。皎爾而不昧。隨願現量。應祈無方。茍修之必誠。其效之必速。寶歷寺者。劍南西川節度觀察處置等使檢校司徒中書令南康王臣皐之所創也。臣皐以守司西蜀。向二十載。奉若睿旨。緝寧遐夷。兵休邊陲。人獲富庶。天寶爲德。顧何力焉。而位日加崇。祿日加厚。思宏聖教。以荅昌運。遂以俸錢於府之東南擇勝地

建仁祠。號曰寶歷。章表上聞。帝俞錫以銀牓。天文煥炳。昭誠也。因紀其締搆之初。述其經始之志。用播貞石。永貽將來。間歲以軍府多暇。遵奉朝典。行春布命。涉江而南。相彼原阜。磅礴鬱起。勢雄坤維。阻濬流而人民不居。眄近郊而黍稷斯茂。惟蜀之土薄水淺。居常墊隘。將利其俗。爰圖爾居。乃架雙橋。通胥險。規地勢。分直繩。人遷如歸。一日成市。豈不樂我皇道。豐其有家。崇崇寶刹。雄居厥右。啟奇致也。於是增峻址。列高墉。規梵天而立制。集班倕以騁巧。遂殿耽耽以雲蔚。危樓邃邃以虹指。千楹電娫。萬栱翬飛。錦江

澄明而俯檻，雪嶺晴開而入座。用能崇福廣化，網羅羣生。曉鐘清水月之音，宵唄警昏沉之耳，足以增聞者之惠也。刋梵文於貞石，炳萬字於雲幢，所以導瞻仰之目也。禪堂究無生之義，廣座喻蓮花之旨，所以詮語默之致也。夫如是，則飛沉動息，十有二倫，咸以見聞悟於觀聽，孰不歸於正而去其邪。夫物無邪心，則五福自順；五福自順，諒可以贊皇猷，輔神用，期寶歷於無疆也。有大德神捍者，元學海蓄，惠辨雲涌，智足以守正，明足以閑邪，揚乎德音，不在於是。爰命統緇，張司寶坊，俾像法之中，復宏正見。銘曰：

元眞大覺生滅空，宏誓救物悲智中。粤有精誠通寂默，事隨心願迴化功。天長寶歷本無窮，徒以臣心贊厥庸。空門悠遠理難測，仁祠誘善表至德。俾歸清淨協厥中，殊方詭類聞見同。永資福惠庶莫極，遐慶太平斯萬億。

寶園寺傳授毗尼新疏記

眞源本於靜，習靜者式乎煩情；僞生於動，制動者存乎簡。昔我大聖如來，慈救像末，肅全儀以軌衆，持細行以護機，俾外緣不競，內蔭皆（闕）壽我法命，留乎濁刼者，非毗尼之藏歟。是以大士優波離，傳教引範，攝身端矩，面月恒滿，意珠常靜。自是龍像繼世，光乎梵倫。雖佛日久沉，而昏衢不昧。其後三百年中，五部分流，各從師說，猶江河競注，終合於滄溟；耳目殊用，同歸乎一體。及乎像法論正，餘波東流，始以華文，傳譯梵字，其賾微探奧，合異歸同，使元關洞開，幽鍵莫閟，安得不枝羅三藏，派引羣流，繁簡之旨，與時而用宜矣。自飲光淪化，六和紊緒，卑摩巳失於詞費，惠遠未適於深微，而太原素公，獨得眞奧，旁求證據，辯惑稽疑，始立四分宗紀。猶懼元源未暢，妙理或遺，引而伸之，作開四分宗拾遺抄，軸盈廿，言成百萬，足使迷雲開而聖旨明，邪

網壞而羣心定。然而學者尚以神分於廣用，目倦於勤求，道將得而心疲，理未究而意殆。廣文所以存義，文繁而義亡；簡言可以趣寂，言約而眞契。大歷中，故相國元公，以大臣秉教，授屬宏持，慮水雜甘露，味亡純正，爰命薦福寺大德如淨，以爲素公之疏傳矣，五師之旨明矣，意巳得而象可忘，魚其得而筌奚設，將刪彼證論，獨留精眞，使理契惟一，行歸無二，法筵清衆，匪勞而著功，其文彌冥，其道彌廣，不亦善歟。大德乃歸心契冥，精啟聖意，故繁而必削，簡不遺眞，可以趣元蹤，足以端覺行。元公由是上聞，俾施行乎

天下坤隅三府各置律壇斯藍也炳異徵奇著於前昔復建壇宇俟茲宏揚屬精義初傳編錄猶少將使函丈請益披文究精皋鎮守方隅軍務之暇躬覽聖教允思宏益夫博以冥要世儒猶病簡以隣道眞乘所先故曰苾蒭清淨令法久住胡可以繁文而撓其靜正則薦福新疏精而易行信矣皋昔嘗莅職屯田佐元公於淮右覩公達西方至教尚矣而代遷人謝遺志在茲洎余宏傳同贊聖意遂以俸錢繕寫新疏四十本兼寫法華疏三十本命寶園律大德光翌總而行之爰集緇徒志行純深表儀端素二十一

人隨給其疏以成其志庶止作雙就純而不雜彼翌上人者往親學於薦福性聰行貞儀度可則又於莊嚴寺貞操大德院聽授法華同契三昧俾茲講授以發幽蒙其有後學履操精全可傳其道者並刊名貞石以示宗歸爲寶園靈壇傳授毗尼新疏記貞元十八年十一月一日建

西川鸚鵡舍利塔記

元精以五氣授萬類雖鱗介羽毛必有感清英純粹者矣或炳耀離火或稟奇蒼精皆應乎人文以奉若時政則有革彼禽類習乎能言了空相於不念留眞骨於已斃殆非元聖示現感於人心同夫異緣用一眞化前歲有獻鸚鵡鳥者曰此鳥聲容可觀音中華夏有河東裴氏者志樂金仙之道聞西方有珍禽羣嬉和鳴演暢法音以此鳥名載梵經智殊常類意佛身所化常狎而敬之始告以六齋之禁比及辰後非時之食終夕不視固可以矯激流俗端嚴梵倫或教以持佛名號曰當由有念以至無念則仰首奮翼若承若聽其後或俾之念佛則默然而不荅或謂之不念卽唱言阿彌陀佛歷試如一曾無爽異余謂其以有念爲緣生以無念爲眞際緣生不荅爲緣起也眞際雖言爲

本空也每虛室戒曙發和雅音穆如笙竽靜鼓天風下上其音念念相續聞之者莫不洗然而嘉善矣於戲生有辰乎緣有盡乎以今年七月猝爾不懌七日而甚馴養者知其將盡乃鳴磬告曰將西歸乎爲爾擊磬爾其存念每一擊磬一稱彌陀佛洎十擊磬而十念成斂羽委足不震不仆奄然而絕按釋典十念成往生西方又云得佛慧者殁有舍利知其說者固不隔於殊類哉遂命火以闍維之法焚之餘燼之末果有舍利十餘粒炯爾燿目瑩然在掌識者驚視聞者駭聽咸曰苟可以誘迷利世安往而非菩薩

之化歟時有高僧慧觀常詣三學山巡禮聖迹聞說此鳥涕淚悲泣請以舍利於靈山用陶甓建塔旌其異也余謂此禽存而由道沒有明徵古之所以通聖賢階至化者女媧蛇軀以嗣帝中衍鳥身而建侯紀乎策書其誰曰語怪而況此鳥有宏於道流聖證昭昭胡可沒已是用不愧直書於辭貞元十九年八月十四日記

誓將士文

上天不弔國家多難逆臣乘間盜據皇宮而楚琳亦肩兇徒傾陷城邑酷虐所加爰及本使既不事主安能恤下皐

是用激心憤氣不遑底寧誓與羣公竭誠王室凡我同盟一心竭力仗順除兇祖先之靈必當幽贊言誠則志合義感則心齊粉骨糜軀決無所顧有渝此志明神殛之迨於子孫亦罔遺類皇天后土當鑒斯言

邢宙

宙字次宗河閒人

對教擊編鐘判

太常申視瞭訴稱無人教擊鐘科鐘司罪憲司按其不當所由不伏

國典攸設秩官之常各靖其能無替乃事所以備樂成列編鐘在懸是擊是考有倫有脊則修古訓儆其職官將視瞭之所司宜磬師之尚教何所由之黷禮寘鐘師於非辜同蠶績與蟹筐比邯圍於魯薄與言循口刑其捨諸或縱詭辭罪難於已未當斯按皆將取焉不伏爲言猶拾瀋也

周渭

渭大歷十四年進士貞元中官度支郎中

金精百鍊賦 以良冶所求在於精鍊爲韻

有攻金之工兮求百鍊之精鋼涉越水之表登楚山之陽目眇眇而有待心遙遙而不遑工曰礦斯得鍊斯力夫何

器之不良乃召風胡邀歐冶計日淹速商工衆寡我心天縱我力神假鼓焱熏以喧亟轟雲鎚而上下金火惟序載離寒暑光融融而赧赧疑雷擊以星流聲有往而有還若唱予而和汝始於一而終於百鍊既存而鍛乃舉成利器兮爲國珍自私家兮獻公所於是礪以越砥淬於江流燦龜文於夐絕射龍藻於清浮將四海而是震豈千金而可求當赤帝之所提常聞逐鹿爲庖丁之所得未見全牛金從鍊兮白受采知成形之所在金中選兮史亦書念逢時

之不居故鍊金者非錘鑪而勿用選士者非考覈而何於且金生土土效禎鍊於代代作程豈上決則凜然霜鍔下麾而炯若水精爲邦如之何莫大於通變爲金如之何必資於鍛鍊雖蹈刃以垂範諒申威而去戰俟袁宏之片言符薛燭之一見

齊七政賦 以明主法天用齊七政爲韻

天之垂象兮無臭無聲君之立德兮赫赫明明將同符而合矩在璿璣與玉衡故運彼四時寒燠隨其建指齊其七政有道感於無情故使黎民於變萬物由庚神不秘其福

地不愛其禎原其天斯覆兮地斯載播羣方而作主日陽德兮月陰靈俾五星而爲輔諒無私於照燭或任晦於烟雨國風可仰守官方贊於羲和人力不侔杖策已疲於夸父夫能文者政乃不乏示寰瀛之大法運天者道在於乾占日月之初躔既推歷以生律亦鈎深而索元徒觀其如壁之合如珠之連甲子不迷符太初之朔旦精意以享同肆類於旻天七政非差萬邦攸共采石氏之經聽疇人之頌遠而望也粲粲映非雲之雲默而識之昭昭爲非用之用歲在木而循度鎮居中而不攜熒惑無犯於奮若太白莫陵於攝提將不盈而不縮豈乍高而乍低故我后所以引唐堯而作式指虞舜而思齊動於天兮德有一麗於天兮曜有七四海以之升平千箱以之充實豈比見暈珥適背之狀語怪變雲氣之質非訓俗以齊人徒廢時而亂日客有從筆硯而未達懷忠信而待命望蓂莢於朝階知如春之聖政竊昧談天之辨庶裨觀象之詠

寅賓出日賦 以大明在天恒以授時爲韻

陶唐氏欽若日出資授人時乃命羲仲往哉汝司紀寅賓而建始旌照燭兮無私暘谷初昇退羣冥於仄陋扶桑適

上分萬象於毫釐日之爲德也均日之爲功也大作朝夕之程準見乾坤之交泰無遠無近幽而必通惟植惟生罔不咸賴出於東兮示發生之所在傾於西兮覩光靈之不改必將表歲以務穡豈獨陵虛而賦彩爾其孟陬叶月太簇和聲農祥正而土膏咸動庶績凝而百度惟貞于以秩東作于以望西成塗足沾體勉穡夫與田畯布和施令樂國泰而君明豈不以五行班序七曜宣精者哉則有三足呈祥重暉降祉瑞聖斯應爲光有以遠色杲杲非童子之辨焉浮彩昭昭惟仲尼之揭矣爰考休徵圖牒與能既煦

育之無外同寅賓而有恒賓者導也惟人之導陽寅者敬也惟人之敬授諒難踰而可仰參地載而天覆觀其煜熠動川澄明麗天消瀌瀌之殘雪斂藹藹之輕烟謠東君於楚客祀岱嶽於漢年願捧圖稱瑞以相宣

嚴綬

綬長慶元年官金紫光祿大夫檢校司空兼太子少保

文武孝德皇帝冊文

維長慶元年歲次辛丑七月乙未朔十八日壬子金紫光祿大夫檢校司空兼太子少保上柱國公食邑三千戶嚴

綬文武官六千六百七十七人等言臣聞天以萬物付聖人聖人本天意而保乂之惟羲農先天而貞惟軒轅奉天而行惟堯舜法天而明絪縕粹精昭建鴻名以至于夏殷周漢謙儉服義仁愛忠利亦著稱謂代濟其美當隋之末我高祖神堯皇帝救拯焚溺應天立極蕩氛昏揚凱澤父教而母育恩德高肌骨肥天寶季歲賊臣豢常塵起幽陵毒流四方累聖含宏視人如傷餘枿勢滋專土擅強憲宗因天時順人心舉五經明大刑連拔堅險顛踣同惡冥冥沈沈猶恃榛穢干戈不得息者綿六十七祀逮我后之御歷紹太宗之求賢審官舉直錯枉體元宗之尊師敬道清靜致理法肅宗之循名求實刑賞用中廣德宗之亭毒含容博採虛受而後展嚴于配天夷思於法宮從物無私推誠至公霈矣乎廣受寂然乎感通神武不殺而天下會同昔少康祀夏聿修皇祖之訓周武繼統務廣文王之聲爰洎宣王克服蠻荊勞來安集洎漢光武既平隴蜀聽政忘寐伏惟皇帝陛下以至聖之姿誕啟昌運重明之業紹開中興豈無辟違從風悅化而自華豈無氛翳大明昇中而自除皇澤暢於九圍文命敷於萬國則向之數王何足稱

哉尚復孜孜庶本不遑疑勞謙日昃講道求賢議獄恤刑去讒進直以利物動人爲政本以儉戒懼惕爲化先自誠而明日慎一日是以天道惟新於景命元德亟聞於四方億兆咸曰大哉君心復曰懋哉君功隆延禧之主揚仁壽之風恢帝圖廓皇綱崇鴻名顯無疆不然者何以荅上靈之眷命乎何以惠庶氓之懇望乎於是垂白之老緇黃之衆與侯甸藩衛之士守闕稽顙日以上請臣等所以懃懃懇懇敢固以言陛下猶堅秉撝抑至于三四不得已而降前詔於是百辟卿士考天下之意稽典禮之儀進而言曰

陛下崇儒問道。恭默致化。文之明也。保大安乂。感懷夷夏。武之彰也。嚴恭寅畏。博愛廣敬。孝之大也。宣慈惠和。忠恕利物。德之盛也。臣等不勝大願。謹上玉冊玉寶。上尊號曰文武孝德皇帝。伏惟陛下敬天之錫。昭聖之功。高明有嚴。愼德無窮。赫赫融融。與天比崇。臣綬等誠歡誠懼。稽首頓首。

刺史韋公鐈外祖信安郡王詩記

信安郡南三十里。有峻山幽谷。含異蓄靈。雨崖屹崪。中𨗿呀黑。巨石橫亘。作爲洪梁。（闕八字）其內也。澒洞嵌豁。穹隆圈

聯。若鵬垂翼。隔閡日月。其外也。嶔崟揭孽。鼇踞虬偃。如（闕八字）裹異狀。觀視駭慮。原夫造物者將有意於其間。不然。何詭異之至是。昔晉代有樵人王質。於石橋下逢二仙奕碁。偶閱終局。柯爛而返。已時移百年。斯實神怪惚恍。何可詳究。曁有梁開國。崇尚元陳。乃立爲梵剎。以旌厥異。自是之後。代爲佳境。塵世之士。得遊造焉。聖唐開元中。天枝信安郡王再臨斯郡。王太宗皇帝子吳王之次子。自天分冑。惟嶽祚靈。蘊禮樂於生知。以戡難爲已任。十年分閫。塞馬不嘶。羽儀南宮。位副端揆。其始至也。以初封江王。發軔於此。其再臨也。以勳烈崇異。改封信安。遭奸臣貝錦。出就歸藩之義。前於此也。美兹清幽。親將藻思。雅什在壁。八音淒鏘。後於斯也。根其靈蹤。將示撫實。乃斵木爲局。雕木爲仙。對奕森然。若峙眞侶。可謂開張道樞。發明蒙晦者矣。王之次三子梁國公峴。融液元化。弼諧羲軒。功成身退。復臨斯郡。今州牧韋公光輔。卽王之外孫。又分符竹。似續嘉績。紹王繼公。甘棠未凋。膏雨相接。卓絕當世。焜煌高門。簪纓舉爲清論。簡策編爲典故。公次兄光憲。貞元二年春。拜連山牧。將欲之郡。迂道以會于信安。交隼旟於虎符之前。連雁行

於熊軾之上。寒景初霽。棣華獨春。人或有榮。鮮若斯之備矣。懿兹靈府。齋慮同遊。山荅鳴騶。雲隨露冕。遍披曩迹。備閱眞趣。想徽容之如在。愴年代之（闕一字）移。王先題詩在橋上危樓之東壁。風雨所交。魯魚將誤。恐或隳落堙沉。德馨公乃勒於貞石。以傳不朽。惟英王播芳於昔。惟哲孫繼躅於今。輝光蟬連。前後相燭。不發揚於頌述。何彰示於將來。以子聓前大理評事嚴綬。曾忝文進。載筆從實。乃命爲記。以旌盛烈。

欽定全唐文卷四百五十四

李子卿

子卿大歷中進士

興唐寺聖容瑞光賦 以天地澄霽高相輝燭爲韻

中國之至聖兮西方之大仙凝旒爲出代之日立極是分身之年不然者何以垂其拱而鏡清四海建其像而燭耀三天故知有相無相而雙合前聖後聖而兩全不儀刑乎何以表三身之義不鎔範乎何以塞萬人之意乃命梟氏立法冬官蕆事寫眞於會玉之庭鼓鑄於布金之地炎帝

司火飛廉扇吹九天下覩百神旁伺聲激射氣憑凌殷爾而風雷怒纍然而雲霧蒸波旬下回祿昇爍寶刹炘金繩忽星透而泉噴遂煙消而氣澄圓相鏡開謂太陽新吐眞質山立乃胚渾初凝怡然花臺耀此金髻睟容若動慈眼如睇清淨而青蓮始春圓明而白月新霽光然照夜瑞有應於周王像乃見時夢豈慚於漢帝既營珠額仍輝玉毫見之者宜知極樂之近仰之者誰識須彌之高心遂得於眞正身豈有於塵勞乘流者於焉舍筏滯縛者於此操刀夫其發靈光凝瑞相異色傍射晴暉遠暢陽烏自耀於暘谷之中燭龍滅跡於鍾山之上自有頂而咸覩歷恒山而遠望赤光照室而多慚紫氣度關而應讓於是百辟奔走萬姓知歸拂塵而香雲自徧著人而花雨如飛莫不請施瓔珞願解寶衣期誓心於相好聿求福於光輝由是我皇之作也與聖同軌與道合躅降其象使天下有所觀播其光使天下有所燭不言而人化不欲而人足泛兮墊溺之濟巨川煥乎重昏之照初旭至矣哉法王之教將萬代而嗣續

駕幸九成宮賦 以順時出豫觀風展義爲韻

皇帝握靈符之三載也天地穆清星日耀潤野訪遺賢朝登傑雋化則垂拱而成令則不言而信時巡之儀展秋獮之禮順思訪俗而觀人若乘乾而出震右輔伊邇離宮在茲前瞻鳴鳳之岫傍指神雞之祠渭水煙波接苑中之洲渚岐山雲物落禁裏之軒墀俄而迴鑾輅載羽旗爲宴鎬之樂動橫汾之詞況不勞於百姓而有務於三時者哉由是叶清秋練吉日乘石洗皇輿出七騶按隊千乘扈蹕戈矛林森士馬比櫛始地業而天旋終電馳而颷疾翻然而八駿騫騰霍濩而六龍奔逸雷公轉轂風伯按馭朱旗列

而秋野生春金甲照而暮川增曙陋漢帝之遊衍哂秦皇之逸豫祥烟不散近飛槍壘之間瑞草常開併拂車宮之處廣陌鳴鑾異彼遊盤訪百年之疾苦知五稼之艱難成王之蒐由是問古公之政有以觀翠華來兮野老喜屬車至兮國人歡詎比夫隴塞回中妄開行幸之路泰郊時上虛立禮神之壇穆然深宮駐蹕其中樓枕嶺而倒影殿當川而抱虹閟邃而寒暑隔岧嶤而雲霧通前視八水傍臨九嵕所以明四目達四聰凝睿想播元風比遊心於汗漫侔得道於崆峒亦既下輦於是端冕補闕政修墜典大風

之歌作湛露之恩展於是振旅建旆迴鑾返轡百蠻懼威武萬姓知教義若臣者巖穴久伏邱園來賁未有燭於皇明竊以覩於人瑞敢獻揚雄之賦庶獲有司之議

功成作樂賦

夫九功不成八音不會所以功成作樂乃知樂之爲大上帝以亭育道周故鈞天慇懃軒轅以創業功成故雲門砰磕不才狂智之士敢議聖唐之樂我高祖神堯皇帝歷數在躬鈞樞初握撥亂反正戮諸夏之鯨鯢枯楊生荑掃中原之霜雹太宗以電擊肅慎洗白刃於遼水高宗以風行營邱颺青烟於太岳二宗一祖功高道邈我開元神武皇帝夷內難纂前緒皇綱弛而更張帝典墜而還舉俾萬人之從欲安一物之失所頃年祀后土夜吐神光中歲燎皇天晝聞山語曠縣古而未覿非軒頊而誰與宜樂功成當崇簨簴貞觀草創已模五莖六英開元增修更叶黃鐘大吕命夔典事大制宮懸鳴絲則文動奏金則武宣羽旄舍其春露干戚耀其秋天慶雲既同於舜日大風無異於漢年於是八音具奏六樂斯備工無奪倫守不假器伏羲之瑟琴有序女媧之笙簧畢萃乘逸韻於伯牙得遺音於師

摯窮搏拊之深術盡戛擊之幽致動角則寒谷花明扣商則春林葉墜聲無誤曲周郎之顧何施調有雅音季子之聽應異初舞而魚躍龍騰終曲而鶴翔鳳至誠可以克諧神人交暢天地者矣且述者彰於有聖作者表於有功徵乎正始繫彼國風聲邪則道澆俗弊調雅則人和年豐當令八風通六律同其音正其氣雄文昭德而邪懟武盡美而未工聆響皆清比無聲而無臭聞風自悅何自西而自東誠宜播在金石永永無窮有龐眉垂白之老擊壤而歌曰功成作樂兮帝力則邪樂正崇德兮雅頌則多雲門之

典兮大吕之歌金石節奏兮絲竹駢羅天地已正兮神人以和雨階舞羽兮三邊止戈擊壤鼓腹兮不識其他客有獻成功之頌九重深兮其若何

作樂崇德賦（以王者順動殷薦趨時爲韻）

我皇以合天爲德神化爲勳鄙銘功於彝器思播德於樂文由是播大章大夏表克長克君美韶者舜慚濩惟殷未足方其至美而且讓其樂云於是俗泰時康近服遠信聲諧六律事從百順樂府爰闢宮懸始震樹干羽而駢羅列鏞鼓而充牣八佾之疾徐無失九成之洪殺克愼泛灔不

生子諒咸進洋洋元化流於莞磬之中泱泱大風發於絲竹之韻觀夫崇德之祭也郊上帝祀方祇配祖列位崇壇奉犧六代明備千官肅祇殷薦咸若嘉肴孔時聲音上聞同韶之盡美戩穀下降知神之格思於時曙色初分祥風微扇肅肅嚴配陰陰嘉薦聲明動於皇天文物驚於赤縣至矣哉德不崇無以表金石之娛樂不作無以表天地之符樂作而萬方草偃德表而八裔風趨昔先王之薦也或中和罔紀鏗鏘罔假徒載考而載擊非大者而遠者孰若奮至聖之光薦明德之香陋咸池於堯帝笑舞象於周王秦穆之鈞天遠設軒皇之廣樂空張聖上猶兢自持非禮勿動鄭衛斯斥溺音是恐客有聞至德之音知我皇之所以垂拱

山公啟事賦（以平上去入爲韻）

天官所以管轄多士藻鑒時英奉帝命者實在於德爲右司者必資於明於是懸鏡之照主衡之平照之無私也自分妍之與醜平之有準也不失重之與輕賢以此達政以此成伊晉室之妙智得山公之令名淵矣深量直哉惟清當爲政之時九流式序及沒世之後千古流聲原夫啟事

之端得賢爲上振淹滯於管庫升側陋於草莽人則洊歸士無長往朝必舉賢羅幽人之貞吉官必有能見君子之道長退李祐（一作允）而聖主僉謀薦羊祜而國人所仰碔砆懸識自有卞和之鑒騏驎不遺無慚伯樂之賞由是大張明試廣示勸助惟才者不悔其來無德者亦得其去王戎簡要何所能名裴楷清通於茲寡譽九原可作思文子之與歸千載儻交望叔夜之何處當今有司明遺政緝隱逸吉人時薦多士歲入高衢以騁若積水之奮鱗幽谷必登比初雷之啟蟄實蕫猶之有間固青紫而可拾客有希山

公之密啟庶場苗之維縶

欽至賦 以破敵有功爲韻

皇矣聖主賢哉良佐廟謨克諧武烈斯播鑿門而上將初出屈指而西戎巳破旣執訊而獲俘遂策勳而類祼覩沙漠之旗偃見邊庭之鼓臥蓋所以示王師之有征識天兵之不挫者矣振旅而還軍容畢覿其出也詣六月之功其入也叶三年之績庭實旣備皇歡是式醉百壺而軍聲愷康獻萬壽而喜氣緜羃茂勳彰於寓縣盛禮陳於宗祏知我功之不宰知我武之無敵六師於是乎張皇百蠻於是

乎怵惕然後勇爵高設元功克受搴旗斬將者其錫蕃攻城拓土者其賞厚築京觀而無謂銘鼎彝而可久蒲海長清匈奴巳聞於斷臂槀街初列戎王正見於懸首舞干且在於舜階挾纊更聞於堯酒此乃征而不戰爲而不有者也由是遐荒必通欽化向風息去病之深入罷張騫之鑿空從此止戈不勞乎四伐五伐因茲解辮無限乎自西自東非我皇明四目達四聰上讓下兢君明臣忠則何以建無大之元功

六瑞賦 以儉故能廣被褐懷玉爲韻

昔先王之朝列位也宴以示慈惠享以訓恭儉故六瑞之等差爲百寮之形檢將以守官有序而亦在瑕無掩其質不昧特明乎等威其義則深兼管乎褒貶然而珪璧列布方圓爲度煥彼憲章請徵其故且五節之制以瑞爲恒美王者有逮下之德而鎮圭是壇庶存乎可大可久仍契乎不騫不崩追琢斯成伊桓伊信會朝是執惟股惟肱伯寔躬以式禮子揖穀以旌能況不闕一於蒲璧固知夫六瑞之道斯宏若乃伯禹塗山千載攸仰率土肆覲普天歸往獻替之道若木從繩朝宗之心猶風召響棣棣之威儀是

浹愔愔之德音克廣徽嘉會之有倫信斯瑞之所奬洎夫道德浸微君臣失義或求車棄禮或舉烽成僞出而非正爲邱明所羞召之河陽則文宣興刺九服自失其序四海莫由光被徒以彼翟爲好仇豈用我珪爲嘉瑞丕休哉否不可終道窮斯達我國家崇儀式禮敦本棄末三起衣荷再徵被褐執玉旣翼其左右班瑞仍霑於造闕美其四時展禮百神允懷奉珪以拜闕四字亦授鎮之力孰云祈年而諧則知禮之所貴莫先於玉發六瑞於周典冠二生於舜錄其難致也恥應連城之價不易知焉甘刖三獻之足儻

未逢至鑑之所珍誰辨混沙以雌伏者哉

昆明池石鯨賦

漢武帝將恢厥功闢厥土使近必伏遠必取乃象滇河以爲池法昆明而教武於是水物備石鯨吐茸鱗鏤甲欲動於漣漪掉尾連鬐必隨於風雨殘文沙白古色苔蒼若噴沫而生浪狀銜珠而有光質惟其堅豈有時而泐感則斯應蓋動惟其常方將協靈德薦禎祥豈泥沉而沙臥與地久而天長者哉至若漢苑風霽秦渚流春輕搖澹泞稍動奫淪載沉載浮百尺且規於頒首若明若滅兩崖猶認於

文鱗對牛女而光動映樓船而色新誇大豈慚於海客遇屯空笑於波臣及乎雷隱南山雲生北斗鼓怒波擊崩騰水走勢則洶湧有類陽侯之振聲乃虩虩宛是蒲牢之吼若此則非不知靈之所憑神之所有者也且石之爲質也磨而不磷魚之爲物也動而必順豈比夫爲犀蜀郡浦際空沉作燕湘川雨中方振色映乎崖渚性合乎風雷非任子之釣得儻琴高之御來幸見處於河漢亦何辭於刼灰客有感而言曰今失流無虞鏗鏜何託請爲不轉之志以就觀濠之樂儻南溟之可圖吾固知夫後時之可以潛躍也

紅觜烏賦（以新飛羽未調爲韻）

殊方之烏兮丹觜黑身異性特立兮既孝且仁勁毳非日黔而得黑快吻豈研硃而益新不頡頏以干物常翩翻而狎人非越鳥之思歸羨海鷗之多機謂富屋之堪止謂芳枝而可依其來也狀銜花未下其去也疑帶火初飛何必將雛聲已傳於綠綺如能反哺遊更狎於綵衣嗷嗷其音泄泄其羽常飲啄於軒砌每棲翔於牖戶凌美翼之鵷雛掩能言之鸚鵡朝食芳餌全忘攫肉之心夜宿雕籠何有

啼城之苦顧弱質而誰貴誠主人之厚意非九子之是思仰三足而多愧鳴躍既安摶扶尚未鶯何德而遷喬鶴何功而在位稻粱已飽兮羽翼將調霜臺可宿兮雲漢非遙倘不使余尾之譙譙余音之曉曉爲君一舉凌丹霄

水螢賦

水螢惟蟲惟蟲能天彼何爲而化草此何事而居泉腹可自持故無取於蟹足能自運亦曷憐於蚿其形也蠢爾其光也炯然色動波間狀珠還於合浦影懸潭下若星聚於穎川明不可以並時故當晝而潛曜暗不可以同德故候

夜而開照近而察之若海底之陰火遠而望也辟山邊之寒燐潛伏類於全眞無欲均於觀妙質未爲用是脫豫且之網餌且不貪高視任公之鉤徒觀夫困坎而止隨萍則流任晦明而隱見與風水而沉浮自得井蛙之樂何虞轍鮒之憂倘欲觀書固不惜於餘照如將按劍非有意於暗投火爲象兮取於時而去其熱水爲宅兮質其潤而得其潔且混迹於泥沙詎等夷於魚鼈同至人之樂道類君子之甘節覽於心乃止水之常淨燭於物靡傳薪之無絶由此而言覺吾道之滅裂

聽秋蟲賦

時不與兮歲不留一葉落兮天地秋況白露之夜遙聽陰蟲之啾啾且鳴因夜急思以秋苦始趯趯而緣階轉嚶嚶而入戶輕颸颯而韻合殘溜冷而響聚隴水咽而應然峽猿啼而何取由是知悲秋者自此生興感物者因茲爲主則有三年逐臣千里遠客鄉路何處君門且隔吟澤畔之風秋卧江皐之烟夕逆旅愁聽鳴蛩四壁欲解寒衣蕭然淚滴婕妤恩薄義猶辭輦永巷秋深層城夜淺涼月斜照明河近轉塵滿瓊鈎珠簾不捲秋聲四入曼睩雙泫長樂歌鐘悲來莫辨香衢甲第趙李經過霞擁繡軸風調玉珂高堂引滿醉舞婆娑永夕之樂孰知其他清露醒後遠砌聲多瞪視凝聽傷如之何去歲良人遠征絶域錦書欲寄翩翩雁翼不語朝紡含嚬夜織其那空閨悲鳴亂逼欲夢翻驚方愁更憶腸絶聲聲門前月色貧士失職寂寞下帷蘭葉風敗苔痕雨滋覽鏡而元髮將白拂塵而素衣已緇柴門日暝響拂茅茨展轉孤枕偏驚故時念懸鶉之正弊恨躍馬之將遲何必葉落自長年悲且蟲之聲也無端人之聽也多緒亦由心羈者多感激志苦者易悽楚苟有任於行藏亦何嗟於寒暑水之積也鱗斯奮風之厚也翼斯

舉彼數蟲兮何知且逍遙以容與

府試授衣賦 以霜降此時女工云就爲韻

九月肅霜山靜風落天高氣凉蟋蟀入兮堂戶近鴻雁飛兮天路長欲備歲之無衣無褐始禦冬而載元載黃命婦女事爲公子裳若乃田畯入室居人在巷警殺氣之秋殞切嚴霜其夜降物藏於時人感於是雖懷有稔而及節亦念無衣而在此績我絲麻具爾紈綺將備服之纁素豈徒事夫紅紫則知王者之德聖人之思禮法在矣古今以之

事陳王業功當天時澤及周王之道歌得豳人之詩既而滌場穹室熏鼠乘其農間以入室處爰邀載績之功始命縫裳之女摻摻柔腕札札鳴杼天寒夜靜既閱西鄰之光月明更深齊度南軒之柝夫如是事合其制禮亦有序物嚮政方人知義所將前規不昧故斯事必舉資爾績而卒歲是裳授余衣而窮冬可禦方今四隩既宅九州攸同人悅物茂時和年豐男勤耕於稼穡女務績於蠶工雖悅當今之化亦猶行古之風於是彼其之子各稱其服此生之物咸得其羣念彼及此務穡勸分雖非後作抑有前云豈

上帝之私我實下人之戴君客有聞而歌曰天之高兮無不覆君之大兮無不祐生人殖物既庶且富爾在於時爾茅於晝霜始降兮女工就歲時窮兮寒衣授

夜聞山寺鐘賦 時宿嵩山少林寺

寒月山空蕭蕭遠風有客靜聽雙林之中鷲嶺深兮夜分後龍宮隱兮洪鐘扣蒲牢鬬兮獅子吼魍魎懾兮魑魅走搏泉頂兮噴谷口入有間兮出無有其發地也衆竅怒兮羣籟起既聾山兮復噎水石鼓震於四荒雲雷飛於百里其在空也漫兮浩浩殷兮雄雄若陽臺之散雨似溟海之生風其稍絕也小不窕兮細不緊斷還連兮遠而近著迴風而欲散值輕吹而更引寂兮寥兮忽不知其所盡或有宴坐真境觀空禪林將泯萬法是資一音惟其來無所見其跡察其去不可得而尋繁焉則應應而無心葉繭曾是而聞縛鶩猿因斯而受擒別有道翼隱淪學傳文圍鏗爾而作賈勇在於橫撞洞然而來含毫思於一扣嶺上曈曨星漢移松楓颯颯風闕二字吾欲不書山鐘之狀何歌於斯詠於斯

聚雪爲小山賦

皓色旁射兮清虛上騰閒階之下兮聚雪崚嶒歎此雪兮具知其有興有滅故爲山也庶期乎不騫不崩始也散而從風類元氣之無象今也結而爲阜若胚渾之初凝五嶺高標三峰遠矚昔則心往斯焉目擊千里之勢存乎表丈萬仞之容見乎盈尺皜曜起乎岑崟曈曨生乎樹石峽裏則秋月長懸封中則曉雲猶白夫其以近則遠以遠則親玉林不夜瑤草先春照寒景而逾潔拂朝霞而更新嶺上綝縿作緱氏之仙鶴巖中綽約寫姑射之神人樵傍壑而踈影徑臨崖而絕鄰至若霽日生暖融風變朔危容半頹

倘遇嵇康之醉片影初墜謂入郄詵之幄因降高而就卑遂散雕而爲樸冱寒始勁猶可持而斲見晛則消不可繫而握因知夫色不久鮮物無常堅始則有於無有今乃然於自然觀陵谷之推易信人世之徂遷亦何必怪桑田之變海都邑之成川

對國公嘉禮判

國公有嘉禮謁者不示儀式科之云非五品已上仰處分

國著建封禮存嘉好蓋隆殺之有數何等威之不忒惟彼

國公列在王制當享賓之日且欲滕羞於合好之時仍將委幣顧茲謁者今則謂何拜辱拜嘉蔑無聞於紹相三揖三讓會不節於周旋五馬初來見使君之佇立三星已下於粲者之未逢慢禮自宜抵罪闕事於何逃責遊詞所及雖委援於五品薄訴徒爲祇取慚於一握俾投棘署無聽莠言

欽定全唐文卷四百五十五

張薦

薦字孝舉深州陸澤人天寶中李涵表薦才任史官召充史館修撰德宗朝擢拜諫議大夫改秘書少監卒年六十一順宗時贈禮部尚書謚曰憲

請贖還顏眞卿疏

去正月中眞卿奉使淮西期不先戒行無素備受命之後不宿於家親黨不遑告別介副不及陳請孱僮單騎即日載馳冒姦鋒於臨汝折元惡於許下捐軀仗義威詬羣兇遂令脅制者回慮忠勇者肆情周曾奮發於外韋清伺應

於內希烈蒼黃窘迫奔固舊穴蓋眞卿義風所激也眞卿遠事四朝爲國元老忠直孝友羽儀王室行年八十被羸老之疾拘囚環堵之間顧眄鉤戟之下呼嗟憤恚失寢忘食不知悲翁何以堪此伏聞希烈之母鍾念幼子目不絕泣求責希烈又希烈妻祖母郭及妻妹封並逮捕京師此三人留之無益請寘境上以贖眞卿先降詔書分明諭告且希烈知眞卿人望不敢加害既無嫌隙但因循未遣耳若歸其親愛賊亦何悋還一使哉臣又聞眞卿所遣兄子

峴及家僮從官奉表來者五輩皆留中其子頵等拳拳實希一見望許休沐告以安否

祧獻懿二祖議

昔殷周以稷契始封遂爲不遷之祖其毀廟之主皆稷契之後所以昭穆合祭尊卑不差如夏后氏以禹始封遂爲不遷之主故夏五廟禹與二昭二穆而已據此則鯀之親盡其主已遷左氏既稱禹不先鯀足明遷廟之主雖屬尊于始封祖者亦在合食之位矣又據晉宋齊梁北齊周隋史其太祖已下並同禘祫未嘗限斷遷毀之主伏以南北

八代非無碩學巨儒宗廟大事議必精博驗於史冊其禮僉同又詳魏晉宋齊梁北齊周隋故事及貞觀顯慶開元所述禘祫並虛東嚮既行之已久實羣情所安且太祖處清廟第一之室其神主雖百世不遷永歆烝嘗上配天地位於郊廟無不正矣若至禘祫之時蹔居昭穆之列屈已伸孝以奉祖禰豈非伯禹烝烝敬鯀之道歟亦是魏晉及周隋之太祖不敢以卑厭尊之義也議者或欲遷二祖於興聖廟及請別築室至禘祫年享之夫祫合也此乃公食殊乖禮意又欲藏于西夾室永不及祀無異漢代瘞園尤爲不可輒敢徵據正經考論舊史請奉獻懿二祖與太祖並從昭穆之位而虛東向

答權載之書

奉榮問蒙示相國崔公往復書并諸墓銘奠文及江西路上之作詞致清深華彩巨麗言必合雅情皆中節瓊瑰見辱囊篋增輝又竊文矩不勝幸甚相國於薦中表丈人行也寶應中相國丈被褐營道寓居陸陽薦家於邘溝耕於謝湖每歲春蓺秋穫途由澧浦相國丈時與故刑部劉尚書趙洋州戶部兄弟同客是邑或承餘眷留歡浹日無曠

再時者數焉洎相國丈以廷尉評賓於姑胥之幕自柱下史退爲臨川掾薦皆獲見於湖海之間惠然相念有踰曩歲其後作牧建安屬京師難故猶能抗大節飛密疏犇問官守遠達巴梁薦掌史者嘗記興元元年三月甲子詔書以建州使者舒鄧玢爲嘉王府諮議玢之所奉即相國丈也奏章於多難之日陳謀於必勝之地由是見器於助主先定於中台及夫徵入果領樞務惜其憂勤爲疾未幾辭免大庇生人之志徒鬱於襟抱以至於甍落搢紳先生所以長嘆息者抑有爲焉相國丈與劉齊二公燮諧大政也

薦蒙過聽之遇以博士再入東觀三相連步同送拜職榮之於心寧止迄今閣老以志學之歲下帷覃思與古人心會於經誥之上獨行乎貞朗之域逮於弱冠德輝彰聞相國文傾慕之不足願申以姻好詎假媒介直操斬箾閣老感深見託敬諾嘉命磊落丈夫之事二君子交脩之甚休精識妙鑒得賢斯盛既而夫貴於朝妻尊於室崔門綬帶之慶其有極乎及覽後書援皇極元德之論指匡張孔馬之戒實當益友之目豈惟佳壻而已又覩建昌房州誌文等昔年亦同遊處嘉聞遺詒過作者而不朽矣至如置奠

東武之祠興慟子咸之述繼美彥先之句諷而誦之實而藏之有以見六義昭宣百行醇備名稱赫赫宜乎哉走素不敏猥列僚舊豈悞見厚投以至言也因懷昔遊聊占數闕

于尹躬

尹躬大歷中進士元和時為中書舍人左遷洋州刺史

進賢冠賦 以聖朝崇儒服以旌德為韻

惟冠之制惟賢是崇冠俟賢而出賢因冠而通識於人有傳古之義形於國有尊儒之風吾君於是詔司服進良工考前法以無替覩斯義而有融然後得多士以立效實茲冠而允淑君臣克序用彰有道之時是弁可傳載稽取象之服則知冠以招士亦猶工以度木匪工也良材何以辨於山匪冠也羣賢何以求其祿觀夫制作有則威儀孔昭建象於初爰從太古之代更名於後始惟炎漢之朝不繪畫以崇飾在進用以彰德上下率而有差禮容行而無忒不可奢侈不可儉偪蓋取事之大猷亦設官之盛飾上自元后降於公卿用則異數制乃同名五梁三梁表尊卑之序七寸八寸為前後之程惟德是急惟儒是旌叶緇布之

遺象與皮弁而齊衡且夫作之罔乖服之有以豈同戴鶡者空尚乎猛聚鷸者不稱於已曷若取鑒斯在為工式孚御膳加大官之列使臣薦不疑之謨稽乎其形諒先王之制本乎其義為君子之儒瞻之克以正創之而以聖列士崇德之規蒸人立身之鏡豈徒在首貫髮雍容肅敬而已

張昔

昔大歷中進士

御註孝經臺賦 以百行之本明王所尊為韻

孝惟行先教實理本故元宗探宣尼之旨為聖理之闡爰

索隱以鈎深或詞約而意遠然後勒睿旨於他山之石樹崇臺爲儒林之苑天文煥發知孝道之克宣微旨高懸示仁風之已返上崇君德下達人情王猷玉潤帝典金清詎雖型於子道理實暢乎家聲施之於人風俗可移於孝理懸之於教日月方比於貞明不然何以卓爾孤標介然守正金字纍纍以條貫銀鈎歷歷而交暎故嚮之者修睦就之者起敬斯乃示生民之大端仰高山之景行至哉聖化本本元元酌其旨而薄俗可厚毗於政而理道可敦故政以肅教爲尊非無詩書始務陳其行本非無貴賤心願宗

其化源且高而不危者尚乎臺磨而不磷者莫如石揭貞質於庠序殊祕府之竹帛諒乃侔天地而始終豈特垂載祀於千百靜而繹思文固在茲一人有作比屋允釐覽君君臣之間則心乎愛矣於尊尊卑卑之道則學而知之剏乎雕琢成章區分式序方隅而不失其正篇次而各得其所三千子之鼓篋邈矣具瞻十八章之箴規揭之備舉乃知孝理馨香有時而彰不壞不朽化被無疆所以播鴻休於玉葉表嗣子於明王故曰孝者天之經也宜乎配地久而天長

張少博

少博大歷中進士

石硯賦 以山水輝映墨妙筆精爲韻

硯之施也被乎用石之質也本乎山溫潤稱珍騰異彩而玉色追琢成器發奇文而綺斑盖求伸於知巳爰待用於君子故立言之徒載筆之史將吮墨以濡翰乃操觚而汲水始爛爛以光潋終霏霏而烟起或外圓兮若規或中平兮如砥原夫匠石流盼藻熒生輝象龜而負圖乍伏如鵲之緘印將飛設之户庭王充之名已著置之藩溷左思之

用無違徒觀夫清光景耀貞質霜浮符彩華鮮精明隱映皎如之色比藏冰之玉壺煥然之文狀吐菱之石鏡當其山谷之側況奇未識韜玉吐雲懷珍隱德及乎入用以磨礪因人而拂拭故能撫之類磬發奇音對之若鏡開新色既垂文以呈象亦澄瀾而漬墨硯之用也詎可興歎而焚石乃堅然孰謂有時而泐斯可以正典謨之紀垂篆籀之則者也遂更播美六書傳芳二妙用之漢帝常同彭祖之席存之魯國猶列宣尼之廟是以遺文可述茲器奚匹匪銷匪鑠良金安可比其剛不磷不緇美玉未可方其質光

鳥跡於青簡發龜文於鴻筆則知創物作程事與利弁茲硯也所以究墨之妙窮筆之精者也

王儲

儲大歷十四年進士

寅賓出日賦 以大明在天恒以時授爲韻

惟天爲大兮堯實則之命羲和而馭日俾出納而從時肇歲首以平分既中星鳥及宵衣而敬導始見嵎夷所以示農功之有序叶君德於無私我國家克定三元光臨四海纂唐虞之舊說崇德禮而斯在將舉正以履端奉天時而不改繇是春官蔵事太史作程天子居青陽之左个覽萬物之初生始昭宣於東作終協贊於西成杲杲臨空無幽而不燭遲遲鑒下有蟄而皆驚伊兆人分地之利我聖上則天之明淑氣載揚暢禽魚而共躍融風乍扇迫葵藿而咸傾庶績其凝三農式就高臺紀於雲物大野陳其蒐狩畢嚮化以觀光亦順時而敬授歲如何其歲既登節盈縮兮日有恒歲如何其歲將起兆發生兮日之始苟奉順而無違得禎祥而有以原夫君比德於日日麗光乎天撫有萬方每朝君於歲始照臨庶物故出日於春前煦百泉而冰泮薰九陌而花然合璧表無爲之化重雲示有慶之年信惟貞而惟一示無黨而無偏客有藏器俟時卑躬思泰遇乾坤之訢合覩日月之光大莫不向春景以自娛沐堯風而永賴

韋執誼

執誼京兆人進士擢第對策異等授右拾遺入翰林爲學士順宗立以疾不親政王叔文與伾居中用事擢執誼尚書左丞同中書門下平章事憲宗受内禪坐叔文伾徒黨貶厓州司户參軍

市駿骨賦 以買死招生爲方必至爲韻

代有良驥勤求可致上心好也固有開而必先朽骨沽諸蓋不期而自至於是搜延廄發屠肆出千金而易之獲一骼而無棄不賈其用雖增飾而無成將慮其先使雄名而不墜昔之服纓玉飾軌倏追長風而噴沫先急景而揚鑣豈知衂駿足於千里摧壯心於一朝權含月而共落蹄帶雪而俱銷當其死而不顧豈其生而可招是以服其無斁守而無失外揚嘉善之名内作旁求之術伊希代之異產固入用而無必處南中之穴莫測從來遊北上之泉始將

安出聿求既彰類聚其方人獻駼驥天降此祥滅虞之役不興取諸外廄伐燕之師不舉貢自遐方蓋將翕必張期於至止俾善始而令終寧賤目而貴耳假其力既重之於生思其勞曷輕之於死物以德易道由人宏當不遇其知乃負車而伏櫪苟應乎其感必蚪躍而龍騰故八駿咸臻萬邦爲楷物非其產將命逾遠而來骨在於斯何惜發帑而買亦猶賢士所趣知機彙征田忌收老以成仁卒強齊國燕昭市骨而種德乃獲樂生覩求賢之未暢悟得駿之非輕儻長鳴之見識庶吾道之將行

與善見禪師帖

善見禪師所管施利錢銀到後量收糴米支持到九月以來餘錢即共義商量至秋中糴米收貯訖報當所將錢三百貫內二百八十貫充買莊餘者買取菜園一所此並已帖勾當造寺軍將成文郢訖見禪師可同在意

翰林院故事記

翰林院者在銀臺門內麟德殿西重廊之後蓋天下以藝能伎術見召者之所處也學士院者開元二十六年之所置在翰林之南別戶東向考視前代即無舊名貞觀中秘書監虞世南等十八人或秦府故寮或當時才彥皆以宏文館學士會於禁中內參謀猷延引講習出侍輿輦入陪宴私十數年間多至公輔當時號爲十八學士其後永徽中黃門侍郎顧琮復有麗正之稱開元初中書令張說等又有集賢之目皆用討論未有典司元宗以四隩大同萬樞委積詔敕文誥悉由中書或慮當劇而不周務速而時滯宜有偏掌列於宮中承導邇言以通密命由是始選朝官有詞藝學識者入居翰林供奉別旨於是中書舍人呂向諫議大夫尹愔首充焉雖有密近之殊然亦未定名制

詔書敕猶或分在集賢時中書舍人張九齡中書侍郎徐安貞等迭居其職皆被恩遇至二十六年始以翰林供奉改稱學士由是遂建學士俾專內命太常少卿張垍起居舍人劉光謙等首居之而集賢所掌於是罷息自後給事中張淑中書舍人張漸竇華等相繼而入焉其外有韓翃閻伯璵孟匡朝陳兼蔣鎮李白等在舊翰林中但假其名而無所職至德以後軍國務殷其入直者並以文詞共掌誥敕自此北翰林院始無學士之名其後又置東翰林院於金鑾殿之西隨上所在而遷取其便穩大抵召入者一

二人或三四人或五六人出於所命蓋無定數亦有鴻生碩學經術優長訪對質疑主之所禮者頗列其中崇儒也初自德宗建置以來秩序未立廷觀之際各趨本列暨貞元元年九月始有別敕令明預班列與諸司官知制誥同列故事中書以黃白二麻爲綸命重輕之辨近者所出獨得用黃麻其白麻皆在此院自非國之重事拜授將相德音赦宥則不得由於斯稽夫發揮大猷藻繪上命雋簡片削可以動乎人神風行四方萬里始覿非制誥之謂歟蓋人君深拱端黙於穆清之中茫茫九區視聽不及雖堯德

舜智湯明禹哲不能庭策以朝告不能家聞以戶臻必欲志典謨掩訓誓陰諭於天下密符於胸襟洪荒以還所蔑聞也故議定於內而事修於外言發於上而旨達於人微乎斯百度闕矣況此院之置尤爲近切左接寢殿右瞻彤樓晨趨瑣闥夕宿嚴衞密之至也驂驔得御廐之駿出入有內司之導豐餚潔膳取給大官衾裯服御資於中庫恩之厚也備侍顧問辨駮是非典持纖牘受遣羣務凡一得失動爲臧否職之重也若非謹恪而有立秉貞而通理俾乂樞要簡於帝心言不及溫樹之名愼不遺轅馬之數處是職者不亦難乎至於強學修詞刀筆應用或久洽通儒之望或早升文墨之科雖必有之乃餘事也自立院已往五紀於茲連飛繼鳴數逾三十而屋壁之間寂無其文遺草簡畧於栱編求名時得於邦老溫故之義於斯闕如羣公以執誼入院之時最爲後進紀敘前輩便於列詞收遺補亡敢有多讓其先後歲月訪而未詳獨以官秩名氏之次述於故事庶後至者編繼有倫貞元元年龍集景寅冬十月記

程异

异字師舉京兆長安人第明經累遷衞尉卿爲鹽鐵使兼御史大夫元和十三年以工部侍郎同中書門下平章事猶領使卒贈尚書左僕射謚曰恭

請勅停置茶鹽店奏

應諸道州府先請置茶鹽店收稅伏準今年正月一日赦文其諸道州府因用兵以來或慮有權置職名及擅加科配事非常制一切禁斷者伏以榷稅茶鹽本資財賦贍濟軍鎮蓋是從權兵罷自合便停事久實爲重斂其諸道先所置店及收諸色錢物等雖非擅加且異常制伏請準赦

文勤傳

闕播

播貞元二年官刑部尚書

請删去武成王廟十哲奏

上元中詔擇古今名將十人於武成王廟配饗如文宣王之廟儀伏以太公古稱大賢今其下置聖賢之有聖於義不安且孔門十哲皆是當時弟子今所擇名將年代不同於義既乖於事又失臣請删去名將配享之儀及十哲之稱

趙憬

憬字退翁渭州隴西人寶應中以褐衣上疏試江夏尉累拜給事中貞元四年遷尚書左丞八年拜中書侍郎同中書門下平章事徙門下侍郎十二年卒年六十一贈太子太傅謚曰貞憲

上審官六議表

臣謬登宰府四年於茲恭承德音未嘗不以求賢爲切至於延薦職在愚臣雖當代天之工且乏知人之鑒漸積歲月負於聖明無補王猷有妨賢路況多疾恙兼慮闕遺頃奉表章備陳肝膈陛下以臣性拙直身病可矜不棄孱微尚加委任自此思省報效尤難莫副堯舜之心空懷尸素之懼伏惟陛下法象應期聖神廣運雲行雨施皆發自然訓誥典謨悉經睿覽臣所以不敢援引古昔上煩天聽且以用人之要頗伸鄙見復念稽顙丹陛仰對宸嚴謇訥易窮遽數難辯理詳則塵瀆頗甚言畧則利害未宣若默以求容苟而竊位縱天地之仁幸免而中外之責何逃非陛下用臣之意也其所欲言者皆陛下聖慮之內臣以頂戴恩造不知所爲身被風毒漸覺沉痼是以勤勤懇懇切於愚誠也臣聞貞觀開元之際宰輔論事或多上書所冀獲

盡情理今臣酌前代之損益體當時之通變謹獻審官六議伏惟閒宴時賜省覽其大指議相則曰宜博採衆賢用爲輔弼令中外知其賢者伏願陛下用之識其能者任之求其全材恐不可得議進用庶官則曰異同之論是非難辨由考課難於實效好惡雜於衆聲所以訪之彌多得之彌少選士古今爲難拔十得五賢愚猶半陛下謂臣曰何必五也十得二三斯可矣聖主思賢至是而宰臣不能進之臣之罪也進賢在於廣任用明殿最舉其大節棄其小

假隨其所能試之以事用人之大綱也議京諸司闕官則曰當今要官多闕閒官十無一二文武任用資序遞遷要官本以材行閒官多由恩澤朝廷或將任使多擬要官則人少闕多閒官則人多闕少明當選拔者轉少在優容者轉多宜補闕員務育材用大厦永固是棟梁榱桷之全也聖朝致理亦庶官羣吏之能也議中外考課官則曰漢以數易長吏謂之弊政其有能理者輒增秩賜金或八九年十餘年乃入爲九卿或遷三輔功績茂異遂至丞相其間不隔數官今陛下内選庶僚外委州府課績高者不次超

昇致理之法無踰於此臣愚以爲黜陟且立年限若所居要重未當遷移就加爵秩其餘進退令知褒貶之必應遲速之有常如課績在中年考及限與之平轉中外迭處歷試其能使無苟且之心又無滯淹之慮議舉遺滯則曰官司既廣必委宰輔以舉之宰輔不能遍知又詢于庶官庶官不能遍知又訪於衆人衆聲囂然互有臧否十人舉之未信一人毁之可疑迨至于今兹弊未改其所以然者非盡爲愛憎也苦於不審實而承聲言之大凡常人之心以稱人之善爲清以攻人之過爲直苟有除授多生橫議由是宰臣每將薦用亦自重難日往月來未副聖意宜須採聽時論以所舉多者先用必非大故皆不棄之議擢用諸使府僚屬則曰諸使辟吏各自精求務於得人將重府望既經試效能否可知擢其賢能置之朝列或曰外使須才固不可奪臣知必不然也屬者使府賓介每有登朝本使殊以爲榮自喜知人且明公選大凡才能之士名位未達多在方鎭日月在上誰不知之思登闕庭如望霄漢宜須博採無宜久滯

遺表

臣叨荷聖慈竊塵台鼎年序頗久績用無聞負乘之敗已彰覆餗之咎俄及而天與之疾福過生災自今日卯時以來稍加困重針灸不及藥餌奚施奄然遊魂終當就木冥冥殘喘豈忍辭天號呼涕零側息心斷反風結草誓報深恩雖死猶生豈孤素願無任感恩嗚咽痛恨之至

鄂州新廳記

自昔秦置郡有守漢魏以降因之其秩二千石雖有監刺而宰制威福之重蓋古之諸侯鄂在楚爲國秦爲縣吳爲江夏郡綿歷至宋乃維八郡置郢州及齊更郢爲鄂隋氏

披其郡猶謂之州官則刺史而政無條刺之法矣皇朝沿襲舊制或爲郡或爲州剖符責成其實乃太守之職前代建置所理之處其城不恒今之州卽舊城於江夏吳仲謀經營之程普始守之當荆吳江漢之衝要爲藩鎮固護之雄制天寶以前四方無虞第據編户衆寡等衰州望鄂是以齒於下後戎狄亂華寓縣沸騰屯兵阻險斯稱巨防朝廷尋州陟列將寄勳賢之重廣德二年遂聯岳沔事置三州都團練使大歷八年加觀察處置使十四年六月二使廢特置當州防禦使且屬於江西國家姑務省官息人而

終慮咽喉襟帶之地思典守者既輕其權矣復欲俾任重尤難其選是年十月乃命秘書少監兼侍御史李公授之公名兼隴西人也到官三年之五月使改爲三州防禦使江岳隷焉仍領元戎之副董江西諸軍銳師以伐叛於襄陽旣而尅平九月就加散騎常侍防禦洎州如舊公之莅鄂也今茲四年以清德誠信爲教化以至公深仁爲字育則鄽閈里閭僑舊詠歌如嬰兒之得乳母餒夫之逢稔歲理軍施令其士卒歡慶亦如之但加乎肅畏而已繇是所防二千餘里洞庭彭蠡在其間水舟陸車山藪塢野皆我長城之內用是加之王人絡繹天書繼至三軍萬户以爲禁而耆老懼去不得而借也初刺史有小大之廳其度甚卑或門屏迫近或廊廡狹隘將吏參集迴旋偪側繇歷年代未遑革之廳之左二曰府舍摧壞空曠公乃刬潤其地作爲新廳大厦旣立長廊以二則儉而規法結搆殊精因士卒忘勞之力出貨財足用之羨經營有成井邑莫知惟昔之公門今爲外入而遂東廣開崇墉北達於里門棨戟森列戎徒儼衞每饗士誓衆駢羅廣庭蕭墻之陰旗旐繽紛威容克振君子謂之智憬將赴京師目覩嘉謀輒紀新

廳之壁庶允朝選之盛時舊廳有都團練觀察使記刺史無記曩賢名氏多所闕焉是用求訪遺者得之必書蓋李公之志也來哲繼踵冀增輝於此堂時建中三年十有一月也

獨孤授

授大歷十四年進士又舉博學宏詞

師貞丈人賦（以武有七德師貞丈人爲韻）

先王以武不可獨任故受之以師得其人則百蠻風靡失其職則九廟陵夷君於是愼擇其難申命分掌動衆以正臨下以長合人謀兮順天獎愼戰也在知機而萬全愼身也如臨深於百丈夫然後出號令拔忠讜樹藩屏疇土壤截方隅以無事威戎狄以稽顙俾其政成者列爵功高者

受賞是知師貞丈人之稱也至若蓋臣嘉謀以國利不可動忠不可賊威遠方以慕化訓萬民以勤德使強弱不相陵乃勝殘而可克力牧佐之而不疑軒后居之而不惑此帝者之師也蕭蕭馬鳴悠悠旆旌伐叛則刑立柔遠而德成上乃奉君之職下乃守臣之貞湯武用之而定業伊周法之而作程此王者之師也審官以統衆求賢以自輔必觀釁而後動豈窮兵以極武不害閭閻不敗工賈政得其經事合其矩管仲因之以相齊桓晉文由是而稱盟主此霸者之師也暴而不戢安忍無親徒侈其欲輕用其人處勞則先加於衆居後則樂止其身猶回邪而自保迷大路而不遵州吁處之以國滅子反效之以禍臻此黷武之師也嘗試言曰王心無逸師出以律惟德其欽惟刑是恤自然道貫三五勳崇四七不假築京觀兮定武功遏淫刑兮數軍實言乎師貞在人其來自久動無悔敗位不虛受追惟古昔厥有臧否是則頗牧之勇敢可以執其手平勃之臨事可以難其後伊呂之行可以欽其順疑其守不失其攻不有行稱文武之畧居成社稷之守神祇以百福休祐子孫以百代不朽蓋由尊嚴之重以禮立訓師律順正動

而何咎

靈旗賦（以隨所指方敵必摧爲韻）

術有以厭勝則靈旗之制可知寧不師古或取諸隨命曰靈表神靈之託考其象亦象之在斯前史載焉可得而舉用於兵禱之際在乎郊見之所詳厥制之由始信法天而爲紀翠華匪倫黃鳥可擬因通帛以作繪樹修竿而直指三星前列成太乙之鋒旗九仞高懸拂堪輿之壁壘垂彩揚光煥其有章牡荆郅偈而作動登龍蚴蟉而欲翔物之精也必異神之用也無方靡微風知其整整含霽景覩夫

央央惟時越人害及疆埸彼則神怒我將霆擊乃祈幽贊乃導彼役所以酌意於天所以信威於敵撰辰其吉用致精一元穹是饗太史祇祓及瑄玉既陳而靈旗獨出順徂征之所向庶獲醜之可必異先登之蝥弧同指佞之屈軼帝車爛爛靡豐蔀而見斗君象昭昭狀寅賓之出日終能吞若裔土克全師律豈得之於伐謀將有類於斯術嘗聞王者兮厥德不回兩階之舞兮三苗實來則吾君紹重華之廣運超帝徹之雄才布澤而陽和乃發抗威而枯朽易摧且將舉天畢以掩兇暴傾雲漢而滌氛埃古靈旗者奚足道於今哉

斬蛟奪寶劒賦 以追殘水族濟彼驚濤爲韻

昔佽飛兮言越川湄佩寶劒兮安流自持進孤櫂以將半乃雙蛟而見追曳紐搖環欲奪晶熒之氣呼風吸浪先呈夭矯之姿初其勁楫將移輕帆未濟嗟履險以多變歎韜鋒而自衞俄而積水怒陰雲蔽彼拏空攫霧之狀當一明一晦之際其來也壘白刃旗短袂不足以當其勢朱鬐赤鬣夾巨艦以風馳火尾金鱗奪雄鋩而電逝乃言曰彼亦奚逃徒爲汝勞銜黔黮以天暝蹙嵯峨而浪高徒觀夫鼎爾騰沸雷然怒號雖欲穀其口牙其刃抗爾以千艘踣若質流若膏爾能傷予之一毛既激氣於烟景忽碎爾於靈濤是知計於生而不計於死利於劒而不利於水互出沒以神鬬洶崩騰而陣起舟旁奪魄求形於似海之喉岸側甘心挂骨於如霜之齒及其沸渭砰訇風號雷驚驤首如元雲阻色騰睥而白日韜精須臾勇氣勵神機生拂首摧爪奮喉裂纓方澒洞於重險已支離於浚瀛於是海蕩山覆川停浪肅莫不駭其類奔其族元黃之血隨重沫於奮淪磔裂之形蝕餘威而蹙縮卒使劒返人安鱗窮血殘極浦烟霽澄江景闌逶迤然鷁首光轉錯落爾龍泉影寒冰彩猶鮮激金瑺之照曜星文尚濕歸寶匣以闔千嗟乎冥心者其勝如此恃力者其形若彼徒欲徵怪異壯奇詭至今人語其風見英姿之卓爾

清簟賦

楚竹嬋娟英柔碧鮮折其膚以爲簟俟方暑而登筵信服物之妙麗何巧心之纏綿故匠士意其用也清以目焉有若粉署仙郎翰林高價義均膠漆官則同舍獲五花之珍簟當三伏之炎夏以爲身之所安願與友而共藉嘉貺允

屬其人如玉發緘而冰氣驚客入座而波文滿目在一物之足貴亦兼金而匪欲親於體有寢處之同觀適於時念卷舒之齊蹈矧夫畏日赫赫蒸雲爍石高館沉沉面池枕林芳華交映軒宇靜深乃爾娛坐開張聯心清引微飈涼迴夕陰可以愈幽毒可以蕩煩襟賦明水而詎屏委輕扇而自任幸君之拂拭奉君之休息襲握蘭之晨芳參覆錦之夜飾貞可比操文用表德入芙蓉之幕煥以相鮮照瓊樹之姿粲其增色亦有別號行唐是稱流黃紋織錦象凝霜承以羅綺薦於玉牀肅蔥蘢之翠幄取寂歷之洞房君

不至而碧鮮迴美人獨居兮清晝偏長雖或殊姿而異質亦云蠲暑而致涼物則周用時然斯在遇陽之夕陳於寢以發華洎陰之興韜於筒而秘彩懼流覽而將暗同棄席之見待儻無忘於遺簪爲君含情而不改

韞玉求價賦 以韞匱藏諸沽求善價爲韻

物有可爲之感憤彼玉也則良寶而斯韞豈不以識貞或寡至真難鬻白虹之氣莫通元圃之英久伏精鑒頗期於卞氏無厭匪及於虞叔懷特達之性豈傷於山抱堅剛之姿寧毀於匱雪澤膏光陰中之陽工成六器色備五方是飾容乘乎車服亦將頒瑞於侯王表其華同貞士之素履韞於密叶至人之退藏誠異乎石處而以居可比夫處寶而若虛我則物之貴者彼宜力以求諸惟賢有乎豈名是沽佩諸身可以節君之步執於手可以息君之趨或稱之以琬玉或嘉之以瑾瑜韞匱如將於慢藏匪瑕之匿連城儻用之善價何脛之無是知接神祇者必我之由奉朝聘者亦我之求雖含光之未發信入用而則周伊入用也理均乎兼濟其含光也義等乎獨善詎若韞鄭鼠之足嗤寧燕石而莫辨有客感而歎曰玉也者固可取貴乎天下今

不售於人猶獨高其價垂大賢之盛德非小禮之能捨故有偃蹇當時沉冥委化必使反荆王之深惑審田文之見詐則美玉器而髦士官豈徒埋身而照夜

藺相如全璧賦 以智勇雙高功名永著爲韻

昔日趙氏且衰爲暴秦所易徒稱割城以求璧然必背約而棄義將受其禍敢圖其利安定存乎變通得失繫乎愚智籌量未決君臣大恐賴繆子之薦賢得藺生之餘勇語之不怍觀者咸悚庶將城入而璧留焉使趙輕而秦重夫其壯節惟一至寶無雙奉草芥之使至虎狼之邦於是秦

王自以強可臨弱志揚氣高謂我匹夫不難以制謂璧無足尚安得逃方坐章臺之中列萬乘之雄羣臣陪位使者趨風因發檢以求璧陳結觀而表裏浮光爛兮鏡吐潤色皎以冰空語未及於前約實方傳於後宮果無有償城之意欲坐收獲璧之功藺君乃揆物揣情沈機內萌譎指瑕以復取遂立言而未平據壯心而激發抗英辯以縱橫怒髮竿聳瞋目電驚且使辱命將焉用生請以臣之頭璧俱碎君之軒楹我合詭以全變彼示詐而望誠九賓之禮徒設間道之使已行義必付於知己色無懼於就烹卒能成

兩國之勝負駭千古之威名然則實也且所據神異取之不可以僥倖幾星碎以棄秦庭終月圓而還趙境復得曜叢臺之瑰麗增昴宿之輝影於物也善價斯存於國也懿圖惟永是知興衰之大畧社稷之遠慮必假賢豪用能輔助何全璧之事立亦全國之功著誠乎得士且昌惟其善馭

河上姹女賦　以陰陽變化靈而最神爲韻

坤載靈物母之者金稟清英乎元化耀方色乎少陰將善利以宏博豈難得而迴深河之水配融衍以表性女之質齊婉潔而爲心無脛而將無翼而翔靜波空而鏡朗動星駭而珠光體之則剛柔可易形之則大小無方爛其春冰莫能解之以明庶炯爾秋露孰能晞之以朝陽以登眞者尚其變我色則爲黃爲丹彼神則九鍊九轉驗此金訣求諸大化理契斯伏可得而長存致乖而飛莫知其所舍乃有志翹鴻寶心繫紫庭闃響岑寂棲眞窅冥赫珠光之炎上陶素質之陰靈苟還丹可以變其骨非有力所能制其形飄然將駕夫雲螭渺然或觴於瑤池望三山以增逝顧九野而興悲後天之術兮曾莫勤斯朝菌之秀兮不其殆

而夫以見索隱以明推晦究精理其必然玩常情以多昧伊姹女之爲美諒山經之所最且其受制黃牙可效於物寧若虛聞絳雪莫耀於代是將涉天潢者我道其津首雲路者我清其塵方乘化以適道孰知夫所以能神

燕昭王築黃金臺賦　以殊禮釣士克昌其功爲韻

戰國之分裂寰區境削兵抑者不惟燕乎昭王乃卑身以勤德懷霸業之遠圖伊取士之或異及成功而莫殊抗珍臺而臨碣石廓賢路而走幽都表之以高居尊之以厚禮曷云成土木之弊適以備股肱之體於是雲構山峭穹崇

岢嵥架坱圠以上馳飾金寶以內照泛易水之浮景蔭尾星之垂耀是爲層構臨而時傑臻亦猶甘餌懸而巨鱗釣展禮於此感之在彼降其尊以奉其卑豐於物而薄於己臨燕薊之衆目傾齊趙之奇士士之得可霸其將四海有焉士之失且亡豈直千金而已然則作爲臺館實耗財力始若勤人終能肥國宋歌澤門以歸怨燕尊郭隗而耀德苟順動而若斯尚何求而匪克義積道光聲馳風揚羣材並用隆業乃昌屈於一人以釣士則開霸而圖王侈於一臺以釣國則兼大而稱強誠異虜其臣而必斃環其室而

是亡且惟臺則沒矣代如何其緜邈千載蒼茫一時孰爲來者曾莫嗣之國是以興鑒黃金之豈悋賢如可得下白屋而寧辭故九九之術不棄齊桓以成功善善之道克廣燕昭以垂風用能首五霸冠七雄抑未有爲國而失士可攄盛烈於無窮

白受采賦 以苟非忠信道不虛啟爲韻

白者物之正色采自人之發揮有善政之功何不合執必遷之性詎能非所以投質而丹青必應改作而元黃莫違玉色可移酒變美人之貌素容可化塵緇游子之衣始以潔白爲佳無文是寶流行於一掬之綠遷移於五彰之好假乎異物奚謂莫知其他變而從宜匪曰不恒其道是知白之美者采必加諸始謂不愆其素終成求媚之虛潔其身敢望於潤色汚爲染勿訝其文如露變盤中之文氤氳而乍結雲改封中之色燦爛而潛舒然知素以爲貴文而後進棄彼涅而不緇從我動而無競知其白不足以含章美其文必滋乎彩潤豈舊染於姦色因物有遷自委質以成文非我無信於是推其嗜好窮其妍否虛白爲文藻之宗繪事爲樸素之後坦然明白佩此以飭身婉而成章是

期乎假手若以考自然之性明發彩之功專其容知變以爲義形於色不雜而爲忠英英之雲抱日之文何染鑿鑿之石補天之力何工如以素質莫問奇文是欲耀之以不慚之文居之以勿執之體可黃可黑將與墨子之悲或素或青未易殷王之禮不然者何以麻衣雖白兮采服斯有如雪之潔兮如濡已受黔生白鵠之羽赤點青蠅之首發顏色兮不辱其身離堅白兮莫失其守懿夫明斯理者然後知吾道之不苟

運斤賦 以上下相應其志同爲韻

漆園傲吏志愜神王和而不唱或崆峒之間或濠濮之上
誠道樞之同體表人情之異狀爰感激於惠施乃興之於
郢匠嗟乎功有善價吾道之亟既出鬼而入神亦千變而
萬化可以迎夫遠近可以接夫上下用之朋友管鮑可以
全交行之君臣桓文可以致霸請言其始也鼻之堊兮匠
之良子有度兮我有長形枯木兮自若斤成風兮允臧土
微微以霞散刃熒熒以電光信之者雙美疑之者兩傷其
爲心也以濟其爲妙也更相吾固知青萍之術兮空設公
輸之巧兮徒嘗實由氣同者合聲同者應揮手餘地因悟

解牛之能志情銛鋒宛識狎鷗之興豈兩賢之相厄乃二
人之俱別疑有不度其時不稽厥疑蒿目猶視蓬心自師
代匠石而忍垢騁鋒刃而勿思永昧心得圖爲面欺苟臨
事以率爾或後悔而悽其且傷於手之是懼亦何暇乎涅
而不緇曷若素緡乃事爰定乃志料輕重審同異曾無恐
泥之憂頗識斷金之利雕鏤合乎神理磨礱出乎人意苟
自得以忘形亦可斲乎有鼻至於道洽情融體異心同求
之不得感而遂通利器見投尚倉惶於麾下良工斯在乃
拂拭於塗中君既有執柯之便豈比夫按劍之雄

蟠桃賦（以高捧大明以觀環照爲韻）

東海神木是曰蟠桃可得聞其廣而未量其高蓋蒼龍之
所臨據白日之所光照結根於凌北之峯稟氣乎衡星之
耀其生植也與乾坤始其蟠縈也至三千里上鳴天雞下
宅鬱壘徒駭於說莫原所以配若木以相望冠扶桑而特
起爾乃煥初陽之杲杲壓巨海之漫漫太皡司方以流眄
羲和策御而上干傾高柯而飛鳥罕及垂巨葉而青雲共
蟠何帝休之名誌豈姑繇而變觀窮海陸以標奇抗蓬瀛
而爭聳疑蒸林之相合乃一木之所擁照溟海則攀其若

浮昇日輪則遠視如捧霜雪莫能以雕換風濤庸得其震
傾拂垂雲之修翼蔭吹潦之長鯨非有歲之可紀每先晨
之效明拂青桂於陰魄掩白榆於太清信植物之神秀壯
元化之曲成木無與儔其誰騁兩鬬之術子不可獲安有
被三竊之名是知瑰異之說或處明而若晦區域之心多
玩小以疑大天無所不育地無所不載莫出混茫之中咸
居耳目之外偉蟠桃之遐絕宜列仙之游會安得採神物
而駐韶顏涉滄海而登朔山驂素虬之夭矯駕彩鳳之迴
環庶因此以捧日願修條而一攀

漢武帝射蛟賦 以省括能中清除水害爲韻

有漢武徹惟時巡省窮楚之望極江之永舳艫塞川旗甲蕩景洶洶旭旭蚪盤龍騁駐清蹕則洪波可遏赫皇靈則潛怪可怛何彼蛟之夭矯據積水之空淵謂佽飛之劒莫前滅明之璧是奪天子乃戒無譁於羽衞思有用於弦括命舟牧迴青翰而上詔弓人奉烏號以登肅天儀以山立將親發以抗稜陰察變態雄猜跨騰古冶之倫皆裂不敢擅其勇逢蒙之黨技癢不敢專其能我矢則直我弦斯控持滿而英氣頓飛命處而幽姿必中欻飇颷其電霍卒頸彈而胃洞贊獲者鼓殷天之雷稱慶者躍如熊之衆始乎發若神兵爆其有聲洪波雪湧白羽月傾突紫肉裂素纓餘怒蚴蟉上浮泓澄踣質已靡於巨艦流血方走乎東瀛介以鱗莫能捍七札之勁神之化不能保重泉之生萬靈震駭九派徐清然後海若匿蹕陽侯洗兵山川肅其晏如雲霧廓其四除涉者利乎涉漁者安乎漁於是左史趨進執簡以書曰天子幸潯陽也親射蛟而獲諸遂翻龍旆韜象弭篤工奮櫂歌起威厲乎斷白蛇氣雄乎絙青兕隘秦皇之觀日追夏后之勤水且夫君以勝殘爲大臣以反德爲害亦將制於轂中靜此宇內俾貫革之藝息垂衣之道泰豈徒與射夫漁父較勇而論最

北溟有魚賦 以擊水三千摶風九萬爲韻

次天地之量者海爲之大首鱗介之雄者鯤靡有敵稟形徒怪其恢詭造物孰根乎朕迹慌北溟之安流考南華之遺跡好奇焉得以心駭乘理可同乎目擊且魚之狀有踰七日之尾而海之深蓋積八紘之水靜則高浪爲之中輟動則連山爲之四起鮮鱗俯首以駿奔元冥投足而却視其有適也越孟諸之夕宿其自縱也豈鹽田之陸死況風

濤乍息空水相涵橫巨鱗而海分爲二豔雙目而日爲之三沓淹迤延載回載旋嚇鰓則飛沫成雨擊尾乃跳波盪天任公之術靡措龍伯之力徒然生無以傷庸識其長久大不可度莫知其幾千固非海若之所俟屬天雞之所犯干不吞龍舟以作暴豈貪牛餌而自殘遵坎德以獨適隨混元而變觀本於鱗而孰知終始化爲鳥而何足控摶一氣潛融飛沉以通刺天之鬐拂山垂雲之翼從風曜靈韜映以驟晦溟漲豁落而半空方鼓怒於皓漾欻騰凌於鴻濛觀其羽之化也將飛風之積也未厚六翮之力相切萬

流之波却走恐天衢之不容顧水府其何有嗟鷩鳥之累百異亢龍之上九彼黿鼉之穴處而釣絲或困彼鴻鵠之雲飛而網羅纔遠曷若縱溟渤而搏扶搖其勢固以相萬

江淮獻三脊茅賦（以國有盛禮靈茅三脊爲韻）

茅有衆靈名之爲盛雖百代以呈質終三脊以居正每彰封禪之期如受鬼神之命生於古既光七十之君獻於今更表千里之聖出於淮甸來彼江潭使馳於北星流於南捧執而有嚴有翼緘縢而再四再三及夫覲至尊呈大國致於金華之上啟於瑤池之側施陳而百瑞慙容撫翫而

千官變色美其出有常地生必舊形非成野鹿之禮寧假澄酒之馨超常倫而薦闕殊衆品而實庭理盡三分似叶通三之化體皆一類欲明得一之靈隱見之時吉蠲中禮獨標珍草之狀悉皆兄弟之體整齊而玉匣遙傳潔靜而瓊華新啟應盛禮而居首表常度而爲後道未格也雖有采而必無獄可封焉縱不求而自有觀王者之得失知禮事之臧否且夫玉帛廣矣何尚於茅豈不以貴稱三脊重載六爻始彙征於吳楚終徧藉於陶匏奉上之時且報云亭之兆升中之後因知天地之交吾皇由是命太史詔宗伯議封山謀勒石備文物與禮器修玉函與金策使聖功登於九天靈茅光於三脊使臣稽首稱萬壽以旋役

寅賓出日賦（以大明在天恒以時授爲韻）

古先哲王允釐內外雖庶政之咸敘在司天而爲大所以叶乎上下所以察乎交會其職廢而時令則乖其職修而黎人永賴歲既陽止東風作矣惟時羲仲奉若天紀候暘谷之初昇揆農功之當起寅賓克展守而勿失耒耜乃修視其所以觀乎旭日之漸也麗蒼穹而曜晶按黃道而徐行萬物發春仁氣良由茲始四方仰照陽德協於離明盈

縮必循夫晷度職司寧闕其將迎木位值於扶桑初杲杲以出土膏潤於南畝且澤澤其耕故王者重焉官不虛授考之歷象則象是用貞準之田農則農靡愆候惟帝典之明徵示人有常惟日官之無改永代斯在平秩乎下以播百穀欽若乎上以刑四海慎爾有司惟其敬之是將邁景德於太皞俟神功於女夷玉燭開耀金烏效遲致人和而歲美無亂日而廢時況吾君承乾元化昭宣敘三光以著象乘六龍以御天經紀不忒職官維賢分命之事舉曲成之道全觀寅賓之出日端稼穡兮大田顧聆舜絃歌唐年

因末光之可就與義馭而迴旋

海上孤查賦

滄洲一望兮其傷實苦靈查萬里兮越在海浦何遭遇於聖日獨埋沒於重土島嶼雲深風塵歲古可爲萬乘之器郢匠未斲願作浮海之桴魯人無取不取其林又無良媒驚沙苦霧激電奔雷根柢折枝條摧勢窮兀兮半隱青樹色蒼茫兮渾生綠苔波濤灌注同汨羅之洲渚川澤卑濕類長沙之浦隈釣客登頓漁翁往來自然形變爲枯木心成於死灰誰憐在盤根之春當擢榦之日對上苑臨溫室

植紫陌以獨秀蔭朱城而未出春風驟入花飛微而雪下晴煙四斂葉布濩而雲密誠以負大廈之材濟巨川之質何斧斤之爲患使形骸而自失悲夫昔之繁華也如彼今之搖落也如此故知道不常泰亦不常否物有萬生亦有萬死事既同於糾纆庸詎識其終始彰周公之聖則大木斯拔表宣帝之興則枯柳還起君無曰枯查委之泥沙試斲爲仙枕薦於公寢必能夢華胥之神國安蒼生之庶品君無曰散木棄之溝瀆試剖爲犧罇登諸廟門必能縮包茅之醴酒降重天之渥恩濟美前烈垂芳後昆願君無棄於海上乘以登天朝至尊

放馴象賦 以珍異禽獸無育家國爲韻

彼炎荒兮王國是賓比馴象兮越俗所珍化之式孚則必受其來獻物或違性所用感於至仁吾君於是詔掌獸之官諭如天之意惟越獻象不遠而致推己於物曾何以異徒見弭雄姿而屈猛志安知不懷其土而感其類揆夫國用芻豢之費則多許以方來道途之勤亦至與其紲之而厚養孰若縱之而自遂且彼集於禁林我則有五色九苞之禽在於靈囿我則有雙觡共觝之獸何必致遠物於外

區崇偉觀於皇都是用返諸林邑之野歸爾梁山之隅時在偃兵豈嬰乎燧尾上惟賤賄寧恤乎焚軀非同委棄罔或踟躕知拜跪兮則有謝渥恩兮豈無復得顧侶求羣跨川登陸食豐草以垂鼻出平林而瞪目逍遙乎存存之鄉保守乎生生之福懷仁初就於羣摯順理竟資於亭育游乎水同反身之龜處乎山異放麑之鹿大道茲始淳風不遐感以和樂亦參乎百獸率舞驅之仁壽寧阻乎四海爲家奚必充帝庭之實駕鼓吹之車然後可以爲國華者哉由是聖心孚於下國物靡不獲其所化乃允臻其極放一

獸而庶類知歸遂四方而萬代作則彼周驅犀象漢放駿馬未可論功而校德

西域獻吉光裘賦 以水火驗之稱異爲韻

逷矣外區實生珍異彼靈獸之則獲製良裘之斯至聖王之所未覩獻令之所莫備叶朝宗則來自金方應中國而色當土位意者以烈風之靡興溟海之清澄德動天而遐方内向氣入冀而貢獻足徵方啟襲以進語如執輕之不勝颯然舜風翠雲之光可奪籠夫堯日青風之煥徒稱故其背崑崙踰弱水重九譯越萬里豈殊俗之所貴信希代

之爲美直千金者更輕稱狐白者非擬雖沉以天沼無易暵其之性燎以京薪獨異焚如之理斯乃動聽驚視孰知其然者矣夫物有難測必思之而不厭事有詭常亦推之而可驗何異績鼠毛以爲布引龍鬚以成絲澣於火而自若弦於弓而有之况能禦寒凉以效用因裼襲以呈姿司服以登備皇儀而飾朝禮至尊爰御光紫極而耀丹墀遂使越人捧翟以求退王母收環而請辭羣公乃拜手而稱曰休哉聖君之緝熙且天地不愛其寶豈戎夷敢愛其私乎將念委裘之有實防侈服之生禍表微於君子小人酌義於夏山殷火俾萬物之咸格期德風之在我於是天子曰俞彼則獻其琛曷若獻其可

竹如意賦 以簡素輕易適手便人爲韻

博哉匠人之心窮地之產覽如意之形製實用周而事簡惟竹也何慕實存乎貞素伊篠簜之既敷持斧斤而方顧擇其罕節稽此有裕燥之以火首之曲也中鉤裁之以金本之長也合度膺練冰削離縱瓜布靡加雕飾之勞卒獲提攜之遇被以嘉名允臻厥成匪求榮觀自愜幽情彼用玉之爲寶我則不謂其貞彼用鐵以爲固我則利在乎輕

指事明義此焉攸寄執之者安創之者智巾几周用邸園共貴外青中素合二妙於陰陽尚質貴誠符兩儀之簡易爾乃林棲沖寂室處虛白羣義窟之黨速道流之客發輿滌元遐鈎獨索必資振擊以聳聽常假指麾而就適則知好麈尾者將害物以嬰咎執象笏者徒徇祿而何有用惻於心亦勞於手既因時而能遷在理順而體便素質或輕於流俗貞姿或重於高賢故形其貞則示屈而表伸致其用則物疎而道親豈節歌於烈士可投贈夫幽人願如君意以靡極與靈壽而爲隣

涇渭合流賦（以題為韻）

遊者感異源而合趣，指涇渭於秦樹。涇如經也，自北而南流；渭若緯焉，從西而東注。惟相近以不息，勢使然而自遇。湜湜其沚，昔既聞之於詩；湯湯其流，今則狀之為賦。夫至清者渭，至濁者涇。惟清也鑒物之道著，惟濁也含垢之義形。共導金氣，咸通井星。混殊流之昭晰，成一帶之瀠渟。初以縱亂橫，似爭長而難雜；終以潔受汙，何極睽而乃合。禹功之所兩存，漢苑斯焉博納。乍異其色，覺游鱗之隱見；必同乎聲，帶長風之蕭颯。象昭回之可求，歌鄭白之有由。飲馬投錢，足以發明廉士；決渠降雨，足以殷富神州。既相宏以利物，寧自異乎並流。知之者齊我以不皦不昧，感之者比我於一薰一蕕。斯乃柔以長存，和之足貴。近則順洪河之紆直，遠則成滄海之濩渭。同功一體，叶靈通氣。信殊轂洛之流，寧爽淄澠之味。夫然，彼獨清而無偶，非達識之所謂。

太史奉靈旗指蔡賦（以國家兵禱建茲神物為韻）

旗昭戎容，武備天討。上蔡干紀，惟聖后之克誅；南越徂征，穆漢皇於肇造。仰垂象以徼福，洎有司而請禱。封疆乃俟

於指明，寇虐方期於蕩掃。詳其效虞典之舞羽，體周官之禡牙。九仞屹以特立，三星粲其增華。分野高標，象指麾於帝力；光耀旁發，形耳目於兵家。矧乎天飛龍而載圖，北有斗而上獻。當我師之欲勇，乘彼眾之胥怨。上宣其意，將同乎十手所臨；人授其蹤，必在夫六斿之建。至乃直指遐舉，申嚴叶時。且殷祭以誠，若視凶徒而蠢茲；小螢弧之先登，令斯行也。奉郅偈以東向，神乎尊之。匪曳珠而極侈，諒懸首而為期。懿夫從人謀而罔咈，則異於九旗之物；攄皇怒以不賓，取貴於八方之神。故能殺敵啟靈，伸威定國。幡喜氣以將遠，揚勝風而自北。儀在端表，始令于師。貞以出人，知嚮方用。符於我戰則克，奚必彰翠鳳以崇麗，法元蛇而辨色。適足以討其功庸，未可以靖乎氛慝。睿略無敵，宸心有征。俾制勝於左杖，聿稱材於牡荊。方旗指以神輔，俾蔡潰而功成。蹈道不昧，謀謨孔明。徵太史於往制，備唐年之主兵者哉。

善師不陣賦（以聖朝威服遠人為韻）

明明天子，五帝可六。政不嚴而諸夏以清，師不陳而遠人咸服。於是旋大旆，罷長轂。劍無頓鋒，矢無血鏃。萬方悅四

境肅同夏后之舞羽舞干笈周王之白狼白鹿邊鄙以之不聳神祇於焉介福至矣哉善師不陣之功烈烈而郁郁者也伊昔漢武黷兵於隣殫天下之賦悉域中之人南浮瘴海北歷胡塵然後戎虜稽服甌閩入臣孰與乎兵不交而枹不鼓遂奔走而來賓我師孔閑我后齊聖順魯史之武有七德法周書之農用八政不討遠而遠者自懷不耀兵而兵威克盛信八王之楷範爲百代之龜鏡者也自太樸之既散俗易弊而難威蜂蠆或恣其毒螫鴟梟乃縱其翻飛是以有征無戰有守無圍家以文事革武事士以儒

衣易鐵衣王者之兵也有征而無戰北方之疆也不召而來歸旋師以出振旅而返示牛馬而弗服在干戈而載偃鄙楚子之滅弦小文王之侵阮百僚兮率職濟濟羣士兮直言謇謇聲教所被則莫我敢遺日月所臨於是乎無遠蕩蕩昭昭不諱之朝忝陶唐之比屋敢頌美於帝堯

剸鐘無聲賦 以利刃無滯合神爲用爲韻

劒挺銛鋒鐘列重器何百鍊之堅鋼向千鈞而效試剸於有質若無質以通元中乎有聲若無聲而斷棄則知淬磨歲久雄稜霜利不然焉能逗撓獸之形以中開使發鯨之聲而靜闕想提握以輕奮宜鏗錚而應刃忽投剛以泯入狀體柔而理順遂使風胡延視喜見其雄鋒子野聳聽莫聞其遺韻爾乃理將神契跡與道俱透茲堅重泯若虛無於是觀其用而駭矣取其類而比夫當破堅之時方切玉而則異迨絕響之後狀決雲而匪殊是以知其獲揮剸之效徵齟齬之虞勿以龔篋可憑猶懷抵礙勿以金石之固尚蘊含胡宜其暗彰發揮靜應凌厲冰結於直透之始泉默於旁通之際莫知所觸故寂兮寥兮不輕其鋒信無凝無滯於戲亦猶道之肥者往無不通藝之至者物無不合

苟韞藏於求用必開張而盡納載原斯器夫豈與鄰當耿介以發銳若感通而應神所以顧於重而宜利干於大以求伸果然剸音而不錚爲異銛鍔而無厚可珍則剸元犀奚可以擬議輕白羽曷足以等倫故君子謂青萍干將之刃也可以比德於吾人

賀擒周智光表

臣等言臣聞征而無戰者王者之師也將而必誅者春秋之義也臣伏見周智光傲狠頑虐昏迷猖狡敢專生殺之威以慢王度崇飾姦慝之志自干天誅陛下謂罪在已躬

視人如子永言式遏之義不得已而用師而將纔受鉞兵未血刃已梟元惡之首載安舊汚之俗昔漢征黥布望塵而憂殷伐鬼方積年乃克豈若陛下朝命將帥夕殲渠魁制勝神速從古未有臣等不勝慶快之至

王武俊

武俊字元英本出契丹怒皆部年十五隸李寶臣帳下爲裨將勸寶臣以恒定等五州歸朝廷封維川郡王兼御史中丞德宗朝以討李維岳功授檢校秘書監兼御史大夫恒冀觀察使既而與朱滔謀叛自立爲趙王李抱眞遣客

賈林說之使歸命乃黜僞號詔拜檢校工部尚書恒冀深趙節度使又加檢校司空同中書門下平章事兼幽州盧龍節度使琅邪郡王與李抱眞大破朱滔軍於貝州上還幽州盧龍節度詔以恒州爲大都督府即授武俊長史賜德棣二州俄進檢校太尉兼中書令貞元十七年卒年六十七贈太師謚曰忠烈

致昭義魏博等節度書

自古通賢見機而作主上明明二百年之令主宗枝百代帝子帝孫吾徒頃因讒臣罔上觸藩之際遂懼傾危拒境抗兵偷存瞬息今朱泚竊據于宮闕朱滔長驅于河北聖上巡狩于畿甸希烈鴟張于淮楚昔班彪之智知漢祚之未衰馬援書生識光武之可輔今請轉禍爲福以過爲功戮力勤王共匡時難牒昭義魏博滄景等州即請部署四鎮齊驅魏博擊其前滄景掩其後易定乘其左昭義奪其右掃蕩妖孽廓清寰宇然後奉表紫宸獻書北闕榮家榮國豈不休哉

齊抗

抗字遐舉定州義豐人累拜太常卿以中書侍郎同中書

門下平章事以病罷爲太子賓客卒年六十五贈戶部尚書謚曰成

元日朝班儀注奏

元日朝賀奏事官戶部尚書司天監準開元禮兼合於橫班同羣官拜訖然後依次奏事自頃因循並未拜已前先就于階立奏事畢隨例便退臣與禮司商量請依開元禮戶部尚書已下於南班再拜訖便隨上公升于階就東向位立準儀注奏事庶裨闕典以補舊儀

更定祭日奏

每年大中小祀都七十祭其四立二分二至臘上辛吉亥等日蓋爲氣節也其後寅後申後亥後丑等日蓋謂星次也伏以氣行有時刻星位有次舍或定用日或定用辰不可改移請依舊制其或有別禱祭即是太卜署擇日並請準四月六日敕廢務日不用遂爲故典舊儀注無日蝕廢祭之文元年建丑月祠部奏曰來年建寅月一日祈穀祀昊天上帝是月司天臺預奏其日太陽虧時禮儀使于休烈奏曰臣謹按曾子問曰當祭而日食其祭也如之何夫子曰接祭而已矣牲至未殺則廢漢初平四年正月當祭

南郊日蝕又行冠禮博士殷盈孫與八座議以爲正月元日太陽虧而冠有祼獻之禮有金石之樂是爲聞災不嚴肅見異不怵惕也望下太常別擇日其二日祭太一準禮儀物同祠所既緣日蝕各守本司亦望同下太常更擇日

欽定全唐文卷四百五十七

孫頠

頠肅宗時人

春儺賦

是月也見斗於辰日交長至有司方陳大禮展時事達九門以磔攘協四靈而滌器匪歲之卒乃春之季令陰氣以下降使陽和而上利順三時而不忒協萬福而必萃命方相氏出儺百神丹首纓裳辮髮文身挻金鼓以騰躍執戈矛以逡巡驅赤役於四裔保皇家於萬人斯乃卒歲之儺

也豈比夫抑陰而畢春於是休徵允備有典有則洗滌氛癘祚我邦國其弓乃桃其矢乃棘野仲無以施其計遊光曷足逞其特然而禮法肅設千旌騈羅祠青帝以邀福抑金方以與儺將以窒陰氣發陽和已矣哉斯欲陳儺之儀述儺之飾盛可以仰功可以揶騰金耀於四目被熊皮於五色乍煒煒以煌煌或盰盰而赩赩既秉戈而揚盾率百隸而是職及乎出未央經上林芳菲發越瑕穢漂沉時令既畢嘉貺是尋黃龍白鳳大輅南金聚高冠之岌岌會長劒之森森我皇堯舜比德夔龍是扶春儺高門載馳載驅

玉以制容。金以飾途。流聲教以布濩。乃洋溢於天衢。既而陰陽交和。庶物時育。氛氲將掃。祥光可掬。綏我眉壽。介尒景福。客有書劍三朝。苦心簡牘。荏苒青衿。蹉跎白屋。儻不棄於芻蕘。將刷羽於喬木。

鄭岑

岑。廣德中官金部員外郎。

對蜡饗不祀判

歲十二月。有司行蜡饗不祀。司嗇迎猫而祭之。御史糾云。古之君子。使而必報。

大司徒以物地是事。小宗伯以人神是圖。我稼既同。則田祖斯饗。爾酒既旨。則嗇夫載馳。堯典授時。羲氏成於歲職。魯人將事。宣父與於蜡賓。二三有司。是勤執事。奚不薦守自以速尤。至如土反其澤之年。水歸其壑之暮。必合聚萬物而索饗焉。欲使仁之深。義之盡。然後神不乏祀。人亦報功。今者所由。實未敦古。且藏冰以閟。猶祭司寒。何殞霜既成。獨遺司嗇。雖云迎猫而祭。其如避馬有辭。且以德勤人。豈三施而無報。以庸食鼠。將一祭而未忘。況主稼則人食田。惟獸棄人與獸。雖祭何爲。如或不有。是神無足稱者。必也。猶能爲鬼。不其餒而。嗟乎主祠。何其展事。不如林放。有問。豈得季旅無譏。卒爲漢儒。尚見非於齊魯。未乖周禮。何謬居於滕薛。御史報法。愚所謂臧。

郭行則

行則。肅宗時擢書判拔萃科。

對矜射判

樊少翁與箭張迴各自矜尚。詣府以迴優。少翁不伏。

少翁繁弱靈苗。張迴忘歸遠系。各是良弓之子。俱膺美箭

之名。類筋角以甄形。攸資定體。固鏃羽而成質。期乎昭堅。蓋取諸睽。用明弧矢之利。道該於藝。允覯和容之能。非唯取貴禮經。固亦以威天下。是處顏高之室。稱乎六鈞。實發養繇之弦。先於百中。論其飲羽。本爲相資。詰以主皮。事非獨善。瞻言繕造。何劣何優。據其精靈。徒矜徒尚。文戰而未覺先鳴。齊驅而適聞後殿。少翁不伏。雅叶道方。張迴非優。謂符彝典。

張調

調。荆南人。官參軍。

對萊田不應稅判

勸農使稱萊田舊不應稅州縣令有徵納爲例各自不同或據畝數均收或隨上下加減百姓紛訴使司科均收以不應爲從重科加減以非法均賦斂州訴恐年饑無以給貸且使司法例不平不伏處斷

贊王理制國用稽諸縣籍抑有彝典故命敷土聿興五員之規用師須田式均三易之賦歷選列辟率由舊章國家大責四瀛咸則三壤穀出不過籍所以豐財萊田不致徵

實惟饒衍麟書是紀象魏攸懸浹日使觀先庚以令何彼咨嶽猶大禁之因循孰謂法雷亦小東而杼軸既徵求之無藝翻給貸之是憂皮之不存毛將焉傅百姓不足九式何施外臺則驅雞善嚴使司則害馬已去雅符中典無勞簿言

郭英幹

英幹太原人廣德二年試鴻臚卿渝州刺史兼渝合兩州招召團練使

靈石銘并序

此石應聖帝明王時和年豐則見晉義熙三年已有記矣今繼故事云

帝有道兮契無情天降祉兮石應靈萬國歡兮仰太平五穀豐兮賀聖明戢干戈兮罷練兵晉垂記兮唐勒銘

苗秀

秀一作芳大歷八年進士

魚登龍門賦以躍白波入青雲爲韻

有客有客棲於草澤觀龍門壯禹迹目送跳沫十有餘里心驚懸流千有餘尺氣濛濛而霧蒸聲隱隱而雷激於是

吞舟之倫吹潦將適奮泥沙而鱍剌簇鬐鬣以投擲鱗櫛比而映水星攢目曈曨而中流月白翔疊浪凌洪波當用取之既逞志而浩汗何往不可豈失溜而蹉跎遂脫魚服入龍淵上既親於天水下不離於黿鼉天吳旁睞而莫測其以馮夷睚眙而孰知其他出彼處此載騰載躍違任公之釣餌遠漁父之罾繳昔常未達伏艱難以如茲今則獲伸觀變化之何若既稟受乎靈遂隱見乎形鶩寥廓升窅冥卻訝泥蟠免翻身於尾赤旋驚意逸摩正色於天青然後知遊濠浮沉在藻出入嗟所處之齷齪恨中區之於邑

豈若一朝豹變。千古名立。當天衢而翱翔。近日域而呼吸。懸水之丈人莫比。赤鱗之巨鯉何及。永無涸轍之憂。寧有窮波之急。別有志士卓爾不羣。名嗟歲晚。寢必夜分。思拜手於丹闕。願獻賦於明君。儻獲比魚而變龍。必能行雨而吐雲。

登春臺賦 以晴眺春野氣和感深爲韻

惟窮愁之伊鬱。嗟大塊之勞生。登春臺而寫望。獨觀化以娛情。熙熙然不知吾之喪我。悠悠爾方悟象之難名。矧夫見于門之景霽。逢六合之風清。夫何化者之自化。使夫成

者之自成。樂以忘歸。歎盤遊之楚后。極而起恨。痛傷心於屈平。然則春之爲氣。可以感人。臺之爲高。可以觀徼。總山川以窮覽。極宇宙而遐眺。俯瞻魏闕。散嘉氣之氤氳。延望天門。登太明之晶燿。於時也三農伊始。百卉皆春。天地相近。雷雲鮮屯。欣太皡之在震。嘉勾芒之在辰。以斯觀乎天倪。乃無所不至。以是觀乎王化。亦何遠不均。稽乎登臺之意也。寓興實繁。忘情蓋寡。獨有役於耳目。匪安排於原野。爭徇物以矜能。建升高而自下。庸詎知澹乎無爲。道之所貴。起乎累土。采老氏之元言。歌彼載陽。識詩人之所謂。方發生之道達。屬陽和之布氣。登臺謂何。雅興逾多。玩韶景而則麗。聆微風而轉和。雖黃鳥之可悅。無同人而則那。時來何歡。物至而感。思千里之遐騁。登九層以流覽。褰裳未濟。徒有望於江湖。藻鑒高懸。且欲呈其肝膽。故其取類也遠。寓興也深。庶鑒登高之賦。無遺入覲之音。

張何

何。大歷中進士。

蜀江春日文君濯錦賦

粵惟姑洗應律。勾芒御辰。雁橋風暖。犀浦花新。疊嶂縈郭。

長楊映津。軒車照地。士女驚人。風土堪樂。山川可珍。歲時不殊於荆楚。形勝有類夫咸秦。晚景彌秀。晴江轉春。即有卓氏名姝。相如麗室。織迴文之重錦。豔傾國之妖質。鳴梭靜夜。促杼春日。布葉宜疎。安花巧密。寫庭葵而不欠。擬山鳥而能悉。績縷嫌遲。顰蛾慕疾。乍離披而成段。或煥爛而成匹。言濯春流。鳴環乃出。於是近深洗。傍清泚。朱顏始映。珍篋方啟。其始入也。疑芳樹影落澗中。少將安焉。若晴霞色照潭底。奪五雲。長風未散。泣百花。微雨新洗。爾乃曝林崖。出泉洞。遲日徐轉。和風緩送。稍變迴鸞。全分舞鳳。戲蝶

時遠嬌鶯欲弄乘春景而方收俟王正而入貢懿其彩色足重鮮明可嘉青爲禁柳紅作宫花能使衛尉縈障夫人飾車郎官居而列宿郡守衣而還家若夫齊紈之與楚練豈非細縠之與輕紗

早秋望海上五色雲賦 以餘霞散成綺爲韻

夫幽棲多暇樂道閒居坐文章之苑囿放精思以畋漁詠太沖之招隱諷相如之子虛覩蘭凋而蕙歇傷夏卷而秋舒昇重軒以徙倚目平海而踟蹰見五雲之間出繞三山而忽諸映烏晶之曨朗涵蜃氣之紆徐光泛泛而逾靜影

離離而不疎懿夫騰碧海瑞皇家金柯玉葉兼雜花文璀璨光紛華況夫羅錦帳繞香車雙虹宛轉紫翠霞及夫倏而聚忽而散霓裳羽旆相陵亂倚長空浮迴岸宛若瓊樓金闕橫天半美人濯錦春江畔既而叢彩可望奇狀難名羣象糾紛疑綺羅之繡出五色明媚若丹青之畫成影沉波而海晏氣羃岫而山晴嗤碭嶺之光淺恥汾川之色輕壯瑞圖之舊籙應樂府之新聲似帝鄉之迢遞冀有司而見行悠悠帝國三千里不託先容誰衒美希君顧盼當及時無使霏微散成綺

授衣賦 以霜降此時女工云就爲韻

惟改歲之宏典爰授衣於肅霜稽月令之前制得豳詩之首章夫其損益從時取其觀古人象元黃既績可以爲公子裳促機上之寒杼發桑間之懿筐零露既溥肅霜既降聚於燎火無資於借人勸其功傭俾率於同巷爾其敦質素黜華靡翔葛屨之儉嗇笑麻衣之浮侈裂素之潔既無取於流黃我朱孔陽復何爲乎惡紫苟狸製之可識諒羔羊之在此且德惟稱服道在隨時惜光陰之暮矣恐絺綌之淒其會斯蠶績取彼狐狸既申之以雜佩又組之以素絲信物之美者惟君子宜之借如輕裘被服之客纖手縫裳之女畫翦綺紈夜調砧杵微芳發素袖舉絲兮衣兮爰笑爰語莫不遵向晦以宴息樂盛陰之室處

於戲聖實作則皇惟降衷禮章度數服制卑崇鑒羔袖之非類慎鷸冠之不衷豈可褻然充耳不念女工俾僭亂以陵上興怨言於大東而已是以帶裳表儉黻冕昭文襲緇衣之改造追補袞之清芬故能宜象服集元纁將菲薄以爲寶豈浮奢之足云守道固窮至圖未就卒歲無褐憂心如疚四時迭運竊獨悲此凜秋萬物有託子何爲乎巖岫空負悲哉之

感徒爲晉矣之富儻有彈冠之期不忘綈袍之舊

對太守步歸郡邸判

甲步歸郡邸掾吏大呼曰妄誕耳所由責其失禮訴云懷其印綬初不知寶

帝念分憂國資共理愼擇股肱之守以爲藩屏之臣甲遇明時偏承重寄須縈晝錦焉可步歸未聞叔度之歌空效買臣之事自可奉乎新命剖之分符而乃襲以故衣懷其印綬況從大夫之後不可徒行而於掾吏之間誠爲誕妄車曾不下匪黃霸之臨人吏乃疾呼類陳遵之驚座以爲

失禮其若有詞捨而勿詰於古何愧

蘇子華

子華大歷十年進士

竹如意賦 以簡素輕易適手便人爲韻

嗟夫約物之製智不可限利用則深論工太簡彼如意之在御得幽賞之餘裕雕飾非駭目之珍雅麗乃捎雲之籜絲柄玉質瓜首冰素啟嘉論之要端導指蹤之宏度原其性也靈而貞度其體也堅而輕倚鮮膚而烟潤掉皓腕而風生升堂間乎琴瑟入座偶乎簪纓荷新仁之重顧承在握之深情羣幽人之居既挺乎高節如君子之義因錫以嘉名工以盡智明乎所爲樂貴聲和禮存體易唯此物之閒素通達人之深義不擊寶樹而爭豪豈埋金陵而自累衆媚彩而求益我全眞以自適黙珠翠之華筵宜幽棲之煙策雖小曲而受用終大正而不易動息舍舒散之情拂拭滅風塵之迹信而可久直而不朽每發四座之先不起一人之後亮無心以應物寧效事而我有擢本歸造化之工死節順操持之手嗟乎在野之年亭亭碧鮮泣空中之墜露掃石上之輕烟紆巧思以就規愜幽心而靜便永以

錫君之肌骨永以奉君之周旋亦以居守之臣感時之倫分御服而恩甚擊唾壺而命迍胡一否而一泰因歌之於古人

盧士開

士開大歷十年進士

五色土賦 以皇子畢封依色建社爲韻

尊彼國常乃立人極依大社以封土命諸侯以方色木官復位東極於焉必書火正是司南方由之可識西同白帝之象北察元武之職配中黃而立名覆四方而作式於是

端扆穆穆。授策皇皇。賢戚封建。君臣樂康。既載人之爾厚。亦植物而惟良。可以載八紘。包大荒。豈離遏於我邑。盡東南於我疆。昔神黷無厭。聞革故於有魏。天祚明德。遂惟新於聖唐。總祝融與蓐收。臣元冥與勾芒。知合之以濟代。故貢之以來王。守於爾位。亦有寵子。思翦桐而是立。故分茅以共理。所以維城。所以撫封。爰作稼穡。錫之附庸。立五色以相備。和八音以相從。色能惟正。音乃叶雅。將察之以報功。故封之以立社。惟人是恤。選賢以建。仰夏正之攸敘。法周官之大憲。胙之而氏可命。相之而宅可依。五德聿修。萬方知歸。即之也眞彩煌煌。望之也靈壇巍巍。足以表正方夏。發揚德輝。等乎珪瑞。叶以元吉。建樹侯家。藩屏王室。分之惟五。行之惟一。實邦家之永固。與天壤而齊畢。

日月如合璧賦（以兩曜相合候時不差為韻）

聖人在上。與天地廣。元德彰於日月。洪休備乎瞻仰。合璧之為狀也。穎耀相向。圓明比象。麗重光於一軌。開混茫而精爽。其眞不遷。其合以兩。和陰陽而二儀交泰。辨分至而九服融朗。既無異於弦望。故王道所以坦蕩也。至矣哉。考日以正時。本於元妙。會日以合月。宜乎昺曜。歷躔次而雙滿。合晶耀而並照。一陰一陽。曰柔曰剛。既恒其用。亦曜其相。其合也契天地之明。其璧也本日月之光。國有道則循其度。邦無道則失其常。上元昇而軒歷著。太初復而漢運昌。寧止纖纖西樓。昭國熹而形偃。杲杲東户。表臣忠而據黃者哉。懿乎一德升聞。天休下答。示軌範於萬代。發文明於六合。且乾道微而難究。惟君是俟。帝德廣而無私。惟天是祐。明者莫昭於日月。故表之以會同。同者將慶於和平。乃整之於宇宙。同輪共規。叶慶應期。既周天而同道。乍皎皎以遲遲。璧之生也本乎律。律之用也在乎時。厥祥云久。逢昏則否。其興也明。后惟道之遐。其應不差。是昭乎皇家。諒我后之明德。發大道於光華。何必堯年之與漢代。而茲歷之可嘉。

丁春澤

春澤（一作丁澤）。大歷十年進士。

日觀賦（以千載之統平上去入為韻）

日之升也。浴海而麗天。嶽之峻也。切漢而臨邊。登高者以致九霄之上。愛景者欲在萬人之先。其所惟一。其仞惟千。伊風靈之有載。彼日觀之存焉。夫其夜刻未終。曙色猶昧。

彼窮高之極。遠此有進而無退。未辨昏明。斯分覆載。屢聞鳴鳫。猶陰沉而不覩。忽聽晨雞。即曈曨而可愛。於是漸出暘谷。將離地維。巖巒既秀。草樹生姿。氣則赫赩。人皆仰之。其望也如燭。其照也無私。昔者帝王御宇。立極垂統。封禪及此。成功巡狩。應其春仲。莫不登茲絕頂。遐燭大明。思煦嫗之義。窮造化之精。以爲日象一人之德。嶽是三公之名。信王侯之設險。俾夷狄之來平。方今一德無爲。三光有象。動植昭泰。神祇肸蠁。千巖瑞色。思效祉以爰升。萬壑春雲。欲入封而空上。客有才乏羽儀。心思騫翥。每積聚螢之志。

難登望日之處。引領終夕。含情達曙。知照燭之有期。故躊躇而不去。重曰。日有觀兮絕代獨立。登之望兮無遠不及。何太陽之至精。莫不專於出入。

楊晃

晃。大歷四年官劍南西道節度副使。攝渝州刺史。左威衛大將軍。

靈石頌 并引

天下有道。祥瑞必呈。明王協應。今靈石見于深潭。克表清泰。攝刺史之宏農楊公之坐嘯也。頃緣馬伯南擾州數月。及公下車。闡揚恩信。乃避而去。楊子琳部率一萬。公以談笑慰之。遂感激沿流。封疆鳥合之衆。礪戈恃險。八年不降。公飛短檄責之。乃斂衽屈膝而至。於是邱園之士。襁負畢來。六府孔修。百姓鼓腹。因感此石。如晉義熙之春焉。頌曰。

懸崖十仞。盤石且靈。候時將穩。必見其形。烟塵已息。巴地初寧。良牧移風。厥德惟馨。

裴清

清。大歷二年自宿州刺史徙吳興。遷越州都督。充浙東西團練副使。

進金沙泉表

吳興古郡。顧渚名山。當貢焙之所。居有靈泉。而特異用之蒸擣。別著芳馨。信至德之感通。合太和而獻納。甘有同于沆瀣。清遠勝于滄浪。

裴曙

曙。諤從弟。大歷朝官臨桂縣令。

祈雨感應頌 并序

二年。余從兄自左司郎中詔領虔州牧。不朞月而令行焉。削其煩苛。存乎簡易。惟德用乂。以康保民。端已而屬吏自修體道而風俗加讓除惡務本闕二字等不法非時而誅施惠惟勤王劒闕一字窮苦出錢以賑原義制事非禮罕言爾日也路不拾遺人歸其厚戊申歲季夏閏月遠郊僁陽於戲儲潭神之靈者入廟而驕陽猶赫陳祠而元冥召陰我信既孚伊神降祉乾坤合德風雨應期表以隨車雲不待族昭其福善雷無假震越翼日而滂沱矣發我枯瘁長我黍稷卓彼甫田厥有秋矣曷以報德靡愛斯牲曷以表靈載葺其宇夫供億王用俾無暴徵轉輸泛舟爰有易道人無怨色其財罕遺天與和氣而變不生則災害匪常休咎

由政明矣其宋也下堂頓首其衞也舉國興師神昭至誠則不容易豈比夫至理通變發言馨香神人叶和天地之利宜保膺元吉翼戴休明禍亂無因而生福慶永垂後裔曙則不典敢贊頌聲頌曰

仙郎出守猛虎渡河祐賢進善崇正黜訛黃霸潁川晏嬰東阿輕闢易道禁暴屏苛列邑循吏異畝嘉禾士農工商阡陌宏多時雨不降儲潭是過幽廟肸蠁連山嵯峨天地合氣魚龍躍波隨車霡霂通昔滂沱實發實穎載謠載歌精意以薦至誠伊何牲不愛羊酒盈其犧天下之利期在惟和

柴少儒

少儒大歷四年自揚州司馬除括州刺史

居喪情績判

得甲居喪不績採訪使責太守風化不著訴稱誠恥之也是亦爲政

先生垂教則喪也寧戚君子立身必造次於是甲何爲者焉知禮乎情爾庶功慕我王化既稱家而罕制復居里而無職且啜菽飲水樂盡其中泣血寢苫孝乎斯在何必厚

藏醯醢儆襄公之送妻自可薄盡有無同子柳之葬母忽而都闕未之前聞不績無纑則周官之故事有裘勿服乃郕人之匪臧況八使觀風澄清可尚六條曠職政化蔑如不懲熊軾之僁孰謂蠏筐之責

對均輸田判

吉泰將均輸地上已籍下人告不合

禹制初闢周疆肇建蕭收漢閣益掌虞邦井田有差經隧無紊順陽和以肅事映秋霜以畢力四時得業萬邦作孚豈容吉泰愚驁致心誣妄析言興盜亂名改作革公田以

入已自犯嚴科移私籍以安居不知天憲往聞匡子今觀吉生幸付司刑以議其罪

柳伉

伉大歷朝官太常博士

請誅程元振疏

臣出身事君忝備近密夙有志願銘之在心若遭艱危必死王事當今日之際是臣死之秋將死之言庶裨萬一特乞陛下少垂聽覽則甘就鼎鑊且天生四夷皆習戰鬬輕走易北獨有犬戎數萬之師犯關度隴歷秦渭牧邠涇曾

不血刃直至城闕館穀向有三載縣地數踰千里謀臣不爲陛下陳一言武士不爲陛下效一戰各擕卒伍剽刦閭閻汙辱宮闈燒焚陵寢者何故此將帥之心叛陛下也自朝義東滅迴紇北歸陛下以爲智力所能神明所贊委權近貴失意元勳日引月長浸成大禍陛下侍臣載路多士盈庭竟無一人折檻牽裾犯顔迴慮至使北捐汾浦西失秦川者何故此公卿之心叛陛下也陛下出城之日鑾駕未動京師百姓刦奪府庫城外百姓更相殺戮者何故此三輔之心叛陛下也自九月二十八日聞有警急十月一日下詔徵兵至今凡四十日矣天下兵一人不至何故此四海之心叛陛下也近自京輔遠至海隅文武百寮志皆離叛雖有朝恩戮力陝郡堅城陛下獨能長守社稷乎今臣所言四者皆叛陛下以爲虚邪實邪若以爲實陛下以今日之事爲安邪危邪若以爲危陛下豈得高枕而卧不决大計臣聞良醫之療病也必審觀病源當病授藥若不當病療之無益陛下知今日之病何因至此臣實知之請言其故何者天下之心皆恨陛下不練士卒疎遠賢良委任宦官離間將相以至於此陛下必欲救今日之急存宗

廟社稷即請斬元振之首懸示天下盡出内使配隸諸州以朝恩勳勞留在左右仍以神策兵馬迴付漢官使朝臣百寮每日坐議左右使令盡用文武然後大下明詔削去尊號引過歸己深自刻責誓與下寮將相率德勵行後宮嬪妃且移别院與宰相以下晝夜論政下詔云若天下勳臣知予自新許予改過即召募將士來赴朝廷若以爲舊惡未悛修身有闕則帝王大器敢妨聖賢聽天下所往也陛下若納臣此言行臣所請一月之内天下兵馬若不雲集闕下臣請闔門寸斬以謝陛下伏乞陛下讀臣此表一

二十徧親與朝廷商量事若可行則自處置不用露臣此表臣今日上表即知萬死但願行之死無所恨陛下若違臣所請更無長策社稷重事伏惟陛下審圖之

欽定全唐文卷四百五十八

張參

參大歷朝官户部郎中歷國子司業

五經文字序例

易繫辭曰上古結繩以理後代聖人易之以書契百官以理萬人以察蓋取諸夬夬決也王庭孚號決之大者決以書契也逮周禮保氏掌養國子以道教之六書謂象形指事會意諧聲轉注假借六者造字之本也雖蟲篆變體古今異文離此六者則爲謬惑矣王者制天下必使車同軌

書同文故教人八歲入小學文有疑者則必闕而求之春秋之末保氏教廢無所取正各遂其私故孔子曰吾猶及史之闕文也今亡矣蓋夫子少時人猶有闕疑之問後亡斯道歎其不知而作之也蕭何漢制亦有著法太史試學童諷書九千字乃得爲吏以六體試之吏人上書字或不正輒有舉劾皆正史遺文可得焯知者也劉子政父子校中秘書自史籀以下凡十家序爲小學次於六藝之末後漢許叔重收集籒篆古文諸家之學就隸爲訓注謂之說文時蔡伯喈亦以滅學之後經義分散儒者師門各滯所

習傳記交亂訛僞相蒙乃請刊定五經備體刻石立於太學之門外謂之石經學者得以取法焉遭離變難僅有存者後有呂忱又集說文之所漏畧著字林五篇以補之今制國子監置書學博士立說文石經字林之學舉其文義歲登下之亦古之小學也自頃考功禮部課試貢舉務於取人之急許以所習爲通人苟趨便不求當否字失六書猶爲壹事五經本文蕩而無守矣十年夏六月有司以職事之病上言其狀詔委國子儒官勘校經本送尚書省參幸承詔旨得與二三儒者分經鉤考而共決之互發字義

更相難極又以前古字少後代稍益之故經典音字多有假借謂若借后爲後辟爲避大爲太知爲智之類經典通用陸氏釋文自南徂北徧通衆家之學分析音訓特爲詳舉固當以此正之唯今文尚書改就今字刪定月令依其時進本與釋文音訓頗有不同卒以所刊書于屋壁雖未如蔡學之精密石經之堅久慕古之士且知所歸然以經典之文六十餘萬既字帶惑體若鼎冪同物禮經相舛蔿薳同姓春秋互出詁故同義詩題交錯之類音非一讀若鄉原之鄉爲嚮取材之材爲哉兩音出於一家而不決其當否學者傳授義有所存離之若有失合之則難並至當之餘但未發其傍而已猶慮歲月滋久官曹代易儻復蕪汙失其本眞乃命孝廉生顏傳經收集疑文互體受法師儒以爲定例凡一百六十部三千二百三十五字分爲三卷說文體包古今先得六書之要若古文作明篆文作朙古文作坐篆文作㘸之類古體經典通行不必改而從篆有不備者求之字林若桃禰逍遙之類說文漏畧今得之於字林其或古體難明衆情驚憎者則以石經之餘比例爲助若宜變爲宜晉變爲晉之類說文宜晉人所難識則以石經遺文宜與晉代之石經湮沒所存者寡通以經典及釋文相承隸省引而伸之不敢專也若薵變爲壽㮚變爲栗之類石經湮沒經典及釋文相承作耳近代字樣多依四聲傳寫之後偏傍漸失今則采說文字林諸部以類相從務於易了不必舊次

自非經典文義之所在雖切於時畧不集錄以明爲經不爲字也其字非常體偏有所合者詳其證據各以朱字記之俾夫觀省無至多惑大歷十一年六月七日司業張參序

李巡

巡與張參齊名時相李勉辟爲判官甚敬禮之

浮屠頌

崇構邈矣層甍巋然嶷如玉立黕若雲連仰顏滿月危蹤中天上標銀牓下列金僊扶持有助陵谷無遷

李道昌

道昌大歷十二年官蘇州觀察使

祭幽獨君文

嗚呼萬古邱陵化無再出君是何人能閑詩筆何代而亡誰人子姪曾作何官是誰仙室寂寞夜臺悲乎白日不向紙上石中隱出桃源三月綠草垂楊黃鶯百囀猿聲斷腸不題姓字寧辨賢良嗚呼痛哉嘆惜先賢空傳經史終無再還青松嶺上嵯峨碧山

裴孝智

孝智大歷八年官祠部員外郎兼侍御史

文宣王廟新門記

成域中之大歸天下之往曰王王者應歷以宰物酌時以觀化威聲雷霆號令風雨不嚴人理合自然之運不行家至契如神之速德叶協於幽明道徜徉於古始無爲無事其大矣哉洎乎澆淳既變仁義斯起偃息庠序棲遲洙泗憲章萬物之首馳騁百王之末清頹波於幽厲扇儒術於殷周故春秋作而亂賊懼風興刪而廉恥生美韶濩而悲濮之音息行揖讓而莊敬之心勸夫子聖者歟名與日月同流業與乾坤終始隱焉而光闇然而彰命服袞裳累代稱王曲阜聖人之鄉也先是闕宮霞蔽正殿岑立繚以環堵邃其臺門巍若化造疑如闕一字動允所謂淹中之勝槩闕里之全模刺史孟公休鑒德潤尊師道肥希聖研精百代闕三字言夜火非官曹之燭春桑無附枝之詠判官郡功曹盧曈以文發身以清檢物博通闕三字數四科惟此祠廟厥初層構朱户半傾雕甍中落難名之閫奧造次可游如在之闕四字易覩將何以克恭過位加敬及庭於是孟公首之盧公翊之因命縣大夫兼大闕五字裴公新其南門書時

也公名有象育元含貞廣學攻文始登甲科吏於舒舒人闕五字等吏於兗兗人悅服蓄可大之用爲致遠之資由是庀乃程具乃役不斬仲闕六字山之石償以石而給功不時而就大屋橫亘雙扉洞開丹栱繡栭膠葛固闕七字景飛檐騈逼而棲霧扃鐍既固享獻聿修官吏惟清肅之謹邑人無褻瀆闕七字席及階而升數仞之牆由户而入君子以爲非孟公之化不行非盧公之闕八字不成三事叶同闕一字底於善孝智不敏儒家之流徒挹春秋舍菜之禮闕九字誌不腆之文俾刊永貞之石時大歷八年十二月一日也

宋少真

少真大歷朝官侍御史

對聚徒教授判

甲聚徒教授每春秋享時以素木瓠葉爲俎豆

學以知道行以成德謂修已之不懈則化人而有孚甲括習詩書佩服忠信談經不同於稷下請益其多強學頗類於闕西發蒙斯衆既聞講道亦見習儀且享以訓恭射則觀德素木瓠葉足表獻酬之教桑弧蓬矢方昭揖遜之容學不習而則落禮不行而斯壞刑而致詰何迷鄒魯之風

習以見尤其如城闕之刺祭遵施之於軍旅尚不云非劉昆列之於家庭且未言失古則可據今何以疑所謂習不違經學無廢業告人昧識徒效西鄰之責言在甲合儀請遵東觀之故事

梁乘

乘代宗朝官倉部員外郎出爲吉州刺史

對祭闕頒誥判

所司有禮事不頒誥所由斷徒罪不伏

受福之祭固存乎肅恭出令以言實在乎頒告緊有司之不腆乃事神而未達不能先備禮物預頒祀典存彼舊章介茲景福雖自牖納約所貴齋心倘入廟未知將何措手若也禮則斯缺人心匪虔信且未孚福將何有且祀有大小罰有重輕大則合寘於刑徒小則宜從於笞坐須明大小方辨重輕

對毀壞壓死判

乙有所毀壞而誤死人科其備慮不謹訴合所由不伏

奚有建立洎乎崩壞必慎傷人無致害物何哉主者會不

任能顧彼匠人豈因何巧既無備慮且乏周防遂昧立身果貽誤殺事殊隳壞物異榱崩將壓有契於國僑不弔遂符於戴禮況造作之與毀壞匠人之與主司著皋繇之書合以所由爲罪且人誰無死痛其不終宜用明刑以慰幽壤

對復以冕服判

甲復以冕服御史糾其違失

襚秩之序貴有常尊凶喪之儀禮無越等已矣逝者魂兮不來死實生哀歿西山於九夜招之望反將北面而三號

既而骨月復歸精魄無象宛其死矣則無不至且祭神不能如在神猶未饗復魂不似其服魂將奚依至若在館在家匪無名數公侯卿士實有彝倫小者則褕狄素紗諸侯乃袞衣冕服未詳甲也其位若何儻有土之公卿御史斯爲折角若食菜之鄉士甲也宜從嗌膚

李仲雲

仲雲代宗朝官左司員外郎

對四品女樂判

乙有女樂一部御史按之云有任四品清官仰

處分

樂云鐘鼓詩美琴瑟貴以平心非徒娛耳惟兹四品諧此八音苟嘉樂之可觀在官班而有節況昇平之代朝野多歡簫韶之陳獸猶來格家室之際女也何妨未乖至理之宜何速憲司之按此而獲過豈曰知音

林琨

琨濟南郡鄒縣人代宗朝官左司司封郎中知制誥

駕幸温泉宮賦 以天下安樂明主宴遊爲韻

寒郊已暮兮景氣澄鮮遙林罷色兮古岫蒼然我皇將出豫滌思觀風獵賢於是旭日霽野慶雲靄天指鳳城之香陌得驪阜之甘泉乃乘琱玉之輿駕飛黃之馬羅霜仗於灞亭之上駐清蹕於秦山之下賦汾水於秋風詠在鎬於周雅若其嚴氣盛陰雲寒冰生巨壑雪滿層巒河海方閉温泉正湍豈獨鑒天心於曲渚藻聖慮於清瀾洞上善之爲信秉至柔之自安伊昔竹殿始秋梧宮未落空望幸之杳渺怨嬉遊之寂寞芸徒馥於玉階月虚容於金閣接遠樹於新豐韻曉鐘於長樂皇歡是弃品物咸亨逶迤清沘皎潔澄明奏鈞天而寒谷變律陳羽衛而陰飆換晴故能

蠲憂除患利用永貞於時澤洽羣臣恩徧區宇野豐擊壤則有頌於康哉帝之何力空賡歌於聖主因返旆迴鑾逍遙近甸度祥光之蕭索鬱佳氣之葱蒨鈎陳不改下輦成宴誠軔道而興嗟想磻溪而流盼然後省娛遊之樂念淳樸之儔開靈液之廣潤與萬姓而同休施兎罝於中谷賁束帛於巖幽獨有執戟三道棲遲一邱空想臣朔之列常陪漢武之遊

象賦

載詳圖籍爰尋古往功闡二儀物標萬象旣拆之於混沌

亦聞之於惚怳雖處中而可求信居外而能想陰陽式布造化斯分江河草木日月烟雲或毓靈而稟氣或照曜而氛氳不因象而可覩豈無聲而得聞仰察天文傍觀地理燦爛星布巍峩嶽峙或守位而不易或鎮方而恒止不因象之所尊豈為君而勝紀至若刻鳳之琴盤龍之鏡開玉軫以交錯寫菱花而輝映聲信美而具出質含虛而轉靜不因象而可識豈克愛而為盛則有大樂鼓吹聖人輿蹕備禮而制乘時而出宛轉國門逶迤天術不因象之為用豈二儀而不失物皆有象象必可覩聽之則易審之則難

借如五京上天貝闕中海其名可識其象安在象以影隨影圖象遍居暗莫察因明則見眾象之德唯人是則任以去留委其通塞則有心沉迹淪栖遲問津無才補國用道藏身穎水尋隱商山訪真欣逢道遠應時來賓既無容而可託空以象而為親

空賦 以平上去入終而復始為韻

觀夫物則有名而有竭空則無竭而有名以空自名何縮何盈搏之不得書之不明二儀肇分運寒暑則與時而應百功勤務鑿户牖則用之以貞泰山岌而不以為阻鴻毛至而不以為輕恬澹者體之而為性虛浮者象之而為情情性之別共稟殊呈是知均乎空者既若茲倍乎空者竟如彼卷之在方寸之內舒之盈宇宙之裏上皇得之而化淳季葉失之而亂起妙一以為稱總萬以歸理詎華說之所精非摛藻之能擬及夫天朗氣高地平風暢颺飛鴻六翮之遠彰彩雲五色之狀若士九垓以冥期蘭子七劍以寥亮背之而騁捷遂之而攸向同橐籥之罔窮越視聽之餘量況使皓鶴聞天白駒出谷囹圄鞠草洞簫生曲敷是時端拱聖皇坐嘯英牧髦勞求士永介戩祿事無事為無為衢常樽滿路不拾遺蓋有由而致之

對損户繭絲判

甲宰邑而損其户數按察使糾按曰不為繭絲

安人立政輯寧是職苟失厥德其惟不康伊甲宰邑隨爾于位異彼魯恭無聞馴翟詎同言偃不見割雞視茲萩蒿嗤士言之招納且修保障類尹鐸之權宜事雖害公義不徇已損其户數法所難踰務以繭絲時維救弊假如晉陽始禍朝歌同惡事貴適時辭之或可況今聖惟敦本政在養人且乘既庶必照明罰察使所糾寧叶大中

韓章

章大歷五年官吳興縣令歷司封郎中建中六年遷諫議大夫

請停新任官復赴集疏

竊見去年所選授官者多以六月七月方至任所扶老攜幼不遠數千里以就一官到纔經年遂見停替又見在留中人多有注貞元四年闕者準格至來年正月赴上其續留人注五年闕者遽以今年八月便上一等用闕一等授官五年闕者授替在前四年闕者準格上仍在事後交非

允可今制命已行難於改易其所授官人請令至來年二月上赴

韋翃

翃官御史大夫

仙都山銘

亭亭仙都峻極維嵩屹立濵右削成浙東發地直方磨霄穹崇靈沼在上祥雲積中珪植千仞柱寧四封目覩不及翰飛靡窮羣阜奔走列仙會同黃帝攸訪碧嶺是沖丹穴傍起金溪下融日臨霞附月映綃裳壞絕棲壓木無寓叢居幽不昧守一而雄萬歲報嚮九成來空嘉名乃復展禮斯洪蘇作懲止年祈感通莫高匪茲造物之功

李季卿

季卿京兆人明經擢第代宗朝官潮州刺史

三墳記

先侍郎之子曰曜卿字華名世才也宏毅樂易機符朗徹既冠遭家不造諸季种藐植之以闕一字藝博之以文行始調秘書正字授右衛騎曹轉新闕一字尉豪猾未孚立信以示之禮浮寙未復本仁以示之義領長安尉直京師浩穰

決賊曹繁劇有立斷焉焯見焉左遷普安郡户掾賦古樂府廿四章左史韋良嗣爲之敘文集十卷闕一字卿字萬天骨琅琅德闕一字文蔚識度標邁弱冠以明闕一字觀國莅鹿邑虞鄉二尉魏守崔公沔洎相國晉公闕二字甲科第之進等舉之嘗遊嵩少夜聞山鐘賦云闕二字繼也洪鑪沸鼎火半死巨壑重林風稍止無問闕三字未已詞人珍之轉金城尉曹無受謝吏不敢闕四字卷行於世闕一字卿字榮寬栗柔立於穆不瑕起家拜靈昌主簿已丑歲小冢宰李公彭年尚其文翰署朝邑簿時漆沮決溢馮

翊昏墊醲渠楗蓄股引脈散下土爲漑上腴成賦人到於今賴之文集百一十二篇於戲三英孝友曾閔儔也文學繼業璿碧產也純固含章杞梓材也旻穹生德宜受封福僅逾強仕以講陰堂未盈一紀三墳相比思其咎職訊之逢占占者邵權曰霸陵故塋葬不違禁害于而家歲攝提格迺貞陽卜而祔大墳三墳以東南爲伯仲叔馳之若鴈行然大歷建元之明年於斯刻石恐夫溟海爲陸老沙防焉

栖先塋記

粵烏虖昔蒼龍大泉獻遺家不造先侍郎即世建塋霸陵遺令也先大夫徐公髙闕一字備矣洎單閼歲十有一月先夫人合祔天寶改元我之伯也卒間五六年仲也卒不四三年叔也卒君子曰李氏子天假其才不得其壽盍謀及龜筴謀及鬼神歟方士邵權徧得管郭之道喈曰霸岸鑿龕客土耗矣干温冥之禁非窀穸攸宜是用闕一字叶永地其原鳳栖筮之遇損之解曰損孚解緩吉孰甚焉迺虔卜郃城左畤闕一字右維兹食枚卜滻水東樊水西亦惟兹食新卜塋連山南佐平崗闕二字坤勢之宜隧而順之伯氏仲氏叔氏三墳陪側攝提格辜月仲旬闕一字日靈輀以降壽藏有伷無藏金玉厥惟琴書先志也異時述闕一字三百篇永泰中小宗伯賈公至爲之叙上澤悅幽明錫類闕二字追贈黃門侍郎申命禮部尚書闕二字清河郡太夫人闕三字版未篆皇命大歷惟二刋刻貞石

李竦

竦大歷二年登進士第官司封員外郎遷吏部郎中累官户部尚書鄂岳觀察使

偃武修文論

國有二柄以濟人天有四時以成歲文武者君之威惠春秋者天之生成故人君法天時順人望人歸於德天應以時莫不奉此而寧災由斯而康俗所謂文者足以經邦國所謂武者足以定禍亂故武在合變不可一黷文貴經久可守爲常請借前事而明之庶斯得矣夫以堯舜揖讓湯武干戈干戈在乎止亂揖讓資乎偃武故得享國日久多歷年所三王既往霸者是繼晉文伐原以示信齊桓勤王以稱德宋殤好戰以隕越徐偃專文以喪亡王霸陵夷到於秦漢始皇威懾六國建萬代業隳城郭焚詩書卒使宗

廟爲墟身隕下國黷武之徵也高皇夷秦項誅韓彭陸生著書叔孫制禮修文之漸也光武以長者戡難孟德以應變即戎故得擒樊崇破袁紹雖未悉於至理道亦存乎息戈晉文之對何曾不聞經國惠皇之溺賈后竟至破家吳王石頭之都劉備益州之地但區區於守險曾不暇於脩文後魏則多難臨朝後周則經國日淺孝文捨辮髮服衣冠未能倒載干戈休放牛馬武帝降高緯戮晉公甲兵未寧中道而殞武則不可文則不如東晉之僅保江山宋祖之草創社稷道成以殷憂啟祚蕭衍以戡定興王陳主以

好内亡隋皇以征遼喪皆不明於文武適足爲我驅除況高祖端拱無爲太宗大功繼統高宗致位於元默中宗御俗以康寧睿宗之恭膺大寶元宗之克清海内肅宗之收復二都皇帝之光有六合方今四夷向化萬姓歸心總七聖之殊勳正百王之墜典然干戈未息瘡痍未瘳修文之期取則不遠偃武之義今則時哉

高仲武

仲武渤海人

大唐中興間氣集序

詩人之所作本諸心心有所感而形於言言合典謨則列於風雅暨乎梁昭明載述已往撰集者數家榷其風流正聲最備其餘著錄或未至正焉何者英華失於浮游玉臺陷於淫靡珠英但紀朝士丹陽止錄吳人此由曲學專門何暇兼包衆善使夫大雅君子所以對卷而長歎也唐興一百七十載屬方隅叛援戎事紛紜業文之人述作中廢粤若肅宗先帝以殷憂啟聖反正中興伏惟皇帝以出震繼明保安區宇國風雅頌蔚然復興所謂文明御時上以化下者也某不揆菲陋輒罄謏聞博訪詞林採察謠俗起

自至德元年首終於大歷末年作者數千選者二十六人五言詩一百四十首七言詩附之列爲兩卷畧敘品彙人倫命曰中興間氣集且夫微言雖絕大制猶存詳畧其臧否尚可擬議古之作者因事造端敷宏體要立義以全其制因文以寄其心著王政之興衰國風之善否豈其苟悅權右取媚薄俗哉今之所收殆革斯弊但使體格風雅理致清新期觀者易心聽者竦耳則朝野通載格律兼收自鄶以下非所附麗凡百君子幸詳至公

泚蘇渙文

渙本不平者善用白弩巴人號曰白跖賓人患之以比莊蹻後自知非乃變節從學鄉試擢第累遷至御史佐湖南使崔中丞權幕崔遇害渙遂踰嶺扇動與哥舒晃跋扈交廣此猶蛟龍見血本質彰矣五年作變律詩十九首上廣州連率李公其文意長于諷刺亦有陳拾遺一鱗半甲故善之或曰此子左右嬖臣侵敗王畧今著其文可乎答曰漢策紀蒯通說詞皇史錄列祖君彥檄書此大所以容細也夫善惡必書春秋顯訓孟子格言渙者其殆庶幾乎但不可棄其善亦以深戒君子之意也

欽定全唐文卷四百五十九

任公叔

公叔大歷十二年進士

通天臺賦 以洪臺獨存浮景在下爲韻

武皇起雲陽之宮致崇臺於爽塏就山谷之交會得神明之所在近瞰八極周臨四海將端冕而不二必垂衣而有待是用迴載天路高標地遊依稀元圃想象丹邱磴道邈以特立通天赫其無儔託神靈於秦甸結元氣於雍邱白日旁轉青雲上浮八垓可接於咫步萬象無逃於寸眸是

獻歲春眾靈咸秩天子乃舉羣祠撰吉日郊上元禮太乙風伯陪乘蚩尤扈蹕向甘泉以整像屆通天而挺出既而越氛霧之塗近星辰之境背驎衍之五時面長安之萬井岐陽太華雙標象闕之形秦嶺終南遙樹軒墀之屏蹈烟霞而有慕潔齋戒而思眘奉寶位之虔恭佇神仙於光景當其宵衣待曙暘谷未開鉤陳匝乎營衞天漢列其昭回爥火周起神光迴來暨三山之遍登當仰候於斯臺靄靄高躅神祇煜煜喜氣周旋慶雲迴復召安期於滄海降王母於黃屋樹翠玉以青蔥草靈芝以芬馥上結綵幟高居

耳目斯覽物以懷柔非取愛于幽獨觀乎層構陵空形勢作雄風起而纖埃不致雨過而瀑溜潛通其載惟厚其覆惟洪所以大起於皇祚豈獨峻極于蒼穹是以擁帶休徵感通純嘏會歌童之曲節彰從臣之風雅立極人望叶靈王者將大漢之可追願侍祠於臺下

登姑蘇臺賦

司馬遷世掌天官才稱良史探禹穴之遺跡紀吳國之舊軌乃憮然而歎曰登此姑蘇之墟淹留兮躊躇感斯宇之基爲沼而仲雍之祀忽諸我聞周道既衰諸侯狎主中無

霸王蠻夷振旅始闔閭以信威終夫差以極武左與勁越同壤右與强楚爲鄰內有高臺之築外有遠略之勤積如莽而暴骨亦如讎而視人是以疆埸日駭版築未弭方五載而厥成造中天而特起因土累以臺高宛巘立而山峙或比象於廬巫之峯或倒影於滄浪之水悉人之力以爲美觀厚人之澤以爲侈靡斯實累卵於九層夫何見夫三百里俚語有之曰川壅則潰月盈則匡善敗由己吉凶何常矧謀主之賜劒若涉川兮無梁以爲棲越以求霸卒見豢吳而受殃客自南鄙觀乎江濆徘徊舊德惆悵前聞試遊目於寥廓曾歸然而參雲聽逆虐而翳諫竟麋鹿而爲羣高天放曠平湖泱漭奕奕孤嶼茫茫極浦悲早鴈於海風嘯高鵰於江雨況復闢梁坐隔羈旅增愁山木將落汀葭亂秋思美人兮何處獨懷邦兮遠遊彼名遂以身退顧與范蠡而同舟東吳王孫有睟其容因少爲唱曰中心不必兮子胥何爲懷直道而驟諫遭重昏之見危將漁父以抗節且垂釣於江湄高臺既傾夕露沾衣感茁國之不及冀來人之與歸者也

崔淙

宗大歷十四年進士

五星同色賦 以昊天有成命爲韻

大儀設象下土是保作炯戒於人主垂吉凶於穹昊咎厥失政休厥有道盈縮之分足推進退之心可考或主德而有功必祐或主法而有罪必討爲天之佐兮融融作乾之緯兮杲杲若乃縱横天宇經緯星躔光芒井口煜耀斗邊乍聚乍散或離或連分道則熒熒冰散周流則點點珠圓其動也直其靜也專道濁則失位時清則色姸豈比夫二使獨能承命七紀徒爲麗天者也今我后運乾之符握坤

之紐。表正萬方。肇康九有。啟土繼聖。乃人和而歲阜。順時立政。故天長而地久。所以有倫有次。不淫不守。光光兮作邦之孚。崇崇兮作聖不朽。故我后修五禮偃五兵。君臣一德。歌舞以行。斯倉斯廩。如坻如京。玉衡正。泰階平。遂使金也水也。不能知白而守黑。木也火也。不能全曜而自貞。乃並用而丕變。與黃中而同明。東爲四方之首。胡不與歲而同色。水爲五行之長。胡不助神以同榮。翳土也。是我皇之休運。乃昊天而有成。且玉燭常明。霜天若鏡。鄰月魄而璀璨。落天津而隱映。朝臨日道。助我后夙興之勤。思暮入天

樞。表聖皇夜寐之勤政。有以見日月之貞觀。有以見天地之寶命。暫逢急景之時。更作重暉之詠。

崔璀

璀。博陵人。代宗時爲澧州刺史。不爲煩苛。人便安之。户流亡還歸。居二年增户萬數。詔特進五階。以寵異政。仕終湖南觀察使。

對私習天文判

定州申。望都縣馮文私習天文。殆至妙絕。被鄰人告言。追文至。云移習有實。欲得供奉州司將科其罪。文兄遂投匭請追。弟試。敕付太史試訖甚爲精妙。未審若爲處分

精心凝寂。綿思洞幽。既訊水之如符。亦言天而若印。昔聞其事。今睹斯人。馮文儒術圜冠。識均方士。恥蒼蠅之迷夜。重鳴雞之唱晨。由是微神穿石。流觀刺井。探九元之微妙。察五緯之綱維。眷彼傾河。言不乖於暝雨。循茲險澗。罪已掛於秋霜。隣人嫉深。始求資於魏闕。友于情切。方辨過於堯年。由是皇旨鑒微。刑不阿附。既令付法。須裁典憲。按其所犯。合處深刑。但以學擅專精。志希供奉。事頗越於常道。律當遵於異議。即宜執奏。伏聽上裁。

侯上卿

上卿。代宗時擢書判拔萃科。

對蜡饗不祀判

歲十二月。有司行蜡饗不祀。司嗇迎猫而祭之。御史糾云。古之君子。使而必報

恤祀惟聖。頒官有典。三冬索饗。以蜡昭報。日孚皇澤。非木賜之知。歲勸農功。首炎帝之奠。所司恪謹成式。厥圖斯永。豳詩土鼓。且奏和音。表貉昆蟲。固茲歲秩。雖田惡鼠之食。

在禮遵猶以迎豈可獨忘播時見遺司嗇伊耆氏之作蓋不易然大宗伯之聽孰云能守御史以冠雄鐵柱糾繆是彰彼以口異金人飾詞猶費徒稱君子必報曷若明神處前古而强授使亦奚據請從白簡以奏彤廷

成賁

賁大歷朝官左司員外郎

對夷攻蠻假道判

夷攻蠻道由邊邑麥已熟或請人皆出穫宰不許郡長讓之云恐爲不耕者所得

王者無外畏中有截邊鄙不聳邦國以寧蠢爾蠻夷遠相攻伐異茍息之假道且欲涉虞殊申舟之是行無聞聘晉屬四月維夏三農聿興麥已熟於東皋人未饁於南畝瞻言縣宰重化黎甿彈琴自娛宓子賤之多暇戴星以出巫馬期之克勤過齊魯之相持覩邊徼而皆警是割是穫雖美或人之謀我疆我理須從宰君之法何者食曰人天茍求食而忘恥農爲政本有情農以自安候其觀豐之生將欲不耕而穫恐未可長患實預防百里正且得中六條恐爲虛讓

史藏用

藏用代宗時擢書判拔萃科

對夷攻蠻假道判

夷攻蠻道由邊邑麥已熟或請人皆出穫宰不許郡長讓之云恐爲不耕者所得

善教者爲政有闇適權者在邦必達能臨事而當斷非不詢而作謀茍或越官是稱專欲屬王風不振霸業衰陵蠻夷假道於上國丁壯就功於下土我承其弊肆毒宜縱於貪狼爾無令聞爲患亦同於蟊賊思營負戶議發懸門雖

師將入郛而人未及麥茂宰施令黔黎酌心能操製錦之刀不紊在綱之網禮先敦義政貴有恒盡地必資於勸分滌場或存於禁未我疆有畔須務材而訓農他人越思豈瘠魯而肥杞縣大夫之立法於予何誅郡符竹之薄言將子無怨且人有食色師非及耕宜從宣父之存信不讓勾吳之棄鼓況縣道駢雜寇衝錯聯若從穫於或人是亂行於田畯則輕賫者先於望歲剽刦者多於服勤革其虛求亦謂盡善

魏季龍

季龍代宗時擢書判拔萃科

對夷攻蠻假道判

夷攻蠻道由邊邑麥已熟或請人皆出穫宰不許郡長讓之云恐爲不耕者所得

夫爲之防自我王度動不失實爲爾政方苟消息之乖宜諒子惠之無取相玆邊邑正曰寇衝務時訓農猶溫麥而雖盛利兵秣馬假虞道而方深實慮欺天之凶寧顧如雲之稼或人行險以徼倖將馮河以請收縣宰觀變以諮諏固下關而不許度其危亂之際想其爭奪之源恐服田者

不得自專而遊手者坐乘其利則不收不穫誠虛力穡之功而惟一惟精實杜無知之俗臨下以簡示人不偷得仲康馴翟之風符子賤彈琴之化何剖竹之虛讓掩亰鮮之異能

楊歸裕

歸裕代宗時擢書判拔萃科

對夷攻蠻假道判

夷攻蠻道由邊邑麥已熟或請人皆出穫宰不許郡長讓之云恐爲不耕者所得

備豫不虞古之善教防萌是禁今也難易惟彼邊邑賴斯良宰行化使尊其五教務穡不奪其三時屬夏麥已熟秋成未幾丁壯憗馬望歲農父期於有年甸人未進於絳君鄭師何傷於周野豈謂東夷有事南蠻是襲烽火驚候於甘泉虜騎振武於沙塞固當因玆料敵無乃啟戎縱彼所取肆其所穫則愚人每渴於僥求空思寇盜田畯獨嗟於苟得欲罷耕耘誠百里之良謀豈一同之紊政況慮深知遠而智在窮微雖爲郡長之讓應免士師之罰

權軷

軷代宗時擢書判拔萃科

對夷攻蠻假道判

夷攻蠻道由邊邑麥已熟或請人皆出穫宰不許郡長讓之云恐爲不耕者所得

疆埸之事先於慎守田農之業在乎克勤必資禮以防之是謂政有經矣國家臥鼓荒徼偃伯靈臺干戈既戢雖息犯邊之慮蠻夷相攻尚無假道之禮今者大田既稼滯穗未收邊邑常近于寇讎或人且慮其蹂踐請皆出穫成此有年欲使功見於多安能義然後取邑人爭出必盡室以

行我倉既盈。或不耕而穫。豈伊恤病。實長幸災。惟彼前修。
邑宰之化。斯得徵諸故事。郡長之讓。頗乖。

李昕

昕。代宗時擢書判拔萃科。

對夷攻蠻假道判

夷攻蠻道由邊邑。麥已熟。或請人皆出穫。宰不
許。郡長讓之。云恐爲不耕者所得。

於從政乎。務知遠者。苟施小惠。是紊大倫。惟彼邊邑。地雜
華裔。允茲賢宰。政協良能。雲雨之施既行。蒲密之風斯得。

屬麥秋已至。農事方殷。不虞蠻夷。事相寇虐。豺狼猖獗。且
迷假道之心。原野馮陵。得無犯苗之患。遂使我疆我理。不
復如茨如梁。將從皆穫之詞。是利不耕之願。雖或思苟得。
從效單父之甿。而宰絕妄求。式光宓子之教。未哉郡長。昧
此令圖。雖爲責人。無難其如有孚窒惕。

宇文賞

賞。代宗時擢書判拔萃科。

對夷攻蠻假道判

夷攻蠻道由邊邑。麥已熟。或請人皆出穫。宰不
許。郡長讓之。云恐爲不耕者所得。

蝥賊尋戈。脅我邊鄙。穡人是溷。曠茲割穫。且蠻方不率。夷
德無厭。贄幣不通。范宣止其預會。攻取何有。楚子莫得同
盟。乃類乎齊有會師。晉假虞道。俾我原田亂轍。麥隴啟行。
川上芃芃。豈遑出穫。邑中惴惴。時有登陴。明宰道不忍欺。
弦歌斯洽。以爲不耕而穫。負胡取之義。有備而舉。徵牽復
之辭。百里此勤。信徵我有。咎六條所讓。伊不明謂何。

柳潤之

潤之。代宗時擢書判拔萃科。

對盧樹判

商子行飲食失節生疾。抑云盧氏井樹不修

四人有業。天下同歸。理在營生。方光潤屋。貨賄山積。是往
來於五都。珍奇海輸。乃森羅於九市。睠言商子。實職貿遷。
襲弦高之風。爲絳侯之事。經途所亘。多跋涉之勞。飲宿乖
宜。爽陰陽之候。野盧所掌。井樹是修。何得曠於主司。致有
損於行李。遂使銀牀罷汲。無郝子之投錢。碧樹摧榮。聞茅
生之危坐。盍歸司敗。以正刑書。懲其已犯之愆。永息將來
之弊。

胡運

運代宗時擢書判拔萃科。

珮賦

玉有環珮。所以節威儀。珪璋所以應朝覲。朝覲貴乎特達。威儀在乎淑慎。則珮之爲用以德聞。珮之爲服以禮進。既取堅以縝密。亦體柔以溫潤。其彩炯明。涵黼黻之華。其聲清越。諧金石之韻。豈止法先王之服。戒乎大夫。抑以觀古人之象。原之帝舜。由是表尊卑之飾。彰朝覲之美。佩山元而抱水蒼。搖搖兮耿光。左宮羽而右角徵。鏘鏘兮垂委。非

徒抑其進退。亦以制其容止。則裂石破玉。靡顏膩理。清清泠泠。作羽儀於君子。思我王度。服之衷巳。珩瑀相煥。品命不渝。貫以桃花之綬。錯以明月之珠。時也朝北極。歷天衢。明玉殿。耀金鋪。徽音生於矩步。繁響起於風趨。濟翼爲君臣之榮觀。逶迤乃賢哲之令圖。亦何必搴修蘭於長坂。折瓊枝於遠區。然後爲美乎。別有楚臺神媛。越國名姝。嬌羅豔縠。秀色鮮膚。振鳴玉以響亮。踐瑤階以踟躕。聲珊珊兮若有無。睇緜緜兮意愉愉。翩躚躚兮望坐隅。欲從君兮禮之拘。乃歌曰。佩玉蕊兮德音發。中規矩兮聲不歇。馳畋獵兮思敬慎。壽考不忘兮長歲月。端法服兮臨魏闕。肇后覲兮萬方謁。

對聚徒教授判

甲聚徒教授。每春秋享射。以素木瓠葉爲俎豆。

學以道尊。禮爲教首。事克師古。人焉生感。眷言彼甲。惟德潤身。敦詩說禮。奉守先王之訓。博聞強識。能爲君子之儒。是以生徒駿奔。負笈雲集。橫經紛其滿席。執禮爛其盈門。故能春秋匪懈。享祀不忒。教胄子之威儀。陳鄉人之揖遜。登以素品。射從薄物。稽諸匏葉。有若蘩蘋。柔弧不類於桃

弧。兔首豈齊於貍首。同劉昆之故事。習俎豆於私室。異祭遵之前式。陳禮容於軍旅。古則無譏。今亦何傷。徒小有言。責其行禮。欲崇北海之術。謹遵東觀之詞。

杜確

確代宗時人。

許公墓誌銘

睢南太守靈德大君。死國曰忠。死家曰正。夫婦雙節。萬古芳名。天子錫葬。崇榮厚死。骸莫同封。神妥於此。鬱鬱洛塘。龍蟠鳳翔。巍乎泰峙。地久天長。羽林繁祉。其福無疆。

岑嘉州集序

自古文體變易多矣。梁簡文帝及庾肩吾之屬，始爲輕浮綺靡之詞，名曰宫體。自後沿襲，務於妖豔，謂之摛錦布繡焉。其有敦尚風格，頗存規正者，不復爲當時所重，諷諫比興，由是廢缺。物極則變，理之常也。聖唐受命，斵雕爲樸。開元之際，王綱復舉，淺薄之風，兹焉漸革。其時作者凡十數輩，頗能以雅參麗，以古雜今，彬彬然，燦燦然，近建安之遺範矣。南陽岑公，聲稱老著。公諱參，代爲本州冠族。曾太公文本，大父長倩，伯父羲，皆以學術德望官至台輔。早歲孤

貧，能自砥礪，徧覽史籍，尤工綴文，屬辭尚清，用意尚切，其有所得，多入佳境，迥拔孤秀，出於常情。每一篇絶筆，則人人傳寫，雖閭里士庶、戎夷蠻貊，莫不諷誦吟習焉。時議擬公於吳均、何遜，亦可謂精當矣。天寶三載，進士高第，解褐右内率府兵曹參軍，轉右威衛録事參軍，又遷大理評事，兼監察御史，充安西節度判官。入爲右補闕，頻上封章，指述權佞，改爲起居郎，尋出虢州長史，又改太子中允，兼殿中侍御史，充關西節度判官。聖上潛龍藩邸，總戎陝服，參佐僚吏，皆一時之選，由是委公以書奏之任。入爲祠部考功二員外郎，轉虞部庫部二正郎，又出爲嘉州刺史。副元帥相國杜公鴻漸表公職方郎中兼侍御史，列於幕府。無幾使罷，寓居於蜀。時四川節度因亂受職，本非朝旨，其部統之内，文武衣冠，附會阿諛，以求自結，皆曰中原多故，劍外小康，可以庇躬，無假向闕。公乃著招蜀客歸一篇，申明逆順之理，折挫邪佞之詞，有識者感歎，奸謀者慚沮。播德澤於梁益，暢皇風於邛僰。旋軫有日，犯軷俟時，吉往凶歸，嗚呼不祿。歲月逾邁，殆三十年。嗣子佐公，復纂前緒，亦以文采登名翰場。有公遺文，貯之篋笥。以確接通家，餘烈忝

同聲後輩，受命編次，因令繕録，區分類聚，勒成八卷。倘後之詞人有所觀覽，亦由聆廣樂者識清商之韻，游名山者仰翠微之色，足以瑩徹心府，發揮高致焉。京兆杜確序。

杜萬

萬，大歷中官員外郎。

對名田判

乙爲列侯，名田縣道。有司糾云：既違新制，請沒入縣官。乙訴云：雖已受封，實未之國，不伏。

庸功制爵，以國俾侯。司勳是職，太常是紀。錫周官之彝器。

分漢家之茅土古之成憲今也則殊乙之所封義符分陝介珪入覲盛君子之威容家田無征備優賢之榮寵何縣道之爲僭宜有司之見劾徒用多言是爲害政

樊光

光大歷時官硤石主簿

對均輸田判

吉泰將均輸地上已籍下人告不合

大邦列土畀畫有則齊畎分利割據必書苟非躬田無或緜版功以受錫人其捨諸吉泰攝生明代志事耕鑿率情暗昧固貪井屋官未聞於三命謨亦乏於九功匡救本無封賞何有輒將均輸之地以載充家之籍則宏羊藏事今也雖存劉盆視食此而安取既黷常典合寘常刑

李江

江代宗時官鄜師尉

衛氏元包序

包之爲言也廣大含宏三才悉備言乎天道有日月焉有雷雨焉言乎地道有山澤焉有水火焉言乎人道有君臣焉有父子焉理國理家爲政之尤者昔文質更變篇題各異夏曰連山殷曰歸藏周曰周易而唐謂之元包其實一也包者藏也言善惡是非吉凶得失皆藏乎其書也觀乎囊括萬有籠單八紘執陶鑄之鍵啟乾坤之扃孕覆育載通幽洞冥窮天人之秘研造化之精推興亡之理察禍福之萌與鬼神齊奧將日月並明謂六五經而四三易雖太元莫與之京然文字奇詭音義譎怪紛而不釋隱而不明者得非遭於離亂與易曰作易者其有憂患乎蓋所謂憂亂世而患小人也故其辭危衛先生近之矣秘書少監武功蘇源明洗心澄思爲之修傳解紛以釋之索隱以明之帝王之道昭然著見有以見理亂之道有以見成敗之端江考於訓詁耽於講習輒演元義庶傳於學者焉

王延光

延光代宗時人

對升高判

解式與長年行因升高不從聽視遂杖之式訴州斷闕論省科失入

視瞻無回在於往記周旋有禮著之前聞惟彼長年與茲解式行將望遠豈伊升高之能賦悠然目極寧復登山而

送歸且平原坦夷迴首超忽苟不從其所視欲何詳於切問式之立身誠未謂之學矣長者加杖蓋亦尤而效之則不愠不知君子之通論如怒如祉詩人之美述既墻面而斯責於情恕而安施薄訴之由其文有以雖鬬論敕法頗欽於州見而失入在宥請遵乎省科

齊嵩

嵩高陽人代宗朝官殿中侍御史

穀城黃石公碑陰記

元宗季年濟陽廢而東平兼領之所稱河東裴公即故郡

守名序所題趙郡李卓即今臺長樓筠頃歲馬公炫自郎官出牧少與臺長交契莫逆嘗勤爾於廟不覩所記迺搜李文以勒貞石每歎曰所謂經過疑文章者其在茲乎未及畢而謝病言歸今二千石郭公岑尚德是務踵成厥美句曹掾韋騰戎曹掾俞黃中郡之良也承命集事殿中侍御史高陽齊嵩聆而嘉之故紀云唐大厤八年七月十五日建

欽定全唐文卷四百六十

陸贄一

贄字敬輿蘇州嘉興人大歷八年進士中博學宏詞科又以書判拔萃補渭南尉遷監察御史德宗立召爲翰林學士從駕幸奉天轉考功郎中從幸梁州轉諫議大夫還京轉中書舍人貞元七年拜兵部侍郎八年爲中書侍郎同門下平章事十年罷知政事除太子賓客十一年貶忠州別駕順宗立徵還未至卒年五十二贈兵部尚書諡曰宣

聖人苑中射落飛雁賦 以題爲韻次用

於穆我皇受天明命與乾坤而合德配唐虞而齊盛成功斯著射中九霄之禽文教已宣道應千年之聖想彼禽矣雝雝可珍配玉帛於前禮齊山木於至人棲必擇處翔無失倫候律南徂洞庭之芳草猶碧順時北向上林之繁花已春苟應弦以啟聖同殺身以成仁爾乃雲收遠天水落上苑風蕭蕭而勁夕日杳杳而低晚於是聖人悅年豐修武功有直斯矢有弨其弓因肅殺之候遊苑囿之中彼雁于飛斜當禁掖帶輕雲之微素映遙天之晴碧雖逢蒙之絕藝莫敢措心固離婁之明眸其纔能覩我弓斯張我矢

斯躲算分數之遠近則舍拔而應鏑質毛紛其已墜弦聲振猶未釋聞之者足蹈手舞觀之者目駭心惕彼貫心稱妙穿葉無怍一則三年而後發一則百步以爲約豈如料必中於飛動驟絶伎於寥廓雁以遠而矢發矢既發而雁落異哉莫高者天戾天者飛彼搏空之逸翰尚無所違矧荒服之逆命曷不咸歸則知皇聖有作夷夏無閒鄙楚莊之戲猿笑晉平之失鷃固將威九垓而清八荒豈直落翔雲之一雁

東郊朝日賦 以國家行仲春之令爲韻 陸贄

日爲炎精君實陽德明至乃照臨下土德盛則光被四國天垂象聖作則候春分之節時則罔愆順周官之儀事乃不忒於是載青旗儼翠華蓋留殘月旗拂朝霞咸濟濟以皇皇備禮容於邦家天子躬整服以待曙心既誠而望賒倏而罷嚴更闢禁城五輅齊駕八鸞啟行風出郊而草偃澤先路而塵清卷餘靄於林薄動神光於旆旌初破鏡而半掩忽成輪而上征杲耀榮光分輝於千品萬類煙煴瑞色均燭於四夷八紘一人端冕以仰拜百辟奉璋而竭誠故曰天爲父日爲兄和氣旁通帝德與日德俱遠清光相對帝心與日心齊明時也春事既用夾鐘律中登觀臺而瑞集覩芳甸而農眾東爲陽位故出拜於國東仲居時中乃展禮於春仲既而盛禮畢陳錫鑾回輪家有罄室巷無居人備禮服之燦燦殷游車之轔轔人望如草我澤如春惟天德與聖壽配朝日而長新伊茲禮之可持歷前代而修之漢拜庭中成煩褻之細事魏朝歲首失禮經於舊時國家欽若天命率由時令矯前王之失德修古典而施敬俾伯夷之掌禮倂軒后以作聖恭承命於春卿遂觀光而興詠

傷望思臺賦 陸贄

桃野之右蒼茫古原草木春慘風煙晝昏攬予轡以躊躇見立表而斯存乃漢武戾嗣殞命地也然後築臺以慰遺魂吁自古有死胡可勝論苟失理以横斃雖千祀而猶寃當武帝之季年德不勝而耄及浮誕之士疊至詭怪之巫繼集忠見疑而莫售讒因隙而競入忘嗜欲之生疾意巫詛而是因將搜蠱以滌災縱庸瑣之姦臣言何微而莫讐究雖毒而奚伸搆儲后以掛殃矧具寮與齊人旋激怒而誅充竟奔湖而滅身異哉漢后因姦邪之是誘俾冢嗣而

罹咎彼傷魂之冥冥故築臺其何有嗟爾戾嗣盍入明以見志遽興戈而自棄諒君父之是叛雖竄身其焉寘嗚呼一失其理孝慈兩墜不其傷哉夫邪不自生釁亦有託信其讒興利則妖作恣鬼神之詭變實人事之紛錯故子不語於怪亂道亦貴乎淡泊蓋爲此也水滔滔而不歸日杳杳而西馳時徑往兮莫追人共盡兮臺隳榛焉莽焉俾永代而傷悲

月臨鏡湖賦 以風靜湖滿輕波不動爲韻

月配陽含虛而明湖止水體柔而平光無不臨故麗天並耀清可以鑒因取鏡表名月包陰以成象水稟月而爲精兩氣相合實不入而疑入二美交映伊本清而又清色皎潔而秋天愈靜波演漾而宵風乍輕類泗濱之磬見疑合浦之珠明至明洞幽至清無垢同元澤無遠不遍等達人以虛而受滿不可恃望之足戒以虧盈形或未分鑒之則辨其妍醜輕靄不起纖塵莫過沉璧彩而爲鏡碎金輝以成波皓質未判空聞田鶴之唳香風乍度暗傳蓮女之歌萬象皆總湛清光而不動極望靡窮凝虛皓而如空照同心千里之外洞游鱗百丈之中櫂影乍浮如上天邊之漢

桂華不定多因蘋末之風白晝誠窮殘夜將短臨遠峯而欲落沉餘景而猶滿月之德也朗而迥水之性也柔而靜照有餘暉光無匿影滿而將缺顧兔自殊於太陽導之則流無禽豈同於舊井原夫德無不應理必相符湖以柔而藏月月因朗而彰湖不私其明明則有裕無逆於物物乃不孤異投珠而按劍等藏冰而耀壺惟水月之叶美與君子而同塗

冬至日陪位聽太和樂賦 以文德光宅天敬萬壽爲韻

樂自上古兮和洽是聞日至南極兮陰陽肇分名太和而順氣取初陽而配君則知天授聖而正曆聖應天而放勳惟至也去陰就陽惟樂也偃武修文八佾初陳雜鸞鳳而容裔九奏既畢降佳氣之氤氳爾其順元辰體乾德赫容衛之森嚴儼宸位之恭默班禮樂于千品陳贄幣於萬國濟濟皇皇威容孔彰望北辰以列位指南山而獻觴慶雲協符榮觀臺之加麗太陽臨照熅魏闕而增光於是太常導干羽而前曰八音自設千古靡隔所以賞諸侯之功暢聖君之澤失其度則沾滯寢興適其儀則上下咸格清淨順氣而不擾和樂自心而來宅可以導情欲可以滌煩劇

既而笱簴齊列笙竽互傳偕肅肅而合雅亦啾啾而同元備以四夷識四海之無外成於九土知九德之咸宣崇易簡豈同於濮水務德化寧比於鈞天既損之而又損蓋斯焉而取焉故所以移風易俗發號施令周天地而不流匝寰宇而無競斥鄭衛而不御暢柔和而全正羣黎足蹈而手舞百僚儀肅而心敬則知一人作則萬邦維憲來遠人以干舞播聲頌而吹萬則鄭之細晉之思不可以勸湯之放武之伐而猶有怨豈比我照二儀形九有舒太和之至德居盛陽之元首咸有典而有則固可大而可久明明我后於斯萬壽

登春臺賦 以晴眺春野氣和感深爲韻

春發生以煦物臺居高而處明俯而望焉舒郁郁之和氣登可樂也暢怡怡之遠情觸類斯感眾芳俱榮風出谷以天霽雲歸山而景晴俛視平皋傍臨遠嶠窮漢苑以周覽匝秦城而迴眺林巒彩翠浮佳氣於遙天宮觀參差麗飛甍於夕照望莫若兮望遠感何深兮感春登其臺則歷階而至極應乎律故陰慘而陽伸令行斯順澤布惟均視雖微而必審思何遠而不親懿夫情之誘人人罔或舍時之感物物莫能假臺有春而必望春何情而不寫條風始至散灼灼之紅桃穀雨初收潤萋萋之綠野天何言哉生眾彙人有靈兮感元氣既望春而可樂亦升高而足貴賞同沂水聊舞雩以詠歌登異觀臺寧覩蜡而增欷周望既極含情則多媚遲日之未下愛清風之屢過目眇眇以心遠野悠悠而氣和可以樂芳時之景物壯皇室之山河豈比夫羈士登樓而作賦碩人在軸而爲歌者哉春無物而不滋臺無遠而不覽豈老氏之或論伊潘生之所感稽其趣時之規遠創意之義深春非臺而何樂臺非春而罔尋故望春者惟臺是履登臺者惟春是臨緊在物之可用必從

時之所任儻自下而可託庶升高而至今

鴻漸賦 以鴻漸路逵之爲韻

深不測者道大無疆者空空非羽而何適道匪人兮孰通通於道者是謂君子適於空者莫如漸鴻故聖人託象以明義務勤以飭躬將自邇而圖遠必因卑而致崇始其素卵新化青春戲融一之日乳哺衡陽之曲二之日翱翔彭蠡之中且爰居以樂水亦從正而養蒙毳毛其成洞庭之芳草初綠弱羽云就武陵之繁華已紅而見其進未知其

終美夫姿淑偉麗飛鳴有檢動靡求棲遊皆遠險思奮志於寥廓且藻容於菱芡昇不越次先冒履木之危進而得中孚及于磐之漸漸如何其往有攸措方去渚而戾止俄躋陵而遐顧風水遥輔於羽毛烟雲未通於道路嗟嗟相召驚月夜而亂趨肅肅連行拂天池而徑度信梁燕之莫儔豈谷鶯之足慕亦猶九層起於累土千里始於投迹琢玉者日就其功為學者月將其益皆自微以成著固何求而不適異夫出陸摶空驤首矯翮順寒暑以攸往亘山川而罔隔以言乎鳥也尚不忘進以言乎人也如何勿思思

者所以志道進者所以修辭誠旣往而莫返冀將來而可追蒙亦有望於斯漸敢不肅然而勉之

奉天改元大赦制 平朱泚後改建中五年爲興元元年

門下致理興化必在推誠忘已濟人不吝改過朕嗣守丕構君臨萬方失守宗祧越在草莽不念率德誠莫追於旣往永言思咎期有復於將來明徵厥初以示天下惟我烈祖邁德庇人致俗化於和平拯生靈於塗炭重熙積慶垂二百年伊爾卿尹庶官洎億兆之衆代受亭育以迄于今功存于人澤垂于後肆予小子獲纘鴻業懼德不嗣罔敢怠荒然以長于深宮之中暗于經國之務積習易溺居安忘危不知稼穡之艱難不察征戍之勞苦澤靡下究情不上通事旣壅隔人懷疑阻猶昧省已遂用興戎徵師四方轉餉千里賦車籍馬遠近騷然行齎居送衆庶勞止或一日屢交鋒刃或連年不解甲冑祀奠乏主室家靡依生死流離怨氣凝結力役不息田萊多荒暴命峻於誅求疲甿空於杼軸轉死溝壑離去鄉閭邑里丘墟人煙斷絕天譴於上而朕不悟人怨於下而朕不知馴致亂階變興都邑賊臣乘釁肆逆滔天曾莫愧畏敢行凌逼萬品失序九廟

震驚上辱於祖宗下負于黎庶痛心靦貌罪實在予永言愧悼若墜深谷賴天地降佑神人叶謀將相竭誠爪牙宣力屏逐大盜載張皇維將宏永圖必布新令朕晨興夕惕惟念前非乃者公卿百寮累抗章疏猥以徽號加于朕躬固辭不獲俯遂輿議昨因內省良用矍然體陰陽不測之謂神與天地合德之謂聖顧惟淺昧非所宜當文者所以成化武者所以定亂今化之不被亂是用興豈可更徇羣情苟膺虛美重余不德祇益懷慙自今以後中外所上書奏不得更稱聖神文武之號夫人情不常繫于時化大道

既隱亂獄滋豐朕既不能宏德導人又不能一法齊衆苟設密網以羅非辜爲之父母實增愧悼今上元統歷獻歲發生宜革紀年之號式敷在宥之澤與人更始以答天休可大赦天下改建中五年爲興元元年自正月一日昧爽以前大辟罪已下罪無輕重已發覺未發覺已結正未結正繫囚見徒常赦所不原者咸赦除之李希烈田悅王武俊李納等有以忠勞任膺將相有以勳舊繼守藩維朕撫馭乖方信誠靡著致令疑懼不自保安兵興累年海內騷擾皆由上失其道下罹其災朕實不君人則何罪屈已宏

物予何愛焉庶懷引慝之誠以洽好生之德其李希烈田悅王武俊李納及所管將士官吏等一切並與洗滌各復爵位待之如初仍即遣使分道宣諭朱滔雖與賊泚連坐路遠未必同謀朕方推以至誠務欲宏貸如能效順亦與維新其河南河北諸軍兵馬並宜各於本道自固封疆勿相侵軼朱泚大爲不道棄義蔑恩反易天常盜竊名器暴犯陵寢所不忍言獲罪祖宗朕不敢赦其應被朱泚脅從將士官吏百姓及諸色人等有遭其扇誘有迫以兇威苟能自新理可矜宥但官軍未到京城以前能去逆效順及散歸本軍本道者並從赦例原免一切不問天下左降官即與量移近處已量移者更與量移流人配隸及藩鎭効力并緣罪犯與諸使驅使官兼別勅諸州縣安置及得罪人家口未得歸者一切放還應先有痕累禁錮及反逆緣坐承前恩赦所不該者並宜洗雪亡官失爵放歸勿齒者量加收敘未復資者更與進敘人之行業或未必兼構大廈者方集於羣林建奇功者不限於常檢苟在適用則無棄人況黜免之徒沉鬱既久朝過夕改仁何遠哉流移降黜亡官失爵配隸人等有材能著聞者特加錄用勿拘常

例諸軍使諸道赴奉天及進收京城將士等或百戰摧敵或萬里勤王扞固全城驅除大憝濟危難者其節著復社稷者其業崇我圖爾功特加彝典錫名疇賦永永無窮宜並賜名奉天定難功臣身有過犯遞減罪三等子孫有過犯遞減罪二等當戶應有差科使役一切蠲免其功臣已後雖衰老疾患不任軍旅當分糧賜並宜全給身死之後十年內仍回給家口其有食實封者子孫相繼代代無絕其餘敘錄及功賞條件待收京日並準去年十月十七日十一月十四日勅處分諸道諸軍將士等久勤扞禦累著

功勳方鎭克寧惟爾之力其應在行營者並超三資與官仍賜勳五轉不離鎭者依資與官賜勳三轉其累加勳爵仍許回授周親內外文武官三品已上賜爵一級四品已下各加一階仍並賜勳兩轉見危致命先哲攸貴掩骼薶胔禮典所先雖効用而或殊在惻隱而何間諸道兵士有死王事者各委所在州縣給遞送歸本管官爲葬祭其有因戰陣殺戮及擒獲伏辜暴骨原野者亦委所在逐近便收葬應緣流貶及犯罪未葬者並許其家各據本官品以禮收葬自頃軍旅所給賦役繁興吏因爲姦人不堪命咨

嗟怨苦道路無聊汔可小康與之休息其墊陌及稅間架竹木茶漆榷鐵等諸色名目悉宜停罷京畿之內屬此寇戎攻劫焚燒靡有寧室王師仰給人以重勞特宜減放今年夏稅之半朕以兇醜犯闕遽用于征爰度近郊息駕茲邑軍儲克辦師旅攸寧式當寵旌以志吾過其奉天宜升爲赤縣百姓並給復五年尚德者教化之所先求賢者邦家之大本永言茲道夢想勞懷而澆薄之風趨競不息幽棲之士寂寞無聞蓋誠所未孚故求之不至天下有隱居行義才德高遠晦跡邱園不求聞達者委所在長吏具姓名聞奏當備禮邀致諸色人中有賢良方正能直言極諫及博通墳典達於教化幷洞識韜鈐堪任將帥者委常參官及所在長吏聞薦天下孤老鰥寡惸獨不能自活者並委州縣長吏量事優恤其有年九十已上者刺史縣令就門存問義夫節婦孝子順孫旌表門閭終身勿事大兵之後內外耗竭貶食省用宜自朕躬當節乘輿之服御絕宮室之華飾率已師儉爲天下先諸道貢獻自非供宗廟軍國之用一切並停應內外官有冗員及百司有不急之費委中書門下即商量條件停減聞奏布澤行賞仰惟舊章

今以餘孽未平帑藏空竭有乖慶賜深愧于懷赦書有所未該者委所司類例條件聞奏敢以赦前事相言告者以其罪罪之亡命山澤挾藏軍器百日不首復罪如初赦書日行五百里布告遐邇咸使聞知

平朱泚後車駕還京大赦制

門下致理之體先德後刑禮義興行故人知耻格教令明當則俗致和平然後姦慝不萌暴亂不作古先哲后莫不由斯國家受命百七十載八聖儲慶敷佑下人邁種寬大之德累蠲苛酷之令蓋仁之所積者厚故澤之所流者深

兹予小子獲主重器憒於理亂之本溺於因習之安授任不明賞罰乖當立法以齊衆而犯命愈甚興戎以除害而長亂益繁賊臣蓄姦乘釁竊發九廟之主兆人靡依猰㺄肆其吞噬豺狼穴於宮闕歲未云半載罹播遷仰慚宮昊俯愧臣庶敢愛實越苟全眇躬誠懼益縱寇讎重辱宗社忍恥誓志庶補前羞賴億兆宅心不忘先德諸帥勠力恭行天罰俾余寡昧再膺多祐總乾綱於旣紊復天柱於將傾言旋鎬京不改舊物宗祧有序朝享有期責重慶多深增感惕嗚呼君者所以撫人也君苟失位人將安仰朕旣

不德致寇興禍使生靈無告受制兇威苟全性命急何能擇或虧廢名節或貪冒貨利陷於法網事匪一端究其所由自我而致不能撫人以道乃欲繩之以刑豈所謂恤人罪己之誠含垢布和之義滌清汚俗咸與更新可大赦天下自興元元年七月二十三日昧爽已前大辟罪已下已發覺未發覺已結正未結正見繫囚徒常赦所不原者咸赦除之今年五月二十八日已前左降官卽與量移未復資者更與移近處流人及犯配隸藩鎮効力並卽放還亡官失爵放歸不齒者量加收敘已經收敘未復資者更與

進改其黜免人等有素著行能旁遭譴累特加錄用勿以爲負不有忠者誰復社稷不有勞者誰從巡狩連帥之重所以殿邦禦侮也二千石之任所以分憂共理也方鎮將校勤奉戎役中外寮吏恪居官次國有大慶所宜同之內外文武及致仕官三品已上賜爵一級四品已下加一階仍並賜勳兩轉司徒兼中書令晟英特傑立光輔中興再定皇都一匡天下推恩之典貽慶無窮宜與一子五品正員京官侍中瑊沉邃忠厚服勞王家保全危城翦除大憝嘉乃茂績次于寵章宜與一子六品正員京官鎮國軍潼

關節度使檢校右僕射駱元光京畿渭南商州節度使檢校右僕射尚可孤邠寧等州節度使檢校右僕射韓遊瓌奉天行營諸軍節度使檢校右僕射戴休顏咸秉大節著于艱難同勳叶忠翼我興運宜各與一子七品正員官諸道節度使及行營都知兵馬使興元扈從左右金吾大將軍等各與一子八品正員官諸道團練觀察處置等使各與一子九品正員官應諸軍赴上都收復將士等俱以純誠奮其勇節連年帶甲百戰摧鋒有忘身以効命有滅親以徇義誓平國難如復私讎競揚貔虎之雄克清梟獍之

䔍策勳行賞傳嗣榮親播乃功名與國終始自去冬已來未經甄敘者卽與超八資改轉已經甄敘者更與超三資進改三品已上祖父母在先無官封者量與致仕官及邑號亡者並與追贈四品已下父母在先無官封者亦授致仕官及邑號亡者並與追贈其賞錢委所司卽依元勅支給應扈從將士三品已上賜爵兩級四品已下各加兩階仍並賜勳三轉其祖父母父母封贈並準收京城例處分應扈從官普恩之外三品已上更加爵一級四品已下更加一階若常參官祖父母父母在先無官封者量授致仕

官及邑號亡者並與追贈諸州刺史普恩之外賜爵一級諸道進奏陪位者更加一階其奉天定難及元從功臣宜令本軍本使卽定名聞奏所司各準元勅優賞其諸道軍鎮及行營將士三品已上賜爵一級四品以下加一階仍準今年正月一日制速與甄敘成德淄青魏博等節度幷諸軍應歸順將士等各蘊誠義積著功勞由朕失於撫綏頃歲暫懷疑阻尋能勵節不替舊勳是資宴犒俾洽王澤宜委所司卽約額支計各賜錢物賞設仍委本道節度準前後勅速條疏甄敘其朔方幷諸軍應在河中管內及同州將士等自遠赴難解其重圍念茲功勞並未酬報雖遭脅制情有可矜應到行營未經甄敘者並準元勅超五資改轉其賞錢比收京城將士例各給一半委本軍兵馬使條錄名銜聞奏所司支計給付其食實封者亦便配額令其請受應天下諸道諸軍將士等如有年老及疾患尫弱不任軍旅願歸鄉里者並給終身優復州縣切加安存勿令侵擾如無家可歸者量給田宅使得存濟見危致命先典所尚況忠衞社稷殺身成功朕於斯人義有加等贈太尉秀實天授貞烈沮茲姦邪蒼黃之中獨蘊雄斷將紓國

難詭收寇兵兇謀旣虧吾事果濟忠誠奮發手擊渠魁英風凜然振邁千古宜卽差官致祭幷旌表門閭府縣護其喪事緣葬所要一切官供仍於墓所官爲立碑以揚徽烈其所賜實封五百戶嫡子正員三品官諸子授正員五品官委中書門下卽準元勅處分應諸道諸軍將士有身死王事者委本道本使具名銜聞奏卽與褒贈仍以在身官爵授其子孫內外文武官及諸親諸色人等有橫遭逆賊殺害者各聽其家人親識人於所司陳牒勘實聞奏亦與追贈如跡著忠烈衆所明知仍訪其子孫量加優恤尚齒

養老王風之首。三代制理。未或遺年。朕將遵古典以興化本人心而教孝。用優秩賜。式慰里閭。京兆府耆壽年八十已上。並與版授刺史。仍賜紫。八十已下。及諸州府耆壽年八十已上。並與版授本縣令。仍賜緋。天下侍老耆壽。亦各與版授官。如年九十已上者。州縣長吏歲時躬親省問。貧弱不能自存者。量賜粟帛。頃屬多難。人流俗弊。加之以師旅。因之以饑饉。賦役繁起。農桑失時。哀我癉人。汔可小息。然以國計猶歉。軍實靡充。未盡復除。良增愧悼。應天下建中四年年終已前。所有諸色逋欠在百姓腹內者。一切放

免。百司及諸軍諸使舉放利錢。今年六月已前。百姓欠負未納者。亦並停徵。京兆府百姓普恩之外。給復一年。其供頓官吏。委京兆尹類例具名銜聞奏。量與優獎。古者計戶以署吏。因時而建職。既不乏事。亦無冗員。今田畝汙萊。版圖凋耗。齊人編戶。託庇官曹。貪吏猾胥。誘爲囊橐。啟奸隳業。爲害尤深。應在京百司色役人及流外等。委御史大夫即與諸司使長官審詳商議。據見所掌事之閑劇。定額聞奏。仍校名送中書門下。務從減省。副朕憂人。以後應須署置。並定名先奏。仍永爲常式。今年正月一日赦書節目有所未行者。所司並舉而行之。赦書或有不該。即比類條件聞奏。敢以赦前事相言告者。以其罪罪之。亡命山澤。挾藏軍器。百日不首。復罪如初。赦書日行五百里。布告遐邇。咸使聞知。

陸贄二

貞元改元大赦制 興元二年正月一日

門下。王者體元立極。欽若乎天地。纂業承統。嚴奉於祖宗。所以敬事修誠。務本敦孝。尊其上以御於下。謹其身而訓於人。百神允諧。兆庶永賴。立國之本。斯其大經。朕燭理不明。違道招損。往遭多難。淪陷國都。天地宗祧。曠而莫主。則是欽若嚴奉之義缺矣。甚用懼焉。洎復京師。遽將告謝。有司以人力耗斁。禮物廢隳。日居月諸。歲聿云暮。卜其吉日。

俯一作甫在上春。齋心永懷。坐以待曙。而百辟卿士。抗疏上言。咸謂人心未寧。不足以盡敬。寇孽猶在。不足以告功。迫於羣情。俯抑誠願。郊廟孔邇。瞻言莫從。悼心慚顏。胡寧自處。重以和平未洽。災沴薦臻。去歲旱蝗。兩河爲甚。人流不息。師出靡居。加之以徵求。因之以荒饉。困窮殍餒。轉死邱墟。關輔之間。冬無積雪。土膏未發。宿麥不滋。詳思咎徵。有爲而致。豈兵戎之後。餘祲尚存。將獄犴之中。深寃未釋。又河中淮右。逆將阻兵。汙脅齊人。陷之死地。雖欲自雪。厥路無由。抱義銜寃。足傷和氣。此皆由朕爽德。播災於人。爲之父母。實用媿恥。令元陰已謝。春日載陽。勾萌畢伸。幽蟄咸震。思與海內。同心自新。發號更元。用符天意。宜改興元二年爲貞元元年。自正月一日昧爽已前。大辟罪以下。已發覺未發覺。已結正未結正。繫囚見徒。罪無輕重。咸赦除之。先準敕令量移收敘人。所司據節文速與處分。應河中脅從將士。多是奉天赴難功臣。本居朔陲。夙尚忠節。豈以一夫詿誤。棄其累代勳庸。朕於此軍。尤所不忍。特宜洗滌。待以初誠。自非與官軍決戰。死於鋒刃。其餘雖臨陣擒獲。亦並釋放。如棄逆歸順者。在身先有官爵實封。一切如舊。仍

準前後制敕。所在便給賞錢。并與甄敘。如有因危效節。建立殊庸。量其事績。特加奬擢。李懷光若能翻然悔過。束身赴朝。念其嘗有大勳。必當終始全護。仍準前敕授之官封。朕於功臣。庶亦無負。淮西將吏百姓等。皆被劫制。久爲匪人。詢事原情。諒非獲已。今王師四合。計日誅夷。玉石俱焚。用增惻憫。宜令諸道進軍之日。唯罪首惡一人。自餘徒黨。悉從原宥。如有歸順及立功者。並準河中將士例。褒奬。夫爲國之要。在於審官。共理分憂。守宰彌切。闔境性命。繫乎其人。將使里閭無愁苦之聲。風俗興廉讓之教。得不愼簡

髦彥寄之化源自今已後諸州刺史有闕中書門下於朝官中精擇有理人才術者授之如刺史縣令在任頗年課績尤異者擢授侍郎給舍郎官御史中外迭處用觀其能賞罰必行期於競勸自頃選曹署吏唯以書判求人務騁浮華莫稽實行且能言者不必適用藴用者或未能言爲官擇人其在精覈宜令清資常參官每年於吏部選人中各舉所知一人堪任縣令錄事參軍者所司依資敘注擬便於甲歷之內具標舉主名銜仍牒報御史臺如到任後政理尤異及有贓犯事跡著明者所司錄舉官姓名聞奏

以爲襃貶其內外官員及京城諸使名目委御史審勘會商量并省停減仍集百寮定議務從簡約息費便人其京外官職田及息利官錢等黠吏詆欺移易疆畔或貧人轉徙捕繫親鄰日月滋深耗弊彌甚亦令百寮議其折衷擇善而行往以賦役殷繁人不堪命定爲兩稅事額易從比屬軍興或踰始制法無所守吏益爲姦哀我勞人汔可小息自諸道州府除兩稅外應有權宜科率差使一切悉停京畿及近縣所欠百姓和糴價值委度支即勘會支給諸道非臨寇賊州縣自冬已來點召官健子弟並宜放散任營生業應經陷賊州縣百姓屋宇被災毀并貧病老弱及遭傷損之類所在量加優恤使得安存天下名山大川并自古聖帝明王賢臣烈士祠廟墳墓各委當處長吏擇日致祭必資精潔以達志誠班爵有差所以序賢也廩秩有等所以明勸也今或高卑失序中外相踰至於卿士之家尚罹凍餒之患忠信重祿豈其然耶內外官祿及俸錢手力雜給等委中書門下度支即參詳定額聞奏應赴奉天及收城將士等並功存社稷節著艱危中心藏之豈忘酬報頃緣府藏空竭賞給未周乃眷勳臣實用增愧應準元

敕合請賞錢人等委所司節減在官及百司費用據所有財物速與給付應在京城及諸道立功將士等先有詔旨並許甄升所司勘會淹歷時月委中書門下即準元敕處分諸軍行營并河中朝邑被脅從將士家口在京及諸州府者宜令本道節度觀察使安存賑恤各令優給應諸軍諸使立仗見在城將士等共賜物七萬匹制書有未該備所司速比類條件聞奏敢以赦前事相言告者以其罪罪之亡命山澤挾藏軍器百日不首復罪如初赦書日行五百里遐邇咸知

冬至大禮大赦制 貞元元年十一月

門下君天下者受命於天地繼業於祖宗致其誠心惟敬與孝違敬莫大乎廢祀虧孝莫大乎黷神朕以眇身屬承大統縱欲敗度浸生厲階兵連禍深變起都邑六師播蕩九服震驚郊廟園陵陷於凶逆神人乏主將迨周星列聖大業幾墜於地違敬虧孝罪由朕躬撫臨萬邦甚用自愧側身思咎庶補將來股肱元臣比義叶德爪牙衆士勠力同心誅大憝而都邑廓清翦逋寇而關河底定玆朕再與王公卿尹洎億兆之人備其盛容修其禮物薦誠清廟展

敬圜丘陳謝罪愆告雪憤恥感慕慙惕若無所容上帝顧懷再新景命豈伊匪德獨荷鴻休思與普天誕膺多福可大赦天下自貞元元年十一月十一日昧爽已前大辟已下已發覺未發覺已結正未結正繫囚見徒罪無輕重常赦不原者咸赦除之左降官量移近處流人及藩鎮効力並即放還應有痕玷禁錮前後恩赦節文未該及者亦宜洗雪勿以爲累李希烈僭逆不道誠所難容朕憫念蒼生務息征討頻有詔命許其自新若能歸降依前敕待以不死淮西管內將士官吏百姓等一切原宥與之如初先有官封亦皆復舊如能特建功效者當別超擢若家口親屬在諸道者長吏綏撫各使安存其歸順百姓仍委節度觀察使刺史給空閒地任便安居優復終身務令全濟待事平已後聽歸本貫天下百姓去年十二月已前欠負官稅官租及諸色人逋懸一物已上但不在官典復內者一切免放內外文武官見任及致仕官三品已上賜爵三級四品已下加一階天下諸使諸將軍士三品已上賜爵一級四品已下加一階白身人賜勳三轉自頃兇渠倡亂逆臣附姦保據國都憑陵甸服朕出次郊邑再遷巴梁險阻艱

難靡不經歷暴亂之後乃彰烈士之功憂危之中方見直臣之節錄勳進善其可弭忘應奉天興元元年扈從立功并收京城將士食實封者各隨文武與一子官餘並加兩階仍賜勳三轉其文武百官應扈從到興元府者五品已上賜爵一級六品已下各加一階合入三品五品者不拘考限聽敘其五品已下父母未經追贈者與追贈應平河中將士即準元敕速與甄獎自建中四年已來有身死王事義烈著明未經襃贈者本道即具名銜事跡聞奏諸道有解退官健州府長吏切務安存仍量以空閒田地給付

免其差役任自營生社稷之勳以輔興王業統帥之任以總制戎麾參袞職者其德崇授麾節者其功大方鎮乃國之垣翰禁衛實予之爪牙尹京實賴於肅清主計尤資於辦集所須慶澤宜越常倫司徒兼中書令晟宜與一子五品正員官并四品階諸道副元帥各與一子六品正員官中書門下平章事充節度使各與一子七品正員官節度使及神策兵馬使六軍統軍金吾六軍大將軍判度支侍郎各與一子八品正員官都團練都防禦等使京兆河南尹金吾六軍將軍殿前射生兵馬使各與一子九品正員

官多難以來三十餘載克平禍亂屬在戎臣或節著艱危或勳高戰伐受任雖專於總帥成功亦賴於羣材懋賞推恩宜加裔嗣諸道大將功業崇高者各與一子官本使即詳定錄名聞奏副元帥都統兼節度使下每道各二十人都團練都防禦使下各十人如大將子孫之中有藝業優長性行純確者本使具狀聞薦仍量事資給令赴上都朕當隨材授官以充侍衛庶使忠臣之後與國無窮故尚父子儀先朝元勳再復京邑贈太尉秀實以死爲國節冠古今宜各與子孫一人五品正員官自至德以後節度使大將有忠烈績效著明其後淪翳者所司即條錄聞奏與子孫一人正員官諸色人應在賊中潛奉神主頃已甄賞宜便賜優崇三品已上賜爵一級四品已下加一階江淮轉運使檢校左僕射同中書門下平章事韓滉勵精勤職夙夜在公漕輓資儲千里相繼事無愆素人不告勞拯於凶災厥有成績可進封晉國公關畿之內連歲興戎荐屬天災稼穡不稔穀糴翔貴烝黎困窮倉廩空虛莫之賑贍每一興念惻然痛心宜令度支取江西湖南見運到襄州米十五萬石設法般赴上都以救百姓荒饉如山路險阻車

乘難通仍召貧人令其般運便以米充脚價務於全活流庸庶事優饒副朕勤恤立國之道始於親親所以厚骨肉之恩明教化之本況荐經艱故宗族漂淪敦睦之情有加常典大長公主長公主公主各與一子七品官嗣王郡王郡主縣主各與一子官出身應陪位皇親五等已上諸親三等已上者三品已上賜爵一級四品五品加一階六品已下及常選官散官等簡選日優與處分未出身人量授文武散官如宗子中有德行才能者宗正卿具以名聞當別奬任致理之本在乎審官審官之由資乎選士將務選

士之道必精養士之方魏晉已還澆風未革國庠鄉校唯尚浮華選部禮闈不稽實行學非爲已官必徇人法且非精弊將安救宜令百寮詳思所宜各修議狀送中書門下參較得失擇善而行有虞建官三載考績在漢爲吏或長子孫蓋吏久於官則人情不苟官久於事則理化有成日者制度廢隳考課乖舛淹速靡準升降無名欲令庶寮何所懲勸自今已後刺史縣令未經三考不得改移其餘非在職績效殊尤亦不得越次遷轉刺史停替須待魚書內外五品已上及常參官在任年考已深者即量才效用與

改中外迭處以觀其能夫明目達聰務廣聞見或慮懷才抱器輸忠納諫之倫地處幽遐無由自達永言於此夢想不忘應諸色人有長策濟時忠規匡主任具陳所見詣所居之州委刺史畧與討論觀其旨趣但有裨治道不涉私情便與附驛遞進朕當親覽自立兩稅經今百年或初定之時已有偏併或户口減耗舊額猶存輕重不均流亡轉甚委度支即折衷條理以卹困窮古者雖有水旱人無菜色皆由儲蓄不匱勸導有方前代所置義倉國初亦循其制被災救乏甚便於人即宜準貞觀故事天下所墾見田上自王公下及百姓每豐稔之歲秋夏兩時州縣長官以理勸課據頃畝多少隨所種粟豆稻麥逐便貯納以爲義倉如年穀不登卽量取賑給官司但爲立法勸諭不得收管仍各委本道觀察使逐便宜處置聞奏敦本厚生必資播殖當今所切莫甚於斯自今百姓有墾闢田疇加於常歲者所加之地不得輒徵租稅其刺史令長考課亦以本界墾田多少爲殿最今年蝗旱損甚州府開春之後量給種子使就農功天下應荒閒田有肥沃堪置屯田處委當管節度使觀察都團練都防禦等使刺史審細檢行以諸

色人及百姓情願者使之營佃如部署精當收穫數多本道使刺史特加褒升屯田等節級優賞如是逃户田地本主復業卽却給還輦轂之下四方會同供應既多難爲準定急賦繁役人何以堪宜令京兆尹與度支計會長安萬年兩縣每季各先支貯備錢五千貫文於縣庫收納定清幹官專知應緣卒須別索及雜供擬并工匠等縣令與專知官先對給價錢季終之後申度支勘會應闕和市和雇並須先給價錢兩稅外一物已上不得科配百姓御史臺朝廷紀綱尚書省治化根本百度得失繫乎其人自頃制

赦頒行。所司多不遵守。王臣奉職。豈所宜然。委御史臺左右丞切糾稽違。無壅朕命。南郊太清宮太廟應職掌行事官。郊廟攝將軍中郎郎將及留守副留守內定行從官三品已上各賜爵一級。四品已下加一階。並賜勳兩轉。其諸色支供作官司直長上流外灼然要職掌者。並賜勳兩轉。行事室長掌坐齋郎禮生贊者。減二年勞。無勞可減者。簡選日優與處分。崇賢館學生見在者。減帖策各一道。國子監陪位學生賜勳一轉。介公酅公各與一子官。如無子孫。賜物一百匹。神策六軍殿前左右射生英武威遠皇城左

右金吾街使將士應緣大禮宿衛御樓立仗及守本庫本營者。共賜物若干端匹。天災作沴。深儆予衷。跼蹐憂慚。罔知攸措。今穀價騰踊。人情震驚。鄉閭不居。骨肉相棄。流離殞斃。所不忍聞。公私之間。廩食俱闕。既無賑恤。又復徵求。財殫力竭。繼以鞭箠。弛征則軍糧乏贍。厚取則人何以堪。念茲困窮。痛切心骨。思所以濟。浩無津涯。補過實在於增修。救患莫如於息費。致咎之本。既由朕躬。謝遣之誠。宜自朕始。宜令尚食所進御膳。每日各減下一半。應宮人等每月惟供給糧米一千五百碩。飛龍廄馬。從今已後至三十日已前並減一半料。京兆府應差科百姓及和市和買等諸色目事。無大小。一切並停。公私債負。容待蠶麥熟後徵理。

貞元九年冬至大禮大赦制

門下。朕以寡德。屬當大統。皇天眷佑。俾主兆人。懼不克承。夙夜祗畏。緬懷前烈。致於昇平。予心浩然。罔知攸濟。小大之務。曷嘗不勤。芻蕘之言。亦莫不敬。慮每存於致理。志常在於恤人。中宵屢興。終食累歎。一事乖弛。惄焉疚懷。一夫罹殃。惻若傷體。思與海內同臻大和。息其戰爭。保其生業。降心從衆。實匪有辭。克己利人。誠無所悋。然以視聽有極。

思慮難周。況乎長自深宮。安於近習。損益之理。寧免過差。幽遠之情。固多未達。由是兢兢砥礪。悔往修來。燭理所患於不明。推心庶幾於無負。日慎一日。於今十有五年矣。上靈降鑒。多士叶誠。五稼屢豐。四鄙不擾。方鎮輯睦。干戈戢寧。邊壘繕完。殊方款附。協天地會昌之運。實宗社無疆之休。慶既荷於元功。禮有昭於大報。矧惟霜露之感。永切孝思。禋燎之儀。每勤精意。將申誠敬。其在躬親。是與公卿大夫。虔奉犧牲。恭奠圭璧。陳其文物。薦其馨香。類秩於泰壇

朝享於寢廟率職來助萬邦攸同備物致嚴百禮具舉誠慕獲展神人允諧明發永懷慶感斯集純嘏所錫豈惟朕躬思俾普天均承惠澤可大赦天下貞元九年十一月十日昧爽已前繫囚見徒大辟已下罪無輕重咸赦除之其見於官司辯對者亦並放免官人犯入已贓不可令其却上已後勿以爲累左降官及流人並量移近處其官已經量移未復資者還其階爵竄謫遐裔冀速沾恩比者準制量移所司比例申牒屢加盤覆累涉歲年既甚淹遲且不均一宜令吏部刑部審勘檢本流貶及量移敕旨比類元

犯事狀輕重兩月內與處分內外文武見任及致仕家居幷諸軍諸使將士等三品已上賜爵一級四品已下加一階從我巡狩涉於艱難錄其忠勞宜有優異應從奉天扈從至興元府文武官將士等普恩之外三品已上賜爵一級四品已下加一階兵興已來垂四十載稅額煩重人已困窮因之以流離加之以凍餒爲人父母實切哀傷誠由德化未孚耗斁猶廣每欲蠲復使之小休迫於軍儲有意未就姑示勤恤減其田租惠貸非多良深憫愧天下百姓貞元十年地租斛㪷應合度支收管者宜並三分減收一

分如當管無屬度支斛㪷即減放合送上都十分之一其所放斛㪷錢物並委巡院官與觀察經略等使計會審勘定數分明榜示百姓仍具申奏去年以來所有貸糧種子並存百姓腹內者一切放免富國安人在於薄斂必不得已簡則易從自頃削去煩苛定爲兩稅既無他撓頗便於時朕推誠御人所貴在信保此成法期於不踰凡百有司所宜遵守儻求取無節則因緣起姦獲利失人殊乖朕意諸司諸使及諸州府除兩稅外別有科配悉宜禁絕近年以來因和市和糴欠負百姓錢物並即塡還已後官司應

有市糴者各須先付價直不得賒取抑配因茲斂怨擾人水旱爲災古人不免苟有豐蓄則無凶年間屬多虞里閭凋耗如務求於日給不遑慮於歲儲一穀不成人則艱食害至而救其傷已多俾無餒殍之憂將在備之而已宜委諸州府長吏每年以當管迴殘餘羨錢物穀賤時收糴各隨便近貯納年終具有無多少報中書門下兼申考功以爲考課陞降如有替代各分交領準前申報若遇災異不稔即量事給與百姓輒有將充諸色用者以枉法贓罪之其勸課百姓自置義倉仍準貞元元年十一月十一日制

處分立人之道惟孝與忠孝莫大於榮親忠莫先於竭節惟爾師長卿校洎乎方岳列藩保乂皇家交修庶績竭節之效既昭乃誠榮親之恩宜洽國典內外文武清望職事官幷節度觀察都防禦都團練經畧等使父在未有官量授檢校五品官母在未有邑號者各封邑號父母亡沒者量與追贈已經追贈者更與改贈佐運之臣納忠之輔功既存於社稷慶宜及於子孫故周錫土田漢傳帶礪疇其爵邑與國始終固以明報德之恩勸爲臣之節其或年代未遠利澤猶存祠宇已變於荒墟裔嗣不編於仕籍思其

人猶愛其樹況奠享之主而不加省錄者乎興滅國繼絕代所以禮先賢也修宗廟敬祀事所以教追孝也化俗歸厚此其大端應九廟配享功臣及武德以來將相名節特高有封爵廢絕祠廟無主者宜許子孫一人紹封以時享祀自今以後應有家廟子孫但傳襲封爵者並許享祔於廟其有毀賣私廟及買之者各以犯教義贓論自古聖帝明王忠臣烈士各令所在長吏以禮致祭書敘明目達聰垂拱而理詩稱濟濟多士文王以寧舍己從人故能通天下之志棄瑕錄用故能盡天下之才昔在太宗勤求理道納諫如響任賢勿疑致俗於太平垂範於永代朕獲承鴻緒追慕聖猷書之座隅常自儆勵朝夕翹想庶聞嘉謀夢寐勞懷思得賢士凡厥在位所宜共成諸司官有陳便宜者各盡所見條疏封進事有冤滯政有闕遺悉當極言無或隱避詔敕不便於時者所司執奏以聞天下有蘊德懷才隱居不仕委所在觀察使表薦當以禮邀致諸色人中有賢良方正能直言極諫或博通墳典達於教化或詳練故事長於著述或精習律令曉暢法理或該明吏術可委理人或洞識韜畧堪任將帥者委所在州府長吏及臺省

常參官詳錄行能舉奏仍牒報吏部其所舉人並限來年七月內到京朕當親試應緣大禮掌職行事仗內引駕攝將軍中郎郎將留守副留守幷諸道表狀陪位法駕三引官等三品已上更賜爵一級四品已下加一階其郊壇宮廟行事官仍各賜勳兩轉皇親諸親應陪位者三品已上賜爵一級四品五品加一階六品已下及常選官至選日優與處分白身人及諸色應陪位官等各賜勳兩轉親王大長公主郡主縣主賜物各有差鄜公介公各賜物若干段行事室長掌坐齋郎禮生贊者各減一年勞無勞可減

者至簡選日優與處分崇賢館學生減策一道國子監學生陪位者及應緣祇應諸司作官直長長上流外要職掌內侍省白身諸州行綱考典兩京耆壽諸色番役當上在城弁量留十月番人等各賜勳一轉鴻臚番客共賜物若干神策六軍英武威遠皇城金吾街使諸軍諸使將士應緣大禮宿衛御樓立仗及守本庫本營者共賜物若干端疋天下耆老百歲已上者各賜錦帛五段米五碩八十已上及鰥寡惸獨不能自存者委刺史縣令各加優恤應緣大禮加階及賜勳爵等申報敘奏期限並準貞元六年十

二月二日敕處分餘依常式所司不須更作條件赦書日行五百里布告遐邇咸使聞知

李晟司徒兼中書令制

雲雷構屯寓縣興難非山岳降神不生良弼非股肱叶契不集大勳故高宗得傅說中興殷邦宣王任吉甫重光周道天寶之季寇陷二京時則先臣子儀翼戴肅宗戡定禍亂再造區夏於今賴之肆予小子獲續丕構不克負荷失守宗祧天祚我唐降生忠烈有社稷之臣曰開府儀同三司檢校尚書左僕射中書門下平章事充神策軍節度鄜坊等州管內觀察處置等使京畿渭南渭北商華等州兵馬副元帥上柱國合川郡王李晟沈肅有勇堅明能斷聞難感憤誓軍徂征誠激於衷義形於色自河之右萬里濟師殷然雷奔大盜懾駭屬皇家不造戎帥誘姦重茲播遷郊甸震蕩而晟蓄銳養士深壘固軍以謀吞元兇以義糾羣帥躬擐甲冑率先啟行布忠信為軍聲持義烈為戰器廓清氛沴寧復皇都宗廟載安宇宙斯泰佐予興運時乃茂功德厚者任崇業盛者報重升以元輔建於上公熙庶績而翼宣九歌擾兆人而敬敷五教用疇井賦貽厥子孫

與國咸休永播丕烈可司徒兼中書令仍賜實封一千戶餘並如故俟還京後所司擇日備禮冊拜宣示中外以彰元勳

蕭復劉從一姜公輔平章事制

宰輔之任獻替為務內凝庶績外撫四夷調陰陽以成歲功贊化育而熙帝載若金用礪其弼予違如旱為霖允從人望矧時屬多難彌切任賢朕未嘗不朝夕論思夢寐懷想道之所在人遠乎哉朝議大夫守戶部尚書兼御史大夫充荊襄江西等道都元帥統軍長史豐縣開國公賜紫

金魚袋蕭復性質端亮理識精敏約已宏物體方用圓爲邦必表其理能及讜亟聞於鯁議動可成範立不易方守尚書吏部郎中兼御史中丞充荊襄江西等道都元帥判官賜緋魚袋劉從一貞白其行溫恭其文居簡而適用必通體和而臨事有立持重能斷端懿有恒累更委任多所宏益守京兆府戶曹參軍翰林學士賜緋魚袋姜公輔志懷濟物鑒必通理主文而諫忠靡退言經始以謀事皆前定道無屈撓智適變通並可以參贊大猷光膺僉屬兵戎未靖期爾經綸都邑未康期爾還定予一人有過爾是用

匡伊萬姓不寧爾是用乂欽哉愼乃有位罔瘝厥官復可守吏部尚書同中書門下平章事散官封賜如故從一可守尚書刑部侍郎同中書門下平章事賜紫金魚袋公輔可守諫議大夫同中書門下平章事賜紫金魚袋

張延賞中書侍郎平章事制

兩漢制理由乎審官多以牧宰高第入居台輔黃霸自潁川而次遷丞相卓茂由密令而超拜三公蓋以爲國本於親人舉賢先於稱職旌能勸善風化大端今革車薦興賦煩人散匡弼寡昧屬於才臣光祿大夫檢校吏部尚書兼成都尹御史大夫充劍南西川副大使管內度支營田觀察處置等使上柱國魏國公張延賞崇飭文行勵精理道踐歷中外所至有聲慮必周密心無屈撓簡廉以肅吏慈惠以愛人明以照姦和以定衆去若始至久而見思秉志不渝課績常最以爾循良之化佐予綏兆人以爾經綸之才佐予熙庶績仍資威重兼領蕃維式慰甘棠之思且繼緇衣之美懋昭邦典勿替家聲可中書侍郎平章事依前兼成都尹餘如故

渾瑊侍中制

論道經邦興戎定亂執是二柄毗予一人得諸全才康濟大難懋官胙土備舉彝章開府儀同三司檢校尚書左僕射同中書門下平章事兼靈州大都督府長史充靈鹽銀夏等節度管內觀察處置度支營田押蕃部落等使仍充朔方邠寧振武等道奉天永平軍行營節度副元帥柱國樓煩郡王渾瑊神降才傑天資忠厚叶于興運爲國輔臣往以盜起上京駕言出狩羣兇怙亂再犯郊畿時乃奮揚武威董制師律深居籌畫奸慝寢謀當敵指揮士旅增氣危城克固我伐用張重以賊臣蔑恩養寇資亂再罹艱阻

播越巴梁。時乃幷轡載馳。執羈從邁。有見危致命之節。有憂國滅私之誠。凜然貞規。介若金石。縱橫有夷難之畧。感激陳復國之謀。分總偏師。徑出重險。秉大節以誓羣帥。布寬令以宥脅從。師次近郊。摧兇靡抗。軍臨近甸。下邑如歸。推成功以不居。期盡敵以自效。率其全衆。揚旆前追。雄威疾馳。元惡授首。柔德懷服。餘黨歸心。埽闢氛昬。安復園寢。懋乃嘉績。其維格天。范燮之讓能。耿弇之殄寇。總是二美。瑊其有焉。足以銘勳旂常。垂美竹帛。宜首台階之列。仍疇井邑之賦。祇膺時命。無替厥庸。可侍中。仍賜實封八百戶。餘如故。

欽定全唐文卷四百六十二

陸贄 三

盧翰劉從一門下中書侍郎平章事制

寅亮天工。宏宣理本。俾予從乂。時乃輔臣。扈蹕載驅。以勞定國。懋官遷列。式是彝章。銀青光祿大夫行尚書兵部侍郎同中書門下平章事范陽縣開國公盧翰。嚴重不撓。貞方自持。養恬鎮俗。居簡濟衆。言思無隱。事必有恒。守刑部侍郎同中書門下平章事賜紫金魚袋劉從一。質厚氣深。識精體遠。沖用無竭。貞規不渝。從容以和。出納惟允。自鑾車載駕。薄狩於梁。執羈有從我之勤。及奮勵匪躬之節。交修不逮。庶績其凝。俾承命於掖垣。仍參掌於樞務。今百度伊始。六府載張。論駁是非。不可以不審。宣揚憲令。不可以不明。爾其欽承。無墜我休命。翰可門下侍郎同中書門下平章事。散官勳封如故。從一可中書侍郎同中書門下平章事。餘如故。

劉滋崔造齊映平章事制

朕嗣位君臨。精求理道。小大之務。靡不經心。日慎一日。于今八載。教化未洽。烝黎未康。因之以甲兵。繼之以災沴。斯固鑒有所不至。慮有所不周。予深浩然。若涉深水。思所以匡我致理。助我官人。宣其澤而四方以寧。執其要而百工式敍。允是大任。其惟輔臣。夢想勞懷。敷求俊乂。察言而觀行。因事以考能。周行之中。乃得良弼。權知吏部侍郎劉滋。操履貞清。介然自守。居能慎獨。動不違仁。析理究其精微。勵學探於奧旨。守給事中賜緋魚袋崔造。性合道要。誠通化源。適時有成務之才。事上懷匪躬之節。蘊蓄器業。居爲名臣。中書舍人賜紫金魚袋齊映。修已以立。自明而誠。體賢人可大之規。用君子時中之道。虛受能擇。清通不流。惟

滋之直方。可以激風俗。惟造之體度。可以振條綱。惟映之精深。可以該物理。我有大典。爾其參之。懋昭厥猷。勿替休聞。滋可充散騎常侍同平章事。造闕　仍賜金魚袋。其有散官封賜並如故。

李納檢校右僕射平章事制

忠所貴乎竭誠。善莫大於改過。況茂勳有舊。崇德日新。翼戴勵勤王之節。經綸申盡敵之略。敦奬之道。時惟國章。平盧淄青節度管內度支營田處置等使開府儀同三司檢校工部尚書使持節鄆州諸軍事兼鄆州刺史隴西郡王李納。稟性端厚。執心寬簡。通變適用。和順積中。服勞王家。夙有成績。乘秋備塞。克著威聲。累歲專城。載揚理行。間者心懷險阻。誠義鬱堙。旋能歸款上聞。期於率德。自効忠節。純固久而益彰。爰整銳師。式遏亂略。保障宋服。塡壓浚郊。嶷如長城。作固東土。嘉乃率服之美。懋乃輸力之勤。擢升袞司。載董戎輸。元成嗣台輔之業。亞夫繼社稷之勳。俾爾兼榮。無替厥服。檢校右僕射平章事。餘如故。

韓滉檢校左僕射平章事制

周召由輔弼之臣。兼方伯之任。蓋以理化根本在於親人。

通兆庶之情。以佐天子。秉家邦之慶。以臨諸侯。故能中外允釐。上下無壅。今我有命。意其在茲。金紫光祿大夫檢校尚書左僕射兼潤州刺史御史大夫充鎮海軍浙江東西節度觀察處置等使上柱國南陽郡開國公韓滉。文行忠信。備修身之道。勤儉貞固。有成務之才。累更委遇。多處繁重。一心奉職。終始不渝。内告謀猷。以匡時化。外持憲法。以一人心。理尚廉平。事皆釐飭。奸盜衰息。禮義興行。惠茲一方。時乃之德。陳師旅以遏寇讎。納餽糧以修職貢。張我威武。實我資儲。令必應期。謀無愆素。濟於多難。時乃之功。宜

其參務中樞。翼宣大化。仍兼漕運。兼領蕃維。樹南國之風猷。贍中都之廩。實予則有望。爾其懋哉。繼於前人。無替厥服。可檢校左僕射同平章事。依前鎭海軍浙江東西節度觀察處置等使兼充江淮轉運使。餘如故。

李勉太子太師制

立國之本。所繫於元良。宏教之方。必由於端士。非精識前典。德冠當時。恭敬溫文。其將安倣。吾是以輟台階之老。選宗室之賢。輔翼春闈。是資教諭。檢校司徒同平章事充太清宮使崇文館大學士上柱國汧國公李勉。忠信孝友。直

方簡儉。達君臣父子之際。知禮樂教化之端。虛澹保和。貞明寡欲。求舊則德懋。敘親則屬尊。師範國儲。無易其選。可檢校司徒兼太子太師。散官封勳如故。

姜公輔左庶子制

君之任臣。有優賢賜告之義。臣之事君。有量力知止之道。故能進退以禮。終始可勝。此朕三事大夫濟理圖全之意也。守諫議大夫同平章事賜紫金魚袋姜公輔。首舉高第。擢居諫曹。爰資美才。參掌密命。居易勵修身之操。見危著從我之勤。自處台司。累疏陳乞。忌滿思退。持盈守謙。留中久之。重難其請。式光撝抑。俾尹宮坊。可太子左庶子。勳賜如故。

崔造右庶子制

宰相之職。允釐百工。時惟仰成。不可廢闕。中散大夫行給事中同平章事上柱國安平縣開國男賜紫金魚袋崔造。頃居掖垣。參掌樞密。總領繁重。積勞疹深。亦既優賢。賜之長告。歲聿云暮。有加無瘳。披誠自陳。章疏三上。知止之道。守之甚堅。處以休閑。俾遂頤養。可太子右庶子。勳賜如故。

盧翰太子賓客制

求賢審官。以康庶績。就閑優秩。以處舊臣。蓋欲敦終始之恩。全進退之禮。金紫光祿大夫行門下平章事范陽郡公盧翰。頃因多難。從我於征。以其年及老成。任推先進。方將求舊。擢處台衡。荏苒迄今。亟淹星歲。勤勞既久。衰疢有加。宜徙職於春闈。用優賢於暮齒。可太子賓客。勳賜如故。

賈耽東都留守制

河洛舊都。時巡久曠。命以居守。俾之保綏。間者淮甸不寧。汝墳屢警。增置軍府。作蕃王畿。職任既分。威望非重。思有總制。一其典刑。爰資信臣。往乂東夏。銀青光祿大夫守工

部尚書魏國公賈耽器達貞方識通大體明九域山川之要究五方風俗之宜恒因物情以施教化所莅之郡藹其休聲悅李廣之風人皆自便懷羊祜之德敵不敢侵自誠而明在久彌著分我憂寄實惟其人董制軍師安集疲瘵統禦都邑握持紀綱懋昭厥猷無替朕命可守本官兼御史大夫充東都留守東都畿汝州都防禦觀察等使判東都尚書省事散官勳封如故

崔縱東都留守制

居守之重固難其人近歲以來益又繁綜領廉察之任專禦備之權地廣務殷一皆咨稟非利用罔以通濟非純德不能保綏周爰咨詢公論有屬銀青光祿大夫行尚書吏部侍郎上柱國安平縣公崔縱素風自遠代濟忠貞慶之所鍾繼有才哲氣質淳茂識度淹通藴經遠之沉謀宣適時之利用寬而不弛簡則能周以茲公方多歷要重小大之務必聞休聲輟於周行式是東夏擢居春官之長且兼副相之雄懋昭厥庸期復先構可檢校禮部尚書兼御史大夫充東都留守判東都尚書省充東都畿汝唐鄧等州都防禦觀察處置使散官勳封如故

普王荆襄江西等道兵馬都元帥制

君人立極所務於勝殘秉律成師實先於謀帥申明號令總制紀綱宏九合之功決百勝之略非慎簡不可以濟事非僉屬不可以臨人集大勳者必振其宏綱體至公者無避於內舉爰擇藩翰俾掌元戎開府儀同三司舒王誼性稟忠厚訓知禮樂居常樂善動不違仁察其內恕外溫必能安人和衆體方識敏諒可成功庶乎知子之明授以貞師之律可揚州大都督持節充荆襄江西沔鄂等道節度使及諸軍行營兵馬都元帥餘如故仍賜名誼改封普王嗚呼小子誼其敬聽朕命我國家之有天下百七十載於茲矣祖宗垂化紹統（一作祖宗垂統）功德繼茂威加殊俗惠洽普天海隅蒼生代受亭育躋之於福壽煦之以仁和源廣流長慶深祚遠歷數有歸纘於朕躬兢兢業業懼不負荷虔恭寅畏歲五周星循列聖之耿光稽上古之謨訓一物失所是用疚心萬方有罪每懷咎己懸法皆考於天則（一作意）舉事必酌於人謀期合大中罔循私欲而涉道猶淺燭理未明文闕於化成武乏於定亂刑賞失中授任乖方厚澤未均大信未著致使兇慝熾禍干紀亂常悖違君親蔑棄

天地盜據我都邑毒痛我士庶驅脅丁壯暴骸於原野攘奪贏老轉死於溝壑忠良隕命義烈銜冤迫以兇殘莫由自奮憤深骨髓怨結蒼旻朕所以中宵屢興終食三歎哀蒼生之無告閔赤子之非辜爲人父母寧忘愧悼賴三事大夫竭誠於內羣帥爪牙宣力於外交修不逮（一作怠）日冀康寧江漢上游建瓴制寇亘千里之地連十萬之師保大定功宜有統壹允副茲選往哉汝諧無以貴驕人無以善自伐無縱已之慾無咈衆之謨從諫如流改過勿吝卑躬降志以奉賓傅絶甘分少以撫軍師布誠信以歸人心明賞罰以盡士力詰姦誅暴懋昭乃勳敬事恤人無替朕命膺茲重任可不勉歟建中四年九月二十六日

馬燧渾瑊副元帥招討河中制

天地殊位君臣異制苟不率道茲謂亂常退而增脩於是有舞干之義諭以還善於是有文告之辭若猶不悛乃用致討興戎動衆豈得已哉李懷光擢自軍侯委之節制亟有勤績累加寵榮總衆駿奔自遠赴難解圍逐寇朕甚德之位極上台寄崇總帥親之若同體信之無間言朕於斯人亦已厚矣而器小任重固貽顛覆有功自棄無罪自疑崇信讒邪脅逐將帥養寇資亂蓄奸幸災朕素所推誠猶謂非實優容任遇坦然如初凶跡既盈醜蹤彌露謀危社稷通結渠魁公相往來無復忌畏窮極兇悖所不忍言朕播遷巴梁違遠陵寢大懼失墜爲列聖羞賴先澤在人兆庶知感朔方將士忠節不渝懷光既沮姦謀詭稱效順累陳欵疏請詣闕庭朕深惟舊勳務欲全貸授以師保之任疇其井賦之食璽書勞問誓以終始懷光遂殺辱使臣完聚守保將以悖慢之罪加於忠義之軍因茲脅從冀與同惡謂衆可罔謂天可欺覆載所不容人臣所共棄討除大憝招輯非辜爰咨輔臣以董戎寄銀青光祿大夫檢校司空同中書門下平章事兼太原尹北都留守充河東保寧軍節度使北平郡王馬燧操業端亮器宇宏達秉難奪之節負不羈之才常持至公深識大體感激而三軍有勇彌綸而庶績允諧威聲所臨郡邑皆復殿于北土隱若長城元從奉天定難功臣開府儀同三司行侍中兼靈州大都督靈鹽豐夏等州節度使管內度支營田觀察處置押蕃部落等使充朔方邠寧振武等道奉天永平等軍行營節度兵馬副元帥上柱國樓煩郡王渾瑊淳粹積中仁厚成

性布寬大以容衆著誠信以撫人事必沉詳臨危益辦節惟貞固在險逾彰宏濟艱難懋昭勳閥出納朕命光膺具瞻並文武全林安危注意副我憂勤時惟二臣比德協謀往清多難燧可兼充奉誠軍及晉絳隰磁等州節度管內諸軍行營兵馬副元帥餘並如故瑊可兼河中尹充河中絳州節度觀察處置等使仍充河中絳州同陝虢等管內諸軍行營兵馬副元帥功臣開府本官勳封並如故嗚呼朕不敏不明失於君道連禍未息勞師靡居中心自咎鬱若焚灼又以朔土之衆代著忠勞橫遭污脅深所憫惜爾

其敬敷朕命明諭朕懷務於招綏非黷威武惟輸誠歸順罔有不赦惟執逆拒命罰止元兇寧失不經無濫無罪列爵懸賞用俟勳賢布告遐邇咸令知悉

李晟鳳翔隴西節度兼涇原副元帥制

周之元老以分陝爲重漢之丞相以憂邊見稱故方岳克寧疆場不聳安人保大致理之端今所以重煩上台作鎮西土奉天定難功臣司徒兼中書令充神策軍節度鄜坊丹延等州觀察處置等使仍充京畿渭北（一作南）鄜州華州（一作商州華州又作商華等州）兵馬副元帥上柱國合川郡王李晟勵精剛之操體博大之德適時變通而大節不奪虛受廣納而獨斷自明奉法以身推功以下衆無犯命人用樂從懷德畏威令行禁止誓羣帥於危疑之際駐孤軍於板蕩之中氣凌風雲誠動天地一鼓而兇徒折北再駕而都邑廓清師皆如歸人不知戰再安社稷功格皇天而明識秉彝清風激俗雅尚恬曠撝謙有光朕以汧隴近郊扶風右地川阜連亙抵於回中限界諸夷藩屏王室所屬誠重允付元臣兼二將之甲兵崇十連之元帥宣威耀武罷警息兵俾予仰成時乃丕烈可兼鳳翔尹充鳳翔隴右節度度支營

田觀察處置等使仍充鳳翔隴右涇原節度管內諸軍及四鎮北庭行營兵馬副元帥改封西平郡王功臣本官兼官勳並如故

劉洽檢校司空充諸道兵馬都統制

論道經邦允歸碩望建牙統衆必藉雄才中外具瞻安危注意今以二柄付之元臣開府儀同三司檢校尚書左僕射同中書門下平章事持節宋州諸軍事兼宋州刺史充宣武軍節度使度支營田宋亳潁等州觀察處置等使仍權知汴滑宋亳等州都統兵馬事懷德郡王劉洽秉志端

亮飭躬簡儉博厚足以容衆和易足以長人純孝榮親盡忠事國分我閫寄殿於大藩扼制淮夷保障楚甸戎捷繼至軍聲再揚殪羣兇於宛邱驅大憝於梁野控引漕輓委輸京師予嘉乃勳懋乃貞節用錫丕命俾揚洪休夔贊三台紀綱羣帥式是大任爾惟欽哉可檢校司空同中書門下平章事依前宣武軍節度使度支營田宋亳等州觀察處置等使仍充宋亳潁等州管內諸軍兵馬都統散官勳封如故

渾瑊京畿金商節度使制

王者之制安不忘危宏其道則文武齊致教其人則農戰兼務故雖縣內不可去兵況密邇寇虞干紀稔慝都邑郊甸騷然靡寧聿求信臣特建戎號濟人夷難允屬勳賢京畿渭北節度使兵部尚書行在左都虞侯渾瑊忠貞博厚温恭簡肅持重不撓好謀而成居業克敦其詩書受賜每陳於廊廡能推誠而撫下不伐已以拒人委任中外咸著聲績夷險一貫隱然殷邦朕越在郊坰偪於兇醜授之師律式是戎昭侍衛增嚴斥候無爽檢身齊衆同士伍之勞苦敎陣整旅壯行列之威容靜以代謀動而制勝臨危勵節予有賴焉王圻之內沃壤千里緜亘商嶺屏於南門觀風靖人詰禁誅暴俾爾兼領用孚於休可京畿渭北渭南金商節度觀察處置等使餘並如故

杜亞淮南節度使制

淮海奧區一方都會兼水陸漕輓之利有澤漁山伐之饒俗具五方地綿千里聿求良牧豈易其才今又革車方興軍賦屢調體於寬大則事缺務於辦集則人殘自非剛柔適中文武兼備其何以副我憂勤惠綏南方正議大夫行尚書刑部侍郎上柱國扶風縣開國男杜亞識精體要學

究宗源妙於用而有常通其變而能久爲理敦教化之本立言參禮法之中道無緇磷行有枝葉回翔省闥表彌綸獻納之勤踐歷方州著清靜循良之稱其嚴重可以鎮俗其才術可以匡時休有令聞輝映朝列朕以東南思乂注意求賢爰輟名臣俾寧藩服往率厥職時惟欽哉可揚州大都督府長史兼御史大夫充淮南節度觀察處置等使

虔王申光隨蔡等州節度使制

門下自昔哲王疆理天下必選其明德樹之宗親參制藩維夾輔王室賢戚並建時惟休哉長淮之西厥壤千里人

靡寧息於茲有年朕甚永懷慘若焚灼思得良帥代予安人釋其危疑彰我信惠以親而擾其在於茲開府儀同三司虔王諒性本溫恭生知忠孝祇服訓導躬行不渝言皆副識事必求當端愼可以鎭俗寬厚可以長人厎綏一方庶允憂屬可申光隨蔡等州節度副大使管內觀察處置等使餘如故

唐朝臣振武節度論惟明鄜坊觀察使制

分命使臣統臨方岳弛張之道蓋亦從宜近甸無虞則但廉風俗邊陲式遏則兼假旌旄名制雖殊委任俱重膺是

選命莫非勳賢開府儀同三司檢校兵部尚書兼鄜州刺史御史大夫充鄜坊丹延等州節度觀察處置等使平樂郡王唐朝臣嘗總偏師遣於多難仗義率衆臨危不迴保全關衞抗絕兇逆守而能固出則有功每急病而讓夷嘗以寡而敵衆竟殲大憝克集茂勳炳然貞心堅若金石洎息師歸鎭按俗須條軍旅慰安流庸悅附奉天定難功臣開府儀同三司檢校工部尚書兼左金吾衞大將軍充右街使上柱國建康郡王論惟明釋位勤王有赴難之節扞城禦寇有持危之功奉主忘身棄家從國越自郊甸再踰巴梁險阻艱難靡不陪扈忠義所在死生以之久司禁戎益茂勳績器質敦實識度寬敏通明吏職練達武經本之以純良輔之以才術俾居藩翰僉謂汝諧朕以北控單于國之巨鎭彼方戎帥沉痼是嬰卧護邊軍已淹寒暑憫其盡瘁難以重煩爰洽信臣更踐厥職朝臣可依前檢校兵部尚書兼單于大都護御史大夫充振武綏銀麟勝等州節度營田觀察處置押蕃落等使惟明可依前檢校工部尚書兼鄜州刺史御史大夫充鄜坊丹延等都防禦觀察處置等使餘並如故

嘉王橫海軍節度使制

度土分疆設官莅事因時設制期在理安必順物宜且從人欲版圖既溢則疏邑以制州統攝或乖則分部而建長沿革之道亦何常哉滄海之隅地饒俗阜隱然北土實曰雄藩鎭撫之宜是資懿戚開府儀同三司嘉王運氣本元淳重承先訓忠肅孝友寬仁惠和勤於服儒樂在爲善施於事任必有可觀舉不失親至公斯在欽率厥職永孚於休可橫海軍節度使滄景等州觀察處置等使勳封如故

韓滉加檢校右僕射制

周制以輔翼之臣出作方伯漢官以牧守之最擢拜公卿
其在匡時中外同體朕以大勞未乂勤卹於黎元多難荐
興注意於藩岳就加命服式寵能賢則增秩進律亦古之
道也金紫光祿大夫檢校吏部尚書使持節潤州諸軍使
兼潤州刺史御史大夫充鎮江軍浙江東西節度觀察等
使韓滉忠肅剛直清公簡儉持至公以檢下強禦必繩秉
大節以事君險艱無易惠能恤衆明足照姦歲發勤王之
師日增贍國之賦軍無撓敗俗以阜康殿於大邦理平訟
息朝有勸典昭升乃庸胙土以報勤懋官以旌德厎乂江
甸永孚於休可檢校尚書右僕射進封昌黎縣開國公餘
如故

馬燧李皋賜實封制

列爵以旌德胙土以報功國有彝章是用褒勸朕以不德
間逢多虞蒲坂有叛亂之臣淮沂有僭逆之帥萬姓罹害
四方靡寧奉誠軍節度兵馬元帥檢校司徒兼侍中馬燧
聞難之初忠誠奮發躬帥士旅討茲不庭略地如歸攻城
必克晉絳磁隰靡然向風元兇勢窮竟就梟戮清我甸服
時惟茂勲荆南節度觀察處置等使檢校戶部尚書嗣曹

王皋親率全軍抗於強虜晝夜不息迨於三年謀成必臧
師出皆捷復蘄黃之地拔安陸之城隱其威名保乂江漢
並著節於國存功於人跡效炳然僉議攸屬雖懋官已序
而食賦未加疇庸之科無乃有闕宜其寵錫以答殊休燧
可賜實封五百戶通前七百戶皋可賜實封三百戶

韓滉度支鹽鐵轉運等使制

食貨所資邦家大本總領之重必推元臣故周以冢宰制
國用漢以丞相調軍食官給人足謂之善經今戶口凋傷
財產衰耗邊疆未靖役費尚多思欲均厚薄之征權重輕
之制國無匱乏人不怨咨運籌佐時其在良輔金紫光祿
大夫檢校尚書左僕射同中書門下平章事充鎮海軍浙
江東西節度兼江淮轉運等使晉國公韓滉昔事先朝常
掌邦賦貞心獨立一志在公吏無姦欺財以饒羨自臨江
甸事舉風行職貢有加轉餉相繼成功允集艱食用康介
於方隅未極材術宜其宏濟式副具瞻可充度支及諸道
鹽鐵轉運等使餘如故

李叔明右僕射制

行止兩全必惟明哲致其用以匡國敦平道以保身周旋

令名始終不替斯賢者之極致而行之實難金紫光祿大夫守太子少傅檢校尚書右僕射持節梓州諸軍事兼梓州刺史御史大夫充劍南東川節度副大使知節度事管內度支觀察處置等使蘇國公李叔明稟粹挺生蔚爲邦傑虛懷朗暢達識周通早以器能累更任遇中外所踐必聞休聲嘗尹京師姦豪屏息洎臨方岳風俗澄清吏服嚴明人懷德惠憂公奉職勵節存誠服勞王家行及三紀以茲盡瘁沉恙所嬰扶疾趨朝披誠告老固陳衰瘵深戒滿盈情皆發衷語且形泣視其激切良所軫懷敦勸既頻辭

乞彌固繼獻章疏期於必從省之憮然用增感歎雖惜其舊德往涖遐藩而憫以高年難違懇志猶資碩望俾長庶寮罷方鎮之煩總中臺之重式彰尚德且示優賢可依前守太子少傅兼尚書右僕射

李澄贈司空制

既明且哲以保其身求之昔賢鮮克全備良以謀始匪易愼終尤難其有志奉公家力輔王室見危而立節將沒而陳誠操尚堅明謀猷深遠憂國無忘於顛沛周身不離於令名有臣如斯可以旌勸故義成軍節度滑鄭等州觀察處置等使開府儀同三司檢校尚書右僕射兼滑州刺史御史大夫上柱國武威郡王李澄天授將材勇而多智臨危不懼見義必爲崎嶇險艱勳節兼著勤於廣業曾未遑安帶甲臨戎連年野處積勞成瘁霜露所侵痟疾攻中癰疽發外迫茲病亟不替忠誠憂國疚懷戀闕流涕懼軍戎之乏帥念方鎮以爲虞上表披陳懇求代免辭情激切備慮精深視之感傷當宁興歎雖史魚之陳尸納諫吳漢之在疚獻謀比方於此不足多尚天胡不容奪我良帥惻然嗟悼用切深衷始終存義澄實有之褒美飾終是宜加等

可贈司空賜物五百段米粟三百石以左散騎常侍歸崇敬充使弔祭所緣喪葬並準式官供仍以澄讓表宣付史館以彰忠節

除鄧州歸順官制

迫以兇威陷於寇境義不受汚忠能奮誠履重險而不回處疾風而逾勁忘軀殉義獻欵投誠足以勵彼勤王激其汚俗去逆效順固先典之攸嘉懋賞勸功驗彝章而不昧咸從序用俾服官常可依前件

李納檢校司空制

鄭武公父子繼爲周司徒内居股肱外作藩翰詩美緇衣之德傳稱夾輔之勳我懷斯人今得良弼開府儀同三司檢校尚書右僕射同中書門下平章事充平盧淄青節度管内度支營田觀察處置陸運海運押新羅渤海兩蕃等使隴西郡王李納宇量宏博質性沉毅體仁能斷見善必遷緼非常之才守以純一秉難奪之節著於艱危昭升令聞茂建勳績屬淮夷構亂東夏震驚奮旅徂征坐籌制勝解商邱之難攘彼兇殘釋陳城之危俘厥渠帥德功克懋官賞宜崇庸建上台宜賜眞食愼乃先服勤勞王家以殿

邦之勳參論道之職俾爾嗣績光於前人荷國之寵章承家之丕構敬愼厥德永孚於休可檢校司空同中書門下平章事仍賜實封五百户餘並如故

欽定全唐文卷四百六十三

陸贄　四

誅李希烈後原宥淮西將士并授陳仙奇節度詔

反易天常悖違人紀衆之所棄罔或逃誅李希烈蔑義背恩窮姦極暴謂神器可以力取謂生靈可以詐欺志在凶殘躬行僭竊罪無與比法實難容以君德不修致人於禍究其端本過實在予不忍烝黎重相攻戰屢施詔命務欲懷柔抑羣帥奮發之誠駐諸軍討逐之勢不憚屈已期於息人希烈曾無悛心益逞驕志虐毒滋甚吞噬無厭惡貫

旣盈自底夷滅開府儀同三司御史中丞臨漳郡王陳仙奇忠勇有餘沉毅能斷據闔境受汚之憤導三軍思順之心唱義一呼羣情響附廓清氛祲殲戮渠魁驛書上聞函首入獻方隅旣乂役戍其休懸賞之科是宜必信其以仙奇爲檢校工部尚書兼蔡州刺史御史大夫充淮西節度仍賜實封五百户應淮西管内將士官吏百姓等頃迫凶威遂從脅制旣誅元惡俱是平人除李希烈一家其餘並準前後赦敕原放更無所問其將士等或本屬平盧或久鎭淮右素推忠義累著勳庸果能叶志同謀輸誠奉順以

茲節效良有可嘉委仙奇即以諸色官錢優與宴勞其中首建謀議同斬希烈人等宜並條錄聞奏節次褒賞比年以來有潛圖效順節義著明討或未行爲賊屠害者亦當審加訪察具事績以聞如有子孫仍並錄名聞奏百姓等久經淪陷兼被傷夷退想凋殘實足哀憫除供當道軍用外宜給二年應被希烈差點兵馬及團練子弟並即放散其本額將士之中有不樂在軍願歸農業者委節度刺史量給逃死戶田宅并借貸種糧優給復終身使之存濟宜令尚書左丞鄭叔則充淮西宣慰使嗚呼往欽哉自希烈

叛命于今五年王澤不通下情亦阻所宜宣我信令以釋危疑敷我惠和以慰疲瘵滌清汙俗咸與惟新底難一方以稱朕意

重原宥淮西將士詔

乃者希烈亂常阻兵竊號汙脅士衆殘虐烝黎朕志在好生誠深罪已爲人受恥不忍加兵惟茲一軍代著忠節果殲元惡不替舊勳詢於衆情就拜戎帥人亦勞止期於小康旋乖卹下之方重致喪身之禍由朕薄德俾人不寧撫臨萬邦且愧且悼猶賴將校士旅秉其誠心邦人不驚軍部無擾以茲節效良有可嘉所宜慰安俾洽寬澤應將士吏人承前所有諸過犯罪無輕重一切釋放曠然昭洗咸與惟新其有先請受莊宅財物者各以見管爲主將士衣賜節料并家口糧賜等一切並準舊例以時給付不得停減先令優與賞設亦準元敕處分務令豐厚以稱朕懷仍加曉諭各委知悉

賑恤諸道將吏百姓等詔

國之經制備蓄備災雖遇凶年人無菜色時或弛征散利務穡勸分徙有以均無因豐而補敗救患之術抑其次焉

自戎役繁興兩河尤極農桑日廢井邑爲墟丁壯服其干戈疲羸委於溝壑傷夷未復荒饉薦臻歷河朔而至于太原自淮沂而被于洛汭蟲螟爲害雨澤愆時稼穡卒痒烝黎重困然猶徵賦不息征役未寧凍餒流離寄命無所興言感悼焚灼于懷朕聞刑罰失中虐沴斯作致咎之本在予一人萬姓何辜遭罹其弊兢兢惕惕不敢遑安庶竭下土之災用答上天之戒其宣武等軍宋亳陳州等節度淄青等州節度河陽懷州節度東都畿汝等州節度潞美軍澤潞磁邢等州節度保寧軍節度成德軍恒深趙等州節

度易定等州節度每管各賜米五萬碩所司即般運都於楚州分付各委本道差官受領賑給將士百姓等務令均洽以惠困窮屬軍費方殷國儲尚歉今所賜賑給其數非多猶慮孤惸或未周贍穀價翔貴何能自資江淮之間連歲豐稔迫於貢賦頗亦傷農收其有餘濟彼不足允孚發斂之術且叶變通之規宜令度支於淮南浙江東西等道量置場加價和糴米三五十萬碩差官般運於諸道減價出糶貴從權便以利於人無或勞煩重予不德方岳守將實朕股肱卹患分憂與朕同體宜即遣使分道宣慰勞勉

將士省問鄉閭有可以救歲之凶災除人之疾苦各與本道節度使商議具以聞奏必精必詳用稱朕意

優恤畿內百姓并除十縣令詔

朕以薄德託於人上勵精思理期致雍熙鑒之不明事或乖當百度多闕四方靡寧傷夷未瘳而征役荐起流亡既甚而賦斂彌繁人怨聞上天災降下連歲蝗旱蕩無農收惟茲近郊遭害尤甚豈非昊穹作沴深儆予衷跼蹐憂慚罔知攸措今穀價騰踊人情震驚鄉閭不居骨肉相棄流離殞斃所不忍聞公私之間廩食俱竭既無賑恤猶復徵求財殫力疲繼以鞭箠弛征則軍莫之贍厚斂則人何以堪念茲困窮痛切心骨思所以濟浩無津涯補過實在於增修救患莫如於息費致咎之本既由朕躬謝譴之誠當自朕始宜令尚食每日所進膳各減一半宮人等每月惟供給糧米一千五百碩其餘悉皆停省年食支酒料宜減五百碩飛龍廐馬從今已後至四月三十日已前並減半料京兆府百姓應差科徵配及和市和糴等諸色名目事無大小一切並停公私債負容待蠶麥熟後徵收百司非至切之務如追擾百姓及追勘徵收等色府縣並不須承

受其尋常訴訟非交相侵奪者亦不得為理百姓及諸色人等如能力行仁義均減有無賙貸貧人全活數衆者府司具事跡聞奏朕當授以官秩蠲其征徭如縣令勸導有方流庸克濟至夏初已來類例勘會但戶口無減田疇不荒亦以狀聞量加優奬百姓有迫於荒饉全家逐食者其田宅家具樹木麥苗等縣司並明立簿書印記令所由及近鄰人同檢校勿容輒有毀損及典賣塡納差科本戶却歸使令復業夫致理之本必在於親人親人之任莫切於令長導王者之澤以被於下求庶人之瘼以聞於朝得失

之間所係甚大且一夫不獲辜實在予况百里之安危萬人之性命付以長吏豈容易哉今甸内凋殘亦已太甚每一興想晝然傷懷非慈惠不能卹疲甿非才術無以賑艱食臺郎御史選重當時得不分朕之憂救人之弊昨者詳延羣彦親訪嘉猷尚書司勳員外郎竇申等十人咸以器能理道精心究烝黎之疾苦知教化之宗源輟於周行往涖通邑申可長安縣令鄭珣瑜可檢校吏部員外郎兼奉先縣令韋武可檢校禮部員外郎兼昭應縣令賈全可咸陽縣令兼監察御史霍琮可華原縣令兼監察御史王倉

可檢校禮部員外郎兼昭應縣令李曾可盩厔縣令兼監察御史荀曾可三原縣令兼侍御史李緄可富平縣令兼殿中侍御史其有散官封賜者並如故應畿内縣令俸料宜準常參官例均融加給涇陽縣令韋滌潔已貞明處事通敏有禦災之術有字物之方人不流亡事皆辦集惟是一邑之内獨無愁怨之聲古之循良何以過此就加寵秩允叶前規可檢校工部員外郎兼本官仍賜緋魚袋并賜衣一襲絹百匹馬一匹嗚呼積行在躬雖微必著否乃庶尹其惟欽哉朕聞爲君者必擇人而官爲臣者罔擇官而處弛張繫於理不繫於時升降在乎人不在乎位朕方抑浮華以敦教稽言行以進人非次之恩以待能者彰善黜惡期於必行凡百君子各宜自勉

重優復興元府及洋鳳州百姓等詔

朕巡狩山南自春涉夏師旅殷會日費既廣州閭杼軸歲計其空東作妨時西成罕望雖黽勉從事人不告勞而憫悼積衷予實知愧昨者減其租稅優以復除庶乎有瘳汔用小息洎駕言旋軫躬履畏途絕磵縈迴危棧綿亙時經霖雨道阻且長工徒造舟縣人葺路靡幼靡耋莫獲寧居

而又齎負糗糧供備頓舍涉于千里飫我六師居人露處以罔依宿麥過時而不獲覩茲妨奪彌增感傷前所復除未足酬卹式敷惠澤以紓大勞其興元府除先優復外宜更給復二年鳳州全放今年稅其興元府鳳州界内知頓及修道路閣橋州縣官將士等並委嚴震類例功效具名聞奏量與甄獎嗟乎古先哲王東征西怨顧予不德重以勞人補費錄勤是有申命長吏明加優諭稱朕意焉

誅李懷光後原宥河中將吏并招諭淮西詔

自昔哲王以道化下不竭物以充欲不勞人以樹威億兆

之心如戴父母兵革不試四方來同苟或昧於德綏務以力勝士旅疲耗烝黎困窮幸以成功豈云有補李懷光久從戎旅頗著勤勞拔於等倫授以旄鉞誓師河朔奔難奉天有夷兇嫉惡之誠有弭患釋圍之績俾介元帥仍升上台秉心匪彝自底不類怙衆貪亂附姦脅君朕用再遷幾危宗廟洎股肱宣力賊泚就誅率土之人咸懷奮擊朕獨排羣議未忍加兵命復官封志期全貸而乃昏迷不返悖慢逾彰殘害使臣侵敗畿甸密邇京邑人愁無聊諭之不悛乃用致討上帝悔禍元臣協謀克集茂勳以夷大難渠

魁授首餘衆革心制勝以謀兵無血刃雖事非獲已義在救人而本其所由情深罪已蓋以信誠未著撫馭或乖至使功臣陷於誅戮謂之克敵寧不愧心然以懷光一家法當殲戮念其昔居將相嘗寄腹心罪雖掛於刑書功已藏於王府以干紀之跡固合滅身以赴難之勳所宜有後非常之澤俾洽幽明雖屈彝章庶旌往效大夫君子無我有尤宜以懷光一男爲嗣賜莊宅各一所聽住京城仍還懷光首級及屍任便收葬其妻及諸子孫在室女等並遞送澧州委李皐逐便安置使得存立其出嫁女及諸親戚並宜釋放應先陷河中將士等皆嬰迫脅無路申明多是朔方舊人素蘊忠義并幽州涇原將士頃被朱泚脅從收京之時奔竄在彼究其本末情有足矜況能協力同謀舉城歸順錄其成效咸與惟新宜一切洗雪勿爲瑕累先有官爵實封者並許仍舊其中首謀效順事績著明者委副元帥條件聞奏別加甄奬河中及同州絳州百姓並經陷賊又久屯軍骨肉流離生業廢棄興言軫念良用惻然宜各給復一年京兆府奉先美原等縣緣與同州接近隨便供運杼軸既繁流亡頗衆委京兆尹即量事優恤條件聞奏

仍加招輯使各安存河中保義軍保寧軍節度使并管內諸軍行營兵馬副元帥河中保寧等軍節度度支營田觀察處置等使銀青光祿大夫檢校司徒同中書門下平章事兼太原尹北都留守北平郡王燧惟嶽降生鬱爲時傑奉上勵匪躬之節訓師懷盡敵之謀略地無遺攻城必拔發揚以威強寇感激而服叛徒嘉謀屢聞能事畢備朔方河中同絳陝虢汴等州及管內諸軍副元帥河中絳州節度觀察處置等使開府儀同三司行侍中兼河中尹咸寧郡王瑊鑒識精明宇量宏博秉義率衆推誠待人堅制不

奪之心亟陳必勝之略輯睦士旅安慰流庸盛德克彰崇功允集惟乃二帥一其誠心奉行天誅同獎王室有崇讓之美有禁暴之能元惡既除全城底定是加寵命以答崇勳燧可兼侍中仍與一子五品正員官并階餘並如故晟可檢校司空仍與一子五品正員官并階餘並如故華州潼關鎮國軍節度使開府儀同三司檢校右僕射并華州刺史上柱國武康郡王駱元光邠寧慶等州刺史御史大夫上柱國許昌郡王韓遊瓌鄜坊丹延等州節度觀察使檢校兵部尚書兼御史大夫上柱國東平郡王唐朝臣等

並節著艱危功成討伐鎮于衝要隱若長城取彼兇殘進無堅陣比義同德廓清方隅宜增食于真封且延榮于蔭子可各賜實封二百戶仍與一子六品正員官并五品階餘並如故應諸道諸軍同討懷光將士等一自征役淹歷歲時被服干戈略無寧息賴茲勤效是有成功宜並賜三十萬端匹以充宴賞仰度支即般次送赴並各放歸本道仍令所司敘錄即超資與改轉其中大將及功效殊尤者委所司速具名銜聞奏先與處分其先在河中將士亦宜依例賜錢宴賞如本是奉天定難功臣準條合給賞者度支即排比支付嗚呼自國家多難二紀于茲朕嗣位七年連兵五載追惟往事悔恨于懷今二孽既誅諸方甫定哀彼淮右獨為匪人其帥不龔其眾何罪朕晨夕惕慮念之甚詳罷征討則阻命止於數州窮戰爭則流禍及於天下利病之勢較然相懸俾人罹殃寧我忍恥今勳賢列鎮疆理有經縱未偃戈足以保境況天地之大無所不容豈令是邦猶隔朝化因茲大慶使洽鴻恩諸道應與淮西接連宜且各守封境非被侵軼不須進討仍委所在長吏明加招諭宣布朕懷李希烈若能歸降待以不死其餘將士官

吏百姓等一切並與洗滌與之更新先有官封亦皆仍舊如能去逆效順因事建功理當甄升以示褒勸其所以優賞科條並準前敕處分朕思與海內去危圖安有過自新雖大必宥朗然明信彰示兆人期爾庶邦自求多福無有遐邇咸使聞知

議減鹽價詔

三代立制山澤不禁天地材利與人共之王道寖微強霸爭騖於是設祈望之守興榷管之法以佐兵賦以寬地征公私之間猶謂兼澤歷代遵用遂為典常自頃寇難薦興

已三十載服干櫓者農耕盡廢居里閭者杼軸其空革車方殷軍食屢調人多轉徙田畝汙萊乃專煮海之利以爲贍國之術度其所入歲倍田租近者軍費日增榷價日重至有以穀一斗易鹽一升本末相踰科條益峻念彼貧匱何能自滋五味失和百疾生害以茲夭斃實爲痛傷嗚呼朕丕承列聖之緒遐覽前王之典既不克靜事以息用又不獲弛禁以便人征利滋深疲甿致困子則不恤其誰肯憂應江淮并峽內榷鹽宜令中書門下及度支商議裁減估價兼釐革利害速具條件聞奏削去苛刻止塞姦訛務於利人必稱朕意

賜京畿及同華等州百姓種子賑給貧人詔

春陽布和萬物暢茂實兆庶樂生之日農夫致力之時今茲吾人則異於是迫以荒饉愁怨無憀有離去井疆業於庸保有乞丐途路困於死亡鄉閭依然煙火斷絕種餉既乏農耕不興若東作愆時西成何望爲人父母得不省憂雖國計猶虛公儲未贍濟人之急寧俟盈豐罄其有無庶拯艱厄京兆府百姓並宜賜種子二萬碩同華州各賜三千碩陝虢兩州賜四千碩委州長吏即於度支計會請受差公清仁恤之吏與縣令親至村閭隨便給付仍加勸課勿失農時應諸倉所有遠年粟麥宜令節度更分二萬碩京兆尹即差官逐便般載賑賜貧人先盡鰥寡孤惸日下不濟者務令均給全活流庸嗚呼朕德之不敷誠之不感上帝降割寧丁厥躬元元何辜罹此災害思欲拯救未知其方長人之官寄任斯重所宜極慮與我同憂勉敷惠和以育疲瘵佇聞良術稱朕意焉

賜將士名奉天定難功臣詔

國家受天明命平一宇內自武德迄于天寶百四十載海內無事崇德廣化澤浸生人時洽和平俗登富教鰥寡孤惸咸得其所鳥獸魚鼈亦罔不寧凡今有生實賴亭育羯虜伺間盜起幽燕率土之人莫保性命肅宗以神武戡大難先朝以仁德紹興運區域再造億兆再康室家離析而復安子孫煦嫗而相長勞來安集垂三十年則我列聖之於天下惠澤深矣朕以寡昧祗膺寶歷常恐不克負荷罔敢怠荒道有未明事多乖謬羣情壅而不達大信鬱而不彰兩河之間羣盜連禍朕務除大患靡憚暫勞是以興有征之師問干紀之罪昨以涇原士徒將赴汝郊失於撫綏

致使潰叛朱泚乘釁因構異圖肆其狼心誘我蟊賊謂君可叛謂天可欺縱恣凌悖無所愧畏朕失守宮闕出次郊畿九廟震驚萬姓奔駭內省思咎外顧懷慙罪實在予不敢自蔽意者宗社降祐大儆于朕躬夙夜殷憂庶乎有補實賴股肱心膂勵從戎之節方岳將校集勤王之師赴難如歸見危思奮堅貞勵操何日忘之平巨猾者必仗羣雄賞茂績者不限彝典保勳庸於帶礪傳爵邑於子孫崇功美名與國終始其諸軍使應到奉天縣將士等宜並賜名奉天定難功臣食實封者子孫相繼代代無絕身有過犯

遞減罪二等子孫有過犯遞減罪一等當戶應有差科徭役一切蠲免其功臣已後雖衰老疾患不任軍旅者當分糧賜等並與全給身死之後回給家口十年勿絕如有能梟擒朱泚者即以朱泚在身官爵授之仍加實封二千戶朱泚所有田宅財物悉並充賜其梟擒賊大將已下并節級特加優寵仍各與實封應梟擒人所有田宅財物亦使賜之其餘立功應合授官給賞並準今年七月敕處分其今日已前身死王事者追贈官爵亦稱奉天定難功臣子孫為功臣之家應合襲封減罪蠲免差役等一切同例宣告中外令知朕懷建中四年十一月二十三日

改梁州為興元府升洋州為望州詔

自昔多虞順時而動古公避狄兆永祚於岐下高帝徙蜀建雄圖於漢中王蹟所興子孫是奉覩遷居於遐阻知致君之艱難矧天下為家不常厥邑王者所至四方會同崇號設都於是乎在朕遭罹寇難播越梁岷烝庶煩於供億武徒勤於扞衞凡百執事各奉厥司人皆競勸物以豐給嘉乃成績予懷不忘今大憝已除京邑甫定將旋法駕展敬園陵眷于是邦復我興運宜其崇大以示將來古者天

子省方則問耆年卹百姓以頒慶賜以茂勲勞用宏布澤之恩式慰來蘇之望宜改梁州為興元府其署置官資望一切與京兆河南府同南鄭縣升為赤縣諸縣並升為畿縣見在州縣官各令終考秩至考滿日放選依本資處分耆壽與板授五品官仍並賜緋先已賜緋並賜紫典正等各賜勲五轉百姓除先減放稅錢外更給復一年洋州宜升為望州見任州官亦並令終考秩并諸縣官等各減兩選無選可減者各加三階應山南西道節度下將士除扈從迎駕已經改官者餘並即與甄敘嗚呼古先哲王東征

西怨顧予不德重予勤人撫心咎已良增愧歎宣示有衆明知朕懷

奉天遣使宣慰諸道詔

古者天子巡狩之義以考國典以觀人風在時多虞或所不暇乃命卿士使于四方問人疾苦廉吏善惡苟副所任則如親臨在理平之時尚資勤恤當喪亂之際得無省憂朕以不敏肆于人上撫馭失道誠感未孚寇盜繁興阻兵拒命哀哉臣庶陷于匪人顧茲田疇翦爲茂草不念柔復遠命徂征徵發兵甲萬里必至暴露營壘連年不息冒于

鋒刃繼以死傷煢嫠無依父母廢食存者積思家之怨歿者倍異鄉之痛又以軍費滋廣公儲不充厚取於人罔率厥典科條互設誅斂無常農工廢棄其生業商賈咨嗟於道路軍營日益閭井日空凋瘵日窮徭役日甚以財力之有限供求取之無涯暴吏肆威鞭笞督責嗷嗷黔首控告何依怨氣上騰咎徵斯應疫癘薦至水旱相乘罪非朕躬誰任其責朕自嗣位迨今六年連兵不解已踰四稔雖本非獲已義在濟人而事乃重勞敢忘咎已皆以朕之寡昧居安忘危致寇之由實在於此予則不德人亦何辜愧恨積中痛心疾首昨者改元施令悔往布新將反側獲安則干戈日弭賦役差減則衆庶就康還定流亡與之休息猶懼思慮未周于庶務誠感未達于遐方一理失中一夫不獲則何以謝天譴致人和俾代予言其在良弼宜令門下侍郎同中書門下平章事蕭復充山南東西鄂岳荊南江西淮南浙江東西嶺南福建等道宣慰安撫使嗚呼往率乃職敬敷朕命慰勉征戍勞徠困窮訪其所安察其所弊淹滯必達冤濫必申無憚幽遠而不被無略細微而不恤洎乎編甿比屋咸若朕之躬親股肱惟良予則有賴其諸

道將士並準今年正月一日制嚴備疆界勿使侵擾仍各令本使本將速具名銜等聞奏悉與甄敘其殊功勁節超越常倫別條狀績當特優獎百姓除每年兩稅定額外自餘徵率一切並停課勸農桑各令安業寇難既定漸息干戈朕當躬先簡約庶務節省兩稅之內亦更減除其諸道事緣急切須處分者即與所在節度觀察使商議裁度務合便宜其餘利害還日條奏朕當詳省以擇厥中宣布遠邇咸使聞知

收復京師遣使宣慰將吏百姓詔

朕獲承先顧付以大器懼德不類貽列聖羞虔恭惕厲罔敢暇逸將欲立法齊一致俗和平小信未孚衆心遂阻事理乖當百度失中君臣之間鬱堙不達致釁雖深於罪己興戎猶昧於省躬期靖亂以濟人反勞師而黷武行者被殺傷之苦居者重齎送之勞四海騷然靡有寧處京輦之下杼軸亦空環列之中遺戍殆盡略內以勤遠居安而忘危賊臣誘姦乘間竊發豺狼穢于宮闕士庶陷于塗炭作威肆戮仇視我人萬姓嗷嗷呼天罔告有殞踣以抗節有脅從以假命且一夫不獲辜實在予朕君臨萬邦作人父

母既不克覆育又從而咎之其心愧恥一食三歎退舍內訟介于梁岷庶乎有瘳以荅譴戒皇天悔禍宗社降靈腹心爪牙奮謀宣力元惡稔慝脫身逃遁餘黨歸誠率衆款附埽氛沴而闢閶闔翦鯨鯢以清郊原函夏載寧室家相慶非將士夾輔王室非卿士交修予違軍旅叶心畢命盡敵豈伊寡昧克復興運戡定大難載感予懷宜令吏部侍郎班宏充上都宣慰使勞問將士撫綏烝黎招輯流亡慰安反側朕續整飭法駕擇日還京告謝于祖宗請罪于天地策勳行賞大報忠烈銘功永代與國同休明宣朕懷咸使知悉

平淮西後宴賞諸軍將士放歸本道詔

朕纂奉丕業託于人上仁不被物義不勝姦頌聲蔑聞暴亂連起叛臣希烈竊據淮沂誠則彼夫無良亦由朕之不德撫御之道失之於初師旅一興綿聯莫解服勞者從役不暇受汚者無路自新旱蝗相承穀糴翔貴兵氓餒死十室九空通邑化爲邱墟遺骸遍于原野每念於此傷心涕流且自昔勞師靡有不悔以虞舜之聖屈於苗人漢武之強弊於戎虜矧予德猶不逮力或未全我其永懷求己自

警乃者下哀痛之詔布寬大之恩普天載新殊死必宥然尚勞師旅作扞邊陲有累歲棄離家室有經時不解甲冑忠雖爲國咎實在予君人若斯寧不知愧賴節將士旅一其誠心奮發武威愼固疆宇遠人思服元惡就誅烝黎方致於安寧役戍永期於休息懋官以旌善錫宴以勞旋賞不踰時式遵彝典都統檢校司空同中書門下平章事劉從一宜與子孫一人五品正員官鄭滑節度使檢校尚書右僕射李澄檢校兵部尚書曲環檢校戶部尚書李皐兼御史大夫樊澤等並與子孫一人七品正員官都防禦使

工部尚書御史大夫賈耽都團練使檢校左散騎常侍兼御史大夫盧元卿兼御史大夫張建封等並與子孫一人八品正員官檢校司空同中書門下平章事李抱眞檢校司空同中書門下平章事李納檢校尚書右僕射同中書門下平章事韓滉檢校工部尚書御史大夫田緒咸遣士旅遠赴行營同討不庭厥有成績抱眞納滉宜並與子孫一人七品正員官緒與子孫一人八品正員官應與淮西接界州縣本界鎮守及諸道赴行營將士等宜共賜物三十萬端匹以充賞設度支即約據界首及行營軍額分配

定數逐便支送仍委本道都統節度防禦都團練使即條錄功第名銜聞奏並與甄敘其行營將士仍各放歸本道明加宣諭令悉朕懷

授王武俊李抱眞官封并招諭朱滔詔

三公之職論道經邦序五行之和任百事之理歷代崇重不常厥官天祚皇家茂生才傑比義齊列同寅協恭以德允台階之望以勳當井賦之賜聿應並命式副具瞻開府儀同三司檢校司空同中書門下平章事使持節恒州諸軍事守恒州刺史充成德軍恒冀深趙等州節度觀察處置等使琅邪郡王王武俊秉志沉毅臨事能斷忠而致力勇且有仁奮發之初渠魁即戮危疑之際大節首彰開府儀同三司檢校尚書左僕射同中書門下平章事潞州大都督府長史昭義軍澤潞磁邢等州節度觀察處置度支營田等使上柱國符陽郡王李抱眞質重氣和內精外朗智窮變化守必以常學本明誠動有攸利謀猷屢告規益孔多皆戮力盡瘁志匡王室陳師鞠旅同討不庭仗大義而萬眾叶心體至公而千里同契合軍於呼吸之際決策於指揮之間并轡載馳執桴親鼓兇徒殄殪河右廓清國

家無北顧之虞姦慝阻南侵之計時乃同德厥功茂焉敦五教而阜人均九土以居眾俾爾更踐備揚洪休乃加眞實以貽後嗣武俊可檢校司徒同中書門下平章事抱眞可檢校司空同中書門下平章事賜實封五百戶嗚呼古人有言曰惟理亂在庶官矧惟輔臣與國同體明朕德命爾其欽承朕嗣位不明輕費尚力謂武可以靖暴慢謂刑可以懲姦邪德之不修亂是用長士馬疲耗烝庶流離罪非朕躬誰任其咎自去歲遭變再經播遷歷山川之險艱知軍旅之勞苦惟省前過悔恨盈懷追遠事而不及庶後

圖之可補以九廟爲重而不憚屈身以百姓爲心而不專私欲苟可以保安社稷休息甲兵宏濟蒼生蠲省徭賦含垢忍恥予無難焉朱滔受任薊門累著誠績委遇既重封秩亦崇臣節中虧自貽伊阻洎賊泚僭竊上京兄弟之親在法無赦朕以罪不相及情有可原待以如初之誠廣其自新之路執迷不復固敗是求感喪而歸既困方悟累獻欵疏深陳懇誠省之惻然良用憫歎雖將相嫉惡之志固所難容以君上懷柔之情未忍拒絶且善莫大於改過德莫盛於好生叛而伐之服而舍之銷難愛人實惟朕志宜

委武俊抱眞開示大信明加曉諭若誠心益固善蹟克彰朕當掩釁錄勳與之昭雪宣告衆庶咸使聞知

招諭淮西將吏詔

朕臨御已來連兵不息自經播越方歷險難耳聞鼙鼓之聲目視殺傷之苦由是覺悟悔於興師既省已以知非亦欲人之遷善至乃歲有再赦事有屢言務於撫綏不憚煩冗冀朕之誠信日布冀人之患難日除每議用兵惻然不忍而賊臣希烈煽禍滔天虐用其人仇視厥衆狼心多忌梟性無親以芟伐立威以猜刻爲志朝爲昵比夕爲仇讎肆其芟夷蔑若草芥馮陵汝海流血盈川侵軼浚郊積骸徧野農耕廢業井邑成墟積彼妖氛發爲災癘蕭條千里無復人煙朕哀彼生靈陷于塗炭苟存拯物不難屈身故於首春特布新令赦其殊死待以初誠使臣纔越於郊畿巨猾已聞於僭竊酷烈滋甚吞噬無厭將相大臣咸懷憤激繼陳章疏固請除誅朕以所行天誅本去人害兵戈既接玉石難分言念忠良遭罹脅制雖欲卻陳臣節厥路無由受汚終身銜冤沒代淪胥以逞誠足痛傷宜令諸道節度使每欲進軍先加曉諭令所致討唯止元兇其餘脅從

一切不問如能去逆效順因事建功明設科條以示褒勸其以一州降者便授刺史封異姓王賜實封五百戶以一萬人已上降者授刺史封國公賜實封三百戶其餘各據功效節級甄升列爵建官以俟能者朗然明信朕不食言宣示遠人各令知悉

招諭河中詔

朔方諸軍應在河中絳州朝邑將士等並以義烈繼代勳業冠時艱虞以來常濟國難肅宗代宗再復京邑皆是朔方將士之功去歲朕在奉天兇黨攻逼解圍赴急亦賴此

軍言念爪牙情均骨肉濟朕危厄感之豈忘頃以懷光背恩自生猜阻熒惑將士汚脅忠良朕頻降詔書再三曉諭皆被懷光隱匿兼亦志有加誣朕之誠懷竟未宣布夙夜自愧寢食不安時屬嚴凝屢須衣賜豈以懷光一人拒命遂令將士俱不沾恩朕於功臣義存終始其朔方及諸軍應在河中絳州朝邑將士等今年春冬衣賜並準二月二十一日勅緣赴奉天解圍功臣等第給錢物宜令所司并許計料別收貯待道路通流即當時支遣其有歸順者續給其將士等有先賜實封一切準元勅並州給牒委馬燧

渾瑊逐分送付其差人請受仍明加宣諭招撫務令忠義之士各悉朕意

甄奬陷賊守節官詔

沮勸二柄國之大綱奬善懲違固不可廢頃者賊臣構亂京邑震驚惟茲士人奔竄無所或從其誘脅遂染汚名或守以純誠竟全貞節昨所司奏議但舉刑章坐累者各已條疏守節者並未甄異忠正而不報豈朕意焉應在京百司及京兆府長安萬年兩縣去年十月三日見在職事官在城陷於賊中潛藏不受逆命并諸色前資官被偽署官爵頻遭迫脅首末不出事跡昭著衆所明知者並委御史臺訪察勘覆其事勿容虛濫仍限今月內具名銜事跡聞奏五品已上及常參官已受替者委中書門下與處分六品已下各減三選不拘考例聽集其未得資被替非時放選仍稍優與處分如已喪亡者並與追贈使恩加存歿以稱朕懷

令百寮議大禮期日詔

朕自遷越旋於京師將欲請罪祖宗告謝天地所司擇日行有期矣議者多以大盜之後人勞匪居懼愆歲功請俟

農隙若俯順羣議則私懷不安將祇率典章又疲甿重擾夙夜憂惕罔知所裁宜令中書門下與常參官即詳議折衷聞奏

令諸道募靈武鎮守人詔

朕以寡德君臨兆人憂四鄙之不寧懼一物之失所降心以懷戎狄期息征徭極慮以綏烝黎冀遂安輯今諸夏岳牧咸能撫封九姓可汗薦克敦好寰瀛之內其謂小康愛人雖發於朕心濟理實由於藩輔豈惟菲薄所致於茲然獨吐蕃負恩背盟棄約尚勞師旅備禦西陲亦賴方岳同

心簡練傑俊助其防鎮遏彼奔衝數年以來邊境寧謐乃眷靈武實惟雄藩扼東牧之咽喉控北門之管鍵軍懸寇邇地遠勢孤雖無交切之虞須建久安之策朕屬慮於此殆今累年晨思廢餐暮想忘寐征兵益戍則憚其勞師移人實邊又念其離土朕欲令萬姓各遂所安抑而使人情有不忍中懷結鬱罔知所從古人有言主憂臣憤今朕憂矣將相牧守得不與我同其慮哉此乃忠臣盡規之時勇士建功之日苟宏良算必有其人宜令諸道節度觀察使各於本管諸色人中募能赴靈武鎮守者取其情願重設

賞科仍須精選驍雄薄閑（一作廣延）武藝便以本道諸色錢物給付仍優厚裝束發赴上都每道各據所管州縣多少通計每州所募多不得過五十人少不減三十人若欲將家口相隨便給資糧同發遣如有戶貫在州者蠲免本戶差科其官健到日朕當超資與官至鎮便替朕之此意非務廣兵欲使四方驍雄俱到塞上壯邊城士旅之氣杜戎醜窺伺之心方岳信臣所當相悉勿令騷擾副我憂人

安撫淮西歸順將士百姓敕

李希烈首亂淮瀆又侵滎汴兇威所及罔不脅從百姓既罹於網羅將士兼質其家口哀我眾庶銜冤莫伸雖欲歸降何有自達朕為人父母不克保安遂使忠良橫遭脅污與言憫悼思惻深衷今王師四臨所至尅捷將士百姓歛附甚多或棄其鄉園或捐其家族脫身效節良有可嘉特宜撫綏以獎誠效應淮西界內及鄭汴等州將士歸順者委所在節度防禦等使便與收管切加存恤優給資糧仍各具名銜聞奏當與甄獎并給遣衣賜其百姓從賊界內歸順者亦委所在觀察使刺史量以本道諸色錢物賑給令得存濟如情願便住者即配與死戶田宅使營生業若

欲赴諸州縣者隨其所之當時給文牒發遣不得止遏所至之處準前優賞率土之內莫非王臣雖陷冦中諒非獲已但能效順即是平人務於招綏副朕所恤

不許諸軍侵擾敕

李希烈阻兵淮右虐害烝人朕哀憫無辜橫遭脅制若興師行伐則玉石俱焚所以頻下詔書再三開諭曾無悛革但益憑陵忠勇之徒皆思奮激朕悔於征伐務在含容以一夫無良遂百姓罹禍安人忍恥初是素懷今東作方興麥秋在近儻行侵擾深害農功一方之人實足矜憫應與

淮西接界州縣各委本道都統節度都防禦團練等使明申前敕嚴設隄防務使農人遂其耕穫賊若不先侵軼但自保守封疆勿令越境暴犯田苗及有侵掠務宣朝化以洽遠人仍於所在界首明加招諭咸令知悉

放淮西生口歸本貫敕

遷徙家鄉分離骨肉有生之酷莫甚於斯朕撫育兆人庶臻理道懲過不可以不罰原情不可以不矜將推内恕之心用廣自新之路應從李希烈作亂以來諸道所有擒獲淮西生口配隸嶺南黔中等道宜一切釋放歸本道其投

降人等權於諸州縣安置者亦任各從所適

欽定全唐文卷四百六十四

陸贄五

慰問四鎮北庭將吏敕書

四鎮北庭將士官吏僧道耆壽百姓自祿山首亂中夏不安蕃戎乘釁侵敗封略道路梗絶往來不通哀我士庶忽如異域控告無所歸還莫從朕未嘗一夕忘懷而事勢不及相卹興言軫念忽以涕流卿等咸蘊忠誠誓死不屈或早從征鎮白首軍中或生在戎行長身塞外克奉正朔堅保封疆援絶勢孤以寡敵衆晝夜勞苦不得休息歲時捍

禦不解甲冑勳高百戰義叶一心介然孤城獨守臣節日來月往三十餘年奉國之誠久而彌勵求諸今古忠烈莫儔義激人倫名光史冊蠢動知感況於朕懷朕嗣守洪業君臨宇内思安兆庶以絶戰爭遂與贊普約定好和集蕃漢士庶告天地神祇設壇會盟永息邊患疆場罷警于今六年近以賊臣朱泚背恩驚犯宮闕贊普又遣師旅助討姦兇兩國交懽事同一體北庭去此遙遠信使難通於西蕃既非便宜在國家又絶來往永念士庶隔在殊方歸路無因親戚永訣爲人父母實所感傷已共西蕃定議兼立

誓約應在彼將士官吏僧道耆壽百姓等並放歸漢界仍累路置頓供擬發遣待卿等進發然後以土地隸屬西蕃今故遣太常少卿兼御史大夫沈房及中使韓朝彩等往彼宣諭仍便與西蕃交割卿等宜遞相慰勉叶力同心互相提攜速圖進路復歸鄉井重見宗親生人之情莫重於此一勞永逸固不合辭卿等誠節昭宣勳閥茂著到此之後當特甄升仍給田園以贍生業必令優厚用答忠勞如有資產已成不願歸此亦任便住各遂所安宜勉良圖副我勤想夏熱卿等各平安好遣書指不多及

與回紇可汗書

皇帝敬問可汗弟兩國和好積有歲年申之以昏姻約之以兄弟誠信至重情義至深頃因賊臣背恩構成嫌釁天不長惡尋已誅夷使我兄弟恩好如舊周皓及踏本啜黑達干等至得弟來書省覽久之良以爲慰弟天資雄傑智識通明親仁善鄰敦信明義罷戰爭之患宏禮讓之風保合太和用寧區宇惟茲盛美何以加焉朕之素懷與弟叶契爲君之道本務愛人同日月之照臨體天地之覆育其於廣被彼此何殊況累代以來繼敦姻戚與弟俱承先業所宜遵奉令圖自茲以還情契彌固垂之百代永遠無窮緬想至誠當同此意所附踏本啜奏請降公主姻不失舊頗叶通規待弟表到即依所請宣示百寮擇日發遣緣諸軍兵馬收京破賊頻立功勳賞給數多府藏虛竭其馬價物且付十二萬匹至來年三月更發遣一般餘並續續支付弟宜悉也安西北庭使人入奏並却歸本道至彼宜差人送過令其速達弟所寄馬並到深愧厚意

賜吐蕃將書

敕尚覽鑠論莫陵悉繼等至省所陳奏朕具悉之國家與

大蕃親則舅甥義則鄰援息人繼好固是常規朕嗣位君臨思安兆庶常以信讓爲事不以爭競爲心區域雖殊覆育寧別贊普夫資仁德好生惡殺與朕同心重修舊好會蕃漢將相告天地神祇約誓之言至嚴至重大信一立義無改移所請奉天盟書勒於清水碑石審詳事理頗甚乖違往歲賊臣稱兵竊據城闕尚結贊志惟嫉惡義在救災頻獻表章請收京邑朕以宗廟社稷悉在上都但平寇戎豈惜酬賞遂許四鎮之地以答收京之功旋屬炎蒸又多疾疫大蕃兵馬便自抽歸既未至京有乖始望奉天盟約

豈合更論朕欲苟徇彼情便令鐫刻則是非務實信不由衷欺天罔神莫大於此凡曰通好貴於推誠將垂百代之名豈顧一時之利但以事之去就須定是非若不辨明便成姑息親鄰之義豈所宜然故遣使臣與卿詳議卿是大蕃輔佐必當智識通明事理昭然不足疑惑儻有他見宜具奏聞審細研窮須歸至當所論先許每年與贊普綵絹一萬匹段者本來立約亦爲收京然於舅甥之情此乃甚爲小事二國和好卽同一家此有所須彼當不恡彼有所要此固合供以有均無蓋是常理贊普若須繒帛朕卽隨

要支分多少之閒豈拘定限假使踰於萬匹亦當稱彼所求朕之所重者信誠所輕者財利思與率土同臻太和想卿深體至公務存大義安人保境垂美無窮勉思令圖以副朕意今遣倉部郎中兼侍御史趙聿與來使同往書中意有不盡並令趙聿口宣尚結贊論莽羅等嘗總師徒遠來赴難功雖未就義則可嘉其所領將士等朕先許與賜物一萬匹段並已排比許卿所商量指定此使却迴卽發遣往今各賜卿少物至宜領之

賜吐蕃宰相尚結贊書

敕尚結贊卿天資材術作輔大蕃識通古今志奉忠信義聲積著遠近流傳比聞入典樞衡近知還總戎務二國所定和好首末是卿商量得卿却來深以爲慰昨者邊軍狀奏彼國兵馬踰越封疆朕以畫界立盟先有定分贊普素敦仁義卿又特稟純誠背約侵漁必無此理但敕邊城自備不令輒動干戈若使效尤恐成交惡初疑界首遊奕少有乖宜不謂大發師徒漸加侵軼興兵動衆必合有名蕃軍此行未測其故朕自嗣膺寶位卽與贊普通和敦以舅甥結爲鄰援懲戰爭之弊知禮讓之風彼此大同務安衆

庶乃於境上建立壇場契約至明誓詞至重告于皇天后土諸佛百神有渝此盟殃及其國朕敬奉誠約分毫不移信使交懽歲時無絕碑文具在可以明徵豈有一事不行一言不守（一作信）頃令趙聿專往近方從彼却迴兼聞彼蕃使同來至今獨在道路卿所論奏朕並未知待詳事由乃可商議既稱和好理絕相疑未合輕舉甲兵便踰境界盟誓之語忽焉如遺天地神明豈其可罔卿智識明達朕所深知頃年猶舉義師救此災患今豈不存大信遂棄令名故專遣使見卿欲得審知來意竚聞還奏以副所懷趙聿

及蕃使合到，待覽表中意旨，續卽商量報卿。卿涉遠而來，當甚勞頓，今賜卿某物，至宜領之。秋冷，卿比平安好，將士並存問之。

賜尚結贊第二書

趙聿及論拱熱等至，得卿表奏，具見懇誠。省覽言辭，卽稱和好，及覩事跡，唯務侵凌。矛楯若斯，將何取信？審察書中之意，蓋求四鎭北庭。如此事宜，足得商議。旣言通好，理絕相疑，未合輕舉甲兵，便踰境界。盟誓之語，忽焉如遺，天地神祇，豈其可罔？又聞放縱兵馬，蹂踐禾苗，邊境之人，大遭

驅掠。在此未爲深損，於彼殊非遠謀。卿之用心，何乃至是？國家利害，計須久長。和好之道旣虧，仁義之風何在？卿智識明悟，朕所深知。頃年猶發義師，救此災患，今豈不存大信，遂棄令名？故遣使見卿，欲得審知來意。必若守其盟誓，務在同和，卽收斂兵車，速歸本界，所掠百姓，一切放迴，然後可表卿直心，信卿來奏。續卽遣使與論拱熱同往，諸事並有商量，交歡必令得所。或密懷他意，將欲別謀，彼雖未說實情，此亦略爲準擬。但緣誓約本重，朕意不欲先違，以此勤勤，合有相問。佇聞來奏，以副朕懷。

賜尚結贊第三書

敕尚結贊：蕃使論拱熱等與趙聿同到，卿所陳奏，朕具悉之。誠意勤勤，志敦和好，上以成舅甥之義，次以結鄰援之歡，外以彰禮讓之風，內以息戰爭之患。兼此數事，昔賢所難，非卿材越等倫，識通今古，豈能匡輔大國，宏宣遠圖，施美利於當時，傳盛名於不朽？眷懷明略，歎尚良多。然以贊普來書，務於叶睦，卿之所奏，亦貴通和。初覽其言，實嘉德義；及觀其事，頗訝乖違。以卿賢明，朕所信重，棄義踰約，計必不然。未測事由，因何至此？頃年所定和好，言約頗謂分

明。至如四鎭北庭，元不割與蕃國。及朱泚悖逆，作亂上都，卿仗義興師，請收京邑，遂許四鎭北庭之地，將以報答成功。旋屬炎蒸，蕃軍便退，奉天之約，豈可更論？事甚分明，固無疑惑。凡言結好，所貴和同，通體商量，有何不可？大蕃必若要四鎭北庭之地，卽合直以情言，彼但露其誠心，此亦自有分義，豈假曲徵前事，廣起異端，仍發師徒，務張威勢？蕃使猶未至此，蕃軍早已越疆，或稱欲自赴朝，或云更定言誓。旣虧盟約，且失禮儀，言與事乖，將何取信？夫人君立國，必不徒然，惟漢與蕃，各受天命，勝負固有定分，强弱寧

由力爭卿欲以衆相侵以威相脅謂天地可罔謂盟誓可渝卽當肆意所爲不必更論和好儻欲守其前約敦以親鄰去就之閒固宜有禮遣使來往足得商量張皇師徒是何道理和好者禮義之事甲兵者爭奪之由二端懸殊理不並用今欲以用兵之勢定和好之辭事必不成縱成何益卿識見通敏器宇沉詳如此事宜不言可悉未知來意竟擬如何且首末論和是卿商議清水會盟之日卿又親發誓辭將期去殺好生修文偃武永安兆庶垂法子孫天下稱嗟以爲盛美未經數歲遽有變移非獨見誚於四方亦將取笑於千古以此思度甚欲通和彼雖小有侵陵朕亦未卽交惡故遣某官與卿更審籌量卿若必務同和更無他意卽宜便歸本界遣使具述本情所須四鎭北庭朕當自有推議如或託稱繼好志在別圖依前縱兵不卽歸國惟利是視亦識彼懷和與不和於茲決定書中事有不盡並令某官某口宣宜令速迴竚望來奏所獻方物深表遠誠今賜卿某物至可領也秋冷比平安好

答宰臣請停大禮表

朕失德致寇再經播越郊廟乏主禋祀曠時感憤憤中憂愧形外日月以冀庶補前修賴天地降休祖宗儲慶再新景命祗復皇都自秋涉冬已遷於律候因心致享未展於孝思而公卿上言邀予以備物都鄙輿誦諷予以勞人禮將俟於他年卜不先於近日永懷感慕情實未安雖則嘉話重違其如至誠難抑所宜參會羣彥更擇近期無或因循以增不德

答百寮請停大禮表

朕再經播遷久曠禋祀不惟霜露之感實貽墜失之憂賴先澤在人上帝臨我克平大難再復舊京朕之失德非曰能補旋欲請罪宗廟展敬郊丘迫以羣情俟于獻歲今滌牲撰吉甫及近期齋心永懷明發不寐忽覽來表良深矍然雖嘉備慮之誠實乖昭事之意朕志先定期於必行卽斷來表也

答百寮請停大禮第二表

國之大事首在祀典所宜嚴奉以達至誠況今之所懷又異常日不克嗣守馴致寇戎淪陷國都震驚園寢幸憑元祐再續鴻休播越三時久虧禋祀之禮旋歸半載未申告謝之誠感愧積中若墜泉谷坐而待曙跂及上春庶乎天

地靈祇以歆精意胡乃股肱卿士尚執疑謀出既不及告辭入又廢於朝獻罔極之慕何心自安宜潔乃誠以祇所奉副予懇切勿復頻煩

答百寮請停大禮第三表

三省來表深體乃誠明孝敬之大端陳安危之上計祗率嘉話夫豈不懷永言思之固亦難抑進退慙惕罔知所裁中宵求衣當饋忘食且聿修祀事所貴專精苟未至誠則如勿祭今近期甫及當齊潔敬之心而輿誦紛然猶執異同之論禮既虧于嚴奉事奚展于孝思以義制心勉依來請重予不德愧歎良深

答百寮賀利州連理木表

珍木呈祥允符靈貺顧惟不德何以當之朕聞人事聿修天休乃答今則兇渠尚在戎役方殷虐旱妨農飛蝗害稼諒咎徵之未弭曷嘉瑞而復臻所冀公卿大夫交匡不逮覩茲稱述益用懷慙

答宰臣請復御膳表

嘗覽典謨每嘉儉德愛人惜費是朕素懷況大兵之餘繼以荒饉軍儲國計資用皆空凋户疲甿膏澤已竭致人於此過實在予內懷憂慚躬自損貶今兇渠殘滅粟麥豐成皆祖宗垂休非寡薄所致矧乎邦畿之內餒殍尤多役戍之徒傷夷未復孜孜訓戒克己增修猶懼辱守寶圖罔答元祐豈宜暇逸以厚厥躬卿等誠在致君將順其美顧惟虛缺非所宜然

答百寮請復御膳表

頃者大勞不息至化未孚雨澤愆期蟲蝗爲害朕以銷災謝譴莫大於修誠節用愛人必先於克己顧慚愆咎躬貶膳羞下以均眾庶之憂上以答昊穹之儆至誠或感嘉應遂臻宿麥方成元兇已殄慶深德薄惕厲彌加忽覽表章

過爲稱述雖將順其美則曰乃誠而戒慎不忘諒惟朕志未喻來請深體此懷

蝗蟲避正殿降免囚徒德音

夫人事失於下則天變形於上咎徵之作必有由然自去歲已來災沴仍集雨澤不降延歷三時蟲蝗既臻彌亘千里穀糴翔貴稼穡卒痒嗷嗷烝人聚泣田畝興言及此實所痛傷徧祈百神曾不獲應方悟禱祀殊救患之術言詞非謝譴之誠憂心如焚深自刻責得非刑法舛謬忠良鬱

壍暴賊未殄勞師靡息事或無益而重爲煩費任或非當而橫肆侵蠹有一於兹足傷和氣本其所以罪實在予百姓何辜重罹殍餒所宜出次貶食節用緩刑側身增修以謹天戒朕避正殿不御百寮奏事並於延英處分尚食進膳宜更節減百司不急之務一切且除諸軍將士外自餘應食官糧人及諸色用度等並委本使長官商量權行停減以救荒饉仍限十日內具元額及所釐革條件聞奏待至豐稔却令依舊畿內百姓委京兆尹切加慰撫除正稅正役外徵科差遣並宜禁絕非交相侵奪尋常訴訟不須

追擾務且息人京畿內外及京兆府諸縣見禁囚徒死罪降徒流以下一切放免畿內及河中同州界應有因戰陣殺戮遺骸暴露者各委所在長吏隨時藴瘞咨爾卿佐實惟股肱所當一其誠心同恤災患勉修厥職副我憂勤

冊淑妃王氏爲皇后文

維貞元二年歲次丙寅十一月丁亥朔十一日丁酉皇帝若曰乾坤合德聖人則之惟帝承天惟后配地嗣續百代母臨萬邦位定于中而尊加于外德修諸已而化被于人御於家邦所繫斯在三代崇替靡不由之予是以詢衆採賢重難兹命中壼虛位於今歷年陰儀或虧宗事無主缺於典禮朕甚愧焉稱是徽章事歸全德咨爾淑妃王氏天與純粹氣鍾元和含章在中發秀于外卓爾風操穆然容輝周旋中規進退有度仁愛共儉稟于生知詩書禮樂成自師氏竭其孝敬祗事先朝承事無違克諧尊旨往居桂苑淑問已彰洎奉椒塗謙光載路言無伐善志在匿瑕柔嘉自持喜慍莫見六宮攸序九族以親嘗屬艱屯累從行幸思賢才以輔佐知臣下之勤勞庶績伊凝頗資內助永念頃筐之志且懷求劍之情崇位長秋永懷盛典矧惟元

子貞我萬邦稽以舊章是宜從貴今遣攝太尉某官某持節冊命爾爲皇后嗚呼敬哉王教之端始於內範風美關雎之化雅詠思齊之德罔懈厥位忝于前修克念有終庶無後悔奉承休命可不慎歟

冊嘉誠公主文

維貞元元年歲次乙丑六月甲子朔十二日乙亥皇帝若曰王者以義睦宗親以禮敦風俗義之深實先於友愛禮之重莫大於婚姻故春秋書築館之儀易象著歸妹之吉予是用祗考令典率由舊章咨爾嘉誠公主孝友柔謙外

和內敏。公宮稟訓。四德備修。疏邑啟封。命爲公主。徽章所被。禮實宜之。今遣光祿大夫檢校司徒同平章事汧國公勉持節冊命。爾惟欽哉。下嫁諸侯。諒惟古制。肅雍之德。見美詩人。和可以克家。敬可以行巳。奉若茲道。永孚于休。懋敦王風。勿墜先訓。光膺盛典。可不愼歟。

冊蜀王妃文

維建中二年十一月某日。皇帝若曰。夫茂建親戚。以敦族固本。明愼選納。以厚別蕃嗣。實人倫之始。王教之端也。朕奉若謨訓。允求淑哲。賢必有象。鍾慶於令門。姻不失親。載

光於戚里。故某官駙馬都尉田擇交第若干女。生稟柔惠。習知禮則。容德純備。孝睦洽聞。可以叶美好逑。輔成樂善。是用使某官某持節冊命爲蜀王妃。嗚呼。敬之哉。備禮以崇其好合。起家而居其爵位。非義信不固。非溫順不親。克恭匪懈。則罔攸悔。朕言必復。可不愼歟。

冊杞王妃文

維建中二年十一月某日甲子。皇帝使某官持節冊命某官竇甡第若干女爲杞王妃。曰。於戲。禮以大婚崇繼嗣。本人倫之教。詩言淑女配君子。繫王化之綱。蓋率人成風。由內及外。得不采嘉耦。以固盤石。刑閨門以御家邦。詳求惟難。歷選茲久。時乃之擇。得於舊姻。柔婉稟乎天和。禮樂成于家法。明章婦順。虔奉姆儀。克茂鵲巢之規。叶宣麟趾之美。其祗膺嘉禮。欽率內教。淑愼厥心。無替於後。嗚呼。可不愼歟。

賜李納王武俊等鐵券文

維興元元年歲次甲子正月癸酉朔二日甲戌。皇帝咨爾具官某。嗚呼。君者所以撫人。失於所撫則叛。下者所以奉上。失於所奉則刑。各當其理。德用不擾。各違其分。亂於是生。朕德薄化淺。昧於君道。罔知省巳。姑務責人。是以徵師

徂征。連歲靡息。惟爾以誠志之不達。反仄於厥衷。阻衆興戎。結黨拒命。豈非上失於所撫。而下失於所奉與。書曰。萬方有罪。罪在朕躬。我實不德。兆人何咎。俾廢其生業。離於室家。陷於困窮。死於戰陣。老疾廢養。孤惸靡依。怨結蒼生。感傷和氣。朕爲人父母。得不愧於心哉。晨興以思。夕惕以悼。粤自嗣位。迄今六載。天將悔禍。朕方覺悟。爾亦知衆心之厭亂。思所以保安。叶於朕懷。若應符契。非天地合德。人神合謀。將茂育羣生。則何以臻此。朕是用上順天意。俯從

人心滌爾疵瑕復爾爵位坦然靡阻君臣如初功載鼎彝名藏王府子孫代代爲國勳臣河山帶礪傳祚無絕朕方布大信承天子人若食其言何以享國嗚呼其祗若明命用保無疆之休

賜安西管內黃姓纛官鐵券文

維貞元二年歲次丙寅八月丁巳朔三日己未皇帝若曰咨爾四鎮節度管內黃姓纛官驃騎大將軍行左金吾衛大將軍員外置同正員兼試太常卿頓啜護波支惟爾乃祖乃父代服聲教勤勞王家勳書于鼎彝族列于藩籍爾

克紹先祖之烈而重之以忠貞嗣守職官祗若朝化率其種落保我邊陲丹誠向化萬里如近是用稽諸令典錫以券書若金之堅永代無變子孫繼襲作我藩臣爾其欽承勿替休命

策問博通墳典達於教化科

皇帝若曰朕承祖宗之鴻烈獲主神器任大守重懼不克堪思與賢士大夫共康理道虛襟以佇側席以求而羣議紛然所見異指或牽古義而不變或趨時會而不經依違以來七年于茲矣國制多缺朕甚恧焉今子大夫博習墳典深明教化褎然充舉咸造于庭其極思精心以喻朕之未寤仲尼敘禮樂刪詩書修春秋廣易道六經之教所尚各殊豈學者修行理當區別將聖人立意本異宗源施之於時孰爲先後考之於道何者淺深差次等倫指明其義夫知本乃能通於變學古所以行於今今之教人則異於是工祝陳禮樂之器而不知其情生徒誦禮樂之文而不試以事欲人無惑其可得耶將革前非固有良術堯舜率天下以義比屋可封桀紂率天下以暴比屋可戮然則上之化下罔或不從而三仁四凶較然自異有教無類豈虛

言哉作樂移風聞諸昔典夫至雅必淡至音希聲文侯列國之賢君猶曰則惟恐寐矧彼流俗其能化乎將使天地同和災沴不作黎人丕變姦慝不萌何施何爲以致於此王者制理必因其時故忠敬質文更變迭救三代之際罔不由之自秦剗古法漢雜霸道紛綸千祀王教不興國家接周隋之餘俗未淳一處都邑者利巧而無恥服田畝者朴野而近愚尚文則彌長其澆風復質又莫救其鄙俗立教之本將安所從自昔哲王惟以三正互用後之術士乃言五運相生以漢應火行則周爲木德禮稱尚赤義例頗

乖永言於兹莫識厥理九流得失之論歷代興亡之由王鄭識理之異同公穀傳經之優劣必精必究用沃虛懷

策問識洞韜略堪任將帥科

皇帝若曰朕遐觀典謨詳求理道三代之際粲然可徵未嘗不文武並興農戰兼務故能居則足食動則足兵兵足則威食足則固威則暴亂息固則教化行理國之本實在於此秦漢巳降王制不修選士廢射御之儀教人無蒐狩之禮卽戎者不知其稼穡力本者罕習于干戈於是異文武之人分農戰之道守則乏食征則鮮兵歷兹千年竟莫

能復抑知者蓋寡將行之惟艱歟朕念之甚勤思繼前躅良以軍旅之士役戍靡寧勳庸既多爵秩咸貴俾服田畝慮與怨咨仰給縣官不可勝計由是版圖日減阡陌歲荒水旱小愆廪餉咸竭欲使軍人悅歸於耒耜儒者兼達於韜鈐田萊盡耕攻取必勝誘人孔易其術安施王者之師本於立德兵家之法方務出奇德以信成奇以詐勝理有違反將何適從宋襄成列而敗軍見嘉魯策韓信決囊以摧敵取貴漢朝然則喪國亡身豈霸王之道冒危乘戹非仁誼之心所宜討論以定褒貶夫眾寡不敵克必以謀樂生下齊孫子破楚魏武之勝袁紹宋高之滅姚泓成敗之由備陳本末古人有言曰誅伐不可偃於天下又曰善爲國者不師二端異焉其有深旨子房序次兵法任宏論譔軍書指明異同詳錄名氏想聞商略擇善而行

欽定全唐文卷四百六十五

陸贄六

均節賦稅恤百姓六條

其一論兩稅之弊須有釐革

國朝著令，賦役之法有三：一曰租，二曰調，三曰庸。古者一井之地，九夫共之，公田在中，藉而不稅。私田不善則非吏，公田不善則非民，事煩纖微，難於防撿，春秋之際，已不能行。故國家襲其要而去其煩，丁男一人授田百畝，但歲納租稅二石而已。言以公田假人而收其租入，故謂之租。古

者任土之宜，以奠賦法，國家就因往制，簡而一之，每丁各隨鄉土所出，歲輸若絹若綾若絁共二丈，綿三兩；其無蠶桑之處，則輸布二丈五尺，麻三斤。以其據丁戶調而取之，故謂之調。古者用人之力，歲不過三日，後代多事，其增十之。國家斟酌物宜，立為中制，每丁一歲定役二旬，若不役則收其庸，日準三尺。以其出絹而當庸直，故謂之庸。此三道者，皆宗本前哲之規模，參考歷代之利害，其取法也遠，其立意也深，其斂財也均，其域人也固，其裁規也簡，其備慮也周。有田則有租，有家則有調，有身則有庸。天下為家，法制均一，雖欲轉徙，莫容其姦，故人無搖心，而事有定制。以之厚生，則不隄防而家業可久；以之成務，則不較閱而衆寡可知；以之為理，則法不煩而教化行；以之成賦，則下不困而上用足。三代創制，百王是程，雖維御損益之術小殊，而其義則一也。天寶季歲，羯胡亂華，海內波搖，兆庶雲擾，版圖隳於避地，賦法壞於奉軍。建中之初，再造百度，執事者知弊之宜革，而所作兼失其源；知簡之可從，而所操不得其要。舊患雖減，新沴復滋，救跛成瘻，展轉增劇。凡欲拯其積弊，須窮致弊之由，時弊則但理其時，法弊則全革

其法，而又揆新校舊，慮遠圖難，規略未詳悉，固不果行；利害非相懸，固不苟變。所為必當，其悔乃亡。若好革而不知原始要終，斯皆以弊易弊者也。至如賦役舊法，乃是聖祖典章，行之百年，人以為便。兵興之後，供億不恒，乘急誅求，漸隳經制，此所謂時之弊，非法弊也。時有弊而未理，法無弊而已更，埽庸調之成規，創兩稅之新制，立意且爽，彌綸又疎，竭耗編甿，日日滋甚。夫作法裕於財，未有不失人者也；作法裕於人，未有不得人者也。陛下初膺寶位，思致理平，誕發德音，哀痛流弊，念徵役之煩重，憫烝黎之困窮，分

命使臣敷揚惠化誠宜損上益下嗇用節財窒侈欲以盪其貪風息冗費以紓其厚斂而乃搜摘郡邑劾驗簿書每州各取大歷中一年科率錢穀數最多者便爲兩稅定額此乃採非法之權令以爲經制總無名之暴賦以立恒規是務取財豈云恤隱作法而不以裕人拯病爲本得非立意且爽者乎夫財之所生必因人力工而能勤則豐富拙而兼惰則窶空是以先王之制賦入也必以丁夫爲本無求於力分之外無貸於力分之內故不以務穡增其稅不以輟稼減其租則播種多不以殖產厚其征不以流寓免

其調則地著固不以飭勵重其役不以窳怠蠲其庸則功力勤如是然後能使人安其居盡其力相觀而化時靡遁心雖有情遊不率之人亦已懲矣兩稅之立則異於斯唯以資產爲宗不以丁身爲本資產少者則其稅少資產多者則其稅多曾不悟資產之中事情不一有藏於襟懷囊篋物雖貴而人莫能窺有積於場圃囷倉直雖輕而衆以爲富有流通蕃息之貨數雖寡而計日收贏有廬舍器用之資價雖高而終歲無利如此之比其流實繁一槩計估算緡宜其失平長僞由是務輕費而樂轉徙者恒脫於徭稅敦本業而樹居產者每困於徵求此乃誘之爲姦敺之避役力用不得不弛風俗不得不訛閭井不得不殘賦入不得不闕復以創制之首不務齊平但令本道本州各依舊額徵稅軍興已久事例不常供應有煩簡之殊牧守有能否之異所在徭賦輕重相懸既成新規須懲積弊化之所在足使無偏減重分輕是將均濟而乃急於聚斂懼或蠲除不量物力所堪唯以舊額爲準舊重之處流亡益多舊輕之鄉歸附益衆有流亡則已重者攤徵轉重有歸附則已輕者散出轉輕高下相傾勢何能止又以謀始之際

不立科條分遣使臣凡十餘輩專行其意各制一隅遂使人殊見道異法低昂不類緩急不倫逮至復命于朝竟無類會裁處其於踳駁胡可勝言利害相形事尤非便作法而不以究微防患爲慮得非彌綸又疎者乎立意且爽彌綸又疎凡厥疲人已嬰其弊就加保育猶懼不支況復亟繚棼絲重傷宿痛其爲擾病抑又甚焉請爲陛下舉其尤者六七端則人之困窮固可知矣大歷中紀綱廢弛百事從權至於率稅少多皆在牧守裁制邦賦既無定限官私懼有闕供每至徵配之初例必廣張名數以備不時之命

且爲施惠之資應用有餘則遂減放增損既由郡邑消息易協物宜故法雖久行而人未甚瘁及總雜徵虛數以爲兩稅恒規悉登地官咸繫經費計奏一定有加無除此則人益困窮其事一也本懲賦斂繁重所以變舊從新新法既行已重於舊旋屬征討國用不充復以供軍爲名每貫加徵二百當道或增戎旅又許量事取資詔敕皆謂權宜悉令事畢停罷息兵已久加稅如初此則人益困窮其事二也定稅之數皆計緡錢納稅之時多配綾絹往者納絹一疋當錢三千二三百文今者納絹一疋當錢一千五六

百文往輸其一者今過於二矣雖官非增賦而私已倍輸此則人益困窮其事三也諸州稅務送至上都度支頒給羣司例皆增長本價而又繆稱折估抑使剩徵姦吏因緣得行侵奪所獲殊寡所擾殊多此則人益困窮其事四也稅法之重若是既於已極之中而復有奉進宣索之繁尚在其外方岳頗拘於成例莫敢闕供朝典又東以彝章不許別稅綺麗之飾紈素之饒非從地生非自天降若不出編戶之筋力膏髓將安所取哉於是有巧避徵文曲承睿旨變徵役以召雇之目換科配以和市之名廣其課而狹償其庸精其入而麤計其直以召雇爲目而捕之不得不來以和市爲名而迫之不得不出其爲妨抑特甚常徭此則人益困窮其事五也大歷中非法賦斂急備供軍折估宣索進奉之類者既並收入兩稅矣今於兩稅之外非法之事復又並存此則人益困窮其事六也建中定稅之始諸道已不均齊其後或吏理失宜或兵賦偏重或癘疾鍾害或水旱薦災田里荒蕪戶口減耗牧守苟避於殿責罕盡申聞所司姑務於取求莫肯矜恤遂於逃死闕乏稅額累加見在疲甿一室已空四隣繼盡漸行增廣何由自存

此則人益困窮其事七也自至德訖於大歷二十年餘兵亂相乘海內罷弊幸遇陛下紹膺寶運憂濟生靈誕敷聖謨痛矯前弊重愛人節用之旨宣輕徭薄賦之名率土烝黎感涕相賀延頸企踵咸以爲太平可期既而制失其中斂從其重頗乖始望已沮羣心因之以兵甲而煩暴之取轉加繼之以獻求而靜約之風浸靡臣所知者纔梗槩耳而人益困窮之事已有七焉臣所不知何啻於此陛下倘追思大歷中所聞人間疾苦而又有此七事重增於前則人之無聊不問可悉昔魯哀公問於有若曰年饑用不足

如之何有若對曰盍徹乎哀公曰二吾猶不足如之何其徹也有若曰百姓足君孰與不足百姓不足君孰與足孔子曰有國有家者不患寡而患不均不患貧而患不安蓋均而無怨節而無貧和而無寡安而無傾漢文恤患救災則命郡國無來獻是以人爲本以財爲末人安則財贍本固則邦寧今百姓艱窮非止不足稅額類倒非止不均求取繁多非止來獻誠可哀憫亦可憂危此而不圖何者爲急聖情重慎每戒作爲伏知貴欲因循不敢盡求釐革且去其太甚亦足小休望令所司與宰臣參量據每年支用

色目中有不急者無益者罷廢之有過制者廣費者減節之遂以罷減之資迴給要切之用其百姓稅錢因軍興每貫加徵二百者下詔停之用復其言俾人知信下之化上不令而行諸道權宜加徵亦當自請蠲放如是則困窮之中十緩其二三矣供御之物各有典司任土之宜各有常貢過此以往復何所須假欲崇飾燕居儲備賜與天子之貴寧憂乏財但敕有司何求不給豈必旁延進獻別徇營求減德市私傷風敗法因依縱擾爲害最深陛下臨御之初已宏清淨之化下無曲獻上絕私求近歲以來稍渝前旨今但滌除流誤振起聖猷則淳風再興賄道中寢雖有貪饕之輩曷由復肆侵漁州郡羨財亦將焉往若不上輸王府理須下紓疲人如是則困窮之中十又緩其四五矣所定稅物估價合依當處月平百姓輸納之時累經州縣簡閱事或涉於姦冒過則不在户人重重剝徵理甚無謂望令所司應諸州府送稅物到京但與色樣相符不得虛稱折估如濫惡尤甚給用不充惟罪元納官司亦勿更徵百姓根本既自端靜枝葉無因動搖如是則困窮之中十又緩其二三矣然後據每年見供賦稅之處詳諭詔旨咸

俾均平每道各令知兩稅判官一人赴京與度支類會參定通計户數以配稅錢輕重之間大約可準而又量土地之沃瘠計物產之少多倫比諸州定爲兩等州等下者其每户配錢之數少州等高者其每户配錢之數多多少已差悉令析衷仍委觀察使更於當管所配錢數之內均融處置務盡事宜就於一管之中輕重不得偏併雖或未盡齊一決當不甚低昂既免擾人且不變法粗均勞逸足救凋殘非但徵賦易供亦冀逋逃漸息俟稍寧阜更擇所宜

其二請兩稅以布帛爲額不計錢數

夫國家之制賦稅也必先導以厚生之業而後取其什一焉其所取也量人之力任土之宜非力之所出則不徵非土之所有則不貢謂之通法歷代常行大凡生於天地之間而五材之用爲急五材者金木水火土也水火不資於作爲金木自產於山澤唯土爰播植非力不成衣食之源皆出於此故可以勉人功定賦入者惟布麻繒纊與百穀焉先王懼物之貴賤失平而人之交易難準又立貨泉之法以節輕重之宜斂散弛張必由於是蓋御財之大柄爲國之利權守之在官不以任下然則穀帛者人之所爲也

錢貨者官之所爲也人之所爲者故租稅取焉官之所爲者故賦斂捨焉此又事理著明者也是以國朝著令稽古作程所取於人不踰其分租出穀庸出絹調雜出繒纊布麻非此族也不在賦法列聖遺典粲然可徵曷常有禁人鑄錢而以錢爲賦者也今之兩稅獨異舊章違任土之通方效算緡之末法不稽事理不揆人功但估資產爲差便以錢穀定稅臨時折徵雜物每歲色目頗殊唯計求得之利宜靡論供辦之難易所徵非所業所業非所徵遂或增價以買其所無減價以賣其所有一增一減耗損已多且百姓所營唯在耕織人力之作爲有限物價之貴賤無恒而乃定稅計錢折錢納物是將有限之産以奉無恒之輸納物賤則供稅之所出漸多多則人力不給納物貴則收稅之所入漸少少則國用不充公私二途常不兼濟以此爲法未之前聞往者初定兩稅之時百姓納絹一疋折錢三千二三百文大率萬錢爲絹三疋價計稍貴數則不多及乎頒給軍裝計數而不計價此所謂稅入少而國用不充者也近者百姓納絹一疋折錢一千五六百文大率萬錢爲絹六疋價既轉賤數則漸加向之蠶織不殊而所輸

尚欲過倍此所謂供稅多而人力不給者也今欲不甚改法而粗救災害者在乎約循典制而以時變損益之臣謂宜令所司勘會諸州府初納兩稅年絹布定估比類當今時價加賤減貴酌取其中總計合稅之錢折爲布帛之數仍依庸調舊制各隨鄉土所宜某州某年定出稅布若干端某州某年定出稅絹若干疋其有絁綿雜貨亦隨所出定名勿更計錢以爲稅數如此則土有常制人有常輸衆皆知上令之不遷於是一其心而專其業應出布麻者則務於紡績供綿絹者則事於蠶桑日作月營自然便習各

修家技皆足供官無求人假手之勞無賤鬻貴買之費無
暴徵急辦之弊無易常改作之煩物甚賤而人之所出不
加物甚貴而官之所入不減是以家給而國足事均而法
行此直稍循令典之舊規固非創制之可疑者也然蚩蚩
之俗罕究事情好騁異端妄行沮議臣請假爲問荅以備
討論陛下誠有意乎憐愍蒼生將務救恤但垂聽覽必有
可行議者若曰每歲經費所資大抵皆約錢數若令以布
帛爲額是令支計無憑荅曰國初約法已來常賦率由布
帛輸二甲子制用不愆何獨當今則難支計且經費之大

其流有三軍食一也軍衣二也内外官月俸及諸色資課
三也軍衣固在於布帛軍食又取於地租其計錢爲數者
獨月俸資課而已制祿唯不計錢故三代以食人衆寡爲
差兩漢以石數多少爲秩蓋以錢者官府之權貨祿者吏
屬之常資以常徇權則豐約之度不得恒於家以權爲常
則輕重之柄不得專於國故先王制祿以食而平貨以錢
然後國有權而家有節矣況今餽餉方廣倉儲未豐盡復
古規或慮不足若但據羣官月俸之等隨百役資課之差
各依錢數少多折爲布帛定數某官月給俸絹若干疋某

役月給資布若干端所給色目精麤有司明立條例便爲
恒制更不計錢物甚賤而官之所給不加物甚貴而私之
所稟不減官私有準何利如之生人大端衣食爲切有職
田以供食有俸絹以供衣從事之家固足自給以茲制事
誰曰不然夫然則國之用財多是布帛定以爲賦復何所
傷議者曰吏祿軍裝雖須布粟至於以時斂糴用權物價
重輕是必須錢於何取給荅曰古之聖人所以取山澤之
蘊林作泉布之寳貨國專其利而不與人共之者蓋爲此
也物賤由乎錢少少則重重則加鑄而散之使輕物貴由

乎錢多多則輕輕則作法而斂之使重是乃物之貴賤繫
於錢之多少錢之多少在於官之盈縮官失其守反求於
人人不得鑄錢而限令供稅是使貧者破產而假資於富
有之室富者蓄貨而竊行於輕重之權下困齊人上虧利
柄今之所病諒在於斯誠宜廣即山殖貨之功峻用銅爲
器之禁苟制持得所則錢不乏矣有糶鹽以入其直有權
酒以納其資苟消息合宜則錢可收矣錢可收固可以斂
輕爲重錢不乏固可以散重爲輕弛張在官何所不可慮
無所給是未知方議者若曰自定兩稅以來恒使計錢納

物物價漸賤所納漸多出給之時又增虛估廣求羨利以贍庫錢歲計月支猶患不足今若定供布帛出納以平軍國之資無乃有闕荅曰自天寶以後師旅數起法度消亡肅宗撥滔天之災而急於功賞先帝邁含垢之德而緩於糾繩由是用頗殷繁俗亦靡弊公賦已重別獻繼興別獻既行私賂競長誅求刻剝日長月滋積累以至於大歷之間所謂取之極甚者也今既總收極甚之數定爲兩稅矣所定別獻之類復在數外矣間緣軍用不給已嘗加徵矣近屬折納價錢則又多獲矣比於大歷極甚之數殆將再

益其倍焉復幸年穀屢豐兵車少息而用常不足其故何哉蓋以事逐情生費從事廣物有劑而用無節夫安得不乏乎苟能黜其情約其用非但可以布帛爲稅雖更減其稅亦可也苟務逞其情侈其用非但行今重稅之不足雖更加其稅亦不足也夫地力之生物有大數人力之成物有大限取之有度用之有節則常足取之無度用之無節則常不足生物之豐敗由天用物之多少由人是以聖王立程量入爲出雖遇災難下無困窮理化既衰則乃反是量出爲入不恤所無故魯哀公問年饑用不足如之何有

若對以盍徹桀用天下而不足湯用七十里而有餘是乃用之盈虛在節與不節耳不節則雖盈必竭能節則雖虛必盈衞文公承滅國之餘建新徙之業革車不過三十乘豈不甚殆哉而能衣大布冠大帛約已率下通商務農卒以富强見稱載籍漢文帝接秦項積久傷夷之弊繼高呂革創多事之時家國虛殘日不暇給而能恭儉節用靜事息人服弋綈履革舄却駿馬而不御罷露臺而不修屢賜田租以厚烝庶遂使戶口蕃息百物阜殷乃至鄉曲宴遊乘牝特者不得赴會子孫生長或有積數十歲不識市鄽

御府之錢貫朽而不可校太倉之粟紅腐而不可食國富於上人安於下生享遐福沒垂令名人到於今稱其仁賢可謂盛矣太宗文皇帝收合板蕩再造寰區武德年中華車屢動繼以災歉人多流離貞觀之初薦屬霜旱自關輔綿及三河之地米價騰貴斗易一縑道路之間餒殍相藉太宗敦行儉約撫養困窮視人如傷勞徠不倦百姓有鬻男女者出御府金帛贖還其家嚴禁貪殘愼節徭賦弛不急之用省無事之官黜損乘輿斥出宮女太宗嘗有氣疾百官以大內卑濕請營一閣以居尚憚煩勞竟不之許是

以至誠上感淳化下敷四方大和百穀連稔貞觀八年以後米斗至四五錢俗阜化行人知義讓行旅萬里或不齎糧故人到於今談帝王之盛則必先太宗之聖功論理道之崇則必慕貞觀之故事此三君者其經始豈不艱窘哉皆以嗇用愛人竟獲豐福是所謂能節雖虛必盈之效也秦始皇據崤函之固藉雄富之業專力農戰廣收材豪故能芟滅暴强宰制天下功成志滿自謂有泰山之安貪欲熾然以爲六合莫予違也於是發閭左之戍徵太半之賦進諫者謂之宣謗恤隱者謂之收恩故徵發未終而宗社

已泯漢武帝遇時運理平之會承文景勤儉之積內廣興作外張甲兵侈汰無窮遂致殫竭大搜財貨算及舟車遠近騷然幾至顛覆賴武帝英姿大度付任以能納諫無疑改過不吝下哀痛之詔罷征伐之勞封丞相爲富民侯以示休息邦本搖而復定帝祚危而再安隋氏因周室平齊之資府庫充實開皇之際理尚清廉是時公私豐饒議者以比漢之文景煬帝嗣位肆行驕奢竭耗生靈不知止息海內怨叛以至於亡此三君者其所憑藉豈不豐厚哉此皆以縱欲殘人竟致覆喪是所謂不節則雖盈必竭之效也秦隋不悟而遂滅漢武中悔而獲存乃知懲與不懲覺與不覺其於得失相遠復有存滅之殊安可不思安可不懼今人窮日甚國用歲加不時節量其勢必蹙而議者但憂財利之不足罔慮安危之不持若然者則太宗漢文之德曷見稱秦皇隋煬之敗靡足戒唯欲是逞復何規哉幸屬休明將期致理急聚斂而忽於勤恤固非聖代之所宜言也

其三論長吏以增户加稅闢田爲課績

夫欲施教化立度程必先域人使之地著古之王者設井

田之法以安其業立五宗之制以綴其恩猶懼其未也又教之族墳墓敬桑梓將以固人之志定人之居俾皆重遷然可爲理厥後又督之以出鄉游惰之禁糾之以版圖比閱之方雖訓導漸微而檢制猶密歷代因襲以爲彝章其理也必謹於隄防其亂也必慢於經界斯道崇替與時與衰人主失之則不可御寰區守長失之則不可釐郡邑理人之要莫急於兹頃因兵興典制弛廢户版之紀綱罔緝土斷之條約不明恣人浮流莫克禁止縱之則湊集整之則驚離恒懷倖心靡固本業是以賦稅不一教令不行長

人者又罕能推忠恕易地之情。體至公徇國之意。迭行小惠。競誘姦吡。以傾奪鄰境爲智能。以招萃逋逃爲理化。捨彼適此者。既爲新收而獲宥。倏忽往來者。又以復業而見優。唯懷土安居。首末不遷者。則使之日重。斂之日加。是令地著之人。恒代惰游服役。則何異驅之轉徙。教之澆訛。此由牧宰不克宏通。各私所部之過也。及夫廉使奏課。會府考功。但守常規。不稽時變。其所以爲長吏之能者。大約在於四科。一曰戶口增加。二曰田野墾闢。三曰稅錢長數。四曰徵辦先期。此四者。誠吏職之所崇。然立法齊人。久無不

弊。法之所沮。則人飾巧而苟避。其綱法之所勸。則人興僞以曲附。其文理之者若不知維御損益之宜。則巧僞萌生。恒因沮勸而滋矣。夫課吏之法。所貴戶口增加者。豈不以撫字得所。人益阜蕃乎。今或詭情以誘其姦浮。苛法以析其親族。苟益戶數。務登賞條。所誘者將議薄征。已遽驚散。所析者不勝重稅。又漸流亡。州縣破傷。多起於此。長吏相效。以爲績。安忍莫懲。齊人相扇。以成風。規避轉甚。不究實而務增戶口。有如是之病焉。所貴田野墾闢者。豈不以訓導有術。人皆樂業乎。今或牽率黎烝。播植荒廢。約以年限。免其地租。苟農夫不增。而墾田欲廣。新畝雖闢。舊畬反蕪。人利免租。頗亦從令。年限纔滿。復爲汙萊。有益煩勞。無增稼穡。不度力而務闢田野。有如是之病焉。所貴稅錢長數者。豈不以既庶而富。人可加賦乎。今或重困疲羸。力求附益。捶骨瀝髓。隳家取財。苟媚聚斂之司。以爲仕進之路。不恤人而務長稅數。有如是之病焉。所貴徵辦先期者。豈不以物力優贍。人皆樂輸乎。今或肆毒作威。殘人逞欲。事有常限。因而促之。不量時宜。唯尚強濟。絲不容纖。粟不暇舂。矧伊貧虛。能不奔迸。不恕物而務先徵辦。有如是之病焉。

然則引人逋逃。蹙人艱窘。唯茲四病。亦有助焉。此由考覈不切事情。而泛循舊轍之過也。且夫戶口增加。田野墾闢。稅錢長數。徵辦先期。若不以實事驗之。則眞僞莫得而辨。將驗之以實。則租賦須加。所加既出於人。固有受其損者。此州若增客戶。彼郡必減居人。增處邀賞而稅數有加。減處懼罪而稅數不降。倘國家所設考課之法。必欲崇於聚斂。則如斯可矣。將有意乎富俗而務理。豈不刺謬歟。當今之要。在於厚人而薄財。損上以益下。下苟利矣。上必安焉。則少損者所以招大益也。人既厚矣。財必贍焉。則暫薄者

所以成永厚也。臣愚謂宜申命有司，詳定考績，往貴於加者，今務於減焉。假如一州之中，所稅舊有定額，凡管幾許百姓，復作幾等差科，每等有若干戶人，每戶出若干稅物，各令條舉都數，年別一申使司。使司詳覆有憑，然後錄報戶部。若當管之內，人益阜殷，所定稅額有餘，任其據戶均減。率計減數多少，以爲考課等差。其當管稅物通比，較每戶十分減三分者爲上課，十分減二分者次焉，十分減一分者又次焉。如或人多流亡，加稅見戶，比校殿罰，法亦如之。其百姓所出田租，則各以去年應輸之數，便爲定額。每

歲據徵，更不勘責檢巡。增闢者勿益其租，廢耕者不降其數，足以誘導墾植，且免妨奪農功，事簡體宏，人必悅勸。每至定戶之際，但據雜產，較量田既自有恒租，不宜更入兩稅。如此，則吏無苟且，俗變澆浮，不督課而人自樂耕，不防閑而衆皆安土，斯亦當今富人固本之要術，在陛下舉而行之。

其四論稅期限迫促

建官立國，所以養人也；賦人取財，所以資國也。明君不厚其所資而害其所養，故必先人事而借其暇力，先家給而斂其餘財，遂人所營，恤人所乏，借必以度，斂必以時，有度則忘勞，得時則易給，是以官事無闕，人力不殫，公私相全，上下交愛。古之得衆者，其率用此歟。法制或虧，本末倒置，但務取人以資國，不思立國以養人，非獨徭賦繁多，夏無蠲貸，至於徵收迫促，亦不矜量。蠶事方興，已輸縑稅；農功未艾，遽斂穀租。上司之繩責既嚴，下吏之威暴愈促，有者急賣而耗其半直，無者求假而費其倍酬。所繫遲速之間，不過月旬之異，一寬稅限，歲歲相承，遲無所妨，速不爲益，何急敦逼，重傷疲人？頃緣定稅之初，期約未甚詳悉，旋屬

征役多故，復令先限量徵。近雖優延，尚未均濟。望委轉運使與諸道觀察使商議，更詳定徵稅期限聞奏，各隨當土風俗所便、時候所宜，務於紓人，俾得辦集，所謂惠而不費者，則此類也。

其五請以稅茶錢置義倉以備水旱

臣聞仁君在上，則海內無餒殍之人，豈必耕而餉之、爨而食之哉？蓋以慮得其宜，制得其道，致人於歉乏之外，設備於災沴之前，是以年雖大殺，衆不恇懼。夫水旱爲敗，堯湯被之矣；陰陽相寇，聖何禦哉？所貴堯湯之盛，著在於遭患

能濟耳凡厥哲后皆謹循之故王制記虞夏殷周四代之法乃云國無九年之蓄曰不足無六年之蓄曰急無三年之蓄曰國非其國也周官司徒之屬亦云掌鄉里之委積以恤艱阨縣鄙之委積以待凶荒王制既衰雜以權術魏用平糴之法漢置常平之倉利兼公私頗亦爲便隋氏立制始創社倉終於開皇人不饑饉貞觀初戴胄建積穀備災之議太宗悅焉因命有司詳立條制所在貯粟號爲義倉豐則斂藏儉則散給歷高宗之代五六十載人賴其資國步中艱斯制亦弛開元之際漸復修崇是知儲積備災

聖王之急務也語曰百姓足君孰與不足百姓不足君孰與足此言君養人以成國人戴君以成生上下相成事如一體然則古稱九年六年之蓄者蓋率土臣庶通爲之計耳固非獨豐公庾不及編甿記所謂雖有凶旱水溢人無菜色良以此也後代失典籍備慮之旨忘先王子愛之心所蓄糧儲唯計廩庾犬彘厭人之食而不知檢溝壑委人之骨而不能卹亂興於下禍延於上雖有公粟豈得而食諸故立國而不先養人國固不立矣養人而不先足食人固不養矣足食而不先備災食固不足矣爲官而備者人必不贍爲人而備者官必不窮是故論德昏明在乎所務本末務本則其末自遂務末則其本兼亡國本於人安得不務頃以寇戎爲梗師旅亟興惠恤之方多所未暇每遇陰陽愆候年不順成官司所儲祗給軍食支計苟有所闕猶須更取於人人之凶荒豈遑賑救人小乏則求取息利人大乏則賣鬻田廬幸逢有年纔償逋債斂穫始畢餱糧已空執契擔囊行復貸假重重計息食每不充倘遇薦饑遂至顛沛室家相棄骨肉分離乞爲奴僕猶莫之售或行丐鄽里或縊死道途天災流行四方代有率計被其害者

每歲常不下一二十州以陛下爲人父母之心若垂省憂固足傷惻幸有可救之道焉可捨而不念哉今賦役已繁人力已竭窮歲汲汲永無贏餘課之聚糧終不能致將樹儲蓄根本必藉官司助成陛下誠能爲人備災過聽愚計不害經費可垂永圖近者有司奏請稅茶歲約得五十萬貫元敕令貯戶部用救百姓凶饑今以蓄糧適副前旨望令轉運使總計諸道戶口多少每年所得稅茶錢使均融分配各令當道巡院主掌每至穀麥熟時卽與觀察使計會散就管內州縣和糴便於當處置倉收納每州令錄事

參軍專知。仍定觀察判官一人與和糴巡院官同勾當。亦以義倉爲名。除賑給百姓已外。一切不得貸便支用。如時當大稔。事至傷農。則優與價錢。廣其糴數。穀若稍貴。糴亦便停。所糴少多。與年上下。準平穀價。恒使得中。每遇災荒。卽以賑給。小歉則隨事借貸。大饑則錄奏分頒。許從便宜。務使周濟。循環斂散。遂以爲常。如此則蓄財息債者不能耗吾人。聚穀幸災者無以牟大利。富不至侈。貧不至饑。農不至傷。糴不至貴。一舉事而衆美具。可不務乎。俟人小休。漸勸私積。平糴之法。斯在社倉之制。兼行不出十年之中。

必盈三歲之蓄。宏長不已。升平可期。使一代黎人。永無餒乏。此堯湯所以見稱於千古也。願陛下遵之慕之。繼之齊之。苟能存誠。蔑有不至。

其六論兼并之家私斂重於公稅

國之紀綱。在於制度。商農工賈。各有所專。凡在食祿之家。不得與人爭利。此王者所以節財力。礪廉隅。是古今之所同。不可得而變革者也。代理則其道存而不犯。代亂則其制委而不行。其道存則貴賤有章。豐殺有度。車服田宅。莫敢僭踰。雖積貨財。無所施設。是以咸安其分。罕徇貪求。藏不偏多。故物不偏聚。用不偏厚。故人不偏窮。聖王能使禮讓興行。而財用均足。則此道也。其制委則法度不守。教化不從。唯貨是崇。唯力是騁。貨力苟備。無欲不成。租販兼并。下錮齊人之業。奉養豐麗。上侔王者之尊。戶蓄羣黎。隸役同輩。旣濟嗜欲。不虞憲章。肆其貪惏。曷有紀極。天下之物有限。富室之積無涯。養一人而費百人之資。則百人之食不得不乏。富一家而傾千家之產。則千家之業不得不空。舉類推之。則海內空乏之流。亦已多矣。故前代致有風俗訛靡。氓庶困窮。由此弊也。今茲之弊。則又甚焉。夫物之不

可掩藏。而易以閱視者。莫著乎田宅。臣請又措其宅而勿議。且舉占田一事以言之。古先哲王。疆理天下。百畝之地。號曰一夫。蓋以一夫授田。不得過於百畝也。欲使人無廢業。田無曠耕。人力田疇。二者適足。是以貧弱不至竭涸。富厚不至奢淫。法立事均。斯謂制度。今制度弛紊。疆理隳壞。恣人相吞。無復畔限。富者兼地數萬畝。貧者無容足之居。依託強豪。以爲私屬。貸其種食。賃其田廬。終年服勞。無日休息。罄輸所假。常患不充。有田之家。坐食租稅。貧富懸絕。乃至於斯。厚斂促徵。皆甚公賦。今京畿之內。每田一畝。官

稅五升而私家收租殆有畝至一石者是二十倍於官稅也降及中等租猶半之是十倍於官稅也夫以土地王者之所有耕稼農夫之所爲而兼幷之徒居然受利官取其一私取其十穡人安得足食公廩安得廣儲風俗安得不貪財貨安得不壅昔之爲理者所以明制度而謹經界豈虛設哉斯道浸亡爲日已久頓欲修整行之實難革弊化人事當有漸望令百官集議參酌古今之宜凡所占田約爲條限裁減租價務利貧人法貴必行不在深刻裕其制以便俗嚴其令以懲違微損有餘稍優不足損不失富優

可賑窮此乃古者安富恤窮之善經不可捨也　右臣前月十一日延英奏對因敘賦稅煩重百姓困窮伏奉恩旨令具條疏聞奏今且舉其甚者謹件如前臣聞於書曰無輕人事惟難無安厥位惟危此理之所以興也又曰厥後嗣王生則逸不知稼穡之艱難此亂之所由始也以陛下天縱聖哲事更憂危夙夜孜孜志求致理往年論及百姓必爲惻然動容每言朕於蒼生支體亦無所惜臣久叨近侍亟奉德音竊謂一代黔黎必躋富壽之域昨奏人間疾苦十分纔及二三聖情已甚驚疑皆謂臣言過當然則愁怨之事何由上聞煦育之恩何由下布典籍所戒信而有徵一虧聖猷實可深惜臣又聞於書曰非知之艱行之唯艱竊惟陛下所以驚疑於微臣之言者但聞之未熟耳此乃股肱耳目之任仰負於陛下誠所謂知之非艱尚未足深累聖德也今則既知之矣願陛下勿復艱於所行居安思危億兆幸甚謹奏

陸贄七

論裴延齡姦蠹書

十一月三日具官臣某惶恐頓首獻書皇帝陛下臣聞君子小人用捨不並國家否泰恒必由之君子道長小人道消於是上下交而萬物通此所以爲泰也小人道長君子道消於是上下不交而萬物不通此所以爲否也夫小人於蔽明害理如目之有眯耳之有充嘉穀之有蟊梁木之有蠹也眯離婁之目則天地四方之位不分矣充子野之耳則雷霆蠅黽之聲莫辨矣雖后稷之穡禾易長畝而蟊

傷其本則零瘁而不植矣雖公輸之巧臺成九層而蠹空其中則圮折而不支矣是以古先聖哲之立言垂訓必殷勤切至以小人爲戒者豈將有意讎而沮之哉誠以其蔽主之明害時之理致禍之源博傷善之釁深所以有國有家者不得不去耳其在周易則曰大君有命開國承家小人勿用必亂邦也在尚書則曰除惡務本去邪勿疑在毛詩則曰無縱詭隨以謹無良曾是掊克斂怨以爲德盜言孔甘亂是用餤讒人罔極交亂四國在論語則曰惡利口之覆邦家者在春秋則曰聚斂積實不知紀極毀信廢忠崇飾惡言靖譖庸回服讒蒐慝天下之人謂之四凶在禮記則曰小人行險以徼幸長國家而務財用者必自小人矣小人使爲國家而災害並至雖有善人無如之何臣頃因讀書常憤此類不圖聖代目覩斯人戶部侍郎裴延齡者其性邪其行險其口利其志凶其矯妄不疑其敗亂無恥以聚斂爲長策以詭妄爲嘉謀以掊克斂怨爲匪躬以靖譖服讒爲盡節總典籍之所惡以爲智術冒聖哲之所戒以爲行能可謂堯代之共工魯邦之少卯伏惟陛下協

放勛文思之德而鑒其方鳩僝功體仲尼天縱之明而辨其順非堅僞則天討斯德聖化允孚小往大來孰不欣幸跡其姦蠹日長月滋陰秘者固未盡彰敗露者猶難悉數今請粗舉數事用明欺罔大端悉非隱微皆可覆驗陛下若意其負謗則誠宜亟爲辨明陛下若知其無良又安可曲加容掩願擇左右親信兼與舉朝公卿據臣所言閱實其事儻延齡罪惡無狀卽臣之奏議是誣宜申典刑以制虛妄俾四海法朝廷之理兆人戴陛下之明得失之間其體甚大不當復有疑慮使辨之不早以竟失天下之望也

前歲秋首班宏喪亡特詔延齡繼司邦賦數月之內遽銜功能奏稱勾獲隱欺計錢二十萬貫請貯別庫以爲羨財供御所須永無匱乏陛下欣然信納因謂委任得人既賴贏餘之資稍宏心意之欲興作浸廣宣索漸多延齡務實前言且希睿旨不敢告闕不敢辭難勾獲既是虛言無以應命供辦皆承嚴約苟在及期遂乃搜求市鄽豪奪入獻追捕夫匠迫脅就功以敕索爲名而不酬其直以和雇爲稱而不償其傭都城之中列肆爲之晝閉興役之所百工比於幽囚聚詛連羣遮訴盈路持綱者莫敢致詰巡察者

莫敢爲言時有致詰爲言翻謂黨邪醜直天子轂下囂聲沸騰四方觀瞻何所取則蕩心於上斂怨於人欺天陷君遠邇危懼此其罪之大者也總制邦用度支是司出納貨財太府攸職凡是太府出納皆稟度支文符太府依符以奉行度支憑按以勘覆互相關鍵用絕姦欺其出納之數則每旬申聞其見在之數則每月計奏皆經度支勾覆又有御史監臨旬旬相承月月相繼明若指掌端如貫珠財貨少多無容隱漏延齡務行邪諂公肆誣欺遂奏云左藏庫司多有失落近因檢閱使置簿書乃於糞土之中收得銀十三萬兩其疋段雜貨百萬有餘皆是文帳脫遺並同已棄之物今所收獲卽是羨餘悉合移入雜庫以供別敕支用者其時特宣進止悉依所奏施行太府少卿韋少華抗表上陳殊不引伏確稱每月申奏皆是見在數中請令推尋足驗姦詐兩司既相論執理須辨覈是非臣等具以奏聞請定三司詳覆若左藏庫遺漏不謬隱匿固合抵刑如度支舉奏是虛誣誑亦宜得罪陛下既不許差三司按問又不令檢奏辨明度支言太府隱漏至多而少華所任如舊太府論度支姦欺頗甚而延齡見信不渝枉直兩存

法度都弛以在庫之物爲收獲之功以常賦之財爲羨餘之費罔上無畏示人不慚此又罪之大者也國之府庫用寘貨財物合入官則納於其內事合給用則出乎其中所納無非法之財所出無不道之用坦然明白何曲何私而延齡險猾售姦詭譎求媚遂於左藏之內分建六庫之名意在別貯贏餘以奉人主私欲曾不知王者之體天下爲家國不足則取之於人人不足乃資之於國在國爲官物在人爲私財何謂贏餘復須別貯是必巧詐以變移官物暴法以刻斂私財捨此二途其將焉取陛下方務崇信不

加檢裁延齡既怙寵私益復放肆遂錄積久逋欠妄云察獲姦贓總計緡錢八百餘萬聽其言則利益雖大考其事則虛誕自彰或是水火漂焚或緣旱澇傷敗或因兵亂散失或遭寇賊敓數或準法免徵或經恩合放或人户逃逸無處追尋或綱典拘囚不克塡納或沒入店宅歲久摧殘或收獲舟船年深破壞類皆如此難以彈論在人者並無可科徵屬官者悉不任貨賣但存名額虛掛簿書大抵錢穀之司皆恥財物減少所以相承積累不肯滌除每當計奏之時常充應在之數延齡苟稱察獲遂請徵收恢張利

門誘動天聽貽誚侮於方岳貰愁怨於烝黎于兹累年一無所得其爲疎妄亦曰殆哉陛下姑欲保持曾無詰問延齡謂能蔽惑不復懼思姦威既沮於四方愉態復行於內府由是蹂躪官屬傾倒貨財移東就西便爲課績取此適彼遂號羨餘愚弄朝廷有同兒戲諸州輸送布帛度支不務準平抑制市人賤通估價計其所折卽更下徵重困疲甿展轉流弊既彰忍害且示不誠及其支送邊州用充和糴則於本價之外倒增一倍有餘布帛不殊貴賤有異剝徵罔下既以折估爲名抑配傷人又以出估爲利事多矛盾交駭物情窮邊穡夫痛憤切於骨髓下土編户冤吁徹於蒼旻而延齡以冒取折估爲公忠苟得出估爲贍利所謂失人心而聚財賄亦何異割支體以徇口腹哉殊不寤支體分披口安能食人心離析財豈能存此又罪之大者也平原遠鎭扼制蕃戎五原要衝控帶靈夏芟夷榛薉翦逐豺狼崎嶇繕完功力纔畢地猶夐絶勢頗孤危新集之兵志猶未固尤資贍恤俾漸安居頻敕度支令貯軍糧常使平原有一年之蓄鹽州積半年之儲循環轉輸不得闕數近者二鎭告急俱稱絶糧陛下召延齡令赴中書遣希

顏宣旨質問延齡確言饋餉不絶儲蓄殊多歲內以來必無闕乏希顏懼其推互邀令草狀自陳狀亦如言略無疑畏陛下覽其所奏翻謂軍吏不誠遂遣中官馳往檢覆道路無轉運之跡軍城無旬日之儲將卒嗷嗷幾將不守有如是之顚沛有如是之欺謾按驗既明恩勞靡替其爲蠹媚曠代罕聞此又罪之大者也國之憲度會府是司位列諸郎猶應辰象任居六事實代天工內總轄於庶官外敷化於列郡舉措繫生靈之命得失關理亂之源爲人軌儀安可容易未有大官弛縱而能使羣吏服從朝典陵遲而

欲禁天下暴慢是以天寶將季楊國忠爲吏部尚書亟於私庭銓集選士果令逆豎得以爲詞史冊書之足爲國恥而延齡放情亂紀又甚國忠懈於夙興多闕會朝之禮徇其鄙欲大隳省署之儀徙郎曹於里閭視公事於私第盡室飫官廚之饍塡街持簿領之書復有諸部參辭四方申請決遣資其判署去就俟其指撝延齡或聚客大誇不令白事或縱酒憑怒莫敢入言至有迫切而來逾旬未省輸納之後累月不歸資糧罄於滯淹筋力困於朝集晨趨夕散十百爲羣里中喧闐常若闤闠衢巷列屠沽之肆邑居

成逆旅之津離次慢官虐人斁法求之今古鮮有其倫此又罪之大者也總領財賦號爲殷繁自必識究變通智權輕重大不失體細能析微濟之以均平莅之以勤肅近無滯事遠無壅情綱條之下無亂繩鑒照之內無隱慝然後人不困而公用足威不厲而姦吏懲苟或未然則非稱職況延齡以素本僻戾之質而加之以狂躁滿盈既懵且驕事何由理遂以國家大計委於胥吏末流當給者無賄而不支應徵者受賕而縱免紀綱大壞貨賂公行苟操利權實竊邦柄近者度支小吏屢爲府縣所繩鞫其姦贓無不狼籍通結動連於節將交私匪止於苞苴威福潛移乃至於是職司失序固亦可知此又罪之大者也風教之大禮讓爲先禮讓之行朝廷爲首朝廷者萬方之所宗仰羣士之所楷模觀而效焉必有甚者是以朝廷好禮則俗尚敬恭朝廷尊讓則時恥貪競朝廷有失容之慢則凌暴之弊播於人朝廷有動色之爭則攻鬬之禍流於下聖王知其然也故選建賢德以爲公卿使人具瞻不諭而化昔周之方盛多士盈朝時靡有爭用能俾乂故其詩曰愼爾出話敬爾威儀無不柔嘉又曰有來雍雍至止肅肅相維辟公

天子穆穆言羣臣相與事上敬而能和言語動作靡有不善也周德既衰小人在位務相侵侮以至危亡故其詩曰方茂爾惡相爾矛矣又曰既之陰汝反予來赫又曰涼曰不可覆背善詈言小人得志惡怒是憑肆其褊心以相詬病也陛下勤修儀式以靖四方愼選庶官以貞百度內選則股肱耳目外選則垣翰藩維濟濟師師咸欽至化庶相感率馴致大和而度支憑寵作威恃權縱暴侵刻軍鎮匱闕資糧將帥每使申論延齡率加毀訾或指誣隱盜或謗訐陰私或數其出處賤微或億其心志邪悖詞皆醜媟事

悉加誣匹夫見凌猶或生患況將帥素加委遇多著勳庸縱有踰分取求但宜執理裁處苟當其所孰敢不從豈可對彼偏裨恣行侵辱使其慚靦於麾下憤恥於朝廷惟口起羞諒非細故爲國聚釁實由斯人而又虐害羣司幸其闕敗蔑彼彝典逞於兇懷氣吞等夷隸蓄郎吏時有履道而不爲屈撓守官而莫肯由從遭其詆訶事則尤劇或辱兼祖父或毀及家門皆名教所不忍聞敘述所不堪紀其爲構陷抑復多端故示兇威使人懾憚人之狂險乃至於斯上虧大猷下扇流俗炰烋禮義之府蟣汙清明之朝此

又罪之大者也度支舊管牛驢三千餘頭車八百餘乘循環載負共饋邊軍既有番遞之倫永無科配之擾延齡苟逞近效不務遠圖廢其葺修減其芻秣車破畜耗略無孑遺每須載運軍資則令府縣差雇或有卒承別旨須赴促期遂於街市之間虜奪公私雜畜披猖頗甚費損尤多吏因生姦人不堪命所減者則奏以爲利所費者則隱而不論破實徇虛多如此類度支應給宮內及諸司使芻藁薪炭等除稅草之外餘並市供所用既多恒須貯備舊例每至秋穫之後冬收之時散開諸場逐便和市免費高價復

資貧人公私之間頗謂兼濟延齡悉隳舊制但飾姦情旋計芻薪價錢以爲節減剩利及乎春夏之際藁秸已殫霖潦之中樵蘇不繼軍廐輟莝官廚待然告闕頻煩於聖聽徵催絡繹於省署崎嶇求買何暇計量糜損官錢不啻累倍聯蹇狼狽率以爲常此則睿鑒之所明知物情之所深駭事之舛謬觸緒皆然臣愚以謂若斯之流不過歲費國家百萬緡錢及事體非宜耳其爲罪惡未足傾危事之可憂不在於此是以不復詳舉以煩聽覽也至如矯詭之態誣罔之辭遇事輒行應口便發靡日不有靡時不爲自非

狀迹尤彰足致其禍者又難以備陳也延齡有詐僞亂邦之罪七而重之以耗斁闕遺愚智共知士庶同憤以陛下英明鑒照物無遁情固非延齡所能蔽虧而莫之辨也或者聖旨以其甚招嫉怨而謂之孤貞可託腹心以其好進讒諛而謂之盡誠可寄耳目以其縱暴無畏而謂之強直可肅姦欺以其大言不疑而謂之智能可富財用將欲排眾議而收其獨行假殊寵而冀其大成倘陛下誠有意乎在茲臣竊以爲過矣夫君天下者必以天下之心爲心而不私其心以天下之耳目爲耳目而不私其耳目故能通

天下之志盡天下之情夫以天下之心爲心則我之好惡乃天下之好惡也是以惡者無謬好者不邪安在私託腹心以售其側媚也以天下之耳目爲耳目則天下之聰明皆我之聰明也是以明無不鑒聰無不聞安在偏寄耳目以招其蔽惑也夫布腹心而用耳目舜與紂俱用之矣舜之意務求已之過以與天下同欲而無所偏私由是天下臣庶莫不歸心忠讜旣聞元德逾邁故虞書云臣作朕股肱耳目又云明四目達四聰言廣大也紂之意務求人之過以與天下違欲而溺於偏私由是天下臣庶莫不離心

險詖旣行昏德彌熾故商書云崇信姦回大雅云流言以對寇攘式內言邪僻也與天下同欲者謂之聖帝與天下違欲者謂之獨夫其所以布腹心而任耳目之意不殊然於美惡成敗若此相遠豈非求過之情有異任人之道不同哉太宗嘗問侍臣何者爲明君何者爲暗主魏徵對曰君之所以明者兼聽也其所以暗者偏信也又曰秦之胡亥偏信趙高肆其姦欺卒至顚覆徵之此說理致甚明簡冊備書足爲鑒戒趙高指鹿爲馬愚弄厥君歷代流傳莫不痛憤陛下每覽前史詳考興亡固亦切齒於斯人傷心於其主臣謂鹿之於馬物類猶同豈若延齡掩有而爲無指無而爲有陛下若不以時省察得無使後代嗟誚又甚趙高者乎斯愚臣所以焦慮疚懷以陛下爲過者良有所以也夫理天下者以義爲本以利爲末以人爲本以財爲末本盛則其末自舉末大則其本必傾自古及今德義立而利用不豐人庶安而財貨不給因以喪邦失位者未之有也故曰不患寡而患不均不患貧而患不安有德必有人有人必有土有土必有財百姓足君孰與不足蓋謂此也自古及今德義不立而利用克宣人庶不安而財貨可

保因以興邦固位者亦未之有焉故曰財散則人聚財聚則人散與其有聚斂之臣寧有盜臣無令侵削兆庶以爲天子取怨於下其有若此者行罰無赦蓋爲此也殷紂以貪冒失人而亡周武以散發得人而昌則紂之多藏適所以爲害巳者之資耳尚何賴於財賄哉太宗亦云務蓄積而不恤人甚非國家之計隋氏不道聚斂無厭所實洛口諸倉卒爲李密所利此則前代巳行之明效聖祖垂裕之格言是而不懲何以爲理陛下初膺寶曆志翦羣兇師旅繁興徵求寖廣榷算侵剝下無聊生是以涇原叛徒乘人

怨咨白晝犯闕都邑甿庶恬然不驚反與賊衆相從比肩而入宮殿雖蚩蚩之性靡所不為然亦由德澤未浹於人而暴令驅迫以至於是也于時内府之積尚如邱山竟資兇渠以餌貪卒此時陛下躬覩之矣是乃失人而聚貨夫何利之有焉車駕既幸奉天逆泚旋肆圍逼一壘之内萬衆所屯窘如涸流庶物空匱嘗欲發一健步出視賊軍其人懇以苦寒為辭跪奏乞一襦袴陛下為之求覓不致竟憫默而遣之又嘗宮壼之中服用有闕聖旨方以戎事之急不忍重煩於人乃剝親王飾帶之金賣以給直是時行

從將吏赴難師徒倉黄奔馳咸未冬服漸屬凝沍且無薪蒸饑凍内攻矢石外迫晝則荷戈奮迅夜則映堞呻吟凌風飈冒霜霰踰旬而衆無攜貳卒能走彊賊全危城者陛下豈有嚴刑重賞使之然耶唯以不厚其身不藏其資與衆庶同其憂患與士伍共其有無乃能使捐軀命而扞寇讎餒之不離凍之不憾臨危而不易其守見死而不去其君所謂聖人感人心而天下和平此其效也及乎重圍既解諸道稍通賦稅漸臻貢獻繼至乃於行宮外廡之下復列瓊林大盈之司未賞功勞遽私賄玩甚沮惟新之望頗

攜死義之心於是輿誦興譏而軍士始怨矣財聚人散不其然歟旋屬蠢賊内攻翠華南狩奉天所積財貨悉復殲於亂軍既還岷梁日不暇給獨憑大順遂復皇都是知天子者以得人為資以蓄義為富人苟歸附何患蔑資義苟修崇何憂不富豈在貯之内府方為己有哉故藏於天下者天子之富也藏於境内者諸侯之富也藏於囷倉篋匱者農夫商賈之富也奈何以天子之貴海内之富而猥行諸侯之棄德蹶守農商之鄙業哉陛下若謂厚取可以恢武功則建中之取既無成矣若謂多積可以為己有則建

中之積又不在矣若謂徇欲不足傷理化則建中之失傷已甚矣若謂斂怨不足致危亡則建中之亂危亦至矣然而遽能靖滔天之禍成中興之功者良以陛下有側身修勵之志有罪己悔懼之詞罷息誅求敦尚節儉渙發大號與人更新故靈祇嘉陛下之誠臣庶感陛下之意釋憾迴慮化危為安陛下亦當為宗廟社稷建不傾不拔之永圖為子孫黎元垂可久可大之休業懲前事徇欲之失復日新盛德之言豈宜更縱憸邪復行刻暴事之追悔其可再乎臣又竊慮陛下納彼盜言墮其姦計以為搏噬拏攫怨

集有司積聚豐盈利歸君上是又大繆所宜愼思夫人主昏明繫於所任咎繇夔契之道長而虞舜享濬哲之名皇甫椉檝之孽行而周厲嬰顛覆之禍自古何嘗有小人柄用而災禍不及邦國者乎譬猶操兵以刃人天下不委罪於兵而委罪於所操之主蓄蠱以殃物天下不歸咎於蠱而歸咎於所蓄之家理有必然不可不察臣竊慮陛下以延齡之進獨出聖衷延齡之言多順宸旨今若以罪實辟則似爲衆所擠故欲保持用彰堅斷若然者陛下與人終始之意則善矣其於改過不吝去邪勿疑之道或未盡善

焉夫人之難知著自淳古試可乃已載於典謨陛下意其賢而任之知其惡而棄之此理之常於何不可倘陛下猶未知惡但疑見擠固有象恭挾詐之人亦有黨邪害直之士所資考覈兩絕欺誣陛下以延齡爲能愚臣以延齡爲罪能必有跡罪必有端陛下胡不指明其所效之能以表忠賢按驗其所論之罪以考虛實與衆同辨示人不私若能跡可稱而罪端無據則是黨邪害直之驗也陛下當繩其傷善以勵事君罪端有徵而能跡無實則是象恭挾詐之驗也陛下當糾其包禍以戒亂邦如此則上之於下釋嫌構之疑下之於上絕偏惑之議何必忠邪無辨枉直莫分薰蕕同藏其臭終勝此則小人道長之象也實時運否泰安危之所繫豈但有虧聖德不利善人而已乎陛下若必以與已同者爲忠良自我作者無改變如此則上之所欲莫不諂上之所失莫不從水火相濟不爲非金礪相須不爲是恥過作非不足戒捨已從人不足稱惟意是行則匡輔或幾乎息矣匡輔息則理不可致仲尼所謂一言喪邦者在於予之言而莫予違也事關興亡固不可忽希旨順默寖已成風獎之使言猶懼不旣若又阻抑誰當貢誠

伏恐未亮斯言請以一事爲證只如延齡凶妄流布寰區上自公卿近臣下逮輿臺賤品諠諠談議億萬爲徒能以上言其人有幾陛下試令親信博採輿詞參校比來所聞足鑒人閒情僞臣以卑鄙任當台衡旣極崇高又承渥澤豈不知觀時附會足保舊恩隨衆沉浮免貽厚責謝病黜退獲知幾之名黨姦苟容無見嫉之患何急自苦獨當豺狼上違懽情下餌讒口良由內顧庸昧一無所堪夙蒙眷知唯在誠直綢繆帳扆一紀于茲聖慈旣以此見容愚臣亦以此自負從陛下歷播遷之臲硊覩陛下致興復之艱

難至今追思猶爲心悸所以畏覆車而駭懼慮燬室而悲鳴蓋情激於中雖欲罷而不能自默也因事陳執雖已頻繁天聽尚高未垂諒察輒申悃欵以極愚誠憂深故語煩懇迫故詞切以微臣自固之謀則過爲陛下慮患之計則忠靡軀奉君非所敢避沽名衒直亦不忍爲願迴睿聰爲國孰慮社稷是賴豈唯微臣不勝荷恩報德之誠謹昧死奉書以聞臣誠惶誠恐頓首再拜

欽定全唐文卷四百六十七

陸贄八

論兩河及淮西利害狀

內侍朱冀寧奉宣聖旨緣兩河寇賊未平殄又淮西兇黨攻逼襄城卿識古知今合有良策宜具陳利害封進者臣質性凡鈍聞見陋狹幸因乏使簪組升朝薦承過恩文學入侍每自奮勵思酬獎遇感激所至亦能忘身但以越職干議典制所禁未信而言聖人不尚是以循循默默尸居榮近日日以愧自春徂秋心雖懷憂言不敢發此臣之罪

也亦臣之分也陛下天縱聖德神授英謀明照八表思周萬務猶慮闕漏下詢芻蕘此堯舜捨己從人好問而好察邇言之意也臣每讀前史見開說納忠之士乃有泣血碎首牽裾斷鞅者皆以進議見拒懇誠激忠遂至發憤踰禮而不能自止故也況今勢有危迫事有機宜當聖主開懷訪納之時無昔人逆鱗顛沛之患儻又上探微旨慮匪悅聞傍懼貴臣將爲沮議首尾憂畏前後顧瞻是乃偷合苟容之徒非有扶危救亂之意此愚臣之所痛心切齒於既往是以不忍復躬行於當世也心蘊忠憤固願披陳職居

禁闈當備顧問承問而對臣之職也寫誠無隱臣之忠也謹具件如後惟明主循省而備慮之豈直微臣獨荷容納之恩實億兆之幸社稷之福也臣本書生不習戎事竊惟霍去病漢將之良者也每言行師用軍之道顧方略何如耳不在學古兵法是知兵法者無他見其情而通其變則得失可辯成敗可知古人所以坐籌樽俎之間制勝千里之外者得此道也臣才不逮古人而頗窺其意是敢承詔不黙輒陳狂愚伏以克敵之要在乎將得其人馭將之方在乎操得其柄將非其人者兵雖衆不足恃操失其柄者

將雖材不爲用兵不足恃與無兵同將不爲用與無將同將不能使兵國不能馭將非止費財翫寇之弊亦有不戢自焚之災自昔禍亂之興何嘗不由於此今兩河淮西爲叛亂之帥者獨四五凶人而已尚恐其中或有傍遭詿誤内蓄危疑蒼黃失圖勢不得止亦未必皆是處心積慮果爲姦逆以僭帝稱王者也況其餘衆蓋並脅從苟知全生豈願爲惡若招攜以法悔禍以誠使來者必安安者必久斯道積著人誰不懷縱有野心難馴臣知其從化者必過半矣舞干苗格豈獨虛言假使四五兇渠俱稟梟鴟之性其下同惡復有十百相從是皆卒伍庸流闒茸下品其志好不過聲色財貨之樂其材用不過蹴踘距踴之能其約從締交則迭相傾詐以爲智謀其御衆使人則例質妻孥以爲術數斯乃盜竊偷安之伍非有姦雄特異之資以陛下英神志期平壹君臣之勢不類逆順之理不侔形勢之大小不倫師徒之衆寡不敵然尚曠歲持久老師費財加算不止於舟車徵卒殆窮於閩濮笞肉捶骨呻吟里閭送父別夫號呼道路杼柚已空輿發已殫而將帥者尚曰財不足兵不多此微臣所以千慮百思而不悟其理也未審

陛下嘗徵其說察其由乎股肱之臣日月獻納復爲陛下察其事乎臣愚無知實所深惑遂乃過爲臆度輒肆討論以爲剋敵之要在乎將得其人馭將之方在乎操得其柄將非其人者兵雖衆不足恃操失其柄者將雖材不爲用今以陛下效其明聖羣帥畏威雖萬無此虞然亦不可不試省察也陛下若謂臣此說蓋虛體耳不足徵焉臣請復爲陛下效其明徵以實前說田悅唱亂之始氣盛力全恒趙青齊迭爲脣齒陛下特詔馬燧委之專征抱眞李芃聲勢相援于時士吏畏法將帥感恩俱蘊勝殘盡敵之誠未

有爭功邀利之釁故能累摧堅陣深抵窮巢元惡幸脫於俘囚兇徒幾盡於鋒刃臣故曰赴敵之要在乎將得其人馭將之方在乎操得其柄此其明效也田悅旣敗力屈勢窮且皆離心莫有固志乘我師勝捷之氣躡亡虜傷夷之餘比於前功難易百倍旣而大軍遂駐遺孽復安其後餽運日增師徒日益於茲再稔竟不交鋒量兵力則前者寡而今者多議軍資則前者薄而今者厚論氣勢則前者新集而今者乘勝度攻具則前者草創而今者繕完計兇黨則前者盛而今者殘揣敵情則前者銳而今者挫然而勢

因時變事與理乖當易而反難當進而中止本末殊趣前後易方順理之常必不如此臣故曰將非其人者兵雖衆不足恃操失其柄者將雖材不爲用此自昔必然之效但未審今茲事實得無近於此乎在陛下熟察而亟救之耳固不在益兵以生事加賦以殄人無紓目前之虞或興意外之患人者邦之本也財者人之心也兵者財之蠹也其心傷則其本傷其本傷則枝幹顚瘁而根柢蹷拔矣惟陛下重慎之愍惜之今師興三年可謂久矣稅及百物可謂繁矣陛下爲之宵衣旰食可謂憂勤矣海內爲之行齎居送可謂勞斂矣而寇亂有益蔓滅無期人揺不寧事變難測是以兵貴拙速不尚巧遲速則乘機遲則生變此兵法深切之誡往事明著之驗也夫投膠以變濁不如澄其源而濁變之愈也揚湯以止沸不如絕其薪而沸止之速也是以勞心於服遠者莫若修近而其遠自來多方以救失者莫若改行而其失自去若不靖於本而務救於末則救之所爲乃禍之所起也修近之道改行之方易於舉毛但在陛下然之與否耳儻或重難易制姑務持危則當校禍患之重輕辯攻守之緩急臣謂幽燕恒魏之寇勢緩而禍

輕汝洛滎汴之虞勢急而禍重緩者宜圖之以計今失於屯戍太多急者宜備之以嚴今失於守禦不足何以言其然也自胡羯稱亂首起薊門中興已來未暇芟蕩因其降將卽而撫之朝廷置河朔於度外殆三十年非一朝一夕之所急也田悅累經覆敗氣沮勢羸偷全餘生無復遠略武俊蕃種有勇無謀朱滔卒林多疑少決皆受田悅誘陷遂爲猖狂出師事起無名衆情不附進退惶惑內外防虞所以纔至魏郊遽又退歸巢穴意在自保勢無他圖加以洪河太行禦其衝幷汾洛潞壓其腹雖欲放肆亦何能爲

又此郡兇徒互相劫制急則合力退則背憎是皆苟且之徒必無越軼之患此臣所謂幽燕恒魏之寇勢緩而禍輕希烈忍於傷殘果於吞噬據蔡許富全之地益鄧襄鹵獲之資意殊無厭兵且未衂一作卹東寇則轉輸將阻北窺則都城或驚此臣所謂汝洛滎汴之虞勢急而禍重代朔邠靈之騎士自昔之精騎也上黨盟津之步卒當今之練卒也悉此彊勁委之山東勢分於將多財屈於兵廣以攻則曠歲不進以守則數倍有餘各懷顧瞻遞欲推倚此臣所謂緩者宜圖之以計今失於屯戍太多李勉以文吏之材

當浚郊奔突之會哥舒曜以烏合之衆扞襄野豺狼之羣陛下雖連發禁軍以爲繼援累敕諸鎮務使協同睿旨殷憂人思自效但恐本非素習令不適從奔鯨觸羅倉卒難制首鼠應敵因循莫前此臣所謂急者宜備之以嚴今失於守禦不足陛下若察其緩急審其重輕使懷光帥師救襄城之圍李芃還鎮爲東都之援汝洛既固梁宋亦安是乃取有餘救不足罷關右賦車籍馬之擾減山東飛芻輓粟之勞無擾則禍亂不生息勞則物力可濟非止排難於變切亦將防患於未然徵發既停守備且固足得徐觀事勢更選良圖此於紓亂解紛抑亦計之次也議者若曰河朔羣盜尚未殲夷儻又減兵必更生患此蓋好異不思之說耳臣請有以詰之前歲伐叛之初唯馬燧抱眞李芃三帥而已以攻必克以戰必彊是則力非不足明矣洎遲留不進乃請益師於是選神策銳卒以繼之而李晟往矣猶曰未足復請益師於是徵朔方全軍以赴之而懷光往矣幾遣加半之戍竟無分寸之功是則師不在衆又明矣然而可託以爲解者必曰王師雖益賊黨亦增曩獨田悅寶臣今兼朱滔武俊臣請再詰以塞其辭曩之田悅寶臣皆

蓄銳養謀剿賊之方彊者也尋而田悅喪敗寶臣殲夷雖復朱滔武俊加於前亦有孝忠日知乘其後是則賊勢不滋於曩日王師有溢於昔時又明矣曩以太原澤潞河陽三將之衆當田悅朱滔武俊三寇之兵今朱滔遁歸武俊退縮唯此田悅假息危城設使我師悉歸彼亦纔能自守況留抱眞馬燧足得觀釁討除是則減兵東征勢必無患又明矣留之則彼爲冗食徙之則此得長城化危爲安息費從省舉一而兼數利惟陛下圖之謹奏

論關中事宜狀

右臣頃覽載籍每至理亂廢興之際必反覆參考究其端由與理同道罔不興與亂同趣罔不廢此理之常也其或措置不異安危則殊此時之變也至於君人有大柄立國有大權得之必彊失之必弱是則歷代不易百王所同夫君人之柄在明其德威立國之權在審其輕重德與威不可偏廢也輕與重不可倒持也蓄威以昭德偏廢則危居重以馭輕倒持則悖恃威則德喪於身取敗之道也失重則輕移諸己啟禍之門也陛下天錫勇智志期削平忿茲昏迷整旅奮伐海內震疊莫敢寧居此誠英主撥亂拯物

不得已而用之然威武四加非謂蓄矣所可兢兢保惜慎守而不失者唯居重馭輕之權耳陛下又果於成務急於應機竭國以奉軍頃中以資外倒持之勢今又似焉臣是以疚心如狂不覺妄發輒踰顧問之旨深測憂危之端此臣之愚於自量而忠於事主之分也古人所謂愚夫言之而明主擇之惟陛下幸留聽焉臣聞國家之立也本大而末小是以能固又聞理天下者若身之使臂臂之使指則大小適稱而不悖焉身所以能使臂者身大於臂故也臂所以能使指者臂大於指故也王畿者四方之本也京邑者又王畿之本也其勢當令京邑如身王畿如臂四方如指故用則不悖處則不危斯乃居重馭輕天子之大權也非獨爲御諸夏而已抑又有鎮撫戎狄之術焉是以前代之制轉天下租稅委之京師徙郡縣豪傑處之陵邑選四方壯勇實之邊城其賦役則輕近而重遠也其惠化則悅近以來遠也太宗文皇帝既定大業萬方底乂猶務戎備不忘慮危列置府兵分隸禁衛大凡諸府八百餘所而在關中者殆五百焉舉天下不敵關中則居重馭輕之意明矣承平漸久武備浸微雖府衛具存而卒乘罕習故祿山

竊倒持之柄乘外重之資一舉滔天兩京不守尚賴經制頗存典刑彊本之意則忘緣邊之備猶在加以諸牧有馬每州有糧故肅宗得以爲資中復興運乾元之後大憝初夷繼有外虞悉師東討邊備既弛禁戎亦空吐蕃乘虛深入爲寇故先皇帝莫與爲禦避之東遊是皆失居重馭輕之權忘深根固柢之慮內寇則崤函失險外侵則汧渭爲戎於斯之時朝市離析事變可慮須臾萬端雖有四方之師寧救一朝之患陛下追想及此豈不爲之寒心哉尚賴宗社威靈先皇仁聖攘却醜類再安宸居城邑具全宮廟

無賫此又非常之幸振古所未聞焉足以見天意之於皇家保祐深矣故示大儆將宏永圖陛下誠宜上副天心下察時變遠考前代成敗近鑒國朝盛衰垂無疆之休建不拔之業今則勢可危慮又甚於前伏惟聖謀已有成算愚臣未達敢獻所憂先皇帝還自陝郛懲艾往事稍益禁衞漸修邊防是時關中有朔方涇原隴右三帥以扞西戎河東有太原全軍以控北虜此四軍者皆聲勢雄盛士馬精彊又徵諸道戍兵每歲乘秋備塞尚不能保固封守遏其奔衝京師戒嚴比比而有陛下嗣膺寶位威懾殊鄰蠢茲

昆夷猶肆毒蠚舉國來寇志吞岷梁貪冒既深覆亡幾盡遂求通好少息交侵蓋緣馬喪兵疲務以計謀相緩固非畏威懷德必欲守信結和所以歷年優柔竟未堅定要約息兵稍久育馬漸蕃必假小事忿爭因復大肆侵掠張光晟又於振武誘殺羣胡自爾已來絕無虜使其爲嫌怨足可明徵借如吐蕃實和回紇無憾戎狄貪詐乃其常情苟有便利可窺豈肯端然自守今朔方太原之衆遠在山東神策六軍之兵繼出關外儻有賊臣啗寇黠虜窺邊伺隙乘虛微犯亭障此愚臣所竊爲憂者也未審陛下其何以禦之側聞伐叛之初議者多易其事僉謂有征無戰役不逾時計兵未甚多度費未甚廣於事爲無擾於人爲不勞曾不料兵連禍拏變故難測日引月長漸乖始圖故前志以兵爲凶器戰爲危事至戒至慎不敢輕用之者蓋爲此也當勝而反敗當安而倒危變亡而爲存化小而成大在覆掌之間耳何可不畏而重之乎近事甚明足以爲鑒往歲爲天下所患咸謂除之則可致昇平者李正己李寶臣梁崇義田悅是也往歲爲國家所信咸謂任之則可除禍亂者朱滔李希烈是也既而正己死李納繼之寶臣死惟

岳繼之崇義卒希烈叛惟岳戮朱滔攜然則往歲之所患者四去其三矣而患竟不衰往歲之所信者今則自叛矣而又難保是知立國之安危在勢任事之濟否在人勢苟安則異類同心也勢苟危則舟中敵國也陛下豈可不追鑒往事惟新令圖循偏廢之柄以靖人復倒持之權以固國而乃孜孜汲汲極思勞神徇無已之求望難必之效其於爲人除害之意則已至矣其爲宗社自重之計恐未至焉自頃將帥徂征久未盡敵苟以藉口則請濟師陛下乃爲之輟邊軍缺環衞虛內廄之馬竭武庫之兵占將家之

子以益師賦私養之畜以增騎猶且未戰則曰乏財陛下又爲之算室廬貸商賈傾司府之幣設請權之科關輔之間徵發已甚宮苑之內備衞不全萬一將帥之中又如朱滔希烈或負固邊壘誘致豺狼或竊發郊畿驚犯城闕此亦愚臣所竊爲憂者也未審陛下復何以備之以陛下聖德君臨率土欣戴非常之慮豈所宜言然居安備危哲王是務以言爲諱中主不行若備之已嚴則言亦何害儻忽而未備又安可勿言臣是以罄陳狂愚無所諱避冒敢以中主不行之事有虞於聖朝也惟陛下熟察之過防之且

今之關中卽古者邦畿千里之地也王業根本於是在焉秦嘗用之以傾諸侯漢嘗因之以定四海蓋由憑山河之形勝宅田里之上腴弱則內保一方當天下之半可以養力俟時也彊則外制東夏據域中之大可以蓄威昭德也豪勇之在關中者與籍於營衞不殊車乘之在關中者與列於廄牧不殊財用之在關中者與貯於帑藏不殊有急而須一朝可聚今執事者先拔其本弃重取輕所謂倒持太阿授人以柄議制置則彊幹弱枝之術反語綏懷則悅近來遠之道乖求諸通方無適而可顧臣庸懦竊爲陛下惜之往者不可追來者猶可補臣不勝懇懇憂國之至輒敢效其狂鄙以備採擇之一端陛下倘俯照微誠過聽愚計使李芃援東洛懷光救襄城希烈兇徒勢必退衄則所遣神策六軍士馬及點召節將子弟東行應援者悉可追還河北旣有馬燧抱眞固亦無藉李晟亦令旋旆完復禁軍明敕涇隴邠寧但令嚴備封守仍云更不徵發使知各保安居又降德音勞徠畿甸具言京輦之下百役殷繁且又萬方會同諸道朝奏卹勤懷遠理合優容其京城及畿縣所稅間架榷酒抽貫貸商點召等諸如此類一切停罷

則冀已輸者弭怨見處者獲寧人心不搖邦本自固禍亂無從而作朝廷由是益尊然後可以度時宜施教令弛張自我何有不從端本整勢無易於此謹奏

論敘遷幸之由狀

臣前日蒙恩召見陛下敘說涇原叛卒驚犯宮闕及初行幸之事因自尅責辭旨過深臣奏云陛下引咎在躬誠堯舜至德之意臣竊有所見以爲致今日之患者羣臣之罪也陛下又曰卿以君臣之禮不忍歸過於朕故有此言然自古國家興衰皆有天命今遇此厄運雖則是朕失德亦

應事不由人未及對詔之間陛下遂言及宗祧涕泗交集主憂臣憤人理之常情激於衷不覺嗚咽旋屬游環請對臣言未獲畢辭令輒上煩以盡愚懇臣所謂致今日之患是羣臣之罪者非敢徒飾浮說苟寬聖懷事皆有由言庶可復自胡羯稱亂遺患未除朝廷因循久務容養事多僭越禮闕會朝陛下神武統天將壹區宇乃命將帥四征不庭凶渠稽誅逆將繼亂兵連禍結行及三年徵師四方無遠不暨父子訣別夫妻分離一人征行十室資奉居者有餽送之苦行者有鋒刃之憂去留騷然而閭里不寧矣聚

兵日衆供費日多常賦不充乃令促限促限纔畢復命加徵加徵既殫又使別配別配不足於是榷算之科設率貸之法興禁防滋章條目纖碎吏不堪命人無聊生農桑廢於徵呼膏血竭於笞捶市井愁苦室家怨咨兆庶嗷然而郡邑不寧矣邊陲之戍用保封疆禁衛之師以備巡警二者或闕則生戎心國之大防莫重於此陛下急於靖難累遣東征邊備空虛親軍寡弱尋又搜閱私牧以取馬簿責將家以出兵凡有私牧者例元勳貴戚之門所謂將家者皆統帥岳牧之後是乃嘗蒙親委或著忠勞復除征徭固有常典今忽奪其畜牧事其子孫有乞假以給資裝有破產以營卒乘道路悽惘部曲感傷貴位崇勳孰不解體加以聚斂之法轂下尤嚴邸第侯王咸輸屋稅裨販夫婦畢算緡錢貴而不見優近而不見異其爲憤慼又甚諸方誅求轉繁庶類恐懼興發無已羣情動搖朝野囂然而京邑闕畿不寧矣陛下又以百度弛廢志期肅清持義以掩恩任法以成理神斷失於太速睿察傷於太精斷速則寡恕於人而疑似之間不容辯也察精則多猜於物而臆度之際未必然也寡恕則重臣懼禍反側之釁易生多猜則羣

下防嫌苟且之風漸扇是以叛亂繼起怨讟並興非常之虞億兆同慮惟陛下穆然凝邃獨不得聞至使凶卒鼓行白晝犯闕重門無結草之禦環衛無誰何之人自古禍變之興未有若斯之易豈不以乘我間隙因人攜離哉陛下有股肱之臣有耳目之任有諫諍之列有備衛之司見危不能竭其誠臨難不能效其死所謂致今日之患是羣臣之罪者豈徒言歟聖旨又以家國興衰皆有天命今遇此厄運應不由人者臣志性介劣學識庸淺凡是占算祕術都不涉其源流至於興衰大端則嘗聞諸典籍書曰天視

自我人視天聽自我人聽又曰德惟一動罔不吉德二三動罔不凶惟吉凶不僭在人惟天降災祥在德又曰天難忱命靡常常厥德保厥位厥德靡常九有以亡此則天所視聽皆因於人天降災祥皆考其德非於人事之外別有天命也故祖伊責紂之辭曰我生不有命在天武王數紂之罪曰吾有命罔懲其侮此又捨人事而推天命必不可之理也易曰自天祐之吉无不利仲尼以爲祐者助也天之所助者順也人之所助者信也履信思乎順又以尚賢是以自天祐之吉无不利又曰危者安其位者也亡者保

其存者也亂者有其理者也故君子安而不忘危存而不忘亡理而不忘亂是以身安而國家可保又曰視履考祥又曰吉凶者得失之象也夫易之爲書窮變知化其於性命可謂研精及乎論天人祐助之由辯安危理亂之故必本於履行得失而吉凶之報象焉此乃天命由人其義明矣春秋傳曰禍福無門唯人所召又曰人受天地之中以生所謂命也是以有動作威儀禮義之則以定命能者養之以福不能者敗以取禍禮記引詩而釋之曰大雅云殷之未喪師克配上帝儀監于殷駿命不易言得衆則得國失衆則失國也又引書而釋之曰康誥云惟命不于常言善則得之不善則失之此則聖哲之意六經會通皆爲禍福由人不言盛衰有命蓋人事著於下而天命降於上是以事有得失而命有吉凶天人之間影響相準詩書已後史傳相承理亂廢興大略可記人事理而天命降亂者未之有也人事亂而天命降康者亦未之有也六經之教既如彼歷代明驗又如此尚恐其中有可疑者臣請復以近事證之自頃征討頗頻刑網稍密物力竭耗人心驚疑如居風濤洶洶靡定上自朝列下達烝黎日夕族黨聚謀咸

憂必有變故旋屬涇原叛卒果如衆庶所虞京師之人動逾億計固非悉知算術皆曉占書則明致寇之由未必盡關天命伏惟陛下鑒既往之深失建將來之令圖拯宗社阽危刷億兆憤恥在於審察時變博詢人謀王化聿修天祐自至恐不宜推引厄運謂爲當然撓追咎之誠沮惟新之望臣聞理或生亂亂或資理有以無難而失守有因多難而興邦理或生亂者恃理而不修也亂或資理者遭亂而能懼也無難失守者忽萬機之重而忘憂畏也多難興邦者涉庶事之艱而知敕慎也今生亂失守之事則既往

不可復追矣其資理興邦之業在陛下勉勵而謹修之當至危至難之機得其道則興失其道則廢其間不容復有所悔也惟陛下勤思焉熟計焉捨己以從衆焉違欲以遵道焉遠憸佞而親忠直焉推至誠而去逆詐焉杜讒沮之路廣諫諍之門焉埽求利之法務息人之術焉錄片善片能以盡羣材焉忘小瑕小怨俾無棄物焉斯道甚易知甚易行不勞神不苦力但在約之於心耳又陛下天資睿哲有必致之具安得捨而不爲哉斯道夕誓之於心則可以感神明動天地朝施之於事則可以服庶類懷萬方何憂

乎亂人何畏乎厄運何患乎天下不寧昔太王以避狄而興周文王以百里而王是乃因危難而恢盛業由僻小而闡丕圖況陛下稟英姿承寶歷四海之利權由己列聖之德澤在人苟能增修蔑有不濟至如東北羣孽萑蒲逋誅涇原亂兵倉卒犯禁蓋上天保祐陛下恐陛下神武果斷有輕天下之心使知艱難將永福祚耳伏願悔前禍以答天戒新聖化以承天休勿謂時鍾厄運而自疑勿謂事不由人而自解勤勵不息足致昇平豈止盪滌袄氛旋復宮闕而已愚臣不勝區區憂國奉君之至誠有所切辭不覺煩伏惟陛下不以人廢言不以言廢直千慮一得或有取焉謹奏

陸贄九

奉天論奏當今所切務狀

隱朝昨日奉宣聖旨逆賊雖退猶未收城令臣審思當今所務何者最切具條錄奏來者伏以初經大變海内震驚無論順逆賢愚必皆企竦觀聽陛下一言失則四方解體一事當則萬姓屬心動關安危不可不慎臣謂當今急務在於審察羣情若羣情之所甚欲者陛下先行之羣情之所甚惡者陛下先去之欲惡與天下同而天下不歸者自

古及今未之有也夫理亂之本繫於人心況乎當變故動搖之時在危疑向背之際人之所歸則植人之所去則傾陛下安可不審察羣情同其欲惡使億兆歸趣以靖邦家乎此誠當今之所急也然尚恐爲之不易者蓋以朝廷播越王命未行施之空言人或不信何以言其然今天下之所欲者在息兵在安業天下之所惡者在斂重在法苛陛下欲息兵則寇孽猶存兵固不可息矣欲安業則征徭未罷業固未可安矣欲薄斂則郡縣懼乏軍用令必不從矣欲去苛則行在素寡威嚴言且無驗矣此皆勢有所未制意有所未從雖施於德音足慰來蘇之望而稽諸事實未符悔禍之誠且動人以言者其感不深動人以行者其應必速蓋以言因事而易發行違欲而難成易發故有所未孚難成故無思不服令陛下將欲平禍亂拯阽危恤烝黎安反側既未有息人之實又乏於施惠之資唯當違欲以行己所難布誠以除人所病乃可以彰追咎之意副惟新之言若猶不然未見其可頃者竊聞輿議頗究羣情四方則患於中外意乖百辟又患於君臣道隔郡國之志不達於朝廷朝廷之誠不升於軒陛上澤闕於下布下情壅於

上聞實事不必知知事不必實上下否隔於其際眞僞雜糅於其間聚怨囂囂騰謗籍籍欲無疑阻其可得乎物論則然人心可見蓋謂含宏聽納是聖主之所難鬱抑猜嫌是眾情之所病伏惟陛下神無滯用鑒必窮微愈其病而易其難如淬鋒潰疣決防注水耳可以崇德美可以濟艱難陛下何慮不行而直爲此懍懍也臣謂宜因文武羣官入參之日陛下特加延接親與敘言備詢禍亂之由明示咎悔之意各使極言得失仍令一一面陳軍務之際到卽引對不拘時限用表憂勤周公勤握髮吐餐而天下歸心

則此義也又當假之優禮悅以溫顏言切而理愜者必賞導以盡其情識寡而辭拙者亦容恕以嘉其意有諫諍無隱者願陛下叶成湯改過之美褒其直而勿吝其非有謀猷可用者願陛下體大禹拜言之誠獎其能而亟行其策至於匹夫片善采錄不遺庶士傳言聽納無倦是乃總天下之智以助聰明順天下之心以施教令則君臣同志何有不從遠邇歸心孰與爲亂化疑梗爲訢合易怨謗爲謳歌浹辰之閒可使丕變陛下儻行之不厭用之得中從義如轉圜進善如不及推廣此道足致和平其於昭德塞違

恐不止當今所急也慮有愚而近道事有要而似迂冀垂睿思反覆詳覽必或無足觀採捨棄非遙謹奏

奉天論前所荅奏未施行狀

臣某言賊泚逋誅尚穴宮禁陛下思念宗廟痛傷黎元仁孝交感至於憤激猥以急務下詢微臣臣雖鄙懦尊慕仁義荷陛下知己之遇感陛下思理之誠愚衷所懷承問輒發不以淺深自揆不以喜怒上虞誠欲於周防承順之規是亦忠於陛下一至之分也前奉詔問尋具上陳請延羣臣稍與親接廣咨訪之路開諫諍之門通壅鬱之情宏採拔之道自獻荅奏迨茲彌旬不聞施行不賜酬詰未審宸旨以爲何如昧於忖量但務竭盡恐由辭理蹇拙不能暢達事情慺慺血誠敢願披瀝頻煩黷冒豈不慙惶蓋犬馬感恩思效之心睠睠而不能自止者也臣聞立國之本在乎得衆得衆之要在乎見情故仲尼以謂人情者聖王之田言理道所由生也是則時之否泰事之損益萬化所繫必因人情情有通塞故否泰生情有厚薄故損益生通天下之情者莫智於聖人盡聖人之心者莫深於易象其別卦也乾下坤上則曰泰坤下乾上則曰否其取象也損上

益下則曰益損下益上則爲損乾爲天爲君坤爲地爲臣天在下而地處上於位乖矣而反謂之泰者上下交故也君在上而臣處下於義順矣而反謂之否者上下不交故也氣不交則庶物不育情不交則萬邦不和天氣下降地氣上騰然後歲功成君澤下流臣誠上達然後理道立損益之義亦猶是焉上約己而裕於人人必悅而奉上矣豈不謂之益乎上蔑人而肆諸己人必怨而叛上矣豈不謂之損乎然則上下交而泰不交而否自損者人益自益者人損情之得失豈容易哉故喻君爲舟喻人爲水水能載

舟亦能覆舟。舟即君道。水即人情。舟順水之道乃浮。違則沒。君得人之情乃固。失則危。是以古先聖王之居人上也。必以其心從天下之心。而不敢以天下之人從其欲。乃至兢兢業業。一日二日萬幾。夫幾者事之微也。以聖人之德。天子之尊。且猶慎事之微。乃至一日萬慮。豈不以居上接下。懼失其情歟。書曰。人心惟危。道心惟微。微則萬幾之慮不得不精也。危則覆舟之戒不得不畏也。夫接物以意。宣意以言。言或是非。莫若考於有跡。跡或成敗。莫若驗於已行。自昔王業盛衰。君道得失。史冊盡在。粲然可徵。與衆同

欲。靡不興。違衆自用。靡不廢。從善納諫。靡不固。遠賢恥過。靡不危。故詩書稱堯德則曰稽於衆。捨已從人。數舜之功則曰明四目。達四聰。言務同欲也。序禹之所由興。則曰益贊於禹。禹拜昌言。述湯之所以王。則曰用人惟已。改過不吝。言能納諫也。歌文王作周。則曰濟濟多士。文王以寧。美武王克殷。則曰亂臣十人。同心同德。言皆從善也。堯舜禹湯文武。此六君者。天下之盛王也。莫不從諫以輔德。詢衆以成功。是則德益盛者慮益微。功愈高者意愈下。及代之衰也。則道亦反焉。故書曰。紂有億兆夷人。離心離德。言違衆也。詩曰。汝炰烋于中國。斂怨以爲德。不明爾德。時無背無側。爾德不明。以無陪無卿。又曰。雖無老成人。尚有典刑。曾是莫聽。大命以傾。言遠賢也。書曰。謂人莫已若者亡。詩曰。惟彼不順。自獨俾臧。自有肺腸。俾人卒狂。言自用也。前史數桀紂之惡。曰强足以拒諫。辯足以飾非。言恥過也。考得失於已行之迹。鑒盛衰於已驗之符。孰失道而不衰。孰得理而不盛。報應以類。影響不差。胡可不則而象之。敬而畏之乎。粤自秦漢暨於周隋。其間將歷千祀。代興者非一姓。繼覆者非一君。雖所遇殊時。所爲異迹。然失衆必敗。得

衆必成。與堯舜禹湯同務者必興。與桀紂幽厲同趣者必覆。全失衆則全敗。全得衆則全成。多同於善則功多。甚同於惡則禍甚。善惡從類。端如貫珠。成敗象行。明若觀火。此歷代之元龜也。尚恐議者曰。時異事異。臣請復爲陛下粗舉近效之尤章章者以辯焉。太宗文皇帝以天縱之才。有神器之重。武定禍亂。文致太平。威行如雷霆。明照侔日月。英略施於百務。聖功被於九歌。固非庶品之所度量。常情之所鑽仰。然猶兢兢畏慎。懼失人心。每戒臣下。獻規恒以危亡爲慮。夙興聽理。日旰忘勞。公卿迭趨。庭奏庶務。評議

得失與衆共之下無滯情上無私斷退朝之暇宴接侍臣諮訪謀猷詢求過闕或論往古成敗或問人間事情每言及暗主亂朝則省懼自戒言及賢君理代則企竦思齊言及稼穡艱難則上下相恤務遵勤儉言及閭閻疾苦則君臣同慮議息征徭懋德懲違觸類滋長尚恐過言謬舉既往難追每召宰相平章必遣諫官俱入小有頗失隨即箴規得一善必遽命甄昇聽一諫必明加褒錫故得時無闕事人樂輸誠又引文學之流更直宿於内署或講求典禮或諷誦詩書每至夜分情忘厭倦夫以太宗之德美貞觀之理安且猶務得人心其勤若此是則人心之於理道可一日而不接乎高宗始年亦親聽納故當時翕然歸美以爲有貞觀之風兼賴遺澤在人先範垂裕幸無改作俗以阜康數十年間天下無事承平之業滋久倦勤之意頗彰燕居益深接下彌簡前哲之耿光浸遠中宮之威柄潛移卒有嗣聖臨朝天授革命豈不以經邦之道闕疇咨於大猷宴安之懷溺偏信於近狎馴致禍變幾將傾邦雖亂匪自他然其失一也弊俗一靡餘風遂流訖神龍景雲之間皆嬖倖亂朝聰明不達元宗躬定大難手振宏綱開懷納

忠克已從諫尊用舊老採拔羣林大臣不敢壅下情私昵不敢干公議朝清道泰垂三十年謂化已行謂安可保耳目之娛漸廣憂勤之志稍衰侈心一萌邪道並進貪權竊柄者則曰德如堯舜矣焉用勞神承意趣媚者則曰時已太平矣胡不爲樂有深謀遠慮者謂之迂誕驚衆有讜言切諫者謂之誹謗邀名至尊收視於穆清上宰養威於廊廟議曹以頌美爲奉職法吏以識旨爲當官司府以厚斂爲公忠權門以多賂爲問望外寵持竊國之勢内寵擅迴天之誨禍機熾然燄燄滋甚舉天下如居積薪之上人人懼焚而朝廷相蒙曾莫之省日務遊宴方謂有無疆之休大盜一興至今爲梗豈不以忽於戒備逸於居安憚忠鯁之咈心甘諛詐之從欲漸漬不聞其失以至於大失者乎肅宗懲致寇之由蘊撥亂之略虛受廣納同符乎太宗招延詢謀輟食廢寢洞啟誠腑推心與人豁披胸襟忘已應物故得來蘇之望允塞配天之業勃興先皇帝繼守恭勤而益之以和惠惠則有感和則有親雖時繼艱屯而衆不離析理尚寬大務因循而重作爲然於紫宸聽朝常限三人奏事亦宣諭德令課責侍臣或賞其盡規或讓以容默

性本仁恕事多含宏諫雖未從且不深忤情苟有阻終獲上通故君臣相安而人亦小息陛下英姿逸辯邁絕人倫武略雄圖牢籠物表憤習俗以妨理任削平而在躬以明威照臨以嚴法制斷流弊日久浚恒太深遠者驚疑而阻命逃死之亂作近者畏懾而偷容避罪之態生君臣意乖上下情隔君務致理而下防誅夷臣將納忠又上慮欺誕故睿誠不布於羣物物情不達於睿聰臣於往年曾任御史獲奉朝謁僅欲半年陛下嚴邃高居未嘗降旨臨問羣臣踧踖趨退亦不列事奏陳軒墀之間且未相諭宇宙之

廣何由自通雖復例對使臣別延宰輔既殊師錫且異公言未行者則戒以樞密勿論已行者又謂之遂事不諫漸生拘礙動涉猜嫌由是人各隱情以言爲諱至於變亂將起億兆同憂獨陛下恬然不知方謂太平可致陛下以今日之所覩驗往時之所聞孰眞孰虛何得何失則事之通塞備詳之矣人之情偽盡知之矣列聖升降之效歷歷如彼當今理亂之由昭昭如此未有不興於得衆殆於失人裕於僉諧蔽於偏信濟美因乎納諫虧德由乎自賢善始本乎憂勤失全萌乎安泰今陛下將欲悔禍徼福去危從安若不循太宗創業之規襲肅宗中興之理鑒天寶致亂之所以懲今者遷幸之所由則何以孚聖懷彰令問新遠邇之聽歸反側之心乎前承德音訪及庸鄙敢緣私議輒以獻聞自爾已來反覆千慮愚智有分信非可移至今拳拳猶滯所見不勝愚誠懇款謹復布露以聞臣某惶怖死罪謹言

奉天請數對羣臣兼許令論事狀

朝隱奉宣聖旨頻覽卿表狀勸朕數對羣臣兼許令論事辭理懇切深表盡忠朕本心甚好推誠亦能納諫但緣上

封事及奏對者少有忠良多是論人長短或探朕意旨朕雖不受讒譖出外卽謾生是非以爲威福朕往日將謂君臣一體都不隄防緣推誠信不疑多被姦人賣弄今所致患害朕思亦無他故却是失在推誠又諫官論事少能愼密例自矜衒歸過於朕以自取名朕從卽位以來見奏對論事者甚多大抵皆是雷同道聽塗說試加質問卽便辭窮若有奇才異能在朕豈惜拔擢朕見從前已來事秖如此所以近來不多取次對人亦不是倦於接納卿宜深悉此意者聖德廣大如天包容俯矜狂愚仍賜獎諭嘉臣以

懇切目臣以盡忠雖甚庸駑實懷感勵夫知無不言之謂盡事君以義之謂忠臣之夙心久以自誓以此爲奉上之道以此爲報主之資幸逢休明獲展誠願旣免罪戾又蒙褒稱庶奉周旋不敢失墜儻陛下廣推此道施及萬方咸獎直以矜愚各錄長而捨短人之欲善誰不如臣自然聖德益彰羣心盡達愚衷懇懇實在於斯睿眷特深縷宣密旨備該物理曲盡人情其於慮遠防微固非常識所逮然臣竊謂天子之道與天同方天不以地有惡木而廢發生天子不以時有小人而廢聽納帝王之盛莫盛於堯雖四

凶在朝而僉議靡斁故曰惟天爲大惟堯則之是知人有邪直賢愚在處之各得其所而已必不可以忠良者少而關於詢謀獻納之道也昔人有因噎而廢食者又有懼溺而自沉者其爲矯枉防患之慮豈不過哉願陛下取鑒於茲勿以小虞而妨大道也臣聞人之所助在乎信信之所立由乎誠守誠於中然後俾衆無惑存信於己可以教人不欺唯信與誠有補無失一不誠則心莫之保一不信則言莫之行故聖人重焉以爲食可去而信不可失也又曰誠者物之終始不誠無物物者事也言不誠則無復有事

矣匹夫不誠無復有事況王者賴人之誠以自固而可不誠於人乎陛下所謂失於誠信以致患害者臣竊以斯言爲過矣孔子曰可與言而不與之言失人不可與言而與之言失言智者不失人亦不失言由此論之陛下可審其所言而不可不慎信其所與而不可不誠海禽至微猶識情僞含靈之類固必難誣前志所謂衆庶者至愚而神蓋以蚩蚩之徒或昏或鄙此其似於愚也然而上之得失靡不辨上之好惡靡不知上之所祕靡不傳上之所爲靡不效此其類於神也故馭之以智則人詐示之以疑則人偷

接不以禮則徇義之意輕撫不以恩則效忠之情薄上行之則下從之上施之則下報之若響應聲若影從表表枉則影曲聲淫則響邪懷鄙詐而求顏色之不形顏色形而求觀者之不辨觀者辨而求衆庶之不惑衆庶惑而求叛亂之不生自古及今未之得也故唯天下至誠爲能盡其性能盡其性則能盡人之性若不盡於己而望盡於人衆必紿而不從矣不誠於前而曰誠於後衆必疑而不信矣今方岳有不誠於國者陛下則興師以伐之臣庶有虧信於上者陛下則出令以誅之有司順命誅伐而不敢縱捨

者蓋以陛下之所有責彼之所無故也向若陛下不誠於物不信於人人將有辭何以致詰是知誠信之道不可斯須去身願陛下愼守而行之有加恐非所以爲悔者也臣聞春秋傳曰人誰無過過而能改善莫大焉易曰日新之謂盛德禮記曰德日新日日新又日新商書仲虺述成湯之德曰用人惟己改過不吝周詩吉甫美宣王之功曰袞職有闕惟仲山甫補之夫禮易春秋百代不刊之典也皆不以無過爲美而謂大善盛德在於改過日新成湯聖君也仲虺聖輔也以聖輔而贊揚聖君不稱其無過而稱其

改過周宣中興之賢主也吉甫文武之賢臣也以賢臣而歌誦賢主不美其無闕而美其補闕是則聖賢之意較然著明唯以改過爲能不以無過爲貴蓋謂人之行己必有過差上智下愚俱所不免智者改過而遷善愚者恥過而遂非遷善則其德日新是爲君子遂非則其惡彌積斯謂小人故聞義能徙者常情之所難從諫勿咈者聖人之所尚至於贊揚君德歌述主功或以改過不吝爲言或以有闕能補爲美中古已降淳風寖微臣旣尚諛君亦自聖掩盛德而行小道於是有入則造膝出則詭辭之態興矣姦

由此滋善由此沮帝王之意由此惑謂臣之罪由此生媚道一行爲害斯甚太宗文皇帝挺秀千古清明在躬再恢聖謨一變流弊以虛受爲理本以直言爲國華有面折廷爭者必爲霽雷霆之威而明言獎納有上封獻議者必爲黜心意之欲而手敕襃揚故得有過必知知而必改存致雍熙之化沒齊堯舜之名向若太宗徇中主之常情滯習俗之凡見聞過則羞己之短納諫又畏人之知雖有求理之心必無濟代之效雖有悔過之意必無從諫之名此則聽納之實不殊隱見之情小異其於損益之際已有若此

相懸又況不及中才師心自用肆于人上以遂非拒諫孰有不危者乎且以太宗有經緯天地之文有底定禍亂之武有躬行仁義之德有致理太平之功其爲休烈耿光可謂盛極矣然而人到于今稱詠以爲道冠前古澤被無窮者則從諫改過爲其首焉是知諫而能從過而能改帝王之美莫大於斯陛下所謂諫官論事少能愼密例自矜衒歸過於朕者臣以爲不密自矜信非忠厚其於聖德固亦無虧陛下若納諫不違則傳之適足增美陛下若違諫不納又安能禁之勿傳伏願以貞觀故事爲楷模使太宗風

烈重光於聖代恐不可謂此爲歸過而阻絕直言之路也
臣聞虞舜察邇言故能成聖化晉文聽輿誦故能恢霸功
大雅有詢于芻蕘之言洪範有謀及庶人之義是則聖賢
爲理務詢衆心不敢忽細微不敢侮鰥寡侈言無驗不必
用質言當理不必違遜于志者不必然逆于心者不必否
異于人者不必是同于衆者不必非辭拙而效速者不必
愚言甘而利重者不必智是皆考之以實慮之以終其用
無他唯善所在則可以盡天下之理見天下之心夫人之
常情罕能無惑大抵蔽於所信阻於所疑忽於所輕溺於

所欲信既偏則聽言而不考其實由是有過當之言疑既
甚則雖實而不聽其言於是有失實之聽輕其人則遺其
可重之事欲其事則存其可弃之人斯並苟縱私懷不稽
皇極于以虧天下之理于以失天下之心故常情之所輕
乃聖人之所重圖遠者先驗於近務大者必慎於微將在
博採而審用其中固不在慕高而好異也陛下所謂比見
奏對論事皆是雷同道聽塗說者臣竊以衆多之議足見
人情必有可行亦有可畏恐不宜一槩輕侮而莫之省納
也陛下又謂試加質問卽便辭窮者臣竊以陛下雖窮其

辭而未盡其理能服其口而未服其心何以知其然臣每
讀史書見亂多理少因懷感歎嘗試思之竊謂爲下者莫
不願忠爲上者莫不求理然而下每苦上之不理上每苦
下之不忠若是者何兩情不通故也下之情莫不願達於
上上之情莫不求知於下然而下恒苦上之難達上恒苦
下之難知若是者何九弊不去故也所謂九弊者上有其
六而下有其三好勝人恥聞過騁辯給眩聰明厲威嚴恣
彊愎此六者君上之弊也諂諛顧望畏愞此三者臣下之
弊也上好勝必甘於佞辭上恥過必忌於直諫如是則下

之諂諛者順旨而忠實之語不聞矣上騁辯必勦說而折
人以言上眩明必臆度而虞人以詐如是則下之顧望者
自便而切磨之辭不盡矣上厲威必不能降情以接物上
恣愎必不能引咎以受規如是則下之畏愞者避辜而情
理之說不申矣夫以區域之廣大生靈之衆多宮闕之重
深高卑之限隔自黎獻而上獲覩至尊之光景者踰億兆
而無一焉就獲覩之中得接言議者又千萬無一幸而得
接者猶有九弊居其間則上下之情所通鮮矣上情不通
於下則人惑下情不通於上則君疑疑則不納其誠惑則

不從其令誠而不見納則應之以悖令而不見從則加之以刑下悖上刑不敗何待是使亂多理少從古以然考其初心不必淫暴亦在乎兩情相阻馴致其失以至于艱難者焉昔龍逄誅而夏亡比干剖而殷滅宮奇去而虞敗屈原放而楚衰臣謂夏殷虞楚之君若知四子之盡忠必不勦棄若知四子之可用必不違拒所以至於忍害而捨絕者蓋謂其言不足行心不足保故也四子既去四君亦危然則言之固難聽亦不易趙武呐呐而爲晉賢臣絳侯木訥而爲漢元輔公孫宏上書論事帝使難宏以十策宏不

得其一及爲宰相卒有能名周昌進諫其君病吃不能對詔乃曰臣口雖不能言心知其不可然則口給者事或非信辭屈者理或未窮人之難知堯舜所病胡可以一酬一詰而謂盡其能哉以此察天下之情固多失實以此輕天下之士必有遺才臣是以竊慮陛下雖窮其辭而未窮其理能服其口而未服其心良有以也古之王者明四目達四聰蓋欲幽抑之必通且求聞己之過也垂旒於前黈纊於側蓋惡視聽之太察唯恐彰人之非也降及末代則反於斯聰明不務通物情視聽祇以伺罪釁與衆違欲與道

乖方於是相尚以言相示以智相冒以詐而君臣之義薄矣以陛下性含仁聖意務雍熙而使至道未孚臣竊爲陛下懷愧於前哲也古人所以有恥君不如堯舜者故亦以是爲心乎夫欲理天下而不務於得人心則天下固不可理矣務得人心而不勤於接下則人心固不可得矣務勤接下而不辨君子小人則下固不可接矣務辨君子小人而惡其言過悅其順己則君子小人固不可辨矣趣和求媚人之甚利存焉犯顏取怨人之甚害存焉居上者易其害而以美利利之猶懼忠告之不甗況有疎隔而勿接又

有猜忌而加損者乎天生烝人本以爲國人之有口不能無言人之有心不能無欲言不宣於上則怨讟於下欲不歸於善則湊集於邪聖人知衆之不可以力制也故植謗木陳諫鼓列爭臣之位置采詩之官以宣其言尊禮義安誠信厚賢能之賞廣功利之途以歸其欲使上不至於亢下不至於窮則人心安得而離亂兆何從而起古之無爲而理者其率由此歟苟有理之意而不知其方苟知其方而心守不壹則得失相半天下之理亂未可知也其又違道以師心弃人而任己謂欲可逞謂衆可誣謂專斷無

傷謂詢謀無益謂諛說爲忠順謂獻替爲妄愚謂進善爲比周謂嫉惡爲嫌忌謂多疑爲御下之術謂深察爲照物之明理道全乖國家之顛危可立待也理亂之戒前哲備言之矣安危之效歷代嘗試之矣舊典盡在殷鑒足徵其於措置施爲在陛下明識所擇耳伏願廣接下之道開獎善之門宏納諫之懷勵推誠之美其接下也待之以禮煦之以和虛心以盡其言端意以詳其理不禦人以給不自眩以明不以先覺爲能不以臆度爲智不形好惡以招諂不大聲色以示威如權衡之懸不作其輕重故輕重自辨

無從而詐也如水鏡之設無意於妍蚩而妍蚩自彰莫得而怨也有犯顏讜直者奬而親之有利口讒佞者疎而斥之自然物無壅情言不苟進君子之道浸長小人之態日消何憂乎少忠良何有乎作威福何患乎妄說是非如此則接下之要備矣其奬善也求之若不及用之懼不周如梓人之任林曲直當分如滄海之歸水洪涓必容能小事則處之以小官立大勞則報之以大利不忌怨不避親不抉瑕不求備不以人廢舉不以已格人聞其才必試以事能其事乃進以班自然無不用之才亦無不實之舉如此則奬善之道得矣其納諫也以補過爲心以求過爲急以能改其過爲善以得聞其過爲明故諫者多表我之能好諫者直示我之能賢諫者之狂誣明我之能恕諫者之漏泄彰我之能從有一于斯皆爲盛德是則人君之與諫者交相益之道也諫者有爵賞之利君亦有理安之利諫者得獻替之名君亦得採納之名然猶諫者有失中而君無不美唯恐讜言之不切天下之不聞如此則納諫之德光矣其推誠也在彰信在任人彰信不務於盡言所貴乎出言則可復任人不可以無擇所貴乎已擇則不疑言而必

誠然後可求人之聽命任而勿貳然後可責人之成功誠信一虧則百事無不紕繆疑貳一起則羣下莫不憂虞是故言或乖宜可引過以改其言而不可苟也任或乖當可求賢以代其任而不可疑也如此則推誠之義孚矣微臣所以屢屢塵黷而不能自抑者蓋以陛下有拯亂之志而多難未平有務理之誠而庶績未乂有堯舜聰明之德而未光宅於天下有覆載含宏之量而未翕受於衆情故臣每中夜靜思無不竊歎而深惜也向若陛下有其位而無必行之志有其志而無可致之資則臣固已從俗浮沉何

苦而汲汲如是惟陛下詳省所關亟行所宜歸天下之心濟中興之業此臣之願也億兆之福也宗社無疆之休也
謹奏

欽定全唐文卷四百六十九

陸贄十

奉天論尊號加字狀

右冀寧奉宣聖旨往年百官請上尊號曰聖神文武皇帝今緣經此寇難諸事並宜改變衆議欲得於朕舊號之中更加一兩字卿宜商量事體穩便得否者伏以睿德神功參天配地巍巍蕩蕩無得而名臣子之心務崇美號雖或增累盈百猶恐稱述未周陛下既越常情俯稽至理愚衷未諭安敢不言竊以尊號之興本非古制行於安泰之日已累謙沖襲乎喪亂之時尤傷事體今者鑾輿播越未復宮闈宗祏震驚尚愆禋祀中區多梗大憝猶存此乃人情向背之秋天意去就之際陛下誠宜深自懲勵以收攬羣心痛自貶損以答謝靈譴豈可近從末議重益美名既虧追咎之誠必累中興之業以臣庸蔽未見其宜乞更詳思不爲兇孽所幸此臣之至願也謹奏

重論尊號狀

右冀寧奉宣聖旨卿所商量加尊號事雖則理體甚切然時運必須小有改變亦不可執滯不信卿宜爲朕更審思

量應亦無妨者臣聞德合天者謂之皇德合地者謂之帝德合人者謂之王父天母地以養人理物各得其宜者謂之天子是皆至尊之殊號極美之大名雖欲變更無踰於此故伏羲神農黃帝堯舜自生人已來君德之最神聖者天下尊之美之亦已至矣而其指以爲號者或曰皇或曰帝唯目一字且猶不兼禹湯繼興莫匪大聖尚自菲薄降號爲王嬴秦德衰於殷周而名竊於羲皞兼皇與帝始總稱之流及後代昏僻之君乃有聖劉天元之號是知人主輕重不在名稱崇其號無補於徽猷損其名不傷於德美

然而損之有謙光稽古之善崇之獲矜能納諂之譏得失不侔居然可辯況今時遭屯否事屬艱難尤宜懼思以自貶抑必也俯稽術數須有變更與其增美稱而失人心不若黜舊號以祇天戒天時人事理必相扶人既好謙天亦助順陛下誠能斷自宸鑒渙發德音引咎降名深自尅責惟謙與順一舉而二美從之外可以收物情內可以應元運上可以高德於夏古下可以垂法於無窮興廢典矯舊失至明也損虛飾收美利大智也前聖之所以永保鴻名常爲稱首者達於茲義而已矣陛下何憚而不革反欲加冗號以受實患哉元元道德經曰王侯自謂孤寡不穀以賤爲本也周襄王遭亂出居于鄭告于諸侯曰不穀不德鄙在鄭地春秋禮之以其能降名也漢光武詔令上書者不得言聖史冊稱之以其能損已也臣顧以賤微獲承訪議伊尹恥其君不如堯舜臣亦恥之是以誠發於中不復防慮忌諱赦其愚而鑒其理惟明主行焉謹奏

奏天論赦書事條狀

右隱朝奉宣聖旨并以中書所撰赦文示臣令臣審看可否如有須改張處及事宜不盡條錄奏來者臣謹如詔旨

詳省再三猶懼所見不周兼與諸學士等參考得失僉以爲綱條麤舉文理亦通事多循常辭不失舊用於平昔頗亦可行施之當今則恐未稱何則履非常之危者不可以常道安解非常之紛者不可以常語諭自陛下嗣承大寶志壹中區窮用甲兵竭取財賦旰庶未達於暫勞之旨而怨咨已深昊穹不假以悔禍之期而患難繼起復以刑譎太峻禁防傷嚴上下不親情志多壅乃至變生都輦盜據宮闈九廟鞠陷於匪人六師出次於郊邑奔逼憂厄言之痛心自古禍亂所鍾罕有若此之暴今重圍雖解逋寇尚

存裂土假王者四兇滔天僭帝者二豎又有顧瞻懷貳叛援黨姦其流實繁不可悉數皇輿未復國柄未歸勞者未獲休功者未及賞困窮者未暇恤滯抑者未克伸將欲紓多難而收羣心唯在赦令誠言而已安危所屬其可忽諸動人以言所感已淺言又不切人誰肯懷昔成湯遇災而禱于桑野躬自髡剔以爲犧牲古人所謂割髮宜及膚翦爪宜侵體良以誠不至者物不感損不極者益不臻今茲德音亦類於是悔過之意不得不深引咎之辭不得不盡招延不可以不廣潤澤不可以不宏宣暢鬱堙不可不洞

開襟抱洗刷疵垢不可不盪去瘢痕使天下聞之廓然一變若披重昏而覩朗曜人人得其所欲則何有不從者乎應須改革事條謹具別狀同進除此之外尚有所虞竊以知過非難改過爲難言善非難行善爲難假使赦文至精止於知過言善猶願聖慮更思所難易曰聖人感人心而天下和平夫感者誠發於心而形於事人或未諭而宣之以言言必顧心心必副事三者符合不相越踰本於至誠乃可求感事或未致則如勿言一虧其誠終莫之信伏惟陛下先斷厥志乃施於辭度其可行而宣之其不可者措之無苟於言以重其悔言克誠而人心必感人心既感而天下必平事何可不詳言何可不務罄輸愚懇伏聽聖裁謹奏

奉天論擬與翰林學士改轉狀

右冀寧奉宣敕旨卿及諸學士名銜宜並鈔錄進來冀寧又向臣說云聖意以臣等自到奉天書詔塡委欲與改轉以奬勤勞者承命竦恧顧慙非宜進退徬徨不知所措臣謬以儒學選居翰林雖職異訏謨而恩參近侍當陛下用兵之會乏決勝之籌從陛下避狄之遊靡出奇之計見危

闕授命之節知難無伏死之爭事君大猷臣則皆曠屑屑供職曾何足云夫君之有臣以濟理也理不失道亂何由生亂之浸興由理乖也君之及難實臣罪也是以主憂則臣辱主辱則臣死今陛下躬罹逼脅露處郊畿園廟震驚斯謂辱矣寇讎密邇亦云憂矣臣竊謂凡今在位任重者其罪大職近者其責深臣之職司頗亦爲近是宜當責安可增榮又聞初到奉天已頒詔命應是扈從將吏一例並加兩階今若翰林之中獨蒙改轉乃是行賞不類命官以私錄微勞則臣等遷位過優勸來者則從官加階太薄先

後失次輕重不倫凡百具寮誰不解體夫行罰先貴近而後卑遠則令不犯行賞先卑遠而後貴近則功不遺至如徇主忘家固是臣子常分追陪輦蹕曷足甄稱陛下必以朝官之中有來有否事須旌別以儆不從則望先錄大勞次徧羣品然後以例均被臣亦何敢獨辭殊渥曲臨實傷大體不任覥懼之至謹奉狀以聞謹奏

奉天請罷瓊林大盈二庫狀

右臣聞作法於涼其弊猶貪作法於貪弊將安救示人以義其患猶私示人以私患必難弭故聖人之立教也賤貨

而尊讓遠利而尚廉天子不問有無諸侯不言多少百乘之室不畜聚斂之臣夫豈皆能忘其欲賄之心哉誠懼賄之生人心而開禍端傷風教而亂邦家耳是以務鳩斂而厚其帑櫝之積者匹夫之富也務散發而收其兆庶之心者天子之富也天子所作與天同方生之長之而不恃其為成之收之而不私其有付物以道混然忘情取之不為貪散之不為費以言乎體則博大以言乎術則精微亦何必撓廢公方崇聚私貨降至尊而代有司之守辱萬乘以效匹夫之藏虧法失人誘姦聚怨以斯制事豈不過哉今之瓊林大盈自古悉無其制傳諸耆舊之說皆云創自開元貴臣貪權飾巧求媚乃言郡邑貢賦所用盍各區分稅賦當委之有司以給經用貢獻宜歸乎天子以奉私求元宗悅之新是二庫蕩心侈欲萌柢於茲迨乎失邦終以餌寇記曰貨悖而入必悖而出豈非其明效歟陛下嗣位之初務遵理道敦行約儉斥遠貪饕雖內庫舊藏未歸太府而諸方曲獻不入禁闈清風肅然海內丕變議者咸謂漢文郤馬晉武焚裘之事復見於當今矣近以寇逆亂常鑾輿外幸既屬憂危之運宜增儆勵之誠臣昨奉使軍營出

遊行殿忽覩右廊之下牓列二庫之名戄然若驚不識所以何則天衢尚梗師旅方殷瘡痛呻吟之聲噢咻未息忠（一作辛）勤戰守之效賞賚未行而諸道貢珍遽私別庫萬目所視孰能忘懷竊揣軍情或生觖望試詢候館之吏兼採道路之言果如所虞積憾已甚或忿形謗讟或醜肆謳謠頗含思亂之情亦有悔忠之意是知甿俗昏鄙識昧高卑不可以尊極臨而可以誠義感頃者六師初降百物無儲外扞兇徒內防危堞晝夜不息迨將五旬凍餒交侵死傷相枕畢命同力竟夷大艱良以陛下不厚其身不私其欲

絶甘以同卒伍，輟食以啗功勞。無猛制而人不攜，懷所感也；無厚賞而人不怨，悉所無也。今者攻圍已解，衣食已豐，而謠讟方興，軍情稍阻，豈不以勇夫恒性，嗜貨矜功，其患難既與之同憂，而好樂不與之同利，苟異恬默，能無怨咨？此理之常，固不足怪。記曰：財散則民聚，財聚則民散。豈非其殷鑒歟？衆怨難任，蓄怨終泄，其患豈徒人散而已，亦將慮有構姦鼓亂、干紀而强取者焉。夫國家作事，以公共爲心者，人必樂而從之；以私奉爲心者，人必咈而叛之。故燕昭築金臺，天下稱其賢；殷紂作玉杯，百代傳其惡。蓋爲人

與爲己殊也。周文之囿百里，時患其尚小；齊宣之囿四十里，時病其太大。蓋同利與專利異也。爲人上者，當辨察兹理，洒濯其心，奉三無私，以壹有衆。人或不率，於是用刑。然則宣其利而禁其私，天子所恃以理天下之具也。捨此不務，而壅利行私，欲人無貪，不可得已。今兹二庫，珍幣所歸，不領度支，是行私也；不給經費，非宣利也。物情離怨，不亦宜乎？智者因危而建安，明者矯失而成德。以陛下天姿英聖，儻加之見善必遷，是將化蓄怨爲銜恩，反過差爲至當，促殄遺孽，永垂鴻名，易如轉規，指顧可致。然事有未可知者，但在陛下行與否耳。能則安，否則危；能則成德，否則失道。此乃必定之理也。願陛下慎之惜之。陛下誠能近想重圍之殷憂，追戒平居之專欲，器用取給，不在過豐，衣食所安，必以分下。凡在二庫貨賄，盡令出賜有功，坦然布懷，與衆同欲。是後納貢，必歸有司；每獲珍華，先給軍賞；瓌異纖麗，一無上供。推赤心於其腹中，降殊恩於其望外。將卒慕陛下必信之賞，人思建功；兆庶悦陛下改過之誠，孰不歸德？如此則亂必靖，賊必平，徐駕六龍，旋復都邑，興行墜典，整緝棼綱，乘輿有舊儀，郡國有恒賦，天子之貴，豈當憂貧？

是乃散其小儲而成其大儲也，損其小寶而固其大寶也。舉一事而衆美具，行之又何疑焉？悋少失多，廉賈不處；溺近迷遠，中人所非。況乎大聖應機，固當不俟終日。不勝管窺願效之至，謹陳冒以聞。謹奏。

奉天論解蕭復狀

右冀寧奉宣聖旨：緣國家賦税多出江淮，既未收復京城，恐遠路傳説過甚，所以欲得遣一大臣往彼宣慰，以安遠近之情。初欲簡擇此使，並先共宰相商量，皆云蕭復久任江外刺史，諳彼事宜，又就宰相之中名望最重，令其往彼

宣慰人必望風悅服其時蕭復亦自見此商議更無異同朕猶不能自斷遂喚諸朝士般次對見一一親向說宣慰之意問其穩便與否皆云至要並無異辭朕所以更不疑惑已與擇得發日及其臨行從一等卻論奏欲得且留蕭復又頻有朝官上封事亦與從一等意同朕忽見此翻覆非常悵恨數日思量不測其故意者必是蕭復計會遣其論奏蕭復又有何事苦欲得住其意深不可會卿比來諳此人性行否兼與朕子細思料若不肯去其意何在者蕭復往年曾任常州刺史臣其時寄住常州首尾二年閱其

理行及到京邑多與往來歲月滋深情意相得復之志性臣則備諳本是貴門又聯戚屬痛自修勵慕爲清貞矯枉太深時或過當論經義則以守死善道執心不回爲本議人物則以魏元忠宋璟爲師己之所行皆欲盡善故涉好名之累亦無應變之才用雖不周行則可保至如二三爽德翻覆挾姦復之爲人必不至是安有親承計議退自變渝私誘官僚曲令干說是同兒戲非近人情雖甚狂愚猶應不敢若稍恭愼固當不爲況乃見稱名流獲踐清貫備股肱之任承渥澤之私何心何顏忍至於此假令蕭復之意或欲逗留在於從一之徒寧肯附會臣緣自到行在常居禁中向外事情視聽都絕忽承顧問莫測端由陛下必欲研窮斯理不爲難察初舉蕭復充使本是從一等商量後請蕭復不行又是從一等論奏一矛一楯理必有歸或遣或留意將安在但垂睿詰孰敢面謾蕭復若相屬求則從一等何容爲隱從一等儻自迴互則蕭復不當受疑陛下奚憚而不辯明乃直爲此悵恨也夫明則罔惑辯則罔冤惑莫甚於逆詐而不與明冤莫痛於見疑而不獲辯是使情僞相糅忠邪靡分茲實居上御下之要樞惟陛下留

意幸察謹奏

奉天薦袁高等狀

袁高　楊頊（已上二人並曾任御史中丞）　裴諝（曾任金吾將軍）　孫成（曾任京兆少尹）　周皓（曾任丹延都團練觀察使）　裴冑（曾任宣州刺史）　崔造　殷亮　李舟（以上並任郎官）　何士幹　姚南仲　陸淳　沈既濟（已上曾任補闕拾遺）

右臣近因奏對言及任人陛下累歎乏才憫然憂見於色臣退而思省且喜且慙所喜者樂陛下急於求賢明君致理之資也所慙者恥近侍不能薦士微臣竊位之罪也輒自揣擇思舉所知猶懼鑒識不明品藻非當反覆參校未果上聞昨蒙宣示中書進

擬量移官令臣審看可否者因悟貶降之輩其中甚有可稱臣以素所諳知兼聞公議此狀之内僅得十人狀所不該又有三四或因連累左黜或遭讒忌外遷互有行能咸著名跡寘之清列皆謂良材若但準例量移及令仍舊出守固非陛下愛賢之意亦乖海内望理之心儻蒙特恩追赴行在試垂訪接必有可觀錄用棄瑕既符德號振淹求舊亦闡大猷謹錄薦陳庶備採擇其餘差序遠近並具別狀以聞謹奏

奉天論李晟所管兵馬狀

右賊泚稽誅保聚宫苑勢窮援絕引日偷生懷光總仗順之師乘制勝之氣鼓行芟翦易若摧枯而乃寇奔不追師老不用諸帥每欲進取懷光輒沮其謀據茲事情殊不可解陛下意在全護委曲聽從觀其所爲亦未知感若不別務規畧漸相制持唯以姑息求安終恐變故難測此誠事機危迫之秋也固不可以尋常容易處之今李晟奏請移軍適遇臣銜命宣慰懷光偶論此事臣遂訊問所宜懷光乃云李晟既欲別行某亦都不要藉臣猶慮有翻覆因美其軍盛強懷光大自矜誇轉有輕晟之意臣又從容問云昨發行在之日未知有此商量今者從此却迴或恐聖旨顧問事之可否決定何如懷光已肆輕言不可中變遂云恩命許去事亦無妨要約再三非不詳審雖欲追悔固難爲辭伏望即以李晟表出付中書敕下依奏別賜懷光手詔示以移軍事由其手詔之大意云昨得李晟奏請移軍城東以分賊勢朕緣未知利害本欲委卿商量適會陸贄從彼宣慰迴奏云見卿論敘軍情語及於此仍言許去事亦無妨遂敕本軍允其所請卿宜授以謀畧分路夾攻務使叶齊尅平寇孽如此則詞婉而直理順而明雖蓄異端何由起怨臣初奉使諭旨本緣糧賜不均偶屬移軍事相諧會又幸懷光詭對且無阻絕之言機宜合并若有幽贊一失其便後悔何追伏望聖聰速垂裁斷謹奏

奉天奏李建徽楊惠元兩節度兵馬狀

右懷光當管師徒足以獨制兇寇逗留未進抑有他由所患太強不資傍助比者又遣李晟李建徽楊惠元三節度之衆附麗其營無益成功秖足生事何則四軍接壘羣帥異心論勢力則懸絕高卑據職名則不相統屬懷光輕晟等兵微位下而忿其制不從心晟等疑懷光養寇蓄姦而

怨其事多淩己端居則互防飛謗欲戰則遞恐分功齟齬不和嫌釁遂構俾之同處必不兩全强者惡積而後亡弱者勢危而先覆覆亡之禍翹足可期舊寇未平新患方起憂歎危切實堪疚心太上消慝於未萌其次救失於始兆況乎事情已露禍難垂成委而不謀何以寧亂李晟見機慮變先請移軍就東建徽惠元勢轉孤弱爲其吞噬理在必然他日雖有良圖亦恐不能自拔拯其危急唯在此時今因李晟願行便遣合軍同往託言晟兵素少慮爲賊泚所邀藉此兩軍迭爲犄角仍先諭旨密使促裝詔書至營

即日進路懷光意雖不欲然亦計無所施是謂先聲一作人有奪人之心疾雷不及掩耳者也夫制軍馭將所貴見情離合疾徐各有宜適當離者合之則召亂當合者離之則寡功當疾而徐則失機當徐而疾則漏策得其要契其時然後舉無敗謀措無危勢今者屯兵而不肯爲用聚將而罔能叶心自爲鯨鯢變在朝夕留之不足以相制徙長厲階析之各競於擅能或建勳績事有必應斷無可疑解鬬不可以不離救焚不可以不疾理盡於此惟陛下圖之

以前件事宜臣昨晚自行營迴面奉進止以臣所商量許李晟移就城東灼然穩便但慮懷光不免悵望因此生詞轉難調息則不如不去令臣更審細思量奏來者臣以事機得失所繫安危千慮百思通夕忘寐誠以貪因循而不能矯失者終有大患處傾危而不思出險者必無久安謦陳芻蕘惟所省擇謹奏

駕幸梁州論進獻瓜果人擬官狀

右欽溆奉宣聖旨自發洋州已來累路百姓進獻果子胡瓜等雖甚微細且有此心今擬各與散試官卿宜商量可否者伏以爵位者天下之公器而國之大柄也唯功勳才

德所宜處之非此二途不在賞典恒宜慎惜理不可輕若輕用之則是壞其公器而失其大柄也器壞則人將不重柄失則國無所恃起端雖微流弊必大緣路所獻瓜果蓋是野人微情有之不足光聖猷無之不足虧至化量以錢帛爲賜足彰行幸之恩因饋酬官恐非令典謹奏

又論進瓜果人擬官狀

右欽溆齎中書所與進瓜果人擬官狀示臣仍奉宣聖旨朕所到處欲得人心喜悅試官虛名無損於事宰臣已商量進擬與亦無妨者臣愚以爲信賞必罰霸王之資輕爵

褻刑衰亂之漸信賞在功無不報必罰在罪無不懲非功而獲爵則爵輕非罪而肆刑則刑褻爵賞刑罰國之大綱一綱或棼萬目皆弛雖有善理末如之何天寶季年嬖倖傾國爵以情授賞以寵加天下蕩然紀綱始紊逆羯乘釁遂亂中原防戍歲增策勳日廣財賦不足以供賜而職官之賞興焉職員不足以容功而散試之號行焉青朱雜沓於胥徒金紫普施於輿皁薰蕕無辨涇渭不分二紀于茲莫之能整當今所病方在爵輕設法貴之猶恐不重若又自棄將何勸人聖旨以爲試官虛名無損於事臣伏恐陛

下思之未熟偶有是言儻或謂之信然臣竊以爲過矣夫立國之道惟義與權誘人之方惟名與利名近虛而於教爲重利近實而於德爲輕凡所以裁是非立法制者則存乎其義至於參虛實揣輕重並行而不傷迭用而不悖因衆之欲度時之宜消息盈虛使人不倦者則存乎其權專實利而不濟之以虛名則耗匱而物力不給專虛名而不副之以實利則誕謾而人情不趨故國家之制賞典錫貨財賦秩稟所以彰實也差品列異服章所以飾虛也居上者必明其義達其變相須以爲表裏使人日用而不知則

爲國之權得矣謹按命秩之載于甲令者有職事官焉有散官焉有勳官焉有爵號焉雖以類而分其流有四然其掌務而授俸者唯繫於職事之一官以序才能以位賢德此所謂施實利而寓之虛名者也其勳散爵號三者所繫大抵止於服色資蔭而已以馭崇貴以甄功勞此所謂假虛名以佐其實利者也虛實交相養故人不瀆賞輕重互相制故國不廢權今之員外試官頗同勳散爵號雖則授無費祿受不占員然而突銛鋒排患難者則以是賞之竭筋力展勤效者又以是酬之其爲用也可謂重矣今或捧

瓜一器挈果一盛亦授試官以酬所獻則彼突銛鋒而竭筋力者必相謂曰吾以忘軀命而獲官此以進瓜果而獲官是乃國家以吾之軀命同於瓜果矣瓜果草木也視人如草木誰復爲用哉且員外試官無俸祿之資無攝管之柄無見敬之貴無免役之優唯假空名以寵浮俗浮俗所以若存若亡而未甚厭棄者徒以上之所惜耳今陛下若又輕用之以爲無損於事人寤斯旨復何賴焉後之立功曷用爲賞陛下若欲賞之以職事則官員有限而勳伐無窮固不勝其用矣陛下若欲賞之以貨財則人力已殫而

帑藏皆匱，固不充其費矣。既未有實利以敦勸，又不重虛名而濫施，人無藉焉，何以爲國？且植瓜樹果，多是野人貧者所資，唯在衣食。假以冗號，亦奚用焉？必欲使之歡欣，不如厚賞錢帛。人不失利，國不失權，各得所宜，兩全其實，何有不可，顧傷大猷？願留睿思，更少詳度。謹奏。

欽定全唐文卷四百七十

陸贄十一

興元論解姜公輔狀

右欽溆奉宣聖旨：緣唐安公主喪亡，不可向此間遷厝，權令造一塔安置，待收復京城，即擬將歸以禮葬送。所造塔役功費用亦甚微小，都不合是宰相所論之事。姜公輔忽有表奏，都無道理，但欲指朕過失，擬自取名。朕本拔擢，將爲腹心，今却如此，豈不負朕？至深，卿宜商量如何穩便者。公輔頃在翰林，與臣久同職任。臣今據理辨直，則涉於私黨之嫌；希旨順承，則違於匡輔之義。涉嫌止貽於身患，違義實玷於君恩。徇身忘君，臣之恥也；別嫌獎義，主之明也。臣今不敢冒行所恥，亦賴陛下明聖而鑒焉。古語有之：順旨者愛所由來，逆意者惡所從至。故人臣皆爭順旨而避逆意，非忘家爲國、捐身成君者，誰能犯顏色、觸忌諱，建一言、開一說哉？是以哲后興王，知其若此，求諫如不及，納善如轉圜，諒直者嘉之，訐犯者義之，愚淺者恕之，狂誕者容之。仍慮驕汰之易滋，而忠實之不聞也，於是置敢諫之鼓，植告善之旌，懸戒慎之鞀，立司過之士，猶懼其未也，又設官制以言爲常由是有史爲書瞽爲詩工誦箴諫大夫規誨士傳言庶人謗尚恐其怠也每歲孟春遒人以木鐸徇於路而振警之官師相規工執藝事以諫其或不恭邦有常刑然非明智不能招直言非聖德不能求過行招直則其智彌大求過則其德彌光唯衰亂之朝闇惑之主則必諱其過行忿其直言以阿諛爲納忠以諫爭爲揚惡怨讟溢於下國而耳不欲聞腥德達於上天而心不求寤迨乎顛覆猶未知非情之昏迷乃至於是故明者廣納以成德闇者獨用而敗身成敗之途千古相襲與敗同轍者罔不

覆與成同軌者罔不昌以陛下日月之明江海之量自當矯夏癸殷辛拒諫飾非之愚協大禹成湯拜言改過之誠剋又時運方屯物情猶鬱乃是陛下握髮吐哺之日宵衣旰食之辰士無賢愚咸宜錄用言無大小皆務招延固不可復有忤逆之嫌甘辛之忌也夫君人者以衆智爲智以衆心爲心恒恐一夫不盡其情一事不得其理孜孜訪納唯善是求豈但從諫不咈而已哉乃至求謗言聽輿誦葑非不以下體而不採故英華靡遺芻蕘不以賤品而不詢故幽隱必達令公輔官在諫議任居宰衡獻替彌綸乃其職分比於芻蕘葑菲豈不優而且重哉此理之常奚足怪也縱使引喻非當不猶愈於輿誦乎矯激過深不猶愈於謗言乎晉文聽輿人之誦而霸業興虞舜設誹謗之木而帝德廣斯實聖賢之高躅陛下何疾焉聖旨又以造塔役費微小非宰臣所論之事下臣愚戇竊謂不然當問理之是非豈論事之大小若造塔爲是役雖大而作之何傷若造塔爲非費雖小而言者何罪夫小者大之漸微者著之萌故君子慎初聖人存戒知幾者所貴乎不遠而復制理者必在於未亂之前本立輔臣置之左右朝夕納誨意在

防微微而弼之乃其職也涓涓不遏終變桑田燄燄靡除卒燎原野流煽已甚禍災已成雖欲救之固無及矣書曰不矜細行終累大德易曰小人以小善爲无益而不爲也以小惡爲无傷而不去也故惡積而不可掩罪大而不可解然則小之不可不慎也如此陛下安得使之勿論乎虞書載咎繇之言曰兢兢業業一日二日萬幾兢兢慎也業業危也幾者動之微也唐虞之際主聖臣賢庶績咸熙萬邦已協而猶上下相戒既慎且危慮事之微日至萬數然則微之不可不重也如此陛下又安可忽而勿念乎舜之

爲君始作漆器羣臣固爭咸謂非宜漆器之爲用也甚堅其爲費也蓋寡然猶相繼諷諫者豈不欲杜其漸而愼其初歟是知君臣之間義同一體事罔大小相須而成故舜命其臣曰作朕股肱耳目夫股肱之奉元首不以煩細而闕於運行耳目之助心靈不以么微而廢於視聽是以臣子之於君父也盡其敬而敬焉盡其愛而愛焉敬則顧及於尊榮愛則懼陷於過惡萬邦黎獻莫不皆然而況位列朝廷任當輔弼主辱與辱主安與安此而不言誰復言者禮曰近而不諫則尸利也若宰相者可謂近矣事或乖誤

得無諫乎武丁賢君也傅說賢相也而武丁引金作礪以命其相說諭木從繩以戒其君是則輔弼之任匡救攸屬巨細之事悉宜盡規陛下所言役費微小非宰相所論之事又謂指朕過失擬自取名此誠異乎愚臣之所聞是以願披肺腸而不敢自默者也若以諫爭爲指過則剖心之主不宜見罪於哲王若以諫爭爲取名則匪躬之臣不應垂訓于聖典獻替列職竟使奚爲左右有人復將焉用臣竊謂指過以示直固不如改過以見稱進諫以取名固不如納諫之為美假有意將指過諫以取名但能聞善而遷見諫不逆則所指者適足以彰陛下莫大之善所取者適足以資陛下無疆之休因而利焉所獲多矣儻或怒其指過而不改則陛下招惡直之譏黜其取名而不容則陛下被違諫之謗是乃掩已過而過彌著損彼名二名益彰果而行之所失大矣一獲一失可不愼乎伏願嘉忤旨之忠祛逆耳之吝平積憤之氣彌逆詐之情然後試以愚言反覆參校庶臻至理且亮微誠謹奏

又答論姜公輔狀

右欽溆奉宣聖旨省卿所奏公輔事宜雖甚知卿盡忠然

似未會朕意朕意以公輔才行共宰相都不相當在奉天時早欲停罷後因公輔辭退朕已對面許訖尋屬懷光背叛遂且因循容到山南公輔知朕必擬移改所以固論造塔事賣直取名據此用心豈是良善朕所以惆悵者秪緣如此卿令疑朕不能納諫殊乖本意者臣以戇執務在朴忠推理而言有懷必盡睿意元妙非凡所窺如臣懵昧之林且無希伺之志奏報失旨宜其固然所冀錄微欵而矜至愚實天下幸甚古人有言曰明主者可以理奪又曰主聖則臣直今陛下稟天縱之才備聖明之資臣若抱理莫

伸守直不回上虧至化罪莫大焉輒復據直道而理其前言惟陛下留意幸察臣竊以領覽萬幾必先虛其心鑑鏡羣情必先誠其意蓋以心不虛則物或見阻意不誠則人皆可疑阻於物者物亦阻焉疑於人者人亦疑焉萬物阻之兆人疑之將欲感人心致於和平盡物理使無紕繆是猶却行而求及前人也無乃愈疎乎孔子曰不遷怒不億不信豈非懼於肆情逞憾以至于失中違道者哉臣之區區志欲匡輔是以前者奏疏願陛下平積憤之氣彌逆詐之情然後試以愚言反覆參校庶臻至理且亮微誠今陛

下以素欲廢罷公輔之心而謂其所行皆非良善則是遷怒而積憤之氣未平也陛下揣公輔知必移改之意而謂其所言皆欲取名則是億不信而逆詐之情未彌也逆詐未彌積憤未平固宜公輔獲戾於蓄疑下臣見尤於乖意謂之至當則或不然夫臣之獻言以助理也君之求諫以弼違也言苟助理何必以人而廢言諫苟弼違何必責意而拒諫若彼言無足用意雖善而奚爲諫有可從人雖咎而寧捨古先聖王所以採葑非詢芻蕘傳謗言用仇怨急於聽納乃至於斯其意無他惟義所在願陛下不以憎嫌而遺其片善不務精察而謂之大明忠言者利於行而咈於情唯計慮至熟乃能無忤幸紆宸鑑更審所宜謹奏

興元論請優獎曲環所領將士狀

右曲環所領一軍悉是朱泚部曲或頃在鳳翔所管或本從河朔同來後因汴宋用兵權抽赴彼應援所以行營將士猶舉幽隴爲名今之元兇乃其舊帥岐下則楚琳助亂薊門則朱滔黨姦獨此偏師漂然河上其營幕則寄于他土其家屬則陷于匪人又屬汴路艱虞浚城陷覆糧餉屢絕資裝久殫士卒常情固難安處是宜潰歸舊管否則散

適樂郊而曲環撫之悉無離叛孤軍自守亦不苟從處危能安聞難輒赴甚推齊肅累著功勳近日將帥之中罕有如環之比考其才節絕有過人但緣羇寓多時窮匱轉甚繼陳章奏言及酸辛告急朝廷則力未能救求哀郡府則人莫見憂覽其辭情可爲流涕若失於應接則終以危亡良將義徒實在深惜願陛下不以常人遇之不以常事遣之方今勢可相資唯有江左完實恐須密敕韓滉切令贍恤此軍器甲衣糧咸使周足因賜劉洽手詔亦委加意保持若得自存必有成績非艱難無以表特操非英聖不能

全異才有功見知人必悅勸臣不勝區區爲國獎善拯危之意謹啟事以聞謹奏

興元論解蕭復狀

右欽漵齎蕭復表示臣兼奉宣聖旨朕比緣李懷光兇狂權且就此迴避山南既與京畿接近指麾兵馬日望收城今蕭復勸朕令幸江陵表狀之中張皇頗甚朕不會其意昨問從一從一亦甚驚怪不知事由蕭復奏事官李充朕適喚對共語亦似不是純良此人莫是李承昭家子弟否卿宜審看蕭復表中意趣斟酌奏來者臣伏覩其表兼揣其情蓋以遠路傳聞事多失實大臣獻納務且竭誠雖有過當之虞失中之策但宜勿用不足爲尤何則駐蹕奉天屯難已甚況又不駐艱危可知蕭復備位樞衡奉使宣慰忽聞變故寧免驚憂梁岷之間窮隘特甚輦轅攸止資奉實難凡在戀主之誠各懷徯后之志是以延賞奉迎於西蜀韓滉望幸於東吳此乃臣子之常情古今之通理蕭復所請亦類於斯事雖非宜意則可恕李充頃任御史臣嘗與之同寮其人是故福建觀察使李椅之男共承昭房從已遠才頗通敏性亦温恭宗族之中足稱佳器伏願更廣

詢訪方驗臣言不誣謹奏

又答論蕭復狀

右欽漵奉宣聖旨卿所奏蕭復事朕已具悉假使更無別意終是不識事宜今巡行諸道轉恐事多乖失緣孟皡年老今欲除蕭復爲福建觀察使便令赴任去就亦應得所卿意以爲何如者伏以將相之任所委皆崇中外迭居亦是常理然君臣有禮進退不可以不全理體有宜本末不可以不稱頃盜興都邑駕適郊畿陛下悔征賦之殷繁念黎元之困悴誕降慈旨深示憫傷特遣大臣普詢疾苦本期還報將議優蠲衆情喁喁日望上達今若未終前命遽授遠藩則是膏澤將布而復收渙汗已發而中廢事既失望人何以觀斯乃進退之禮不全本末之宜不稱謂爲得所臣實疑之儻慮處事乖方不欲淹留在外則當諭以詔旨促其歸程遠郡巡歷未周但令副介分往待其復命親訪物情革弊垂恩用符德號使務既畢能否益彰徐擇所宜以圖進退庶於事體允得厥中謹奏

興元論續從賊中赴行在官等狀

右欽漵奉宣聖旨近日往往有卑官從山北來皆稱自京

城偷路奔赴行在大都此輩多非良善有一邪建論說賊中體勢語最張皇察其事情頗是窺覘今且令留在一處安置如此之類更有數人若不根尋恐有姦計卿宜商量如何穩便者臣伏以任總百揆者與一職之守不同富有萬國者與百揆之體復異蓋尊領其要卑主其詳尊尚恢宏卑務近細是以練覈小事糾察微姦此有司之守也維御萬樞選建庶長總綱而衆目咸舉明適而羣方自通此大臣之任也愚智兼納洪纖靡遺蓋之如天容之如地垂旒黈纊而黜其聰察匿瑕藏疾而務於包含不示威而人

畏之如雷霆不用明而人仰之如日月此天子之德也以卑而僭用尊道則職廢于下以尊而降代卑職則德喪于上職廢則事不舉德喪則人不歸事不舉者弊雖切而患輕人不歸者釁似微而禍重茲道得失所關興亡聖王知宇宙之大不可以耳目周故清其無爲之心而觀物之自爲也知億兆之多不可以智力勝故壹其至誠之意而感人之不誠也異於是者乃以一人之聽覽而欲窮宇宙之變態以一人之防慮而欲勝億兆之姦欺役智彌精失道彌遠故宣尼述陶唐之盛曰惟天爲大惟堯則之周詩美文王之德曰不識不知順帝之則是皆覆育萬物渾然大同無好無惡不忌不克之謂也項籍納秦降卒二十萬慮其懷詐復叛一舉而盡坑之其於防虞亦已甚矣漢高豁達大度天下之士至者納用不疑其於備慮可謂疏矣然而項氏以滅劉氏以昌蓄疑之與推誠其效固不同也秦皇嚴衞雄猜而荆軻奮其陰計光武寬容博厚而馬援輸其欵誠豈不以虛懷待人人亦思附任數御物物終不親情思附則感而悅之雖寇讎化爲心膂有矣意不親則懼而阻之雖骨肉結爲仇慝有矣臣故曰茲道得失所關興

亡伏惟陛下睿哲文思光被四表孝友勤儉行高百王然猶化未大同俗未至理者良以智出庶物有輕待人臣之心思周萬幾有獨馭區寓之意謀吞衆略有過慎之防明照羣情有先事之察嚴束百辟有任刑致理之規威制四方有以力勝殘之志由是才能者怨於不任忠盡者憂於見疑著勳業者懼於不容懷反側者迫於攻討馴致離叛構成禍災兵連於外變起於內歲律未半乘輿再遷國家艱屯古未嘗有以陛下至聖之德而遘茲殷憂之期天其或者欲大啟睿心儆小失而崇丕業耳臣謂陛下當奉若

天意追咎已然凡所致寇之由悉已詳知其故將革前弊以消羣疑令承德音尚襲流誤若未悔禍何由彌災臣獲蒙過知又辱下問若務順旨是爲欺天庸敢指陳庶裨闕漏往歲初奮師旅四征不庭義烈之徒人思自效捨逆歸欵者繼獻于闕下陳謀諫失者爭詣于禁門陛下能於此時乘軍氣之方雄因人心之願盡輟沐吐哺虛襟坦懷海納風行不疑不滯功者報之義者旌之直者獎之才者任之其或有志而無補於時敢言而不當其理亦必恕其妄作錄其善心率皆優容以禮進退如此則海內風靡翕然

歸心賢愚咸懷小大畢力蕞爾凶醜曾何足平臣固知久已理安必無奉天之幸矣其所以孕禍胎而索義氣者在乎獨斷宸慮專任睿明降附者意其窺覦輸誠者謂其遊說論官軍撓敗者猜其挾姦毀沮陳兇黨強狡者疑其爲賊張皇獻計者防其漏言進諫者憚其宣謗凡此之類悉貽聖憂咸使拘留謂之安置或詰責而寘於客省或勞慰而延於紫庭雖呵獎頗異其辭然於圜閑一也既杜出入勢同狴牢解釋無期死生莫測守護且峻家私不通一遭縶維動歷年歲想其痛憤何可勝言由是歸化漸稀而上

封殆絕矣徇義之心既阻脅從之黨彌堅而貴近之臣往來之使希望風旨詭辭取容唯揣樂聞不憂失實咸言聖謀深遠策畧如神小寇孤危滅亡無日陛下急於誅惡皆謂其事信然窮兵竭財坐待乎一人心轉潰寇亂愈滋遂至轂下生戎宮闈不守儻陛下能於此際遽數大號謝過萬方敘忠良見忌之冤而舉其尤鯁亮者加之厚秩糾阿諛不實之罪而數其極姦妄者處之大刑賞罰既明忠邪果辨以此臨下誰敢不誠以此懷人何有不服過而能改亂亦遄安臣固知尋復京師必無梁岷之遊矣陛下既闕

慎于始又失圖于中收之西隅唯在茲日豈可復使一事紕繆一言過差哉今賊泚未平懷光繼叛都邑城闕猶迭居關輔郊畿豺狼雜處朝廷僻介于遠郡道路緣歷於連山杖策從君其能有幾推心降接猶恐未多稍不禮焉固不來矣若又就加猜劾且復囚拘使反者得辭來者懷懼則天下有心之士安敢復言忠義哉卵胎不傷麟鳳方至魚鼈咸若龜龍乃遊蓋悅近者來遠之資懷小者致大之術也竊料邢建等輩必非助逆之徒假如過有張皇跡涉疑似亦望矜愚惜體屈法裕人並量器能隨事甄貸武

者措之於戎伍文者付之於宰司大則授以職員次但優其選序必有須離行在難處親軍則或除諸道一官或委諸使錄用就其常分各稍加恩古人有言撫我則后虐我則讎惠澤所及謳歌乃歸流聞四方孰不欣戴昔趙殺鳴犢聖人輟行燕尊郭隗賢士繼往況乎天子所作天下式瞻一言阻物則天下莫不自疑一事恤人則天下莫不同悅固不可以小失爲無損而不悔亦不可以小善爲無益而不行小猶慎之矧又非小願陛下惟事無大小皆以覆車之轍爲戒實宗社無疆之休謹奏

興元賀吐蕃尚結贊抽軍迴歸狀

右欽溆奉宣聖旨適得渾瑊奏比日尚結贊頻使人計會擬自領兵馬尅期同收京城緣春來蕃軍多有疾疫近得探報尚結贊等並抽兵退歸不知遠近朕意緣吐蕃士馬強盛又以和好之義自請將兵助國討賊朝夕望其成功今忽抽軍退歸甚失準擬渾瑊李晟等諸軍兵馬並不至絕多若無蕃軍應援深慮被賊衝突卿試料量事勢如何者臣質性孱昧不習兵機但以人情揆之時亦偶有所得自承此旨欣賀實深竊謂蕃戎退歸乃是社稷遐福昨日已附欽溆口奏訖伏恐未盡愚款尚勞聖憂謹附披陳庶解疑結彼吐蕃者犬羊同類狐鼠爲心貪而多防狡而無恥威之不格撫之不懷雖或時有盛衰大抵常爲邊患陰詐難御特甚諸夷陛下但舉建中已來近事準之則戎心難知固可明矣頃者方靖中夏未遑外虞因其乞盟遂許結好加恩降禮有欲無違而乃邀求寖多翻覆靡定託因細事嘖有煩言首尾凡歷四年要約竟未堅決立碑纔畢復請改移猜矯多端於斯可驗逮至盜驚都邑駕幸郊畿結贊總戎在邊因請將兵赴難陛下推誠允納厚賂招徠

逗留持疑竟不時進無濟討除之用但攜將帥之心懷光遽至猖狂頗亦由茲促禍及皇輿再駕移蹕漢中陛下猶望蕃兵以寧內難親倚之情彌厚屈就之事亦多豺狼野心曾不知感翻受朱泚信使意在觀變推移頻與諸軍尅期至時皆不赴會致令羣帥進退憂虞欲捨之獨前則慮其懷怨乘躡欲待之合勢則苦其失信稽延既姦且驕曷望成績非唯變態難測且又妨擾實深戎若未歸寇終不滅臣請復爲陛下根本其說則人情物理昭然皆可得而察焉向者謀誘蕃兵本是使臣失策陛下急於戡亂嘉彼

效誠唯恐後時不暇詳議遽降優詔促令進軍遠近聞之莫不危駭將帥意陛下不見信任且患蕃戎之奪其功士卒恐陛下不恤舊勞而畏蕃戎之專其利賊黨懼蕃戎之勝不死則悉遺之擒百姓畏蕃戎之來有財必盡爲所掠是以順於王化者其心不得不怠陷於寇境者其勢不得不堅怠我之師堅寇之衆戎心變詐復未可量以此益兵但招其損耳以此靖國適資其亂耳抑昨蕃戎未退臣又竊有過憂流聞結贊好謀恐其潛蓄姦計儻或幸朝廷播越之際乘賊泚窮蹙之時輕犯近郊若升虛邑耀兵牧馬

不却不前外奉國家內通兇逆兩持誘脅之勢俱納贈遺之資旁觀戰爭坐乘衰弊如此則王師不得伐叛烝黎不得寧居賊必耗亡我亦困竭京甸所有勢無孑遺千里邱墟得將安用是乃戎有萬全之利我有不測之危臣所以痛心傷神晝驚夕惕者慮其意及於此也所賴天奪其魄神降之災覩機若瞑遘厲自逼實昊穹悔禍之應列聖垂祐之期廓清妖氛慶必非遠何以知其然也自賊泚之亂始於暴兵因徵役之繁興乘衛禁之闕備誘扇羣憑遂謀大姦逆天僭君躬肆攻逼凡有血氣皆知惋嗟矧伊忠良孰不痛憤獨惡無與何能久存加以聖德日新改過不吝布革弊之詔宏恤隱之懷天下黎元翕然遷善易心改觀厭亂思安和風既揚昏祲自歛蠢茲狂悖久合殲夷頃屬懷光昏迷緩師養寇吐蕃干撓生事惑人故使義士無施厲階猶梗今懷光別保蒲絳吐蕃遠避封疆形勢既分腹背無患瑊晟諸帥才力得伸又各士馬非多資糧向竭若不降賊即須建功此輩寵任已崇貴位已極建功則寵增而位固降賊則名辱而身危況賊之兇愚滅亡可必賊之孤劣翦撲非難孰肯捨固而就危違寵而從辱棄垂成之

業臣將滅之虜哉既牽於利害之情理不同惡又迫於單乏之急勢難久居勢理相驅安能無戰渾瑊統戴休顏韓遊瓌乘其西北李晟率駱元光尚可孤攻其東南同病相資自當合力但願陛下慎於撫接以奮起忠勇之心勤於砥礪以昭蘇遠近之望中興大業旬月可期不宜尚眷眷於犬羊之羣以失將士之情也臣愚不任懇悃之至輒以私懷忖度謹冒昧以聞謹奏

陸贄十二

興元論賜渾瑊詔書爲取散失内人等議狀

右德亮承旨拜錄先所散失内人名字令臣撰詔書以賜渾瑊遣於奉天尋訪以得爲限仍量與資裝速送赴行在者頃以理道乖錯禍亂荐鍾陛下思咎懼災裕人罪己屢降大號誓將更新天下之人垂涕相賀懲忿釋怨煦仁戴明畢力同心共平多難止土崩於絕岸收板蕩於横流殄寇清都不失舊物實由陛下至誠動於天地深悔感於神

人故得百靈降康兆庶歸德苟不如此自古嘗有棄擲宮闕失守宗祧繼逆於赴難之師再還於蒙塵之日不踰半歲而復興大業者乎今渠魁始平法駕將返近自郊甸遠周寰瀛百役疲瘵之甿重傷殘廢之卒皆忍死扶病傾耳竦肩想聞德聲翹望聖澤陛下固當感上天悔禍之眷荷烈祖垂裕之休念將士鋒刃之殃愍黎元塗炭之酷以致寇爲戒以居上爲危以務理爲憂以復言爲急損之又損尚懼汰侈之易滋艱之惟艱猶患戒慎之難久謀始盡善克終已稀始而不謀終則何有夫以内人爲號蓋是中壼末流天子之尊富有宮掖如此等輩固繁有徒但恐傷多豈憂乏使翦除元惡曾未浹辰奔賀往來道路如織何必自虧君德首訪婦人又令資裝速赴行在萬目闚視眾口流傳恐非所以答慶賴之心副惟新之望也夫事有先後義有重輕重者宜務之於先輕者宜措之於後故武王克殷有未及下車而爲之者有下車而爲之者蓋美其不失先後之宜也自翠華播越萬姓靡依清廟震驚三時乏祀當今所務莫大於斯誠宜速遣大臣馳傳先往迎復神主修整郊壇展禋享之儀申告謝之文然後弔恤死義慰犒

有功綏輯烝黎優問耆耋安定反側寬宥脅從宣暢鬱堙褒奬忠直官失職之士復廢業之人是皆宜先不可後也至如崇飾服器繕緝殿臺備耳目之娛選巾櫛之侍是皆宜後不可先也宜後而先則爲君之道喪宜先而後則理國之義差古之興王必慎於此陛下將務興復又安可不慎乎且散失内人已經累月既當離亂之際必爲將卒所私其人若稍有知不求當自陳獻其人若甚無識求之適使憂虞自因寇亂喪亡頗有大於此者一聞搜索懷懼必多餘孽尚繁羣情未一因而善撫猶恐危疑若又懼之于

何不有昔人所以掩絶纓而飲盜馬者豈必忘其情愛耶蓋知爲君之體然也以小妨大明者不爲天下固多美人何必獨在於此易曰危者安其位者也亂者有其理者也故君子安不忘危理不忘亂是以身安而國家可保也春秋傳曰或多難以固其國或無難以喪其邦誠以處危則思安之情切遭亂則求理之志深切於思安深於求理國之固也不亦宜乎及夫居安而驕恃理而怠驕則縱肆其奢欲怠則厭惡於忠言奢欲日行忠言日梗國之喪也不亦宜乎昔衛獻出奔久而復國大夫迎於境者執其手而

與之言迎於門者頷之而已言其驕怠之易生也齊桓將圖霸功管仲戒之以無忘在莒懼其情志之易變也今臣亦願陛下企思危固國如不及懲忘亂喪國如探湯以在莒爲書紳之規以衰衛爲覆車之鑒則德爲帝範理致時雍與夫貪逸欲而踐禍機其利害亦云遠矣所令撰賜渾瑊詔未敢承旨伏惟聖裁謹奏

興元奏請許渾瑊李晟等諸軍兵馬自取機便狀

右欽溆奉宣聖旨省卿所奏蕃軍退歸及關中體勢理皆切當甚慰朕懷然渾瑊李晟等諸軍須有商量規畫令其進取朕見欲遣使宣慰卿宜審細條疏速奏來者臣聞將貴專謀兵以奇勝軍機遙制則失變戎帥稟命則不威是以古之賢君選將而任分之於閫誓莫干也授之以鉞俾專斷也夫然故軍敗則死衆戰勝則策勳不用刑而師律貞不勞慮而武功立其於委任之體豈不博大哉其於責成之利豈不精覈哉自昔帝王之所以夷大艱成大業者由此道也其或疑於委任以制斷由己爲大權昧於責成以指麾順旨爲良將鋒鏑交於原野而決策於九重之中機會變於斯須而定計於千里之外違令則失順從令則

失宜失順則挫君之嚴失宜則敗君之衆用捨相礙否臧皆凶上有掣肘之譏下無死綏之志其於分畫之道豈不兩傷哉其於經綸之術豈不都謬哉自昔帝王之所以長亂繁刑喪師蹙國者由此道也兹道得失兵家大樞當今事宜所繫尤切蓋以寇盜充斥乘輿播遷人心有覬變之搖王室無自固之重秦梁迴繞千里迢遙臨之以威則力勢不制授之以策則阻遠不精頃者驟降詔書教諭羣帥事無大小悉爲規裁及乎章表陳誠使臣復命進退遲速率乖聖謀豈皆樂於違忤哉亦由傳聞與指實不同懸算

與臨事有異故也設使其中或有肆情于命者陛下能於此時戮其違詔之罪乎臣竊恐未能也陛下復能奪其兵而易其將帥乎臣亦恐未能也是則違命者旣不果行罰從命者又未必合宜徒費空言秖勞睿慮匪唯無益其損實多何則時方艱屯下陵上替凡在執干戈而衛社稷者皆自謂勲業由已義烈發心安於專行病於羈制陛下宜俯徇斯意因而委之遂其所安護其所病敦以付授之義固以親信之恩假以便宜之權待以殊常之賞其餘細故悉勿關言所賜詔書務從簡要愼其言以取重深其託以

示誠言見重則君道尊託以誠則人心感尊則不嚴而衆服感則不令而事成其勢當令智者騁謀勇者奮力小大咸極其分賢愚各適其懷將自效忠兵自樂戰與夫迫於驅制不得已而從之者志氣何啻百倍哉夫君上之權特異臣下者唯不自用乃能用人其要在順於物情其契在通於時變今之要契頗具於茲儻蒙究思或有可取謹奏

與元請撫循李楚琳狀

右件官比縁性行無良多爲時議所惡頻被封章論奏言其心挾兩端若不提防恐妄生窺伺謂宜斥絶用杜姦邪近者鳳翔使來絶不蒙恩召見滯留數輩並未放還伏恐陛下不忍忿心頗從輿議以臣愚戇竊謂非宜李楚琳乘時艱危僻擾岐下賊殺戎帥欵結兇渠奉天之圍頗亦有助其於叛亂海内彰聞論者今始紛紜一何知見之晚耶但以乘輿未復大憝猶存勤王之師悉在畿内急宣速告晷刻是爭商嶺則道迂且遙駱谷復爲盜所扼僅通王命唯在襃斜此路若又阻艱南北遂將敻絶以諸鎭危疑之勢居二逆誘脅之中洶洶羣情各懷向背賊勝則往我勝則來其間事機不容差跌儻或楚琳發憾公肆猖狂南塞

要衝東延巨猾則我咽喉梗而心膂分矣其勢豈不甚病哉且楚琳本懷惟惡是務今能兩端顧望乃是天誘其衷故通歸塗將濟大業陛下誠宜深以爲念厚加撫循得其持疑便足集事儻能遷善亦可濟師今若徇褊狹之談露猜阻之跡懼者甚衆豈唯一夫自昔能建奇功或拯危厄未必皆是絜矩之士溫良之徒驅駕擾馴唯在所馭朝稱兇悖夕謂忠純始爲寇讎終作卿相知陳平無行而不棄忿韓信自王而遂封蒯通以折理獲全雍齒以積恨先賞此漢祖所以恢帝業也置射鉤之賊而任其才釋斬祛之

怨以免於難此桓文所以宏霸功也然則當事之要雖罪惡不得不容適時之宜雖仇讎不得不用陛下必欲精求素行追抉宿疵則是改過不足以補愆自新不足以贖罪凡今將吏豈得盡無疵瑕人皆省思孰免疑畏又況阻命之輩脅從之流自知負恩安敢歸化斯釁非小所宜速圖孔子曰人而不仁疾之已甚亂也又曰小不忍則亂大謀君陳曰無忿疾于頑又曰必有忍其乃有濟伏願陛下必以英主大略聖人格言爲元龜固不可納豎儒小忠以虧撓興復之業也臣不勝憂國至計謹啟事以聞謹奏

興元論中官及朝官賜名定難功臣狀

右欽溵奉宣聖旨此在奉天將士並賜名定難功臣今宰臣等商量扈從中官辛苦至甚亦合依例並賜此名朕以南衙朝士之中有經奉天重圍又似卿等昨者奔赴行在涉歷危險亦極艱難今不問中官朝官但經重圍又到山南者並擬賜名定難功臣卿宜商量豈不穩便者陛下惠霑暬御仁洽庶寮念隨難之憂危恤從巡之勞苦議增寵飾將錫嘉名事雖未行意則已就凡在貴近固知銜恩睿旨淹詳復詢庸賤惟精惟慎允謂防微顧省何知屬當下問臣若自貪榮號傍懼怨憎因循順成不極所見心且知負如天鑒何是以不揆言之淺深不計身之利害但輸狂直唯聖所裁臣聞賞以懋庸名以彰行賞乖其庸則忠實之效廢名浮於行則濆冒之弊興一足以撓國權一足以亂風俗授受之際豈容易哉頃以駐蹕奉天迫於患難竟攘兇逆實賴武人遂旌定難之勳特賜功臣之目名頗符實事亦會時所霑雖多誰曰非允至如宮闈近侍班列具臣雖奔走恪居各循厥職而驅除翦伐諒匪所任又屬皇輿再遷天禍未悔見危無補曷謂功臣致寇方深孰云定

難縱使遭罹圍逼跋履崎嶇難則當之定將安據勞或有矣功其謂何大凡有生之倫莫不各親其類賤彼貴我抑惟常情黜異獎同亦是常性臣忝搢紳之列又當受賜之科竊自校量猶知不可而況於公議乎況於介冑之士乎人之多言靡所不至必謂陛下溺愛近習故徇其苟得之情況該羣司以分其私昵之謗怨不在大釁皆自微必將沮戰士激勵之心結勳臣憤恨之氣所悅者寡所慍者多所與者虛名所失者實事所悅者臣下之夸志所病者國家之大猷利害皎然不爲難辨且名者衆之所評也是曰

公器亦爲爭端覈之至精猶患相軋處或乖當安能勿踰以漢高之制服雄豪太宗之削平區寓天下既定乃論功勳有蕭曹之殊庸有房杜之碩畫戰守經略倬乎殊倫猶謂豐沛故人刀筆文吏諸將不服頗相訐揚乃至攘袂指天拔劍擊柱偶語謀反諠譁訟寃矧今國步猶艱王化未洽方資武力以殄寇讎蓋非恩倖競進之時文儒角逐之日當功而獎尚恐未孚獎又非功固宜見誚儻有節效尤著理當襃崇賞典甚多何必在此其餘別無績用例循驅馳且俟賊平甄錄非晚謹奏

鑾駕將還宮闕論發日狀

右先須敕旨已定行期所司供承亦聞粗備但以霖潦方甚道路阻艱衆情同憂莫敢論奏今發日漸逼陰雲尚繁小大嗷嗷愁懼轉甚臣雖闇鈍亦竊揣量豈不知元惡初平餘氛未殄乃是逆順將分之際吉凶多變之時須速鎭安理宜促駕向使霖潦爲害人功可施其備禦由於智能其役用止於煩費其所患不及於性命其可憂但在於人臣則當公私罄財上下竭力務寧大業奚恤暫勞各應叶奉聖規安敢復忤成命良以褒斜峻阻素號畏途緣側逕於巓巖綴危棧於絶壁或百里之內歷險且千或一程之中涉水數四若遇積雨滯淫羣峰澍流巨石崩奔訇殷相繼深谷瀰漫往來不通悉非功力之所支籌略之所遏斯須之頃跬步之間倉黃遘殃皆不可測匹夫單騎尚且過防況萬乘時行千官景從而可以蹈不存之險冒無禦之災乎如或磴路深崩閣道淹圮環衛之儀少缺屬車之馬微驚縱有億徒何所爲用陛下欲無駭慮其可得乎又或霪滯更深谿澗皆溢邅路既絶傳送無由連山萬重進退不可一日乏食將如之何陛下欲無軫憂固亦難矣人主

舉措宜圖萬全必先事以防危不臨危而求幸幸而獲濟貽媿已深不幸罹災追悔何及孔子曰欲速則不達誠哉是言臣今非敢阻陛下欲速之情但頗以不達爲慮耳儻迴睿旨少俟開晴則發期雖延涉路無滯不疾而速允叶乾行知幾其神是謂天鑒竊聞羣議輒以上陳慺慺懇誠實冀昭納謹奏

請釋趙貴先罪狀

右欽溆奉宣聖旨前者共卿商量趙貴先欲恕其罪朕朝來更問諸將皆云貴先順從朱泚則是逆人合依常刑不

可寬捨衆人意旣如此應難釋放卿宜知悉者臣愚以爲貴先從逆之罪法當不容貴先陷身之由情則可恕陛下所議矜宥原其情也諸將所請誅戮據於法也據法而除君之惡者人臣之常志原情而安衆之危者人主之大權臣主之道旣殊通執之方亦異言各有當體各有宜事或相駮而無傷此之謂也往以襄城告急詔命隴右發兵齊映率衆東行貴先卽其部將于時軍至昭應適遇駕幸奉天齊映馳歸鳳翔貴先獨主營幕進無總帥退閡亂兵遂爲賊泚所招紿以同迎鑾駕泚旣反狀未露貴先安得勿

從已受邀留遂遭劫制身縻僞職兵隸兇徒雖居賊中亦不見任首末事跡簡在天心臣亦親承德音非獨聞於傳說其於情狀頗有足矜所可受責之辜唯在不能守節而死耳貴先儻能守節卽是忠烈之徒固獲褒旌豈資寬捨凡所議讞蓋緣獄疑罪疑惟輕實編令典脅從罔理亦載聖謨況復懷光未殲希烈猶熾遺醜誘陷其類實繁今京邑初平皇猷更始乃是汚俗觀化之日聖王布德之時所用刑章尤宜審愼一輕一重理亂攸生宥之以恩則自新者咸思歸命斷之以法則懷懼者姑務偷生衆心旣偷賊勢愈固不忍一朝之忿而貽累歲之憂苟循匹夫之談以興億衆之役爲計若此夫何利之有焉曩者羯胡亂華染汚士吏肅宗興復累降赦書罪止渠魁餘所不問河朔遺孽旣聞德澤之宏被且幸脅汚之見原人人皆自恕尤各悔歸國之晚及乎三司按罪繼用嚴科未降之流復喜得計慶緒將消而再結思明已附而重攜浸長厲階至今爲梗豈不以任法吏而虧權道小不忍而亂大謀者乎昔漢高帝旣定四方見諸將往往偶語謀反乃問張良曰爲之柰何良曰陛下所最恨者爲誰帝曰雍齒與我有舊而數

窘我良曰今急封雍齒則人人自堅矣帝用良計諸將果安皆云雍齒且侯吾屬何患蓋以圖霸王者不牽於常制安反側者罔念於宿瑕今陛下有漢高之英貴先無雍齒之釁加戮不足威暴逆矜全可以定危疑明恕而行盛德斯在何所爲慮尚勞依違微臣區區上言蓋爲將來張本凡非首惡皆願從寬庶使負累之徒莫不聞風而化消姦兇誘惑之計開叛亂降附之門此其大機不可失也陛下前意固爲善矣伏惟不爲浮議所移謹奏

論替換李楚琳狀

右欽溆奉宣聖旨李楚琳不可久在鳳翔欲候朕到日簡擇一人替楚琳充節度使楚琳別與一官便隨朕歸京既有迎駕諸軍威勢甚盛因此替換亦是權宜卿宜商量穩便否者臣聞王者有作先懷永圖謀必可傳事必可繼不因利以苟得不乘便而幸成故能上下相安而理可長久也彼楚琳者固是亂人乘國難而肆逞其姦賊邦君而篡居其位按以典法是宜汙瀦既屬多虞不遑致討乃分之以旌鉞又繼之以寵榮逮至南巡頗全外順道途無壅亦有賴焉雖朝命累加蓋非獲已然王言一出則不可渝縱

闕君臣之恩猶須進退以禮今若因行幸之威勢假迎扈之甲兵易置以歸是同虜執以言乎除亂則不武以言乎務理則不誠禍變繁興爲日久矣負釁居位豈唯一人以此時巡後將安入以此撫御誰其感懷昔漢高偽遊韓信見獲功臣繼叛天下幾危征伐紛紜以至沒代其徵倖之不可也如此陛下得不爲至戒哉議者謂之權宜臣又未諭其理夫權之爲義取類權衡衡者稱也權者錘也故權在於懸則物之多少可準權施於事則義之輕重不差其趣理也必取重而捨輕其遠禍也必擇輕而避重苟非明哲難盡精微故聖人貴之乃曰可與適道未可與立可與立未可與權言知機之難也今者甫平大亂將復天衢輦路所經首行脅奪易一帥而虧萬乘之義得一方而結四海之疑乃是重其所輕而輕其所重謂之權也不亦反乎以反道爲權以任數爲智君上行之必失衆臣下用之必陷身歷代之所以多喪亂而長姦邪由此誤也夫以韓信才略當時莫儔且負嫌猜已遭告訐縱之足以亂區寓除之可以安國家幸而成擒猶謂失策當時被攻戰之害百代流詭詐之譏況楚琳卒伍凡材厮養賤品因時擾攘得

肆猖狂非有陷堅殪敵之雄出奇制勝之略頗同狐鼠乘夜睢盱晨光既升勢自跧縮今郊畿已乂武衛方嚴汧隴鎮壓於其西邠涇扼制於其北顧是岐下若居掌中以楚琳瑣劣之資處掌中控握之地縱令躑躅何惡能爲願陛下姑務含宏普安反側促駕遄止錄功犒勤敷肆眚之恩布維新之令然後徵韋皋楚琳俾入分文武之職擇元勳宿望命出總岐隴之師則彼承詔欣榮奔走不暇安敢蔕芥復勞誅鋤措置得宜萬無一跌何遽過動不爲後圖仰希睿聽試更詳慮謹奏

欽定全唐文卷四百七十二

陸贄十三

收河中後請罷兵狀

昨日欽漵奉宣聖旨示臣馬燧渾瑊等奏平懷光收河東狀一作河中事狀兼令臣商量須作何處置令欽漵奏來者兇梗殲盪關畿廓淸實聖謀廣運之功亦宗社無疆之祚應須處置大畧已附欽漵口陳展轉傳言恐未盡意謹復薦其固陋願陛下少留察焉臣聞禍或生福福亦生禍喪者得之理得者喪之端故晉勝鄢陵范燮祈死吳克勁越夫差

啟殃是知福不可以久徼幸得不可以常覬覦居福而慮禍則其福可保見得而忘喪則其喪必臻臣竊懼諂諛希旨之徒險躁生事之輩幸兇醜覆亡之會揣英主削平之心必將競效甘言誘開利欲謂王師所向莫敢讎餘孽指顧可平請迴蒲坂之戈復起淮沂之役斯議一啟必有亂階故微臣姑以生禍爲憂而未敢以獲福爲賀也何則建中之難其事可徵始以蓄憾而臨於含容或以亟勝而輕於戰伐故文喜之討涇上之瘡痏未平崇義之征漢南之芟夷繼甚阻命之帥非不誅也伐叛之師非不克也介馬之斷非不堅也赫斯之怒非不逞也然以人不見恤惟戮是聞有辜無辜不敢自保是以抱釁反側者懼鈇鉞之次加畏禍危疑者慮猜譖之旋及遂乃姦結以拒討狼顧以背恩彌兩河而亘淮夷盪三輔而盜京邑鑾輅爲之再駕行宮至于合圍于時海內大搖物情幾去天命莫保于寸晷王威不出於一城邦國之杌隉艱屯綿綿聯聯若苞桑綴旒幸而不殊者屢矣勢之危窘實足寒心非有曩時熊羆翕習之師雷霆奮發之勢武庫劒戟之利帑藏財賦之殷其所以施令率人取威定亂比於建中之始豈不至微

至殺哉然而陛下懷悔過之深誠降非常之大號知黷武窮兵之長亂知急征重斂之勦財知殘人肆欲之取危知違衆率心之稔慝知烝庶困極之興怨知上下鬱堙之失情德音渙然與之更始所在宣敭之際聞者莫不涕流雖或兇獷匪人亦必爲之歔欷誠之動物乃至于斯懷梟鴟以好音消祲沴爲和氣由是姦回易慮黎獻歸心假王叛援之夫削僞號以請罪觀釁首鼠之將壹純誠以效勤流亡凍餒者希保於室家屯戍戰爭者冀全其性命德澤將竭而重霈君臣已絕而更交天下之情翕然一變曩討之

而愈叛今釋之而畢來曩以百萬之師而力殫今以咫尺之詔而化洽是則聖王之敷理道服暴人任德而不任兵明矣羣帥之悖臣禮拒天誅圖活而不圖亡又明矣尚恐陛下以臣言之畧而未喻也請復循其本而申備之往以河朔青齊同惡相扇擁戎據土易代不庭陛下恥王化之未同忿姦慝之靡格於是發六軍神策河陽河東澤潞朔方之騎士以徂征于北命永平汴宋幽隴江淮閩嶺之將卒以奮伐于南罄國家廩帑以贍軍悉公私廄牧以張武算斂周於萬類征徭被於八荒勞已甚矣威亦盛矣既而

曠日綿歲老師費財兩河之寇患有加無瘳而邦本已始覆矣洎涇卒倡亂泚戎構災豺狼整居於禁闈猰貐擇肉於馳道河朔問罪之衆布路而歸宋郊仗順之師守壘不暇于斯之亂海内沸騰儻有問鼎之雄圖滔天之巨猾幸災乘間何所不爲既而悅納之儔咸自斂縮内無非望之議外無軼境之侵及聞天澤滌瑕制書復爵曾不蔕芥望風款降爭馳表章唯恐居後跡其素志於此可知是皆假兵救死之流戀土偷安之輩懷生畏死蠢動之大情慮危求安品物之常性有天下而子百姓者以天下之欲爲欲以百姓之心爲心固當遂其所懷去其所畏給其所求使家家自寧人人自遂家苟寧矣國亦固焉人苟遂矣君亦泰焉是則好生以及物者乃自生之方施安以及物者乃自安之術擠彼於危地而求此之久安也從古及今未之有焉措彼於死地而求此之久生也從古及今亦未之有焉是以昔之聖王知生者人之所樂而已亦樂之故與人同其生則上下之樂兼得矣聖王知安者人之所利而已亦利之故與人共其安則公私之利兩全矣其有反易常理昏迷不恭則當外察其倔強之由内省於撫馭之失修

近以來遠檢身而率人故書曰惟干戈省厥躬又曰舞干羽于兩階七旬有苗格孔子曰遠人不服則修文德以來之既來之則安之此其證也如或昧於懷柔務在攻取不懲教化之未至不疵誠感之未孚惟峻威是臨惟忿心是肆視人如禽獸而曝之原野輕人如草芥而斸之銛鋒叛者不賓則命致誅討者不克則將議刑是使負釁者懼必死之誅奉辭者慮無功之責編甿以困於杼柚而思變士卒以憚於死喪而念歸萬情相攻亂豈有定一夫不率闔境罹殃一境不寧普天致擾兵連禍結變起百端故孔子

曰遠人不服而不能來也邦分崩離析而不能守也而謀動干戈於邦內吾恐季孫之憂不在顓臾而在蕭牆之內矣此蓋必然之常理至當之格言足以爲明鑑元龜貫百王而不易者也事乃反覆得無懼乎夫理有必然則殊途歸於同轍言有至當則異代應如合符頃以東北孽徒職貢廢闕陛下忿其違命大舉甲兵至令逆泚誘姦乘釁而動所備之寇猶遠介於河山不虞之戎已竊發于都輦蕭牆之戒不其信歟前典垂訓既如彼近事明驗又如此所以德音敘哀痛之情悔征伐之事引眾慝以咎已布明信以示人既往之失畢懲莫大之辜咸宥約之以省賦誓之以息兵由是億兆汙人四三叛帥感陛下自新之旨悅陛下盛德之言革面易辭具修臣禮其於深言密議固亦未盡坦然必當聚黨而謀傾耳而聽觀陛下所行之事考陛下所誓之言若言與事符則遷善之心漸固儻事與言背則慮禍之態復興自京邑底寧乘輿旋返屬懷光繼亂天討又行息兵之言我則未復山東羣帥所以未敢生辭者蓋爲河中之地密近王城迫於朝夕之虞不得不翦除之爾今若改轅移旆復指淮西則淮西元兇必將誑脅其同

惡之徒間說於新附之帥謂之曰奉天息兵之旨乃因窘急而言朝廷稍安必復誅伐是以朱泚滅而懷光戮懷光戮而希烈征希烈儻平禍將次及則彼之蓄素疑而懷宿負者能不爲之動心哉心既動則盈其喪身覆族之憂憂既盈則慮以脣亡齒寒之病夫病同者雖胡越而相愍憂同者不邀結而自親河朔青齊固當響應建中之禍勢必重興以國家再造之初當羣孽息肩之後迭來鳴吠或肆奔衝討之則我力未遑縱之乃寇患斯甚臣愚竊以爲禍非細未審陛下何方以待之若有其方悔之可也如其未有願陛下勿輕易焉凡將圖終必在慎始禍機一發難可復追臣請粗陳當今維馭之所宜唯聖主省擇萬一夫君之大柄在惠與威二者兼行廢一不可惠而罔威則不畏威而罔惠則不懷苟知夫惠之可懷而廢其取威之具則所敷之惠適足以示弱也其何懷之有焉苟知夫威之可畏而遺其施惠之德則所作之威適足以召敵也其何畏之有焉故善爲國者宣惠以養威蓄威以尊惠威而能養則不挫惠而見尊則有恩是以惠與威交相畜也威與惠互相行也人主之欲柔遠人而服強暴不明斯術之要莫

之得焉今皇運中興天禍將悔以逆泚之偷居上國以懷光之竊保中畿歲未再周相次梟殄實衆慝驚心之日羣生改觀之時威則已行惠猶未洽誠宜上副天眷下收物情布恤人之惠以濟威乘滅賊之威以行惠宥河中染汚之黨悉無所問赦淮右僭逆之罪咸與維新蠲貸疲甿休罷戰士符往歲息兵之令以彰信丕大君含垢之德以布仁俾萬姓皆曰大哉王言又曰一哉王心如是則威不用而畏如神明惠不費而懷如父母凡在危疑懼討者必將曰淮右僭逆之罪且赦矣吾屬何患焉凡在脅從同惡者

必將曰河中染汚之黨且宥矣吾屬何疚焉凡在倦苦思安者必將曰吾君有戰勝之師抑而不騁信乎其罷征矣凡在凋殘望理者必將曰吾君有嫉亂之憤忍而不攄信乎其恤隱矣天下之心若此而禍亂不息理道不行者無之臣所未敢保其必從唯希烈一人而已揆其私心非不願從也想其潛慮非不追悔也但以猖狂失計已竊大名雖荷陛下全宥之恩然不能不自醜於天地之間耳縱未順命斯爲獨夫內則無辭以起兵外則無類以求助其計不過厚撫部曲偷容歲時心雖陸梁勢必不敢陛下但敕諸鎮各守封疆彼既氣奪算窮是乃狴牢之虜不有人禍則當鬼誅朝廷務崇德以待之臣固知其必不逃於所揣矣古所謂不戰而屈人之兵者斯之謂歟今若不顧機宜復興戎役潰威而蔑惠捨易而即難是棄明信而務忿心假敵辭而資寇援窮者不暇恤勞者不得居國之安危或未可保此乃成敗理亂之所繫願陛下難之慎之區區上于憂恤在此儻蒙過納狂瞽不疑所行謹當草具招諭之辭詳陳備禦之畫伏俟宣許方敢以聞謹奏

請許臺省長官舉薦屬吏狀

今月十七日顧少連延英對迴奉宣密旨卿先奏令臺省長官各舉屬吏近聞外議云諸司所舉皆有情故兼受賄賂不得實才此法甚非穩便已後除改卿宜並自揀擇不可信任諸司者臣以闇劣謬當大任果速官謗上貽聖憂過蒙恩私曲降慈誨感戴循省寢興不寧緣是密旨特宣不敢對衆陳謝祇稟成命所宜必行恭惟聖規又合無隱苟有未達安敢勿言雖知塵煩固不可已夫理道之急在於得人而知人之難聖哲所病聽其言則未保其行求其行則或遺其才校勞考則巧僞繁興而貞方之人罕進徇

聲華則趨競彌長而沉退之士莫升自非素與交親備詳本末探其志行閱其器能然後守道藏用者可得而知沽名飾貌者不容其僞故孔子云視其所以觀其所由察其所安人焉廋哉夫欲觀視而察之固非一朝一夕之所能也是以前代有鄉里舉選之法長吏辟署之制所以明歷試廣旁求敦行能息馳騖也昔周以伯冏爲大僕命之曰愼簡乃僚罔以巧言令色便僻側媚其惟吉士是則古之王朝但命其大官而大官得自簡僚屬之明驗也漢朝務求多士其選不唯公府辟召而已又有父任兄任皆得爲

郎選入之初雜居三署臺省有闕即用補之是則古之郎官皆以任舉充選此其明驗也魏晉已後暨于國初採擇庶官多由選部唯高位重職乃由宰相考庶官之有成效者請而命焉故晉代山濤爲吏部尚書中外品員多所啟授宋朝以蔡廓爲吏部尚書廓先使人謂宰相徐羨之曰若得行吏部之職則拜不然則否羨之答云黃散已下悉委蔡廓猶憤恚以爲失職遂不之官是則黃門散騎侍郎皆由吏部選授不必朝廷列位盡合簡在台司此其明驗也國朝之制庶官五品已上制敕命之六品已下則並旨

授制敕所命者蓋宰相商議奏可而除拜之也旨授者蓋吏部銓材署職然後上言詔旨但畫聞以從之而不可否者也開元中吏部注擬選人奏置循資格限自起居遺補及御史等官猶並列於選曹銓綜之例著在格令至今不刊未聞常參之官悉委宰臣選擇此又近事之明驗也其後舊典失序倖臣專朝捨僉議而重己權廢公舉而行私惠是使周行庶品苟不出時宰之意者則莫致焉任重之道益微進善之途漸隘近者每須任使常苦乏人臨事選求動淹旬朔姑務應用難盡當才豈不以薦舉凌遲人物

衰少居常則求精太過有急則備位不充欲令庶績咸熙固亦難矣臣實駑鈍一無所堪猥蒙任使待罪宰相惟懷竊位之懼且乏知人之明自揣庸虛終難上報唯廣求才之路使賢者各以彙征啟至公之門令職司皆得自達臣當謹守法度考課百官奉揚聰明信賞必罰庶乎人無滯用朝不乏才以此爲酬恩之資以此爲致理之具爰初受命即以上陳求賢審官粗立綱制凡是百司之長兼副貳等官及兩省供奉之職并因察舉勞效須加獎任者並宰臣敘擬以聞其餘臺省屬僚請委長官選擇指陳才實以

狀上聞一經薦揚終身保任各於除書之內具標舉授之由示衆以公明章得失得賢則進考增秩失實則奪俸贖金亟得則袞升亟失則黜免非止搜揚下位亦可閱試大官前志所謂達觀其所舉即此義也自蒙允許即以宣行南宮舉人纔至十數或非臺省舊吏則是使府佐僚累經薦延多歷事任議其資望既不愧於班行考其行能又未聞於闕敗而議者遽以騰口上煩聖聽道之難行亦可知矣陛下勤求理道務徇物情因爲舉薦非宜復委宰臣揀擇其爲崇任輔弼博採輿詞可謂聖德之盛者然於委任

責成之道聽言考實之方閑邪存誠猶恐有闕所謂委任責成者將立其事先擇其人既得其人愼謀其始既謀其始詳慮其終終始之間事必前定有疑則勿果於用既用則不復有疑待終其謀乃考其事事愆於素者革其弊而黜其人事協於初者賞其人而成其美使受賞者無所與讓見黜者莫得爲辭夫如是則苟無其才孰敢當任苟當其任必得竭才此古之聖王委任責成無爲而理之道也所謂聽言考實虛受廣納宏接下之規明目達聰廣濟人之道欲知事之得失不可不聽之於言欲辯言之眞虛不

可不考之於實言事之得者勿即謂是必原其所得之由言事之失者勿即謂非必窮其所失之理稱人之善者必詳徵行善之跡論人之惡者必明辨爲惡之端凡聽其言皆考其實既得其實又察以情既盡其情復稽於衆衆議情實必參相得然後信其說奬其誠如或矯誣亦眞明罰夫如是則言者不壅聽之不勞無浮妄亂教之談無陰邪傷善之說無輕信見欺之失無潛陷不辯之冤此古之聖王聽言考實不出户而知天下之方也陛下既納臣言而用之旋聞横議而止之於臣謀不責成於横議不考實此

乃謀失者得以辭其罪議曲者得以肆其誣率是以行觸類而長固無必定之計亦無必實之言計不定則理道難成言不實則小人得志國家所病恒必由之昔齊桓公將啟霸圖問管仲以害霸之事管仲對曰得賢不能任害霸也任賢不能固害霸也固始而不能終害霸也與賢人謀事而與小人議之害霸也所謂小人者不必悉懷險詖故覆邦家蓋以其意性憸邪趣尚狹促以沮議爲出衆以自異爲不羣趨近利而昧遠圖效小信而傷大道故論語曰言必信行必果硜硜然小人哉夫以能信於言能果於行

唯以硜硜淺近不克宏通宣尼猶謂其小人管仲尚憂其害霸況又有言行難保而恣其非心者乎此皆任不責成言不考實之弊也聖旨以謂外議云諸司所舉皆有情故兼受賄賂不得實才者臣請陛下當使所言之人詳陳所犯之狀某人受賄某舉有情陛下然後以事質於臣臣復以事質於舉主若便首伏則據罪抵刑如或有詞則付法閱責謬舉者必行其罰誣善者亦反其辜自然憲典克明邪慝不作懲一沮百理之善經何必貸其姦贓不加辯詰私其公議不出主名使無辜見疑有罪獲縱枉直同貫人

何賴焉聖旨又以官長舉人法非穩便令臣並自揀擇不可信任諸司者伏以宰輔常制不過數人人之所知固有限極必不能徧諳多士備閱羣才若令悉命羣官理須展轉詢訪是則變公舉爲私薦易明敭以暗投儻如議者之言所舉多有情故舉於君上且未絕私薦於宰臣安肯無詐失人之弊必又甚焉所以承前命官罕有不涉私謗雖則秉鈞不一或自行情亦由私訪所親轉爲所賣其弊非遠聖鑒明知今又將徇浮言專任宰臣除吏宰臣不徧諳識踵前須訪於人若訪於親朋則是悔其覆車不易前轍之失也若訪於朝列則是求其私薦必不如公舉之愈也二者利害惟陛下更詳擇焉恐不如委任長官愼簡僚屬所簡既少所求亦精得賢有鑒識之名失實當闇謬之責人之常性莫不愛身況於臺省長官皆是久當朝選孰肯徇私妄舉以傷名取責者乎所謂臺省長官即僕射尚書左右丞侍郎及侍御史大夫中丞是也陛下比擇輔相多亦不出其中今之宰相則往日臺省長官也今之臺省長官乃將來之宰臣也但是職名暫異固非行業頓殊豈有爲長官之時則不能舉一二屬吏居宰臣之位則可擇千

百具僚物議悠悠其惑斯甚聖人制事必度物宜無求備於一人無責人於不逮尊者領其要卑者任其詳是以人主擇輔臣輔臣擇庶長庶長擇佐僚所任愈崇故所擇愈少所試漸下故所舉漸輕進不失倫選不失類以類則詳知實行有倫則杜絕微求將務得人無易於此是故選自卑遠始升於朝者各委長吏任舉之則下無遺賢矣眞于周行既任以事者於是宰臣序進之則朝無曠職矣才德兼茂歷試不渝者然後人主倚任之則海內無遺士矣夫求才貴廣考課貴精求廣在於各舉所知長吏之薦擇是

也考精在於按名責實宰臣之序進是也求不廣則下位罕進下位罕進則用常乏人用常乏人則懼曠庶職懼曠庶職則苟取備員是以考課之法不暇精也考不精則能否無別能否無別則砥礪漸衰砥礪漸衰則職業不舉職業不舉則品格浸微是以賢能之功不克彰也皆失於不廣求人之道而務選士之精不思考課之行而望得人之美是以望得彌失務精益麤塞源浚流未見其可臣欲詳徵舊說伏恐聽覽爲煩粗舉一端以明其理往者則天太后踐祚臨朝欲收人心尤務拔擢宏委任之意開汲引之

門進用不疑求訪無倦非但人得薦士亦得自舉其才所薦必行所舉輒試其於選士之道豈不傷於容易哉然而課責既嚴進退皆速不肖者旋黜才能者驟升是以當代謂知人之名累朝賴多士之用此乃近於求才貴廣考課貴精之效也陛下誕膺寶歷思致理平雖好賢之心有踰前哲而得人之盛未逮往時蓋由鑒賞獨任於聖聰搜擇頗難於公舉但速登延之路罕施練覈之方遂使先進者漸益凋訛後來者不相接續施一令則謗沮互起用一人則瘡痏立成此乃失於選才太精制法不一之患也則天舉用之法傷易而得人陛下慎簡之規太精而失士是知雖易於舉用而不易於苟容則所易者適足廣得人之資不爲害也不精於法制而務精於選才則所精者適足梗進賢之途不爲利也人之才行自昔罕全苟有所長必有所短若錄長補短則天下無不用之人責短捨長則天下無不棄之士加以情有憎愛趣有異同假使聖如伊周賢如楊墨求諸物議孰免譏嫌昔子貢問于孔子曰鄉人皆好之何如子曰未可也鄉人皆惡之何如子曰未可也不如鄉人之善者好之其不善者惡之蓋以小人君子意必

相反其在小人之惡君子亦如君子之惡小人將察其情在審其聽聽君子則小人道廢聽小人則君子道消今陛下慎選宰臣必以爲重於庶品精擇長吏必以爲愈於末流及至宰臣獻規長吏薦士陛下則但納橫議不稽始謀是乃任以重者輕其言待以輕者重其事且又不辨所毀之虛實不校所議之短長人之多言何所不至是將使人無所措其手足豈獨選任之道失其端而已乎臣之切言固非爲己所惜者致理之道所感者見遇之恩輒因陳謝布露以聞惟陛下幸察謹奏

欽定全唐文卷四百七十三

陸贄十四

請遣使臣宣撫諸道遭水州縣狀

右頻得鹽鐵轉運及州縣申報霖雨爲災彌月不止或川瀆汎漲或谿谷奔流淹沒田苗損壞廬舍又有漂溺不救轉徙乏糧喪亡流離數亦非少臣等任處台輔職調陰陽一物失宜尸曠斯在五行愆度黜責何逃陛下德邁禹湯恕人咎已臣等每奉詞旨倍益慚惶所以僶俛在公不敢頻煩請罪前者面陳事體須遣使撫綏陛下尚謂詢問來

人所損殊少即議優卹恐長姦欺臣等旬日以來更審借訪類會行旅所說悉與申報符同但恐所聞聖聰或未盡陳事實夫流俗之弊多徇諂諛揣所悅意者則侈其言度所惡聞者則小其事制備失所恒病於斯初聞諸道水災臣等屢訪朝列多云無害於物以爲不足致懷退省其私言則頗異霖潦非可諱之事搢紳皆有識之人與臣比肩尚且相媚況乎事或曖昧人或瑣微以利已之心希至尊之旨其於情實固不易知如斯之流足誤視聽所願事皆覆驗則冀言無詐欺大明照臨天下之幸也昔子夏問於孔子曰何如斯可謂人之父母孔子對曰四方有敗必先知之斯可謂人之父母矣蓋以君人之道子育爲心雖深居九重而慮周四表雖恒處安樂而憂及困窮近取諸身如一體之於四支其疾病無不恤也遠取諸物如雨暘之於萬類其鑒照無不均也故時有凶害而人無流亡恃天聽之必聞知上澤之必至是以有母之愛有父之尊古之聖王能以天下爲一家中國爲一人用此術也今水潦爲敗綿數十州奔告于朝日月相繼若哀其疾苦固宜降旨優矜儻疑其詐欺亦當遣使巡視安可徇往來之浮說忘

惠卹之大猷失人得財是將焉用況災害已甚申奏亦頻縱不蒙恩復除自當準式蠲免徒失事體無資國儲恐須速降德音深示憂憫分道命使明敕弔災寬息征徭省察冤濫應家有溺死及漂沒居產多盡父子不存濟者各量賜粟帛便委使臣與州府以當處官物給付其損壞廬舍田苗者亦委使臣與州府據所損作分數等第聞奏量與蠲減租稅如此則歿者蒙瘞酹之惠存者霑煦嫗之恩霈澤下施孰不欣戴所費者財用所收者人心若不失人何憂乏用臣等已約支計所費亦不甚多儻蒙聖恩允從即

具條件續進臣又聞聖人作則皆以天地爲本陰陽爲端慶賞者順陽之功故行於春夏刑罰者法陰之氣故用之秋冬事或愆時人必罹咎是以月令所載夏行秋令則苦雨數來邱隰水潦夏行冬令則後乃大水敗其城郭典籍垂誡言固不誣天人同符理當必應既有繫于舒慘是能致于災祥頃自夏初大臣得罪親黨坐累其徒實繁邦憲已行宸嚴未解畏天之怒中外竦然若以月令推之水潦或是其應雖天所降沴不在郊畿然海内爲家無論遐邇伏願滌瑕以德消沴以和威惠之相濟合宜陰陽之運行

自序臣等不勝覩災慙負之至謹奉狀陳請以聞謹奏

論淮西管内水損處請同諸道遣宣慰使狀

右奉進止淮西管内貢賦既闕所緣水損簡擇宣慰使此道亦不要遣去者臣聞聖王之於天下也人有不得其所者若已納之於隍故夏禹泣辜殷湯引罪蓋以率土之内莫非王臣或有昏迷不龔是由教化未至常以善救則無棄人自希烈亂常汚染淮甸職貢廢闕責當有歸在於編甿豈任其咎陛下息師含垢宥彼渠魁惟茲下人久罹脅制想其翹望聖化誠亦有足哀傷儻宏善救之心當軫納隍之慮今者遣使宣命本緣卹患弔災諸道災患既同朝廷弔卹或異是使慕聲教者絶望懷反側者得詞棄人而固其寇讎恐非所以爲計也昔晉饑乞糴于秦大夫百里奚曰天災流行國家代有救災卹鄰道也行道有福丕豹則請因而伐之穆公用百里奚之言拒丕豹之請且曰其君是惡其人何罪遂輸粟以救之其後秦饑乞糴于晉晉大夫虢射曰無損於怨而益於寇不如勿與慶鄭曰幸災不仁貪愛不祥怒鄰不義不如與之惠公信虢射之謀違慶鄭之議遂閉糴以絶焉是歲晉國復饑秦伯又饋之粟

曰吾怨其君而矜其人終於秦穆霸強晉惠擒辱是知棄怨而施惠者可以懷敵計利而忘義者罔不失人此乃列國諸侯猶務卹鄰救災矧君臨天下而可使德澤不均被者乎議者多謂淮右薦饑國家之利臣等愚見以爲不然必若興有征之師問不庭之罪因災幸濟已爽德征儻又難於用兵望其艱窘自弊利害之勢或未可知夫悍獸之情窮則攫搏暴人之態急則猖狂當其迫阨之時尤資撫馭苟得招攜以禮便可底寧備慮乖方亦是生患竊以帝王之道頗與敵國不同懷柔萬邦唯德與義寧人負我無

我負人故能使億兆歸心遠邇從化猶有兇迷不復必當人鬼同誅此其自取覆亡尚亦不足含怒今因供稅有闕遂令施惠不均責帥及人恐未爲允伏惟聖鑒更審細裁量其所擇諸道使並未敢宣行伏候進止

謝密旨因論所宣事狀

前日顧少連奉諭密旨每於延英對卿緣有諸人言不得盡中間卿所奏去冬薦人實緣對趙憬執論所以有言相拒亦不是阻卿之意若有要便事但依前者意旨自手疏密封進來卿又頻與苗粲進官朕未放過恐卿未知朕意

此人即苗晉卿之子晉卿往年攝政曾有不臣之言又諸子皆與古帝王同名意甚不善緣非諸子之過不欲明行斥逐終是不合令在朝廷卿宜密知此意苗粲兄弟並改與在外閒僻處官仍不得令近兵馬者猥蒙天慈屢降深旨慰眷稠疊誨諭周詳骨肉之恩無以加此士感知已尚合捐軀臣雖孱微能不激勵至於彌綸庶績督課羣官始終不渝夙夜匪懈是皆常分曷足酬恩自揣凡庸之才又無奇崛之效唯當輸罄忠節匡補聖猷衆人之所難言臣必無隱常情之所易溺臣必不回冏然貞心持以上報此愚夫一志而不易者也惟明主矜亮而保容之頃以去冬薦人頻於街衢披訴既是準制許集理合量才授官進擬再三未蒙允許伏慮事轉淹滯所以因對奏陳懵於忖量推理輒發以趙憬與臣並命俱掌樞衡參奉謀猷事當無間不知避忌輕黷宸嚴陛下特宥惷愚曲加獎導寵遇踰等恩私倍常顧惟何人叨幸若此偶有所見敢不盡言是彰無隱之誠以申上報之分臣聞王者之道坦然著明奉三無私以勞天下平平蕩蕩無側無偏所謂三無私者如天之無私覆也如地之無私載也如日月之無私照也其

或有過如日月之有蝕焉過也人皆見之更也人皆仰之日月不疾于蔽虧人君不吝於過失虧而能復無損於明過而能改不累於德昨者臣所奏事惟有趙憬得聞陛下已至勞神委曲防護是於心膂之內尚有形迹之拘職同事殊鮮克以濟恐爽無私之德且傷不吝之明夫元首股肱義實同體諮詢獻納一日萬幾宣之使言猶未盡意言若有阻義何由通啟沃既難機務斯壅雖荷綢繆之顧實增曠廢之憂仰希聖聰更賜裁處苗粲少以門子早登朝班歷拾遺補闕起居員外郎中前後二十餘年溫恭有加

恪慎無怠端敏足以守職文學足以飾身詳其器能堪處近侍陛下以粲先父常有過言名子之方又乖義類不忍明加斥黜但令改授外官伏以理國化人在於獎一善使天下之爲善者勸罰一惡使天下之爲惡者懲是以爵人必於朝刑人必於市惟恐衆之不覩事之不彰君上行之無愧心兆庶聽之無疑議受賞安之無怍色當刑居之無怨言此聖王所以宣明典章與天下公共者也獎而不言其善斯謂曲貸罰而不書其惡斯謂中傷曲貸則授受不明而恩倖之門啟中傷則枉直莫辨而讒間之道行此柄

一虧爲害滋大凡是譖愬之輩多非信實之言利於中傷懼於公辨或云歲月已久不可究尋或云事體有妨須爲隱忍或云惡跡未露宜假他事爲名或云但棄其人何必明言責辱詞皆近於情理意實苞於矯誣傷善售姦莫斯爲甚伏惟聖鑒之下必無浸潤之流然於稱毀之言不可不辨賞罰之典不可不明陛下若以晉卿跡實姦邪粲等法應坐累則當公議典憲豈令陰受播遷陛下若察晉卿見誣又知粲等非罪則合隨才獎用不宜降意猜防令忽不示端由但加斥逐謂之掄材則失序謂之行罰則無名

徒使粲等受錮於聖朝晉卿銜憤于幽壤以臣蔽滯未見其宜夫聽訟辯讒貴於明恕明者在驗之以跡恕者在求之以情跡可責而情可矜聖王懼疑似之陷非辜不之責也情可責而跡可宥聖王懼逆詐之濫無罪不之責也惟情見跡具詞服理窮者然後加刑罰焉是以下無冤人上無謬聽苛慝不作教化以興晉卿起自文儒致位台輔能以謙柔自處故爲三朝所推當諒闇之辰攝冢宰之任是將備禮豈是擅權安肯露不臣之言招覆族之釁雖甚狂險猶應不爲矧伊老臣寧忍及此假有忍人之意其如言

發禍隨求之以情既無端驗之以跡又無兆宜蒙昭恕理在不疑又自陛下御極以來粲及兄丕皆歷清近若以舊事爲累豈復含容至今恐有無良之徒憎嫉丕粲兄弟構成飛語務欲挫傷大抵任重勢疑易生嫌謗以周公之聖不免流言霍光之忠亦遭告訐向非成王覺寤昭帝保明則二主之德美不傳二臣之冤誣莫辯陛下追懷往事得失豈不相遠哉後之視今固亦如此凡所舉措安可不詳伏願稍留睿思特加省察斯實羣臣庶免於戾豈唯苗氏一族存歿幸賴而已乎少連又向臣說云聖旨察臣孤貞

猶謂清愼太過。都絶諸道饋遺。却恐事情不通。如不能納諸財物。至如鞭靴之類。受亦無妨者。伏以貨賄之利。耳目之娛。人間常情。孰不貪悅。況臣性實凡鄙。寧忘顧私。家本窶貧。安能無欲。所以深自刻愼。勉修廉隅者。蓋由負戴厚恩。尸竊大任。既不克導揚風教。致俗清淳。又未能減息征徭。濟人窮困。若無恥懼。更啟賄門。是忘憂國之誠。仍速焚身之禍。由是苟行特操。杜絶交私。誠知無補大猷。所冀免貽深累。陛下責臣以清謹太過。斯謂聖明。陛下慮事之不通。有乖理道。或恐貪惏之輩。務逞無厭之求。巧陳異端。惑

亂聖聽。稽諸事實。則甚不然。夫以胥吏末流。苞苴微貺。苟或違道。且猶知慙。況乎公卿大臣之間。方岳連帥之任。豈資納賄。然後致誠。若因財利交歡。是以姑息爲事。既乖直道。必有過求。遂之則法度浸隳。阻之則觖望彌甚。爲害如此。國何賴焉。高祖太宗。著法垂制。監臨受賄。盈尺有刑。陛下每發德音。數宥下土。大辟之屬。皆蒙滌除。唯於犯贓。往往不赦。豈不以貪饕爲弊。殘蠹最深。至於士吏之微。尚當嚴禁。矧居風化之首。反可通行。凡上之所爲。以導下也。上所不爲。以檢下也。上所不爲。而下或爲之。然後可以設峻

防。寘明辟。若上爲之。而下亦爲之。固其理也。又可禁乎。今吏有受監臨之賄者。則以爲罪不可容。朝廷之制。四方所監臨也。而宰司公受其賄。是亦無恥而不恕者歟。孔子曰。大臣不可不敬也。是人之表也。邇臣不可不愼也。是人之道也。表傾則影曲。道僻則行邪。若大臣邇臣可以受賕。則庶長采察。孰爲不可。朝廷取之於方鎭。方鎭復取之於州。州取之於縣。縣取之於鄉。鄉將安取哉。是皆出於疲人之肝腦筋髓耳。自大盜猾夏。耗斁生人。天下常屯百萬之師。坐受衣食。農夫蠶婦。凍而織。餒而耕。殫力忍死。以供十倍

之賦。日月引頸。望覩昇平之化。惠恤之恩。凡四十九年矣。薦屬多故。有加無瘳。持利權食厚祿者。當憂隱忸怩憫愧黎庶。而又交通私賄。扇起貪風。是令已困之甿。重遭過分之擾。陛下尚以爲鞭靴之類。受亦無妨。若使天下納賂。唯有二三宰臣。四方誅求。止於鞭靴細物。行之不足以傷化。絶之不足以利人。則臣固已微抑私心。將順睿旨矣。若使國家致理。必資饋遺通情。辭之足以失天下之心。受之足以濟天下之務。則臣固亦不避汙行。助我聖功矣。臣所以未敢奉詔。冒昧塵煩者。審知此道不唯無益。必有甚損。故

也亦冀陛下詳察其理普澄其源宏清淨無欲之風守慈儉不貪之寶是將感人心而天下服何有事情不通之患乎夫貨賄上行則賞罰之柄失貪求下布則廉恥之道衰何者善惡不分功過無辨以貨賄之多少爲課績之重輕守道闕供或時致怨招累求得當欲可以釋罪賈榮忍行刻剝者見謂公忠巧飾玩好者或稱才智此謂賞罰之柄失也上好利則下思聚斂上求賄則下肆侵蝨不懷愧心但逞私欲遞相企效習以成風閭閻日殘紀綱日壞不可以禮義勸不可以刑法懲此由廉恥之道衰也作法於涼

其弊猶貪作法於貪其弊斯亂利於小者必害於大易於始者必悔於終賄道一開展轉滋甚鞭靴不已必及衣裘衣裘不已必及幣帛幣帛不已必及車輿車輿不已必及金璧日見可欲何能自窒于心已與交私固難中絕其意是以涓流不止谿壑成災毫末既差邱山聚釁自昔國家敗亡多矣何嘗有以約失之者乎臣竊料郡府之不願行賄於朝廷猶鄉閭之不願輸貨於郡府也但以行之者有利不行者有虞故爲安身保位之謀不得不行耳夫豈樂而行之哉假如四方俱賂於朝廷朝廷受其三而却其一

有所受有所却二端相反則遇却者或有意疑乎見拒而不通焉四方俱賂於朝廷朝廷俱辭而不受則咸知不受者乃朝廷之常理耳適所以服其心而誘其善復何嫌阻之有乎陛下若謂問遺可以通物情絜矩不足敦理化則自建中以來股肱耳目之間蓋常有交利行私者矣乃其所也陛下何尤焉陛下嗣位之初躬行節儉郡國無來獻朝廷無私求行李無黷貨之人邇臣無受賂之事四方風動幾致清平旋以刑峻賦繁兵連禍結理功中否至化未凝洎大憝殲夷皇運興復征伐之役頗息於前時清約之

風亦虧於往日此則雖革一弊亦喪一美焉曩興師徒人困暴賦今罷征伐人困私求乃是殘瘁之餘永無蘇息之望使萬方黎獻當陛下休明之代不登富壽不洽雍熙追懷前修實用心熱而議者反以納賂通情之理以惑陛下斯不亦誣上行私之甚者乎夫天下公器也王綱大權也執大權者不任其小數守公器者不徇于私情任小數而御大權則忿戾之禍起徇私情以持公器則姦亂之釁生故春秋傳曰在上位者洒濯其心以待之而後可以理人言私曲之不可以莅眾庶也又曰國家之敗由官邪也官

之失德寵賂彰也君人者將昭德塞違以臨照百官百官於是乎戒懼而不敢易紀律言賄利之不可以化百官也又曰長國家者非無賄之難無令名之難諸侯之賄聚於公室則諸侯貳言貪欲之不可以懷諸侯也古之懷諸侯者蓋有其道矣唯不務賄然後得之故禮記云凡爲天下國家有九經其一曰理亂持危朝聘以時厚往而薄來所以懷諸侯也是知懷撫之道貴德賤財於往也則厚其贈送之資於來也則薄其贄幣之禮訓人以尊讓示人以不貪始于朝廷行于郡國廉節之風漸廣侵漁之害不萌里閭獲安郡國斯乂朝廷益尊所謂化自上流理由下濟近者悅服而遠者歸懷是皆無賄之致也及夫王綱浸壞德化陵夷然後滅公議而徇私情盛誅求而崇饋獻故禮記曰天子微諸侯僭於是相覿以貨相賂以利而天下之禮亂矣是知傷風害禮莫甚於私暴物殘人莫大於賂利於絕私去賄者莫先於君主務於愛人助理者莫切於輔臣然則君主輔臣之間固不可以語及於私賄矣況又躬行乎臣以受恩特深志欲巨細裨補苟懷疑慮不敢因循亦賴遭逢聖明庶得竭盡愚直所以每事獻替不以犯忤爲

虞意懇詞繁伏用慙悚謹奏

論嶺南請於安南置市舶中使狀

嶺南節度經略使奏近日舶船多往安南市易進奉事大實懼闕供臣今欲差判官就安南收市望定一中使與臣使司同勾當庶免隱欺希顏奉宣聖旨宜依者遠國商販唯利是求綏之斯來擾之則去廣州地當要會俗號殷繁交易之徒素所奔湊今忽捨近而趨遠棄中而就偏若非侵刻過深則必招懷失所曾無內訟之意更興出位之思玉毀櫝中是將誰咎珠飛境外安可復追書曰不貴遠物則遠人格今既徇欲如此宜其殊俗不歸況又將蕩上心請降中使示貪風於天下延賄道於朝廷黷汚清時虧損聖化法宜當責事固難依且嶺南安南莫非王土中使外使悉是王臣若緣軍國所須皆有令式恒制人思奉職孰敢闕供豈必信嶺南而絕安南重中使以輕外使殊失推誠之體又傷賤貨之風望押不出

論宣令除裴延齡度支使狀

右緣班宏喪亡臣今日面取進止令當此選總有四人杜佑盧徵李衡李巽並曾掌判財賦各有績用可稱資望人

才亦堪奬任。聖旨以淮南未可移動。盧徵又近改官。令臣擇一人與江西追取李衡者。臣以支計之司。當今所切。常須銜制黠吏。不可斯須闕人。待追李衡數月方到。或恐綱條弛紊。錢物隱欺。李巽近追到城。請授給事中。且令權判。若處理稱職。便除戶部侍郎。如材不相當。則待李衡到。別商量處分。既免曠廢於事。又得閱試其能。兩人之中。必有可取。陛下累稱穩便。許依所奏施行。臣又退更詳思。以為無易於此。希顏適宣進止。李巽知度支。恐未相當。且空與給事中。朕更思量。司農少卿裴延齡甚公清有才。宜令判

度支。便進擬狀來。其李衡亦從追取者。伏以周制六官。實司理本。冢宰制國用。量入為出。司徒掌邦賦。數教恤人。今之度支。兼此二柄。準平萬貨。均節百司。有無懋遷。豐敗相補。利害關黎元之性命。費省繫財物之盈虛。加以饋餉邊軍。資給禁旅。刻吝則生患。寬假則容姦。若非其人。不可輕授。裴延齡僻戾而好動。躁妄而多言。遂非不悛。堅偽無恥。豈獨有識深鄙。兼為流俗所嗤。頃列班行。已塵清貫。更居要重。必斁大猷。是將取笑四方。貽殃兆庶。尸祿之責。固宜及於微臣。知人之明。亦恐傷於聖鑒。伏願重循前議。俯察愚誠。更於四人之中。選擇取其尤者。庶諧僉屬。不紊朝經。延齡妄誕小人。任之交駭物聽。臣雖熟知不可。猶慮所見未周。趙憬眼疾漸瘳。後日即合假滿。待其朝謁。乞更參詳。去邪勿疑。天下幸甚。謹奏。

論齊映齊抗官狀

右希顏奉宣進止。卿等所進齊映替李衡。緣江南與湖南接近。齊映齊抗既是當家。同任方面。事非穩便。宜別商量者。齊映齊抗同姓別房。既非五服之親。則與眾人無異。聖朝推誠致理。未嘗先事示疑。曩之李臯李兼。鄰接方鎮。今

之韓潭全義。密邇軍城。此例甚多。無足為慮。但以中朝要職。常苦乏人。至如映抗良才。並當臺閣妙選。臣等先請授映禮部。聖旨令且向外商量。儻許移鎮江西。亦是漸加恩獎。齊抗文學足用。精敏罕儔。掖垣之駁議。司言南宮之掌賦。承轄俾居其任。皆謂當才。若蒙追赴闕庭。試加顧問。察言稽行。必有可觀。可否之宜。伏候進止。

請減京東水運收腳價於緣邊州鎮儲蓄軍糧事宜狀

右臣伏見陛下每垂睿心。經畧邊境。增築城壘。加置戍兵。

至於春秋衣裝歲時宴犒先後遲速悉由宸衷其爲憂勤可謂至矣其爲資費亦以多矣蓋以安人固國不憚煩勞此誠慎慮之深者也然於儲蓄大計則未降意良圖但任有司隨月供應近歲蕃戎小息年穀屢登所支軍糧猶有匱乏邊書告闕相繼于朝儻遇水旱爲災粟糴翔貴兇醜匪茹寇擾淹時或負輓力殫或饋餉路絕則戍兵雖衆不足恃城壘雖固不克居是使積年完聚之勞適資一夕潰敗之辱此乃理有必至而事無幸濟者也臣竊爲陛下惜之軍志曰雖有石城十仞湯池百步無粟不能守也故晁

錯論安邊之策要在積穀充國建破羌之議先務屯田歷代制禦四夷常爲國之大事勇者奮其力智者貢其謀攻守異宜盛衰殊勢柔服而不勞師旅者則常聞之矣屯師而不務農食者未嘗有焉今陛下廣徵甲兵分守城鎮除所在營田稅畝自供之外仰給於度支者尚八九萬人千里饋糧涉履艱險運米一斛達于邊軍遠或費錢五六千近者猶過其半犯雪霜皴瘃之苦冒豺狼剽掠之虞四時之間無日休息傾財用而竭物力猶苦日給之不充其於儲蓄以備非常固亦絕意而不暇思也夫屯兵守土以備寇戎至而無糧守必不固矣遇寇不守則如勿屯平居有殘人耗國之煩臨難有啟敵納侮之禍所養非所用所失非所虞以爲制備之規臣竊謂疎矣頃者吐蕃尚結贊率其醜類越軼封疆朔方五原相繼淪陷雖由將帥不武亦因匱乏得辭其事未遙足爲深戒昧理而好諛者必曰當結贊入寇之日遇賊泚作亂之餘戍卒未多邊農尚寡今則甲兵大備稼穡屢豐比於曩時勢不同等臣請復陳近效以質浮詞今年夏初寇犯靈武禦則寡力守則乏糧告急求哀匪朝伊夕有司爲之請罪陛下爲之軫憂遽擇使

臣奔波督運積財以資用高價以招人賴蕃戎自旋糧道獲濟封畧不壞固非成謀然則鹽夏覆而靈武全唯在幸與不幸之間耳是皆無不拔之勢有可駭之危其爲規制之方所謂同歸於失矣議者是當今而非既往豈不曰昧理而好諛乎今戍卒之加於往時臣固知之矣今邊農之廣於往歲臣亦知之矣所謂同歸於失者在於措置乖當蓄斂乖宜利之所生害亦隨至故也陛下忿蕃醜之暴掠懲邊鎮之空虛繕甲益兵庇人保境此誠雄武之英志覆育之仁心刷憤恥而揚威聲海內咸望有必攻之期矣既

而統師無律制事失權戍卒不隸於守臣守臣不總於元帥至有一城之將一旅之兵各降中使監臨皆承別詔委任分鎮亘千里之地莫相率從緣邊列十萬之師不設謀主每至犬羊犯境方馳書奏取裁行李往來動踰旬日比蒙徵發救援寇已獲勝罷歸小則蹂藉麥禾大則驅掠人畜是乃益兵甲而費財用竟何補侵軼之患哉夫將貴專謀軍尚氣勢訓齊由乎紀律制勝在於機權是以兵法有分閫之詞有合拳之喻有進退如一之令有便宜從事之規故能動作協變通制備垂永久出則同力居則同心患

難相交急疾相赴兵之奉將若四支之衛頭目將之守境若一家之保室廬然後可扞寇讎護甿庶蕃畜牧闢田疇天子唯務擇人而任之則高枕無虞矣吐蕃之比於中國衆寡不敵工拙不侔然而彼攻有餘我守不足蓋彼之號令由將而我之節制在朝彼之兵衆合并而我之部分離析夫部分離析則紀律不一而氣勢不全節制在朝則謀議多端而機權多失臣故曰措置乖當此之謂乎陛下頃以邊兵衆多轉餽勞費設就軍和糴之法以省運制與人加倍之價以勸農此令初行人皆悅慕爭趨厚利不憚作

勞耕稼日滋粟麥歲賤向使有司識重輕之術宏久遠之謀守之有恒施之有制謹視豐耗善計收積菽麥必歸於公廩布帛悉入於農夫其或有力而無資願居而靡措貸其種食假以犂牛自然戍卒忘歸貧人樂徙可以足食可以實邊無屯田課責之勞而儲蓄自廣無徵役踐更之擾而守備益嚴果能用之足謂長算既而有司監吝不克將順忘國家制備之謀行市道苟且之意當稔而願糴者則務裁其價不時斂藏遇災而艱食者則莫揆乏糧抑使收糴遂使豪家貪吏反操利權賤取於人以俟公私之乏困

乘時所急十倍其贏又有勢要近親羇遊之士或託附邊將或依倚職司委賤糴於軍城取高價於京邑坐致厚利實繁有徒欲勸農而農不獲饒欲省費而費又愈甚復以制事無法示人不誠每至和糴之時多支絺紵充直窮邊寒沍不任衣裘絕野蕭條無所貨鬻且又虛張估價不務準平高下隨喜怒之心精麤在胥吏之手既無信義率下下亦以偏應之度支物估轉高軍郡穀價轉貴遞行欺罔不顧憲章互相制持莫可禁止度支以苟售滯貨爲功利而不察邊食之盈虛軍司以所得加價爲羨餘而不恤農

人之勤苦雖設巡院使相監臨既失綱條轉成囊橐至有空申簿帳僞指囷倉計其數則億萬有餘考其實則百十不足巡院巧誣於會府會府承詐以上聞幸逢有年復遇無事吞聲補舊引日偷安若遇歲儉兵興則必立至危迫靈武之事足爲明徵臣故曰蓄斂乖宜此之謂也邊之大事在食與兵今食則無儲兵則乏帥謂之有備其可得乎近者緣邊諸州頻歲大稔穀糴豐賤殊異往時此乃天贊國家永固封畧之時也而尚日不暇給曾無遠圖軍府有歉食之詞穡人有悔耕之意天贊而不受其利農傷而不

恤其窮及凶災流行播植墮廢雖復悔恨事何可追臣是以屢屢塵煩所惜在此頃請擇人充使委之平糴務農陛下以理貴因循未賜允許又請乘時豐稔邊城加貯軍糧有司以經費無餘其事復寢臣謬當任使待罪樞衡雖神武之謀不資獻納而職司之分敢忘憂虞夙夜疚心盡如焚灼輒復效其鄙薄庶或裨補萬分不勞人不變法不加賦稅不費官錢不廢耳目之娛不節浮冗之用唯於漕運一事稍權輕重所宜請爲陛下致邊軍十萬人一年之糧以爲艱急之備陛下誠能聽臣愚計不受沮傷百日之間

收貯總畢轉運常行之務既無失於舊規太倉歲入之儲亦不闕其恒數圖慮至熟更無所妨謹具揚搉上陳惟陛下留意省察舊制以關中王者所都萬方輻輳人殷地狹不足相資加以六師餽糧百官祿廩邦畿之稅給用不充所以控引東方歲運租米冒淮湖風浪之弊泝河渭湍險之艱所費至多所濟蓋寡習聞見而不達時宜者則曰國之大事不計費損故承前有用一斗錢運一斗米之言雖知勞煩不可廢也習近利而不防遠患者則曰每至秋成之時但令畿內和糴既易集事又足勸農何必轉輸徒耗

財賦臣以兩家之論互有短長各申偏執之懷俱昧變通之術其於事理可得粗言夫聚人以財而人命在食將制國用須權重輕食不足而財有餘則弛於積財而務實倉廩食有餘而財不足則緩於積食而嗇用貨泉若國家理安錢穀俱富烝黎蕃息力役靡施然後恒操羨財益廣漕運雖有厚費適資貧人三者不失其時之所宜則輕重中權而國用有制矣開元天寶之際承平日久財力阜殷祿食所頒給用亦廣所以不計糜耗勵贍軍儲至使流俗過言有用一斗錢運一斗米之說然且散有餘而備所乏雖

費何害焉。斯所謂操羨財以廣漕運者也。貞元之始，巨盜初平，太倉無兼月之儲，關輔遇連年之旱，而有司奏停水運，務省脚錢，至使郊畿之間，烟火殆絶，都市之内，餓殍相望。斯所謂覩近利而不防遠患者也。近歲關輔之地，年穀屢登，數減百姓稅錢，許其折納粟麥，公儲委積，足給數年。田農之家，猶困穀賤。今夏江淮水潦，漂損田苗，比於常時，米貴加倍，甿庶匱乏，流庸頗多。關輔以穀賤傷農，宜加價糴穀以勸稼穡；江淮以穀貴民困，宜減價糶米以救凶災。今宜糴之處則無錢，宜糶之處則無米，而又運彼所乏，益

此所餘。斯所謂習見聞而不達時宜者也。今淮南諸州米每斗當錢一百五十文，從淮南轉運至東渭橋，每斗船脚又約用錢二百文，計運米一斗，總當錢三百五十文。其米既糙且陳，尤為京邑所賤，今據市司月估，每斗只糶得錢三十七文而已。耗其九而存其一，餒彼人而傷此農，制事若斯，可謂深失矣。頃者每年從江西、湖南、浙東、浙西、淮南等道都運米一百一十萬石，送至河陰，其中減四十萬石留貯河陰倉，餘七十萬石送至陝州，又減三十萬石留貯太原倉，唯餘四十萬石送赴渭橋輸納。臣詳問河陰、太原等倉留貯之意，蓋因往年蟲旱，關輔薦饑，當崔造作相之初，懲元琇罷運之失，遂請每年轉漕米一百萬石以贍京師。比至中塗，力殫歲盡，所以節級停減，分貯諸倉。每至春水初通，江淮所般未到，便取此米入運，免令停滯舟船。江淮新米至倉，還復留納塡數，輪環貯運，頗亦協宜，不必每歲加般，以增不急之費。所司但遵舊例，曾不詳究源由，邇來七年，積數滋廣。臣近勘河陰、太原等倉，見米猶有三百二十餘萬石，河陰一縣所貯尤多，倉廩充盈，隨便露積，舊者未盡，新者轉加，歲月漸深，耗損增甚。縱絶江淮輸轉，且

運此米入關，七八年間，計猶未盡。況江淮轉輸，般次不停，但恐過多，不慮有闕。今歲關中之地，百穀豐成，京尹及諸縣令頻以此事為言，憂在京米粟太賤，請廣和糴以救農人。臣令計料所糴多少，皆云可至百餘萬石。又令量定所糴估價，通計諸縣貴賤，并雇船車般至太倉，穀價約四十有餘，米價約七十以下。此則一年和糴之數，足當轉運二年；一斗轉運之資，足以和糴五斗。比較即時利害，運務且合悉停。臣竊慮運務若停，則舟船無用，舟船無用，則壞爛莫修，儻遇凶災，復須轉漕，臨時鳩集，理必淹遲。夫立法裁

規久必生弊經畧之念始慮貴周不以積習害機宜不以近利隳永制不貴功於當代不流患於他時慮遠防微是其均濟臣今所獻庶近於斯減所運之數以實邊儲存轉運之務以備時要其於詳審必免貽憂舊例從江淮諸道運米一百一十萬石至河陰來年請停八十萬石運三十萬石舊例從河陰運米七十萬石至太原倉來年請停五十萬石運二十萬石舊例從太原倉運米四十萬石至東渭橋來年請停二十萬石運二十萬石其江淮所停運米八十萬石請委轉運使於遭水州縣每斗八十價出糶計

以糙米與細米分數相接之外每斗猶減時價五十文以救貧乏計得錢六十四萬貫文節級所減運脚計得六十九萬貫都合得錢一百三十三萬貫數內請支二十萬貫付京兆府令於京城内及東渭橋開場和糴米二十萬石每斗與錢一百文計加時估價三十已上用利農人其米便送東渭橋及太原倉收貯充填每年轉漕四十萬石之數並足餘尚有錢一百一十三萬貫文以供邊鎮和糴臣已令度支巡院勘問諸軍州米粟時價兼與當管長吏商量令計見墾之田約定所糴之數得鳳翔涇隴邠寧慶鄜坊丹延夏綏銀靈鹽振武等道良原長武平涼等城報除度支旋糴供軍之外別擬儲備者計可糴得粟一百三十五萬石其臨邊州縣各於當處時價之外更加一倍其次每十分加七分又其次每十分加五分通計一百三十五萬石當錢一百二萬六千貫文猶合剩錢十萬四千貫留充來年和糴所於江淮糴米及減運米脚錢請並委轉運使便折市綾絹絁綿四色即作船般送赴上都邊地早寒斂藏向畢若待此錢送到即恐收糴過時請且貸户部別庫物充用本色續到便令折塡其所貸户部別庫物亦取

綾絹絁綿四色並依平估價務利農人仍取度支官畜及車均融般送請各委當道節度及當城兵馬使與監軍中使并度支和糴巡院官同受領便計會和糴各量人户墾田多少先付價直立限納粟不願糶者亦勿強徵其有納米者每米六升折粟一斗應所糴得米粟亦委此三官同檢覆分於當管城堡之内揀擇高燥牢固倉窖等收納封閉仍以貯備軍糧爲名非緣城守絶糧及承別敕處分並不得輒有支用待收糴畢具所糴數并收貯處所聞奏并報中書門下總計貯備粟一百三十五萬石是十一萬二

千五百人一年之糧來秋若遇順成又可更致百餘萬石邊蓄既富邊備自修以討則有餘以守則可久以加兵則不憂所至乏食以斂糴則不爲貪將所邀恢疆保境者得以遂其謀戲國跳軍者無所辭其罪是乃立武之根柢安邊之本源守土庇人莫急於此傾公藏而發私積猶當悉力以務之況今不擾一人無廢百事但於常用之內收其枉費之資百萬羸糧坐實邊鄙又有勸農賑乏之利存乎其間此蓋天錫陛下攘戎狄而安國家之時不可失也陛下誠能過聽愚計先聚軍儲慎擇良圖更貞師律蠢爾兇

醜自當畏威縱迷欵塞之心必無猾夏之慮伏惟少留睿思詳省而明斷之其所停減運脚臣已與本司審細計料并邊鎮分配和糴數及米粟估價等數各得別狀條件分析謹同封進聽進止

欽定全唐文卷四百七十四

陸贄十五

論緣邊守備事宜狀

右臣歷覽前代史書皆謂鎮撫四夷宰相之任不揆闇劣屢敢上言誠以備邊禦戎國家之重事理兵足食備禦之大經兵不理則無可用之師食不足則無可固之地理兵在制置得所足食在斂導有方陛下幸聽愚言先務積穀人無加賦官不費財坐致邊儲數逾百萬諸鎮收糴今已向終分貯軍城用防艱急縱有寇戎之患必無乏絕之憂守此成規以爲永制恒收冗費益贍邊農則更經二年可

積十萬人三歲之糧矣足食之原粗立理兵之術未精敢試籌量庶備採擇伏以戎狄爲患自古有之其於制禦之方得失之理備存史籍可得而言大抵尊卽敘者則曰非德無以化要荒曾莫知威不立則德不能馴也樂武威者則曰非兵無以服凶獷曾莫知德不修則兵不可恃也務和親者則曰要結可以睦鄰好曾莫知我結之而彼復解之也美長城者則曰設險可以固邦國而扞寇讎曾莫知力不足而人不堪則險之不能恃城之不能有也尚薄伐

者則曰驅遏可以禁侵暴而省征徭曾莫知兵不銳壘不完則遏之不能勝驅之不能去也議邊之要略盡於斯雖互相譏評然各有偏駁聽一家之說則理例可徵考歷代所行則成敗異效是由執常理以御其不常之勢徇所見而昧於所遇之時夫中夏有盛衰夷狄有強弱事機有利害措置有安危故無必定之規亦無長勝之法夏后以鼓戎而聖化茂古公以避狄而王業興周城朔方而獫狁攘秦築臨洮而宗社覆漢武討匈奴而貽悔太宗征突厥而致安文景約和親而不能弭患於當年宣元宏撫納而足

以保寧於累葉蓋以中夏之盛衰異勢夷狄之強弱異時事機之利害異情措置之安危異便知其事而不度其時則敗附其時而不失其稱則成形變不同胡可專一夫以中國強盛夷狄衰微而能屈膝稱臣歸心受制拒之則阻其嚮化滅之則類於殺降安得不存而撫之即而敘之也又如中國強盛夷狄衰微而尚棄信忤盟蔑恩肆毒諭之不變責之不懲安得不取亂推亡息人固境也其有遇中國喪亂之弊當夷狄強盛之時圖之則彼釁未萌禦之則我力不足安得不卑詞降禮約好通和啗之以利以引其懽心結之以親以紓其交禍縱不必信且無大侵雖非御戎之善經蓋時事亦有不得已而然也儻或夷夏之勢強弱適同撫之不寧威之不靖力足以自保勢不足以出攻安得不設險以固軍訓師以待寇來則薄伐以遏其深入去則攘斥而戒於遠追雖非安邊之令圖蓋勢力亦有不得已而然也故夏之即敘周之于攘太宗之翦亂皆乘其時而善用其勢者也古公之避狄文景之和親神堯之降禮皆順其時而不失其稱者也秦皇之長城漢武之窮討皆知其事而不度其時者也向若遏孔熾之勢行即敘之

方則見侮而不從矣乘可取之資懷畏避之志則失機而養寇矣有攘卻之力用和親之謀則示弱而勞費矣當降屈之時務翦伐之略則召禍而危殆矣故曰知其事而不度其時則敗附其時而不失其稱則成是無必定之規亦無長勝之法得失著效不其然歟至於察安危之大情計成敗之大數百代之不變易者蓋有之矣其要在於失人肆慾則必蹙任人從眾則必全此乃古今所同而物理之所壹也國家自祿山構亂肅宗中興撤邊備以靖中邦借外威以寧內難於是吐蕃乘釁吞噬無厭回紇矜功憑陵

亦甚中國不遑振旅四十餘年使傷耗遺甿竭力蠶織西輸賄幣北償馬資尚不足塞其煩言滿其驕志復又遠徵士馬列戍疆陲猶不能遏其奔衝止其侵侮小入則驅略黎庶深入則震驚邦畿時有議安邊之策者多務於所難而忽於所易勉於所短而略於所長遂使所易所長者行之而其要不精所難所短者圖之而其功靡就憂患未弭職斯之由夫制敵行師必量事勢勢有難易事有後先力大而敵脆則先其所難是謂奪人之心暫勞而久逸者也力寡而敵堅則先其所易是爲固國之本觀釁而後動者

也頃屬多故人勞未瘳而欲廣發師徒深踐寇境復其侵地攻其堅城前有勝負未必之虞後有餽糧不繼之患儻或撓敗適所以啟戎心而挫國威以此爲安邊之謀可謂不量事勢而務於所難矣天之授者有分事無全功地之產者有物宜無兼利是以五方之俗長短各殊長者不可踰短者不可企勉所短而校其所長必殆用所長而乘其所短必安強者乃逐水草爲邑居以射獵供飲茹多馬而尤便馳突輕生而不恥敗亡此戎狄之所長也戎狄之所長乃中國之所短而欲益兵蒐乘角力爭驅交鋒原野之間決命尋常之內以此爲禦寇之術可謂勉所短而校其所長矣務所難勉所短勞費百倍終於無成雖果成之不挫則廢豈不以越天授而違地產虧時勢以反物宜者哉將欲去危就安息費從省在其慎守所易精用所長而已若乃擇將吏以撫寧眾庶修紀律以訓齊師徒耀德以佐威能邇以柔遠禁侵掠之暴以彰吾信抑攻取之議以安戎心彼求和則善待而勿與結盟彼爲寇則嚴備而不務報復此當今之所易也賤力而貴智惡殺而好生輕利而重人忍小以全大安其居而後動俟其時而後行是以修

封疆守要害塹蹊隧壘軍營謹禁防明斥候務農以足食練卒以蓄威非萬全不謀非百克不鬬寇小至則張聲勢以遏其入寇大至則謀其大（三字疑）以邀其歸據險以乘之多方以悞之使其勇無所加眾無所用掠則靡獲攻則不能進有腹背受敵之虞退有首尾難救之患所謂乘其弊不戰而屈人之兵此中國之所長也我之所長乃戎狄之所短我之所易乃戎狄之所難以長制短則用力寡而見功多以易敵難則財不匱而事速就捨此不務而反爲所乘斯謂倒持戈矛以鐏授寇者也今則皆務之矣然猶封

守未固寇戎未懲者其病在於謀無定用衆無適從所任不必才才者不必任所聞不必實實者不必聞所信不必誠誠者不必信所行不必當當者未必行故令措置乖方課責虧度財匱於兵衆力分於將多怨生於不均機失於遙制臣請爲陛下粗陳六者之失惟明主慎聽而熟察之

臣聞工欲善其事必先利其器武欲勝其敵必先練其兵練兵之中所用復異用之於救急則權以紓難用之於暫敵則緩以應機故事有便宜而不拘常制謀有奇詭而不徇衆情進退死生唯將所命此所謂攻討之兵也用之於

屯戍則事資可久勢異從權非物理所愜不寧非人情所欲不固夫人情者利焉則勸習焉則安保親戚則樂生顧家業則忘死故可以理術馭不可以法制驅此所謂鎮守之兵也夫欲備封疆禦戎狄非一朝一夕之事固當選鎮守之兵以置焉古之善選置者必量其性習辨其土宜察其技能知其欲惡用其力而不違其性齊其俗而不易其宜引其善而不責其所不能禁其非而不處其所不欲而又類其部伍安其室家然後能使之樂其居定其志奮其氣勢結其恩情撫之以惠則感而不驕臨之以威則肅而不怨靡督課而人自爲用弛禁防而衆自不攜故出則足兵居則足食守則固戰則強其術無他便於人情而已矣今者散徵士卒分戍邊陲更代往來以爲守備是則不量性習不辨土宜邀其所不能強其所不欲求廣其數而不考其用將致其力而不察其情斯可以爲羽衛之儀而無益於備禦之實也何者窮邊之地千里蕭條寒風裂膚驚沙慘目與豺狼爲鄰伍以戰鬬爲嬉遊晝則荷戈而耕夜則倚烽而覘日有剽害之慮永無休暇之娛地惡人勤於斯爲甚自非生於其域習於其風幼而覩焉長而安焉不

見樂土而不遷焉則罕能寧其居而狎其敵也關東之壤百物阜殷從軍之徒尤被優養慣於温飽狎於歡康比諸邊隅若異天地聞絕塞荒陬之苦則辛酸動容聆強蕃勁虜之名則懾駭奪氣而乃使之去親族捨園廬甘其所辛酸抗其所懾駭將冀爲用不亦疎乎矧又有休代之期無統帥之馭資奉若驕子姑息如倩人進不邀之以成功退不處之以嚴憲其來也咸負德色其止也莫有固心屈指計歸張頤待飼僥倖者猶患還期之賒緩恒念戎醜之充斥王師挫傷則將乘其亂離布路東潰情志且爾得之奚

爲平居則殫耗資儲以奉浮冗之衆臨難則投棄城鎮以搖遠近之心其弊豈唯無益哉固亦將有所撓也復有抵犯刑禁謫徙軍城意欲增戶實邊兼令展效自贖既是無良之類且加懷土之情思亂幸災又甚戍卒適足煩於防衞諒無望於功庸雖前代時或行之固非良算之可遵者也復有擁旄之帥身不臨邊但分偏師俾守疆埸大抵軍中壯銳元戎例選自隨委其疲羸乃配諸鎮節將既居內地精兵祗備紀綱遂令守要禦衝恒在寡弱之卒寇戎每至力勢不支入壘者纔足閉關在野者悉遭劫執恣其芟

蹂盡其搜敺比及都府聞知虜已尅獲旋返且安邊之本所切在兵理兵若斯可謂措置乖方矣夫賞以存勸罰以示懲勸以懋有庸懲以威不恪故賞罰之於馭衆也猶繩墨之於曲直權衡之於重輕輗軏之所以行車銜勒之所以服馬也馭衆而不用賞罰則善惡相混而能否莫殊用之而不當功過則姦妄寵榮而忠實擯抑夫如是若聰明可銜律度無章則用與不用其弊一也自頃權移於下柄失於朝將之號令既鮮克行之於軍國之典常又不能施之於將務相遵養苟度歲時欲賞一有功翻慮無功者反側欲罰一有罪復慮同惡者憂虞罪以隱忍而不彰功以嫌疑而不賞姑息之道乃至於斯故使亡身效節者獲誚於等夷率衆先登者取怨於士卒僨軍蹙國者不懷於愧畏緩救失期者自以爲智能褒貶既闕而不行稱毁復紛然相亂人雖欲善誰爲言之況又公忠者直已而不求於人反罹困厄敗撓者行私而苟媚於衆例獲優崇此義士所以痛心勇夫所以解體也又有遇敵而所守不固陳謀而其效靡成將帥則以資糧不足爲詞有司復以供給無闕爲解既相執證理合辨明朝廷每爲含糊未嘗窮究曲

直措理者含聲而靡訴誣善者罔上而不慙馭將若斯可謂課責虧度矣課責虧度措置乖方將不得竭其才卒不得盡其力屯集雖衆戰陣莫前虜每越境橫行若涉無人之地遞相推倚無敢誰何虛張賊勢上聞則曰兵少不敵朝廷莫之省察唯務徵發益師無裨備禦之功重增供億之弊閭井日耗徵求日繁以編戶傾家破產之資兼有司榷鹽稅酒之利總其所入半以事邊制用若斯可謂財匱於兵衆矣今四夷之最強盛爲中國甚患者莫大於吐蕃舉國勝兵之徒纔當中國十數大郡而已其於內虞外備

亦與中國不殊所能寇邊數則蓋寡且又器非犀利甲不堅完識迷韜鈐藝乏趫敏動則中國懼其衆而不敢抗靜則中國憚其強而不敢侵厥理何哉良以中國之節制多門蕃醜之統帥專一故也夫統帥專一則人心不分人心不分則號令不貳號令不貳則進退可齊進退可齊則疾徐如意疾徐如意則機會靡愆機會靡愆則氣勢自壯斯乃以少爲衆以弱爲強變化翕闢在於反掌之內是猶臂之使指心之制形若所任得人則何敵之有夫節制多門則人心不一人心不一則號令不行號令不行則進退難

必進退難必則疾徐失宜疾徐失宜則機會不及機會不及則氣勢自衰斯乃勇廢爲尫衆散爲弱逗撓離析兆乎戰陣之前是猶一國三公十羊九牧欲令齊肅其可得乎開元天寶之間控禦西北兩蕃唯朔方河西隴右三節度而已猶慮權分勢散或使兼而領之中興已來未遑外討僑隸四鎮於安定權附隴右於扶風所當西北兩蕃亦朔方涇原隴右河東四節度而已關東戍卒至則屬焉雖委任未盡得人而措置尚存典制自頃逆泚誘涇原之衆懷光汚朔方之軍割裂誅鋤所餘無幾而又分朔方之地建

牙擁節者凡三使焉其餘鎮軍數且四十皆承特詔委寄各降中貴監臨人得抗衡莫相稟屬每俟邊書告急方令計會用兵既無軍法下臨唯以客禮相待是乃從容拯溺揖讓救焚冀無阽危固亦難矣夫兵以氣勢爲用者也氣聚則盛散則消勢合則威析則弱今之邊備勢弱氣消建軍若斯可謂力分於將多矣理戎之要最在均齊故軍法無貴賤之差軍實無多少之異是將所以同其志而盡其力也如或誘其志意勉其藝能則當閱其林程其勇校其勞逸度其安危明申練覈優劣之科以爲衣食等級之制

使能者企及否者息心雖有薄厚之殊而無觖望之釁蓋所謂日省月試餼稟稱事如權量之無情於物萬人莫不安其分而服其平也今者窮邊之地長鎮之兵皆百戰傷夷之餘終年勤苦之劇角其所能則練習度其所處則孤危考其服役則勞察其臨敵則勇然衣糧所給唯止當身例爲妻子所分常有凍餒之色而關東戍卒歲月踐更不安危城不習戎備怯於應敵懈於服勞然衣糧所須厚踰數等繼以茶藥之饋益以蔬醬之資豐約相形縣絕斯甚又有素非禁旅本是邊軍將校詭爲媚詞因請遙隸神策

不離舊所唯改虛名其於廩賜之饒遂有三倍之益此則儔類所以忿恨忠良所以憂嗟疲人所以流亡經費所以褊匱夫事業未異而給養有殊人情不能甘也況乎矯佞行而廩賜厚績藝劣而衣食優苟未忘懷孰能無慍不爲戎首則已可嘉而欲使其協力同心以攘寇難雖有韓白孫吳之將臣知其必不能焉養士若斯可謂怨生於不均矣凡欲選任將帥必先考察行能然後指以所授之方語以所委之事令其自揣可否自陳規模須某色甲兵藉某人參佐要若干士馬用若干資糧某處置營某時成績始

終要領悉俾經綸於是觀其計謀校其聲實若謂材無足取言不可行則當退之於初不宜貽慮於其後也若謂志氣足任方略可施則當要之於終不宜掣肘於其間也夫如是則疑者不使使者不疑勞神於選才端拱於委任既委其事既足其求然後可以覈其否臧行其賞罰受其賞者不以爲濫當其罰者無得而辭付授之柄既專苟且之心自息是以古之遣將帥者君親推轂而命之曰自閫以外將軍裁之又賜鈇鉞示令專斷故軍容不入國國容不入軍將在軍君命有所不受誠謂機宜不可以遠決號令

不可以兩從未有委任不專而望其尅敵成功者也自頃邊軍去就裁斷多出宸衷選置戎臣先求易制多其部以分其力輕其任以弱其心雖有所懲亦有所失遂令分閫責成之義廢死綏任咎之志衰一則聽命二亦聽命爽於軍情亦聽命乖於事宜亦聽命若所置將帥必取於承順無違則如斯可矣若有意乎平兇靖難則不可也夫兩疆相接兩軍相持事機之來間不容息蓄謀而俟猶恐失之臨時始謀固已疎矣況乎千里之遠九重之深陳述之難明聽覽之不一欲其事無遺策雖聖者亦有所不能焉設

使謀慮能周其如權變無及戎虜馳突迅如風飆驛書上聞旬月方報守土者以兵寡不敢抗敵分鎮者以無詔不肯出師逗留之間寇已奔逼託於救援未至各且閉壘自全牧馬屯牛鞠爲椎剽嗇夫樵婦罄作俘囚雖詔諸鎮發兵唯以虛聲應援互相瞻顧莫敢遮邀賊既縱掠退歸此乃陳功告捷其敗喪則減百而爲一其捃獲則張百而成千將帥既幸於總制在朝不憂罪累陛下又以爲大權由已不究事情用師若斯可謂機失於遙制矣理兵而措置乖方馭將而賞罰虧度制用而財匱建軍而力分養士而

怨生用師而機失此六者疆埸之蠹賊軍旅之膏肓也蠹賊不除而但滋之以糞漑膏肓不療而苟啗之以滑甘適足以養其害速其災欲求稼穡豐登膚革充美固不可得也臣愚謂宜罷諸道將士番替防秋之制率因舊數而三分之其一分委本道節度使募少壯願住邊城者以徙焉其一分則本道但供衣糧委關內河東諸軍州募蕃漢子弟願傅邊軍者以給焉又一分亦令本道但出衣糧加給應募之人以資新徙之業又令度支散於諸道和市耕牛雇召工人就諸軍城繕造器具募人至者每家給耕牛一

頭又給田農水火之器皆令充備初到之歲與家口二人糧并賜種子勸之播植待經一稔俾自給家若有餘糧官爲收糴各酬倍價務獎營田既息踐更徵發之煩且無幸災苟免之弊寇至則人自爲戰時至則家自力農是乃兵不得不強食不得不足與夫倏來忽往其可同等而論哉臣又謂宜擇文武能臣一人爲隴右元帥應涇隴鳳翔長武城山南西道等節度管內兵馬悉以屬焉又擇一人爲朔方元帥應鄜坊邠寧靈夏等節度管內兵馬悉以屬焉又擇一人爲河東元帥河東振武等節度管內兵馬悉以屬焉三帥各選臨邊要會之州以爲理所見置節度有非要者隨所便近而并之唯元帥得置統軍餘並停罷其三帥部內太原鳳翔等府及諸郡戶口稍多者慎簡良吏以爲尹守外奉師律內課農桑俾爲軍糧以壯戎府理兵之宜既得選帥之道既明然後減姦濫虛浮之費以豐財定衣糧等級之制以和衆宏委任之道以宣其用縣賞罰之典以考其成而又慎守中國之所長謹行當今之所易則八利可致六失可除如是而戎狄不畏懷疆埸不寧謐者未之有也諸侯軌道庶類服從如是而教令不行天下不

理者亦未之有也以陛下之英聖人心之思安四方之小休兩寇之方靜加以頻年豐稔所在積糧此皆天贊國家可以立制垂統之時也時不久居事不常兼已過而追雖悔無及明主當不以言爲罪不以人廢言謦陳狂愚惟所省擇謹奏

商量處置竇參事體狀

右希顏奉宣進止朝來共卿等商量竇參事卿等所奏雖於大體甚好然此人交結中外意在不測朕試根尋灼然審知情狀所以有此商量又聞竇參在彼處亦共諸處交

通不絶社稷事重卿等只合與朕同憂宜即作文書進來此事非小不可更遲者臣面承深旨又奉密宣皆以社稷爲言又知根尋已審敢不上同憂憤內絶狐疑豈顧遲迴更貽念慮但以嘗經重任斯謂大臣進退之間猶宜有禮誅戮之際不可無名劉晏久掌貨財當時亦招怨讟及加罪責事不分明叛者既得以爲辭衆人亦爲之懷懟用刑曖昧損累不輕事例未遙所宜重愼竇參頃司鈞軸頗怙恩私貪饕貨財引縱親黨此則朝廷同議天下共傳至於潛懷異圖將起大惡跡既未露人皆莫知臣等親奉威顏

議加刑辟但聞兇險之意尚昧結構之由況在衆流何由察悉忽行峻罰必謂冤誣羣情震驚事亦非細若不付外推鞫則恐難定罪名乞留睿聰更少詳度竇參於臣素分陛下固所明知有何顧懷輒欲營救良以事關國體義絶私嫌所冀典刑不濫於淸時君道免虧於聖德特希天鑒俯亮愚誠謹奏

奏議竇參等官狀

右希顏奉宣進止竇參結朕左右兼有陰謀皆有憑據事不曖昧只縁連及處多不可推按卿等更宜商量若謂恐事體不穩即且流貶向絶遠惡處竇申竇榮李則之首末同惡無所不至又並微細不比竇參宜便商量處置其竇參等所有朋黨親密並不可容在側近宜便條疏盡發遣向僻遠無兵馬處先雖已經流貶更移向遠惡處者伏以竇參罪犯誠合誅夷聖德含宏務全事體特寬嚴憲俯貸餘生始終之恩實足感於庶品仁育之惠不獨幸於斯人所議貶官謹具別狀其竇榮竇申李則之等既皆同惡固亦難容然以得罪相因法有首從首當居重從合差輕參既蒙恩矜全申等亦宜減降又於黨與之內亦有淑慝之

殊稍示區分足彰勸勵竇榮與參雖是近屬亦甚相親然於欵密之中都無邪僻之事仍聞激憤屢有直言因此漸構猜嫌晚年頗見疏忌若論今者陰事則尚未究端由如據比來所行必應不至兇險恐須差異以表詳明臣等商量竇榮更貶遠官竇申則之並除名配流謹具別狀進擬庶允從輕之典以洽好生之恩夫趨勢附權時俗常態苟無高節出衆何能特立不羣竇參久秉鈞衡特承寵渥君之所任孰敢不從或遊於門庭或結以中外或偏被接引或驟與薦延如此之徒十恒七八若聽流議皆謂黨私自

非甚與交親安可悉從貶累況竇參罷黜追欲周星應是私黨近親當時並已連坐人心久定不可復搖今者再責竇參特緣別有結構陛下親自尋究審得事情所與連謀固知定數今若普加譴斥則恐翻類淪胥罪無指名誰不疑懼中外洶洶殊非令猷臣等商量除同謀陰邪事狀分明者其餘一切更無所問將爲穩便未審可否

陸贄十六

請不簿錄竇參莊宅狀

右希顏奉宣進止凡是官吏貪濁取受錢物猶並徵贓竇參負朕至深廣納賄貨又更交結謀行惡事其莊宅錢物奴婢之類豈不合收納入官竇參身既遠貶亦恐被人破除隱沒今欲使人勾當收拾卿等商量可否者謹按國家典法沒入官產唯有兩科一謂姦贓一謂叛逆皆須先鞫犯狀審得實情憲司察寃法寺論罪會府覆奏掖垣參詳

如是悉無異詞然後謂之獄成而聞于天子其有抵于深辟者制可既下所司猶三五覆奏庶或宥之聖王愛人恤刑乃至如此精愼罪法既定方合徵收叛逆則盡沒其家姦贓則止徵所犯蓋示懲戒匪貪貨財何嘗有罪未斷有法未詳而可以納其資產者也伏惟聖德廣大如天包含懲忿於彝憲之中念終於常情之外已存惠貸不寘嚴刑今若簿錄其家竊恐以財傷義猥蒙下問實荷皇明輒罄愚誠所祈天鑒謹奏

請還田緒所寄撰碑文馬絹狀

右田緒使節度隨軍劉贍送書與臣其書意緣奉進止令爲其亡父承嗣撰遺愛碑文故送前件馬絹等以申情貺臣先奉恩旨令撰碑文於今半年竟未綴緝良以勸戒之道忠義攸先襃貶之詞春秋所重爵位有僥倖而致名稱非詐力可求將使循軌轍者畏昭憲而莫渝怙姦妄者顧清議而知恥仲尼修春秋而亂臣賊子懼豈必臨之以武脅之以刑哉襃貶苟明亦足助理田承嗣阻兵犯命靡惡不爲竟逭天誅全歸土壤此乃先朝所愧恨義士所惋嗟今田緒尚于宸嚴請頌遺愛微臣監踢實憤於心謬承恩

光備位台輔既未能滌除姦慝匡益大猷而又飾其愧詞以贊兇德納彼重賂以襲貪風情所未安事固難強是以屢嘗執翰不能措詞輒投所操太息而止緣承聖誨姑務懷柔昨見田緒使人臣亦婉爲報答但告云所爲碑頌皆奉德音既異私情難承厚貺候稍休暇續當撰成既無拒絕之言計亦不至疑阻其來書謹封進所送馬及絹等令劉贍便領却迴訖不敢不奏謹奏

請依京兆所請折納事狀

京兆府先奏當管蟲食豌豆全然不收請據數折納大豆奉敕宜依度支續奏稱據時估豌豆每斗七十價已上大豆每斗三十價已下京兆府所請將大豆替豌豆望令據估計錢數折納則冀免損官司者求瘼救災國之令典求瘼在知其所患救災在恤其所無只如螟蝛爲殃豌豆全損檢覆若非虛謬地稅固合免徵直道而行大體斯在府司折納充數已爲就下從權度支準估計錢乃是幸災規利所得無幾其傷實多傷風得財非謂理道且豌豆爲物入用甚微舊例所支唯充畜料準數迴給大豆諸司誰曰不然計價剩徵義將安在理無所據事不可從望依前敕

處分未審可否

議汴州逐劉士寧事狀

右希顏奉宣聖旨適得李萬榮奏劉士寧因出遊獵三軍將士遂閉城門不放入發遣令赴朝廷萬榮安撫軍州今已寧帖卿等宜知悉者伏以劉士寧昏荒暴慢惡貫久盈聖情愛人久爲含忍親離衆叛自取奔亡不勞師徒克靖方鎮恭承宣諭欣賀實深然梁宋之間地當要害鎮壓齊魯控引江淮得其人則安則強失其人則危則弱今士寧見逐雖是衆情萬榮總軍且非朝旨此亦安危強弱之機

也陛下審之慎之或恐奏事之人苟私所奉之將妄陳體勢輒欲徼求承前授任失宜多爲此輩所誤假使心無詐罔其如識乏經通與之籌量鮮不撓敗今軍州既定足得安詳望且選一朝臣馳往宣勞更淹旬日徐察事情見情而後圖之則冀免有差失候至來日續更面陳謹先狀以聞謹奏

請不與李萬榮汴州節度使狀

右希顏奉宣進止萬榮安撫有功聞亦忠義甚得衆心若更淹遲却恐事不穩便令商量除一親王充節度使且令

萬榮知留後其節度制便從内出萬榮須與改官卿等即商量進來者臣性習儒頑藝識空乏辱當將任待罪宰司事關安危不敢容默雖服戎角力諒匪克堪而經武伐謀或有所見夫制置之安危由勢付授之濟否由才勢如器焉唯在所置置之險地則覆致之夷地則平材如負焉唯在所授授踰其力則踣授當其力則行故負重者不可以微劣勝器大者不可以輕易處有巨力而加重負猶懼蹶跌之不虞擇安地而寘大器尚慮傾覆之難備焉有委非所任置非所安而望其不顛不危固亦難矣劉士寧窮兇極暴衆所不容李萬榮因人之心閉城拒逐爲國除害亦有可嘉誠宜星夜上聞請擇節將今所陳奏頗涉張皇但露徼求之情殊無退讓之禮據茲鄙躁殊異純良又聞本是滑人偏厚當州將士與之相得纔止三千諸營之兵已甚懷怨據此頗僻亦非將林且邀君而力取其位不忠逐帥而謀代其權不義犯此二者而加之非林得志驕盈不悖則敗悖謂犯上敗謂僨軍俱爲厲階莫見其可今雖遽加寵命務饜貪求曲示保持冀消凶慝然其所行不遜所得無名縱之則反側而益疑奪之則觖望而肆惡夫善始

而克終者猶寡況始於不善而求能以義自全者乎又緣嘗自蓄謀以危主將及居人上恒恐見圖必於部校之間多有疑阻之釁上下猜貳何能久安縱未干紀亂常亦必喪師蹙境所以承前方鎮之任選建才德而不副所委者則有矣其不由才德而授終能殿邦固節者未之有也是猶置器欲安而不擇可安之勢負重欲濟而不量可濟之林處非所宜不敗何待陛下若謂臣說體迂濶有異軍機引喻乖疎不同事實臣請指陳汴宋一管近代成敗之跡皆陛下之所經見者以爲殷鑒惟陛下覽而察之往者田

神功作鎭河南領汴宋徐泗兗鄆曹濮八州之地兵食兼足職貢備修左肅青齊右彌滑魏南控淮浙北輔滎瀍殷如長城不震不聳此由制置於可安之地付授得可濟之林其爲利宜斯謂大矣及神功入覲遘厲不還先皇帝示眷悼之優崇貪因循之便易知神玉才不勝任排衆議而竟授之既而維御無方經畧失制權歸豪將勢散列城禍機一興內叛外破委三軍於暴帥陷五郡於匪人轉輸所經塗路亟阻此由制置於必危之地付授於必蹟之才其爲敗傷亦已甚矣近者劉元佐驅攘巨猾底復大梁即鎭

如茲幾將十載雖不能勤身節用以撫疲甿畢力竭誠以揚丕烈然尚號令由己部屬畏威繕修戎旅振耀聲勢遠邇談矚且爲完軍制持東方猶有所倚及元佐殂沒朝廷命吳湊代之士寧兇頑輒敢眦睚素非得衆且甚不材緩之旬時必自離沮隨機制馭指顧可平陛下念深黎元姑務容養適使姦徒得計庸豎作狂但肆醜厲之詞豈懷任置之惠運路幾絕生人重殘殷然垣翰之軍鞠爲汙染之俗追思致患之本豈不失於苟且哉今若又授萬榮則與士寧何異負力而取誰曰不然邀取而除孰爲非據苟邀

則不順苟允則不誠君臣之間勢必嫌阻與其圖之於滋蔓不若絕之於萌芽忘久遠而樂因循固非英主御天下長算遠慮之計也且爲國之道以義訓人將教事君先令順長用能彌爭奪之禍絕窺覬之心聖人所以興敬讓而服暴強禮達而分定故也假使士寧爲將慢上虐人萬榮懷奉國之誠稟嫉惡之性棄而違之斯可矣討而逐之亦可矣謀其帥而篡其位則不可焉何者方鎭之臣事多專制欲加之罪誰則無辭若使傾奪之徒便得代居其任利之所在人各有心此源潛滋禍必難救非獨長亂之道亦

開謀逆之端四方諸侯誰不解體得一夫而喪羣帥其何利之有焉矧茲一夫猶未可保徒亂風教以生人心昨者所逐士寧蓋起於倉卒諸郡守將固非連謀一城師人亦未協志況又待之不一撫之不均黨助萬榮其能有幾仍各計度於成敗之勢迴遑於逆順之名安肯捐軀與之同惡今所以未即變者皆爲萬榮所誘許其賞給貨財且相服從以候制旨陛下但於文武羣臣之內選一和惠寬敏素爲軍旅所愛信者命爲節度仍降優詔慰勞彼軍獎萬榮以撫定之功別加寵任褒將士以輯睦之義厚賜資裝

眾知保安人且懷惠舍此助亂更將何求揆其大情理必寧息萬榮縱欲跋扈勢何能爲三軍既自離心列城又不爲援緣其迫逐主將諸道必復憎嫌邇無所親遠無所與不勞天誅必自殲夷陛下何所爲虞而欲受其邀致臣雖孱怯竊有未安昨因希顏宣旨却迴已與趙憬等同附口奏展轉申吐慮多闕遺臣更通夕詳思恐亦無易於此不勝拳拳愚懇謹復密啟以聞如蒙聖恩察納臣即與趙憬等商量應須處置事宜具作條件聞奏儻後事有愆素臣請受敗撓之罪謹奏

論度支令京兆府折稅市草事狀

度支奏緣當年稅草支用不充諸場和市所得又少所以每至秋夏常有欠闕請令京兆府折今年秋稅和市草一千萬束便令人户送入城輸納每束兼車脚與折錢二十五文既利貧人兼濟公用希顏奉宣進止宜依者伏以制事之體所貴有常順人之情尤重改作革而能當尚恐未孚動且非宜曷由無擾臣等每承睿旨常以百姓爲憂審知事不可行安敢默而無述每年蓄聚芻藁所司素有恒規計料稅草不充即便開場和市既優價直復及農收人皆樂輸事不勞擾陛下追想往年之事豈嘗有緣草不足上關宸慮者乎延齡欲衒已能頗黷舊制苟收經費之用以資羸羨之功遂使儲備空虛支計寥落廐圉告闕頻煩聖聰去歲已然今夏尤甚此乃不遵舊制之過也舊制何害而變之哉臣等謹檢京兆府應徵地稅草數每年不過三百萬束其中除留供諸縣館驛及鎮軍之外應合入城輸納唯二百三十萬而已百姓般運已甚艱辛常迫春農僅能得畢今若更徵一千萬束仍令並送入城即是一年之間併徵三年稅草計其所加車脚則又四倍常時物力

有窮求取無藝其爲騷怨理在不疑甸服且然四方安仰假使時當豐稔家悉阜殷有草可輸有車可載然於途程往復理須淹歷歲時牛廢耕犂人妨播植東作既闕西成曷期況烝黎之間貧富不等收穫之際豐耗靡均今忽併役車牛雇車傭必騰貴併徵稅草買草價必倍高是使豪富之徒乘急令以邀其利窮乏之輩因暴斂以毀其家非所謂均節財物準平賦法之術也臣等又勘度支京兆比來雇車估價及所載多少大率每一車載一百二束每一里給傭錢三十五文百束應輸二束充耗今京畿諸縣去

城近者七八十里。遠者向二百里。設令遠近相補。通以百里爲程。則雇車載草百束。悉依官司常估。猶用錢三千五百文。即是一束之草。唯計般運。已當三十有五文。買草本價又更半之。而度支曾不計量。自我作古。徑以胷臆斟酌。限爲二十五文。謂之加徵。則法度廢隳。謂之和市。則名實乖反。儻可其奏。人何以覲。豈如官自置場。要便收市。欲少市則平其估以節費。欲多市則優其價以招人。買賣既和。貧富俱便。有餘者趨加饒易售之利。不足者免轉求貴賃之資。比之抑徵。固不同等。幸有舊制。足可遵行。何必捨易

而即難。棄利而從害。臣誠暗滯。未見其宜。伏望戒敕度支。令依舊例和市。承前既有恒用。以後不得闕供。稍峻隄防。使知懍懼。妄作但不施用。歲計必免愆違。陛下若以軍廐之中。馬畜漸衆。度支所營芻藁。纔可供給當年。或慮水旱不虞。别須蓄積爲備。今屬歲稔。亦是其時。但要收斂有方。不宜科配致擾。若度支併市。延齡必復辭難。須有區分。使之均濟。望委京兆尹勾當。别和市草五百萬束。以充貯備。其所和市。並隨要便。官自置場。每場貯錢。旋付價直。時估之外。仍稍優饒。交易往來。一依市利。勿令官吏催遣。道路

遮邀。但不抑人。自當趨利。其市草價直。並於年支留府錢數内以給。用不盡者。充每市滿十萬束。一度聞奏。便以府司郵遞車牛。并更雇脚相添。轉徙場所。般載送付苑中輸納。如蒙聖恩允許。臣即依此宣行。既免擾人。又不增費。以資儲蓄。足禦凶災。度支謹守恒規。亦自不闕常用。臣等商度。將爲合宜。謹錄奏聞。伏聽進止。

論左降官準赦合量移事狀

右。竄謫之徒。皆在遐僻。或迫於衰暮。顧景思還。或困於瘴癘。翹心望徙。既闕霈澤。許以量移。企躍之情。遠想可見。若

準所司舊例。須俟州府錄申。盤勘檢尋。動踰年歲。上稽恤宥之旨。下虧慶賴之心。臣等商量。恐須釐革。望令所司據承貞元六年恩赦檢勘。已量移未量移官。及貞元六年恩後左降官等除遷改亡歿之外。具名銜及貶責事由年月。速報中書門下。不須更待州府申請。臣等據所司報到。則便進擬。不出歲内。冀悉霑恩。未審可否。謹錄奏聞。伏聽進止。

再奏量移官狀

右。伏以國之令典。先德後刑。所後者法當舒遲。故決罪不

得馳驛行下。所先者體宜疾速。故赦書日以五百里爲程。誠以聖王之心。務宏慶惠。必迴翔於行罰。而企躍於舒恩。不加罰於典法之外。不虧恩於德令之內。則受責者莫得興怨。荷貸者咸思自新。所謂威之斯懲。宥之斯感。懲以致理。感以致和。致理則尊。致和則愛。爲人父母。必在兼行。陛下德配上元。澤流下土。頃因郊祀。普降鴻恩。凡是貶責之人。並許量移近處。臣等任叨輔翼。職在宣行。尋具奏聞。請便進擬。聖心精一。務欲均齊。令待所司檢尋。一時類例處分。其左降官內。或罪非可棄。才有足甄。亦許別狀商量。不

拘常例。獎用臣等。據所司檢勘左降官及流人送名到者。都比擬量移及別追用。分爲三狀。前月十二日封進。其流人量移狀。已蒙印出行下。訖餘兩狀。至今未奉進止。竊以赦書宣布。僅欲半年。若更淹遲。恐乖事體。又諸州刺史及臺省官等。繼有事故。頗多缺員。睿旨精於選求。至今常不充備。以眚掩德。見非古人。錄用棄瑕。允歸聖造。願廣含宏之美。庶增誘掖之徒。謹奉狀陳聞。伏聽進止。

三奏量移官狀

右希顏奉宣進止。舊例左降官每準恩赦。量移不過三百五百里。今度進擬。稍似超越。又多是近兵馬處及當路州縣。事非穩便。宜更商量。伏以罰宜從輕。赦宜從重。所以昭仁恕之道。廣德澤之恩也。夫位尊者其患不可以不重。言大者其實不可以不豐。位尊而惠輕。則體非宜。言大而實寡。則人失望。陛下躬行盛禮。渙發德音。念謫居之荒遐。哀負累之沉棄。俾移近處。將合新恩。赦令初行。室家相慶。惠亦至矣。言亦大矣。竊料竄逐窮僻。喜聞霈澤降臨。固必破產以飾行裝。計日而俟休命。荏苒淹息。復經半年。儻又所移之官。還與舊任隣近。竊恐乖陛下垂愍之意。虧制書行

慶之恩。口惠重而事實輕。非所以揚鴻休而布大信也。謹按承前格令。左降官非元敕令長任者。每至考滿。即申所司。量其舊資。便與改敘。縱或未有遷轉。亦即任其歸還。逮于開元末。李林甫固權專恣。凡所斥黜。類多非辜。慮其卻迴。或復冤訴。遂奏左降官考滿未別改轉者。且給俸料。不須即停。外示優矜。實欲羈係。從此已後。遂爲恒規。一經貶官。便同長往。迴望舊里。永無還期。縱遇非常之恩。許令移遠就近。雖名改轉。不越幽遐。或自西徂東。或從大適小。時俗之語。謂之橫移。馴致忌尅之風。積成天寶之亂。展轉流

弊。以至於今。天下咸病此法深苛。而不能改從舊典者。良以猜嫌之慮易惑。上心。將謂負譴之人。悉包樂禍之意。已經黜責。遂欲隄防。故高論則痛嫉林甫之陰邪。而密網則習行林甫之弊法。憸邪爲蠹。乃至於斯。然則左降永絶於歸還。量移不離於僻遠。蓋是姦臣詭計。殊非國典舊章。且貶黜之中。情狀各異。犯有輕重。責有淺深。固非盡是回邪。皆須備慮。王者之道。待人以誠。有責怒而無猜疑。有懲沮而無怨忌。斥遠以儆其不恪。甄恕以勉其自新。不儆則浸及威刑。不勉則復加黜削。雖屢進退。俱非愛憎。行法乃暫使左遷。念材而漸加進敘。人知復用。誰不增修。何憂乎亂常。何患乎蓄憾。如或以其貶黜。便謂姦兇。恒處防閑之中。長從擯棄之例。則是悔過者無由自補。蘊才者終不見伸。凡人之情。窮則思變。含悽貪亂。或起於茲。雖則何患能爲。亦足感傷和氣。謂非帝王開懷含垢之大體。聖哲誘人遷善之良圖也。臣等昨進擬商度。非不精詳。既審事宜。亦尋舊例。參求折衷。兼務齊平。大約所擬之官。各移近地一道。郡邑稍優於舊任。官資序進於本銜。並無降差。亦不超越。其有累經移改。已至關畿。則但以大州增其常秩。所冀人

皆受賜。施不失平。上副鴻恩。下塞延望。纔將得所。殊匪爲優。今若裁限所移。不過三五百里。則有改職而疆域不離於本道。遷居而風土反惡於舊州。徒有徙家之勞。是增移配之擾。又當今郡府。多有軍兵。所在封疆。少無館驛。應合量移之例。約有二百許人。道路須計其遠邇之差。州縣則校其高下之等。若必選非當路。復不近兵。則恐類例失倫。署置偏併。示人疑慮。體又非宏。幸希聖聰。更賜裁審。其擬官狀。並未敢改革。謹重封進。伏聽進止。

請邊城貯備米粟等狀

右。兵之所屯。食最爲急。若無儲蓄。是棄封疆。自昔敗亂之由。多因餽餉不足。臣以任當體國。職合分憂。奏減河運脚錢。用充軍鎮和糴。幸蒙聖恩允許。又屬頻歲順成。二年之間。沿邊諸軍。共計收糴米粟一百八十餘萬石。準元敕各委當道節度及監軍中使度支知巡院官同勾當檢納。仍以貯備軍糧爲名。非緣城守乏絶。及不承別敕處分。並不得輒有費用。若能堅守此制。有用隨即却塡。則是邊城常貯十五萬人一歲之糧。以爲急難之備。永無懸絶。足固軍情。去歲版築五原。大興師旅。所司素無備擬。臨事支計缺

然賫送悉貸此糧乃得軍行辦集過事之後準敕合塡迨今二年竟不支遣加以諸鎭軍食例皆闕供及其告急上聞宣旨下迫則又請貸貯粟以充將士月糧旣務廢懸且無愧畏所未匱竭其能幾何夫栽植至難毀拔至易古人以植楊爲喻能不爲之歎惜哉況水旱流行固宜有備戎狄爲患可不爲虞將欲安邊先宜積穀今當歲稔令益軍儲反罄聚蓄之資用供朝夕之費儻遇災難則如之何惟陛下詳思後圖不貽他日所悔臣之願也疆埸之幸也不勝區區慮患之意謹冒昧以聞謹奏

論朝官闕員及刺史等改轉倫序狀

右臣聞於經曰濟濟多士文王以寧又曰無曠庶官天工人其代之蓋謂士不可不多官不可不備敎付物以能之義闡恭己無爲之風此理道得失之所由也夫聖人之於愛才不唯仄席求思而已乃復引進以崇其術業歷試以發其器能旌善以重其言優祿以全其操歲月積久聲實並豐列之於朝則王室尊分之於士則藩鎭重故詩序太平之君子能長育人才書比梓人之理林旣勤樸斲惟施丹雘禮著造士易尚養賢蓋以人皆含靈唯所誘致如玉之在璞抵擲則瓦石追琢則圭璋如水之發源壅閼則汙泥疏濬則川沼是以書籍所載歷代同途祚屬殷昌必時多雋乂運鍾衰季則朝乏英髦當在衰季之時咸謂無人足任及其雄才御寓淑德應期賢能相從森若林會然則興王之良佐皆是季代之棄才在季而愚當興而智乃知季代非獨遺賢而不用其於養育獎勸之道亦有所不至焉故曰人皆含靈唯其誘致漢高稟大度故其時多魁傑不羈之林漢武好英風故其時富瓌詭立名之士漢宣精吏能故其時萃循良核實之能迨乎哀平桓靈昵比小人

疎遠君子故其時近習操國柄嬖戚擅朝權是知人之才性與時升降好之則至奬之則崇抑之則衰斥之則絕此人才消長之所由也臣每於中夜竊自深惟朝之乏人其患有七不澄源而防末流一也不考實而務博訪二也求精太過三也嫉惡太甚四也程試乖方五也取舍違理六也循故事而不擇可否七也夫多少相繆非嘉量不平輕重相欺非懸衡不定用之苟不得其道則主者實病而權量無尤故按名責實者選吏之權量也宰相者主權量之用也宰相之主吏猶司府之主財主吏在序進賢能主財

在乎須秩俸假使用財失節則司之者可以改易而秩俸不可以不須主吏乖方則宰之者可以變更而賢能不可以不進其行甚易其理甚明頃者命官頗異於是常以除吏多少準量宰相重輕宰相承寵私則援引雖濫而必進宰相見疎忌則擬議雖當而罕俞是使羣材仕進之窮通唯繫輔臣恩澤之薄厚求諸理道未謂合宜夫與奪者人主之利權名位者天下之公器不以公器徇喜心不以利權肆忿志不以寡妨衆不以人廢官或其（此處有脫誤）阻執事而擁羣林所謂不澄源而防末流之患也經曰無以小謀

亂大作無以嬖人疾莊士蓋務大者不拘於小累謀小者不達於大猷嬖者或行異於莊莊者必性殊於嬖理勢相激宜其不同進賢援能諒君子之事過惡揚善非小人所能君子以愛才爲心小人以傷善爲利愛而引之則近黨傷而沮之則似公近黨則不辨而遠疑似公則不覈而縣信是以大道每廢於橫議良才常困於中傷失士啟讒多由於此所謂不考實而務博訪之患也夫人之器局有圓方大小之殊官之典司有難易閑劇之别名稱有虛實之異課績有升降之差將使官不失才才不失序在乎制法

以司契擇人而秉鈞制之不得厭中則其法可更而其契不可亂也擇之不當所任則其人可去而其秉不可奪也如或事多錯雜任靡適從而但役智以求精勞神而救弊則所救愈失所求愈麤故書曰元首明哉股肱良哉庶事康哉元首叢脞哉股肱墮哉庶事隳哉頃之輔臣鮮克勝任過蒙容養苟備職員致勞睿思巨細經慮每有關官須補或緣將命藉才宰司慎擇上聞必極當時妙選聖情未愜復命别求執奏既不見從則又降擇其次如是至於再至於三所選漸高所得轉下或斷於獨見罔徇僉諧或擢

自旁求不稽公議權衡失柄進取多門等差不倫聲實相反此所謂求精太過之患也臣聞耀乘之珠不能無纇連城之璧不能無瑕矧伊有情寧免愆咎仲尼至聖也猶以五十學易無大過爲言顏子殆庶也尚稱不遠而復無祇悔爲美況自賢人以降孰能不有過失哉珠玉不以瑕纇而不珍髦彦不以過失而不用故元元之教曰常善救人則無棄人文宣亦云赦小過舉賢才齊桓不以射鉤而致嫌故能成九合之功秦穆不以一眚而掩德故能復九敗之辱前史序項籍之所以失天下曰於人之功無所記於

人之過無所遺管仲論鮑叔牙不可屬國曰聞人過終身不忘然則棄瑕錄用者霸王之道記過遺才者衰亂之源夫登進以懋庸黜退以懲過二者迭用理如循環進而有過則示懲懲而改修則復進既不廢法亦無棄人雖纖芥必懲而才用不匱故能使黜退者克勵以求復登進者警飭以恪居上無滯疑下無蓄怨俾人於變以致時雍陛下英聖統天威莊肅物好善既切計過亦深一抵譴責之中永居嫌忌之地夫以天下士人皆求宦名獲登朝班千百無一其於修身勵行聚學樹一作莅官非數十年間勢不能致而以一言忤犯一事過差遂從棄捐沒代不復則人才不能不乏風俗不能不偷此所謂嫉惡太甚之患也臣聞君子約言小人先言君子之道闇然而日章小人之道的然而日亡孔子曰始吾於人也聽其言而信其行今吾於人也察其言而觀其行又曰舉直錯諸枉則民服舉枉錯諸直則民不服然則舉錯不可以不審言行不可以不稽吶吶寡言者未必愚喋喋利口者未必智鄙樸忤逆者未必悖承順愜可者未必忠故明主不以辭盡人不以意選士凡制爵祿與衆共之先論其材乃授以職所舉必試之

以事所言必考之於成然後苟妄不行而貞實在位矣如或好善而不擇所用悅言而不驗所行進退隨愛憎之情離合繫異同之趣是猶捨繩墨而意裁曲直棄權衡而手揣重輕雖甚精微不能無謬此所謂程試乖方之患也天之生物爲用罕兼性有所長必有所短材有所合亦有所暌曲成則品物不遺求備則觸類皆棄是以巧梓順輪桷之用故枉直無廢材良御適險易之宜故駑驥無失性物既若此人亦宜然其於行能固不兼具前志所謂千年一聖五百年一賢者才難不其然乎夫唯聖人方體全德賢之爲目猶有未周且以未周之才彌五百年而有一造次求備曷由得人若夫一至之能偏稟之性則中人以上迭有所長苟區別得宜付授當器各適其性各宣其能及乎合以成功亦與全材無異但在明鑒大度御之有道而已帝王之盛莫盛唐虞臣佐之盛莫盛稷禹稷禹之比無非大賢然猶各任所能不務兼備故尚書序堯舜命官之美自稷禹咎益以降凡二十二人所命典司不踰一職用能平九土播百穀敷五教序五刑禮樂興和蠻夷率服洎鳥獸魚鼈亦罔不寧蓋由舉得其人任得其所鑒擇付授審

之於初不求責於力分之外不汨撓於局守之內是以事極其理人盡其材君垂拱於上臣濟美於下功焯當代名施無窮及其失也則升降任情首末異趣使人不量其器與人不由其誠以一言稱愜爲能而不核虛實以一事違忤爲咎而不考忠邪其稱愜則付任逾涯不思其所不及其違忤則責望過當不恕其所不能是以職思之內無成功君臣之際無定分此所謂取捨違理之患也今之議者多曰內外庶官久於其任又曰官無其任則闕之是皆誦老生之常談而不推時變守舊典之糟粕而不本事情徒

眩聰明以撓理化古者人風既朴官號未多但別愚賢匪論資序不責人以朝夕之效不計事於尺寸之差不以小善而褒升不以一眚而罷斥故虞書三載考績三考黜陟幽明是則必俟九年方有進退然其所進者或自側微而納於百揆雖久於任復何病哉漢制部刺史秩六百石郡守秩二千石刺史高第者即遷爲郡守郡守高第者即入爲九卿從九卿即遷爲亞相相國是乃從六百石吏而至台輔其間所歷者三四轉耳久在其任亦未失宜近代建官漸多列級逾密今縣邑有七等之異州府有九等之差

同謂省郎即有前中後行郎中員外五等之殊並稱諫官則有諫議大夫補闕拾遺三等之別洎諸臺寺率類於斯悉有常資各須循守若依唐虞故事咸以九載爲期是宜高位常苦於乏人下寮每嗟於白首三代爲理損益不同豈必樂於變易哉蓋時勢有不得已也至如鯀陻洪水績用靡成猶終九年然後殛竄後代設有如鯀之比者豈復能九年而始行罰乎臣固知其必不能也行罰欲速而進官欲遲以此爲稽古之方是猶却行而求及前人也頃者臣因奏事論及內外序遷陛下乃言舊例居官歲月皆久

朕外祖曾作秘書少監一任經十餘年董晉將順睿情遂奏云臣於大歷中曾任祠部司勳二郎中各經六考陛下之意頗爲宜然以臣蠢愚實有偏見凡徵舊例須辨是非是者不必渝非者不必守況於舊例之內是有舛駮之異哉先聖之初權臣用事其於除授類多徇情有一月屢遷有積年不轉迨至中歲君臣搆嫌姑務優柔百事凝滯其於選授尤所艱難始以頗僻失平繼以疑阻成否至使彝倫闕敘庶位多淹是皆可懲曷足爲法夫聚才取吏有三術焉一曰拔擢以旌其異能二曰黜罷以糾其失職三曰

序進以謹其守常如此則高課者驟升無庸者亟退其餘績非出類守不敗官則循以常資約以定限故得殊才不滯庶品有倫參酌古今此為中道而議者暗於通理一槩但曰宜久其任得非誦老生之常談而不推時變者乎夫列位分官緝熙帝載匪唯應務兼亦養才是以職事雖有小大閑劇之殊而俱不可曠缺者蓋備於時而用耳故記曰天子以騶虞為節樂官備也唯經邦贊國之任則非有盛德不可以居故記曰設四輔及三公不必備惟其人議者昧於明徵一槩但曰官無其人則闕得非守舊典之糟

粕而不本事情者乎今內外羣官考深合轉陛下或言其已有次第須且借留或謂其未著功勞何用數改是乃循默者既以無聞而不進著課者又有成績而見淹雖能否或差而沈滯無異人之從宦積小成高至於內列朝行外登郡守其於更歷多已長年孜孜慎修計日思進而又淹逾考限亟易星霜顧懷生涯能不興歎殊異登延之義且乖勸勵之方夫長吏數遷固非理道居官過久亦有弊生何者時俗長情樂新厭舊有始卒者其唯聖人降及中才罕能無變其始也砥勵之心必切其久也因循之意必萌

加以盈無不虧張無不弛天地神化且難常全人之所為安得皆當是以分分而度至丈必差銖銖而稱至鈞必謬莅職既久寧無咎愆或為姦吏所持或坐深文所糾偶以一跌盡隳前功至使理行不終能名中缺豈非上失其制而推致以及於斯乎故聖人愛人之才慮事之弊採其英華而使之當其茂暢而獎之不滯人於已成之功不致人於必敗之地是以銳不挫而力不匱官有業而事有終此理之中庸故書以為法遷轉甚速則人心苟而職業不固甚遲則人心怠而事守浸衰然則甚速與甚遲其弊一也

陛下俯徇浮議謂協典謨久次當進者既曰務欲且留缺員須補者復曰官不必備則才彥何由進益理化孰與交修此所謂循故事而不擇可否之患也伏惟陛下憂勤務理夢想思賢體陶唐有虞聰明之德以敷求法太宗天后英邁之風以拔擢然而得人之盛尚愧前朝底乂之功未光當代良以七患未去三術未行而又睿察太深宸嚴太峻常人才器曷副天心故雖獲超升亦驟從黜廢人物殘瘁抑斯之由而議者莫究致弊之端但思革弊之策反以廣於進用為情故以梗於除授為精詳以避謗為奉公之

誠以摘瑕爲選士之要乃至稱毀紛糅美惡混并凡有遷升必遭掎摭聖德廣納不時發明小人多言益敢陰詐以是眩惑目無全人進用之意轉疑汲引之途漸隘舊齒既凋敗既盡下位或滯淹罕升故令官序失倫人才不長資望漸薄砥礪浸微高卑等衰殆不相續臣以竊位屬當序才懼曠庶官亟黷宸扆昧識不足以周物微誠不足以動天徒勤進善之心轉積妨賢之罪慚惶交慮焚灼盈懷凡除吏者非謗刺之所生必怨咎之所聚宰臣獲戾多起於茲屢屢上干何所爲利但以待罪鈞軸職思其憂兼迫於

感恩願效之誠不得不冒昧言之耳其於裁擇用捨惟陛下圖之謹奏

告謝昊天上帝冊文

維貞元元年歲次乙丑十一月癸巳朔十一日癸卯嗣天子臣某敢昭告于昊天上帝顧惟寡昧不克明道丕膺眷命俾作神主常恐獲戾上下而播災於人兢兢業業夙夜祗畏居位五祀德馨蔑聞皇靈不歆是用大儆殷憂播蕩踰歷三時誠懼烈祖之耿光墜而不耀側身思咎庶補將來上帝顧懷誘衷悔禍勦兇慝之凌暴雪人神之憤恥舊物不改神臣（一作心）載新益乃九廟遺休兆人介福以臣之責其何解焉間屬寇虞久稽告謝今近郊甫定長至在辰謹以玉帛犧牲粢盛庶品冀憑禋燎式薦至誠太祖景皇帝配神作主尚饗

告謝元宗廟文

維貞元元年歲次乙丑十一月癸巳朔十一日癸卯孝曾孫嗣皇帝臣某敢昭告于皇曾祖考元宗至道大聖大明孝皇帝皇祖妣元獻皇后楊氏臣猥承聖緒獲主大器懼德不嗣靡所安寧任重道悠竟貽顛越京闕生變神人無

依臣懷永圖不敢自棄忍恥含憤迨于載遷戴天履地俯仰慙惕幸賴烈祖遺澤感深于人人心攸歸天意允若肆予小子憑宗廟之積慶再復于鎬京在臣慜尤曷云有補豈敢自蔽以重于厥辜頃以寇孽在郊禮物未備久稽告謝伏積兢惶今祗見閟宮引慝請罪謹以一元大武柔毛剛鬣明粢薌合薌萁嘉蔬醴齊因時備物虔奉嚴禋尚饗

告謝肅宗廟文

維貞元元年歲次乙丑十一月癸巳朔十一日癸卯孝孫嗣皇帝臣某敢昭告于皇祖考肅宗文明武德大聖大宣

孝皇帝皇祖妣章敬皇后吳氏臣嗣服先業不克負荷人流於下事失其中姦慝乘釁作亂京邑播遷之咎臣實自貽震驚宗祧曠時乏祀外憂內愧若墜深泉勵已誓心期刷大恥實賴聖祖中興之業全育兆人澤深慶遠流福裔嗣故上天悔禍羣孽就誅非臣寡昧所能纘服今祇率百辟見于廟廷謹以一元大武柔毛剛鬣明粢薌合薌萁嘉蔬醴齊備物潔誠聿申告謝尚饗

告謝代宗廟文

維貞元元年歲次乙丑十一月癸巳朔十一日癸卯孝子

嗣皇帝臣某敢昭告于皇考代宗睿文孝皇帝伏惟元德廣運重光盛業武平多難仁育羣生謂臣克堪付以大寶臣自底不類再罹播遷宗祧乏享億兆靡依下辜人心上負先顧敢愛隕越苟全眇身大懼社稷阽危以增九廟之愧由是忍恥誓志庶補前羞列聖在天鑒臣精懇敷錫丕祐俾之纘承兇渠殄夷都邑如舊茲臣獲執犧牲珪幣載見于廟廷感慕慚惶若罔攸厝謹以云云陳誠待罪式奉嚴禋尚饗

祭大禹廟文

維貞元元年某月某日皇帝遣某官以牢醴之奠敬祭于大禹之靈惟王德配乾坤智侔造化拯萬類於昏墊分九州於洪波經啟之功于今是賴巍巍蕩蕩無得而名顧以眇身辱承大寶時則異于今古道寧間于幽明雖依聖垂休諒非可繼而勤人勵已竊有所希迨茲八年理道猶昧沴氣鬱結降為凶災邦無宿儲野有餓殍上愧明哲下慚生靈夙夜憂惕如蹈泉谷所資漕運用拯困窮厎柱之間河流迅激舟楫所歷罕能獲全爰命工徒鑿山開道避險從易涉安代危嗷嗷烝人俟此求濟仰祈幽贊以集丕功

享于克誠庶答精意

欽定全唐文卷四百七十六

韋行儉

行儉建中時人

新修嵩嶽中天王廟記

太室爲九州之險五嶽之冠孕靈生賢作鎭地中自漢武聞萬歲之呼令祠官加增其祠厥後元魏徙廟于嶽之東南開元十八年元宗徵元封故事再飾祠宇天寶初又命秩視王禮封爲中天王編在祀典每歲六月天子遣河南尹至嶽下潔齋具牲牷珪幣以行事祝史執籩豆樽俎以

陳辭望秩之祭以崇配天之敬歲無違者而年祀寖久其土偶木偶及東序西序南嚮北嚮圖形象者皆風落之日暄之雨濡之塵敗之或墉垣缺隳彩繢漫滅不怒之威蓋闕如也漢南元戎滎陽鄭公由滎陽守而尹洛邑用端密溫文宣明教化爲導人之道睠其積弊俾革其故自中天王洎夫人纓緌冕服首飾步搖間以金翠彰用五色旁羅四嶽四瀆施於啓母少姨之倫其餘交乎户室立于階闥擁大屈注僕姑執殳秉鉞環列廡下由四墉周于壖垣遏祠及門瞻其容衛者首如鎭目如瞋臂如戟吻如相稽擎跽屏息若交門之有鄉坐拜者焉夫古之牧人事神必交修之人仰神之正直神依人之明德以享豐福以荷百祿眞爲政之本也前代五嶽視三公皇家之制寵逾五等今徵鄭公崇飾肅祇之旨蓋所以奉國典尊君命也庚申歲行儉作吏承命蔵事宮庭因歎識於石播美厥後云

崔損

損字至無博陵人大歷末進士中博學宏詞科授秘書省校書郎累擢右諫議大夫貞元十二年以本官同中書門下平章事賜金紫轉門下侍郎十九年卒贈太子太傅謚

曰靖

明水賦 以泠然感化潔我烝嘗爲韻

大饗之禮明水攸先其水也所以本太古之淳樸其明也所以享至敬之昭宣從朗月之潛化應陰燧而通元暗度晴空泛銀河而色靜曉臨清廟浮玉露而光鮮既潤下以功博亦就濕而義全寘兆朕於至理契幽微於自然加五齊而致獻首三酒而告虔觀其象在乎天德包乎坎類影響之相召協陰陽之應感其禮斯節其色斯潔不假縮於包茅復何施於麴蘖將汙樽而並用與越席而齊列或異

乎勿幕有孚豈比夫不食而渫。晶晶熒熒。清清泠泠。明德
惟馨。神人是聽。從無味而有味。自無形而有形。深源莫測。
實資造化。濯桂影於邊天。洗蟾光於永夜。懿夫昭潔著贊。
溉賞常蒸。宜玉斝之見貯。匪金盤之見承。若乃鼎俎備設。
嘉羞眾夥。苾苾芬芬。名之莫可。尚其本也。知享獻而靡他。
貴其新也。諒斟酌而在我。於維巨唐。穆穆皇皇。崇初祀異
粢嘗。元酒乃薦。至誠允臧。天降其福。地出則祥。醴泉洋洋。
明水是將。徵慶雲之色。映瑞日之光。羣臣作頌。歌孝治之
無疆。

鳳鳴朝陽賦以鳳鳴山陽振翼飛舞爲韻

杲杲兮日景。于彼朝陽。菶菶兮桐葉。于彼高岡。來儀者鳳。
允叶禎祥。瑞四靈之嘉號。煥五彩之文章。既和其音。爰翥
其翼。淒唳響暢。徘徊綢直。旁應元律。調十二管於四時。上
陵紫烟。擊九萬里而一息。非丹穴勿處。非蒼竹不食。小鵬
起於扶搖。卑鸞棲乎枳棘。若夫雞冠燕頷。心遠貌閑。雖眾
禽之累百。諒比德而難攀。故其發聲也。瞻白日以俯仰。其
餘響也。順清風而往還。浮泛泛以出谷。靜泠泠而滿山。既
飄飄於有際。遂邈邈於無間。故曰麟之有龍。鳥之有鳳。偶
時而見。如哲士之間生。取類而言。同君子之異眾。若乃拂
杳冥而直上。臨峻極而孤鳴。虛籟相和。陰深以宵。察霏烟
動色。紛郁而隨。迎六合爲之澄朗。八風於是揚清。川不波
而昭其德。地不翳而感其聲。足使俗登仁壽。化洽休平。且
夫朝陽者。象明時之有漸。鳳鳴者。匹賢人之惟信。鳳集朝
陽。以輕舉。賢遇明時而易進。整羽翮以迴翔。望青雲以奮
振。有若秉節操而貞白。垂簪纓而敬慎。鳳兮鳳兮。何德之
威。鏘鏘于飛。應有道而歲貢。夏無文而代希。飲必玉池之
津。遊必神仙之府。矯翮則羣族咸從。和樂而百獸率舞。巢

阿閣以應昌期。棲丹闕而壯天宇。載圖牒以傳記。必表靈
於聖主。包眾美以流芳。固難得而覼縷。

飲至賦以破敵有功爲韻

聖人推有功。擇賢佐。武義舉。湛恩播。所謂君良臣忠。上唱
下和。鬼方難制。敢稱亂以蕩搖。遐夷恃險。不恭命而朝賀。
然後興以戈矛。伐其怠惰。自彼曲而我直。必義勇而遙破。
有若霸由一戰。晉文伐國以定功。師興七旬。有苗崩角而
自挫。然後成大禮。廣庶績。乃公乃侯。左賢右戚。一人有慶。
必偃武修文。四海無虞。乃銷鋒鑄鏑。宰夫供其牢醴。樂人

陳其戛擊英英之士爵勞先以伐謀佗佗勇夫寵命嘉其勳猷惟我后貫三古之睿哲繼百王之絶紐用伊吕則舉無遺策扶衛霍則功稱不朽每懷遠以賞功因勞軍而獻壽坐朝欽至同魯史之策勳在泮獻馘恥漢家之斬首遠方安而猶慎多壘靜而不有及夫殊勳既答王澤斯崇勞還師以杕杜賜侯伯以彤弓勇爵勸能懦夫增氣於無敵拔卒爲將武臣誓心於有功然後宸海遠闢天下大同教化無外昭明有融覩班師之盛禮莫不勵志而飭躬

凌煙閣圖功臣賦

粤若聖唐之御極也寰宇克清鴻業再創纘功臣之烈紀重閣之上圖照日而增明閣凌煙而益壯勳庸自表威儀可望昭昭兮藻繪之容灼灼兮丹青之狀遠而視疑列仙之臺逼而察識公侯之相縹緲兮映空色而遙徹咫尺兮近天顔而内向稽其義知聖君之膺時覩其象知忠臣以應期叶雲龍之潛會合魚水之相資覽炎漢之前規寧或比矣徵大魏之往制何可尚之懿夫容彩彰施氣肅端儼風存正直色形恭儉若進忠以欲諫如率禮而有檢處其高也方取貴於功高居其險也固非同於履險則知君策勳兮旌於賢臣在圖兮參於前名位雍雍就丹楹而成列衣冠楚楚煥藻井而相鮮美繪迥超於雲閣崇勳豈比夫燕然是以皇心斯遠聖慮惟遐謀猷是念貞忠是嘉不然者豈徒飾藻繪之功悦輝煥之像對重欒之宏麗覩峻宇之宏敞而已也所以作其炯誡激乎勸賞有以讚丕績之奕休有以念前勳而存想徒觀乎岧亭天半龍從雲中容止有作光芒有融廓宇宙而翼聖配丹青而紀功藹城闕之佳氣被君王之德風仰之彌高媲星辰正拱於紫極望之不及謂申甫將降於維嵩豈不遇聖明之主建公忠之

節石有時而泐水有時而竭茲閣也不騫不崩表功臣之盛烈

五色土賦 以皇子畢封依色建社爲韻

至哉土德兆含五色其色也辨五方以建侯其德也發萬物以生植自夏禹而作貢在徐方而自職王者立社以封疆諸侯苴茅而有國於赫巨唐德之皇皇實乘土而化康采大漢強幹之宜裂地以爵法有周維城之制分土而王各班其位各正其方用甲日而靡忒建陰氣而允臧定五方而式序分五色而有章平野煙消發卿雲之瑞彩高天

雨霽浮麗日之重光果色環封所以示外共其方職正色居上所以表內附於中黃觀其儀則知大君之有弼稽其旨則知邦伯之有秩列三才則惟數在五參十端則惟德居一既明既麗可以比乎天文不騫不崩所以保乎陰騭配皇王之永久齊天地而終畢矧夫經邦理社必土是封光昭聖德叶贊時雍將尊天以親地在侯土與國社既蕃翰乎四海實厎寧乎天下若然者君立社以布政臣受土而宣威象君臣之同理知社土之相依是以成百王之則作萬邦之憲珪璋玉帛莫不因我而執公侯伯子莫不因

我而建土之德也斯美社之義也奚擬其色也匪同五星而乍連乍散其質也各表一方而嶽立山峙有以崇國祚於我皇有以同磐石於宗子夫如是則其義廣矣豈斯文之所能盡紀

北斗賦（以成象在天維北有斗爲韻）

倬垂象以昭回惟帝居之曰斗壯魁台以立極建衡杓而爲首齊七政而均序五行臨四海而橫制九有所以附乾樞壓坤紐攜龍枕參左槍右棓總列宿而環衛中宮體羣臣而輔弼元后範圍六合紀綱四維其道不昧其照無私若乃銅渾作式未央取則其變可考其動可測履端於始當獻歲以指南舉正於中在陰方而主北觀夫崢嶸纚聯若綴若懸冰散珠圓乍似拔長劍而倚天揭西柄以戒滿拱北辰而處偏乘三台而斡運齊七曜而迴旋酌天地之心豈酒漿之可挹分寒暑之氣較鈞石而罔愆躔次靡失歷數斯在晝其隱也不爭曜於太陽昏必見焉寧藏暉於眞宰照萬國兮猶魚從網宗百川兮比朝於海參差北斗闌干太清環帝座之焜燿薄河漢之縱橫不應豐以中見每居次而自明總五緯於天統行四時而歲成非止雄橋

梁於巴蜀壯都邑於咸京而已於是萬人攸仰萬物取象實星之長

冰壺賦（以清如玉壺冰何慚宿昔意爲韻）

炯乎太陽之精玉有眞質冰則貞清我君子象諸溫如皎如正其色兮非眞不克峻其節兮非貞不居爾其製盤盂訪結綠瞻白虹之氣詠生芻之束乃賦於他山攻此良玉剡之成器錯以成壺信以旁達忠不掩瑜以虛而受用當其無及乎嚴律閉陰氣升氛霧結河海凝沙驚雁塞雪滿崤陵於是天景初夕玉壺始冰臨象筵而孤映對金鏡而

相澄爾其淋漓未泮溫潤而瑳纖光不隱毫末不過豈爾瑕之可匿玷之可磨不然珉之眾矣貴玉者何心之潔矣飲冰則那莊氏寓論宣父式談夜光奪魄明月懷慚豈比夫立槩生操激清勵貪伊至人之比德同貞士之司南夫以物象所鑒精明所蓄霜華晨凊月影寒宿故覽之者魂竦憑之者慮惕追北風之已壯幸西陸之未覿客有撫而歎曰猗歟猗歟吾無是易且漏巵無當兮歎諸古大圭不瑑兮聞諸昔曷若茲器之可佳諒君子之宏益然後宣其烈贊其意抽毫命簡賦冰壺之盛事

霜降賦 以霜降之日豺乃祭獸為韻

天地之氣嚴凝為霜候高秋於玉琯體正色於金方表肅殺而順時戒節協變化而開陰闔陽激清風而增厲淨皓月而浮光驚鴻雁之嗷嗷落蒹葭之蒼蒼所以從地而升應律而降詠團扇而見託班姬豈恨於長門履堅冰以是階袁安欲驚於陋巷達重陰而首出啟沍寒以先期陰與律而相感寒與氣而相資百工由是休矣萬物於焉成之原夫日次於氐月窮於戌當青女以紀候從白露以受質洞庭之葉驚波豐山之鐘應律詩人可比庶欲徵於玉壺大國是資亦將懸於凌室凝於地也似和光以同塵凋於木也類去華而取實其進也則有俟於清宵其退也則見晞於旭日若乃林有擊隼野有祭豺翻繽紛之槁葉宿莽蒼之枯荄烈女覩之而壯志羈人對此而感懷皚皚其姿皎皎其彩既無惡於菅蒯亦何情於蘭茝佐昊天之有成參神功而不宰笳聲乍拂怨楊柳之衰兮劍鍔可封發芙蓉之厲乃國家順乾坤之德法天地之制布澤如春肅物成歲申其令以敦乎風俗宣其威以殄厥災沴服用有度修典禮而罔差稻熟可羞先寢廟而攸祭名籍籍於憲府

法稜稜於司寇却炎蒸而克敘四節淒金石而率舞百獸客有惜歲星之屢遷傷志業而未就獨沉吟於軒屏望泬寥於宇宙聞萬户之輕砧聽九重之永漏近瞻庭樹空聞槭槭而有聲緬想澗松誰惜青青而獨秀夫如是則可知霜降之候

秋霜賦

目長空以流思偉繁霜之獨異雖變露而成形不憑雲以自致向朝陽而既滅逢夜晴而又墜候暖而止乘寒則飛當鷹隼之始擊值鴻鴈之初歸稜稜作氣凜凜生威比齊

紈之顏色奪楚劒之光輝及其降池塘被原陸衰衆草落羣木萎南澗之白蘋碎東籬之紫菊梧桐爲之失影蕖荷爲之銷鑠豈直若斯而已徒美其威不妄作動隨物情因其死者而死保其生者而生彫芝蘭而無怨色拂松竹而不傷榮譬大聖行刑必順於時序通賢用法不害於堅貞至若蒲海之居桑河之汭侵戰士之馬蹄封將軍之狐毳沾翠幕而生冷凍朱旗而自脆助陰氣之肅殺壯堅冰之體勢三冬閨閤兮貯相思萬里江山兮苦留滯不私於已觸物而止疑薄霧之初覆似輕塵之未起陵厲自然嚴凝

莫擬故能發揮司寇光揚御史明忠臣之無事承君子之所履

浮漚賦

仰參造化之理俯察宇宙之功既希微而不測亦要妙而無窮至如殷雷發谷激電流空石燕飛而迎雨銅烏振而驚風已而懸溜不止空庭積水對滂沱而歷覽見浮漚之遷迤瑩映澄徹內明外美倏往忽來乍滅乍起舍卷舒之度得行藏之軌其柔也則隨波以爲心其剛也乃觸物而忘已諒潛運之怳忽孰能察其終始浮漚之義大矣哉俯而觀之錯落煌煜若明珠之出合浦遠而望之的皪旁羅若衆星之列長河爾其因水發色以空成相懷清潤之秀氣負圓通之雅量信天澤以成姿豈人圖而爲狀且夫勢有萬端形無定質或繁小而爭涌或希大而間出從下流而守謙託上善而非溢冀輝彩于當年故韜光于晴日

述聖頌

天輔聖德配極而崇帝者祖兮神行慈旨布澤而洽人之父兮叶命高嶽喻壽其齊招靈祐兮飛文孤標灑翰又類使物覩兮騰雄激烈交天聲芬偃上古兮發潤飄清總此光氣覆下土兮探異閱妙意力猶懸空作短兮徵往到今

辭聽相授無與伍兮

祭成紀公文

維貞元十二年月日朝議郎右諫議大夫崔損大中大夫行給事中徐岱朝議郎給事中趙宗儒正議大夫守中書舍人高郢宣德郎守駕部員外郎知制誥權德輿起居郎韋丹起居舍人楊馮左補闕熊執易右補闕歸澄崔邠韋渠牟左拾遺李肇王中書右拾遺蔣武等謹以庶羞之奠敢昭告于門下平章事贈太子太傅成紀公之靈龍爲輔

臣虞聞四門殿宗審象說代予言建中皇明崔爲文貞嗣德同風俾公登庸運配我唐忠昭我皇君臣合契聖賢同方乃序五行乃調三光乃作舟檝乃作棟梁温裕內淑矜嚴外莊暖若冬日肅如秋霜錯磨瑚璉黼藻文章鼎不耀彩蘭非振芳疏封慶遠輔族流長祖服既纂孫謀更昌跡如泥蟠勢漸雲翔繡衣持斧錦帳含香曾建隼旟廉察三湘亦倅龍節和柔北荒左曹駁正中臺紀綱績徽宸扆恩深廟堂東西掖垣左右輔弼獻納忠讜訏謨慎密嘉猷必告內言罔出清廟承天圜丘捧日宣子制典鄭侯定律有

倫有要惟精惟一功雖必舉愛犯斯黜保正懲邪損虛勵實儉能防侈恭能戒逸假寐寢門宣力王室鈞軸是秉樞機所發先乎其心後乎於物赫赫天子萬方稟朔寄公鼎鼐授公帷幄方資燮贊更致淳樸從藉千畝侍巡五岳福悲下壽忠惜永圖勃也屬疾倏焉夢殂皇心軫慟人望嗟呼賻贈恩篤襃崇禮殊騎吹咸京龜兆鼎城緱山舊隴太傅先塋某等相府僚屬禁闈分職敢辱陶冶愧生羽翼馬孛容誤龍鱗愛直孔雖不言辛亦有力徹帷啟殯執紼俟門奠薄單醪羞輕特豚悲實懷德忠何顧恩清風令範子子孫孫嗚呼哀哉伏惟尚饗

沈既濟

既濟蘇州吳人楊炎爲相薦其有良史才召拜左拾遺史館修撰炎得罪坐貶處州司戶參軍入爲禮部員外郎卒

論增待制官疏

伏以陛下今日之理患在官煩不患員少患在不問不患無人且中書門下兩省官自常侍諫議補闕拾遺總四十員及常參待制之官日有兩人皆備顧問亦不少矣中有二十一員尚闕人未充他司缺職累倍其數陛下若謂見

官非才不足與議則當選求能者以代其人若欲廣務聰明畢收淹滯則當擇其可者先補闕員則朝無曠官俸不徒費且夫置錢息利是有司權宜非陛下經理之法今官三十員皆給俸錢幹力及廚料什器建造廳宇約計一月不減百萬以他司息利準之當以錢二千萬爲之本方獲百萬之利若均本配人當復除二百戶反覆計之所損滋甚當今關輔大病皆爲百司息錢傷人破產積於府縣實思改革以正本源又臣嘗計天下財耗數之大者唯二事焉最多者兵資次多者官俸其餘雜費十不當二事之一

所以黎人重困軸杼猶空方期緝熙必藉裁減豈俾閒官復爲冗食藉舊而置猶可省也若之何加焉

上選舉議

選舉之法三科曰德也才也勞也然安行徐言非德也麗藻芳翰非才也累資積考非勞也今乃以此求天下之士固未盡矣臣謂五品以上及羣司長官宜令宰臣進敘吏部兵部得參議焉其六品以下或僚佐之屬許州府辟用其或選用非公則吏部兵部察而舉之加以譴黜則衆才咸得而官無不治矣今擇才於吏部而試職於州郡若才

職不稱責於刺史則曰命官出於吏曹不敢廢也責於侍郎則曰量書判資考而授之不保其往也責於令史則曰按由歷出入而補之不知其他也若牧守自用則換一刺史則革矣況今諸道諸使自判官副將以下皆使自擇縱有情故十猶七全則辟吏之法已試於今但未及於州縣耳

選舉雜議

或曰按國家甲令凡貢舉人本求才德不選文詞故律曰諸貢舉人非其人者徒注云謂德行乖僻者也居州郡則廉使升聞在朝廷則以時黜陟用茲懲勸足爲致理有司因循不修厥職寖以訛謬使其陵頹今但修舊令舉舊政則人服矣焉用改作答曰州郡濫執與吏部多請較其優劣且州牧郡守古稱共理政能有美惡之迹法令有殿最之科分憂責成誰敢濫舉設如年多人怠法久弊生天網恢疏容其姦謬舉親舉舊有屬有情十分其人五極其濫猶有一半尚全公道如吏部者十無一焉請試言之凡在銓衡惟徵書判至於補授秖校官資善書判者何必吏能美資歷者寧妨貪戾假使官資盡愜刀筆皆精此爲吏曹

至公之選則補授之際官材匪詳或性善緝人下闕

論則天不宜稱本紀議

史氏之作本乎懲勸以正君臣以維邦家前端千古後法萬代使其生不敢差死不忘懼緯人倫而經世道爲百王準的不止屬辭比事以日繫月而已故善惡之道在乎勸誡勸誡之柄存乎褒貶是以春秋之義尊卑輕重升降幾微髣髴雖一字二字必有微旨存焉況鴻名大統其可以貸乎伏以則天皇后初以聰明睿哲內輔時政厥功茂矣及宏道之際孝和以長君嗣位而太后以專制臨朝俄又

廢帝或幽或徙既而握圖稱籙移運革名牝司鶩啄之蹤難乎備述其後五王建策皇運復興議名之際得無降損必將義以親隱禮從國諱苟不及損當如其常安可橫絕彝典超居帝籍昔仲尼有言必也正名故夏殷二代爲帝者三十世矣而周人通名之曰王吳楚越之君爲王者百餘年而春秋書之爲子蓋高下自乎彼而是非稽乎我過者抑之不及者援之不以弱滅不爲僭奪握中持平不振不傾使其求不可得而蓋不可掩斯古君子所以慎其名也夫則天體自坤順位居乾極以柔乘剛天紀倒張進以

強有退非德讓今史臣追書當稱之太后不宜曰上孝和雖迫母后之命降居藩邸而體元繼代本吾君也史臣追書宜稱曰皇帝不宜曰廬陵王睿宗在景龍以前天命未集徒稟后制假臨大寶於倫非次於義無名史臣書之宜曰相王未宜曰帝若以得失既往遂而不舉則是非褒貶安所辨正載筆執簡謂之何哉則天廢國家歷數用周正朔廢國家太廟立周七廟鼎命革矣徽號易矣旂裳服色既已殊矣今安得以周氏年歷而列爲唐書帝紀徵諸禮經是謂亂名且孝和繼天踐祚在太后之前而敘年製紀

居太后之下方之躋僖是謂不智詳今考古並未爲可或曰班馬良史也編述漢事立高后以續帝載豈有非之者乎答曰昔高后稱制因其曠嗣獨有分王諸呂負於漢約無遷鼎革命之甚況其時孝惠已殁孝文在下宮中二子非劉氏種不紀呂后將紀誰焉雖云其然議者猶爲不可況遷鼎革命者乎或曰若天后不紀帝緒缺矣則二十二年行事何所繫乎曰孝和以始年登大位以季年復舊業雖尊名中奪而天命未改足以首事足以表年何所拘閡列爲二紀昔魯昭之出也春秋歲書其居曰公在乾侯且

君在雖失位不敢廢也今請併天后紀合孝和紀每於歲首必書孝和所在以統之書曰某年春正月皇帝在房陵太后行某事改某制云云則紀稱孝和而事述太后俾名不失正而禮不違常名禮兩得人無間矣其姓氏名諱入宮之由歷位之資才藝智畧年辰崩葬別纂錄入皇后傳列於廢后王庶人之下題其篇曰則天順聖武皇后云

詞科論 并序

開元以後四海晏清無賢不肖恥不以文章達其應詔而舉者多則二千人少猶不減千人所收纔百一禮部員外

郎沈既濟論曰

初國家自顯慶以來高宗聖躬多不康而武太后任事參決大政與天子並太后頗涉文史好雕蟲之藝永隆中始以文章選士及永淳之後太后君天下二十餘年當時公卿百辟無不以文章因循遐久浸以成風以至開元天寶之中上承高祖太宗之遺烈下繼四聖理平之化賢人在朝良將在邊家給户足人無苦窳四夷來同海内晏然雖有宏猷上畧無所措奇謀雄武無所奮百餘年間生育長養不知金鼓之聲烽燧之光以至於老故太平君子唯門

調户選徵文射策以取祿位此行已立身之美者也父教其子兄教其弟無所易業大者登臺閣小者任郡縣資身奉家各得其足五尺童子恥不言文墨焉是以進士爲士林華選四方觀聽希其風采每歲得第之人不浹辰而周聞天下故忠賢雋彥韞才毓行者咸出於是而桀奸無良者或有焉故是非相陵毁稱相騰或扇結鉤黨私爲盟歃以取科第而聲名動天下或鉤摭隱慝嘲爲篇詠以列於道路迭相談訾無所不至焉

選舉論

計近代以來爵祿失之者久矣其失非他在四太而已何者入仕之門太多代胄之家太優祿利之資太厚督責之令太薄請徵古制以明之管子曰夫利出一孔者其國無敵出二孔者其兵不詘出三孔者不可以舉兵出四孔者其國必亡先王知其然故塞人之養隘其利途使人無游事而一其業也而近代以來祿利所出數十百孔故人多歧心跡瀉漏失而不可轄也夫入仕者多則農工益少農工少則物不足物不足則國貧是以言入仕之門太多禮曰天子之元子士也天下無生而貴者則雖儲貳之尊與

士伍同故漢王良以大司徒位免歸蘭陵後光武巡幸始復其子孫邑中徭役丞相之子不得蠲户課而近代以來九品之家皆不征其高蔭子弟重承恩奬皆端居役物坐食百姓其何以堪之是以言代胄之家太優先王制士所以理物也置祿所以代耕也農工商有經營作役之勞而士有勤人致理之憂雖風猷道義士伍爲貴其苦樂利害與農工商等不甚相遠也後代之士乃撞鐘鼓樹臺榭以極其歡而農工鞭臀背役筋力以奉其養得仕者如昇仙不仕者如沈泉歡娛憂苦若天地之相遠也夫上之奉養

也厚則下之徵斂也重養厚則上覬其欲斂重則下無其聊故非類之人或沒死以趣上構姦以入官非唯求利亦以避害也是以言祿利之資太厚語曰陳力就列不能者止昔李膺周舉爲刺史守令畏憚覩風投印綬者四十餘城夫豈不懷祿而安禁哉顧漢之法不可偷也自隋變選法則雖甚愚之人蠕蠕然第能乘一勞結一課獲入選敘則循資授職族行之官隨列拜揖藏俸積祿四周而罷因緣侵漁抑復有焉其罷之日必妻孥華楚僕馬肥腯而偃仰乎士林之間及限又選終而復始非爲巨害至死不黜

故里語謂人之爲官若死然未有不了而倒還者爲官如此易享祿如此厚上法如此寬下斂如此重則人孰不違其害以就其利者乎是以言督責之令太薄既濟以爲當輕其祿利重其督責使不才之人雖虛座設位置印綬於旁揖而進授之不敢受寬其征徭安其田里使農商百工各樂其業雖以官誘之而莫肯易如此則規求之志不禁而息多士之門不扃而閉若上不急其令下不寬其徭而欲以法術遮列禁人奸冒此猶坯土以壅橫流也勢必不止夫古今選用之法九流常敘有三科而已曰德也才也

勞也而今選曹皆不及焉何以言之且吏部之本存乎甲令雖曰度德居官量才授職計勞升秩其文具矣然考校之法皆在判書簿歷言詞俯仰之間侍郎非通神不可得而知之則安行徐言非德也麗藻芳翰非才也累資積考非勞也苟執此不失猶乖得人況衆流茫茫耳目有不足者乎蓋非鑒之不明非擇之不精法使然也先朝數人以下言之詳矣是以文皇帝病其失而將革焉夫物盈則虧法久終弊雖文武之道亦與時張弛五帝三王之所以不相沿也是以王者觀變以制法察時而立政按前代選用

皆州府察舉及年代久遠訛失滋深至於齊隋不勝其弊凡所置者多由請託故當時議者以爲與其率私不若自舉與其外濫不若內收是以罷州府之權而歸於吏部此矯時懲弊之權法非經國不刊之常典今吏部之法蠹矣復宜掃而更之無容循默坐守刓弊伏以爲當今選舉人未土著不必本於鄉閭鑒不獨明不可專於吏部謹詳度古制折量今宜謂五品以上及羣司長官俾宰臣進敘吏部得參議焉其六品以下或僚佐之屬許州府辟用則銓擇之任悉委於四方結奏之成咸歸於二部必先擇牧守

然後授其權。高者先署而後聞。卑者聽版而不命。其牧守將帥。或選用非公。則吏部兵部得察而舉之。聖王明目達聰。逖聽遐視。罪其私冒不慎舉者。小加譴黜。大正刑典。責成授任。誰敢不勉。夫如是。則接名僞命之徒。菲才薄行之人。貪叨賄貨。懦弱姦宄。下詔之日。隨聲而廢。通計大數。十除八九。則人少而員寬。事詳而官審。賢者不獎而自進。不肖者不抑而自退。除隋權道。復古美制。則衆才咸得而天下幸甚。或曰。當開元天寶中。不易吏部之法。而天下砥平。何必外辟。方臻於理。既濟以爲不然。夫選舉者。經邦之一

端。雖制之有美惡。而行之由於法令。是以州郡察舉。在兩漢則理。在魏齊則亂。吏部選集。在神龍則紊。在開元天寶則理。當其時。久承升平。御以法術。慶賞不軼。威刑必齊。由是而理。匪用吏部而臻此也。向以此時用辟召之法。則其理不益久乎。夫議事以制。不以權。當徵其本末。計其遐邇。豈時得時失之可言耶。或曰。帝王之都。必浩穰輻輳。士物繁合。然後稱其大。若權散郡國。遠人不至。則京邑索矣。如之何。又甚不然。自古至隋。數百千年。選舉之任。皆分郡國。當漢文景武帝之時。京師庶富。百廛九市。人不得顧。車不得旋。侈溢之盛。亦云極矣。豈待選舉之士爲其助哉。又夫人有定土。土無賸人。浮冗者多。則地著者少。自隋罷外選。招天下之人。聚於京師。春還秋往。鳥聚雲合。窮關中地力之產。奉四方游食之資。是以筋力盡於漕運。薪粒方於桂玉。是由斯人索我京邑。而謂誰索乎。且權分州郡。所在辟舉。則四方之人。無有遐心。端居尊業。而祿自及。祿苟未及。業常不廢。若仕進外絕。要攢乎京。惜時懷祿。孰肯安堵。必貨鬻田產。竭家贏糧。糜費道路。交馳往復。是驅地著而安爲浮冗者也。夫京師之冗。孰與四方之實。一都之繁。孰與

萬國之殷。況王者當繁其天下。豈廛閈之中。校其衆寡哉。或曰。仕門久開。入者已衆。若革其法。則舊名常調。不足以致身。使中才之人。進無所容。退無所習。其將安歸乎。既濟以爲人繫賢愚。業隨崇替。管庫之賢。既可以入仕。則士之不肖。寧愧乎出流。從古以然。非一代也。故傳云。三后之姓。於今爲庶。今士流既廣。不可強廢。但鍵其舊門。不使新入。峻其官途。不使濫登。十數年間。新者不來。而舊者耗矣。待其人少。然後省官。夫人之才分。各有餘裕。自爲情欲所汩。而未嘗盡焉。引之則長。縶之則短。在勉而已。故凡士族皆

稟父兄之訓根聰明之性蓋以依倚官緒無湮淪墊溺之虞故循常不修名義罕立此教使然也若惟善是舉不才決棄前見爵祿後臨塗泥人懷憤激孰不騰進則中品之人悉爲長林雖日愼選捨之何適

劉穤之

穤之廣平人官司封員外郎遷京兆少尹

對升高判

解式與長年行因升高不從所視遂杖之式訴州斷闕省科失入

設教以防禮不逆矣遇長不敬患至掇焉苟訓典之不修乃朴撻而何害相彼解式誠謂狡童五人羣居且聞異席十年以長則必肩隨不恭辟咡之儀致闕升高之禮惑其所視吾何以觀之哉杖以作威固當斯害也已小人文過肆以薄言君子詰姦無從長傲歸諸司敗足示陵尊成以調人可敎犯齒且州司以刑頗均短綆會府是糾且異長鞭伊小大之以情庶寬猛以相濟

欽定全唐文卷四百七十七

杜佑

佑字君卿京兆萬年人貞元三年累拜尚書左丞轉刑部尚書十九年拜檢校司空同中書門下平章事元和元年冊拜司徒封岐國公七年薨年七十八贈太傅謚安簡

進通典表

臣聞太上立德不可庶幾其次立功道行當代其次立言見志後學由是往哲遞相祖述將施有政用乂邦家臣本以門資幼登官序仕非遊藝才不及人徒懷自彊頗翫墳籍雖履歷叨幸或職劇務繁竊惜光陰未嘗輟廢夫孝經

尚書毛詩周易三傳皆父子君臣之要道十倫五教之宏綱如日月之下臨天地之大德百王是式終古攸遵然率多記言罕存法制愚管窺蠡測豈達高深輒肆荒虛誠爲臆度每念懵學莫探政經畧觀歷代衆賢著論多陳紊失之弊或闕拯救之方臣旣庸淺寧詳損益未原其始莫暢其終尚賴周氏典禮秦皇蕩滅不盡縱有繁雜且用準憑至于往昔是非可爲來今龜鑑布在方策亦麤研尋自頃纂修年踰三紀識寡思拙心昧詞蕪圖籍實多事目非少

將謂功畢有愧乖疎固不足發揮大猷但微臣竭愚盡慮凡九門計二百卷不敢不具獻上庶明鄙志所之塵瀆聖聰兢惶無措

論邊將請擊党項及吐蕃疏

臣伏見近者党項與西戎潛通屢有降人指陳事迹而公卿廷議以爲誠當謹兵戎備侵軼益發甲卒邀其寇暴此蓋未達事機匹夫之常論耳夫蠻夷猾夏唐虞已然周宣中興玁狁爲害但命南仲往城朔方驅之太原及境而止誠不欲弊中國而怒遠夷也秦平六國恃其兵力北築長

城以拒匈奴西逐諸羌出於塞外勞力擾人結怨階亂中國未靜白徒競起海内雲擾實生謫戍漢武因文景之富命將興師遂至戶口減半竟下哀痛之詔罷田輪臺前史書之尚嘉其先迷而後復蓋聖王之理天下也唯務綏靜蒸人西至流沙東漸于海在南與北亦存聲教不以遠物爲珍匪求遐方入貢豈疲内而事外終得少而失多故前代納忠之臣並有匡君之議淮南王請息師於閩越賈捐之願棄地于珠崖安危利害高懸前史昔馮奉世矯漢帝之詔擊莎車傳其王首於京師威震西域宣帝大悅議加爵土之賞蕭望之獨以爲矯制違命雖有功效不可爲法恐後之奉使者爭逐發兵爲國家生事述理明白其言遂行國家自天后已來突厥默啜兵强氣勇屢寇邊城爲害頗甚開元初邊將郝靈佺親捕斬之傳首闕下自以爲功代莫與二坐望榮寵宋璟爲相慮武臣邀功爲國生事止授以郎將由是訖開元之盛無人復議開邊中國遂寧外夷亦靜此皆成敗可徵鑒誡非遠且党項小蕃雜處中國本懷我德當示撫綏間者邊將非廉亟有侵刻或利其善馬或取其子女便賄方物徵發役徒怨苦既多叛亡遂起

或與北狄通使或與西戎寇邊有爲使然固當懲革傳曰遠人不服則修文德以來之管子曰有國家無使勇猛者爲邊境此誠聖哲識微知著之遠略也今戎醜方強邊備未實誠宜慎擇良將誡之完葺使保誠信絕其求取用示懷柔來則懲禦去則謹備自然彼懷我德革其奸謀何必遽圖興師坐致勞費陛下上聖至仁覆育羣類動必師古謀無不臧伏望堅保永圖置兵袵席天下幸甚臣識昧經綸學慙博究竊鼎鉉之寵任爲朝廷之老臣恩深莫倫志懇思報臧否備聞芻蕘上陳有瀆旒扆伏深惶悚

三朝行禮樂制議

晉司律中郎將陳頎云昔杜夔傳舊雅樂四曲一曰鹿鳴二曰騶虞三曰伐檀四曰文王皆古聲辭太和中左延年改夔騶虞伐檀文王三曲更作聲節其名雖存而聲實異惟夔鹿鳴令不改易也魏代正朝大會太尉奉羣后行禮東廂雅常作者也後有三篇第一曰於赫篇詠武帝聲律與古鹿鳴同第二曰巍巍篇詠文帝用左延年所改騶虞聲第三曰洋洋篇詠明帝亦用左延年所改文王聲第四復用鹿鳴之聲重用而除古伐檀及晉初食舉亦用鹿鳴

按左傳穆叔如晉晉侯享之工歌鹿鳴之三三拜曰鹿鳴所以嘉寡君也敢不拜嘉毛詩云鹿鳴燕羣臣嘉賓也既飲食之又實其幣帛筐篚以將其厚意然後忠臣嘉賓得盡其心也詩傳並無行禮及叔孫通所制漢儀復無別行禮事荀氏云魏氏行禮食舉再取周書鹿鳴又以宴嘉賓無取於朝考之舊聞未知所應荀勗乃除鹿鳴舊制更作行禮詩四篇先陳三朝朝祭之義食舉歌詩十二篇元肇羣后奉璧趨步拜起莫非行禮豈容別設一樂謂之行禮耶荀譏鹿鳴之失似屬誤謬還制四篇復襲前軌

三朝上壽有樂議

禮記但有獻酬無上壽文惟詩雅云再拜稽首天子萬壽豳風云爲此春酒以介眉壽雖非灼然明文要是髣髴其實古者詩工皆歌之故可得而言也漢興叔孫通定禮儀七年長樂宮成諸侯朝禮畢復置酒侍坐殿上皆伏尊卑以次起上壽漢故事上壽四會曲注言但有鐘鼓無有歌詩魏初作四會有琴筑但無詩雅樂郭瓊云明帝青龍二年以長笛食舉第十二古置酒曲代四會又易古詩名曰羽觴行用爲上壽曲施用最在前鹿鳴已下十二曲名食

舉樂而四會之曲遂廢漢故事鄧吳及瓊等食舉之曲與時增損張華上雅樂詩表云魏上壽食舉時及漢代所施用其文句長短不齊皆未合於古雅漢故事則云上壽四曲華亦言有歌辭會其注當是闕文晉代歌詩傅元述具存

徹食宜有樂議

周官云王大食三侑皆合鐘鼓漢蔡邕云王者食舉以樂今但有食舉樂食畢則無樂按膳夫職以樂侑食禮記云客出以雍徹以振羽論語云三家者以雍徹子曰相維辟

公天子穆穆奚取於三家之堂如此徹食應有樂不容同用食舉也

讀時令議

讀時令非古制也自東漢始焉其後因而沿襲按太宰職正月之吉懸治象之法於象魏使萬人觀之又春官太史頒告朔於邦國玉藻復云聽朔於南門之外並無讀時令故事而辟閭仁諝云元日受朝讀令此則聽朔禮畢合於玉藻之文王方慶雖有所駁大旨與仁諝不異皆臆說也凡言時者爲四時耳若正月之朔讀令則合云歲令何以

謂之時邪其夏秋冬又何爲不讀邪則辟閭輩誤矣

省官議

議曰唐虞稽古建官惟百夏商官倍亦克用乂周建六官各有徒屬雖上文去質吏眾事繁然而條流不紊職非重設秦氏立制多因時宜漢初沿襲後漸增廣光武建武六年廢罷四百餘縣吏職十置其一魏太和中分命使臣省州縣吏正始中又并合郡縣等晉太元六年省七百餘員隋開皇三年廢五百餘郡國家貞觀初省內官六百餘員詳設官之本爲理眾庶所以古者計人置吏故周官鄉遂稍縣畿約人定員吏無虛設自漢魏晉隋曁於聖唐皆因戰爭流離征繕艱勞節省吏職存諸方策晉荀勗桓溫俱有此議息人救弊何莫由斯昔皋繇作士師正五刑今刑部尚書大理卿是二皋繇也垂作共工利器用今工部尚書將作監是二垂也契作司徒敷五教今司徒戶部尚書是二契也伯夷秩宗典邦禮今禮部尚書禮儀使是二伯夷也伯益作虞掌山澤今虞部郎中都水使者是二伯益也伯冏作太僕掌車馬今太僕卿駕部郎中尚輦奉御閑廄使者是四伯冏也古者天子有六軍漢家前後左右將

軍四人今則十二衛神策等八軍凡有將軍六十人也歷代增益以至於是舊名不廢新職日加名繁職重不可遍舉所以後周依古周建六官蓋由於此今畧徵外官別駕本因漢置隨刺史巡察若今觀察使之有副使也參軍後漢末置參諸府軍事若今節度判官也官名職務遷易不同空存虛稱皆無事實又司田頃景龍三年嘗置無何以煩冗却停併入司戶殊爲折衷誠宜斟酌繁省詳考損益欲求致理必也正名神龍中官紀隳紊有司務廣集選人競收名稱其時無闕注擬於是奏署員外官者二千餘人

自爾遂爲恒制當開元天寶之中四方無虞百姓全實大凡編户九百餘萬吏員雖衆經用雖繁人力有餘帑藏豐溢縱或枉費不足爲憂今兵革未寧黎庶凋瘵數年前天下簿帳到省百三十餘萬户自聖上御極分命使臣按比收斂土户與客户共計三百餘萬比天寶中纔三分之一就中浮寄仍五分有二出租賦者減耗若此食租賦者豈可仍舊如一州無三數千户置五十六員官十羊九牧疲吏煩衆顧茲大弊實思革之議者多云尚有跋扈未庭併省官吏之後恐被罷者仕進無路别有依託且縻爵祿兼

示隄防此乃常情之說慮非救時之論有才者即令薦用不才者何患奔亡而況各有姻戚顧戀家產後漢建武六年滅縣省官公孫述隗囂未滅魏太和正始中則吳蜀鼎立晉太元六年吳國尚在隋開皇三年陳氏割據皆招羅俊乂志相吞滅此時猶不慮有失賢資敵務以救弊爲謀今田悅之徒並是庸瑣繁刑暴賦惟恤軍戎衣冠士人遇如奴虜豈比公孫述諸葛亮之在巴蜀孫權陳霸先之有江南固無范雎業秦賈季強狄之慮斯斷可知矣今若以人情因習既久不能更改制度併省内官但且權停省外官别駕司馬及參軍州縣額内官約人户減縣尉其被罷者但有德行才器委州府長吏搜擇論薦固亦不遺器能如或渝濫先坐舉主誰敢罔冒以陷刑章其有不被舉論但全舊名任參常調自當修進更俟甄收暫罷歲時何負此輩如柱國後魏末置並是當時宿德勲盛業崇皆主重兵寵貴第一周隋以後授受至多暨乎國家迴作勲級唯得三十頃地耳又開府儀同三司及光祿大夫亦是官名還爲人多迴作階級隨時立制遇弊變通不必因循重復改作待戎車息駕百姓稍寧欲增庶官則復舊制謹議

尚書省官議

議曰昔堯試舜於大麓領錄天下事是其任也周之司會又其職焉秦時少府遣吏四人在殿中主發書故謂之尚書尚猶主也漢承秦置及武帝遊宴後庭始用宦者主中書以司馬遷爲之中間遂罷其官以爲中書之職至成帝建始四年罷中書宦者又置尚書五人一人爲僕射四人分爲四曹通掌圖書秘記章奏之事及封奏宣示内外而已其任猶輕至後漢則爲優重出納王命敷奏萬機蓋政令之所由宣選舉之所由定罪賞之所由正斯乃文昌天

府眾務淵藪內外所折衷遠近所稟仰故李固云陛下之有尚書猶天之有北斗斗為天喉舌尚書為陛下喉舌斗斟酌元氣運平四時尚書出納王命賦政四海令及左丞總領紀綱無所不統僕射及右丞分掌廩假錢穀漢初尚書雖有曹名不以為號及靈帝以侍中梁鵠為選部尚書於是始見曹名總謂之尚書臺亦謂之中臺大事八座連名而有不合得建異議二漢皆屬少府魏置中書省有監令遂掌機衡之任而尚書之權漸減矣晉以後所掌略同八座丞郎初拜並集都省交禮遷職又解交本漢制也至

於晉宋唯八座解交丞郎不復解交也宋曰尚書寺居建禮門內亦曰尚書省亦謂之內臺每八座以下入侍門生隨入者各有差不得雜以人士凡尚書官大罪則免小罪遣出百日之代人聽還本職其令及二僕射出行分道之制與中丞同令僕各給威儀十八人自晉以後八座及郎中多有不奏事梁天監元年詔曰自禮闈陵替歷茲永久郎署備員無取職事糠粃文案貴尚虛閑空有趨墀之名了無握蘭之實曹郎可依昔奏擬自是始奏事矣又詔尚書中有疑事先於朝堂參議然後啟聞舊尚書官不以為

贈唯朱异卒特贈右僕射武帝寵之故也自魏晉重中書之官居喉舌之任則尚書之職稍以疏遠至梁陳舉國機要悉在中書獻納之任又歸門下而尚書但聽命受事而已後魏天興元年置八部大夫於皇城四方四維面置一人以擬八座謂之八國各有屬官分尚書三十六曹及諸外置令大夫主之四年又復尚書三十六曹天賜元年復罷尚書三十六曹別置武歸修勤二職分主省務至神䴥元年始置僕射左右丞及諸曹尚書十餘人各居別寺北齊尚書省亦有錄令僕射總理六尚書謂之都省亦謂之

北省後濟北王以太子監國立大都督府與尚書省別理眾事仍開府置佐後周無尚書隋及大唐皆有其制略同凡尚書省事無不總龍朔二年改尚書省為臺咸亨初復舊光宅元年改為文昌臺垂拱元年又改為都臺咸通初復舊長安三年又改為中臺神龍初復為尚書省都臺居中左右分司都堂之東有吏部戶部禮部三行每行四司左司統之都堂之西有兵部刑部工部三行每行四司右司統之凡二十四司分曹共理天下之事盡矣謹議

僕射議

按僕射秦官其名則微其職甚細東漢以後雖委任漸重職司會府而非百僚師長之職也又按丞相亦秦官秦氏每羣臣上表皆云丞相臣某爲首漢之宗臣蕭何爲丞相漢儀丞相進天子御座爲起在輿爲下有疾法駕至第問得戮二千石申屠嘉欲斬内史鼂錯是也霍光受顧託之重當伊周之地廢昌邑王上表太后丞相臣敞爲首大司馬大將軍臣光次之其尊崇如此中間嘗置左右丞相亦嘗改爲相國亦爲大司徒大抵漢之丞相是爲三公於天下無所不統後漢亦以三公爲宰相則司徒本西漢丞相

也其後或爲丞相或爲相國或爲大丞相雖互爲之名其實一也曹公司馬師昭趙王倫王敦王導劉義宣齊高帝梁武帝爾朱榮陳武帝侯景齊獻武隋文帝皆爲之歷代多非尋常人臣之職亦多爲贈官然自秦以降實居百僚之長今尚書令統領衆務提舉綱目僕射貳之誠爲崇重且非統國政宰天下之任宜侍中中書令如直以尊崇則太師不然上公太尉始可師長百僚也龍朔中天寶初嘗改侍中中書令爲左右相遠協伊尹仲虺爲左右相周公召公相成王爲左右之義斯誠允當或謂尚書令僕射則録尚書之職是官之師長按前代録尚書霍光張安世王鳳趙熹牟融鄧彪張禹李固王導褚彦回齊明帝之徒或是三師或是三公或是大將軍大司馬兼之皆秉朝政猶古冢宰百官總已實宰輔也其時别自有令僕令僕射雖嘗改爲丞相名同而職異品秩又未崇極上有三司三公尚書令豈比前代丞相受任也其襲舊名無實者若今刺史皆云使持節按前代使持節得戮二千石其王公已下封國皆南面臣人分茅建社其開府儀同三司則禮數班秩皆如三公置府辟吏今並豈有其實乎此例甚不能

遍舉安有僕射因改丞相之名都無丞相之實而爲百僚之師長也又與丞郎絶禮若隔品致敬則諸司長官與隔品僚屬其可絶禮乎斯不然矣謹議

通典序

佑少嘗讀書而性且蒙固不達術數之藝不好章句之學所纂通典實采羣言徵諸人事將施有政夫理道之先在乎行教化教化之本在乎足衣食易稱聚人曰財洪範八政一曰食二曰貨管子曰倉廩實知禮節衣食足知榮辱夫子曰既富而教斯之謂矣夫行教化在乎設職官設職

官在乎審官才審官才在乎精選舉制禮以端其序立樂以和其心此先哲王致治之大方也故職官設然後興禮樂焉教化隳然後用刑罰焉列州郡俾分領焉置邊防遏戎狄焉是以食貨爲之首（十二卷）選舉次之（六卷）職官又次之（二十二卷）禮又次之（百卷）樂又次之（七卷）刑又次之（大刑用甲兵十五卷其次五刑八卷）州郡又次之（十四卷）邊防末之（十六卷）或覽之者庶知篇第之旨也

杜城郊居王處士鑿山引泉記

佑此莊貞元中置杜曲之右朱陂之陽路無崎嶇地復密

邇開池水積川流其草樹蒙龍岡阜擁抱在形勝信美而蹐攀莫由爰有處士琅邪王易簡字高德經術探於壼秘文章擅於風雅精識窮於治理奧學究於天人棲遲衡茅粃糠爵祿旁洽他藝尤精術數短褐或敝簞笥屢空守道安貧不求不競素嗜山水秉興遊衍踰月方歸誠士林之逸人衣冠之良士佑景行仰止邀屈再三惠然肯來披榛周覽因發嘆曰懿茲佳景未成具美蒙泉可導絕頂宜臨而面勢小差朝哺難審庸費不廣日月非延輿識無不爲疑佑獨固請卒事於是薙叢莽呈脩篁級詰屈步邐迤竹徑窈窕藤陰玲瓏勝槩益佳應接不足登陟忘倦達於高隅若處煙霄頓覺神王終南之峻嶺青翠可掬樊川之清流逶迤如帶蕆役春仲成功秋暮其煩匪病不憖於素閑雙洞於巖腹當鬱燠而生寒交清泉於巘上遭旱暵而淙注止則澄澈動則潺湲宛如天然莫辨所洩懸布垂練搖曳晴空定東西之方隅正子午之晷度境象一變賓侶咸驚矧其流觸灣環曲池瀹淪美景良辰賢英迭臻泛方舟而騁懷聽清商而怡神寧知景之將曛勝事嘉趣諒難備陳遠祖西漢建平侯家於杜陵綿歷千祀佑實虛薄謬竊

公台作相兩朝空尸高秩初過從心之歲即陳歸老之誠渥澤猥流皇慈未替特優筋力之禮俯念朝謁之勤任適田廬恣尋山水荷天地之大德蒙亭育之厚恩上答何階兢慚是積而枌榆之敬恭肅敢虧每出國門未嘗公服導從輩悉令簡省曷羨者莫止唐突及栖弊陋時會親賓野老衰宗曾夫游傲亦同列坐或與銜盃由是盡得歡心庶將洽比鄉黨其城曲墟落緇黃童艾杜名杜氏遍周川原羣情既用光榮老夫唯增祇懼或曰茲地頗堪遊翫深慮勢家凌奪佑以爲不然聖主明君固當制抑神龍中故中

書令韋公嗣立驪山幽棲谷莊實爲勝絶中宗愛女安樂公主恃寵懇求竟不之許曰大臣產業宜傳後代不可奪也恭惟聖德載在史策貞元中族叔司空相國黃裳時任太子賓客韋曲莊亦謂佳麗中貴人復以公主賞愛請買賜與德宗不許曰城南是杜家鄉里終不得取仰奉聖言布於人聽則二后皆切禁止所冀善以保安在子孫但履孝資忠謹身奉法無疑欽違節克守素風復何虞也司徒平章事岐國公京兆杜佑記

御夷狄論

秦以區區關中滅六強國今竭萬方之財上奉京師外有犬戎憑陵陷城數百年內有兵革未寧三紀矣豈制置異術古今殊時乎周制步百爲畝畝百給一夫商鞅佐秦以爲地利不盡更以二百四十步爲畝百畝給一夫又以秦地曠而人寡晉地狹而人夥誘以三晉之人耕而優其田宅復及子孫使秦人應敵於外非農與戰不得入官大率百人以五十人爲農五十人習戰故兵強國富其後仕宦途多末業日滋今大率百人纔十人爲農餘皆習他技又秦漢鄭渠溉田四萬頃白渠溉田四千五百頃永徽中兩渠灌浸不過萬頃大歷初減至六千畝畝腴一斛減少四五百萬斛地利耗人力散欲求富強不可得也漢時長安北七百里即匈奴之地侵掠未嘗暫息計其舉國之衆不過漢一大郡鼂錯請備障塞故北邊妥安今潼關之西隴山之東鄜坊之南終南之北十餘州之地已數十萬家吐蕃綿力薄材食鮮兵拙不及中國遠甚誠能復兩渠之饒誘農夫趨耕擇險要繕城壘屯田蓄力河隴可復豈惟自守而已

改定樂章論

夫音生於人心心慘則音哀心舒則音和然人心復因音之哀和亦感而舒慘故韓娥曼聲哀哭一里愁悲曼聲長歌衆皆喜忭斯之謂矣是故哀樂喜怒敬愛六者隨物感動播于形氣叶律呂諧五聲舞也者咏歌不足故手之舞之足之蹈之動其容象其事而謂之樂樂也者聖人之所樂可以善人心焉古之天子諸侯卿大夫無故不撤樂士無故不去琴瑟以平其心以暢其志則和氣不散邪氣不干此古先哲后立樂之方也周衰政失鄭衛是興秦漢已還古樂淪缺世之所存韶武而已下不達振鐸上不達謳

謠但更其名示不相襲知音復寡罕能制作而況古雅莫尚胡樂薦臻其聲怨思其狀迂怪方之鄭衛又何遠乎爰自永嘉戎羯迭亂事有先兆其在於茲貞觀初作破陣樂舞有發揚蹈厲之容歌有和易嘽發之音以表興王之盛烈何讓有周之大武豈近古相習所能思關哉而人間胡戎之樂久而未革古者因樂以著教其感人深乃移風俗將欲閑其邪正其頹惟樂而已太宗文皇帝留心雅正厲精文教命考隋氏所傳南北之樂梁陳盡吳楚之聲周齊皆胡虜之音乃命太常卿祖孝孫正宮調起居呂才習音

韻協律郎張文牧考律呂平其散濫爲之折衷西漢以來郊祀明堂有夕牲迎神登歌等曲近代加祼地迎牲飲福酒今夕牲祼地不用樂公卿攝事又去飲福酒之樂周享神諸樂多以夏爲名宋以永爲名梁以雅爲名後周亦以夏爲名隋氏因之國朝以和爲名旋宮之樂久喪漢章帝建初三年鮑鄴始請用之順帝陽嘉二年復廢累代習黃鐘一均變極七音則五鐘廢而不擊反謂之啞鐘孝孫始爲旋宮之法造十二和樂合四十八曲八十四調至開元中又造三和樂又製文舞武舞文舞朝廷謂之九功舞武舞朝廷謂之七德舞樂用鐘磬柷敔晉鼓琴瑟箏竽笙簫笛篪塤錞于鐃鐸舞拍舂牘等謂之雅樂唯郊廟九會冬至及冊命大禮則辨其曲度章句而分始終之次二十九年六月太常奏東封太山日所定雅樂其樂曰豫和六變以降天神順和八變以降地祇皇帝行用太和之樂其封泰山也登歌奠玉幣用肅和之樂迎俎用雍和之樂酌福飲福用壽和之樂送文迎武用舒和之樂亞獻終獻用凱安之樂送神用夾鐘宮元和之樂禪社首送神用林鐘順和之樂享太廟迎神用永和之樂獻祖宣皇帝酌獻用光

大之舞懿祖光皇帝酌獻用長發之舞太祖景皇帝酌獻用大政之舞世祖元皇帝酌獻用大成之舞高祖神堯皇帝酌獻用大明之舞太宗文武皇帝酌獻用崇德之舞高宗天皇大帝酌獻用鈞天之舞中宗孝和皇帝酌獻用太和之舞睿宗大聖貞皇帝酌獻用景雲之舞徹豆用雍和之舞送神用黃鐘宮永和之樂臣以樂章殘缺積有歲時自有事東巡親謁九廟聖情敦禮精祈感通皆祠前累月考定音律請編諸史冊萬代施行

欽定全唐文卷四百七十八

崔縱

縱以蔭補協律郎累拜御史大夫貞元元年加吏部侍郎檢校禮部尚書授河南尹徵拜太常卿封常山縣公七年卒年六十二贈吏部尚書謚曰忠

請諸王母封號奏

謹按司封令及六典王母爲太妃高祖宇文昭儀生韓王元嘉後爲韓國太妃太宗燕妃生越王貞後爲越國太妃今諸王母未有封號請遵典故

停減吏員奏議

伏以兵戎未息仕進頗多在官者既合序遷有功者又須褒賞比來每至選集不免據闕留人嘗歎遺才仍招怨望況有恩詔甄錄功勞諸道敘優人數甚廣見須處置不可稽留今若停減吏員實恐未便於事非但承優者無官可授抑又敘進者無路可容本冀便人翻成斂怨事仍舊貫以適時宜更待事平然後輕度

杜黃裳

黃裳字遵素京兆萬年人第進士又中宏詞科累遷侍御史貞元末拜太常卿憲宗爲皇太子監國拜門下侍郎同中書門下平章事元和二年以檢校司空爲河中晉絳節度使封邠國公三年卒年七十一贈司徒謚曰宣

請制內遇祭輟樂制外用樂奏

禮云喪三年不祭唯天地社稷周禮黃鐘之均六變天神皆降林鐘之均八變地祇咸出不廢天地之祭不敢以卑廢尊禮也樂者所以降神也不以樂則祭不成今遵遺詔行易月之制請制內遇祭輟樂制外用樂

請遷高宗神主於西夾室議

自漢魏已降沿革不同古者祖有功宗有德皆不毀之名也自東漢魏晉迄於陳隋漸違經意子孫以推美爲先光武已下皆有祖宗之號故至於迭毀親盡禮亦迭遷國家九廟之尊皆法周制伏以太祖景皇帝受命於天始封元本德同周之后稷也高祖神堯皇帝國朝首祚萬葉所承德同周之文王也太宗文皇帝應天靖亂垂統立極德同周之武王也周人郊后稷而祖文王宗武王聖唐郊景皇帝祖高祖而宗太宗皆在不遷之典高宗皇帝今在三昭三穆之外謂之親盡新主入廟禮合迭遷藏於從西第一

夾室每至禘祫之月合食如常

東都留守顧公神道碑

昔康王以成周之衆命畢公保釐東郊承二后之業周禮以天官卿爲冢宰漢以大司馬爲將相國朝以尚書僕射師長百揆此四者人臣之極公盡更之有不至追而命之公之德盛矣公諱少連字夷仲吳郡人也夏后少康以禹葬會稽次子爲越王以主祀漢封其裔孫爲顧侯纘禹之緒厥後蕨蔓世居河南中原戰爭復徙吳會自晉司空和洎梁給事中耀至公十三代矣衣冠禮樂爲江左著族曾

王父諱君卿晉朝柳州司馬大父諱克忠縉雲郡司倉參軍贈邠州刺史烈考諱望贈祕書監祕書府君慕梁伯鸞於陵仲子安貞履道不辱其身該通六經旁貫百代究天人之際盡性命之端公藴山岳粹靈承祖考休慶瓌姿偉度識達行方志存遠大道契先覺每躬率耕稼厲精墳典齒列上庠升堂覩奥時小宗伯薛公邕深所歎異以爲東南之美盡在廊廟之器不孤擢進士甲科猶謝詩人錯薪之義丁祕書府君憂居喪柴毀殆至滅性既祥而哀未忘也久之以書判高第典校祕文秩滿授登封主簿時議以皇居在鎬砥名之士登近甸者俗不爲東畿殊不知樂嵩少之遊奮鴻鵠之翼先是邑有暴虎公以爲天道可以誠感猛鷙可以仁服乃堙塞陷穽移檄靈岳於是人安其居獸不爲害其通理遂性也如是及休告東洛居守鄭公叔則辟爲從事非其所好終以疾辭其明年書判超絶登第亞相于公頎推義行詔拜監察御史京師内亂鑾輅時巡公節見艱危步至行在陳少康滅澆之計墨翟設拒之宜帝納其忠拜水部員外郎翰林學士隨難南梁遷禮部郎中加朱紱銀綬學士如故贊絲綸之密命參帷幄之謀猷

屢獻嘉言克昌大業乘輿反正酬勞計功退保謙沖口不言祿以東吳播越叶於方墓表求遷奉辭志哀懇德宗以公職在近署重違其請乃命長男主喪中使監護水陸縣道斂襚之飾悉令仰給葬於偃師縣高邑鄉邙山之趾澤漏泉壤哀榮莫儔尋以本官知制誥賜金印紫綬遷中書舍人公在翰林僅將一紀富平以周密自制萬石以謹審見稱故造辟而言詭辭而出讜言碩畫人莫得聞帝深嘉之方將大任以文昌理本歷試其能凡三踐列曹再登八座一爲散騎常侍一爲左丞雖分職各殊領者數矣公之

在地官也辨土地之名物稽夫家之衆寡四人不瀆五教允敷斂施以時貴賤以節所以法通制而濟經費也公在秩宗明典禮以正威儀變樂府而和上下錯綜經術辨論俊造黜浮偽而尚敦素所以觀人文而化天下也公在天官綜六典以佐邦理糾八柄以馭羣司登降庸勳權衡流品抑貪冒而進賢能所以代天工而立人極也珥貂騎省以直方備顧問以謇諤處朋儕時有權臣怙寵人多附麗公面折其短數而絕之羣臣爲危正色不撓旋持左轄旁總機曹之事凡三典賓貢三掌銓衡藻鑑表於知人清通

播於令問萬邦輻輳五都浩穰命公尹京兆以爲設鉤距塗赭衣前人之所爲不足以爲四海式於是布和平尚簡易始務仁人之惠無取赫赫之名政宏大體去有餘慕遷吏部尚書復行太宰之職轉兵部尚書兼御史大夫東都留守處納言之位儀亞相之府行二南之化申九伐之威以洛苑間田汝墳曠土乞田積粟務穡勸分貞我律師載清東夏孟元陽有激水之功爲當時所擠公密薦於先帝言雖不成識者美之嗚呼昭假其功馨香其德宜升玉鉉而厎太階天不憖遺梁木斯壞以貞元癸未年十月四日薨於洛陽崇讓里之私第春秋六十三都人罷市而洒泣

皇上廢朝以興悼乃命有司葬日給鹵簿簫鼓追贈尚書右僕射飾終之義備矣太常考行謚曰敬夫人同郡陸氏常州司馬綺之女也蘊中饋內祕之美女儀之德宜配君子光我閨門石窌未封先公而謝有子曰師閔克家光烈早歲繼明以拔萃甲科歷咸陽尉次曰師安太常寺太祝次曰宗或宗憲志文好學不墜先業凱風之思有感人聲師閔等考卜先遠以明年二月十五日奉公洎夫人之裳帷合葬於亳邑附先塋禮也以黃裳陪南宮之班列接西

掖之周行忝於史官頗知系錄敘事詢于故老銘德存于碩儒追琢豐碑永播徽烈

盧徵

徵范陽人歷殿中侍御史度支員外郎信州長史還給事中出爲同州刺史徙華州

請赴任官以到任日起支課料奏

內外官應直京百司及禁軍并因親勤留官等若敕出便帶職事及勒留京官即合以敕出爲上日外官以敕到爲上日如今司未經奏聞即合同赴任者例準貞元六年二

月二十四日敕待甲出後省符到任日支給俸料者若甲出未帶勒留宮簽符先下州府支替理例未免喧爭伏請起今以後並須挾名勒留敕到任方爲上日支給課錢其附甲官有給脚依前勒留直諸司者待附甲後簽符到州爲上日支給課料冀塞僥求庶絕論訴

楊憑

憑字虛受一字嗣仁虢州宏農人第進士累官太常少卿湖南江西觀察使入爲左散騎常侍遷刑部侍郎京兆尹貶臨賀縣尉

賀老人星見表

臣某言伏奉太史奏昨八月十五日夜壽星見奉敕宜付所司者伏以三光在天垂象以昭德一人御宇應運以發祥將後天而奉時遂瞻星而稱壽九星納慶萬福同歡中賀臣聞聖人握乾以繼統輔德以垂休則必焜燿耿光昭宣景福歷考圖牒皦然明徵謹按孫氏瑞應圖云老人星見人主壽昌陛下丕承寶歷光宅天下恢宏聖烈允執大中化成而天道不遠感至而星精介祉是以去歲已出今秋又見光靜而明當井絡之端色黃而潤叶中方之位降玆靈貺實契福庭帝圖表無疆之休史冊傳萬祀之慶臣生逢聖代幸覩昌期限以藩鎮守土不獲奔詣闕庭稱賀北望宸極倍萬恒情

唐廬州刺史本州團練使羅珦德政碑

王者法天地之治贊其化育者其惟循吏乎羅公牧廬江七年政洽化淳遷領壽陽州之耋老韋挺等永惟州尊鞠我覆我之德若非搢紳先生之言刊他山之石令一郡之人入則瞻之出則望之則何以塞戀慕之思邪於是同心上請遂降中詔謂憑嘗載筆右史請述徽烈公珪璋秀特

奕葉蟬冕曾祖彥榮皇朝同州長史王父思崇韶睦常三州刺史烈考懷操桂州興安縣令世以文學政事揚歷清貫淮海之郡廬爲大封畧潤而土田瘠人產寒薄井賦尤重公由奉先令而牧是邦性嚴而不殘和而不流仁可以育物得衆智可以豐財成務勇可以蕩邪去暴寢處冉季之政馳騁游夏之藝廬江之俗不好學而酷信淫祀豪家廣占田而不耕人稀而病於吏衆藝桑鮮而布帛踈濫有札瘥夭傷則損敗生業捨藥物而乞靈於鬼神公則禁其聽神須以良藥爲求十全之術以救活之令春無瘧寒夏

無脩首之疾。又命鄉塾黨庠。緝其牆室。鄉先生總童冠子弟。以淹中之禮田何之易上代帝王遺書與魯春秋及百王之言以教之。圓冠方屨者不補吏。不及數歲。俊造之秀升於宗伯者僅四十人。又命有不耕之田。有能興耒耜者聽耕之。所耕之田因爲之主。墾田滋多。歲以大穰。每里置里胥一人而止。餘悉罷之。至定賦之際。集人正坐。眾議其重輕。里胥書于籍而無得措一辭焉。是以賦均而無銖兩之差。勸之藝桑。以行賞罰。數年之後。環廬映陌如雲翳日。易其機杼。教令縝密。精麄中數。廣狹中量。鬻之闤闠而得

善價。人以不困。郡至每歲四時呈課屬邑之聯事。定其遲速美惡而殿最之。務繁勞。人無寧止。權寵之黨因而強丐。公命縣大夫守清靜之化。四時無得離邑。唯歲終一至郡計事。人樂易簡之理。咸思自言。澤國沮洳。水潦不時。郡城崩剝。勞於版築。百堵興役。則竭作齊人。公命州兵食公之糗糧者。度其力役多少加給傭功緡錢。尋尺摧隳隨補隙壞。不聞鼛鼓而百雉常峻。三代盛王。曾不遺年。聖朝立制。高年者給侍丁。以遵前古養老之道。長吏不能遵行。令典以垂空文。公因班春行部。宣明詔旨。當侍白髮者。捨其百役。齔齒知感。荷其生成。軍興以來。賦役差重。錢貴貨賤。罷甿不堪。悉輸緡帛。黔首重困。公命一郡所出之貨。人皆得而輸之。其上者貢于王府。其中者入于方帥。其下者以充郡守羣吏之稍食焉。人人自便。吏無侵害。其厚風俗。去疵癘。勤力愛人。興利除害。不至於嚴而人從化。故有生說於其下。和氣應於其上。則有靈芝瑞雀。無情而產。重葩三秀。煌煌可愛。丹喙皓質。其儀可喜。宜其超賜金增秩之寵。以備公卿之闕。所以擢階品第五。書考課第一。徽章命服之美。恩錫叢至。天子以壽春右郡。淮海內屏。地雄人富。東南

樞轄。有介馬數百。徒兵萬人。詔公爲壽州刺史。本州團練使。轅門洞開。貔虎洸洸。朱綬貝胄。金龜紫艾。銀鐺寵荷恩視方伯。壽春抵廬江三百里。公嘗牧茲郡。壽人望而愛之。赤幃即露。壽人自理。俄有詔曰。壽州刺史羅珦前爲廬江政事居最。惠養贍助。一邦阜安。中司執法。外督州部。可兼御史中丞。其牢奉先也。封畿千里。斯邑爲大。墾田之數二萬頃。每歲引芻粟之車九千兩。公布政有條。事皆肅給。邑有園寢。多充奉之勞。中貴人率常旁午。有怙勢憑寵之吏。侮慢公法。公箠殺之。強家惡子。散落他邑。政成四稔。去而

見思邑人姚芝等相與詣闕請刊金石公之佐嗣曹王皐也荆門漢上之理和門之政軍司馬馬彝主之郡邑之政而公主之征南日登峴首命賓友有成瑨坐嘯之逸言理行者甲于他邦其後屬帥歿兵亂人胥大恐公從容指揮熸其同惡軍壘和靜不知有兵在奉先日天子聞公樊漢丕績理邑殊化召入明廷咫尺慰勉其任理官吏京縣尉甸服也咸有勤績稱於官司可謂終始不回宜享榮號者矣頌曰

公未至止郡無典刑賦集役煩人豈樂生有里不居有田

不畊法禁廢弛游人縱橫鄉有疾癘乞靈捨藥邑有黨庠不學將落貧人稅重豪家賦薄田稀翳桑猛虎爲虐自公來思經教大開墾彼荆榛化爲莓苔監關溢廛萬商俱來罷吏息人老安少懷提封之內邑無曠土游手滅跡藝桑畎畝青衿圓冠宛若鄒魯貧均富斂祛其疾苦時或札瘥害及于人頒以良藥絕其聽神綱寬禁疎有制有倫出入阡陌心勞體勤有獸不搏由公服馴皇奪良牧彼肥之曲還臨壽春朱英暢轂撫我何儉舍我何速願公壽考享有百祿瞻是豐碑慰彼惸獨

鄭餘慶

餘慶字居業鄭州滎陽人大歷中進士貞元中拜中書侍郎同中書門下平章事貶郴州司馬順宗立以尚書左丞召憲宗朝復以本官知政事罷爲太子賓客累除太子少師封滎陽郡公穆宗立進位檢校司徒卒年七十五贈太保謚曰貞

請抽京外官俸料修孔子廟堂奏

請京見任文官一品以下九品以上及外使兼京正員官者每月所請料錢請率計每貫抽一十文以充國子監修

造先師廟及諸室宇繕壁經公廨雜用之餘益充本錢諸色隨便宜處置臣以爲歷事文吏無非孔徒所取至微足以資學教化之根本人倫之綱紀陛下文德武功勘亂除暴事超歷代道貫百王國學毀壞荒蕪蓋以兵戎日久而修葺未暇也今寇難滌蕩天下砥平爰俾耆臣叨領儒職臣兢於受命敢不肅恭伏念旬時莫過於此伏望天恩便賜允許仍令户部每月據數並以實錢付國子監其東都留司京官亦準數率錢便充東都國子監修理

請定五六品官祭服奏

內外官服朝服入祭服者其中五品多有疑惧約執事宜
自今已後其執事官是五品者雖帶六品已下散官即有
劒珮綬其六品以下職事官縱有五品已下散官並不得
服劒珮綬

左僕射賈耽神道碑

公諱耽字敦詩其先長樂人也七代祖元楷因葛榮之亂
避地始徙家於浮陽隋開皇中改浮陽爲清池今爲清池
人也烈祖遠則皇德州長河尉祖知義皇沁州沁源主簿
贈揚州大都督考炎之贈尚書左僕射皆才光道溢器位

非偶積善有遂鍾於魏公公天寶十載明經高第乾元中
授貝州臨清尉州縣之職與公非宜兵戈甫興時不韜才
公詣闕獻書授絳州太平尉太原節度王思禮察公器重
識高涵泳萬頃署度支判官轉試左驍衛兵曹試大理司
直監察殿中侍御史職並如故遂遷檢校膳部員外郎兼
太原少尹侍御史北都副留守仍賜金章紫綬就加檢校
禮部郎中凡歷數使賓待益重奇才愈茂宏器日彰天下
士君子推公爲棟梁遷汾州刺史在郡七年惛怛之愛忠
利之教序四器導五常百姓日用而不知熙然致於仁壽
烏足語其瑣細歟徵拜鴻臚卿兼左右威遠營使通夷狄
之情序賓客之位其有素矣是歲拜梁州刺史兼御史中
丞山南西道節度觀察度支營田等使加朝議大夫封廣
川男時守臣梁崇義恃漢水峴山之險負固倔強公受詔
領麾下沿江東討降均州屯穀城所向皆捷以功加銀青
光祿大夫上以慎理軍旅以信夷夏邊封謐清而百姓宴
安是時故山南西道節度使相國鄖公震洎邠寧節度使
張僕射獻甫或爲部刺史或爲都將皆雄毅宏達常流不
及忌能飛語危疑是懼軍帥之例罕有全度公前推信誠

中發坦蕩咸以事曉加之慰薦竟垂忠勳兼佩將相引張
推轂受脤微公之恢朗洞識二人曷能臻歟在鎮三年遷
檢校工部尚書襄州刺史御史大夫山南東道節度觀察
使會李希烈亂常朝廷致誅詔公爲司徒梁公勉招討副
使以公懿德瓌姿不宜爲副寇難未平徵拜工部尚書職
崇喉舌望允台鼎俄以本官兼御史大夫東都留守判東
都尚書省事充東都畿汝州都防禦使又加東都畿唐汝
鄧州都防禦觀察使舊例居守不出王城公以射藝絕倫
氣横秋霜德宗知公信在言前優詔特許獮狩郊甸允所

謂珪璋特達之德也遷檢校尚書右僕射充義成軍節度鄭滑等州觀察處置等使屬有鄰師戍兵護邊魚服鶡冠異軍三千公弛柝罷警門闔洞開慮其未安重延廡坦易信誠挺出今古海渟山峙茫茫屹屹培塿畎澮安得不服其洪濤峻嶠歟凡更四鎭踐履如一尋以風疾懇形封章御札名方與十全之醫馳賜不允陳讓俄而獲瘳貞元九年入覲拜尚書右僕射同中書門下平章事朝廷爲之實巖廊爲之重天下以之信向蠻夷以之懷來加金紫光祿大夫轉左僕射依前平章事遷檢校司空依前左僕射

平章事遂嬰風疾四表陳讓不俞朝旨御醫盈門中使塡路嗚呼有盛衰也有晝夜也聚散之理常也死生之變大也愚智同塵賢不肖共轍孰能究之哉公爲御史先府君追贈太子中允先夫人鞠氏贈東萊縣太君歸本郡遷葬鄉邦榮之先府君累贈尚書左僕射鞠太君贈齊國太夫人祖贈揚州大都督祖妣崔氏累贈博陵郡太夫人廟貌觀德豐碑紀烈奉君親而載劬啟手足而免夫始卒之道俟其韙而以永貞元年十月一日薨于長安光福里之私第享年七十六輟朝四日再贈太傅詔鴻臚卿渾鍊持節備賻絹一千匹米粟一千石詔葬長安高陽原夫人贈扶風郡夫人武功蘇氏駕部郎中守忠之孫處士珣之女先公二十五年而歿至是而合葬焉秉周禮也長子曠太常寺協律郎凋于青春次子瞵太子議郎少子曓京兆府參軍公好古在汾州時於戒行尼寺家童院得晉西河王司馬斌碑太康中尚書郎索靖八分書翳薈蕪薉之下字可辨者猶存大半有割太原四縣以爲邦邑之語公再建於寺殿之前爲尚書時魏懷鄭汴軍聲未輯詔公宣遏而兩家之難解抑推君命且曰服寬信也公翫習經籍老而不

倦九流百氏靡不該覽通夷裔之風俗盡山川之險易歷代沿革之自百王廢置之由關塞通塞之因牧圉盛衰之異道程疎密之準要荒享獻之數聚米畫沙成於指掌矧夫丹青神化縑緗纂述數十年來西戎陷我河湟其圖籍志錄泯絕散落非公強力精專蹂躪貫穿靡書不探雖賤必訪則自汧隴而西傳疑唱謬紛紛不已已化爲草昧天意若曰降公之聰達精博拯厥將墜歟興元元年詔公譔國圖貞元十四年先獻關中隴右及山南九州等圖又譔別錄六卷吐蕃黃河錄共四卷優詔褒異賜馬一匹銀器

數事錦綵三百四十四年冬撰海內華夷圖成并撰古今郡國縣道四夷述四十卷貞元十道錄四卷賜馬兩匹銀器數事錦綵五百匹又內出銀榼二蓋殊渥也於戲渤海左涌洪河前激泱漭其地氣必將有以孕育哲聖謨明盛時爲紀爲綱爲棟爲梁體貳爲仁萬夫之望豈特河海地理云乎哉亦將上動昭回下降星精爲忠爲孝爲聰爲明爲君子爲宏器公有大度容物也浩無津涯而恪愼競畏不有怠也有明哲保身也孰云肯綮而端方肅祇未嘗離也公奉親以孝事主以忠待天下以信博識以強力廉隅

以砥礪居台座十三年秉戎律四鎭垂十五年產不過中人日給有不暇之意非夫脫落塵機翱翔青冥孰能然哉夫郤穀之說禮樂敦詩書祭遵雖在軍旅不忘俎豆邴吉之不過汙丞相車茵劉寬之無爛汝手叔度之涯涘元陽之不伐衛玠之理遣情恕公咸頡頏恢博得其兼備者已公考求六藝張弓挾矢允謂殊倫連墮冥寞之羽雙貫五采之翬殪豶豕之獸圖畫歌詠噫嘻君子多乎哉文章之製博達而淸約盛矣著述有未就者歿有遺恨麟等知公與餘慶有忘年之眷見託紀徽烈俾鴻伐芬芳不歇表唐得賢臣之目焉銘曰

圓方既明淪渾粹精辰耀騰溢降爲賢英郁郁魏公薰然淑淸脫落瑣細胷吞長鯨天寶之季北塵薦起懷策上謁言塵可止少年下位事不行矣命官絳臺渥澤伊始車騎開府司空晉陽萃賢揚幕優游抑揚惟公聳然落落堂堂羣議乃曰允膺巖廊剖竹西河累蘇情結風俗丕變載欣載悅六鈞服猛雙鴻一發式是威武洸洸烈烈入掌九賓羽儀淸都四夷荒職貢畫地圖帝曰漢中實惟爾區廷授龍節雙旌碩儒推轂漢南乃司冬官保釐成周白馬登壇

更踐數鎭撫人以寬或三四年遂成勝殘徹弼中樞朝廷爲實謀不外揚功宣造膝與物有過意工言質天下日用曷由窺室知命兮死生齊松楸列兮延埏成隧海胷兮渾渾浩浩一指兮天和倪謬知言之重顧銘樂石兮悽悽萬物或幾乎息兮惟公德兮竟隮

祭杜佑太保文

維元和八年歲次癸巳四月癸未朔九日辛卯銀青光祿大夫守太子太保兼判太常寺事鄭餘慶銀青光祿大夫守兵部尚書王昭銀青光祿大夫吏部侍郎楊於陵中大

夫守戶部侍郎判度支盧坦朝議大夫守刑部侍郎充諸道鹽鐵轉運使王播朝議大夫權知禮部侍郎韋貫之等謹以清酌之奠敬祭于故太保贈太傅杜公之靈伏惟嶽峙毓德台符炳靈實啟邦傑佐時文明厚仁保和待物推誠夷道不隔直心無營允釐羣官參歷庶務周旋四朝出入三署顧言慎行道在忠恕絓組外身江河比度始從郎位職典邦賦重人惜費惠恕周布建中之初受命分符報政長川擁節番禺越俗蠻陬是訓是濡既撫淮楚遂荒隋都時當徐方俶優爲虞截河鏁流擁滯邦輸統以威重簡

于帝俞鎮寧二境並建雙旟十萬貔虎指揮風趨任兼文武志尚詩書兵賦著典郡政來蘇學該地理識究元機天寵載加時問逾積聿來登庸作弼邦國邦計攸掌國機畢畫永貞之際宮闈秘隔順皇沉疾奸臣竊職公聽羣位總巳夕惕躬宣詔旨捧授金冊一人出震羣邪蕩滌崇秩屢增湛恩備錫朝登劒履樂侔金石沐澣良辰宴慰親客朱輪紫綬富盛赫奕戒足思退居高不危國有大計猶將來咨才實不器用皆適時位極元老守逾謙卑靈壽方賜懸車忽辭冀期頤以遐保遽樂往而哀隨餘慶等早忝班行嘗承顧盼仰台庭以增歎臨素車而申奠嗚呼哀哉伏惟尚饗

呂元膺

元膺字景夫鄆州東平人建中初策賢良高第貞元朝拜右司員外郎出爲蘄州刺史憲宗朝拜吏部侍郎以疾改太子賓客元和十五年卒年七十二贈吏部尚書

封還授孔戡衛尉寺丞分司東都詔奏

孔戡以公爲盧從史所忌且離職已久李吉甫以宰相出鎮辟請非涉嫌疑推類言之河陽節度行軍司馬楊同懸史官崔國楨或處近職或倅戎府皆爲吉甫奏在幕庭從

史以嫌忿于黷朝典豈可曲徇其志且孔戡官序雖非黜退但因此改易則長奸邪之心臣恐忠正之士各懷疑慮事不可許

驃騎大將軍論公神道碑銘并序

公諱惟賢字惟賢其先西土人也高祖諱東贊作相于西戎因官立姓遂爲論氏貞觀中威懷四夷翦滅北虜蕃戎欽附萬里獻琛慕嚮華風欲爲和親延頸企踵心馳闕下太宗皇帝覽其誠至遂許之公主時戎王遣相東贊爲使來迎不忒其儀不愆於素召見顧問進退合旨詔以瑯琊公主外孫女妻之東贊自陳以本國有妻又以贊普未謁公主陪臣不敢先受殊寵太宗嘉之又奇其對撫以厚恩遂有歸化之心曾祖陵與祖躬仁同總衆于東至高宗朝拔部落七千餘帳歸國拜特進左玉鈐衛大將軍封歸懷郡王褒忠獎誠寵錫殊厚子孫因家自銀州至于京兆祖躬仁朔方副大總管雲麾將軍行左驍衛大將軍酒泉郡開國公贈撥川郡王謚曰忠自高曾至大父皆有勳烈著于當時父誠節朔方節度副大使開府儀同三司右金吾衛大將軍知階州事武威郡王賜太子太傅天寶季年安

祿山作逆塵起山東上皇省方於巴蜀肅宗巡狩于朔陲危亂之時見其臣節帥子弟及家僮以牧馬千駟罄其財用以奉禁旅公少有志尚奮身轅門隨先父統其士馬與元帥哥舒翰掎角扞禦鋒刃既接大小數十戰摧陷堅陣洎王師失御以智信保全所領之軍馳于靈武扈從肅宗與先父洎乎昆弟立勳成效不可備述至德中授壽府典軍次授左衞郎將賜紫金魚袋俄轉左監門率又遷左領軍衞將軍又特進右領軍衞大將軍西平郡開國公食邑三千户元勳之允受茲光寵先時代宗皇帝爲天下元帥

求武勇之士。公與兄懷義惟眞同爲先鋒討擊使。又領部落數千人鎭岐陽縣。披堅執鋭。一月三捷。洎除兇清亂。至上元二年。授特進行大光祿兼右領軍衛大將軍。充鳳翔節度副使馬軍兵馬使。寶應中。丁艱茹荼。朝廷以金革從權。由斯奪禮。廣德二年。授開府儀同三司殿中監。充劍南節度副使。大歷中。受開府儀同三司太常卿上柱國。進封成國。食邑三千戶。旋受渭川節度都知兵馬使。公以從戎歲久。雖齒髮未衰。而疾疢屢作。代宗寵其勳舊。詔許還京。仍全祿賜同大將軍。俾其優閒。建中末。德宗遷幸巴梁。公

以所疾沉綿。不獲扈蹕。逆臣朱泚迫以兇威。不變其志。雖積年之疾。累日而瘳。貞元十五年。授驃騎大將軍行左武威衛將軍上柱國。公斯實朝廷奬舊勳矣。止足求退。俄以本官致仕。中使就問。寵秩有光。元和四年七月十日。寢疾終於靜恭里之私第。以某年十月一日。葬於萬年縣洪固鄉之古原。故夫人太原王氏祔焉。詔給鹵簿鼓吹。所以褒寵也。嗣子輔鼎。同州白水縣丞。次曰偶。常州江陰縣尉。次曰倣。右領軍衛騎曹參軍。泣血茹荼。存無改之義。公之季弟惟明。爲時英髦。文武備用。建中興元之際。仗義討逆。摧殄兇徒。勳彰險艱。謀著忠盡。貞元初。以太常伯執金吾授鉞渭北。八座互相崇奬。忠功元膺。獲佐戎幕。備聞忠義。由是盡知公之世業勳德矣。銘曰。

大忠之允。本自西土。奕世崇勳。旣明且武。在太宗時。有道攸覩。洎夫撥亂。緒業光輝。天寶季年。塵起幽燕。自輿其家。殄寇功全。乃拜公侯。寵榮無替。用表豐碑。昭于東裔。

鄭雲逵

雲逵。滁州刺史助子。第進士。德宗朝擢拜諫議大夫。遷禮部侍郎。爲李晟行軍司馬。元和初。終京兆尹。

奏弟方逵不孝狀

方逵受性兇悖。不知君親。衆惡備身。教訓莫及。結聚惡黨。江中劫人。臣亡父先臣助。杖至一百。終不能懲。張延賞任揚州日。亦曾犯。延賞法決。殺復蘇。至于嘗言。皆呼臣亡父先臣名。親戚所知。無可教語。昨聞於邠寧慶等州干謁節度使及州縣。乞丐。今見在武功縣南西戎附近。恐有異謀。若不冒死奏聞。必恐覆臣家族。

唐故劍州長史贈太僕少卿汝州刺史隴西李公神道碑銘 并序

夫蹈道而不獲乎上育德而不尊其位有之矣在西漢有東海于公在東漢有闕五字其闕一字也闕一字範闕一字福好德闕二字乃知道者善之闕一字德者福之闕一字苟茂其道豐其德而福不在乎其身必鍾其後嗣稽之行義質諸聖謩闕一字德於闕一字陳者李公其人矣公諱廣業字闕二字隴西成紀人也惟我景皇帝仕魏八柱國唐國公公五代祖也若后稷肇封將嗣八百之運闕一字海州刺史亮惟我神堯皇帝受昊穹靈命行敦敘之典追封鄭王贈司空公高祖也若夫闕一字沒廿方受勾闕一字之闕一字皇朝闕三字行臺尚書

闕一字州牧淮安王神通公曾祖也若毛畢佐周翦商功參十亂皇朝左驍衛將軍淄川郡王李同公王父也闕一字皇太后臨朝闕一字朱虛闕一字祿闕一字之竊威闕一字平闕一字以定國皇朝雲麾將軍璲公之烈考也原夫至道元氣之化成也融而爲川澤結而爲山阜崇功大業之闕一字美也散而爲英雄聚而爲哲賢惟公祖曾盛烈昭配上元儲孕福裕鬱生才彥闕二字中庸闕三字知闕二字服膺一善以闕二字能年踰弱冠闕五字天子有事于郊丘宗室陪位國慶覃恩釋褐授寧州參軍闕一字而就列非闕三字後以序遷左威衛闕二字參軍右金吾衛闕一字曹參軍許州扶溝縣丞右羽林司階陝王府典軍渭州別駕劍州長史闕一字用體道沖讓闕一字聞政闕五字服闕八字抱關之祿故闕三字百轍自退馬珪組貴胄對有懿德本仁爲行施之則誠於君爲忠在親爲孝闕一字歲丁雲麾憂闕三字節力能闕四字滅性甘淡闕二字人無所加洎府就禮經衣裳外釋莅官居處動思揚名敬愼膺體歸於闕四字鄉里過於刑賞信闕二字朋闕一字非久要公以微言旣絕是非莫分春秋經旨仲尼所志三代之禮家分糅雜淹中之說最符孔氏故暢二闕一字旨義成一家師法

闕二字情性闕二字樂道以開元十八年八月二日終于劍州官舍春秋五十有一以其年十二月遷祔于京兆府三原縣闕一字原鄉之北原先塋禮也嗚呼以公之成德也宜其臻闕二字登闕一字位而年屈中壽位窮綱佐仲尼有喪子之歎其在茲乎厥後闕二十七字少卿闕一字州刺史嗚呼生得天爵之貴歿有廟享之尊盛矣哉闕里之闕一字也公之元子闕二字皇戶部尚書河東朔方六道節度都統闕二字閒秀風雲毓德當莽卓盜國之際總齊晉勤王之師隱如長城克固磐石次子若水皇金吾衛大將軍兼闕二字舍人闕九字巡

禁衛玉帳增威宣導王言彤庭讓德公之元孫鑄即地官之冢嗣也今任浙江西道都團練觀察處置及諸（闕一字）鹽鐵轉運等使銀青光祿大夫檢校禮部尚書使持節潤州諸軍事潤州刺史兼御史大夫天挺俊哲才爲時生承先王丕構之（闕一字）貽燕翼無窮之烈出作藩垣入爲柱石總榷筦轉輸之任亘吳楚服嶺之封事絕爭承賦皆合徹利澤浹天下衣食贍（闕一字）歸（闕一字）蕭（闕五字）河內（闕六字）惟皇祖懿德爲代師範琬玉未刻光靈不揚謂雲達嘗學舊史庶聞前修故纂（闕一字）緒業（闕二字）銘表其詞曰

（闕十八字）憲憲李公稟氣沖清涉世居厚閑邪性情（闕一字）仁爲重撰德無形負之致遠克舉而誠服膺中庸樂（闕四字）言（闕二字）忠孝（闕一字）致書（闕五字）當昧隱霧豹文瑞時麟趾德猷福履翼子謀孫祉流道廣慶兆高門光光前烈顯顯後昆于（闕一字）定國陳類長（闕一字）于陳伊何（闕二字）而盛惟（闕二字）之奕代流慶後之二葉俱登八命官同曳履職傳戎柄樹官貽遠厥配孔明至德參化蒼穹（闕一字）禎封表（闕二字）榮耀佳城刻頌貞石將來作程

裴堪

堪增司空耀卿孫貞元初官萬年尉調太常博士終江西觀察使

請祀嶽瀆親申拜禮奏

謹按舊儀嶽瀆以祝版御署訖北面再拜證聖元年有司上言曰伏以王者父天母地兄日姊月於禮應有再拜之儀謹按五嶽視諸侯之禮其日月以上請依舊儀五嶽以下署而不拜制可至開元修理五嶽四瀆皇帝無親祭禮儀其祝文皆云嗣天子某謹遣某官敢昭告於某嶽某瀆之神讀訖皆申再拜祭五龍神但云獻官再拜此則有司

行事皆有拜文今臣與禮官等通詳典制整辨所宜伏聞禮擬於時議則求古無文可質正者則推類以明之臣愚以爲三才之尊各申所極尊有所統禮亦宜差若無比視何以辨等故禮云五嶽視三公四瀆視諸侯其餘山川視伯子男議者以岳瀆既比公侯則禮如人臣矣其於祭也則人君不合有拜臣之儀謹按五經通議云星辰日月五岳四瀆皆天地之別神從官也因郊而祭者緣天地之意亦欲及之也又禮記云非其臣則答拜鄭元注云不臣人之臣也則星辰嶽瀆既是天地從官恐人君不得如公侯

之禮而臣下之也何以言之王者父天母地兄日姊月星辰視昆弟嶽瀆視公侯以此明之星辰嶽瀆是天地之臣也秩視人臣也陛下與天地為子遣使申祭恐不合令受天父地母從官之拜宜有以答之故開元禮祭岳瀆祝文皇帝稱名又云謹遣於義有必拜之文是國家著禮以明神為敬不以臣下為禮以臣等所見並請依證聖元年定制有司行事須申拜禮

許孟容

孟容字公範京兆長安人舉進士甲科又第明經授校書

郎累拜太常少卿憲宗朝遷尚書左丞拜東都留守元和十三年卒年七十六贈太子少保謚曰憲

停齊總為衢州刺史敕命表

臣伏見今日恩制除衢州刺史齊總臣竊有所慮恐驚物聽不敢闕下陛下比者以兵戎之地或有不獲已非次擢授者今衢州無他虞齊總無殊績忽此超授羣情驚駭又齊總是浙東判官今詔敕稱權知浙東觀察留後攝都團練副使向前未有敕命今便用此下詔猶恐不可齊總若可選拔不假此事若未可選拔假此益使人疑陛下臨御已來凡所選用皆為至公既非聖情所難改移即臣安得不動有論諍若齊總必有可錄陛下須要酬勞即明書課最超一兩資與改今四海舉朝之人不知齊總功能衢州浙東大郡總自大理評事兼監察御史授之使遐邇不甘兇惡騰口伏乞聖慈少迴覽臣所請陛下若謂臣為不切不懇伏乞陛下試停茲詔密使人於外聽察必賀聖明開納必賀聖明無私禽魚草木亦知感悅歡聲必山呼雷動聖德必一日萬里授官中謝日具以面奏詔敕有不便者伏請封取進止今齊總詔謹隨封進

請再令憲官驗祖好時奏

府縣上事不實罪止奪俸停官其於宏宥已是殊澤但陛下使品官覆視後更擇憲官一人再令參驗則察視轉審隱欺益明事可觀聽法歸綱紀臣受官中謝日伏請詔敕有須詳議者則乞停留晷刻得以奏陳此敕既非急宣可以少駐

夏旱上疏

臣伏聞陛下數月已來齋居損膳為兆庶心疲又敕有司走於羣望牲於百神而密雲不雨首種未入豈觴醪有闕

祈祀非誠爲陰陽適然豐歉前定何聖意精至甘澤未答也臣歷觀自古天人交感事未有不由百姓利病之急者切者邦家教令之大者遠者京師是萬國所會強幹弱枝自古通規其一年稅錢及地租出入一百萬貫臣伏冀陛下即日下令全放免之其次三分放二且使旱涸之際免更流亡若播種無望徵斂如舊則必愁怨遷徙不顧墳墓矣臣愚以爲德音一發膏澤立應變災爲福期在斯須戶部所收掌錢非度支歲計本防緩急別用今此炎旱直支一百餘萬貫代京兆百姓一年差科實陛下巍巍睿謀天

下鼓舞歌揚者也復更省察庶政之中有流移征防當還而未還者徒役禁錮當釋而未釋者逋懸饋送當免而未免者沈滯鬱抑當伸而未伸者有一於此則特降明命令有司條列三日內聞奏其當還當釋當免當伸者下詔之日所在即時施行臣愚以爲如此而神不監歲不稔古未之有

德宗神武孝文皇帝謚議

皇莫大於羲軒帝莫加於唐虞姒氏商鎬亦續憲度咸紀名謚以揚昭光徽儒臣之議所以本至公也號全德之尊所以節一惠也發揮茂曜如揭日月伏惟大行皇帝文思濬哲天縱神授大明繼聖大孝尊親服道稽古洗心藏密巍巍易簡赫赫功造嚴祖宗而上下昭假仁億兆而飛沉表靈始者薊寇殘魂戎旌未偃方由雍邸出總虞師刷雛恥而戴君父超維城而升少海元良有開歷數誕膺同商宗而心在諒陰泣漢制而禮從權令然後諏咨對越端拱而理時丁祲沴盜起泚烈宸算獨復雲雷駿奔浹旬厎定鯨燎殲洗反已哀痛大猷彌尊阪泉威武止殺弔人之志也金方朔陲獫狁昆夷趑趄獷悍不敢不率丹穴南裔扶

桑東極自古未化占風而至鏡照廣及無思不服之德也大本達道是爲中和鼓而舞之名我至樂變革繁淫以貞神人奉聖順聖元侯繼獻九成八佾聖作明述垂衣脫劍訢合猗那之奏也觀文化成匠物研精四始六義勤詣風雅洪音巨麗焜耀皦繹立言垂訓丹書元鳥之作也蠲痾保全壽夭之門方疏溥錫目之廣利札瘥不聞長養推仁施齊天地如保赤子之誠也教由德禮人乃恥格古作訓夏我箴政刑載宏哀敬用息刀鋸利見大人循本愧心之旨也躬信厚而偷薄以華體清明而貪饕以懲納匪躬之

亘無毀校防川之誤推輔理之功有輻輳並進之歎泥金方草仙鼎忽成汗漫無從希夷永悶哀同軌之將會仰鴻名之可易鋪衍至蹟錫乎無窮謹按經義參諸謚法曰應物無方之謂神保大定功之謂武尊仁安義之謂孝經天緯地之謂文大行皇帝變化無窮樞衡在握神莫過焉金湯善師豺狼擾馴武莫威焉承休繼志永錫不匱孝莫大焉輝焯王度煥乎黼藻文莫逾焉考墳史而徵德實請上尊謚曰神武孝文皇帝廟號曰德宗

順宗至德大聖大安孝皇帝謚議

臣上稽太古皇帝之建尊謚也咸揭盛德以旌至公備禮於郊即天成命易名之典也故堯不稱巍巍成功而以傳聖爲盛德禹不稱乃錫元圭而以成功爲盛德此五帝三王號天作謚之大範也伏惟大行太上皇天作睿哲生知太和揚九聖之耿光開萬紀之休運雲行雨施不俟終日廣愛博教克成浹旬澤萬物德大乎羲軒公天下道高乎堯舜原夫君人之表教於岐嶷造物之用先乎蓍龜在宮播爲善之樂主器流作貞之慶視膳有法文之孝撫軍有戡羿之庸毓全德於春闈積大望於覆育垂三十載矣三善方躋乎聖敬六氣遽嬰乎沈痾德宗皇帝慮繼明之重深惟疾之憂積其不懌至乎大漸天崩地圻當暝眩之辰流沙漸海有震動之懼而大行太上皇明德動天神化無爲上虞九廟下恤兆人深冀翌日之瘳大慶即端之作於是建冢嫡以發大號赦天下以壯皇猷聖作明述周流灌注若乃奄巖穴以搜賢才能官則哲之道也黜進獻以藝貢賦籍田任土之利也滌疵瑕而復放竄解網泣辜之仁也蠲逋責而惠困窮寬大易簡之義也用能垂拱而神人交泰元黙而動植究安巍巍蕩蕩聖德如風烈雷迅不崇

朝而溢乎八紘矣猶爲以黎獻之富教未洽陵寢之制度未成深圖甘害於恬頤力政不憚於增劇旣而同軌畢至萬邦咸寧奉先之孝克終傳聖之義斯舉釋負寶位栖神玉淸追姑射之高蹤樂華胥之妙道大矣哉與天地合其德則不爲而成與變化合其神則不疾而速聖造盤薄元風汪洋所謂天授非人力也方陋唐虞之異族樂文武於同時振耀重光永淸四海孰謂初陽變候素疾彌留徽秘術而俞扁必臻走羣望而圭璧斯罄何翠華之不駐乘白雲而上仙攀號刀劍哀震寰區皇帝悼極憂以致養痛大

數之不延外遵易月之命內茹終天之酷詞不朽於禮謚旌罔極於受恩敢聚聖德垂鴻惇史謹按易曰天地之大德曰生聖人之大寶曰位謚法曰寬裕和平曰安敬慎所安曰孝大行太上皇乘運統天端拱造物可謂至德感神翊運光明正位可謂大聖永圖丕搆傳聖保和可謂大安九族安之兆人賴之可謂大孝下採華夷之望上合神祇之心請上尊謚曰至德大聖大安孝皇帝廟曰順宗謹議

穆公集序

班孟堅謂有漢文章與三代同風巨唐化成稽古斯文配

炎靈之盛浸息淫靡歸於正聲由是業文之士蓄靈含粹光價時獨者往往間出吾友河南穆員字輿直麟蔚鳳采自天而授誦六經得其研深閱百代得其英華屬詞匠意必本於道夫龍圖龜書三統之有述皆文之蘊也自雅頌風騷而下則又粉澤而成黼藻雕鏤而爲形象比其音而曲度之緣其情而哀樂之悠遠易直昭明典則本情性而根教化者率漫羨魁壘繁音豔彩習怪誕而尚沉溺者也穆君泝其波流擇其宗師以爲文宣王經春秋序詩書繫易象猶日月不可及矣游夏荀孟李斯賈誼之徒是宜學者十駕百已鑽仰而憲章者也故其文融朗恢健沉深理辨墉闓四會精鋌百鍊結而爲峻極散而爲游衍其工也異今而從古其旨也懲惡而從善跡夫孝於其上慈於其下擇中庸而後蹈推久要而後交則向之詞藝由積衷淳耀發而爲身瑞者也顏回黃憲仁而夭促揚雄司馬遷才而不試穆君年逾四十用止幕畫并四賢之德器而祿壽似爲彼洪鑪埏埴真宰不直歟爲天地無心芻狗萬化歟大凡碑誌文冊銘贊記序六十五首共成十卷於先府君先夫人元堂誌見自身刑家自家刑國父父子子夫夫婦

婦之道於祭顏太師張相國文見君仁臣忠捍患成功感憤激烈死輕鴻毛之道向使假其永齡登金馬石渠與獻納論思之臣發揮謨訓潤色王度則聖朝文苑頌甘泉賦羽獵卿雲褒皋羣子之列加一士也斯楊嗣仁所以賦巳友之哀余所莫疑矣宋之問遺草編次授於伯兄舊御史中丞今常州刺史善知音者唯子期乎發篋開卷如升元圃將垂來代敢失其傳

唐故侍中尚書右僕射贈司空文獻公裴公神道碑銘 并序

地配天而萬有生息賢合聖而百常順序巨唐六葉明皇帝登寶位之廿一祀得師文臣侍中文獻公闕二字階益闕一字鏡照孟清陝力推闕一字昭闕六字耀卿字子渙河東聞喜人也伯益裔孫非子周封於秦至桓公少子鍼去國食采於晉其邑曰甚遂爲氏焉自鍼至闕一字代祖闕一字四葉昭義振闕一字重闕十一字景仕周舉秀才富平縣令大王父正隋豐州司馬蘇州大總管府贊治王父眘皇朝舉秀才授許州司户登明經高科遷闕二字郎闕三字考守眞闕九字封尉太常博士詳正學士夏官員外成寧二州刺史贈户部尚書

公即尚書府君第三子也初河東夫人之夢熊羆神闕二十一字第聖闕一字中書判入等補麟臺正字未幾丁尚書府君憂荼蓼之毁禮不能節服除調集以太夫人有羸老之疾乞闕十九字官翰緊轉國子主簿詹府丞太夫人捐館莫闕一字溢米哀憐滅性制終除河南士曹參軍睿宗闕一字嘗列宮寮加朝散闕二十一字時謂淫雅不雜而繩墨誠陳也亟轉兵部郎中長安縣令轂下塗多事并刓弊相習名迫闕一字誤堅貞鮮遂公更張其闕二十字月政稱神明時宰有銜初醜正者出濟州刺史累換宣冀二州清明愷悌三郡一政物皆饒阜人不闕一字欺而齊陽信都闕二十一字除左庶子仍領崇文館事疾閒復拜戶部侍郎尋遷京兆尹上曰神都地有歸會豈闕一字更宜處風化取則付之於卿公下車而闕十四字革闕一字漁奪兼并者讓田而市義穿窬椎剽游惰苦窳莫不耿禁令而却走視條經而易業明皇帝嘉器任闕一字適每前席以聽闕十四字耀貴幸活也上徵救人之術公述陳王者損上益下宅土中關内之利因奏鼎新漕運以廣儲廩置河闕一字三門闕一字崖集津倉闕十四字有陘東之積中都有不涸之饋功齊神化利及億兆逋負之徒征徭之昿追

琢貞珉詠謠仁智令存於道左明皇帝舉勞旌善擢授闕十四字士天下轉運都使尋遷侍中加銀青光祿大夫又以千畝五推之禮加金紫光祿大夫中書令張九齡奏請和鑪銛鈇公以爲闕十六字夷州刺史楊闕一字贓汚詔下闕一字寵仍杖六十公以爲郡守當父母百城鞭闕一字實闕一字損闕一敬以流代死聖朝之寬典也殘毁闕十九字河西隴右兩道節度公密疏曰嘉連長闕一字驕悍勁勇闕於沈深計慮矜功侮敵恐未百全後果喪師失律大起邊患三者皆悉闕十八字藻闕一字衡之動由其極齊闕三字溥博幾闕一字用有藏晦中

無磷淄推功與能癉惡（闕一字）違皆所以載緗簡而成乎表武洽（闕一字）聞而播（闕十五字）右僕射上嘗命畫工寫貌圖於凌煙閣手制曰所謂傳神國之故事自武德至是宰輔一百八十七人登丞相左右揆其一其（闕十六字）盈（闕一字）若虛貴而佳卑衣無華絲食不珍異正考父之益恭晏平仲之矯時蘧瑗之暮夜匪懈孫（闕一字）之衣衾不飾取類前志我無媿心（闕十六字）著蔡俱與公結金石之契（闕三字）律之（闕一字）王（闕一字）味逝爲牙期也濟川中止孰主大鑪難老不錫曷云輔善以天寶三載七月十八（闕十九字）震悼罷朝贈太子太傅謚曰

文獻以其年十月歸葬絳州稷山縣姑射山之陽尚書府君塋東四里有子八人遂泛淑綜延（闕十九字）漢數（闕三字）豈德祖同歟綜皋最知名綜官至吏部郎中皋官至給事中郎中淑吏部侍郎信京兆少尹武給事中（闕一字）諫議（闕十九字）閒之益於（闕一字）詞推麗則之雄由不及道嘗踐門闌功德儀刑將垂芳於不朽發揮鑽仰孰授簡之當仁銘曰

日月貞明洪鈞造物股肱匡戴宏化陰騭於赫明皇追蹤昔王聿求仁哲俾闡昭光文獻膺時慶霄未（闕三字）四靈（闕十七字）世風流慶存翼子貽孫江海華藻圭璋後昆靈源之上姑射之下宰府兆域（闕一字）曹松檟照燭葳蕤崢嶸豐碑絳（闕三字）馨稷（下闕）

祭楊郎中文

維貞元十九年歲次癸未四月壬午朔二十二日癸卯給事中許孟容吏部郎中李儋司封郎中韋成季屯田員外郎穆員右補闕張惟素京兆府司錄薛丹等潔牢醴庶羞以祭於兵部郎中楊君之靈大鈞生生陰騭者誰殲惡輔善胡顛倒之擬聖草元子雲位卑中庸殆庶回天不時吾友懋功粹靈天姿文爲國華行作人師不至公相不登期

頤嗚呼昊穹報施云欺交以利合滔滔其衆直義許心惟君伯仲金石非固韋弦迭用柯葉四時古之所共昔也三虎季奪天縱今也二龍叔聞邱慟甲乙論辨聲聞我求桂枝崑玉郤氏無儔典校蓬山佐賢戎州渚宮峴首人賴嘉猷瑤墀記言方冊潤色列宿有耀彌綸皇極鼎臣專征在浚之郊毀我綱轄俾參鞬櫜元侯歸全符節自朝戎有伏莽變生中宵呀呀獲噬鄜里流血正直之形豺狼不噬歸來閭燕望在清切琴史方娛簪裳靡屑抒懷摛藻致遠詞絕文昌貴郎莫最司戎惟是利器簡於宸衷求賢得人天

下至公鴻鵠不翦麒麟在馭九霄咫尺萬里跬步躡影搏風過之中路天若可問余徵其故先哲嗣仁蕃翰蓋臣南國之紀洞庭之濱吁呼在聆淚血在巾樀裂酸楚悽心動神賓階寂寥總帳參差露濕芳樹風淒曲池劍光塵昏履跡苔滋幽琴戛而無聲玉竽盈而不持惟古今之俱盡悟彭殤之一期留景飡霞兮昔人謂誰隙駒舟壑兮達者不悲齊修短於一致必後先之匪移平生理言造次在茲本懸解之達觀吁坦懷而暫衷哀挽徐出泉臺永閟觴豆匪馨塗芻有位蒼山霧羃素滻波駛紛帷輤之依遲杳精魂

之髣髴匍匐友好伶俜孀稚玉樹春凋文星晝墜士歎梁木朝嗟國瑞三月徒來百身無異緘惋痛於胷抱孰哀調之可既尚饗

欽定全唐文卷四百八十

唐次

次字文編莒國公儉從孫建中初進士貞元八年爲開州刺史韋皋鎮蜀表爲副使德宗密諭皋罷之次爲書三篇曰辨謗畧上之德宗怒改夔州刺史憲宗立召授禮部郎中知制誥終中書舍人

白帝祠祈雨文

維年月日謹以清酌之奠敢昭薦於公孫帝之靈帝以雄傑之度遇雲雷之屯思翼中夏遂荒南土覽江山之積岨

總威武以鎮衛高築雉堞遂城於茲憑秋方肅殺之名阨硤口崩騰之險邦人敬仰永飾閟宮水旱之災每歲祈禱闕而斯應福及黎庶今大火已流商風始至時方旱暵稼穡如燔敢以精誠用祈明哲庶滂沱大霔匪夕而朝酬報之盛奠塡瑤席

祭龍潭祈雨文

維年月日謹以清酌之奠致祭於清江石門之龍潭曰惟龍圖全其軀以安其居庇祐蠙獺馴擾黿魚龍之道也興致雲雨鼓動雷霆稔此蒸人助我發生龍之用也全其軀

莫若靈茲潭安其居莫若庇茲土龍生雲霧雲能施雨雨雲感召黎元鼓舞既慶成熟而無厲疵也今歲旱暵金石將流水不潤下江不勝舟種稑皆萎稂莠滿野雷隱隱而有聲雨垂垂而不下名山大澤飆疑浮野馬唯龍獨潛茲潭澒洞泓澄水面如紙纖雲不生邃宮固護重門晝扃不克民望不歆我誠若旱氣滌滌秋成莽鹵自利深淵乖張嬾旅我當涸龍之潭露龍之處跨龍之脊鞭龍之股俾之揚雲而大其雨是則人役龍也非龍德於人若果我懇懷酬報當極投以金蠶增以石玉瘞罍皆血翔鸞盡炙其餘

馨美亦滿瑤席嗚呼初薦至誠中告直詞未當肆力以用其奇惟龍惟靈念茲擇茲急急如律令

祭蜀先主祈晴文

年月日某官謹遣某乙以清酌之奠敢昭薦於蜀先主之靈惟靈開業保疆始終此土英聲厚德實冠於時知人拔才橫出千古仁深運促徂落於茲宮觀雖平廟貌猶在歲時水旱皆薦馨香德惠於人人仰其德氓心吏意小大皆虔今夏潦逾旬洪波四漲邑屋有墊溺之懼麥禾有淹浸之危而急浪奔流漸褁高嶺某奉詔守郡政化未敷懼其災沴以病稼穡敬奠元醴又燔薰香庶以精誠感於明德使神明之佐騁其智英雄之將奮其怒以遏雷霆之震以滅漂蕩之聲鏡洗層霄百物蓁茂濕雲不泄陰霓潛收開此晴霽以欽神化祈而有應大報牲牢伏惟尚饗

祭楊判官八弟文

惟年月日姨兄開州刺史唐某以清酌庶羞之奠敬祭于楊判官八弟之靈平生懿密重以嘉姻四海之內惟君一人發自總角逮于知命遨遊讌寢一歌一詠周流俯仰得君輝映野寺孤亭松門竹徑接襟援手和神繕性霜鶴唳

天玉音在聽空室間齋枯碁爛柯自非偉生受勝相磨坐隱終日負進亦多歷歷笑言其言若何歡事勝遊皆隨逝波事均榮感心寘貴賤骨肉爲交肝膽相見嗚呼哀哉婉子幼妹爰居爾室既結其褵載和琴瑟何年齡之脆促乃貞美之先失悼手足之零落又吾人之凋殁以君之才以君之義合蹈豐福合居上第行與命違道將時背遏此仁厚天胡不惠博雅裴君鎮此南土大招儁髦鵷鴻作侶曾未累月中茲炎毒百藥無驗頹齡愈促悵悵旅魂淵淵緜目目雖瞑而有恨魂強招而可復加有傷怛況惟我親涕

淚橫隨遍乎衣巾想容色兮如在覽毫翰兮猶新嗚呼哀哉神理昭然幽途可覿悲心自攢痛淚血漉何疇日之歡慽變今辰之空聞歸葬猶緩俟君冢嫡魂兮歸來安此幽宅嗚呼哀哉尚饗

高參

參師事獨孤及建中元年爲中書舍人三年以兵部郎中爲舒王誼元帥府掌書記

漢高祖僞遊雲夢議

或曰漢高帝僞遊雲夢以擒韓信果哉其智足稱也予以

謂漢祖不思宏遠之規而務一時之詐於是乎失政刑矣聖人貴正不貴幸與律不與臧昔者明王五載一巡狩令諸侯各朝于方岳大明黜陟故無德者削地有功者進律漢時君臨萬國示人以偷僞遊之名不可以訓且當此之時韓信未有逆節一朝繫信而生諸侯之疑天下皆疑則所利者少而所失者多矣昔崇伯之方命圮族共工之靜言庸違帝堯以則哲之明而未有去者蓋以其行僞象恭且有四岳之舉故也向使堯惡四凶之行拒四岳之舉不待試用加之誅放天下必以爲戮不辜矣夫刑一人使天下知其罪則服賞一人使天下知其賢則勸若賞而不勸刑而不服堯所不爲也漢祖不能斟酌古典卒用陳平之言執信而歸於京師一二年間韓王信反馬邑趙相貫高謀柏人陳豨反代地彭越黥布盧綰之徒悉以叛渙豈非服勸用刑之失歟傳曰君人執信臣人執忠古之盟主恥襲侵之事況光有天下者乎於戲悠悠千載變詐萌生使天子不復言巡狩諸侯不敢議朝覲大者自嫌強盛小者懼於囚執是恩信不流于下而忠孝不達於上王者之澤寖以凌遲自雲夢始矣

崔恭

恭官太原節度副使檢校右散騎常侍汾州刺史

唐右補闕梁肅文集序

敘曰皇甫士安志好閒放不榮軒冕導情適志作高士傳贊記遺韻風猷尚在而公早從釋氏義理生知結意爲文志在於此言談語笑常所切劘心在一乘故敘釋氏最爲精博與皇甫士安之所素尚亦相放焉則今天台大師元浩之門弟子也摳衣捧席與余同焉故能知其景行收其製作編成二十軸以爲儒林之綱紀云若夫明是非探得

失乃作西伯稱王議宗道德美功成作磻溪銘四皓贊釣臺碑圯橋碑絜當世激清風作先賢贊獨孤常州集序觀講論語序美藝文善章句作李補闕集序隱士李君遺文序備教化彰諷詠作中書侍郎贈太子太傅李公集序開國公包君集序總名實樹遺風作常州獨孤公遺愛頌太常卿常山郡開國公崔公神道碑惡戎醜思康濟作兵箴敘宗系思祖德作述初賦病流濫悅故居作過舊園賦明大道宗有德作受命寶賦其餘言志導情記會敘別總存諸集錄歸根復命一以貫之作心印銘住一乘明法體作

三如來畫贊知法要識權實作天台山禪林寺碑達教源周境智作荊溪大師碑大教之所由佛日之未忘蓋盡於此矣若以神道設教化源旁濟作泗州開元寺僧伽和尚塔銘言僧事齊律儀作過海和尚塔銘幽公碑銘釋氏制作無以抗敵大法將滅人鮮知之唱和之者或寡矣故公之文章粹美深遠無人能到此事可以俟於知音不可與薄俗者同世而論也余之仰止未盡其善蓋釋氏之鼓吹歟諸佛之影響歟余所不耆道其窮歟常懷不言之歎杳冥之恨爾後之人識達希夷意通嚮象知我之言之不怍耳若以敘人倫正褒貶則人皆知之非獨情至而稱其製作也大約公之習尚敦古風閱傳記硜硜然以此導引於人以爲其常米鹽細碎未常挂口故鮮通人事亦賢者之一病也夫子所謂君子多乎哉不多也故無適時之用任使之勤余故以皇甫士安比之若管夷吾諸葛亮留心濟世自謂棟梁則非公之所尚也所謂善古而不善今知賢而不知俗故論贊碑頌能言賢者之事不能言小人之稱享年若干以某年月日終于長安某里朝廷尚德故以公爲太子侍讀國尚實錄故以公爲史館修撰發誥令數王

猷故以公爲翰林學士三職齊署則公之處朝廷不爲不達矣年過四十士林歸崇比夫顏子黃叔度不爲不壽矣其碌碌者老於郎署白首人世又何補哉於達者不可以夭壽之歎而病於促數焉公遺孤歿後而生今已成立則友朋之知臧孫之後存於此也

韋稔

稔魏州人

涿州新置文宣王廟碑

天下郡縣悉有文宣王廟而范陽郡無者何范陽本幽州

之屬右碣石左督亢流水經其前後有林麓陂池之利至于閬闠井肆之大關梁襟帶之固自河達燕其北不過一二先朝次列縣之級第爲望領戶萬流庸附占者如之兵興人㧞兹又獨阜且倍幽之南百里而遥居鄚之陰二百里而近磅礴周廣隱然名區大歷初詔剖幽之范陽歸義固安爲州因涿郡之地題爲涿第爲上以范陽爲治所縣遂爲州治矣然此爲邑者率以多故未遑建置春秋釋奠蓋伺州之巳事假籩豆寄升降於故階迨今幽州盧龍節度觀察等使工部尚書御史大夫彭城劉公建中初假道

州縣操長是邑覩兹遺闕喟然嘆息顧其僚曰學所以知君臣父子之義者昔在三代皆鄉里有教兩漢以降罔不述用三德矧今朝廷頒宗祀之詔郡縣畢置清廟溥崇明祠今州廷大張縣署悉陳而至聖先師時享無所豈導人重道之意乎彼劉昆創祭器爲禮范甯養生徒興化皆所以達萬類而朝宗至禮也吾宰三百里作人父母必權輿斯廟以爲人紀乃視縣前近里之爽塏心規其制口劃其地度廣狹之量平廬舍之區發其居人直以官俸給以民木丹鐵之費匠人作徒之要又以家財散之人不知役廟條云構聖賢之像備饋奠之器具庭除肅然黎元翕如皆不待施而悅不待教而變於是置食錢二百萬徒三千員洙泗之風集於期月時公年始弱冠方剛之日克明古訓君子是以知公奉若典謨其將來者大矣令廣平宋晙方介直之士也倚法不削憂公如私以能名自鄚縣而來遷政率由舊履公之躅守而弗失覩公之爲政而不及學舍異文翁之後罔或繕修琴堂挹子賤之風恒餘蹈蹐歌詠不足顧言發揚見求微詞以載貞石其所書者止於敘州置廟之實即夫子懋緒隆德蓋存諸史冊且溢於古人之

口豈余頑童敢記頌焉銘曰

振頹周室警寐殷楹曠千百年炯作世程大唐御極治致昇平咸五登三是執與京聖王既興夫子乃貴茸茅列爵建廟崇位蘋蘩截海讚贖革思春誦夏絃於焉辨志惟范之陽巍巍建邑朝命有作州廷乃立廟革新題堂升故級縣寀寄奠生徒罷習崇崇大賢昔歲臨兹匪頒勞役克就嚴祠美矣像設森然具儀風化之源一至雍熙斷斷伊人恪居所職食蘗苦志戴星任力瞻我宏規闡我明德爰琢琬玉阼階之側

吕頌

頌德宗時官左司郎中

賀南郊大赦表

臣某言伏奉去年月日制書禮展郊禋告成上帝恩霑動植道洽幽明東風變而四海春聖帝作而萬物覩懷生庶類罔不歡忭中賀伏惟皇帝陛下體元立極撫運受圖御一氣以乘乾飛六龍而出震德合天地明齊日月叶三光之幽贊承八聖之睿謀頃者國步未康王室多難兵纏禍結害及生人塵飛寢園燧燭郊甸陛下乘時順動鑾駕南

巡凡在食土之毛圓首之類莫不號天向闕望風瞻星遂得猛士雷奔義旗雲合西戎自效北狄爭驅一舉而氛祲掃清蹔勞而寰宇大定則知千年降聖天命有歸六合奉尊神器斯在今農郊罷戰邊徼無虞九有偃戈八方同軌荷皇慈之覆育知聖祚之靈長匪人革心罔不咸率陛下勤禹湯之罪己法堯舜以爲心肅恭神明虔奉宗廟損抑徽號憂濟黎元始自迎長之初大申報本之禮册勳旌舊列爵分官宥死緩刑掩骼埋胔粟帛周于耆老奠酹及於幽冤天覆海渟與人更始釋羸俘於死地俾異域而生還赦枯木之嚴刑蠲執殳之常賦臣及三軍百姓蠻夷酋長等伏讀制書沐浴元澤莫不喧呼抃躍蹈舞徘徊絕徼窮荒盡沐生成之造翾飛蠢動俱承雨露之恩臣限以藩守不獲稱慶闕庭無任踴躍慶抃之至

黔州刺史謝上表

臣某言伏奉去年某月日恩勅授臣使持節都督黔州諸軍事守黔州刺史兼御史中丞臣某中謝臣以今年某月日到所部上訖螢爝之光無裨日月螻蟻之垤謬厠邱山臣素以凡庸幼乏師訓遭逢聖代忝業無聞往昔建中之

初佐戎南海屬陛下飛天御極拔異搜能臣謬居朝謁之中嘗備對敭之末臣於延英殿獻大禮賦一首特奉恩旨令臣自讀天顔咫尺芻鄙必聞一覽繁詞三蒙眷獎宣付史館列在圖書此微臣之榮一也尋屬賊臣希烈上表臣奉詔奔馳因兹淪陷臣忍死效節偷生竭忠分士伍以弱枝獻土地以強幹當元兇授首之際亂兵害帥之時玉石不分生殺未定初則傳臣及禍後乃知臣僅存陛下分命宰臣念形于色始臨軒而出涕終省表而再歡君上之慈古今未有此微臣之榮二也妖氛即殄飛詔追臣就拜銀

青仍加金印授官華省列位聖朝萬死之中再肉白骨九泉之下獨見青天此微臣之榮三也去歲季春陛下與太子諸王賦詩見宴中書宣付遍示百寮凡在臣下無不奉和擢居第一唯臣一人獨荷殊旌乃蒙厚錫光生御札榮溢天衢百辟具瞻萬人傳誦此微臣之榮四也臣本書生謬登清秩始詳刑政旋改轄司陛下不念愚蒙擢臣非次草奏之地忽降旌旄郎署之間遽遷方鎮此微臣之榮五也臣聞受寄崇者其勳大荷恩重者其感深今臣無迹可稱無功可紀累承睿渥叨冒寵章草木逢春罔答陽和之

煦昆蟲啟蟄寧知天地之仁將何以受陛下非次之恩答陛下殊常之造臣伏以黔巫遠僻山洞阻深地極荒陬人多逋梗不生五穀不識桑蠶迫之則鳥獸同羣緩之則木石爲伍臣謹當申明朝典宣布皇慈扇以仁義之風諭以君臣之道俾知教化或漸庶幾誓安遠人永清殊俗臣無任荷恩寵之至

謝賜春衣及牙尺表

臣某言中使至伏奉某月日勅書及所部將吏僧道百姓等伏蒙聖恩慰勞并賜臣手詔及春衣兩副金縷牙尺一面大將衣若干者天睠遐臨恩波洊及跪承寵賞以懼以慙臣某中謝伏惟陛下德配二儀恩覃九有雖雲雨之施在物無遺而渥澤所加於臣爲幸誠以任叨藩鎮才本庸虛威畧不足以暢皇風政術不足以裨朝政顧慙曠職常用疚懷今又特降寵臣俯延殊獎頒以尺度承春令之溥臨賜以衣裳荷天慈之遠覆榮均將校慶被蒸黎歡心積于萬靈喜氣盈于五嶺臣往塵近摭負敗已彰洎守炎陬恩禮彌厚實懼無功之賜敢安逾分之榮仰戴鴻私捐軀寧報無任感恩瀝懇之至

謝賜冬衣表

臣某言中使至伏奉勅書手詔并賜臣冬衣一副大將衣兩副者九霄垂露忽降天文萬里飛軺更頒盛服臣某中謝臣凡庸淺劣才不逮人謬荷國恩猥居方鎮自宣風撫俗猶未周星朝章已布于蠻夷聖澤載覃于遠道將士等干戈久戢歲月空深曾無橫草之功累授賜衣之慶伏以陽和生植不隔薰蕕日月照臨寧分遠邇喜溢要荒之外榮均將校之中蚊蝱力微邱山難荷無任感戴兢惶屏營之至

謝賜冬衣表

臣某言中使至伏奉某月日敕書慰問將士官吏僧道并賜臣手詔及冬衣兩副大將衣五十副者清禁絲綸特臨遠鎮中天雨露忽灑炎州感戴殊私抃躍無據臣某中謝臣頃踐臺司已招負敗洎分戎閫又寡威謀陛下曩續關遺含宏尸素恩深全宥德邁生成地偏而須賜每臨節換而授衣先及王人宣勞降自烟霄宸翰昭融如瞻日月絪縕睿睠咫尺天顏三軍激踴躍之誠五嶺溢謳歌之響皇慈溥洽顧品物而均榮寵渥謬加在微臣而增懼非勤勞

以受賜徒踊躍以祇恩灰壤爲期豈云上報無任感恩荷懼屏營之至

謝端午賜衣及器物等表

臣某言中使至伏奉詔書并賜臣衣一副金花銀椀二枚百索一軸大將衣兩副者大明生東無遠不照時雨潤物有形必霑臣某中謝伏以朱明屆節端午良辰寶歷叶於重離聖壽齊於兩曜臣凡愚賤質草木微軀謬居藩鎮之榮獲守黔巫之地豈意聖慈天覆不隔遐荒珍物出於九重麗服延於萬品臣與將校等雖備戎旅素乏勳庸當鑾徽廓清之時霑普恩頒賚之慶榮分閫外喜溢行間仰戴殊私罔知所報不勝抃躍之至

謝敕書賜臘日口脂等表

臣某言中使某至伏奉敕書手詔并賜臣臘日藥物及銀合等千年聖歷忽降遐荒萬里天書更臨下土臣某中謝臣駑駘賤質草木微生謬荷國恩擢居方鎮按俗關澄清之任臨戎無毫髮之功累授殊私薦霑芳澤況靈長上藥列在仙方芬馥蘭膏出于中禁豈臣庸陋宜此寵榮感戴天恩不勝抃躍

謝敕書賜臘日香藥口脂等表

臣某言中使某至奉宣聖旨賜臣臘日香藥口脂等宸私曲被殊賜薦加祇奉恩榮荷戴惶灼臣某中謝陛下德施周普蜡百神而魚蟲不遺慈澤旁流錫羣下而細微皆及謬承良藥之貺豈當同體之榮龜手既沐其芳馨香膏又霑于脣吻賁飾之道備幸于臣澤浹肌膚恩深骸骨撫心揣分慙厚施於天休賤質庸軀荷曲誠於元造實爲僥倖何以克堪涓埃無補于綱維濡渥有加于蓬賤邱山惠重螻蟻命輕靦厚顏于死生覬忘軀而徇節

謝賜口脂表

臣某言中使某至伏奉宣賜臣紅雪口脂各一合降自重霄賚于賤品承旨慶抃省躬慙惶臣某中謝臣謬處準繩遂更律候每慙效薄常懼食浮豈謂特荷鴻私猥霑殊賜時當蜡臘澤浹幽微彩雪蠲邪無虞于美疢芳膏盡飾有愧于陋容徒罄丹誠不知上答無任感戴之至

謝賜口脂等表

臣某言中使某至伏奉敕書慰諭并宣進止賜臣紅雪紫雪口脂等慶賜以時寵光逮下捧詔心悚承恩汗流臣某

中謝伏以元律送寒清霜戒臘九天布惠萬類發生臣以庸虛謬當任使觀風未久按部無能而陛下俯念守臣恩同勳舊詔垂御札藥稟仙方降蘭澤以傳馨頒玉曆以示慶實慙固陋忽被光輝撫躬循已終夕愧厲謹當訓整師旅牧養黎甿敷雨露之恩宣日月之照俾瘡痍漸復江湖安流庶于涓毫上答山岳伏惟皇鑒俯照丹誠

爲張侍郎乞入覲表

臣某言去貞元五年於延英殿賜面辭之日親奉進止令臣一考即來者臣謬承聖獎猥守方隅自到黔中首末三年更入新正即及四載臣素以微生叨居重鎮恭行朝旨宣諭皇恩種落遠人庶幾於理伏以遐荒僻阻控帶諸蕃溪洞蠻夷性本生梗木石爲伍鳥獸同羣寬之則伏匿山林不遵王命迫之則結聚蜂蠆害及邊陲臣于撫馭之間酌其中道示以威惠諭以憲章以清靜臨人以不擾爲政開設學校令知君臣父子之道勸勉稼穡令知生成衣食之原滅其征徭蠲其力役令國恩遠及夷落大安萬里勤王一方無事臣管內素多瘴癘山峽重深毒霧蒸雲常在牕戶四時多雨不識霜雪終歲陰昏少見天日出門無路

舉目唯山猿鳥之心如在籠檻臣從去年冬初忽染脚疾膝脛頑痺行步艱難絕無醫人素乏藥物深山窮谷無處市求任重命輕何可言疾臣先奉進止一考令歸又準敕文二年與替臣今歲月以久疲瘵交侵況奉綸言難堪更住臣久辭天闕戀切龍顏瞻望天門不勝涕隕無任攀戀切迫之至

再請入覲表

臣某言臣去貞元五年面辭之日親奉進止令臣一考即來臣謬荷聖恩擢居方鎮炎瘴之地首末四年恭守廟謨

宣布皇澤唯以靜理惠卹遠夷令縣道宴清干戈罷戢雕題左衽萬里勤王溪洞之人無不樂業此皆聖上之恩豈是微臣之力臣從前年六月患脚膝行立艱難秋深以來更染風疾又從去年六月直至今日不見三光山谷昏昏終日陰雨吞茹瘴毒實所難堪伏奉敕文二年與替況奉進止一考令歸臣疾癘所侵氣力衰敗素無醫藥恐不支持臣伏見近日以來楊悅孫誠李速裴膴皆在遐裔相次喪亡特乞聖恩全臣性命許臣準敕歸赴闕庭再覩龍顔灰粉無恨臣去年十二月已進表陳乞情有至切再瀆宸

聰伏乞天慈救臣疾苦不勝懇迫憂塞之至

降誕日進光明砂等狀

右臣伏以大電遶樞千年感聖神光照室六合歸尊恭惟降誕之辰實啟乾坤之祚普天稱慶率土同歡仰舜日而徘徊望堯雲而抃躍前件光明砂等金丹上品著在仙經願因不朽之姿永固長生之壽

降誕日進光明砂丹等狀

右臣伏以上元降聖之時皇帝出震之日天垂景曜遶北斗以呈祥人竭歡心願南山而爲壽前件光明砂丹等管內所出服餌所尚生依仙谷誠有驗于仙方貢自蠻夷幸得充于御府臣藩守有限不獲稱慶闕庭

賀陸相公拜相啟

某啟伏見詔書相公拜上台之位寅亮天工登翊王室弼成大化佇致和平叶一人夢卜之求副四海具瞻之望凡在中外孰不慶幸方今聖主文明天下思理兵革不舉于茲十年黎元有再安之望戎馬有歸牧之勢夫物應有兆機生其微制動者守乎靜求直者端乎表秉鈞者愼始而圖其終也相公天實生德錫我皇家禺禺蒼生延首以望

蠻夷左衽亦仰無窮某受任遐荒職在邊鎭瞻戀欣抃無任下情

賀趙相公拜相啟

某啟伏見某月日詔書伏承相公膺啟沃之心登輔弼之任人望已久天意下從休聲飇馳浹洽海內凡在士庶不勝慶幸伏以陛下文德聿修武功克靜祲沴不作昇平漸階正可乘天時以創制因人事以立法天其或者必以相公秉啟聖之運致仁壽之期自然百度以貞九流式敘霜露所墜罔不開化蠢動含生皆遂其性致君堯舜何獨古

人某受命荒服。職在天涯。瞻望喜躍。無任下情。

謝竇相公除男襄州參軍仍許隨父啟

某啟。男元曜蒙恩授襄州參軍。又奉七月初四日敕書。令隨父準例支給料錢者。恩生不次。事出非常。仰戴天慈。伏荷仁德。以欣以懼。戰越交并。伏以國朝故事及古名臣。惠及黎元。勳高社稷。則有賞延于代。祿及于家。或總角腰章。或垂髫結綬。綺紈拜命。襁褓分榮。自葉流根。蓋超彝典。某繆承聖獎。猥守方隅。政教無聞。典禮多闕。男尚幼小。濫廁班榮。相公念以退荒。將與便近。更許隨父。仍給料錢。榮超

流輩之中。賞過彝章之外。退循涯分。喜躍伏深。限以所守。拜謝末由。下情伏增戰灼。

欽定全唐文卷四百八十一

呂周任

周任德宗朝官侍御史

泗州大水記

春秋左氏傳曰。天反時為災。地反物為妖。其於水也。反利為害矣。在唐堯時。包山陵而浩滔天。在漢武時。浮齧桑而浸鉅野。皆震蕩上心。昏墊下人。其故何哉。天其或者警休明而表忠誠也。皇唐貞元八年。歲在壬申。夏六月。上帝作孽。罰茲東土。浩淼長瀾。周亘千里。請究其本而言之。是時

山泐桐柏。發洪歕湧。下注淮瀆。平湍七丈。浮壽踰濠。下連滄波。東風駕海。潮上不落。兩水相逆。濺濤倒流。矗縮迴薄。衝壅淮泗。積陰驟雨。河瀉瓴建。不舍晝夜。至於旬時。乾坤合怒。雲雷為屯。以水濟水。吞州漂防。走不及竄。飛不及翔。連甍為河海。噍類如魚鱉。事出慮外。孰能圖之。開府儀同三司檢校右散騎常侍兼御史大夫泗州刺史武當郡王張公伾。以其始至也。聚邑老以訪故。搴薪揵石以禦之。其漸盛也。運心術以馭事。維舟編桴以載之。遂連軸促艫。歛邑之惸嫠老弱。州之庫藏圖籍。官府之器。先寘於遠墅。軍

資甲楯士女馬牛遽遷於水次將徤丁壯過水之不可者任便而自安迨數日而計行矣洪波汗漫不辨涯涘驚飈鼓濤舟不得不覆巨浪崩山城不得不圮崇邱如島稍稍而没厦屋如查汎汎相繼天迴地轉混茫其中公獨與左右十數人纜舟於郡城西南隅女牆濕堵之上以向衝波之來不亦危哉公之左右失色同辭請移公曰伾天子守土臣也苟有難而違之若王命何且南山隅淮幾五六里吾能往矣況是别境離局姦也雖死不爲公於是使部内十驛遷於虹城西鄙而南傍南山而東四百里達維揚之

路俾星郵無壅又東北直渡經下邳五百里至於徐州通廉察之問又移書淮南城將令斷扁舟往來立標樹信以虞冦賊之變公每端拱對水而訴曰伾奉聖主明詔司牧此州以親萬姓河公何爲不仁降此大沴伾之罪也厲聲正色阽危不撓歷數旬而水定又再旬而水耗自水始至及水始耗已六時矣又一時而復流郊境之内無平不陂郛郭之間無岸不谷尺椽片瓦蕩然無所有可異者惟公之路寢與內寢巋然存焉豈不可浮而徃抑不可顛而壞乎斯則神仰公之仁先庶物而遺巳神賞公之忠臨大難而守節神高公之義動適權以成務故保其聽政養安之所旌公之善也昔召伯之理也人愛甘棠而勿翦方茲神靈扶持不亦遠乎公乃捨車而徒棄輜而泥弔亡恤存綏復軍郡遠軫聖慮詔左庶子姚公弔而賑之至於修府署建城池詔有司計功而償緡立廛市造井屋公申勸科程以貫以貸纔踰年而城邑復常矣其餘縮板爲垣樹柳爲麗端衢四達廨宇雙峙雙闕雲聳環臺中天即公之新惠也天災流行何代無之逢昏即戚遇賢即退故劉昆反風而火滅王尊臨河而水止蓋忠誠之至也公嘗領羸兵守

孤城以百當萬俾國家全山東之地名載青史公即國之長城也今以一葦之航絓於危堞之上以當漲海之勢城頹而一塊不傾水止而所濟獲全公即國之貞臣也固知明主之委任於公也皆感而通焉周任不敏學於舊史氏借古人以諭公或曰未同年矣謹述而記之時貞元十三年歲在丁丑清和之月哉生魄勒於石

王損之

損之貞元十四年進士

曙觀秋河賦 以寥天曉清景曜晤晰爲韻

邈彼斜漢麗於中天遇良宵之已艾與清景而相鮮勢則昭回既闌干而遠映時方蕭瑟亦汎濫而高懸的爾遥分淒然仰眺澄奕奕之浮彩隱蒼蒼而引耀孤星迴泛狀清淺之沉珠殘月斜臨似滄浪之垂釣輕暉幕幕遠景蕭蕭色分隱映光凝泬寥擬瀑布而不落似輕雲之欲銷夜景將分清光向曉縈碧落以迴薄澹晴空而縹緲躋攀不及限一水以心遥瞻望空勞邈九霄而思杳發跡無際凌虛不傾積曙色之牢落涵爽氣之淒清疑曳練而勢遠訝殘虹而體輕遠想牽牛漸失迢迢之狀遥思弄杼無聞軋軋

之聲景氣潛晗氛埃遠屏寧在地以爲狀信滔天而挂影可以翫清光狎餘景分暉爽亮向曉色而亭亭遠勢縱橫帶秋光之耿耿偉茲垂象倬彼青霄映星躔之的的出雲路以昭昭想穿鑿之初悠然莫測稽源流之始邈矣方遥則知匪自人功實惟天設自虛無而想像界寥廓而昭晰意天邊之橫注遠若波瀾想空裏之潛流遥疑嗚咽宜其臨清泚挹澄澈儻天路之可昇與清濟而比潔

飲馬投錢賦 以好善馳名叶乎前志爲韻

昔人有暗室無欺行行路歧涉清流之蕩漾指白水以驅馳乘匹馬而來念茲枯渴傾一囊以用投彼漣漪且水本無情人能誓志俯濯纓之上善控奔蹄之小駟廉隅是切斗升之水無多重價將酬子母之錢盡棄湯湯淺瀨歷歷五銖飲之而忘其量也投之而無乃甚乎同濟河而沉璧異濁水以求珠隱金沙之中迷於赤仄落蘋蘩之上混彼青蚨嗟乎利已則多潔身誠鮮在一飲而何損投半兩而稱善鳧鷖下處對鶖眼而難分鱣鮪游時雜鯨文而不辨駸駸練影潏潏波聲滿腹而自資行道墜錢而孰謂沽名郭況之家人儻來訝移金穴漢代之貲郎或見猶認水衡

浦溆縈盈汀洲重疊吳酌貪而難並王不言而雅叶致香醪而一醉且乏杖頭入春溜以俱沉不漂榆莢澄明水底散亂馬前乍似揀金之磧何殊種玉之田逐好利之徒無辭俯拾同貫珠之子幾誤旁穿是知雅志無儔常情不到將均勺水之直自勝飲冰之操則墜銀瓶於井底思婦徒傷投竹杖於陂中仙翁可報賢哉項氏之心從吾所好

汗血馬賦 以絶足方騁流汗如珠爲韻

異彼天馬生於遠方每流汗以津潤如成血以熒煌所以名重騄驥價高驌驦骨騰肉飛既揮紅而沛艾麟超龍翥

亦流汗以徜徉當其武皇燿兵貳師服猛破大宛之殊俗獲斯馬於絶境由是辭遠塞以俱來望漢庭於遐騁初疑霢霂染瀚海之霜華終訝淋漓變榆關之霞影及乎獻闕之始就駕之初飾金羈而勢如躡影排玉勒而態若凌虛伯樂乍觀訝露襟而沃若王良載馭驚濺袖以班如觀其步驟如流驅馳若滅恣餘力而聳躍控中衢而敻絶長鳴向日蹀躞而色若渥丹驤首臨風奮迅而光如振血疾徐中節羈束如濡流膺臆以飛赭灑纓鬣以凝珠雄姿汎彼逸態濡于映白駒之羣皆疑失素齊紫燕之匹不可奪朱

卓彼奇姿實爲殊觀初溢腹而露灑終盡足而渙汗此朱翼而表異難並駿良彼赤鬣以稱奇翻同欸段趍騰莫及迅疾難儔遽赫如以浹洽乍煥若以飛浮儻遂越都甚追風而更疾如同過隙似奔電以潛流且其戢聯翩異蹉跼材逾良駿名失逸足儻不棄於血誠將八鑾而齊躅

崔護

護字殷功博陵人貞元十二年進士終嶺南節度使

屈刀爲鏡賦 以神仙異術變化無方爲韻

惟刀鏡之異名共堅剛以爲質懿靈仙之手澤得微妙之心術銛鋒始掞乍盤屈以規圓朗鑒俄成駭拂拭而光溢則知道藝之秘變化之神實希夷而有德寧積習而可臻瞥然而電影初散煥爾而菱花已新用不假物力非因人可以矯而揉可以引而伸欻應手以從革爛含光而足珍霜刃既摧冰光乃見自金環而耀彩入寶匣而增絢道高欒氏鄙噴酒而雨飛術邁壺公輕投杖而龍變諒成形於顧指豈勤力於鑄鍊在剸剖之則遺將姸媸而必辨仙術斯遠人情匪量雖五金勁質百鍊純鋼或卷舒而在意信元妙之無方利用無虧同切玉於周后明輝既就齊照膽

於秦王軼前志而稱奇著幽經以標異始挈而雄鍔若失屢照而清光不匱覩神迹之昭彰識靈訣之奥秘是將手以爲炭心以爲爐既可引而可屈亦何有而何無考乎誠與元而契稽乎理爲道之俱異哉術亦無詐將本之於神化法不可傳徒仰之於列仙雖改其狀不渝其堅初徑挺以繩直終青熒而月圓昔也爲刀則犀兕之可斷今也作鏡知鑒照之無偏儻或收於一割與鸞影而鶯遷

日五色賦 以日麗九華聖符土德爲韻

陽精之瑞兮惟瑞之嘉首三光而委照備五色以連華繁

彩遙兮叶土數於聖運祥光下燭賛元吉於皇家且夫天之降禎昭示羣有日之效慶丕應元后軼圖牒而稱靈著策書而不朽徑惟千里表年歷而當千麗彼九華彰帝業之在九懿其廓煙霄而朗霽歛天宇之氛曀出暘谷之方融歷離宮而增麗羲和疑而愕立疇官駭以横睇循黃道以遲遲爍青冥而晰晰觀其瑞景中煥浮晶外溢所以告昌期符聖日結金天以標異掩羣祥而首出仰其眾色比河上之榮光徵彼謠言異江中之萍實景麗天衢明均八區知神光之有寀信元化之潛敷媚韶陽於紫陌混佳氣

於皇都於是見土行之善應識帝載之珍符君一德兮格于上天日五色兮臨于下土實有感而斯見固惟仁而是輔乘虛散彩狀朝煙之曖空緣隙通輝若晴虹之入户燦爛同耀元黃交映暈藻繪於金輪聚雲霞於寶鏡當道泰以垂貺契河清之表聖諒四彗之莫儔豈再中而攸競則知天意非昧人情可測所以異其彩示輝光之日新所以呈其祥慶文明之允塞偉夫彼日之瑞可以象君之德謬膺薦於春闈幸觀光於上國

陳昌言

昌言貞元十六年進士

先王正時令賦 以四時漸差置閏以正爲韻

天序運氣王統時紀欽若是授人之初履端爲步歷之始欲正時而罔忒非置閏其何以伊昔陶唐五帝之世申明推策之術表錫落蓂之異羲和之職既分歷象之文始備於其寅亮帝圖式昭天事其則伊邇其猷孔嘉日月運行故有遲速之異晦朔循軌因爲大小之差立分至則寒暑不忒積餘日而盈虧匪賒且正者王之丕訓時者天之大信正得其序則面離而御乾時失其經則夏雹而冬震人

殃於疫年不爲順故時不得不正歲不得不閏也昔周禮在魯歷法可推官或尸位閏則迷時良史爲之追正議士爲之興辭俾夫司歷法者罔或二事建皇極者於焉慎思則序不僭而事不悖沴可伏而祥可期我唐百王居盛九葉伊聖昧爽無忘乎順序動息必繇乎時令茲歲也當仲秋而歸餘居位也闔左扉以舒政化災爲祥紓憂作慶南山之壽閏月而潛宏北户之甿重譯而歸正於時金風半肅雕雲乍歛野樹丹舒遥峯翠黕燕溟海以馳歸鴻朔漠而方漸正時之文存乎往志舍之則玉燭不調得之則銅

儀安次可以使四方稟朔之君萬代守文之士。知我正性歷。奉天時而置也。

馬總

總字會元。扶風人。元和初爲虔州刺史。入爲刑部侍郎。歷淮西忠武天平軍節度使。長慶二年加檢校尚書左僕射。入爲户部尚書。三年卒。贈右僕射。謚曰懿。

爲戴中丞謝賜中和節詩序表

臣某言。中使至。奉宣聖旨。賜臣敕書手詔并御製中和節詩序及尺等。天睨薦臨。睿文亮發。仰觀俯愧。祇懼若驚。自受殊恩。守兹遠鎮。才拙日淺。政未及人。陛下頻降寵私。驟施惠澤。雖大君獎飾。其道則然。微臣鶩猥。豈宜及此。臣聞先聖有作。不相沿襲。苟合天理。順乎人心。則可以垂憲百王。布諸彝典。側覽明詔。以二月一日爲中和節。事因祈穀。便賜歡娛。兼賜臣御製詩序一本。尺一枝者。伏以仲月良辰。首建嘉節。朝野慶洽。君臣樂康。助萌芽之發生。擬天地之含育。誠所以跨越周漢。邁絶古今。況聖人麗藻。高懸日月。皇儲妙翰。益覩文明。誕告萬方。孰不歡抃。又書同律度。禮均衡石。以尺頒賜。固協其時。敢不佩此謨猷。謹於軌範。限守邊鎮。遂闕稱觴。徒觀宴鎬之詩。不厠賡歌之末。無任兢荷歡躍之至。

代鄭滑李僕射乞朝覲表

臣聞臣之事君。如子事父。子有晨昏之道。臣有朝覲之儀。載罹寒暑之遷。豈勝犬馬之戀。臣聞古之郡國。皆有邸第。列在京師。出命守藩。入令述職。所謂百谷朝海。衆星拱辰。伏惟皇帝陛下德伏萬邦。理臻三代。夷夏率俾。沉翔煦然。臣頃受任番禺。星霜七變。身在南海。心懸北闕。特蒙渥澤。徵領宗司。方厠朝行。旋牧關輔。東郡缺帥。又忝總戎。雙旌自天。便道之鎮。赤墀轉遠。伏謝無因。及兹三年。丹懇每結。況自貞觀之後。迄於聖朝。臣之一門。繼荷重任。擁旌鉞者僅二十人。高祖淮安郡王神通。弼亮太宗。戮力締構。榮登左揆。以寵勳勞。臣無先祖之功。而塵先祖之位。師長宗秩。胡堪謬列。是願罄述愚志。一覩聖顔。宵旰九迴。晝食三歎。今河朔軌道。汴宋底寧。臣所部宣揚睿慈。綏緝黔庶。師旅知訓。農桑以時。徵賦有常。廩儲有備。但以違奉既久。心不遑安。輒敢冒昧上聞。特希矜許入覲。臣獲蹈舞班敘。親承德音。却歸方隅。生死榮幸。

南海舉給事中穆質自代狀

右臣伏見前件官才畧過人清貞出衆早居省闥鬱有政聲官叙已高時望仍重爰自出牧美績尤彰正直不回沉毅能斷伏乞以臣官授之於質則必能鎭靜方域輯和蕃戎臣之才能誠所不逮官謗易召榮福難叨伏希聖慈允兹誠請則君無妄授之義臣無虛受之名不勝懇切愧靦之至

鄆州刺史廳壁記

唐受天修命用古道理仁覆德載與二儀大宏煦丕冒與

三並曜繼明嗣睿萬葉其始於十一聖聖謨熙載千祀其初於十四歲歲二月丁巳平巨寇復齊魯地三月己丑乃命臣總授節分閫撫安餘衆且理於鄆而觀察曹濮故荷皇澤來濯汙俗人既沭浴咸以潔清物無夭傷各遂性命不化化不林林感聖德也豈待守臣施諸政術而革訛止謬乎於以見周公太公之遺風仲尼之禮教有所不泯者焉何以言之先是元兇事猶未順唯此邦衆尚或率從及顯逆謀多不爲用其所寵任皆亡命之徒與皂隸耳故義聲一呼厥衆咸應乃知斯人可與爲順不可與爲逆此其明驗與夫州郡廳事之有壁記雖非古制而行之已久其所記者不唯備遷授書名氏將以彰善識惡而勸戒存焉其土風物宜前政往績不俟咨耆訪耋搜籍索圖一升斯堂皆可辨喻原兹邦域其來遠矣曰太昊之墟曰魯之須句曰漢之東平曰今之鄆州其地一也武德中爲總管府亦爲都督府而蔣曹戴濮兗五州隸焉貞觀初廢府復爲州八年始自鄆城移於是就高爽也自逆帥擅據罔率訓典改易升降名稱溷淆蓋無取焉今以平寇之初魏博田公奉詔權兼勾當則位同正牧宜書爲首亦春秋始魯隱

公賢之也其國初以來刺史名氏及遷改之次既遭蔑棄難以究詳訪諸史官異日備於東壁時聖歷元和紀號已亥直歲十二月己卯檢校禮部尚書兼鄆州刺史御史大夫馬總記

崔衍

衍左丞倫之子歷官江蘇虢三州刺史貞元二十一年加工部尚書

請減虢州賦錢疏

臣所治多是山田且當郵傳衝要屬歲不登頗甚流離舊

額賦租特望蠲減臣伏見比來諸郡論百姓間事患在長吏因循不爲申請不詣實不患朝廷不矜放有以不言受譴者未有言而獲罪者陛下拔臣牧大郡委臣撫疲民臣所以不敢顧望苟求自安敢罄狂瞽上于聖覽

嚴維

維字正文越州山陰人至德二載進士擢辭藻宏麗科調諸暨尉辟河南幕府終秘書省校書郎

中書試黃人守日賦以四聲用韻

聖人之在運也上天爲之降祥將以示德遠告時康火精

始凝初臨於嵎谷陽德用事首出於東方作大明兮其彩白有善守者其人黃惚兮恍兮見於爲物之體窈兮冥兮來於無何之鄉豈惟有德動天景再中於漢帝至誠感物退三舍於魯陽所謂人者臣之稱日者君之象三光可得居尊眾靈於焉稱長人所以守日叶伊皋之弼亮天所以垂休明億兆之所仰實王化之基格諒神功之肸蠁則知唐虞之代羲和之最蕭索糺紛如煙如靄又況夫兆慶於合璧告祥於抱戴嘉其氣霽地表雲收天外出暘谷而輪開當亭午而光大映眞人之麗質爛寬裳與羽旆離婁夐以喪明周文咄咄而延昧屬宇宙以廓清表陰陽以交泰我君如日之昇惟天是則君臣合體符瑞允塞以太古而望今齊哲聖以同德

李益

益宰相揆族子第進士憲宗聞其名召爲秘書少監集賢殿學士遷太子賓客轉右散騎常侍太和初以禮部尚書致仕卒時又有太子庶子李益同在朝故世言文章李益以別之

詩有六義賦以風雅比興自家成國爲韻

夫聖人之理原於始而執其中觀天文以審於王事觀人文而知其國風故每歲孟春採詩於道路而獻之泮宮有以知下之化達人之窮發於關雎之首及乎王道之終故曰天明自人而視天聽自人而聽所謂政於內繫一人之本動於外形四方之風始於風成於雅失其道或天方薦瘥得其宜或錫之純嘏是人情之大寶未有不由於斯者爾其德以頌宣事以類比陳之於學校將可以反正輟淫播之於絲桐何有於翦商變徵屬辭庶因於勸戒緣情孰多夫綺靡嘉魚作而賢者進騶虞廢而王道缺矣至於

詩之為稱言以全興詩之為志賦以明類亦有感於鬼神豈止明夫禮義王澤竭而詩不作周道微而興以刺俾乃審音之人於以知風之自洎夫代見更改也運歷於詩亡自天未喪斯文也以至於皇唐於是抑文尚質崇儉去奢振六藝以補化秉一言之無邪不然何以天地奉若而不興雲漢之嗟用能德馨而蘋蘩可薦誠達而來麰降生雖九重崴招其諫諍而九有日聞其頌聲且君非五諫兮何弼詩匪六義兮何成我皇乃以詩而條之國政本乎人情故得行於蠻貊豈獨用之邦國修之身則壽考不忘垂乎後則子孫千億乃知詩之為教蓋亦王猷之至極

吳通微

通微海州人德宗朝官壽安縣令入為金部員外郎召充翰林學士遷職方郎中知制誥

內侍省內侍焦希望神道碑

春秋以立功於時謂之不朽釋氏以不住於相至乎無生善時者勳業存離相者往來一以是居世其至人之蘊耶維夫事上以忠修身以道竭節於盛明之代遺情於寵祿之間通乎大觀與物終始建先脩之所為順理之期光昭前聞有若左神威軍中護軍兼柱國焦公公名希望字希望舊史稱周武王尅殷紂封神農之後於焦至武王孫康王生子曰文手中有畫如焦字之數又以封焉爰初啟土實居陝服累國入於焦因從平陽遂命為氏其間允文允武或哲或謀代不乏賢可得而畧厥後或以官族寓籍於京兆府之涇陽公之系緒今縣人也曾祖諱躍太宗撥亂常從征遼拜絳州鳳庭府果毅都尉祖諱法滿克踐儒行累遷至朝散大夫絳州司馬皇考諱孝憬佩服仁義不交世祿積德之慶鍾美於公公嶷靈純粹秉志剛實耿介不

羣風標自遠清襟朗察萬象無所隱其情見性圓明眾辨不得礙其正以言則窮其奧得聖人之心以行則用其中合君子之度年及弱冠選侍彤闈貞松之姿既呈於徑寸層臺之峻亦資於覆簣守內府局同正丞以陝府元從授承務郎敬恭朝夕恪守官次忠信以奉上之道禮義以周身之防莊而能和敏而有勇故可以恭武可以佐文方圓適器無入而不自得今皇帝之在春宮每加信任洎正宸極爰獎貞純於是朱紱斯皇銀章有耀公夙荷榮渥茂茲寵光便繁左右密勿軒陛事君不二志守職惟一心口無

擇言身無悔行見義能勇盡力忘勞其衛主也有匪躬之節鑾輿既復上懿其誠除給事同正賜金印紫綬益見親重乃命監射生軍事貞元五年詔以射生軍爲神威軍加内侍省同正兼謁者監賜上柱國餘如故公訓整戎務練達武經舉傑儁懋勳實贍材用協師徒我車既堅我馬斯服至若郊廟之事文衛之儀材官彍騎林植鱗次若離若合者固足以耀皇威而振國容矣十三年制加中護軍累遷内侍省内侍同正兼内常侍公受委愈重執心愈恭守直無隱盡忠在公理軍如家正身率下上所甚信咸感悅

之爰廣舊軍肇建新宇叶比眾志允成厥列布之以署爰峻壁周講藝有館公食有堂既庶既繁兮樂且康爲輪爲奐兮耀華章迴六龍之日馭降萬乘之天光以永代垂則宣力四方者也至乃公離諸見性符道源以明誠宏大覺之因以清淨修有爲之事動靜無閡喧寂一如不牽外緣不滯禪想以之（疑）則貞固幹時仁者悅其仁義者服其義嘗事上則忠信行已以莅職（疑）謂無上法寶諸佛之心自達磨東來實爲教祖公了見眞性元契度門乃於軍中建立精舍上以奉國下以利人皇上御大明以燭幽發慧日以垂照廣一乘之妙旨輔萬物之自然及公上奏乃賜額曰貞元達磨傳法之院表正知也每從容而歎曰性無生滅物有始終本乎天者爲昭明親乎地者爲委順是以遺生死外形骸感冬夜之詩歸於其室備歲時之制允叶前經信所謂知命不憂達生之情者矣乃建先脩塋於涇陽之縣東南焦劉渡之西公之故夫人李氏浮圖城中龜謀協從鴈影連屬支提鬱起像法恒存吾將老焉可以無累經言諸相常寂公之志歟嗣子朝榮等克稟趨庭之訓無虧立身之道以是有後人咸曰休哉惟公之内誠既率乎

天至公之元達載光乎法器宜乎承睿聰協師貞紀嘉績茂休聲保黃中之元吉暢塵外之高情既得瑕邱之地先開張禹之塋仁之報兮壽未極櫝可材兮躬所植表全美於貞珉俾後生而作則銘曰

萬物芸芸孰見其眞修身踐言實惟哲人猗歟護軍與道爲鄰率性居正資忠事君澄心止水勵節貞筠行有枝葉道無緇磷其動以直克廣厥勳及新營宇載肅鈞陳眾服其誠上嘉其勤朝章允集睿睠逾殷處貴尚謙秉志惟純清虛應物恬曠怡神法本無生有非吾身靜觀其復視喪

猶壓。委順於何。涇川之津。鴈墖先啟。區中了人。爰植爰修。
以躬以親。洪流不竭。法壽長春。表石垂芳。千年日新。

欽定全唐文卷四百八十二

黎逢

逢大歷十二年進士。

象魏賦 以雙闕似雲浮為韻

王者施令。善人為邦。法制惟明。伊典章而有六。象魏攸設。信高闕之以雙。故其政坦蕩。其教敦龐。亦既懸之。四方取則。及乎瞻也。羣心自降。觀夫立如建標。旁與懸鏁。俯明庭之若砥。夾馳道其如髮。將欲朝百蠻之酋帥。集九命之簪笏。豈徒競崑閬之瑤臺。象河宮之貝闕。高齊嵩華。勢比恒碣。聚北斗之瑞雲。挂西山之落月。令者政之端。春者歲之

始。非道人之徇路。陋秦伯之懸市。取象則金牓為籥。指字則銀鈎可似。建中於下。無或不美。六官有成。萬姓允理。惟精惟一。道深黃帝之書。不削不刊。義合素王之史。客有鄒魯之徒。為之頌曰。巖巖雙闕。上干青雲。明於著令。煥乎成文。萬人承式。九有來君。彼駟牧與露寢。曾何足以稱云。夫象者制法之流。魏者大名之尤。合二美以成德。懸千古而為儔。四門穆焉。少正之誅何有。大道行矣。仲尼之嘆焉求。豈唯興禮讓。息澆浮而已哉。

貢士謁文宣王賦（以題爲韻）

聖人沒而教在，明王興而道宣。命上公以陳信，展大禮以登賢。觴酒豆肉，金鏞筦懸，致克禋以如在，當質明而不愆。祁祁諸生，必恭敬止。廓廣庭以容衆，峩高冠以修巳。臨奠獻之筵，肅造秀之士。階間儼以成列，槐陰布以如市。將備禮於先師，遂儲精於祝史。於以致君，恢復王化，宏闡人文。磬音繼於夜柝，燭影迎於朝雲。見曲暢於和易，知具歆於苾芬。肅肅階戺，陰陰門闕。喬木棲於暮煙，前軒滿於行月。羣士沓而歲至，庶工齊而曉謁。上元酒以清潞，間朱絃而

踈越。齊百王於建號，歷千古而未歇。蓋以教侔天地而不朽，功格宇宙而不伐。不朽故可貴，不伐故彌彰。仰而不及，融然有光。實橫被於歷代，獨崇輝於帝唐。德教不輟，王猷有昌。日尊師於廟，歲求士於鄉。教之於右塾，登之於上庠。知本末之可務，亦師師而不忘。將歷試於宗伯，必先謁於素王。古先哲君，任土以作貢；洪惟我后，嘉善而容衆。猶莫獲師於卜，獲相於夢。時哉康哉，宜阿閣之巢鳳。

貢舉人見於含元殿賦（以題中字爲韻）

國家開文學之科，旁求英彥，爰將貢於禮闈，命先參於秘殿。欲使懷才抱器，自此鷹揚；當令較伎逞能，從茲豹變。是以儒風益振，睿澤惟新。設薦舉爲教化之本，致朝見爲榮貴之因。庶使八紘碧嶂，絕臥雲之士；遂令萬歲彤庭，觀獻賦之人。莫不張文柄以旁羅，詔諸侯而上貢。俾離邦去里，若攀龍附鳳。或稟間生之瑞，出則驚人；或懷希代之珍，來皆動衆。期美祿必取，期殊科必中。莫不遠湊天闕，爭趨帝閽。曹劉靡至，賈馬雲屯。當仲冬月，候丹禁門。於時銅壺尚滴，粉壁猶昏。驪駒波躍，蠟炬星繁。俄而鐘斷長樂，殿啟含元。中使森而鶴立，諸生凜以駿奔。進抑退揚，儼袞衣而設

禮；左旋右折，俯丹陛以陳言。曰：臣等才非可升，德非可舉，幸以辭乎海上，達彼君所。今則凝神注目，無非繡戶金鋪；接踵比肩，盡是鴻儔鶴侶。歡聲數四，周覽再三。散漫而龍池霧起，參差而宮樹烟含。既而中貴遥宣，勞卿遠見。咸精筆陣，勉赴文戰。時康俗泰，終有待於英髦；擇善搜賢，本無遺於寒賤。諸生乃退行列，整簪裾，瞻鳳扆，獻玉除。俟青春而變化有望，當聖意而光輝有餘。集鴻都而固難比矣，會虎觀而未可加歟。則唐之盛也，堯舜不如。

人不學不知道賦（以學然後知不足爲韻）

君子之爲道也敦詩書說禮樂俾其潤身而浴德克己而志學亦猶嘉肴在器良玉抱璞肴之知味既因於嘗玉之成功必由於琢物既肖旃士亦宜然知此道者必勤學焉若夫即其講肄齒以胄筵儒風是習素業斯傳以三墳五典爲本以八索九邱爲先存乎博奧究其精研漁獵乎六籍之內牢籠乎百氏之前得用而行將陳力於休明之代自彊不息必苦節於少壯之年於是愼擇其師審取其友師之嚴則尊敬而靡懈友之直則切磋而可久志有所立言無所苟講道德必探其本原進禮樂必盡其先後故業

就而青紫可拾器成而瑚璉自負

觀風臺賦 以曾構重屋以觀八風爲韻

我天子德廣虞夏業傳高曾展義之心攸克觀風之禮必登故臺之用也斯建臺之名也是宏然後度材比德奢而不盈興功俾役儉而不陋萬物是集百工是湊從繩罔愆運斤以斸欻以山立揭焉雲構豈不謂鴻休叶贊元德時雍錯綜之典不革經始之道克從闢以九户聳以千重接祥光於溫液納瑞氣於驪峰觀乎大廈耽耽飛檐穆穆殊形詭制羣品異族或霞駮而電開或龍蟠而獸伏皓飾彰盛洞文潛蓄既藻井以垂珠亦丹墀而布玉晴天反照垂蝃蝀於雕梁霽色澄明挂蟾光於重屋混合元麗巍峩特起入窈窱兮不知其所之視瓌譎兮不知其所以及夫西成罷務北陸將寒霜封原隰雲蔽峰巒金輿斯御綵仗初攢寧修心以攸往必風俗之所觀設教陳詩事必彰於禮備承天統物政本在於人安至如庭宴薰薰衣冠察察其樂將萬其儀用八奏金石兮匪疾匪徐命鼓琴兮載擊載戛既而若登仙景若奪神功度宏規兮其外動變態乎其中傍眺六合遠視八風吐元和而納純懿詠仁洽而歌道

豐則魏之所造漢之所崇伊制作而靡及豈古今而遠同客有觀乎順動審彼始終因厥誠兮受慶宜永永兮無窮

測景臺賦 以設在天中端景垂則爲韻

瞻彼古臺揆日爰設載徵經始之旨將測運行之節天地之心可見風雨之交既別玉律匪先土圭是揭以徵陰陽之短長以察浮驂之晷轍不然者焉可以酌其數於高空建天中而有截詳厥周典詢諸日官以寒暑爲候以陰陽爲端且俯接神州迥當嵩嶺憑累土之增構運孤標之直影矧因高以垂範異尋虛而捕景分至有度知王者之迎

長盈縮不僭念志士之思永巇嵯峭聳昭明有融九層一驗萬寓攸同彰宣精而示下表無私而得中況復圭植於臺日生於海當呈象以委照必澄霞而賦彩兩童之辨猶惑太史之占斯在上千里而是馳下寸晷而未跂嗟夫悠也久也元之又元昇大明而赫矣顧崇址而巋然是以分北陸識南躔審以作程定此而會期率土中以舉正因茲而仰辨均天惟彼元德我后是則普觀端景知立表於天中潛測末光思勞躬於日昃至若視朔興紀書雲立規浮箭司辰且於室內建木滅影或在天垂豈比夫茲臺之特立平四氣而正兩儀

石硯賦 以山水輝映墨妙筆精爲韻

有子墨客卿從事於筆硯之間學舊史之暇日得美石於他山琢而磨之其滑如砥欲精研而染墨在虛中而貯水水隨暈而環周墨浮光而黛起明而未融是以爲用久而不渝故以爲美器成上古徵闕里之素王匠法增華參會稽之內史且王言惟一道心惟微於以幽贊由之發揮從人之欲委質莫違代若遐棄文將疇依肅觀光而霧集賴設色而煙霏實將振文而爲邦豈惟韞玉而山輝者哉君無謂一拳之石取其堅君無謂一勺之水取其淨君其遂取我有成性苟有輔於敷閱固無辭於蘊映惟聖人有大寶昊天有成命莫不因我以載形以我而施令志前王之事業作後人之龜鏡夫物遷其常天運不息水有涸兮石有泐代貴其不磷我則愛其白代貴其不染我則愛其黑象山下之泉爲天下之式因碌碌於俗間類栖栖於孔墨嗚呼辭尚體要文當絕妙雖濡翰其不疲無繁文以取誚爰貢君子以其勁質或升之堂或入之室對此大匠廁諸鴻筆見珍於殺青之辰爲用於草元之日夫氣結爲石物

之至精攻之爲硯因用爲名事若可久代將作程斯器也不獨堅之爲貴諒於人之有成

水化爲鹽賦 以天之美利變化無窮爲韻

翕然乎造化能變而窮且其爲水也有上善之稱其化爲鹽也有美玉之崇豈其清泠之水動變若神爲代之寶致邦之豐伊昔煮海爲鹽以稟乎天君以和羹之用商以貿賣而遷是知水化之利可貴哲匠之謀可研若也代人所貴此貴爲美恒濟古今應乎遐邇求之者豈倦乎疲勞功崇者可不由乎此致夫以水同君子有流通之利或涓涓

乎而處於藪泉或浩浩乎而徧乎淮泗或在河而則淡或混海而則鹹國有鹽而且縈家有鹽而不匱條山一竇萬邑之滋使印成者將貢於玉闕俾犖硃者使我域求之東西負重南北奔馳豈不因潤下作鹹在乎一變鼎俎既徹長筵美饌五味廢之而忘餐廣座得之爲珍膳況水爲柔德能乎神化皎皎如霜依依照夜莫不因水而生遇水而吒恨久處於冰泉思工人之一假且天然此物成化特殊匠之所變絕代稱無豈伊水因匠是乃能窮乎變化況乎人得媒寧肯守乎一途或金門獻策或積代英儒感物而賦在乎覲覦仰鹽梅之美用思窮達於高衢

通天臺賦 以洪臺獨存浮景在下爲韻

行人徘徊登秦原而遊目見漢右之荒臺清風穆其尚在翠華歸而不迴對古情至臨高思來拔蔓草以遐想覩離宮而興哀試問薪者乃秦人也云漢之興茲臺之下馳道通乎中禁周牆繞於平野經逝川而不息撫環堵而殊寡昔漢皇帝幸甘泉宮肆目將遠築臺其中高居物外若與天通祈列仙之戾止致聖壽之延洪繹繹憑雲躋躋捧日干元氣以直上倚長空而迴出危檻岧嶤迴塗鬱律植承露之盤開肅神之室將以接上元朝太一乘大君之登降訪總真之摭實於戲郊祀之義志而可採鴻紛之狀望而巳敗哀壯麗之都失想威靈其如在徒野鳥之飛來何真人之可待且白日可以精貫元珠難乎力求雖崇臺嶫嵯磴道周流泰畤乎西面齊宮乎上頭仰通蒼昊俯瞰皇州寧不死之可致諒其生也若浮我國家立太平尚清靜儼宸居以自整絕仙臺之望幸雖丹檻栖於列宿飛梁歷於倒景有唐虞之允恭無漢武之遊騁化由其衷居愼其獨有儀可象無思不服自然爲域中之大獲天下之福等南山之不騫何高臺之是築

許季同

季同贈太子少保孟容弟始拜監察御史再遷兵部郎中徙京兆少尹終宣歙觀察使

白鹿夾輈賦 以行春布和瑞獸來格爲韻

政洽於下物惟表神彼奔走之絕類忽馴擾而歸仁爾來於輈豈陳力以効感我行其野將勸農以務春春芳林之躍躍偶大車之轔轔覩其煩足高步迴還左顧參態軾而左右分光望隼旟而疾徐有度惟德是擇惟賢是輔覩皓

影之來儀諒和風之克布高晶眞明霜濃雪輕標玉質貫金精始呦呦而雙止終麌麌而偕行載馳載驅軼輕塵於後乘乍騰乍倚驚逸鶩於前旌映丹帷之輝煥陪露冕之光榮懷仁於衞君之轂忘味於食野之苹則福履攸綏神休是格翼戴高駕徜徉廣陌不驚不懼彰爾性之閑和克皎克明契我躬之潔白躑躅徘徊飲化而來政言可矣人詠康哉表靈慶而有同神鳳狎馴養而不異龍媒懿彼僊都誕茲靈獸勁角昭勇鮮光挺秀行而擇地恒町疃於道塗出或以明靡棲息於園囿老聃之御徒迷王母之乘何

陋剪去煩苛敷陳惠和蝗出境而奚爾珠還浦而其何曷若茲鹿擾於明義叢其理而莫窮求其類而罕譬無心而應感不言而表瑞豈止其効於賤微樂馳驅於仁智而已

林蘊

蘊字復夢泉州莆田人累遷禮部員外郎出爲邵州刺史坐杖人死流儋州卒

上安邑李相公安邊書

愚嘗十分天下之事知其弊者大半二年冬輒獻書思相公正而行之嗟乎無位而言輕相公猶未爲行其切者國家有西土猶右臂也臂之附體豈不固歟臂之不存體將安舒愚以此輒敢重陳利病思相公念而行之當昔漢室彼爲內府橐駝走馬曾不虛日咫尺萬里烟塵不動是以司馬遷班固得弄刀筆夸大漢功德炳然與三代同風洎房杜佐太宗文皇帝剗革凶孽天下廓清姚宋佐元宗明皇帝聲明文物照耀殊俗後之輔弼不能嗣守故我疆我理陷於犬羊嗚呼今所踐者惟北抵豳郊西極汧隴不數百里則爲外域可不痛哉可不惜哉且馭馬者必右執策左執綏恐其有非常之患也儻若臂不勝力體不安坐則

踶齧立至豈惟泛駕乎此事雖小可以喻大相公得不念之乎愚嘗出國西抵於涇原歷鳳翔過邠寧此三鎮得不爲右臂之大藩乎自晝藩維擁旄鉞者殆數十百人惟故李司空抱玉曾封章上聞請復河湟事亦旋寢功竟不立爾來因循誰復尸之故朝受命而夕寢行日貴富而月驕慢跨廣衢而羅甲第指長河而固允嗣士卒窮年不離饑寒以月繫時力供主將死則已矣賞終不及如棄鳥獸附於藪壤故死者飲恨於地下生者吞聲於邊上五十餘年無收尺土之功者豈朝廷不以爲慮乎命將不得其人乎

愚以此竊知不惟土地未可復且慮犬戎馳突不一日二日則彼三鎮强者閉壘自守弱者棄壁而逸豈暇爲國家以郤戎虜乎愚所謂臂之不存體將安舒今刁斗不聞烟塵不飛蓋宗社之靈也豈禦守者之有功乎且食租則可以備饑衣稅則可以禦寒衣食足然後可以教攻戰朝廷旣切念邊軍不遑終夕飛芻輓粟常恐後期然而荷戈負戟者終歲而饑其來已久時莫能更雖度支有兼知之名節度有營田之目皆以貨利相誘彼貿公之賓寮悉皆和糴斗粟必欺於文素一言可致其黃金如此則士卒不得

不饑寒將帥不得不奢侈欲其攻戰其可得乎此所謂借寇兵而齎盜糧也其可謂之禦戎乎伏料相公亦已垂意矣愚竊謂爲弊旣久矣可革而化之化之之術在相公暫迴頃刻之慮思之思之得人則如班超之儔不難得也相公必命將取其封錫已榮者則封錫已榮矣彼復何求以此戰不尅攻不得何莫不由斯人之徒歟因此言之則又不唯安邊之未得人也相公必以爲人不易知儻斷然有一介之士敢露肺肝相公復能特達獎拔俾爲千夫之長得以自置於秦隴之外接彼犬戎之域三歲考績能則優獎否則斥戮已乎此賈生終童感激於前跡其慷慨不爲不至蓋時之不見信也不知相公以愚此言爲率爾乎以其斷然一介之士亦能成功立事乎且天下巖居谷隱之人悉皆有心但用與不用耳假如登奉常之第者未必盡能文章爲牙門之將者未必盡能威敵況漢之爲漢多有異材豈唐之爲唐獨無奇士也伏惟圖之

上宰相元衡宏靖論兵書

陸賈有言天下有事屬在將天下無事屬在相伏惟相公兼將相之重任執生殺之大柄蘊以竊被教化忝在陶鈞

之內四海安平某則與歌虞賛魯之人爲儔苟有妖孽某安敢不隳裂肝膽爲相公之腹心乎愚者千慮或有一得伏願相公少賜採擇焉道路云云以爲淮西兇黨侵犯疆鄙某伏料相公制置如在諸掌矣然則舜有天下闢四門明四目達四聰欲天下之誠畢見矣平津侯開東閣以延天下士欲天下之美惡畢知之矣伏惟相公抱赫赫濟時之略佐明明聖上之朝某切願相公以平津之德致聖上廣帝舜之道使天下之事可重而實諸掌則淮西之寇不足爲患矣某幼讀書不求甚解但見古人之有建功立事

者心則慕之以是十試藝於春闈竟不成名今爲河朔一從事耳苟不自言其誰爲言於相公乎且人生天地之間必合達天地之性苟違天地之性者是天地之棄物也今淮西兇黨是天地已棄之物相公誠順天而誅可不偉歟其竊聆議者謂淮西兵强不與恒鄆兩軍犄角相應此皆腐儒豎子之言不足與相公計大事何者自兵興已來僅六十年人皆尚武各思功業彼或有逆此則有順以順討逆往無不勉爰自國初垂二百年時有悖逆孰爲存者今天下藩鎮六十甲士百萬雖有依違未盡化者不四三所

耳議者若以爲申說言淮蔡必强則陳許安得而弱乎況以人敵人彼亦人也以兵刃敵兵刃彼亦兵刃也或示其弱則過不在士卒伏計此事已經相公心矣某請徵四年冬出師討恒陽之事明之初王承宗阻兵盧從史潛應天兵欲進賊必知之況内邱與臨城衹二十里北爲賊境南是天兵兩處傍山俱置死地堯山與高邑共據一川若盧從史必議引兵直進則趙州高邑立可屠之此既不備彼又得計豈得賊勢彊而天兵弱邪德宗朝韓全義統師自取退恧蓋緣淄青諸道悉會用兵所謂闒齎盜糧不得不

敗且兵以售死爲效國以厚錫爲誠其竊知比者行營師徒苦役錫賚納於將帥饑寒加於士卒欲其破虜其可得乎又朝廷奬用多藉舊人蓋取官崇或言望重殊不料彼已崇重更復何求以此取人往往皆失某輒賀相公昨者制置已得其人則陳許李光顔安州李聽唐州田秀誠切忠的立（疑）其亦素諳伏願相公任之不疑各委兵柄但絶常鄆兩處莫許知聞其餘連城惟在感激人一其性豈不易圖如此則相公之功不後郭尚父李令公之功也豈佐商輔周之德獨專美於前歟議者若以爲恒冀强梁相公

則有魏博澤潞制之矣淄青暴慢相公則有梁宋徐泗制之矣以天下無限之勇士破淮西有數之兇賊孰謂不可然則某又切願相公用其勇敢之士分巡諸道將帥有不用命者許以軍法按之士卒有被饑寒者以其赤子保之如此則忠勇奮起姦謀自殄倒戈脱劍不日可期某久歷險難多見成敗比被劉闢欲殺無人薦論本使程僕射入朝之時再三邀請某以謂已出萬死故求一伸窮困蹉跎竟無知者程僕射禮惠逾厚某又愛彼功名至元和十六年方受奏請既奉恩詔兼授憲官心期佐戎必擬立事自

到河北首末四年羣情所難某意獨易蓋以朝廷與法牽而行之道路皆知無不驚駭況留家口並不將去今年八月內蒙程僕射薦歸闕庭幾欲半年未蒙公論伏以西南東北兩處從軍自執庸愚不失誠節今當相公舉直之日是某幸得盡言之秋仰望陶鈞置諸倫品柔遠之道此爲事先不宣某再拜

路隨

隨字南式陽平人舉明經累轉司勳員外郎穆宗朝拜諫議大夫敬宗立歷中書舍人翰林學士文宗大和二年拜

中書侍郎同中書門下平章事七年冊拜太子太師出爲鎮海軍節度使卒年六十贈太保謚曰貞

上憲宗實錄表

臣聞古者左史記言右史記事事爲春秋言爲尚書遠自軒皇近惟列聖其間睿哲文明之德格天濟物之功實賴記述傳諸不朽伏以憲宗皇帝承十一葉之基運盪六十年之妖氛神功燀於無外元化光於有截語儉德則漸齊濯以垂訓言憂勤則躬日昃而忘倦廣聰明則惟恐其不聞納忠諫則咸許其自達羣臣荷寬裕之德黔首飽慈惠之仁今之舉盛烈者貞觀開元元和而已誠宜垂諸簡牒煥彼縑緗長慶二年詔監修宰臣杜元穎命翰林侍講學士臣處厚臣趙暨史官沈傳師鄭澣宇文籍等分年編次實錄屬中外多故筆削未遑或職秩遽移判綴莫就陛下丕承鴻緒思宏祖德前詔處厚繼命臣隨比因奏對促令纂勒臣今採處厚等所錄又與見在史官蘇景胤等博訪遺逸精加研覈以畢其功逮茲周歲錯綜方就謹撰憲宗皇帝實錄爲四十卷目錄一卷謹隨表奉獻雖刋精極思徒効其勤勞而測海窺天豈知其萬一無任悚惕兢懃之

至謹詣光順門奉進以聞

修定順宗實錄錯誤奏

臣昨面奉聖旨以順宗實錄頗非詳實委臣等重加刋正畢日聞奏臣自奉宣旨尋取史本欲加筆削近伏見衛尉卿周居巢諫議大夫王彥威給事中李固言史官蘇景允等各上章疏具陳刋改非甚便宜又聞班行如此議論頗衆臣伏以史冊之作勸誡所存事有當書理宜歸實匹夫美惡尚不可誣人君得失無容虛載聖旨以前件實錄記貞元末數事稍非摭實蓋出傳聞審知差舛便令刋正頃

因坐日屢形聖言通計前後至於數四臣及宗閔僧孺亦以永貞以來歲月至近禁中行事在外固難詳知陛下所言皆是接於耳目既聞乖謬因述古今引前史直不疑盜嫂之言及第五倫撾婦公之說皆多此比類難盡信書所冀睿鑒詳於聽言深宮慎於行事持此比類上開聰明特蒙降察稍恕前謬由是近垂宣命令有改修臣等伏以貞觀已來累朝實錄有經重撰不敢固辭但欲粗刪深悞亦固盡存諸說宗閔僧孺相與商量緣此書成於韓愈今史官李漢蔣係皆愈之子壻若遣參撰或致私嫌以臣既職

監修盡令詳正及經奏請事遂施行今者庶僚競言不知本起表章交奏似有他疑臣雖至昧容非自請既迫羣議輒冒上聞縱臣果獲修成必懼終爲時累且韓愈所書亦非已出元和之後已是相循縱其密親豈害公理使歸本職實謂正名其實錄伏望條示舊記最錯誤者宣付史官委之修定則冀聖祖垂休永無慚於傳信下臣非據獲減戾於侵官彰清朝立政之方表公器不私之義流言自弭時論攸宜

不載元部事迹議

凡功臣不足以垂後而善惡不足以爲誡者雖富貴人第書其卒而已陶青劉舍許昌薛澤莊青翟趙周皆爲漢相爵列通侯而良史以爲齷齪廉謹備員而已無能發明功名者皆不立傳伯夷叔齊莊周墨翟魯連王符徐稚郭泰皆終身匹夫或讓國立節或養德著書或出奇排難或守道避禍而傳與周邵管晏同列故富貴者有所屈貧賤者有所伸孔子曰齊景公有馬千駟死之日人無得而稱焉伯夷叔齊餓於首陽之下人到於今稱之然則志士之欲以光耀於後者何待於爵位哉富貴之人排肩而立卒不

能自垂於後者德不修而輕義重利故也自古及今可勝數乎

裴虬

虬字深原天寶中官永嘉尉終諫議大夫

怡亭銘

怡亭裴鷗卜而亭之李陽冰名而篆之裴虬美而銘之曰崢嶸怡亭磐礴江汀勢壓西塞氣涵東溟風雲自生日月所經眾木成幄羣山作屏顧余逃世於此忘形

韋宏景

宏景京兆人貞元中進士爲汴州浙東從事元和時累拜給事中穆宗朝拜尚書左丞遷禮部尚書東都留守大和五年卒年六十六贈左僕射

封還劉士涇授太僕卿詔䟽

臣等伏覩制書授前件太僕卿者伏以司僕正卿位居九列在周之命伯冏其人所以惟月膺名象河稱重漢朝亦以石慶之謹愿陳萬年之行潔皆踐斯職謂之大僚今士涇戚里常人班叙散秩徒以父任將帥家富貲財聲名不在於士林行義無聞於朝野忽長卿寺有瀆官常況以親

則人物未賢以勲則寵待常厚今更顯任誠謂謬官傳曰唯名與器不可假人蓋士涇之謂臣等職司違失實在守官其劉士涇新除太僕卿敕不敢行下謹隨狀封進

韓方明

方明貞元時人與褚長文俱受書法於清河崔邈

授筆要說

昔歲學書專求筆法貞元十五年授法於東海徐公璹十七年授法於清河崔公邈由來遠矣自伯英以前未有真行草書之法姚思廉奉詔論書云王僧虔答竟陵王書云張芝韋誕鍾會索靖二衞並得名書古今無以辨其優劣惟見筆力驚絶耳時有羅暉趙襲並善書與張芝同著名而張矜巧自許衆頗惑之嘗與大僕朱寬書云上比崔杜不足下方羅趙有餘今言自古能書皆云鍾張按張自矜巧爲衆所惑今言筆法亦不言自張芝芝自云比崔杜不足即可信乎筆法起自崔瑗子玉明矣清河公雖云傳筆法於張旭長史世之所傳得長史法者惟有得永字八法次有五執筆已下並未之有前聞者乎方明傳之於清河公問八法起於隸字之始後漢崔子玉歷鍾王以下傳授

至於永禪師而至張旭始宏八法次演五勢更備九用則萬字無不該於此墨道之妙無不由之以成也夫把筆有五種大凡筆管長不過五六寸貴用易便也第一執管夫書之妙在於執管既以雙指苞管亦當五指共執其要實指虛掌鉤擫訐送亦曰抵送以備口傳手授之說也世俗皆以單指苞之則力不足而無神氣每作一畫點雖有解法亦當使用不成曰平腕雙苞虛掌實指妙無所加也第二擫管亦名拙管謂五指共擫其管末吊筆急疾無體之書或起藁草用之今世俗多用五指擫管書則全無筋骨

愼不可効也第三撮管謂以五指撮其管末惟大草書或書圖障用之亦與拙管同也第四握管謂捻拳握管於掌中懸腕以肘助力書之或云起自諸葛誕倚柱書時雷霹柱裂書亦不輟當用壯氣率以此握管書之非書家流所用也後王僧虔用此法蓋以異於人故非本爲也近有張從申郎中拙然而爲實爲世笑也第五搦管謂從頭指至小指以管於第一二指節中搦之亦是效握管小異所爲有好異之輩竊爲流俗書圖障用之或以示凡淺時提轉甚爲怪異此又非書家之事也東海公璹曰置筆於大指

中節前居動轉之際以頭指齊中指兼助爲力指自然實掌自然虛雖執之使齊必須用之自在今人皆置筆當節礙其轉動拳指塞掌絕其力勢況執之愈急愈滯不通縱用之規矩無以施爲也又云執筆在乎便穩用筆在乎輕健故輕則須沈便則須澁謂藏鋒也不澁則險勁之狀無由而生也太流則便成浮滑浮滑則是爲俗也故每點畫須依筆法然後書同古人之迹而合於作者又曰欲書當先看所書一紙之中是何詞句言語多少及紙色目相稱以何等書令與書體相合或眞或行或草與紙相當意在

筆前筆居心後皆須存用筆法想有難書之字預於心中布置然後下筆自然容與徘徊意態雄逸不可臨時無法任筆所成則非謂能解也

欽定全唐文卷四百八十三

權德輿

德輿字載之天水畧陽人貞元時累官禮部侍郎轉户部元和五年拜禮部尚書同中書門下平章事罷爲本官檢校吏部尚書留守東都封扶風郡公拜太常卿徙刑部尚書出鎮興元卒年六十贈左僕射謚曰文

傷馴鳥賦

紛羽族之多端兮同翾飛而類殊有鸜鵒之微禽亦播質於洪鑪因稚子之嬉遊得中園之墜雛恣飲啄以馴擾來

目前與坐隅爾乃棲以籠檻鎩其羽翼冀留軒以爲娛俾遐翥之無力乍踉蹌而將舉顧褷褷而復息雖主人之見容終使喪天和於自得或親賓至止徽軫徐觸每聞絃而鼓翼亦追節而翹足貌宛轉以成態聲間關而助曲乍寂寥以閒暇若凝情以相矚理輕毳以自潔類山元之珮玉每翔集以安卑同君子之自牧思謝尚之起舞邁風流之逸躅茍曾昭之不君固乾侯之出辱方渡濟以申儆伊涼德之自覆徵故老之相傳驗曩記之或存在端午之司晨翦其舌而能言巧喉囀以達情順人心而不譏方渴日以呈材願朱明之駿奔忽愀慘以顣頞響哀音於簾箔竟啁啾而不去若徊翔之有託悅心訝而未辨欻狸狌之攫搏俄蹩踣而不勝紛血灑以毛落彼葛盧與冶長通鳥獸之音聲閱君子之周防無古人之至精既不能縱爾於遼廓又不能遂爾之生成使異類之得志曾未極其飛鳴則本夫養之之惠適足以害其生生又憶夫清江之使者東海之波臣茍其時之不來則刳腸而涸鱗鶢鐘鼓而反悲馬阜棧而多死雖爲遇之已甚固又天其天理嘗聞乎賢聖之理物也智愚殊方薰蕕異藏善用無棄兮互見其長各

有攸處兮兩不相傷官天地而府萬物由此道而爲常吾既悟斯理之不早因失之而後防收視聽以冥觀兮遂羣性之茫茫

洞庭春溜滿賦 送陸灞赴荆州

湖渺渺兮蕩東風以發春春溜滿兮連淨綠以無垠接遠色於青草散晴輝於白蘋及夫反照安流煙花明麗霞生水底鳥沒空際聽櫂謳之四起見片帆之遠逝杳空曠以澄鮮窮千里於一瞬若乃路轉涔陽波連沅湘杜蘅秀兮蕙若芳寫雲翠兮沉夕陽月明露下靄蒼蒼結遐想於驪

人兮悄目極以心傷婉婉長離翩翩彩鷁遠泛桃花之浪去從蓮府之辟雲兮水兮指前程於空碧

行舟逗遠樹賦 送嚴謩赴東陽

有美一人兮桂爲楫蘭爲舟逗遠樹之晴影泛春江之碧流乍迷雲葉稍映蘋洲凝暮色於愁睇空藹藹以悠悠的的輕舟亭亭遠質喜揚舲之漸近嗟轉岸而還失映微波以葱蒨貯嵐翠之蒙密愴南浦之別離占橫塘之風日柳怨別兮楓傷春望不辨兮愁殺人空江邊兮遠郊外紛離緒兮相對羃摽落照以微明羃夕煙而又晦波茫茫兮景沉沉思結纜於清陰惜歸舟之不駐傷遠目以軫離心

齊抗平章事制

敕寅亮天工緝熙王度調陰陽以遂羣品敷教化以統百官必得其人乃濟於理是咨茂德允式具瞻中散大夫守太常卿上柱國賜紫金魚袋齊抗植操清貞秉心諒實精達政理詳明典彝才器可以濟時忠正可以激俗莅事惟肅休聲茂聞宜入贊於中樞俾發揮於景化式是百辟毗予一人可守中書侍郎門下平章事散官勳賜如故於戲政之得失在於弼諧爾其竭誠啓沃以廣視聽盡規獻納以贊謀猷俾人叶中時乃之績無替朕命厥惟懋哉

進士策問五道

問六經之後百氏塞路微言大義寖以乖絕使昧者耗日力以滅天理去夷道而趨曲學利誘於內不能自還漢廷用經術以昇貴位傅古義以決疑獄誠爲理之本也今有司或欲舉建中制書置五經博士條定員品列於國庠諸生討論歲課能否然後刪非聖之書使舊章不亂則經有師道學皆顓門以爲如何當有其說至於九流百家論著利病有可以輔經術而施教化者皆爲別白書之

問易曰君子夕惕若厲語曰君子坦蕩蕩禮之言絅衣則曰惡其文之著也儒行則曰多文以爲富或全歸以爲孝或殺身以成仁或玉色以山立或毀方以瓦合皆若相戾未能盡通顏回三月不違仁孟軻四十不動心何者爲優柳下惠三黜而不去子文三巳而無慍何者爲愈召忽死子糾管仲相小白棠君赴楚召子胥爲吳行人何者爲是析疑體要思有所聞

問周制什一是稱中正秦開阡陌以業農戰今國家參酌古道惠綏元元均節財征與之休息豐年則平糴於轂下

恒制則轉漕於關東尚虞地有遺利人有遺力生之者少靡之者多粟帛寖輕而緡錢益重或去衣食之本以趣末作自非翔貴之急則有甚賤之傷欲使操奇贏者無所牟利務農桑者沛然自足以均貨力以制盈虛多才洽聞當究其術至若管仲通幣之輕重李悝視歲之上下有可以行於今者因亦陳之美利嘉言無辭悉數

問懲忿窒慾易象之明義使驕且吝先師之深誡至若洙泗之門人故人漸漬於道德固已深矣而仲由慍見原壤夷俟其爲忿與驕不亦甚與商不假蓋賜能貨殖從我之

徒而悋鈌如是皆所未達試爲辨之

問育材造士爲國之本修辭待問賢者能之豈促速於儷偶牽制於聲病之爲耶但程試司存則有拘限音韻頗叶者或不聞於軼響珪璋特達者亦有累於微瑕欲使楚無獻玉之泣齊無吹竽之濫取捨之際未知其方子曰盍各言爾志趙孟亦請七子皆賦以觀鄭志又古人有述祖德叙家風之作眾君子藏器而含章者久積善而流慶者遠各言心術兼叙代德鄙夫虛佇以廣未聞

貞元十三年中書試進士策問二道

問先師之言辨君子小人而已勤學則舉六蔽咸事則稱九德推其性類又極於是矣孟軻之數聖者有清有和文子之言人位上五下五列夷惠於天縱頗有所疑況牛馬於最靈豈爲至當班固之古今表劉卲之人物志或品第乖迕或鉤摭纖微誠有可觀恐未盡善旣强爲巳之學必有析理之精敬俟嘉言以祛未達

問乃者西裔背盟勞師備塞今戎王自斃邊遽以聞而議者或曰因其喪而弔之可以息人或曰乘其虛而伐之可以闢地或曰夷實無厭兵者危事皆所以疲中國也不若

如故是三者必有可採思以辨之

貞元十九年禮部策問進士五道

問漢廷董仲舒公孫宏對策言天人相與之際而施於教化韋元成匡衡之論以明經至宰相封侯皆本王道以及人事今雖以文以經貴祿學者而詞綺靡於景物寖失古風學因緣於記問寧窮典義說無師法經不明家有司之過敢不內訟思欲本司徒之三物崇樂正之四術不率教者屏之遠方則名義益修風俗益厚程孝秀之本業參周漢之舊章慮難改作式佇嘉話事關理本必議上聞斯乃

誠求諸生毋忽

問齊人之所以務於賦輸用給公上其大抵饋軍實奉邊備而已今北方和親亟通禮命南詔納欵屢獻奇功而蠢茲西戎尚有遺類猶調盛秋之戍頗動中夏之師思欲盡復河湟之地永銷烽燧之警師息左次人無外徭酌古便今當有長策乃者戎人願修前好因請其俘或曰彼實無厭絕之以固吾圉或曰姑示大信許之以靖吾人或曰歸貴種以懷其心或曰奪長技以翦其翼當蘊較然之見備陳可舉之方

問祖宗昭穆王者之盛典明祀嚴禋有國之大事頃歲奉常上奏以獻祖之位非正太祖之尊未申而公卿諸儒雜有其議皆以百代不遷宜居東向而獻懿二主所歸不同或曰藏於夾室或曰寘於別廟或曰祔於德明興聖酌殷周之制或曰遷於園寢石室採漢魏之儀而又有並居昭穆之列竟虛其位分饗禘祫之禮互處於西衆議云云莫有所一至今留中未下誠聖意所重難也至當無二衆君子辨之

問人之生也稟五行之秀其化也順一氣之散而牛哀爲獸杜宇爲鳥趙王爲蒼犬夏鯀爲黃熊傅巖之相爲星圯橋之老爲石變化糾紛其故何也夭壽貴賤賦命萬殊而驪山之儒長平之卒歷陽之魚鼈南陽之侯王豈稟數斯同復適然也衆君子通性命之理究古今之學幽探造化佇所未聞

問有司之求才與多士之求進其心不相遠也諸生知之乎計偕者幾乎五百籍奏者不逾二十蓋二十五之一也諸生又知之乎雕龍之辨皆謂有餘靈蛇之珠無非在握射或失鵠瑜寧揜瑕雖涇渭終分而蓬麻未直匿名飛語

詆訕云云誠無他腸時有讒口豈有司之道未至復諸生之所習難化耶異時有司固諸生之所履也復何如哉非有防川之心願聞易地之說

貞元二十一年禮部策問五道

問古之善爲政者在得人而已在求理而已周以功德詔爵祿秦以農戰居職員漢武帝詔察茂異可以爲將相者夫功與德非常才所及也農與戰非筮仕所宜也安危注意之重非設科可俟也是三者同有利病幸錯綜言之又三適之宜九品之法或計户以貢士或限年以入官事有

可行法有可操制度當否悉期指明

問夏殷周之政忠敬文之道承弊以救始終循環而上自五帝不言三統豈備有其政或史失其傳嬴劉而下教化所尚歷代相變其事如何豈風俗漸靡不登於古復救之之道有所未至耶國家化光三代首冠百王固以忠厚勝茲文弊前代損益佇聞討論遽數之中所希體要也

問古者士足以理官業工足以備器用商足以通貨賄而農者居多所以務三時之功有九年之蓄用阜其業實藏於人乃者情游相因頗復去本今皇帝勵精至化在宥萬

方德音聖澤際天接地凡宏於理道者無不至也裕於濟人者無不被也而又詢吏祿公田之制稽財征榷筦之宜使羣有司質政損益庶官匹士皆得上言衆君子躬先師之儒生盛聖之代佇茲嘉話當薦所聞

問昔伊尹酒保傅說胥靡竟昌殷道以阜王業春秋時觀丁父彭仲爽申鄀之俘也克州蓼封陳蔡楚邦賴之漢廷韓安國徒中拜二千石張釋之以貲爲郎並稱名臣焯敍前史然則俘徒作役或財用自發前代取之而得人如是魏晉已降流品漸分筮仕之初率先文學或薦賢推擇皆秀發州閭而致理之風頗未及古豈朴散寖久或求之太精其故何也常有所懵今四門大闢百度惟貞執事者固欲上副聰明悉搜才實幸酌古道指陳所宜

問言身之文也又曰灼於中必文於外司馬相如揚雄藉甚漢廷其文盛矣或奏琴心而滌器或贊符命以投閣其於溺情敗度又奚事於文章耶至若孔融禰衡夸傲於代禍不旋踵何可勝言兩漢亦有質朴敦厚之科廉清孝順之舉皆本於行而遺其文復何如哉爲辨其說

明經策問七道

問孔聖屬詞邱明同恥裁成義類比事繫年居體元之前已有先傳在獲麟之後尚列餘經豈脫簡之難徵復絕筆之云誤子產遺愛也而賂伯石叔向遺直也而戮叔魚吳季札附子臧而吳衰宋宣公舍與夷而宋亂陣爲鸛鵝戰豈捷於魚麗詛以犬雞信寧優於牛耳子所習也爲子言之

問三代之弊或朴或薄六經之失或愚或誣夫以殷周之理道詩書之述作施於風俗豈皆有所未至耶輟祭納書誠爲追遠執戈桃茢無乃傷恩何二者之相反耶兩楹坐

奠歟有切於宗予九齡魂交數能移於與爾何二者之不一耶山節藻梲豚肩狐裘皆大夫也又何相遠耶檀弓袒免子游麻衰何如直諒而忠告之耶各以經對

問四營成卦三古遺文本自河圖演於羑里而西鄰禴祭斯乃自多箕子利貞且居身後豈理有未究復古失其傳乾之彖辭乃次六爻之末坎加習字有異八純之體无妄則象稱物與同人則象引卦名或備四德而纔至悔亡或無一德而自居貞吉訪於承學思以稽疑至若康成之陰陽象數輔嗣之人事名理異同優劣亦為明徵

問左史記言古之大訓何首載堯典而乃稱虞書當文思之代而九官未命及納麓之時而四凶方去豈允恭克讓待元德而盡善耶仲虺作誥伊尹作訓豈臣下忠規之稱耶伯禽費誓穆公秦誓豈帝王軌範之書耶好風好雨既從於箕畢時若恒若復係於休咎何所適從耶伏生傳於耄耋魯壁得於殘缺前代講訓孰為名家可以詳言用窺奧學

問二南之化六義之宗以類聲歌以觀風俗列國斯衆何限於十四陳詩固多豈止於三百頌編魯頌奚異於商周風有王風何殊於鄘衛頗疑倒置未達指歸至若以句命篇義例非一瓜瓞取緜緜之狀草蟲序喓喓之聲斯類則多不能具舉既傳師學一為起予企聞博依之喻當縱解頤之辨

問魯史成文以一字為褒貶漢廷尚學有二傳之異同雖子夏授經孫卿肄業而去聖寖遠傳疑儻多閏以定時何非乎告朔雩乃閔雨奚有於去讓文有無天之說定有無王之年例或難通理亦未盡衛輒辭以尊祖於義安乎許止闕於嘗藥受誣乃甚以茲凝滯皆藉發明穀梁子之言

固當有據應上公於古復是何神諸儒待問一為覼縷

問孔門達者列在四科顏子不幸伯牛惡疾命之所賦誠不可同至若攻冉求以鳴鼓比宰我於朽木言語政事何補於斯七年可以卽戎百年可以去殺固弛張之有異曷遲速之相懸為仁由己無信不立拜陽貨則時其亡也辭孺悲則歌使聞之聖人之心固當有為鄙則未達子其辨歟

明經策問八道

問魯史之文先師用明於王道漢氏之代左氏不列於學

官誠義例之可觀終巫艷而多失鳳凰敓兆陳氏不得不昌鸜鵒成謠季氏不得不叛既未然以前定於立教而謂何同恥釋經豈其如是夏五之闕雖繫月而何嫌艮八之占於兼山爲何象因生因謚未詳命氏之殊德命類命請數制名之義生既充賦無辭說經

問冠婚成人著代之義一獻之饗舅姑先降以奠酬三加彌尊母兄皆拜而爲禮責婦順而則可於子道而謂何一與之齊終身不改而狄儀有問服二姓之合爲重而孔門多出妻蹈白刃或易於中庸引重鼎奚列於儒行裼裘襲

裘之制繼別繼禰之差生既講聞佇觀詳辨

問周制六官以倡九牧分事任之廣計名物之多下士吏胥類頗繁於冗食上農播殖力或屈於財征簡則易從寡能理衆疑宋毋之失實豈周公之信然今欲舉司徒之三物教賓興之六藝又慮樂舞未通於韶濩徒玩干旄鄉射有昧於和容務持弓矢適廢術學豈資賢能至若六變八變致神祇之格天産地産有禮樂之防忝貳春官企聞詳說

問作易者其有憂患乎又曰樂天知命故不憂哉天下之動者存乎辭又曰吉人之辭寡寂然不動則感而遂通見幾而作乃不俟終日豈各有所趣幸備言其方至若巽之於人爲廣顙白眼坎之於馬爲美脊薄蹄誠曲成以彌綸何取象之瑣細佇聞體要然後忘言

問堯之文思也命羲和四嶽敬授人時其道巍巍矣舜之登庸也則流放竄殛考績黜陟熙帝載而亮天工者二十有二人其理昭昭矣至禹則別九州導九河分五服建五長辛壬癸甲荒度土功其勤云云矣夫以陶唐虞夏皆聖人也而勞逸斯殊豈時不得不然復道有所不及何事功

元德煩簡相去之遠耶願聞其說

問三綱之道有君臣焉有父子焉周南召南以風化于天下關雎鵲巢乃首於夫婦舉后妃曷若先天子美夫人曷若稱諸侯豈自邇而及遐將舉細而明大又太師所採孔聖所删以時則齊襄先於衛頃以地則魏土褊於晉境未詳差次何所後先一言雖蔽於無邪六藝乃先於諷諫既歌乃必類何失之於愚理或出於鄭箋言無憚於匡說

問褒貶之書宣父約於史氏清婉之傳卜商授於門人經有體元且無訓說日稱夜食頗近迂異徵兗䣙之修聘纍

綦輒之方言晉大夫奚侯於偕行衛公子豈名其夭疾隱居攝以崇讓鄭討叛以滅親未曰申邪寧爲積慮鄒氏夾氏學既不傳尸子沈子復爲何者鄙夫未達有佇嘉言

問子曰君子無終日之間違仁又曰仁遠乎哉則子文之忠文子之清由也之果求也之藝皆曰不知其仁豈盡非君子耶胡爲乎登夫子之門而稱齊楚之賢大夫也其愚如愚甯武與顏生孰愈三思三省季文與曾子孰優虞仲隱居以放言下惠辱身以降志頗殊取捨皆曰逸賢探索精微當有師說

明經策問七道

問春秋者以仲尼明周公之志而修經邱明受仲尼之經而爲傳元凱悅邱明之傳而爲注然則夫子感獲麟之無應因絕筆以寄詞作爲褒貶使有勸懼是則聖人無位者之爲政也其於筆削義例豈皆用周法耶左氏有無經之傳杜氏又錯傳分經誠多艷富慮失根本既學於是頗嘗思乎

問大學有明德之道中庸有盡性之術闕里宏教微言在茲聖而無位不敢作禮樂時當有開所以先氣志然則得甫申之佐猶曰降神處定哀之時亦嘗聞政致知自當乎格物夢奠奚歎於宗子必若待文王之無憂遭虞帝之大德然後凝道孰爲致君爾其深惟以判斯惑

問潔淨精微研幾通變伏羲重其象文王演其辭設位盡通於三極修德豈惟於九卦何思何慮既宜以同歸先甲先庚乃詳於出令儉德避難頗殊蹇蹇之風趨時貴近有異謙謙之吉窮理盡性之奧入神致用之精乾元用九之則大衍虛一之數成性有存存之道知幾窮至至之言既所講聞試陳崖略

問洪範之美大同也曰子孫其逢吉數五福也曰考終命皆其極致也至若允恭克讓而生丹朱方命圮族乃產神禹何吉凶之相戾也金縢請命方秉珪以植璧元龜習吉乃啟鑰而見書豈賦命之可移也絕地天通未詳厥理血流漂杵何乃溢言待問而來宜陳師說

問風化天下形於詠歌辨理代之音厚人倫之道邶鄘褊小尚列於篇楚宋異區豈無其什變風雅者起於何代動天地者本自何詩南陔白華亡其辭而不獲谷風黃鳥同其目而不刊舉毛鄭之異同辨齊魯之傳授牆面而立既

非其徒解頤之言斯有所望

問穀梁名經興於魯學劉向博習稱於漢朝或貶絶過深或象類無據非立異姓乃以莒滅成文同乎他人豈謂齊侯之子異端頗甚後學難從諱親諱賢當舉其例耳理目理幸數其言何詞所謂近於情何義所謂失於短凡厥師授爲予明之

問夫子以天縱之聖畏匡阨陳行合神明固久於某禱將行理道奚矢於天厭對社栗之問宰我强通嘆山梁之時仲由未達季氏旅岱冉求莫救皆見稱於達者或纔比於

具臣嘗隷善言頗多滯義末卷載游夏之事終篇紀舜禹之詞頗疑不倫可以敷暢

元和元年吏部試上書人策問三道

問天下理本繫於朝廷乃者夏州阻命益部干紀皇帝神武制勝指期致誅二方晏清九有貞觀紀律載新於耳目爵命畢集於勲賢内修八柄外宏九法教理刑政之要制軍詰禁之宜使人皆嚮方兵不復用一其禮俗以致和平酌於古而行於今舉其大而遺其細佇達聰聽子其昌言

問聖人虚心思天下之理至矣求天下之士勤矣搜於中林麋以好爵者往往至焉君子澡身聚學被褐藏器方伯上薦賁然而來與夫充賦計偕者異而論也其何以佐理道陳嘉猷去徭戍而徼塞無虞減農征而財用不乏子所藴積悉期指明

問四方之人萃於選部六品以下實繁有司積資者豈盡獲吏能考言者或見遺敏行一日之鑒固不能周四方所稽亦慮未盡近自甸内達於海隅命官親人利病所屬欲使舉皆稱職吏必首公則輪轅適宜鰥寡受賜企聞體要一二言之

宏文崇文生策問三道

問儒館設科以優華緒亦明勤學然後審官諸生或以紈綺之年講誦未暇在琢玉之或怠於製錦而如何儻稍舉章程以明課試因粲粲之質加孳孳之勤可以遠圖固爲盡善但因循既久慮物議爲難盍自言之將求折衷

問左掖東朝載宏學數貴游門子於是翔集法禁或弛藝實難徵推恩補員據闕升第或人疑張祿或詞假葛龔誠瑕不揜瑜豈仕優則學澄汰則衆心未允因仍則流弊寖深有司病諸幸喻其術

問鄉賦國庠已有定制又闢兩館以延諸生蓋砥礪貴游而進之於學也二三子江夏童年頗聞岐嶷舞雩春服皆已鮮明雖異賓興亦稱講業於經書所好何句於古哲所慕何人兼陳從政之方用辨保家之美

道舉策問五道

問莊生曰吾聞庖丁之言得養生焉蓋以其游刃無全善刀而藏之故也禦寇則曰養生如何肆之而已莊生曰嗜慾深者天機淺禦寇則以朝穆善理內而性交逸何二論背馳之甚耶夫一氣之蹔聚爲物之逆旅誠不當傷性汩

名以耗純白儻昧者未通矯抗之說因遂耳目之勝甘心寘力則如之何既學於斯佇有精辨

問駢拇之言曰有虞氏招仁義以撓天下天下莫不奔命於仁義以易其性庸詎知不有性於仁義而不可易者耶以伯夷死名於首陽之下庸詎知伯夷非安於死而不可生耶徵濠上觀魚之樂則莊生非有虞與伯夷也又安知有虞伯夷之不然耶徵鳧鶴短長之脛又安知有虞與伯夷之性非不可斷不可續者耶雖欲齊同彼是先迕後合惡用謬悠卓詭如是之甚耶蓬心未達幸發吾覆

問至人恬淡外其形骸使如死灰如木雞斯可矣至若蹈履水火而不燋沒雖以誠信庸至是乎斯所以有疑於呂梁丈人商邱開之說也蓋有以誠信安於死而不還者未有以誠信蹈難而不必死者此何所謂其質言之

問安時處順泊然懸解至人之心也故曰材全而德不形又曰休影息迹與夫五漿先饋屨滿户外者固不侔矣然則以紀渻之養雞痀僂之承蜩匠石之運斤梓慶之削鐻用志不分移於教化則萬物之相刃相靡者悠然而順闇然而和奚在於與無趾無眼之徒支離形德然後爲得耶

願聞其說

問文子元虛師其言於老氏計然富利得其術者朱公疑傳記之或差何本末之相遠人分五位智辨居忠信之前體包五藏耳目乖肺肝之主皆何故耶當有其說至於積德積怨實昧其圖上義上仁願聆其旨大辨若訥大道甚夷豈在顚之倒之使學者泥而不通也

權德輿 二

中書門下賀南詔異牟尋授冊禮畢表

右今日中使某乙奉宣進止得劍南西川節度使某乙奏得冊南詔副使寵頎狀云異牟尋以十月二十七日受冊禮畢迎候祇應皆竭深誠又冊命之時天宇晴朗者伏以聖澤所覃殊方即敘奉使臣之禮遠稟綏懷當錫命之時盡其誠敬變西南陰晦之候感天地休嘉之祥此皆睿渥遐宣上元降祉永寧萬宇守在四夷臣等忝備台司不勝

大慶謹奉狀陳賀以聞

中書門下賀雲南軍破吐蕃劍山保定城表

臣某等言伏見劍南西川節度使具官某所奏兵馬使宋晃前月十八日與雲南軍合勢攻破吐蕃劍山保定城當日斬城使者伏以聲教所被遐邇大同蠢茲西戎尚有遺類或犯亭鄣且稽靈誅陛下睿算無窮天威遠震以夷脅感恩之衆佐藩隅制勝之臣取以多方累獻戎捷事皆前定必稟聖謨斬將搴旗出於料外堅城便地盡落彀中通荒服會朝之途絕餘孽窺覦之隙奉威懷之命以律而臧兼夷夏之師在和而克此皆陛下神武潛運妖氛永清由是成擒自當盡敵臣等謬當樞近媿乏廟謀幸覩成功不勝大慶無任欣抃之至謹奉表陳賀以聞

中書門下賀幽州盧龍軍節度使檢校尚書右僕射劉濟去四月十七日於室韋川等三處大破奚虜六萬餘衆狀

右今日中使某乙至奉宣恩命示臣等前件破賊露布者伏以王澤所覃畜夷率化蠢茲小醜敢負深恩時懷向背之心或作方隅之梗守臣宣力師律戒嚴隨其嘯聚必就

擒翦阨害之地分設三軍首級之數動逾萬計此皆睿謀陰騭武旅成功臣等忝備台司累覩戎捷無任慶幸之至謹奉狀陳賀以聞

中書門下賀汴州擒送李迺表

臣某等言中使某乙奉宣進止汴州以今月三日擒送李迺軍州並已寧帖者伏以聖德含宏在宥天下而匪人醜類自抵刑章李迺本以庸微謬從軍校潛懷狂戾輒擾師徒乘其疾病坐邀職秩怙亂以逞志專戮以作威人思納忠義不從惡俄就械繫一方晏然雖梟獍之心暫求假息

而鷹鸇之逐曾不崇朝衆情交欣以待朝旨陛下命將相之重撫綏是邦明書罪人且示輕典成命方下浚郊以清聖謨炳然若合符契足使義士勵節貪夫革心稟化畏威無有遠近臣等謬居台鉉每奉德音愧乏嘉猷以承睿畧無任懽忻慶幸之至謹奉表陳賀以聞

中書門下賀靈武大破吐蕃表

臣某等言臣等今日面奉德音靈武大破吐蕃擒生斬將者伏以睿謀武經陰隲上略兵符所授攻戰多方蠢茲犬羊尚勞爟燧羣帥稟命中權戒嚴犄角相因初設險於三

覆奇正合發俄獻功於七擒數酋渠之首級積戎械於亭候勝氣餘勇鼓行無前即敘可期有征斯在臣等謬居樞掖莫效涓埃每承以律之貞空荷止戈之運無任慶快踴躍之至謹奉表申賀以聞

中書門下賀蔡州破賊表

臣某等言伏奉宣示蔡州行營招討使韓全義所奏云四月二十七日於逆賊吳少誠界破賊騾子及馬步軍三千餘人賊弟吳少陽棄衆奔遁者伏惟陛下神聖廣運丕冒萬方而顛越匪彝自蹈鋒刃德音累降曉告不悛禁暴安人酌於軍志命師授律發於宸心整旅有嚴拊循決勝據便地以三覆分銳師而九攻材官突騎奮勵精勇啟行所及莫敢枝梧奔北之徒自相蹈藉威謀克壯殺獲斯多更俟便宜續圖攻取棠輪超乘靡不賈餘長轂鉤援期於盡殪此皆睿算前定純臣協心佇清淮濆以慶天下臣等謬居樞近喜倍恒情無任欣抃踴躍之至謹奉表陳賀以聞

中書門下賀劍南西川節度使去八月十八日於雍州靈關路大破蕃寇拔木破城并破通鶴軍天寶城應擒生斬級焚燒倉庫樓閣收獲羊馬器械等狀

右今日中使某乙奉宣恩旨示臣等韋皋奏表大破吐蕃生擒斬級者戎醜負恩乘秋竊發敢擾邊鄙自干誅夷伏以睿畧無方守臣授律龔行決勝之策分遣賈勇之神面縛首級風驅電掃屠堡柵而平其險阨焚倉廥而盡其糗糧南路靈關既無遺類西郊朔塞可以成擒神武指蹤四方宣力奇功吉語相繼上聞耀天威而盡殪昭文德以即敘止戈之慶計日可期臣等備位台司倍百歡賀無任慶忭悅懌之至謹奉狀陳賀以聞

中書門下賀元誼李文通出洺州城表

臣某等言。臣等今日面奉進止。元誼李文通等蒙恩宥過。以今月七日將領將士出洺州城者。伏惟皇帝陛下聖神之化。懷保元元。仁洽好生。感深格物。誼等列於守將。本以忠勞。師旅之閒。失於慮始。蒼黃之際。自謂匪人。士吏危疑。謀猷回遹。陛下以震耀所及。殺傷則多。曲成以誘其衷。持久以通其變。愀然軫念。不忍致誅。待以初心。許之遷善。指期開壁。率衆來朝。實賴亭毒之恩。再全臣子之節。宥茲一眚。昭示萬方。睿慈所宏。動植知幸。臣等虛薄。備位台司。愧無調鼎之能。獲覩止戈之慶。無任欣抃踴躍之至。謹奉表陳賀以聞。

中書門下賀德音減放夏麥并賑給表

臣某等言。伏奉今日制。奉先等五縣夏麥。除得水利外。損者并放。長安等一十八縣。更審巡覆聞奏。即有進止。仍委有司計會賑給者。伏惟陛下愛人之心。與天合德。憂勤亭育。務盡其宜。頃者春澤愆期。夏麥非稔。若保赤子。軫於皇情。降損寢食。虔恭齋禱。一時不雨。已深求瘼之恩。一穀未登。則下責躬之詔。蠲其南畝之稅。賑以太倉之儲。德音霈然。動植相賀。慘怛之愛。纖悉無遺。申戒官司。宣明聖澤。歡聲發於轂下。嘉氣周於域中。凡在生靈。孰不鼓舞。臣等謬居近列。首奉鴻私。既乖燮理之能。倍切負乘之懼。無任捧戴慶抃之至。謹奉表陳賀以聞。

中書門下賀聖躬減膳降雨表

臣某等言。臣聞王者祗若天心。勤恤人隱。必有交感之速。以叶順成之祥。頃自春及夏。時雨尚少。稼事所切。皇情載勤。分命官師。虔修祠禱。而又齋誠減膳。感達上元。以蒸人望歲之心。爲陛下納隍之慮。兼軫幽繫。議寬狴牢。意纔發於穆清。月已離於星畢。霈然周洽。曾不崇朝。靡失長嬴之期。方興多稼之咏。茂遂生植。統和陰陽。歡康之謠。音浹遐邇。臣等忝居近列。獲奉昌時。無任欣抃踴躍之至。謹奉表陳賀以聞。臣某等誠惶誠恐。頓首頓首。謹言。

中書門下賀雪表

臣某等言。臣聞王者布令以時。應天以實。惟茲瑞雪。用兆豐年。伏惟陛下齋誠念人。振廩恤隱。同雲斯兆。宿麥可期。以五穀播植之精。驗於農志。當一陽發生之候。助此休徵。感通不違。朝野相賀。臣等謬居近侍。獲奉昌期。無任欣抃

踊躍之至謹奉表陳賀以聞臣某等誠歡誠喜頓首頓首謹言

中書門下賀雪表

臣某等言臣聞天道下濟聖心上感以是訢合發爲休徵惟茲雨澤之祥必稽時令之順伏惟皇帝陛下憂勞庶政勤卹蒸人鑒寐之閒不忘於念慮賑卹之使相繼於道塗膚寸興雲盈尺呈瑞以來歲之積潤爲嗣歲之順成如京如坻百嘉可望旣霑旣足率土同歡臣等忝列侍臣倍百欣賀無任慶抃踊躍之至謹奉表陳賀以聞臣某等誠歡

誠喜頓首頓首謹言

中書門下賀雨表

臣某等言臣聞王者以誠愛人以德動天則交感不違庶徵時序頃自春澤愆候上軫皇情協用五紀憂勤六事曁純陽之節雩禱是修齋心勞慮恤隱宥過雲觸石而興潤月離畢以呈祥南畝就功西成可望含餔鼓腹幼艾相歡見聖人之化育符上帝之陰隲臣等忝列台司喜萬恒品無任慶抃踊躍之至謹奉表陳賀以聞

中書門下賀雨表

臣某等言百穀所仰甘雨是資三務成功望歲斯切雖閏候頗晚農耕未遲而時澤稍愆皇情所軫齋禱上應陰陽以和遠興有渰之淒方茂如茨之稼況霡霂未已公私必均叶聖道之休徵副元功之育物臣等職叨樞近喜萬恒情無任欣賀踊躍之至謹奉表陳賀以聞臣某等誠惶誠恐頓首頓首謹言

中書門下賀雨表

臣某等言臣聞聖人之德與天地合則庶徵時若生類昭蘇伏惟陛下慈愛元元統御萬物憂在稼穡切於登成慮

甘澤之愆期憫蒸人之望歲誠之所感天且不違有渰而興覯一夕之霑洽大田相慶知百穀之阜蕃農夫克敏秀者皆實蓑笠就緒倉箱可期遠邇幼艾忻歡鼓舞臣等謬當近侍喜萬恒情無任欣抃踊躍之至謹奉表陳賀以聞臣某等誠惶誠恐頓首頓首謹言

中書門下賀元和殿甘露降表

臣某等言今日中使某乙至奉宣進止示臣等元和殿甘露降於梧桐丁香樹者謹按孝經援神契曰王者德至天則甘露降孫氏瑞應圖曰王者和氣茂則降於草木伏惟

陛下聖德感通。殊祥允集。當長嬴之月。下順人心。降穆清之中。上昭天意。太和陰隲。靈液潛滋。眉玉綴珠。圓枝泣葉。質同雪白。味若飴甘。灑珍木以相鮮。激繁香而合發。雖軒邱頌瑞。漢史紀年。徒習前聞。豈如目覩。此皆協氣旁達。天休合符。凡在懷生。不勝大慶。臣等謬居樞要。倍萬歡誠。無任欣抃踴躍之至。謹奉表陳賀以聞。

中書門下賀許州連理棠樹表

臣某等言。今日中使某乙至。奉宣進止。示臣等許州觀察使上官涚所奏。許州長社縣嘉禾鄉合穗村連理棠樹一

株者。謹按孝經援神契曰。王者德及草木。則木連理。伏惟陛下聖澤元功。浹洽生類。故天休滋至。地產交感。亭育變化。發爲百祥。珍木敷榮。異根合幹。表茲植物。以瑞康時。況嘉禾名地。已同唐叔之獻。甘棠挺秀。寧比召南之什。芬芳連理。遐邇叶心。叢滋慶祉。昭煥圖籍。臣等謬忝鼎飪。喜萬恒情。無任欣抃踴躍之至。謹奉表陳賀以聞。

中書門下賀恒州華州嘉禾合穗表

臣某等言。伏見王武俊所奏。恒州鼓城縣生嘉禾一本。合穗。又盧徵奏。華州鄭縣太平鄉三交里獲嘉禾一穗者。謹按孫氏瑞應圖曰。嘉禾者五穀之長。王者德茂則生。伏惟陛下德叶元功。仁育生類。同穎擢秀。殊祥並時。昔周道既昌。唐叔以獻。表天下和平之兆。爲陰陽訢合之符。今五穀登成。百嘉儲祉。發於厚載。集是休徵。況嶽鎮之方。表章繼至。感通昭晰。莫甚於斯。臣等忝列台司。喜倍恒品。無任欣抃踴躍之至。謹奉表陳賀以聞。臣某等誠歡誠喜。頓首頓首。謹言。

中書門下賀滑州黃河清表

臣某等言。今日內侍朱希顏奉宣進止。示臣鄭滑觀察使

姚南仲所奏。今月一日至六日。白馬縣界三十里黃河清者。伏以道自積石。出於崑崙。乃建靈源之封。特視上公之禮。克符昌運。必降殊祥。伏惟陛下聖澤感通。休徵疊委。惟此濁質。化爲清瀾。國典所書。是稱大瑞。詩曰。俟河之清。人壽幾何。歎其不可得而見也。今則白馬之津。三十里所。澄澈如練。淪漪成文。一邦幼艾。共觀嘉應。萬寓經界。式彰永寧。昔秦號水德。徒推厭勝。漢紀河平。苟安決溢。神功幽贊。獨表清時。足以薦諸宗廟。書之史策。臣等忝登樞近。獲奉休明。無任欣抃踴躍之至。謹奉表陳賀以聞。臣某等誠歡

誠抃頓首頓首謹言

中書門下賀醴泉獲白鹿表

臣某等言今日中使某乙至奉宣進止示臣等醴泉縣鎮遏使康志寧於建陵柏城外得一白鹿者謹按孝經援神契曰王者德至禽獸則白鹿見又孫氏瑞應圖曰王者惠及下民則至伏惟皇帝陛下聖德廣運與天合符尊祖敬宗愛人育物含靈効祉叶贊休明惟此仁獸式彰孝理皎然玉質俯近軒臺獨麌麌以不羣亦呦呦而遂性漢得之於槐里齊獲之於敏邱呈祥瑞聖豈比今日臣等謬列台

司無補時化每承靈貺徒竭歡心無任欣抃踴躍之至伏請宣付史館謹奉表陳賀以聞

中書門下賀河陽獲白兔表

臣某等言今日中使楊明義奉宣進止示臣河陽三城節度使李元淳所奏今月六日於河陽縣城南社壇獲白兔者謹按孫氏瑞應圖曰王者加恩耆老則白兔見又前史所稱多自純孝所感伏惟皇帝陛下誠合天地孝通神明元符嘉祉遠近相屬維此瑞獸是稱月精來應昌期皓然雪彩當盟津之壘俯勾龍之壇邦畿士吏駭視歡賀且自前歲已來中外所列凡在羽毛之族多呈皓潔之祥今八陵園寢修復斯畢萬國臣寮手足相慶盛儀既展靈貺斯臻幽贊素姿若合符契臣等謬居台鼎倍萬恒情無任慶抃之至伏請宣付史館謹奉表陳賀以聞

中書門下賀邢州獲白雀白山鵲表

臣某等言今日伏奉宣示昭義軍節度使李元淳所進於邢州獲白雀白山鵲各一者謹按孫氏瑞應圖曰王者奉已儉約尊事耆老則白雀見又晉中興書曰天下安寧則見伏惟陛下純儉成化乾坤合符敬彼黃髮感茲霜毳俗

旣登於壽域事多驗於祥經用應昌時固無虛月昔神雀效祉乾鵲知來或用以紀年或聞諸往載豈比山禽叶質靈貺特殊皎潔異姿追飛交映休嘉所集遐邇同歡臣等忝列台司倍百忻賀無任喜慶踴躍之至謹奉表陳賀以聞

中書門下賀興慶池白鸕鷀表

臣某等言伏承陛下以去月九日幸興慶池龍堂爲人祈雨忽有一白鸕鷀見於池上衆鸕鷀羅列前後如引御舟明日之夕甘雨遂降者伏惟陛下子惠元元躬勤庶政念

茲時澤虞於禱祈以陛下如傷之誠上感元貺在列祖發祥之地下降靈禽潔白異姿翻飛成列若應天意以承宸衷簇陰雲於一夕灑沛澤於千里捷均影響慶浹公私昔周致白翟徒稱遐邇漢歌赤鴈亦薦郊廟豈比今日感於至誠瑞牒所無蒸人何幸伏望宣付史冊昭示將來臣等備位鼎司倍百歡賀無任欣慶抃躍之至謹奉表陳賀以聞

中書門下賀神龍寺渠中瑞蓮表

臣某等言今日中使某至奉宣進止示臣等神龍寺殿前

渠中瑞蓮花圖其花一莖兩房者伏惟陛下仁聖感通宏被生植宥萬方之暇必順天心於九重之中別開佛剎絪縕降祉菡萏敷榮瑞茲灼灼之花迴出田田之葉吉祥殿外芳馥殊常功德池中光華交映扶疎發越並秀相鮮元功嘉應超冠圖牒彼芝稱三秀麥有兩歧雖驗休祥豈階妙法觀雙房之挺茂荷一雨之均霑陰騭生成發揮嚴淨臣等忝居樞近倍萬歡心無任欣抃悅懌之至謹奉表陳賀以聞

中書門下賀八陵修復畢表

臣某等言臣聞宗廟之享以致吉蠲山園之制以極嚴敬國朝祀典參用漢法寢宮便殿虔奉衣冠日往月來久未修復伏惟皇帝陛下繼明恭己大孝因心丕承祖宗對越天地薦馨香於九廟崇經構於八陵庶工子來百堵皆作人神協吉龜筮告猶用成奕奕之新實自蒸蒸之孝行宮盡復神御以安掌禮之官虔於受命奉陵之縣但覩成功慮財用而靡賦於人量事期而不愆于素罔極之感交於神明奚斯閟宮徒頌諸侯之事叔孫原廟蓋匪先王之法孝彰禮備豈比於今列聖在天萬方受祉春秋匪懈超冠

百王臣等謬忝台司獲承詔旨無任誠賀之至

中書門下賀建康郡王雙誕皇曾孫狀

右今日伏見中使朱希顏云建康郡王雙誕皇曾孫者伏以聖慈馭物有亭育之仁故上天陰騭降蕃衍之祉協本支百世之義見曾孫雙誕之祥克禋克祀每勞於前古無災無害方盛於今日熊羆並夢棠棣連芳遠同華封之祝更鄙商瞿之歎斯實莫大之慶用表無疆之休所以永固皇家增輝磐石臣等忝居近列倍萬歡心無任抃躍之至謹奉狀陳賀以聞

中書門下奉韋皋奏南詔奉聖樂章狀

右中書門下奏中使楊明義奉宣韋皋所奏南詔奉聖樂章嘉其遠誠昨已閱試卿宜知悉者伏聞樂以導志感而成聲故有翕純皦繹之音韎任禁昧之奏以節百事以平八風伏惟陛下覆露法天和澤柔遠順氣旁達殊方洽歡願爲保障以稟聲朔納邸獻樂贊揚時休制氏新其曲度舌人協其辭禮雖渝舞可覘夷歌成章兩漢所書未若今日伏望宣付有司編諸史冊

中書門下賀降誕日麟德殿三教論議狀

右三教源流久無錯綜或使後學泥於通途陛下遂萬物之宜御六氣之辨徵緇黃之侶振元古之風精義入神微言盡性然後稽合同異討論指歸以元元之慈儉宏於在宥以釋氏之定惠納諸誠明用濟斯人共陶鴻化足以光策書於東觀資聖壽於南山臣等備位台庭仰承至論無任慶抃欣躍之至謹奉狀陳賀以聞

賀除于頔太子賓客表

臣某言伏見今月二十二日制書以于頔爲太子賓客凡在過咎得以昭洗凡在臣僚不勝慶躍臣某中謝伏惟陛下推誠恤隱宥罪申恩澤渫雨露明並日月于頔幸備公相又忝國姻而交私匪人行賕求進惡子兇悍虐殺無辜降爲王傅使絕朝謁家居思過用愧其心在於聖恩已是私宥今則以其嘗居重任特降殊私進於賓護復得通籍載念循省洗其尤違懷生無不遂之人負罪有自新之路含養之澤與天同符山東諸侯未朝請者必欣戴恩仁浹洽肌骨此誠王者感人心之深者也臣嘗備樞近每承音旨衆情不至於睿慮已周古哲難行在聖姿則易寬明恤隱遐邇歡心仰戴天慈沐浴休運無任抃躍喜賀之至謹

奉表陳賀以聞臣某誠歡誠賀頓首頓首謹言

謝端午賜衣及器物等表

臣某言中使陳忠玠至伏奉前月十七日手詔賜臣端午衣一副銀椀二隻銀鈔羅二百索一軸并大將衣服等慶賜遠降天顏如臨恩光綢繆器服輝麗成周士吏居守輿師喜氣歡聲以感以忭臣某誠欣誠荷頓首頓首伏以斗杓建午之初日永星火之際陰陽肇接天地氣交陛下法象乾坤順行時令賀獻本臣子之志寵賚延君上之恩孱微無庸跼蹐斯甚佩長命之縷俾壽而臧捧在笥之衣既

安且吉然後大數渥澤盡感鴻私顧已難酬此生何幸無任荷戴踴躍之至謹附中使陳忠玠奉表陳謝以聞臣誠歡誠抃頓首頓首謹言

謝賜冬衣表

臣某言九月二十日中使孟國瑤至伏奉某月十七日敕書手詔慰諭臣及將佐僧道百姓等幷賜臣冬衣兩副大將冬衣共四副者詔旨曲臨慶賜旁集凡在裨校一其懽愉臣某誠歡誠喜頓首頓首臣自違奉闕庭保釐河洛異戎師式遏之任非封部底貢之勤坐叨名器所謂尸素月

日云邁寒暑迭來再及授衣之辰每蒙挾纊之澤被服輕煖章施賤陋彼已不稱於臣則多雖竭捐軀之誠豈逃濡翼之刺撫躬愧畏上荅何階無任慙懼感戴之至謹奉表陳謝以聞臣某誠惶誠恐頓首頓首謹言

謝停賜口脂等表

臣某言伏奉今月十七日手詔以諸道每年合送口脂及尺旣非厚賜未足伸恩以方鎭勞煩道路爲徹一例停罷貴適便宜以示臣者恩自九天澤同萬宇伏讀詔旨仰荷皇明臣某中謝臣聞務其大者捨其細存其廣者遺其狹故先師有寧儉之教禮經有必簡之文陛下誠切愛人志於求瘼口臘香澤豈均雨露之濡尺寸度數曷比乾坤之大以道途勞費傳置將迎鑒在事先慮周物表去煩就省約已便人合簡易於二儀燭休明於四裔臣謬居分正獲奉德音忭荷之誠倍萬恒品無任感戴悅懌之至謹奉表陳謝以聞臣某誠懽誠喜頓首頓首謹言

謝每年賜錢三千貫文表

臣某言伏奉今月三日敕東都留守額闕宜令度支每年支錢三千貫文充雜給用者伏以居守將士仰給有司省

畬之中經費猶闕臣頃以地鄰淮右事切隄防請益師徒以崇威重至於資用未敢陳聞豈謂天澤旁流鴻私曲被救乏恤隱已極大君之慈曠官費財益重微臣之責況違離軒陛周歷炎涼無補盛時有叨重寄恩光積厚答效何階無任感戴悚懼之至謹奉表陳謝以聞臣某誠惶誠荷頓首頓首謹言

恩賜馬一疋幷鞍轡及告身衣兩副等謝狀

右今日中使景忠信至伏奉恩旨賜臣前件馬幷鞍轡告身衣服等寵賚所及惶荷難勝臣自受命已來神爽飛越

晦明之際寢食靡遑恩私特加榮錫備至命書煥輝渥澤殊常出衣服於御府輟華騮於天廄負乘之懼不稱之災慶錫有溢目之榮奬任有提耳之誠以臣愚陋負荷難勝雖欲殺身豈酬鴻造無任感恩惶恩荷戴之至謹奉狀陳謝以聞謹奏

欽定全唐文卷四百八十五

權德輿三

爲鄭相公讓中書侍郎平章事表

臣某言伏奉今日恩制授臣中書侍郎同中書門下平章事詔書自天受命惶悸俯伏循省不知所容中謝臣聞宰理中樞從古所重貞教化之本導陰陽之和外撫四夷内循百職或乖於是則謂曠官臣志在服儒才非經遠爰自筮仕期於代耕而遭時踰量踐歷朝序自奉禁中之職累叨望外之恩超貳冬官兼司選部流品未序銓綜乖方以

榮爲憂伏待譴責豈謂特延睿渥參列廟謀以瓶筲之資當柱石之重況臣自去夏尚守臺郎周月之間遂懸相印承陛下勵精之切副陛下則哲之明循量省躬必知不可伏乞俯迴詔命別選公才敢瀝血誠上黷天鑒無任惶懼懇迫之至謹奉表陳讓以聞

爲趙庶子謝平章事表

臣宗儒言臣伏奉今日恩制除臣爲同中書門下平章事祇奉承命捧讀詔書心魂震驚拜忭失所中謝臣聞燮贊化源叅和鼎實上合一德以平六符苟非其人所繫斯重

臣本虛薄素無器能徒以文藝獲承代業比肩多士陳力清時累叨渥恩踐履官序頃歲奉職中禁草議南宮遂忝左曹列於近侍顧常內訟已處曠官豈謂宸眷特加擢任非據伏自循省不知所安且臣去冬尚守郎吏今纔一歲遂備台司苟非全才難塞公議雖鞠躬匪懈必盡事君之誠而宣化賦政恐累知臣之舉生成難報覆餗是憂伏以面奉德音不敢更有陳讓拜章感涕上答何階無任荷戴惶懼之至謹奉表陳謝以聞

爲崔相公謝門下侍郎表

臣損言審已無庸謬膺寵授昨所陳讓迫於懇誠冀全至公豈敢外飾黃閣重務非才實難墨詔復臨捧讀增懼臣聞惟君知臣任之以器惟臣事君量而後入生逢昌運自比可封之人職在台司難逃竊位之責三年待罪無補感明再命逾涯轉速官謗天威咫尺愚慮屏營伏以今斷表章不敢累瀆宸扆雖誓心畢命以竭微衷而折足覆餗其如公議無任感恩惶懼之至謹奉表陳謝以聞

齊賓客相公進所賜馬表

臣某言臣頃待罪中樞特蒙睿渥既切維鵜之刺又叨錫馬之榮憂在忝曠積成疾瘵聖慈全貸尚列師賓見矜福過之災猶積喜中之懼況茲天驥轂自御閑實有代勞之功且期致遠之用特優賜與以寵宰司臣自改官即合進納而心力衰耗晦明纏綿筋骸自便惟在床衽視聽所知不過湯藥沉痾餘息有異常人平居故事皆所廢忘頃年愧懼已切於負乘今日稽留自疑於奪魄因緣尸素積累罪辜疎愚昧昏殞越無地謹隨表奉進無任惶恐震懼之至臣某頓首頓首謹言

爲齊相公讓修國史表

臣某言臣去九日於延英對陛下勤求理本語及史官遂命崔損承旨令臣兼修國史臣省已無取受恩殊常倉皇震驚未及陳露今日中使某乙奉宣進止授臣此職竊自思忖非所克堪感戴屏營不知所據伏以褒貶善否裁成義類直辭是繫往哲攸難臣謬踐台司無補皇化每憂覆敗上負聰明豈足以再紆宸慈累忝榮渥稽前古之彝訓昭聖朝之法誡立言載筆豈易其人量力循涯自知不可又自貞元四年李泌後宰臣遂不兼此職蓋以論著慎重留於聖心自非時謂全才何以遠循故事用此內省以榮

為憂況君舉必書時同堯舜之理任人以器顧無遷固之能所覬殊私特寢成命無任感恩惶懼之至

盧相公謝授賓客表

臣某言伏奉今日恩制除臣太子賓客睿慈曲被宏貸特加捧承命書感抃交集中謝臣以庸劣累叨鴻私無補廟謀徒速官謗妨賢歲久嬰疾日深累陳愚衷上黷宸鑒敢言知止誠以乞身陛下亭毒之恩不遺微細載紆詔旨尚列賓師全度終始於臣為厚跼天蹐地空荷生成無任感戴欣懼之至謹奉表陳謝以聞

為盧相公謝除中書侍郎表

臣邁言伏奉今日恩制授臣中書侍郎同中書門下平章事祇奉詔命循省妄庸感恩量力不知所措中謝臣聞宰相者敘四時之化順萬物之宜用贊裁成使之茂遂而中樞密勿庶政本源以奉大猷是為右弼臣實凡輩本無他能家尚儒風獲承緒業因緣忝幸踐履班榮誠不自意忽焉過量台司待罪已涉三年妨賢既久內訟彌切蓋廉謹戒懼人之常分而訏謨教化宜擇全才陛下在宥萬方躬勤百度豈虞賤質再沐睿慈特遷紫微實玷皇極臣面所陳讓推於至公天鑒未迴進退惶灼且使人以器知臣者君猶冀鴻私俯察愚懇害盈之禍敢愛微軀覆餗之憂難抑公議無任感恩怖懼之至謹奉表陳謝以聞

代盧相公謝賜方藥并陳乞表

臣邁言臣自染偏風今已彌月將息未減渥澤轉深伏蒙特令供奉僧智昌醫療并每日令中使存問及賜柳湯煎驢頭方仍便令服餌者顧以庸賤昧於攝理久茲竊位常懼害盈陰陽之和無補時化風毒生疾上煩聖慈靈方御醫稠疊備至雖受恩服藥誠合漸瘳而福過災生慮難自

保況中貴將命寵臨私門犬馬之微日塵鞋纊或有加減自合上聞非常之恩伏乞停罷且台司要重庶政泉源以臣平居素積官謗今右邊手足動用不隨自滯枕席已淹弦晦伏乞以時免職使得養疾家居博求上才用塞人望則公朝無覆餗之責陋質荷生成之仁今攝衣拜章力且未足口占代署貴達愚衷無任感恩迫切之至謹奉表陳請以聞

第二表

臣某言臣以疾病所嬰在假既久自審不逮遂有上陳詔

旨優答懇誠未允屏營惭懼不知所安臣聞爲官擇人各司其局條責實效共致理平凡在庶僚猶不可曠況宰臣之任鼎足承君調和陰陽左右教化能否之下利害繫焉苟有所壅其傷必大以臣虛薄備位四年奉勵精之勤但樂昌運當具瞻之地莫副羣心書曰百僚師師百工維時言得其人也語曰陳力就列不能者止言審其分也況沉頓逾月冠帶未任風毒所侵難望速差彼已之刺倍切於今以被病之微臣尸台司之厚祿自知不可如公議何伏枕披誠再黷宸扆冀迴天鑒俯遂愚衷所謂曲成豈惟平

施無任悃欵迫切之至謹奉表陳請以聞

第三表

臣某言臣逼於疾瘵累有陳奏再奉詔旨私願未從感恩則深量力難濟況偏風狀候與諸疾不同雖時似少減終慮成沉痼中樞務重不可闕人自臣在假已四十餘日曠廢斯甚兢惶益深一夫不獲一吏不職則繫聖慮以之憂勞今臣手足未平心緒未復卧受豐祿胡顏自安伏惟陛下順天理物躬勤庶政事無細大咸遂其宜豈可獨私微臣久玷時化是以直疏誠懇不敢苟飾煩詞冒黷宸嚴期

於照鑒無任惶怖震越之至謹奉表陳請以聞

第五表

臣某言臣素以庸虛又嬰疾病半年在假未任出入四表上陳備盡誠懇過蒙渥澤特賜優容聖慈則深私願猶阻俯仰祗席兢惶靡寧臣本謂至春和得漸平復今方藥徧用根本未除雖簪帶假人得以被體而趨步無力難於拜恩輔臣之任百辟是仰遵守法度誠所宜先豈有踰歲家居尚塵鼎飪況所受厚祿出於疲人竊位公朝尚知不可沉疴私室何以自安易象害盈實在今日伏惟陛下宏覆萬物曲成不遺凡在懷生各得其所以臣沉痾久曠官司

前後陳聞披瀝肝膽期切之至謹奉表陳請以聞

第六表

臣某言臣待罪非據歲時已深寵秩逾涯災患自至一從移病忽及周月五獻章表未遂血誠沉痼之身滯於床枕職守之効絶於官曹虛費祿廩不安夙夜遂於去年五月二十五日進狀乞停俸錢自後不敢更有請受竊冀素餐之責少息輿議丹懇之至上迴聖心邇來又經九十餘日成命未下憂惶無措蓋聞祿以詔功又以養賢以臣之愚

而無功績久此尸曠俯仰内訟迫於公私臣之情理實爲難處臣之言詞不能自達使得終獲退免曲遂微誠亭育深恩實在於此無任猥迫懇欵之至謹奉表陳乞以聞

代賈相公謝賜馬及銀器錦彩等表

臣躭言今日中使某乙奉宣進止以臣所進關内隴右并圖錄十卷特賜馬一匹并銀瓶盤等若干事錦彩等若干疋者承命抃舞震驚失圖伏以聖朝覆幬無私聲教遠被雖夏書禹貢周制職方重譯所通未若今日臣以末學獲奉昌期常好地理之書頗知河湟之事明徵舊史博考傳

聞夙夜以思歲時遂久紀諸文字績以丹青上塵聖聽庶備方志豈謂睿慈宏奬寵賚特深出珍華於内府下駔駿於天廐恩榮所及煥麗相輝循顧虛庸曲承蕃錫負乘匪服併切於今無任感恩荷戴之至謹奉表陳謝以聞

代賈相公乞退表

臣躭言臣以庸愚謬尸寵祿位居師長職重台司徒叨遷恩無補時化跼蹐荏苒六年于茲去秋以來多病相繼每自策勉以奉休明而筋骸内衰官謗外積近染痢疾綿歷旬時進退之狀不恒寢食之理皆耗伏枕循省無所克堪凡在常情皆願貴仕況臣累蒙任使實越等夷從容廟堂沐浴天澤恩私歲久誠每切於匪躬疲薾日侵事有迫於量力伏惟陛下覆育臨照曲成不遺俯矜愚衷移授散秩則樞軸不曠輪轅適宜拳拳之誠所望斯足無任懇欵惶懼之至謹奉表陳請以聞

代賈相公陳乞表

臣躭言伏奉今日制除臣檢校司空兼左僕射依前同中書門下平章事秪荷成命捧戴恩私心魂震驚慙怖失次臣以庸薄無他才能先朝過聽謬賜驅策叨居鼎飪十

有三年猥承雨露之恩終闕涓埃之効累經陳乞未允懇誠復以餘年再承休命自陛下紹膺寶歷澤被羣生亭育所加飛沉遂性而臣齒髮頹暮疾恙嬰侵筋體日衰心力皆耗況宰相之職用調陰陽司空之官實平水土從古授受重難其人以臣平居猶知不可今中既眊耄外亦支離寢興不安言語失次豈可苟貪貴仕上玷清時省躬則然況在公議古者君有致政之惠臣感得謝之恩鐘鳴漏盡前哲所誡年衰疾劇在臣爲甚過於情理敢黷天威慺慺血誠期在鑒聽無任懇欵恐懼之至謹奉表陳讓以聞臣

躭誠惶誠恐頓首頓首謹言

第二表

臣躭言臣以疾病所迫氣力不任輒露懇誠上祈退免聖慈備至私願未從詔旨便蕃慰勉纖悉自宜策勵以奉休明螻蟻之誠敢忘夙夜犬馬之疾日益纏綿視聽昏煩舉措乖誤心不記事口不逮心神理害盈正謂今日昔韋賢致仕著在漢庭韓厥請老書於魯史豈可以茲沉瘵苟汙班榮迫於公私非敢撝挹自聖明馭宇動植覃恩豈於庸愚獨阻誠志乞迴天鑒俯遂殘生伏紙上陳感涕嗚咽無

任惶懼懇切之至謹再奉表陳乞以聞臣躭誠惶誠恐頓首頓首謹言

第三表

臣躭言臣殘年沉瘵漸不支持再表上陳未蒙允許顧茲朽質徒感鴻私而枕席纏綿形神消耗上台之任歲月積深大病之期晦明難保自叨升論道扶疾拜恩邇來狀候日以羸瘠災因福過足驗於今伏乞賜臣骸骨收臣印綬期於必遂不敢煩辭無任量力懇迫之至謹奉表陳乞以聞

第四表

臣躭言臣聞生人所欲豈過富貴仕進之榮無踰公相臣受祿過厚叨恩且深疾瘵所侵日月以甚表章三上宸聰未迴苶然私室溘盡是慮臣頃歲齒及懸車疾經百日輒援禮令乞遂休閒先聖優容未蒙允許今則桑榆轉迫沉頓寖深比於往年遠不相及前後陳請備竭肺肝特希聖慈俯鑒愚懇羸骸假息所望退身瀝血披誠伏待明命無任屏營懇迫之至謹奉表陳乞以聞

第五表

臣躭言臣以庸愚累叨爵命大行皇帝拔擢非次列於宰輔歲時寖深塵露無補太上皇踐祚聽政寵登三公而臣寢疾所嬰已在牀枕沉痾日劇氣力漸微自春涉秋四表陳乞伏遇陛下繼明纂統臨照萬方澄清化源朝野相慶但臣百疾所湊四支不任豈使將盡之人猶處具瞻之地私誠所迫上黷宸嚴既非飾讓期在聽納無任懇款迫切之至謹奉表陳乞以聞

第六表

臣躭言臣犬馬之疾福過災生前日以來轉就危困自量

氣力的不支持自陛下嗣纂睿圖臣以寢疾綿亟竟不得一趨雲陛上謁龍顏幽壤之中以此爲恨臣備位宰相歲時最深永歸泉下無補明代伏惟陛下爲萬姓自愛則幽明蒙福無任感恩哀戀之至謹奉遺表以聞

爲趙相公謝賜金石凌表

臣憬言伏奉恩敕賜臣金石凌并方及服法并金花銀合一又賜臣蘇膏方及眼赤有瘡方其方皇太子書者鴻私榮賜特發天心受恩拜賜慚怖交集中謝臣聞台司之任茂遂羣生而攝衛乖宜自貽病疾理身未暇賦政何堪豈

謂上簡宸衷下矜賤質御方靈藥稠疊寵光劑和至精減聖躬所服翰墨元妙降皇儲之書仰光輝而陋目增明承渥澤而沉痾自愈致金石之固通性命之和保持誨諭曲盡慈旨蠲其煩滯授以康寧省己何功害盈知懼伏惟陛下宣布大和則時無疵癘懋建大中則物以阜安生及昌期自登壽域況臣劣薄待罪樞衡感平施而已深荷殊榮而難報雖陰陽不測犬馬之疾頓瘳而日月無私螢爝之光何補生成覆載皆稟睿慈竭力致命豈申愚效無任感恩惶懼之至謹奉表陳謝以聞

進詩狀

右宰臣奉宣進止令臣進舊詩者伏惟陛下以聖德文明化成天下徵詩之旨本在樞衡念舊之仁因及簪履臣頃尸重任久曠官常今列大僚猶叨寵渥於孔門非賜也言詩之目在漢庭異匡氏說詩之工徒積繁蕪豈近聲律自承休命伏用兢惶待罪之時無補公餗免退之後猶獻雕蟲既乖法言有黷宸聽震悚怵惕不知所安謹錄前件詩五十首奉進無任慚恩隕越之至謹奏

謝權知門下省過官狀

右臣奉恩命權知門下省過官者伏以過官至重事在黃樞閱郡吏之否臧布百職於中外苟或非當其傷實多臣自玷台司忽及半載一昨陳乞天睠未迴當憂惕之中而寵榮薦至摩頂至踵豈酬鴻私無任感恩荷戴之至謹奏狀陳謝以聞謹奏

謝借飛龍馬狀

蒙恩借飛龍馬三匹

右今月十日中使張少愚至長樂驛奉宣進止借臣前件馬送出府界者臣以庸薄謬叨恩私寵榮沓至感戴難處

以今月十五日至東驛出京兆府界天闕儲胥仰瞻日遠御閑蹀躞假借恩深仰元澤以難酬顧微生而何幸況代勞比君子之德負乘積小人之憂感戀明庭涕泗橫積當君陳之寄必竭肺肝羡驂裹之迴恨無羽翼無任感荷戀慕之至謹奉狀陳謝以聞謹奏

中書門下謝御製九日言懷賜中書門下及百寮詩狀

右中使王敬親至奉宣恩旨賜臣等前件詩者伏以聖人之言律度天下特降睿藻發於深誠極三代之質文致萬

方於仁壽時當令節慶屬豐年同在鎬之和樂異橫汾之靡曼臣等謬居樞近每沐鴻私空瞻日月之光難酬雨露之施無任感恩抃躍之至謹奉狀陳謝以聞

中書門下奉和聖製九日言懷詩賜中書門下及百官詩進狀

右今月九日中使王敬親至奉宣恩旨賜臣等前件詩者日月麗天萬物皆覩韶咸度曲八音克諧伏惟陛下有堯之文思舜之恭己每睿詞下降皆以人爲心故宴樂以示慈惠詠歌以昭教化歡令節慶有年順時賦政之祥也敦九族安萬邦自中發外之澤也然後以太平之化躬行於今知之非難是謂至德豈比夫漢武魏文屬詞類事而已臣等叨居近侍首沐湛恩空仰昭回難酬覆露謹各獻奉和聖製詩一首輒以蕪鄙上黷宸聰庶達封人之心敢比賡歌之義無任感恩戰懼之至謹詣延英門隨狀封進以聞

中書門下謝御製重陽日中外同歡以詩言懷因示羣官一首狀

右中使劉希昂至奉宣進止賜臣等上件詩者伏以陛下

順用二儀曲成萬物王道正直天文昭回因令節以宴樂發睿慈於歌詠煥然麗藻丕變時風慶屬有秋化覃無外凡百臣庶一其歡心臣等忝備台司首承渥澤無任感戴欣躍之至謹奉狀陳謝以聞

中書門下進奉和聖製重陽日中外同歡以詩言志因示羣官狀

右今月九日中使劉希昂至奉宣進止賜臣等前件詩者臣聞惟天聰明惟聖時憲故三辰爲章六義成文伏惟陛下端拱穆清慮必周於皇極錫宴重九恩每覃於百寮煥

發睿詞化成天下書於右史實邁前王臣等才異賡歌職叨近侍在宥之化皆獲可封聞韶之時忽焉竊抃謹各獻奉和聖製詩一首輒以荒鄙輕黷天威無任感恩戰思之至謹詣延英門隨狀封進以聞

中書門下謝御製九月十八日賜百官追賞因示所懷詩狀

右中使楊光瑤至奉宣恩旨賜臣等前件詩者睿詞炳煥降自九霄天澤昭臨榮加百辟既晞湛露又沐卿雲感金石之和聲助林塘之霽色況錫宴之際極其寵光求理之

深播其雅頌樂以發德文以化成由其歡心盡躋壽域跪捧三復備見皇慈臣忝跡樞密親承聖渥無任感恩抃躍之至謹奉狀以聞

中書門下進奉和御製九月十八日賜百官追賞因示所懷詩狀

臣比年以三令節賜百僚宴賞昨者時及重九陰雲未收特延聖慈又改良日中宴之際俯降睿詞猶元氣之涵煦比慶霄之紛郁裁有六義昭示萬方湛恩自天具物知感況陛下以誠信施教以慈愛緣情形於詠歌繫在風化伏以唱和之重合綴庸音而動植之微何酬元造臣等忝居樞近首沐鴻私竊忭率舞不能自抑謹獻奉和聖製詩一首詞理鄙淺輕冒宸嚴無任感恩喜躍之至謹詣延英門隨狀奉進以聞

中書門下賀新製中和樂狀

右中書門下奏今月七日伏蒙聖恩賜臣麟德殿宴會觀上件新樂臣聞先王作樂必本人情所以崇德所以辨政伏惟陛下以大中設教以大和育物肇創嘉節於今十年年皆順成俗以仁壽今則睿謀廣運度曲惟新三才位序

邁韶咸之美八卦成象見天地之心制氏未覩其鏗鏘伶官甫披其行綴聲歌所感遐邇同歡臣等職忝台司時逢交泰昨已面有奏陳請付有司頒示四方永光樂府仍請編入史冊伏望天恩允臣所奏

中書門下進奉和聖製中春麟德殿會百寮觀新樂詩狀

右今月七日伏奉聖恩賜百僚麟德殿宴會羣臣觀新樂并賜臣等聖製詩序者伏惟陛下法天授人順時布政中和制樂以協六律之音元首作歌以廣百工之業感於順

氣。諧此正聲。春臺煦然。生物資始。洽慈惠於臣庶。播易良於國風。照燭乾坤。輝動金石。臣等獲叨近侍。曲被湛恩。既在藻以遂性。亦聞韶而忘味。敢附典謨之末。願慙賡載之詞。謹各獻奉和聖製詩一首。謹詣延英門隨狀封進以聞。

中書門下謝御製中和節賜百官宴集因示所懷詩狀

右。今日中使薛盈珍至。奉宣進止。賜臣等前件詩者。臣聞天以雲漢爲章。昭回於上。人以文義爲紀。化成於下。伏惟陛下勤慮理本。合於中和。月當中春。日乃初吉。特降藻思。

助其發生。由勾萌以至於暢茂。推誠信以均其化育。捧戴殊覩。如登春臺。慶霄天籟。耳目清越。凡在百辟。一其歡心。臣等謬列台司。首承慈渥。無任慶抃踴躍之至。謹附狀陳賀以聞。謹狀。

中書門下進奉和聖製中和節賜百官宴集因示所懷詩狀

右。今月一日。中使薛盈珍至曲江會所。奉宣恩旨。賜臣等前件詩者。上齊二曜。旁合八音。闡文教於休明。叶昌期於亨育。況茲令節。克順人心。延仲月以違晦。撰良辰而得一。亦既逾紀。必聞有年。生植阜蕃。休嘉交感。而又言志以導德。作樂以同和。示湛恩於宏覆。俾庶類於咸若。臣等職叨近侍。仰戴元功。華封祝堯。徒有其志。虞臣歌舜。豈易其才。謹各獻奉和聖製詩一首。輒奏庸音。上塵聰聽。無任感恩喜愳之至。謹奉狀陳奏以聞。

中書門下謝聖製重陽日即事六韻詩狀

右。中使劉希昂至。奉宣進止。賜臣等重陽日詩幷賜茶酒音樂。令臣等樂飲者。伏惟陛下以睿聖之姿。廣文明之運。每因嘉節。必布鴻私。錫宴同和。凝旒振藻。八音合發。六義

相宣。降於雲霄。粲若神象。然後宴樂慈惠。霈然寵光。衢酒薰絃。承九天之慶賜。秋光霽景。見百穀之順成。合德不違。實若符節。小大臣庶。鼓舞相歡。臣等忝列台司。倍萬欣賀。無任喜抃踴躍之至。謹奉狀陳謝以聞。

中書門下進奉和聖製重陽日即事六韻詩狀

右。今月九日。高品劉希昂至曲江宴會所。奉宣進止。賜臣等前件詩者。伏惟陛下覆露亭毒。以人爲心。文明法象。與天地準。緣聖情以稽四始。酌時令以休百工。法言麗藻。盈耳溢目。臣聞日之出也。照先及於扶桑。雲之興也。潤亦應

於杜礎臣等旣叨近侍首沐鴻休輒罄庸音以申攀和踦涔越海誠亦無因塲藿向陽猶思自効謹各獻奉和聖製詩一首輕黷宸嚴心神戰越無任惶怖悚慓之至謹奉狀陳奏以聞

欽定全唐文卷四百八十六

權德輿　四

論江淮水災上疏

八月日將仕郎守左補闕臣權德輿謹昧死頓首上疏皇帝陛下臣聞書曰百僚師師百工惟時又曰理亂在庶官然則獻替之司任當耳目所以達下人之利病廣君上之聰明惟野人炙背之微齊士九九之賤獎其誠心不致於罪伏惟皇帝陛下以大中大和武功文德亭育天下十有四年車書所至聲教大備微臣生逢明代官忝諫曹旣當不諱之辰敢陳無隱之直伏以人爲邦本食爲人天或陰陽之候暫愆水旱之沴小至匹夫匹婦未安其家納隍之心則有所軫臣伏見自去年六月巳來關東多雨淮南浙西徐蔡襄鄂等道霖潦爲災者二十餘州皆浸沒田疇毁敗廬舍而瀕淮之地爲害特甚因風鼓濤人多墊溺其所存者生業半空江東諸州業在田畝每一歲善熟則旁資數道春雨連夏農功不開人心旣駭亡者則衆幸者京師歲稔夏麥又登誠爲根本之固以保斯箱之慶然賦取所資漕輓所出軍國大計仰於江淮以陛下憂勞萬務勵精

爲理之若是而天灾尚至者將使陛下聖慮日新又日新而儆戒之耶不然臣所未喻也誠灾不勝德賦有定制倘又留聖念因而拯之斯實代天理物爲人父母之明徵也伏望與元老台司定議速下德音遣使臣之有明識通方者將恤隱之命盡勞倈之方訪其疾苦蠲其租入與連帥守長講求所宜鰥寡幼艾周知其病詔令所下自如豐年休嘉感通疵癘銷散況賦無工拙加取於人不若藏於人之爲固也盍俾有司析量入之數節經用之源務求便安以去冗費縱灾害不甚陛下過而憂之無乃益聖德之光

大乎元元皇帝之三寶曰慈曰儉曰德明皇帝之昌言曰在知人在安人此陛下已行之效在恒久而已在敦固之而已臣每讀漢書至賈誼谷永之徒數陳理道痛言得失漢朝不以受之爲貶數子不以言之爲罪我太宗文皇帝之有天下也魏徵王珪等危言正詞上裨大化無疆之祚實兆於斯伏惟陛下遠覽西漢之風近師文皇之德則凡百臣庶敢盡其詞臣鄙賤頑固不識忌諱旣竊官命豈敢愛身蓋有所聞則合上獻雖蹈鼎鑊猶生之年不勝懇欸惶恐之至伏惟陛下裁擇謹奏

上陳闕政

陛下齊心減膳閔惻元元告於宗廟禱諸天地一物可祈必致其禮一士有請必聽其言憂人之心可謂至已臣聞銷天災者修政術感人心者流惠澤和氣洽則祥應至矣畿甸之內大率赤地而無所望轉徙之人斃踣道路慮種麥時種不得下宜詔所在裁留經用以種貸民今茲租賦及宿逋遠貸一切蠲除設不蠲除亦無可斂之理不如先事圖之則恩歸於上矣十四年夏旱吏趣常賦至縣令爲民毆辱者不可不察漕運本濟關中若轉東都以西緣道

倉廩悉入京師督江淮所輸以備常數然後約太倉一歲計斥其餘者以糶于民則時價不踊而蓄藏者出矣大歷中一縑直錢四千今止八百稅入加舊則出於民者五倍其初四方銳於上獻爲國掊怨廣軍實之求而兵有虛籍剝取多方雖有心計巧歷能商功利其於割股啖口困人均也比經紬放者自謂抆拭無期坐爲匪人感傷和氣而冬薦官踰三年未受命衣食旣空溘然就斃此亦窮人之一端也近陛下洗宥紬放者或起爲二千石其徒更相勉知羣復可望惟因而宏之使人人自効

請置兩省官表

臣德輿言臣聞堯之爲君也百工允釐舜之官人也九德咸事伏惟陛下文明御寓建用大中德厚侔於二儀利澤施及四海中外庶政寢興求思舉一事必稽於禮法命一官必詢其望實故朝無虛授時絕幸人屬精萬樞超冠前古可封之俗比屋相歡詩曰嗟我懷人寘彼周行言思其才也又曰翹翹錯薪言刈其楚言選於衆也蓋在旌別能否循責功實以爵祿爲砥礪以羣才爲鎡基則舉不失職人効其能左右掖垣首承詔命奉行詳覆各有攸司然後

欽定全唐文　卷四百八十六　權德輿　四

下於中臺頒於海內誠至重也彌綸政事侍奉軒墀分曹十員今則殆絕昔衛多君子晉有卿林況巍巍聖朝淳化所被濟濟多士豈謝古人要重之司曠闕既久則事有所壅吏得爲非亦慮四方聞知謂朝廷乏士事關理道豈止官常臣以凡庸過蒙慈渥塵汙清近超越等倫前後對敭備承獎飾德音顧問魂爽震驚而朴訥孱微不能自達又去年四月三日面奉進止令臣有所見即條疏奏來者輒以愚管手疏上陳干黷宸嚴伏待罪責無任兢懼隕越之至謹奉表以聞

論度支疏

十一月十二日將仕郎守右補闕臣權德輿謹昧死頓首上疏皇帝陛下臣聞建官惟賢任人以器細大畢效轅輻無遺蓋就其所長以求至當古人所以有憂於趙魏而劣於滕薛敗於棗邑而理於頻陽誠才各有所極也伏見司農少卿權判度支裴延齡早以文學累居官次固而似守刻而少通徒有專謹之心且非適時之器往者貳大農之卿長司太倉之出納號爲稱職蓋有恒規陛下急於獎能切於賞善權委邦賦冀有成績且度支所務天下至重量

欽定全唐文　卷四百八十六　權德輿　五

入爲出從古所難使物無遺利而不可竭竭則害生類使奸無隱情而不可刻刻則傷人和調其盈虛制其損益上繫邦本下繫元元苟非全才通識則有所壅自延齡受任已近半載羣議紛然皆曰非宜且權其輕重固與守之之才不同邊儲經費之功懋遷移用之法貴無留事以酌乎中簿領簡書周行郡國失於毫釐利病相萬一物未理所軫皇情而延齡切於感恩昧於量力思有以效强所不通則有枉尺直尋之心多方自固之計吏伺其隙人售其奸因緣蒙蔽觸類滋長致遠恐泥學製實傷異時其咎罪之

何補伏料聖意久未正授延齡職名似觀其能否以爲進退官司閭里衆口一心評議諠譁所不可遏伏望與一二宰臣時有裁議或詔問度支郎官使得以事實條對苟言者謬妄蓋有以辨之或才實未稱恐難久處倘擇能代命以他官以全延齡以便天下上副求理之意下遂陳力之宜則事任交修職業不廢臣忝備員陛下諫諍之官常服師訓緘默自負無以爲容阮嗣宗口不言人之短臣心常師之但以束帶立朝則異於是職當獻納豈敢顧身耳有所聞目有所見義在無隱以奉聖明言而獲戾臣之死所

不勝愚瞽悃欵之至伏惟陛下裁擇謹奏

論裴延齡不應復判度支疏

臣伏以爵人於朝與衆共之況經費之司安危所係延齡頃自判權遠令旬歲不稱之聲日甚於初羣情衆口喧于朝市不敢悉煩聖聽今謹畧舉所聞多云以租賦正額支用未盡者便謂之剩利以爲已功又云破官錢買常平先所收市雜物遂以再給估價用充别貯利錢又云邊上諸軍皆至懸缺自今秋以來並不支糧伏以疆埸之事所虞非細誠聖謨前定終事切有司陛下必以延齡孤貞獨立爲時所抑醜正之黨結此流言何不以新收剩利徵其本末令分析條奏又擇朝賢信臣與中使一人巡覆邊軍察其資儲有無虚實倘延齡授任以來精心勤力每事省約别收羨餘于正數各有區别邊軍儲蓄實猶可支身自斂怨爲國惜費自宜更加優奬以洗羣疑明書厥勞昭示天下如或言者非謬罔上實多豈以邦國重務委之非據臣職在諫曹合採羣議正拜已來今已旬日道路云云無不言此豈京師士庶之衆愚智之多合而爲黨共有讎疾陛下似宜稍迴聖鑒俯察羣情

奏于董所犯當明刑正罪疏

竊以董溪等當陛下憂山東用兵時領糧料供軍重務聖心委付不比尋常敢負恩私恣其贓犯使之萬死不足塞責宏寛大之典流竄太輕陛下合改正罪名兼責臣等疎畧但詔令已下四方聞知不書明刑有此處分竊觀衆情有所未喻伏以自陛下臨御已來每事以誠實與天地合德與四時同符萬方之人沐浴皇澤至如于董所犯合正典章明下詔書與衆同棄即人各懼法人各謹身臣誠知其罪不容誅又是已過之事不合論辯上煩聖聰伏以陛

下聖德天姿度越前古頃所下一詔舉一事皆合理本皆順人心伏慮他時更有此比但要有司窮覈審定罪名或致之極法或使自盡罰一勸百孰不甘心巍巍聖朝事體非細臣每於延英奏對退思陛下求理之言生逢盛明感涕自賀況以愚滯朴訥聖鑒所知伏惟恕臣迂疏察臣丹懇

奏孝子劉敦儒狀

孝子劉敦儒年四十九曾祖子元祖況父浹住東都從善坊

右件人名儒史官之家積成教義至性誠孝感動人倫母

患風狂心緒乖亂無辜榜箠常至僵仆或凍於積雪之下或曝於赫日之中腐爛皴瘃略無完體見其楚毒方肯飲食敦儒蘇而復起常懼人知承順恬然不覺疾痛因心之道貫於神明欲蓋彌彰事久方著蒸蒸不匱十有六年貞元二十年留守韋夏卿具狀奏聞奉其年八月二十九日勑宣付史館旌表門閭臣至洛都具詳事實聞諸族類布在風謠今又十年不改其養饑寒所迫衣食闕然晨昏所奉朝不繼夕伏以底祿筮仕資蔭多門至行絶人尤可嘉獎伏望天恩特授一解褐京官使分司就養則私計可給寸祿爲榮庶厚時風以宏孝理伏乞聖慈允臣所奏謹錄奏聞伏候勑旨

中書門下謝雨雪量放朝叅表

臣某等言伏奉今日進止卿等朝列是常或陰雨不聞鼓聲則不免犇波走馬忽有墜損深軫朕懷自今已後縱鼓聲差池亦不得走馬并時暑稍甚及雨雪泥潦亦量放朝叅者伏以夙興趨朝辨色就列臣下之制則惟其常陛下特降殊私上煩深慮當宵衣之際念陳力之臣或恐鼓聲差池登車犇迫至憂暑雨遂及祁寒俯戒馳驅特寬朝請

曲成周於萬物厚澤浹於四時恩出非常事超前載臣等謬居樞近首奉德音無任忻忭感戴之至謹奉表陳謝以聞

謝除太常卿表

臣某言伏奉十月二十四日詔命除臣太常卿統和神人典司禮樂臣實庸菲謬叨寵榮臣某誠惶誠恐頓首頓首臣以書生凡輩儒薄無堪生遇昌期累膺爵秩四掌誥命五居列曹遂叨禮卿乃佩相印竟無微效上荅皇明自罷宰司再履宗伯旋忝保釐之任屬當優寄之時淮甸多虞

周郊接壤上勞聖慮下輯戎師臣不敢愛身不敢避事頻抗手疏備陳物宜苟披肺肝莫識忌諱自承詔旨許募新軍實使懦夫增氣輒思仁者有勇繕修器甲招集驍雄每竭一心敢有二事陛下憂臣不逮全度特深出於殊私遽降新命沐浴皇澤從容大僚量力無庸庇身何幸況太常者伯夷叔孫通之職臣豈其人五六年間再居此地感恩知懼循分難任即以今月三日進發瞻望闕庭踴躍欣忭謹奉表陳謝以聞無任感戴喜懼之至臣某誠惶誠恐頓首頓首謹言

東都留守謝上表

臣某言伏奉今月三日制命授臣檢校吏部尚書兼御史大夫充東都留守判東都尚書省事以今月二十四日到東都上訖榮渥特加寵光備至俯仰印綬慚懼交懷臣某中謝臣才不出衆祿期代耕因緣文字進越名級自聖明臨御特沐鴻私歷五曹之貳居九卿之長遂叨大任忽涉四年智慮孱愚言辭朴訥徒淹歲月莫展涓埃雖竭匪躬之誠竟乖陳力之效自免樞務猶忝春官纔經半歲復授今任前後所歷皆不因人無非睿獎以至崇大況留守所寄東夏式瞻在君陳畢公之選兼天官府憲之重面辭之日親奉聖謨式遏匪人整訓戎事用資竊發必資兼材豈臣懦薄所宜負荷今兵力至微武備不足此皆天鑒所察臣不敢累黷聰明杜其奸情亦在早計必冀磨礪鉛鈍罄竭肝心忠以事君死而後已違離宸睠感戀闕庭以陛下注意之恩誓微臣捐軀之節無任荷戴屏營之至謹差押衙試殿中監成黨奉表以聞臣某誠惶誠恐頓首頓首謹言

謝批答表

臣德輿言昨日中使劉履謙至伏奉聖恩批答令臣卽斷章表者臣以庸薄無他材能先朝駈策謬掌文誥因緣荏苒累踐班榮每自尋省常憂顛覆至於經理代務非所克堪伏以陛下推擇宰司萬方觀德謀猷化本宜得全才此臣所以尤不自安披瀝肝膽冀猶由衷之請不傷則哲之明鴻私猥加愚懇靡遂雖盡忠極慮不敢愛身而孱滯顓蒙難逃其責伏讀詔命焚灼在懷誓心畢命難酬萬一無任感恩荷戴戰懼之至謹奉表陳謝以聞臣德輿誠惶誠恐頓首頓首謹言

謝追贈表

臣德輿言伏奉今日恩制臣亡父贈太子少傅先臣某追贈太子太保寵靈所及襃數特加捧承命書感奉酸咽臣某誠惶誠荷頓首頓首伏以先臣在天寶末年筮仕幽朔艱貞特立忠孝兩全名節冠於古今風聲激乎天下以執憲載筆逮事肅宗稟命不融早違昭代臣齠齔之歲孤苦零丁遭逢昌運漸履名級過叨睿獎忽至台司無能受祿莫與臣比以先臣之名器未稱餘慶或鍾以陛下之寵秩逾涯此生何幸所建家廟實稽國章時及春祠禮從祔饗

豈謂聖慈曲被孝思是崇當啟匱題主之時有告第漏泉之命感深霜露禮盛烝嘗自葉流根實荷非常之澤摩頂至踵難酬不次之恩幽明交感山岳非重無任祇荷隕越之至謹奉表陳謝以聞臣某誠惶誠荷頓首頓首謹言

謝贈先祖尚書禮部郎中表

臣德輿言伏奉今月十九日制命臣亡祖右羽林軍錄事參軍倕追贈尚書禮部郎中號捧詔書欽承追錫聖慈孝理輝耀幽明流根漏泉感涕嗚咽臣某誠惶誠荷頓首頓首亡祖德風自振才命不偷人文推於士友天爵茂於仁義徽臣虔守家法祇荷門風逮事之養不申貽謀之慶斯集累叨將相備極名器臧孫有後豈臣敢當陳羣慙德在臣爲甚乃者以改卜封樹輒披肺肝因先人之祖載加亡父之襃命乞上印綬以延哀榮豈謂微誠竟回聰聽德音煥發贈典襃優飾郎位以彌綸被大夫之物采儀曹縟禮幽壤生光恩波曲臨負戴無力將誓單命以答殊私無任感恩哀荷之至謹差進奏官某乙奉狀陳謝以聞臣某誠惶誠恐頓首頓首謹言

請追贈先祖故羽林軍錄事參軍狀

右臣亡祖仕於開元天寶之際文行聲實推重士林稟命不融竟沉下位與當時清名之士席建侯包容蘇源明友善特深唱酬文章各在集錄義方流澤以及先臣忠孝名節聞於天下累蒙追錫備極哀榮逮至微臣實荷祖訓猥以瑣劣過叨鴻私今檢校官兼官並至三品勳官及爵並至二品玷冒斯甚曠敗是憂況臣本官與元尹足領當道使務理戎撫俗不假他官其檢校吏部尚書兼御史大夫幷散官勳爵並乞削免迴充亡祖追贈則殘生展霜露之感幽壤荷日月之光今先臣改葬輤裧就路亡祖舊域松

櫝是依倘因此事特沐恩禮使貽厥之報俯遂良誠罔極之懷下申先志聖朝孝理橫絕古今慺慺肝血敢此披瀝無任哀懇迫切之至謹遣進奏官押衙朝議郎前金牛縣主簿張僎奉狀陳乞以聞謹奏

謝手詔不聽迴官秩表

臣德輿言伏奉今月五日手詔以臣亡祖褒贈自是典章豈必更迴官秩已詔追榮良增嘉歎者渥澤滂濡詔旨嘉獎捧戴哀絕感恩失圖臣某誠惶誠恐頓首頓首臣叨逢聖明付授踰量常慮顛墜不任驅策況以藩方之重豈假

臺省之兼昨因遷祔輒有陳乞所願少減名器獲申哀榮仰塵黈纊懼在鼎鑊豈謂天道下濟懇誠上通三復詔命五情震駭儒飾備至發於聖心弱質無膺既玷聿修之德湛恩難報益馳匪懈之誠無任哀惶感荷之至謹遣進奏官押衙朝議郎前行興元府金牛縣主簿張僎奉表陳謝以聞臣某誠惶誠荷頓首頓首謹言

請祔廟狀

臣亡父先臣秘書省著作郎贈太子少傅某

右臣先臣在元宗朝筮仕河朔忠孝名節冠於當時至德乾元之間歷監察御史起居舍人著作郎在代宗朝早違聖代臣幼丁荼蓼不及義方過蒙渥恩祿秩崇厚按開元禮文合立私廟三室永懷怵惕思展吉蠲已於通濟坊修建擇用二月二十日祔饗臣位忝台司時逢孝理事循彝典禮展私誠感戴恩榮不敢不奏聞伏聽敕旨

請遷祔先父準一品儀式狀

右臣亡父取七月十五日於東都遷祔贈官是一品準式合有鹵簿幔幙人夫等謹錄奏聞伏聽敕書

緣遷祔請令子弟營護狀

山南西道節度觀察處置等使銀青光祿大夫檢校吏部

尚書兼興元尹御史大夫上柱國扶風郡開國公臣權德輿右臣亡祖松栢先在東都臣幼年流寓江都夙罹鍾罰亡父母於潤州安厝今歲在丁酉是商姓通年取四月二十日於潤州啟舉七月十九日於東都遷祔臣孤單零丁早失嚴訓寵榮累集霜露感深至於歲時難遇吉便常恐忽先犬馬莫展私誠伏以守土理戎不敢自求營護欲遣子弟專往不敢不先事上聞謹錄奏聞

謝許遷祔并令子弟營護詔表

臣德輿言伏奉今月十五日手詔許臣遷祔并令子弟專往營護者捧承詔書曲遂私志感泣嗚咽激於肝心臣德輿誠惶誠荷頓首頓首臣以童亂之年遭家不造壞樹所寄權在江南累經追崇常異徽數今龜筮叶吉月日有時伏蒙聖慈伏賜鑒察恩詔下降特允懇誠孝理所覃幽明知感松楸改卜永異事於九原蒲柳餘年冀酬恩於萬死無任感戴悚惕之至謹遣押衙朝議郎前興元府金牛縣主簿張偘奉表陳謝以聞臣某誠惶誠荷頓首頓首謹言

請遷舉假內差官勾當狀

臣某伏奉去二月十五日詔命許臣遷祔起四月二十日至七月十五日合在準式假內使事請令攝節度副使檢校尚書水部員外郎兼殿中侍御史樊宗師勾當其府事請令少尹王士郎勾當其間四使各有判官若事關師旅錢穀稍要重者并須有聞奏者臣自躬親不敢闕事謹錄奏聞伏聽敕旨元和十二年四月十日使奏

遷舉假滿勾當公事狀

右伏準去二月十五日詔命許臣遷奉自四月二十日至七月十五日合在假內今準假滿以今月十六日勾當軍府公事謹錄奏聞謹奏

遺表

臣某言生逢聖時獲事陛下以臣戇朴備位將相幸免罪戾實無裨補福過災生二年以來腳疾痺緩近自旬日咽喉氣痛漸就危惙慮不支持永辭聖明涕流嗚咽伏惟皇帝陛下繼十一葉休運承二百年景祚平吳定蜀掃蕩淮夷巍巍功德與天地準今縱有疥癬不足平夷伏惟以愷悌之仁宏寬大之本爲九州自愛使萬古同福則臣幽冥之下同生物受賜無任感恩攀戀悲激之至

欽定全唐文卷四百八十七

權德輿五

賀給事中許孟容論齊總授官事狀

右易曰聖人感人心而天下和平書曰嘉言罔攸伏然則致理之道在感之而已伏惟陛下睿聖欽明覆露宏納獎善求理冠於百王一昨許孟容以齊總未有殊勞超擢非次上州刺史品秩過優駁議之司愛惜法度迫於守職不敢顧身封進詔書披瀝誠懇中朝久無此事人情為之愕然陛下特開延英非時召對輟已行之詔察無隱之忠天

下之人踴躍相慶麟鳳五靈未足為瑞臣能匪躬君能虛受使百執事之人盡忠奉上此實瑞之大者自前日已來眾情為孟容危懼昨日已來眾情荷陛下開納巍巍聖德橫絕古今朝廷欣欣感甚以泣臣忝職近侍受恩每深不任忭躍悅懌之至謹奉狀陳賀以聞臣德輿誠懽誠喜頓首頓首謹言

論吳少陽起復狀

淮西節度吳少陽

右少陽丁憂已近五十日未有恩命起復除官比來諸道節將每有起復皆不如此淹久亦聞少陽疾病頗甚如少陽不起即朝廷因此便可處置況蔡州四面懸絕與山東不同伏計聖謨已有前定至如今日起復即恐不可過遲況頃來朝中儒臣文吏如杜祐樊澤路寰皆不免有此今若議除替即須准擬興師師徒一舉勞費則甚京邑旱儉恐且須安靜養威蓄力以俟其時少陽風疾頗甚臣先已聞奏其勢非久可為後圖東都與淮西相近在臣憂虞至切敢以疎遠干冒宸嚴輕瀆上陳伏待罪責無任惶悸隕越之至謹奏

太常博士舉人自代狀

將仕郎守太常博士臣權德輿准制舉自代官

浙江東道義勝軍副使殿中侍御史內供奉賜緋魚袋陸參

右伏准建中元年正月五日制常參官上後三日舉一人以自代者前件官操履淳固識度清明學通典憲文稽雅頌損益儀制實當其才謹具名如前謹奏

右補闕舉人自代狀

將仕郎守右補闕臣權德輿准制舉自代官將

仕郎守太常博士賜緋魚袋鄭儋

右伏准建中元年五月五日制常參官上後三日舉一人以自代者前件官文藝敏達行義貞循直道正詞確然有立使之司諫才實過臣謹具名如前謹錄奏聞謹奏

起居舍人舉人自代狀

徵仕郎守起居舍人臣權德輿准制舉自代官

朝議郎行右補闕歸登

右伏准建中元年正月五日制常參官上後三日舉一人以自代者前件官詞學精實晦而不耀操尚純素貞而有恒司諫十年其道一貫凡所踐履臣頗諳知使之記言庶

裨法教謹具名如前謹奏

起居舍人舉人自代狀

徵仕郎守起居舍人知制誥臣權德輿准制舉自代官儒林郎守尚書膳部員外郎賜緋魚袋

楊於陵

右伏准建中元年正月五日制常參官上後三日舉人以自代者前件官識理精通文藝典實行潔而敏氣和而專施於政事動有成績察其素履堪列近臣宏奉訓辭庶能稱職謹具名如前謹錄奏聞謹奏

駕部員外郎舉人自代狀

宣德郎守尚書駕部員外郎知制誥雲騎尉臣權德輿准制舉自代官朝散郎使持節開州諸軍事守開州刺史賜緋魚袋唐次

右伏准建中元年正月五日制常參官上後三日舉一人以自代者前件官文詞朗茂學識宏暢常任起居郎禮部員外郎出守四年日新其道司言草奏所任誠切酌於公議次有其才謹奏

司勳郎中舉人自代狀

朝議郎守尚書司勳郎中知制誥雲騎尉賜緋魚袋臣權德輿準制舉自代官朝議郎守尚書禮部郎中賜緋魚袋許孟容

右伏準建中元年正月五日制常參官上後三日舉一人以自代者前件官通識敏行強學懿文爲官擇人堪備清近發揮書命必有可觀謹具名如前謹錄奏聞謹奏

中書舍人舉人自代狀

朝議郎守中書舍人雲騎尉賜緋魚袋臣權德

輿準制舉自代官朝議郎守尚書司封郎中充集賢殿御書院學士判院事上騎都尉陳京

右伏準建中元年正月五日制常叅官上後三日舉一人以自代者前件官文學宏深資性貞實歷博士補闕三爲郎官該達古今議論堅正掖垣之任望實所歸使之司言必能稱職謹錄奏聞謹奏

禮部侍郎舉人自代狀

朝議郎守尚書禮部侍郎雲騎尉賜緋魚袋臣權德輿準制舉自代官朝議郎守中書舍人驍

騎尉賜緋魚袋權知吏部選事楊於陵

右伏準建中元年正月五日制常叅官上後三日舉一人以自代者前件官文詞精雅器業端醇久踐職員多所練達求才誠重考藝尤難將辨姸媸必歸鑒裁使居其任尤允至公謹具名如前謹奏

户部侍郎舉人自代狀

朝議郎守尚書户部侍郎雲騎尉賜緋魚袋臣權德輿準制舉自代官湖南郡任團練觀察處置等使朝請大夫檢校右散騎常侍使持節都督潭州諸軍事兼潭州刺史御史中丞賜紫金魚袋楊憑

右伏準建中元年正月五日制常叅官上後三日舉一人以自代者前件官文學政事侃然自立器宏道直材茂識精累居中外克著聲實稽其志業可處大官司徒貳左右邦教以臣忝據恐紊彝章陟明而授庶允公望謹錄奏聞謹奏

兵部侍郎舉人自代狀

朝議大夫守尚書兵部侍郎驍騎尉成紀縣開

國伯臣權德輿準制舉自代官大中大夫守尚書禮部侍郎上輕車都尉清河縣開國男崔邠

右伏準建中元年正月五日制常叅官上後三日舉一人以自代者前件官敏識全才焯見理本久司綸翰乃擢禮闈凡所典領克揚聲績伏以夏官之貳務切簡稽國朝以來望實皆重其於選任頗異他曹以臣居之玷辱爲甚掄才以授敢獻所知謹錄奏聞謹奏

兵部侍郎舉人自代狀

朝議大夫守尚書兵部侍郎上柱國開國伯臣

權德輿準制舉自代官朝議大夫守右散騎常侍上柱國宏農郡開國公賜紫金魚袋楊憑

右伏準建中元年正月五日制常參官上後三日舉一人以自代者前件官曠度偉才明誠直道卓爾山立不隨波流自踐朝倫時推公器話言形於風槩聲猷發於事業庶政根本在於南宮臣以庸虛五贊其職憑積望實未階兹選物議時情共知不可輒量力以循分期類能以審官庶允至公以明朝典謹錄奏聞謹奏

吏部侍郎舉人自代狀

朝散大夫守尚書吏部侍郎驍騎尉成紀縣開國伯臣權德輿準制舉自代官朝請大夫守尚

書刑部侍郎騎都尉高陽縣開國子許孟容

右伏準建中元年正月五日制常參官上後三日舉一人以自代者前件官文學行義堅明中正早登郎吏謹貫法程頃任給事中抗議不回德宗爲輟已行之詔自貳職司寇權領選曹強志在公克舉官業今銓衡務重朝選所難臣頃轉兵部纔經數月驟兹擢遷必速官謗中臺之首尤在得人推於至公庶允羣議謹錄奏聞

太子賓客舉人自代狀

朝議大夫守太子賓客驍騎尉成紀縣開國伯臣權德輿準制舉自代官諫議大夫韋況

右伏準建中元年正月五日制常參官上後三日舉一人以自代者前件官含和抱素宴息道樞循性履方遠跡聲利徵拜諫列乞歸故山實有古風可司教本伏以賓護之任道德所宜不嬰事物時謂清重正職員於三品列商皓於四人豈臣小生忽據尊秩久於塵玷自速愆尤過蒙恩私猶處優禮俯仰慙灼上負聰明賦祿命官必歸耆碩以臣負罪非所克堪推賢讓能朝有恒制大僚厚德慶洽時

情謹錄奏聞謹奏

太常卿舉人自代狀

通議大夫守太常卿上柱國襄武縣開國侯賜紫金魚袋臣權德輿準制舉自代官正議大夫尚書吏部侍郎上柱國清河縣開國子崔邠

右伏準建中元年正月五日制常參官上後三日舉一人以自代者前件官才茂識精密靜宏遠久於右掖重履南宮儀曹取士聲實不惑小宰掄才流品皆敘伏以奉常典

禮首冠羣卿古今盛選不可虛授以臣愚薄累奉恩榮前後職官無非忝濫遠今獎命尤懼非宜將何以協和神人祇肅郊祀跡邠公望當處大僚循分讓能朝有彝典謹錄奏聞謹奏

平章事舉人自代狀

某官某

右伏準建中元年正月五日制常參官上後三日舉一人以自代者羣官選任猶合讓能況台司寄重倍百常等臣自受任以來夙夜惶怖必知敗覆無補盛明竊見前件官

等含章履道忠孝諒直實有宰物之器皆有致君之誠足以上承睿謨下決庶政伏乞罷臣袞職以付材能則訏謨可行授受惟允羣情斯在非敢自私手疏上陳伏惟鑒聽無任誠懇戰懼之至謹奉狀陳讓以聞謹奏

禮部尚書舉人自代狀

正議大夫守禮部尚書上柱國扶風郡開國公賜紫金魚袋臣權德輿準制舉自代官正議大夫守太常卿上柱國清河縣開國子賜紫金魚袋崔邠

右件官器行端茂文學閎深自中書舍人歷禮部吏部二侍郎太常卿皆與臣交代詣其政事伏準建中元年正月五日制常參官上後三日舉一人以自代者臣頃待罪非據首尾四年無補休明合當譴黜聖慈寬宥猶守本官受恩之日惶駭失次又蒙特令宰臣奉宣進止獎飾慰喻至於再三謂臣更無罪過恐臣妄有憂思承命震灼感入肺肝宰臣退免未有斯比實當怵惕之際再沐生成之恩臣以違奉近侍不合申謝慮煩省覽不敢拜章輒因舉代之時特荷非常之澤況宗伯秩禮選任重難以邠代臣實允

公望謹錄奏聞謹奏

東都留守舉人自代狀

東都留守銀青光祿大夫檢校吏部尚書兼御史大夫判東都尚書省事上柱國扶風郡開國公臣權德輿準制舉自代官朝議大夫守尚書戶部侍郎判度支護軍賜紫金魚袋盧坦

右伏準建中元年正月五日制內外官上後三日舉一人以自代者前件官端操敏用秉彝嚮方專席兩臺察廉三郡自理煩處劇再貳六官克茂休聲益彰直道保釐河洛

從古重難宏修武備宜得威望揆才量力敢以薦言謹錄狀奏聞謹奏

請加置留鎮兵二千人狀

右留鎮將士雖有三千八百餘人偃師陽翟登封告成等分鎮并軍將口傔諸色所由外在都城日勅二千人城門街鋪守當悉在其內陽翟當蔡州要路鎮兵不滿三百人都城人數已少更分減不得自舞陽刼殺已來臣夙夜憂切陽翟只隔襄城便與郾城接界寇盜侵軼事資隄防伏請量加置前件人數分在都城及陽翟鎮兩處防備所冀

完守過其窺覦倘非事理迫切豈敢輕瀆聖聽謹錄奏聞伏聽勅旨

留鎮將士加置二千人狀

右伏奉今月十四日勅留鎮將士宜加鎮二千人都城及陽翟分鎮仍速令招召精選強壯數足奏聞者臣伏以都畿宮闕之重四方水陸之衝密邇淮夷兵數鮮少安危之計責在微臣夙夜憂惶遏擾是懼陛下神武獨運睿畧下臨加此新軍保安洛土凡在都邑已如金湯敢勵孱慵以膺驅策無任感恩悦懌之至其招召事宜已具別狀分析聞奏謹錄奏聞謹奏

請加置兵衣糧狀

右伏奉今月十四日勅留鎮將士宜加置二千人速令招召者伏以自元和三年準勅停防禦軍後皆散在坊市工庸爲生今令招召揀去老弱又畿內山谷間有武力勁悍者四軍留鎮軍子弟有成長強壯者旬日內且合拾得一千人其餘至後月內並合得足伏以前件人等又籍軍籍不免饑寒招募之初須有露賚藉其速至必在樂從況當冬賜之時宜均挾纊之澤伏望天恩許臣招召入軍者便

準舊官健例給冬衣月糧伏望下有司且支一千其餘一半待招召有次第後續具聞奏謹錄奏聞謹奏

謝河南尹裴次元充東都副留守狀

右伏奉今月十九日勅東都留鎮創立新軍所招將士切須精選要得府縣共詳簿書況分正副守仰惟舊典宜令裴次元以本官充東都副留守者伏以居守之任分政是崇舊制河尹多兼副職以臣虛薄謬忝保釐陛下俯憂敗闕命此陪貳今淮右狂寇尚稽天誅洛京重地每軫宸慮況新承詔旨創置軍師其於選募多關府縣以尹守之劇

同此在公佐庸菲之林俯矜不逮受恩斯重量力難任見與次元計會於諸色人中設法招召續具條奏無任感恩戴荷之至謹奉狀陳謝以聞謹奏

謹移義成軍一千五百人鎮陽翟狀

準今月十七日敕移義成軍一千五百人鎮陽翟縣右伏奉今月二十日詔敕淮西未寧東都兵少今詔（闕）平發步軍一千五百人於陽翟縣鎮守令權取臣指撝與次元計會差官專往勾當供頓及排比兵馬下處善於綏撫無失機宜如淮夷犇衝即逐便除討若無侵掠但且防遏優恤

之間必資得所者詔命自天睿獎稠疊捧戴惶悚若無所容伏以東畿之中陽翟最重地非巖險境接淮夷斯爲要衝實在捍蔽兵力素少疆場是虞忽承天書已在睿算分滑臺之堅甲佐甸邑之偏師戎行賈勇河洛增氣臣以懦劣素乏才謀陛下權令指撝假以威重謹當下竭庸管上稟睿謀循已何堪省躬知懼應緣置頓及到縣下處臣已與次元計會排比差官勾當其於撫綏必冀便安候將士等到鎮續具聞奏謹奉狀陳謝以聞謹奏

請置防禦軍狀

東都留守今管舊防禦軍官健幷陽翟偃師等縣鎮遏及留鎮將士共三千八百九十五人七百人舊防禦軍官健準元和三年八月十日敕量留一千五百七十人河陰陽翟偃師等縣鎮遏準元和三年五月二十五日敕留守收管一千六百二十五人留鎮將士

右件見管兵士如前其中分在陽翟偃師外鎮并諸色軍將所由及口傔等並在數內今在都城二千人已下極爲寡少臣去年七月五日面辭親奉聖旨欲却置防禦軍去

年十月十六日又具狀聞奏至今未蒙進止東都與淮西地近又少陽丁憂未聞疾狀非輕慮有軍中動靜苦無備擬不免憂虞又陽翟去冬（闕）有刦殺亦爲在鎮人少所以草竊公行居守寄崇臨制東夏淮西緩急切在隄防須假軍聲以重威望以臣庸懦又兵力至少夙夜懷懼曠敗是憂在臣至微豈敢逃責但以常備重任過承鴻私恐負恩寄有辜任使事理所迫不敢不言伏惟聖慮速賜裁擇輕冒塵瀆神爽震驚無任惶懼隕越之至謹差押衙雲麾將軍守左金吾衛大將軍兼試殿中監上柱國成黨奉狀陳

請以聞謹奏

欽定全唐文卷四百八十八

權德輿六

徐州事宜奏

右張愔狂愚敢阻朝命但慮強隣潛導故使之然或聞移牒出軍屯於境上外示攻脅其實衛之倘諸軍進攻事至危迫度其不能濟也則必執以爲功既居將相之崇又有討伐之績不待朝廷加地進律而徐方去矣雖萬萬無之亦不可不慮誠在率勵整訓合力急攻但一方底平則四方知懼倘向淹時月未就誅夷則不如委以州師俾其傳

達苟安反側以爲後圖但運路通流師律精勁更命文武兼材之臣徙爲三州節度且揚徐乖遠控攝異宜移鎮則兵力難分遥制則威重不足愚夫武校積習常情欲其後制旌旄不隸隣道但得人以授必易爲理又防閑暴慢皆在其初實由藩鎮歲深没於其位將校竊報恩之義子弟蓄樂禍之心陛下務人之安含垢屈法因以授仕其風寖然臣以爲三載考績先王之制或惜其爲理就加爵秩者不過五年則必交代不幸物故雖其子亦可繼之者麾下有可代之者則必授於諸鎮而命其帥於朝不得已則命

於隣壤又其次也擢其介又其次也設有齟齬者則以嚴師臨之以大順責之人各有心固思自効凡舉事固計其當否而不計其濟否易曰師出以律否臧凶正謂此也位與望未至而驟居之其敗必速又使人人有覬倖之心此四方所以多故也酌理道之源尊朝廷之柄柄歸於上則事理於下但修之近者則遠者自至矣制於易者則難者自化矣如此則綱維畢舉利澤潛流自古霸王之道也易曰聖人感人心而天下和平伏惟陛下留念以前淮右未平徐方猶梗師徒淹久率土同憂臣自十數年間叨禮官

記言司言之任愚陋無補忝冒掖垣又思漢朝梅福以南昌尉之微猶遠陳時政敢以血誠管見博採羣情輒竭肝肺因陳本末理有似迂而寔近言有過直而不誣干黷宸嚴莫識忌諱心魂震越伏待刑書無任懇款惶悸之至謹奉狀陳奏以聞謹奏

淮西招討事宜狀

右自去歲出師今已周月軍威未振寇孽猶虞中外臣庶實同憤切臣伏思之以王命討不庭以平天下師臨區區淮西之地況申光褊小惟有蔡州以宗社威靈睿謀上畧所宜朝出令而夕獻捷乘城授首指顧可期今勝負之間猶未相直師老財廢勞而無功者何哉蓋有以也以寇之乘亂專地已十五年財征不至於有司杼軸難資於軍實而又峻威令同豐約獸窮則搏人自為戰此皆必死之衆也以全義之忠朴果決固思報恩而馭衆代謀力或不足況山東士旅驕悍且久苟非威望素重者豈能制之又諸侯之師頭會烏合或幸災養寇或綿力薄材勝既衆分其勞敗又無所歸罪其心不一姑務自安此非成功之人也臣以為徵師太廣命將太輕輕則無功廣則難制議者或

曰統師之名不重則策勳之時其賞易足偏師之任不一則勞旋之際其功自分且以希烈襄陽為之懲創此乃知其一而不知其二也成功之後在法制鈐鍵之而已豈可早計過慮使陷於必不成功哉自古以兵多而敗者非一以近事則乾元鄴城之圍大歷魏州之討非師不衆也今因其數道會師可以精擇將帥武畧威重為聖心所知羣情所伏者其餘方面二千石與汝鄧之地環寇四境度其不能者速易之兩河遠地之師未能制其死命者悉罷去之但以便地勁兵練其可用者誓以賞罰使之犄角設備

於要害同心以進取程其力用如臂使指此決勝之道也其次則嚴戒慎固勿與爭鋒來則遏其驅侵去則保茲經界使士勇皆賈終不妄動有虜獲者悉釋而歸之耀以武力浹之恩信既無饋運之費又無殺伐之傷彼竭我盈可以歲月待其斃也倘以其未有出境之暴且開請罪之詞下詔班師曠然全宥雖根本未靖且罷戰息人又其次也若止如今者二十餘軍禁令不一以懷歸之衆無効命之心望其成功亦已難矣伏惟陛下留念

論旱災表

臣德輿言伏見自春三月不雨連夏涉秋田里嗷嗷農收無望陛下齋心減膳惻惻元元告於宗廟禱於天地一物可祈者必致其禮一介有請者必誠其言憂人閔雨可謂至矣而甘澤未降衆情如焚公私窘迫日月以甚臣聞水旱之沴陰陽之變前哲王之所不免但有備之之術而已銷天災者莫若修政事感人心者莫若流惠澤人和浹洽則天地之和應矣昔堯舜在上天下無窮人今陛下愛人之心遠過堯舜而猶有窮困未濟者此臣所未喻也敢以朴愚條陳管見伏惟聖慮裁擇一頃年縱旱亦皆有苗但時雨或愆不秀不實今則旬歲之內多有不下種而不生出者纔出短苗旋即焦乾者大率皆赤地而無所望流庸轉徙之人或趍近輔或抵京西斃踣彫耗於道途者又居其外但慮至種麥時無種可下頃者夏麥所收蓋寡旋屬旱歉性命是虞迫於目前苟利餬口蚩蚩愚夫須與支計伏望以今年夏稅麥中各於本縣量留充臨時賑貸麥種今年秋稅除水利地據分數外餘一切放免遠年逋負悉皆蠲除發德音下明詔沛然及物使皆聞知則人心重遷喜氣交感假使不旋亦決無可徵不若先事圖之則恩歸

於上此乃今之至切也去貞元十四年夏旱不甚於今官吏多督責取辦以爲心不副陛下視人如傷之旨至有縣令爲部內百姓毆擊者前事不遠伏惟陛下留念一漕運之事以濟關中有司量入固以支計以臣愚所見且自東都以來緣路倉所貯米隨水陸節給倍程般運應給腳價皆與實錢務令速到京師不計在途省費續計料江淮米入運以備恒數又以太倉粟約一歲費之外出糶於人則時價必減而蓄藏者自出矣一書曰罪疑惟輕又曰宥過無大陛下已命省寺疏理繫囚各從減等務使原免此誠

睿慈恤隱莫大之澤臣愚以爲不如特降成命敷宣於朝使轂下萬人渙然受賜又比來有經黜放者自謂永無錄用之期坐爲匪人感動和氣冬薦官踰三年未受命者不敢出城相顧以乞食溘然而就斃此亦窮人之一端也近有超擢黜放者或起爲二千石其徒必互相慰勉上荷聖恩雖未命者知牽復可望冬薦官皆敘已用適其輪轅此誠睿慈勤慮獎人於善也伏惟因而宏之使人人自效昔顏子不貳過蘧伯玉知非則明古之賢人皆不能無過在知而改之而已棄瑕獎善用其所長則無廢人此理道之

至切也一天下理在百姓安百姓安在賦稅減賦稅減在經費省天下未有不由此塗出也生之者少靡之者多物力既屈人命必蹙大歷中絹一疋價近四千今止八百九百設使稅入之數如其舊出於人者已五倍其多又四方守臣鋭於上獻爲國斂怨爲身市恩或廣軍實之求而兵有虛籍或倍地征之數而取以多方固非家財皆出於人力者也雖有心計巧歷能商功利者其於困人均也剖股啖口莫甚於斯在陛下慮之而已行之而已大易節之說曰天地節而四時成節以制度不傷財不害人伏望俾有司審量入之數節輕用之源無冗食無浮費百事省嗇以俟豐年此一救災恤患之切務也一前史云一時不兩人且狼顧今歷三時矣農之望歲以食爲天京師比屋惶惶靡措詩曰先人有言詢於芻蕘古語云愚者千慮時有一得況含齒戴髮斯人最靈伏望俾百執事之人皆得上言利病可者酌而行之否者容而恕之此亦惻隱含宏之大要也以前臣伏以今年饑旱京師艱食聖心憂軫臣下何安臣謂救之者不在於禱求乃在於事實有備者不止於公廩亦在於編人苟懷愚管不敢緘默上煩宸扆事或非

宜懍懍血誠所貴無隱不任惶灼隕越之至謹藁手疏以聞臣某誠恐誠懼頓首頓首謹言

昭義軍事宜狀

右山東節將有沃壤利兵三十年間寖以強大或父歿子繼起復臨戎名器雖出於中朝爵地實專於外閫澤潞素爲雄鎮磁邢洺與數道犬牙故欲變山東之俗先在擇昭義之帥可以練兵賦循法制鎮以威重扼其咽喉化彼譸張納諸軌度此爲樞鍵不可不慎盧從史拔自軍校列於藩垣以先朝含煦之恩積臣以寵祿之重且自建中貞元

以來每命一方鎮遂綿歷歲時就加爵秩以至於沒身弔贈自陛下聖澤亭育天威震曜吳蜀底定人神洽和三四年間易置節將出入中外者凡數十輩執介圭不俟駕者相望於道塗而從史宴安自居未著勳績頃來羣情猶望除代今則因其憂服可以愼選守臣況盧虔以文學至大官歿於闕下以從史之賢自可全儒家喪紀之儀宏聖朝孝理之道以從史非賢則連衡非人煽結爲患貽朝廷憂恐自此始且成德事體與昭義不同衆情以爲許成德之請則可許昭義之請則不可以恒冀習俗頗久儻類相因

含垢推恩制之以漸故上黨內地未嘗因循失之毫釐利害相萬或者慮苟未受命則勞王師誘刦武人阻拒旬朔臣愚以爲凡朝廷計之甚遠大者以來至當倘成命既下不時率道隣道戒嚴備於境上人各有心必思自効前秘書省校書郎薛貽謀比充從史掌書記去歲懇求罷免歸里京師臣比任禮部侍郎日貽謀進士及第數與相見訪其人情澤潞山東事體貽謀一二詳悉言其恩信不及於下若命將以伐萬無所虞或召貽謀陳奏亦冀少廣聰聽事更淹緩轉失機宜臣備位班行稟性愚魯苟有所見輒披肺肝得於衆多事甚明白不敢緘默上疏上陳無任惶懼懇迫隕越之至謹錄奏聞謹奏

恒州招討事宜狀

右臣伏見詔旨以王承宗未稟朝命薛昌朝未赴德州大興師徒以務攻討中外臣庶不任憤激臣伏計數日已來朝官論用兵害者已多臣不敢更引煩詞徒惑聖聽臣今直舉管見二事冒昧上陳一則神策等兵在城中多是市井屠沽庇身軍籍未經戰陣難以成功經途既遠所虞非細或中路潰擾結爲萑蒲未至交鋒別有此慮況恒冀馬

軍素勁兵數頗多儻淹時月則損威重又西戎淮右闒茸狡多端或乘間犯邊或干紀出境禁衞武備不可頓虛山東猶疥癬也京師猶心腹也不可不深以此爲念一則恐須便除成德及德棣兩道節度使則六州之人知有所奉兵交之際各圖自拔不然則以壤界所接而盡分其地如樂壽博野可以却還瀛州之類使其四隣各務攻取則人人自戰而思歸於朝不勞師費則坐翦妖孽此亦必然之理也伏惟陛下憂勞之際臣忝備班行苟有所知不敢緘默無任惶懼懇悃之至謹錄奏聞謹奏元和四年十月十

七日太常卿權某上奏

山東行營事宜狀

一自去年十月興師討罪今已半歲未見成功時漸入夏水潦疾病衆心不一主客相懸若更因循必慮潰撓竊聞自出師以來已費用五百餘萬貫物力既屈人心則搖不可不深以此爲念一山東諸侯未朝覲者各有息男爲副大使其心不相遠孰肯爲陛下盡力者耶以陛下神武睿圖埽定吳蜀凡勤陛下討王承宗者雖跡似忠蓋其意在於必不成功朝廷懲創遂不問山東之事此其計也一凡

舉衆行師須因衆心喜怒王武俊實有破朱滔之勞而地廣兵勁若更淹延挫損轉甚今日中朝公卿大夫之論莫若愛人息衆含垢忍恥沛然下哀痛之詔宥其罪辜若更敗傷則無所及也一若以直赦承宗誠人心所便而師出半歲無功而旋則不若因有制置使衆情有所觀聽如盧從史者誘設陳璀每事逗遛費出草粟賤收縑帛倚冦爲援以邀寵利其間情僞非止一途比於承宗其過實甚今若於在近命行營節度令其倍道兼程度其行至半途授以澤潞然後別命從史京西已來一鎮既離本處巢穴即姦計不行新授朝命寵榮必不慮不至況聞其貪虐人心厭苦有所改更必求悅隨若從史除官及除替幷恩宥承宗三道制書同時渙發則衆情感浹成命伏惟試以此爲念一軍儲國計仰給江淮江淮旱歉人心日急若連兵不解則憂患非細頃者衆情以淮西三州之地四面勞師費財謂必命帥於朝以正王度昨者已除吳少陽充留後使伏計聖慈必以愛人爲心含宏覆育淮西既猶如是即承宗理固不疑但在速耳以前臣自去年四月十五日上奏以欲變山東之俗先在擇昭義帥恐從史煽結爲患貽朝

廷憂又去年十月十七日上奏以禁軍多市井屠沽未經戰陣倘淹時月則損威重令物情憂駭思竭肺肝以陛下聖德聖姿虛受宏納敢以疎賤上干聰明無任惶懼懇悃迫切之至謹錄奏聞元和五年三月二十七日通議大夫守太常卿臣權德輿奏狀

遷廟議

今年夏四月禘享於太廟太祖景皇帝東嚮之位幷遷廟之位

古伏準今月十六日敕禘祫之祭禮之大者先有衆議猶

未精詳宜更令百僚議限至二十六日內聞奏者臣聞禮有五經莫重於祭祭稱百順實受其福故曰萬物本乎天人本乎祖以太祖始封之重當殷祭東向之尊百代不遷下統昭穆此孝享嚴禋之極制也周自后稷十六代至武王毀廟遷主皆太祖之後故序列昭穆合食無嫌漢之太上皇主瘞於園寢尋置別廟是爲屬尊故周漢皆太祖之位正自魏至隋則虛其位魏明帝初以太皇別廟未成故權設對祫後有司定七廟之制太祖以下爲昭穆二祧旋至三少帝運移於晉晉不以兄弟爲代數故元帝上繼武

帝簡文上繼元帝至安帝時然後征西至京兆四府君遷盡未及殷祭運移於宋初永和中疑四府君主所藏之禮詔公卿博議范宣請築一室韋泓請屋朽乃止蔡謨亦請改築別室若未展者當入就太廟以征西府君東嚮議竟不行宋齊梁陳北齊周隋悉虛其位以待太祖皆以短祚其禮不申則自魏以降太祖列昭穆之位非通例也武德中親廟四自宣簡公而下貞觀中立七廟六室自宏農府君而下開元中始制九廟追尊獻祖懿祖故自武德至於開元太祖在四廟七廟九廟之數則東向之虛又非例也

廣德二年將及殷祭有司以二祖親盡當遷太祖九室既備其年冬祫於是正太祖於東向藏二主於夾室凡十八年矣建中二年冬祫有司誤引蔡謨征西之議以獻祖居東向懿祖爲昭太祖爲穆此誠乖疑倒置之大者也議者或引春秋禹不先鯀湯不先契文武不先不窋以爲證且湯與文武皆太祖之後理無所疑至於禹不先鯀安知說者非啟於太康之代而左邱明因而記之耶向者有司以二主藏夾室非宜則可闕殷祭非敬則可處東向之位則不可是以貞元七年冬太常上奏請下百僚僉議詔可其

奏八年春有于頎等一十六狀至十一年又詔尚書省集議有陸淳宇文炫二狀前後異同有七家之說至於藏夾室虛東向遠遷園寢分饗禘祫加幣玉虞（一作虛）主而枚卜瘞埋援引滋多皆失禮意臣等細審討論惟置別廟及祔于德明興聖二說冣爲可據德明興聖之廟猶別廟也等於創立此又易行伏以德明皇帝於舜禹之際與稷契同功契後爲殷向五百年稷後爲周逾八百年德明流光無窮啟皇運於後景福靈長與天地準又獻懿二祖於興聖皇帝爲曾爲元猶周人祔於先公之祧也此亦亡於禮之

禮者也明尊祖之道正大祭之儀禮文祀典莫重於是凡議同者七狀百有餘人其中名儒禮官講貫詳熟臣於貞元八年蒙聖恩以博士徵至京師屬當會議時與崔儆劉執經同狀十一年臣官備近侍不在議中乃今累叨睿獎獲貳宗伯職業所守典禮是司研考古今罄竭愚管豈敢以疑文虛說黷陛下嚴敬重難之心其夾室等五家不安之說謹具條上伏惟聖慮裁擇謹議

藏夾室

右太祖已下毀廟主之所藏也今若以二祖之主同在夾

室當禘祫之祭代祖元皇帝以遷主合食而二主留在夾室神靈何所依耶或主有禱則祭無禱則止如殷祭何如或云每禘祫時就饗於夾室如合食何此其不可也

虛東向

右自魏晉方有太祖已上府君以備親廟自太祖以下昭穆既列太祖之上親盡皆遷然後正東向之位明不遷之重自魏至隋皆以短歷或遭離多故其禮未行故虛東向自武德後貞觀開元加廟數太祖尊位厭而未申故虛東向今九廟已備代祖已遷而議虛東向則無其例此其不可也

園寢

右漢魏太上皇處士君園寢之制近在京師故於遷主無有異議今二祖園寢皆在趙州法駕撰儀經途遐遠此其不可也

分饗

右尊祖敬宗至當無二審禘合饗王者所先議者請常以獻祖受祫太祖受禘五年之間迭居東向就如其說則當祫之時太祖固序昭穆矣當禘之禮獻祖何所依也從古

已來無此義例此其不可也

埋瘞

右議者引古者貴祖命斂幣玉藏諸兩階之間又埋虞主於廟門外之道左以爲比類彼主命幣玉者既反告無所用矣彼虞主用桑者既練祭則無所用矣不忍褻瀆故斂而藏之徹而埋之豈如栗主依神雖廟毀而常存之制哉此其不可也況兩階之間與門外道左皆祖廟也今則下瘞於子孫之廟於理安乎此其又不可也以前謹具周漢太祖居東向魏晉以下虛東向并貞元八年十一月兩度

會議一十八狀內夾室等五家不安之說如前謹錄奏聞

昭陵寢宮議

右奉進止寢宮在山上置來多年曾野火燒爇摧毀略盡其宮尋移在瑶臺寺左側今屬通年欲議修置緣舊宮本在山上元無井泉每緣供水稍遠百姓非常勞弊今欲於見住行宮處修造所冀久遠便人又爲改移舊制恐所見未周宜令中書門下及百寮同商量可否聞奏

朝議郎守尚書司勳郎中知制誥雲騎尉賜緋魚袋臣權

德輿議曰臣聞古宗廟之制前有廟廟列昭穆後有寢寢陳衣冠自秦漢已來始因陵立廟有寢宮便殿雖廟居陵旁而無必在山上不在山下之定制且禮文所貴宜也稱也祀事所資敬也潔也伏以昭陵因山太宗所建宮在山上以便當時自野火延燒行宮山下亦已久矣今若伐木縮板程功就險神道貴靜或非所宜則與置陵之初事體爲異況舊制既毀新宮是修考於便地可以經久所謂宜稱也又井泉在下汲引爲易享獻之禮是資嚴恭本於明德惟馨亦在吉蠲爲饎故禮之言祭也水曰清滌言其潔清滌濯也又曰不敢用常褻味所以交於神明也因茲列井以備薦羞所謂潔而敬也凡舉事必以制度當否爲大而以人力勞逸爲細若於事爲當又無所勞不亦順昭陵愛人之心乎不亦叶陛下從宜之禮乎今列聖寢宮有在山下者矣然則致敬來格之義豈以山上山下爲遠近耶臣愚以爲但在柏城之內則不云遠陛下精誠慎重詢及庶僚徒獻所聞伏增戰越謹議

酷吏傳議

詩美仲山甫曰剛亦不吐柔亦不茹故體備健順是爲全

德不然則直已循性能秉一方事舉於中皆理道也得柔之道者爲循吏失剛之理者爲酷吏司馬氏修史記始作二傳以誡世爾而後以郅都爲酷吏傳首愚有惑焉都之爲中郎將上欲搏野彘活賈姬從容奏議引宗廟太后之重其爲濟南守誅豪猾首惡道不拾遺其爲中尉宗室貴臣斂手仄目其爲鴈門守匈奴不敢近邊至爲偶人像之騎射莫能中然其勇敢氣節根於公廉不發私書不受請寄具此數者爲漢名臣入居命卿出總列郡堅剛忠純終始若一坐臨江之嫌當太后之怒身死漢庭首足異處有

以見漢氏之不綱王澤之弛絕也蓋在史氏發而明之以旌事君以勵使臣俾百代之下有所懲勸子長既首冠酷吏班氏又因而從之善善惡惡之義於此缺矣夫椎埋沉命舞文巧詆之徒自爲等夷雜列篇次至於述贊雖云引是非爭大體又何補焉噫嘅洪範之沉潛大易之直方皆臣道也都雖未蹈之斯近之矣不隱忠以避死不枉道以莅官無處父之華異申棖之欲所至之邦必以稱職聞其古之剛而無害怒而中節者歟剛似酷弱似仁在辯之不惑而已天下似是之爲失多矣豈獨是哉開卷之際悅然

有感且以司馬氏班氏皆良史也猶不能辯故爲論之

世祖封不義侯議

予讀東漢史至彭寵舉兵拔薊城自爲燕王蒼頭子密等因寵獨在便室卧寢遂共殺之以其首詣闕封爲不義侯愚以爲非先哲王封賞之本旨也遂作議云先師曰惟器與名不可以假人又曰必也正名乎又曰惟則定國於戲有國者可不務乎當東漢世祖之初天命再集宜於此時貞百度正三綱纂修德教允荅天意時彭寵以南陽舊恩位列上將有舉漁陽之功饋邯鄲之忠意以讒謗獲罪反側怨望遂攻朱浮於薊自稱燕王其時師旅孔熾元元苦甚時君宜以息人紓難爲心則當錄念功用昭洗瑕穢次則布之威懷革其非心必不得已則仗大順以討之出王師以征之以明君君臣臣之義此三者皆不能用或用之而不能盡及夫蒼頭子密有便室之逆逞其狙忍向其卧寢遂使命懸僕隸倉卒授首及詣闕也封爲不義侯愚以爲伯通之叛命子密之戕君同歸於亂罪不相蔽各宜致於法昭示王度反乃爵於五等又以不義爲名且舉以不義則莫可侯也此而可侯漢爵爲不足勸矣春秋書齊豹

盜三叛人名之義無乃異於是乎且如欒布之哭彭越孔車之葬主父使於東漢議罪罪孰甚焉況四方甫定傷痍未復不稽古訓以喜怒爲刑賞使天下陪臺厮養各幸其君之亂而徼侯印授諸侯危疑之勢鼓臣下叛渙之源棄名器而汩彝倫且以憲令爲戲時風浩浩蕩而不復至使桓靈不君山陽脅奪本其所自庸詎知非封不義侯之效歟

祭岳鎮海瀆等奏議

儀禮覲禮曰天子出拜日於東門之外禮日於

南門之外禮月與四瀆於北門之外禮山川邱陵於西門之外注云變拜言禮容祀也疏云拜無祀言禮則兼拜也

右明祭四瀆山川邱陵皆有拜

禮記王制曰五岳視三公四瀆視諸侯注大視其牲器之數疏云牲幣粢盛籩豆爵獻之數非謂尊卑也

右明五岳四瀆下與公侯同尊卑

禮記禮器曰一獻質三獻文五獻察七獻神注

云質羣小祀也文社稷五祀也察四望山川也神先公也

右明山川之獻重於社稷今太社先農皆拜

禮記樂記云禮主於減樂主於盈禮減而進以進爲文樂盈而反以反爲文禮減而不進則銷樂盈而不反則放注云減人所倦也進謂勉強文也

右明勉進於禮以防減倦自證聖已前御署祝版訖北再拜自後不拜今若祭官又不拜恐減至於銷失進之義

以前奉進止令常參官商量合拜不拜直書其事者臣謹按儀禮禮記等議條例如前伏惟開元禮岳鎮海瀆每年以五郊迎氣日祭之時旱則祈於北郊及有所祈之禮獻官皆再拜祭以接神拜以成禮稽攷今古並無不拜之文風伯雨師本皆小祠天寶中始昇爲中祠貞元初陛下又以事切蒼生屈已再拜況岳鎮海瀆能出雲爲雨故祝文有贊養萬品阜成百穀之言國朝舊章諸儒損益伏請以開元禮祭官再拜爲定其諸神龍毗沙門神等在禮無文

今則咸秩遣使致祭推類相從諸神龍準五龍壇例毗沙門神準四鎮山例並主祭官再拜請依太常寺狀爲定謹議

故朝散大夫使持節常州諸軍事守常州刺史充本州團練守捉使賜紫金魚袋獨孤公謚議

議曰獨孤及剛方直清根於性術其修身莅官確然處中立言遣辭有古風格辨論裁正昭德塞違濬波瀾而去流蕩得菁華而芟枝葉其摳衣入室之徒皆足以掌贊書而秉方冊則及之爲文可以徵矣其爲博士時有上議景皇

帝不宜爲太祖者。詔下庶官。及舉夏殷周漢之故事。尊祖配天之大旨。以爲景皇始封於唐。天所命也。於是定議。爲一代典法。新平長公主之子裴倣尚永清公主。欲以他族主婚。及時相禮上陳不可。竟得以裴僕射遵慶爲主。當時稱之。定呂諲盧奕郭知運之謚。用禮文憲度。得褒貶之正。凡所往復。詞旨堅明。其理舒州。屬歲饑旱。鄰郡庸亡什四巳上。而舒人生聚悦安。不知凶年。優詔褒異。就錫金紫。其初在濠。其後在常。皆因俗爲理。人用愛戴。雖不得居公卿長帥之任。然其奉常議論。三郡績用。亦足以列於文苑。附

於循吏。按謚法曰。博聞多能曰憲。獻可替否曰憲。及酌三王四代之典。詶作爲文章。以輔教化。是爲博聞。位參中外。必以稱職聞。是爲多能。定宗廟之饗。爲獻可。正婚姻之主。爲替否。有司稽美行而易其名者。請謚及曰憲。謹議。

贈司空李揆謚議

議曰。李揆端莊粹温。潔廉淑慎。用文章術學。資適逢時。奮其英華。以取貴達。如良匠投刃。無復肯綮。歷諫曹左史。司王言。貳春官。以至於平章大政。在帝左右。必以文誼蕃身。奉法遵職。官曹無秕政。姻族無倖人。束帶山立。數陳前志。儼然而温。有碩儒大臣之度。或起或廢。其道甚夷。昔觀射父能作訓詞。以行事於諸侯。左史倚相能道訓典。以叙百物。揆實有之。建中中。西戎乞盟。以耆齒宿望。將命殊俗。結華夷之信。董衣裳之會。巳事迴車。歲當興元。匪躬靡盬。至河池而歿。追錫司空。恩禮有加。按謚法曰。率事以信曰恭。不懈於位曰恭。揆果行求巳。致位台司。歷官陟降。十有八次。周旋敬慎。以揚職業。不曰率事以信乎。及逾懸車之年。奉絶域之使。受命即路。視險若夷。貞厲盡瘁。復於左轂。不曰不懈於位乎。昔韋元成翟方進以經明爲漢相。而皆謚

曰恭。迹揆所履。節以一惠。勤官死事。炳然昭明。有司易名。請以恭謚。謹議。

權德輿七

與黜陟使柳諫議書

某月日，試秘書省校書郎權德輿上書閣下。德輿材術無聞，重以拙訥，雖星軺往復，皆獲趨拜，竟未得粗承餘論，少盡下情。伏以通世之舊，將獻狀受祿，感戴循環，不知所措。或有所見，敢布愚衷。何者？今皇帝馭天下之初，將欲拔才俊，延幽滯，綜覈名實，覽觀風俗，故分詔近臣，省問四方，將天之命。其旨不細，則閣下舉一士，用一賢，必當窮驗聲

實，精究終始。一旦以愚當薦士之目，誠衆多所未喻也。凡以故舊之私，不能忘情，與夫推賢類能，其事則異。今者澄清省察，以得人爲功，直道公議，天下屬目。此時而失，則所失多矣。德輿伏膺儒行，三十未立，揣躬責己，知不如人。俟他時進修，與諸生齒，方冀當大君子眷念之至，申鄙夫報效之分。今若以貲用所迫，苟進一官，則傭書販舂，亦足自給，必不敢以區區之身，上累名器，敢拒黔敖之食，徐受山濤之恩。下情所守，在此而已。是以竟未獲拜謝者，以必所不敢當也。伏惟宴閒之餘，俯察愚朴，文章鄙略，不足以煩省覽。用此陳露，慚畏伏深。不宣。德輿再拜。

與睦州杜給事書

十二月九日，試右金吾衛兵曹參軍權德輿謹遣蒼頭獻書于給事杜公閣下。德輿顓蒙小生，行藝無取，世業儒術，不能自奮，徒以晨羞之暇，取適文詁，師蘧生欲寡其過之言，慕太邱平心率物之道。弱年多病，志無所就，衡茅之中，俯仰自愧。去年得以物役，道于貴州，舟次仁境，心口相賀，一躡賓階，鄙悋都盡。何者？嚮風之心，久積於中，不知所以然而然也。及夫承至論，聞格言，懸榻之禮，禮有加等，深明

出處之分，根極道義之本，初勗之以勉職，又勗之以通經。駑薄賤姿，誠不自意，拜賜之時，感入心腑。及就安環堵，靜守緒言，常慮行之不至，忝辱明鑒。近又承寓書於包中丞，丈過有稱賞，永懷慚戴，何可言喻。噫！夫先師有互鄉之見，與其進也。至東漢郭泰、陳蕃之徒，亦以獎鑒士林爲己任。降及近古，此道寖微。今江南多士所湊，埒於上國，力行修詞，人人自勵，月旦之評，或無至公，衆情所望，實在閣下。伏恐清闕二字鑒於此。一失物論，云云以之，去就下情，所虞在此而已。如小生者，但欲稽考古訓，端正心源，以區區直方

展微贄於他日不宣德輿再拜

與張秘監書

頃因從容縱言遂及曩歲與外舅相國有往復書猥見徵求出於眷愛休沐發篋追懷愴然因思弱植長自湖海閉關開卷孤特寡徒或有所得則三復喟嘆所務峭峻益爲迂野葢不自量力而欲希蹤古人故書中多有此意今則聊復自哂亦當時志之所在而不能自已也建中初年及弱冠方以環衞掾曹爲今司空漕輓從事扺鍾陵經信部時外舅自都曹郎出爲郡佐話言歡甚淹留累夕約爲伯

仲申以久要鄙人以年位不倫慮非宜適且合志營道豈待約結而後固邪外舅曰僕爲監察御史時司空楊公已爲祭酒太常又年長十九歲而許僕以兄事何足下今日見拒之深耶時房州罷浦陽長在座因指之曰請亦敦此義其間嘉言道論函丈更僕雖農山濠上無以過也迨歸江南俄致天書慕荀陳之義結潘楊之好緘詞勤勤雅有古風無言不酬感槩相許爾後數年方展嘉禮旋屬外舅以本官參台司操簡修賀輒申直諒亦既病被累章乞身平生所蘊頗同不試嚱夫人之才有能有不能當夫司諫

無隱詞皆體國後以區區建安之守逢京師變故密疏行宮陳匡復之畧移書强藩檄誠順之義其他議論風彩凜然有大丈夫之節斯不可及已與夫刺促顧慮沉浮自愛者豈同日耶明年所疾不起前此友壻夭落故有二祭文以寄悲懷七年秋猥辱朝命以博士徵至京師十數年間累有外姑與建昌房州之喪表墓申奠直書而已因緣故舊臨紙泫然今亦附於書末庶見其閨門士行之有類也兩書之外又有其時書數紙屬在卷中因復連寫倏忽二紀無非風燭士感見知如何可言頃年祇役江西在路有

寄内詩一首音詞蕪陋頗非士衡彥先之比頃常馬上偶誦今亦具之往復書并墓銘奠文等共十餘篇以兄與外舅有江湖遊處之舊又鄙人承眷特深雄詞載筆博物閎覽賢士大夫之淑聲家法固周知之感念陳跡輸於醬瓿非敢以文爲事也不宣德輿再拜正月二十五日

答左司崔員外書

德輿器用瑣薄無他才術徒以木訥之姿翫習聖賢之訓嘗以爲大朴久散世道交喪師友之義缺醨薄之風起嗤嗤萬情無所思向銜憤結懷愁然終日前年得以行役獲

覩德容。始蒙泛愛。竟接清議。初論當世之理要。次陳情性之大端。終語道德之原極。澡雪百慮。泊然葆眞。一聞至論神開意警。不覺虛白澄曠。浹洽四支。則易直子諒。又其細也。當此之時。誠欲備門弟子之數。日展嚴師之敬。雖此志不遂。實念逾涯忘年之歡。契比伯仲。昨者奉問洞見仁衷。且有退身邱樊之說。竊夫中人之性。或不以利回。而多以名敗。或時能蹈義。而鮮能克仁。此誠細者可力。大端則循情而動矣。至於黜聰晦明。恬於退讓。息浩然之氣。哀樂不入。不然則乘時致位。以天下爲己任。化醨爲醇。澤流無垠

彝倫式敘。生生茂遂。此誠大君子之出處也。近古以來。作者實鮮。豈世運有在。或時無其人。間睹皇極綜論之一篇得之盡矣。然則或進或退。小屈小伸。豈足爲執事者道也又示問之中。情旨備至。不棄弱植。伸以嘉姻。荀陳之義。非所敢當。況司徒令子。爲後來名輩。精識洞鑒。誠已得之。鄙人何堪。復當此命。門閭之下。珉玉不侔。將何以祇承厚意當叔寶逸少之目。恐累清德。無任下情。已具諮聞。敬承嘉命。尋冀拜謝。感慶伏深。某再拜。

答獨孤秀才書

省四日書問。兼示新文。閎博峻異。有立言致遠之旨。爲其於惠愛纖悉厚重。甚善甚善。以吾子才志與年。三者皆當以家聲自振。若建瓴決水。大冶良工。必有不期至而至者。況以日日新又日新之盛哉。夫豫章珠璣。鏌鎁毛嬙。終不慮隱之櫝之磽之帷之之爲患。而爲擁腫礫石鉛鈍宿瘤之排蔽。但發有疾徐耳。來問云。一人驚之。亦已多矣。豈與族凡校耶。此誠得之。又云先達病不能公。或公而不能甚力。今夫滔滔者。或辯之不至。而苟善待之。及揚聲延譽則鉗口結舌。大凡舉世之病也。如鄙夫者直力不足耳。亦懼

招徠奔走。爲津爲岐。至有竊所愛者。則寡矣。又豈能廢是也。從古未達者之望達者。何嘗不如是耶。先師七十子所擬。豈敢當也。三復蘧然。無言喻懷。其他慕重續俟會話德輿頓首。

答楊湖南書

使至。蒙惠寄制集序。發函煥然。盈耳溢目。宏麗博厚。坦夷章明。如黃鐘大玉。慶霄天籟。奇采正聲。鏗鏘照耀。眞可謂作者之表。方駕古人。忻懽駭悚。咏歎無斁。甚盛甚盛。但根本不稱。獎飾非宜。以此爲雄文至鑒之累。如何如何。書命

者古先哲王之所以發德音而賦百職也在易曰后以施命告四方書曰誕告萬方詩曰訏謨定命遠猶辰告故君陳君牙畢命冏命之作皆直而文簡而誠含章而不流漢廷亦云文章爾雅訓辭深厚其重如是而鄙人忝焉使盛聖之文明不登於典謨訓誥罪在菲薄其敢逃責於多士耶昔顏氏之子有不善未嘗不知知之未嘗復行愚雖竊知之之道而職命所拘不能不俟終日而勇退日踐復行之過至於九年暴於四方爲所觀笑此所以慚愧於古人也亦思人生世間當志於遠者大者豈數數然刓精耗神

攘竊文字而猶力不足意不逮雖三益直諒之道久廢獨不愧於心乎昨休沐之餘愚子呈閱且以有大朝中外之授受士友遷除之歲時遂不計妍媸相從以類初不敢以制集自命但全其文而已因其猥多分列卷第又醜然以序引奉煩者誠以承眷之深而心仰雄伯使夜光冠於魚目永爲子孫秘藏非敢效太沖三都而求元晏發之之道也及覽鴻麗之作無非溢言追思内訟已無所及使鄙人涉敝帚自見之患陷作者於玉卮無當之嫌一不敏而相交喪何可言也伏以門中忠節敘述周詳因小生之無似揚先德於不朽伏讀感咽何階仰酬結於肺腑沒齒無極又德音宥密皆出自中禁而西掖所掌止於命官今序中所言霈王澤燭幽滯振刑典申肅殺揄揚宏大務極其言則虛美之中又爲虛美所冀盡去過談方敢受賜耳故吏部李員外三丈寓書於柳秘書求爲後集序此賢達所不能忘懷也但侈言失實如楚越之相遼異時見譏於通人則復爲累亦輒爲閣下規非止於自謀也左曹許公範二紀以來過於賞愛鄙人每以逐臭況之今又遇閣下此作素多眛理忽復自疑幸無泥於眷私而減裂公是是所

望也載之再拜

答柳福州書

來問見愛懇懇甚厚疏以先師對仲弓先有司之說又曰由於有司以風天下誠哉大君子之言理道也今之取士在於禮部吏部吏部按資格以擬官奏郎官以考判失權衡輕重之本無乃甚乎至於禮部求才猶似爲仁由已然亦沿於時風豈能自振嘗讀劉秩祭酒上疏云太學設官職在造士士不知方時無賢才臣之罪也每讀至此心嘗慕之當時置於國庠似在散地而方以乏賢内訟慨然上

奏此君子之心也君子之言也況以蒙劣辱當儀曹爲時求人豈敢容易然再歲計偕多有親故故進士初榜有之帖落有之策落有之及第亦有之不以私害公不以名廢實不敢自愛不訪於人兩漢設科本於射策故公孫宏董仲舒之倫痛言理道近者祖習綺靡過於雕蟲俗謂之甲賦律詩儷偶對屬況十數年間至大官右職教化所繫其若是乎是以半年以來參考對策不訪名物不徵隱奧求通理而已求辨惑而已習常而力不足者則不能回復於此故或得其人庶他時有通識懿文可以持重不遷者而

不盡在於齷齪科第也明經問義有幸中所記者則書不停綴令釋通其義則墻面木偶然遂列上第未如之何頃者參伍其間令書釋意義則於疏注之内苟删撮旨要有數句而通者昧其理而未盡有數紙而黜者雖未盡善庶稍得之至於來問明六經之義合先王之道而不在於注疏者雖今吏部學究一經之科每歲一人猶慮其不能至也且明經者仕進之多數也注疏者猶可以質驗也不者儻有司率情下上其手既失其末又不得其本則蕩然矣無乃然乎古人云强勉行道則德日起而大有功中庸有困而行之勉强而行之鄙雖不勉敢忘勉之之道邪大凡常情爲近習所勝汲汲於聞見汲汲於進取苟避患安時俾躬處休以至老死自爲得計豈復有揣摹古今風俗整齊教化根本原始要終長轡遠馭如閣下吐論之若是者耶此鄙人所以喟然三復而不知其止也來問又言三代兩漢至近古所尚不同豈古化寖遠之不可復耶復因緣漸靡而操執者不之思耶鄙人頑固謹俟餘論因自發舒慚怍無量德輿再拜

賀崔相國書

伏惟大方全德自中發外蘊爲志氣播爲事業然則阜庶生物操持化權結於衆心爲日固久且大賢之出處天下之否泰也故詔下之日人人相慶又早歲獲覩皇極綜論元德志孤雲賦淒風詩伏讀累日備見精慮之所至言理亂者多推世運於必然殊不知弛張變化存乎其人而已自古哲賢之徒或尚志不展鬱堙當世長歎痛哭於是乎作伏惟以常所感慨申於盛明使三辰光潤萬方軌道實在指顧豈逃彀中且以西漢公輔言之蕭曹以清靜熙帝載良平以謨明贊王業至宣帝時則魏相通故事邴吉知

大體斯皆章章可言者也洎夫張蒼之律歷孫宏之文章韋賢之好學平當之有恥然亦號爲賢相抑又次焉至若匡張孔馬服儒衣冠被阿諛之譏不勝其任最下則陶青劉舍莊翟趙周之徒皆齷齪備位故身名偕泯夫此數子者豈不粗知君臣之道古今之變哉病於無所發明保持祿位而已有時無功可不謂大哀乎又古人有立德立功立言之訓顧惟多幸獲覽炳然之文又備陳餘論有以見大君子遺辭發慮宏裕溥博者矣惟德與功實在今日洒天下耳目復萬物於全性在丈人踐而行之守而終之而

已不宣某再拜

右僕射贈太子太保姚公集序

文章者其士之蘊耶微斯文則士之道不彰不明又況宗公大君子網紀百度琢磨九德以至於經大猷斷大事不由此塗出者猶瞽之無相歟蓋修之有本末得之有厚薄耳至若推於心術暢於事業行顧言言中倫者太保有焉太保姓姚氏諱南仲吳興人博究古今安舒方重外清和而內剛明有直質而無流心學于詩之愷悌易之貞厲且曰史魚仲山甫吾之師也故以之修身以之懿文其遜志肄業通達強立則博約以明義類郊居宴息勇退肥遁則吟咏以達情性詳延特起對有明法拾遺補闕在帝左右義激於中書陳於前肝膈悃愊以盡規爲已任切於時病者皆精爲上言之疏兩河安危夷門要害盡建元侯以屏東夏疾吏道雜而多端條陳選部官人之法數下饑旱舉成湯六事凡如此書數十上請改卜貞懿皇后陵地一篇尤深切著明武皇嚮納被以命服因詔侍臣極言得失宰司上賀百執事聳視以爲雖神爵黃龍炎漢紀年之瑞不若是也周旋臺閣損益文憲由左馮翊理陜州教化清平

分閫東郡閑邪秉直志氣所伸勇若諸賁天下之人稱焉竟以貞勝而登端右是皆以立誠居業言而履之之效也故其含章匪躬諷議居多其他則歌詩有逸韻敘事爲實錄皆据根柢而無枝葉愔愔然君子碩儒之言其在是乎昔公之理海鹽而介浙右也德輿方僑於吳辱忘年之歡暨叨貳六職而公入踐師長馨香茂實耳目聞知公嗣子太僕主簿亥孝謹而文永懷罔極捧公述作二百篇列爲十編以論次見授故粗舉公之所履與爲文之旨而敘之云爾

徐泗濠節度使贈司徒張公文集序

昔有虞以濬哲文明理天下。故有諧八音陳九德賡歌康哉之臣。周宣王修文武之業以開中興。故有歌蒸人賦韓奕清風大雅之什。春秋之際。諸侯列卿大夫。感物造端。能賦可以圖事。稱詩可以諭志。然則元侯宗工。作爲文章。本於王化。繫於風俗。亦其志氣之所發也。司徒諱建封。南陽人。簡廉疏達。信厚誠直。秉心可大。以禮義爲干櫓。非道不處。視圭組猶稊稗。以褐衣寬博游于京師。當時賢公名卿。盛服先生之倫。皆迎門締交。就義若渴。贊師律於盟津大

鹵二府。由察視主柱下方書。朝廷以州部要害。選難符守。歷巴陵陟壽春。婺婺反虜。壤地相接。衆寡懸絕。物情不交。斬其使者以徇。傳首於行在所。屏翰淮海。我爲金湯。選奐觀望者皆革心服義。而東夏安矣。加地進祿。察廉三郡。授鉞貞師。莅于徐方。就加六職。端右之任。追命三公。論道之秩。其始終艱貞光大也如是。昔左邱明載單襄公之言曰。忠文之實也。智文之輿也。仁文之愛也。義文之制也。則司徒嚮時之大忠明智。戴仁抱義。皆推本乎斯文。然後足言足志。踐履章灼。故其辨古人心源。定是非於羣疑之下。則韓君別錄。痛詆時病。以發舒憤懣。則投元杜諸宰相書。其餘贊勳閥。表邱隴。銘器敘事。放言詣理。皆與作者方駕。而歌詩特優。有仲宣之氣質。越石之清拔。如雲濤溟漲。浩漾無際。而天琛夜光。往往在焉。其入覲也。獻朝天行一篇。因喜氣以攄肝膈。覽其詞者見公之心焉。其還鎮也。德宗皇帝紆天文以送別。湛思異論。輝動中朝。至於內廷錫宴。君唱臣和。皆酌六義之英。而爲一時之盛。夫文之病也。或牽拘而不能騁。或奔放而不自還。公則財成心匠。揮斥細故。英華感槩。卓爾其宏大。析理研幾。泊然其精微。全才逸氣。

與勳力相宣。盡在是矣。公之理也。徐人宜之。故尚書克家纂業。用嗣厥服。猶鮑氏之居司隸。鄭人之賦緇衣。大君推恩善善。春秋之義也。永懷先志。乃集遺文。以德輿嘗承司徒之懽。表烈編次。凡二百三十篇。承詔作序。是用拜君命之辱而不敢讓云。

兵部郎中楊君集序

周家忠厚。文章備乎二代。先師有郁郁之歎。故周任史克仍叔吉甫之倫生焉。漢氏剗煩苛。宏利澤。訓辭深厚。議論宏大。故賈誼揚雄司馬遷相如之才。出焉。唐興。幾二百歲

紹聞周漢之逸軌以人文華國猶雲漢之爲章于上江漢之爲紀于下九功成焉百度貞焉王澤浹洽故斯文煥發秉筆之士皆欲泝末流而挹清源拔埃𡏖而棲顥氣至若詞合雅言中倫疏通而不流博富而有節潔靜夷易得其英華者其宏農楊君歟君諱凝字懋功孝弟純懿中和特立早歲違難於江湖間與伯氏嗣仁叔氏恭履修天爵振儒行東吳賢士大夫號爲三楊易象之懿文孔門之言詩皆生知之舉進士甲科賢公交辟典校秘書四遷至冠柱後惠文徵拜左史歴司封員外左司郎中不附離權右陰

爲所中以其外相師律非君莫可他日計事如京師復命于梁會其帥既歿軍司馬代之詔未下兵火氣𢾭殺人以逞明神佑善獨脫死地中貴人持尺一詔書徵還燕居四年不交人事磅礴三古推明六義措跡愈退而屬詞愈精時恭履捐館一紀君與嗣仁倍手足之愛壬午歲嗣仁以中執法廉湘中七郡風俗君起家爲兵部郎中伯仲昌大輝華中外方將乘迅飈摩赤霄極文采之用爲太平嘉瑞協書命於謨訓薦聲詩於郊廟命屈其才末如之何君嘗以爲尚氣者或不能精密言理者或不能彪炳鏤烝彝景鐘與緣情比興者或不能相爲用仲宣體弱公幹未遒才難而力不足從古所病故懋功於六經百氏之中如良金巧冶鍛鍊在手而又弛高防㬥約束恬然而據上游坦然而蹈中行其敘事推理況今據古多而不煩簡而不遺彌綸條貫無入而不自得所著文一百四十餘篇歌詩倍之皆天球大圭奇采逸響不待數珩璜珮玦之目然後知其妙噫自天寶已還操文柄而爵位不稱者德輿先大夫之執曰趙郡李公遐叔河南獨孤公至之狎主時盟爲詞林龜龍止於尚書郎二千石屬者亡友安定梁肅寬中平夷

朗暢傑邁間起博陵崔鶠元翰博厚周密精醇不雜二君者雖嘗司密命裁贊書而終不越於諫曹計部今懋功亦以中兵下大夫奄忽不淑豈造物者不與其全歟復舛錯歟此吾徒故人所以索然出涕而有百身之痛也嗣仁類其文爲二十篇緘詞甚哀猥見授簡以德輿早辱厚善忘其不能其代德家法與踐履始中終之說嗣仁刻石紀墓既詳言矣徒采其述作大旨直書以綴于篇

比部郎中崔君元翰集序

易賁之彖曰觀乎人文以化成天下故闕里之四教門人

之四科未有遺文者荀況孟軻修道著書本於仁義經術之枝派也迨夫騷人怨思之作游士從衡之論刺譏捭闔文寖陵夷至漢廷賈誼劉向班固揚雄司馬遷相如之倫鬱然復興有古風烈然則文之用也橫三才之中經紀事物章明統類不可已也殷之三說命周之命君陳君牙楚射父之訓詞鄭東里之潤色天子諸侯告命之文也張老之輪奐史克之駉駜吉甫之清風伯喈之無愧賢士大夫頌述之文也至若夫子紀延陵墓叔向寓子產書董仲舒射策書天人相與之際阮元瑜書記翩翩之任觸類滋多

非文不彰後之人力不足者詞或侈靡理或底伏文之難能也如是博陵崔君元翰東漢濟北相長岑令之後也曾祖某濟州刺史祖某鳳閣舍人考某以經明歷衛州汲縣尉號州湖城縣主簿親歿遂不復仕探古先微言著尚書演範周易忘象及三國春秋幽觀之書門人諸儒易其名曰貞文孝文君紹文宗雕龍之慶究貞文法義之學潔廉清方敦直莊明博見強志不取合於俗默而好深湛之思舒而爲彬蔚之文師遵六籍磅礴二漢不爲物遷不爲波流初閉關隱約於河朔之間年殆知天命甫與計偕至京師洎博學宏詞直言極諫凡三登甲科名動天下初自典校秘書連辟汧公北平王二司徒府管奏記之職歷太常寺協律郎大理評事錫以命服登朝廷爲太常寺博士禮部員外郎貞元七年春轉職方員外郎知制誥八年冬罷爲比部郎中十一年夏感疾不起其壽四百甲子其文若干篇閎茂博厚菁華縝密足以希前古而聳後學記循吏政事則房柏鄉碣孫信州頌敘守臣勳烈則黎陽城碑劉幽求神道碑表宗工賢人兆域則李太師梁郎中誌文撰門中德善則貞文孝文誌碣二銘攄志氣以申感慨則與

李都統及三從事書纂系門心法則大覺禪師碑推人情以陳聖德則請復尊號表鋪陳理道則有制策藻潤王度則有詔誥嚮所敘詩書說命駉頌而下君皆索其粹精故能度越倫類有聲名於代其他詩賦贊論銘誄序記等合爲三十卷如黃鐘玉磬宏璧琬玉奏於懸間列在西序其彰彰者雖漢廷諸公不能加也無溢言曼辭以爲夸大無諂笑柔色以資孟晉勁直而不能屈已清剛而不能容物孤特寡徒晚達中廢斯亦命之所賦也德輿蚤歲與君遊於江湖間又接武侍從登文石之陛常所論著備採簡編

君之孤某既除喪泣捧遺文見咨序引故如其篇第直書以冠之云爾

中嶽宗元先生吳尊師集序

道之於物無不由也無不貫也而況本於元覽發爲至言言而蘊道猶三辰之麗天百卉之麗地平夷章大恬淡溫粹飄飄然軼八紘而泝三古與造物者爲徒其不至者遣言則華涉理則泥雖辯麗可嘉采眞之士不與也宗元先生吳君其知言者歟先生諱筠字貞節華陰人生十五年篤志於道與同術者隱於南陽倚帝山閱覽古先遐蹈物表芝耕雲臥聲利不入天寶初元纁鶴版徵至京師用希夷啟沃脗合元聖請度爲道士宅於嵩邱乃就馮尊師齊整受正一之法初梁貞白陶君以此道授昇元王君王君授體元潘君潘君授馮君自陶君至于先生凡五代矣皆以陰功救物爲王者師十三年召入大同殿尋又詔居翰林明皇在宥天下順風所嚮乃獻元綱三篇優詔嘉納志在遐舉累章乞還以禽魚自況藪澤爲樂得請未幾盜泉汙於三川羽衣虛舟泛然東下棲匡廬登會稽浮淛河息天柱隱機埋照順吾靈龜有時放言以暢天理且以園公

歌詠於紫芝宏景怡悅於白雲故屬詞之中尤工比興觀其自古王化詩興大雅吟步虛詞遊仙雜感之作或遐想理古以哀世道或磅礴萬象用冥環樞稽性命之紀達人事之變大率以嗇神挫銳爲本至於奇采逸響琅琅然若戛雲璈而凌倒景崑閬松喬森然在目近古遊方外而言六義者先生實主盟焉至若總論谷神之妙則有元綱篇哀蓬心蒿目之遠於道也則有神仙可學論疏瀹澡雪使無落吾事則有洗心賦巖棲賦修胷中之誠而休乎天均則有心目論契形神頌其他操章寓書贊美序別非道不言言而可行泊然以微妙卓爾而昭曠合爲四百五十篇博大眞人之言盡在是矣大曆十三歲歲直鶉首止于宣城道觀焚香返眞於虛室之中門弟子有邵冀元者率顧其徒寧神于天柱西麓從其命也冀元偏得先生之道如橘木止水刳心遺形太原王顏嘗悅先生之風自先生化去二十五年顏爲御史丞類其遺文爲三十編拜章上獻藏在秘府厥後冀元得其本以授予請序引其逕庭庶傳永久別有逍遙卓詭之論不列于此編至若挺神奇袪物怪告鍊蛻之地合肸蠁之符皆備刻於金石者之說今徒

采獲斯文以序崖略且俾後學知道者必知言云

欽定全唐文卷四百九十

權德輿八

右諫議大夫韋君集序

洙泗門人登四科者唯稱端木賜卜商可與言詩以其善於取類敏於喻禮然則緣情詠言感物造端發爲人文必本王澤貞元十二年夏四月庚辰皇帝御麟德殿命通儒碩生與緇黄上首雜論奥賾互相發明繇是京兆韋君以四門博士召見三元六學博辯宏大精義具舉宸心乃愉尋獻七百字詩一章詞華彬蔚詔旨優答浹日授秘書郎

踰月遷右補闕未半歲拜右諫議大夫其餘以文發身以直事君言語侍從論思諷議賈生當受釐之問方朔擅不窮之智近臣渥命榮冠一時薦紳競勸巖谷皆聳初君年十一嘗賦銅雀臺絶句右拾遺李白見而大駭因授以古樂府之學且以瓌琦軼拔爲已任至弱冠乃喟然曰四始五際今既遠矣會情性者因於物象窮比興者在於聲律蓋辯以麗麗以則得於無間合於天倪者其在是乎彼惠休稱謝永嘉如芙蓉出水鍾嶸謂范尚書如流風迴雪吾知之矣遂苦心藻慮儷詞比事纖密清巧度越羣倫嘗著

天竺寺六十韻魯郡文忠公序引而和之使畫工圖於仁祠摘句配境皆爲勝絕又於江南著卧疾二十韻晉國忠肅公手翰以美之曰卓爾獨立其在我章生乎其爲名臣宗公所稱賞如此又與竟陵陸鴻漸杼山僧皎然爲方外之侶沉冥博約爲日最久而不名一行不滯一方故其曳羽衣也則曰遺名攝方袍也則曰塵外被儒服也則今之名字著焉周流三教出入無際寄詞諧理必於斯文自貞元五年始以晉公從事至京師迨今十年所著凡三百篇嘗因休沐悉以見示德輿鄙昧不能言詩徒以掖垣之寮

辱命爲序豈愛之厚而忘其不能歟前此論著別爲篇第後此者方紬懷仙章句而不復賦人間之事矣今茲詩集以類相從獻酬屬和因亦編次且以聖誕日麟德殿三教講論詩爲首凡十卷云

唐使君盛山唱和集序

古者采詩成聲以觀風俗士君子以文會友緣情放言必類而思無邪悼谷風而嘉伐木同其聲氣則有唱和樂在名教而相博約此北海唐君文編盛山集之所由作也初文編以英華籍甚輝動朝右書法草奏爲明庭羽儀談者謂翰飛密侍潤色告命如取諸懷之易也八年夏佩盛山印綬朱兩轓而西天子雅知其文采慰勉甚厚且曰第如新治分我憂歎於是惠而保之四封熙熙比歲連課爲百城表率十九年冬既受代轉遷於夔上方以愷悌紓息之爲大人文華國之爲細或者蘊而決之使目不暇瞬庸詎知嚮時歲月不來之推轂邪理盛山十二年其屬詩多矣非交修繼和不在此編至於營合道志詠言比事有久敬之義焉睽攜寤歎惆悵感發有離羣之思焉班春悲秋行部遲客有記事之敏焉煙雲草木比興形似有寓物之麗焉方言善謔離合變化引而伸之以極其致昔魏文帝

稱劉公幹五言詩之善者妙絕一時抱朴子云讀二陸之文恐其卷盡今覽盛山之作有似之凡漢庭公卿左右曹方國二千石軍司馬部從事暨巖棲處士令弟才子稽合屬和二十有三人共若干篇盍簪則七子皆賦發函亦千里善應尊賢下士備見於斯葳蕤照燭雖南金青玉之不若也噫文編所友善者僕多善之周星之閒物故殆半梁寬中楊懋功尤爲莫逆交友零落如何可言況其雅音已矣多歎三復感念涕洟集於筆端是集也編於德輿嘗有

木桃瓊瑤之往復辱求序引所不敢讓者俟夫子徵還道舊之日破涕爲笑於斯文也

左武衞胄曹許君集序

建安之後詩教日寖重以齊梁之間君臣相化牽於景物理不勝詞開元天寶已來稍革頹靡存乎風興然趨時逐進此爲槖籥紳佩之徒以不能言爲恥至吟咏情性取適章句者鮮焉有許氏子者名經邦字某世得命官不書於此如舉其始終之畧以著於篇君天授純靜不遷於物修檢之中須有吏職早孤家于鄱陽有佳山水遂以貞遯爲

心不近聲利孝敬溫信著於州里保閒樂退無所撓屈家人近習未嘗見其喜慍之色謀學業文以此爲適相國第五公之爲郡也軾閭懸榻以禮之咨於連帥薦授試左武衞曹參軍有別墅去家百里秋八月泝溪而上灘激險不幸溺於秋濤之中嗚呼踐儒行而未申其用露初命而未至於祿受全氣而不終其壽此三者所以爲士友之病凡所賦詩皆意與境會疏導情性含寫飛動得之於靜故所趣皆遠其道退其徒寡不交當世故知之者稀惟昌黎韓愈泰山羊滔最爲友善羊既物化韓爲江西從事今年冬予役於鍾陵而君去世之三歲也文行實錄皆得之於韓噫嘻士之修道向晦不耀於時以泯沒者可勝道哉如許君者潔身於困約之中講藝於蓬葓之下以六義之文爲富以一畝之宮爲泰齊人吹竽楚人泣玉故志業内固英華未發介然居易以至歿身其古之牆東谷口之徒與韓以其詩三百篇授予故類而爲集

韋賓客宅宴集詩序

太子賓客韋兄彯華纓佩金龜爲清時大僚有數年矣始以博士奉朝請周歷臺閣出分藩符入作卿長乃領内府

又賓東朝拜章乞告優詔得請致仕就第燕閒自頤中外族屬嘗僚貴仕以觴酒祝延發禮修賀者多矣以兄始登朝行實自禮寺蕃祉吉祿此爲椎輪於是衆君子學通行修嘗踐此任者與今之引經據古屈職在列者同聲撰日復修盍簪乃有夏官小司馬左右曹侍臣書殿東觀柱下史南宮郎九旋十（疑）而鄙夫忝焉入門而右勝槩迎步聳（闕字）一檻於賓位羅松篁於石徑清冬之時寒翠溢目則熙春衆卉熠爚駘蕩又可知也軒蓋上下壺觴交錯聆主人之言則同惇史聽衆賓之論如在曲臺徜徉乎禮文博約

乎法義樂在名教慶茲壽寵中飲霑醉抗音擊節乃相謂曰季倫金谷實有歌詩元亮斜川亦疏爵里況今賀得謝之美賦必類之詞愛景美祿遺簪投轄盛集之若是者有幾安可沒而不書猥微菲薄因附官業今裴辛呂三君子皆講學稱職而司勳滿歲復留再帖郎位猶四命焉前此者柱史之超拜浹日矣鄙夫之忝茲一紀矣二左曹東觀二十年矣（原注陳君二十年馮君二十年張君十八年今云二十年開中半也）小司馬向三十年矣而主人逾四十年矣其于折中定議損益於儀法多矣（原注兵部二十八年主人四十五年向逾舉全數也）外有平陽長樂二連帥韋

君柳君絳郴和三郡守裴君李君（闕二字）前蘇州韋君信州陸君（闕一字）守之介劉君六邑之長姜君合中外歷是者十九人因廣斯文且爲禮官之籍

秦徵君校書與劉隨州唱和詩序

儒有秦公緒者當天寶理平之世興麗則鼓盛名於當時遭多故道進身退越部山水佐其清機圓冠野服翛然自放宅遐心於事外得佳句於物表不知華纓丹轂之爲貴者幾四十年方帥時賢軾閭懸榻昔鄭公通德有鄉門之號秦君麗句創里亭之名慕風騷者多所嚮仰貞元中天下無事大君好文公緒舊游多在顯列伯喈文舉之徒爭爲薦首而壽陽大夫公之章先聞故有書府典校之拜時動靜不滯於一方矣七年春始與予遇於南徐白頭初命色無慍怍知名歲久故其相得甚歡因謂予曰今業六義以著稱者必當唱酬往復亦所以極其思慮較其勝敗而文以時之聞人序而申之悉索笈中得數十編皆文場之重名强敵且見校以故敵故（二字疑衍）隨州劉君長卿贈答之卷惜其長往謂余宜叙戲夫彼漢東守嘗自以爲五言長城而公緒用偏伍奇師攻堅擊衆雖老益壯未嘗頓鋒詞

或約而旨深類乍近而致遠若珩珮之清越相激類組繡之元黃相發奇采逸響爭爲前驅至於室家離合之義朋友切磋之道咏言其傷折之以正凡若干首各見於詞云

蕭侍御喜陸太祝自信州移居洪州玉芝觀詩序

太祝陸君鴻漸以詞藝卓異爲當時聞人凡所至之邦必千騎効勞五漿先饋嘗考一畝之宮於上饒時江西上介殿中蕭侍御公瑜權領是邦相得歡甚會連帥大司憲李公入覲于王蕭君領廉察留府太祝亦不遠而至聲同而應隨故也先是嘗舍于道觀因復居之竹齋虛白湖水在

下春物萌動時鳥變聲支頤散髮心目相適蕭君悅其所以然也既展賓主之眖又歌詩以將之其詞清越鏗若金璧得詩人之辯麗見君子之交好詩既成而太祝有酬和之作復往之盛粲然可觀客有前法曹掾崔君茂實文場之舊以六義爲己任攘臂拔筆而爲和者惟三賢師友風騷迭爲强敵志之所之發爲英聲其於奇正相生質文相發若笙磬合奏組繢交映君子曰侍御唱之太祝酬之法曹和之是三篇也不可以不紀況合散出處之未始有極耶以鄙人嘗學於是俾冠以序其或繼而和者用先成爲次序云

崔吏部衛兵部同任渭南縣尉日宿天長寺上方唱和詩序

易之同人曰文明以健中正而應故道同於內而氣相求情發於中而聲成文以觀以羣以比以興清河崔處仁河東衛從周於是有清秋仁祠往復十七韻之作初二賢皆以秀造分校秘府宏文之書貞元初同爲渭南尉聯曹結綬相視莫逆處仁自府庭旋歸税駕於斯國門勝槩康莊在下馳車徒而走聲利者此爲咽喉外頫埃壒中孕閑曠晝懸清光夕湛虛明上方之鍾磬深夜之月露眺聽寂寞情靈感發投者報者無非瓊瑤如金絲應和孔翠翔集盡在是矣厥後同爲左右補闕從周以本官入爲翰林學士處仁累以尚書郎知制誥既而處仁西垣卽眞從周復以外郎掌誥洎處仁遷小宗伯而從周卽眞俄掌貢舉實爲之代元和三年秋處仁爲吏部侍郎從周爲兵部侍郎重九休澣聯鑣道舊永懷曩篇二紀于兹慮屋壁之隙壞詩文之磨滅不若刻勒片石之爲堅且久也惟二賢大雅閎達人倫龜玉更爲王陽迭爲田蘇便蕃清近烜赫章大其

於爲霖爲礪四方之屬耳目久矣然則志氣之所舒英華之所攄其濫觴於此乎德輿與二君子同爲諫官同掌書命相繼典貢士分曹居中臺其間交代迭處不可具舉敢叨益者之數實悅同心之言追琢既具序夫本末亦二君子之志也

暮春陪諸公游龍沙熊氏清風亭詩序

暮春三月時物具舉先師達賢或風于舞雩或禊于蘭亭所以暢性靈滌勞苦使神王道勝冥夫天倪吾徒束支體於府署以簿書爲桎梏有日矣故因休沐之暇考近郊之

勝。郭北五里有古龍沙。龍沙北下有州人秀才熊氏清風亭。蓋故容州牧戴幼公前倉部郎蕭元植賢熊氏之業文。尚茲境之幽曠。合資以構之。創名以識之。五年矣。初入環堵中。有琴書披笪躋石忽至茲地。鄱章二江。分派于趾下。匡廬羣峯。極目於枕上。或澄波淨綠。相與無際。或孤煙歸雲。明滅變化。耳目所及。異乎人寰。志士得之爲道機。詩人得之爲佳句。而主人生於是。習於是。其修身學文。固加於人一等矣。況其志勵於螢雪之下。業成於薪水之餘。則甲科令名。如在指顧。是會也。有御史府楊君薛君環列崔君

校理魏君。皆以文發身。或再戰再克。予與皇甫君不繇是進。亦陪其歡。虛中曠然。取樂名教。而主人趨隅拜下。敬恭得禮。請酌古道。徧徵歌詩。因曰。自十數年間。佐是府者。騰陵杳冥。離會靡常。衆君子用牽乎時。未始有極。然異日之適。非今日之適也。至若心同於內。跡貽於外。交臂瞪視。吾喪我於此亭者。一生幾何。是不可以不紀。乃次詩于屋壁。各疏爵里。以爲清風亭故事云。

吳尊師華原露仙館詩序

世人於逆旅溺喪之中。而村疑執膠固。唯仙師吳君超然懸解。於是有華原露仙之作。本於道生。終於物宜。蓋順一氣之聚散。隨百昌之化。生爲疣爲贅。爲決爲潰。委和歸根。泊然大觀。至於谷神隱景之道。又何可究耶。衆君子用徵聲詩。師亦繼和。是皆遺形達生之言也。或曰。若師之道。可以坐忘矣。惡用言說涉於名迹耶。予曰。道德上下經與內外雜篇。豈非老莊之言耶。終日而盡道。師之心也。彼方以生死爲一貫。又何有於名迹哉。又曰。旣言之可矣。惡用詩之矣。師又泛然而和之。斯皆元同而不囿於物者也。於是或者退。而鄙夫書之。以冠於羣篇云。

奉送裴二十一兄閣老中丞赴黔中序

裴兄居諫大夫五年。休問籍甚。其於匪躬據古。切劘獻替。披垣衆君子徒見其拜章伏閤。而莫知其所以言者。然則發舒純誠。宏大聰明。以貢於穆清者。可勝道耶。每漢廷大僚與六官貳職之缺。羣情屬目。俟其授受久矣。壬子詔書有黔巫長帥之拜。秩於清憲。褒以命服。周行諸公以爲一方之幸。且惜其去而未喻也。及夫別殿前席。沃心交感。重藩符之所付。慮安集之不稱。凡所以輟近臣惠遠人之旨。纖悉備厚。上許周月之代。兄求三歲之理。又以見首公急

病而忘其僻遠淹卹然後諸公知惜別爲細而感恩爲大在此行矣自牂牁通道夜郎置吏以示綏懷以安剽輕失其理則蕭然愁擾得其和則驩然感悅方畧招徠繫於官師以兄之慈惠直信粹清廉白爲仁由已不改其度使大化淳流在明誠洞開推人情以賦政便習俗而不擾彼四封之內如熱得濯如水走下史臣操簡以傳循吏使者急宣以將徵命雖欲復三歲之言其可得乎未閒則褰赤帷飲醇酒宴宴言笑中無町畦雖鬱蒸霧雨之候無自而入矣大丈夫被薦紳影華纓宏宣職業無有遠邇則嚮之玉

堂清禁論思侍從與今日龍節前導金龜映組皆所以事君也豈有中外之異耶祖帳霑醉宣言相勉在加飡寓書而已至若山川風物與騷離瞻望之歎皆備於詩人所賦故不再書

送安南裴中丞序

士君子循道致用感恩宣力則萬里如咫步溟波猶康莊況金印照路熊車伏軾提封甚闊命賜甚厚此裴侯所以抃笑就道視交州如衡軛之前則天時之瘴熱地里之迴遠皆細故也初裴侯夷退燕息未嘗角逐於有司且曰不試則已豈能自售其後累以惠文法冠爲戎輅上介甫登中臺旋鎭南服葢純鈎百汰不得自閉於匣中明矣今天子惠茲元元邁唐虞之風鄙夫司言九年玷辱清近顧不能裁成謩訓著一代典法耗竭蚩鄙爲明時羞思得上分憂歎下布條職使四封之內列郡和洽斯亦大丈夫之事也因君是行聊復起予追思往歲攜手相樂與蘭陵蕭元植范陽盧載初宦遊出處多在江介索然物故何可勝言又想夫楊柳古灣秣陵仁祠寒夜促膝歡言舉酒晦明飈馳忽二十年各乘風波時一會合今日出祖話別在加飡

自愛而已至若馬文泉之功畧士威彥之教化慓俗裔人納諸掌握明珠文犀視同涕唾皆裴侯轂中所畜也不復煩言

奉送黔中元中丞赴本道序

中丞頃持邦憲靈臺坦蕩中立不倚公輔之望懸於人心者久矣大方夷道且無町畦持刀筆者忮害爲獄故前言有餘杭之命左遷也大君端拱穆清深恤人隱慮遠黎之未康擇可以富教之者以餘杭風政表課第一故有持節黔中之拜天之愛人斯謂甚矣受命之日庀徒戒行鄙人

以使者之微假道於此屬當祖軷辱在賓筵敢宣言於執事曰夫蹈全德者事無夷險播善政者地無遐邇然則五溪之氓其將泰乎呂梁懸水尚在忠信矧夫巴黔故地方鎮專達惠飫夷落與行禮讓然後翺翔清朝羽儀百僚倚伏之數庸詎知不以此乎夫臨觴捧袂愀然悽愴此兒女之仁也固壯夫恥之愚亦恥之引滿舉白既醉而罷文則不腆蓋指事云

奉陪李大夫送王侍御史往淮南浙西序

夏四月戊午大夫公至自朝覲敷宣仁澤既浹辰俾從事

監察御史太原王德素將事於淮南浙西二府且修好也初德素以行藝修明達於吏理由廷尉評而簪惠文曳赤紱參鍾陵軍事公之入覲也主留府師旅之重公之還鄙也領將命四方之覲自非和裕之才肅給之用有嘉聞而無流事孰能與於此亦既撰吉日驛車轔轔公乃備觴豆以祖之類歌詩以貺之小子辱從事之末承命援簡書日書字者異乎諸府賓主之禮且以美德業也

送水部許員外出守郢州序

吏二千石與中臺郎循良雋茂旋相爲重在其推擇所切而已故叔載以文術而居郎位以吏理而分郡節時所重難輟居選中其初以獻賦射策取甲科如地芥交諸侯之聘車不輟鞅緜外臺察視入佐著作休聲日揚乃擢建禮與伯氏左曹尊尉相鮮濟濟於公朝怡怡於閨門士君子詠歌屬和以爲榮觀昔郢中之客能爲陽春白雪之曲洎梁水部郎何遜文含清律重於江南今叔載有必類之詞比興溫雅其於宦遊宜乎典水曹而牧郢人也況漢南長帥風行列都郡守清靜公廉遵詔條而已以叔載內平夷而外質重不佻不流佳言析理亹亹可復施於列藩如發

硎投刃況得漢南之歡舊矣又何疑於報政邪大則以尤異徵細猶轉遷劇郡皦然前知不足爲賀觴酒祖軷姑以紓居者之愀愴云

送建州趙使君序

子嘉趙侯者在京下十餘年祿甚薄而心甚泰操利權爓灼可以頤指變化者趙侯顧不游其津退然自得鄙夫識之曰斯可以爲君子矣今茲以蘭臺郎滿歲佩二千石印綬受明天子面命牧茲建人爲仁由已斯亦不細是邪爲東閩劇地故相安平穆公嘗理焉穆公子之戴侯也故能

言之當孝文避狄時巡之際移書四方詞義憤切密疏奔問請以州師赴蹈凡穆公所以彰大名操大政者皆建之爲也趙侯於斯時實爲從事賓榻虛左得之甚懽凡趙侯所以令聲籍甚四征交辟者由穆公發之也今日幢蓋昔時山川存問遺老淒涼故事至止之日情何可言屬者狀往行於考功易嘉名於博士斯亦士君子盡誠於所奉其可誣耶頃予忝職西垣殆將十歲草列郡命過於百數每發緘含毫未嘗不惕然愼重以其四封之内性命所繫故也或歎趙侯官尚屈而地頗遠予以爲不然昔孔門諸生

以蒲菖單父著稱況諸侯之貴乎東漢循吏以交阯九眞報政況建溪之邇乎則趙侯旗軾之間猛鷙飛伏勞徠所及鰥孤樂康陟明善價如建瓴水雖欲勇退知止其可得乎南轅計日祭軷卽路白晝美景如歸故鄉行矣趙侯當以書札爲念也

送循州賈使君赴任序

使君嘗以司直佐黔陽黔陽之政舉又以贊善守寧夷寧夷之人乂乃今以周行慰薦詔領海豐天慈覆露無有遠邇及夫書於循吏爲後法程則古人交阯九眞之績與河内頴川固何以異焉知今日麾蓋不爲使君南溟之變化耶追思從兄秀才爲使君門閭之賓曩歲晤語備徵理行愴族屬之凋落益睽離之怊悵事可覆視言爲不誣朱輔郡節三伏就路衆君子祖道或賦列爲一編延頸屈指在徵書北轅而已

臘日與諸公龍沙宴集序

清祀嘉平著於三代蓋祭百種以報嗇表一歲之順成故吾徒亦休澣考勝用文會友龍沙古地大江在下可以縱遠目可以滌煩襟況簪裾成列觴豆備薦酒酣神王舉手

拊節盡一日之澤遣百慮如遺二三子唯今日可以酒狂而不書是無勇也

秋夜侍姑叔讌會序

叔父至自東周第如新定就長子桐廬尉之養也途出雲陽德輿之僑居在焉拜慶之後式展讌餞掇蔬焚枯以實圓方叔父諸姑旣就坐羣從伯仲或冠或丱中外稚孺凡四五十人差其長幼爲侍坐之列暢之以旨酒旣醉不諠侑之以清絃中奏彌靜天天申申其樂無垠發之於恬曠得之於名教稍閒則圓魄照坐微風入林殘暑盡銷清光

交映歌詩類事舉節應觴覺聽視之內無非和樂雖謝庭羯末之盛雪花柳絮之興及夫情適於中率禮無違亦一時也乃命編次其文且書其時時建中四年之七月德輿操觚以序

欽定全唐文卷四百九十一

權德輿九

送歙州陸使君員外赴任序

始予與公佐俱以圓冠褎衣息偃於江湖閒練塘鏡溪樂在雲水師心自放相視莫逆其後則攻過內訟知道不遠人洗其心虛以順外逮三四年又俱以法冠翹車爲諸侯賓攝衣塵中與俗駕並馳閒關道路離憂多而歡言少七年詔書以禮官博士徵鄮夫於吳十六年以尚書祠部徵公佐於越其閒闊忽焉十歲心期寓書常若對面中朝大夫君子皆以推轂爲已任未至如欸然亦既覲止笑與抃會月未再期麾幢在門繇是大夫之賢者士之仁者皆惜其去以公佐有端藻直質無巧言諂笑得之自是不得自是故也今天子加恩元元慎重吏師則列郡長人不輕於中都官明矣況宣城有賢長帥以廉風俗新安有佳山水以資勝踐爲仁由已賦祿且厚此皆不期至而至者然則表課陟明疾若傳置行當以尺一徵書奪於是邦邦人雖欲遮道借留末由也已又惡用今日少別爲慼慼耶公佐嗇神自愛以俟良會

送崔端公赴江陵度支院序

今年春上始命二小司徒主量入經費之節辨繇賦榷筦之法皆內有郎吏外有從事多冠惠文冠分道將命督課郡國其或才軼羣倫望重搢紳者則總二府之職而兼領之故執事有今茲南荊之命用能選也初執事以名聲文采爲士林所仰方退然深居於華陽僊府講道肄業恬曠自居諸公之辟日至山下且以道勝於內則出處不殊儒衣昂然徐就知已及參總世務更居劇職動成故事去如始至論文變則能窮損益之旨商功利則能通輕重之權

故數年之閒三踐憲司赤紱在股襜如褎博諸生榮之歲十二月自鍾陵抵江陵驅車即路不憚冰雪況騷楚遺韻楓江遠目在此路也情如之何五言詩送別之始故自戴臨川蕭王二柱史已降皆徵文覘遠字用五而詞多楚者以地理所歷且行古之道也

送張僕射朝覲畢歸徐州序

大君子所以貴者道合於上化流於下得時大行求福不回而已僕射南陽公鎮徐方十年師貞人和拜章請覲冬十月四牡琱戈至於京師或誦其德輝或歌其事功直道相賀懦夫立志公始以褒衣儒冠游公卿閒仁義博富名聲籍甚其後擁傳佐戎專城靖人福以至德惠之美利臨駭機以激大順奮州師以摧劇虜淮湖之閒嶷然保障陟明加地再命元侯康衢自隨於跬步枉道不萌乎心術而文鋒師律奇正相合以氣爲主與古爲徒故其緣情放言多以莫耶自況然則天下之肯綮適所以資公之斷割耶上之注意也深公之誠慮也至貢端誠以無隱沃宸慮如合符盡直於內詭詞於外日降慶賜載淹旆旌元正前殿之賀中和內朝之直鏘鏘鸞聲湛湛露斯雖韓侯入覲吉

甫燕喜無以過也迨茲春半受命言旋中朝賢士大夫皆舉酒爲壽徵詩爲禮蓋悅公之風而惜別也德輿夙當授簡詞不逮意姑以掖垣所賦類於左方云

送韋起居老舅假滿歸嵩陽舊居序

九年正月左史韋公移疾既踰時左曹以聞得請當免遂以角巾野服如東周舊山中朝廷搢紳先生之徒車轂擊於通塗觴酒交於竹林執其衣袪惜乎分陰弦晦屢移其歡不厭或發於歌詠以將厚意外孫權德輿序而言曰大凡士之生世有二道焉其出也宣其功緒播其利澤納忠

服勞以服天下其處也味道之腴與古爲徒休影息跡以閒身世不如是者細則牽於利欲大則囿於得喪識眞者羞之公之先扶陽始以丞相致仕爲西漢盛典逍遥以安車不屈爲北朝外臣至是左史又能伸其志以宏其世嘉遯德風盛乎一門况吾君用太和理萬物動者靜者各遂其方則陳力以致用潔身以宏教其利一也故左史得以聰明爲駢枝以名聲爲纏繳無耗氣無焚和退然葆眞獨與道往鷗鳥不動家人忘貧是行也朶頤者知懼矣出車家林揮手青門擁途而祖者唯恐不及合歡也忘印綬之

輕重陳詩也無章句之約束放言無擇造適則笑行觴無筭既醉而罷虧成彼是曾不得棲於念慮之中而惠風閒雲飄拂左右動用視聽無非大方推是類而廣之則泛清伊陟嵩邱又可知也小生無以爲贈謹序其所以然附於編

奉送崔二十三丈諭德承恩致仕東歸舊山序

大易之言君子也有出處語默之異或有猷有爲以宣事功或不營不忮以順天理則陳力廟廊之上潔身巖石之下皆其所也至於振風聲以助時化無乃處者裕乎丈人燕居積四十年而天爵人爵合發至京師周月而解巾致政之詔再下豈徒然哉初躬耕於延州三茅山之趾安仁食力聲利不入心虛曠而體胖道義富而家肥閨門淑行流於鄉黨泊然與白雲鷗鳥同其無事去年春鶴書下江南江南守臣多方以起之至止之日褐衣召見未受命而被以章綬既受命而待於宫朝循性蹈道不遷於物抗章乞身詞直而明凡五上而後得請之詔下寵秩優禮周行聳視上以爲天下之本至重必資賢人以奉三善故命職命官皆在於是及不得已而賜告也猶以審諭道德處之

不然者豈無他豐祿耶蓋尊元良以貞萬國聖人之心也嚱夫士能自審出處之宜而不惑者鮮矣或圖於利欲四頷滿志或沒於黨類不能自還嚮非强志峻節皦然清厲大圭不瑑獨鶴無侶難乎哉追思曩歲一践巖遥蓋二十年矣徐話舊故有悲有歡唯冥冥翰飛不可及已輕褏喜東心與道勝軟輪徐驅故山有輝想夫草堂環合喬松千餘本交柯翳景吟泛風露幅巾長謠偃放其閒一氣不耗四支交暢清時外臣其樂如何非仁聖不能全不奪之操非堅明不能果獨往之志惇史古風復行於今羣公惜別

飛蓋擁道如漢廷祖二疏故事而類之以歌詩德輿泝其心源也孰故斯言不怍

送徐諮議假滿東歸序

徐生用經術歷太學太常二博士諮議於王門徊翔於天朝褎衣赤紱官品第五移疾請告歸息於讓王之舊鄉其進也量力其退也修性斯可嘉矣國朝禮文酌損三代最爲詳正生所洽通而又采獲古今亡於禮之禮者考論稽合頗有條貫故顧居守夷仲徐左曹元封令歸侯公和皆深知之生喟然曰州閭達者凋落大半吾過縣車數歲已

爲壽班在下大夫不云賤況天爵貴於纓冕田廬樂於都邑思雲卧水宿食稻與漁則華榱列鼎不如是之適賈勇於退不能留行可以言賀胡爲愴別鄙夫嘗游息三吳閒殆二十年每耳聞水國如話鄉黨則徐生亦吾之儔舊也可忘情耶商皓遠矣以不才者處之退朝隱几幸類休沐江海之思油然而生適因送歸愛此行色時歲荏苒去異粻無幾何多疾早衰筋骸日耗乞身自便雖未敢言涉江而南聊寄夢想秋九月太子賓客權德輿序

送前溧陽路丞東歸便赴滑州謁李尚書序

昔路溫舒舉孝廉補石邑丞以二千石竟用文學推重漢廷今路君亦果於修身敏於試吏經術以端其行歌詩以導其鯀罷溧陽丞累年矣廉故居約謙故後時塵緇逢掖不枉其道今自京師抵東吳且曰滑州尚書公之鎮南服也嘗假從事公實知之今將謁轅門以修賀詞整羸車以便歸路申舊展禮無所恩累焉然而三揖善價之來雖欲逃之難矣膳部郎楊君之出也亟稱舅氏之賢徵詞於我敢附仁者之贈以宣不腆之言且嚮之溧陽猶古之石邑重之以賢侯盛府以發其道異時漢廷之慶又何疑焉闇

然日彰在此舉矣左補闕權德輿序

送袁中丞持節冊回鶻序

國家用文教明德懷倈外區今年春回鶻君長納忠內附譯吉語於象胥復古地於職方方帥條其功實聞於天子乃擇才臣以宣皇仁於是詔工部郎袁君加中憲之重被命服之貴將行又拜祠部郎中有司具儀法持節冊命所以新其號而厚其禮也中丞端淳而清文敏而誠才以周物智以達變識柔遠之五利能專對於四方攝衣登車不問夷險朝賢搢紳是以壯其志而嘉其忠且滇池昆明爲

西南雄部嘗樂聲敎是焉纂修奇功自效願爲保障方今規模宏大八表一家然則俛首以帥化者吾君受之而不阻勤人於遠畧者吾君薄之而不務彼唐蒙開地爲好事之臣諸葛渡瀘蓋一方之利況今文武吉甫鎭安蜀都而中丞將大君之禮命固殊鄰之職約德行言語實在是行使邊人綏帶安枕無煙火之警酌古經遠才者能之金章瑞節光耀原隰近臣主文乃類歌詩鄙人不腆忝記言之職故西南之冊命使臣之優詔皆得書之授於史官又嘗與中丞同爲江西從事辱命内引所不敢辭

送張閣老中丞持節冊弔新羅序

祕書少監張君既受詔以執法持節錫命於北方弔其告終嘉其稱嗣致賜諭旨以宏天覆長幼養老以遂人和旁達休嘉上應古始聖人之道也況中丞用文學政事敏知達才彌綸諷議官業以序而又修史氏之職且逾一紀國家有殷薦嚴配之典必相其儀有受詞專對之重必將有命涖事不惑居常讓夷是行也知其習俗中其宜適粲然而接之以文驩然而加之以恩迴車伏奏可以光大南宮眾君子固以類其歌詩陰方之氣俗四牡之踐履考功郎苗君序之詳矣掖垣寮舊又申以七言鄙夫承君之歡辭則不腆亦既辱命俾次羣篇是用直書納諸槖中而已

奉送韋中丞使新羅序

昔鄒魯之諺以籯金不如者蓋一經耳今中丞文博究其五皆可名家則扶陽重侯之儒術爲踐修矣自外臺從事不四三年歷左史尚書郎其取青紫易於地芥前此以盟津貞師則授以司武今茲以雞林纂代則俾之錫命藉奏議以中輟擇專對而遂行止之間有以見文敏歸重也太平尚仁多識古訓訃終請嗣禮之重者宜乎以儒冠智

囊弔祠臨存佩二印捧三冊使有截之外家肥德洽將渥縟之命視勤遠如夷其忠信歟三臺雋彥歌詩讌軷至若辰韓息愼之俗懷方象胥之道實將洽驩之盛致賜諭旨之榮自原隰之華至溟漲之大雲氣海物昕昏變化眾君子言之詳矣中丞以佐曹陳君之歷司封郎也今爲之代以德輿之忝駕部郎也又爲之代凡兩掖所賦盍偕序以爲好宜徵作者猥及鄙人直書粗畧敢謝不敏

送主客仲員外充黔中選補使序

選部每歲以四才三實銓署羣吏每三歲則有詔以諸曹

郎分命南轅調其任次有黔江辰溪十五郡五十餘城賦其吏員便其習俗主客郎仲君實司之君始以岷峨諸生獻賦京師因文章典義濬發聲實自解巾校文三四遷至博士尚書郎邃於禮籍推本今古乖疑缺微者皆折中焉敏於奏議練程達品肯綮窾郤者每游刃焉則南方之職業必序縣道必理固其彀中之細者況孔門之果於從政大雅之古訓是式皆子之家法也又何所規昔司馬長卿以駟馬車歸故里有郊勞負弩之榮今君道劒門抵左綿銅梁玉壘喬木可辨晝錦星軺其樂何如又想夫歸自涪

陵出於南荆沿巴峽之風水冒陽臺之雲雨昏旦萬狀發於歌詩凡今漉酒祭軷者不可以不賦

送司門殷員外出守均州序

春二月武當耋老相率詣丞相府請以司門郎殷君爲郡相府嘉之以其詞數聞先是君嘗佐廉問於漢南會是邦缺守乘傳權領實有美利浹於人心懷思詠歎久而彌結上方酌漢宣故事綜覈名實有分符竹以主郡國者初必召問以觀其言退而考察以質其效從人之欲卽日詔下中朝相賀以爲有古道焉且君富於文誼恬於利欲比與聲律播於士林故二十年閒官薄不遷今問滋大去歲甫爲尚書郎今兹持郡節動靜之道較然不迴嚮夫父母一邦化條在已以此爲政不亦重乎皐安之而平其吏由訓理之而示其典法用少卿之政徐考便宜行次公之道不從靡密由前日之理術首凡今之績課彼東觀論著之臣方操簡冊以待循吏得不務乎君子於是舉也上美朝廷之命順於人下嘉武當之叟達於天則殷君之道從而可徵矣王城東南千里而近新紱在股兩轓有輝郡齋佳句佇與報政偕至吾徒賀徵拜之不暇又何愴焉盍用歌詩

爲禮以附其至

送袁尚書相公赴襄陽序

皇帝惠慈元元夙寤晨興東求官師寄重方國癸未詔書以地官淮陽公撫封於漢南公以全才碩望爲上所器任故命相之初公登右輔維藩之選公在東郡徵還不累月而推轂於兹中外宣力安危注意其以導迎休和輝耀光明愷悌四罨英華外發心誠求之無不及焉洪範之有猷有守中庸之不疚不跲申伯之柔惠且直次公之外寬內明皆優爲之贊畫辰告節印照路漢廷公卿留歡不足少

傳滎陽公首爲詩文二百言以餞滎陽公貴仕三朝算秉國成辭巨源之啟事就子房之優佚迅發麗則如黃鐘白珩襄峴之風物會離之情狀盡在是矣方今堯舜在上理臻平明罷宰政之臣或寄崇元侯或服在大僚然後見南國滔滔之盛大廷濟濟之美鄙人以鴻私寬宥猶汙文昌宮方謂與公入奉朝請歸聯衡軛今則命賜倍厚豈敢復以少別爲愴耶六曹官諸曹兩掖近臣侍繼滎陽之唱者凡若干篇列於左方春三月禮部尚書扶風郡公權德輿載之序

奉送韋十二丈長官赴任王屋序

丈人承炎漢扶陽重侯之後代爲多才郎襄德勳戴翼周運其族滋大猶景山鄧林峻極扶疎昌阜蕃祉其理然也以仁義之根柢發文學之英華居夷處厚恬然自是凡五筮仕三以選部掄材升詳廷尉薦其進不苟始調爲黃綬尉其後再歷郡都吏縣大夫皆有理效著於官下出入三十年閒清議以法冠郡節處之而竟未至嚮者枉尺由徑與角逐者均其六轡則纍纍若若之佩不足取也而消息木雁精辯龜頤乃命復腰銅章實長王屋且以天壇曰觀境非人閒灑襟靈而清聆聽揮慶霄以挹沆瀣然後用愷悌清靜之道惠於一同有吏有隱眞君子之心也昔卓子康魯仲康之倫爲密與中牟至司徒太傅皆教化之所自也仁遠乎哉猥以庸薄累叨榮級宴軷佐酒恭聞話言徵孩提而見愛語中外以多感拜手授簡情如之何朝賢士友類詩以貺懿茲踐履之可書且俟其光大也

送崔十七叔胄曹判官赴義武軍序

司徒延德王握兵符相印專征於博陵上谷之地理下建都府以雄山東行師必直壯辟士必誠重州壤之內慤信

是求士君子之宦遊寓去其本久矣亭伯子玉之裔幕庭實榻之選行車撰曰姻族榮之以執事之端敏肅給且故相國安平穆公之從父弟也腴潤於友愛琢磨於仁義謙以自牧實而不華閨門公府皆奉金鉉人倫之美無乃裕乎居則贊長轂名在諸侯之策行則侍介圭來近天子之光人生少別斯乃細故不當效兒女子戚戚在勉固志業而已至於道觀離宴歌詩感激則備於右拾遺獨孤郁前敘云

送劉秀才登科後侍從赴東京覲省序

每歲儀曹獻賢能之書於王然後列於祿仕宣其績用耳小司徒以楚金餘刃受詔兼領彭城劉禹錫實首是科始予見其丱已習詩書佩觿韘恭敬詳雅異乎其倫及今見夫君子之文所以觀化成立憲度末學者爲之則角逐舛馳多方而前子獨居易以遜業立誠以待問秉是嗛慤退然若虛況侍御兄以文章行實著休問於仁義義方善慶君子多之春服既成五綵其色去奉嚴訓歸承慈歡與侍御游久者賀而祝之曰太邱之德萬石之訓亦將奉膳羞於公府敬杖履於上庠公卿無慚龜組交映不待異日而

前知矣鄙夫既識其幼乃序夫羣言耳

送杜少尹閣老赴東都序

叔通之文學政事若雄鋋百鍊窾郤中節比年由東曹郎給事黃門俄以中執法守上洛得幹支郡視方任焉及今亞尹洛師實顓府政冬十月至自繞霤來朝京師三接面命出車就道凡所以慈惠東人者得悉數焉以叔通之華資茂實而須長師於後命者蓋使洛邑耆老周知功化然後尺一詔條焜燿恩禮夫如是則吳公之理平第一不復專美於前書矣又豈以翺翔疾徐爲叔通道耶岐燕元老理具惜別文昌六職夏官卿趙公而下舉白出祖交歡道舊鄙人病不能醉亦笑言擊節於其閒衆君子皆賦愧序引之辱

送許校書赴江西使府序

紳冕之士角逐於聲名者必以射策東堂校文石渠爲稱首於公範言之皆其細者予與公範尋世好以約交道獲申十年之敬出處多故及茲再會久飽諸公之議今日得之心包大猷口析精理可以稽合同異懸照是非夫然者焯當世之譽交大府之辟疾若機嚮不亦宜乎國家尚用

兵車之會且思磐石之固俾賢王秉旄節主江西諸侯辟書四下大搜雋望公範拂拭縫掖從容長裾赴知己之命伸丈夫之志固當酌六經精義以贊軍政俾介胄之下禮讓興行且以中庸明誠之根本覃思於文藻致用於政事發硎投刃固在於遠者大者庸詎知今茲一舉非圖南之羊角耶臨歧話別送以勉固志業而已若愀然涕下以聚散爲念此可畧也衆君子置之

月夜泛舟重送許校書聯句序

公範持江西辟書駕言卽路其出處之跡與婉婉之畫鄙

人不腆已爲之序引且吳抵鍾陵二千里而遥凡我諸生愴離譙之不足故再徵斯會秋月若晝方舟泝沿笑言不譁引滿造適公範乃握管作三字麗句僕與二三子聯而繼之申之以四五六七以廣其事如其風煙月露與行者居者之思各見於詞

送張校書歸湖南序

予初與知柔交相見之禮而退雖未知其歸而意其賢遠今七年方再會於鍾陵交歡歡甚言理理詣其容温然而不飾邊幅其中曠然而不施扃鐍渴善好義困而彌彰締

交親仁久而益敬其於官名虧成之際則得之自是不得自是故年過四十方一命典校諸生以爲屈甚而張恬然儒冠峩峩不恥敝緼吟詠古道以文自娛獻歲南征者以寓環堵於長沙故也亦將參質文於屈宋詳歲時於荆楚楓樹千里片帆鳥飛晨征夜泊無非詩興彼湘君帝子之遺跡江蘺杜蘅之春色皆落君彀中矣而修軷者得無詞乎

送陸校書赴祕省序

陸氏爲江南冠族子容一門將以文藻行實振起風緒叔父羣從歲爲儀曹首科子容亦再登甲乙讎校祕書繇是君子謂春官天官之舉不失人子容之名不過實歲七月將泝江流如京師塗出練湖實訪予言別予業以貧病不能自振方具臺笠鎡基耕鑿吳門子容以名聲文采宦遊上國吳秦之遠道出處之殊致在此別也情如之何子容諸父深源方源我族之出有早歲遊處之舊故得君之道因是而深別離愀愴亦用加等於序引也所不敢辭

送薛十九丈授將作主簿分司東都序

丈人罷碭山尉之歲德輿年既齔寓居南徐拜手之初就

傅未足以遜志歌詩未足以類事嬉於硯席不知包羞會離之際亦命之賦爾來向三十年矣因緣進越濫吹於朝而丈人以河陰丞滿歲參調亦既感泣悲歡相乘微辨風采乍疑夢想而又徵楊惲史氏之學發半曩西州之歎家風代德有所未知遺文逸簡甫獲傳授以丈人素履厚行含章立誠黄琮白珩粲然内照可以書惇史激薄俗者有焉方安舒以潔已恥孟晉以枉道俛首受署不競於時方今王在在鎬東人望幸百執事之府署盡備擇才以理繕工之屬分領厥司所趨者靜其祿不薄且以嵩峯之下素

業在焉。與夫角逐於京劇者。異日論也。離觴舉。白征蓋就
塗。因以弱歲菲詞發篋見示。且曰。今日之別。其可默耶。直
書下情。拜命之辱。

欽定全唐文卷四百九十二

權德輿十

送許協律判官赴西川序

十年冬。予與今左曹相君兵部郎崔君同受詔禁中。雜閱
對策。以第其等。將命於廷。有請程百職之功緒者。且以郎
吏諫曹爲言。時相君爲吏部郎。崔爲右補闕。因相顧曰。直
言者方譏切吾黨。其可捨諸。予撫手賀之。以爲得雋。及後
詔下。徵他日之詞。則許生也。典校滿歲。西遊岷峨。丞相彭
城公雅聞其才。辟以從事。十三年冬。以府檄計事至於京
師。獻歲迴車。釃酒祖道。以子之直而和。敏而文。策名於天
府。叶志於元臣。摶迅飈。翔層雲。將賀不暇給。而別何爲愴。
眾君子中飲。皆賦。使鄙夫類之。

送嶺南韋評事赴使序

大夫杜公用德禮威信訓齊南海。居二年。以部從事檄召
京兆韋君。君溫文裕蠱。銳於術學。在綺襦青衿之歲。粲若
冰玉。年方冠仕。至廷尉評。擁大府之傳。赴賢主人之命。其
徒榮之。且楩柟巨榦。不產培塿。則知天鍾美茂。亦多在世
德。其要在事修之不怠而已。彼吏理與將命。事之細者。況

新發於硎鉎刃韜匣不折不缺之誠豈足爲執事道耶予嘗被公辟書辱在下介顧以多病不敢遠遊南方祈執事者芳訊見及則詳言美化佇爲中和樂職之頌以抒下情

送李十弟侍御赴嶺南序

士君子之發令名沽善價鮮不由四征從事進者翔集翰飛蓋視其府之輕重耳則侍御之今日猶鄙夫之昔時也因想昔與今徐方連帥王僕射德素鹹府主公楊尚書達夫同登龍門於鍾陵爾來二十年矣二賢以大僚碩望當明天子注意分閫之重鄙夫顧無所用亦五叨中臺俯仰

印紱以過量自愧追懷舊恩敢忘其所自耶況侍御溫良敏肅用文術自糚初爲州里所舉餞屬聖朝以舊勳推恩累更祿位再至京劇今茲簪法冠駕軺軒感於已知不計勤遠又焉知圖南水擊之變化不在此耶既賀侍御所從又悅達夫之舉賓主之閒仁義在焉歘門告別思以言爲貺至若洪範之攸好德盤銘之日日新皆侍御所執也又何言焉敬謝達夫慎夏自愛無金玉爾音而已

送李十二弟侍御赴成都序

相國臨淮公觀風俗於井絡之下辟禮所及皆雋人賢士隴西李侯虛中敏厚而文嘗再中正鵠於春官天官氏同門生已翰飛三臺出入承明獨用恬退結黃綬於伊洛或靜以勝熱或羸而不嚻予意其必遇眞工大冶以發鉎刃今果栽惠文趨黃閣視其所舉問其所從可以交賀矣行當見相君政成一方執介圭歸上台則掖垣侍從之選不在從事之賢者吾不信也中外零落始衰多疾祖道握手漼然涕洟至若銅梁玉壘之勝踐使軒賓榻之盛集皆備於歌詩者之說不能悉數云

送李十兄判官赴黔中序

今名卿賢大夫繇參佐而升者十七八蓋刷羽幕廷而翰飛天朝異日之濟否視所從之輕重故予內兄以黔巫之地爲夷途安流者受署於中執法王君故也以王君之馨香望實宜處清近久矣惟天愛人授茲一方則兄之赴知已誠可賀也兄端明文敏焯見吏理奉本府之書奏陳遠人之便宜已事復命驅車就路敢用觴酒宴軷繫之以言曰武陵辰溪四封十五郡大凡五十餘城以仁佐賢寧彼縣道婉婉語言化爲風謠然後徵理行之第一獻賓寮之功用夫如是得不謂所從之重乎京師離羣咏嘆仁政寓

辭鈴閣之下無金玉其音

送襄陽盧判官赴本使序

德蕩乎名名與實軌矣至有趨世徇物隨波同流茫茫九有公是大喪故道直多棄行方則躓鄙嘗病之今見盧君君精辨自內直方形外隤然獨立以名教自任每著文輒先理要而後文采至若罪荀文若評郭林宗發明指擿意出舊史其旨在乎澄汰風俗埽鎮浮誕舉而行之有補王度衡茅居息終歲自樂貞恒之心風雨不改與夫叩角彈鋏不相遠乎中丞李公以清德重望秉旄漢南辟士之日

以君爲首非夫知精達識又焉能出衆人之視聽延拔貞晦則漢南風政因兹而見驛騎蕭蕭訪別蓬門元言清酤相會於遠君又授予以正名至終二論鄙人亦出篋中幾銘名實論士行辨三篇以申報貺

送商州崔判官序

商於之地與郊圻接畛藩部條職顯達於京師且有賦輿得署賓介今二千石以宗室貞幹自中臺郎出守首辟博陵崔君君温恪廉清且以文敏緣飾三命官至汜水主簿吏理有聞以中外之勳華文雅所憑者厚遊必有方翔而後集然則君之委質商之報政二者其相爲用乎園綺風聲夢想如在古祠喬木爲寄遐心

送右龍武鄭錄事東遊序

予弱歲時從師於黨塾鄭生已用經術上第誦古先格言圓冠紳帶綽綽温雅里閈僑居年輩爲長迨今踰二紀三徙官至親軍紀綱掾青袍化緇班鬢如艾徐道舊故悲歡相因以鄭生之理文修行而職業未稱得不爲大來之將然歟抑食浮於人者或腊毒歟予不知也今則請急於環列遵途於江介懷舊遊也吳中多賢士君子居易求志爲予多謝之

送台州崔錄事二十一丈赴官序

夏四月臨海紀綱掾崔稚璋受命選部出東門是歲重表甥權德輿始至京師寓居同里顧其室空無以自貺遠輒竊仁者之義申之以言云古之君子修誠以慎獨居易以養正行實中茂而纓轂外華其或不至則安之若命蓋直己而不必用蹈道而不必行居今行古者實鮮而稚璋是已言必踐學必思四命官率由會府進不苟而交不黷簡廉肅給推心爲理滿歲罷去則與令弟躬耕於茅山之

下睦姻食力修家法考農政嘻嘻申申有義有仁起於桭闑被於鄉黨之動也之靜也得古之遺風闇然而未彰不易其方寧蹇連以終否無奇衺以害正華髮承弁知者嘆之且夫列郡之督郵視天臺之司轄地征之衆寡賦政之細大爲樞爲梲何莫由斯子獨知臨海之人受賜不暇矣又況琪樹風清石橋月明羽人僊子髣髴如覿遺有涉無與境而勝象外之歡可勝旣乎今大君子主制河東諸侯府多儁賢且有雅知稚璋者庸詎知今日適越不爲異時之大來耶二三君子送遠加等釃酒以祖道歌詩以發志

賢稚璋而思仙山故也各見於詞

招隱寺上方送馬典設歸上都序

扶風馬諫茂直直方中和之性發於恬曠放言遣詞亦有餘力知名舊矣故相得甚歡觀覽其卷則警會心府三復不倦若霜鴻清唳松雪孤映或諸生所不能至者而茂直至之且多特操尤病苟進故調於南宮仕於東朝戰勝無悶官閑更適適相遇於南徐俄愴離居官局所係言旋上國子乃與一二疎放之客詣精廬上方主人又以啜茗藉芳代夫飛觴舉白元言至論代夫握手流涕時物具舉靈臺曠然晴江有楓千里在目茂直深於詩者衆君子以詩貺之

送睦州李司功赴任序

郡功曹實亞都吏而冠六聯選部銓署勤於他職李侯宗室子器幹明茂莅官處煩率無留事清修緣飾傾心於士友此其可尚也予接李侯中外之姻十二年矣曩歲旣展禮屬予有禮官之命來趨闕下今玆得調甫獲再會又屬予承乏代斲於儀曹不得授館以觴酒相歡纔數四耳征蓋將去離憂愁然竊聞太夫人賢明有閫門訓誡子之内

妹主中饋勸以義出則事良二千石分曹賦事入則順承慈歡琴瑟靜好名教之樂豈待多祿耶富春江漁浦潭紀行之詩與郡中坐嘯主諾之謠吾知之矣族屬稽滯於江南者衆寓書難徧悉爲多謝

送當塗馬少府赴官序

予始與馬生相遇於南徐州皆以刊校冗員涵泳文誼生以旣不得調迺反初服與討偕予放浪於江湖閒因爲東諸侯辟召旋忝朝命與漢廷臣並行於西垣南宮中時生窮閻旅食射策未中積歲於靈臺之下儒衣甚敝詩思不

詘亦與其徒三數生嬉春感秋觴酌吟嘯視豪游曠貴者敖如也先皇帝不以僕不肖使操刈楚之柄輒以得士自賀豈惟竊不遺不偷之目而已耶今之出青門結黃綬筮仕賦祿於東南之奧區且曰外兄州尊理行充茂所以利攸往而不薄於中都官誠有由也然則郡齋言詩幕廷主畫雖欲勇退其可逃乎清和之月草木條暢京邑氣正在陽則舒方宜會合坐歎離索追計舊故向三十年湖塘里巷疑在前日各有班鬢愴茲離襟又何可言也爲予敬謝中丞君乃者南康永嘉廬江晉陵已爲二千石表率今當

明天子守臣之寄爲仁由已固又與前四郡不侔賦政之暇知君自熟豈敢爲曹邱耶但交賀而已

送義興袁少府赴官序

過江山水陽羡居最性質夷淡者得之愈深袁生愿恭文敏渴善好學今茲試吏其本可書先正南陽王實扶中興之運光啟土宇慶流後昆國有令典延世命官解巾筮仕偶得佳境況青春之年綵衣黃綬出則爲政入則承歡以世德遺直而慎修之不怠異時必復此其椎輪歟追思童丱游寓茲地煙潭雲洞杳窱靜深邑中諸生多業文者亦清輝勝概之所發也生其勉之有衛許胄曹首類歌詩鏘然在聽猥徵不腆俾敘夫羣篇

送從舅泳入京序

從舅詞甚茂行甚修嘗見其緣情百餘篇得騷楚之遺韻故江南煙翠多在句中蓬蕖江湖坎壈終歲而衣不襲突不黔彼乘堅驅良滅沒於康莊者復何人哉繇從舅而言可以言命冬十一月方以大袂單衣挈書笈西遊且見訪曰予不試久矣道不可以終窶今將遊上京抵名卿以決出處其可乎哉德輿曰時有通塞道有顯晦審時行道惟

賢者能之今王度清夷紀律昭明晏安迷邦是爲大謬是舉也得審時行道之宜矣又何敢規

送三從弟長孺擢第後歸徐州覲省序

吾嘗思天下之理必求其端於士行博厚人文昭明則理道從之孤卿大夫皆由士而進得不謹於初以自重耶然則鏌干之刃騄驥之步百鍊千里必俟知者此長孺所由獲進於左君之門也左君嘗貳六官之半復以綱轄再臨儀曹銛鋒絕足於是乎得且爾齠歲秀發好學不遷追乎弱冠餘勇可賈修詞體物講貫習復發鏃中的觀者偉之

夫每歲登名者四方之人皆屬耳目以評其當否不可誣也若爾之敬遜務時敏沛然得之異時遠至如在步武矣吾與長孺曾王父在永徽開耀之閒繼以賢能之書來獻於王庭德名家法華萼相輝暨吾早歲亦將砥礪充賦而先友過聽遽以名聞蓬茅之中未笄而仕既而中外族姻有以前心見勉者吾以爲雖冗員解巾亦君所命也豈可更名越禮以孟晉求售耶循性所安遊寓湖海或辱賓召亦嘗從之頃歲以禮官徵在闕下因緣朝獎忝冒清近既非所宜居常缺然歲時易過道義難就視爾之年猶前日

耳每思孔孟不惑不動心之言以爲元龜而未能也然則舉於鄉者士君子之本爾能聿修其懿如何叔父以廷尉評典城於蘄里有課最家有教義駕言歸寧拜慶上堂青純被體桂枝在手服名教者相賀況吾之心耶宗門單尠羣從之登仕次者不十數輩相愛以誠惜別爲甚因爾之文藝徵吾之出處故詞雖繁而不能已也噫風水之積厚也方可以負大舟大翼爾其勉之餘則節食愼夏寓書而已十四年四月從曾祖兄德輿序

送再從弟少清赴潤州參軍序

今年羣從之調試於天官春官者以十數輿廉舉秀既有其人而少清以經明解巾參南徐州軍事其伯氏掾周衛叔氏簿郟城代耕詁別徵詩導志夫千里足下九江濫觴致遠就深在乎不已況爾文敏修潔濯身立誠康莊渤澥吾見其往至如鮑昭之詞律孟嘉之風流又其次也想自丱歲僑居是邦趨朝七年東（一作榮）以紳珮煙霞井田如在目前舉白祭軷離憂加等尚書公以政成事簡鎭安一方幕庭婉婉多我之執爾其敬恭以事長者求爲可知闇然日彰嚮吾所謂不已之道在此而已十三年三月醉後序

送從兄穎遊江西序

昔安邱敬公以王佐之才而運丁苻氏故經綸大畧堙阨不振如其乘時行道可以財成家邦豈止於相區區前秦與王景畧齊名而已時軋道塞從古以然德輿與兄實承安邱之遺烈其後枝流以食舊德故兄能踐中行蹈貞厲守師氏之訓修君子之詞慤靜而用晦誠謙以居約者向二十年褒衣大帶名未登於王府方以一葦爲航遊江湖閒今將省家於上饒順流於潯陽羈旅之中未始以進趣爲念鄙則不斂粗爲哲兄言之自十數年閒戎車居天下

之半故純白清靜之士多鬱而不發其或倚佳名席勢作一世卿以取富貴者皆朝爲屠沽夕拖章組風波變化以萬萬計其次或雜與諸生之徒冠柱後惠文持從事使者之檄溢於府寺諠於傳置風流不還聲實相遠然則得喪本不足以滑曠士之慮又況今之得喪耶先師曰知足者不以羨自累行修於内者無位而不怍此二者可以書紳而三復也鄙夫所獻者如斯已矣如其地理所歷與煙霜之候皆備於詩人之思此畧而不書

送從兄立赴崑山主簿序

士君子筮仕之門有以代德庥廕而奉清廟齋祠者及夫試吏就祿與秀才孝廉郎等蓋以舊服流慶後昆宜之其於弊人爲善之義深矣從兄承舄奕簪纓之後荷葳蕤文誼之訓敏於學行而薄於宦名乃今調於天官署崑山主簿以姑胥之通邑士衡之佳句僑舊耕種多依是閒上有良二千石爲東諸侯表率其飭躬敬事夙夜勤敏椎輪積水或在茲乎從弟中書舍人德輿序其所繇俾羣從偕賦

奉送從叔赴任鄱陽序

叔父端懿誠厚退然自牧博洽前載不以沽名待價爲心德輿羈丱時伏見從叔義興君户部君送别二序自前秦安邱敬公至周千金恭公而下德善功烈辨其昭穆叔父承千金廣川清水三葉紹封之慶其素履淑行二叔父實詳言之爾來三十餘歲矣服義日茂用晦如初以仁愛任恤復趨選部銅章列城得之不勤昔季路宓不齊理蒲與單父爲孔門上第宏之在人仁遠乎哉況番君故地理通下邑其壤沃其境清惠和簡廉可以游刃異日九江之西上百里課第於有司者其在叔父乎佐酒霑醉歌詩爲禮有命曰爾宜序謹序

送三從弟況赴義興尉序

漢廷諸公皆附經術而施政事故其有猷有爲不疚不懼若況者嘗理左右史記事記言之經傳舊訓居有司籍奏中乃令參調署吏以養以仕言顧於行行本於經修性勤身而祿在其中矣夫學者病口肄其言而心不能通故吾三年第經明者三百餘士而知類通達者往往有焉嘗與賢諸侯河東柳敬叔吳郡陸伯沖寓書往復論取士之道二君子言之頗詳若況之所履其吾與二君子之所欲求也豈無多文之富耶而況不耀豈無趣捷之敏耶而況不

爲蓋質素者受采必固平夷者遵道必遠況之志其在是乎吾與況也行以五綵衣裳視朝夕膳褰褐初解綬黃甚新彼陽羨有佳山水玉潭東舍溪南岳洞靈仁祠僊觀邑子鄉導窮年勝賞筮仕於斯其樂如何有以賀羲方之慶輕少別之戚伯仲羣從類其詩文亦命小子璩繫於編末時皇帝御極甲子赦令之後一月也

送張評事赴襄陽覲省序

廷尉評張君以温文敏直爲修身策名之具其於輶挹風雅導詠情性成乎餘力粲爲清詞故嘗擁盛府之傳諠士

林之譽自中發外豈徒然哉春三月自鍾陵抵漢南綵衣班然脂轄首路將欲問詩禮於堂下謁旌旆於轅門漢南之渴賢下士張侯之清聲茂實翔集之美其可逃乎僕以不腆辱鍾陵從事之末君卽我公之南容也故得揖光塵於門閣接笑言於杯斝交歡而莊敬既醉而温克樂未幾也別又繼之羣賢以地經舊楚有離騷遺風凡今讌載歌詩惟楚詞是斆以官命輕重爲編次前後云

送前丹陽丁少府歸餘杭覲省序

丁氏子用文誼緣飾吏道尉丹陽三年嘉聞籍甚罷去之日以綵衣歸田廬邑中諸生愴離讌之不足俾予序羣言以爲貺且著作繇經術進徧覽東觀石渠之奧殆二十年然後以華髮赤紱歸休里第巾安車理農政視纓轂聲榮與冀壤同矧餘杭有山水仁祠爲浙右之冠想夫人持琴書履杖視朝夕之膳咨諏古義發明隱伏煙蘿魚鳥在動靜閒夫如是焉用以少別爲念

送王仲舒侍從赴衢州覲叔父序

士有抗方外之迹以世教爲桎梏者不然則必由於文章之途以其合大中之道天理發於心術周於事業此賢士

君子之所以致思也太原王生仲舒從事於斯弱冠秀發始以雅詞一軸爲士相見之贄予嘗學於此閒世多病方將自全於朴止所不知及覽子之文文達而理舉温潤博雅且多古風則曩時之心斐然復生所守不固然也然則文變損益非鄙所知粗言士友出處之畧用以爲贈動而不皦靜而不昧簡而不峻通而不雜此吾徒之所夙夜也固在子之彀中耳行旅之虞不足以誡執事自由拳抵信安途不千里奉板輿之懽赴竹林之期況新安江路水石清淺嚴陵故臺德風藹然漁浦潭七里瀨皆此路也二謝

清興多自茲始今日出祖可以言詩

送元上人歸天竺寺序

度門之教根於空寂因修以取證階有以及無不踐精深之習而悟虛無之理者未之有也未得爲得則其病歟僕久味斯法思與言者旣而得元禪師師早誦大乘經各數萬言晩得觀門之學今則色空如一哀樂不入矣桑門之患有二焉未得之患爲外見所雜旣得之患爲內見所縛今元公翛然於二見之閒不內不外冥夫至妙身戒心慧合於無倪且以句吳有山水之絕境天竺又經行之靜界振錫而往其心浩然蓋隨緣生興觸物成化而不爲外塵所引也幅巾男子權德輿稽首

送道依闍黎歸婺州序

予與惠公游十年而惠公以其徒依公見訪藹然之和發於眉宇得其道者不待言說予嘗欲黜健羨遺名聲不使塵機世相滑滑靈府故每隨縉紳士則神怠與依惠游則性勝蓋循分而動亦境所由然上人以東陽爲山水佳地且生約二德昔所游踐况雲洩石室花發桃巖是二精舍爲東南甲乙乃振緇錫泛然而行道機法樂盡在是矣如僕者方牽攣世教未得與師爲方外之遊遐情幽賞期一二偈疏

權德輿十一

送靈澈上人廬山迴歸沃洲序

昔廬山遠公鍾山約公皆以文章廣心地用贊後學俾學者乘理以詣因言而悟得非元津之一派乎吳興長老晝公掇六義之清英首冠方外入其室者有沃洲靈澈上人上人心冥空無而跡寄文字故語甚夷易如不出常境而諸生思慮終不可至其變也如風松相韻冰玉相叩層峯千仞下有金碧聳鄙夫之目初不敢眡三復則淡然天和晦於其中故睹其容覽其詞者知其心不待境靜而靜況會稽山水自古絕勝東晉逸民多遺身世於此夏五月上人自鑪峯言旋復於是邦予知夫拂方袍坐輕舟泝沿鏡中靜得佳句然後深入空寂萬慮洗然則嚮之境物又其稊稗也鄙人方景慕企尚之不暇焉敢以離羣爲歎

送渾淪先生遊南岳序

子丱歲時遇渾淪於荊溪徒見其山巾羽衣有元古之貌瞻敬不暇未遑問道倏然一別俄六七年今茲獻春相訪於練湖之濱藥囊藜杖就館於我參希夷之旨析萬物之理皆發於全樸冥於大道非夫人之爲道道烏乎在嘗以郭氏注莊生之書失於脗合萬物物無不適然則桀鷙饕戾無非逐性使後學者懵然不知所奉因自爲注解并作三十三篇指要佳言精理特出古人之右矣夫然者睹其容則鄙吝無自入聞其言則和易浹於內兩忘所得得之至也旣而振拂屨杖超然遠遊浮洞庭涉廬阜然後揮手人世南登衡山將長往而不返耶或暫遊人閒而不可得見之耶予風波之人未脫世累得以愚薄自全靜每造適今日之別在於忘言

送邱穎應制舉序

邱侯文似相如而檢度過之則令名貴仕何逃吾彀故前年舉秀才上第今之應詔詣公車方今皇明照燭茂遂生物修西漢舊典詳延天下方聞之士而之子世父冠貂蟬叔父冠惠文皆以清詞重當世則文學政事子之家法冥冥戾天實自茲始因想夫危冠博帶與諸儒受詔論思應對於彤墀之下亦當明三代之損益厚七教於風俗使百執事傾聽屬目成聖朝不諱之盛夫如是則鄙夫安於南畝得以柴車角巾展歲事於田畯歌由庚華黍之詩爲惠

大矣若與彼滔滔逐進者汩其波流使晁錯董仲舒之徒顓美於漢非始望也邱侯勉旃

送陳秀才應舉序

文章之道取士其來舊矣或材不兼行然其得之者亦已大半故筮仕之目以東堂甲科為美談潁川陳侯以色養力行之餘輒工詩賦長波清瀾浩浩不窮初未覯止也屯田柳郎中為予言之且誦其佳句曰地偏雲自起月暮山更深及獲其卷又有過於是者踠驌驦櫝干將恬然褎衣以否為泰久矣今年秋驅車江濆獻賦京師叩予柴門惠然見別予以鄙畧亦嘗志於文頃年廹知己之眷辱霑官命故每客有為卿大夫所薦舉計偕者其於餞軷或諗之以言今於陳侯猶前志也

送獨孤孝廉應舉序

取士以孝秀二科古道也家有兼者時論多之君之羣從皆以文藻射策或致位郎署今孝廉又以温清之餘力行居業業茂行修西遊太學吾知夫上第之後衣春服吟舞雩東還南徐拜慶堂下粲粲門子經術發身古人有俯拾地芥之說斯濫觴矣

送從兄南仲登科後歸汝州舊居序

古者採詩以辯志升歌以發德繫於時風播為樂章有不類者君子羞之令兄能泝其末流泳於深源志之所之不遷於物以為洙泗弟子起予者商而又嘉回之屢空鄙賜之屢中故帶經食力耕於汝山之下環堵蓬茨若蔭華榱逸韻麗藻鏘然在聽去歲臨汝守首賢能之書貢於儀曹瞻言正鵠審固則獲前此亦嘗失之矣退實無愠羸而不囂蓋能反諸己而已且用廉賈之道故也今將抵洛郊歷平陽與賢諸侯交歡假道然後自洛之汝燕居中林磅礴古昔務諸遠大鶱出幽谷鵬擊南溟將與羣從叔季復修異日之賀豈止於今耶南宮郎有雅知兄者且與德輿為僚徵詩貺別以附其志謹序

送馬正字赴太原謁相國叔父序

正字服儒服修儒行餘力則緣情類事作為清詞通歷代之歌詠稽其質文總其要會嘗出其所製三百餘篇以示予皆淨如冰雪粲若組繡言詩者許之結廬江南退然食力奉詩書屨杖為膝下歡蓬蒿晏如不改其度每遇一勝境得一佳句則怡然獨哂如獲貴仕豐禄恬於進趨十年

於茲或謂之曰邦有道以貧賤爲恥時可動以晏安爲累況君族父相國以文武重望爲國宗臣澤流北方勳在王府安人禁暴埽天下之災祲開府辟士走四方之才儁至公之府者惟恐後公待之如己失況乎宗族之內有之子之才耶相國元昆今左常侍漢陽公之領郡丹陽也予方僑居別部備辱嘉薦亟游其門當時已見君新詩盈軸日至鈴閤夫如是則其歡舊矣又何疑焉正字仍巾車撰日視遠如邇且以侯檄召驅傳車而後行者爲隘吾徒偉之想夫趨轅門會竹林旆旌之下時獻歌頌亦一時之盛也

予以貧病不能遠遊美太原之茂勳感漢陽之深眷送子於征實獲我心況與君同居里閈靜賞湖月亦云舊矣辱命爲序所不敢辭

送鈕秀才謁信州陸員外便赴舉序

清旭燕居有秀才鈕氏以儒者衣冠訪我於衡門之下用文一軸與刺偕至訪其行色則曰將抵賢二千石陸上饒然後自江而西射策上國且上饒以偉詞邁氣待東南之士士至必循分加禮繇是褒衣之徒恥不登其門故殿中韓侍御元直工爲直詞嘗睍若以序故臨海守李君子從父戶部皆以文藝風騷爲師友又睍若以詩紉夫植文行於內親仁賢於外強學不倦絜己以進今茲行也以桂林一枝爲己任豈虛也哉辱徵不腆是用詞達

送鄭秀才入京覲兄序

行爲士本文爲身華其或好華去本失之彌遠鄗人結廬湖濱宴息多暇常黙以此求士於去年得重表甥滎陽鄭公達兼是二美早爲時賢所重專學懿文發於齠丱溫純積中晦而不耀非其徒不苟合非其道不妄動其於服先訓食舊德以日就章大衆君子識其將然子之元兄早歲

登賢能之書名聲籍甚而能在險立節拔身幽陵乃居諫議乃服金紫言忠勇者是之今鄭生駕言上國所以展友于之慶也亦當觀光筮仕俾花萼迭映士林之美將萃爾伯仲乎撰日言邁訪予告別予亦漉旨酒巾柴車與一二友出送於野凡祖軷者請偕賦棠棣之詩

魏國公貞元十道錄序

序曰自夏書禹貢周官職方漢志地理厥後史臣繼有其書國家將九夷丕冒四海梯航聲朔過前古遠甚相國魏公明誠助化育輿學窮古今百揆師長十年樞衡贊端拱

無爲之風以宥天下王佐盛業論著形焉嘗以爲言區域者闊畧未備或傳疑失實於是獻海内華夷圖一軸古今郡國縣道四夷述四十卷盡瀛海之地窮鞮譯之詞陳農不獲之書朱贛未條之俗貫穿切劘靡不詳究開卷盡在披圖朗然又撮其要會切於今者爲貞元十道錄四卷其首篇自貞觀初以天下諸州分隷十道隨山河江嶺控帶紆直割裂經界而爲都會在景雲爲按察在開元爲採訪在天寶以州爲郡在乾元復郡爲州六典地域之差次四方貢職之名物廢置升降提封險易因時制度皆備於編

而又考迹其疆理以正謬誤採獲其要害而陳開置至若護單于府並馬邑以北理榆林關外宜隷河東樂安自乾元後河流改故道宜隷河南合川七郡北與隴坻南與庸蜀回遠不相應宜於武都建都府以恢邊備大凡類是者十有二條制萬方之樞鍵出千古之耳目故今之言地理者稱魏公焉公之意豈徒洽聞廣記以學名家而已哉蓋體國遠馭不出戶而知天下親百姓撫四夷眞宰相之事也凡今三十一節度十一觀察與防禦經畧以守臣稱使府者共五十列於首篇之末其三篇則以十道爲準縣距州州距兩都書其道里之數與其四鄙所抵其事覈其言詳閎覽默識精微錯綜斯爲至矣德輿忝拔垣之屬承公話言盱衡屈指珠貫冰釋辱命授簡書其大端輒罄斐然之辭豈揚不休之業時貞元壬午歲夏四月謹序

張隱居莊子指要序

今之畸人有隱居張氏者治莊子内外雜篇以向郭舊注未盡采其旨乃爲之訓釋猶懼學者之蕩於一端泥於一說又作三十三篇指要以明之蓋宏道以周物闡幽以致用内外相濟始終相發其文約其旨明纍如珠貫渙若冰

釋既而以予嘗所嚮嚮俾敘而辨之爲道之用也經天地該萬物内化者可以澤四海外化者可以冥是非訢然順物内外偕化得其環中以應無窮古之善爲道者如此洎乎性命耳目之相軋也不勝於物則相辨相劘徇乎無涯氣耗乎名聲之域心鬭於彼是之境陳蠹滑湣封執逆旅懼力不足而羣奔舛馳莊生哀其如是乃退廣柱下之說弛張變化未始離乎道用虛靜恬淡無爲爲本焉故其言后王撫世也則曰靜而聖動而王無爲也而尊其言君子行道也則曰時命大行乎則返一無迹大窮乎則深根寧

極室乎欲則曰休影息迹達乎生則曰外形委蛻其放言大觀也則齊彭殤一堯桀等周公於獲狙比大舜於豕蝨或至大適以爲累或至細乃牽乎用斯豈窮鄉一曲者所能通故有内外雜篇之異然則道之於物無不繇也行之者視其分隨其方而揭厲之則爲家爲邦爲仁爲智游之泳之日漸漬之化與心成不知所自則昧者皦躁者靜循之而愈照冥之而愈妙攖寧懸解豈遠人哉隱居之意明此而已矣隱居者九垓別號渾淪子老於是學徧遊名山無常居不粒食與土木鳥獸同其外而中明也如是向使

與漆園同代如邱明受經於仲尼矣其顏成子南榮趎之徒與予摳衣於君實所辱命粗舉莊子之畧直書隱居之志以冠於篇

唐銀青光祿大夫守中書侍郎同中書門下平章事贈太傅常山文貞公崔祐甫文集序

昔舜禹之代股肱昌言以祗承於帝修六府敘九功曰都曰俞文修一德殷周之際有伊訓說命太保太師旅獒金縢之書以戴翼其代皆有大烈格於皇天自三代已還君臣感會何嘗不經緯斯文裁成百度太傅文貞公寅亮德宗致建中之理左輔右弼緝熙光明居中一歲以至大病愍策尊名爲唐宗臣公薨二十九歲天子命公嗣子植爲右拾遺植乃捧公遺文三十編見咨論敘德輿以爲君子消長之道値乎其時而文亦隨之得其時則章明事業以宣利澤不得其時則放言寄意以攄志氣公自門子秀士被服薦紳至於登大朝筦宰政四十年閒作爲文章以修人紀以達王事懼喜怒之不中節故有作威誡懲苟得之害正故有重請銘恐匪人之干紀故有與永王璘牋書諭時宰之不能上廣聰明故有臺封說悼谷風之詩廢故有

僚友箴處法吏邊吏之失其官守故有猫鼠議是惟無作作則有補於時以至於修事功斷國論導志通理昭明易直施於名命爲雅誥刻於金石無愧辭康莊逸軌卓犖濬發九流六藝鼓舞奔走陳思王所謂儼乎若崇山勃乎若蒸雲惟公信然公姓崔氏諱祐甫字貽孫博陵安平人先孝公之清德與公始中終之盛烈勒於帝籍藏在惇史升公堂奧之君子多爲之誤錄大較以同人之中正大有之剛健中庸之明誠洪範之攸好德艱貞踐履出入光大皆充其義如其文嘗試言之天下公器也匪皇極不乂操柄

者務廣通則其弊以流縱私回則其弊以沒以是至於紀綱淆亂官職耗廢敗壞陵夷而不可爲務守者弊以隘則窘若梏拲於是才滯而不發事壅而不宣其於病王猷蠹大倫圮也及公平衡宰物爲之折衷使文皇明皇之風粲然復興崇起教化萬方同軌道協氣宣臻至理而無癘疵爲仁由己善善若不及泝其心源存乎斯文君子曰觀文貞之文而知其道知其道然後知其理古之易易也昔公能修先孝公之志類其文章趙郡李公遐叔實爲之序今植亦能修公之志而德輿無似懼辱命焉凡九百二十篇

爲一家之言云爾

唐贈兵部尚書宣公陸贄翰苑集序

嘗讀賈誼書觀其經制人文鋪陳帝業術亦至矣待之宣室恨得後時遇亦深矣然竟不能達四聰而盡其善排羣議而試厥謀道之難行亦已久矣東陽絳灌何代無之噫一薰一蕕善齊不能同其器方鑿圜枘良工無以措巧心所以治世少而亂日多大雅衰而正聲寢漢道未融旣失之於賈傅吾唐不幸復擯棄於陸公公諱贄字敬輿吳郡蘇人溧陽令侃之子年十八登進士第應博學宏辭科授鄭縣尉非其好也省母歸壽春刺史張鎰有名於時一獲晤言大加賞識暨別鎰以泉貨數萬爲贐曰願以此奉太夫人一日之膳公悉辭之領新茶一串而已是歲以書判拔萃調渭南主簿御史府以監察換之德宗皇帝春宮時知名召對翰林即日爲學士由祠部員外轉考功郎中朱泚之亂從幸奉天時車駕播遷詔書旁午公灑翰即成不復起草初若不經思慮及成而奏無不曲盡事情中於機會倉卒塡委同職者無不拱手歎伏不能復有所助嘗從容奏曰此時詔書陛下宜痛自引過以感人心昔禹湯以

罪己勃興楚昭以善言復國陛下誠能不吝改過以言謝天下俾臣草辭無諱庶幾羣盜革心上從之故行在詔書始下雖武人悍卒無不揮涕激發議者以德宗克平寇亂不惟神武之功爪牙宣力蓋亦資文德腹心之助焉及還京師李抱貞來朝奏曰陛下在山南時山東士卒聞書詔之辭無不感泣思奮臣節時臣知賊不足平也公自行在帶本職拜諫議大夫中書舍人精敏小心未嘗有過艱難扈從行在輒隨啟沃謨猷特所親信有時譙語不以公卿指名但呼陸九而已初幸梁洋棧道危狹從官前後相失

上夜次山館召公不至泣然號於禁旅曰得陸贄者賞千金頃之公至太子親王皆賀初公既職內署母韋氏尚在吳中上遣中使迎至京師道路置驛文士榮之丁韋夫人憂去職持喪於洛遣人護溧陽之柩祔於河南上遣中使監護其事四方賻遺數百萬公一無所取素與蜀帥韋南康布衣友善韋令每月置遺公奏而受之服闋復內職權知兵部侍郎覲見之日天子爲之興改容斂弔優禮如此內外屬望日夕俟其輔政爲竇參忌嫉故緩之眞拜兵部侍郎知貢舉得人之盛公議稱之貞元八年拜中書侍郎

平章事公以少年入侍內殿特蒙知遇不可與衆浮沈苟且自愛事有不可必諍之上察物太精躬臨庶政失其大體動與公違姦諛從而間之屢至不悅親友或規之公曰吾上不負天子下不負吾所學不恤其他公精於吏事斟酌剖決不爽錙銖其經綸制度具在德宗實錄及竇參納劉士寧之賂爲李巽所發得罪左遷橫議者以公與參素不協歸罪相之議於公戶部侍郎判度支裴延齡以姦回得幸害時蠹政物議莫敢指言公獨以身當之屢言不可翰林學士吳通元忌公先達每切中傷陰結延齡互言公短宰相趙憬公之引拔昇爲同列以公排邪守正心復異之輩邪沮謀直道不勝十年退公爲賓客罷政事明年夏旱芻糧不給軍校訴於上延齡奏曰此皆陸贄輩怨望鼓扇軍人也貶公忠州別駕上怒不可測賴陽城張萬福救之獲免蜀帥韋令抗表請以贄代已歲賂資糧公在南賓閉門卻埽郡人希識其面復避謗不著書唯考校醫方撰集驗方五十卷行於世江峽十稔永貞初與鄭餘慶陽城同徵還公已薨歿時年五十二公之秉筆內署也推古揚今雄文藻思敷之爲文誥伸之爲典謨俾慓狡向風懦夫

增氣則有制誥集一十卷覽公之作則知公之爲文也潤色之餘論思獻納軍國利害巨細必陳則有奏草七卷覽公之奏則知公之爲臣也其在相位也推賢與能舉直錯枉將斡璿衡而揭日月清氛沴而平泰階敷其道也與伊說爭衡考其文也與典謨接軫則有中書奏議七卷覽公之奏議則知公之事君也古人以士之遇也其要有四焉才位時命也仲尼有才而無位其道不行賈生有時而無命終於一慟唯公才不謂不長位不謂不達逢時而不盡其道非命歟裴氏之子焉能使公不遇哉說者又以房魏

姚宋逢時遇主克致清平陸君亦獲幸時君而不能與房魏爭烈蓋道未至也應之曰道雖自我宏之在人蜚蝗竟天農稷不能善稼奔車覆轍孔孟亦廢規行若使四君與公易時而相則一否一臧未可知也而致君不及貞觀開元者蓋時不幸也豈公不幸哉以爲其道未至不亦誣乎公之文集有詩文賦集表狀爲別集十五卷其關於時政昭昭然與金石不朽者惟制誥奏議乎雖已流行多謬編次今以類相從冠於編首兼略書其官氏景行以爲序引俾後之君子覽公制作效之爲文爲臣事君之道不其偉

歟

唐御史大夫贈司徒贊皇文獻公李栖筠文集序

辰象文於天山川文於地肖形最靈經緯教化鼓天下之動通萬物之宜而人文作焉三才備焉命代大君子所以序九功正五事精義入神英華發外著之話言施之憲章文明之盛與天地準贊皇文獻公以文行正直祗事代宗中行山立乃協於極初未弱冠隱於汲郡共城山下營道抗志不苟合於時族子華名知人嘗謂公曰叔父上鄰伊周旁合管樂聲動律外氣橫人閒感激西上舉秀才第一陟降中外閒關代故宣力匪躬勤於王家出涖方國入居清近由給事黃門官小司空剖符毗陵陟明於吳廉問風行爲四方表率拜御史大夫不仁者遠武皇炳然審天工之可付公亦曉然知理道之可必一德交感推心合符執熱以待濯臨摯而不湫豈斯人未得蒙公之功化邪何造物者之戾也始與計偕投小宗伯書至內外埽除之際自爲墓誌其閒嚮三十年周旋官業與斯文相爲用大凡出於詩之無邪易之貞厲春秋之褒貶且以閎夸鉅衍爲曼辭麗句可喜非法言故公之文簡實而粹精朗拔而章明

書誌三篇感慨自敘英華特達君子之道有初有終至若嘉園綺弛張出處於秦漢之閒著四先生碑美蕭文終酇丞相之倫或退或讓作五君詠病有司詩賦取士非化成之道著貢舉議其他下屬城教條則辭語溫潤言公事上奏則切劘端正觸類而長皆文約旨明昭昭然足以激衰薄而申矩度如崑邱元圃積玉相照景山鄧林凡木不植覽公遺編者髣髴風采知公之道焉烏虖以韓安國之忠厚多大畧漢武以爲國器壺遂深中篤行將亦倚以爲相董仲舒言天人之際有王佐之才而皆不至彼當時齷齪

備位者朝廷無虚曰又況奇衺忮害崇黨蔽善公於斯時道未光大然其謨猷獻替過於當國流風遺書暴於天下神之聽之介景福於趙公纂承門訓宏大名器三命樞機爲唐夔龍君子然後謂流澤貽慶之言也信德輿先公與公天寶中修詞射策爲同門生並時筮仕於魏貝之地聲猷志氣相親莫逆伏思羈屑展敬無容猥以疎愚承趙公至惠忝聲舉之舊無忘代親翊唐虞之朝嘗陪宰政捧門中集錄屑涕見授辭不獲命謹直書以冠於篇

唐故漳州刺史張君集序

善乎揚子雲之言曰詩人之賦麗以則班固亦曰賦者古詩之流也至若言天下之事業美盛德之形容皆源委於是而派流寖大然則體物導志其爲文之本歟清河張登剛潔介特不趨和從俗循性屬詞發爲英華秉直好靜居多隱約始以巾褐辟歷衛佐廷尉平監察御史罷去家居以薦延改河南士曹掾滿歲計相表爲殿中侍御史董賦於江南無何授漳州刺史居七年坐公事受劾吏議侵誣胸臆約結感疾不起悲夫君以偉詞逸氣滯於奧渫之下又疾卑謟細人白黑太明矯枉憤厲往往過正故其賦有云鷃必鬭而知夔龍就屠而不馴又云賤而榮兮跌而喪痛一世之紛綸皆所以感慨頓挫放言而兆憂賈禍恒必由之二十年閒數免希遷志力相盭斯亦從古才士之所患也與夫脅肩令色坐取曠貴者豈同日哉所著詩賦之外書啟序述誌記銘誄合爲一百二十篇相如之形似二班之情理公幹之卓犖經奇景陽之鏗鏘蔥蒨升堂睹奧我無媿焉自古富貴而名磨滅者何可勝紀如張君求居寄別懷人三賦與徵相一篇意所有激鏘然玉振予嘗吟咀於脣吻之閒以爲儻有經梁昭明之爲者斯不可遺也

已曾不得登金閨玉堂備言語侍從之列伏守海郡廹阸終身可勝歎耶君之孫宣猷以予建中初同爲丹陽公從事捧持遺文拜泣見託開卷三復追懷舊故詠言擊節髣髴如闚列於左方傳諸好事云爾

唐故通議大夫梓州諸軍事梓州刺史上柱國權公文集序

敘曰三代之理曰忠敬文文之爲也上以端教化下以通諷諭其大則揚鴻烈而章緝熙其細則詠情性以舒憤懣自孔門偃商之後荀況孟軻憲章六籍漢興劉向賈誼論

時政相如子雲著賦頌或閎侈巨麗或博厚遒雅歷代文章與時升降其或伯仲之閒齊名善價以德行世其業以文學大其門則又鮮焉公諱若訥字某天水畧陽人其先武丁生子手文命氏在殷周閒爲諸侯國楚滅秦遷始居汧隴甘泉安邱之明德宜昌鄜城之勳力胙土啟封三葉彌大以至平涼公文誕生滑州匡城縣令崇本即匡城府君第二子純嘏粹氣積爲清和文誼内富英華外發弱冠與伯氏無侍叔氏同光同游太學連登上第由是士林風動一時嚮慕言文章者實歸公門永徽開耀之後以人文

求士應詔累踐甲科極天人之際陳教理之本堅疏古義納忠本朝自晉州霍邑縣尉四遷至咸陽尉由右補闕拜起居郎在中宗時嘗以禁中書籍編脱繆詔朝廷文學大官十人緒正之而公以秩卑名重特居其選時拜貺於執事者公曰此君命也又何私焉比及已事彼皆轉職獨用砥矢之道不得居中出爲蜀州司馬改梓州長史彭州別駕吾道一貫虛舟其心士師之退黜恬然海沂之詠歌日茂拜歙州刺史遷桂州都督梓州刺史用中和清淨之政化悍戾剽輕之俗三郡藹然有鄒魯之風方謂入掌典謨訓誥之文外當十聯九牧之寄壽違其量自古同悲以某年月日奄捐館舍享年若干而伯氏官至成都尉叔氏官至長安丞皆有盛名而無豐祿此其所以爲善者惑也公自布衣時與許國蘇公友善自彭原上計至京師而許國當軸道舊歡甚調詩祖餞或諗公加敬異數且以爲孟晉之機公曰交道舊矣豈遷於物若然者是薄蘇公也所不忍爲處之如初禮不暫屈其持操前定皆此類也知陳伯玉於下輩卒成大名其他所與游者皆鉅儒宿學天下賢士公歿後二十餘年德輿先人筮仕河朔始類公之文章

爲三十卷成都府君長安府君各二十卷未遑序引遇幽陵兵亂故其篇皆亡德輿既齓而孤莫知世德逺志學之歲距公之下世年逾四紀諮諏於諸父兄故德善行義不得其詳至大歷末方獲其文百餘篇其學富其才雄有賈生之正相如之麗大抵以彩錯峻拔使善否章明爲主至於胎機楗於動用以闕其情則棲隱賦歸山賦體物比事極風人之麗則則喜雨賦悲秋賦倜儻閎達以文藝自任則詣樂城公奏記上吏部裴李二侍郎書敘家風世德以識幽壤則司田大夫水部員外二世父墓誌記時賢循吏

續用行實則劉馮翊碑梁萬年鄭拾遺誌銘緣情遣詞寫境物而諧律呂則寄蜀中舊游詩蜀國吟擬古橫吹曲其餘表牋啟銘贊序述合而類之列爲十卷蓋於公述作三之一也幸而異日盡獲公之遺文則當求主文者爲之序錄今姑舉其官命事業書於篇第之初以自識云謹序

欽定全唐文卷四百九十四

權德輿十二

昭文館大學士壁記

聖人南面以理天下在崇起敎化緝熙於光明太宗文皇帝敷文德建皇極始於宏文殿側創宏文館藏書以實之思與大雅閎達之倫切劘理道金玉王度盛選重名虞世南褚亮而下爲之學士更直密侍於其中其論思應對或至夜艾誕章遠猷講議啟迪武德貞觀之澤洽於元元厥有助焉其後徙於門下省景龍初始置大學士名命益重

多以宰司處之所以登閎古先脥潤大政則漢廷之金馬石渠蘭臺延閣方斯陋矣按六典常令給事中一人判館事每二府爰立則統於黃樞而或置或否不爲恒制後二十年開斯職闕焉前年秋八月今河中司空公居之今年夏五月相國蕭公居之公粹清莊重山立泉塞苞孔門之四教蘊洪範之三德靜若彝器扣如黃鐘由小司徒升左輔乃莅斯職於是戒官師稽憲令貴游青衿辨志樂羣皆循其方而遜其業且以左戶之羨財百萬附益而修飾之公署書府靜深華敞清禁之內輔臣攸居宜乎舒六藝而

調四氣於此室也初公之王父考功府君在中宗朝爲直學士懿文含章休有厥聲至公則聿修之宏大貽厥之昌阜盡在是矣至若命館之名再爲修文終爲昭文改復歲月傳諸故志前賢名氏宜列屋壁公以德輿文代於中臺之任踴躍於大治之中恵然授簡使得論次自景龍二年李趙公嶠始受命爲大學士至公凡若干人楬而書之所以備文館之故實廣台臣之年表抑公之命也不敢辭焉

元和二年秋九月記

吏部員外郎南曹廳壁記

漢廷尚書郎辨章制度主文章起草之任東漢方冠以曹名用諸曹功次超卓者轉遷選部魏晉已還其任寖劇國家紀律昭明官修其方凡薦紳之倫未命爲大夫者滿歲皆調於轂下啟事賦錄必先有司初上元中天官趙郡李敬元號爲稱職以覆視官簿差次裁成端本肇末不得不重乃請外郎一人顓南曹之任其後或詔同曹郎分主之或詔他曹郎權居之皆難其才而慎斯舉也大抵膺是命者多士必屬耳目焉以其公私能否之聞不可遏也以事之委會吏之奇衺因緣詭故中若市道居之者通則闊畧守或深刻苟成績於是則翰飛不暇登二掖贊六職得之夷易疾若傳置太原王仲舒字宏中溫毅廉直清方敦實風概資才邁乎羣倫貞元十年冬繇諸侯部從事賢良對策歷左右諫列儀曹考功郎十八年實受斯命類能故也於是用心堅明忠恕循理官業程品具舉尤違自絕然後以狀之成質於冢宰小宰罷遣者不譁受祿者不誣恢恢然投其虛而芒刃不頓君子以宏中之道爲折中矣昔春秋書士穀曰堪其事也魯語曰署所以朝夕虔君命也今因官署而舉事任春秋邱明之志也至若龍朔咸亨改復之說此皆不書

司門員外郎壁記

周官司門爲司徒之屬今爲司寇之屬員外郎於周爲上士後數更其名至隋爲承務郎武德初方定爲今制秩從六品上大凡自漢魏以還典曹理事雖時有汙崇官有輕重或百職耗斁雜而多端而郎位皦然未嘗有鹵莽進越非其任者蓋宗公貴仕多由此塗出所以儲明才練官業必於是焉方今車書尉候通道旁午而斯任尤劇彭城仲子陵修詞而筮仕說經有師道自博士祠部郎稍遷於兹

且以南轅銓藻之勤久次而後至循一作修性自牧闇然君子之道也況大雅之匪懈孔門之政事古誼家法久於講貫遵修砥礪其可量耶至若門關出入之籍設險閑邪之義譏而不征守而不紊列在令典端如貫珠故可畧於此仲侯以故志屋壁之隙壞磨滅使鄙夫書而補之貞元辛巳歲夏六月記

祕書郎廳壁記

按六典祕書郎四人從六品上分掌四部書以甲乙丙丁爲之目昔漢武帝聚天下文籍於廣內謂之中祕書魏晉

之際祕書與中書或分或合故云職近日月宜居三臺之上丞郎之位與南宮相亞歷代辨論與時輕重國初思漢廷延閣之制薄江左貴游之選始以岑江陵虞永興褚河南迭爲之厥後彬彬多文學之士然則先王之法制官師之訓典九流百氏如貫珠然學與仕皆優而旋相爲用者其在兹乎今年春滎陽鄭君具瞻自涇陽尉承詔授任鄭君質重而有斂行坦夷而含明識且今中書相君之令弟也方以結綬滿歲調於選部言吏資者積三遷而後至今超居之有以見擇賢審官與怡怡綽綽之道爲盡美矣在晉鄭默領中外三閣始刪煩文而朱紫不雜開元初君之王考潁川府君叔祖刑部府君皆繇禮官博士繼登其任諸父諸兄或解巾以司讐校或功次而奉朝請含章筮仕多在於斯猶桓公武公之代爲卿士蓋善於其職而宜之之義也謂鄙人嘗學舊史能知書府官業之所繇是俾編次郎位彰施屋壁時貞元庚辰秋七月記

京兆少尹西廳壁記

漢制三輔丞秩六百石至東漢秩千石魏晉爲京兆郡則曰治中至隋則曰司馬又曰贊治國家沿前代之故再更

其名至開元初命爲少尹其員二其品四綱紀眾務而分貳之上助官師表則之重而佐其慈惠下董掾史屬城之理而推其功善大積而不橈中行而有倫和協輯睦宣明教令非文行政事之全者不得居之貞元十六年春二月詔宏農楊於陵字達夫自吏部郎中莅其職先是達夫之佐元侯也四入御史府登天臺也五爲劇曹郎懿文菁華履行直溫折中憲令克勤細大是宜典司名命列侍左右而猶以吏理揚歷於浩穰之府抑天之愛人俾覆露於轂下耶或姑閱其能而將大授之耶初西廳少尹視事之堂

大歷中其長黎氏以勢之近取爲亭沼故移創於是自後廨宦罕備居之者不推本所代而斯宇寖廢及達夫之拜未浹旬其僚繼之於是達夫徵缺員以循舊常宏必葺以辦攸處用宿其業而修其方凡所顓督武備廄置刑書糾禁工徒啟塞三右曹之事大凡天子縣内之理無不贊也無不抗也稱職者或退其品而選於近侍或進其材而擢爲大吏佐六官分十聯皆其遷次然也以舊記湮落慮失其傳今斷自太極元年而下列其名氏歲月俾風采相屬且爲故志云

黔州觀察使新廳記

古者諸侯路寢成則考之今刺史須詔條而都府兼支郡辯章命令必有攸處署者位之表也一方之所屬目焉黔中爲楚西南徼道在漢爲武陵莊蹻循江以略地唐蒙浮船以制越五溪襟束爲一都會長人者急之則愁擾以走險緩之則横猾而犯禁故分命者得持節按部而輯綏之視他邦授律之不若也元和二年夏六月制詔商州刺史隴西李君以中執法剖符茲土凡四使十五郡五十餘城裔夷巖險以州部修貢職者又數倍焉察廉經理招徠教化以柔遠人以布王澤先是兵火焚如之後公堂庳陋饗士接賓禮容不稱君乃規崇構開華軒西廂東序靚深宏敞廣廈翼張長梁翬飛修廊股引麗譙對起自堂徂庭陟降攸寧耀曶爽乎光明宣慈龢以洽平君子謂福黔人於此堂也信矣李君敏肅而才代爲宗室吏師先尚書嘗繇大農賦政於此凡七易守臣而君嗣其職老壯感泣猶鄭人宜桓武之世焉君之長壽安也則泉曰噴玉在湖也則亭曰白蘋在商也則館曰丹水皆得勝概流爲詠謌及茲則興事任力休嘉宏大此物此志惠於斯人其他可知也

其陟明可前知也書事以志美其古史記之遺乎三年冬十月兵部侍郎權德輿記

開州刺史新宅記

記曰目巧之室則有奧阼況吏者人之師宅者章之次君子之所寧體諸侯之所賦事宜以車服視其等威漢中支郡曰盛山所理阨陋乾元上元之閒歲比凶災萑蒲相聚戕害燒夷州壤蕭然後之長人者始葺蓬茨僅蔽風雨而已貞元八年夏四月北海唐侯文編承詔爲郡既至則斁宣化條簡易廉平居者胥悅流者自復朞月有成三年大

穰獄有茂草野無棄地既均而安既阜而蕃官修其方物有其容乃喟然顧其屋曰是之不修政將安寄度農功之隙因悅使之衆合於古常得其時制殖殖廣庭渠渠中堂堂下布武席閒函丈工徒不勞里旅不煩攸介攸止爲仁爲義君子多之邦人宜之其潔而中禮儉以成德與夫臧文之山藻趙武之輪奐異矣先是地無井泉人汲江流挈瓶懸綆力憊用寡乃並北山之下習坎疏蒙股而引之於闤闠之東順其性而流不竭通其變而人不倦廕以新亭漻然而清州閭幼艾得以齊飲食而蠲疵癘矣便安之政

觸類而長始於郡齋洽於封內初文編以文行馨香爲左史儀曹郎記事而爲春秋含章而陳奏議及是則推誠以愛人條㫖而休嘉連帥丞相以爲表率裕於才者其無方乎蓋陟明翰飛將激而遠之於是邦也古之成室主人落之賓亦發焉德輿與文編游久聆其功善寓此直書用代發禮且以釃泉之智因而廣之時十三年冬十月文編居部之六歲也

宣州響山新亭新營記

元和二年冬十月宣城長帥中執法襄陽郡王路公作新亭新營凡周月而厥功成書時且便於人故也先是郡城之南阨陋磽确山木不翦譙門不開公因暇日觀視原野直南一里所得響山焉兩崖聳峙蒼翠對起其南得響潭焉清泚可鑑縈迴澹淡又其南則博敞平夷澶漫逶迤從古之隟地是邦之休利目與心會闇然自得悉以條陳實蒙可報乃量日力計徒庸闢於弁中成是夷道揭東西二亭於雙峯之上相距二百步華軒峻宇皆據勝勢廣厦疏寮可棲顥氣碧山亘目清流在下跨以虹梁抵茲近郊因其爽塏乃列營署度野以步度堂以筵上棟下宇各有區

處規地之廣袤分左右營部隸焉牙門親軍而下左至八右至七既而左次莽平採石之師與宴設堂又在焉廣場閒館庖寮縈帶可以閱軍實可以容宴豆度羨財則不費因悅使則不勞吳之申命師之畜衆楚莊之鮑居衛文之楚邱得其時制而不煩官業盡在是矣初輿師所處在郡之北偏地沕墊下水泉沮洳積弊不遷介夫病焉至是則修武備建長利寢興得安其室處坐起以觀其習變而公又饗士於斯娛賓於斯公之心泰則神王神王則中和旁達士之體寧則氣全氣全則餘勇可賈夫然則不出楹階

俎豆之閒而威惠交修上下浹洽在此物也以公之平粹淑均天資吏師昔嘗四剖符一司武皆有利澤施於州壤及是則貴爲元侯疏以大封推心術而行於理所繇屬城而流於支郡程功厎績觀發知智亭與營之制宜乎哉前賢之以循政聞者有矣而遺美於是豈徯公之爲而裕斯人耶凡由此塗出者東南抵於歙西北抵於涇肩摩轂擊往復自便絕東溪有浮橋過西亭則蓮池觸類滋長皆爲絕境公以鄙夫春秋之徒也繪而傳焉使實錄於石時三年夏五月記

洪州西山風雨池記

山林川谷能出雲爲風雨皆曰神諸侯在其地則祭之鍾陵風雨池在西山洪井之北發源山椒派分脈散清淺數里匯歸於茲石壁峭絕泉流其下信乎精氣之所回復風雨之所蓄泄邦人敬享相傳名之並山北下二十餘里有望祀之地祠宇以神之蘋蘩以薦之祈農望歲於是乎在祀之豐約在德之輕重報之遲速視誠之薄厚大夫李公理江西三年寬仁清淨正德利用以黃韓篤厚之化易吳楚剽輕之俗里閭之閒歌頌相聞歲在丁卯六月大旱公勤身焦思所以救之之道擇日潔誠有事於神齋心夕往艤舳宵濟厥明至於山下達於祠宇精誠旁魄靈貺交感通山澤之氣致陰陽之和和氣薰然蒸爲時雨未徹奠而繁陰起不崇朝而甘液遍蕩洒疵癘布之休和自時厥後庶徵咸若茂遂生物登成甫田而所治七諸侯如公之誠各修其封內之祀化彼災沴爲豐爲福其或散爲祥風結爲卿雲紛綸葳蕤奔走來告繇是九江之西歲用大穰昔董仲舒推陰陽啟閉之數相區區江都之地用無饑年前史書之況我公察廉八郡政成化洽人有頑薄之俗以誠革歲有水旱之沴以德勝庶富斯民如此之盛也春秋時國有史氏君舉必書德輿從事於公記事之徒也以公之仁池之神明德參會若合符節是用追琢巖石俾邦人識之時貞元三年八月庚子記

太宗飛白書荅詔記

太宗文皇帝飛白書十二句五十五字者貞觀十六年荅右散騎常侍劉洎之詔也吾觀古之令主未嘗不虛己以納諫古之良臣未嘗不匪躬以盡直然後百度貞九有清繇此物也初太宗與公卿大臣往復古義以聰明示羣下

洎退而上書其大旨以爲動神機縱天辯不若凝旒虛襟以至公愼取捨而已故沃心以納優詔以荅嘉其忠故以誠詞渥其禮故以手翰史臣實錄具載其事有都官郎中竇臮者博古尚藝貞元初得其書於人閒太清宮道士盧元卿又得之於竇氏元卿工爲篆隸八分諸書具其家法保而藏之久矣元和五年夏四月予以太常齋薦於宮師因出而示予予乃整衣冠離次捧視且以見聖唐建巍巍無窮之基在此編也至若縹緲鴻飛之勢輕濃蟬翼之狀子敬白而不飛子雲飛而不白稽合衆美裁成絕藝又以

見哲王之餘裕書圖之逸品云

信州南巖草衣禪師宴坐記

信州南巖有清淨宴坐之地而禪師在焉師所由來莫得而詳初州人析薪者遇之於中野其形塊然與草木俱咨於州長乃延就兹地三十年矣州人不知其所以然也遂以草衣號焉足不踏地口不嘗味日無晝夜時無寒暑寂然之境一繩牀而已萬有囂然此心不動其內則以三世五蘊皆從妄作然後以無有法諦觀十二因緣於正智中得眞常眞我方寸之地湛然虛無身及智慧二俱清淨微言軟語有時而聞涉其境之遠近隨其根之上下如雨潤萬物風行空中履其門閾皆獲趣入若非斡元機於無際窮實相之源底則四時攻於外百疾生於內矣古所謂遺物離人而立於獨者禪師得之嗚呼世人感物以游心心遷於物則利害生焉吉凶形焉牽攣羈鎖蕩而不復至人則返靜於動復性於情夭壽仁鄙之殊由此作也斯蓋出諦之一說耳於禪師之道其猶稊稗耶建中二年予以使役道於上饒時左司郎崔公出爲郡佐探禪師之味也熟爲予詳言之拂拭纓塵攜手接足洗我以善得於儀形且

以爲楞嚴之妙旨毗耶之密用皆在是矣又焉知此地之宴坐不爲他方之說法乎繼書聞見以志於石

許氏吳興溪亭記

溪亭者何在吳興東部主人許氏所由作也亭製約而雅溪流安以清是二者相爲用而主人盡有之其智可知也夸目侈心者或大其閈閎文其節梲儉士恥之絕世離俗者或梯構巖巘紉結蘿薜世教鄙之曷若此亭與人寰不相遠而勝境自至青蒼在目潺湲激砌晴煙陰嵐明晦萬狀鷗飛魚游不驚不喁時時歸雲來冒茅棟許氏方岸鷗

冠支卭竹目送溪鳥口吟招隱則神機自王利欲自薄百骸六藏之内累無自而入焉有田二頃傅於亭下鎡基之功出於僮指𦚾露蟬一鄣秋稼成實倚杖眺遠不覺日暮歲實之羨則以給樽中方其引滿陶然心與境冥則是非得喪相與奔北之不暇又何可滑於胷中巇夫舉世徇物以失性而不能自適且繆戾於動靜之理君之動也代耕筮仕必於山水之鄉故尉義興贊武康皆有嘉聞而無粃政其靜也則偃曝於斯亭循分食力不矯不躁庸詎知今日善閑不爲異時之大來耶予知之深故因斯亭以廣其詞云

會稽虛上人石帆山靈泉北隖記

靈泉北隖之主人曰大苾蒭虛公於諸佛微言義味之中深入圓淨以辯才實智離於二邊嘗經行於邪溪稽山之下初石帆山佀有頳川陳公表久挂法冠抗迹塵外旣以自適爲適且悅虛公之風乃捨其北隖爲公禪誦之地公旣至則疏翳薈刬擁腫隨其汙崇作爲勝勢先是此山無泉遠汲溪流人旣勞止而水之爲用不足公乃默以心感怳若有通崖㟝之下微得泉脈及薙草轉石渠潺沮洳沓之鍤之決之濬之噴若玉竇泄爲瑤池淨如醍醐瑩若琉璃疑青蓮可植金沙在下惠風天籟相爲虛寂然後殖碧鮮以相接引清流而備用以盥以漱以麋以茗或以助火化或以祛熱惱日用無窮不知其功使夫後學趨道之徒至於此者則澣濯纓塵漸漬法味還源復性以聲榮爲累不其至哉貞元初州牧左常侍王君行春訪道因以泉名隖又前代隱賢多游踐於玆自東晉而下謝敷王子敬支遁帛道猷洪偃皆有遺跡留於巖中今玆公宗本之外又互以勝槪標品徐會稽公李渤海則命其溪曰五雲諫大夫齊君遐舉則命其山曰玉笥其餘冠柱後惠文者有王氏張氏陸氏率用仁智樂玆清輝嘉名競爽以傲軒轂日至泉下爲公宗雷雖匡山之社錫杖所卬不是過也每元關道機演暢微妙聞其一音皆攝妄緣以趨靜性居常淡然與靈泉爲侶蓋戒本其潔定因其止惠取其用然後觀身及泉二俱無礙清淨洄澓無入而不自得焉問法者又因泉以見虛公之道斯爲至矣三年春獲與公遇俾予傳信故不敢沒其美又不敢蔓其辭時歲在丁卯二月甲子日。

司徒岐公杜城郊居記

司徒岐國公以盛德相三朝以大中敷五教帝載協龢泰階躋平既致用於方內亦宅心於事外神京善地啟夏南出凡十有六里而仁智之居在焉縈迴巖巘左右勝勢徑術逶迤於木杪亭臺蠖濩於山腹下崇岡冒青蒼步履平夷以至於堂皇四敞賓榻中容宴豆孤齋閒館幽槪隨之乃開洞穴以通泉脈其流泠泠或決或渟激而杯行瀑爲玉聲初蒙於山下終匯於池際白波淪漣繚以方塘輕艫緩棹沿洄上下見煙霞澄霽之狀魚鳥飛沈之適濯於潺

湲風於碧鮮紅葩火然素英雪翻芊眠葱倩杳窱迴合含虛籟以四達遡清輝而交映故其休沐燕息盍簪投轄則有鳴佩拖紳宗工儁人金閨玉堂之賓淑姿修態流光含睇迴風遏雲之藝中飲笑抃交歡擊節不知公相之爲貴適其適故也易坤之說曰君子以厚德載物詩曰愷悌君子求福不回惟公以德受福故光明昌大每溫室宴見一人尊禮而不名故其代天工斷國論卓爾以冠羣后暨夫暇日之戾止於斯也則暢天理棲顥氣翛然以遺萬物其無方與其不器與昔子房赤松之游且非代教安石東山之賞僻在下國豈若公密贊化育內諧恬曠如春之仁如樂之和以君臣之交感兼動靜之極摯從古以還無公比焉公之華宗自漢建平侯徙杜陵三守本封幾乎千祀故城南墟里多以杜爲名逮今郊居不忘厥初又以見積厚流澤此焉在復且公之心無町畦壽若岡陵昭融煊赫未始有極德輿謬陪衆君子升公之堂嘉招盛集靡閒弦晦以衆美之不可以不紀也承命遽書刻於巖石云

欽定全唐文卷四百九十五

權德輿十三

兩漢辯亡論

言兩漢所以亡者皆曰莽卓予以爲莽卓簒逆汙神器以亂齊民自賈夷滅天下耳目顯然聞知靜徵厥初則亡西京者張禹亡東京者胡廣皆以假道儒術得伸其邪心徼一時大名致位公輔詞氣所發損益繫之而多方善柔保位持祿或陷時君以滋厲階或附凶沴以結禍胎故其蕩覆之機簒奪之兆皆指導之馴致之雖年祀相遠猶手授

頤指之然也其爲賊害豈直莽卓之比乎禹以經術爲帝師身備漢相特見尊信當主臣之重極儒者之貴永始元延之閒天地之眚屢見言事者皆譏切王氏顓政時成帝亦悔懼天變而未有以決駕至禹第辟左右以問之須其一言以爲律度爲禹計者亦須陳大易堅冰之誡誦小雅十月之刺乘其嚮納痛言得失反以罕言命不語怪爲詞致成帝不疑之心授王氏寖盛之勢上下恬然晻忽亡國黨帝意不至是猶當開陳切劘面折廷辯矧當就第燕閒之際虛懷訪決之時方且視小男於牀下官子壻於近郡款款然用家人匹夫爲心以身圖安不恤國患致使羣盜弄權迭執魁柄禍稔毒流至於新都不可遏也斯可憤也逮至東都順桓之閒國統三絕胡廣以鉅儒柄用位極上台初梁冀席外戚之重貪戾當國既鴆質帝議立嗣君公卿大臣皆以清河王蒜年長有德屬最尊親可以靖人亦既定策冀乃憚其明哲且不利長君私於蠡吾獨異羣議爲廣議者亦當中立如石介然不回率趙戒之徒同李杜所守然後三事百工正詞於朝雖冀之暴恣豈能一旦盡誅漢廷羣公邪反徇一息之安首鼠畏懦竟使清河徒廢

蠡吾爲梗邦家陵夷漢道日蹙結黨錮之獄成閹寺之禍禍亂循環以至董卓赫赫漢室化爲當塗蓋棟橈鼎折之所由來久矣彼梅福以孤遠上疏張綱以卑秩埋輪獨何人哉而不是思也噫嘻就利違害榮通醜窮大凡有生之常性也曁乎手持政柄體國存亡則謹之於初決之於始以導善氣以遏亂原若禍胎既萌則死而後已白刃可蹈鴻毛斯輕奈何禹廣於完安之時則務小忠而立細行數數然獻吉筮於露蓍沮立後於探籌及夫安危之際邦家之大則甘心結舌陰拱觀變豈止然也方又熾燄燄以燎

原決湯湯以襄陵投天下於煙煨擠萬民於昏墊百代之下無所指名雖史贊粗言而不究論本末且出不越境書弒君之惡言僞而辯有兩觀之誅若當春秋之時明禹廣之罪作誡來世可勝紀乎向若西京抑損王氏尊君卑臣則庶乎無哀平之壞東京登庸清河主明臣忠則庶乎無靈獻之亂大漢之祚未易知也或以國之興亡皆有陰騭之數非人謀能亢則但取瞽矇者而相之立土木偶而尊之被以章組列於廊廟斯可矣何堯舜之咨或吁殷周之或夢或卜憂勤日昃之若是然後爲理耶予因肆古史且嗜春秋褒貶之學心所憤激故辨其所以然

無爲先生讚

至人無感與化升降全而不形保而不蕩汎然順物付之自當苟乖於是無非溺喪保合浩溥先生其人德機不發鳥獸同羣稽首元關請滌蒙昏笑而謂予道不遠身支離而全以靜爲君滑之則散泊之則存天性者名木伐蘭薰與時卷舒中若浮雲孳與絲棼無撓而眞動而用斯至妙之門百昌皆化吾亦歸根動作天紀靜爲地文鳥行無章變化沄沄强名無爲以鏡心源

二疏讚

靜專動直惟乾之德酌用不窮君子中庸矯矯二疏知微知終功成不居父子清風天子賜金羣公出祖都門之美焯映千古優游衡門棲息化源日飲醇酎心閒道尊人或言利利令智昏清行素風可貽子孫萬物營營吉凶相生環中之樞泊然遺形中林寂寥幽蘭自榮雖有矰繳不羈冥冥知止不殆古先炯戒賢哉大夫終始無悔

祕閣五絕圖賀監草書讚

季眞造適揮翰睨壁酒仙逸態草聖絕跡興涵雲海詞韻

金石傳於祕邸永永無斁

畫西方變讚

惟西方有極樂國以首楞嚴爲理其應溥其用神大抵攝萬緣羣動會於虛寂其次則感通信誓爲釐爲福局於世論者多置爲他方之教惟孝子信士仰爲冥助則像設之綵繪之用申罔極之報今茲西方變卽故戶部員外郎贈給事中范公之孤曰傳正傳質奉爲先妣博陵崔夫人既練所畫也惟夫人以淑明柔順光配戶部自晝哭之後訓二孤之暇每讀誦大乘微言密詣精理今傳正等又能將

順先旨。發於孝思。於精廬素壁。合朱綠金翠之飾。天人法相。靡不嚴靜。以夫人之福履。孝子之至誠。若乘念以游如經之旨。當趺坐於芙蕖上品之中。生滅流妄。於是昭息。予嘗心奉其教。故得贊其所以然。

畫釋迦如來讚 并序

釋迦大聖。以無礙應身。演一切法。後之人跡文字以爲像設。誠明以在中。而福祉隨之。伯舅武進縣丞府君守儒門言行之訓。安貞下位。其道未光。貞元三年捐館舍。太夫人從子於鍾陵。承訃發哀。茹終鮮之痛。且痛不得當哭泣之

位。躬即遠之事。期喪之禮。禮有加等。又曰悲哀鍾於情。而不足以爲冥助也。乃稽諸釋氏說。以爲幽贊交感之際。不相遠也。是用徼福以作繪事。煥以金碧。穆然尊嚴。瞻仰之際。如至佛剎。况孝悌通於神明。聖功演乎無方。小子德輿謹繫以贊。

五色相宣兮聖質昭明。福祥下照兮。保祐冥冥。

繡阿彌陀佛讚 并序

十二因緣之中。生死循環。憂悲蘊聚。非天人大聖以利刃斷之。慈航濟之。則淪胥顛覆之不給矣。惟阿彌陀佛化行西方。其號極樂。有生之乘念感化之由。一作則由於斯 今茲功德者。清信女士隴西李氏。爲亡夫襄陵尉榮陽鄭君再期之爲也。女士歸鄭一周星而孀。凡事舅姑以孝。從娣姒以敬。佐夫以義。拊下以仁。隱約終窶。至於晝哭。衛風碩人柏舟之詩。實兼痛焉。初鄭君旅人於晉。因以筮仕。成命甫行。祿未及而大病。女士方侍姑於吳。承訃加痛。宏誓徼福。薦於冥冥。紉鍼綴縷。叶用五采。青蓮白毫。髣髴嚬呻。彼二大士列侍左右。睟容交光。炳耀煌煌。發於心。成於手。阿鞞跋致其遠乎哉。鄭固善士。妻又吾伯舅之女子子也。得周知之。

因以讚曰

西方大聖。乘念則至。寫彼相好。導茲志氣。冥助無方。以成鄭志。

歲星居心讚 并序

興元紀號。皇上宅位。六祀七政。貞明於上。七數敷聞於下。其有不迪不吉。不庭不若之徒。皆欣然而和。睟然而化。春三月。司天氏奏歲星居心宿五度。其色黃明潤大。光祥帝位。積五十餘日。詔下有司。頒示中外。故臣得而言之。以形歌頌。臣謹按歲星。五帝爲蒼。五行爲木。五常爲仁。五事爲

貌天意若曰時以至仁爲理覆露萬人洽浹生類協夫五行五事之用則發於星緯形於占應陰隲大化昭報成功元符幽贊其昭昭如是禮運之論聖人曰以日星爲紀以四時爲柄洪範之敘皇極曰斂時五福用敷錫厥庶人發於人格於天天人交感合若符節其年秋平河中之寇葬其遺骸復其世祀班淮右之師用宏文告用去武備此二帝三代所以恢令名也於是一統類以昭德明法制以塞違薦禮百神賓懷獷俗嘉瑞美祥紛委狎至置之而不有哲人端士連茹播職求之如已失然後端拱於穆清怡神

於靜冥驅一代爲純誠接萬靈於明庭斯又登邁邃古光昭聞見巍乎紹天統物之盛者也微臣伏於草茅之下沐浴仁聖敢獻歲星居心讚一章以備周詩由庚由儀之闕

讚曰

皇矣上帝降鑒下人后王承之制作禮文乂用清明家尚孝仁人無癘疵俗以阜蕃敷佑四方發爲天祥重華煌煌乃居明堂下煦仁澤上爲祥光肸蠁感通天人攸同乃發五事乃建大中君君臣臣德輝昭融保佑命之自天無窮微臣作歌敢備唐風

興唐觀新鐘銘并序

聲爲陽所以發越金尚羽所以清徹故鳧氏工焉法器成焉元門揭焉與夫樂出虛鏗立號同其功用而信響受祉之說倍焉興唐觀新鐘者觀主道門威儀太清宮供奉郗尊師彝素之所創也是觀經構之初與舊鐘俱當開元甲戌距今七十有七歲嗄欶毀棄法音不嗣久矣師有環中大辨爲道流龜龍循其照觀其妙法自然無爲而無不爲所以恢元功宏願力誠修而物應言發而響會上士仁人展其助飛廉回祿理其具精乎六齊合以萬數以心齊以

神遇橐地籥騰天光無害金無耗氣不窕不槬不石不播於是登簴在懸希聲殷然小大隨叩昏昕警衆周六虛而洞三界拔九幽而清五若皇都人士游者萃者感於耳和於心躁者靜者懸解師之善利利物可勝道哉古者林鐘景鐘皆銘其功儒氏之典也推類以鏤文字師之心也銘曰

其動也懸而天其用也虛而圓雷大音兮集羣僊福元后兮斯億年鏗訇響亮鴻都前上入冥兮下徹泉然後春容銷散兮返萬物於自然

幾銘

太和熙熙酌而用之旁魄變化皆生乎幾上合乾道萬物陰隲下爲人紀百工咸秩游泳虛無合體渾區乃卷乃舒與羣有居沖用爲工方寸爲鑪周行不殆造物可侔一以制動寡以理衆或行其道或藏其用盤桓利貞得時大行燮贊裁成粲然文明舒亘八極藏之無形山川出雲元氣冥冥故曰知幾其神孔父周文去聖遠矣時無其人見幾而作造形斯悟蘧生可卷顏子殆庶物至知之節宣好惡無愆五事無汩百度静之如淵運之如環得喪糾纆相望

其閒不見其睽莫知其然審而用之吾道常全

世德銘

肅肅我祖元鳥自天天乙革夏武丁相賢手文命子開國於權肇荒南荆爪瓞綿綿爰暨周衰征伐下顓凌暴紛紛遇楚而顚嬴吞四方我邦用遷乃宅隴坻乃封甘泉漢魏之際德業相繼或仁或哲亦夷亦惠圖諜葳蕤十有三世伊川其戎晉化爲東九州輻裂符有關中明明安邱濡跡匪躬二紀清夷明謨之功元魏以降苴茅繼封宜昌郿城仍世儀同洸洸平涼策勳於隋乃破公祏尅其枚迴運偶聖時土田載開仗節建旄自東徂西才子六人承家鍾慶百里同休南宫並命自時厥後德輝愈盛不享大官世名文行我曾王父弱歲觀光聲軼太學名登奉常偉節三虎聯華並芳翰苑春生士林鳳翔迨至王父保和居易人文獨步天爵自貴展禽下位賈生不試至今德聲尚聳清議郁郁世範先子承之大節明義人倫宗師行極忠孝道冥希夷卷舒無方焯燿當時曰予無狀齓歲而孤不知義方藐爾惷愚亦旣羈丱甫習詩書以直爲師與時浸疎琅琅清風皦皦士則及茲頑童是玷是辱聿修之誡大懼不克

夙夜以思敢銘世德

釋疑

記曰君子居易以俟命語曰君子坦蕩蕩此蓋視履考祥而不憂不懼也易曰思患而豫防之語曰季文子三思而後行此又戒愼若厲之義也言豈一端而已哉亦各有所當在明者審之而已或不能深推本末而疑吾自若則舟有溺騎有墜寢有魘飲有醉食有饐行有蹷其甚則皆可致斃無非危機其可以盡廢此而如土偶木寓耶不然則憂可旣乎憂可旣乎

志過

辛酉歲予以吏役道於上饒時左司郎中博陵崔公出守郡佐與予語及世道次及人倫大節因曰延州之讓不其至矣或者言吳以太伯讓而興季子讓而亡此乃徇於一方而不超乎大方也原夫太伯避季歷奔荆蠻以就文武之大業則知太伯因天下之尊周以成周也豈以興周爲念季子因天下之去讓以全讓也豈以亡吳爲念然則太伯季子皆以天下之心爲心興亡曾不屑慮彼或者之論誠未通其旨焉予曰誠哉是言然季子之歷聘也聞樂章

辯歌詩皆審其盛衰以造乎微精明闓達物無所逃數有所極耳又何區區異論於其閒哉荅曰子之言過矣若季子以興亡必然力不能支乘此而後三讓是利於將亡因以沽名者也豈可爲君子言之過矣且以吳之存而季子亡之以讓之廢而季子全之嚮使勤一國之理理於勾吳今亦化爲古墟鞠爲榛蕪曷與夫禮讓之大使千古是式貪以之廉暴以之仁忍垢冒榮者以之知懼其於爲理也不其達歟予乃拜受其論退書所聞且以志過名篇庶乎聞義能從之義

荅客問

客問主人曰自古理世少亂世多豈眞宰有必定之數耶抑人事耶荅曰時風之理亂在士行之薄厚士行薄厚上係於時君大臣所趣向矣自古輔政者或直方不試旋見絀放或進非其任疾顛覆餗之二者進退相隨不足以形理亂理亂者在君臣之際心術合符久而成化焉故聖與賢合則爲堯爲舜暗與諛合則爲幽爲厲其閒雖多方萬殊而不遠此二道先師曰人藏其心不可測度莊生亦云人心險於山川難於知天嚱夫淳化爲醨利勝於義久矣

被薦紳衣冠語道德仁義皆偉然有古君子之風心之所師有異於是者則不仁而多才且以主意爲政但慮智不足以取合力不足以固位而不計合之固之枉直焉甚者則塞其聰明道其利欲順非阿旨與俱上下以平仲之和不如梁邱據之同郈墨之毀不如阿大夫之譽其風下扇中人之域多由之以其術易修其用易博之爲利也持祿觀望則曰明哲保身無所發明則曰大直若屈繆於義則曰反經合道枉於理則曰枉尺直尋或曰夫子之公山或曰管仲有反坫旁緣似是觸類滋長舞六籍之文以伸其

邪志迭相薦譽號爲通人亦有務名如循實求進如知退雖近習不得其誠巧歷不知其數鄉原邑聚變化周流取美名貴仕如轉圜反掌世教無主蕩然隨之豈曰盡然蓋寡不勝衆其甚也滅天下之公是瞀天下之好惡銛刀蟬翼爲銛爲重於是民反德爲亂天反時爲災愆陽伏陰山童澤涸皆此物也及夫中外蕩析邦家鼿䃢則相傳曰殆天數乎非人力所及也生極顯尊死有誄謚爲惡甚矣而譏議不失故天下之人父教其子兄諭其弟奔走寘力以不能爲恥而欲望理多亂寡庸可得乎接輿申徒狄之徒

佯狂而不復者皆惡是也蓋在爲國者澄其源流以灑士行示三代之直道須七教於國風取如是之流投禦魑魅示不復用則時風厚而天下理矣客曰請書所聞以爲子孫藏

荅問三篇

或問性命荅曰天之於人也賦其命則有窮有通有壽有夭賦其性則有枉有直有仁有鄙性之不可移猶命之不可移使仁而直者通而壽天下之理理也窮而夭則反是鄙而枉者窮而夭天下亦理理也通而壽則反是其所繫者在天不在人在彼不在此吾何言哉吾何言哉

或問富貴荅曰君子之所樂也問曰君子豈樂是而厭窮約耶荅曰先師嘗言之矣樂以其道處之者也不以其道則市井狡儈者皆能得之矣君子之所樂者非樂其身富且貴而已樂爲仁由己而推其道於天下也

或問出處荅曰出有二道在所執焉爾行道耶趨時耶（一闕字）居易絜矩坦夷中正則道在己而時不可必也就利爲害推移俯仰則時在己道不可必也若道與時叶發紓光大則易之上下交泰詩之南山有臺書之咸有一德三說

命是也斯蓋從古之所難也古之處者所以晦其明藏其用窮棲於嵌巖之下與鳥獸草木之爲伍者誠角其利病而愛其身愛其道也豈得已之爲耶

醉說

予既醉客有問文者漬筆以應之云嘗聞於師曰尚氣尚理有簡有通能者得之以是不能者失之亦以是四者皆得之於全然則得之矣失於全則鼓氣者類於怒矣言理者傷於懦矣或狺狺而呀口跕跕以嗄水好簡者則瑣碎以譎怪或如讖緯好通者則寬疎以浩蕩罷亂憔悴豈無

一曲之效固致遠之必泥苟未能朱絃大羹之遺音遺味則當鐘磬在懸牢醴列位何遽酖丸索而躭粔餌況顛命而傷氣六經之後班馬得其門其或愨如中郎放如漆園或遒拔而峻深或坦夷而直溫固當漠然而神全然而天混成四時寒暑位焉穆如三朝而文武森然酌古始而陋凡今備文質之彬彬善用常而爲雅善用故而爲新雖數字之不爲約雖彌卷而不爲繁貫通之以經術彌縫之以淵元其天機與懸解若圬鼻而斲輪豈止文也以宏諸立身不如是則非吾黨也又何足以辯云

放言

大凡此世皆妄作也又何足以滑吾眞苟虛中以順外兮吾又不知夫萬物之沄沄爲細爲大爲利爲害循環出沒互相變態至人達觀萬殊一槩弊弊焉分得喪於毫釐之內貴乎其道可以富壽天下賤乎無纖芥之爲累者生乎順羣物而熙熙如春死乎智氣歸虛無以反吾眞則何嚮而非適又惡用天性以勞神

欽定全唐文卷四百九十六

權德輿十四

大唐湖南都團練觀察處置等使朝散大夫檢校左散騎常侍持節都督潭州諸軍事兼潭州刺史御史中丞雲騎尉賜紫金魚袋李公遺愛碑銘并序

皇帝在宥天下十九歲覆露元元柬求官師六服羣辟辯章敎化歲九月制詔湖南長帥中執法李公巽爲江西中命小宗伯呂公謂爲之代於是循其功善跡其故實百城

之吏言於郡伍府之長款於軍鄉部僑舊華顛丱角一其音詞奔走理下請鏤金石以爲表式呂公以公之馨香可覆視而不可誣也眾之詠歎可論次而不可遏也悉以列上實蒙可報乃類其言而文之云善爲理者必因其俗而求所以便之因其便而思所以化之惠澤被而五教行財用足而百志成上下熙熙臻於洽平古之循吏公之報政皆是道也公字令叔趙郡贊皇人曾祖知讓皇河南府長水主簿祖承允皇任朝散大夫江州別駕考巘皇右武衛錄事參軍代名文行爲北州冠族公始以典學含章立於

清朝詳平憲令閑練程品秉直不回得時寖明能抗駁論
輒還成命人之所難於公爲易惟天愛人惟聖法天欲其
善利逮下也故詳試公以政事其初由殿中侍御史爲美
源令由刑部員外郎爲萬年令由左司郎中爲常州刺史
邦圻和寧京邑肅清居部考課爲諸侯表率是皆章章已
然之功也貞元八年冬十二月由給事中至於是邦長沙
九疑澤國回遠徵令頗繁物力或屈歲杪逋負夫家病之
人未安於里落程不給於公上公乃嗇其經用代其賦輸
厚施已責過於萬數得以贍助使之均安又以支郡地征

有繁軍實量力調斂減輕緡錢經始致用爲之倉庾時其
發斂而歲無凶荒以封内饋饟道路風波轉漕泝洄僦載
煩苦僝功度木爲之舟檝程其遠邇而師以足食以邑里
湫隘之不宣也則闢其塗巷以利之以室廬苫蓋之不固
也則教其陶瓦以易之講功慮事以建長利如此之備也
稽先師之教以進儒術庠塾經明歲時討備出入阡陌興
咏農里無告則加其饎發閭則弛其征鄉無不率教者修
司馬之法以宏其事器用犀利賦輿輯睦拊循以誠少長
有禮事親者賙其供養被病者恤以醫藥士無不賈勇者
精力賦政以之鎭靜如此之至也唯公直而和肅而寬縝
密而智温良而能斷秉心砥平莅事風生法制定於上奇
袤絶於下故下車而安已日而孚期月而政成五年而增
秩六年而進律德風下偃協氣旁達丕休乎哉前後與公
交代於是邦者皆以密侍右職來施美化裕兹一方其天
意乎昔弱翁次公率以郡國理行入當柄用然則三湘九
江之地豈得顓受公之賜耶太師陳詩觀風諸侯言時計
功皆前志也暨詹大夫請於周而史克有駉駜之什今潭
人以德輿再拜奉命書獲知懿績俾章善頌永篆樂石銘

曰
帝命元侯允釐方州郁郁李公此焉輯柔洞庭南匯熊湘
經介下爲度制上以藩衛彤襜淑旂四牡有煇授兹介圭
輟自黄扉吏絶私回俗無尤違保惠教順樂郊焉依乃倉
乃庾克斂農穡乃刳乃剡利涉不息乃端徑術乃導埏埴
政成事時節費寛力七郡清靜百嘉蕃殖誠以愛人滋於
樹德今則去我鄰邦是式祝公伊何上贊皇極報公伊何
惟金石刻載兹聲詩永慰南國

大唐銀青光禄大夫檢校司徒同中書門下平章

事太清宫及度支諸道鹽鐵轉運等使崇文館大學士上柱國岐國公杜公淮南遺愛碑銘并序

通天下之志者在大君元臣之感會而已成天下之務者在知人安人之教化而已孝文御寓貞元十九祀統燭羣生德侔往初建用皇極澤流萬國淮南節度觀察使左僕射相國杜公政成入覲迺三月壬子朔登拜司空秉鈞居中閒一歲上皇承末命越八月皇帝受神器弼亮三聖謨明九功當冢宰總已之任護崇陵因山之制盡董經費以

頒地貢乃作司徒式和人則進封岐土命賜備厚均齊天下之政茂遂萬物之宜遵道宏化匪躬宣力中外之重必歸於公初公之入輔也制詔副節度使兵部尚書王公爲左僕射代居師帥州壤鄉部鰥孤幼艾蒙公之化也久感公之惠也深鬱陶詠歎願刻金石王公累章上請公輒牢讓中止至是復以邦人不可奪之誠達於聰明且用季孫行父請史克故事故德輿得類其話言而鋪其馨香云公字君卿京兆杜陵人不書名尊大臣也清明廉直溫毅宏重易簡之道本於健順忠智之謀發爲事業慮善以動得時大行其初筮仕州府交辟韋尚書元甫實爲已知始自掾吏累爲命介盈庭鬬辨積歲疑留者片言以聽斷含冤自誣具獄論殺者覆視而全活江介吏師以爲神明由殿中侍御史轉主客員外郎工部郎中再爲撫州刺史以御史中丞領容州刺史經畧使入爲金部度支二郎中復兼中丞超拜户部侍郎出爲蘇州刺史屬受代者以憂闕換饒州刺史明年以御史大夫領廣州刺史嶺南節度觀察使徵爲尚書左丞復以御史大夫領陝府長史陝虢都防禦觀察使歲在庚午以禮部尚書至於是邦禹貢淮海之

域職方東南之奧產金三品射利萬室控荆衡以沿泛通夷越之貨賄四會五達此爲咽頤初公之至也歲丁驕陽人有菜色於是息浮費以悅之蠲雜征以利之夫家之稅有冒沒者免其罪以購之廢居之豪有委積者盈其直以出之瀕海棄地芟芻塡淤一夫之勤百畝可穫終古遺利沛然嘉生成於指顧得以蕃殖先是營部未葺囷倉未完介夫半寓於仁祠公聚或委於支郡公乃慮材用量事期輯中權規大壯百堵皆作三軍寧宇轅門言言夏屋耽耽可以張射侯可以容宴豆爰居爰處而武備修矣巨廩崇

構甍飛雲矗縮以板幹積如京坻得蓋藏之宜協出入之制多黍多稌而禮節行矣連營三十二積穀五十萬工以悅使人以樂成又瀦雷陂以溉穡地釃引新渠匯於河流皆省工費而宏利澤俄授左揆竟參大政加徐泗濠等州節度使先皇帝在宥天下推恩彭城顧懷舊勞復命其嗣使得以州師建節而公以二郡進律惟公鎮定一方心平德和言仁必及人言智必及事生聚教訓勤身急病視閫境如帳闑之內撫編人有父母之愛因其習俗而均安之識其慘舒而導利之仕六朝而時推元老踰二紀而再掌

邦賦揚美化於方志流淑聲於命書其牧臨川也地參閩蜑人本輕惰化彼游手斂於農功堅舊防而時其蓄泄當大旱而我有雲雨每歲徵令歸諸有司克變輸將之勤不虧公上之入因獲贏利悉賙困窮其總司計也權重輕以平物力受比要以均財征厚生而不匱量入而有節當一人注意之重盡三接沃心之言宰司沮傷不得久處其鎮南海也服嶺阻深族類猜害塗巷陿陋熛埃接連忿懥相因鬱攸斯作公乃修伍列闢康莊禮俗以阜火災自息南金象齒航海貿遷悍將反覆遠夷愁擾吏困沓貪商久阻絕公乃導其善利推以信誠萬船繼至百貨錯出邕部絕徼裔人自擅誘掖招徠以威以懷朱崖黎氏保險三代種落盤互數犯吏禁公麾偏師一舉而平獷俗率化原人得職其登左轄也紀律修明清萬事之本其理分陝也惠綏浹洽宏二南之化必宿其業而修其方崇庸大績其昭昭如是而又博極書術詳觀古今謀王體斷國論其言有章聽者皆竦作爲通典以究理道上下數千百年間損益討論而折衷之佐王之業盡在是矣公之先在漢則建平敬侯有立宣之功在晉則當陽成侯決平吳之策忠力雋賢

寖明而昌以至曾祖諱行斂皇銀青光祿大夫荊益二州大都督府長史南陽郡公王父諱慤尚書右司員外郎麗正殿學士烈考諱希望歷鴻臚卿御史中丞再爲恒州刺史代鄯二州都督西河郡太守襄陽縣男贈尚書左僕射惟南陽德化茂於列藩惟右司文雅重於中臺惟僕射有文武器任克揚風績其督鄯州總節制留府數與虜确奮其威謀奪鹽泉吞河曲城便地置新軍剖符惠人理行第一以先大夫代德丕烈之若是公能聿修而宏大之憑厚貽慶爲不誣矣居鎮十三年願修覲謁拜章十上西向涕

淚上難其繼慰勉而已公以述職在於庇人納忠在於薦賢密疏請以王公爲代詔爲之貳暨公之至也由大司寇爲大司馬以副車戎襃伏謁和門禮容渥命寵耀藩服介圭得請丹轂載馳動籍禆校乞留遮道初諭以温顏終肅以軍法旣告令尹之政卒獲子牟之心詩曰布政優優百祿是遒又曰神之聽之式穀以汝則岐公永享鮐耋如岡如陵不待瞽史而前知矣惟王公師長論道如公之位皁俗撫卦如公之心且以斯人嚮慕三歲愈甚大懼公之功德寢而不章初撫人廣人皆鏤堅石以攄盛烈及茲而追

琢者三矣古所謂信讓以莅百姓則人之報禮重其在是乎銘曰

惟天惠人惟辟奉天利建元侯於藩於宣文武杜公端誠絜矩化洽陜服聿來茲土闢我鳥鹵長我禾黍乃建營部乃新廩庾戍師足食比屋安堵里閭熙熙衍沃膴膴十有三年慰安斯人雪泣抗章血誠上陳結戀明庭不私其身樹善交代如公之仁考祥視履宜錫蕃祉寅亮三朝是毗是倚密勿中樞矢其謀謨乃升司空亦作司徒九賦旣平五教式敷中外之重惟公是圖彼都人士飲公之德彼土樂康繄公之力永言介福祝我岐國稽合聲詩於胥篆刻彼泉而實彼石而泐公之德耀永永無極

唐故義武軍節度使營田易定等州觀察處置使開府儀同三司檢校司空同中書門下平章事范陽郡王贈太師貞武張公遺愛碑銘 并序

維唐十二葉皇帝纂大統建大中始初清明敷佑下土稽四征六服之理閱先正宗臣之籍流慶斯復遺風可懷繇是博陵上谷列侯二千石元僚司武從事亞旅上其故府太師貞武公功德請銘於碑以示厥後乃詔小司徒臣德

輿因地域之名物酌軍師之憲令舉而敘之云公諱孝忠字孝忠其先燕人八代祖奇北齊右北平太守封右北平王齊季喪亂寔開邊隙代有長技軼於外區曾王父靖乙失活部落節度使王父遜部落刺史父謐早襲先職來朝上京星環北極輸君長之贄幣鵬變南溟發邊關之導譯拜開府儀同三司他日以公之勤累贈至户部尚書公雄姿正志沈毅英達傳兵符於百勝襲王爵於九代年未弱冠入侍明庭才爲異倫射必命中以日磾之信愛受秦仲之車服自他有耀至是來歸時元宗御天下四十餘載習

文事而去武備人不知戰恬於已然幽陵首禍轂洛恒駭公跡染汙俗心堅本朝豈求生以害仁將蹈難以明義史羯繼亂猶居劫中質其所恃無路自奮閒道旁午宻陳嘉猷俄而成德軍節度李寶臣錫姓撫封同信臣之任就義若渴推心於公綜其都軍以壯支郡乃策崇勳累居大官凡軍師之禁令攻守之奇正咸德之重必咨於公鄰帥猖釁皇赫問罪公出自上谷覘於貝邱冠徒六萬將犯中冀乘轅外嚮方陣而前公以駟介千數飈馳急擊罙入其阻夾攻其堅敵人力屈晝夜引去遷御史中丞封范陽郡王

尋拜易州刺史加太子賓客以軍之輯睦移於郡以郡之班制叶於軍文理武毅交修四暢師貞人龢爲列郡表儀初公與寶臣感慨於少年之場周旋於多難之際迎導善氣切劘良規若驂有靳如熱斯濯異時自代前定於公且曰輿師之心動力之冠也俄而寢疾瘖不能言猶以手指北瞠然注目既而惡子阻命陰交匪人因喪以干紀專地而圖禍公驟諫不入飛章上陳請以州兵首遏亂略優詔拜工部尚書兼御史大夫恒州刺史成德軍節度使一人注意四履專征糾合諸侯連收城縣敗之於東鹿走之於常山以至斬首且無遺策轉兵部尚書易州刺史易定滄等州節度觀察使錫軍號曰義武時三分恒陽之地錄功有差而羣帥侈心或懷觖望太行而東疆埸日駭且有從約皆爲假王公居其腹心守正持重玉立於磷緇之際雞鳴於風雨之中靜柯勁草在我而已彼朱滔者以燕啗公夸大煽結譸張指斥公乃出和門以莅衆援皦日以誓心義利之閒死生不惑且曰縣官之所以賦軍宿兵下尺一之詔者在排難捍患而已吾徒之所以乘堅驅良佩丈二之組者在畢力致命而已碎首塗地吾無悔焉一心事君

四面受敵俄屬京師急變鑾輅時巡時太師西平王以禁兵自魏來援於我於是與公決策赴行在所公素約以伯仲又申之婚姻分銳師選良將授以赴蹈使居顏行斷金之契匪石不轉定山東爲己任坐制羣疑清轂下爲前籌行戡大憝赤誠相照血涕交頤西平繇是建大勳立大烈而公亦靜深以制動貞厲以代謀使其徒散約而無亡矢遺鏃之費者公之功也前此拜尚書左僕射至是同中書門下平章事貞元元年就加司空凡受律行師十有一歲承寧諸侯減黜不端動有節制人斯愛戴贍助其供養賻

補其禮喪拊循接禮勞徠安輯輔以正德而不怵於邪濟以守忠而不回於利章灼卓異有初有終其居涼國太夫人憂也手植松檟倚廬於墓感致瑞祉詔旌其門終身之哀加人一等不遺故舊皆以器使戲下多善吏庭中無留事雖古人之威懷無以過焉春秋六十二以七年三月感疾薨於位德宗皇帝不視朝三日冊贈太傅詔郎吏弔祠禮賻有加其後累贈太師易曰貞武追封上谷郡王易之大有曰信以發志禮之中庸曰誠之不可揜惟公推本於是闇然而彰德宇宏大色容厲肅長才經武奇表出倫喬

枝戛雲以直上雄劍發匣而耀穎始以天寶十載受詔即戎授范陽郡洪源府右果毅破九姓突厥改上黨郡漳源府折衝乾元初轉左領軍衛翊府左郎將實鎮飛狐之地寶應中拜左武衛大將軍加金印紫綬歷左金吾大將軍兼太僕卿殿中監以至於專席賓護剖符建牙載居六官乃進左揆燮和鼎餗平理水土眞食大封異姓而王積功伐以崇厚履信順而光大壯武之後遠繼公台富平之門時推德器豈徒然哉嗣子今司空同中書門下平章事延德郡王茂昭以全才休績保大宣力戴翼天子撫征諸侯

常以工部尚書建旗博陵以刑部尚書循方伯之職特詔所理郡爲大都督府經歷右僕射司空丞居代官南北軍衛爪牙上將同氣分職寵冒一時侯王則銀黃相映子弟乃金圩對起流光貽訓其信矣乎二十年延德王以介圭四牡來朝京師德宗沃心嘉歎燕喜蕃錫如韓侯申伯故事順宗繼明崇德報功及居台宰進掌邦敎敦喻還鎮涕洟就塗今皇帝以道御天下燭明理本閒歲再入覲爲守臣龜龍乞留京師以奉朝請堅若金石激以肺肝服勤王家丕赫宸聰感念勳節顧懷義方直以鄭武公桓公漢韋

平父子古先懿鑠舉集公門二邦幼艾千夫長百夫長沐浴風烈怵惕慕思是儀古式以永光耀斯不朽之事也拜君命之辱而傳信焉銘曰

天秉日星亦有風霆君用文德亦資武力太師矯矯生我王國時或艱屯師惟壯直大蹇朋來其心不回好謀而成義路乃開博陵上谷地直析木旣夷狡童則理長轂威謀抗勵命賜渥縟回回盜泉皦皦嘉玉凡我所履與之豐福士皆賈餘人以仰足琱戈袞章裕此一方追錫弔祠禮優職喪司徒襲慶道叶仁聖三朝戴君皆受四命覲禮煌煌

嘉猷洋洋湛露彤弓威儀有光甘棠蔽芾邵伯所憩緇衣改爲鄭國之詩仍代洪烈邦人戴之永言寘懷乃刻斯碑

大唐四鎮北庭行軍兼涇原等州節度度支營田等使開府儀同三司檢校尚書右僕射持節涇州諸軍事涇州刺史兼御史大夫上柱國南川郡王劉公紀功碑銘 并序

貞元十有八年秋九月皇帝以安定節制南川郡王昌之休勳懿績與邦人耆老之詠歎聲頌詔掌文之臣某論次其詞以永金石臣拜手稽首祇若休命於是考侯王之表

稽贊命之書採太常景鐘之義而繫辭曰惟元后聰明齊聖以臨於下惟藎臣厲翼莊誠以奉於上上下成龢協建皇極此南川所以感會神武發揚碩膚公嶷然持重爲國保障理涇人十五年政成事節師以律成人以富教智若蓍蔡動如風霆内總端揆外崇長伯八旒七章元衮赤舄有南仲方城之略有充國勸農之績君使臣臣事君發舒震耀事業光大其理然也公姓劉氏彭城人少沈毅尚氣節得大易之師貞春秋之武經肇自幼學揣摩感概天寶末年未弱冠從河南節度使張介然東討林胡以勞署易州遂城府左果毅其後所奉之府則李太尉光弼劉司徒元佐或盡護車賦率先顏行是爲腹心節以金鼓軍之善政無不參焉師之右職無不綜焉遷至開府儀同三司於列卿爲太僕太常於御史府爲中丞大夫歷太子詹事左散騎常侍工部禮部二尚書異姓而王眞食其賦凡三益封至二百室初拒史朝義也宋州郡將委以扞城賊鋒持久力屈引去又皆留其麾下劇虜濟以利兵鈎援臨衝環城傅堞公以淮海屏蔽實繫於斯血誠怒髮士氣旁厲周月堅拒援師實來以愜愜之危走婁婁之狄始佐宣武軍

也任當委重往必投艱既定彭城之急旋假濮陽之守主忠信以任患難整偏師以立奇功奮其材謀多所尅獲抗希烈而壁寧陵也以徒兵三千組甲五萬登陴搏戰且逾四旬激眾扶傷竟申九拒於是救淮揚拔大梁或倍道以赴晨壓其壘或鼓行而進終覆其巢於此二役也擒翟暉虜鄭賁師不留行甲首山積然後窮追急擊至於許昌渠魁窘困終以泯滅凡三與虜确而河汴之閒乃平皆公之爲而元佐任公之效也故旬歲閒累居大僚貞元三年朝廷以五原緐秋式遏侵軼詔公領宣武駟介北出護邊有

逗撓犯令者立斬三百人以徇傳校肅然威讋朔野俄拜本軍京西行營節度使雖拊循行師未有分地而車服恩禮已如守臣明年遷四鎭北庭行軍兼涇原等州節度使度支營田等使涇州刺史是拜居秦之北地漢之回中俗修武備而尚氣敢自馬司徒璘段太尉秀實之以威望德聲懷寧邊部其後禍拏師老疆埸蕭然或依違選愞日閱而已昆夷游騎時及我郛西門不啟南畝益蹙公曰兵以奇勝亦以嚴終寇不可翫在吾彀中矣於是建長利規遠畧程日力興人徒西城平涼開地二百里據彈箏峽之嶮

北城保定深入百餘里扞青石嶺之固凡七城二堡有堅甲利刃制彼衝阨絕其驅侵公之封內爟燧滅息昔之甌脫今有市列井樹之閒犬雞相聞東諸侯勤王之師得以寧宇而又因士之餘勇求地之遺利荷戈而戰擁耒而耕出聞三捷之績居盡四支之斂闢彼墝磽麥禾蔽野亦既悅使而皆樂從十二年就加尚書右僕射威功既成教化既明里閭有豐年亭鄣有吉語其或四方之旅謁急於公則耀威於長武納將於歸化皆稟睿畧而奏成功十五年條軍市之租上獻天府數至十萬以贍東師銳於爲國遠慮數言邊事蓄資力修賦輿思欲大舉衝擊收功絕域之外豈徒使朝那陰密緩帶安枕而已哉惟公瓌姿碩量倜儻英偉文理武毅冠於羣倫雲蒸風行交感至用志氣申而功業大寵嘉集而名器崇至若勤身惠人勞徠安集遵守條職貫通典彝有行父事君之心有考父益恭之德可以表率發於純誠宜其長保富貴爲時元老昔尹吉甫美宣王任賢使能作江漢烝民之詩惟聖人感人心以和平天下惟賢臣協聖謨以鎭靜方國則皇帝之注意南川之陳力是信是使有嚴有翼敷宣景化浹洽休德不然則被

邊戴白之叟披肺肝排閶闔而胡爲來哉敍武畧所以揚天聲美元侯所以流王澤敢附雅頌式昭德音銘曰

天地健順三辰光潤君臣感通一德誠信皇明照燭保合休運亮采有邦登昭傑儁帝曰爾昌碩勳洸洸爰自偏師幹不庭方席勝無前援陳下梁爾戰則克爾謀則臧公拜休命藩宣賦政介圭暢轂撫是安定其猷克壯上協仁聖沛然成功執德之柄乃峻壘垣壘垣崇崇乃藝黍稷黍稷芃芃出有銳師入爲良農保就滋殖時公之功武經輯矣文事亦理十有五年肅清邊鄙宜登介祉永錫遐紀告類

納忠以毗天子。皤皤涇人。俯僂上陳。肅肅王命。命茲下臣。采獲誠詞。章明異倫。鏤此貞石。輝光日新。

欽定全唐文卷四百九十七

權德輿十五

唐故光祿大夫檢校太尉兼中書令成都尹劒南西川節度副大使知節度事兼管內支度營田觀察處置統押近界諸蠻夷西山八國雲南安撫等使上柱國南康郡王贈太師韋公先廟碑銘并序

萬物本乎天。人本乎祖。乃立宗廟。以安神明。德厚流光。追養繼孝。順而下之曰義。等而上之曰仁。國家稽合禮文。損益前載。崇功貴仕。得祠四室。於王制酌諸侯二昭二穆之義。於祭統見君子盡志盡物之誠。惟太尉中書令南康郡王。懿文經武。保合昌運。左右德宗。格於皇天。始恢隴坻之旅。終化岷峨之俗。貴爲上公。位極元台。克肆忠力。乃圖孝享。作新廟於京師大安里。古者揚其功烈。銘於祭器。近古以魯鐘衛鼎。追琢先德。不若鏤文字於麗牲之碑之爲詳也。乃謹而書之云。公姓韋氏。京兆杜陵人。自扶陽重侯。用經明至宰相。後裔蕃昌。德與位偕。積十六葉。至六代祖範。字元禮。以字行於代。仕周爲車騎大將軍。入隋爲沂州刺史啟土鄗城易名曰莊實生孝恪雅有文憲武德初由侍御史爲洛州别駕生司農府君諱機爲第一室端誠正志休有厥聲專對出疆艱貞復命著西征記以獻太宗嘉之剖符澶州修起儒術三典卿曹陟降屯夷操持貴倖不避彊禦善理官室得其時制史氏書之爲唐名臣以夫人隴西郡君辛氏配司農生坊州府君諱餘慶爲第二室清和修潔履道不回歷右饒衛兵曹參軍以至二千石以夫人武功蘇氏配坊州生贈太子少保府君諱嶽爲第三室方嚴貞幹政事修明在武后時以直忤旨由太原令移佐睢

陽出入四紀績宣中外歷殿中監剖符八州廬海潮虢眉徐衛陜所至之邦有威有懷凡再追命以夫人扶風郡夫人竇氏配少保生贈太子太師府君諱賁爲第四室盛德循行含章自牧歷藍田尉淑聲流聞上纂崇厚下貽風訓凡三追命以夫人涼國太夫人段氏配噫嘻自扶陽至鄗城積丕烈於前史自考廟至顯考廟流熾昌於後葉列於禘嘗儲厥義方故南康郡王苞五常貞四敎秉靈傑出含道中立初誓偏師建奇功捍大患立大節以儒衣法冠授律鑿門佩亞相之印綬修元侯之節制就加宗工入掌金吾撫征全蜀命賜備厚由地官轉天官參總端右平章宰政進中書令加司徒太尉鉞鉞秬鬯鑾旂琱戈有嚴有翼乃蔚乃赫忠厚博大以阜俗信廉仁勇以成師南蠻納邸西羌解辮象胥譯戎捷樂府陳夷歌守正持重推誠畢力開地通道者九千餘里生聚敎訓者二十一年天文紀功刻在金石暨德宗棄天下太上居諒闇危言急病體國忘身毅然君子之道卓爾大臣之節永貞元年秋七月考終命於理所策贈太師有司奏謚曰忠武公自廟成距今凡八年矣以公天子守臣安危注意不得視滌濯承吉蠲而

元兄國子司業聿實奉朝請薦其常事孝友而才稱於士林初公之仲兄曰暈屯田員外郎贈鄧州刺史叔氏曰肇太子左庶子兼御史大夫贈左散騎常侍咸以器望而延褒錫公之夫人贈魏國夫人張氏其祖禰與外王父皆秉國均爲天下華腴嗣子工部員外郎行立銜恤無怙齊衰中禮大凡四廟之支旁尊羣從烜赫昭融不可勝書至若質明光近沐浴盛服虛中以理嘉薦匪懈而無違心大糦沈齊馨香脩鬯既思其志意若聞乎容聲洞洞乎屬屬乎有以見舉十倫而備百順昔素王之以戰則克以祭則受

福其斯之謂乎司業悼手足之凋落感春秋以悽愴永懷明發俾篆斯文銘曰

新廟有侐靜深奕奕孝孫匪懈元袞赤舄洪閥章章乃侯乃王漢稱扶陽唐有南康二十三葉沛然蕃昌四室崇崇斯焉享嘗烈烈南康溫良能斷謀猷樽俎文武楨幹汧岐之西祲沴銷散井絡之下天文昭煥撫封全歸冥漠德輝聿修孝享家法無違以昭以穆以嗣以續和氣婉容苾芬亯熟子孫小大罔不祗肅神之聽之報以介福

大唐浙江西道都團練觀察等使潤州刺史兼御史大夫河東郡公薛公先廟碑銘 并序

古諸侯五廟大夫三廟廟在其國聖朝以官品制室數侯伯理外而廟在京師其或覲於明庭入爲孤卿則吉蠲愨信展敬受福居常則冢介子姓薦其常事僾然肅然追養繼孝之義重焉元和五年歲直庚寅浙江西道都團練觀察使潤州刺史大夫河東郡公薛公苹建先廟於長安縣永安里其祠三室初薛之先在殷爲左相在周爲侯國至漢御史大夫廣德爲宣元名臣從廣德十三葉至後魏安西將軍涪陵侯謹乃分五房又四葉至隋禮部尚書道實道實生皇尚書議曹郎德儒德儒生寶積濟齊潤三州刺史揚州大都督府長史寶積生代州定襄道行軍司馬待詔公之曾也爲第一室夫人京兆韋氏配焉司馬生衛王記室太子司議郎贈太常少卿偘公之祖也爲第二室夫人范陽盧氏配焉太常生京兆府奉先縣尉贈工部尚書順先公之禰也爲第三室許國夫人吳氏繼夫人同郡裴氏配焉惟司馬以兵鈐機畧恢武經邊備惟太常以端士雅文仕王國宮朝以至先尚書含道安卑四命官而再結綬始仕巴西與楊國忠爲寮比及操柄銳於引重賦詩謝

絕不屑就焉獨用義方以振家法積厚餘慶河東公實承之公忠敏廉直和恒簡惠爲政事吏師於文章爲聲詩所施在樂易所至有風采京邑肅清號人理平今皇帝馭天下之初推擇方任聯命爲湖南浙江東西三道長帥歷御史中丞就加御史大夫凡三方二十郡皆據蕃善地人受其賜班制規爲四封宜之乃朔廟貌以嚴祀事楹階俎豆之飾儉而中節祠祔盟薦之儀質以盡敬水草陸產血毛幽全柔嘉滌濯怵惕悽愴思志意以如在交神明而來格君子曰祀之忠也其若是乎初公之伯氏仲氏曰萊曰華

許國夫人之出而代宗從母母弟也勞謙淑均不自驕盈以功次奉朝請皆至贊善大夫以沒公之母兄曰芳雅有器幹爲北都命介由御史府入爲祕書丞亦不至大官抑代德鍾美朋三壽而享五福者其在季乎昔會以閎官受祉衛以忝彝崇孝酌用古義揭於茲碑其銘曰

宗廟祭祀禮之重事亹亹河東尊仁安義薛爲諸侯爵列春秋在漢廣德亦居大夫厥後焜煌三祖五房如山崇崇如水湯湯河東楨幹纂服周漢乃尊藩衛乃長邦憲祠宇碩曼蒸嘗嘉薦求福不回降福孔皆入室出户周旋敬齋

麗牲有碑乃琢乃鏤河東孝享永示厥後

唐金紫光祿大夫守司空同中書門下平章事充太微宮使上柱國燕國公于公先廟碑銘 并序

國朝之制二品已上祠四廟三公品第一雖有始封亦不敢逾焉元和五年相國司空燕國公立新廟於京師蘭陵里司空公以文武偉才肆勤納忠外貞師律入作公相以平乎水土以調乎陰陽深惟祖禰尊尊之義昭穆親親之道乃圖廟食以永代德公姓于氏河南人七代祖謹後魏柱國大將軍周太傅三老燕國文公六代祖實周大左輔隋贈司空燕國安公五代祖象賢驃騎大將軍會昌定公惟三葉有大勳力於北朝乞言而爲惇史體國以全至公四代祖益州郫縣令諱德威夫人京兆韋氏曾祖緜州顯武縣令諱元範夫人北海王氏王父贈刑部尚書諱汪夫人北海王氏烈考贈司空諱敻夫人邠國太夫人京兆韋氏凡宗廟之數郫縣爲初室顯武爲二室尚書爲三室司空爲親室其配各以夫人氏交神明之道也惟郫縣顯武遵道服儒廉退潔修且曰邴曼容陳仲弓吾之師也故仕不過六百石而以理效聞尚書沈冥善閉含道特立以處

士燕居至於沒身凡三追命至大司寇先司空廣大而靜默恭儉而好禮合二雅循四教推明理古之學貶絕非聖之書恬智交養龜頤不感起家益州東陽主簿四徙官至寧州眞寧縣令又再轉至泗州司馬祿至卑而仁及物道未泰而志不懾公卿大夫之聞尊有道而疎利權天寶末宰執擅朝惡其剛介不附己故官止郡佐而慶延身後朝典加恩亦三追命自密州刺史吏部尚書以至於論道焉長子頎專良有士行終洋州司户參軍冢子頊貞幹强敏程功賦職歷户部侍郎以公事貶泉州司户贈楚州刺史

幼子頊。吏理清明。仕至長安縣尉。司空公卽第三子也。英朗闓達。剛方博厚。才可以扞大患。學可以析羣疑。彌綸中朝。則尚書郎京邑廷尉。皆有懿績。惠綏外服。則湖蘇虢陝二千石察廉。克宣功化。繇山南東道節度使平章事入覲。居中策拜。顯尊。紹文公安公之爵地。展盡志盡物之誠敬。悽愴怵惕。精明吉蠲。詩云。春秋匪懈。享祀不忒。司空當之矣。又曰。以妥以侑。以介景福。先公宜之矣。公狀先公之行。其大畧曰。孔宣父應聘歷國。困而老于洙泗。我先君宦學於天寶之年。而操之者甫忠。謂林甫國忠先君能無窮乎。又曰。小子不敏。不通先君之大道。不識先君之大行。不肖之罪也。類是者千餘言。其太史公自序之風。可以論誤酌之祭器。德輿外王母公之從母也。故其門中風訓。獲周知之。忝備重任。在公下列。公以廟銘見授。頓伏上聞。尊嚴咫尺。實奉面命。其在傳信。不敢蔓辭。銘曰。

燕文三老。弼魏佐周。安公定公。亦播厥猷。郫縣顯武。一同丕矩。尚書司空。三命追崇。義訓忠教。公台焜燿。乃封故地。乃建新廟。新廟是宜。籩薌告祠。齊明盛服。乃順乃時。卑靜以正。如親聽命。求福不回。孝孫之慶。刻銘斯碑。以代烝彝。

唐故東都留守東都汝州防禦使銀青光祿大夫檢校吏部尚書判東都尚書省事兼御史大夫上柱國扶風縣開國伯贈太子少傅杜公神道碑銘并序

歲在戊寅夏五月甲子。居守天官扶風公以病就第。考終命於京師永命里。春秋七十四。越三日丁卯。追命爲太子少傅。秋七月甲子。歸全於萬年縣少陵原。前此又詔有司以鹵簿鼓吹。飾其儀法。以德以勞。以榮以哀。馨香光大。爲宗工表式。公諱亞。字次公。漢建平侯延年二十一代孫。曾祖元道。皇右千牛。王父含章。皇上郡司馬。贈岳州刺史。烈考繹。皇忻州秀容縣令。贈左散騎常侍。公承積德之淑靈。稟中和之粹精。山立揚休。得時大行。歷諫議大夫給事中。再兼御史中丞。繇睦州刺史入爲刑部侍郎。三兼御史大夫檢校禮部吏部二尚書。正色於朝。而文憲損益。懋功於外。而藩服輕重。宣力以肆勤。納忠而愛人。稽於法制。導以善利。魏昭子能理大官。趙文子能恤大事。足以斷國論。謀王體。殆不可及已。早歲州里舉經明。既授初命。以爲大厦之材。不可以植培塿。南溟之翼。不可以棲榆枋。於是初服燕居博通羣書深探理古之道焯見天人之際天寶末盜穢兩都宣皇在岐褐衣召見前席三接實貢昌言以扶大統乃以處士授校書郎其後三辟大府五登郎位清議善價必歸於公大歷中宰府擅朝交利崇黨司諫八年嶷然貞厲盡規時疾天下直之權臣既誅乃擢左曹先是魏壁未下東師既老密疏方畧深圖理安再勤皇華大布清問導以善氣灑其他腸不寧方來克協宸慮故先皇今上皆以公之才可以大受始以九牧四征試其多能鍾陵上游提封七郡命公以廉問之政師役之後因緣煩費雜征逋

賦盡削其書未逾年而庸亡自占與夫家相半能厚下矣函關陝服介於周秦命公以藩屏之任化用清靜身爲律度里閈無吠犬府庭無諍詞四封之內幼艾相賀能去煩矣河靈蒲坂陶唐所理命公以尹正之重地本沃饒化之純儉盡以解梁之鹽歸於有司凡緡物錢之息其出池澤之賦其入歲一萬萬率皆罷廢不以利爲利矣揚州葆强都會庶富命公爲節制之帥日講軍實歲修職貢師貞人和政成事時河渠塡淤積歲爲病乃釃二浸於蜀岡之西濬舊坊以股引順地泐而啟閉滌源導滯力省功倍邗溝之人受其賜而歌頌之矣勤學在公盡瘁其身上思褒優之禮乃命保釐之任昔在成周三后協心公率其道寬而有制且以洛苑汝墳棄地可闢籍其介夫須以稼器歲皆登成人用洽和地官以之省費游手以之務本分正七年厥後用加徵還京師日俟其復天則不弔竟孤人望夫人范陽郡夫人盧氏茹未亡之哀既虞而終無子以猶子某爲後悲夫初公文章合雅議論經遠見知於太尉房公琯受辟於衛國杜公鴻漸以志氣才業英華博厚合於彭城劉公晏贊皇李公栖筠以道義經術研幾盡性合於司徒

楊公綰司業張公參或以公得時中之道或以公有事外之致皆曰聆次公之言可以書紳作憲至於博約後學章明遠至有闕里之善誘焉有平輿之深鑒焉噫嘻昔漢武帝以韓安國爲國器劉向謂董仲舒有王佐之才當理平之時或蹇或徙止於御史府膠西相竟不得總秉國成扶贊化育則公之位望終不相配亦如是耶昔魯視豐碑衛銘烝彝近古鼎不以窆追琢介石褐於道周參魯衛之遺也公從父弟太子賓客黃裳德位相倫友悌相輝功衰之喪加人一等以德輿辱公之知俾論風烈懼詞之不敏而

無愧焉銘曰
昔在周邦實憲吉甫於惟杜公亦備文武武弁峩峩玉聲鏘鏘公在左垣羽儀周行鈞膺濯濯文馬翼翼公爲元侯表率方國推誠導利興事任力陟恪清時作稽忠德冢宰是職周郊是式宜永介福如何不淑壽堂幽閟隧印榮飾勒銘於茲山石無極

唐故劍南東川節度副大使知節度事管內支度營田觀察處置等使正議大夫持節梓州諸軍事守梓州刺史兼御史大夫護軍賜紫金魚袋

贈禮部尚書盧公神道碑銘 并序

惟盧公諱坦字保衡涿郡范陽人也代爲北州冠族曾祖審經皇齊州祝阿縣令祖河童徐州豐令父巒明經上第贈鄭州刺史仍代以六百石廉厚有循化先君子名經淥身曠僚追命至公始延耀發舒烜赫顯尊乃舉較畧以施金石公始爲同州韓城宣州宣城鞏縣河南四縣尉監察御史裏行殿中侍御史內供奉眞爲殿中侍御史戶部員外郎尋轉庫部員外郎刑部郎中皆兼侍御史知雜事拜御史中丞除右庶子又以御史中丞爲宣州刺史宣歙池觀察使入爲刑部侍郎轉運鹽鐵使戶部侍郎判度支又以御史大夫爲梓州刺史劍南東川節度使元和十二年秋九月薨於位其年六十九公含章特達剛健篤實粹溫而有遠猶忠厚而無流心自周圻滿歲令聲籍甚時宰得君實公之私字闕一其爋灼不受慰薦徐用常調復還洛都其仕外臺贊佐東都守臣寢病中貴驕暴以甲士五百棲於府中眾情怪駭慮有急變公感慨憤怒以正詞讓之匪人慚悔回慝不作其佐轉輸事任循明河之舊防有梁公堰者發決歲久爲之濬理鍾水導滯厥猷茂焉李錡以戎

車督運貪猾無狀公端正中立用十年不從官與從事李約李陵曁今相國裴晉公相繼引去其在憲司貞厲閑邪元和初天子憫人之重困徵貢之無藝方任受代至京師尚修任土者俾論如法赦令懸焉梁閬二鎭首奸斯禁公立奏劾使待罪於朝多士竦聽四方風動李錡之誅也旣絕屬籍有司請發其先墓自淮安而下悉皆夷之公諫曰神通有佐命勳乃國之宗臣守官以死奈何一旦以錡故而戮斷九原上改容嚮納特給五家灑埽冥冥之下將加法而加恩君子多之其在宣州歲丁驕亢順其發斂以救

艱食闢潛田於壅棄置種食於鄉亭多方愛人人用饒給或曰持力盈矣盍上獻乎公曰勤人市恩所不忍也出軍食緡錢四十萬以代征徭爲秋官領使去宂食百輩自江而南均輸池澤委分部大吏得命其屬以能否進退公不撓焉責其成以騭功吏採其要而得均節其爲地官也以府帑之羨繕終南宮百堵皆興六職以嚴備邊力嗇者費大萬兵食以饒亭障以安有臨淮守前莅事於代北者或告其畜馬百駟且有奇種事下於公公使從事覆之上遽命小黃門按之公曰如是則廷臣可疑近習可信臣不敢

奉詔疏三上上方感納七年河流毀西受降城城守以聞宰臣請徙於天德公曰河決不過退三四里功費無幾何天德墝确回遠非所利也時之宰臣議異故公議格而有梓潼之命其後城守以憂死代之者人歸咎而戕之盡屠其家天德幾亂公之前知若蓍蔡焉梓人自井絡挻災侵淫亂略遠公至也理之如家雜征牟利者去之邊防虛籍者實之厎貢之外無異獻吏祿之差有恒給師貞人勸政事和理鎮安一方而大庇癃之柩輅之引鰥孤哀送自鄭中至鄗門以五百里祭奠相屬有詔贈禮部尚書不視朝命著作弔祠法贈加數母弟前絳州刺史常師以器望歷中外以友愛重人倫長子琀壽州霍邱尉冢子大炎前明經調拔萃以地勢嫌抑次子大璟河南府參軍幼曰瓚未仕大炎大璟等咨於叔父與伯季竭誠信以明年正月日祔葬於東都穀水之陽先封禮也惟公早精六學尤邃三禮晚節究觀歷代史端誠正議宏達卓越歷於大朝名致直言秉剛履險不疚不跲煢煢然有史鰌汲黯之遺風序賓樹善銳於簡拔同升諸公者十一人並列於藩者若干人喜士睦親造次以之用之不求備求之如已失洪範之

攸好德大雅之人鮮克舉惟公有焉某建中末與公同爲丹陽公從事中歲左戶請爲郎及茲建牙壤地相接周旋出入殆四十年今聖朝多士如林永懷舊故凋落向盡保衡又沒可勝慟耶公之記室大理評事羅立言狀公之行將諸無容之請牽課鄙僿詞達而不文銘曰

盧公懿懿戴仁抱義其用不器迪簡在庭大猷是經穆然儀刑再貳六職兩居方國人用景式溟波卿雲天矯輪囷奮其翼鱗物情未直壽寵未極生死糾纆洛師舊鄉穀水之陽先人所藏孝子悌弟乾肝焦肺寧此後載刻飾龜螭

發揚聲詩傳信在兹

唐故劒南東川節度副大使知節度事管內支度營田觀察處置靜戎軍等使光祿大夫檢校尚書左僕射使持節梓州諸軍事兼梓州刺史御史大夫鄭國公贈司空嚴公神道碑銘 并序

昔周以淑旂錫韓侯奄受北國晉以黼冕命士會乃將中軍惟鄭國嚴公諱礪字元明再總方任實顓兵柄采飾昭融與功化俱初公從祖兄太師馮翊忠穆王政成於梁勳在盟府公以支郡二千石護和門賦輿太師既沒德宗命

公爲代於是都尹守開幕庭佩亞相之印綬建元侯之麾節守之以義和之以仁器局宏厚姿儀碩大每務根本不沽名聲勤身七歲績用大洽優詔就加禮部尚書永貞紀號井絡上變軍司馬因守臣之喪席凶器以要好爵而又劫蜀人圍梓潼天子旰食西南愁擾公毅然飛章條上方畧請以漢中之師率先進取畫山川之阨塞調餫饋之名物出其不意可以鼓行嘉猷急病慷慨忠壯實蒙可報克厭帝心乃命將嚴秦授以機畧自漢源至神泉凡數十合其閒下劒門覆盪口收劒州破契丹命裨校可提彌誅斬虜之特將文德昭然後分秦險阻潰其心腹或設伏以遮擊或出奇以夾攻我常賈餘而虜始奪氣以至於援鹿頭清岷峨旋禁旅於天上快靈誅於闕下賦車馬以懸束備糗糧以飛輓慮之於始倚以成功故墨詔曰士季定克蜀之謀叔子建平吳之策惟君知臣其至矣哉公博貫書術研幾易象始以處士詣草堂禪師無相修桑門之法邦鄉督勉甫釋巾褐爲梓州元武尉本道表爲遂州兵曹掾大歷中西戎不虔疆埸大駭領偏師援灌口實茂厥勞謙卑不居建中末太師以藩衛之崇當孝文省方之運推擇從

事導迎屬車豈伊異人在我族類拜大理評事充節度巡官儲偫百牢以奉行內轉大理司直改華州司兵參軍節度使李元諒署爲推官以憂去職既除猶毀太師以武備爲重將才實難表爲太子司議郎兼監察御史左廣之戎政轅門之後奄無不綜焉俄拜興州刺史寬明簡惠以靖邊部居一年政成復修軍志終繼二馮之化而居八命之尊投艱履險勳伐章灼蓋裕於才能而推於忠厚然也元和元年遷尚書左僕射三蜀既平拜梓州刺史劒南東川節度觀察使且以資陽陽安等六郡四十餘城隸焉加地

進律疇庸之典也四年感疾春三月甲申薨於理所享年六十有七追命司空弔祠有加嗣子天興尉公甫銜恤茹毒奉公之喪以其年秋七月辛酉葬於京兆萬年縣鳳棲原從象數之吉也惟公之先自兩漢二隱湛冥善閉曾王父哲閎覽博古鬱爲聞人皁囊危言劘切后黨繇荆王府司馬出爲劒州刺史因徙家鹽亭而休老焉大父順恬淡不仕父審徽義方貽訓聖朝以孝理天下贈工部侍郎公之諸祖父或著作祕書侍講東朝或含章射策剖符居郡羣從兄弟有太師之烈焉其他履臺郎二千石者率以才

行自贊惟公以文無害歷掾吏部從事發揚武毅奮迅軍籍分閫授鉞爲時信臣循理遵職好謀善斷明利害之向習俗化之變司馬遷所謂扶義俶儻不令已失時其有功名也宜哉林鍾烝彝先古之制所以論次懿績章明永久門吏孝子之心也其可没乎以德輿嘗志太師之墓亦草興州之詔耳目事實其詞不誣是焉篆刻以表神道銘曰

地中有水利用行師於惟鄭公藩屏清時蜀川橫潰人用怪駭公披肺肝請埽蜂蠆賦車誓衆沐浴齋戒吉語日聞嘉猷是賴以犒以饋閒關感慨如飛如翰煇燿宏大既理漢中乃遷梓潼武以貞師文以撫封八旒七章既長宗公乃倚乃伏如何不淑樹檟蒼蒼墓門肅肅立茲介石永表陵谷

唐故光祿大夫檢校尚書右僕射兼右衞上將軍南充郡王贈太子太保伊公神道碑銘并序

昔伊尹相湯伊陟相太戊咸有一德格于上帝其後伊籍以敏辯仕蜀爲將軍伊馥以勇力佐魏爲司空曠遼緜代復纘休緒者曰南充郡王諱慎字寡悔剛毅勇悍鷹揚鶚立勞勤四朝終始一心涉覽春秋戰國策太史天官五行

之書用善射中鵠補廣州綏南府折衝都尉丁太夫人憂以毁瘠聞初公之孤也幼不知先子之殯將祔二尊日號於天魂交神遇肸蠁誠感壞而樹之率禮無違大歷中嶺南裨將哥舒晃盜殺其帥呂崇賁以亂竊據府中南方蕭然江西連帥路嗣恭承詔出師命將孟瑤暨公討之公以水陸士徒分道鼓行晃之謀主蘇溴騎將王明悅鴟張蟻聚皆據阸害公曰寇不可翫勝無幸焉毒之酋腊盡在是矣疾力交捽必亟吾中乃舂其喉而潰其腹斬首三千級下韶州其明年戰於把江口水道湍悍戈船趑趄公浮筏

寘薪迎風縱熖寇之燋沒於水火者終夕有聲又明年軍
於渭口於端州於潮陽次於廣州冬十月斬晃渙於泔溪
揭其首以徇幕府上功拜連州長史授撫虔江三州別駕
建中初德宗訓齊萬方端正百度以梁崇義負阻江漢未
賓會朝詔東諸侯分道問罪公實領江西偏師而統於希
烈希烈以牒書署公漢南漢北兵馬使公明智牢讓獨率
所部兵大破翟暉於蠻水俘徒三萬以至於斬崇義平江
漢厥功居多希烈愛公愈深公懼之愈切一旦決與數騎
遁歸既而希烈以急變聞且賂公以堅甲善馬爲之反閒

密詔嗣曹王皐詗因俾諭公如法公方握兵符在境上微
聞有命斂手就召曹王挹公名義偉公姿材取酒爲壽交
歡感泣手疏上列辨其寃誣委之先偏激以自效乃署黃
梅次長平遇劇賊韓霜露引滿中股斃於萬眾之前其徒
相蹂蹈死者十七八拔蔡山取蘄州降山寇李良領蘄州
刺史剖符爲王加御史中丞興元巡狩之歲使臣厎貢次
於蘄口時希烈已屠陷大梁遣其腹心杜少誠引勁兵絕
江流公以行師七千列樹三柵破之於黃岡少誠遁走斬
驍將許少華封其尸爲萬人冢進圍安州希烈遣其甥劉
介靈來援擊於應山生得介靈與郭嵩李廷玉降七千人
收戶一萬四千人夫婦男女耕桑安堵乃督安州加御史
大夫眞食百室二年五月引兵攻隨走康叔夜於厲鄉獲
馬牛輜重以益軍實表僞署刺史李惠登爲之刺史終以
理行聞十二年用久次就加右散騎常侍後三歲天子以
公積功勞使中貴人持命書金印即本郡授公節度觀察
使且裂齊安爲支郡尋詔公兼統荊洪潭三道之兵討叛
於蔡敗之於三州港營於義陽戰於申斬級千數有詔班
師就加刑部尚書進右僕射今天子嗣位拜章入覲眞授

右僕射俄檢校左僕射兼右金吾衛大將軍坐細故退爲
右衛將軍明年復檢校右僕射兼右衛上將軍元和六年
十二月晦寢疾薨於光福里不及懸車者二歲追錫太子
太保同盟諸侯皆使其命介來弔祠視喪事明年夏五月
庚申葬於萬年縣某原鹵簿騎吹如彝禮初公之曾王父
皇太子通事舍人澄生左衛長史悅悅生贈太子太保衡
公之祖禰也積善餘裕追崇以大惟公以武毅通文理硯
席楷隸心師自得感概出倫談辭如雲起南方禪校屢陷
軍陳勢若猛鷙不辭劇易急病而益裕其才履危而不昧

於邪悃愊忠直爲中興名將以至於授英蕩題龍泉有功烈勳勞於天下脫劒薦紳從容漢廷徵循師長文武二品啟體歸全追榮宫師豈徒然哉公之息男十六人其冢嗣曰宥左領軍衛將軍押右神策軍牙門之職能率義訓以揚家聲初公來朝也詔宥以侍御史領安州刺史由二千石入筦南北軍敎忠移孝情禮盡在宥以鄙夫與太保同居里閈且以理命遺緘辱徵斯文表諸神道不敢誣也銘曰

在殷保衡負鼎而相惟唐南充推轂爲將泔溪之刑嶺表

乃平蠻水之捷漢南以清蔡兇滔天曹邸鼓行公率武旅迅如風霆蘄春安陸連下劇地專城建牙宏大名器交修威懷較著功利介圭會朝脫躧師帥南宮端右武候緹騎沐浴休明保完富貴歲降婁兮月大呂一氣散兮無處所繫甲車兮馬鬣封九原夕兮閟音容褐此介石厥聲無窮

欽定全唐文卷四百九十八

權德輿十六

唐故江南西道都團練觀察處置等使中散大夫使持節都督洪州諸軍事守洪州刺史兼御史中丞騎都尉賜紫金魚袋贈左散騎常侍崔公神道碑銘 并序

博陵崔公諱某字某仕至御史中丞洪州刺史江西都團練觀察使元和七年冬十一月某甲子啟手足於郡舍享年五十五皇帝不視朝䘏以左散騎常侍印綬命郎吏弔

祠明年十一月祔窆於東都河清縣先正之大塋又明年其孤仲謨纂其代德家法命書愍冊請刻石繫辭且自本曰炎帝之後秦夏里黃公廓漢東萊侯伯基東漢長岑長駰濟北相瑗晉左僕射洪之代也洪七葉至北齊禮部尚書文恭公聖念聖念四葉至君曾祖知晦應銷聲舉授兗州金鄉丞王父瑜朝議大夫忠王府諮議贈太子賓客烈考灌再爲澧州潭州刺史以御史中丞領湖南觀察使當宣武之際用愷悌修政爲代吏師優詔錫令爵推理行第一神道繆盭遭罹戕害他日以君之勤贈太子少師君慈

和修潔平粹文敏以勤身之功善揚積厚之風類始以門廕調河中府參軍歷邑丞廷史從事察視凡南臺外三爲殿中侍御史嘗以公事貶台州司馬聯師表於理下旋以上介入拜侍御史遷考功員外郎度支吏部二郎中商常二州刺史以至按部撫封爲太子守臣所居可紀漸漬光大其爲郎中考課經費彌綸綜覈三劇曹無留事潁江郡國仍歲夭癘而淛河之東凶旱特甚縣官恤然臨遣使臣發吳之公聚賑越之饑食君受載馳仁聲先翔噢咻惛怛布施優裕不樂宴私不嘗酒肴東人鼓舞感動肝膈其爲常州澧引河渠通申夏二浸以宣利澤郡有聽斷之下有如神明及處方任爲仁由己凡封逋負數千萬夫家病焉君曰不曠然大貸無以休息悉用條上盡蒙可報然後均列城之田賦去都府之煩弊吏措手足事無尤違仁矣哉詩稱仲山甫柔嘉維則申伯柔惠且直惟君亦柔而立溫良而能斷教訓導利外寬内明函達於雅故勤施於政事稽洪範三德其甫申之柔乎凡歷柱下史東曹郎皆居代官列郡二千石方帥執法皆循風訓江湖之閒壤地相錯蒙君父子仍代之澤豈天意之裕斯人耶鄙夫久貳六官與君周旋甚熟頃忝宰府詳知報政迨茲居守而仲謨儼然焉衰疾不文直詞傳信銘曰

矯矯少師莅湖之南播遺懿兮抑抑常侍在江之西施美利兮仍代元侯寬明輯柔政樂易兮此物此志四封茂遂古循吏兮宜永介福奄然厭復左貂襚兮河清鮮原羽葆翻翻潛智氣兮有涯必盡流此淑聞斯可貴兮刻飾豐碑崔嵬龜螭永爲識兮

唐故成德軍節度營田副使正議大夫趙州別駕贈壽州都督河閒尹府君神道碑銘并序

詩之小雅曰尹氏太師秉國之均大雅曰王命尹氏戒我師旅然則代爲天子三公大夫參掌文武故吉甫有作憲之美翁歸爲兼備之才周漢以還似續忠厚今義武軍節度使相國延德郡王司徒公之從事曰澄從公來朝朝有賞典式寵戎輅當簪法冠永懷罔極之恩願迴追錫之命司徒嘉焉以其詞列上先皇帝孝理天下愀然曰俞繇是輟功次之遷遂飾終之澤迺三月丁酉有詔贈澄之先人正議大夫趙州別駕鉞爲壽州都督先夫人吳郡陸氏爲吳郡太夫人印綬璜珩光耀幽穸哀榮所被名教多之澄

又稽甲令繹家牒以漏泉告第之恩有螭首龜趺之制於是傳詩而系辭云都督以諱爲字天姿剛健經術百氏陰符六韜皆所講習通其旨奧天寶初舉進士不第幕府上功盧龍府別將稍遷瀛州高陽縣令歷恒州司法參軍藁城令寶應初以太子中允兼恒州長史錫金印紫綬廣德中遷易趙二州別駕節將推其才表爲營田副使理二縣佐三郡勞徠安集周爰圖慮以饑饉之歲丁師旅之殷數其慈和得以安靜議者以魯仲堪麗士元方之既董大田實居上介俗知禮節師以阜饒方陟勞課奄然大病以大

歷七年秋七月啟手足於恒州靈符里享年六十一以明年夏五月窆於藁城縣東子樂原夫人嵐州刺史道之孫密雲令昌嗣之女能以仁順洽於宗姻晝哭既除喪十四歲以貞元四年冬十月歿於道州以十一年冬十二月祔焉從魯禮也有子三人長曰渾唐縣尉次曰濤趙州司功參軍皆不幸短命澄卽其幼子也尚學理文敏信誠厚雅有悃愊不隨波流山東士大夫多稱其名義由北平尉爲定州功曹掾辟司徒府主其謀猷每懷戎章驅疾傳陳賦輿之事明利害之鄉叶於中權皆有功效洎元侯入覲天子錄功賓僚傳校命賜優重而澄永懷霜露願賁邱封感於哀衷盛此徽數君子曰是舉也有以見尹氏之孝思都督之流慶上公之與善元首之加恩以風四方以厚士教雖澄之未貴仕其所以宏助者多矣初都督之禰曰本古仕至常州武進尉武進之父曰正義歷許相宋三州刺史司農少卿司農之父曰良終滄州司馬司馬之父曰文哲仕隋青泗曹濮陝宋洛相等州刺史本郡太守大理卿戶部尚書皆有德善揚於官業蓋二雅遺烈之所從來遠矣德輿門人蘭陵蕭籍與澄爲寮同在公府狀其往行兼列

命書忝貳邦教敢忘聳善乃爲銘曰

尹氏代律聿修文武自周緜漢炳耀圭組懿懿都督遠承丕矩方騁夷塗俄歸野土慶延嗣續職佐藩垣遠從上台來翊天門追飾二尊輝榮九原窬印畫綬隼旟魚軒官纔掾吏跡重知己恩迴大君澤及先子以盡忠養以宏孝理楬立貞珉芳馨在此

唐故右神策護軍中尉右街功德使開府儀同三司守右武衛大將軍知內侍省事上柱國樂安縣開國公內侍省少監致仕贈揚州大都督府

孫公神道碑銘 并序

元和元年冬十月内省少監致仕孫公寢疾薨於京師廣化里私第享年若干十有一月有詔追贈揚州大都督法賻布絹各以百數明年十一月葬於涇陽縣之某原命婦諸孤家老故吏以服勞詔祿恩華慶賞之不可以不識也請鏤豐碑楬於鮮原云唯聖唐仁澤汪濊威靈燀燿乃法辰象以嚴武師惟肅宗創新軍於北落克靖患難惟德宗置中護於内朝而爲總制翊宸嚴以宣七德正師律以張四維勤勞警巡秉拔忠厚不失於正克保其終者惟公有

焉公諱榮義字某其先吳郡人也軒裳延耀本冠邦鄉版籍推遷幸來京畿今爲京兆涇陽人曾祖晏皇右金吾衛中候祖庭玉贈兗州刺史父知吉皇開府儀同三司行右領軍衛大將軍知内侍省事上柱國魏國公或徽循筮仕道在安卑或麾節加恩義彰追遠以至於先公貴位名重前朝宏内省之事任受大封之徽命承休襲慶終踐代官裕蠱敎忠備遵家法公端良謹重潔白詳明事無尤違心必誠信至德中策勳至上柱國起家掖庭局監轉掖庭局丞宫闈局令再爲内謁者局敘品至朝議大夫恩錫章服又加中散大夫貞元十七年充右神策軍護軍中尉判官纔浹辰遷内常侍充副使越翌日兼右街功德副使十九年拜右驍衛將軍充右神策軍護軍中尉右街功德使明年有詔知内侍省事歲中加特進右武衛大將軍封樂安縣開國男德宗棄天下順宗諒闇整訓爪牙勤宣翼戴進驃騎大將軍益封樂安縣公食邑一千五百户今皇帝踐祚以年疾加侵固辭戎政重違誠懇恩禮舊勞拜開府儀同三司旣積沈恙累章陳乞乃下優詔遂其致政之請焉初公以大歷中奉使交廣裔夷嗇禍有梁氏尋氏聚爲寇

藪公與守臣決策潛師盡殪南服以清厥猷茂焉建中中將軍許庭遊將命北蕃公爲之介屬張光晟虢斃其衆與陰方爲仇野心煩言將逞憾以報才全智免終靡鹽而歸俄而希烈干紀淮濆不靖受中旨合兵符取桂嶺湘川之衆益漢陽夏口之鎭以當劇賊且護成師收應山援安陸凡鄂之成績公有助焉尋又監慶州行營兵馬皆奮策畫用寧邊鄙暨夫拊循爪士參贊禁營乃昇副車超踐中尉講軍志循武經比詩人祈父之職得易象貞師之義承睿謀以決勝授羣帥以懋功肅肅然安人而禁暴雄雄然由

中以制外積勞不伐受寵若驚恩波深而守以愼懼爵祿厚而不萌侈汰其或方國問遺歲時交歡公曰有齒以焚古人所誡無脛而至廉士不居外不易於人中不易其操泛然虛受悉助軍實强力匪懈推誠在公或籍在行閒而法干吏理苟簡書所至必械繫送之心無私焉直而後已當親重之任護腹心之臣入近天子之光出列諸侯之上豈徒然哉先魏公信嚮釋氏薰修心法嘗於邑里奏建寶應衆善寺五代之壞樹依焉至公又請於寺內置無垢淨光法華三院塔額檀施臧獲爲淨人者十輩所以修先志

所以崇佛乘孝子信士斯爲至矣昔漢室以灌嬰爲謁者隨何爲護軍正伯參珥貂之制環列據銜珠之重驃騎儀同品皆第一護封益食事軼常均及屏去燻灼翛然恬曠家居得謝以至沒身其動也本兵柄而不可犯其靜也冥道樞而無所累納忠循理議者嘉之前夫人郭氏驃騎大將軍贈開府儀同三司全羽之女克恭婦道不幸先沒今夫人東平郡君呂氏柔嘉有儀晝哭遵禮奉終誠信以前夫人祔焉長子某次子某官某等棘心雪泣銜恤無怙趨承軒禁嗣續忠勞公之兄前保壽寺上座內供奉監義大德道系捨筏之宗已超學地在原之痛猶切孔懷公之弟某官某等同氣聯華致美有裕忍哀襄事先遠是圖龜兆告猷芻靈啟路卜佳城於此室體魄焉依轉樂石於他山聲塵斯在銘曰

大君御極修理百職抑抑樂安逢時竭力超侍軒墀抱公絕私乃將命令以會師期保合誠信周旋險夷韜鈐講貫印紱蕤蕤帝座之西星文昭晰鉤陳之北武旅森列爲之總制所以關決凡在掛循士皆感悅委重三朝成功九霄退身崇讓息偃迢遙逝川閱水截道驚飈恩崇幢蓋吹咽

笳簫涇流湯湯谷水池陽舊邱崇岡若斧若堂宰樹如雲仁祠在旁刻銘於茲兮永永不忘

故正議大夫守門下侍郎同中書門下平章事成紀縣開國男賜紫金魚袋贈太子太傅貞憲趙公神道碑銘 并序

在漢孝宣厲精理道則有魏相通故事丙吉知大體百職修明中興有聲惟皇帝在位十四祀得賢相成紀公趙氏受天清淳佐時緝熙本洪範之正直躬大雅之明哲左輔右弼調和鼎味降祥而生盡瘁而終時貞元十三年年六

十一歲上震悼不視朝三日詔奉常具儀法冊贈太子太傅又俾百執事爲位哭於其庭弔祠禮賻率有加等二府之屬或銘其德於壽堂或狀其行於考功有司稽實謚曰貞憲公之盛業斯謂不朽又舉其始中終之畧識於神道公諱憬字退翁天水隴西人其先成子之文宣子之忠文子之知人左邱明太史公實書之曾王父仁本皇司列少常伯同東西臺三品以忠清勵翼多所發明乾封總章之際號爲稱職王父贈趙州都督誼歷右司郎中乾封縣令司僕少卿烈考贈鄭州刺史道先仕至洪州錄事參軍惟

祖禰含章故慶延追錫崇構丕矩復大於公公保抱之歲生知色養羈貫之年則無幼志及夫被儒服踐法言敬直而文肅莊而溫端誠博物錯綜古今非大中至正不接於心術寶應中元宗崩肅宗幸梓宮有司議方中復土之制時西鄙日聳歲饑人流公以王者追孝恤禮宜儉褐衣上疏詞指約明君子曰此劉更生諫昌陵之言也息偃江介名聲籍甚始佐州司乃辟戎車自試守江夏尉三遷至監察御史其後翹車繼轍賢侯虛左大凡難理之府皆待公爲重歷殿中侍御史太子舍人丁太夫人憂柴毀孺慕殆將死孝感導善氣降爲嘉生有芝煌煌秀於壞樹之側公默而去之人莫知者既免喪徵拜水部員外郎未幾檢校工部郎中副湘中七州軍事居一年詔領留府尋踐方伯以中執法錫金印紫綬罷職家居拜給事中執法懷和北狄有下嫁冊命之禮復兼憲丞以副皇華旋軫未至遷尚書左丞俊乂用彰皆以貞勝其初撫封上狩於漢中守臣之任憂寄愈切公恤隱布和仁而愛人輿師知訓善吏樂職行之三年教化明備厎貢有藝賦政不煩絜矩以杜奇袤露章而無吐茹飛語雷動明誠山立受代踰年事實數

聞故有左曹之命講貫舊章惟直是視刑或失入議將必還公望日盛其勤靡盬故有和戎之役致賜諭旨協寧殊鄰疆埸之言專對而不跲紀綱之僕承事而不征保就安利北方感悅故有在塗之拜整南宮之紀律起郎吏之功緒風望素重法制尤精常歲終舉吏可以長人者或以其細故深詆將以病公公乃移書自訟請下其考有博大之度無怨欲之私一臺承式六轡在手持剛體要善否有章故積公輔之望貞元八年夏四月拜中書侍郎平章事明年五月轉門下侍郎以厚德載物以全才宣化舉直盡忠

敷納詳明正百度之本去一朝之便事有統紀心無面從嘉猷讜言鎮定宏大謙厚而不伐持平而居易闢邪塞違貞厲而不校陟恪始終帝載用和嚱夫先正常伯歷左肅機東臺侍郎充著休功再參大政公皆踐之是以似之嘗以爲漢庭諸公罕備其用以石慶之醇謹而不能關決薛宣之方畧而失於煩碎翟方進之通明而固其位公孫宏之節儉而近於名公備有其長彼實多缺唯丙魏所履我無愧焉嚮使天與之年盡行其道則公之所化可勝旣乎故其登庸也士之仁者相賀而不仁者相弔其全歸也士

之仁者相弔而不仁者相賀斯可知已至若睦中外之姻而均其祿賜嚴宗廟之祀而不理第室啟手足之日家無餘財奉終卽遠待恩禮而後備難矣哉嗣子宣亮全亮元亮承亮等伯季以門子爲宏文生叔仲始解巾受祿皆稟德風幼而孝謹以十一月景午時得吉卜奉公之喪祔窆於河南緱氏縣景山之原禮也以德輿叨居宰士嘗辱深知職奉贊書備詳盛烈俾刻金石聞於無窮銘曰

晉有成宣代稱忠勳先正常伯匪躬事君纘復於公爲時獻臣德不踰閑心不違仁貞其所履以翼天子大猷是經中立不倚乃賦明命宜躋遐紀吾道方伸修塗遽已緱原蒼蒼宰樹成行令名章章樂石在旁噫嘻太傅之風永代不忘

故朔方河中晉絳邠寧慶等州兵馬副元帥河中絳邠節度度支營田觀察處置等使元從奉天定難功臣開府儀同三司檢校司徒兼中書令河中尹上柱國咸寧郡王贈太師忠武渾公神道碑銘 并序

天地訢合以生萬物其成歲功也則有肅殺震曜之助焉

君臣保乂以熙百志其講武功也則有經綸翼戴之輔焉龍蛇起蟄山澤通氣與運相值有開必先斯太師所以宣力四代稽謨七德煇曜威靈勤身濯行霆擊風行乃緝熙於先明故琱戈淑旂以嚴師律黃旒元衮以正台曜湛露彤弓以覺報宴納書追命以榮恤禮蕃錫始終如公之功公諱瑊字某其先夏姒之後爲淳維漢劉之代爲渾耶或强爲與國或分以保姓貞觀中開置州壤就加官師曾祖元慶皇豹韜衞將軍靈邱縣開國伯祖文壽皇太子僕贈尚書左僕射考釋之皇開府儀同三司太常卿兼御史中

丞寧朔郡王贈司空惟靈邱紹先公之職居次卿之重僕射以積厚克家寧朔以偉才雄邊貴仕崇勳乃列茅社流先追遠是加密印回復介祉閒生元臣功昭於前人德合於大君建中癸亥翠華西狩公以大司馬艱貞翼從部勒戎車揣摩殺機勤勞行內爲上心膂登壇授律誓命交感如漢拜淮陰侯故事而又加焉乃進左揆遂參大政總賦輿而爲之師長恢王略而以之北伐凶黨盡銳壁於武亭公以事鉅師老則傷威重正合奇勝在於疾力奮寡擊衆鼓行無前殲夷潰溺如建瓴水中堅席勝又復於咸陽長

轂敵行旣門於延秋會西平王以東諸侯之師清宮獻捷公乃抑其賈勇須彼成功窒士心之剋伐息兵火之氣焰然後窮追斬級寇孽以平備法從於清蹕捧大明於黃道告類薦功登拜上台撫封尹正復與虜碻時北平王出大鹵收絳臺而公已總成師下左輔於是緝忠力揚奇鋒復離宮拔堅壘衡陣壓境傳於蒲津金鼓之聲氣相合山河之表裏皆復渠魁授首師帥協附安流以濟方軌而前士不罹傷工不易肆殄寇正刑四方咸穌論道進律乃平水土秉誼靖人以修班制休嘉賁於草木利澤逮於鰥寡言爲軍志動爲吏師貞元景子政成一紀進掌邦教遂居左弼十五年冬寢疾十二月辛未薨於理所享年六十四皇上悼歎不視朝五日冊贈太師賻襚弔祠有司備物大僚襄事明年二月甲申葬我太師於萬年縣洪固原太常跡其功德奏謚曰忠武禮也初公年十一以將門子仕於邊部未弱冠五遷至左驍衛將軍始從朔方之師戰黑山次從隴右之師摧石堡又嘗西出臨洮奪昆夷之善地而爲之壁壘北絕大漠破獫狁之堅甲而焚其廬帳又從汾陽王臨淮王討反虜於山東南攻贊皇北取眞定射其突將

李立節貫於左肩斃之又五遷至太常卿皆以功次其閒開地於河曲以靜九蕃宣威於陜西乃定三川凡王師之所以剋獲都邑元老之所以發揚蹈厲公必居其先偏而當其勍劇故以御史中丞爲靈州左司馬以御史大夫爲邠州刺史以工部尚書爲單于大都護專征上郡榆林之地入爲左金吾衛大將軍又以戶部尚書奉晉王出車之重自時厥後投艱感慨能納大忠以恤大事理蒲十六年再陟公台以司空兼侍中以司徒兼中書令大凡歷官二十八次眞食千八百室居節制者五副元帥者四材力絕

人始封樓煩方內洽平乃建咸寧凡汾陽王九代之勳公皆左右四履之地公皆踐歷憫冊師禮法謚尊名公皆如之所不至者壽而已矣惟公厚性寬中智謀深靜秉儀類以賦明命植端誠以糾王慝講功述職遠意長利執德之柄蹈禮之輿致其用以格天啟其心以沃聖協建皇極爲宗工元龜雅好左氏春秋班氏史得考父之恭范宣之讓驃衛之功畧黃韓之教化又嘗慕太史公自敘著行紀一篇詞不矜大而事皆明備有子五人曰殿中少監鍊太子中允鎬太子司議郎鉅櫟陽尉鋼雲陽尉鐵著位於兩宮

以奉朝請試吏於縣內以修事任食德而才稟訓而忠皆以純孝致其哀敬令弟輔國大將軍右領軍衛將軍武當郡王玘與諸孫等推烝彝景鐘之義因識表以聞有詔詞臣刻石傳信乃採其贊書侯表作神道碑銘曰

北戴斗極陰方尚武元金朱轓錫命都府太師開代感會雲雨四征庇人九合尊主昔未成童則能肆勤卓行深入致果忘身弱冠摧鋒環列南軍中興之後書社策勳援枹兩河轉戰三秦靈朔邠郊所居必聞出統蕃衛入司徼巡時丁阸難節冠羣倫逋誅煽結狂穢宮闕西平鞠旅公亦授鉞既臨延秋如火烈烈休士退舍時惟不伐浸沴濛濛蒲津未通北平釋位公實撫封胥命長春克成厥功開壁勞軍靡有不公以律則臧在和而克時惟太師有嚴有翼乃敷仁澤乃布條職時惟太師有功有德三公二府是奬是陟禭印易名以尊以飾材官介士鹵簿悽惻大隧鮮原終南之北萬邦作憲永代是式追琢馨香與唐無極

欽定全唐文卷四百九十九

權德輿十七

唐故宣武軍節度副大使知節度事管内支度營田汴宋亳頴等州觀察處置等使金紫光禄大夫檢校尚書左僕射同中書門下平章事隴西郡開國公贈太傅董公神道碑銘并序

漢興五代孝武思理膠西相陳天人之際王道之端昌言大對統紀條貫純嘏積厚遠而寖明帝唐九葉順考古道隴西公兼將相之重承尉衛之崇啓心宣力作率慶事陟

格宗工能積其烈公諱晉字混成河東虞鄉人廉忠温厚絜矩通理秉義以立故不爲利疚知動之微故每與吉會初肅宗受端命以合兵車思欲去元元於湯火致王度於金玉以文告威讓遠猷密布一作命之爲重也故公解巾披荆校文視草凡三徙官被以釆章代宗御天下乃清吏職以爲文憲彌綸陪貳事任百辟交修則理道洽故公再入御史府三爲尚書郎歷祕書監長府奉常武候之亞今上建皇都以纂鴻業思代天工俾寧方内故公出入屯夷昭明有融中居大僚以至柄用貞元五年春三月拜門下侍郎同中書門下平章事居五年除禮部尚書用耆碩俊德轉遷兵部分正宏化以本官畢命爲東都留守東都畿汝州都防禦使安危注意以左揆持相印充宣武軍節度汴宋亳頴等州觀察處置等使十五年二月丁丑薨於位享年七十六罷朝三日追命太傅有司易其名曰恭惠職喪法賻皆峻彜等所以視其踐履而加優之也初公以祠部郎爲出疆從事北方之强驕蹇沓貪伐功怙力徵我厚幣使臣指顧公攝其詞詞達氣直虜皆震伏殫威命於專對輝光華於外區仁者之勇沛然餘力其爲太府未浹日而

理乃珥貂蟬實秉憲丞含章以承顧問秉直以司紀律修起故事京師肅然其爲華州徵赴行在以祭酒亞相使於北河其往也薊門不出關東多壘習俗故態且相附離公則破其從約使循軌道其還也蒲坂既阻王宫未清婪婪二逆恣睢相合公則折其凶謀因以鬱沒憑軾有勞扈蹕而旋益用尊禮大其職業司徼循也五校嚴備持重而不苛處綱轄也六職遵修舉直而不紊典禮樂也百神咸秩薦信而不黷其爲相也上戴元聖下熙百工柔惠小物協寧大政推明常古之制章敘理平之業粹和而不耀敬讓

而不居言陳於前不可悉數拜章八上然後得請其撫封也九爲難理先是在宥推恩參授兵柄至有恃凶器以邀好爵者氣燄不還風波相沿是邦再亂人用恫恐上以爲陳留天下之郊也非素重臣不可以率先賦政公既受命與一二從事記室儒服而前不待裹言不恃扞衛寛信夷易闓然風行長城大蔡蘊在靈府悍將伏罪齊人樂業四鄰諸侯折中於公居四年政成力疾累求入覲因條陳利病請制於未然上難其繼以致沒代噫夫一邦之人得公而理失公而亂劫介夫殺大吏猶原燎川潰於不可遏嚮

公之嘉猷密疏如前知焉其明智歟董氏在春秋時書法不隱在戰國時贊明命聞於諸侯自膠西而下淳耀滋大在魏有司徒昭在蜀有尚書令允扶義納忠以斡機衡其族舊矣公曾祖仁琬皇州博士祖大禮贈右散騎常侍考伯良開州新浦主簿贈尚書左僕射三代有令德而無貴仕蕃祉所鍾發爲追崇宜哉有子四人祕書省著作郎全道祕書郎溪大理評事全素太常寺太祝澥等其承學也專其就列也敬斬然而孤纍然以哀日於先遠象數協吉以某年十月丁酉奉理命家法薄葬公於河南縣萬安山之原以前夫人南陽張氏繼夫人京兆韋氏祔焉從周禮也惟公自筮仕至捐館四十五年無伐善無違德歷官三十六皆以理劾聞自建中以還居中分閫再調鼎實一人而已范文子所謂厚德者能享多福惟公有之全道等猶懼懿鑠之不永於後與陵谷之有遷也以德輿奉行公之命書者三宜金石刻故跡其誄諡而爲之銘其詞曰

后王財成雋乂昭明以建皇極甫申居内方邵理外周邦是式於惟隴西求福不回文武宣力調和公餗整訓長轂柔惠且直膠西章章道可佐王屈相下國綿代儲慶至公

而盛位實配德子子干旟昔荏浚都俗既紓息翻翻素旗今旋洛師人用悽惻惟是壞樹賁於四布萬安之側德輝在茲永代有詞於以篆刻

唐故中書侍郎同中書門下平章事太子賓客贈戶部尚書齊成公神道碑銘 并序

有唐文學政事之君子曰相國齊成公諱抗字遐舉清方粹温絜矩秉懿明誠盡性切磨化育之道精義入神旁魄天人之際以忠事君以病乞身乃去台宰乃齊商皓然後徽琴瑟啟手足歿齒無違德以從先大夫於九原易名曰

成不亦宜乎公定州義豐人自太公表東海桓公匡天下爲國爲家或哲或仁烈祖贈太師府君諱澣歷給事中中書舍人吏部侍郎止於平陽太守出入陟降中行山立至今言開元名臣者稱公有遺直遺愛焉實生先公贈國子祭酒府君諱翃履道貞厲仕至左龍武軍倉曹積厚於上流光於下其位不充故大受於成公公既齓而孤哀過成人屬幽陵橫潰中夏如燬奉太夫人安輿違難於越得子州支伯之故地而偕隱焉誅草茅以順居息悅山水以資仁智方茂天爵用觀靈龜嘉招重問奔走以狎至虛己宏

道從容而翔集吳郡張相君鎰方以仁義理濠上得君爲榮及進律於洪成師於岐累爲命介若驂有靳建中中戎王諜大和會以休寧西方右扶風綿亘汧隴地當甌脫且有成命正其經界公實佐中權登壇涖盟得其情數與之約結克就衣裳之會用銷邊鄙之警自解巾三遷至殿中侍御史俄屬涇旅竊發羣凶挺災天兵展義於甸內王公死難於理所百舍奔問至於行宮拜侍御史有詔以蕭黃門復布愷澤於東夏命公爲工部員外郎以贊焉復命轉倉部郎中李懷光阻命於蒲連兵未解關中饑旱經費不足轉粟饋軍濟時之艱患求才急病命使以轉運遷兵部郎中兼御史中丞以董其任俄拜諫議大夫當軸者不相容坐婚親細故出爲處州刺史先是山越寇攘蕩覆城寺公乃卜勢勝之爽塏因習俗之便安三時不害百堵皆作朝典陟明拜蘇州刺史吳實劇部大田多稼浮徭冒役吏禁或弛占著名數户版不均公乃閱其生齒書其比要强家大猾不得蓋藏公持單輕與之紓息已日乃孚厥猷茂焉遷潭州刺史御史中丞湖南觀察使以嚮時二郡之理而宏大之其仁可知也左曹理本徵爲給事中周郊寄重

擢爲河南尹盜有宋瞿曇者白晝椎剽爲郡偷蠹橐三川病之幾三十年公法令嚴具網絡張設名捕魁宿使無遺類指顧之閒擒擿如神乃作祕書章明文雅修舊以起廢乃作太常統和神人節事以辨志使蕃大僚其道乃光德宗皇帝方以堯舜氏聰明之道馭天下用賢人充相位拜中書侍郎同中書門下平章事熙九功之歌賡百官之成損益文獻化裁形器精微以折衷密靜而不伐或事隱於造膝或言行於沃心初天官氏每歲表他曹郎二人閱多士試言第其甲乙春官氏俾考功郎選孝秀之親故者而

進退之公以冢宰少宗伯爲官人取士之本蓋天子有司之重寄至於避小嫌亂舊章適滋旁歧孰謂扃鐍蹇蹇坦坦之道豈如是耶然後闢康莊作衡尺遵公是之路去自便之私天下之人謂之理道尋有詔修國史昔孔父無位以空文爲一王法公當盛聖之代用宰司總直筆其於褒貶勸懼明焉勤慮盡瘁積成寢恙累章乞告改太子賓客遭罹不淑贈戶部尚書時貞元甲申歲夏四月春秋六十有五夫人河南獨孤氏某官某之女賢明蚤夭繼夫人蘭陵蕭氏某官某之女仁順有禮法嗣子餗銜恤毀瘠侍公

裳帷以某月日祔於東都某原喪祭哀敬君子以爲有後惟公深而通肅而寬出處動靜必以中正敬用五事暢於四支資性儼恪尤長鑒裁在岐也薦齊忠公映佐蕭也薦盧恭公邁皆至丞相其他推轂下士爲朝廷臣成天下重名碩望者不可勝書凡所論著皆研幾析理宏雅夷遠洪州文宣王廟碑張蕭盧三相國碑誌本聖人教化之蹟推大政蓍明之道固其性術講貫而發舒乎斯文文集二十卷中倫體要盡在是矣公薨五年餗調爲洛陽尉永惟先烈未刻豐碑以德輿夙承湖海之舊中忝掖垣之屬他日舉代靡形話言獲於遺編實見陰德顧茲無似有玷知人濡涕含毫以表幽宅銘曰

昔在營邱大風泱泱有倬平陽令聲章章不踐宰政貽慶子姓倉曹舍光太學追命厥生中書秉哲居正鵬起扶搖鸞翔慶霄乃登紫微以瑞清朝吉凶糺纆寒暑結轄其生有涯其用無極壽堂冥漠冢樹森植楬茲馨香終古是式

唐故楚州淮陰縣令贈尚書右僕射王府君神道碑銘 并序

天球白珩產於崇山扣之而清越格人莊士生於積德用

之而宏大其或含光而耀藏器不發乃熾而昌是滋百祥蘊而爲義方飾而爲嶽章故太原王公四筮仕而領通邑五追崇而登端右循政茂於官下湛恩集於身後有繇然也公諱光謙字某自東漢雁門太守澤五代至晉中書令獻之坦之葳蕤德名與吉祥侔盛自後魏龍驤將軍長社穆侯慧龍五代至隋祕書少監邵以動華文學復大其門祕書生隋揚州戶曹參軍來戶曹生皇青州司戶參軍子奇司戶生美原丞贈太常卿慶賢三代沈晦邁其風訓公即太常府君之長子也幼而岐嶷長而淳懿絜矩愼獨抱

仁戴義閎深博辯之學稽古禮文之事炳然合章靡不通貫至若文舒之清修廉實處冲之剖析元微安期之宏恕懷祖之沈靜合是家法而躬行之始以門廕受署凡四徙官曰幽州三水潞州潞城二主簿絳州萬泉縣丞楚州淮陰縣令所至之邦二千石必加禮慰薦而公牢讓勇退卑不可踰及爲縣令也務清靜之理而去其煩苦推明誠之本而教以廉隅一同熙熙生殖阜滋楚風丕變幾至齊魯因喟然曰彼天爵美祿者在仁義與樽酒而已太邱彭澤豈多秩耶於是放懷於外裔神於内沈研象繫之表盤礴

天人之際其致知格物不可詳也以開元二十九年春正月捐館舍於淮陰年六十九其明年返葬於河南府偃師縣北山之陽夫人博陵崔氏贈博陵太夫人繼夫人隴西李氏後夫人同郡武氏贈彭城郡太夫人飾終三加子貴故也公之才子五人長曰翊以博雅典憲亮直方貞歷御史中丞左散騎常侍刑部吏部二侍郎御史大夫贈户部尚書謚曰忠惠次曰翶吏理詳明官河南府陽翟縣尉次曰翃循良愷悌勳德茂盛歷辰朗容三州刺史容管經畧使兼御史中丞河中少尹朔方節度留後汾州刺史單于副都護鎮武軍使徵拜京兆尹尋兼御史大夫再居大理寺卿爲福建觀察使入爲太子賓客貞元十二年檢校禮部尚書東都留守踐履藩垣逾四十年階至特進爵封本郡次曰向士行清修爲秦州上邽縣尉幼曰翹文敏有幹裕歷監察御史三原縣令著作郎太子僕翶向皆不幸早夭翹亦命屈其志而忠惠公太原公總集休祉爲宗工藎臣初忠惠公與肅宗代宗從容言天下事甚衆且曰文致太平在正名百職危言悃愊痛詆權倖條疏理道坦然章明沃心前席倚以爲相者數矣雖位竟不致而其遺風直

聲暴乎天下太原公剖符賦政累刻金石減夷越劇賊開地靜人倅蒲也以沈機銷急變護單于也以尺書柔獷俗中外官師倣聲流聞保釐尹正式是東夏安危注意未始有極言代德者以公之道未光而慶下鍾惟其有之是以似之之故也初以忠惠公扈鑾輅於岷峨其勤匪懈贈公隴州刺史又以持節印冊命專對於北方閉關忠力再贈公祕書監後以太原公南服嘉庸三贈公爲工部尚書以轂下肅清四贈公爲太子少保以閫方報政五贈公爲尚書右僕射噫嘻賢人敎忠之業令嗣揚名之孝大君追遠

之澤是三者可謂至矣十七年太原公貞於龜筮得二月壬寅吉於是備八旒七章鷩冕佩玉之飾博陵彭城二郡太夫人以象服祔焉詔給鹵簿官司喪事慶靈集於一門光耀被於九原君子然後知積德豐報之不誣矣至若忠惠之子爲守臣太原之壻居台司諸孫昌阜冠映圭組則列諸碑陰以備代家斵茲琬玉銘公德美其詞曰

有匪君子兮德行醇備蟬聯烜赫兮峻閥宏義觀我靈龜兮懼腊毒之厚味樹風百里兮馳蒲密之極摯慈和安靖兮闔境如春仲叔容儀兮與古爲倫全才不耀兮流慶後昆忠惠既沒兮太原顯尊五加追命兮賁茲元壤隼旟龍翣兮以至師長澤流根葉兮恩及漏泉壽堂拱木兮以横蒼煙隨武可作兮臧孫有後崇岡樂石兮昭晰攸久吁嗟王公斯爲不朽

唐故四鎮北庭行軍兼涇原等州節度支度營田等使開府儀同三司檢校尚書右僕射使持節涇原諸軍事涇州刺史兼御史大夫上柱國南川郡王贈司空劉公神道碑銘并序

惟南川郡王諱昌字公明貞師於安定十六歲歲直鶉火夏五月甲子寢疾病考終命制詔褒以司空印綬而弔祠法賻稱焉於是內子諸孤宗姻家老盡誠信於內從事大吏倫侯亞旅展匍匐於外叶志會事拂龜露蓍象數皆得以條陳纖微必蒙於可報以冬十月丁酉返眞宅於京師某原禮也公之先彭城人楚元王交之後夔國公宏基之族孫也大王父全慶皇汴州別駕王父達徐州長史父庭玉試太常卿贈徐州刺史三代醇靜不躋豐祿故天爵覆露發祥於公公角犀燕頷魁岸碩大思蓄泉深盛氣揚休清明以虛受莊重而强立稟於端誠之謂義發於慮憲之

謂仁揚天聲之謂武飭修方任之謂文事再居陪卿三佐列藩以宮尹中執法以騎省亞丞相冬官宗伯比踐六職再受鉞而一撫封列王爵而食眞賦終於端右飾以論道其初守商邱援彭城下濮陽壁寧陵釋陳圍復梁野皆急病肆力威功自著起沮傷以奮擊化怪駭爲休寧其守不可拔其功不可遏投難而智勇俱殖酣戰而奇正合發兵法曰有必勝之將書曰存亡在所用其信然乎始從河南節度使張介然東討林胡殺畧居多次從宋州刺史李岑扞城半歲劇賊遁去又從臨淮王光弼汧國公勉每用上

效揚於軍鋒洎劉司徒元佐始擁節旄錫宣武之號以族屬勳力賈餘勇無前凡希烈之自寧陵走汴自汴走蔡以至於死皆公之爲貞元三年以偏師八千承詔護塞亦旣旋旆俾營甸圻有尢違者連斬以徇天子壯其忠概未幾徵還沃心前席饗醴命宥建行師之節制自稟新書分上相之賦輿留屯便地明年正月進律作藩彤弓元甲物采備厚因六郡之氣俗用十連之教理入覲宣室請城平涼屹爲巨防乃拓故地而又險走集以禦寇徙邑居以便人夷境埆而制井疆斬荆棘以列逵市貸力具舉農戰交修

邊關棄地宴然富殖長幼養老沛然生聚鄰有墜師者濟之棄甲者納之凡涇人之所未習者皆優爲之涇土之所未產者皆茂遂之昆夷懾讋爟火訖息彼西土軌道緊吾謀實然理命不忘於信賞遺章備見其忠悃年止於六十五未極壽寵皇帝之所以恤然加等良有以焉夫人吳國夫人陸氏柔嘉綢直婦道明備長子殿中侍御史贈潁州刺史均敎忠能仕不幸蚤夭嗣子右威衛騎曹參軍士涇慤善有訓行與支子右衛率府兵曹參軍士傪洎士良及士和等以德輿嘗受面命類涇人聲詩馨香始終其傳信也熟將篆樂石載徵菲詞中郎二碑竊善頌於無愧春秋五例冀終義於後經銘曰

亹亹南川得時經武大君有命式是西土西土渥征眾心成城壽甲琱戈涇師以貞隼旗鷲冕涇俗以寧肆厥忠力秉茲義程凡在五符至於白徒制爲田廬亦有賈區實墉實畝交贊令圖嘉生油油比屋愉愉昔誓偏師士皆致果如使臂指可蹈水火孰云危事決勝在我狂猘内訌惡氛濛濛濁河而南或守或攻陳壁旣捷夷門乃通時惟南川實冠羣公乃分兵符乃鏤彝器服物昭庸天休滋至勞勤

心力宏大功利師則嚴終公惟盡瘁智氣冥冥發揚昭明下平水土上助神靈輅葆參差邱封崢嶸立此堅石於昭厥聲

欽定全唐文卷五百

權德輿十八

尚書度支郎中贈尚書左僕射正平節公裴公神道碑銘并序

王者奉三無私以勞天下則崇德報功加恩飾終與覆載照臨相爲用一也惟正平節公以愷悌文敏爲二千石尚書郎人浮於食位不配德纂積後之緒業貽克家之燕翼流光裕蠱爲代師式乃元和二年夏五月追命告贈爲尚書左僕射孝本乎忠榮生乎哀用攄罔極以刻金石云公

諱倩字容卿河東聞喜人其先嬴秦同姓因封受氏魏晉已還號爲多才八賢方駕百族歸重自魏冀州刺史徽五代至中軍將軍雙虎中軍五代至隋左光祿大夫皇朝贈原州都督忠公仁基忠公生皇銀青光祿大夫禮部尚書定襄金牙兩道節度行軍大總管贈太尉聞喜憲公行儉公之曾祖也憲公生皇光祿大夫侍中兼吏部尚書宏文館大學士贈太師正平忠獻公光庭公之王父也忠獻公生皇尚書祠部員外郎贈太子賓客禎公之烈考也公天姿宏裕虛受通理臧氏之有後於魯管氏之代祀於齊遠至之器發於岐嶷年十一以相庭推恩授家令寺丞滿歲選部銓第甲乙補太常寺主簿居先府君喪水漿不入於口孺慕殆於滅性宗門憂其死於孝禮文俯就衣服外除歷華陰馮翊二郡司户參軍轉祕書郎俄丁内艱毀瘠如初禮違難江介就拜洪州司馬改太子司議郎徵爲殿中侍御史拜度支駕部二員外遷司勳郎中祕書少監歷信饒二州刺史復徵爲度支郎中其佐鍾陵也領留府之重居議郎也贊計司之職暨登中臺亞中祕皆兼柱下方書之任自淮而南涉江而西荆衡漢沔湘中夏口半天下輿

壤爲都府者十數公四顯使車連佩數印督課郡國調其盈虛吏祿兵食之仰給輸將轉漕之回遠法錢牢盆之制田租口賦之差權其輕重商其功利察下人之疾苦廉長吏之善否車不輟轍有勞於時其始受命也寇劇橫厲三川如燬陰方出師慕義助順代宗焦勞念慮命德宗以雍邸總戎賦輿所會征繕不給有詔輟東方軍市之租移用於中都屬受鉞之臣矜功觖望師老專利便文自營公慨然牒書譏切備至嚮之廢格悉用平鐫義夫以之感激王旅以之震耀其理信州也用寬惠誠厚輯柔所部穡事滿

野嘉禾同穎年以順成人斯洽和復其庸亡五千室闢其農耕二萬畝交代之日不書於簿且曰吾以恤隱豈當沽美不伐之善欲蓋而彰方帥表理行第一增秩至正議大夫加金印紫綬其爲饒州屬所代者非其人因緣權幸貪猾無狀公以廉平頒詔條以慘怛撫瘡傷四封愛戴如熱斯濯其後徵拜也朝廷誅內臣修百度彌綸經費委重有司公以郎吏代故相第五琦專判度支事方蕞裁成九賦超贊六職以美利利斯人令望日大天胡不惠以大歷七年秋七月考終命於長安光德里第春秋若干以某年月

日歸全於萬年縣神禾原之大墓禮官博士以公處難不謀其身牧人不私其功能固所守以行制度易嘉名以旌往行禮也惟公直而溫簡而文才裕於物器周於用靜若蓍龜動如干鏌秉是貞厲終焉節適著文集十卷湓城集五卷比興屬和聲律鏗然引拔參佐皆一時名士風采資林邁絕羣倫齒位未極爲薦紳所痛夫人京兆韋氏扶風太守恒之長女以大宗之家人諸侯之內子衿鞶承訓籩豆助祭當室以敬睦親以仁姿操卓淑音徽宏大盛德著於母儀惠心通於佛乘五蘊不入六姻是憲始封咸寧郡君後三追錫至邠國太夫人有子曰均以御史大夫工部尚書尹正荆門節制上游就加吏部尚書右僕射元和三年抗章入覲真拜右僕射判度支加秩金紫光祿大夫由河東郡公進封郇國歲中進左僕射同中書門下平章事撫征漢南臨長諸侯惟郇公直清宏重有文武楨幹得時大行爲王室輔處善以動官修其方賦政以惠南國宣威以靖西蜀師長百工阜成中邦兵符將印焜燿章灼樹善程能之績勤身體遠之用居則有猶動則有功率循風訓以復尊大君子曰憲公忠獻公之休烈丕矩再世盛德屈

於郎位必復之慶其在是乎初郇公之授律也孝文追贈公絳州刺史其進律也順宗贈公禮部尚書今皇帝永懷義方於是有左揆之命公之積慶郇公之孝思可謂至矣郇公以三代論譔皆上台雄文猥以通舊忘其卑鄙辭則不腆庶傳信之無愧焉銘曰

河汾之東慶祉所鍾公相葳蕤德耀昭融矯矯節公體仁修性乃貽後昆實稟先正太尉經武太師翼聖施於儲賓執德之柄公用循良惠於二邦公有德澤宣於四方急病尚仁履險乘剛化被煩苦斯焉樂康吉祿方摯壽堂已閟

謳此家聲揚於令嗣恩崇鼎鉉績茂師帥中外服勞安危注意便蕃屬任宏大名器孝理是覃義方所自九原之中禮盛服充王三錫命襚飾宗工連岡崢嶸介原穹崇陵谷有變令聲無窮

故太子右庶子集賢院學士贈左散騎常侍王公神道碑銘并序

興元元年春二月太子右庶子王公艱貞歸全於京師新昌里夏五月王師震耀祲沴銷散天子以公忠義風節可以聳勵人臣追命左散騎常侍且詔有司護葬加禮冬十

一月寧神於咸陽縣胏浮原先公之兆域既葬十二歲其孤仲周以德輿昔在羈丱獲見於公無容之敬嘗拜於牀下乃泣狀代德俾表識於神道云公諱定字鎮卿京兆人其先魏信陵君無忌之後秦滅魏謂之王家周太尉尚書令羆以勳勞閥閱爲藩衛威重從太尉三代至隋司金上士邢孟洺相等七州刺史明進明進生同州河西縣令喜喜生蒲州長史贈禮部郎中慶慶生吏部侍郎揚州大都督府長史贈禮部尚書揚州大都督易從積是德善叢滋彰大公卽尚書第若干子弱冠游太學舉進士甲科補太子校書以文雅盛德名聲四暢屬執事者用喜怒爲刑賞上蔽天明婚親坐累微文痛詆歷湘潭藍山雲夢鹽城四邑之屬天寶末違難家食於淮湖開四征五府聘問狎至其年中書元載廉問九江表公爲介授右驍衛兵曹參軍以疾乞告不屑就無何元拜小司徒執憲乘軺實顓徵令復表公爲大理評事奉詔踵門詞禮皆切不得已而從之恥騖功利每稽中正酌輕重之法通方圓之宜叩雖應於春容技寧投於肯綮纔逾旬朔復以疾辭時薦紳先生多遊寓於江南盍簪清議以天爵爲貴退然絜矩名動京師

宰相得君且務樹善俄除監察御史不樂拘屑換太子司議郎公望寖盛徵書累下不就朝論以九遷是望大僚之七發相繼拜起居舍人尋加理匭使歷禮部吏部二員外於是昭法誠廣聰明裁百辟之章疏治九流之刀尺私回屏伏公是興行遷考功郎中每歲覈羣吏之能否書其上下之籍有司賦祿此焉質正吏詐諼以嘗巧法靡密而不勝公乃大爲之防盡去其弊於是選部以稱職聞或賀之者舉手曰此考功之力也豈敢攘善尋以本官知制誥歲中遷諫議大夫掌誥如故且加命服凡贊書名命必輔以

精誠其旨在於搴菁華而去枝葉故簡實體要不爲蔓辭明年宰臣伏法移太子洗馬今上嗣統柬求吏師授隰州刺史以南京歸重尋拜吏部郎中再授方面俞循行方國初自淮淝至於汝南後自上黨亘於山東辯逆節以致誅宣王澤以宏化德立刑行時公之功遷太子右庶子集賢院學士或歎以才全位散非公所宜者公蹵然曰此子仲父之職官也竊懼不稱豈必使濡翼腊毒然後爲得耶明年冬上思避狄之亂玉虯西狩公聞挈二子奔扈行宮在塗發疾爲凶黨所得不敢加害劫送京師元惡惜公素名

汙以右職禁犬日至盜言孔甘不時赴就期以大戮公瞑目噤口其心確然私謂所親曰忘君恩以苟生非忠蹈賊刃以誅死非孝於是藥攻五臟艾灼四肢耗其神形終啟手足任重道遠君子以爲難前此理命其子曰吾嘗被冕服近天子之光不能酬恩刷恥而遭罹執劫得正而斃猶生之年但慮竊國泉以賻我義無所受勿使僞命汙吾之行口占遺表言終而絕禮盛服充追崇身後君君臣臣其至矣哉故尚書吏部郎中趙郡李公洎公皆德輿先大夫之執也李公嘗稱公交道之深評議之正天下之人以爲知言前夫人京兆韋氏刑部尚書贈太子賓客堅之女繼夫人隴西李氏右金吾衛將軍資州刺史延業之女龍旂麟趾之慶重於淑哲皆叶公之志而先公之殁長子逢以進士宏詞甲科歷咸陽萬年縣尉監察御史殿中侍御史佐制河東之畫才名休茂不幸蚤代幼子仲周亦以進士甲科使車交辟以廷尉評攝監察御史佐元侯外任實商功利利用敏職文行修明論譔先烈炳然詳實故採獲始終用成斯文銘曰

大玉孚尹慶霄絪緼有卓王公清方直溫考績中臺吏理

有倫密侍右掖化成人文時或屈伸道無緇磷別殿清近東朝顯尊盜泉滔天猛瘈狺狺不虧其全不害其人凜凜風節追崇厚恩玉印金貂樾於墓門家法憑厚慶叢後昆纂敘德輝敬而不諼岡連夏屋木拱泰原傳信貞珉令聲無垠

故鄜州伏陸縣令贈左散騎常侍王府君神道碑銘并序

國家以孝理天下褒有功之臣寄崇元侯澤及先子印綬名器賁於冥冥繇是王公三受追命有金貂附蟬之飾公

諱崇術。字敬方。其先太原晉陽人。晉司徒渾之後也。中以閥閱徙於帝邱。今以名數籍於轂下。曾王父皇集州司倉參軍元素。元素生朝散大夫滑州衛南縣令瓌。瓌生蔚州司法參軍宏效。皆用儒行自守。故纓轂未華。仕不過郡掾史縣大夫而休問四暢。公卽司法府君之子。方嚴密靜。忠厚溫克。覽六籍三畧。如見古人之心。開元中舉孝廉。仍歲爲有司所詘。因罷卷慨息。慕班超傅介子之爲人。遂從河西節度杜尚書暹撫劒相合。一命昭武校尉蘭州金城府別將。再命鄜州修武府左果毅都尉。伐謀決勝。多以咨之。

居戲下數歲。因喟然曰。務功伐而違敬養。豈吾之心耶。陟屺倚門。慈戀交感。乃嘉仲由而罪吳起。去危事以承歡顏。旣至郡。按察使表其義行可移於教化。有詔試守鄜州伏陸令。爲之三年。禮俗休和。入有怡聲。出有循政。熙熙然千室以仁遂焉。雖宓不齊之理單父。庚桑楚之居嵔𡾊。不是過也。察廉薦延者方因公以俟上賞。俄丁太夫人憂。喪期斬焉。闋而猶毀。又喟然曰。嚮所以不擇祿者。備饍羞耳。今則求志。豈蘄畜於樊中耶。於是善閉以葆其身。敎忠以大其門。語仁義於燕閒。集寵嘉於後昆。以天寶八年春正月考終命於濮陽縣。享年七十二。嘉耦北平田氏。夏州司馬藝之息女。淑愼柔正。宜於家室。後七歲。沒於徐州。有子三人。長曰奇哲。倜儻沈勇。與河內尚衡扶義於河南。積功勞至恒州刺史。蹈難以沒。不害於仁。次曰棲榮。亦以忠力策謀至左威衛將軍。幼曰棲曜。寬明博大。有文武畧。左右征師。炳著威功。埽蕫毒於姑胥。靜鴟譸於夷門。興元元年。以太子詹事加御史大夫。繇太原縣侯進封瑯琊郡王。貞元三年。從晉國韓公來朝京師。拜輔國大將軍左龍武軍將軍。明年。又以御史大夫爲鄜坊丹延等州節度觀察等使。

十二年。就加禮部尚書。納忠服勞。考禮修職。克稟風訓。爲時幹垣。旋覲賦政之府。乃公筮仕之地。感霜露於怵惕。展蒸嘗於吉蠲。蓋貽慶考祥。必有所自。不然。何回復宏大於是邦耶。初大歷十年。朝廷以尚書偏師策勳。贈公開州刺史。貞元九年。又以撫劒宣力。贈公宋州刺史。是歲天子以一純二精。大饗報本。其明年。贈公左散騎常侍。夫人始贈北平郡太君。再封北平郡太夫人。至是三加爲燕國太夫人。十年十月。追錫之車服器用。改葬之裧輴。合祔於濮陽洛城鄉全義里之西原。先是尚書旣得吉卜。如始居喪之感累章請乞親壞樹土以戎閫委重俾其子正元往襄事焉噫嘻追養繼志有哀有敬義方啟迪之遠纂服裕蠱之盛蕃衍昌阜叢於子姓宜哉斵石舊封以攄德善其銘曰

仕不必貴難乎其備抑抑王公修仁踐義戎昭再命宏厥武事美化一同炳然文吏燕居就養消息恬智從心之年亦已過二沒代流慶密章下賁北追劇藩乃進常侍婉彼燕國柔嘉樂易光協閨門克昌後嗣蟬冠象服同穴茲地金石繫辭式昭遺懿

故中散大夫守尚書右僕射上柱國賜紫金魚袋

贈太子太保姚公神道碑銘并序

公諱南仲字某吳興武康人姚墟嬀水根柢峻茂後漢青州刺史恢始違難東徙周華州刺史北絳郡公僧坦以行義道術聞生二才子曰察曰最最仕隋為蜀王友六葉至公曾王父績仕絳州曲沃縣令王父元宋州宋城縣令烈考發天寶中舉秀才十上不合慨然自奮從西平王哥舒翰於隴上積功勞至右領軍衛將軍他日以公之勤贈國子祭酒公抗行厲操清方謙儉以規為瑱以禮為輿以多文為富以不貪為寶潔如大圭鏗若黃鐘宏毅以任重溫良而能斷自射策筮仕至於綏吉祿啟手足繇是道也其初應制條對理道授太子校書內史吏部表其才能凡三結黃綬至萬年尉前後考課為府中最擢拜右拾遺久次歷右補闕發文石封阜囊諷議十年彌縫百度大歷中中宮憫冊既卜壽原陳古義以上達疏近郊之非便即日詔可下其章於宰司特超五階被以命服執事內詔以上賀近臣修職而競勸服薦紳者誦之執簡記者書之尋以本官充理匭使今皇帝嗣位之初慮化不下究以通邑長人導利之源出為蘇州海鹽縣令韓晉公滉時總方任延於

幕庭改殿中侍御史興元歲大輅省方深燭理本東求俊乂徵詣行所洎清宮旋蹕拜左司員外郎紀綱品式練達明備轉兵部員外郎時武師告成祲沴肅清四征羣帥條上功級材官勇爵差次賞典受命顓達疇庸式敘遷本司郎中凶旱之後被邊藉食近關蒲晉十餘城之地因其徵令悅以平糴乃董使車贏糧息人拜御史中丞歲中換給事中正色匪躬清公不苛大朝以肅右曹亦理明年授同州刺史三載考績復以御史中丞領陝府長史陝虢觀察使居五年就加右散騎常侍左輔有離宮公田之劇焉陝

服居亟關砥柱之衝焉於二千石元侯之選斯近而重賦政廉平馨香流聞以修班制以厚風俗上以靈昌居兩河之郊鄭爲支郡是皆要害且今勁兵處也自丞相魏國公政成入弼厥後守臣再物故而魏公之澤寖遠思得寬明忠智之長以輯柔之進公左散騎常侍御史大夫爲滑州刺史鄭滑節度使於是握兵符乘單車惠然簡易入布條職恤鰥寡用仁制强禦用明居常以柔克臨事以貞勝士吏悅勸夫家寬息阜俗成師納忠閑邪衆情皆僾而公益厲十六年介圭來朝牢讓師帥繇是詔魏公以左僕射居

相府命公爲右僕射公既得請命其軍司馬盧羣以代焉爲仁由己是稱方國之表知臣者君乃膺師長之任詔奉常具儀法以莅中臺禮官贊引宰政爲客諸曹羅拜於堂下郎吏捧牘於階序禮成渥縟秉直者榮之虔奉朝請恪居官次慥慥然守業修職未嘗以耆碩尊禮自處山甫之匪懈考甫之益恭古人與稽華髮彌固十九年秋七月乙亥感疾薨於宣平里第享年七十五天子廢朝悼歎俾中貴人弔祠追命爲太子太保恩之所加可勝言哉惟公粹和而能貞厲恬淡而有儀矩履方持重坦坦光大詩曰愷悌君子求福不回言樂易而不違於道也又曰靖恭爾位好是正直言遭明君其道行也斯二者君子謂公得之夫人河南縣君元氏魏景穆帝之裔宣州錄事參軍光宗之息女也和易淑柔以肥家道先公而歿十八年矣嗣子太僕寺主簿袞潔清好古誠信得禮與其弟亮茹荼問卜以閏十月巳酉奉公之喪與夫人之殯合祔於少陵原黃渠里以儉襄事率循家法雖宗姻四布皆泣而辭之且曰理命也猶懼先人懿實寢而不章刻茲穹石以永終古銘曰

黃目彝器禮神所貴佩玉金龜君子是衛秩秩姚公其心

秉彝抱義戴仁造次無違公之所履中立不倚廉車淑旂所嚮風靡政無吐茹道若砥矢事君愛人斯謂至矣中臺崇崇端右宗公皇明嘉獎陟是師長卓爾道行渺然化往少陵鮮原美檟新阡龜筮告繇塗芻儼然白驥蕭蕭黃渠濩濩姚公之德兮揭此貞堅

故尚書工部員外郎贈禮部尚書王公神道碑銘
并序

今皇帝始初清明永貞紀號追命故工部員外郎王公爲華州刺史改元元和之明年再命爲禮部尚書裕蠱之風

訓漏泉之慶澤父所以教忠於子臣所以移孝於君人道之極盡於是矣公諱端字某太原人曾祖景肅皇澧州刺史祖威德州司馬父思獻襄陽令公方嚴有志尚沈粹潔清不流於俗舉進士宏詞連中甲科授崇文館校書郎累遷監察御史殿中侍御史工部員外郎其於奉朝請之外或介隴坻或留洛邑以疾乞告遇安祿山反書聞南浮江湖自適其適乾元己亥奄至大病悲夫自開元天寶閒萬方砥平仕進者以文講業無他蹊徑薦紳之倫望二臺如登青天公與河南元德秀天水閻仲輿同歲中正鵠其後

冠惠文趨建禮憲章奏議與名聲俱當時士君子猶以未充量爲歎其文峻清不汨於波流者還一齋記惠上人碣銘微妙虛空深入無際嘗與故太師顏魯公暨柳郎中芳陸員外據殷永寧寅爲莫逆之交陸嘗言王之莊柳之辯殷之介皆希代鴻寶知言者以爲實錄有三子長曰綽入道精修爲桑門上士次曰紓以文行篤實歷右補闕起居郎右司員外郎庫部郎中次曰紹本名犯皇帝諱而更焉忠厚宏裕爲德宗所器歷任戶部侍郎戶部兵部二尚書咨俞關決過於宰府大政密議須其一言持平以有守樹

善而不伐天下之人謂之長者睿聖繼明以檢校吏部尚書爲東都留守東都畿內防禦使以檢校右僕射爲徐州刺史武寧軍節度使元和七年入覲復爲兵部尚書俄判戶部事四征六職烜赫尊大故公再有追錫之命夫人亦累贈隴西郡太夫人龍泉魚軒賁飾于冥冥之下名教德器有哀有榮孝理之感人深矣初公之捐館也行次信州瘞於玉山前此夫人沒於洛師窆於潁陽僕射竭其誠信日月有時矣不幸薨落理命其三子嗣事焉繇是僕射之孫曰門下省典儀元泰試大理評事攝監察御史元質右

威衛倉曹參軍元弼等窮毒在疚護王父母之輤車閒關跋履泣問蓍蔡以八月某甲子祔於萬年縣鳳棲原克纂先志禮無違者而又哀請父黨篆茲祖德永楬神道用愧蕪辭銘曰

懿懿王君黃中有文清時發身舒翼卿雲執憲平明含香馝馚慶靈下鍾復大其門追錫儀曹徽章顯尊鳳棲古原龜策不諼泣祔雙魂禮成孝孫刻銘斯碑君子之墳

故中散大夫殿中侍御史潤州司馬贈吏部尚書沛國武公神道碑銘并序

種德考祥賢人積厚之業尊仁安義君子揚名之孝其敬養也諭之於道其貽慶也敎之以忠宏保乂於元臣集寵靈於追命見之於尚書武公矣公諱就字廣成沛國人周室之興本於忠厚趙王之裔厥有勳賢元魏步兵尚書鴈門朔方雲中馬邑四郡太守洽啟封晉陽田祿益大生國子祭酒受陽公諱神龜受陽四葉至太原王諱華太原生鄭國節公諱士逸節公生河間郡王諱仁範河間生潁川武烈王諱載德代以文武上才為將軍二千石讖芒碭之氣密贊皇圖承沙麓之祥分封戚里潁川生考功員外郎

修文殿學士諱甄字平一以字行於時未弱冠有重名閎覽博學為人文龜玉在天后朝累徵不起以公族好爵為懼常晦其明與桑門大士修無生法中宗復辟甫踐周行載筆論思特盛淵雲之選賦詩感激必以昌霍為誡雖位有陟降而道無磷緇叢滋後昆纂服遺烈公即考功府君第三子也肅而清簡而廉忠方伉直信厚強固博洽文誼周通憲法始以方聞之士對詔策佐宮衛李梁公峴之守右扶風也表為兵曹掾宣皇在岐供待有勞改永樂令歷河中府户曹轂下求吏轉萬年丞建陵復土推擇充奉拜醴泉令朝廷嘉其才擢為殿中侍御史修起矩度堅明不回時朝廷戎車方駕泉貨力屈皇華載馳董判衡漢沔之賦以嚴見憚為吏議所侵貶郴縣尉句容丞二地有南嶽三茅靈仙遺跡於是浩然自得以道為徒方解纓紱以暢天理且曰窮與通在吾靈龜耳外物其如予何本道觀察使挹其風聲薦授祕書郎潤州團練使入為京兆法曹加中散大夫忽忽不樂求為潤州司馬滿歲徙家嵩洛愈尚夷曠中朝名卿大夫四方賢侯通人多與公為道義之交賈太傅魏公用清靜理東郡以蓋公待公亦既戾止俄然

化性時貞元六年冬十一月享年七十八理命終制視道門儀法以明月之晦降體魄於邙山北原有靈鶴百數徊翔嘹唳其休徵歟其元契歟惟公以文學政事莅官十二次冠神羊駕四牡剛腸正詞臨事風生君子之方有迮有合或忌公之直或愛公之才行藏牽乎時而道不屈得喪宜乎已而神益王嘗與張禮部謂元容州結歌詩唱和著文集五卷自有塗中之適異乎澤畔之詞前夫人隴西李氏生長子譚而歿譚為金壇令士行清修官屈其志繼夫人汝南縣君周氏中書舍人思鈞之孫單父令瑛之女專

柔淑慎以正家道有子曰元衡文行宏懿靜深周密遵道而行有儀可象代天工以熙帝載賦明命以贊皇極元和三年春正月由戶部侍郎拜門下侍郎同中書平章事秋八月兼領戶部侍郎事冬十月又以門下侍郎檢校吏部尚書成都尹劍南西川節度觀察西川八國瀘南安撫等使自文水縣男徙封至臨淮郡公上以井絡之下新去湯火亦既震耀是圖生殖於是輟台宰之重爲慈惠之師黃樞金鉉鈇鉞秬鬯旬歲閒三錫命烜赫嘉會綢繆樞極信賞禮賜冠於羣倫豈非公之道阨不申而昌大於後抑義

方家法固有類乎公捐館四年而夫人殁其明年臨淮公乃舉公之窆與夫人之喪改葬緱氏潁川王之兆從先封以敘昭穆禮也初臨淮王至監察御史而孤其後再爲中執法朝典覃恩贈公杭州刺史其司大政也再贈公吏部尚書夫人始追封文水縣太君益封汝陰郡太夫人顧復罔極之報哀榮歸厚之禮成於德器名教稱之臨淮公考功府君之謫掾於吳也與德輿王考府君有僑札之歡油素斯在清徽未泯德輿獲與相君交代爲地官小司徒陪外廷之末議承宰府之寬政有命論譔忘其菲薄刻茲樂石以表鮮原銘曰

君子之道剛方絜矩或消或長或默或語於惟尚書執憲天朝密侍殿內肅清羣寮鋒鋩肯綮湖海飄飄以恬養智無落吾事脗合虛元脫遺聲利題劍告第寵靈斯備元袞介圭流光所自煌煌台司天子是毗廕庥岷峨灑濯瘡疵視此忠力無非孝思緱氏峻原兮幽宅悠久崔嵬介石兮天矯螭首鏤嘉聞兮以示厥後

欽定全唐文卷五百一

權德輿十九

唐故通議大夫守户部尚書兼御史大夫持節充朔方鎮西北庭興平陳鄭等州行營兵馬及河中節度都統處置使兼管內觀察使權知絳州刺史賜紫金魚袋贈揚州大都督府李公神道碑銘 并序

周道親親夾輔王室分唐叔以懷姓九宗職官五正故其後文侯受秬鬯之命文公受大輅之錫祿勳推恩惇敘昌

大理道之所繇也國家憲章文武選建明德元功侯籍延耀本枝初祖景皇帝之支曰鄭王亮實生淮安王神通用親賢功德左右休運淄川郡王孝同淮安之昭也左衛一作右衛將軍燧淄川之穆也劒州長史贈太僕少卿廣業承祖禰積厚之慶而生尚書尹三王都總六師帥八命四履投艱難服勤勞有猷有守以至歿代禮貴於追命澤流於代官有由然也尚書諱國貞字南華天資風采爲宗室儀矩洌如寒泉凝若崇山修身筮仕動有休裕開元十三年明皇帝肆覲東后柴於岱宗以公族侍祠調補綿州參軍事暴雨忽至江流泛溢公自下位能禦其災既堅舊防仍復故道累遷岐州錄事參軍太師苗公太尉房公繼爲二千石皆所引重御史大夫張倚採訪關中表爲支使天寶末林胡覆三川犯秦關詔除殿中侍御史爲襄陽郡司馬且分戎政公以侍板輿辭革車換房陵太守表課尤異徵拜長安縣令風政肅清改秦州刺史成命中止復爲長安令尋遷汴州刺史未及行復輟爲京兆少尹天子以公積有誠效可居大官累命爲河南京兆成都尹劒南西川節度使其撫周郊猰㺄方熾公與太尉臨淮王議曰河洛爲天

下衝且無車賦比屋安堵寇將甘心焉不若虛其邑居挈以西去羸糧善地可俟師期繇是太尉壁河陽公次於陝伐謀銷患君子推其智其在京轂兵火之餘大命將泛物力亦屈而百役煩苦出於傷痍公曰元元愁歎受命惠養儻不能曠然丕變豈副明天子鬱悼之心耶列上蠲除悉蒙可報凡調於人者去其十九清靜愷悌百姓稱之其鎮岷峨裔人樂禍殺嘉榮二州刺史以開邊隙公命將致攻舉無遺類明年昆戎圍我三城分遣銳師據便城壁戒嚴持重徼其極而擊之賈餘無前酣戰盡殪悉獻虜獲軍無

私焉鄰壞不靖偏師叛換將盜兵符已據城寺出車壓境指顧而平凡三整武經而巴蜀軌道拊循安置四封畏其威柄用者沮公勳猷徵爲殿中監命書旣下不俟駕行囊被單車無道里費取倍稱之息五萬甫達京師上嘉而賜之俾折其劵寇有段子章者恣睢就戮方帥以告語聞詔公宴見前席嘉奬且曰利兵積穀皆卿之素也其無駭序父之謂乎朝野嘉其首功而服其潔已臨淮王移鎮海岱長轂在郊西邊北朔合淮陽圻父五諸侯之旅主盟中權盡護諸將於是拜戶部尚書河中節度都統使又以職顯

戎重則風俗不阜加管內觀察使權知絳州刺史公外總方略內修班制當強弩之末無半菽之糧不忍加賦飛章未下猶以憲度爲已任椎剽者斃之行師諸校譸張觖望至是夜暮變起或以跳驅諭公公曰吾之不敏當死節官下安敢貳偷以煩刑吏亂之剡也公竟及焉議者尚其絜矩而哀其不淑時上元三年建卯月春秋四十八是歲改元寶應至夏五月窆神於三原縣之北原詔以揚州大都督府印綬告第憫其勞也公本諱若幽上元中天子以特立之操爲宗工表率錫嘉名以更焉公忠儉誠厚方嚴密靜用儒行憲令修明事功大丕不劌楚金必割凡歷官二十四自解巾至握節勤職十七其以內庭持書中執法亞丞相佩兩印以雄外服者又七命焉刺房陵之後五六年閒車不輟鞅賦職任功名聲章明及公以司徒總輿師令弟若水以內府司贊謁而太夫人福履所介日陳壽觴懷黃佩玉左右溫凊極曾侯之燕喜邁張仲之孝友宜錫壽寵爲人倫龜龍曾未中身遭罹凶害前史稱霍去病亦有天幸然則命之所賦有幸焉有不幸焉斯不可問已夫人扶風郡君竇氏鴻臚丞光之女揚府長史御史大夫覦之妹也淑明柔順克叶公志家肥族睦抑有助焉公薨若干

年而夫人歿有子四人長曰錡材器碩茂潔廉忠肅遵修訓則復大其門入作卿士出爲侯伯貞元十五年以御史中丞剖符潤州宣風以宏禮俗成賦以殖財用大績茂焉中邦賴焉明年就加御史大夫十八年進禮部尚書撫封題劒如公渥命次曰鑑蘄州刺史次曰豐士鄠縣令幼曰豐器長安縣尉皆有幹裕而屈於年位今尚書永惟先公丕矩未刻金石以德輿嘗叨史職久掌贊書知王族大僚之事業見託論譔故不敢沒其美亦不敢溢其言銘曰

堯睦九族漢封同姓烈烈淮安乘時佐命淄川而下三葉儲慶乃生我公紹續先正時惟宗英忠智廉清所至風行所居理平山元朱組旣靖蜀京鏚鉞珥戈乃主夏盟交修藩衞纂服宏大陟降左右勤勞翼戴隱微之閒乃與禍會夷途始半白晝中晦桓楹羽葆久閟鮮原煌煌密章肅肅絲言盛德復祉蘩茲後昆列郡是式价人維藩大江南服考禮修職五曹十聯克嗣先德董是經費陳之藝極本於敎忠懋此宣力伊昔祭器實銘烝彝禮則有變魂遊在茲連岡陂陀宰樹參差悠悠終古永錫斯碑

唐故朝議郎使持節溫州諸軍事溫州刺史充靜海軍使賜緋魚袋河東裴府君神道碑銘 并序

春秋時賢卿大夫皆敍其代功舊德章明似續蓋黃流玉瓚之寶產於深山清廟夏屋之材秀於中林其或爲珩爲珮爲節爲梲無非禮神用備崇構洪河之東裴氏在焉自魏晉迨今忠賢輩出士林以爲領袖史臣被於簡策而又弈代降休且公且侯上嬪王姬出領方州者可得而言以刻金石曰君諱希先字某四代祖懷節皇給事中工部侍郎荆揚二州大都督府長史洛州刺史謚曰定曾祖昭歷司門度支二郎中衞尉太府二寺卿祖確歷左右衞左右金吾衞四大將軍太府卿太子詹事平陽郡開國公謚曰貞自定公至貞公皆銀青光祿大夫以至烈考怦仕至鄜州刺史太子僕贈絳州刺史凡四代貴仕左曹二千石四衞九列副冬官尹東朝禮及易名恩深追遠代修其業鍾美於君君寬裕博厚恭儉莊誠資性端直詞氣閑雅於經書泛爲疏達而不窮章句於吏道通於理術而不求聞問自解巾至於捐館凡歷十一官無疵政無違德祗守家法奉以周旋仕於官朝始爲僕寺進洗馬中允再爲家令仕

於王國歷濟陳蜀三府初爲騎曹掾次爲長史次爲傅其初又爲壽安丞後牧臨邛乃遷永嘉班宣六條撫柔二郡惠和所被夷越嚮方其在朝也以鼂錯之智王陽之道而滯於散地恬於久次其剖符也仁恕愛利而必易簡奉法循理亦不細苛居三年以疾受代貞元六年冬十一月歿於鍾陵之私第享年若干明年八月返葬於長安少陵原之舊塋以夫人永年郡主祔焉禮也惟郡主元宗之孫令皇帝之從祖姑也儲是慶靈生而洵淑窈窕德象婉娩聽從備柔嘉之行成肅雍之道初天寶十三年詔選資地才

令以府君有安仁武子之美而下嫁焉齋莊以主中饋和
樂以宜姻族作配君子禮同家人嚴祭祀服澣濯者三十
六年而歿春秋五十八歲貞元五年也鍾陵之守臣以聞
上不視朝率禮有加嗚呼以公之率履永年之仁淑宜其
繁祉壽考子孫繩繩而生不極其道歿無主其後此伯道
之痛碩人之詩所由作也遺命以兄之子某爲嗣乃列其
祖代官伐請刻豐碑辭之不獲乃繫詞曰
河東右族蕃衍紹續代功世祿昌而熾兮乃生永嘉剖符
承家實而不華喻於義兮二邦靜謐禮之善物朱轓赤芾

以爲貴兮有齊永年作儷仁賢佩玉鏘然四德備兮天漢
之尊平王之孫爛其盈門恭祀事兮返彼元壤少陵之上
終古悽愴金石識兮

唐故義武軍節度支度營田易定等州觀察處置
等使檢校司空同中書門下平章事贈太傅上
谷郡王張公夫人鄧國夫人谷氏神道碑銘幷
序

皇帝以文明御方夏以德禮序人倫貞元十二年秋九月
詔侍臣德輿以故義武節度檢校司空同中書門下平章
事贈太傅上谷郡王張孝忠夫人谷氏之淑行內則俾刻
金石臣聞風有采蘋采蘩易曰中饋貞吉所以表柔明於
內子昭節信於元侯宣力獻功抑有其助夫人之先魏郡
昌樂縣人也在漢元成之代衛司馬吉以勳勞致命於絕
域大司農永以文學盡規於本朝前史書之以勵臣節四
代祖那律皇朝諫議大夫宏文館學士正直之道播於清
時曾祖補袞左羽林軍長史祖倚相祕書省正字仍代藏
器晦而不耀考崇義天寶末有行師北鄙之勞累書勳伐
至左金吾衛大將軍兼殿中監贈特進夫人卽特進府君

之第八女也稟是門風鍾於女士淑閒之度中外宜之初
太傅始自軍校建功河朔克彰婦順敬贊宗事正位於內
尚柔有儀洎太傅自易部領常山遂分節旄以至公相上
畧兼資於明智中壼載揚其惠和二姓有輝六姻是憲盡
褕翟之飾動珩璜之聲建中元年封魏郡夫人三年進封
鄧國夫人旌淑哲也鵲巢之均一家人之悔厲籩豆敬齋
之色琴瑟靜好之儀夫人備有焉帷堂晝哭良弓繼志上
慈下厚就養無方此又令嗣之能致其敬也貞元十一年
冬以門承勳績之崇恩有選尚之貴方築外館聿來上京

十二年二月丁卯以疾終於萬年縣安仁里私第年四十九遺章上陳敬而得禮皇情憫惻恩贈有加嗣子茂昭義武軍節度易定等州觀察處置等使起復左金吾衛上將軍檢校工部尚書定州刺史兼御史大夫延德郡王博陵上谷之師以續休緒戎車委重優詔抑情次曰茂宏雅王府司馬茂宣舒王府長史嗣雍杞王府諮議參軍嗣慶試將作少監兼御史丞幼曰茂宗銀青光祿大夫行光祿少卿員外置同正員駙馬都尉皆以純孝裕蠱居喪執禮以其年冬十月甲戌奉夫人之轜車葬於京師少陵原不祔

舊封式遵古道恩延戚里有命從之初夫人之兄從政實傳戎韜之訓以中執法剖符定州有妹四人所天皆貴異姓之社從夫以尊公宮之教率性而中象服交映魚軒並馳其後婚親無非勳德故太尉中書令西平王令太尉中書令瑯琊王夫人之姻也納徵佐餕焜燿於一時此又閨門之盛而積善有類也柔正之風本於王化愷悌之澤洽於幽泉此臣之所以拜受德音銘諸樂石也銘曰

在漢子雲偘然中正昌言獻可遠緒傳慶降及特進策勳斯盛乃生夫人如玉之溫婉彼淑質宜乎盛門金鉉石窌所從益尊亦既晝哭道彰訓育中權之貴克繼藩服下嫁之榮方承湯沐生也有涯壽胡不遐奄然冥漠喪此柔嘉遽還黃壤空悲白華秦原隱嶙丹旐徐引此焉幽宅自昔同盡追琢徽音終古不泯

唐故章敬寺百巖大師碑銘并序

禪宗長老百巖大師之師曰大寂禪師傳佛語心法始自達摩至於惠能之化行於南服流於天下大抵以五蘊九識十八界皆空猶鏡之明也雖萬象畢呈而光性無累心之虛也雖三際不住而覺觀湛然得於此者即凡成聖不

然一塵瞥起六入膠固循環回復於生死之中風濤火輪迷忘不息授受脗合大師得之一言宗通深入無礙師諱懷暉姓謝氏東晉流寓今爲泉州人孩提秀發博究書術一旦慨然曰我之祖先今安在耶四肢百體視聽動用孰使之然耶泫然雨泣改服緇褐志在楞伽行在曹溪得圓明清淨之本去妄想因緣之習百八句義照其身心心離文字化無方所於是抵清涼下幽都登徂徠入太行所至之邦蒙被法味止於太行百巖寺門人因以百巖號焉元和三年有詔徵至京師宴坐於章敬寺每歲召入麟德殿

講論後以疾固辭十年十二月二十一日怙然示滅其年六十其夏三十五弟子智朗志操等以明年正月起塔於灞陵原凡一鐙所傳一雨所潤入法界者不可勝書著法師資傳一編自雞足山大伽葉而下至六祖能秀論次詳實或問心要者荅曰心本清淨而無境者也非遣境以會心非去垢以取淨神妙獨立不與物俱能悟斯者不爲習氣生死幻蘊之所累也故薦紳先生知道入理者多遊焉嘗試言之以中庸之自誠而明以盡萬物之性以大易之寂然不動感而遂通則方袍褒衣其極致一也嚮使師與

孔聖同時其顏生閔損之列歟釋尊在代其大慧綱明之倫歟至若從師受具之次第宰臣大官之尊信誕生入滅之感異今皆不書德輿三十年前嘗聞道於大寂聿來京下時款師言頃因哀傷似獲悟入則知煩惱不遠菩提雖聚散於此生期會歸於彼岸銘曰

西方之敎南宗之妙與日並照百巖得之爲代導師頻若琉璃結火熘性愛流溺正癡冥奔命卽心是佛卽色是空師之通兮無來無去無縛無解師之化兮楬茲靈塔丹素周匝示塵劫兮

唐故寶應寺上座内道場臨壇大律師多寶塔銘

并序

京師東門二里所多寶塔者沙門靈湊等爲先大師薦祉盡敬之地也大師諱圓敬姓陳氏河南陸渾人報年六十四經夏四十四以貞元八年春正月厭代入滅於保壽寺越十有五日遷窆於龍首北原距茲塔西北十餘步初大師入道依本縣思遠寺微公通法華經寶應二年制度編僧籍於東京長壽寺受具於白馬寺本律師曇無德義言下信解以爲遵道途而歸都邑涉門閫而躋堂皇故尸羅

毗尼以攝妄想五部四分是爲扃鍵然後因定發惠登最上乘優婆鞠多由是道也敷暢微妙攘除癡冥如一燈傳照一雨潤物宏我法者可勝道哉代宗朝徵入内道場累詔授興善安國寶應等寺綱首又充僧錄尋授寶應寺上座賜律院以居授瑜伽灌頂密契之法講楞伽經起信論譯虛空藏經鑒義潤文内典羣書靡不該貫無非宴坐道場沃天心以了義照佛日於中禁鬱爲龍象大拯斯人將滅之夕備申告誡中夜累足如期順化其智惠歟其解脫歟法子苾芻纏服成列仰護念慈哀之旨拾蓮華多寶之

義厥後十五年而功用成丹素觚稜石輪火齊施於外聖像眞言多羅祇夜函於内又以見湊公成就付囑而爲上首況不出户庭持經萬偏願力斯滿嚴飾斯崇勒銘於兹以示塵劫銘曰

三生不駐如電如瀑七情相攻如蠆如蝮彼上人者爲世導師乃精毗尼以攝羣疑宏道日大化緣斯畢建兹嚴事如地踴出國門之東萬寓來同斯爲寶所燭耀無窮

唐故東京安國寺契微和尚塔銘 并序

和尚俗姓權氏法諱契微天水畧陽人十代祖安邱敬公

翼爲前秦僕射事備載記曾祖文誕皇銀青光禄大夫涪常二州刺史荆州都督府長史平涼郡開國公祖崇本皇朝散大夫滑州匡城縣令與兄户部郎中崇基水部員外郎崇先皆以文學政事顯名於貞觀永徽之際考同光皇河南縣尉長安縣丞翰林詳定學士與伯兄益州成都縣尉無待仲兄歙桂梓三州刺史若訥三人同以大名舉進士擢第文章之美爲當時冠首然其世德鍾慶若後無達者則有以清淨住世故和尚生而敏悟超然元覺年九歲於薦福寺金剛三藏發心入曼荼羅道場傳持聖印悟入之速發於岐嶷然其德容具舉家族敬異將必擇卿士之良者以嬪之時勇於出世至欲刃其膚以自免翰林府君旣捐館母兄竟不能抑遂以初笄之年被服緇褐至天寶元年始受具於福先寺定賓律師隸東京安國寺師事慈芻尼無勝受心門方便之學以爲心實境化眞由妄遣遣之而眞亦隨盡化之而心乃湛然故外示律儀内循禪悅因初心而住實智離有相而證空法乃通四部經於宏正大師允精楞伽之義而後住無住證洗六妄離二邊遵大道以坦蕩入法流而洄濩以深惠善誘誨學徒或權或實

爲歸爲趣亦猶淨名之隨機攝導蜀嚴以忠孝爲言故中外族姻徧沐其化漸漬饒益可勝道哉初以廣德中隨其家南渡安居於蘇州朱明寺以建中二年九月六日冥然化滅報年六十二經夏四十一弟子尼惠操又其兄子也故探其義味最爲深入乃率籲緇俗號捧金身建塔於東武邱寺之東北岡從其教也姪孫德輿以爲宣父有西方聖人之説東漢有浮圖仁祠之教以其教言之自菩提達摩七葉至大照祖師皆以心法祕印迭相授受故戒生定定生惠得第一義者冲而詣之嗚呼今其詣之矣桑門紀

述多不分系緒今備書者亦所以無忘先德故其文也繁銘曰

教旨清淨戒珠圓映識浪情塵還源反性彼一切見皆妄想生精修密詣湛爾融明示現者何此身非久強爲之銘以焯於後

唐故洪州開元寺石門道一禪師塔銘 幷序

鍾陵之西曰海昏海昏南鄙有石門山禪宗大師馬氏塔廟之所在也門弟子以德輿嘗遊大師之藩俾文言而揭之曰三如來身以大慈爲之本六波羅密以般若爲之鍵

非上德宿殖者惡乎至哉大師法諱道一代居德陽生有異表幼無兒戲嶷如山立湛如川渟舌廣長以覆準足文理而成字全德法器自天授之嘗以爲九流六學不足經慮局然理世之具豈資出世之方惟度門正覺爲上智宅心之域耳初落髮於資中進具於巴西後聞衡岳有讓禪師者傳教於曹溪六祖眞心超詣是謂頓門跋履造請一言懸解始類顏子如愚以知十俄比淨名默然於不二又以法惟無住化亦隨方嘗禪誦於撫之西裏山又南至於處之龔公山攫搏者馴悍戾者仁瞻其儀相自用丕變刺史今河南尹裴公久於稟奉多所信嚮由此定惠發其明誠大歷中尚書路冀公之爲連帥也舟車旁午請居理所貞元二年成紀李公以侍極司憲臨長是邦勤護法之誠承最後之說大抵去三以就一捨權以趨實示不還不染之性無差別次第之門常曰佛不遠人卽心而證法無所著觸境皆如豈在多岐以泥學者故夸父喫詬求之愈疎而金剛醍醐正在方寸於是解其結發其覆如利刃之破罥索甘露之洒稠林隨其義味快得善利者可勝道哉化緣旣周趺坐報盡時貞元二年四月庚辰春秋八十夏臘

六十前此以石門淸曠之境爲宴默終焉之地忽謂入室弟子曰吾至二月當還爾其識之及是委化如合符節當夾鍾發生之候叶拘尸薪火之期緇素幼艾失聲望路渡洄流而法雨滂灑及山門而天香紛霧天人交際昧者不知沙門惠海智藏鎬英志賢智通道悟懷暉惟寬智廣崇泰惠雲等體服其勞心通其教以爲吾師眞心湛然與虛空俱惟是體魄化爲舍利則西方之故事傳焉不可已也乃率籲其徒從荼毗之法珠圓玉潔煜燿盈升建茲嚴事衆所瞻仰至七年而功用成竭誠信故緩也德輿往因稽

首麤獲擊蒙雖飛鳥在空莫知近遠而法雲覆物已被清涼今茲銘表之事敢拒衆多之請銘曰

達摩心法南爲曹溪頓門巍巍振拔沈泥禪師宏之俾民不迷九江西部爲一都會亦旣戾止元津橫霈慈哀攝護爲大法礪五滓六觸翳然相蒙直心道場決之則通隨器受益各見其功眞性無方妙道不竭顧茲夢幻亦有生滅微言密用煥如昭晰過去諸佛有修多羅心能悟之在一剎那何以寘哀茲窣堵波

唐故太清宮三洞法師吳先生碑銘（幷序）

雲出於山遊於天復歸於自然先生之道似焉涵泳乎道之樞徜徉乎物之初以生爲蘧廬復返有而入無先生諱善經縉雲仙都山人也自曾王父而下皆質誠孝敬登聞於鄉黨先生未成童博貫儒書讀道德經至爲學日益爲道日損三復恍然曰吾知之矣改習四眞靈寶等經年十七本郡以制度居縉雲山其後遍登匡廬天台三茅句曲泛然不囿於物虛已以遊代乘彼白雲至於帝鄉時宰王黃門將爲太清宮使奏隸宮籍乃從沖虛申先生受三洞經法貞元中於宮院立仙壇躬上士勸道之誠宏大君受釐之重陰功幽贊何可勝言德宗錫以纂節幡珮靡有不備初沖虛之師曰清簡泉君泉君之師曰來君來君之師曰萬君皆有遺像在開元觀先生乃茲焉宴息立申泉二碑以發天光以極師道凡儒元宿學有道仁人貴遊象服男夫女士傳三景眞籙者五百餘人一旦謂入室弟子曰天行物化吾之晦明其動也與物皆春其靜也與化爲一成形待盡吾何爲哉乃於畢原近郊修露仙隱景之地元和甲午冬季朔旦齋沐潔清與其徒元言終日越三日焚香朝拜泊然返眞明年正月寧極於露仙館其年八十三矣其受道也有反風晏溫之景其委化也有清香靈鶴之祥斯又不可涯已嘗以爲無心者與物冥則未嘗有對於天下順性命而遺耳目其在是乎其餘奔走於蹇淺倒置之中吾不爲也所注道德經幷著文二十篇元覽至賾通乎徼妙嗟乎先生之容不可得而見矣先生之言不可得而聞矣但糟粕具在神明不滅采眞者得以虛心道門威儀趙常盈徧得先生之學與符洞幽周元德晏元壽董太珣等或關尹受教或庚桑爲役有年數矣吳郡歸沖之廣平劉素芝天水權載之皆從先生遊者也元德狀其崖略

授載之以金石刻噫嘻老龍吉死矣安所發予之狂言哉

乃銘曰

萬情弊弊謬繳之內先生懸解遐視區外族系於東吳稟靈於仙都演道於明廷棲神於太清隱機於開元歸根於露仙其來適然其去寥然大圓清兮大方厚元鄉返駕兮無何有刻介石兮茲不朽

欽定全唐文卷五百二

權德輿二十

金紫光祿大夫檢校禮部尚書使持節都督廣州諸軍事兼廣州刺史御史大夫充嶺南節度支度營田觀察處置本管經畧等使東海郡開國公贈太子少保徐公墓誌銘并序

公諱申字維降東海郯人五代祖周宣州刺史瓌瓌生隋江州司馬宴宴生吉州太和丞仁澈仁澈生皇吏部郎中諫議大夫元之元之生公烈考汾州司戶參軍贈信州刺史乂大凡自偃王而下用仁義世其家諫議之文行信州之廉退及公始大永泰初當著作賈常侍至操柄儀曹搴士林之菁華舉進士上第調補祕書正字四征翹車相屬於途望公舉趾以爲重九江而西服嶺而南與朔塞被邊之地聯爲命介歷大理評事司直監察御史太子司議郎殿中侍御史錫以章綬冀國路公之誅哥舒晃也公以從事主謀居多嗣曹王之守鍾陵而誅李希烈也公以長史行刺史事調州師以護饟道厥勞茂焉江漢既清拜韶州刺史先是長史不任職官曹弛廢刺史寓於理下邑之令

丞與編人雜處比屋庸亡公田爲蕪公乃假之耕牛賦與種食人人自占視其力而爲之制歲乃善熟積爲倉箱於是計徒庸程日力作爲城寺大治垣屋廄置市列道橋器用皆備焉罷去之日夫家名數倍差於始至而不書於籍邑子張棣等五百人獻其理狀得請於觀察府以函奏書請立碑祠公瞿然止之曰此刺史職耳一旦上聞與沽伐者何異所不忍爲也府不能奪改合州刺史以先濮陽郡太夫人兆域未祔表求改葬緦麻既除以御史中丞領景州刺史自兵興四十年山東諸侯率强大驕蹇郡二千石

多自命於轅門蓋縣官息人含垢而因緣漸漬然也至是朝廷以滄州負海勁兵攸處乃建節將幕庭裂屬城以置支郡會其帥亦請鈌守於朝朝論難之二府比推擇未稱因召公入見而面命焉錫命服文馬緡錢五百萬尋加節度副使中朝之條職憲令始被於景人是歲節度使來朝既從父兄爲代表公以本官爲軍司馬陳情去職徵還京師復以御史中丞出莅邕州領經畧之任開南蠻徼道宣明威信種人黃氏納質請命化條風行獷俗以清明年中貴人持兵符詔書至部以御史大夫督南海二十一州軍事而節制焉前此守臣物故軍吏乘變竊發印符易置部校拔用惡少年百輩軍中幾亂相率亡命公既至捕誅首惡悉原諸詿誤者夷越負險阻白晝攻剽芟夷根株使無遺類然後布以寬大人安作業溟漲之外巨商萬艦通犀南金充牣狎至天子之恩澤賜予聲明物采皆待焉上應急宣以馳疾傳下無强賈用絕姦利和輯招徠外區懷之則四封之內其理可知也朝典疇庸進階至銀青光祿大夫時庸蜀未靖公密疏請發卒徒五千循伏波故道由爨蠻抵岷峨以會師期誅不恪詔可其奏就加禮部尚書秩

正三品疏封東海命書未及至奄捐館舍䙫以太子少保印綬弔祠稱焉是歲改元元和公之生七十年矣嗚呼以文發身以智經物惠和直溫忠恪廉清佐賢侯長轂皆有理效在韶也興事功在景也修班制朗寧察風俗南海整師律以八命居六官攸好德考終命其蹈履之全乎夫人渤海高氏早歿繼夫人扶風郡夫人竇氏柔明有賢行嗣子右衛倉曹元弼似續文敏號咷毀慕以某月日窆神於東都偃師縣之某原乃刻堅石以傳永久銘曰

噫徐公有質有文有義有仁名聲章明邁羣倫兮噫徐公

不忮不求不緇不磷贊佐四征暢嘉聞兮公之牧人於韶於景於邕於廣朱旛照路利攸往兮公之愛人以清以靜以惠以養流庸集附如景響兮如何不慭奄忽鞠凶著龜之同天地之中吁嗟乎徐公

尚書司門員外郎仲君墓誌銘 并序

君諱子陵字某其先魯獻公仲子曰山甫入輔於周食采於樊其後魯有季路衞有叔圉用儒行政事代爲家法曾祖訾始自彭城徙於蜀都祖襲博究六藝州閭推重考遠清靜寡欲好老嚴之言三代曠僚純白不耀君丱歲好古

學與同門生肄業於峨眉山下採摭前載可以爲文章樞要者紬繹區別凡數十萬言大歷十三年舉進士甲科調補祕書省校書郎歷同官醴泉二縣尉貞元十年舉賢良方正拜太常博士轉主客司門二員外郎十八年六月乙巳寢疾歿於靖恭里第享年五十有九君修身慤固爲學精力其初典校有詔百執事詳定冕服炳然上奏得禮之中再仕甸內皆參奉常論譔之務后蒼二戴曲臺石渠之論乖疑難正者咸折中焉有司請正太祖東嚮之位而祧獻懿二主議者云云君議畧曰九聖在天二祖在祧國家卜代其年未始有極宜立定制爲萬代程請遷二主於德明興聖廟詞甚切正後以異論紛紛又著通難一篇引經據古諸儒不能屈雖留中未下而知禮者直之爲郎三歲受詔典黔中選補賦祿清平南人悅焉皇皇者華道於故里里中人以爲榮觀復命踰年稍進郎位循性詣理恬於聲榮隤然放懷以馮唐顏駟自況修詞甚博推本六經賦詩類事往往有卓異不羈之韻邃於禮服上下古今儀制著五服圖十卷自爲一家之言起庸蜀諸生以文義自達至禮官元士三登於朝講義洽聞不疚不跲與夫憑覆露

乘地貴而至大僚豐祿者難易殊矣子雲耆老相如多病內外灑埽之日圖書尊酒而已升東榮而復者假他人之室可悲也夫其嫠嗣郢王之藻女宗室公官稱其賢淑生一子無頗幼學而孤卜七月甲申窆於萬年縣之某原其理命也德輿常忝知君用深怛化遺孤哀請因直其詞銘曰

噫仲君直而文心秉彝學軼羣富宏議暢嘉聞中止水外浮雲理冥冥化沄沄刻圓石識幽墳

故朝議郎行尚書倉部員外郎集賢院待制權府

君墓誌銘 幷序

公諱自挹字某天水人其先殷王武丁之支因封命氏楚遷於邓處秦徙於汧隴緜代多才繼有勳力四代祖襲慶周開府儀同三司相定冀青殷五州諸軍事冀州刺史齊郡公曾祖武隋開府儀同三司淅豫桂三州刺史潭府總管始平郡太守右武衞屯衞二大將軍天水縣開國伯考無悔皇朝請大夫晉州趙城縣令公年十四太學明經上第因喟然曰學不足以究古今之變而干祿者非吾志也遂養蒙於終南紫閣之下窮覽載籍號爲醇儒非其道不

合非其人不自歷南和寶鼎二縣尉天寶中河湟之閒踐更以禦寇平糴以饋軍皆以御史董之聯辟從事既而幽陵兵興二京震蕩搢紳之士多在劫中公艱貞終吉盜不能汚剋復之歲制授醴泉縣尉尋攝監察御史充河西隴右宣慰使崔中丞伯陽判官軺車所履人誦其惠歲中崔復命遷左馮翊表爲祠曹且佐州帥朝廷以公文而無害特拜監察御史謙以自牧換大理寺丞學該古今加集賢院待制識通理典遷尚書倉部員外郎大歷五年春感風疾請告十有二月終於布政里私第享年七十惟公得大

易之含章中庸之居易知前古之善敗稽六學之義類靈龜恬然天爵自貴夫如是則通籍書殿起草中臺於諸生不爲不達而充公之量則未也與故王右丞維今歸尚書崇敬爲文雅道素之友其餘或不踐其域故知我者希夫人太原王氏監察御史造之孫鄠縣令侑之女淑行明德輔於公志叢是福履近於期頤公之喪既除二十三年而夫人歿壽九十三時貞元十年十有二月也嗣子某某官次子某某官等皆以舊德蕃祉參居吏員盡厥誠信貞於龜筮以十二年十月祔葬於咸陽縣洪瀆原禮也以德輿

諸孫之列習於舊史郯子之學誠慚古人滕公之室敢識幽壤銘曰

周隋之閒受封於齊代有武功抑抑倉部德音不回藹然儒風考正圖書彌綸憲章其道昭融黃裳之吉大雅方直位則未充惟此令德與彼內則委龢而終咸陽古原祔窆雙魂淑聲無窮

金紫光祿大夫司農卿邵州長史李公墓誌銘 幷序

公諱鋁字某不書州里尊宗室也初景皇之支啟封於蔡

繼別爲宗厥後多林皇襲濟北郡公孚公之曾祖也隴西郡公津容公之王父也濟北仕至國子司業贈太僕卿隴西仕至慈衞汝邢青五州刺史終永王傅以至烈考憺歷監察御史殿中侍御史尚書倉部員外郎累贈職方郎中虢州刺史公卽虢州府君之第若干子也憑是積厚叢生福祉少以門子入官聯調兩官環列之佐次補伊闕丞是歲天寶十四載也虢州捐館幽陵兵起茹毒違難南浮江淮既除喪宣州觀察使鄭炅之表爲廣德令時劉展阻命東方愁擾閭里制於萑蒲守臣化爲寓公而公之縣鄙連

亘山洞盜有陳莊陳五奢者是焉囊橐攻剽相因炅之跳在尋陽牒書密至署爲上介俾輯輿師靖綏攘遏人用寧舒後歷揚州太原二紀綱掾府之損益皆所關決執法殿中佐戎北門會罷使至京師獻狀居最拜奉天令有命成城績用居多未踰年遷侍御史充宣武軍節度行軍司馬時師帥以睢陽及譙進律開府韓厥之任朝選爲難蓋以彌縫左右非公莫可最凡三爲尚書郎四兼御史中丞以銀印青綬歷官相常伯之重府遷大梁職尊統師公皆以師武從之蓄貲力以崇威望宣忠勞以宏班制居則持重戰則有功無細無大緊公謀是賴雖羊舌職之聰敏肅給鐸遏寇之恭敬信彊無以過也貞元二年真拜右庶子三年復以本官兼御史中丞充入蕃使尋兼御史大夫行次回中察其陰詐奏疏累陳不可莅盟之狀時朝議已行謀塞不用既而戎人衷甲急變上聞乘車東轅獨以智免以久次遷衞尉卿秩至金紫乃命大司農爲國之泉首公修職惟直是視無所阿附終用蔽傷左遷邵州長史以十三年十一月寢疾終於所莅之官舍春秋若干惟公開敏毅直信兼仁勇有政事方畧長於理煩遠而不泥文而無害

始以通邑行師振其名聲交辟元僚翻飛清朝腰金鳴玉法象河海議者謂藩垣京轂公宜居之終以當官有守寧絀不苟不爲利疚於回鬱堙下國以至大病斯可歎已夫人范陽郡夫人盧氏某官某之孫新安丞某之女華宗淑問先輔閨門無貽罹無攸遂內姻外戚仰其徽風先於公二年而歿長子元亮以武畧至御史中丞不幸早亡次子元道以吏才爲大理司直兼監察御史參陳許軍事次曰元規進士及第盩厔縣尉次曰元會前右金吾衞兵曹參軍元簡江陵府參軍元舉太原府參軍元衡元弼元輔等

皆幹蠱知方儼然在疚考於象數先遠得吉以十四年某月日奉公夫人之喪附窆於伊闕縣萬安南原先公之兆域禮也德輿王父公族之出也先人於公爲中表昆弟羈貫獲見殆四十年元道等泣以墓石見託雖文之鄙朴而不敢辭也銘曰

抑抑司農系於蔡兮三珪再踐直方大兮心廣體胖道將泰兮中立不回官左退兮發書問鵩禍所會兮撰日焞龜紛祖載兮萬安鮮原風雨晦兮鏤此貞珉遂之內兮

朝散大夫守司農少卿賜紫金魚袋隴西縣開國男李公墓誌銘 并序

公諱條字堅後以字爲諱淮安靖王贈司空神通之元孫也鹽州刺史孝銳司空之昭也宏農太原守璟鹽州之穆也太子太傅贈司徒齊物公之禰也尚書左僕射贈司空復公之兄也代以忠厚而膺爵命勳籍吏部皆冠宗室公秉是慶祉生而朗邁宏毅疏達方廉孝悌學以遜志文而無害始以門蔭參調三命官至廷尉平明清閑宴適其輕重改宣城令滿歲受代縣人以理狀乞留廉車上聞詔可其奏且加大理司直從人欲也縣鄙之南水泉委匯每暑雨流潦輒傷大田公乃峻爲之防悅使其衆人就安利稼皆登成大歷中鄜坊節度使表爲上介遷監察御史殿中侍御史中權策畫一以咨之成師足食邊備益固使罷除昭陵臺令貴彊沓貪奸冒法禁公職在充奉露章以聞已爲巧言所中坐貶建安尉在途累疏詞理剴切上覽而直之罪人就誅方議率復屬太夫人棄敬養貞元初移蘄州長史尋徵還京師執事者銳意引重公亦啟心獻納會一人有漢宣共理之歎拜泉州刺史泉人宜之入爲宗正丞時卿長與其貳不相能告訐之書紛然交訴詔公平之皆

得其中自後屬籍疑讞顯其聽斷兩造以明九族以和九年授果州刺史先是理下無廨署官司無令書節用量功經構講聚百堵乃興九章粲然政用樂易人皆輯附居部明年有女道士謝氏白晝上昇優詔嘉異州閭咏歎十一年以課最陟爲司農少卿國泉邦用精力區處利病陳聞靡不纖悉十四年宸心憫雨比屋艱食出其陳陳以活元元又百吏之祿廩以粟易幣則輕重相準而便於人皆自公發之也公稽覽故志通練程品嘗獻軍國便宜五章推理道以及人事其他奏議皆附經術有蹇蹇匪躬之操焉

渥澤日加方厚其屬任而才命相戾末如之何十五年三月乙巳以疾終於勝業里私第享年五十九夫人滎陽鄭氏某官某之孫某官某之女姿操柔明先於公若干年而歿乃者以公之勤追封滎陽縣君其孤曰昌舉進士甲科淑行至性公族稱其有後以其年五月甲寅龜筮襲吉血涕奉喪祔葬於萬年縣某原先公之兆域以德輿獲詳踐履俾篆斯文其銘曰

昔有靖王慜策司空至公父兄亦命三公公族家代車服以庸允矣司農直方懿恭行惟遜悌仕乃廉忠利刃剸鐘

輕翰翔風時方大來命則不融柳車遲遲棘人充充如履厦屋歸念舊封圓石篆銘永識於中

監察御史清河張府君墓誌銘并序

君諱眾甫字子初清河人曾祖尚皇海州司馬祖宏藝皇兗州曲阜縣令考隱皇淄州司户參軍君早爲諸生能以學行自力寬廉而溫朴厚而文居易向晦固窮不變故年過耳順而方脫章甫冠惠文示不苟也初爲轉運司所辟解巾太常寺太祝轉河南府壽安縣尉罷秩歷年僑居雲陽時以緣情比興疏導心術志之所之輒詣絕境閒以羈旅游京師卿大夫聆其風者方以聲韻屬和不暇會淮寧軍帥之始至也愼柬僚佐求士於朝朝賢多以君爲才辟書荐至俄拜監察御史且爲從事讜言幕畫舉無違者徵軍實於廣陵因涉江省家道病沈痼不克復命以建中三年三月日至家而終享年六十八夫人汝南周氏先於君歿其孤曰實曰宇年並孩齓未勝縗絰遂以某月日權祔焉嗚呼貴仕眘壽或與令德不并此昔賢所以爲歎姑以景行茂實賁於重泉銘曰

洪範之義享用五福展如之人宜荷百祿嘉言婉婉則罔

攸伏既鐵其冠亦朱其服浮休泫泫歸全還眞喬木荒墳吁嗟乎張君

朝散大夫使持節都督容州諸軍事守容州刺史兼侍御史充本管經略招討制置等使譙縣開國男賜紫金魚袋戴公墓誌銘并序

維貞元五年夏四月容州刺史經略使侍御史譙縣男戴公至部之三月以疾受代回車甌駱六月甲申次於清遠峽而薨春秋五十八明年正月庚申返葬於金壇玉京原之舊封宜敘世德以識幽穸云公諱叔倫字幼公本譙國

人。其先在宋爲公族。於漢爲儒宗。東漢則有司徒涉。西晉則有司農遂。遂後南渡。始居丹徒。八葉至宋臨湘侯明寶。明寶曾孫粲左丞暠。暠元孫皇德州司士好問。公之曾王父也。王父修譽。父昚用。皆自靡天爵。不顧翹車。傳次君之禮文。盡通奧旨。師安道之晦德。九惡知名。故世風純慶。及公而發。公早以詞藝振嘉聞。中以材術商功利。終以理行敷教化。師履素王之訓。周旋君子之儒。淑聲休問。苾芬四暢。初摳衣於蘭陵蕭茂挺。以文學政事見稱蕭門。文本菁華而長於比興。粲爲采章。鏘如珩璜。鼓鐘於宮。累辟大府。

分命於計相也。則爲湖南河內留後。自祕書正字三遷至監察御史。曳裾於賢王也。則爲湖南江西上介。由大理寺司直再轉至尚書祠部郎中。其阜人成化也。則東陽一同之人沐旬歲之治。撫人飫三年之惠。容人被踰月之教。夔人聞詔而歡。承訃而哀。不及蒙其澤。歷官十一。而雲安不書。所至之邦。必刻金石。始在轉運府也。董賦於南荊。會蜀將楊琳。擁徒阻命。詔書告諭。初無革志。胥引銳卒。劫脅使臣曰。歸我金幣。可以紓死。公山立不撓。勇生於仁。端其詞氣。强於師旅。暴叛知感。乞盟於公。黎明。率其徒西嚮拜泣。

指期詣闕。冢臣列狀。天子召對。而推功於府。不伐其勞。時談翕然。勇讓具舉。其在臨川也。清明仁恕。多省費。方畧蜀郡崇儒之化。南陽均水之法。精力區處。民以便安。田壤耕闢。獄犴清淨。居一年。璽書褒異。就加金紫。未幾而有容州之拜。且都督府所治。列城十三。訓戎撫俗之任。招徠式遏之寄。非通方明畧。無以威懷。蓋皇慈所軫。先於柔遠。方將布愷悌於夷落。致風俗於休嘉。議者以九伯二男可跂而至。天則不弔。末如之何。君直清篤厚。博物通理。有大學之明誠。大雅之疏達。靜如淵泉。動如鏌干。不緇不磷。與令聞

終始。起布衣。儒服。位視方隅。歸全之日。纔具祭器。去國見麾幢之盛。返葬備裧輤之儀。列松檟於舊封。展牲牢於新薦。哀榮之禮。鄉黨稱焉。初公娶京兆韋氏。永州刺史采之女。繼室以博陵崔氏。殿中侍御史殷之女。皆淑明柔嘉。不幸早世。允子曰郅。曰邡。年甫及齔。哀如成人。公仲兄新城長伯倫。以子夙承公歡。且有遺託。既不獲讓。是用直書銘曰。

信都九江。文禮章章。百代彌光。司徒佐漢。司農匡晉。乃熾而昌。世無違德。時有通塞。或行或藏。克生容州。貴爲諸侯。

其道直方政成中和播爲頌歌化被二邦列爵疏土燦爛龜組鸞聲鏘鏘宜享繁祉以媚天子今也則亡還葬故里僊山之趾德音不忘

朝散大夫使持節饒州諸軍事守饒州刺史上柱國崔君墓誌銘并序

博陵崔氏爲山東右族以政事方直稱者曰饒州刺史諱適字某貞元十四年某月甲子寢疾終於所部之廨舍春秋若干君仁厚信實方嚴清厲詞無枝葉而顧言必踐交不諂瀆而與人必誠深於士行精於吏職蓋其天性然也

一命爲懷州參軍累遷至大理評事司直監察御史好畤武功二縣令常絳二州司馬乃理富平遂佐興元貞元十一年春以西諸侯之師轉粟調食特拜倉部郎中兼御史中丞以董其事其年冬徵拜衛尉少卿明年改鄧州刺史麾蓋將行又換鄱陽歷官十五竟未充量其爲御史也賈常侍至以才名尹轂下實所慰薦爲之賓介蔣常侍沇以公廉幹河運交辟將事宏助居多其宰封畿也縣鄙之地直於西郊禁衛之師勤於左次事爲之節官修其方軍輿人安闔境謠誦其佐晉陵也晉國韓公當撫封之重署爲推官軺傳所至平反審克假守新定新定之人宜之薄於進取未數月引去其領陵邑也充奉肅敬里閭均安黠吏强家望風累息相率屏匿者十八九其分憂爲邦約已惠人樂易而知禁清明而不擾此皆歷職必聞之效也至若章章尤著爲士君子之所景行者則奉使西土鄙能言之縣官以乘塞宿兵旌旄相望饋饟之重非君莫可既而經費出納制於中臺剋伐之人順非言利大率以布帛之不中於度不鬻於市者積以冗濫備其名物移用於軍增三倍之價平糴於人無一時之蓄掠是根本命爲奇羸既衰

邊備實蔽理道時有覆視誨其相蒙徒列簿書之文不登釜鍾之量因緣繆巧觸類而起君受命不苟臨事風生條其積弊盡達聰聽雖狺狺之吠營營之飛置於度外不直不已連章上愬詞旨深切羣情惴駭處之恬然謝病乞告終無所屈皇明嘉納入亞九卿時搢紳之士多以憑暴爲戒怵迫附離而不能自固者多矣如君之特立剛毅不更其守古之儒行何以加焉此德輿所以受其孤之哀請而不敢辭也君之曾祖元基皇朝散大夫會州長史祖紹先皇揚州楊子縣尉父昃皇大理司直兼河南府河陰縣令

代名士行。裕是遺烈。初君娶於某氏某官某之女。生子曰包而歿。繼室以某氏某官某之女。皆有淑行。如君之志。以十四年某月日。叶用吉卜。祔窆於河中某縣鄉原之舊封禮也。初包以德輿朴而好直。且嘗奉行君之命書者四。乃列其官簿次第。俾識於墓石。既而包毀瘠滅性。夭於倚廬之中。諾其請矣。故銘之曰。

崔君之直兮。不枉尺兮。崔君之正兮。不由徑兮。展如之人。宜錫蕃祉兮。天實奈何。一麾端已兮。襜襜帷裳。來自鄜之陽兮。峩峩邱封。葬於河之東兮。刻此貞珉。識清風兮。

欽定全唐文卷五百三

權德輿二十一

銘并序

再從叔故試大理評事兼徐州蘄縣令府君墓誌

府君諱有方。字某。天水畧陽人也。曾祖崇本。皇朝散大夫滑州匡城縣令。祖若訥。皇右補闕起居郎。桂歙梓三州刺史。考倣。皇杭州紫溪縣令。代以儒門四科為家法。故發於文則菁華。施於政則惠龢。公承是休德。飾躬踐行。得詩之無邪。易之通理。凡五授命。皆以推擇。曰左清道率府兵曹參軍。太子通事舍人。陳州司法參軍。亳州司士參軍。以大理評事兼徐州蘄縣令。滿歲南遊。遘疾於途。以貞元十六年夏五月。歿於楚州之旅館。春秋若干。夫人河閒劉氏。樂城公仁軌之元孫也。明智才淑。有子曰長儒。弱冠舉進士甲科。文行清修。葺臯其容。水漿不入。以某年某月日。得吉卜於某地。其引也蓋殯也。以輿師繁興。未遑歸窆於東周之大隧。姑刻圓石。書其畧云。公夷通直信。睦婣任卹。位卑而志宏。居約而家肥。有為有守。不疚不跲。其初命再命。宮衞贊謁。雖未居真秩。而四方之嘉招狎至。其後掾二邦。奉六條受祿不誣實聞其政或攝領通邑或分乘軺車皆有裕人之仁急病之義及理於蘄也能遂物之宜不奪人之時嘉惠善利洽於千室猶卽墨桐鄉之理無不及也又嘗饋師於回中從事於夷門皆有功利稱於其府其去蘄也西方節將議委以謀猷介俁之重且謂弓旌之未稱也將以柱後惠文之冠招公章旣上而公大病斯可歎已猶子族子自期及緦侍疾承訃奔波塗潦又以見公夙訓慈仁之所逮也噫嘻自匡城至公四代而三爲縣大夫皆用循政聞且以兩漢邴曼容陳仲弓爲準故不至豐祿加以梓

州之懿文盛德排抑於時道未光大終於郡節或者蕃祉必復其在後裔乎此宗門所以有望於公之孤之昌大也旣而緘公理命命以論譔小子愀然涕洟而爲之銘曰

恭惟叔父信厚清厲有車翹翹將事匪懈掾吏二部文而無害施化一同蘄人以乂易象視履謂耆而艾奄然不淑力命相盭楚挽虞殯風煙晦昧屬詞貞珉寧此厚載

唐故使持節歙州諸軍事守歙州刺史賜緋魚袋陸君墓誌銘 幷序

君諱修字公佐吳郡人曾祖某某官考某某官君早孤與兄隱居於越有佳山水率子弟耕汲於其中日修桑門之法擯落人事貞元初兄旣歿始爲宗姻士友所強慨然有應知己之心繇試左環衞歷大理評事攝監察御史裏行佐黔中又以殿中侍御史內供奉佐浙東凡四居憲職介二方伯皆有直聲休利邦人宜之十二年所從旣罷繼之者再至率以重禮禮君終不能屈非所樂而不苟合故也朝廷宗公賢大夫多悅其風十六年徵拜祠部員外郎居二年執事者上言其才請爲劇曹會東方守臣表二千石之缺天子方加恩元元循責吏理面命執事曰誠如是姑

使爲郡須其報政麋以好爵遂拜歙州刺史在途發瘍夏四月二十日卒於洛師享年五十五夫人河東柳氏殿中侍御史并之息女才淑有賢行長子某年在羈貫嗣子某未離褓抱夫人旣得卜吉且以孤藐之詞請表墓於父友故鄙夫泣書於寢門之外而不讓云君峻而通直而和羣萌於胷中器度夷遠英華發外居常無怵迫臨事有風節而不黨至若流俗之齷齪細人之姑息屑屑汲汲之態不同心定交造次以文評議鑒裁精明不惑從善親仁發於肺肝文章宏朗有作者風格學不爲人與古爲徒嚮使登

其年充其量束帶公朝其骨鯁魁壘之士歟常與故處州刺史隴西李公受故右補闕安定梁寬中今禮部郎中京兆韋德符右補闕廣平劉茂宏祕書郎趙郡李叔翰方外士右諭德博陵崔公穎暨予友善嚱夫相視莫逆行二十年洪範之攸好德儒行之遠相致今則已矣可勝慟也耶時貞元十八年歲直鶉首秋七月甲子鏤堅石而銘曰

皦皦陸生中和粹清直如朱絃潔如白珩或默或語不將不迎如何斯人奄忽冥冥蚩蚩下輩戢榖或丁煜煜芳蘭嚴霜飄零命不可問死不可作嗚呼陸生

使持節郴州諸軍事權知郴州刺史賜緋魚袋李公墓誌銘 幷序

君諱伯康字士豐隴西成紀人自涼武昭王元孫文穆公沖爲元魏僕射司空與兄穆侯恭侯惠侯莊公中秉樞揆外顯方伯文穆公二子長曰廷實次曰休纂論道追命皆至司徒蟬聯茂盛冠於百族君即叔氏司徒之後也曾祖仲進皇宣州司馬祖僑皇河南府澠池縣令父愔皇朝議大夫宗正丞贈濮州刺史三葉用晦仕不過郡佐縣令大夫典司宗籍而天爵崇茂士林嚮仰君以才實克家清方入官始爲知已者所薦授閬州司倉掾轉下邽福昌奉先三縣尉皆有能名建中三年調補御史臺主簿成奏未下以太夫人寢疾歸侍藥膳明年丁內艱衣裳外除廹嚴君之命復調爲長安尉時王師淸宮鑾輅初復武人干吏理轂下爲多事邑之細大必決於君每歲考績爲府中最貞元五年再集茶蓼終喪猶毀不交人事屛居池陽以耕植自業九年春西鄙不靖詔城五原以備邊鄜坊節將選重賢佐以厚禮辟君實董塞門之役不愆於素抑有勞焉拜監察御史轉殿中丞賜以章紱尋遷侍御史加檢校工部

員外郞凡十四年徙官爲鄜上介伐謀而鄜之師以律折獄而鄜之人不寃十八年從守臣來朝行次中部所從復於左轂護其輤裧以至京師庀具會事稱情中禮十九年秋七月拜郴州刺史精力惠養蠲除煩苦導利省嗇而人不擾廉平信厚而吏知方今相國左丞鄭君頃移佐茲郡知君也孰洎入總綱轄盛推理行再筦宰政方圖陟明斯言未復奄忽彫落時永貞元年十月某日甲子春秋六十三悲夫君天資器幹機用强敏夷易疏通不移名聲學尚周給而緣情甚麗業履端修而睦婣尤甚時人多知君吏

理過於文行唯故相太傅盧恭公令相國左丞鄭君洎鄙人實知之而棲遲下國迫阨委化斯可歎已夫人范陽盧氏宣城縣令昊之女華緒令儀執笲佐餕先於君歿二十年矣嗣子盧氏縣尉操次子前明經掖支子某等皆以孝謹而承訓義君令弟長安主簿少安請急喪事奔波勤遠自荆抵洛泣奉輀車以元和元年某甲子葬於某縣某原之舊封君子曰於長安之兄之喪有以見同氣之痛德輿以中外伯仲周知所履刻石紀事朴而不誣銘曰

郴之政兮理平君之行兮廉清矧有深知兮秉國之成亟

言於朝兮將陟其明窘然符守兮奄忽冥冥胷臆約結兮未攄平生道途自遠兮廣柳翳靈風雨所交兮卜洛佳城元龜是貞厚載是寧吁嗟乎內兄

唐故給事郎使持節房州諸軍事守房州刺史賜緋魚袋崔公墓誌銘 并序

公諱述字元明博陵安平人自東漢長岑長濟北相代擅雕龍之美濟北五代至晉大司農宏司農八代至北齊右僕射昂僕射三代至公曾祖皇朝散大夫冀州武邑縣令諱紹大父同州白水縣尉諱頊烈考晉州汾西縣令贈定州刺史諱昇之代有文行懿德爲北州冠族公夷雅溫粹安舒廉靜於座右銘得含元之妙於政論得理道之奧以之修身以之莅官蓋家法積厚而公能踐之之故也始自官衞試守未弱冠而爲藍田尉已有嘉聞尋轉婺州浦陽令揚州兵曹參軍皆以吏理著稱故辟書交委命書隨之歷監察御史殿中侍御史再爲侍御史實佐壽潭洪三邦車賦之重拊循輯睦緊上介是賴府遷於荆薦言於朝拜著作郎虞部員外郎論著奏議率循憲矩不毀方以求合不由徑以取捷貞元十二年出爲房州刺史承長帥剛嚴

之理當興師饋饟之殷暴征繼起煩言狎至而能推情屢身以裕勞人惻隱所被四封嘉靖十七年秋九月辛酉感疾捐館舍春秋五十七夫人京兆韋氏承公宮之訓爲女士之表凡合姓二紀柔而正勤以義之道備焉其孤文伯武伯等學通禮籍姿性純至斬焉相視泣奉裳帷以冬十一月甲子祔葬於東都某原禮也初公仲兄左庶子安平公有重名於時安平所與游者公皆從而游焉故常與賢士大夫推古今世道博約論辨攄之於詞凡數千言因曰勝質之文吾所甚懼彼奔馳塞路者既不可遏又惡用斐

然之爲也耶遂輒削去其用晦如此行義醇備慈仁任卹安平既卽世伯兄繼歿猶子之解巾結褵先於己子故不舉火之日男未仕女未行其於疾則十起衣無常主雖伯魚稚春不能加焉羣從族姻均祿直以賙其乏不結黨友不趨聲利常欲修性息跡考一邱之樂而未克啇與位皆負其實奄然不淑爲知者所歎建中初德輿遇公於九江之西其後辱安平戴侯之知於公獲南容之眷刻石志美不敢曼辭而實錄焉銘曰

齊稱大風漢有文宗雋賢葳蕤似續昭融坦坦房陵勞謙

孝恭優游祿仕惟道之從素履不華黃裳在中乃儀列星乃飾伏熊居易處厚有初有終魂氣杳冥諸孤哀恫圓蓍大蔡先遠攸同刻兹貞珉永賁邱封

鄜坊節度使推官大理評事唐君墓誌銘　幷序

君諱款字嘉言北海人曾祖貞休皇比部郎中河南少尹祖訥太子洗馬考試河南府士曹參軍代有懿行遠承華構君清方敏厚幼有立志與伯氏文編講藝修詞知名於士友間其文華浹洽而長於比興其義行潔修而篤於友悌貞元初舉進士甲科解巾補官衞紀綱掾右輔守臣撫封辟士表爲支使轉左領軍倉曹明年復調爲左金吾冑曹因喟然曰吾三命不越於環列其道蹇歟滿歲宴居吟詠情性而已會故人彭城劉景通受天子推轂之重鎭於洛郡辟書既至命書繼下以廷尉評事理軍訟未幾請急省兄於盛山又東南至於雲安閒關巴峽嬰冒霧露俄而景通入覲爲冬官司空方欲盛薦君於獻納侍從之列景通既歿左右曹中執法多所引重而枕疾不起悲夫時二十年秋八月壬子其年四十有九昔崔駰管幹官不過長岑令少府丞而當時之翕然扇巧言進取滿志者可勝道

哉天關紛綸從古所歎初娶馮翊嚴氏興元長帥相國太保公之女不幸早亡繼娶天水權氏華州司士參軍集之女子之從祖妹也有明識淑行爲六姻儀法結褵周月遭罹柏舟之痛遺允方娠可哀也哉予與文編周旋於文章道義二十年矣故辱君之歡亦舊淮湖睽阻京轂會合姓恒化在旬歲之中寢門屑涕情何有極冬十月庚寅其孤輝既得吉卜窆於萬年縣義善原且虞邱夷谷變不可以不識遂爲銘曰

一氣泫泫浮休滑涽英華未伸奄忽歸根于嗟乎嘉言于

嗟乎九原刻此清芬

太原府司錄事參軍李府君墓誌銘 并序

君諱雍字某趙郡鄗人曾祖萬安皇鄃平郡丞祖項贈鄭州刺史父日知皇銀青光祿大夫黃門侍郎侍中戶工刑三部尚書君承蔭庥覆露而資性和厚有詞藻工篆隸起家太子通事舍人轉太常寺主簿年甫成童卓然有立志歷都水監丞長安丞轂下難理號爲稱職丁太夫人韋氏憂免喪猶毀不交人事尋詔除太原府錄事參軍已抱沈瘵以開元十有九年夏五月歿於長安昇道里享年三十

五噫嘻以侍中公之寬明正直忠孝於君親書在國籍爲景雲賢相宜其子孫昌阜有韋平之慶而義方積善所及不過於丞吏都吏未强仕而天斯命矣夫人范陽盧氏殿中侍御史敷之女司勳郎中游之妹華宗淑行先歿者二歲有子元之仕至晉州洪洞縣令愷悌之化行於鄉黨命屈其才亦不至大官洪洞之子曰鄧州新野令彬萬年尉彤陳州太康主簿彩太公廟丞彭前明經彧等以吏以文循守家法君初嘗謂洪洞曰吾家代壤樹在周鄭之郊延陵嬴博豈限故土苟吾啟手足必促擇不食之地而歸全焉故君歿之歲秋八月權窆於萬年縣龍首原厥後七十有七歲彬彤等居內憂忍哀襄事因竭誠信循祖禰之志啟君之竁遷祔於京兆府奉先縣漫泉鄉保章里從考卜也與洪洞君庚甲分穴昭穆列次聿修之義情理無違而彤又狀其祖德請刻墓石抑予之重表甥也嘉其忠孝而銘之其辭曰

伊昔侍中實相睿宗以孝以忠穆然清風乃生良士博約仁義坦坦居易鬱湮下位家有孝孫卜兹鮮原刻勒清芬藏於墓門

叔父故朝散郎華州司士參軍府君墓誌銘 并序

洪範敘三德五福之道而德存乎人福繫乎運時未光大則卷而懷之姑以清行厚德遺諸子姓而已公諱隼字子鸞天水畧陽人十二代祖安邱敬公諱翼爲前秦司徒代有動德以至四代祖平涼公諱文誕歷開府儀同三司涪常二州刺史曾祖滑州匡城縣令諱崇本王父益州成都縣令諱無侍烈考許州臨穎縣令諱倓初平涼之先三葉開國匡城以降世名文行公纘承茂緒祇服家法有大易之鳴謙中庸之慎獨慥慥其守孳孳其勤中立而不易方

夷道而不由徑故克家無玷干祿有聲天寶末州里舉經明屬幽陵叛涣計偕中止解巾試守河西尉眞拜鄢陵丞時東郊不開違難逃祿艱貞潔白終出盜泉朝廷嘉之除楚州寶應丞是歲太夫人棄孝養刺血寫大乘微言毀瘠過禮旣除喪爲親戚所勉調補宋州宋城縣丞孟尚書某方持郡節深相推重每歲考課居郡中最大歷中授福昌丞貞元初改華州司士嘗辟彭城劉公蕭國班公之府皆分事任實助經費所至之邦必聞其政所奉之主必加以禮而又學古不怠歌詩必類緣情而不流體要而無害故

祕書包公謂公內外循理心正氣和君子以爲知言其道未伸天奪之算嗚呼貞元九年四月辛亥終於富平從事之館享年六十一夫人陳郡殷氏皇曹州司法麗正殿學士踐猷之孫清河尉寅之女故給事中杭州刺史亮其兄也今侍御史郴州刺史永其弟也生德義之門襲猗那之慶自執笄主饋逮四十年孝慈柔明六姻是仰學備箴誦言成禮法公之祿甚薄而家甚肥中外無閒言諸孤猶已子閨門之內和樂薰如也旣茹未亡之痛護奉輤車東旋洛都八月癸丑遘疾殰終於新安之別墅享年若干有男子五人長曰少成仕至桐廬尉次曰少淸以經術甲科次曰某曰某皆以文學裕蠱稟公之義方女子五人長適安福尉劉公範次適常州司倉齊暢其次未及笄皆稟夫人之明訓少成等曾未半歲再集荼蓼思養於下如不欲生銜恤忍哀竭其誠信以十月某日得吉卜於新安方山南龍澗原禮也小子齓歲而孤夙承善誘且懼徽音行實之不傳於後與陵谷之有遷也謹用論撰哀而不文銘曰

惟叔父秉直淸溫而文誠而明六試吏揚令名再從事有淑聲猗夫人懿純德倬婦行爲內則樂申申恭翼翼女有

家男述職天不傭降鞠凶道未行禍已鍾刻金石識邱封德不泯哀無窮

揚州兵曹參軍蕭府君墓誌銘 幷序

君諱惟明字某南蘭陵人曾祖湊皇丹州刺史祖文遠皇睦州別駕考重暉皇金州別駕自丹州已降雖位不過守佐而皆以行義似續君卽別駕府君之元子也天寶中舉秀才數上行過乎謙竟不得居甲乙科時苟未至雖巧力無所措其用否不可久後累爲知已所薦自明州參軍事至揚州兵曹掾凡四更官皆有理效多以名聞薦拜或參

從事之列向非刃有餘而用無滯疇能及此晚歲病風家於丹陽葆眞樂和樽酒自適輕財重義推誠於朋友之閒不飾邊幅以曠達自任初君與令弟故司封郎中惟則同以儒服游京師賢士大夫締交慕義者如響郎中以通才歷職而君亦累爲名公所薦年位未至相次凋落嗚呼以建中二年四月某日所疾沈痼終於丹陽私第享年若干以某月日權窆於某所從宜也夫人扶風竇氏婦道柔明子渢漪汝等年未志學藐然無怙匍匐挽時行哀以求銘銘曰

南齊之後福祉洊臻厥生兵曹洵美且仁如何中路翳魄荆榛刻石窮泉永志聲塵

洪州建昌縣丞崔公墓誌銘 并序

君諱遜字某博陵安平人也六代祖北齊右僕射昂以文學正直周歷諸曹禮樂刑政所損益者十七八生隋水部司門二郎中洽有風儀器尚以世其家司門生皇掖縣令曇首掖縣生武邑令紹武邑生白水尉瑱瑱生汾西令贈定州刺史昪之自掖縣四世含德不耀君即定州府君之長子故相國右庶子安平公其介弟也恬淡愿慤不遷於時仁於鄉黨友於兄弟大歷中御史大夫贊皇李公之宣風於吳也聞其賢起家表薦爲常州武進縣尉跡徇知己心不近名俛視官曹非其好也建中初嗣曹王分閫案部於九江之西又以名聞轉洪州建昌縣丞君喟然曰莊生於陵子吾之師也惡用是哉終不屑就先是築室於毗陵疏清流蔭碧蘚樹藝偃仰有終焉之志貞元十年正月日寢疾終於其家享年六十三夫人范陽盧氏華宗淑行動循禮法其孤景伯等年未及冠皆專經趣善藐然銜恤護奉輤車以明年十月某日歸祔於河南東原之舊塋先遠

故緩也季弟著作郎述貞諒遜悌稱於士林抱終鮮之痛主歸全之禮以德輿詳其素履俾爲墓銘銘曰

公綽之遒澹無欲兮結身用晦言可復兮視履考祥宜戩穀兮乃如之人胡不淑兮周原舊封森拱木兮於以寧神識陵谷兮

潤州丹陽縣丞盧君墓誌銘 并序

君諱峴字某范陽人自魏已降官婚人物爲天下清甲大畧書於國史詳言在乎家牒今所書三葉自曾王父儒州司馬府君諱宏壽初貞晦不仕公車徵拜生冀州信都主

簿府君諱友裕友裕生揚州高郵縣令府君諱相君即高郵之第若干子奉前人之業講先師之訓以之克家以之從政直方謙厚卑不可踰筮仕三次不離州縣之職曰亳州蒙城縣主簿楚州寶應縣尉潤州丹陽縣丞寬敬蒞事不希名譽故每當廉問薦延之日使臣陟明之舉皆遷延晦避時議多之清行懿名竟用不振以大歷九年七月日寢疾終於官舍享年五十五其嫠隴西李氏柔順有婦行嗣子某等決於蓍蔡衘恤襄事以關河不靖未克歸祔遂以某月日權厝於縣之北原焉從宜也予僑居丹陽嘗與

君游故麤書事實以備刻石銘曰

生死沄沄如環斯循吁嗟盧君於此歸根

欽定全唐文卷五百四

權德輿二十二

再從叔故京兆府咸陽縣丞府君墓誌銘 幷序

府君諱達字某天水畧陽人曾祖崇本皇朝散大夫滑州匡城縣令祖若訥皇通議大夫桂歙梓三州刺史考偡皇深州安平縣令自十二代祖前秦安邱敬公至四代祖平涼公皆有勳力爲通侯大吏自匡城至安平以文采政事爲列城二千石家法休聲貽於後昆府君以士行吏理平端簡實大歷初調爲家令寺主簿歷同州馮翊縣尉河南

府登封主簿京兆府咸陽縣丞居之必聞考績得之必由綜覈中外之姻或據戚里都侈鄉未嘗巧從以去窮約且以枉道由徑食浮於人爲譏大率每十歲徙一官故歷三紀而四受祿勤官肅事不誘於長上循理蹈和不懾於健羨其有常歟其難進歟貞元十九年歲在癸未秋七月壬戌感風疾終於新昌里享年六十先是夫人南陽張氏明茂有禮法亦天奪其壽府君周練既除三月而鞠凶及悲夫支子垻等謀於族屬家老以明年春二月已酉祔眞宅於萬年縣龍首原謹書官次以納幽穸銘曰

幽卽而下煜煜圭組宜昌鄜城仍代啟土平涼策勳梓州懿文家牒德風儀刑薦紳時惟叔父祇服丕矩始仕宮卿乃從左輔周旋二畿坦坦安卑遵道而行不競於時修短奄忽兮嗚呼涕洟崇岡美櫝兮永識於茲

長安主簿李君墓誌銘 并序

君諱少安字公和隴西成紀人自元魏僕射文穆公沖而下爲西州冠族或位不充者必以令德聞曾祖仲進皇宣州司馬祖僑河南府澠池縣令父愔朝議大夫宗正丞贈濮州刺史君卽濮州第三子敏信寬綽篤於行義方舉孝

廉偶爲所親者薦授冀州阜城縣尉既非所好終不屑就王黔中礎之持節廉問也表爲推官轉支使歷左武衛冑曹參軍大理評事用誠直贊佐夷落之人宜之府除至京師轉三原縣尉筦中書甲庫考績四居上第遷長安主簿二陵復土之重比歲會同輦轂之下儲峙無違典司廢置肅給安靜尹守以爲能方受代而復表留一歲御史府察視者數薦君自代君方勇於退故朝命未及焉元和三年三月乙酉感疾不起於長安興化里第享年五十君溫仁孝友踰義循理恢恢然有君子之度齒位皆屈而知者歎焉夫人滎陽鄭氏太僕少卿叔規之女仁而不壽先是君元兄柳州刺史捐館舍請君襄事間關勤遠閱一歲有嗒然之痛喪服甫除俄啟手足噫以積善之家而叢不淑如是糾纆之數其可問耶嗣子拭授等號奉輤車以夏五月景申祔於東都潁陽縣之某原禮也音徽永昧志義相倫情殷中外年同甲子濡涕操管銘於墓門銘曰

族之盛兮才之令兮纔知命兮俄大病兮葬者藏兮潁之陽兮誌卽荒兮杳茫茫兮

王妣夫人宏農楊氏祔葬墓誌銘 并序

王妣夫人姓楊氏宏農人祖敏皇太僕少卿交州都督金鄉縣公父晏湖州武康縣令夫人始笄歸於王考府君府君名重而祿薄家肥而身約仕至左輔尉中兵紀綱掾所與遊者皆天下雋人賢士夫人無攸遂勸以義之道備焉天寶四年先太保貞孝公既孤夫人慈仁訓育以文行紹續繇進士第授臨清尉薊縣尉安祿山之亂也以大節聞履險違難崎嶇色養滅跡人事以扁舟爲家至德二年夫人棄孝養於杭州富陽縣之行次時四方兵交歲大疫江東尤劇未克歸祔此焉寧神先公號咷崩毀因中風濕痺

痡一作痼外除拜御史著作郎皆以疾不祇命大歷丁未德輿丁荼蓼貞元戊辰再集艱棘餘生未泯積慶所鍾因緣踐履叨冒崇大以歲時之不易事物之多故久未遷神心焉若擁言陰陽者利在卯酉元和五年歲直庚寅德輿忝太常卿以明年之吉襄事既具其年猥參宰政禮不克就乃建宗廟以嚴蒸嘗逮今十二歲在丁酉德輿以檢校吏部尚書理戎漢中拜章上請協用龜策啟先公先太君壽堂於丹徒啟夫人壽宮於富陽得七月壬寅祔王考府君兆域於東都伊闕縣慈水之陽吉自杭抵洛凡二千五百

里水陸安靜誠信無違天之佑也惟尊靈幽閟周一甲子罪在孱菲宜當誅殛而懿範遺訓流光孕休閨門受祉施於孫子霜露怵惕如惔如醒又德輿之生也後不獲逮事逖聽令聞靡詳萬一故合姓之紀歲棄代之享年皆闕焉刻茲介石以永終吉銘曰

惟王母之令德淑明柔克閨門延耀以引以翼王父安卑兮其道未光先公大節兮易名章章伊孤孫之蒙騃不獲逮事慶靈流澤兮積累名器溯河湯湯輤車帷裳伊水之陽祔於幽堂萬有千歲兮徽音不忘

獨孤氏亡女墓誌銘并序

元和十年歲在乙未冬十月二十一日戊午故祕書少監贈絳州刺史獨孤郁妻天水權氏寢疾終於京師光福里嗚呼吾之女也故哭而識之惟吾門代有懿德至先君太保貞孝公以大節大行爲人倫師表故鍾慶於爾而又夭閼其成此吾所以不知夫天之所賦也初笄有行未嘗遠父母兄弟考室同里常如歸寧始絳州以褐衣納采其後爲侍臣史官更掌中外誥詔皆再命或三命十數年間便蕃清近烜赫光大天下公議以宰政待之其於閨門之內

佐君子供先祀嘻嘻申申有孝有仁乃者吾忝大任絳州居近侍而能婉約勞謙得六姻之和長信宮受冊命之歲與母於內朝序位環佩之聲相聞黨族榮之人情禮意纖微矩度言內則者以爲折中嚱夫絳州方強仕不淑爾又未練而歿年止三十一天之報施其何哉始稱未亡人也懼貽吾憂每斂戚容而爲柔色然以沈哀攻中竟不能支悲夫初先舅憲公有重名於時絳州生而孤不得逮事儻冥冥有知將同穴而養於下耶抑智氣在上歸於合莫耶吾不知也生子二人女一人長男前一歲未成童而夭次

曰晦生十年矣至性過人未期再丁荼蓼敫號罔極晦世父右拾遺朗茹終鮮之痛撫之如不孤貞於龜策得明年六月六日壬寅祔葬於東都壽安縣之某原宜琢墓石以永於後吾老矣豈以文爲懼他人不知吾女之茂實故隱痛而銘曰

暘光未晝而湛晻兮植物方華以槁落兮懿吾女之淑令兮祔君子於冥漠已乎已乎吾不知夫神理之有無

唐故相國右庶子崔公夫人河東縣君柳氏祔葬墓誌銘并序

貞元十有一年歲在乙亥三月丁丑故相國安平公夫人河東縣君考終命於京師安仁里蓋春秋若干其孤曰懿伯號侍輤裧以十月庚午返祔於河南某原安平公之舊封禮也夫人姓柳氏代爲河汾右族齊周之際中書孝公虯司會景公慶以匪躬厚行爲北朝名臣孝公生止戈後周洛州刺史洛州孫皇海州長史憬憬生皇伊陽縣丞璿夫人之祖禰也夫人憑積厚之祉體柔嘉之姿既笄歸於安平公公始以處士納采至於佩相印三十年閒內則彰聞嘗以命婦宜家疏封於本郡又以中宮恤禮爲位於內朝齊明以助祭慈惠以厚下褕翟五采副笄六珈幽閒必聞於法度侈泰不萌於心術盛德發於身而被於族姻不可詳已始用和樂安於隱約終以淑均居於顯尊大君子之家肥道光其助宏矣既嬰未亡之痛深惟出世之法受微言於順禪師以蓮華普門爲方寸津筏宜其永錫眉壽而爲大家令則已矣子壹不知夫命也懿伯爲左千牛備身純孝好學居喪得禮長女適宏農楊宏徽纔半歲有共姜柏舟之誓明識令行倫於古人幼女以衿褵來歸共承宗事故於夫人之道得周知之懿伯以陵谷之不可以不

識哀請論撰大凡以乾元元年合姓貞元二年受封安平公薨八年而夫人捐館其銘曰

於穆夫人徽柔淑溫儀於德門蹈履內則六姻是式藹然慈仁魚軒煌煌佩玉鏘鏘威儀申申居貧且樂處貴逾約其道可尊不享天年奄歸下泉孰司陶鈞哀此孝嗣煢然無恃訴於蒼旻東周故園宰樹鮮原裳帷翻翻祔於幽穸刻是貞石厥聲長存

唐故義武軍節度使支度營田易定觀察處置等使檢校司空同中書門下平章事贈太傅上谷

郡王張公鄧國夫人谷氏墓誌銘 并序

夫人姓谷氏魏郡昌樂人其先漢大司農永之後故義武軍節度檢校司空同中書門下平章事贈太傅上谷郡王張公之夫人也四代祖那律貞觀中仕至諫議大夫宏文館學士曾祖補袞左羽林軍長史祖倚相祕書省正字佐蘭錡以嚴禁旅詳魯魚以考祕文猶未充其才則延耀於後考崇義天寶末以雄畧氣敢從漁陽之師每建奇功亟摧北狄歷左武衛將軍左金吾衛大將軍累兼太僕殿中追贈特進懿是勳慶聚於夫人天資才明動合圖史早以

衿鞶之誡宜於鐘鼎之門百兩以納采三月而助祭克洽中饋至於上公其於佐以純誠規以策畫超冠命婦之道叶贊守臣之勞者有焉建中元年疏賦於魏郡三年徙封於鄧國徽音法度列在命書貞元七年太傅薨於理所嗣子今義武軍節度易定等州觀察處置等使工部尚書易州刺史兼御史大夫延德郡王茂昭能業其勳載延其賞克家稟訓宣力撫封六官分職八命作牧虞潭榮養用厚人倫魯侯燕喜方期壽考伯仲有裕稱於北河曳裾於邸第者三持憲於牙門者一貞元十一年以幼子銀青光祿大夫光祿少卿駙馬都尉茂宗既承築館之恩來侯執笄之慶方榮著代俄痛終堂以十二年二月丁卯寢疾歿於萬年縣安仁里享年四十九遺表以車服器用上獻王人就第申弔賻絹三百匹布一百端此又恩禮之有加也尚書以移孝在公遠竭誠信光祿以銜恤茹痛躬奉裳帷以其年冬十月甲戌得吉卜於京師少陵原不祔於太傅行古之道也生極并賦沒有寵賻恩備終始以榮以哀申命司言之臣採其淑行用琢琬玉銘於墓門銘曰

鵲巢之德夫人之職輔於上谷啟是鄧國淑慎溫惠徽柔

令色克大閨門施於燕翼萬鍾雖及九原俄即賦命有涯孝思罔極

衛國夫人李氏墓誌銘 并序

夫人姓李氏趙郡人前相國司空今户部尚書燕國于公之室也曾祖仲恩皇藍田縣尉祖琳河南府參軍考復司農丞三葉名器卑而婚親族類為山東冠甲外曾王父裴丞相文獻公左右元宗為時才臣外王父吏部郎中贈刑部尚書綜以文行著於清名舅族多賢與軒冕俱大中外積厚而生夫人興元元年燕公以南宮郎冕而親迎其後

歷二千石九卿觀風貞師焯耀宏大三公相印六職地征勤勞輔佐淑慎和樂鵲巢之均一樛木之逮下采蘋之能循法度螽斯之子孫衆多實備有焉晉令公侯夫人銀印青綬佩水蒼玉貞元三年夫人以外命婦封河內縣君十九年以元侯內子進衛國夫人廣大專靜尚柔含德不言而徽音自遠不耀而儀型可象鍾郝之禮法爲而不有姬嬴之地望有而不恃於六姻之中薰然以仁煦然如春推心以及物各得其所欲故燕公琴瑟友之鐘鼓樂之克成婦順以贊家道元和十年冬十二月甲辰寢疾薨於安仁

里第享年若干不求醫禱以順性命雖知道之君子所難能焉明年春二月庚申祔先姑之塋於興平縣之某原禮也嗣子前太子左贊善大夫正祕書丞方某官季友某官某等永惟免於水火以至冠婚列在朝序率由慈蔭自帷堂至於遣奠哀敬有加燕公以德輿於外族爲表甥於中臺爲同列嗟然之痛俾誌斯文公又命方等泣狀往行始終詳實故如其論次繫之以銘銘曰

燕公之室宏是內則衛國攸宜淑明柔克環珮鏘然蒸嘗吉蠲家肥族睦二十二年如賓之敬循道之性不慮不圖奄忽大病茂陵蒼蒼宰樹陰堂幽宅於茲兮德耀不忘

前京兆府咸陽縣丞權公故夫人清河張氏墓誌銘 并序

夫人姓張氏南陽人曾祖鉉皇正議大夫常州刺史祖重暉皇朝議大夫衡州刺史贈太常卿考伯禽皇銀青光祿大夫將作少監兼通事舍人弈代以大夫二千石班宣教化而先公贊謁在帝左右兄憑又以衛尉少卿簡王傅世其官故表儀風訓家法延耀夫人承是吉祿生而懿美大歷十二年既笄歸於天水權公公時爲馮翊縣尉其後簿

登封贊咸陽徊翔於周秦甸圻閒皆用功次得調滿歲食貧則嘻嘻於衡華之下族屬和而家事理抑夫人是賴資性溫重閨門整峻每中外六姻有嘉會喪禮必羞必赴周旋法度士女憲焉而不得鳴珈珮玉宏大中饋命也貞元十八年夏四月暴嬰疾癘終於京師新昌里春秋若干秋九月窆於某縣某原從吉筮也支子某等充窮攀泣捧是圓石云不可以不識命從祖兄子銘之其詞曰

在漢七貂族之盛兮常山衡陽休有慶兮父兄仍代贊名命兮展彼夫人來合姓兮徽柔靜專家道正兮生也有涯

斯大病兮匔靈廣柳掩泉逕兮刻此貞珉彰淑令兮

朝議大夫洋州刺史王君夫人博陵縣君崔氏祔葬墓誌銘 并序

夫人姓崔氏博陵安平人皇鳳閣侍郎平章事博陵郡王元暐之曾孫禮部侍郎璩之孫侍御史貫之息女洋州刺史瑯琊王君澄之嘉偶崔氏自漢濟北長岑代爲文宗王氏自晉睢陵卽邱繼生元臣二族之茂范蔚宗沈休文推本言之矣重以母后中宗之際石泉博陵二先正有經綸命代之林推戴格天之業延耀濟美爲祥爲祉爲君子爲

士女合姓好逑與他族不侔夫人未笄累失恃怙旁無兄弟泣血襄事奉二尊裳帷閒關道途自鍾陵抵洛邑哀敬與禮三者無違神祐純孝爲宗姻所歎某年從父兄縱盛選卿才故王君納采焉王君以才器政事連辟公府歷御史司直爲河南紀綱掾改陽翟令入爲尚書屯田郎出刺洋州柔嘉左右叶是休德初洋州同氣八人名位焯於當時冢婦介婦必華宗淑喆夫人贊宗事供先祀鼓瑟誦詩姿操閑雅奉上以誠羣居用和外言內言不越於閫朝服祭服必成於手洋州捐館二十年而夫人歿於櫟陽之別墅時貞元十九年秋七月某甲子蓋年五十一初洋州娶滎陽鄭氏生子曰造而夭夫人以繼室生子三人曰迺曰逵曰邁母儀均養皆爲良士造仕至藍田尉迺修詞與計偕逵邁咸以門資分佐環列哀號罔極泣問龜策以二十年冬十月某甲子祔於洋州之舊封先是洋州猶子興平尉源長受夫人之理命曰吾與爾二門積德奕代銘表必咨時文先舅之碑吏部趙郡李公實爲之先君之誌從翁太傅文貞公實爲之且以德輿於夫人有通世之舊猥求論譔泣狀遺懿實而不華是用采獲以銘內則銘曰

安平臨沂右族蕃滋仁賢是儀好合嘻嘻乃封故地象服斯貴諒無攸遂亦勸以義婦順彰聞母儀可尊肅肅閨門四男晨昏吁嗟風樹奄閟泉路魯人之祔皇辟之墓鏤茲淑聲永識冥冥

湖州武康縣丞許君夫人京兆韋氏墓誌銘 并序

夫人姓韋氏京兆杜陵人楚傅漢相之後分封競爽以至周鄖襄公孝寬爲宗門龜龍曾祖某某官祖某某官父楚器皇太子宮門郎其外族隴西李氏涼武昭王元盛後魏司空文穆公沖隋絳郡公禮成之世德輿之從母姊也中

外華閥乃生淑喆幼失恃怙先太君保而養之猶女子子焉既笄歸於某郡許授授循理喻義調常州義興尉湖州武康丞滿歲葺田廬於霅溪之上忘懷進取夫人贊家道以供先祀誠伯宗而鑑冀缺許君之動靜無悔抑有助焉所從之祿甚薄不及偕老徙宅敎子宜家佐餕閨門之禮有同嚴君才識所及過人遠甚雖內外之言不越於閫而人事物理皆能折中焉凡結褵二十五歲而稱未亡人又十五歲而不舉火時元和二年正月某甲子春秋五十九其子士儉謹斂屬詩書未與計偕者不忍違養故也泣訪

著蔡得十月某甲子吉權祔於皇辟之封惟夫人有姿操巖範不得被魚軒翟茀之飾獨振內則而傳母儀孝子家婦居喪率禮禮無違而哀有餘姻黨稱焉嗚呼孩提相長實均同氣今視士儉猶吾之出焉士儉緘哀詞理命請刻圓石屑涕直書寄茲沈痛銘曰

士之積行未必豐祿有美夫人不登象服從夫也有德有儀訓子也恩斯勤斯勸以義兮導之慈養未及兮命奪之服在緦兮心若期刻琬玉兮流涕洟

潤州丹陽縣尉李公夫人范陽盧氏墓誌銘 幷序

夫人姓盧氏范陽人北齊黃門侍郎思道之五代孫也曾祖悌皇高道不仕祖綱皇城門郎父侑皇太原縣尉雖仕皆數命以至淪謝而皆飾行懿文有當時之譽明德奕世誕生夫人既笄嬪於李公李公爲烏程丹陽二縣尉夫人居貧守約動必由禮謙敬以睦中外吉蠲以奉蒸嘗甘糲粱服澣濯中饋式敘和樂嘻嘻有嘉聞而無攸遂一紀於茲矣嘗聞善餘慶謙受益豈前志之謬歟將有必定之數歟既而奄忽遘疾不翌日而大漸以大歷十一年月日歿於丹陽之私第享年若干以某月日權厝於縣西之五里

原從宜也生子數人早歲夭落今之存者女子三人長者生纔六霜其次差以幼矣雖禮所未及而號不絕聲呱呱然行路爲之慘戚公以爲鼓盆傷神兩不中節而鍾情之哀可勝既乎且虞陵谷之變也乃命權氏甥德輿爲之銘曰

去夏屋之渠渠兮卽孤邱之峩峩往不可復兮沈痛如何薤露蒿里兮古有哀歌

洛陽縣尉何君夫人范陽盧氏墓誌銘 幷序

夫人姓盧氏范陽人曾祖仁皇相州錄事參軍祖不勤皇

壽州霍山縣丞父隨皇太原府祁縣丞三世沖晦皆不至大官故夫人鍾其粹美生爲嬪則以既笄之年歸廬江何君官至洛陽縣尉夫人有輔贊之美柔明之行誠順孝慈以內則爲師故得六姻之和而禮無違者乾元中何君早世夫人訓字諸孤動必以方長子士程爲蘇州嘉興尉幼子士乂儒行修明或吏或文克荷克構有女二人長適河東裴氏次適博陵崔氏皆奉母氏之訓宜其家室非導之教之之至其及此歟以興元元年三月日考終命於嘉興年六十一士程士乂等謀及龜筮以某月日權厝潤州未

克返葬故也夫人卽考功員外郎士幹之世母也予嘗接考功遊獲聞行實故不敢辭二孤之請刻石以銘之辭曰

婉彼夫人淑明柔克周旋動用率由四德不享蕃祉不躋壽域二連之哀哀何有極

唐睦州桐廬縣丞柳君故夫人天水權氏墓誌銘

并序

夫人姓權氏天水畧陽人十二代祖翼前秦僕射安邱敬公其後至周隋閒有佐命功代荷茅土者三葉以至曾王父滑州匡城縣令崇本王父益州成都縣尉無侍烈考許州臨潁縣令伋成都以太學進士擢第臨潁判入甲科皆以文學著名粹行純氣有以鍾下夫人生而敏異姿性端明懿行全識發於天授而和敬以事長慈惠以拊下窈窕德象動成儀度機鑒精辨而深自晦默伯仲甥姪等每有疑理滯義多所諮訪夫人不得已而後言言必中倫誠順之道自中形外外內族姻之中瞻其儀型剛戾者順不仁者化以貞元二年三月歸河東柳君君爲睦州桐廬丞方謂有魚軒象服之慶享偕老宜家之壽不幸遘疾癘以其年七月日終於桐廬之官舍享年若干自設帨至於屬纊

九族無閒言終食無違德宜乎綏福履而介眉壽備祭服以參蘋館而迫阨終身莫申其道六姻安仰爲善者惑豈善慶昭報之言妄作耶將壽夭淹速之度固有所定耶柳君奉其喪以某月日權厝於丹陽縣某原竇氏伯姊之塋次從遺旨也從父兄子德輿一二羣從銜茹永痛書實錄於墓石銘曰

采蘩采蘋列於詩人恭惟淑明與古爲鄰嘉玉粹溫蕣英葢藍淒風夜壑銷鑠堙淪命不可問兮從古沄沄追琢淑德兮用識幽墳

欽定全唐文卷五百五

權德輿二十三

唐故銀青光祿大夫守吏部尚書兼御史大夫充諸道鹽鐵轉運等使上柱國趙郡開國公贈尚書右僕射李公墓誌銘 并序

惟元和四年夏五月丁卯冢宰趙郡公巽寢疾薨於永崇里享年六十三天子憫然不視朝追命右僕射冬十月乙酉返葬於洛師緱氏縣芝田鄉之大墓公字令叔趙郡贊皇人曾祖知讓皇河南府長水縣主簿祖承允江州別駕

贈太府少卿父嶷右武衛錄事參軍飾終四加至尚書右僕射代載德善至公昌大始以明經筮仕爲華州參軍試言超絕補鄠縣尉登朝爲監察御史殿中侍御史由美原縣令課最爲刑部員外郎由萬年縣令課最爲户部左司二郎中由常州刺史理刑第一徵爲給事中以御史中丞領潭州刺史湖南觀察使就加右散騎常侍以右散騎常侍領洪州刺史江西觀察使就加御史大夫由二府報政入爲兵部侍郎在塗加度支鹽鐵副使至止踰月代今司徒岐公爲使明年遷兵部尚書閒一歲轉吏部尚書總八柄平九賦左右理道以紓元元天子方推心竦意倚以爲相奄然大病斯可痛也公温重方嚴愷悌忠清得洪範之正直稟大雅之明哲强志特立爲儒門吏師中臺草議左曹還詔法程之下無尤違分畫之下無差失其爲二方循班制建長利布以休和樹之風聲大凡都府歲杪使刻深吏周行支郡鈎摭泉貨二千石不相聊生如梏拲然公至分命部從事覽觀禮俗問人疾苦廉吏善否而已至有經用之羡使郡自爲理得以蠲乏用補庸亡府無私焉四履之内遇凶旱水溢損有餘以均不足農里無大乏官司無

宿憂而邦鄉碩生勸學講藝道彼輕僄率循教化皆有聲詩揭於康莊其制國用也調盈虛御輕重阜齊人之業而地不加賦佐公家之急而利無所滯先是池澤之稅因緣爲奸牢盆以私幣貨寖濫公則去一朝之便質終歲之成變其苦窳以竟物力盈入之數不可勝條上嗣位之歲發武庫禁兵以誅劉闢三蜀之饋不乏於軍千金之費不征於人揚天聲於井絡斷戎首於齊斧是皆謀猷大績經理大本豈止於漢庭桑大夫耿中丞區區然商功利析秋毫而已哉其爲天官已嬰寢患猶與郎吏切劘奏書去繳繞

之科禁絕私回於胥吏士之得調者多受賜焉內外埽除之際精爽不亂與上介言職業雖康寧宴閒之不若君子以爲難自解巾褐至捐館舍凡歷官十六利刃觸虛大車以載文理聰明卓冠出倫規爲密靜矩度章灼大吏之所表的諸公之所嚴重其文采精實循道體要而不爲曼辭其術學博洽折中定疑而不理章句喜士尊賢開懷盡籌絲桐博弈談笑嘂噱每有餘裕而無留事志在端正百度儀刑四方以謨明宏濟爲己任而績用未究斯吾君所以當宁流歎而衆君子失聲怛化豈虛也哉凡三合姓初曰

范陽盧夫人太子賓客幼平之女次京兆韋氏二夫人頫州刺史勻洎膳部員外郎襄之女以從祖妹而繼室焉皆以華腴淑哲不幸凋落長子紹左衞兵曹參軍鳳翔節度巡官專謹有馴行嗣子繼京兆府參軍飭躬彊學幼子紆編皆以門蔭在仕紹繼等泣次先公官簿事業請書墓石且以理命見託故不得讓焉銘曰

太行之東全趙古風鍾懿美兮左車武毅元禮文事叢慶祉兮天官冢卿莊重廉清大君子兮精金斷割良玉特達視所履兮表率二邦緜孤惠康斯樂只兮均齊八政厎慎徽令有經紀兮宜登上台以賦羣才命遄已兮緜原厚地追琢款識神在此兮

唐丞相金紫光祿大夫守太保致仕贈太傅岐國公杜公墓誌銘 幷序

有唐元老太保岐公諱佑字君卿年七十八以得謝之歲歲十一月辛未啟手足於京師安仁里皇帝恤然不視朝三日冊贈太傅弔祠加恩明年夏四月乙酉返眞宅於少陵原大墓公之先自漢建平侯晉當陽侯而下忠賢輩出積厚昌大以至曾王父行斂皇銀青光祿大夫荆益二州

大都督府長史南陽郡公王父愨皇中散大夫尚書右司員外郎詳定學士父希望皇銀青光祿大夫鴻臚卿恒州刺史西河郡太守飾終三加至尚書左僕射公總中和之粹靈蹈明哲之大方體仁以長人厚德以載物器周代資材爲國華程功積事博達宏裕在元宗朝以門子筮仕解巾有聲在肅宗朝以郡掾廷吏賢侯交辟俄以臺郎御史二千石事代宗以六職之貳十聯之重兵符相印事德宗初自度支郎歲中拜小司徒時當艱急政有均節持權者排陷改蘇饒二州刺史以亞丞相頗征南方入居左轄出

典侯服旋委節旄貞師淮海凡居鎮十五年歷禮刑二尚
書乃進左揆燮和大政拜章來朝兼理公台綢繆樞極在
帝左右順宗諒闇公攝冢宰因山復土專護其任進掌五
敎乃平九賦永貞內禪公奉典策今上繼明眞授司徒備
物采飾褒優章灼推致四時之和茂明萬物之宜初公來
朝之明年年及懸車抗章告老三上不允厥後詔公每旬
一朝訪決重務以公年與德耆尊禮不名後八歲天子憫
煩公以官職之事恩遂堅請禮優師臣大雅稱方叔元老
且非宰政東漢之胡公中庸不理藩服曷若公都將相之

重兼文武之全三代論道兩朝總已縉紳瞻仰者凡六十
年致仕就第極其榮號嚮用五福闇然得之在臨川有愷
悌之化涖南海有威懷之畧自淮而南興事任力三邦之
人類其聲詩炳如嵩華刻在金石公既當安危注意之重
一人倚賴急宣密啟多所交感嘉保太平承寧諸侯或洒
其煩言或導其善氣損怨服義日用不知至有執介圭朝
象魏冠功臣之表近天子之光爲時龜龍公所樞極喜士
容物羣而不黨理遣情恕犯而不校一言定交死生以之
趣人之急唯恐不及不徼福不乞靈物怪氣祲不接於心

術誠明坦蕩自得於天理中正之外無自入焉國門南出
杜陵故地畎清流疎灌叢篁引滿金絲合奏時賢儁人
結轍在門極謝安之林墅異陸賈之裝橐鄉耆時會鷗鳥
不驚又以見公放懷推仁無不逮也至若閱天下之義理
究先王之法志著通典二百篇誕章宏議錯綜古今經代
立言之旨備焉凡推轂之士繇幕廷而奮迅者近於百輩
將相六職左右曹臺以至列藩二千石不可勝書夫人安
定郡梁氏蘇州常熟縣令幼睦之女也專柔淑慎動有儀
矩先於公歿幾三十年矣嗣子司農少卿師損與其弟昭

應縣令式方駕部員外郎從郁等皆以材能孝謹爲卿大
夫元士推擇之際以吏資廕庥之下有淑聲儼然摧剝相
眎無怙誠信哀敬實加於人以德輿常忝府辟晚聯台座
每荷同升之義盍陳無愧之辭直書德輝以鏤幽礎銘曰
君子之用可以大受斤斤岐公祗事三后謨明盛時其道
甚夷乃將乃相乃公乃師六府和平五福叢滋齊之温良
商之慈愛推本性術發舒光大宣力中外勤勞翼戴縣車
乞身知進知退歲在大梁月生一陽以佚以息忽乎茫茫
歔欷納書禮優職喪智氣在上昭明光揚少陵鬱鬱著蔡

協吉宰木號風虞泉落日吁嗟岐公居此元室

唐故金紫光祿大夫檢校司空兼尚書左僕射同中書門下平章事上柱國魏國公贈太傅賈公墓誌銘 并序

德宗皇帝享國二十有七年注意於將相之臣惟魏國賈公諱耽字敦詩始則四握兵符保釐節制終乃再踐師長燮和樞極文武致用實寧斯人景鐘書伐金鼎和味咸有一德用平泰階奉綴衣之詔公始感疾先復土之期公乃捐館屬太上皇重公耆碩進加司空今皇帝憫公徽懿追

命太傅春秋七十六佩相印十三年前史稱賈生通達國體其孫嘉好學世其家其曾孫捐之建議深切漢元帝爲之罷珠崖郡皆其先古之有議論風節者也曾王父遠則皇長河尉生王父知義沁源主簿贈揚州大都督都督生烈考炎之燕居不仕贈尚書左僕射皆代德安貞延耀於後公忠正仁恕極深研幾究今古於百氏窮地域於九譯乾元初寰海未靜褐衣危言始尉太平連辟大府三入御史府再爲尚書郎亞尹北都剖符西河嘉猷循行所莅居最大歷十四年冬十月繇大鴻臚貞師於梁協力羣帥平夷江漢青綬大封烜然光明進參六職節制襄峴載會兵車撫征淮右徵詣行宮眞拜冬官明年以三后之任分正洛師加地進律察廉唐鄧復總賦輿鎮於靈昌政成八稔愷悌清靜於是膺審象之寄贊格天之業中外授受勤勞王家易坤之說曰地道也臣道也惟公有博載之量露生庶物書洪範之說曰强弗友剛克燮友柔克惟公推寬信之誠弼亮時化故其撫封也不尚禁厲不施皦察扶導善氣折銷未萌使貪者讓躁者靜四鄰敬之如神明闔境愛之如父母其作相也當先皇帝洪覆陰騭財成造化宗工

舊老但以忠厚承清光故公之揚庥德輝涵泳無際藹然和平之運恬然易簡之道至若匪躬詭詞勞謙不伐者亦何可勝言坦夷而周密廣大而潔靜從善虛己求天下之才博聞强識通天下之志斯不可及已所著梁懷王傳碑先君子碑陳祖德以自況載家聲於可久體要閎達邁乎羣倫撰海內華夷圖及論次地理之書凡五十有五篇貢在中禁傳於域內言方志者以公名家被病更時屏絕醫術且曰吾以忠信爲孔禱死生爲天理一氣聚散斯焉順之美櫝壽堂白爲終制隤然委化以啟手足雖從古知命

之士。所難能焉夫人武功蘇氏駕部郎中守忠之曾孫處士珣之女有柔儀淑行歿於中身二十有五年矣嗣子疇太常寺協律郎早夭次子疄太子司議郎少子曙京兆府參軍事馴行孝謹號咷毀瘠奉二尊裳帷合於九原刻兹樂石以永終古銘曰

麟之儀儀鳳之師師有偉魏公發輝清時外總方國埽除螟螣入居公台左右皇極於學無不通於士無不容穆如和風叩若華鐘偉材閎議信以發志中行循性其道易易始初清明紀號永貞維陽月之朔日兮返智氣於冥冥下

旬逮半兮祖載於庭神休古原兮閟此音形前直國門兮旁邇梁傳不忘本兮公之素笳簫啟路歸此壤樹嗚呼有唐元老兮魏公之墓

故幽州盧龍軍節度副大使知節度事管內支度營田觀察處置押奚契丹兩番經畧盧龍軍等使開府儀同三司檢校司徒兼中書令幽州大都督府長史上柱國彭城郡王贈太師劉公墓誌銘并序

析木之下幽陵碣石融結絪縕誕靈熊渾乃生元臣以翼大君惟彭城郡王宣力三代撫封四紀在德宗朝纂服舊勞以亞丞相得顓征伐冬官夏卿再踐六職乃列台宰乃居師長在順宗朝論道進律就加司空又拜司徒今皇帝聰明齊聖褒厚功德擢侍中中書令綢繆樞衡臨長諸侯元袞赤舄崇其物采九命二伯極其名器勳猷備於贊書終始焯於代家五年秋七月寢疾薨於莫州之廨舍享年五十四冬十月歸全於涿州良鄉縣之某原追錫太師不視朝三日命諫議大夫弔祠法賻廷尉卿持節禮册又詔宰臣德輿銘於壽堂所以加恩報勞始終滲漏之澤也公

姓劉氏諱濟字濟之蜀昭烈皇帝二十一代孫曾祖宏遠皇檢校司衛卿臨洮軍使襲彭城郡公贈宋州刺史祖貢皇特進左金吾衛大將軍贈揚州大都督父怦皇幽州盧龍節度觀察等使御史大夫贈司徒恭公公承是覆露生而岐嶷深而通直而和宏毅忠肅端明溫重固已蘊絕人之姿挺希代之器始以門子橫經游京師有司擢上第參幽州軍事轉兵曹掾歷范陽令考績皆爲府中最興元初以太子家令爲莫州刺史以御史中丞爲行軍司馬凡吏理之懟薦輿師之拊循如良庖之無肯綮良農之無滅裂

司徒卽代有詔奪情節哀順變講信修睦先公之封畛盡在長帥之威惠畢舉比歲大旱蝝蝗爲災絜齊蔬菲默以心禱甘雨祁祁嘉生蕤蕤因其豐登示以班制古諸侯之令典靡不具焉貞元初烏桓誘北方之戎幸吾阻饑大聳邊鄙公先計後戰陳兵於郊乃遣單車使者誘掖教告繇是諸戎皆爲公用幹不庭方厥猷茂焉明年鮮卑墨乙之犯古漁陽其後啜利寇右北平公分命左右軍異道並出然後以中堅衝擊士不離傷師不留行罙入其阻抵青都山下捕斬首虜以萬級獲橐駝馬牛羊以萬數十九年林

胡率諸部雜種浸淫於澶薊之北公親統革車會九國室韋之師以討焉飲馬濼河之上揚旌泠陘之北戎王棄其國遯去公署南部落刺史爲王而還登山斲石著北伐銘以見志自太行以東懷和四鄰或歸其天倫或復其地理警急則解其顯沒居常則納諸矩度兵興以來氣俗相因或以參敗度或以美沒禮比屋之人被縵胡而揮孟勞不知書術公乃修先師祠堂選幼壯孝悌之倫春秋二仲行釋菜鄉飲酒之禮生徒俎豆若在洙泗私門眈眈公署沈沈自從事掾史迨紀綱之僕稟稍有倫采章不紊接士必下以詞氣推賢而容其出處隴西李益樂安任公叔皆以賓介薦延至郎吏二千石爲近臣良守此又烈丈夫大君子曠度卓犖之爲也其於勤身裕物生聚教訓祁寒則須以絮帛大歉則振其倉廩一方之人蒙被惠和嘉祥交於動植孝順浹於州壤美化周行無不及焉去年冬王師問罪於常山公率先蹈厲累上功捷引義慷慨賦詩以獻詔宰司序引百執事屬和以美大之師次瀛州旣圍樂壽又遣支兵急攻安平三旬未下武怒益奮命其子總以騎士八千先登公親鼓之士皆殊死戰亭午而拔誅屠無噍類

蓋所以宣威制勝於可必也天子賜以寶劍金甲彤弓盧矢方董諸侯之師將覆其巢俄感厲氣隱机口占署總軍司馬曰無以吾故而稽天誅悉召戲下以須王命俄而下霈然之詔宥罪班師加公寵渥已至大病遺章悃款不及家事天下之人偉其忠勞總以君命起於倚廬之中委重戎事由御史大夫爲工部尚書凡軍師之節制封部之廉察盡如恭公太師之命焉茹荼雪泣祗服丕矩以國僑之遺愛知公業之不亡生極榮號沒有愍冊揚名以繼志善訓以克家君臣父子之道斯爲至矣褒大臣所以尊王命

懿武事所以恢天聲敢攄馨香以識冥漠銘曰
帝在法宮推心懋功洸洸彭城秉義納忠幽都朔易賜履
來宅便藩渥命焜燿嘉績北戎病燕從古以然懷徠蕩定
勇畧昭宣燮和之重公作霖雨師律之嚴公爲齊斧廓開
祲沴振奮威武保大定功庇人尊主卻轂敦悅乃主成師
善經義府公實似之北伐刻銘西征賦詩播於工歌列在
鼎彝壯猷未極大暮如斯華首童牙辛酸涕洟義方紹續
君命吉祿孝在無改恩延必復參差輅葆澶漫陵谷勒石
下泉幽元照燭

唐故河中晉絳慈隰等州節度使支度營田觀察
處置等使開府儀同三司檢校太尉兼中書令
河中尹上柱國延德郡王食邑三千户贈太師
張公墓誌銘幷序

元和五年冬十二月戊寅太尉兼中書令延德郡王自河
中來朝明年春二月景子發瘍薨於京師務本里第春秋
五十皇帝不視朝五日冊贈太師冬十月乙酉歸全於萬
年縣少陵原嗣子檢校工部尚書兼右金吾衛將軍克讓
毀瘠號慕沒於倚廬之中追命尚書右僕射次子太僕少
卿克恭檢校右散騎常侍駙馬都尉克禮等泣遵理命用
誠信襄事舉書公之大績大烈請刻石以識云公諱茂昭
字豐明其先燕人九代祖奇北齊右北平太守因封其地
代襲王爵違難出疆雄於北方曾祖遜乙失活部落刺史
祖謐皇開府儀同三司平州刺史贈太子太傅父孝忠皇
義武軍節度易定等州觀察處置等使檢校司空同中書
門下平章事上谷郡王贈太師謚曰貞武惟公承太傅貞
武之遺烈受嚴凝溫厚之全性戴翼其代撫征其人戎容
山立盛氣玉色英風義聲燀燿光明調鼎七歲秉圭三覲

爰立於明廷考終於會朝卓爾拔乎倫類沛然滿乎觀聽
凡異姓而王眞食其封於三公備司空司徒太尉之任於
三師歷太子太保太傅之秩累階宰職乃於中書令名器
始終與勳伐俱初公生當上元寶應之間天下兵興感激
代故閒關力用始自掾曹宮衞以至卿寺臺閣金艾采飾
祗庸顯明寶臣物故成德不靖公以弱冠偏師破朝鮮於
東鹿禁旅急病薊人挻災公以中權衝擊脫西平於清苑
此其裕蠱宣力之章章者貞元七年貞武公薨於位朝廷
以公狎貫戎重可輯寧一方繇定州刺史起領留府禮服

外除策勳懋官統節制之師修方伯之職累丁趙國魏國二太夫人憂喪祭情理一其哀敬凡三奪齊斬以從王事孝文當陽考禮述職瞻斧扆於法座順宗繼明保乂齊信執壤奠於翌室今上報本侍祠肅事奉圭幣於泰壇至於浹洽邴魏優游平勃錯綜事典習通儀制樹善於廟堂陳謩於穆清迴出功臣之表實行宰相之事矣前年冬詔武庫禁兵會諸侯之師於常山分道並出鹵帥絕太行越飛狐是日北道以公爲主於是創廏置以闢磽陋悉芻米以給賦輿軍尉裨校待之滿志供具宴饎無非加等亦既壓

境士皆賈餘公與羣帥屈指環城有日矣恒人以步騎二萬踰木刀溝爲從衡七里之陣來薄於城公擐甲出壁門徑當其鋒俾其子克讓與猶子克儉甥陳楚等分撝之設左右翼以待之出奇決命凡數十合取巧於七縱蓄銳以三捷席勝鼓行橫屍如陵方申盡敵之筭俄奉班師之詔因喟然曰自五十年間兩河多壘縣官以在宥含垢瀼和萬方推恩息人延代賜履或恃長轂且踰短垣至有相依若輔車相求若市賈雖有長智不能自還大丈夫亦當排雺霁而翔慶霄出樊籠以狃閭閻行之自我仁遠乎哉姑請軍司馬於朝使人狎其理然後以一方之地圖户版三軍之駟介伍符授焉子文告令尹之政士蔿傳太傅之法拜章撰日盡室就途舉代得請然後有河內之命麾幢纔至於理所劒履遽來於轂下沃心體國指掌論邊慷慨行義涕洟交感方受面命以班詔條嶷然持重爲守臣表率其或行不俟駕幹不庭方清昆夷埽玁狁然後銷五兵爲農器驅一代爲壽域此公之心也嘘夫以析木之下將相代家按節股肱郡在諸侯王上而薦紳文吏擁旄山東廉風俗於武旅之地修班制於戰爭之後是一舉也而二美

行焉君子以爲元和理平之嘉瑞雖西漢之白麟黃龍不若也始公割符三年而分閫又四年而進律以州爲都府而爲長吏又七年而爲公明年作相最凡盛大幾三十年君臣極其感會天下仰其風采詔葬法賻率用汾陽王咸寧王故事所不至者歿於中身豈造於物者不與其全歟此吾君所以當宁流慟而歎其用之未極也夫人衞國夫人李氏滄州刺史兼御史中丞陵川郡王固烈之女閥閱慶祉淑明柔嘉由內外音徽以大凡所顧復皆爲善良克讓以勞而貴以毀而歿克恭以才能歷卿士克禮以淑令

儷夫人。克禮之季曰沙門宏信。宏信之季曰太子舍人克從。少府丞克勤。光祿丞克正等。稟訓尚義。執喪知禮。閨門積厚。名教多之。德輿久辱深知。謬參大政。疇庸之命。親奉
聖謨。譔德之詞。式藏厚載。銘曰。
太尉兵柄。中書理本。桓桓令君。宣令分閫。行旆搖搖。馬鳴蕭蕭。華袞九命。介圭三朝。乃率賦輿。乃頒詔條。先台諒闇。雰霾蔽晦。詞極切劘。義形風槩。皇明光宅。績用章大。恒碣之間。革車所會。蹈厲策勳。推授交代。皇用疇庸。徧登三公。毅然舉宗。來自山東。周有申伯。漢稱竇融。乃陟其明。於河

之中。行道有福。爲仁由己。哀榮思福。冠耀終始。少陵爲谷。幽宅在此。中南如礪。令聞不已。刻銘泉壚。與天壤俱。

唐故山南西道節度營田觀察處置等使開府儀同三司檢校尚書左僕射同中書門下平章事兼興元尹上柱國馮翊郡王贈太保嚴公墓誌銘 幷序

序曰。陰陽和而萬物得。君臣合而九功敘。內竭忠力。外修班制。匡戴藩輔。勤勞王家。安危注意。終始尊任。明德大烈。爲信臣龜龍者。其惟太保馮翊王乎。太保諱震。字遐聞。本馮翊人。後徙家於梓潼。曾祖豐。皇劒州司馬。大父和。本雙流縣尉。贈遂州刺史。仍代貞晦。以至皇考審。綱天爵。內充聘問不屈。蓋君平湛冥之遺烈也。四追命至尚書左僕射。
公少有風節。忠厚閎大。學涉古今之變。器包王佐之略。三命官至合州刺史。嚴黃門武時領方任。寘諸牙門。副軍攘寇。威望大著。又三徙至太常卿。秩銀青光祿大夫。黃門旣沒。公亦居息。常以智免。不爲利疚。李僕射叔明之至也。以前後功勞上聞。起家拜渝州刺史。公曰。李公中外之姻也。今茲推達。無乃誘於私乎。義無所苟。移疾罷去。是歲遷鳳

州刺史。充本道節度副使。攝侍御史。先是兵火未戢。州壤蕭然。庸亡斃踣。數閭無幾。公乃翦其荊棘。弔其傷痍。毀家以佐軍約。已以裕人。精力不懈。視之如子。未周月而四郊襁負。感甚以泣。曰。嚴公之仁。父母不若也。尋丁內憂。詔復厥職。充興鳳兩州都團練使。血涕拜章。三上不允。就加殿中侍御史。至於御史中丞。爵馮翊郡公。進封鄖國。階極儀同。賞亦推恩。居部十四年。考課爲天下最。教訓盡其物宜。編人有以質俚之詞。攄其肝膈。刻巖石而頌公者。雖古之善頌。不能加焉。建中三年。陟報政之尤。修連帥之職。拜梁

州刺史御史大夫山南西道節度觀察等使後二歲皇帝以避狄之亂狩於是邦加户部尚書馮翊郡王公以漢中形束壤制邇於京師陳謩主斷咫尺三接清蹕既駐皇心乃夷大僚法從儲峙肅給事不乏於上人不勞於下於是師期四合士氣百倍神武陰騭諸侯鼓行丹水即戎乃申恢復之畧塗山執玉克備聲明之禮夏六月詔梁州爲興元府公爲尹遷尚書左僕射眞食二百室其於先事備戎羸糧積甲北達於駱谷成功翼從除道執靮西至於散關屬車以安重險斯濟明智一德合於宸衷仍歲來朝命賜

備厚溫室宴見圜丘侍祠事業焯於功令形容繪於麟閣時所難能而公沛然常以同谷陰平備邊要害乃建堡壘新廩庾禦寇有金湯之固焉積粟有水火之饒焉出輿師以會漢南之誅而人不知役操量鼓以濟中都之歉而敏必有程盡慮以幹王事多方以佐百姓而又精於鑒裁敏於推擇能樹善於幕庭終翰飛於公朝率由慰薦而後光大至於爲宗工近臣賢大夫良二千石者列於中外書曰愼簡乃僚又曰俊人用章惟公有焉貞元十二年同中書門下平章事崇德報功於是乎在純誠積戀亟請朝謁上以一方戎重優詔止之十六年六月癸巳感疾薨於理所春秋七十六追贈太保廢朝三日弔祠法賻率有加數乃有兵符命書授公從祖弟代之才既得於官下恩實彰於身後及輤車之至也又詔有司備禮册命以其年十月丁酉葬於長安縣居安鄉之某原前夫人武功郡夫人蘇氏劒州長史東之之女繼夫人沂國夫人王氏試左千牛衛長史舟之女咸具柔德以宜家道長子愀河中府士曹參軍次子協殿中侍御史劒南西川節度推官嗣子公弼以文學克家仕至國子監主簿以似續疏土封會稽縣男幼

子公眖亦以修詞爲州黨所薦祗服義方綽綽有裕哀敬誠信之禮備焉初公從父兄佐以含章好義歷中執法剖符廬山同氣曰堅曰齊曰霆皆卿才也堅爲盛山咸安二郡守齊以殿中侍御史介於岷峨霆四爲尚書郎猶子聳雅皆用文雅筮仕有名於時信乎致義貽訓知人之全也弼以德輿職忝司言知大臣之功行捧持官簿哀託銘篆是用論次藏諸九原銘曰

憲憲馮翊平康正直柔嘉强毅允是三德端誠啟迪有大勳力河池理平物遂其生漢中經武人悅是舉智能扞患

忠以衛主謀猷旣臧翼戴以恭黃道捧日卿雲從龍梁山斯峻碩德斯鎭琱戈金鉉戎輅相印時惟元老克叶昌運方壯其猷天胡不憖塗芻卽遠金石傳信作銘元堂永識休問

欽定全唐文卷五百六

權德輿二十四

唐故中大夫守尚書工部侍郎兼御史大夫史館修撰上柱國賜紫金魚袋充弔贈吐蕃使贈禮部尚書張公墓誌銘 并序

有唐博物通理之君子常山張君諱薦字孝舉以小司空亞丞相將大君之命結絕域之成貞元甲申歲夏六月出車國門在途被病秋七月戊寅復左轂於青海之西其孤敦簡與軍吏章騎護轜車而東明年春三月至於京師天子憫然加恩追崇大宗伯俾尚書郎弔祠賵喪法賻秋七月癸酉安宅於某原君之先漢常山景王耳之後也曾王父義皇澤州治中王父文成司門員外郎贈國子司業烈考不忒揚州天長縣令贈睦州刺史代名儒學至君章大七歲善屬詩十歲通太史公書未弱冠有令聲於江湖閒優游恬智博貫古今約已求志視苟進如探湯東諸侯表其材以聞廷命左右禦率府兵曹參軍尋以傳車徵加史館修撰以勞授陽翟縣尉朝廷難諷議禮文之任拜左拾遺換太常博士東求儁茂遷工部員外郎轉郎中修保氏

之職擢左諫議大夫爲權倖者所侵改祕書少監用久次升爲祕書監前年戎王發導譯請棄細故以休寧西方先皇帝思所以臨存卹敘故有冬官南臺之拜自筮仕至沒身與載筆終始書盛聖一王之法考周禮魯史修明褒貶好古者謂君辨裁而直其爲禮官講貫洽聞統同辨異之大乖疑隱微之旨皆折中於君而優爲之貞元郊祀告類報本再以臺郎攝贊大儀知禮者謂之閎達而敏使節法冠從古所難始則內廷參侍出疆命介次則專席委重登車有光減邊貢之蹄轍紓齊人之杼軸四牡所履陰方洽

驩及是以撫和憬俗非君莫可竟以靡鹽終於絕漠感慨者謂君盡瘁而忠凡歷十官而八在歷其他三帖職二承攝一追命春秋六十一君子之道有初有終悲夫惟君端直廉正醇醲博厚儼若彝器中涵靈龜以庸制祿故不至隱約以道藩身故不至燻灼中立大朝爲名卿碩儒和而不同直而不訐東陽之長者富平之默識緊君有焉初興元貞元之閒轂下饑旱乘輿避正殿君引古抗章條其日數詳定昭德皇后廟樂及太儀位號儀大臣祔廟鼓吹之法皆稱典義而爲故事有文集三十卷犖犖然君子之詞也上疏陳史職利弊指明切實有裨王度著史道先生傳臣節之貞厲見焉纂十祖贊家風之德善章焉至若宰輔傳畧靈怪集同僚籍寓居錄等又數十編自成一家之言初娶太原郞氏某官之女也繼室安平郡陳氏某官某之女柔嘉有儀而賦命不稱嗣子敦靖爲宮衛紀綱掾次曰敦簡參鄭州軍事次曰敦業敦謙敦紹等克家孝謹執禮哀敬以德輿再同玉堂金華之署承先子之歡里仁服義爲日固久泣狀遺懿以表識爲請是用舉其大而畧其細銘諸墓門其詞曰

天下圭表繫乎史職卬卬冬官二紀良直王者惠澤先於遠人皇皇使軒三抵殊鄰禮以節事毎馳極摯文以導誠克諧雅聲思若雲鬱心猶砥平懷黃刻采兮實稱其服志力方壯兮奄然不淑有生必化兮竁古同塗憫君轜翣兮來自外區難也收子兮故人刻石湛恩襚卬兮賁此幽窆

唐故太常卿贈刑部尚書韋公墓誌銘 并序

維貞元十七年秋七月乙酉太常韋公諱渠牟年五十三啟手足於靖恭里戊子詔書以大司寇印綬告第其孤博古近古等號咷崩慕以冬十一月甲子著與蔡叶告窆於

某原其藏數用天子之追命其誠儉用先人之理命旣而纘書出處之義行官業請斲圓石藏於墜內云公字某京兆杜陵人自楚元王傅漢丞相節侯恭侯而下其族盛大天爵人爵沛然兩集六代祖範隋鄖城莊公曾祖餘慶皇坊州刺史祖景駿房州刺史父永著作郎兼蘇州司馬同氣齊名皆以文學論著爲賢卿大夫而著作志氣閎邁落落有奇節公卽第若干子也年十二善賦詩屬書未弱冠博極今古尤精史籍力行過人且以爲夫子在魯則衣逢掖在宋則冠章甫范蠡在陶爲朱公在齊爲鴟夷子皮於

是傳心印之法於金陵授谷神之道於華陽或爲塵外人或爲遺名子其達觀也不名一行其元同也會歸三教蓋周流揭厲無入而不自得焉終以儒服服素王之道大歷末丁著作府君憂倚廬於壞樹之側以純孝感嘉生廉車列上州閭聳敬貞元二年起家拜校書郎五年轉左武衛騎曹掾皆爲知己者從事八年大成均表其名經可領學徒遷四門博士十二年夏承詔與近臣名儒緇黃大士講議於麟德殿上以爲能拜祕書郎尋獻詩七百字極其文采歲中歷右補闕左諫議大夫再當言責之地切劘獻替數進熟於君規事建議颷起鋒出卓犖頡頏取重於時三接日旰公卿仰其風采薦巖穴有道之士以待兩言其他推轂皆一言感慨就義若渴見不善如探湯與夫陰拱自愛持容容之計者固爲愈矣閒一歲遷太府卿錫以命服又閒一歲遷太常卿泉藏受用之法緜蕝禮文之事峻科禁以絕其私酌儀制而合於中被病乞告禮愈優而不得請壽與志皆未極而歿悲夫公敏於歌詩縟采綺合大凡文集若干卷撰莊子會釋老子金剛經釋文孝經維摩經疏三教會宗圖共十餘萬言又奏修貞元新集開元後禮

二十卷詔下有司令行於代當其憫坐馳哀弱喪也泛然若不滑於物及披肝膽承顧問也毅然若不有其身起儒官博士十三四年踐文石登玉堂赤車金印熛灼中外其所以得之者無他腸故也禮器曰觀其發而知其人之智洪範曰俊人用章噫嘻太常之道其智而俊歟雅爲晉國韓公魯郡顏公之所薦寵魯公嘗稱遺名子洞徹三教讀佛書儒書道書向三萬卷又多言其神奇之跡今茲不書姑書其章明宏大者用識窀穸一以申嘗僚之義一以遂孝子之心其銘曰

儒有奉常兮旁觀三元强志斂心兮詞義紛綸初委約以卷懷終發舒而顯尊出四門兮登三閣居保氏兮諤諤開知囊以當法座印纍纍而綬若若天衢淩厲兮才較羣丈服官政兮年中身飇馘道兮駟過隙夫何一氣聚散之沄沄逝者固不可作兮鏤貞堅於墓門

唐故朝議大夫太子右庶子上柱國賜紫金魚袋韋君墓誌銘 并序

君諱聿字某京兆杜陵人六代祖鄖城莊公範有勳力於周隋閒範之孫機實居大農艱貞忠厚書在國史機之孫

贈太子少保岳八子爲二千石皆有風績生贈太子太師責仕至藍田尉清方粹遠天爵自修有才子四人君爲冢嗣承少保太師祖禰之慶故延耀發舒於君伯仲之閒少開敏有才智通覽書記不爲章句儒天寶中以門子奉清廟齋祠試言會府補宣州南陵尉歷揚州天長丞越州兵曹掾涇原節將表爲參軍以廷尉平攝監察御史未及行授揚州録事參軍尋爲本府薦拜祕書郎兼殿中侍御史以官名心瞿換太子司議郎俄擢侍御史檢校祠部員外郎皆爲淮南從事貞元十二年徵爲水部員外轉比部郎中德宗召見賜以金紫命服俄遷衞尉少卿國子司業用久次拜右庶子元和三年九月景戌以官壽歿於長興里春秋七十五君初筮仕已辨疑擿伏全活枉濫厥後率爲守臣薦引歷丞史紀綱掾皆以理效聞自簪法冠贊戎重或筦府政以修吏理若摻籩鍾而揮孟勞度音觸物非輩類所及所奉之主卽故居守杜扶風公今司徒岐公其人也介弟太尉南康忠武王有大烈於王家同氣致美士林景行不乘勢以爊灼每虛懷而坦蕩再爲尚書郎業以修計部稽百事財用之數嘗欲覆視禁軍董正其簿書雖事

適中止而聞者竦歎洎佐師氏相東朝克詳憲令以中宜適朝請休沐或近郊考勝漢廷臣賢士大夫車常接轂必釃酒理具懽怡晏晏交有久要而言無瑕謪平夷疏達造適遺累有君子之槩焉與夫拘攣枯槁扃束於一代者異日論也素强力無疹痗奄忽斂手足肅詎知非五福之康寧以考終命耶岐公以元老總國柄每退朝淸問日與君晏言一旦相失涕洟怛化夫人滎陽縣君鄭氏某官某之女淑溫仁順爲六姻法凡合體若干年先於君歿者半歲嗣子行檢進士第自協律郎移朗州司户有文業爲素藝

器幹次子業行修皆修詞與計偕次某等頻經術某等尚幼女子有行者四人在襁抱者三人子壻某官某某官某等皆華宗良幹匍匐會事行檢等令龜揲蓍得十月某甲子吉以德輿同辟公府周知所履將琢圓石見咨直書銘曰

桂陽之系鄖城之裔伊上族兮亞於大僚相彼東朝介豐福兮吉凶糺纆以息闕二字斯不淑兮直城南偏卽遠歸全覆夏屋兮茲焉追琢以識冥漠表陵谷兮

唐故太中大夫守太子賓客上柱國襄陽縣開國男賜紫金魚袋羅公墓誌銘 幷序

公諱珦其先會稽人蜀廣漢太守蒙晉西鄂節侯憲給事中龔皆以茂績焯於前載曾祖彥榮皇同州長史祖思崇韶睦常三州刺史父懷操桂州興安縣令贈華州刺史實有清行藏於家牒公早孤貧篤志好學舅氏徐吏部浩器以遠大以其兄之子妻之寶應初上書言事廷命太祝由吏資轉長水河南二縣尉萬年主簿分董計司湘中之賦授大理司直嗣曹王以宗室吏師節制洪荊襄三府公皆贊其師律歷監察御史殿中侍御史祠部員外郎府除徵為奉天令刺盧壽二州就加御史中丞入為司農卿京兆尹移疾乞告改太子賓客凡莅十六官考績四十四年宏厚有局度辯論通史事敏而文忠而能力緣飾楨幹所居可紀初結綬滿歲調於有司會舅氏居選部上其名於宰府試言二篇比興菁華及賓曹郎兼管書奏下安陸應山露布於朝矢口兩下含章迅發介漢南也武人因府喪以劫軍實譸張無狀公立斬首惡十餘曹且命環棘於庭俾投所取以貫罪閒一日而金幣皆復微公之才則一方幾亂其宰陵邑內官旁午吏有因緣橫猾以犯禁者榜笞至

死人用知懼凡田里之闒庸亡之徠皆倍於始至而不書於籍廬江劇部號為難理强家占田而寠人無告鄉校廢落而冗吏猥多被病者捨醫事求淫祀公皆去其弊而圖其利人人得盡四支之敏而務十全之術修起經師弟子以理庠塾每歲以廉茂計偕者倍於他邦化條簡易和氣浹洽靈芝產白雀至連率今司徒岐公上其理狀詔賜紫金命服壽陽與蔡人接壤有州師萬數天子命中貴人監理視方任焉訓武備飭文事嚴重廉清理行第一入以材能為九卿典司金穀由朱邑之課第循年融之事任其尹

京畿不施鉤距嘗請減縣內平糴之半且以嘗賦輸於公上者充焉精力恵養人蒙其利前史稱吏不廉平則理道褻旋觀夫人之所涖有以見朝廷理道之所繇也年耆疹痗乃喟然歎曰吾以澤國書生累至二千石居大農內史止足休老其在茲乎拜章數上雖處以儲賓優秩而不得謝以元和四年冬十一月啟手足於宣平里之私第逾懸車者四歲夫人東海徐氏同州司馬參軍浚之息女婦道柔正不躋偕老嗣子讓鄉舉進士博學宏詞能直言極諫三登甲科爲校書郎咸陽縣尉毀瘠孺慕如不欲生號奉

轜車以某月日歸祔於會稽之兆域以德輿與公同服大僚頃歲奉行中執法之詔又嘗讀亡友楊懋功刻金石遺愛之說公之率履固爲周知識諸窀穸不敢辭也銘曰

懿彼君子兮有猷有守其心不回兮其進不苟中外賦政兮人之父母金艾被體兮華纓耀首月在子兮歲居丑復東榮兮寢北牖火黻列兮纁元紐歸鮮原兮巾廣柳邱夷谷變兮何不有追琢貞堅兮天地久

唐故朝散大夫守祕書少監致仕周君墓誌銘并序

君諱渭字兆師其先汝南人六代祖衡仕隋爲淮陰郡司馬子孫因家焉曾祖頊字闕一杭州長史祖守則婺州金華丞父隨州棗陽令三葉沈晦纓轂未華皆以義行稱於州里君服儒篤學工爲詞賦大歷末常衮繼居小宗伯號爲得士君與令弟澈聯中正鵠於二有司之下是歲孝文帝嗣大統詳延諸生又以貞師伐謀對有明法授汝州襄城尉時太傅崔文貞公以匪躬當國兼綜書殿表爲校理歷富平長安尉拜監察御史董遐補於南方南方吏理清而風俗阜抑君是賴復命其勞轉殿中侍御史平理詔獄清

公不苛遷膳部員外郎祠部郎中典曹草議遵道循性居太微積星之位十年不徙官其有據利權大賓燻灼於時者君必畏而遠之居易自足前歲凶旱詔罷郡國選舉慮轂下艱食之不給也君抗疏以爲無肆眚且久得非濫刑失職者含冤以盭和氣邪臣以爲咎於天戒者在此不在彼雖留中不下而士友多之上皇踐阼章敘時儁君已感疾拜章請老有詔授祕書少監以優遂之先築室於崇德里有嘉樹修竹休沐吟詠以文自娛每得一佳句如獲官祿恬於進取用此故也赤紱華髮燕居考祥方畜精神以

順和理永貞元年冬十一月甲戌奄然大病以啟手足春秋六十六夫人河東薛氏將作監丞腴公之女雅有儀操有子三人從魯從禮從質克稟風訓以明年二月某甲子號奉裳帷返葬於緱山縣唐興鄉之北原刻石銘墓以昭景行銘曰

猗歟周君探六義思無邪詞頗類安久次復郎吏謝浮榮佐中祕洛師緱原潛厚地刻勒貞珉書此誌

唐故正議大夫衛尉少卿聞喜縣開國伯賜紫金魚袋裴君墓誌銘 幷序

君諱會字某河南聞喜人有唐元老左僕射贈司空貞孝公之元子惟司空左右肅宗壽與位侔百順五福宜鍾厥後雖不能嗣居公相者必用攸好德考終命焉君孝悌睦友愼厚敬讓直而和柔而不犯馴行克家學古入官乾元初筮仕太常授奉禮郎再轉至主簿廣德初以宰相子行修飭特加正議大夫累登東朝爲中舍人率更令仍副少府又貳殿中令司徒北平王之節制河東也表爲戎佐檢校吏部郎中貞元元年旱蝗相乘列郡災耗君奉府檄莅於定襄勞徠安集有異等之效就加金印紫綬以疇其能五年從北平朝京師眞拜膳部郎中八年轉衛尉少卿九年戊申終於位享年四十六噫嘻君有甘白之姿而受采和有惠龢之量而蒙覆露徊翔省寺周旋官業質於典憲故不跲詳於奏議而有章盡齊敬於宗廟惇愷悌於族屬以友輔仁以酒全神忘懷久次未嘗謟黷雖不踐右職立章章之效而歷官十一列爵故里辟三公府以政事稱被薦紳奉朝請者逾二十年無過言無違德啟其手足歸全於先公君子以爲難再娶皆博陵崔氏前夫人新繁令平之女繼夫人大理評事陽元之女咸有婦順不幸早夭其

孤曰定爲左千牛備身定弟宓宓弟字年甫成童咨於叔父前京兆府戶曹向以十月某日返葬於東周萬安山之南原二夫人祔焉孝子悌弟用誠信襄事禮文家法率履無違言世功冠族者以裴氏爲河東盛閥自魏冀州刺史徽種德滋大纂承紹續十有二葉至贈中書舍人義宏仕至梓州元武丞君之大王父也舍人生贈司空惓歷給事中杭鄧二州刺史君之王父也門業風緒天下稱之今纂書其畧刻於墓石銘曰

濟濟德門温温恭人司空之子司徒之賓位止亞卿年不

中身遽歸其全乃返乎眞上有宰樹兮下有野土閟此幽宅兮萬安之下

唐故尚書工部員外郎贈禮部尚書王公改葬墓誌銘 幷序

元和十年秋故兵部尚書贈尚書右僕射王公之孤曰元泰元質元弼等舉其王考贈禮部尚書之殯於玉山王妣贈隴西郡太夫人李氏之窆於頻陽泣問龜筴得八月壬寅安祔於萬年縣鳳棲原吉克成先志孝孫之心也尚書諱端字某太原人曾祖某某官祖某某官代理儒術至公

以文學策名舉進士宏詞連得雋於春官天官之下解巾崇文館校書郎改右驍衞兵曹掾隴右節度奏授大理評事爲其上介天寶十年拜監察御史十三年轉殿中侍御史俄以本官内供奉賛東京畿採訪之重十四年遷工部員外郎謝病請長告南浮江湖因寓幽陵兵亂啟手足於行次春秋若干是歲乾元二年也娶隴西李氏隋太師申國公穆五代孫吏部郎中問政之孫城門郎韶之女賢明有儀操生子三人長曰緯被服緇褐修無生法次曰紓以文章繼公用儁造履清近諫垣載筆在帝左右綱紀都曹典司庫兵歷外郎正郎直誠厚行爲士君子儀矩次曰紹繇小司徒三爲六官於外則保釐東郊節制徐方當德宗朝嚮納尊信漢廷臣莫二時上馭天下歲久宰政之外大僚往往以辨智材能獻熟得君者或險決以務忮害或妄誣以取快愜僕射則和平將順不疚不惑人到於今稱之故公以義方貽慶再受二千石五曹之錫積厚流光可勝言哉先遠襄事未得吉卜而歿元泰等茹荼繼志經啟鮮原以德輿與其先人同於汴東江西從事同爲郎吏同爲尚書藐然無容見託傳信雖文之朴野其可辭乎銘曰

尚書爲父僕射爲子家聲章章令聞不已萬有千年兮邱封在此

唐故河南府登封縣令權君墓誌銘 幷序

噫嘻吾之從祖弟曰少成字某仕至河南府登封令而歿其年五十七曾王父益州成都縣尉府君諱無侍王父許州臨潁縣令府君諱倣父華州司士參軍府君隼三葉有文行而賦祿不稱當時才士名人皆與之遊君甫成童通左史古文小戴禮以經明調選爲睦州桐廬尉凡七徙官皆以功次得調其爲右威衞紀綱掾尚書郎有官人於黔

巫者請爲之介。裔夷得職。其爲河西尉。奉職於左曹。吏無奇衺。其爲梁縣令也。二千石領行詔條。繆行徵令。而多賦於人。屬城皆不能辨。君毅然有守。折其疑文。詞堅氣正。不直不已。梁人得以蒙其澤。遂其生。郡表尤異。拜河南府兵曹。曹事修理。元和十一年。調補登封。春二月。病風痺。逮秋寖劇。九月十七日。啟手足於官次。悲夫。君仁厚質實。廉隅介獨。潔清在公。顛沛以之。探經術法義。往往以文自道。不務游談。不馳名聲。深知者以爲古之循吏不若也。階近赤紱。官近朱轓。謂跂而及。竟歿於周圻一同之地。斯可慟也。

娶博陵崔氏。某官某之女。雅有婦行。長男瑱。以經明爲鳳州兩當令。專敏好學。次曰琯。華州參軍。篤志於文章。幼嗣曰某曰某。皆在稚孺。呱呱以泣。瑱等以明年二月。安祔於伊闕之舊封。禮也。嗚呼。吾無期叔父。無期大功兄弟。以至於君。且有一歲之長。班白相視。疾恙相悲。奄然委化。痛入肝膈。故出涕而銘之。銘曰。

東周蒼茫兮。甸邑鮮原。以之賦政兮。以之歸根。嗚呼不可作兮。死生泫泫。

殤孫進馬墓誌銘 并序

權氏殤子名順孫。小字文昌。以被病用桑門法。更其字曰君吒。贈太子太保貞孝公之曾孫。今刑部尚書扶風郡公德輿之孫。渭南縣尉璩之子。始仕爲僕寺進馬。生十三年。以元和十年十一月二十二日。夭於光福里。二十七日。斂手足形於萬年縣神和原。既闔棺。其大父泣而誌之曰。爾幼有敏智。孝順敬遜。承大父母父母之教無違旨。雖孝子順孫成人者之養。不若也。故吾以名之。讀孝經論語尚書。尤好筆札。不離硯席。凡舉措語言。循理喻義。出常童遠甚。方肄小戴禮。業未竟而感疾。自春涉冬。綿四時。寖劇。大病

之際。上辭尊長。下訣幼弟妹。恬然不亂。且謂其傅婢曰。空中佛事儼然在目。促焚香移吾枕西嚮。合掌而絕。始吾常疑神滅不滅之論。逮今信矣。噫嘻。以爾已仕。且有成人之志。吾欲勿殤。知禮者曰不可。而不敢逾也。惟大墓在洛師。得陪祔之吉於後歲。故於是權窆而號曰。

惟魂氣兮無所之。爾之神得所往兮。吾又惡用夫涕洟。

唐故潤州昭代寺比邱尼元應墓誌銘 并序

維貞元六年冬十一月戊子。比邱尼元應化滅於潤州丹陽縣昭代寺。享年五十四。經夏十有三。明日庚申。寧神於

縣北之某原刻石紀墓虞陵谷之變也敘其畧則幼稟公
宫之教早繼德門之室次有徙宅之訓終悟捨筏之宗紀
其詳則俗姓盧氏世閥華峻倬於漢魏以至北齊黃門侍
郎思道卽六代祖也曾祖惼隱居不仕祖暄皇中散大夫
邠王友贈祕書監父澐皇中散大夫婺州刺史惟先人叔
父迭領名藩出也作民父母入也爲王卿士再世出於裴
而舅族多賢繼貳六官聯居九牧中外纓冕之盛冠於士
林儲是德慶宜有淑喆初以既笄之年歸隴西李君晉卿
仕至東陽決曹掾靖恭敏直齒位皆屈其於輔贊淑賢之

道槃袠組紃之事舉無違德姻黨宜之晝哭之後棲心釋
氏既厭有生之患竟從受具之法灑濯世網揭厲元津外
修尸羅中習禪惠法器方茂遽與化俱初決曹府君前夫
人范陽盧氏子曰暢幼懷字育之仁夙奉詩書之訓再以
經術踐甲科歷校書郎密縣尉柴毀欒欒鄰於滅性孝慈
相感名教多之銜恤卜兆竭其誠信附於窀穸之事率從
苾芻之儀且遺令也德輿於密縣爲族外弟服儒同術里
仁甚久哀託論譔謹無媿辭銘曰

柔濡清淨蓮花之性端明絅直淑女之行上無謟懽下振
母儀晩悟眞諦空王爲師體魄者何電燄無期往而不復
哀哀孝思

唐大興善寺故大宏教大辯正三藏和尚影堂碣銘 幷序

三藏者何於心爲戒定慧於學爲經律論惟西域二大士
以正智法器爲天人師大宏教和尚本號金剛智南印度
人出家於那蘭陁寺道成於迦毗羅衞國事龍智阿堵梨
通總持灌頂之法入師子國登楞伽山航海涉險聿來中
土開元中隨鑾輅於兩都大智大慧皆摳衣請益春秋七

十三夏臘五十化滅於洛京起塔於龍門傳法於大辯正
和尚和尚法號不空師子國人母氏方娠夢佛光照頂弱
冠受具通三密法嘗齎國信往諳他方諷眞言而海風恬
息結祕印而狂象調伏若歲大旱實作霖雨内出方袍之
錫猶命服焉至德初宣皇受命於靈朔譯不動尊經以獻
凡所以順天心而導善氣者又何可勝言自開元末至大
歷中三朝尊奉以密行救世代宗授以特進鴻臚卿賜號
大廣智三藏既以衆生病爲病於臥内加開府儀同三司
封蕭國公大歷九年夏六月旣望示滅於興善寺追命司

空不視朝三日尊名曰大辯正遣中謁者弔祠報年減先師三歲而休夏同數初武皇帝崇大師以次公命卿也先師有儀同之贈宏教之謚大師之弟子曰沙門含光曇貞覺超惠應於鄰潛真惠覺等或爲肅宗灌頂阿堵梨清涼山功德使或爲內道場三教大德或爲僧錄皆偉然龍象爲法棟梁而惠應惠覺傳授祕藏永懷世道乃於仁祠法堂嚴事華飾儀同在西蕭國在東晬容德宇瞻仰如在應公又推本其教曰昔毗盧遮那如來入不空王三昧說瑜珈最上乘義授於普賢以平等性智而造妙覺一印含萬

法五部周四方金剛之堅利蓮花之清靜悟入之速可思議哉普賢授龍猛龍猛授龍智凡千百載而先大師授於大師纂服六葉之教紹明三摩之法攝護成就斯爲妙門大凡飜經七十七部一百卷命書懸冊表章荅禮傳譯之差次弟子之號名環周素壁聳視生敬淨名會中亦參世典宏明集內無匪佛乘初先大師之滅也呂工部向杜衞公鴻漸爲之記大師之云亡也嚴京兆郢沙門飛錫爲之碑感緣行化皆以詳熟今應公以二大師遺影之在此堂也不可以不識應公入大師之室德輿入應公之藩以茲因緣俾揭文字銘曰

法身徧照六葉傳妙惟二大師三朝演教天竺西極瑜珈度門蓮開法界月破重昏儼然象設復獲親覿如聞軟語如結祕印一室之中寂然感通道行無窮法子之功

先公先太君靈表

先公以大歷二年歲在丁未夏四月十四日棄代於潤州先友趙郡李公遐叔已爲之墓表先太君以貞元四年歲在戊辰夏六月二十三日棄代於洪州亡友安定梁肅寬中又爲之墓表乃今元和十二年歲在丁酉秋七月十五

日壬寅孤子山南西道節度觀察使銀青光祿大夫檢校吏部尚書兼興元尹御史大夫扶風郡開國公德輿始獲備誠信以追命徽數昭告啟二封於丹徒祔神於東都萬安山之北原其終始大要官閥大本並已具李氏之說孤窮嗷號以補其闕文先公以永貞元年再追命爲工部尚書元和二年三追命爲太子少傅七年四追命爲太子太保太常考行易名曰貞孝公先夫人元和元年追命爲燉煌縣太君二年再追命爲絳郡太君先公有事君事親之大節道積於身而不得大行於時時不得蒙公之化士大

夫之論炳如日星煜若鳳麟夫人輔佐中饋爲人倫師式上事姑下訓子爲順婦爲慈母孝愛寬順得內姻外姻之和如惠風甘雨長育生物永惟二尊并包健順用晦其明不丁於時受名器褒錫於冥冥之下覆露蒙昏叨冒顯榮踰量腊毒日俟顛隕嗚呼曾王父以上葬於本州今限異域至王父葬於伊水之陽屬者卜祔於伊水之陽不吉得萬安山之原吉以歲之不易與時之多故久未遷神懼至沒身常泣謂稚子璩曰茍吾未襄事死而不可以歸骨於九原不可以請謚於有司今則天幸克申私志異日從先

公於斯邱也是得養於下也尊行淑聲備於前銘繼此誤刻哀荒罔極

權德輿二十五

故朝議大夫守太子賓客上輕車都尉賜紫金魚袋贈太子太傅盧公行狀

曾祖勤嘉皇朝散大夫青州司馬隴城縣開國子祖克明皇瀛洲高陽縣令贈國子祭酒父沼皇陜州芮城縣尉累贈慈州刺史祕書監河南府洛陽縣遵化鄉恭安里盧邁字子元年六十狀公以仁爲經以義爲用宗四教之根本探六籍之菁華其門風士行天下歸重以居室之和移諸

官署以率性之道宏於事業自解巾試吏至於佩相印不爲利疚不爲物遷令名豐祿與之終始推是道也年未志學累丁齊斬純孝孺慕外除猶毀博貫儒書不耀其華特爲叔舅太傅文貞公之所賞鑒經明筮仕補太子正字藍田尉會府試言拔乎其萃轉河南主簿尋有詔充集賢校理建中初上方靖端百度修起五諫拜右補闕俄換侍御史興元元年遷刑部員外郎閒一日又以本官兼侍御史介相國蕭公宣慰於江淮奉憂勤之旨宣豈弟之澤四牡所及熙熙如春既復命轉吏部員外郎每歲赴調者雜而

多端廢置關決在於郎吏情僞之所伏姦利之所因攻堅木導大窾從容折中而優爲之又以京師食貧諸孤衣食爲念求出爲滁州刺史仁惻之政人到於今懷之朝廷嘉其理行徵入爲司門郎中自時厥後比歲超拜歷諫議大夫左曹右轄乃參大政皆用德進人無異詞閒一歲遷中書侍郎平章事又一歲感風痺寢疾周月除太子賓客貞元十四年六月某日薨於家追命太子太傅公寛舒宏重有姿度風表而憲章品式故事成法經通縝密靡不周貫居諫諍之官言必削藁自非成命頒行而人莫知者又嘗

以考課之法溢美相蒙革其已然當自二府時居左垣固辭上第宰政歎其能讓因以從之庶官之濫者知懼而百職修矣燮和台階秉直閑邪率循中庸左右皇極德輝陶然不見其際詩曰衣錦褧衣裳錦褧裳惡其文之著也公誠有之不然豈移疾家居者旬歲上章乞告者七反然後得請至於飾終追錫有加禮焉此固有以異於常而得之也早歲以遊寓於南譙與崔文貞公講學至穀梁傳因附經義有以規者文貞慙歎爲之著重請銘且曰吾以爾爲甥亦以爾爲友知免於大過矣其推重如此天性篤於慈仁厚於情禮每居功緦之喪其於言而不議議而不及樂率皆容稱其服而有加焉故事宰臣非上公承攝之禮圜丘齋祀之敬則未嘗以騶騎導出國門者公從父弟歿於蜀都輤車之來道秦赴洛出東門十數里以展哀送度越常檢名教多之其居部也叔父下邽令休沐至止朋來幢幢侍食佐酒彌日通夕與羣從之丱者冠者均其指使章紱之外無以異焉再娶無子或以嗣不可絶諭之他求者則曰吾舅文貞嘗言之矣兄弟之子猶子也引而進之可以主後事故自成童至於捐館其所留於聰明接於心術

者中正之外無自入焉歷官俸賜必振六姻之乏卽遠裳帷唯貲四布之賻季文之廉忠張仲之孝友魏舒之宏粹孔光之愼密兼而具之日月有時盍徵謚法是用傳信移諸有司謹狀貞元十四年九月十四日故吏朝議郎守尚書司勳郎中知制誥雲騎尉賜緋魚袋權德輿謹上尚書考功禮有易名本於周道必視其行勸孰甚焉謹按故朝議大夫守太子賓客贈太子太傅盧公德範禺卬如大圭彝器閨門風訓儀表人倫乃持國均以鎭雅俗絜矩居易有初有終瞻彼九原旣徵先遠之卜節其一惠敢忘至公

之議謹上

太中大夫守國子祭酒潁川縣開國男賜紫金魚袋贈户部尚書韓公行狀

曾祖符皇潭陽郡太守祖大智皇河南府士曹參軍贈吏部郎中父休皇太子少保贈司徒謚文忠公京兆府萬年縣芙蓉鄉龍遊里韓洄年六十三狀公字幼深其先潁川之人自同姓於周受封於韓逮獻子而爲正卿至景侯而開列國司馬氏代家言之詳矣八代祖播徙居潁川遂爲潁川人繼有勳力代名忠孝以至文忠公用醇仁清德左

右元宗致中和以爲國經躬愷悌以爲家法公纂承茂緒幼有令聞直方簡重博厚宏大該涉羣書尤治春秋詩禮之學必覩其奥而踐乎中未弱冠以門蔭補宏文生滿歲參調侍郎達奚珣矯枉過正以地望降資署章懷太子陵令且將察其詞氣以爲銓藻公恬然受署初無愠容當時識者知其致遠天寶末盜陷西京兄姪七人遭罹不淑茹痛違難寓於江南布衣蔬食不聽聲樂者積六七年友悌行義士林以爲難翹車辟書旁午而至累授漢中郡江陵府二功曹大理司直兼漢中郡司馬蘇州司馬且皆有賓介之請所至之邦待公政成甘於粗糲聚其禄廩辦治葬具歸於京師七喪祔窆禮無違者名教之士翕然稱之洪州刺史張鎬以故相之重作鎮江西奏授本州長史莫徭副史懷徠夷落嚮方率教乾元中江淮凶饑相扇嘯聚而新安郡負山洞之阻爲害特甚朝廷推其能名除睦州別駕知州事俄拜監察御史又轉殿中侍御史賜緋魚袋充江西都團練判官軍州庶政多所訪決歲餘張終於位公上介領留務時吳楚剽輕法禁未一每長吏交代人心輒搖公臨以威重撫以慈惠輯寧封部以待守臣李梁公峴

之充江淮選補使也引爲判官多所宏益大歷初轉運使劉尚書晏盛選從事分命四方而江淮上流爲之樞會奏改屯田員外郎兼侍御史知揚子留後累歲就加司封郎中肅給而有守清明而中節有司之移用不匱上國之經費有倫六七年間號爲稱職名實益茂徵拜諫議大夫數與左補闕李翰連上封章極言得失未幾以本官知制誥參掌宥密式敷聲明炳然訓辭潤色王度時元載持衡深相器重公愈不自安每因災眚必疏古義且以西漢賜上尊酒之比深儆戒之元終不悟竟及於禍公以謗累貶邵

州司户今上踐位勵精理本徵爲淮西淮南等道黜陟使復拜朝議大夫攝衣登車以澄清風俗爲已任未及行拜權判户部侍郎專判度支賜金印紫綬先是公兄太傅忠肅公實居其任受邦國之比要制財用之均節物力不屈王府以充其出牧也厥職寖廢公乃革煩政振舊綱既無暴征亦無遺利罷省胥吏宂食者二千餘人明年太府卿張獻恭廣廩庫以受歲杪量入之數又於長安萬年二縣界奏貯米穀數十萬石視年之豐耗而爲之發斂人無艱食歲無災荒雖元凱之智畧壽昌之功利不是過也上方

倚以大任爲執事者所抑出爲蜀州刺史蜀多火災自古所患俗以爲常無所懲禁公到部逾月令簡事時里胥不勞州兵多暇乃省經用之費給大半之庸俾其埏埴以易蓬蓽翬飛鳥革相望如雲授之逾年乃償其直三歲在郡四封恬然闢田之汙萊三千餘頃復人之庸亡二千餘户教之樹藝俾之生植井絡之下人至於今懷之朝廷陟明奏課公實居最有詔徵還既至拜兵部侍郎在職數月遷京兆尹兼御史大夫三輔難理轂下尤甚賊泚之後旱蝗相乘連師十餘萬屯於蒲坂戎衺兵馬仰給京師内安罷甿外贍軍實師克濟而人不困公之力焉轉刑部侍郎刑罰者國之大典所以禁暴而衞善人也而或巧詆比況因緣爲姦公講求紀律明爲式例悉以條奏頒於四方吏無舞文人得從善矣遷祕書監乃奏置五經正本補羣書之闕蓬閣之中粲然如初復除兵部侍郎累歲改國子祭酒自兵興以來多趨末流而棄夷道故學者不振而子衿之詩作焉公曰崇化勵賢本於六籍不學將落吾其憂乎乃表名儒袁頙韋渠牟列於學官講左氏春秋小戴禮摳衣鼓篋之徒溢於國庠講誦之聲如在洙泗公所至必化其

用無方方將荷介祉以錫難老亮天工以纘舊服人望未塞以貞元十年二月九日寢疾終於昌化里之私第皇情軫悼追贈户部尚書哀榮之禮於公備矣公有識度風鑒而博愛容衆與朋友交死生以之明於吏職能斷大事疏達而有節粹和而不流約身以周急潔已而恕物先師四教克蹈其全中臺六職常居其半無忌之鎮靜安國之忠厚延壽之恩信惟公兼而有之允所謂邦之才臣終温且惠者也龜筮叶吉日月有期易其名者請徵舊典謹狀三月日故太中大夫守國子祭酒潁川縣開國男賜紫金魚

袋贈户部尚書韓公故吏某官某謹上尚書考功夫士之生也躬五常以致用其沒也節一惠以尊名則善否有章賓實不撓謹按故韓公嗣直方於舊德播功行於清朝通而有守忠而能力樹善匪懈好謀而成課績中臺道光太學大雅明哲惟公有之考行飾終古先令典謹撰錄所履布諸有司請徵叔發之謚以叶周公之法謹上

司徒兼侍中上柱國北平郡王贈太傅馬公行狀

曾祖君才皇右武候大將軍南陽郡公祖珉皇右鈐衛倉曹參軍累贈尚書右僕射父季龍皇大同軍使嵐州刺史

幽州經畧副使累贈司空汝州郟城縣臨汝鄉石臺里馬燧字洵美年七十太傅英朗特達剛方中正體苞五常致其用以贊皇極國有二柄壯其猷以合神武終始盛烈爲唐宗公原夫代有功德延耀儲祉王佐之業至公而光年十四從師講學因輟卷喟然曰大丈夫當建功立名以康濟天下豈能矻矻爲章句儒耶讀左氏春秋孫吳兵法與歷代君臣大本成敗大較忠賢功用奇正方畧會其歸趣必指諸掌十九丁内艱泣血三年以孝聞天寶末安祿山擁幽陵之師南向以光祿卿賈循爲留後公以書干循勸誅逆將向潤容牛庭玠等然後傳檄仗順可覆而取之循疑留不決竟及於禍踰月間行至恒山時河朔擾攘物情恟懼公方以褎衣長裾游談感激因其謀而扶義建節者衆矣寶應中陳鄭節度李涼公抱玉移鎮上黨雅知公才表爲晉州趙城尉時王師既破史朝義乃復河洛有回鶻可汗之助因肆暴而歸以功自負其强難屈節將使上介致饒皆懼不敢行公官方解巾急病不讓徑詣其壘申明要約氣盛詞直虜皆優從可汗乃授以旗幟委之供辦且曰有犯禁者公其董之於是藩部肅然莫不畏服後有酋

長求賂於公者立斬十餘人可汗大駭疾馳出境安人禁暴之畧兆於斯矣河北副元帥僕固懷恩居將相之重恃父子之勇可汗又其子壻也藉以爲援將有異圖公密覘其情請爲之備初僞范陽節度使李懷仙與相衛恒定等四帥相繼來降懷恩結爲黨助奏復其職至是擁衆據汾上子瑒圍太原相衛餽餉以相掎角公至安陽說其帥曰懷恩憯刻以逞欲其子輕佻而好勝人人自爲計坐待帳下之變耳深陳利病勸喻激切由是感公言至涕泣改圖因約懷仙等三人奉章獻款既回鶻北歸懷恩與瑒繼死

公之明識遠略皆此類也本使尋奏改左武衛兵曹參軍歷太子通事舍人著作郎以至祕書少監兼殿中侍御史轉營田節度二判官永泰中拜鄭州刺史兼侍御史至是須六條撫四方分憂於上施惠於下時兵食方調杼軸其空乃闢其田畝均其户版每歲一稅百姓便之生齒益息庶物蕃阜大歷中改懷州刺史其夏大旱公以救災沴莫若修教化掩骼埋胔蠲苛恤隱使皆得其欲而無窮人端居潔誠默以心禱至七月穭穀滿野墉亡者襁負而至朝廷以汧陽被邊宜得文武之守拜隴州刺史兼御史中丞

公乃訓州師修器備郡城之西有路與蕃境相直凡二百餘步上連峻峰公乃躬自行視塞其蹊隧功堅力省疆埸以寧又置譙門於阸狹之地中制扃鐍上施干櫓積歲之患旬日而安連帥憚公威望日盛羈留幕府因以受代家居京師者久之先皇帝召見奇其才授商州刺史兼御史中丞未旬日屬河陽三城逐其帥擇可以撫寧之者特拜左散騎常侍兼御史大夫充河陽三城使是歲大歷十年也夏五月汴宋兵馬使李靈耀以濮陽叛俄據浚郊國家始務靖人特屈常憲因以節度留後授之而又結魏師以略東郡不利六月詔公與淮西節度李忠臣夾攻之時寇鋒寖盛忠臣每合皆北將棄師以免者數矣公嘗激以壯志或給之吉夢忠臣既慙且憤引師復還先是忠臣軍汴南公軍汴北每與虜角所向無前初敗之於滎澤又破之於西梁固至是靈耀以其勇悍者八千人號爲餓狼營盡銳來拒公引戲下決戰遂勝入郛時魏之救兵二萬距大梁三十里許公又合諸侯之師用奇設伏以敢死士三千人鼓譟先登大敗之魏將軍單騎遁去靈耀以其徒宵潰翌日餘黨以城内八千人降於公公悉讓忠臣推而不處

閉壘移疾退於坂橋其士吏鹵獲悉以家財購而復之大梁之人至今知感履險則忠以盡敵成功則讓以保身此又將帥之明哲也十二年三月詔復魏博之地諸侯班師公乃歸鎮河陽秋雨暴至河流泆溢軍吏等具檝櫂請公登舟以避公曰城中凡數十萬户吾實主之而苟以一家求安所不忍爲也既而人皆感泣水不爲患十四年閏五月皇帝即位深燭理本以太原王業所起國之北門非勳德爛然者不能鎮定特拜工部尚書兼御史大夫太原尹北都留守充河東節度觀察等使於是修班制正事典險

其走集訓其輿師講車徒戰陣之法教金鼓聲氣之節分畫之下變化如神自是烽候罷警匈奴不敢南向而牧矣建中二年夏六月來朝京師加兵部尚書封豳國公初魏博席伯父之勢而得專地既踰年與東平常山復爲從約七月魏以兵三萬圍邢州攻臨洺昭義節度使上請公爲援朝廷許之十月公會昭義之師與神策行營兵馬使故太尉西平王於漳州先是魏以浚郊之敗讋公威望至是以節度之師專征伐之任兵刃完利部校訓齊軍聲大振士氣益勵魏人又分銳騎合恒定李惟岳之衆萬餘人於

臨洺南雙岡下樹柵以自固公自晨至晦急擊大潰殺其將楊朝光時臨洺之圍壕壘四匝復與昭義鼓行而前腹背受敵颮塵翳景士皆決死凡百餘合公自據西壕口扼其喉以襲破之凶徒斃踣亂相蹂蹈收其車重兵械各數十萬魏人棄營而遁邢圍迎潰上嘉其功拜尚書右僕射先是公與軍吏約曰苟戮力成功者當竭產以賞至是悉索家錢與車服臧獲等奠其價之上下視其功之薄厚散於軍中約五十萬且曰苟可以夷患難勉師人亦誠之外無非長物故盡其私積賈其餘勇士皆歔欷感激爭以效命報焉優詔褒異命史臣書之且詔有司以量入之賦如其數以復於公其毀家佐軍輕費厚下皆此類也三年正月魏人又乞師於東平恒山衆且四萬壁於洹水公曰不備不虞不可以師且以河陽三城常所訓定上請爲助有詔從之乃建三橋夾河爲壘乘變出奇如環無端初則銜枚以趨敵因乘其未備後則雉草以滅火使計不得用然後分銳士颮馳以犯之而後從之獲首級者殆半餘皆走林溺水僵尸相屬腥穢川陸公愀然曰是皆平原人也彼但暴服之耳亦既就死忍其委骨肉如是耶使得以族屬

收瘞既而聞者知感由是洺博二州僞署刺史各以其地來降鄰魏之閒以咫尺之書招下二十餘城朱滔誘其鄰帥復來助寇四月公有魏城之捷五月詔同中書門下平章事仍封北平郡王時諸軍連捷師留且久或有復其侵地則怠於攻取公具以上聞有詔朔方節度使李懷光應援征討六月朱滔以漁陽之甲三萬至於城下初諸侯有議班師者公曰彼三戰三北假息孤城且宿兵十萬聞援强而退縱敵生患何以復命於朝廷耶既而羣帥相勵皆百其勇七月加魏州大都督府長史仍充魏博澶相四州

節度招討等使四年二月又敗之於成安魏軍退於館陶
深壁以自固以十月盜臣竊發鑾輅狩於近郊公忠憤逾
逼密圖方畧懷光統朔方之旅乘歸心以赴難公鬵臂伏
泣以大節感動之時朱滔招連北虜邊鄙日聳公謂諸將
曰鳳駕整旅以扈屬車人臣之分也儻北都不守則兩河
三川搖矣豈行師捍患之義也耶乃還太原遣行軍司馬
王權統銳騎五千與監軍使者赴行在所又令男果與大
將等男各一人赴焉軍食祿賜器備服用一以條奏獻於
行宮公初旋師也以晉陽大鹵用武之地北蕃東夏且有

外虞而都城之東平坦受敵乃股引汾晉二川漲為平湖
能順地泐以導水勢守陴者歲減其役濱河者日厚其生
而又廣隄濬池密樹如織金湯自固板幹不勤其明智善
利之及人也如此公自出車累歲功捷相繼而軍中衣食
多出寇境河東之人省調給饋餉之勞歲減其賦封內相
賀因中貴人以聞願刻金石詔從其請公避名不伐懇疏
方止其勞謙之詞邦人誦之此所以尊而光晦而彰者也
公常揣摩諸侯開導功善能通其變以誘其衷盡益友之
直諒敬純臣之志畧因所以建大順立大勳者有焉與元

元年二月李懷光貪天犯上衡連逆泚脅其人以河中叛
公威聲素振壤地相接支郡屬城降者繼至秋七月皇帝
既平大盜乃清宮廟加河東保寧奉誠等軍行營副元帥
有詔許公與諸軍同討河中九月既望師及於絳僞刺史
王克同棄城而遁餘黨來降分徇下縣進軍寶鼎斬其將
徐伯文先是懷光之師勇於豨突至是獲甲首千數凶徒
奪氣矣貞元元年六月公以軍國大要非表章所盡釋位
來朝親稟睿畧乃屈指成算請三旬芻粟以平之秋七月
與河中節度使今侍中咸寧王及同華邠寧之師次於長

春宮公以單騎傅於城下召賊將徐廷光西向受命且以
君恩喻之曰兵興以來逾三十年而朔方之師最為忠力
今乘時自效若建瓴水豈甘心畜禍終汙鋒刃耶開陳逆
順聲泣交感又曰跬步之內矢石所及若決為匪人亦在
今日因披襟直前當之廷光頫伏拜泣莫敢仰視抗詞未
畢堅壁洞開公徑入撫安奉宣皇澤於是城中周呼曰吾
等復為王人矣八月公與咸寧合軍而東至於焦離堡降
其將尉珪乃次河中陣於城下懷光傳首其衆請命是舉
也不勞師獻功如其平素就加侍中歸鎮北都三年二月

來朝京師寇戎既清乞罷藩鎮六月拜司徒兼侍中詔有司具儀法冊命禮賜備厚昭德報功人臣榮之屯師河中也靈武節度杜希全獻體要八章上因著君臣箴以賜之公奉表陳賀上又賜公宸扆台衡銘各一首公令男暢詣闕謝恩並請楬而書之於起義堂之側詔下優荅其畧曰卿有訏謨濟代之誠保衡輔朕之志情之所尚遂飾以詞比夫盤盂自銘亦冀輔佐同德遂許刻石兼賜題額寵渥之盛冠耀當時五年九月嘗與故太尉西平王同對於別殿上曰卿二人與朕休戚是同各賜圖形麟閣并御製文

命皇太子書於閣壁至於君使臣臣事君選賢與能之盛盡忠作憲之績煥乎天文與日月並明矣九年十月公以足疾久闕朝請因至中書奉表起居召對拜舞手誤至地上驚遽自起以接之公慚惶跼蹐感甚以泣上曰元首股肱本爲同體卿之疾痛何異朕身乃遣中使梁懷幹扶掖下殿十一年二月以年及懸車再表讓侍中優詔敦獎終不得請八月十七日薨於安邑里私第皇帝震悼不視朝四日先是詔宰臣詣宅問疾御醫禁方旁午於途疾劇遺表指陳邊事純誠至公言不及私薨之明日詔贈太傅又

詔文武百寮就宅弔哭京兆尹護喪萬年令爲副司農卿嗣吳王巘充弔祭使鴻臚少卿王權爲副賻贈絹二千匹布五百端米粟二千石二十七日命太常卿裴郁副使少府少監路恕備禮持節冊命上所以待大臣之禮備矣惟公始以文史參佐至於牧守師帥功業見乎變德刑焯於時所以順天明從君命布皇澤宣國威能竭忠力而爲藩衞理軍如家馭下以誠拊循厚而士勵法禁明而眾整誓師鞠旅皆樂爲用料敵致勝如在彀中此戰之所由克也凡再分兵符而三破劇賊開相府十四年以上公居中者

九年至於盡沃心之言當注意之重密啟詭詞人莫得而知之昔舜之官人也禼作司徒龍作納言惟公居之周之命將也方叔元老申伯於藩惟公嗣之加以馮異之推功趙衰之饗士子囊之城郢文子之不屬其子惟公備之故歲時爲饎追遠盛公侯之禮會朝鳴玉拜後聯卿士之榮公之展孝也公之教忠也凡自府辟多爲國華登中朝以潤王度分外閫而貞師律公之知人也公之舉善也洪範之乂用三德嚮用五福惜公不踰期頤其他則無不及也德輿自左補闕三歲而爲右史掖垣之屬備承功烈褒獎

之禮獲奉命書令先遠有期祖載將及易其名者敢告有司謹狀貞元十一年十月十六日宣德郎守起居舍人知制誥雲騎尉權德輿謹上尚書考功夫建侯行師先王之所以懲不恪也考行尊名先王之所以勸人臣也謹按故司徒兼侍中上柱國北平郡王贈太傅馬公勤勞王家功德茂盛其謀猷合於君其忠利加於人用登公相以殿邦國令體魄則降日月有時敢錄實行請徵謚法謹上

欽定全唐文卷五百八

權德輿二十六

吳尊師傳

吳筠字貞節魯中儒士也少通經善屬文舉進士不第性高潔不伍流俗乃入嵩山依體元先生潘師正爲道士傳正一之法苦心鑽仰盡通其術開元中南遊金陵訪道茅山久之東遊天台筠尤善著述在剡與越中文士爲詩酒之會所著歌篇傳於京師元宗聞其名遣使徵之既至與語甚悅令待詔翰林帝問以道法對曰道法之精無如五

千言其諸枝詞蔓說徒費紙劄爾又問神仙修鍊之事對曰此野人之事當以歲月功行求之非人主所當適意每與緇黃列坐朝臣啟奏筠之所陳但名教世務而已間之以諷詠以達其誠元宗深重之天寶中李林甫楊國忠用事綱紀日紊筠知天下將亂堅求還嵩山累表不許乃詔於嶽觀別立道院祿山將亂求還茅山許之既而中原大亂江淮多盜乃東遊會稽常於天台剡中往來與詩人李白孔巢父詩篇酬和逍遙泉石人多從之竟終越中文集二十卷其元綱三篇神仙可學論尤爲達識之士所稱凡

爲文詞理疏通文彩煥發每製一篇人皆傳寫雖李白之放蕩杜甫之壯麗能兼之者其惟筠乎

唐德宗皇帝謚冊文

維永貞元年歲次乙酉十月景申朔孝孫嗣皇帝臣某伏維大行皇帝德合天地作人父母纂承光明建用皇極昔在寶應制天下賦輿戚藩以大自魯疏雍師律既貞會陜收洛克燀威命廓開王塗自登上嗣乃宅丕后服藝祖神宗之大烈有乾乾翼翼之至敬敷佑迪哲尊嚴懿恭燭明四極發育萬物濯沐乎仁澤澄清乎理本巍巍乎建中風

聲與貞觀同符洎時有祲沴變生京轂省方履薄宏陰騭之功整旅致誅申震燿之令氛祲滅息侯王軌道丕冒持載鏡清砥平然後明禋歲祀萬靈以接翕受敷施九德咸事舍宏亭毒以致其和博采虛受以通其志政刑有箴宸扆有銘煥乎文明之化成也因時創節象卦設樂薰然中和之被物也納嘉言於近侍輟已行之詔疾讒口於宵人宥過誤之罪去徽號而約已正廟祧而尊祖九譯通道萬方來庭賓旅焯乎勳籍夷歌陳於樂府霜露所隊車書大同順氣旁達天休滋至慶霄輪囷德水清澈三辰秉陽以宣耀百嘉麗地而交感飛走呈祥宵翺遂性在宥天下二十有七年夫文思光被陶唐之盛也憯怛忠利虞帝之敎也亹亹穆穆周文之業也聰明神武漢祖之烈也窮古先之大律極帝者之上儀方將扈升介丘侍檢玉牒奄遺天命永棄萬方億兆噭噭哀號靡訴顧惟沖昧懼忝孫謀君父有命付茲神器虔恭貽訓感慕滋深今因山既建同軌畢至一二元老宗工碩生考稱天之禮稽節惠之法式遵古義敢薦大名謹遣攝太尉門下侍郎平章事杜黃裳謹奉冊上尊謚曰神武孝文皇帝廟曰德宗伏惟聖靈昭格膺是典禮幽贊丕祉流於無窮嗚呼哀哉

唐順宗莊憲皇后謚冊文

維元和十一年歲次景申某月朔日哀子嗣皇帝臣某伏維大行皇太后柔明承天廣大法地齊二儀以發育合萬物而化光靜專宅心謙儉約已塗山積厚淮水秉靈四德交修六宮承式於德宗有逮事之孝敬於先皇有輔佐之憂勤啟迪風徽儀刑天下伏以永貞誥命脫躧寰區乃居太上之尊乃正中宮之位顧茲沖眇上荷劬勞自幼逮長稟邑姜之敎勗繼體纂圖申長信之供養率用慈訓施於

理道母儀所被子惠所覃一紀於茲萬方蒙福以載物之量包逮下之仁嗣任姒之徽音慕黃老之清淨宜錫丕祉壽如岡陵昊蒼不憖艱棘俄及追惟顧復創鉅感深銜恤茹荼叩心罔極今祔虞卽遠龜筮告吉順厚夷體幽嚴就路宰政卿尹與典禮之官詢考古式詳稽謚法以周道章明未之或改形容擬議敢易大名謹遣攝太尉中書侍郎平章事臣裴度奉冊上尊謚曰莊憲皇后伏惟皇靈降格淑聖幽贊昭配清廟對越鴻休與太陰方祇永永無窮嗚呼哀哉

告王考禮部府君文

維元和十二年歲次丁酉七月戊子朔十五日壬寅孤孫山南西道節度管內支度營田觀察處置等使銀青光祿大夫檢校吏部尚書興元尹御史大夫扶風郡開國公食邑二千戶某敢昭告於王考贈尚書禮部郎中府君伏惟尊行令德不丁於時義方教忠貽厥延耀今王妣靈輤至自澤國龜筮叶吉啟祔有期聖慈孝理贈典褒賁敢用遠日祗焚命書禭服徽數加大夫之飾官守拘限不獲躬親謹遣男監察御史裏行璩以柔毛剛鬣嘉薦醴齊將命襄事伏惟尊靈降格

告王妣楊氏文

維云云敢昭告於王妣夫人宏農楊氏伏惟坤順協德閨門流慶昔歲違難假葬南方今龜筴告猷歸祔伊洛先遠將及恩禮特加王考府君有褒錫之命限以守在方任兼領戎師不獲榮護道途躬奉窀穸殘生孤苦萬感在心謹遣男璩以柔毛剛鬣嘉薦醴齊展禮伏惟尊靈降格

告先公貞孝公文

維云云敢昭告於考贈太子太保貞孝公妣贈絳郡太夫人隴西李氏追惟亂歲奄失嚴訓迨至立年再鍾荼蓼零丁孤藐苟未滅身自幼逢聖明獲備將相祗循教義摧割肝心伏以潤州壤樹久已安宅但地遠江介心焉匪寧遷神反祔永懷怵惕伊水之陽喬木斯在伏以二尊棄代年紀寖遠四承追命再受封疆禮官易名考功奏議今因祖載備舉徽章王考府君恩加贈典申下養之義遂罔極之誠孤蒙無似觸緒崩裂受命守土有闕躬親謹遣男璩以柔毛剛鬣嘉薦醴齊將事祗薦伏惟尊靈降鑒永寧厚載

祭屯田柳郎中文

維建中二年歲次辛酉某月朔日試右金吾衛兵曹參軍權德輿謹以清酌時羞之奠敬祭於故屯田郎中柳公之靈在漢理平子陵退耕運鍾明時公遂性情典校司諫便蕃清秩南宫之拜詔書三出中朝虛左公志不屈優游化源消息心術四時芬芳百鍊精剛德充於中用晦彌光是非萬殊不滑其常和易内蘊發於文章性命之際希夷之域理無不窮言必冥極救彼文勝作爲典式扶教立言實在清德時方逐進公則尚退人或外獎公則理内獨立不惑以身矯世萬頃淵然孰知其際顧惟小子猥奉音徽賞

則過實勗常中非目想德容心存清機今則不見涕流沾衣嗚呼哀哉人世則異清風不還繐帳寥寥泉臺下閟常聞福善今也無嗣立命如何斯文其墜尚饗

祭海陵李少府元易文

維建中三年歲次壬戌某月朔日試右金吾衛兵曹參軍權德輿謹以清酌庶羞之奠敬祭於故海陵縣尉李君元易之靈我得元易於茲三年粹秀清和仁義在焉行有餘裕其文燦然五字之中含寫風煙巖扉舊隱常聞清興諸生討論雅有時稱（初與盧羣德倫同隱居於譙山）理實歸研境無逃勝嘉招既至虛中以應從容解巾作尉江濱退以直道進無其人性志彌篤郊居食貧衡茅之下孤石蔽虧連牆者何則有元鈞（元鈞名喻君之族父）探味元奧疏適心神晚獲覯止心乎愛矣扁舟往復就館於予靜賞煙霞深窮名理友直友諒惟君是以行不苟容必俟良工棧繫絕足櫝閉銛鋒竟嗟不試一命淪躓身沒跡晦靡申素志惟富與壽君則不至人皆有子君獨無嗣繐帷飄飄靈座深閟幽顯此殊嗚呼元易尚饗

祭戸部員外叔父文

維建中四年歲次癸亥月朔日從姪某謹以清酌庶羞之奠敬祭於故戸部員外郎十四叔之靈福善降祥是爲教源至於性命古人罕言沴氣交薄作爲天昏慘閼時和殄瘁仁賢不極修途不登大年命屈其志古今共然追惟叔父顒顒令德統九流於靈府貫百行於精識昔在巾褐即爲聞人冰玉之姿穎然不羣禪惠通性文章發身清談一室車騎如雲辟書交至使者結軌識孟晉以近名隘弁介之不起從容翔集盡於知已故顯晦之間皆酌中合禮江南擁旄主東諸侯參佐之選時稱先儔婉婉良畫心和智

周始於一言惠澤旁流再歷郎署三參憲府十年之間赤紱在股暢恬淡之元姿期青冥於步武厚夜何言夷途遂阻憶昨拜手猶承晤語旬朔之間奄成終古塗芻既列哀挽既發族子之念偏深林下之歎永絕胡爲造物胡爲天閼悠悠九原拜奠酸咽尚饗

祭李處士穠子文

維貞元二年歲次景寅十月朔日試右金吾衛兵曹參軍權德輿謹以時羞之奠敬祭於故李處士十六兄之靈惟先吏部文德冠時天下翕然有所宗師鍾美於兄式克似

之爰自髫歲澹然清姿惟我與兄世有舊歡應若塤篪芳若芝蘭居易處厚中明外寬發於濬源激爲清瀾放懷外物清機善謔討論不倦名教爲樂迭用古義以相博約先王觀風命史陳詩雅南之後其道日醨騷楚怨思王風澆夷升降之義與代相隨國朝數公稍振舊風兄實求已服勤於此敷陳麗則不野不史含寫佳境優游精理七發未終俄驚不起追惟前年訪我由拳握手開襟慇懃款言孰謂此訣死生閒焉今我來斯舊館依然文伯既沒敬姜哀慟子敬下世徽之永痛嗚呼哀哉流形賦命孰主張是昏嚚闒茸或壽或貴方直清明乃夭乃否如何斯人才命不侔未室未仕溘與化俱志業靡申沈痛泉壚福善與仁胡其忽諸嘉殽在籩旨酒在壺寄此一慟沈瀾涕濡尚饗

祭外舅相國安平公文

維貞元三年歲次丁卯十二月朔子壻試大理評事攝監察御史權某謹以清酌庶羞之奠敬祭於外舅故相右庶子安平公之靈元精熙熙大化沄沄合散萬形以陶以鈞感和合祥則生鳳麟含粹炳靈乃有仁人嗚呼安平受天清淳全德不器大方無垠恭聞稚歲卓爾殊異亦既冠字

確乎其志去華務實探幽索祕窮盡化源深入精義上下千古周流百氏自觀靈龜不齅驕餌考古立言其文煥然乃論皇極乃志元德識洞窈冥言經邦國幽蘭在林鳴鶴在陰嘹唳芳芬越自重深安貞用晦其道乃大卷舒之閒律呂相會相會者何時惟贊皇受命開府作藩東方美公德輝闇然而章車乘翹翹重禮以將連茹時賢是集是翊禺禺卬卬萃於公堂古之待士懼其不至故賓不自賤而主不自貴道薄俗醨其風寖隳苟於所以又患失之故戟戶益尊華戶益卑名節不立廉隅以虧公之出處時之準

的闇闇直詞婉婉嘉畫贊皇爲主安平爲客化被句吳幾於恥格令德孔昭觸邪登朝或塞或通不磷不涅乃補袞職柔嘉剛克右掖既言其詞則直直方明謨與古爲徒以直言爲己任願致君於黃虞屢封皂囊亦伏青蒲爰啟爰沃乃咨乃俞羣墨惡白行吟楚澤歲久逾芳剖符建陽政和用易邦人樂康興元之初王旅未振或任專征且迷大順區區遐方獨抗忠憤馳書激切詭喻方鎮飛章開道旁午奔問密疏安危以扶皇運翠華旋宮馳驛命公還部爲郎郁郁清風克厭帝心給事於中乃贊大政以釐百工謂俾元元既庶而富未展緝熙遽罹沈痼移疾請告乞身抗疏留中久之不忍其去乃相東朝禮備優賢方冀勿藥再持化權蒼蒼者何不錫永年壽屈其才從古以然內惟小子倥蒙褊吝昔歲羈牽遇公於信亭伯直道君山佐郡莫際波瀾幸窺牆仞因曰世與道交喪恬與智相養盡晦而明盡性而情虛中蹈道以此爲經亦既歸止貧居練水靜守緒言期於沒齒芳訊忽至開緘盈耳申以嘉姻眷同國士心合義固尺書而已禮異常情感深知己音徽相繼封壤或殊迨前年之中春獲結甘於楊都夙承師友載反門

閭阻拜禮於上國承施衿於外姑九江之西謬見羈束惠愛則深格言相屬固窮難進是導是勗心知善誘力有不足一曠清德七年於茲物類形留神交坐馳亦謂恬曠漸消癘疵不虞不圖凶訃來斯哀激中腸浹於四支恨情禮之未展痛幽冥之永辭藐彼二連欒欒孝思德以遺後魂無不之東洛西江支離拘限迹滯幕庭心馳祖奠嗚呼哀哉賢人之生力命難并年中身兮道未行去昭昭兮即冥冥一往不復空留淑聲銜酸托辭庶達明靈尚饗

祭李祭酒文

維貞元七年歲次辛未五月朔日故吏前江南西道觀察支使監察御史裏行權德輿謹以清酌時羞之奠敬祭於故國子祭酒李公之靈伏惟峻閥洪宗有勞有忠光耀北朝黎申繼封世名清純以至先公彌綸盛時德位昭融文武吉甫克嗣其風儲慶發淳擇乎中庸天寶中年仕無異門講道積學五經綸紛以能詔官校理祕文溫若玉質郁如蘭薰絃琴峩峩擁傳轔轔兩無留事並著嘉聞題輿佐理剖竹爲政均彼化條簡其徵令風行草靡歙和發咏難理之時四封謐靜累遷大郡亦佐戎師宣其馨香蠲彼癘

疵時有行止道無礙緇虛中十年觀我靈龜大君嗣位推擇良守乃眷上游作藩夏口報政獻功察廉一方再扞大憝以完南邦盡殪舟師王旅乃張眾寡相懸以律而臧就加副相乃鎮西江來歡去懷金石洋洋剛柔全德蹈履不忒外無牆藩之峻中踐夷坦之域爲仁由己率誠不飾播厥美利根於易直災去水火人滋衣食流庸胥附生齒益息亦既七年慰安斯人冲用知止封章乞身朝典崇儒徵拜成均遽歎夢奠俄驚返眞猥以蒙蔽再塵盛府重問縟禮蓬茨之下惠愛博約深誠見與左右彌縫愧無所取九

江拜手泱日前期如何奄忽過隟生悲羊公峴首良會無時庾亮樓中永絕清機前歡幾何圓魄纔缺承訃長慟潺湲涕咽返葬迢遞西周古原柳車匆靈飛旐翻翻體魄則降德馨長存拜奠心碎難酬舊恩尚饗

祭薛殿中文

維貞元七年歲次辛未某月朔日前監察御史裏行權德輿謹以清酌庶羞之奠敬祭於故殿中侍御史薛七兄之靈有生必化大鈞之方盛極而衰乃理之常又曰善慶鍾爲福祥今則繆盭天乎茫茫追惟明靈夙播馨芳解巾憲府累冠神羊清明之用百鍊堅剛麗藻之文六律鏗鏘雅言婉婉令問章章靖恭端和休有耿光纔踰強仕未踐周行眾情愕然日遲騫翔早維通舊已飫馨香晚忝嘗寮載換星霜府庭同舍居室鄰牆切劘惠愛何可弭忘憶昨從公沿泛長江賓榻初散雲帆並張晨登佛廟晚眺魚梁善謔理窟清言智囊既濟江浦俄驚府喪同歡未幾今也則亡古稱臧孫德遠流長遽歎伯道永絕蒸嘗嗚呼不傭難究蒼蒼上歸元漠下閟幽荒呼天者兄哭晝者孀琴書已矣行路悽傷柔嘉備籩澄齊滿觴神其格思揮涕浪浪尚

饗

祭祕書包監文

維貞元八年歲次壬申五月朔日故吏金部員外郎蕭存太常博士權德輿大理寺丞王純等謹以清酌庶羞之奠敬祭於故祕書包七丈之靈在漢鴻臚蔚爲名儒以續簪裾乃生祕書純誠伉直古訓是式納忠宣力有勞王國昔自秀造翰飛扶搖彌綸劇曹領袖清朝出入諷議嘉聲孔昭道塞時通乃領藩條俄復郎署俾均繇賦經費委輸待公而具受命匪躬於汴之東秩宗之貳司憲之雄鑾輅時

巡關梁未通。每以貞勝。行於險中。登賢求舊。入佐司寇。中和直清。望與實并。乃總師氏。三德興行。又領祕邸。六藝章明。偃息文囿。優游漢庭。雅韻拔俗。清機入冥。立言大旨。爲經爲紀。行中文質。不華不俚。會史一字。詩人四始。泝其源流。用制頹靡。以誼藩身。與道爲鄰。虛中皦然。不棲緇塵。動靜專直。儀刑搢紳。得喪虧成。靡滑吾眞。宜介遐福。宜受戩穀。未及下壽。胡爲不淑。遺孤藐然。銜恤茹毒。善慶不誣。期於必復。某等劣薄。嘗承討論。通世宿好。嘉招厚恩。舞雩春遊。昔實童子。峴首良會。俄叨知己。歲月遄邁。或行或止。慰薦難忘。音徽不已。各忝官命。來歸帝里。話舊語新。悲歡未幾。驚疾癘之潛遘。冀无妄而有喜。信宿之閒。格言在耳。精識不亂。達生大觀。謝醫禱於門人。順一氣之聚散。大鈞無期。化往何之。邦國殄瘁。古今悽其。虛室寥寥。繐帷披披。哀從中來。雪涕交揮。柔嘉列籩。清酤滿卮。神之聽之。噫嘻格斯。尚饗。

祭呂給事文

維貞元九年歲次癸酉正月庚辰朔二十一日庚子。右諫議大夫陽城。給事中徐岱。李衡。中書舍人奚陟。尚書駕部郎中知制誥張式。左補闕權德輿。謹以清酌庶羞之奠。敬祭於故給事中呂公之靈。君子之道。貴乎艱貞。公用踐履。剛中粹精。文學政事。蔚然時名。出處屯夷。用晦而明。命佐戎車。於彼淮甸。方國多虞。妖氛潛煽。每以明誠。冀其革面。外蒙恥以枉尺。中飛章而告變。白刃臨前。丹心炳然。貞其困而後濟。忘其生而後全。祲沴既平。忠勞亦著。草奏南宮。嘉聲載路。出領符竹。澄清遠部。夕拜黃扉。昭宣王度。獻歲朝天。侍立君前。華纓玉珮。行止鏘然。周旋陟降。接踵差肩。如何累日。奄閟重泉。嗚呼哀哉。寓形此世。無非大夢。寢門之外。莫甚斯慟。交歡幾時。踰月於茲。每冀休沐。相從讌私。孰謂奄忽。俄生癘疵。醫禱不及。形神已離。某等或辱在嘗寮。或忝陪下列。喜雲霧之初披。恨幽明之遽訣。瞻彼塗芻。言旋洛都。平昔志氣。復歸虛無。酒殽靜嘉。盈俎滿壺。何以道意。潸然涕濡。尚饗。

祭梁補闕文

維貞元九年歲次癸酉十一月朔日。左補闕權德輿等。謹以清酌庶羞之奠。敬祭於故右補闕贈禮部郎中梁君之靈。我思古人。乃得敬之。今則不見。嗚呼噫嘻。賢哲之生。作瑞於時中立不倚大道甚夷人或多方以取世資君懼其至泊然靈龜游夏遠矣文章運衰風流不還作者蓋希君得其門獨斥澆醨遐蹈古始六經爲師初冠章甫在江之滸忘形交臂或出或處久要之契脗然相與直諒切劘曠懷無阻漢庭虛左尺一旁午心與雲閑翼隨風舉恬漠虛白環中之樞篤厚誠明君子之儒精義入神英華發舒人所景行君之緒餘乃補袞職乃侍皇儲北宮密命東觀直書致用無方迎刃皆虛漸漬教化闇然而孚文武憲章堯舜典謨空結時望莫申令圖宜錫華皓以極其道鍾美實

多歸全太早子淵之仁叔度之賢皆厚其才而奪之年吁嗟敬之今亦已焉孰司化工不與其全凡我同人官次周旋微言嘉話怳若目前吾欲問蒼蒼而訴冥冥索夫子於重泉末如之何從古以然平生一樽哭奠靈筵魂氣何往空傷絶絃尚饗

祭韓祭酒文

維貞元十年歲次甲戌三月朔日徵事郎守左補闕權德輿謹以清酌庶羞之奠敬祭於故國子祭酒韓十四丈之靈伏惟德厚流光炳靈發祥傳慶於公鬱爲珪璋宣力中外道光明代動必有裕直而無悔從容諫垣密勿絲言炳然憲章潤色化源天官之貳京劇之貴四方取則九賦不匱蓬山祕書大學尊儒選重前代非賢勿居率是明德便藩右職宣其馨香昭其物則四科難並全才乃克利用無方沛然餘力再世金鉉確乎匪躬光輔帝道是爲門風緇衣棣華宜復於公終缺人望天乎不傭顧惟小子夙承先友骨肉之契歲寒逾久爰自齠丱深仁善誘恤此殘生均其所有衣而食之祿而仕之闔門仰給纖悉無遺仁惻之道曲盡其宜二十年間完安保持比肩多士忝跡清時必

由念慮敢不知思秦原蒼蒼丹旐遲遲精魂何往音容莫追沈哀激中霅涕交揮神鑒如在含酸託詞尚饗

欽定全唐文卷五百九

權德輿二十七

祭建昌崔丞文

維貞元十一年歲次乙亥十月朔日姪女壻起居舍人知制誥權某謹以清酌庶羞之奠敬祭於故洪州建昌縣丞崔六伯之靈伏惟北州茂族中庸令人行有枝葉道無緇磷居常藻和動不違仁素履坦坦閨門申申子眞恬退張仲孝友淡而不厭晦而能久亦既再命皆以退聞天爵之外視如浮雲謝病郊園深辭世紛遐多芝朮家有典墳心

遊杳冥手植芬氳行樂春晚開襟日曛謬忝嘉姻獲奉深分曩時上策旅食江郡一葦可航百里而近長筵式宴虛室清論少長無違琴觴迭進仰名教之可樂見義方之善訓暇日則多窮年無悶不耗天理同乎大順頃服朝命言旋帝鄉盡室出祖至於朱方離居未幾四換炎涼凶訃忽來哀何可忘山川阻遠情禮未展犯塗潦以無由想音徽而在眼敬姜知禮鯉也聞詩昔著婦行今推母儀婉彼令姪承哀涕洟遠切諸孤之痛難追世父之慈有生必化從古同轍元酒清滌用申永訣寄懷斯文於彼臨穴

祭徐給事文

維貞元十四年歲次戊寅八月戊寅朔十日丁亥右諫議大夫裴佶中書舍人翰林學士吳通微中書舍人高郢尚書司勳郎中知制誥權某尚書司勳員外郎知制誥翰林學士鄭絪起居郎韋丹左補闕翰林學士衛次公右補闕王紓右拾遺史館修撰蔣武等謹以清酌庶羞之奠敬祭於故給事中贈禮部尚書徐公之靈太伯延陵化於東吳遺風禮讓乃有名儒懿懿夫君文誼是圖早歲清名輝動江湖遐覽古音琢磨無斁以五常爲師味六學之賾始以

處士交馳府辟乃考祕文諸生表的周畿結綬吏隱方適三命登朝禮文損益既肄業以綿蕝亦說經而重席踐履中臺翩飛左掖含章載筆侍講通籍循性不遷虛中靜專駁議清禁於茲八年同官爲僚惠好歡然瑣闥密邇蘭室周旋分曹直夜接武朝天會清機於妙理每捨筏以忘筌如何移疾亦既旬日謂勿藥之有喜俄交臂而相失死生同途力命難俱焜燿終始恩深禮殊榮春官於夜壑振簫鼓於塗芻平昔談笑倏然虛無含悽寄詞絜酒焚枯願執紼以莫尋奠靈筵而涕濡尚饗

祭奚吏部文

維貞元十五年歲次已卯十二月庚午朔二十六日乙未右諫議大夫裴佶給事中許孟容李元素陳元中書舍人高郢權德輿兵部員外郎知制誥崔邠等謹以清酌庶羞之奠敬祭於故吏部侍郎贈禮部尚書奚公之靈竹箭有筠黄裳有文惟公實然早播清芬射策筮仕欝然令聞駸飛迅飈凌厲層雲乃踐清近時登傑儁選當視草中亦難進南宮西掖砥礪鋩刃奏議練於程品贊書稽乎典訓貳職司寇時惟欽愼獄有煩言訟公即訊惟直是從確然蹈

中雖申申以罣予終蹇蹇而匪躬五歲敬事九流承風寛以有制峻而能通宜躋大年以至宗公絕足方騁修途忽窮佶等或早陪交好或嘗接官命懷鮑叔之深知仰晏嬰之久敬里第方葺蘭萱滿逕平日徽音未移視聽乃者寢疾猶期善慶孰謂旬時奄然大病上軫宸衷榮加飾終題劒告第恩殊禮崇吁嗟祖載去此昭代儼丹旐以就途紛素車而來會晤言如在神鑒豈昧何以洩哀寄茲一醱尚饗

祭盧華州文

維貞元十六年歲次庚辰四月己巳朔越八日景子從表弟朝議郎守中書舍人雲騎尉賜緋魚袋權德輿謹遣使以清酌時羞之奠敬祭於故華州刺史御史大夫盧六兄之靈詩謂君子温其如玉書稱正人既富方穀明靈比德清議所屬未極全才如何不淑追憶曩歲鍾陵嘉招兄時左遷屈佐乘軺幕庭山郭並榻連鑣心同則親敢曰嘗寮俄奏郡課復升郎位左掖斯容教官已貴殘骸被病土梗蓬累謝交辟以未能方昇居以自遂拔茅推轂遐蹈古義七發粲然八行狎至詔下江干猥登禮官顧蓬茨之鮿生

忽東帶於朝端暇日良夜清言舊歡再披雲霧永契金蘭帝念長人出臨左輔河潼襟要復此居部乃亞丞相金龜映組美利休聲和風甘雨弱植何幸累叨禁垣諫曹右史以至司言因緣踐履根本推援恐累知人上負明恩一違晤語九變凉温日夕音徽切劘討論發函璽壐如見君子或忠言以規過亦善謔而溢美冀登柄用以永介祉每驟首於公朝期盍簪於仁里俄驚感疾方俟有喜志切乞身恩深卧理神道與善胡然不起寢門一哀孰甚知己素車莫遂雪涕何已樽酒簋貳深誠在此尚饗

祭房州崔使君文

維貞元十七年歲次辛巳十一月己未朔十日戊辰姪女壻朝議郎守中書舍人賜緋魚袋權某謹以清酌庶羞之奠敬祭於故房州崔十一叔之靈荆藍之下必產貞玉有斐君子生於茂族信以發志居惟慎獨時然後言言必可復昔未弱冠皦然清規已結黃綬分曹帝畿亦宰一同邑人熙熙有翹者車辟禮交馳乃簪神羊在壽之陽俄佩赤紱贊於熊相尋副戎車再遷直指守臣進律公亦戾止著作中祕古之外史章奏文昌虞衡允理吏二千石風化攸

興朱轓赤帷來惠房陵饋軍禦寇徵令重仍恭敬不讓秉持有恒六年剌舉千里清澄凡此下人時公之能昔惟覯止倏焉二紀道信部以交歡寓揚都而宴喜衮衮清義怡怡致美亦既納徵願言未幾悼子咸以作賦感東武而成誄繫援凋落惟公是已方歎分符又悲閱水昔年委質於汴之東從事則異嘉招實同頃忝右掖獲辭南宮或方駕於辨色或開襟於退公華燭以燼芳罇不同乍詠庭中之雪每歎林下之風千騎雖遠雙魚屢通永懷休沐若去池籠顧此室內二年沈痗方書藥石纖悉誠誨精微析理款曲深愛迎門發函俯仰是佩幸積慝之小開冀異時之良會如何奄忽永謝昭代哀以慈結情逾禮外對茲悽酸心骨如碎中饋仁賢諸孤斬然充窮即遠誠信歸全萬事如昨音容冥漠薤晞朝露舟失夜壑解原喬木遵彼東洛若堂若坊先子所託目想如在心懷可作神其格思歆此單酌尚饗

祭戶部崔侍郎文

維貞元十九年歲次癸未十月戊寅朔十二日己丑中書舍人楊於陵禮部侍郎權德輿謹以清酌庶羞之奠敬祭

於故戶部侍郎贈右散騎常侍崔君之靈古之大觀推理以達謂生爲勞於化不恒苟非至人哀樂云云一欣一感松茂芝焚遐想深契在於夫君素履無玷黃中有文卓爾堅明皦然貞醇夙以聲實邁於羣倫伊昔宦游風塵不雜聯簪法冠並列賓榻夷道可久淡交相合亦既府除索然離居或憩循江或旋練湖君初卷懷寓彼羣舒三四年間聯奉詔書分曹士師議禮太（一作大）予中臺奏議並列哀烏道舊放懷話言于于三登首曹乃貳司徒相顧飛翻接影天衢顯允德業大僚是都凡我四人交歡靡渝直諒是程

中庸是經或會公朝猶疑幕庭孰謂夫子奄然冥冥交臂相失沈瀾涕零入室嗷嗷孀孤之聲追懷悼心痛我友生密印左貂以哀以榮嗚呼哀哉命之所賦豈有其數乃如之人洵美無度常日謂我文昌聯步如何今茲已隔泉路亹亹良話依依平素晦明再易冥漠大暮萬事風燭九泉草露魂之來兮歆此薄具尚饗

祭楊校書文

維貞元二十年歲次甲申云云故校書楊君幼樞之靈大玉天球不磨不磷清廟黃目森然禮容先正司徒德輿位

崇恬然清靜以厚時風幼樞嗣之天授全識日新不怠能世其德亦既弱冠聲猶四塞瓊樹一枝鳳姿五色登名太常芸閣爲郎首大府之嘉命專中軍之奏章自成清冥足跋康莊期元成於必復知公業之不亡猥以蒙瑣辱當親婭嘉禮用時歡言卜夜追惟世好交契逾深自爲聲譽豈止潘任日聞清機灑我煩襟彼松茂以蘭臭諒二人之同心常謂予曰居中用晦明道若昧姑務其實姑修其內名浮於行所以賈害直諒之詞迭承規誨清和之月邗溝分袂間茲一水使我心痗曠懷勝理緘封相繼不聞移疾奄此下世泣讀訃書百骸如碎寢門一痛素車來會觀聽未移音容如對如何返眞迫此短辰書有遺草弔無雜賓塗芻在御嘉耦方姙護喪畫哭反葬咸秦驗熊羆之吉兆償世祀之悠久儼書籍以具存傳義方於身後嗚呼哀哉或仁而夭或鄙而壽彼蒼者何難以理究顏生短命叔寶多病奈何賢達古今不幸大鈞茫茫死生其常痛我幼樞二紀而亡嚴霜夏隕零落貞芳嚮用五福何人則當寫懷寄誠在此一觴哀從中來雪涕浪浪尚饗

祭獨孤常州文

維貞元二十年歲次甲申十一月戊申朔禮部侍郎權德輿謹以清酌庶羞之奠敬祭於故常州刺史獨孤憲公十四丈之靈嗚呼德充而位不配才大而年不遐稽於賦命從古太息伏惟蘊大雅之愷悌遵六二之直方作爲文章律度當世燦如日星炳若龜龍施於政事表率萬國三郡洽和四方鼓舞而不得宏大志業歿於中年豈洪鈞造物使才命相盭先師罕言末如之何伏以夫子篤忘形之契小人展無容之敬去世二紀清風凜然顧以息女歸公愛子雖不獲逮事而備承家法況茲菲薄實忝眷私辨方之

年違難於江徼志學之歲伏謁於郡齋典司禮職嘗奉易名之議嚮仰德門今承合姓之重話言誘掖造次敢忘德容碩姿鬒鬚在目自爲聲舉之舊今則潛揚之歎二孤純孝遺烈鍾美鮮原改卜日月有時酒殽靜嘉式薦靈位尚饗

祭唐評事文

維貞元二十年歲次甲申十一月壬戌十六日癸亥禮部侍郎權某云云故大理評事唐君之靈昔與之子江湖覯止伯仲怡怡含章致美麗則拔俗清言會理策名東堂交

辟知己始賓岐陽爰佐景通四名安卑虛懷蹈中朝多薦延方俟至公才則有裕命胡不融自展嘉姻纔逾半歲索居大半書札相繼北自鄜畤南遵白帝巴峽泝沿風波迢遞反駕京轂遄嬰病癘旬朔之間奄然下世自古哲賢或非大年吁嗟嘉言今亦已焉嗷嗷孤嗣窮訴彼天舊篋遺草深交絕絃室有才淑含酸晝哭靈轜就路遺允在腹莫協熊羆次昌嗣續波奔塗潦悽悽風燭顧女弟以增欷想斯人之不復白馬素車寒原夏屋奠觴雪涕逆此瞑目尚饗

祭獨孤台州文

維貞元二十年歲次甲申十一月戊申朔禮部侍郎權德輿謹以清酌庶羞之奠敬祭於故台州刺史獨孤七丈之靈洪範五福古人所貴伏惟道樞德機涵泳交徹解龜隱几讌息東吳嗇神而去物累觀化以順天理終始貞吉歸全返眞不登期頤者十數歲而已可謂康寧而壽以至考終命宏修政事遵職居部泝沿淛河四爲二千石朱轓暢轂所至洽平率誠理身以化封內可謂攸好德其所以異者富於義而遠於利以祿秩賙姻族以清白遺子孫故郎

遠之日輤裧纔具孤嗣藐然以賻布襄事蹈道如是君子以爲難介弟憲公挺此文德含章炳然與三代同風先門友善義比金石猶子秀茂申以婚姻引進琢磨居爲雅器永懷感悅莫奉話言女子有行得奉門訓竟迫道途之阻未申供養之禮用此歎慟結於中腸轜車東來大塋斯啟柔嘉清滌用寄單誠尚饗

祭張工部文

維貞元二十一年歲次乙酉七月戊辰朔四日辛未禮部侍郎權德輿謹遣男璩以清酌庶羞之奠敬祭於故工部

侍郎兼御史大夫禮部尚書張二十九丈之靈士君子之所以暢其業者文也學也士君子之所以植其本者正也忠也綽綽工部實由於斯起於逢掖乃執簡記章明義類振起襃貶博物洽聞時稱良史可不謂文乎誕章成式變禮疑議稽合於古節適於中羣士屬目一言以決可不謂學乎處燎原溢泉之中不焚不濡終然違難皎潔貞厲猖狺權幸惡厥中立一罹讒鑠遂去淸近祕邱十年不得自足可不謂行己之正乎出疆專對照耀原隰天覆之內無遠近君命之下無險夷再叶翟土乃穌戎索暢威靈於大

荒之外啟手足於野幕之下可不謂事君之忠乎年纔逾耳順官止貳起部於兄之量二者皆屈彼大耋大僚孰宜之哉頃陪禁掖俄接仁里觴酒歌詩淸言善謔靡日而閒彌年以歡一瞬之閒奄成今古以此思哀如何可忘跌傷左足未任趾步鼓吹臨門涕洟如雨平生風味今日永訣伏枕口占寄懷斯文尚饗

祭賈魏公文

維永貞元年歲次乙酉十月景申朔二十三日戊午朝散大夫守尚書户部侍郎雲騎尉權德輿謹以淸酌庶羞之奠敬祭於故司空相國贈太傅魏國賈公之靈覆載之閒肖形必化惟令德淑問與天壤俱存伏惟以含一之量叶休嘉之運四征授律勳在盟府二揆居中勤宣宰政注意體國緊公是圖始自黄綬至於元袞率由坦夷以極光大浩若溟海熙如春臺歸全之日朝野相弔窮琱戈金鉉之寵可以言貴過懸車貳膳之年可以言壽中和博大之度可以言君子知命順化之理可以言至人三朝告老終不得請法賻弔祠禮加常數鄙薄無似辱公之知辨進切劘逮茲一紀獲居里閈亟踐堂奧拔俗之韻忘年之歡疑在

視聽忽成今古嗚呼魏公可勝慟耶潔此觴豆奠於冥漠髣髴風采公其降靈尚饗

祭唐舍人文

維元和元年歲次景戌正月景寅朔十九日甲申户部侍郎權德輿謹以淸酌時羞之奠敬祭於故禮部郎中知制誥唐君之靈嗚呼文編行茂才全弱冠知名時推儁賢含章振藻金石在懸緣情放言采組相鮮憶昔淮湖與君覯止忘形合志造適通理瓜步邗溝吳山楚水芝蘭之室三十年矣君自左史進居臺郎予叨禮官亦忝周行熙春至

止休沐相將纔盍簪於上國俄出守於遐方盛山雲安風水迢遞屈此二郡俄然半世文章煥發書札相繼辛酸苦言款曲嘉惠顧我忝曠愧君淪滯屢封薦章輒以人廢每與公範交修宿契不進不止中心自誓大君繼明元凱持衡方開宣室以待賈生裁成訓命所謂文柄詔君居之士友相慶遲遲征軒來自荆門凡我同人載勞夢魂屈指繼日俟君西垣不及百里俄歸九原嗚呼文編此痛難言壽堂野土一別終古平昔風姿杳無處所樽酒簋貳涕零如雨冥漠之閒神其聽否尚饗

祭崔士曹文

維元和八年歲次癸巳二月朔日禮部尚書權某云云故京兆府士曹崔君之靈嗚呼相門令嗣被服大義青衿肄業黑衣入侍贊佐征師參榮臺寺職列京掾年纔強仕謂登公朝稍進名器層雲未翥迅翼俄墜惟先穆公左官江干一言營道二姓交歡信郡覲止君初丱角揚都會合甫過幼學自至京轂相傳博約永言舊知敢忘先託常曰繄援內惟菲薄鈌然深哀猶負前諾力命乖戾英華銷鑠方馳康莊已歎冥漠長女未笄幼男孩提披披靈衣噭噭孀妻緜原大墓祖載東祔贍言體魄歸此壤樹顧我室人沈痾積年四支半廢雙足不前常痛終鮮況茲歸全氣息纔屬形神惙然哭不爲位哀不成禮臥牀宛轉如刀集體祓輤曉發銘旌前啟魂無不之歆此牢醴尚饗

祭杜岐公文

維元和八年歲次癸巳三月甲寅朔二十八日辛巳禮部尚書權德輿謹以清酌庶羞之奠敬祭於故太保贈太傅岐國公之靈伏惟體温厚之氣協休和之運五常用仁九德在寬六朝揚歷三后公相契作司徒爽居太保致位遂

志晏閑顯尊極人倫之壽寵備君上之恩禮傳曰行道有福詩曰求福不回考祥視履惟公是已至若徜徉化元保合太和扶道嘉會將明利澤漸漬於生民而隱於視聽者可勝道哉早辱招辟仕纔初命頃沐鴻休職聯大任周旋惠愛三十餘年公府閑議郊居盛集滄溟沃日之量清廟禮神之器四教五福明哲始終話言風采疑在夢想變化糾紛何可勝論常日賓榻今茲靈位常日歡言今茲聲淚常日精爽今茲魂氣常日鳴騶今茲騎吹永去昭代言歸厚地平生一樽拜奠獻欷尚饗

祭子壻獨孤少監文

維元和十年歲次乙未四月壬寅朔六日丁未外舅太常卿權某敬以清酌時羞之奠致祭於故祕書少監贈絳州刺史獨孤郎之靈噫嘻大鈞生死沄沄壽夭紛綸古人罕言豈造化流形不與其全或一氣滑湣偶然而然嗟我子壻時之令德自誠而明必協於極前殿大對諫垣正色中臺有聲東觀以直訓辭溫雅視草宥密當時之選必居第一玉立嗷然古之淵騫抗詞犯顏勇若諸賁立不易方郎之也溫道乃前定實安於仁時惟憲公先友是敦既以聲子之舊復茲戴侯之親歡言戾止十五年矣始遇弱冠今纔强仕會朝方駕居室同里愛我以德忠言在耳勞績盡瘁疾嬰腠理乞身上言移亞外史謝絕人寰屏居鄠田冀此宴閑百疴就痊神理曖昧晦明纏綿勿藥難徵驅車言旋吁嗟風燭糾纆倚伏涉路猶理入門而復親賓怛化里閈行哭如何斯人奄忽不淑物情所望必至宰匠惟君知臣注意寅亮時因劇切然後交邕動於險中終不委讓徹瑟之辰萬情百身孤孀嗷號所不忍聞念以蒙稚孝思天至禮逾成人哀感異類昔謂福善今疑報施臧孫有後惟

此可冀翻翻素旌東指鼎成鮮原夜壑密印匆靈緦衰已除服紀太輕如何此禮不稱予情薤歌楚挽一往不返哲兄襄事茹痛終鮮送爾冥漠顧予衰蹇悲哀所鍾賢達未免寓形必化何早何晚雖以懷終不能自遣淚盡彌苦魂交可展奠茲一觴臨訣先遠尚饗

祭孫男法延師文

維元和十二年歲次丁酉五月庚申朔十三日壬申翁翁婆婆以乳菓之奠致祭於九歲孫男法延師之靈爾之敏悟爾之孝愛纔至齔齒已能知書倦息猶在於文字嬉遊不離於硯席其姿狀有外祖河南之風懿茲夙成必謂致遠疾瘍所遘醫禱無瘳竟罹夭枉痛切心骨況自二歲三哭殤孫逝者日遠存者無幾吾以衰年多病支體不隨爾父在京不見其絕痛爾櫬櫝歸遵畏塗今日哀懷尤倍常理頃者求拔苦海依歸度門故於斂襲率以緇褐今之祖奠靡設羶腥苦痛之深遣割不去臨路長痛嗚呼奈何

祭外姑河東縣君文

維貞元十一年歲次乙亥十月朔日子壻起居舍人知制誥權某謹以清酌庶羞之奠敬祭於外姑故河東縣君之

靈伏惟承積德之慶稟醇仁之性嬪於盛門播此淑行恭聞幼儀以及結褵居然綢直不待姆師朝尊相府家榮命婦琴瑟和聲珩璜節度執謙處約不改其素專靜是宏紛華靡務四德日滋六姻是宜睦親以誠撫下以慈內則之禮采蘩之詩夙夜無違如春熙熙道備移天哀纏晝哭閨門之訓斷織是勖期於榮養以俟豐祿方慶綵衣遽驚喪服顧惟鄙人夙奉嘉姻十年之間情以理親頃歲違阻遐方食貧殘生未滅慰訓相循俄忝周行來歸帝里驅車遄邁盡室至止舉觴爲壽侍坐以歡令節游娛溫顏燕喜浮生如幻寢疾未幾遽此全歸難徵神理欒欒棘人泣奉塗

芻翩翩素旐東指洛都征途在目官局所拘含淒國門拜奠路隅仁愛如昨幽明忽殊托詞寫哀庶達泉壚尚饗

祭楊校書夫人文

維元和三年歲次戊子三月癸未朔二十五日丁未妹壻太中大夫守尚書兵部侍郎上柱國襄武縣開國侯權某云云故校書郎楊君夫人一姊之靈先姊先舅公台積厚德門交輝士女挺秀有儀有耀宜貴宜壽纔移所天俄哭於晝遠護帷裳來歸帝鄉灑埽壤樹潔羞蒸嘗之死之誓炯然秋霜二十年閒形同未亡乃育孤女是歸良匹亦既有行秀而不實感念難遣哀酸成疾晦明推移變化奄忽昔與幼樞姻聯揚都歲時二紀人事萬殊諒勞生於此世何怛化之同途彼福善與貽慶又不知夫神理之有無顧我好仇永懷伊姊動若形影痛深骨髓芻靈就列送奠停軌觴酒寫哀神其聽此尚饗

祭外孫女文

維元和十二年歲次丁酉六月己未朔十二日庚午外翁婆以清酌庶羞之奠致祭於獨孤氏孫女妹妹之靈吾殘生衰苦殃禍相循四年已來七遘傷悼今日之痛情又倍

常以前年再丁齊斬意其孤苦備極或保安全神理謂何又玆夭闕自嬰羸恙雖未痊除而神用精明不減平日昨以晦朔歸奉几筵信宿之閒幽明已隔犇告惝怳如狂如癡呼天不聞此痛何極況今冬除禫來歲初笄方擇良對以圖先近豈吾之薄祜有忤神明復爾之稟命不可踰越理遣不去情鍾奈何吾家壤樹宛在伊洛今爾體魄歸祔壽安吾多病藹然義期可見生也死也如環斯循倘冥冥有知奠與爾爲泉壤鄉黨漉酒申訣嗚呼痛深尚饗